1 月 21 日全国首家“人民法院司法大数据研究基地”在东南

1 月 24 日东南大学与南京医科大学签署战略合作实施协议。

2 月 16 日 2017 年东南大学大学生创新创业冬令营在九龙湖校区圆满举办。

2 月 22 日英国贝尔法斯特女王大学副校长 Mark Price 一行访问东南大学。

3 月 5 日东南大学滕皋军教授荣获 2017 年美国介入放射学会金奖。

3 月 6 日东南大学大学生合唱团携手中国国家交响乐团演出大型合唱交响乐《战争与和平》。

3 月 8 日东南大学在九龙湖校区梅园组织开展义务植树活动。

3 月 17 日东南大学在九龙湖校区纪忠楼报告厅举行全国“两会”精神传达学习大会。

3 月 21 日诺贝尔物理学奖获得者、美国加州大学伯克利分校乔治·斯穆特教授一行到东南大学访问。

3 月 25 日东南大学 2017 年第一期研究生毕业典礼暨学位授予仪式在四牌楼校区大礼堂举行。

4 月 7 日 115 周年校庆系列活动之一——东南大学第 59 届学生田径运动会在九龙湖校区桃园体育场开幕。

4 月 11 日东南大学在第 45 届日内瓦国际发明展上再获佳绩。

4月11日国际著名建筑理论家、教育家，美国宾夕法尼亚大学学术委员会委员、设计学院博士部主席大卫·莱瑟巴罗教授访问东南大学。

4月17日中国移动通信集团公司副总裁李正茂一行访问东南大学。

4月24日2017年东南大学学生科技节开幕式暨中国工程院院士李培根教授专场讲座在四牌楼校区举行。

4月27日至28日第三届国际经济学前沿论坛在东南大学成功举办。

4 月 28 日东南大学代表队荣获世界大学生超级计算机竞赛一等奖。

5 月 12 日以“重走西迁路再启新征程”为主题的“纪念国立中央大学西迁 80 周年”活动出征仪式在东南大学四牌楼校区举行。

5 月 19 日东南大学与华为技术有限公司签署“卓越计划”联合培养协议。

5 月 25 日东南大学举办“中英大学工程教育与研究联盟”签约仪式。

5 月 27 至 29 日东南大学学子在第十二届全国大学生交通科技大赛中获 2 项一等奖。

5 月 28 日中国大学生马拉松联赛东南大学站暨“迎 115 周年校庆”环校赛落幕。

6 月 3 日东南大学举行庆祝建校 115 周年纪念大会。

6 月 5 日“敦煌壁画艺术精品高校公益巡展”在东南大学四牌楼校区开展。

6 月 13 日东南大学辅导员和本科生分获 2016“江苏高校辅导员年度人物”“江苏省大学生年度人物”提名奖。

6 月 19 日东南大学举行 2017 届本科生毕业典礼暨学位授予仪式。

6 月 28 日至 30 日东南大学智能车队在首届世界智能驾驶挑战赛上斩获佳绩。

7 月 10 日至 15 日 2017“至善东南”科技夏令营成功举办。

8 月 22 日东南大学苏州医疗器械研究院在苏州高新区揭牌成立。

9 月 4 日东南大学举行 2017 级本科生开学典礼。

9 月 16 日东南大学入选国家首批“一流网络安全学院建设示范项目高校”

9 月 16 至 18 日东南大学喜获第三届中国“互联网＋”大学生创新创业大赛全国总决赛季军。

9 月 16 日至 18 日东南大学大型原创话剧《吴健雄》演出活动圆满结束。

10 月 18 日东南大学积极组织收看党的十九大开幕式并召开师生座谈会。

10 月 31 日东南大学本科教学工作审核评估专家组见面会在九龙湖校区举行。

11 月 5 日至 9 日东南大学与港、澳高水平大学进行各相关领域的交流和沟通。

11 月底至 12 月上旬东南大学参加缅甸申遗项目并得到国际社会高度认可。

12 月 6 日至 7 日东南大学张广军校长出席中英高级别人文交流机制第五次会议。

12 月 21 日东南大学 2017 年本科生奖学金颁奖典礼隆重举行。

12 月 25 日江苏省高校“学习宣传贯彻党的十九大精神——高校优秀辅导员‘校园巡讲’和‘网络巡礼’活动”启动会暨首场报告会在东南大学举行。

12 月 26 日 2017“东南大学新生文化季”闭幕式暨新生文艺汇演在九龙湖校区焦廷标馆剧场隆重举行。

12 月 27 日澳大利亚墨尔本歌剧院交响乐团奏响“东南大学 2018 年新年音乐会”。

东南大学年鉴

(2017)

东南大学校长办公室　编

东南大学出版社
·南京·

图书在版编目(CIP)数据

东南大学年鉴. 2017 / 东南大学校长办公室编. —
南京 ：东南大学出版社，2021.12
ISBN 978-7-5766-0025-4

Ⅰ.①东… Ⅱ.①东… Ⅲ.①东南大学－2017－年鉴
Ⅳ.①G649.285.31-54

中国版本图书馆 CIP 数据核字(2022)第 010172 号

东南大学年鉴

Dongnan Daxue Nianjian

东南大学出版社出版发行
(南京四牌楼 2 号　邮编 210096)
责任编辑:唐　允　封面设计:企图书装　责任校对:韩小亮　责任印制:周荣虎
网　址:http://www.seupress.com
电子邮件:press@seupress.com
全国各地新华书店经销　　苏州市古得堡数码印刷有限公司印刷
开本:787 mm×1092 mm　1/16　印张:81.75　彩插:21 面　字数:2023 千字
2021 年 12 月第 1 版　2021 年 12 月第 1 次印刷
ISBN 978-7-5766-0025-4
定价:400.00 元

主　　审　金志军

主　　编　姜平波

副 主 编　赵　光

主要编写人员　（以姓氏笔画为序）

王　萍　甘　锋　邢　彤　刘丽勤　刘海涛　汤咏梅
许启彬　李　昕　李　震　李吉海　李庭红　李昭昊
李黎藜　吴　敏　沈峥嵘　庞晋伟　姚　辰　赵会泽
郝庆九　郝艳娟　钮长慧　徐　军　徐继红　高　莹
唐　瑭　黄红富　梅震宇　舒晓梅　褚炜雯　滕　航
潘京苏

目　录

特　　载

一流大学建设高校建设方案

东南大学

2017 年 12 月

一、建设目标

(一) 目标

高举中国特色社会主义伟大旗帜,深入学习贯彻党的十九大精神和习近平新时代中国特色社会主义思想,坚定不移维护以习近平同志为核心的党中央权威和集中统一领导,统筹推进"五位一体"总体布局和协调推进"四个全面"战略布局,牢固树立"四个意识"和"四个自信",贯彻新发展理念,坚定社会主义办学方向,全面贯彻党的教育方针,深入贯彻全国高校思想政治工作会议精神,落实立德树人根本任务,不断提高办学质量,增强"四个服务"的能力,全面落实《统筹推进世界一流大学和一流学科建设总体方案》和《统筹推进世界一流大学和一流学科建设实施办法(暂行)》,紧紧扎根中国大地,以中国特色、世界一流为核心,以一流为目标、以学科为基础、以绩效为杠杆、以改革为动力,服务国家和区域重大战略需求与人类文明进步,加快世界一流大学和一流学科建设,全力培养具有家国情怀和国际视野、能引领未来和造福人类的领军人才,加快产出引领性、原创性和颠覆性重大科技创新成果,积极发挥思想库和智囊团作用,创造性转化和创新性发展中华民族优秀传统文化,全面建成具有鲜明中国特色、东大气质、人民满意的世界一流大学。

1. 近期目标

到 2020 年,综合改革取得重要进展,内部治理结构趋于完善,学科布局更加合理,形成一流的本科生和研究生教育体系,拔尖创新人才培养质量得到社会高度认可,师资队伍的师德师风建设和教育教学能力大幅提升,一流科学家、学科领军人物和创新团队规模稳步扩大,原始创新、社会服务和文化传承创新能力显著增强,为全面建成小康社会作出重要贡献,提高参与国际教育、科技、文化等活动的层次和深度,国际影响力显著增强。一批学科进入世界一流学科行列,若干优势学科进入世界一流学科前列,学校整体实力达到世界一流大学水平。

2. 中期目标

到 2030 年,综合改革持续深入,具有中国特色的现代大学制度体系进一步完善,形成充满活力、富有效率、更加开放、有利于学校发展的体制机制和促进理、工、文、医多学科协调发展的优良学科生态,一流的本科生教育和研究生教育水平进一步提高,师资队伍中涌现出一批一流教育家和科学家,产出若干具有世界影响的重要原始创新成果和引领行业发展的重大科学技术成果,为经济社会发展和国家战略实施作出更大贡献,深度参与高层次国际教育、科技、文化等活动,国际影响力和美誉度大幅提升。更多学科进入世界一流学科行列,一批学科进入世界一流学科前列,学校稳居世界一流大学行列。

3. 远期目标

到本世纪中叶,综合改革取得重大成果,形成完善的具有中国特色的现代大学制度和内部治理结构,汇聚一批世界级的学术大师和思想家。成为知识发现和科技创新的重要力量，先进思想和优秀文化的重要源泉，培养各类高素质优秀人才的重要基地，在引领人类文明进步、支撑国家创新驱动发展战略实施、服务经济社会发展、弘扬中华优秀传统文化、培育和践行社会主义核心价值观等方面发挥重大作用。建成具有"强势工科、优势理科、精品文科、特色医科"的世界一流大学，学校整体水平位于世界一流大学前列。

（二）学科建设规划

1. 学校的学科建设总体规划

根据"强势工科、优势理科、精品文科、特色医科"学科布局和"多学科融合、理工文医综合、产学研结合、国际化联合"的一流学科建设思路，加快学科建设步伐，集中力量建设一批世界一流学科和一大批国内前列学科。尊重不同学科的发展规律，依托优势工科，积极推进工、理、文、医学科交叉融合，全面提升学科建设水平。

2. 拟建设学科及其对带动学校整体建设的作用

学校共有30个博士学位授权一级学科。为了更好地体现学校的办学特色，在教育部公布的入选"双一流"建设学科名单的11个学科基础上，从优势特色学科中遴选15个学科（群）进行重点建设。具体列入一流学科建设的15个学科（群）为：生物医学工程、交通运输工程、艺术学理论、建筑学、电子科学与技术、风景园林学、土木工程、信息与通信工程、控制科学与工程、计算机科学与技术、材料科学与工程、生命科学与健康、城乡规划学、仪器科学与技术、动力工程及工程热物理。

学校拟建设的学科有很好的建设基础。在2012年第三轮全国学科评估中，生物医学工程、交通运输工程、艺术学理论等3个学科位列全国第一，建筑学、电子科学与技术、风景园林学等3个学科位列全国第二，土木工程、城乡规划学等2个学科位列全国第三，信息与通信工程位列第四，仪器科学与技术位列第五，动力工程及工程热物理位列第六，生命科学与健康学科（群）中的公共卫生与预防医学位列第七。在ESI学科排名中，截至2017年11月，工程学、计算机科学、材料科学等11个学科进入ESI世界前1%，其中工程学位列34位（全球百分位2.58%），计算机科学位列37位（全球百分位9.23%），已经进入ESI世界前1‰；材料科学位列141位（全球百分位17.60%），有望进入ESI世界前1‰。

学校高度重视基础、前沿、新兴、交叉学科发展，将其作为学校未来发展的重要增长点。在重点建设15个一流学科（群）的同时，还将对量子信息、网络空间安全、智能制造、智慧城市、脑科学、人工智能等基础、前沿、新兴、交叉学科予以重点建设。通过发挥重点建设学科（群）的引领和辐射作用，带动学校所有学科协调发展，推动学校整体水平快速提升。

二、建设基础

（一）办学理念

高举中国特色社会主义伟大旗帜，深入学习贯彻党的十九大精神和习近平新时代中国特色社会主义思想，坚定不移维护以习近平同志为核心的党中央权威和集中统一领导，统筹推进“五位一体”总体布局和协调推进“四个全面”战略布局，牢固树立“四个意识”和“四个自信”，贯彻新发展理念，坚定社会主义办学方向，全面贯彻党的教育方针，深入贯彻全国高校思想政治工作会议精神，落实立德树人根本任务，不断提高办学质量，增强“四个服务”能力，全面落实《统筹推进世界一流大学和一流学科建设总体方案》和《统筹推进世界一流大学和一流学科建设实施办法(暂行)》，紧紧扎根中国大地，秉承“诚朴求实、止于至善、追求卓越”的精神和“以科学名世、以人才报国”的理念，服务国家和区域重大战略需求与人类文明进步，坚定不移地走以创新为主导的研究型大学发展道路，坚定不移地走与国家、区域经济建设和社会发展相结合的建设道路，坚定不移地走国际化办学的强校道路，深化教育教学改革，加快教育现代化，加快世界一流大学和一流学科建设，实现内涵式发展，全面建成具有鲜明中国特色、东大气质的人民满意的世界一流大学，为实现“两个一百年”奋斗目标、实现中华民族伟大复兴的中国梦做出更大贡献。

(二) 办学定位

全面贯彻党的教育方针，遵循教育规律，以立德树人为根本，以中国特色为统领，以支撑创新驱动发展战略、服务经济社会为导向，紧紧扎根中国大地，坚守大学使命与社会责任，全面深化综合改革，持续完善现代大学制度，不断加强内涵建设，大力加强创新创业教育，着力提高人才培养质量，大力提升原创性科学研究水平，显著增强社会服务和文化传承创新能力，为国家发展、人民幸福、民族复兴、人类文明进步做出新的更大的贡献。

(三) 优势特色

东南大学是我国最早建立的高等学府之一，素有“学府圣地”和“东南学府第一流”之美誉。其前身是创建于1902年的三江师范学堂，之后历经南京高等师范学校、国立东南大学、国立中央大学、南京工学院等重要发展阶段。1988年5月，学校复更名为东南大学。经过一百多年的发展，东南大学已成为一所以工科为主要特色、多学科协调发展的综合性、研究型大学。

现设有29个院(系)，拥有76个本科专业、30个博士学位一级学科授权点、19个硕士学位一级学科授权点、5个国家一级重点学科(涵盖15个二级学科)、5个国家二级重点学科、1个国家重点(培育)学科、30个博士后科研流动站，建有3个国家重点实验室、5个国家工程(技术)研究中心、11个教育部重点实验室、5个教育部工程研究中心，并以此为依托形成了一批重点科研基地。在2012年第三轮全国学科评估中，15个学科进入参评学科的前20%，有10个学科位列全国前五位，其中3个学科位列全国第一位，3个学科位列全国第二位，2个学科位列全国第三位。在ESI学科排名中，截至2017年11月，有11个学科进入ESI世界前1%，其中工程学位列34位、计算机科学位列37位，都已进入ESI世界前1‰。

学校始终把服务国家和区域重大战略需求与经济社会发展作为核心使命，贯穿于学校事业发展的各个方面，取得了很大的成效。近年来，在三维隐身和电磁黑洞、下一代互联网、MEMS、集成电路芯片设计、预应力技术、高性能混凝土材料、大跨径钢桥面铺装、软测量与控制、节能减排、医学影像等领域取得重要突破，并在国防科研、城市和交通规划、标志性建筑设计中发挥了重要作用。

（四）重大成就

东南大学是教育部“卓越工程师教育培养计划”和“国家大学生创新性实验计划”首批实施高校，是首批国家级创新创业教育改革示范高校，是教育部、卫生部（现国家卫生和计划生育委员会）第一批“卓越医生教育培养计划”项目试点高校，是拔尖创新医学人才培养模式改革试点和五年制临床医学人才培养模式改革试点高校，是首批获得工程博士专业学位授予权的试点高校。学校共有5个专业入选国家级综合改革试点项目，23个专业入选国家特色专业建设点；36门课程获得首批“国家级精品资源共享课”荣誉称号；8个实验中心入选国家级实验教学示范中心及建设点，3个中心入选国家级虚拟仿真实验教学中心；52位教授当选新一届全国教学指导委员会委员，其中5位教授当选高等学校相应专业教学指导委员会主任委员；11个团队入选国家级教学创新团队；连续三届获得国家级教学成果一等奖；共有20篇论文被评为全国百篇优秀博士学位论文，有31篇论文获得提名。学校建有12个国家级人才培养模式创新实验区和12个国家级工程实践教育中心。在“挑战杯”全国大学生课外学术科技作品竞赛中，东南大学曾两次夺得总分第一并捧得“挑战杯”。

东南大学以“科教兴国”为己任，从国民经济和社会发展的需要出发，积极开展基础研究、应用基础研究和重大战略高技术研究，已成为在国内外具有较大社会影响的高新技术研究和辐射的重要基地。2011年—2016年共牵头获得国家科技成果奖17项，牵头获奖项目数（通用项目）位列全国高校第七位，其中2011年获得国家技术发明一等奖1项，2014年获得国家科技进步一等奖1项。近五年，科研经费到款83.8亿元，发明专利申请9 488件，发明专利授权4 507件，SCI论文收录9 276篇，牵头获得教育部高校人文社会科学优秀成果奖16项，其中一等奖1项。

学校服务地方经济建设成效显著。根据江苏省内高校科技工作为江苏服务情况统计结果，东南大学在科技项目及团队、科技经费、科技基地、四技经费、科技成果转化及科技项目验收鉴定、专利情况、科技成果获奖等指标中每年均位列前茅，而且多数指标居全省高校第一。东南大学国家大学科技园作为科技成果转移转化、创新创业人才培养、高新技术企业培育和发展战略性新兴产业的平台，已成功培育了以江苏金智科技股份有限公司、途牛旅游网等为代表的一批高新技术企业。

（五）国际影响

东南大学有一支以12名院士为代表的高水平师资队伍，2010年以来聘请了以诺贝尔奖获得者Randy Schekman、丁肇中为代表的近200名名誉教授和客座教授，在国际学术界和重点行业（领域）中具有重要影响。

学校与100多所世界名校和科研机构开展科学研究、学术交流和学生培养，举办国际合作办学机构2所，其中与澳大利亚蒙纳士大学合作的东南大学—蒙纳士大学苏州联合研究生院是教育部批准的第一个中外联合研究生院，举办国际化示范学院1所，与国外大学校际交换生项目 34 个、联合培养项目 23 个，拥有包括东飞显示技术中心、中法生物医学信息研究中心等在内的若干国际合作研究机构。

在校国际学生人数达到 1 849 人，其中学历国际学生 1 402 人，占总人数的 75.8%，国际研究生 633 人，占学历国际学生比例 45%，学历国际学生和国际研究生数均居江苏省第一。学校在美国和白俄罗斯设有 3 个孔子学院。

(六) 面临机遇和挑战

习近平总书记在全国高校思想政治工作会议讲话中指出，高等教育发展水平是一个国家发展水平和发展潜力的重要标志。实现中华民族的伟大复兴，教育的地位和作用不可忽视。我们对高等教育的需要比以往任何时候都更加迫切，对科学知识和卓越人才的渴求比以往任何时候都更加强烈。党中央作出加快建设世界一流大学和一流学科的战略决策，就是要提高我国高等教育发展水平，增强国家核心竞争力。

在国家朝着“两个一百年”伟大目标砥砺奋进的关键历史时期，对标党和国家对高等教育的迫切要求和人民的热切期盼，学校依然面临诸多挑战：一是师资队伍中一流教育家、一流科学家人数偏少，师德师风建设和教育教学水平尚需大幅提升；二是一流人才培养能力需要进一步提高，为国家重要岗位和急需产业培养更多拔尖创新人才；三是具有突破性、颠覆性的重大技术发明和重大原创性成果产出还不够多；四是作为以工科为主要特色的高校，为国家由中国制造向中国创造转变提供支撑的能力还需进一步加强；五是需要通过进一步深化综合改革，建立健全与中国特色世界一流大学相适应的体制机制。

三、建设内容

(一) 学科建设

1. 优化学科布局，形成科学合理的学科生态

瞄准国际学科前沿，围绕国家重大需求，根据东南大学的学科基础和发展目标，做好学科发展顶层设计，优化学科布局，促进工科、理科、医科、人文社科等多学科协调发展，形成科学合理的学科生态。

通过学科合格评估和动态调整，优化学科布局，调整学科结构，增加部分与国家战略需求相匹配的、急需的博士学位授权点，撤销部分与国家战略需求匹配度不高、师资力量不足、生源质量和就业质量不高的学位授权点，集中资源建设优势特色学科。

2. 分类支持，全面提升学科建设水平

按照“强势工科、优势理科、精品文科、特色医科”的学科布局和“多学科融合、理工文医综合、产学研结合、国际化联合”的学科建设思路，尊重不同学科的发展规律，明确重点，分类支持，加快学科建设步伐。集中力量建设一批世界一流学科，使其中的高峰学科能够快速进入世界一流学科前列；通过发挥重点建设学科(群)的引领和辐射作用，带动学校所有学科协调发展，推动学校整体水平快速提升。

3. 积极鼓励学科交叉，大力扶持基础前沿新兴交叉学科

面向国际科技发展前沿，建设大数据中心、分析测试中心等校级大型仪器设备共享平台，为全校师生进行自由探索和原创性研究提供条件；以平台为载体，为师生提供学术交流、思想碰撞、知识交融的物理空间，推动学科交叉。围绕国家重大战略需求，以问题为导向，以重大项目为牵引，组织多学科交叉研究团队，开展有组织的科研，推动理、工、文、医等学科之间的交叉融合。针对量子信息、网络空间安全、智能制造、智慧城市、脑科学、人工智能等基础前沿新兴交叉学科领域，设立重点支持计划，扶持基础前沿新兴交叉学科快速成长。

4. 创新学术机构管理模式，加快学术特区等新型学术机构建设

积极推进学术机构改革，创新管理模式，建设一批新型学术机构，包括丘成桐中心、城市科学与工程研究院等以海外高层次人才引进为主的学术特区，智慧城市研究院、空间科学与技术研究院等多学科交叉研究中心，江苏省产业技术研究院专用集成电路技术研究所和生物材料与医疗器械研究所等以成果转化和应用技术研发为主的产业技术研究所，以及若干以共同研究兴趣为纽带进行自由探索和原创性研究为主的跨学科研究中心。

5. 加快国际化进程，提升学科国际知名度

与世界一流大学和“一带一路”沿线国家的大学开展学科间的交流与合作，办好中外合作办学机构和国际示范学院，提高人才培养的国际化水平；推动相关学科申办国际合作联合实验室等国际联合研究机构，开展国际前沿科学和工程问题研究；积极推进与国际知名企业和高水平研究机构的合作，促进科技成果跨国转化；积极引进海外优质智力资源，提高师资队伍的国际化水平；借鉴世界一流学科的建设经验，引入学科国际评估，提升学科的国际竞争力。

（二）人才培养

1. 将思想政治教育贯穿人才培养全过程

全面贯彻党的教育方针，以习近平新时代中国特色社会主义思想为指引，落实立德树人根本任务，将思想政治工作贯穿教育教学全过程，实现全员育人、全程育人、全方位育人。实施精品思政课程工程，用好课堂教学主渠道，形成“思政课程”与“课程思政”协同育人效应。进一步完善培育和践行社会主义核心价值观的长效机制，发挥其对人才培养的引领作用。整体推进思想政治工作专业队伍建设，培养一批以德立身、以德立学、以德施教的学生健康成长的指导者和引路人。

2. 创新拔尖人才培养模式

加强本一硕一博三个阶段培养方案有效一体化衔接，构建贯穿本一硕一博延伸的人才培养体系，实现本科阶段通识教育、硕士阶段研究能力培养、博士阶段独立创新的递进

式培养路径。

构建由拔尖创新人才培养特区、卓越创新人才培养和专业综合改革试验区、主辅修专业(学位)等多种形式构成的"体系开放、机制灵活、渠道互通、选择多样"的本科人才培养体系。

加强新工科建设,深化复合型人才培养模式改革,建立和完善工程和法学、医学和生命科学、计算机与网络空间安全等专业的复合培养模式。

进一步深化研究生教育综合改革,着力提升研究生教育质量和水平。优化招生考核评价办法,更加注重对考生的思想品德、专业素养、研究能力和创新潜质的综合评价。完善博士生激励政策和资助体系,进一步提高博士生生源质量。推进高水平导师队伍建设,完善研究生导师遴选办法。严格执行导师岗位职责和招生资格年度审核制度,重点考察导师的师德师风、学术水平、研究生培养条件和培养质量。实施导师的研究生培养能力提升计划,使导师全面掌握研究生教育的相关政策、先进的指导方法和沟通交流技巧。进一步推进分类培养模式的改革,提升创新能力和职业能力,满足国家对不同类型人才的需求。

3. 全面深化课程教学改革

完善人才培养方案和课程设置,丰富人才素质结构,尤其是作为领军人才的专业素养、领导能力和领袖气质。在整体培养框架下统筹构建本一硕一博一体化课程体系,课程内涵逐层递进。全面实施研究型教学,使启发式、研讨式、互动式教学成为课堂教学的新模式、新常态。

继续加强全英文专业和全英文授课课程建设,通过示范性英语授课课程建设,形成一批教学理念和方法与国际接轨、符合中国教育实际、具有一定示范和借鉴意义的课程。进一步加强研究生全英文专业建设,通过与本科专业的贯通,实现课程共享。

继续开展研讨课建设,形成一批以基于问题、基于项目、基于案例、基于实践等为主要载体,以研学引导为主要特征的研讨性课程。重点建设"学科导引式、前沿专题式、实践探索式、学科交叉式"等校级层面研讨课。继续研究生案例库和慕课课程的建设工作,实现线上课程和线下教学相结合、理论知识和工程案例相结合的多元化的教学方式。

进一步强化企业课程建设,重构校企共建课程体系和教学内容,与行业龙头企业联合推动基于问题、基于项目、基于案例、基于实践等多种形式的教学,提高学生的工程实践能力、工程设计能力与工程创新能力。

以文化素质教育类受众面广且量大的公共课、特色鲜明的学科基础与专业核心课程为建设重点,通过"外联内合",建设高水平在线开放课程,使线上线下教学有机结合,翻转课堂教学得到有效利用。

4. 加强研究能力培养

分段、进阶培养学生的研究能力。本科阶段借助专业基础课程、大学生课外研学活动、毕业设计等环节树立研究与创新意识,培养初步的研究能力;通过科教研结合,培养学术研究生从事科学研究工作或独立担负专门技术工作的能力;通过产学研结合,培养专业学位研究生创造性地从事实际工作的专业能力和职业素养;通过"提高综合素质,强化创新能力,拓展国际视野"的原则,培养博士研究生独立从事科学研究的能力。

全面优化"面向全体本科生、贯穿学习全过程、多元引导、自主选择、规范实施、稳定运行"的大学生自主研学体系。进一步拓宽现有自主研学途径,吸引更多的学生参与高水平的研学活动。

校企联合制定人才培养方案,突出以能力为导向的教育理念、以学习结果为基础的教学过程、以学生为中心的教学质量观。积极联合相关行(企)业,建立稳定的专业学位研究生培养实践基地,建立健全实践基地管理体系和运行机制。

5. 大力推进创新创业教育

坚持"面向全员、贯穿全程、多元引导、知行相辅、科创互哺"的理念,把教学改革和建设的重点聚焦到凸显学生主体、惠及全体学生、促进创新创业能力培养上,重构创新创业教育课程体系和教学内容,改造必修课程,融合渗透创新创业内涵,切实实现创新创业教育理念融入人才培养全过程。

增加创新创业类通选课程资源,开设创新创业基本理论和基本方法类课程,针对各类学科竞赛、科技成果转化设计、创业能力培训专题等开设选修课程组,培养学生在某些领域创新创业的基本知识。通过举办国家、省、校级本科生和研究生创新创业论坛、学术年会及创办学术性期刊,营造优良的创新创业教育氛围。

强化创新创业实践平台内涵建设,完善软件、设备与空间改造,增加开放空间与时间,形成对本科生和研究生创新创业实践的坚实学科支撑。打造以"挑战杯""互联网+""创青春"等为龙头的创新创业竞赛育人体系和全面覆盖、全年贯穿的课外创新创业培训体系,提升本科生和研究生科技创新与创业实践质量。

通过岗前培训、课程培训、专题培训以及教师自身科研、创业经历等,系统化、科学化地提升一线教师的创新创业意识与教育能力。聘请知名科学家、知名校友、成功创业人士、创业指导专家等作为创新创业兼职导师,构建一支优秀的创新创业教师队伍。

(三)科学研究

1. 加强顶层设计和整体规划

加强科研体系的顶层设计,大力推动学校科研从"项目为中心被动型"向"学术为中心主动型"转变,破除阻碍学校科研发展和社会服务的各种体制机制因素,打造一流的科研创新格局,创造一流的科研和社会服务。

2. 全面提升原始创新能力

实施自然科学研究和人文社科研究两个类别的"东南大学重大科学计划",全面提升原始创新能力,力求在基础理论、战略高技术、行业共性核心技术以及新兴尖端技术等研究领域取得世界一流的科研成果,前沿交叉研究实现"引领",基础科学研究实现"赶超",国防科技研究实现"跨越",哲学社科研究实现"特色"。

3. 构建一流科研平台

进一步完善服务国家与区域发展战略的国家和省部级重点实验室(工程中心、智库)、促进技术成果转移转化的区域地方技术研究院(中心)、瞄准国际学术前沿和多学科交叉的新型科研机构以及若干“东南大学重大科研设施群”的建设,形成具有世界一流水平的科研平台。

4. 加快提升国防科研能力与水平

引导各学科开展以国家重大安全问题为牵引的前瞻性、先导性、探索性、颠覆性研究,加强组织创新,建设国防类新型科研机构,落实国家军民融合战略,打造若干高层次科研团队,产出具有较大影响力的高水平国防科研成果。

5. 提高人文社科科研水平

设立人文社科发展基金,重点支持人文社科研究中国国家治理体系和治理能力现代化进程中重大问题、供给侧结构性改革与发展难题和中国社会生活中的重大现实问题,重视中国哲学社会科学体系建构研究,深化马克思主义理论研究,鼓励人文社科与工、理、医等学科的交叉研究,在强化基础研究的同时,加强前瞻性基础研究、引领性原创成果重大突破,建设若干个解决中国问题的高端智库。

(四) 社会服务

1. 优化科技成果转移转化体系

落实《东南大学促进科技成果转移转化实施方案》,加强学校对科技成果转移转化工作的统筹与协同,建设更加符合科技创新创业规律、遵循市场化经济规律的科技成果转移转化体系。

2. 增强科技成果转移转化能力

搭建东南大学科技成果转移转化信息服务平台,提升现有孵化体系功能与品质。加强技术转移地方分中心和技术转移专业人才队伍建设,开展精准研发和精准服务,为技术产权交易提供智力支持。

3. 推进产学研用的深度融合

打通基础研究、应用开发、成果转化与产业化链条。拓展政产学研合作新领域,创新校地合作新模式,打造科技成果转移转化与创新创业引领示范区。推进双创示范基地建设,依托大学科技园,强化和提升科技成果的孵化培育服务、创新创业载体建设。

4. 加强协同创新中心建设

坚持以协同创新加快推进教育部“2011 计划”、江苏省“2011 计划”及江苏省产业技术研究院—东南大学相关研究所等创新基地建设，探索多单位协同创新和服务国家、地方经济社会发展的新路径。

5. 强化知识产权的创造和应用

推进“科技成果价值增值工程”，启动高价值专利的培育计划，建立高价值科技成果库，加强科技成果路演和推广，促进科技成果和市场需求对接。

（五）文化传承创新

1. 大力推进社会主义先进文化建设

贯彻党的十九大提出的文化自信的要求，培养和践行社会主义核心价值观，深入挖掘中华优秀传统文化蕴涵的思想观念、人文精神、道德规范，结合时代要求继承创新，展现中华文化的永久魅力和时代风采；广泛开展理想信念教育，深化中国特色社会主义和中国梦宣传教育，弘扬科学精神，开展移风易俗、弘扬时代新风行动，抵制腐朽落后文化侵蚀；与此同时，加强校史校情与“学衡精神”系统研究，持续开展大学文化建设与文化育人系列研究，推动优秀传统文化与社会主义先进文化融合发展。大力推进文化品牌培育工程，推动与文化传承创新相关的学科与基地建设，形成特色鲜明的“东南学派”。

2. 增强文化自信，提升国际文化传播影响力

以东南大学百年文化底蕴和特色学科为依托，深入理解贯彻发展中国特色社会主义文化的内涵，以马克思主义为指导，坚守中华文化立场，立足现实与时代特征，发展面向现代化、面向世界、面向未来的民族的科学的大众的社会主义文化；传承中华文明，不断产出并广泛传播具有中国特色、民族风格和东南气派的重大标志性文化成果，开展多层面多类型的文化交流合作，以我为主、兼收并蓄。通过引领先进文化服务于文化强国战略和“走出去”战略，推进国际传播能力建设，讲好中国故事，在国际上展现真实、立体、全面的中国，提高国家文化软实力。

3. 大力实施文化育人，弘扬优秀教风、学风、校风

围绕立德树人根本任务，大力实施文化育人，培养学生的人文精神、审美修养和文化精神；加强师德师风建设，培养高素质教师队伍，倡导全社会尊师重教；促进通识教育、专业教育与文化教育的有机融合，办好继续教育，加快建设学习型社会，将中华优秀传统文化、革命文化和社会主义先进文化贯穿大学教育始终，大力弘扬师生认同的优秀教风、学风、校风，充分发挥高校文化对师生担当社会责任、历史责任的熏陶作用。

（六）师资队伍建设

1. 建立健全新形势下师德建设的长效机制

根据《教育部关于建立健全高校师德建设长效机制的意见》等对师德建设的要求与部

署,落实全国高校思想政治工作会议精神,把握新形势下加强和改进师德建设工作的核心内涵,以理想信念教育为核心,以社会主义核心价值观为统领,以培养“四有”好老师为目标,进一步加强和改进师德建设工作的内容形式、方法途径和体制机制,注重师德、师风、学风建设的制度化、常态化,建立教育、宣传、考核、监督与奖惩相结合的师德建设长效工作机制,将重塑教师的精神气质化为从事教学科研工作的精神追求、价值选择和行动方向。

2. 不断增强青年教师全面发展的内生驱动力

继续发扬我校青年教师培养工作的经验与传统,不断创新工作理念,夯实体现自身特色的后备人才梯队建设体系,全面实施“青年首席教授”“校青年特聘教授”“至善青年学者”“青年骨干教师出国研修计划”“六层次”青年教师教学培育计划和国家杰青与优青培育计划等面向青年教师的职业发展支持体系,通过搭建平台、授予各层次人才荣誉称号并提供经费支持等举措,快速提升青年教师教育教学能力和学术发展水平,打造一支“师德为先、学术为主、能力为重”的青年教师队伍,引导青年教师热爱教学、潜心科研。

3. 建立多元化的教师教育教学培训机制

构筑新型教师培训模式,建立多元化的教师教育教学能力提升机制。完善入职培训、首次开课培训、青年教师授课竞赛等培训机制;设计“内容模块化、对象层次化、形式多样化、管理柔性化”的菜单式培训课程体系;开展研讨课教学、微课与慕课建设、现代教育技术等教学主题培训;创建全体专任教师、教学管理人员暑期集中培训机制;选派优秀教师赴一流大学进行境外教学培训等,使全体教师回归本位并做好本职工作,普遍掌握先进的教学理念、教学方法和教学技术。

4. 稳步扩大一流科学家、学科领军人物和创新团队规模

遵循“引育并举”的工作思路,一方面,构建体现开放性、前瞻性和综合性的海外引智工作体系,借助国家“千人计划”“长江学者奖励计划”等政策,面向全球引进知名学者和高层次创新人才及团队;另一方面,设立东南大学“首席教授”“文科资深教授”“特聘教授”岗位制度,重点培育一批校内高端师资。深化人才发展体制机制改革,推进试点院(系)综合改革,推广试点院(系)在师资队伍建设方面的成功经验。突出学科建设的基础与核心地位,以一流的学科吸引高层次人才,同时以一流人才促进学科的进一步发展。通过健全相关学科高端人才发现、吸引、培养、使用的相关机制,激发人才创新活力,稳步扩大一流科学家、学科领军人物和创新团队规模。

(七)国际交流合作

1. 构建世界一流大学合作网络

大力实施“卓越大学伙伴计划”,构建立足亚太、深化欧洲、重点北美、辐射拉美的世界一流大学合作网络,引进、消化、吸收国际优质教育资源和优秀办学经验,促进与世界一流大学和一流学科的实质性学术和科研合作;通过中英大学工程教育与研究联盟等跨区域交流机制,开展全方位教育与研究合作,重点推进工程领域的科技创新,应对人类社会发展的共同挑战,吐故纳新,提供中国经验,发出中国声音;大力开拓与"一带一路"沿线国家高等教育、学术和研究机构的合作,形成全方位、宽领域、有侧重、分先后的多层次、高水平国际交流合作新格局,为国家全球战略和学校发展服务。

2. 提高师资国际化水平

借助国家"千人计划"、外国文教专家聘请计划等政策和资金支持,在全球范围内招贤纳士,吸引海外优质师资和科研团队来校工作。利用中外合作办学机构、国家级国际合作平台、国际科研合作项目等多种渠道,聘请世界一流大学(学科)的知名教授、学者,参与学校的教学和科研工作。选派优秀教师赴世界一流大学(学科)合作交流,鼓励教师加入国际学术组织和机构,支持教师参与国际标准和规则的制定,培养具有国际影响力的师资力量。

3. 推动学生国际化培养

积极开拓学生出国(境)交流交换学习渠道,拓宽学生的国际视野,提高学生跨文化学习交流和工作能力;完善学生出国(境)交流学习管理办法和办事程序,重点选拔和派出思想品德和社会责任感强的学生;做好行前培训,强调社会主义核心价值观和爱国主义教育,使学生在国(境)外学习交流期间自觉维护国家尊严和利益,自觉防范意识形态风险,担负起传播中华优秀传统文化的历史责任。

4. 提升国际学生培养层次和培养质量

努力搭建顺畅的校际交流关系、优良的办学环境、健全的奖学金制度体系、完善的海外校友和国际学生校友网络,吸引更多国际学生,特别是一流大学(学科)学生,加大国际学生培养规模,提高国际学生培养质量,加强国际学生的中国优秀文化教育;以建设教育部卓越奖学金项目——"一带一路"可持续基础设施工程硕士的校友网络为契机,进一步推进国际学生整建制订单式培养,服务"一带一路"倡议。

(八)加强和改进党的领导

1. 牢牢坚持党对学校的领导,更好发挥党委的领导核心作用,大力加强党的建设,推进全面从严治党向纵深发展

始终坚持党的领导,加强党委对学校工作的全面领导,更加充分发挥学校党委管党治党、办学治校的领导核心作用。学校党委将深入学习贯彻习近平总书记系列重要讲话精神和治国理政新理念、新思想、新战略,深入贯彻全国高校思想政治工作会议精神,牢固树立政治意识、大局意识、核心意识、看齐意识,坚持社会主义办学方向,紧紧扎根中国大地,以立德树人为根本,积极响应国家创新驱动发展战略,密切服务国家、区域经济建设和社会发展,积极传承优秀传统文化与创造社会主义先进文化,建成具有鲜明中国特色、东大气质的人民满意的世界一流大学。

校党委进一步加强思想建设、组织建设、作风建设、制度建设和反腐倡廉建设,全面加强从严治党,不断提升学校党委把方向、管全局、谋大事、保落实的能力。更加科学合理设立党的基层组织,加强基层党组织的效能建设,提高全校各级党组织的凝聚力、战斗力。

2. 抓好领导班子与干部队伍建设

坚持和完善党委领导下的校长负责制,坚持党委的领导核心作用,支持校长依法独立负责行使职权,健全党委统一领导、党政分工合作、协调运行的工作机制。健全和完善领导班子战略研讨制度,不断提升领导班子顶层设计能力。坚持民主集中制,集体讨论决定学校重大问题和重要事项,坚持和完善决策前的调研制和论证制、决策中的票决制和决策后的责任制,提高领导班子科学决策水平。

提升干部队伍的谋划力、决策力和执行力,增强责任感、使命感和紧迫感,落实从严治党、从严管理干部的要求,完善干部选拔任用的程序与环节,努力形成系统完备、科学规范、有效管用、简便易行的选人用人制度体系。建设数量充足、结构合理、担当重任、年轻优秀的后备干部队伍。强化党建考核,加强对领导干部的管理和监督,健全领导班子和领导干部考核评价机制。

3. 加强制度建设和作风建设

构建上下贯通、相互衔接、务实管用的党建制度体系。坚持把制度作为从严治党、依法治校的硬约束,把党的纪律挺在法律前面。深入贯彻落实中央八项规定精神,建立健全长效机制,持之以恒纠正"四风",推动作风建设常态化。严格执行师德建设与考核相关制度,大力弘扬立德树人、教书育人的师德风范。坚持和完善领导干部密切联系师生制度,进一步完善机关作风建设考评办法,提高校机关管理水平和服务质效,为建设世界一流大学提供良好的管理保障。

(九)全面深化综合改革

1. 进一步优化学校内部治理结构

充分发挥党委在学校办学中的领导核心作用。进一步健全、完善和落实党委领导下的校长负责制的各项具体制度,根据《关于坚持和完善普通高等学校党委领导下的校长负责制的实施意见》,着力加强党的领导,不断优化党委与行政、学术等工作的相关配套制度及议事决策程序,更好地把握"双一流"建设方向,切实有效地落实各项发展战略和部署。

促进行政权力与学术权力融通共生。在坚持党的领导不动摇和必要的行政调控前提下,进一步厘清行政权力和学术权力边界,优化行政权力行使方式,充分发挥学术权力作用,使学术权力和行政权力科学、高效、阳光运行。

推动组织机构优化重组。进一步完善综合事务的跨部门协调机制,确保分工清晰、精干高效,形成"双一流"建设的最大合力,将人、财、物等关键资源配置的决策职能和执行职能适当分离。

激发学部、院(系)等基层组织的创新活力。发挥好学部在整合学科资源、促进学科交叉、选择新的科研方向上的作用，将一部分学术事务交由学部审议或审定。推动管理权限适当下移，充分发挥学院办学主体性，形成分工科学、运转顺畅高效的校、院（系）管理架构，使院（系）真正成为建设一流学科的主体。

2. 深化人才培养体制机制改革

建立科教融合、产学研协同的人才培养机制。积极利用研究型大学高水平教师队伍、高水平科研条件、高水平学术文化资源、高水平学术科研环境支持教学工作和人才培养。与产业界紧密合作，不断探索高校与行业企业协同培养高层次拔尖创新创业人才的新机制。

建立科学有效的教学质量保障制度。进一步优化已有的教学质量保障制度，形成更加科学的教学评价和考核办法，重点建设由全校所有部门、所有教职员工参与的“协同育人”“全员育人”的新机制，创新教师教学激励与约束机制，融合现代教育技术和信息化等手段，形成一个“可视、公开、约束、激励”的优良教学质量保障机制。

3. 完善人事制度改革

继续深化考核激励和分配制度改革。以调动广大教师投身世界一流大学建设积极性为导向，完善绩效考核激励机制，深化人事分配制度改革，在岗位分类管理的背景下，设计不同的薪酬激励措施，构建以岗位绩效工资为主体，协议工资、项目工资等并存的多元化工资体系，并探索建立规范化的考核激励机制和相应的薪酬调整机制，同时着力建立和完善院（系）等教学科研单位“责、权、利”相统一的激励保障体系。

探索灵活高效的教师选聘和成长机制。优化人才引育体制，使得不同人才都能够脱颖而出。对海内外高端引进人才，重在建立“引得进、留得住、成长快”的使用和发展机制。注重对存量师资的全方位培养，重点打造富有东大特色的中青年后备人才培养体系，使中青年教师能够快速成长。

4. 创新科研管理体制机制

创新科研导向与成果激励机制。建立以重大专项、国家重大工程、未来重要发展趋势、重大横向开发项目等重点研究项目为导向，以科技成果产生的社会价值为导向的科技评价体系，完善科研成果跨院（系）双计制度，进一步健全完善高水平科研成果激励机制，鼓励学科间的交叉融合。

探索科研机构管理新机制。进一步探索建立不同类型、不同级别、不同形式的新型科研机构，新型科研机构由全职管理人员、根据合同聘任的项目研究人员、辅助技术人员、博士后以及校内专任教师等组成，校内专任教师可以来自不同院（系）。对不同人员采取不同的聘用、薪酬和激励机制，充分调动科研人员的主动性与积极性。

进一步完善分类评估机制。对不同类型、不同级别、不同形式的新型科研机构的组成人员，采取不同的分类评价机制。对于基础与交叉研究，实施国际化评估制度；对于人文社科研究，实施第三方评估制度；贯彻习近平总书记强军思想，加强国防科技研究，引入应用方评价制度。

5. 加快文化传承创新的管理体制和运行机制改革

创新文化传承与发展管理服务体制机制。改革文化传承与发展的资源配置模式，集成文化管理服务职能，加强学校文化传承创新的顶层设计、战略规划和管理服务，建立高效完备、多位一体的文化发展新体制机制。

按照文化传承与创新规律，进一步加强过程管理，加大成果质量和绩效评价的考核权重，完善以文化产出成果质量为导向的管理体制、评价机制、奖励政策和考核指标体系，鼓励产出重大标志性文化成果。

落实院(系)和科研机构的文化传承创新主体地位。加强各级各类学术组织建设，形成具有引领性、示范性、特色鲜明的文化传承与创新的“东南学派”。

6. 健全国际交流管理与运行机制

以增进国际交流、开拓师生国际视野、拓展国际合作深度和广度为宗旨，进一步优化国际化办学的制度和办事程序，实现科学决策和科学管理，完善与世界一流大学相接轨的国际交流管理机制。

立足本国国情，借鉴和利用国际优秀办学经验，健全国际交流与合作项目、师资引进与派出的各项管理制度和运行机制，提高办学水平；制定政策和措施，支持院(系)和学科加强与世界一流大学(学科)、国际知名科研机构、跨区域组织和跨国公司开展实质性的学术交流和合作研究。

7. 完善办学资源筹集机制

出台新的筹资办法，完善捐赠资源的筹措和使用机制，积极引进社会资源，拓宽筹资渠道，获取各种办学支持。结合江苏经济社会发展和苏南自主创新示范区建设，认真梳理学校与地方政府的各种合作共建关系，提升东南大学异地教学科研机构设置的科学化水平，建立起校地双方权责匹配、利益共享的合作模式。完善异地教学科研机构的独立法人运行机制，建立起学校母体与异地教学科研机构协调发展的高效、联动管理机制。

四、预期成效

通过2017—2020年的建设，东南大学综合改革取得重要进展，内部治理结构趋于完善，学科布局更加合理，具有一流的本科生教育和研究生教育，拔尖创新人才培养质量得到社会高度认可，师资队伍的师德师风建设和教育教学能力大幅提升，一流科学家、学科领军人物和创新团队规模稳步扩大，原始创新、社会服务和文化传承创新能力显著增强，为经济社会发展和国家战略实施做出重要贡献，提高参与国际教育、科技、文化等活动的层次和深度，国际影响力显著增强。有一批学科进入世界一流学科行列，其中若干优势学科进入世界一流学科前列，学校整体实力达到世界一流大学水平。具体体现在：

(一) 建成一批一流学科(群)，带动学校所有学科协调发展

重点建设生物医学工程、交通运输工程、艺术学理论、建筑学、电子科学与技术、风景

园林学、土木工程、信息与通信工程、控制科学与工程、计算机科学与技术、材料科学与工程、生命科学与健康、城乡规划学、仪器科学与技术、动力工程及工程热物理等15个学科(群),一批学科进入世界一流学科行列,其中若干优势学科进入世界一流学科前列。以这些学科(群)为核心,推动多学科间的交叉融合,在量子信息、网络空间安全、智能制造、智慧城市、脑科学、人工智能等基础、前沿、新兴、交叉学科方面取得突破。发挥重点建设学科(群)的引领和辐射作用,带动学校所有学科协调发展,推动学校整体水平快速提升。

(二)完善一流本科生和研究生教育教学,全面提高人才培养质量

坚持“立德树人”这一根本任务,以理想信念教育为核心,以社会主义核心价值观为统领,显著提高思想政治理论课教师的思想政治素质、马克思主义理论素养和思想政治理论课教学基本功,思想政治理论课质量和水平大幅提升。其他各门课都“守好一段渠,种好责任田”,各类课程与思想政治理论课同向同行,形成协同效应,引导学生学习传承中华优秀传统文化、革命文化、社会主义先进文化,帮助学生健康成长,修身养性,让学生成长为健康的人、全面发展的人。

以培养一流创新创业人才为导向,通识教育基础上的宽口径专业培养模式进一步优化,招生录取制度、培养体制机制和教学模式改革进一步深化,形成本一硕一博一体化和卓越化、国际化、研究型人才培养渠道。积极汇聚优质教学资源,拔尖创新人才培养体系持续完善,创新创业教育成效显著。基于学生成长体验和不断改进的质量保障机制进一步健全,研究型大学高质量创新人才培养体系进一步完善,更多毕业生进入国家重要岗位和急需岗位。

(三)原始创新能力大幅提升,重大科技成果持续产出

以原始创新能力提升为核心,以体制机制综合改革为突破,强化顶层设计和战略规划,优化资源配置,建成一大批自然科学和哲学社会科学领域的科技创新团队和新型科研机构,传统优势学科的研究设施和条件进一步提升,建成一批新兴交叉学科和国家重大安全相关领域的科技创新平台,原始创新、社会服务和文化传承创新能力显著增强,为经济社会发展和国家战略实施做出重要贡献。

新增若干国家重点(工程)实验室、国家工程(技术)研究中心、“111引智基地”、国际合作联合实验室、高端智库;在知识创新、技术发明和解决重大工程问题等方面取得重大成果,获得一批国家科学技术奖;在哲学社会科学领域做出重大贡献,获得一批教育部高校人文社会科学优秀成果奖;科技和文化创新的国际竞争力显著增强,在*Science*、*Nature*等国际顶尖学术刊物上发表一批高水平学术论文。

(四)建成一流师资队伍,教育教学能力大幅提升

以人事制度改革为核心的学校和院(系)综合改革取得重要进展,形成了系统的一流师资队伍建设的体制机制,包括教育、宣传、考核、监督与奖惩相结合的师德建设长效工作机制,灵活高效的青年教师选聘机制,青年教师教育教学能力提升机制,新进教师“弹性聘期”管理制度,多元化的教师教育教学能力提升、研究生导师指导能力提升机制,高端人才引进、培养和使用的体制机制等。

通过深化综合改革和体制机制创新,使全体教师牢固树立“四个意识”和“四个自信”,回归本位并做好本职工作,履行人类灵魂工程师的使命与职责的水平不断提升,成为先进思想文化的传播者、党执政的坚定支持者,更好地担负起学生健康成长指导者和引路人的责任。建立起一支政治素质强、马克思主义理论素养高和思想政治理论课教学基本功扎实的思想政治理论课教师队伍。引导青年教师热爱教学、潜心科研,培养一大批政治素质过硬、教育教学能力突出、科技创新能力拔尖的青年英才。稳步扩大一流科学家、学科领军人物和创新团队规模。通过引育并举、重点高端、着眼未来,形成一支高端人才、优秀中青年教师和骨干教师相结合的结构合理的高水平师资队伍。

(五) 实质性国际合作全面推进,国际影响显著增强

全面推进国际合作办学,构建国际化发展平台,吸引一批海外优质师资来校任教、海外优秀学子来校学习。深度参与国际重大科学计划、科学工程、国际标准和规则的制定以及到国际组织任职,国际化水平全面提升,国际影响力和竞争力显著增强。建设期内,每年支持教师出国(境)合作交流,每年聘请外籍教师来校开设本科生和研究生核心课程或开展联合教学,每年支持和鼓励学生出国(境)交流学习,稳步扩大国际学生的培养规模。

五、组织保障

(一) 加强党的领导,完善组织机构

学校党委进一步牢固树立“四个意识”,坚持“四个自信”和“四个服务”,坚持党的领导和社会主义办学方向,深入贯彻落实党委领导下的校长负责制,全面履行管党治党、办学治校主体责任,紧紧扎根中国大地办学,不断加强自身建设,深入研究中国特色世界一流大学建设,加强“双一流”建设的全面领导、顶层设计和统筹推进。学校成立推进世界一流大学和一流学科建设领导小组和工作小组,具体负责“双一流”建设的推进实施,协调处理相关事务。领导小组由党委书记、校长担任组长,相关校领导担任组员;工作小组由常务副校长担任组长,相关校领导担任副组长,相关职能部门主要负责人担任组员。承担一流学科建设的院(系)均成立“世界一流学科建设领导小组”,成员由相关院(系)党政主要负责人、学科负责人和知名专家组成。

(二) 提高办学资源筹措能力和使用效益

多渠道筹措办学经费。大力争取各级政府在教育经费、科研经费、基本建设经费以及其他专项经费上的投入。充分发挥董事会、基金会、校友会、院(系)和知名学者在筹措资源上的重要作用,实现社会捐赠长期可持续增长。进一步建立与大型企业长期稳定的合作关系,显著增强资金筹措能力。盘活存量资金,优化资源配置,努力使资产保值增值。

优化资源配置。强化校内资源的统筹机制,完善学校公共资源的有偿使用和补偿机制,稳定运行经费和公用支出的比例。推行院(系)总项预算制度,扩大院(系)经费统筹使用权,给予院(系)一揽子经费预算。健全校、院(系)两级财务公开制度,加强校、院(系)、

个人三级经费监管体系。

（三）加强大型仪器设备开放与保障体系建设

加强顶层设计和宏观调节，结合学校优势学科、重点实验室、创新团队建设等的需要进行大型仪器设备合理布局，构建校、院（系）两级大型仪器公共服务平台体系。建立统一协调的管理体制和运行机制，加强规划论证，注重高端设备集成共享，形成专项经费、空间资源分配和学校整体规划布局联动机制。

完善大型仪器开放共享管理系统，全面推行大型仪器设备远程监控、数据采集系统和使用日志功能，突出大型仪器设备使用和运行的实时性、安全性以及数据采集的准确性，切实提高学校大型仪器设备的管理水平。

完善评价体系和激励约束机制，提高使用效益。根据大型仪器设备属性，完善相应的使用维护评价标准和设备管理单位、管理人员的激励约束机制。健全大型仪器测试基金、维修基金管理办法，多方面筹措经费，加大资助力度，提高使用效益。

加强实验技术保障队伍建设，规划实验技术队伍总量及专业素质要求，完善实验技术队伍定编考核和职务晋升办法，优化实验技术人员岗位考核评价体系，进一步做好实验技术精湛、教学和科研服务驾轻就熟的实验技术引领队伍和爱岗敬业、保障能力突出的实验设备运行保障队伍建设。

（四）提升现代化后勤服务和管理水平

深化后勤社会化运行体制机制改革，建立健全“公益性投入与市场化运营相结合”的后勤运行保障体制，建立新型高校后勤保障体系，基本实现后勤服务现代化、社会化、专业化，完善公益性补偿机制。营造后勤服务“管理育人、服务育人、环境育人、文化育人”的氛围，建设一个具有现代化、知识化、专业化、精细化的后勤服务团队。建设一个具有智能化的后勤服务平台，打造“互联网＋”服务的后勤管理服务模式。

（五）完善校园规划，加快基本建设

进一步完善校园建设规划，注重文化传承与可持续发展，将大学教育理念同校园规划设计结合，科学规划校园功能分区，努力营造以人为本的校园环境。强化落实《东南大学基建管理实施办法》，加强计划管理，完善造价管理制度与流程，推进校内职能部门联动机制，提高基建工作效率，加快相关基建项目建设。

打造现代化、智慧型校园。进一步完善和优化校园信息化基础设施和信息系统，促进信息资源共享，建立全方位、多层次、综合性的信息服务体系。提升数字化图书馆、数字化档案馆的建设水平，建立多媒体教学资源库，完善教室和会议室的多媒体视听系统，构建支持自主学习和研究性学习的信息化教学环境。

（六）建立“双一流”建设过程管理和绩效评估机制

建立人才培养、科学研究、社会服务、文化传承创新、师资队伍建设、国际交流合作“六位一体”的绩效评估机制。在人才培养方面，以一流的本科生教育和研究生教育为目标，

以人才培养质量得到社会认可为核心;在科学研究方面,着重考核为经济社会发展提供有效支撑的原始创新能力和重大科技成果;在社会服务方面,突出产学研深度融合,主动服务国家创新驱动发展战略和产业创新,为国家经济社会发展做出贡献;在文化传承创新方面,能够形成引领社会文明进步、特色鲜明的大学精神和文化;在师资队伍建设方面,着重考核青年教师的培养和师资队伍整体的教育教学能力、科技创新水平;在国际交流合作方面,突出参与国际合作的深度和国际影响力的提升。

建立健全以建设目标为导向的过程管理模式,明确学校和学科在人才培养、科学研究、社会服务、文化传承创新、师资队伍建设、国际交流合作等六个方面的分阶段建设任务及其责任单位和责任人。建立激励和约束机制,对分阶段建设任务的目标达成度进行考核,及时解决建设过程中存在的问题。采用自我评价与第三方评价相结合的方式,增强自我约束和管理能力。根据评价结果,对责任单位和责任人进行奖励或问责,对建设学科的资源配置进行动态调整,将评价结果纳入责任单位和建设学科的年度绩效考核之中。

概　况

学校概况

东南大学是中央直管、教育部直属的全国重点大学，是“985 工程”和“211 工程”重点建设的大学之一，2017 年进入一流大学建设高校 A 类名单。学校坐落于历史文化名城南京，占地面积 5 888 亩，建有四牌楼、九龙湖、丁家桥等校区。

东南大学是我国最早建立的高等学府之一，素有“学府圣地”和“东南学府第一流”之美誉。东南大学前身是创建于 1902 年的三江师范学堂。1921 年经近代著名教育家郭秉文先生竭力倡导，以南京高等师范学校为基础正式建立国立东南大学，成为当时国内仅有的两所国立综合性大学之一。郭秉文先生出任首任校长，他周咨博访、广延名师，数十位著名学者、专家荟萃东大，遂有“北大以文史哲著称，东大以科学名世”之佳话。1928 年学校改名为“国立中央大学”，设理、工、医、农、文、法、教育七个学院，学科之全和规模之大为全国高校之冠。1952 年全国院系调整，学校文理等科迁出，以原国立中央大学工学院为主体，先后并入复旦大学、交通大学、浙江大学、金陵大学等校的有关系科，在国立中央大学本部原址建立了南京工学院。1988 年 5 月，学校复更名为“东南大学”，校庆日为每年 6 月 6 日(原国立东南大学校庆日)。2000 年 4 月，原东南大学、南京铁道医学院、南京交通高等专科学校合并，南京地质学校并入，组建了新的东南大学。

东南大学不断探索办学、育人之道，积淀了优良深厚的历史传统。从两江优级师范学堂“嚼得菜根，做得大事”的理念，到“民族、民主、科学”的南高(南京高等师范学堂)精神；从国立东南大学“止于至善”的校训，到国立中央大学“诚、朴、雄、伟”之学风，到南京工学院“严谨、求实、团结、奋进”的校风，百余年来，东南大学为发展科学、振兴中华而自强不息、追求卓越的奋斗精神，激励着每一个东大人去创造辉煌的业绩。

经过 115 年的创业发展，如今的东南大学已成为一所以工科为主要特色，哲学、经济学、法学、教育学、文学、理学、工学、医学、管理学、艺术学等多学科协调发展的综合性、研究型大学。全日制在校生 31 470 人，其中研究生 15 614 人。专任教师 2 832 人，其中具有博士学位的教师 2 314 人，具有正、副高级职称的教师 1 935 人，博士生指导教师 925

人,硕士生指导教师 2 151 人,两院院士 12 人,欧洲科学院院士 1 人,国务院学位委员第七届学科评议组成员 13 人,入选国家"万人计划"专家 16 人,"长江学者奖励计划"教授 45 人,青年长江学者 10 人,国家级教学名师奖获得者 5 人,"万人计划"教学名师 3 人,国家杰出青年科学基金获得者 43 人,国家"十二五""863 计划"主题专家 3 人,国家科技计划专项专家 1 人,国家重大专项专家 2 人,人事部"百千万人才工程"国家级人选 24 人,全国十大青年法学家 2 人。

目前,学校设有 30 个院(系),拥有 76 个本科专业,30 个博士学位一级学科授权点,49 个硕士学位一级学科授权点,5 个国家一级重点学科(涵盖 15 个二级学科),5 个国家二级重点学科,1 个国家重点(培育)学科,13 个江苏高校优势学科建设工程二期项目立项学科(群),1 个江苏省重点序列学科,17 个"十三五"江苏省重点学科,30 个博士后科研流动站。有 3 个国家重点实验室,3 个国家工程研究中心,2 个国家工程技术研究中心,11 个教育部重点实验室,5 个教育部工程研究中心,并以此为依托形成了一批重点科研基地。近年来,学校大力加强学科建设,取得丰硕成果。2017 年 9 月,学校进入一流大学建设高校 A 类名单,11 个学科入选一流学科名单,包括:材料科学与工程、电子科学与技术、信息与通信工程、控制科学与工程、计算机科学与技术、建筑学、土木工程、交通运输工程、生物医学工程、风景园林学、艺术学理论等,入选学科数位列全国第 8。在教育部学位与研究生教育发展中心组织的第四轮学科评估中,获得 A+的学科有 5 个,分别为建筑学、土木工程、交通运输工程、生物医学工程、艺术学理论,获得 A+的学科数位列全国高校第 8。工程学、计算机科学、材料科学、数学、物理学、化学、临床医学、生物与生物化学、药理学与毒理学、神经科学与行为科学、社会科学总论等 11 个学科进入 ESI 世界前 1%,其中工程学位列 32 位、计算机科学位列 35 位,这两个学科都已进入 ESI 世界前 1‰。

在长期的办学实践中,东南大学坚持"以科学名世、以人才报国"的办学理念,不断加大教学投入,深化教育教学改革,努力推进素质教育,着力培养学生的创新精神、创业意识和创新创业能力。学校在坚持"重基础、重实践、重素质"本科教育教学传统的同时,又进一步提出"卓越化、国际化、研究型"本科教育教学的新境界。东南大学是教育部"卓越工程师教育培养计划"和"国家大学生创新性实验计划"首批实施高校;是首批国家级创新创业教育改革示范高校,入选教育部"全国高校实践育人创新创业基地";是教育部、(现卫计委)第一批"卓越医生教育培养计划"项目试点高校之一,是拔尖创新医学人才培养模式改革试点和五年制临床医学人才培养模式改革试点高校之一。学校共有 5 个专业入选国家级综合改革试点项目,23 个专业入选国家特色专业建设点,36 门课程获首批"国家级精品资源共享课"荣誉称号;8 个实验中心入选国家级实验教学示范中心及建设点,3 个中心入选国家级虚拟仿真实验教学中心。52 位教授当选新一届全国教学指导委员会委员,其中 5 位教授当选高等学校相应专业教学指导委员会主任委员。11 个团队入选国家级教学创新团队。连续三届获得国家级教学成果一等奖。学校建有 12 个国家级人才培养模式创新实验区和 12 个国家级工程实践教育中心。学校建有一大批校内外实践基地,课外科技文化活动丰富多彩。每年立项各级大学生科研训练计划项目 1 500 余项,组织参加各级各类学科竞赛 100 多余项,并取得了优异成绩。学校在 2017 年第三届"互联网+"全国大学生创新创业大赛中取得 1 金 1 银 2 铜的佳绩,金奖项目斩获全国季军殊荣;在第十五届

“挑战杯”全国大学生课外学术科技作品竞赛中获得2个特等奖、2个一等奖和2个二等奖，以总分420分位列全国第三，江苏第一，并捧得“优胜杯”；在2017全国大学生电子设计竞赛中获得全国一等奖9个、二等奖10个，一等奖数在全国高校中并列第一，这是东南大学连续两届一等奖获奖数在全国高校并列第一；在2017年美国土木工程大学生钢桥竞赛中获得国际级一等奖；在2017年美国大学生数学建模竞赛中获得国际级一等奖，在2017年全国大学生数学建模竞赛中获得全国一等奖5项，一等奖获奖数并列全国高校第一；在2017年中国教育机器人大赛中获得国家级特等奖；在第十二届全国大学生交通科技大赛中获得国家级一等奖等。2017年被教育部认定为“全国首批深化创新创业教育改革示范高校”99所高校之一。

在研究生教育方面，东南大学以“培养高素质拔尖创新人才”为己任，积极推进研究生教育教学改革，不断转变教学模式，优化课程体系。近年来，学校打造了一批荣获“小平科技创新团队”等表彰的学生创新创业俱乐部，培育的优秀学子获得各种奖项。其中许德旺同学获得“中国大学生自强之星”标兵、孙俊同学获得中国青少年科技创新奖等重要荣誉。学校共有20篇论文被评为全国百篇优秀博士学位论文，31篇论文获得提名。2007年起，学校连续开展了“国家建设高水平大学公派出国留学项目”的选拔和推荐工作，共派出研究生1 599名，其中攻读博士学位的411人，联合培养博士研究生1 082人。同时积极开展广泛的国内外学术交流，大力推进联合办学，与澳大利亚蒙纳士大学合作的东南大学—蒙纳士大学苏州联合研究生院是教育部批准的第一个中外联合研究生院，已正式招生1 006人，已毕业458人；与法国雷恩一大的合作，开辟了研究生培养和科研合作的新渠道。

东南大学以“科教兴国”为己任，从国民经济和社会发展的需要出发，积极开展基础研究、应用基础研究和重大战略高技术研究，已成为在国内外具有较大社会影响的高新技术研究和辐射的重要基地。2011—2017年共牵头获得国家级科技奖项22项，其中2011年获得国家技术发明一等奖1项，2014年获得国家科技进步一等奖1项。2017年，科研经费到款23.1亿元。发明专利申请2 556件，发明专利授权1 545件，申请PCT专利34件。SCI论文收录2 689篇，位列全国高校第19位；EI收录论文2 644篇，排名第12位。近五年共牵头获得教育部高校人文社会科学优秀成果奖16项，其中一等奖1项；牵头获得江苏省人民政府哲学社会科学优秀成果奖50项，其中一等奖8项；牵头获得国家社会科学基金135项，其中重大项目6项，重点项目12项。

学校服务地方经济建设成效显著。江苏省内高校科技工作为江苏服务情况统计结果显示，东南大学在科技项目及团队、科技经费、科技基地、四技经费、科技成果转化及科技项目验收鉴定、专利情况、科技成果获奖等七项指标中每年均位列前茅，而且多数指标居全省高校第一。东南大学国家大学科技园作为科技成果转移转化、创新创业人才培养、高新技术企业培育和发展战略性新兴产业的平台，目前，创新创业载体达20余万平方米，在园企业300余家，毕业企业1 000余家，已成功培育了以江苏金智科技股份有限公司、途牛旅游网等为代表的一批高新技术企业。

东南大学是我国具有较大国际影响的大学之一。改革开放以来，国际交流活动更加活跃，学校已与美国麻省理工学院、美国北卡罗来纳大学教堂山分校、美国威斯康星麦迪逊大学、美国加州大学欧文分校、英国剑桥大学、英国伯明翰大学、英国诺丁汉大学、英国贝尔法斯特女王大学、瑞士联邦苏黎世高工、德国慕尼黑工业大学、澳大利亚墨尔本大学、澳大利亚蒙纳士大学、瑞典皇家理工学院、东京工业大学等150多所大学和研究机构签订了合作交流协议。东南大学发起组建了“中英大学工程教育与研究联盟”。“中英大学工程教育与研究联盟”是中国与英国合作建立的第一个以工程教育与研究为特色的大学联盟。联盟英方大学包括:贝尔法斯特女王大学、伯明翰大学、卡迪夫大学、伦敦大学学院、诺丁汉大学和华威大学等6所。在校留学生人数达到1 947人,其中学历留学生1 492人,占总人数的76.6%;留学研究生713人,占学历留学生比例47.8%,学历留学生和留学研究生数均居全省第一。学校在美国和白俄罗斯设有3个孔子学院。

2006年夏季起,学校主教学区迁至九龙湖校区,由此掀开东南大学发展史上崭新的一页。九龙湖校区位于江宁经济技术开发区南部,总面积3 752.35亩。九龙湖校区建筑规划以东南大学的历史文脉为依据,采取公共核心教学组团与专业教学族群组团相结合的校园建筑形态,形成中西合璧、绿色开放的森林之城和活力之城。九龙湖校区已建成教学区、科研实验区、行政区、本科生生活区、研究生生活区、教师生活区、后勤保卫区等,总建筑面积约78.97万平方米。目前,学校图书馆面积6.69万平方米,藏有各类图书资料424.99万册。

今日的东南大学将秉承“止于至善”的校训和“严谨、求实、团结、奋进”的校风,塑造风清气正的师德师风,打造爱岗敬业、精于施教的优良教风,形成热爱学习、追求卓越的优良学风,全面深化综合改革,持续完善现代大学制度,不断加强内涵建设,大力加强创新创业教育,着力提高人才培养质量,大力提升科技创新水平,显著增强社会服务和文化传承创新能力。按照“强势工科、优势理科、精品文科、特色医科”的学科布局和“多学科融合、理工文医综合、产学研结合、国际化联合”的一流学科建设思路,加快学科建设步伐,明确重点,分类支持,集中力量建设一批世界一流学科和一大批国内前列学科,争取早日建成具有鲜明中国特色、东大气质的人民满意的世界一流大学,到2020年,学校整体实力达到世界一流大学水平;到2030年,学校稳居世界一流大学行列;到本世纪中叶,学校进入世界一流大学前列。

机构与干部

党 群 系 统

中国共产党东南大学第十四届委员会组成名单

书　　记:易　红(—2017.12)　左　惟(2017.12—)

常务副书记:刘　波(—2017.05)　左　惟(2017.04—2017.12)

副 书 记:郑家茂　任利剑　张广军(2017.04—)

常务委员：（以姓氏笔画为序）

丁　辉　王保平　左　惟(2017.04—)　仲伟俊　任利剑
刘　波(—2017.05)　李　鑫　吴　刚　张广军　易　红(—2017.12)
金保昇　周佑勇　郑家茂　黄大卫

委　　员：（以姓氏笔画为序）

丁　辉　王　炜　王保平　毛惠西　左　惟(2017.04—)　冯建明
仲伟俊　任卫时　任利剑　刘　波(—2017.05)　刘乃丰　孙岳明
李　鑫　李久贤　吴　刚　张广军　陆　挺　陆祖宏
易　红(—2017.12)　金保昇　周佑勇　郑家茂　钟文琪　袁久红
顾忠泽　郭小明　黄大卫　雷　威

中国共产党东南大学纪律检查委员会组成名单

书　　记：任利剑
副 书 记：吴荣顺
委　　员：（以姓氏笔画为序）

王　军　朱小良　任利剑　任祖平　华为国　刘　静　李　涛　吴荣顺
周　勇(—2017.08)　孟　红　赵林度　秦　霞　冀　民

党群系统机构及干部名单

党委办公室

主　　任：冯建明
副 主 任：周　虹(兼)　李昭昊　赵会泽(兼)　李黎藜(兼)
副处长级秘书：赵会泽

党委统战部

部　　长：冯建明
副 部 长：周　虹(兼)　李黎藜

党委发展规划部

部　　长：梅汉成(—2017.11)
副 部 长：张　胤(兼)

党　校

校　　长：郭广银(兼)(—2017.01)　易　红(兼)(2017.01—)
副 校 长：李　鑫(兼)

社会主义学院

院　　长:郭广银(兼)(—2017.01)　易　红(兼)(2017.01—)

副 院 长:李　鑫(兼)

党委组织部

部　　长:李　鑫

副 部 长:邢纪红

组 织 员:陆　玲　李庭红　施春陵

党委宣传部

部　　长:毛惠西

副 部 长:施　畅(—2017.04)　李小男　江雪华(2017.07—)

《东南大学报》主编:宋业春

党委教师工作部(2017.07—)

部　　长:毛惠西(兼)(2017.07—)

副 部 长:江雪华(兼)(2017.07—)

纪委办公室

主　　任:吴荣顺(兼)

副 主 任:李吉海(—2017.01)

纪 检 员:李　瑛(兼)　夏建春　李冬梅　陈　波(2017.01—)

党委武装部

部　　长:姜亚辉(—2017.10)

党委学生工作部

部　　长:孙莉玲

副 部 长:张晓坚

心理咨询中心主任:孙莉玲(兼)

党委研究生工作部

部　　长:钟文琪

副 部 长:赵松立

党委保卫部

部　　长:任祖平

副 部 长:吴　扬(兼)　刘培高(兼)　李建平(兼)

党委老干部处

处　　长：张俊琴

副 处 长：胡建人

丁家桥校区办公室主任：胡建人（兼）

工　会

主　　席：华为国

副 主 席：张赛娟　陆　海

兼职副主席：吴国新　贾民平

团　委

书　　记：陆　挺

副 书 记：张　璐　杨文燮（2017.02—）

大学生艺术指导中心主任：洪海军

东南大学第八届教职工代表大会暨第十五届工会委员会组成人员名单

东南大学第八届教职工代表大会执行委员会委员（25名，按姓氏笔画为序）

卫平民	王承慧（女）	刘　攀	刘乃丰
任卫时	任利剑	华为国	仲伟俊
孙伟锋	汤勇明	张　宇	张建琼（女）
张福保	李久贤	李新德	周　勇
周建成	范　斌	封卫东	钱　华
郭小明	贾民平	曹玖新	董　帅
童小东			

东南大学第十五届工会委员会委员（29名，按姓氏笔画为序）

马民华	凤启龙	王萃寒（女）	吕　霞（女）
任卫时	华为国	江伟新	刘建利
李　涛（人文学院）		李　晶（女）	吴　娟（女）
时　斌	陆　海	陈　坚	陈金喜
张立武	张翠英（女）	张赛娟（女）	邰扣霞（女）
邱振清	姚红红（女）	赵嘉宁（女）	秦文虎
高庆华（女）	黄　鹏	符影杰	蒋明霞（女）
董梅芳（女）	蔡国军		

东南大学第十五届工会经费审查委员会委员（7名，按姓氏笔画为序）

刘　岚（女）	张宇欣（女）	张福保	周建成

郝艳娟(女)　高庆华(女)　黄　鹏

东南大学第八届教职工代表大会校务民主管理与监督委员会委员(11名,按姓氏笔画为序)

卫平民　王　珏(女)　冯建明　冯莉莉(女)
刘　攀　华为国　李久贤　李宏生
钱　华　袁曦临(女)　董　帅

东南大学第八届教职工代表大会提案工作委员会委员(11名,按姓氏笔画为序)

冯国强　刘　岚(女)　吴　娟(女)　吴　涓(女)
吴凌尧　陆　海　金志军　姜平波
秦文虎　曹玖新　蔡国军

东南大学第八届教职工代表大会执行委员会主任、副主任、秘书长

主　　任:任利剑
副 主 任:刘　攀　曹玖新
秘 书 长:华为国

东南大学第十五届工会委员会主席、副主席

主　　席:华为国
副 主 席:陆　海　张赛娟(女)

东南大学第十五届工会经费委员会主任、副主任

主　　任:张宇欣(女)
副 主 任:刘　岚(女)　张福保

共青团东南大学第二十届委员会名单

书　　记:陆　挺
副 书 记:张　璐　杨文燮
委员会委员:丁小丽(女)　王婧菲(女)　史红叶(女)　付小鸥(女)
付　林　吉　鑫　李　鑫(女)　杨文燮
吴兆青(女)　邱　峰　张　罕　张　琰(女)
张　璐(女)　陆　挺　林　琼(女)　罗　磊
罗　澍　季培霖(女)　钮长慧(女)　钱怡君(女)
尉思懿(女)
常务委员:王婧菲(女)　杨文燮　邱　峰　张　罕
张　琰(女)　张　璐(女)　陆　挺　罗　澍
钱怡君(女)

各校区工委、基层党委、党总支、直属党支部及干部名单

丁家桥校区工委
　书　　记：张立武
　副 书 记：王　亮(—2017.03)　刘晓芸(2017.03—)

建筑学院党委
　书　　记：陆卓谟(—2017.01)　冷嘉伟(2017.04—)
　副 书 记：李向锋

机械工程学院党委
　书　　记：张志胜
　副 书 记：王　斌

能源与环境学院党委
　书　　记：朱小良
　副 书 记：司凤琪

信息科学与工程学院党委
　书　　记：李久贤
　副 书 记：孙　威

土木工程学院党委
　书　　记：刘　静
　副 书 记：张豪裕

电子科学与工程学院、微电子学院党委
　书　　记：施建宁
　副 书 记：宋晓燕

数学系党委(—2017.01)
数学学院党委(2017.01—)
　书　　记：吴映红
　副 书 记：曹海燕

自动化学院党委

书　　记:袁晓辉

副 书 记:金立左

计算机科学与工程学院、软件学院党委

书　　记:程　光(—2017.08)

副 书 记:裴　峰

物理系党委(—2017.01)

物理学院党委(2017.01—)

书　　记:王勇刚

副 书 记:潘勇涛

生物科学与医学工程学院党委

书　　记:洪宗训

副 书 记:周　平

材料科学与工程学院党委

书　　记:杨树东

副 书 记:李　磊

人文学院党委

书　　记:李　涛

副 书 记:何　熠

经济管理学院党委

书　　记:仲伟俊

副 书 记:祝　虹

电气工程学院党委

书　　记:顾永红

副 书 记:杨　蕙

外国语学院党委

书　　记:马　强

副 书 记:汤顶华

化学化工学院党委
书　　记：蒋　波
副 书 记：陆　娟

交通学院党委
书　　记：秦　霞
副 书 记：陈　怡

仪器科学与工程学院党委
书　　记：王　军
副 书 记：张　力

公共卫生学院党委
书　　记：李　涛
副 书 记：凤启龙

附属中大医院党委
书　　记：刘乃丰（兼）
副 书 记：陈宝安　李吉海（2017.01—）
附属中大医院纪委书记：陈宝安（兼）（—2017.01）　李吉海（2017.01—）

医学院党委
书　　记：谭东伟
副 书 记：程　斌

无锡分校党委
书　　记：施　畅（2017.04—）
副 书 记：殷　缨

继续教育学院党委
书　　记：封卫东

成贤学院党委
书　　记：徐　悦
副 书 记：王　荣

苏州研究院党委
书　　记：顾　芳

副　书　记:于向军

校机关党委

书　　　记:吴　娟

离休干部党委

书　　　记:钱炳昌

副　书　记:张　楠　殷　立

丁家桥校区离休干部党委

书　　　记:方明宇

副　书　记:付逊芳　胡建人

后勤党工委

书　　　记:何　林

副　书　记:邱佳川

产业党工委

书　　　记:周　勇(—2017.08)　吴　刚(兼)(2017.08—)

副　书　记:王松林　潘久松(兼,无行政级别)

体育系党总支

书　　　记:王　强

吴健雄学院党总支

书　　　记:雷　威(兼)

副　书　记:钟　辉

艺术学院党委

书　　　记:王和平

副　书　记:徐　进(—2017.09)

法学院党委

书　　　记:孟　红

副　书　记:高　歌

马克思主义学院党委

书　　　记:

副　书　记：袁健红

图书馆党总支
书　　　记：黄松莺

东南大学医院直属党支部
书　　　记：李向阳

生命科学研究院直属党支部
书　　　记：邱振清

行 政 系 统

校长及校长助理

校　　　长：张广军
常务副校长：王保平
副　校　长：黄大卫　吴　刚　金保昇　周佑勇
总 会 计 师：丁　辉
校 长 助 理：刘乃丰

行政机构及干部名单

校长办公室
主　　　任：金志军
副　主　任：姜平波　芮振华
合作共建办公室主任：金志军
网络与信息中心主任：金志军
副　主　任：王　健

国际合作处(港澳台办公室)
处　　　长：
副　处　长：叶智锐(主持工作)　许克琪　陆　璐(2017.07—)
兼职副处长：李启明
港澳台办公室主任：

副　主　任:叶智锐(主持工作)　许克琪(兼)　陆　璐(兼)(2017.07—)

研究生院
院　　长:沈　炯(兼)(—2017.01)　金保昇(兼)(2017.01—)
常务副院长:钟文琪
副　院　长:袁榴娣
兼职副院长:王修信　董寅生　苟少华
学科建设办公室主任:郭　彤
兼职副主任:张为公(兼)
研究生招生办公室主任:宛　敏
研究生培养办公室主任:
兼职副主任:舒华忠(兼)
研究生学位办公室主任:顾兴中
研究生管理办公室主任:赵松立(兼)

教务处
处　　长:孙伟锋
副　处　长:朱　明　王栓宏　吴　涓　沈孝兵
兼职副处长:丁德胜(兼)　梅姝娥(兼)
教育技术中心主任:姜昌金

科研院
院　　长:吴　刚(兼)(2017.01—)
常务副院长:孙岳明
副　院　长:张晓兵
基础研究与海外合作办公室主任:刘　磊(2017.01—)
先进技术与装备办公室主任:费庆国
应用技术办公室主任:郝勇生
高新技术与社会发展办公室主任:刘　威(2017.01—)
基地与协同创新办公室主任:蒋金洋(2017.01—)
科研成果与基地管理办公室主任:方　红
国防科学技术院(先进技术与装备院)院长:孙岳明(兼)(—2017.01)　张晓兵(兼)(2017.01—)
副　院　长:费庆国　王继刚(—2017.10)
应用技术院院长:张晓兵(兼)(—2017.01)　孙岳明(兼)(2017.01—)
副院长:郝勇生(兼)

社会科学处
处　长:

副　处　长：陈志斌（主持工作）　甘　锋　邵永生（—2017.09）

人事处

处　　　长：郭小明

副　处　长：达飞鹏　刘明芬　吴凌尧

兼职副处长：孙子林（兼）

学生处

处　　　长：孙莉玲

副　处　长：蔡　亮　江雪华（—2017.07）　宋健刚　徐　进（2017.09—）

发展委员会

主　　　任：浦跃朴（兼）（—2017.01）　周佑勇（兼）（2017.01—）

常务副主任：刘松玉（—2017.05）

副　主　任：李　爽　米永强（保留正处级待遇）　姚志彪

发展规划处

处　　　长：梅汉成（—2017.11）

副　处　长：张　胤

保卫处

处　　　长：任祖平

副　处　长：吴　扬　刘培高（兼）　李建平

财务处

处　　　长：任卫时

副　处　长：张晓红　孙红霞　刘　岚　王绍灵

校园一卡通管理中心主任：高　进

审计处

处　　　长：冀　民

副　处　长：季永华（—2017.07）　张宇欣（—2017.01）　陈　晴（2017.07—）
李智敏（2017.07—，保留正处级）

兼职副处长：周　勤（兼）

监察处

处　　　长：吴荣顺

副　处　长：李　瑛　李吉海（—2017.01）

监　察　员:夏建春　李冬梅　陈　波(2017.01—)

总务处

处　　长:梁书亭

副 处 长:章荣琦　冯国强(—2017.02)　周建华　沈建辉　丁　乐(兼)(—2017.02)　丁　乐(2017.02—)　王　亮(兼)(2017.03—)　刘　润(2017.07—)

基本建设处

处　　长:李维滨

副 处 长:汤　磊　尤　鋆(2017.07—)

保密办公室

主　　任:吴　刚(兼)

常务副主任:孙岳明(兼)

副 主 任:周　虹　陈　镭

资产经营管理处

处　　长:江　汉

副 处 长:过秀成　单　良

实验室与设备管理处

处　　长:熊宏齐

副 处 长:孟正大(—2017.10)　刘加彬　王继刚(2017.10—)

丁家桥校区管理委员会

主　　任:张立武

党政办公室主任:王　亮(兼)(—2017.03)　刘晓芸(兼)(2017.03—)

保卫办公室主任:刘培高

后勤办公室主任:丁　乐(—2017.02)　王　亮(2017.03—)

院系及干部名单

建筑学院

院　　长:韩冬青

副 院 长:冷嘉伟(—2017.04)　石　邢　葛　明　张　彤　孙世界　李向锋(兼)

机械工程学院
　院　　长:倪中华
　副 院 长:陈云飞　张志胜(兼)　孙蓓蓓　殷国栋　王　斌(兼)
　工业发展与培训中心主任:张远明

能源与环境学院
　院　　长:钟文琪(—2017.01)　肖　睿(2017.01—)
　副 院 长:黄亚继　朱光灿　李舒宏　肖　睿(—2017.01)　许传龙(2017.12—)
　　　　　梁　财(2017.12—)　司凤琪(兼)

信息科学与工程学院
　院　　长:洪　伟
　副 院 长:高西奇　张在琛　黄永明　陆卫兵　孙　威(兼)

土木工程学院
　院　　长:王景全
　副 院 长:舒赣平　童小东　黄　镇(2017.01—)　张豪裕(兼)

电子科学与工程学院、微电子学院
　院　　长:
　副 院 长:孙立涛(主持工作)　汤勇明　王著元　仲雪飞　徐　申(2017.04—)
　　　　　宋晓燕(兼)

数学系(—2017.01)
数学学院(2017.01—)
　院　　长:曹进德
　副 院 长:陈文彦　虞文武　李玉祥　曹海燕(兼)

自动化学院
　院　　长:王保平(兼)
　副 院 长:魏海坤　孙长银　李世华　金立左(兼)

计算机科学与工程学院
　院　　长:罗军舟
　副 院 长:曹玖新(—2017.08)　舒华忠　耿　新　李　伟　裴　锋(兼)

软件学院
　院　　长:罗军舟(兼)

副　院　长：曹玖新(—2017.08)　舒华忠　耿　新　李　伟　裴　锋(兼)

物理系(—2017.01)
物理学院(2017.01—)
院　　　长：杨永宏
副　院　长：戴玉蓉　潘勇涛(兼)　邱　腾　倪振华

生物科学与医学工程学院
院　　　长：顾忠泽
副　院　长：徐春祥　谢建明　赵祥伟　周　平(兼)

材料科学与工程学院
院　　　长：薛　烽
副　院　长：张亚梅　沈宝龙　储成林　李　磊(兼)

人文学院
院　　　长：王　珏
副　院　长：王　俊(—2017.09)　乔光辉　王　兵　邵永生(2017.09—)
何　熠(兼)

艺术学院
院　　　长：王廷信
副　院　长：崔天剑　李轶南　徐　进(兼)(—2017.09)

法学院
院　　　长：刘艳红
副　院　长：欧阳本祺　李煜兴　高　歌(兼)

经济管理学院
院　　　长：赵林度
副　院　长：周　勤(—2017.09)　张玉林　舒　嘉　祝　虹(兼)

电气工程学院
院　　　长：赵剑锋
副　院　长：吴在军　高　山　黄允凯　杨　蕙(兼)

外国语学院
院　　　长：陈美华

副　院　长:刘克华　马冬梅　朱善华　汤顶华(兼)

体育系
主　　任:蔡晓波
副　主　任:沈　辉　金　凯　王青禾

化学化工学院
院　　长:周建成(2017.11—)
副　院　长:刘松琴　周建成(—2017.11)　杨　洪　陆　娟(兼)

交通学院
院　　长:刘　攀
副　院　长:陆　建　程建川　钱振东　顾兴宇　陈　峻　陈　怡(兼)

仪器科学与工程学院
院　　长:宋爱国
副　院　长:李宏生　王立辉　严如强　张　力(兼)

医学院
院　　长:刘乃丰(兼)
副　院　长:孙子林　王立新　赵春杰　姚红红　程　斌(兼)

公共卫生学院
院　　长:尹立红
副　院　长:金　辉　梁戈玉　凤启龙(兼)

吴健雄学院
院　　长:易　红(兼)(—2017.01)　张广军(兼)(2017.01—)
常务副院长:雷　威
副　院　长:况迎辉　钟　辉(兼)

海外教育学院
院　　长:邱　斌
副　院　长:徐　健

马克思主义学院
院　　长:袁久红
副　院　长:盛凌振　叶海涛　袁健红(兼)

网络空间安全学院
　院　　长:于　全(兼职)(2017.01—)
　常务副院长:程　光(兼)(2017.01—2017.08)　程　光(2017.08—)
　副 院 长:陈立全(2017.04—)　曹玖新(2017.08—)

直(附)属单位及负责人名单

图书馆
　馆　　长:顾建新(—2017.01)　李爱国(2017.04—)
　副 馆 长:范　斌　李爱国(—2017.04)　钱　鹏

档案馆
　馆　　长:钱杰生
　副 馆 长:李宇青　刘云虹
　校史研究室主任:刘云虹(兼)

高等教育研究所
　所　　长:梅汉成(兼)(—2017.11)

学报(自然科学版)编辑部
　主　　编:毛善锋

学报(哲学社会科学版)编辑部
　主　　编:徐　嘉

学报(医学版)编辑部
　主　　编:唐　萌

继续教育学院
　院　　长:许映秋
　副 院 长:曹效英　王燕蓉

校医院
　院　　长:卫平民
　副 院 长:龚丽萍　叶　伟(—2017.10)

无锡分校

校　　长：沈　炯（兼）（—2017.01）　金保昇（兼）（2017.01—）

常务副校长：张继文

副 校 长：刘　威（—2017.01）　殷　缨（兼）

苏州研究院

院　　长：沈　炯（兼）（—2017.01）　金保昇（兼）（2017.01—）

常务副院长：张为公

副 院 长：李成明

附属中大医院

院　　长：滕皋军

副 院 长：刘必成　邱海波　卢　斌　陈　明

总 会 计 师：张宇欣（2017.01—）

常州研究院（2017.06 起撤销副处级建制）

院　　长：王保平（兼）（—2017.01）　吴　刚（兼）（2017.01—）

副 院 长：张小松

学习科学研究中心（2017.05 起撤销处级直属单位建制，并入生物科学与医学工程学院）

名 誉 主 任：韦　钰

副 主 任：郑文明（主持工作，—2017.05）　刘晓芸（—2017.03）
柏　毅（—2017.05）　钱卫平（—2017.05）

生命科学研究院

院　　长：谢　维

副 院 长：韩俊海

教师教学发展中心

主　　任：顾建新（2017.01—）

成贤学院

院　　长：郑家茂（兼）

常务副院长：郑建勇

各级人大代表、政协委员、民主党派成员、省政府参事任职情况及有关机构设置

各级人大代表

江苏省十三届人大代表：崔铁军（常委、九三）
南京市十六届人大代表：成玉宁（无党派）　王保平（中共）
鼓楼区十八届人大代表：邱海波（中共）
玄武区十八届人大代表：孙伟峰（中共）　李爱国（无党派）　刘　攀（中共）
江宁区十七届人大代表：金志军（民盟）

各级政协委员

全国十三届政协委员：　吴智深（教育）
江苏省十二届政协委员：肖国民（常委、新闻出版）　韩冬青（常委、科技）
马坤岭（民革）　王修信（九三）　王雪梅（科技）
尹立红（民进）　孙子林（农工）　李启明（民建）
肖　睿（科技）　赵春杰（致公）　徐春祥（农工）
葛　明（科协）　薛　涛（致公）　左　惟（教育）
冯建明（社科）
南京市十四届政协委员：梅姝娥（科协）　石　邢（经济）　况迎辉（少数民族）
鼓楼区二届政协委员：王彩莲
玄武区十二届政协委员：赵剑锋（政协副主席）　孔令龙　徐盈之
浦口区四届政协委员：王大勇
江宁区十一届政协委员：陈文彦（常委）
无锡市新吴区第一届政协委员：李　冰

民主党派成员、侨联成员在各级组织任职情况

民盟十二届中央委员：肖国民
农工十六届中央委员：吴智深
九三十四届中央委员：崔铁军
民革十一届江苏省委员会：委员　马向真（兼监督委员会副主任）
民盟十二届江苏省委员会：委员　梅姝娥
民建九届江苏省委员会：滕皋军（民建第十一次全国代表大会代表）
专委会：苟少华（监督委员会副主任委员）
李启明（金融委员会主任）
王彩莲（医药卫生委员会副主任）

周革利（对外联络委员会副主任）

民进十届江苏省委员会：常委　尹立红（民进第十二次全国代表大会的代表）
专委会：监督委员会成员　韩俊海

农工党十二届江苏省委员会：副主任委员　吴智深（农工党第十六次全国代表大会代表）
常　委　孙子林（兼任直属委员会主任、农工党第十六次全国代表大会代表）
委　员　徐春祥
专委会：中青年工作委员会：副主任　陈惠苏
医疗卫生工作委员会委员　王艳丽　王玉华

致公党六届江苏省委员会：常　委　赵春杰
委　员　薛　涛
专委会：参政议政委员会委员　石　邢
文化体育委员会委员　卢爱华
青年工作委员会委员　王大勇
党务研究会副主任　陶思炎

九三学社八届江苏省委员会：常委　王修信
崔铁军（九三学社第十一次全国代表大会代表）

江苏省归国华侨联合会七届：常委　吕晓迎

江苏省政府参事室聘任参事：缪昌文（中共）　林保平　成　虎　徐康宁（中共）

江苏省第六届伊斯兰教协会会长：达庆利（2013.11.28）

全国中央文史馆馆员：陶思炎（2011.02）

民主党派东南大学机构设置

民革二届东南大学总支部委员会（2016.12.27 换届，28 人）
主 任 委 员：马向真
副主任委员：周　勤　马坤岭

民盟四届东南大学委员会（2014.06.26 换届，231 人）
主 任 委 员：肖国民

副主任委员:钱瑞明　梅姝娥　王世和　薛星美　魏家泰

委　　　员:王秋严　陆建明　周子华　何　平　金志军　徐立臻

杨舒惠　吴祖民　康学军　毛世怀　陈文彦　丁建东

民建一届东南大学基层委员会(2017.12.06 成立,29 人)

主 任 委 员:李启明

副主任委员:苟少华　王彩莲　周革利

委　　　员:朱纪军　周　臻　葛丽芹

民进四届东南大学委员会(2012.05.07 换届,61 人)

主 任 委 员:尹立红

副主任委员:董寅生　郭　毅　曹玖新　肖　睿

委　　　员:孙　瑾　郭　斐　韩俊海　梁衡弘　戴启明　高　冲

农工四届东南大学委员会(2016.11.29 换届,124 人)

主 任 委 员:徐春祥

副主任委员:孙子林　陈惠苏

委　　　员:徐春祥　孙子林　陈惠苏　王玉华　糜长稳　章美华　蔡永胜

刘松琴　张绍东

致公党三届东南大学总支委员会(2011.12.27 换届,49 人)

主 任 委 员:赵春杰

副主任委员:李智群　薛　涛

委　　　员:马民华　程明震

九三四届东南大学委员会(2017.06.04 换届,202 人)

主 任 委 员:王修信

副主任委员:崔铁军　舒华忠　叶行舟　赵剑峰

委　　　员:戴　丽　祁争建　辛海洋　郑意楠　柳　萍　王雪梅　徐盈之

施智祥　俞　燕　袁榴娣　程科萍

社会团体机构设置

东南大学侨联四届(2012.12.08 日换届)

名 誉 主 席:林中达　林金明

主　　　席:吕晓迎

副　主　席:李先宁　丁锡宁　李　丽

委　　　员:孙清江　李俐平

东南大学无党派知识分子联谊会(2014.01.08 成立)

会　　　长:崔铁军
副　会　长:杨永宏　田玉平　肖　睿　李维滨
秘　书　长:杨永宏(兼)
副秘书长:何　勇(经管)

2017 年成立或调整的各类委员会、领导小组名单

关于调整东南大学创新创业教育领导小组和专家工作组成员的通知

2017 年 1 月 3 日

各校区,各院、系、所,各处、室、直属单位,各学术业务单位:

经研究,决定调整东南大学创新创业教育领导小组和专家工作组成员,调整后的成员名单如下:

一、领导小组

组　　　长:张广军
副　组　长:金保昇　郑家茂　吴　刚
成　　　员:(按姓氏笔画排序)
任卫时　江　汉　孙伟锋　孙岳明　孙莉玲　陆　挺　赵林度
钟文琪　袁久红　熊宏齐
秘　　　书:孙伟锋(兼)

二、专家工作组

组　　　长:金保昇
副　组　长:郑家茂　吴　刚
成　　　员:(按姓氏笔画排序)
朱志坚　汤勇明　孙伟锋　孙莉玲　李　东　李　冰　李克川
杨文燮　沈孝兵　宋健刚　张　璐　张玉林　张志胜　陆　挺
孟　桥　赵松立　胡仁杰　胡汉辉　钟文琪　袁榴娣　堵国樑
葛沪飞　程建川　雷　威
秘　　　书:沈孝兵(兼)

校发〔2017〕2 号

关于调整学校国有资产处置管理领导小组成员的通知

2017 年 1 月 4 日

各校区，各院、系、所，各处、室、直属单位，各学术业务单位：

因工作需要，经研究决定，调整学校国有资产处置管理领导小组成员，调整后的成员名单如下：

组　　长：王保平

副 组 长：丁　辉　黄大卫　金保昇

成　　员：(以姓氏笔画为序)

任卫时　吴荣顺　顾建新　梁书亭　熊宏齐　冀　民

秘　　书：林　俐

校发〔2017〕3 号

关于成立东南大学科技成果转移转化工作领导小组通知

2017 年 1 月 20 日

各校区，各院、系、所，各处、室、直属单位，各学术业务单位：

为贯彻落实《中华人民共和国促进科技成果转化法》《实施〈中华人民共和国促进科技成果转化法〉若干规定》《促进科技成果转移转化行动方案》《教育部 科技部关于加强高等学校科技成果转移转化工作的若干意见》《促进高等学校科技成果转移转化行动计划》等法律和文件精神，实施“创新驱动”发展战略，促进我校科技成果的转移转化，加强在校学生的创新创业教育，统筹领导学校科技成果转移转化和创新创业相关工作，经研究决定，成立东南大学科技成果转移转化工作领导小组，组成人员如下：

组　　长：张广军

副 组 长：吴　刚　丁　辉

成　　员：(以姓氏笔画为序)

任卫时　刘松玉　孙伟锋　孙岳明　孙莉玲　江　汉　张晓兵

芮振华　陆　挺　陈志斌　钟文琪　郭小明　熊宏齐　潘久松

秘　　书：郝勇生　林　晓

校发〔2017〕30 号

关于成立东南大学网络安全和信息化领导小组、专家组的通知

2017 年 1 月 20 日

学校各部门、单位：

为贯彻落实教育部关于网络安全和信息化工作的战略部署，切实做好新时期我校教

育系统网络安全和信息化工作，经研究，决定成立东南大学网络安全和信息化领导小组、专家组，现将有关事项通知如下：

一、领导小组、专家组成员

1. 领导小组成员

组　　长：易　红　党委书记
　　　　　张广军　校长
副 组 长：刘　波　常务副书记
　　　　　王保平　常务副校长
　　　　　郑家茂　副书记
成　　员：我校有关部处室和直属单位（党委办公室、组织部、宣传部、发展规划部、校长办公室、国际合作处、研究生院、教务处、科研院、人事处、学生处、保卫处、财务处、审计处、总务处、社会科学处、资产经营管理处、实验室与设备管理处、基本建设处、保密办公室、图书馆、档案馆、继续教育学院、东南大学医院、现代教育技术中心、网络与信息中心、一卡通中心）主要负责人。
秘　　书：刘丽勤

领导小组办公室设在校长办公室，主任由校长办公室主要负责同志担任。

2. 专家组成员

组　　长：罗军舟　计算机科学与工程学院院长
成　　员：（以姓氏笔画为序）
　　　　　王　健　网络与信息中心
　　　　　王　桥　信息科学与工程学院
　　　　　东　方　计算机科学与工程学院
　　　　　仲伟俊　经济管理学院
　　　　　刘　攀　交通学院
　　　　　李世华　自动化学院
　　　　　宋爱国　仪器科学与工程学院
　　　　　张敏灵　计算机科学与工程学院
　　　　　杨　明　计算机科学与工程学院
　　　　　罗立民　计算机科学与工程学院
　　　　　郑文明　学习科学研究中心
　　　　　袁晓辉　自动化学院
　　　　　耿　新　计算机科学与工程学院
　　　　　胡爱群　信息科学与工程学院
　　　　　高志强　计算机科学与工程学院
　　　　　徐立臻　计算机科学与工程学院
　　　　　龚　俭　中国教育和科研计算机网络华东（北）
地区网络中心　曹向辉　自动化学院

翟玉庆　计算机科学与工程学院

秘　　书:陈　超

二、主要职责

1. 领导小组

领导小组负责贯彻落实教育部网络安全和信息化领导小组战略部署,统筹协调校园网络安全和信息化重大问题,研究制定发展战略、宏观规划和重大政策。领导小组办公室负责领导小组相关决定的贯彻落实和具体实施,承担校园网络安全和信息化规划、建设和管理等具体工作。

2. 专家组

负责对网络安全和信息化重大问题、建设标准、技术改造方案等进行咨询、论证;对建设实施项目进行监督、指导、评审,对建设成效进行评估;参与重大网络与信息安全突发事件现场应急处置并进行事后分析研判,对重要系统进行现场安全检查。

同时撤销“东南大学网络安全管理领导小组”和“校数字化校园项目建设领导小组、工作组及专家组”。

校发〔2017〕31号

关于调整东南大学少数民族学生教育管理工作领导小组成员的通知

2017年1月23日

各校区,各院、系、所,各处、室、直属单位,各学术业务单位:

因工作需要,经研究,决定调整东南大学少数民族学生教育管理工作领导小组成员,调整后的成员名单如下:

组　　长:郑家茂

副 组 长:金保昇

成　　员:(按姓氏笔画排序)

王栓宏　毛惠西　冯建明　任卫时　任祖平　江雪华

孙伟锋　孙莉玲　陆　挺　赵松立　金志军　钟文琪

梁书亭

秘　　书:潘家志

校发〔2017〕37号

关于调整推进世界一流大学和一流学科建设领导小组、工作小组成员的通知

2017年2月23日

各校区,各院、系、所,各处、室、直属单位,各学术业务单位:

因工作需要及人员变动,经研究,决定对推进世界一流大学和一流学科建设领导小

组、工作小组成员进行调整，调整后的成员名单如下：

一、领导小组

组　　长：张广军　易　红
成　　员：王保平　刘　波　郑家茂　丁　辉　吴　刚　金保昇
　　　　　周佑勇

二、工作小组

组　　长：王保平
副 组 长：金保昇　丁　辉　吴　刚　周佑勇
成　　员：（以姓氏笔画为序）
　　　　　叶智锐　冯建明　任卫时　刘松玉　孙伟锋　孙岳明　孙莉玲
　　　　　陆　挺　陈志斌　金志军　钟文琪　袁榴娣　郭小明　郭　彤
　　　　　梅汉成　梁书亭　熊宏齐

推进世界一流大学和一流学科建设办公室设在研究生院，办公室主任：钟文琪、任卫时、梅汉成。

校发〔2017〕47号

关于调整学校研究生招生工作领导小组成员的通知

2016年3月7日

各校区，各院、系、所，各处、室、直属单位，各学术业务单位：

因工作需要，经研究，决定对学校研究生招生工作领导小组成员进行调整，调整后的成员名单如下：

组　　长：张广军
副 组 长：郑家茂　金保昇
成　　员：（以姓氏笔画为序）
　　　　　孙伟锋　吴荣顺　钟文琪
秘　　书：宛　敏

校发〔2017〕55号

关于调整学校学生心理健康教育工作领导小组成员的通知

2017年3月8日

各校区，各院、系、所，各处、室、直属单位，各学术业务单位：

因工作需要，经研究，决定调整学校学生心理健康教育工作领导小组成员，调整后的成员名单如下：

组　　长:郑家茂
副 组 长:金保昇
成　　员:(按姓氏笔画排序)
卫平民　王　珏　任卫时　江雪华　孙莉玲　陆　挺
郑文明　赵松立　钟文琪　袁勇贵
秘　　书:童　伟

校发〔2017〕63号

关于调整学校研究生公派留学领导小组和工作小组成员的通知

2017年3月27日

各校区,各院、系、所,各处、室、直属单位,各学术业务单位:

因工作需要,经研究决定,对学校研究生公派留学领导小组和工作小组成员作如下调整:

一、领导小组

组　　长:张广军
副 组 长:王保平　金保昇
成　　员:(以姓氏笔画为序)
叶智锐　任卫时　孙岳明　钟文琪　袁榴娣　郭小明
秘　　书:袁榴娣(兼)

二、工作小组

组　　长:袁榴娣
副 组 长:赵松立
成　　员:朱　丹　王悦　袁　超　汪旭东
秘　　书:朱　丹

校发〔2017〕81号

关于调整东南大学院(系)综合改革试点工作领导小组成员的通知

2017年3月31日

各校区,各院、系、所,各处、室、直属单位,各学术业务单位:

因人事变动,经研究,东南大学院(系)综合改革试点工作领导小组成员调整如下:

组　　长:张广军
副 组 长:王保平
成　　员:(以姓氏笔画为序)

冯建明　任卫时　孙岳明　孙伟锋　陈志斌　金志军　钟文琪
郭小明　梅汉成　梁书亭　熊宏齐

秘　　书：刘丽勤

校发〔2017〕93号

关于成立东南大学全日制本科生转专业工作领导小组及工作组的通知

2017年4月17日

各校区，各院、系、所，各处、室、直属单位，各学术业务单位：

为进一步加强我校全日制本科生转专业工作的规范管理，经研究决定，成立学校全日制本科生转专业工作领导小组及工作组，成员名单如下：

一、全日制本科生转专业工作领导小组

组　　长：金保昇　郑家茂

成　　员：（按姓氏笔画排列）

王栓宏　江雪华　孙伟锋　孙莉玲　吴荣顺　芮振华　蔡　亮

秘　　书：申翠英

工作职责：统一组织和领导全日制本科生转专业工作。

二、全日制本科生转专业工作组

组　　长：孙伟锋　孙莉玲

副 组 长：王栓宏　蔡　亮

成　　员：（按姓氏笔画排列）

申翠英　朱天云　张　涌　江莉莉　何涵嫣　袁煜昶　黄布橹
蒋春露

秘　　书：柏　云

工作职责：负责安排全日制本科生转专业的报名、资格审核、考试、公示及录取等具体工作。

校发〔2017〕116号

关于成立东南大学国际化建筑示范学院领导小组与工作小组的通知

2017年5月4日

各校区，各院、系、所，各处、室、直属单位，各学术业务单位：

因我校国际化建筑示范学院建设工作需要，经研究决定，特成立国际化建筑示范学院领导小组与工作小组，成员名单如下：

一、领导小组

组　　长:张广军
副 组 长:王保平
成　　员:丁　辉　黄大卫　吴　刚　金保昇
秘　　书:刘丽勤

二、工作小组

组　　长:王保平
副 组 长:丁　辉　金保昇
成　　员:(以姓氏笔画为序)
叶智锐　任卫时　孙伟锋　孙岳明　金志军　郭小明　钟文琪
梁书亭　韩冬青
秘　　书:袁　超

校发〔2017〕132 号

关于成立东南大学安全生产工作领导小组和工作组的通知

2017 年 6 月 20 日

学校各部门、单位:

为贯彻落实教育部及江苏省委、省政府有关安全生产工作的部署和要求,进一步推进我校安全生产工作,切实维护广大师生员工人身财产安全,维护学校的安全稳定,经研究决定,成立东南大学安全生产工作领导小组和工作组。小组成员名单如下:

一、领导小组

组　　长:张广军
副 组 长:郑家茂　王保平　黄大卫　金保昇
成　　员:(以姓氏笔画为序)
卫平民　任祖平　孙岳明　孙莉玲　毛惠西　李维滨　陆　挺
金志军　钟文琪　梁书亭　熊宏齐　滕皋军
秘　　书:刘海涛

二、工作组

第一工作组
组　　长:熊宏齐
副 组 长:李建平　丁　乐　陈　明
成　　员:各单位办公室主任

第二工作组

组　　长：梁书亭

副 组 长：吴　扬　江雪华

成　　员：各学院分管学生工作副书记

校发〔2017〕198号

关于调整校基本建设领导小组成员的通知

2017年8月9日

各校区，各院、系、所，各处、室、直属单位，各学术业务：

因工作需要，经研究决定，调整校基本建设领导小组成员。调整后的领导小组成员名单如下：

组　　长：王保平

副 组 长：黄大卫　任利剑　丁　辉

成　　员：（以姓氏笔画为序）

任卫时　任祖平　李维滨　吴荣顺　金志军　梁书亭

熊宏齐　冀　民

秘　　书：王绍灵　汤　磊

校发〔2017〕252号

关于调整学校推荐和接收免试攻读硕士（博士）学位研究生工作领导小组成员的通知

2017年8月29日

各校区，各院、系、所，各处、室、直属单位，各学术业务单位：

因工作需要，现将学校推荐和接收免试攻读硕士（博士）学位研究生工作领导小组成员调整如下：

组　　长：金保昇　郑家茂

副 组 长：孙伟锋　钟文琪

成　　员：（按姓氏笔画排列）

王栓宏　孙莉玲　吴荣顺　宛　敏　陆　挺

秘　　书：申翠英

校发〔2017〕279号

关于成立东南大学医学教育教学改革工作领导小组的通知

2017年10月16日

各校区，各院、系、所，各处、室、直属单位，各学术业务单位：

为进一步探索综合性大学建设高水平医学教育的新机制、新模式，增强医学教育办学自主性和整体性，充分整合校内外医学教育资源，实现大学、医学院、附属医院(临床学院、教学医院、社区医院)的全面合作和协调发展，逐步落实医学院对医学教育的统筹管理职能，全面提升医学人才培养的质量，特成立医学教育教学改革工作领导小组，成员名单如下：

组　　长：王保平

副 组 长：金保昇　刘乃丰

成　　员：(按姓氏笔画排序)

尹立红　任卫时　孙伟锋　孙岳明　孙莉玲　邱　斌　钟文琪

顾建新　郭小明　梁书亭　谢　维　熊宏齐　滕皋军

校发〔2017〕316号

关于调整学校学生工作领导小组成员的通知

2017年10月26日

各校区，各院、系、所，各处、室、直属单位，各学术业务单位：

因工作需要，经研究，决定调整学校学生工作领导小组成员，调整后的成员名单如下：

组　　长：张广军

副 组 长：郑家茂　金保昇

成　　员：(以姓氏笔画为序)

卫平民　王栓宏　毛惠西　冯建明　任卫时　任祖平　孙伟锋

孙莉玲　邱　斌　张立武　陆　挺　金志军　郑建勇(列席)

赵松立　钟文琪　袁榴娣　顾建新　徐　进　梁书亭　蔡晓波

秘　　书：江莉莉

校发〔2017〕338号

关于调整东南大学公费医疗管理与医疗保险领导小组成员的通知

2017年11月13日

各校区，各院、系、所，各处、室、直属单位，各学术业务单位：

因工作需要，经研究决定，对东南大学公费医疗管理与医疗保险领导小组成员进行调整，由分管校领导任领导小组组长，校长办公室、党委办公室、财务处、人事处、学生处、研究生院、老干部处、工会、中大医院、校医院、医保办等部门领导任领导小组成员。具体名单如下：

组　　长：王保平

成　　员：(以姓氏笔画为序)

卫平民　冯建明　卢　斌　任卫时　华为国　孙莉玲　李向阳

张俊琴　金志军　钟文琪　郭小明　龚丽萍

秘　　书：孔文梅

校发〔2017〕344 号

关于成立我校省成人学士学位英语水平考试考务考纪领导小组的通知

2017 年 11 月 14 日

各校区，各院、系、所，各处、室、直属单位，各学术业务单位：

为进一步加强我校省成人学士学位英语水平考试考务管理，严肃考试纪律，确保考试安全平稳实施，现成立我校省成人学士学位英语水平考试考务考纪领导小组，小组成员名单如下：

组　　长：周佑勇

副 组 长：孙伟锋　许映秋

成　　员：（以姓氏笔画为序）

卫平民　王栓宏　毛惠西　任祖平　芮振华　吴荣顺　张立武

陈美华　姜昌金　曹效英　梁书亭

校发〔2017〕355 号

关于成立东南大学“文科试验班(郭秉文班)”工作领导小组与教学委员会的通知

2018 年 1 月 2 日

各校区，各院、系、所，各处、室、直属单位，各学术业务单位：

为加强对“文科试验班(郭秉文班)”的统筹指导，深化一流大学文科人才培养机制和教学模式改革，经研究决定，特成立“文科试验班(郭秉文班)”工作领导小组与教学委员会，成员名单如下：

一、“文科试验班(郭秉文班)”工作领导小组

组　　长：张广军

副 组 长：金保昇　郑家茂　樊和平

组　　员：（以姓氏笔画为序）

王　珏　叶智锐　任卫时　刘艳红　孙伟锋　孙莉玲　陆　挺

赵林度　钟文琪　顾建新　郭小明　梁书亭

秘　　书：张晶晶

二、“文科试验班(郭秉文班)”教学委员会

主　　任：金保昇

副 主 任：樊和平　孙伟锋

成　　员:(以姓氏笔画为序)

王　珏　王栓宏　朱　明　乔光辉　刘　红　刘艳红　李煜兴

张玉林　张晶晶　赵林度　浦正宁

秘　　书:张晶晶

校发〔2017〕397 号

关于调整吴健雄学院工作领导小组等机构成员的通知

2018 年 1 月 2 日

各校区,各院、系、所,各处、室、直属单位,各学术业务单位:

因人事变动和工作需要,经研究决定,对吴健雄学院工作领导小组等机构成员做如下调整:

一、吴健雄学院工作领导小组

组　　长:张广军

副 组 长:金保昇　郑家茂

组　　员:(以姓氏笔画为序)

叶智锐　任卫时　孙伟锋　孙莉玲　陆　挺　郭小明　钟文琪

雷　威　梁书亭　顾建新

秘　　书:雷　威(兼)

二、吴健雄学院教学委员会

主　　任:金保昇

副 主 任:孙伟锋　雷　威　孙小菡　邱洪兴　贾民平

成　　员:殷国栋　李舒宏　张在琛　童小东　仲雪飞　魏海坤　舒华忠

谢建明　储成林　高　山　杨　洪　陈　峻　王立辉　柴人杰

陈文彦　戴玉蓉　朱善华　胡仁杰　朱　明　王栓宏　况迎辉

钟　辉

秘　　书:况迎辉(兼)

三、吴健雄学院新生选拔工作小组

组　　长:郑家茂

副 组 长:雷　威　孙伟锋　孙莉玲

组　　员:(以姓氏笔画为序)

况迎辉　吴荣顺　钟　辉　蔡　亮

秘　　书:钟　辉(兼)

校发〔2017〕398 号

重要文件与讲话

中共东南大学委员会
2016 年工作总结和 2017 年工作要点

一、2016 年工作总结

2016 年，校党委以中国特色社会主义理论为指导，深入贯彻落实党的十八大，十八届三中、四中、五中、六中全会精神和习近平总书记系列重要讲话精神，紧紧围绕世界一流大学建设总目标，全面贯彻落实党的教育方针，认真履行管党治党主体责任和办学治校主体责任，深入开展“两学一做”学习教育，成功召开第十四次党代会，学习贯彻全国高校思想政治工作会议精神，推进综合改革方案实施，启动实施“十三五”事业发展规划纲要，团结和带领全校师生员工，加快推进世界一流大学和一流学科建设，各项工作取得明显成效。

（一）“两学一做”学习教育扎实开展

“两学一做”学习教育稳步推进。根据中央统一部署，校党委成立了“两学一做”学习教育工作领导小组，精心制定学习教育方案，认真落实各环节任务。采用视频会议形式召开“两学一做”学习教育动员大会，直接面向“三城六校区”近千名支部书记进行动员。校领导班子成员带头在所属支部上党课，每个基层党组织和党支部集中学习至少 2 次以上。建成“两学一做”学习教育专家库，增强学习教育方式方法的针对性，确保学习教育触及灵魂、入脑入心。着力抓好协调督导，开展了学习教育集中检查，深入了解基层党组织学习教育开展情况。规范党员管理，开展了党员组织关系排查、党费收缴专项检查工作。通过学习教育，学校各级党组织和全体党员不断增强“四个意识”，在思想上政治上行动上同以习近平同志为核心的党中央保持高度一致。

(二) 思想建设和理论武装有力加强

理论学习实效切实提高,意识形态工作不断加强。坚持和完善党委理论学习中心组和领导干部集中学习制度,全年举行校理论学习中心组学习7次、中层以上领导干部集中学习6次。围绕全国"两会"精神、十八届六中全会精神和全国高校思想政治工作会议精神等重大主题开展理论学习,学习党和国家重大方针政策,充分把握新形势下高等教育办学规律。认真落实意识形态工作主体责任,把好方向,加强课堂、讲座、论坛等阵地管理,牢牢把握意识形态工作的领导权、管理权和话语权,为学校改革发展营造良好的思想和舆论环境。加强网络舆情管理,编写专报和简报355期。

(三) 宣传工作和文化建设持续加强

宣传水平全面提高,影响力提升工作扎实开展。加强宣传工作的顶层设计和总体规划,完成了《东大影响力提升计划实施方案》的制定。围绕重点、节点、热点新闻题材,做好新闻宣传,在中央级媒体刊发相关报道200余篇,在中央电视台发布相关报道10篇。新媒体综合影响力继续位居省内高校第一。建立东南大学媒体热点专家库。与凤凰江苏、新华网江苏等媒体平台的合作持续深化。完成校园网主页改版工作。宣传机制不断完善,修订了《东南大学新闻发布工作管理办法》。出版校报31期,21件校报作品在全国和江苏省好新闻评比中获奖。

(四) 着力加强顶层设计,重大改革发展事项顺利推进

1. 提前谋划"双一流"建设

加强顶层设计和整体规划,启动了"双一流"建设方案的预研工作,进一步完善了建设思路和建设路径。进一步加强学科顶层设计,优化学科布局,确立了"强势工科、优势理科、精品文科、特色医科"的建设目标。制定并启动实施"一流学科攀升计划",充分发挥学科发展责任主体作用。启动推进"双一流"建设,完成了"中央高校建设世界一流大学(学科)和特色发展引导专项资金"建设项目方案论证,深化ESI学科建设与引导。大力推进大型仪器公共服务支撑体系和公共服务平台建设,增强对一流学科建设的支持力度。

2. 深入实施《东南大学"十三五"事业发展规划纲要》

按照《东南大学"十三五"事业发展规划纲要》,制定了"双创人才培养计划""高端师资倍增计划""原创能力突破计划""一流学科攀升计划""卓越大学伙伴计划""东大影响力提升计划"等六大支撑计划,使学校事业发展规划纲要更具有可操作性和执行性。各院(系)依据《东南大学"十三五"事业发展规划纲要》完善了院(系)的"十三五"事业发展分规划,对学校各项发展任务进行了细化和分解。加强了对《东南大学"十三五"事业发展规划纲要》的宣传解读工作,凝聚了全校师生改革发展共识。

3. 大力推进综合改革

围绕世界一流大学和一流学科建设目标，结合《东南大学“十三五”事业发展规划纲要》，对《东南大学综合改革方案》2016年工作任务进行分解，基本完成了相关工作。启动了校部机关和直附属单位职能优化重组及校、院（系）职能合理界定的研究论证工作。进一步深化拓展院（系）综合改革，健全完善了院（系）等基层学术组织。下放副高及以下职称评审权限至院（系），启动一揽子经费预算下放院（系）的准备工作。完善异地教学科研机构管理办法。调整完善科研资源分配共享机制，改革科技成果转移转化服务机构。加快推进教育部“2011计划”、江苏省“2011计划”项目及东南大学江苏省产业技术研究院研究所改革试点工作。实施吴健雄学院优秀人才培养模式改革。实施院（系）教学工作考核与年度本科教学质量报告制度。

（五）组织建设和干部队伍建设持续深化

1. 持续加强领导班子自身建设

成功召开学校第十四次党代会，选举产生了第十四届党委领导班子和纪委领导班子，进一步明确了建设世界一流大学的发展目标、三大战略重点、三条发展原则、四个保障建设、八项重点任务和“六个切实加强”的党建工作重点。配合教育部完成了校行政班子副职成员的换届工作，班子年龄、学科结构进一步优化。出台了《东南大学党委领导下的校长负责制实施办法》，审议通过了新修订的《东南大学党委常委会议事规则》《东南大学校长办公会议事规则》，党委领导下校长负责制的制度体系进一步健全。根据中央统一部署，召开了2016年度校领导班子民主生活会，坚持问题导向，广泛听取各方面意见和建议，进一步查摆和梳理学校工作中存在的不足，深入开展批评和自我批评，不断增强校领导班子的政治素质和办学治校能力。

2. 干部队伍建设不断加强

坚持按照“二十字”好干部标准选人用人，继续推动干部工作制度化建设。积极支持配合有关部门，做好领导干部交流、提拔到其他高校任职的工作。全年任用副处级以上干部37人。启动了18个岗位的选拔和推荐工作，2个学院的院长岗位首次实行全球公开招聘。完成了干部人事档案专项审核工作，确保干部人事档案真实、准确、完整、规范。

3. 基层党组织建设不断加强

贯彻落实《关于加强和改进高校基层党支部建设的意见》，优化党组织设置，创新活动方式，强化阵地保障，创建服务型党组织。完成了基层党组织和党支部换届工作。组织开展基层党组织书记抓基层党建工作述职评议考核工作。进一步探索扩大党内民主，坚持实施党代会年会制度和党代表常任制，探索党员旁听基层组织会议、党代会代表列席党委全委会制度。

4. 党员队伍建设切实增强

按照“控制总量、优化结构、提高质量、发挥作用”的总体要求发展党员。新发展党员1 575人,其中学生党员1 555人,教职工党员20人。不断加强党员、入党积极分子的教育培训工作。进一步健全党员管理数字化信息平台,将发展党员工作的环节纳入信息系统,确保党员信息准确、规范。

(六) 立德树人根本任务不断落实

1. 强化价值引领,深入开展学生思想政治工作

以学习宣传贯彻习近平总书记系列重要讲话精神和培育践行社会主义核心价值观为主线,结合建党95周年、红军长征胜利80周年纪念活动等重要事件,通过讲座、团日活动、社会实践、征文比赛等形式,帮助广大青年深入领会习近平总书记系列重要讲话精神,自觉践行社会主义核心价值观。不断拓宽新媒体平台,形成了线上线下互动互补的思想政治教育格局。紧紧围绕国家重大战略需求和经济社会发展中的重大问题,鼓励毕业生在国家重点建设行业和领域建功立业。国防教育成效显著,获评教育部首批“国防教育示范校”。

2. 深化“文化育人”“实践育人”,着力打造第二课堂育人体系

加强校园文化建设的总体规划与设计,讨论通过了《东南大学“十三五”文化建设规划纲要》。持续开展校园文化品牌活动,邀请名家大师来校举办高层人文讲座近70场,支持各级团学组织开展了校园文化活动220项,举办了大型精品演出10余场。认真实施研究生滇西扶贫计划,赴云南南华县等开展对口支援工作。获暑期“三下乡”社会实践活动“全国先进单位”称号。志愿服务工作取得新成绩,在第十一届中国青年志愿者评选中获得3项大奖,成为江苏省唯一获得3项奖项的单位。以顶级赛事带动学生创新创业,在2016“创青春”全国大学生创业大赛中获金奖5项,位居全国第二。

3. 以提升工作科学化水平为宗旨,推进学生工作队伍的专业化、职业化

严格准入标准,优化学生工作队伍结构。大力支持辅导员队伍的专业化培训和职业能力提升。开展主题工作沙龙6期。设立专项经费支持辅导员工作研究课题9项。选派辅导员参加省部级国内外培训、职业规划师资格培训、职业指导及创业咨询类培训认证50余人次,组织学生线职业能力培训及新任辅导员培训5次,实现辅导员队伍职业化培训全覆盖。

(七) 党风廉政建设和反腐败工作有力加强

1. 进一步完善党风廉政建设责任体系,深入开展“三个一”工作

召开了2016年度党风廉政建设工作会议,校党政主要负责人与校领导班子其他成员、校领导班子成员与职能部处主要负责人签订党风廉政建设责任书，进一步构建以“党政同责、一岗双责、层层落实、重在基层”为基本内容、符合校情的党风廉政建设工作机制和责任体系。对二级单位领导班子和领导干部党风廉政建设责任制情况进行检查考核，推动党风廉政建设责任制向基层延伸。面向全校二级单位，突出问题导向，采取带队调研、听取汇报、开列清单、查摆问题、及时整改等方式和举措，以“开列一份问题清单、开展一轮专题调研和进行一次工作汇报”为内容，深入开展“三个一”工作，推动了业务工作和党风廉政建设的同频共振和协同融合。

2. 践行监督执纪“四种形态”，完善纪委全委会议事决策程序和院(系)、直附属单位“三重一大”决策制度

出台了《中共东南大学委员会、中共东南大学纪律检查委员会贯彻落实监督执纪四种形态实施办法》，提高监督执纪问责能力。加大违法违纪问题和腐败案件查处力度，坚持纪严于法、纪在法前。强化责任追究，坚持“一案双查”，综合运用批评教育、诫勉谈话、通报批评、组织处理、纪律处分等方式，落实主体责任、监督责任。修订出台《中共东南大学纪律检查委员会议事决策规则》，规范纪委全委会议事决策程序。制定《关于进一步完善院（系）、直附属单位“三重一大”决策制度的指导意见》，推进院（系）、直附属单位“三重一大”决策制度修订与完善工作。

3. 廉洁教育和廉政文化建设不断加强

将党风廉政宣传教育融入学校思想政治教育工作，坚持反腐倡廉教育联席会议制度。通过在东南大学官方微信设置“东南风清”板块、《东南大学报》开设“党风廉政建设专栏”、编印党规党纪手册等，教育引导党员干部和师生牢固树立廉洁意识和反腐观念。利用“校检共建”平台，对重点领域、关键岗位工作人员开展警示教育。以“党风廉政宣传教育月”和“校园廉洁文化活动周”两个品牌为重点，推进廉洁教育的常态化。

(八) 和谐校园建设持续推进

1. 积极推进民主校园建设

成立了东南大学统一战线工作领导小组，协助多个民主党派完成基层组织换届，完成区级政协委员的协商推荐工作。顺利召开东南大学第八届教职工代表大会暨第十五届工会会员代表大会，选举产生新一届教代会执委会、工会委员会和经费审查委员会。全面推进二级教代会成立和建设工作，27 个院（系）召开了二级教代会首届第一次会议，实现了院（系）二级教代会全覆盖。

2. 不断加强校园民生建设

改进完善大病医疗互助办法，加大了对大病互助工作的支持力度。切实落实上级文件关于在职教职员工节日及生日慰问标准的规定。梳理学生事务流程，设计学生事务一站式服务大厅工作方案。通过担任兼职辅导员、教学督导和科研督导等方式，进一步发挥

关工委在学生培养、青年教职工“传帮带”、贫困学子关爱等方面的积极作用。加强了机关作风建设考评的针对性，调整优化了机关作风建设监督员队伍，机关作风建设监督机制进一步完善。

3. 持续推进平安校园建设

围绕“江苏省平安校园示范校”建设，服务先行，深入开展校园安全治理活动。全面做好安全隐患排查和危化品的管理工作。完成九龙湖、丁家桥校区的车牌识别系统的建设和三校区联网工作。坚持“打、防、控”一体化，加大科技创安体系建设，技防水平显著提高。通过二级保密资质的重新认证。

2016 年，学校各项事业发展再创佳绩。进入 ESI 全球前 1%的学科数由上年度的 8 个增至 10 个，其中工程学上升至第 45 位，计算机科学上升至第 66 位。牵头获 2016 年度国家科学技术奖 3 项，其中自然科学、技术发明和科技进步二等奖各 1 项，牵头获奖项目数(通用项目)位列全国第九。SCI 收录论文 2 394 篇，比上一年增加 234 篇，排名第 19 位；EI 收录论文 2 554 篇，比上一年增加 384 篇，排名第 14 位。科研项目总经费到账 20.208 亿元，较上一年度增长 12.2%，科研总经费继续位列江苏高校第一。在全国大学生电子设计竞赛中获一等奖 10 个和二等奖 8 个，一等奖数位列全国高校第一。首次入选“十三五”期间“国防科工局——教育部共建高校”。外国留学生人数达 1 849 人，其中学位生 1 402 人，学位留学生比例达到 75.8%，继续位居江苏高校第一。财务、审计、基本建设、后勤服务管理、资产管理、校友和基金会、图书档案、学报、异地办学、独立学院、继续教育、附属中大医院医疗教学科研等各项工作均取得长足发展。

二、2017 年工作要点

2017 年是党的十九大召开之年，是学校全面实施《东南大学“十三五”事业发展规划纲要》，加快推进世界一流大学和一流学科建设的重要一年。校党委总体工作思路是：全面贯彻落实党的十八大，十八届三中、四中、五中、六中全会精神，以中国特色社会主义理论体系为指导，深入学习习近平总书记系列重要讲话精神和治国理政新理念新思想新战略，紧紧围绕协调推进“四个全面”战略布局，牢固树立和贯彻“五大发展理念”，紧扣世界一流大学建设总目标，按照学校第十四次党代会部署，深化综合改革，抓实抓好各项任务的推进落实，团结和带领全校共产党员和广大师生员工，加快推进世界一流大学和一流学科建设，奋力开创“十三五”建设新局面，以优异成绩迎接党的十九大胜利召开。

(一) 加强思想理论和宣传工作，牢牢把握意识形态工作的领导权、管理权、话语权

1. 加强思想建设和理论武装

制定《东南大学关于加强学校思想政治工作的实施办法》，进一步加强和改进学校的思想政治和党建工作。严格落实意识形态责任制等规章制度，把牢意识形态工作的领导权、管理权和话语权。制定并实施《2017 年度东南大学干部及教职工理论学习计划》，着重加强教师思想政治工作，重点围绕学习宣传贯彻习近平总书记系列重要讲话、党的十八

届六中全会、全国高校思想政治工作会议精神、学校第十四次党代会精神等主题，大力提升干部和教职工理论素养。进一步提升理论宣讲专家库建设质量，在主题理论宣讲中发挥积极作用。依托哲学社会科学学科、基地和智库，加强专家队伍建设，推进思想理论研究和思想宣传工作。推荐选拔党务干部、思想政治课教师、辅导员参加各类理论学习和培训。（党委办公室、党委宣传部、党委组织部、社科处、人文学院、马克思主义学院、各基层党组织）

2. 持续加大宣传工作力度

加强对新闻宣传工作的管理与引导，完善新闻宣传制度建设，规范新闻发布工作。建立新闻选题会制度，开展重点选题策划，力推新闻精品，提升新闻质量。构建学校宣传工作大格局，进一步加强新闻宣传工作队伍建设。实施校内二级单位信息报送工作达标制度，加强校内信息员队伍和信息报送专家库建设，切实提高信息报送质量与水平。加强网络文化阵地和新媒体宣传平台建设与管理，加强东南大学二级网站和英文网站的建设与维护，完成校园网站的全面更新。（党委宣传部、党委办公室、各基层党组织、各机关部处）

3. 深入推进先进大学文化建设

启动实施《东南大学"十三五"文化建设规划纲要》，完善校内文化传播体系，实施完成若干显性的文化建设成果。重点做好校史馆开馆、校园文化纪念品设计、东大校园导览手机 App 上线推广等工作。开展二级单位视觉形象系统标识部分使用情况的检查，进一步推广和规范使用视觉识别系统。做好《东大史话》《东南大学古树名木》《东南大学人文建筑之旅》等出版物的出版发行工作。加强九龙湖校区楼宇的文化内涵建设。整合资源，打造和完善具有东大特色的"文化育人"体系，拓展"新生文化季"版块内容，开展"毕业文化季"系列活动。[党委宣传部、团委、档案馆、网络与信息中心、各院(系)]

4. 办好 115 周年校庆系列活动

以庆祝建校 115 周年为契机，回顾光辉校史，振奋精神，凝心聚力，汇聚办学资源，提高学校国际办学声誉。联络全球各地校友回母校，组织各地校友会共襄盛典。以校庆为契机，积极做好氛围营造、形象宣传及相关重要纪念活动的系列宣传工作，更加有效地彰显东大文化特色。（校庆筹备委员会、党委办公室、校长办公室、党委宣传部、发展委员会、档案馆）

5. 迎接党的十九大召开，学习宣传贯彻十九大精神

利用校内各种媒体开展好迎接党的十九大的主题宣传报道，为十九大召开营造良好的氛围。动员组织广大党员、干部、师生、员工更加紧密地团结在以习近平同志为核心的党中央周围，以实际行动迎接十九大胜利召开，学习好、宣传好、贯彻好十九大精神。召开东南大学第十四届党代会 2017 年年会，研究部署贯彻十九大精神。（党委宣传部、党委办公室、各基层党组织）

(二)强化顶层设计和规划引领,加快推进"双一流"建设

1. 优化结构布局,细化责任分工,加快推进世界一流大学和一流学科建设

紧密对接国家"双一流"战略,大力实施"一流学科攀升计划",进一步调整和优化学科结构与布局,不断加强学科内涵建设,积极推进工、理、文、医学科交叉,形成多学科协调发展、科学合理的学科生态。进一步加强学科顶层设计,继续完善"双一流"总体建设规划和分学科建设方案,力争高质量进入教育部"双一流"建设计划。加强对《东南大学"十三五"事业发展规划纲要》的督查与评估。编制《东南大学"十三五"事业发展规划纲要"六大支撑计划"年度任务分工表》,组织中期检查和年终评估。加强与具有重大国际影响的教育评估机构合作,积极开展第三方评估。[研究生院、发展规划部(处)、各院(系)、各有关部处]

2. 加快建设现代大学制度,完善学校内部治理结构,大力推进综合改革

以《东南大学章程》《东南大学综合改革方案》为引领,以建设世界一流大学和一流学科为目标,以体制机制改革为核心,以深化人事分配制度改革为突破口,加快建设具有东大特色的世界一流大学制度体系。健全和完善党委领导下的校长负责制各项配套制度,党政协调,形成合力,促进各项事业全面发展。推动学校管理重心下移,形成分工科学、运转顺畅高效的管理架构和运行机制,激发学部、院(系)等基层学术组织的创新活力。推动党政管理部门的优化重组,完善分工清晰、精干高效的跨部门综合事务协调机制。编制《东南大学综合改革方案 2017 年度任务分工表》,加强对学校综合改革方案实施情况的督促检查。深化院(系)综合改革,对试点学院探索实施绩效评估。[发展规划部(处)、研究生院、各院(系)、各有关部处]

(三)持续加强领导干部队伍、人才队伍和基层党组织建设

1. 进一步提升领导班子办学治校能力和水平

制定党委全委会议事规则。加强党委常委会、校长办公会议题会前论证审议工作,切实提高决策效率和水平。进一步加强党委常委会决议、校长办公会决议的督办工作,推进决策更好执行。坚持和完善校领导班子民主生活会制度,健全党内政治生活制度。进一步完善领导班子分工协作机制和职能部门之间的协同机制建设,提升学校管理服务的协同力、执行力。定期编制《高教信息参考》,加强领导班子对国内外一流大学改革与发展动态的跟踪和了解。[党委办公室、校长办公室、党委组织部、发展规划部(处)]

2. 从严加强干部队伍建设

修订《东南大学中层领导干部选拔任用条例》,完善干部选拔任用的程序与环节,将加强党的领导与发扬民主结合起来,进一步体现党组织在干部选拔任用工作中的领导和把关作用。按照好干部标准切实加强和改进干部考核,进一步完善考核内容,改进考核方

式，强化考核结果运用。继续做好中层干部个人事项申报工作。进一步完善机关部处领导干部任期制，加大干部交流、轮岗力度，积极推进学校内部党政之间、学院与机关部门之间的干部交流。进一步加大对各级各类干部的培养力度，加强干部政治素质和业务能力培训，继续做好新任处级领导干部培训工作，切实加强后备干部队伍建设，加大党外干部的培养、选拔力度。做好援藏、援疆、滇西扶贫等各类挂职干部选派和培养管理工作。（党委组织部、党委统战部、各基层党组织）

3. 大力加强人才队伍建设

坚持党管人才的原则，进一步健全和完善学校人才工作体制机制。提高学校人才工作领导小组研究、规划和协调人才工作的效能。落实人才引育责任，将二级单位人才队伍建设成效纳入综合考核范围。加强人才基本条件保障，增强对优秀人才的吸引力。拓展引才视野，加大海外高层次人才的招聘力度。进一步完善青年教师培养支持政策，完善校内各类人才的考核评价体系，为优秀人才脱颖而出营造良好的环境。［人才工作领导小组、党委组织部、人事处、发展规划部（处）、总务处、工会、各院（系）］

4. 切实加强基层党组织建设

扎实推进“两学一做”学习教育常态化制度化，坚持学思践悟、知行合一，以“两学一做”为基本内容，以“三会一课”为基本制度，以党支部为基本单位，推动“两学一做”学习教育融入日常、抓在经常。开好专题组织生活会，开展民主评议党员工作，加强标准化党支部建设。以建设基层学习型、服务型、创新型党组织为重点，完善基层党组织设置，提高院（系）基层党组织服务院（系）改革和发展的能力。制定院（系）等二级单位基层党组织党建工作责任制实施办法，强化日常检查、巡视检查、述职评议和考核评议等环节。按照“控制总量、优化结构、提高质量、发挥作用”的方针，积极慎重地做好发展党员的工作，加大从青年教师特别是一线学术骨干中发展党员的力度。（党委组织部、各基层党组织）

（四）深入加强和改进大学生思想政治教育，不断落实立德树人根本任务

加强学生思想政治教育和创新创业教育，建立“立德树人”协同育人体系。深化思想政治理论课课程体系研究和教学改革创新，提高思想政治理论课教学的针对性和实效性。大力推进思想政治引领工程，继续深化以学习讲话精神、“我的中国梦”、核心价值观教育为主要内容的“铸魂工程”。弘扬东大优秀的革命传统，开展好“国家烈士纪念日”系列主题教育活动。加强辅导员、班主任队伍建设，打造一支学生思想政治工作专家化队伍。启动实施博士生导师培训计划，进一步强化导师的思想政治教育责任，充分发挥导师对研究生思想品德、科学伦理、学术研究的示范和教育作用。进一步做好关工委相关工作，开展第三批院（系）关工委工作常态化建设合格考核。继续做好大学生军训和大学生国防教育工作。着力构建创新创业教育体系，探索协同推进卓越创新创业人才培养的新模式，拓展和提升学生创新创业的意识、能力与综合素质。全力准备第十五届“挑战杯”全国大学生课外学术科技作品竞赛，力争取得优异成绩。（马克思主义学院、党委学工部、党委研工部、党委武装部、党委老干部处、团委、教务处、科研院、各有关部处、各基层党组织）

(五) 不断深化党风廉政建设与反腐败斗争,增强全面从严治党的系统性、创造性、实效性

1. 严肃党内政治生活,强化党内监督

进一步加强党风廉政责任制建设,推动作风建设常态化。以《关于新形势下党内政治生活的若干准则》《中国共产党党内监督条例》为尺子,加强监督检查,督促各级党组织把全面从严治党要求贯穿于党的建设各方面和全过程。持续完善具有东南大学特色的惩治和预防腐败制度体系。深入贯彻落实中央八项规定精神,建立健全长效机制,持之以恒纠正"四风",巩固和拓展作风建设成果。加强党风廉政教育,深化廉洁校园建设。(纪委办公室、监察处、党委宣传部、各基层党组织)

2. 认真做好迎接中央巡视检查工作

做好迎接中央巡视检查各项准备工作,抓好巡视工作前期准备、巡视中的配合协调和巡视后的整改等工作。以落实巡视整改工作为主题,召开2017年度党风廉政建设会议,认真研究制定整改方案,细化任务清单,落实责任单位,确保条条有整改、件件有落实。通过落实巡视整改工作,完善体制机制,推动源头治理和预防。(党委办公室、纪委办公室、监察处、各机关部处、各基层党组织)

3. 践行"四种形态",提高监督执纪问责能力

认真学习贯彻《中国共产党纪律检查机关监督执纪工作规则(试行)》,完善监督执纪规章制度,不断提高纪检监察工作规范化水平。践行"四种形态",加大谈话函询力度,注重抓早抓小,防微杜渐,让"红脸出汗"成为常态。持续深化"三转",进一步清理纪检监察部门参与的议事协调机构,明确职责定位,聚焦主责主业。加强纪检专兼职干部队伍建设,发挥好纪委委员、党风党纪监督员、特邀监察员作用。落实"两个为主"要求,加强自我约束,做到打铁还需自身硬,建设一支忠诚干净担当的纪检干部队伍。(纪委办公室、监察处)

(六) 持之以恒推进和谐校园建设,为改革发展营造良好的校园生态

1. 加快推进校园民主建设

进一步健全校园民主管理体制机制,完善院(系)二级教代会的日常运作机制。启动实施教代会提案日常受理机制。推进校工会工作重心下移,充分发挥基层工会作用。加强校内校外协同,着力构建大统战工作格局。进一步落实校、院(系)领导联系党派及党外人士制度,加大党外人士培养和推荐力度,力争推出更多党外代表性人物。加强基层党委统战工作,加大对基层党委统战委员的业务培训,提高基层党委统战工作水平。拓展民主渠道,充分发挥工会、共青团、学生会、研究生会、退离休协会等群团组织的桥梁纽带作用。(工会、党委统战部、团委、人事处、党委老干部处、各基层党组织)

2. 加快推进校园民生建设

试点设立行政服务中心，推行与师生相关重要事务一站式服务。修订完善《东南大学机关作风建设考评办法》，以科学考评促进机关持续提高服务质量和工作效能。进一步健全机关作风建设监督制度，充实机关作风建设监督员队伍，充分发挥监督员的日常监督作用。进一步提升和改进教职工大病医疗互助工作。积极创造条件提高教职工待遇。升级完善校园信息门户系统，加强管理信息一体化建设。加强线上线下各类自助服务平台建设，进一步提升管理服务信息化水平。推进学校基本建设，启动建设新的院(系)教学大楼、学生宿舍、留学生楼、游泳馆及生活配套设施等一批重点工程。做好四牌楼和丁家桥校区文物的保护、修缮等工作。(网络安全和信息化领导小组、机关党委、工会、党委学工部、学生处、总务处、基建处)

3. 加强推进平安校园建设

以“江苏省平安校园示范校”建设为抓手，加强校园技防和安保队伍建设。出台校园突发公共事件应急预案，建立快速反应和应急处理机制。完成各校区安防系统和消防系统修缮改造。加强实验室安全管理督查力度，强化化学制剂、易燃易爆品、实验动物的安全使用和管理。创新安全教育形式，加大安全教育力度，进一步提高师生安全意识和能力。加强校园网络安全保障体系建设，切实维护校园网络安全。进一步完善学校安全保卫、保密工作的综合管理平台和监控系统。进一步落实保密工作职责，加强保密教育培训，不断提高保密技术防范和保密管理水平。(党委办公室、党委保卫部、实验室与设备管理处、网络安全和信息化领导小组、保密办)

抄送：各校区，各院、系、所，各处、室、直属单位，各学术业务单位。

东南大学党委办公室
2017 年 2 月 16 日印发

中共东南大学委员会 2017 年上半年工作总结和下半年工作补充要点

一、上半年工作总结

2017 年上半年,校党委以马克思列宁主义、毛泽东思想、邓小平理论、“三个代表”重要思想、科学发展观为指导,全面落实党的十八大和十八届三中、四中、五中、六中全会精神,深入学习贯彻习近平总书记系列重要讲话精神和治国理政新理念新思想新战略,牢固树立政治意识、大局意识、核心意识、看齐意识,坚定不移地维护以习近平同志为核心的党中央权威和集中统一领导,服务统筹推进“五位一体”总体布局和协调推进“四个全面”战略布局,贯彻新发展理念,坚定对中国特色社会主义的道路自信、理论自信、制度自信、文化自信,紧紧围绕中国特色世界一流大学建设目标,以迎接中央专项巡视和落实巡视整改任务、深入贯彻落实全国高校思想政治工作会议精神为重点,以实施综合改革方案和《东南大学“十三五”事业发展规划》为抓手,团结和带领广大师生员工,奋发有为、改革创新,加快推进“双一流”建设,年初确定的各项工作任务顺利推进。

(一)配合中央巡视组顺利完成专项巡视工作

全力支持配合中央巡视组顺利完成专项巡视工作。按照中央统一部署,2017 年 3 月 3 日至 4 月 30 日,中央第四巡视组对东南大学党委进行了专项巡视。校党委认真学习领会中央精神,按照政治巡视的标准和要求,自觉主动接受中央巡视,并统筹协调,精心准备,广泛发动,周密部署,有力地支持和配合了中央巡视工作。全校各级党组织、各单位根据学校党委部署和要求,积极支持配合巡视,保证了巡视工作顺利完成。专项巡视期间,校党委坚持政治标准和问题导向,针对中央巡视组反馈的问题,先后 6 次召开党委常委会,研究整改落实工作,即知即改、立行立改取得较好成效。

(二)巡视整改任务全面完成

扎扎实实全面完成巡视整改任务。中央第四巡视组向学校党委反馈了巡视意见后,学校党委立即成立了巡视整改工作领导小组,下设五个专项工作组,全面部署落实巡视整改工作。按照“条条要整改、件件有着落”的要求,校党委及时制定了《东南大学党委整改工作方案》和《东南大学党委巡视整改任务清单》,确定了问题清单、整改措施、责任领导、责任单位和整改时限,明确了三方面 125 条整改任务,由 29 个单位牵头负责。2 个月的集中整改期内,学校先后召开党委常委会 12 次、校长办公会 4 次、纪委全委会 2 次,研究巡视整改事宜。校领导班子成员和五个专项工作组共召开整改相关工作会议 66 次,研究部署巡视整改工作。集中整改期间,共修订或制定规章制度 88 项,以制度形式规范了程序,严格了要求,堵塞了漏洞,加强了管理,明晰了责任,及时巩固了整改成果。通过多措并举,综合施策,整改任务全面完成,成效得到初步彰显。

(三)意识形态工作有力加强

1. 拧紧压实意识形态工作责任制

进一步强化党委统一领导、党政工团齐抓共管、党委宣传部组织协调、各相关部门及院(系)共同参与的工作机制。成立了领导小组,统筹推进落实学校意识形态工作责任制。将责任制落实情况纳入基层党组织抓党建工作述职、干部考核体系和监督检查范围,强化监督执纪问责。

2. 强化意识形态阵地管理

先后修订或制定了《东南大学关于举办形势报告会和哲学社会科学报告会、研讨会、讲座、论坛等活动的管理办法》《东南大学校园新媒体建设与管理办法(试行)》《东南大学校园信息发布管理规定》《东南大学校园网络信息安全管理规定》《东南大学舆情引导与应对工作规程》,启动了对全校以单位为建设主体的微信公众号和微博账号重新备案工作,加强线上线下阵地管理。出台了《东南大学公共场馆管理暂行办法》,进一步规范了学校公共场馆的使用与管理。

3. 加强对师生员工的教育和管理

出台了《东南大学关于进一步加强和改进师德建设工作的实施办法》,成立师德师风建设工作小组,完善相关规章制度,在课题申报、职称评审、导师遴选等方面明确了师德师风要求。修订了《东南大学人才引进工作办法》,加强对引进人员的思想政治素质考察和教育培训。修订完善了《东南大学因公出国(境)审批管理办法》,出台了《东南大学关于加强公派出国(境)学生选拔、教育和管理的规定》《东南大学全日制本科学生公派交流学习管理办法》《东南大学招收和培养国际学生管理办法》,加强因公出国(境)、学生公派学习交流、来华留学生等的管理。修订《东南大学校友总会章程》,加强与境外校友的联系、沟通,增强境外校友对母校的了解,加深对母校的感情。加强中外合作办学学生管理、思想教育和学生党建工作,加强对外籍教师的教学管理。出台了《东南大学加强和改进大学生网络思想政治教育工作实施方案》,加强学生网络文明和网络法制教育。出台了《关于促进东南大学学生组织健康发展的改革实施意见》,强化对各级学生会组织和学生社团的引领、管理和服务。

(四)宣传工作和文化建设成效显著

1. 宣传工作水平全面提高

大力实施“影响力提升计划”,围绕学校改革发展中取得的重要成果、创新举措、典型事迹和人物等开展一系列重点宣传,在中央级媒体刊发相关报道150余篇,在中央电视台发布相关报道10篇。持续深化与媒体平台的合作,与凤凰江苏合作拍摄了纪实片《国学堂堂　多士跄跄》《重走西迁路　再启新征程》,点击量达1 240万次。新媒体影响力持续提升,学校官方微博获“2016 江苏年度十佳人气校园微博”第一名。出版校报 14 期,学校英文网站全面改版上线。

2. 先进大学文化建设扎实推进

印发了《东南大学“十三五”文化建设规划纲要》,有序推进先进大学文化建设。初步形成《东南大学“止于至善”校训精神在新形势下意义专项研究方案》,推进校训精神研究。拟定《东南大学加强和改进校史文化建设方案(草案)》,完成了校史馆新馆的布展和开馆工作。启动了包括红色革命遗址梅庵在内的国立中央大学旧址文物保护新一轮规划工作,制定了文物保护规划初步方案,进一步开发学校历史文化资源在推进中国特色世界一流大学建设新阶段的思想政治价值和文化价值。

3. 成功举办庆祝建校 115 周年系列活动

广大师生员工和海内外校友广泛参与校庆,共同回顾学校 115 年的发展历程,展望未来发展宏图。先后举办了郭秉文教育思想研讨会、“重走西迁路”、诺贝尔奖获得者高层学术演讲等系列活动,产生了良好的社会反响,有效彰显了东大文化特色,增强了全体东大人的自豪感和凝聚力。

(五) 党建工作持续加强

1. 持续推进“两学一做”学习教育常态化制度化

制定了《关于推进“两学一做”学习教育常态化制度化的实施方案》,明确目标要求,突出“关键少数”,确保“两学一做”学习教育融入日常。充分发挥党支部的主体作用,探索创新党支部组织活动方式,把“两学一做”学习教育纳入“三会一课”等组织生活基本制度。各级党组织精心安排,党员领导干部率先垂范,不断加强舆论引导,切实推动学习教育常态化制度化。

2. 开展“双抓双促”大走访大落实活动

启动了以“抓整改促服务、抓项目促落实”为主要内容的大走访大落实活动,学校党委就活动实施做了总体部署和广泛动员。各级领导班子成员陆续深入基层,全面了解情况,广泛听取意见建议。针对师生员工普遍关注的矛盾问题,实行项目化推进,及时解决矛盾问题,促进政策措施的有效落实,推动基层工作不断取得新成效。

3. 学校领导班子自身建设进一步加强

坚持和完善党委领导下的校长负责制,修订完善了《东南大学党委领导下的校长负责制实施办法》《东南大学党委常委会议事决策规则》《东南大学校长办公会议事决策规则》,启动了党委全委会议事决策规则的制定工作,进一步明确党委职责,健全党委决策制度体系,充分发挥党委议大事、谋全局作用,坚持科学决策、民主决策、依法决策。修订了《东南大学校党委理论学习中心组学习实施细则》,推动校领导班子强化思想理论武装,牢固树立"四个意识",自觉向以习近平同志为核心的党中央看齐。通过理论学习和民主生活会等,进一步加强校领导班子思想建设、作风建设,增强领导班子的担当意识、责任意识。

4. 干部队伍建设不断加强

进一步完善干部选拔任用工作机制,修订和完善了《东南大学中层领导干部选拔任用工作条例》,探索实践干部选任多种方式,促进优秀人才脱颖而出。修订了《东南大学中层领导后备干部选拔培养办法》,切实加强后备干部队伍建设。出台了《东南大学中层领导干部兼职管理暂行办法》,对兼职范围、兼职取酬、兼职审批等做了明确规定,进一步加强对中层领导干部在社会团体、基金会、民办非企业单位和企业兼职的管理。

5. 基层党组织建设和党员队伍建设不断增强

加强基层党组织班子建设,党员行政班子成员任党委委员。加强对教职工和学生党支部书记的培训,做到培训全覆盖。强化基层党组织对党支部书记的业务指导,持续整顿软弱涣散党支部。出台了《关于进一步加强在教职工中发展党员的意见》,从战略高度重视教职工特别是优秀中青年教师的党员发展工作。出台了《东南大学院(系)级党组织党校工作条例》,加强对入党积极分子和党员发展对象的培养,注重对党员和领导干部的教育培训。上半年共发展党员 646 人。

(六)"十三五"规划和"双一流"建设有力推进

1. 综合改革持续深化,"双一流"建设有序推进

出台了《东南大学关于进一步深化院(系)综合改革的意见》,将试点院(系)在综合推进人才培养模式、师资队伍建设与内部治理结构等方面改革的成功经验推广到全校所有院(系)。同时,扩大试点内容和试点范围,为学校全面深化改革探索新思路和新途径。成立"双一流"建设领导小组和工作小组,完成"双一流"建设方案的研讨起草和上报工作。

2. 深入实施"十三五"事业发展规划

结合"双一流"建设方案,大力实施"一流学科攀升计划"。实施"双创人才培养计划",创新人才培养模式。实施"高端师资倍增计划",出台了《东南大学首席教授、青年首席教授聘用办法》《东南大学人文社会科学资深教授遴选办法》《东南大学至善青年学者支持计划实施办法》等人才支撑制度,初步建立合理的人才梯队培养与建设体系。修订了《东南大学引进人才高级专业技术职务评审暂行办法》,拓宽引进人才专业技术职务晋升渠道,进一步加大海外高层次人才招聘力度。实施"原创能力突破计划",在 2017 年度国家科学技术奖评选中,4 个项目通过第一轮会评答辩。实施"卓越大学伙伴计划",建筑学院获批开展"高校国际化示范学院"试点工作,东南大学雷恩研究生学院正式获得教育部批复设立,与蒙纳士大学联合办学稳步推进。

(七) 思想政治工作有力加强

1. 深入贯彻落实全国高校思想政治工作会议精神

通过党委理论学习中心组学习、邀请专家来校做辅导报告、研读会议文件、组织专题研讨等多种方式,深入学习领会会议精神,切实增强党委班子成员做好思想政治工作的责任感和使命感。出台了关于加强和改进新形势下学校思想政治工作的实施办法,制定了全面贯彻落实全国高校思想政治工作会议精神任务清单,细化任务分工,全面落实会议精神。成立了东南大学思想政治工作领导小组,全面组织协调学校思想政治工作。

2. 着力加强教师思想政治工作

出台了《东南大学加强和改进教师思想政治工作实施方案》,健全教师思政工作机制,明确党委常务副书记分管教师思想政治工作,成立了党委教师工作部。在各类专任教师培训中,增加思想政治教育专题培训内容。对全校 2 100 多名专任教师和教学管理人员进行了集中培训,引导教师增强立德树人、教书育人的责任感、使命感,把思想政治工作贯穿教育教学全过程。修订了《东南大学辅导员队伍建设实施办法》《东南大学学生兼职辅导员队伍培养管理办法》《东南大学班主任队伍建设管理办法》,加强专兼职辅导员队伍建设,更好地发挥班主任在学生成长成才中的作用。明确了青年教师申报教师系列专业技术职务时须具备辅导员或班主任工作经历等相关要求。选派辅导员参加各类培训,队伍职业化培训覆盖率达 100%。

3. 学生思想政治教育工作持续加强

出台了《东南大学关于加强和改进学生思想政治工作,提高引领学生发展水平的实施方案》《东南大学优良学风班和优良学风标兵班评选实施办法》《东南大学关于进一步加强和改进大学生心理健康教育的实施办法》《东南大学关于加强和改进大学生体育育人工作的若干意见》,着力培养又红又专、德才兼备、全面发展的社会主义合格建设者和可靠接班人。开展纪念五四、“永远在路上”红色讲堂等活动 500 余场,深入开展学生党支部“两学一做”学习教育、共青团“一学一做”教育实践,深入推动习近平总书记系列重要讲话精神进班级、进支部、进社团、进网络。出台了关于建设青年马克思主义者学堂、志愿服务实践学堂、文化素质教育学堂的系列文件,加强育人平台建设。强化志愿实践育人工作,承办江苏省“三五”学雷锋活动,参与江苏发展大会等重大活动的志愿服务工作。1 人获评“中国大学生自强之星标兵”荣誉称号。

4. “双创”育人工作扎实有效推进

出台了《东南大学共青团关于建设创新创业实践学堂的实施办法》,加强“双创”育人平台建设。建立“挑战杯”科创竞赛育人体系,培育高水平大学生课外学术科技作品,在江苏省“挑战杯”大学生课外学术科技作品竞赛中,6 件作品直接晋级国赛,其中 3 件作品获特等奖,获奖数量并列全省第一。全力筹备江苏省“互联网+”大学生创新创业大赛,4 件作品获得一等奖并晋级全国赛，位居全省第一。举办首届东南大学“校庆杯”大学生创新创业大赛，持续打造大学生“创新创业冬令营”“学生科技节”等品牌活动。

（八）党风廉政建设和反腐败工作有力加强

1. 认真落实两个责任

进一步规范和完善领导班子和领导干部述职述廉工作，进一步强化领导班子和领导干部履行党风廉政建设主体责任和“一岗双责”的意识。启动了 2017 年度校中层党政领导班子和领导干部党风廉政建设责任制检查考核工作。修订完善了院（系）、直附属单位“三重一大”决策制度，进一步加强了二级单位的党风廉政体系建设。不断加强廉洁教育，纪委网站改版完成并上线运行，廉政宣传教育平台建设进一步加强。纪委不断深化“三转”，退出 19 个议事协调机构。修订了《东南大学党风党纪监督员、特邀监察员工作条例》，聘任了新一届党风党纪监督员和特邀监察员。充实加强学校二级纪委力量，成立了成贤学院纪委。制定了《东南大学专兼职纪检监察干部队伍能力提升计划》，进一步提升纪检监察干部队伍职业化、专业化水平。

2. 持续强化制度约束

出台了《东南大学校领导机动费管理细则》，进一步规范校领导机动费使用和管理。修订了《东南大学领导干部经济责任审计实施办法》，完善校级领导副职转任、离任、分工调整审计的相关规定。出台了《东南大学自主招生及特殊类型招生等监督工作规范》，加大对重点领域和关键环节的监督。修订了《东南大学礼金礼品登记上交处理办法》，规范礼金礼品的上交、登记、处理等流程。出台了《东南大学公务用车管理暂行办法》，强化学校公务用车的配备和使用规范。出台了《关于禁止公款办理各类预付款卡（VIP 卡）的通知》，禁止校内任何单位和个人用公款办理各类 VIP 卡。

（九）和谐校园建设持续推进

1. 校园民主建设进一步加强

出台了关于进一步加强统一战线工作的实施意见。积极协助各民主党派发展成员和完成换届工作，我校多名民主党派人士在各党派新一届江苏省委中担任重要职务。切实改进教代会提案工作，加强提案督办，试行优秀提案办理表彰工作，推动实施教代会提案日常受理机制。党务公开、校务公开、信息公开工作稳步推进。

2. 校园民生建设持续推进

出台了《东南大学教职工大病医疗互助金使用管理办法》，保证大病互助工作健康运行。进一步完善患病及生活困难教职工动态联系及日常帮扶机制。师生综合服务大厅完成基础设施建设。推进院（系）二级“关工委”常态化建设合格验收工作，探索实施与离休干部所在社区街道开展党建工作“一方隶属，多方共建”的党建模式。

3. 平安校园建设不断深化

出台了《东南大学突发公共事件应急预案(试行)》,提升突发事件应急处置能力,维护校园安全稳定。按照"平安校园示范校"建设标准完善安防设施规划和建设。坚持校园安全生产检查和整改工作,严格规范危化品及特种设备管理。通过校园媒体、微信平台等方式加强校园安全知识宣传,切实提高师生员工安全意识。加强保密知识教育,提升保密管理和技术水平。

二、下半年工作补充要点

2017年下半年,学校党委将按照年初确定的工作总要求和总部署,以迎接党的十九大,学习、宣传、贯彻十九大精神为主线,以巩固深化巡视整改成果、贯彻落实全国高校思想政治工作会议精神为重点,深入实施综合改革方案、"十三五"规划和"双一流"建设方案,继续推进"双抓双促"大走访大落实活动,着力提升管党治党和办学治校能力水平,力争各项工作取得新突破。

(一) 强化成果运用,持续巩固拓展巡视整改成效

不断巩固和深化巡视整改成果。坚持思想上不放松、标准上不降低、力度上不减弱,扎扎实实做好整改成果的深化拓展工作,坚决防止已经解决的问题反弹复发。对需要长期坚持的整改任务,紧盯不放,持之以恒,一抓到底。对整改过程中发现的新问题,切实制定解决方案,抓好落实,不断彰显巡视整改工作成效。(党委办公室、纪委办公室、各机关部处、各基层党组织)

(二) 学习宣传贯彻党的十九大精神,切实加强理论学习和宣传思想工作

学习贯彻党的十九大精神。通过组织收看收听党的十九大实况、邀请专家作辅导报告、理论学习中心组理论学习会、支部学习讨论等各种渠道认真学习宣传党的十九大精神。围绕学习贯彻党的十九大精神,认真开好校、院(系)两级专题民主生活会。召开学校第十四届党代会2017年年会,结合学校实际,深入贯彻落实党的十九大精神。(党委宣传部、党委办公室、党委组织部、各基层党组织)

(三) 坚持守土有责、守土尽责,持续加强意识形态工作

1. 认真贯彻落实意识形态工作责任制

根据中央巡视要求和落实意识形态工作责任制专项巡视整改方案,扎实开展意识形态整改工作,确保整改落实到位。落实《东南大学加强和改进教师思想政治工作实施方案》,进一步完善教师思想政治工作机制,加大教师思政工作力度。健全意识形态工作定期研判分析与联动机制。加强对带有学校标识的微信微博账号认证备案和管理。坚持守土有方,提高网络舆情监测技术水平。依托哲学社会科学学科、基地和智库,进一步加强理论宣讲专家队伍建设,推进思想理论研究和思想宣传工作。认真实施进一步加强统一

战线工作的实施意见，做好民族宗教工作。（党委宣传部、党委教师工作部、党委办公室、党委统战部、党委组织部、社科处、人文学院、马克思主义学院、各基层党组织）

2. 着力提升宣传工作水平

围绕党的十九大的召开和学校改革发展的中心工作，加强重点选题策划，充分利用各类宣传平台开展全方位宣传。加强对全校新闻宣传工作的管理与引导，加强新闻宣传队伍建设，积极构建大宣传格局。推进新闻宣传口径库与案例库建设，进一步规范新闻发布工作。加强与重点媒体的战略合作，做好主题宣传与重点宣传，提升有效传播率。加强东南大学二级网站和英文网站的建设与维护。不断加强学校官方新媒体的品质与内涵建设，利用重大时间节点和主题事件，推出精品微信，讲好东大故事，传播东大品牌，持续提高微信官方公众号的综合影响力。积极探索海外新闻宣传的新途径，不断扩大学校的海外知名度和美誉度。（党委宣传部、各基层党组织、网络与信息中心、各机关部处）

（四）从严加强领导干部队伍和基层党组织建设

1. 持续加强领导班子自身建设

认真执行党委理论学习中心组和领导干部集中学习制度，切实增强“四个意识”，强化理论武装，学思践悟，自觉用党的十九大精神以及习近平总书记系列重要讲话精神和治国理政新理念、新思想、新战略武装头脑、指导实践。严格执行党委领导下的校长负责制，坚持民主集中制，认真执行新修订的党委常委会、校长办公会议事决策规则，加强学习调研，增强协同配合，不断提升班子的担当意识、战略思维能力和决策水平。（党委宣传部、党委办公室、校长办公室、党委组织部）

2. 继续深化干部人事制度改革

贯彻落实《东南大学中层领导干部选拔任用工作条例》，拓宽选人用人视野和渠道，推动干部轮岗交流，加强中层干部的党政交流、机关院（系）交流，不断增强干部队伍活力。进一步加大年轻干部的培养力度，切实加强后备干部队伍建设。做好援藏、援疆、援滇等各类挂职干部选派、管理和服务工作。继续做好干部个人事项报告工作和因私出国（境）证件管理监督工作。（党委组织部、各基层党组织）

3. 切实加强基层党建工作

进一步完善基层党组织工作考核和党组织书记抓党建述职评议工作方案，切实推动基层党建工作。继续推进“两学一做”学习教育常态化、制度化。把组织开展学习教育作为履行党建主体责任的重要任务和党建工作述职评议考核的首要内容。切实抓好个人学习和集体学习、领导班子民主生活会、党支部专题组织生活会、民主评议党员等工作。实施本科生党支部“领航工程”，打造精品“三会一课”，加强研究生党支部联合中心建设，激发研究生党建工作的内在活力，不断增强学生党支部的凝聚力和战斗力。（党委组织部、党委教师工作部、党委学工部、党委研工部、机关党委、各基层党组织）

4. 加强党员发展和教育培训工作

做好党员发展,特别是在教职工中发展党员的工作。持续开展“永远在路上”红色大讲堂,加强学生党员党性和先进性教育。继续开展“最佳党日活动”评选工作。选派党员干部参加中组部、教育部、省委教育工委、省委党校等举办的各类培训班。加强组织考核,提高培训质量,继续办好面向党政干部、预备党员、党员发展对象的培训班。进一步完善干部管理信息系统以及党组织和党员管理信息系统。(党委组织部、党委研工部、党委学工部、各基层党组织)

(五) 深入推进学校综合改革,加快推进“双一流”建设

1. 加强顶层设计和规划引领

以“双一流”建设为契机,加强顶层设计,进一步完善学校整体学科建设规划和分学科建设规划。大力实施“一流学科攀升计划”,推进一批基础、前沿、新兴和交叉学科建设,形成更为科学合理的学科生态。深入实施“十三五”事业发展规划。加强与具有重大国际影响的教育评估机构的合作,积极提升学校国际影响力。[研究生院、发展规划部(处)、各院(系)、各有关部处]

2. 加快现代大学制度建设

紧紧围绕世界一流大学和世界一流学科建设目标,充分借鉴世界一流大学建设经验,加大改革力度,加快现代大学制度建设。健全和完善党委领导下的校长负责制各项配套制度。推动学校管理重心下移,深化试点学院改革,扩大试点学院范围,激发学部、院(系)等基层学术组织的创新活力。推动党政管理部门的优化重组,完善跨部门综合事务协调机制。坚持以人为本,把提升人才培养质量和师资队伍建设水平作为改革的出发点和落脚点,积极稳妥地协同推进人才培养模式、师资队伍建设以及内部治理结构等多方面的改革。[发展规划部(处)、研究生院、人事处、各院(系)、各有关部处]

(六) 持续加强和改进学生思想政治工作,落实立德树人根本任务

1. 进一步提高学校学生思想政治工作水平

深入贯彻落实全国高校思想政治工作会议精神,认真实施《东南大学关于加强和改进学生思想政治工作,提高引领学生发展水平的实施方案》等系列文件,突出加强理想信念教育、注重文化浸润滋养、夯实志愿实践平台、提升精准服务水平。加强社会主义核心价值观教育精品项目规范化建设,深入推进学生价值观塑造工程。认真实施《东南大学关于加强思想政治理论课建设的实施方案》,充分发挥思想政治理论课主渠道、主阵地作用。以学校深化综合改革为契机,推进学生工作队伍职业化、专业化发展。实施后备人才培养工程,选拔优秀研究生在辅导员岗位上培养锻炼。提升心理健康教育工作针对性,加强学校、院(系)、班级、宿舍四级网络化管理,进一步做好特殊群体心理团体辅导。不断加强国

防教育，做好新生军训和大学生征兵工作。（党委学工部、党委研工部、党委武装部）

2. 持续做好文化育人和创新创业教育工作

进一步完善文化育人体系，持续开展好开学典礼、东南大学新生文化季、国家烈士纪念日、各级各类奖助学金颁奖典礼等文化育人活动。推进大学生志愿者工作，加强对志愿者工作的指导和培训。进一步完善社会实践活动管理和学分认定。以顶级赛事带动学生创新创业活动，做好“挑战杯”和“互联网＋”两项赛事的备赛参赛工作，力争取得优异成绩。（党委学工部、党委研工部、团委）

（七）深入开展“双抓双促”活动，持续加强作风建设

1. 扎实开展好“双抓双促”活动

继续开展以“抓整改促服务、抓项目促落实”为主要内容的大走访大落实活动，重点围绕加强党的建设、“双一流”建设等中心工作，结合中央巡视中发现的问题和“两学一做”学习教育中查摆的问题，重点排查制约改革、发展、稳定的突出问题，廉政风险点和制度性、体制性、机制性问题，列出问题清单，明确完成时限和具体要求，坚持建账销账，破解发展难题，促进领导干部进一步增强为民服务意识，提高服务质量和水平。（党委组织部、党委办公室、校长办公室、机关党委）

2. 始终坚持整治“四风”，巩固拓展作风建设成果

加强教育宣传，切实增强党员干部贯彻执行中央八项规定精神的自觉性。加强监督检查，持续保持高压态势，紧盯“四风”问题新动向，发现一起，查处一起，曝光一起。不断健全作风建设长效机制，认真贯彻落实《中国共产党问责条例》和学校作风建设系列制度规定，以优良的党风政风带动校风学风。（纪委办公室、监察处、机关党委、各基层党组织）

（八）进一步深化党风廉政建设与反腐败斗争

1. 深入推进“党政同责，一岗双责”落细落实

以《关于新形势下党内政治生活的若干准则》《中国共产党党内监督条例》为准绳，有效推进党风廉政责任制检查考核工作。进一步加强年度中层党政领导班子和领导干部党风廉政建设责任制检查考核工作，完善考核办法，强化成果运用，确保党风廉政建设责任制落实到位。（纪委办公室、监察处、各基层党组织）

2. 进一步提升监督执纪能力和水平

准确运用监督执纪“四种形态”，加大谈话提醒、约谈函询力度。高度重视发现的苗头性和普遍性问题，严肃查处违反党的政治纪律、政治规矩和组织纪律的问题。认真执行《中国共产党纪律检查机关监督执纪工作规则（试行）》，全面排查执纪审查风险点，找准薄弱环节。进一步完善信访举报办理业务规程，加强信访举报综合分析，进行重点领域和热

点问题分析,探索建立信访举报点对点分析制度。(纪委办公室、监察处)

3. 持续加强重点领域监督工作

按照聚焦监督执纪问责主业和“三退三不退”的原则,对纪委参与的相关议事协调机构作进一步清理,更加注重监督工作质量和效果。紧盯“三重一大”决策制度,围绕干部人事、招生录取、招投标、科研经费、基建后勤、校办企业等关键领域和关键环节,推动相关单位实现管理与监督工作并行。积极推进有条件的二级单位增设纪委,加强二级单位纪委自身建设,推动二级单位纪委监督责任落细落实。(纪委办公室、监察处、各基层党组织)

4. 进一步营造风清气正的政治生态

围绕学习贯彻党章、廉洁自律准则、纪律处分条例、问责条例等党内法规,开展多种形式的学习教育活动,持续增强党员干部和广大师生的纪律意识、规矩意识。加强官方微信、校报等媒体平台的党风廉政专栏建设,探索廉洁教育的新思路、新途径。做好以“讲修养·讲道德·讲诚信·讲廉耻”为主题的廉政文化作品征集活动。(纪委办公室、监察处、各基层党组织、各有关部处)

(九)坚持以人为本,深入推进和谐校园建设

1. 持续加强校园民主和民生建设

组织开展基层统战委员、民主党派代表人士的培训学习活动。制定“无党派人士”政治面貌使用规范。筹备并召开共青团东南大学第二十次代表大会,加强全校共青团组织建设。完善校、院(系)部门两级教代会、工会的日常运作机制,强化学校青年工作委员会的引领作用,推进院(系)青年发展委员会工作的开展。切实推进校工会与部门工会共建教职工之家工作。完善专业技术职务评聘、岗位聘任申诉制度。实施就业价值引领工程、就业质量提升工程、就业能力提升工程,提升就业服务水平,提高学生就业质量。强化全员育人理念,加强对机关劳动纪律和服务态度的督查及投诉的处理,进一步提升机关服务质效。加快推进线上线下师生综合服务大厅建设,提升服务师生的集约化、信息化水平。继续做好老干部工作和关心下一代工作。(党委统战部、党委学工部、工会、机关党委、党委老干部处、团委)

2. 持续推动校园文化建设工作

分解落实《东南大学“十三五”文化建设规划纲要》,以文化建设品牌活动为牵引,助推文化建设工作深入开展。认真开展“文明校园创建”和“礼敬中华”活动。加快完善具有东大特色的文化育人体系,不断开发校史文化资源的思想政治价值。开展“止于至善”校训在新形势下意义的专项研究,加强校史研究编纂工作,研讨凝练“西迁精神”。开展视觉形象系统在二级单位使用情况的检查,进一步规范和推广视觉识别系统。推进博物馆建设论证工作。[党委宣传部、团委、档案馆、各院(系)]

3. 持续推进平安校园建设

以创建江苏省平安校园示范校为抓手，进一步增强安全保卫治理能力，完成2018年江苏省平安校园示范校的申报工作。认真实施《东南大学突发公共事件应急预案（试行）》，不断提升突发公共事件应急处置水平。进一步提升校园安全人防、技防和物防水平，建立立体化校园治安防控体系。完善各项保密制度，加强日常保密教育和规范管理。（稳定工作领导小组、党委保卫部、保密办）

抄送：各校区，各院、系、所，各处、室、直属单位，各学术业务单位。

东南大学党委办公室
2017年8月23日印发

东南大学2016年工作总结和2017年工作要点

一、2016年工作总结

2016年是“十三五”事业发展开局之年。在党的十八大及十八届三中、四中、五中、六中全会和习近平总书记系列重要讲话，以及学校第十四次党代会精神的指引下，在教育部、江苏省委省政府的关心指导下，东大以“五大发展理念”引领学校发展，立足谋篇布局，深化综合改革，全体师生员工围绕年度工作要点，开拓创新，努力进取。以“推动人才强校、深化综合改革”为主题，以“提高教育质量、推动内涵发展”为主线，以“创新体制机制、培育新兴交叉、强化科研组织、推进国际合作”为重点，学校各项事业发展取得明显进步，综合实力显著增强，为推进世界一流大学和一流学科建设打下了坚实的基础。

(一) 不断深化教育教学改革，人才培养质量显著提升

全面落实“立德树人”根本任务，启动实施“双创人才培养计划”，成立新一届校教学委员会。本科生和研究生生源质量稳步提高，理科本科新生在全国各省市录取分数线高出当地一本线100分以上省份达24个。深入推进博士生招生制度改革，全面实施申请考核博士生招生制度。进一步扩大博士生招生规模，完善博士生招生指标分配办法。启动设立博士新生奖学金，启动实施国家重大专项博士生班计划。

深化本科人才培养改革，制定了《东南大学“十三五”本科人才培养规划》，着力推进创新创业教育，全面提升本科教育教学质量，入选全国首批深化创新创业教育改革示范高校。大力推动吴健雄学院、文科试验班和少年班人才培养模式和管理体制改革。新增国家级虚拟仿真实验教学中心和国家级实验教学示范中心各1个，新增国家级“精品视频公开课”6门，有36门课程入选“国家级精品资源共享课”，入选数位列全国高校前列。入选宝钢优秀教师特等奖1人、江苏省教学名师2人。获批省级重点教材14部，位列全省高校第一。在全国大学生电子设计竞赛中获10个一等奖和8个二等奖，一等奖数位列全国高校第一；在“创青春”全国大学生创业大赛中获5项金奖，金奖总数位居全国第二。“九龙5G创业谷”入选国家级众创空间。与法国N+i工程师学校联盟签署合作协议，并与其所属8所法国工程师学校，以及美国凯斯西储大学签署“3+2”联合培养协议。

深入推进研究生教育综合改革，研究生培养质量稳步提高。以岗位为导向修订了博士/硕士生导师遴选办法、博士生导师招生资格年审办法，加快优秀中青年教师成长，着力建设一支高水平导师队伍。推进研究生学制改革，优化研究生学习年限，提高学位授予质量，新增研究生全英文课程43门。获批江苏省各类研究生创新工程项目322项。获江苏省优秀博士学位论文13篇、优秀硕士学位论文27篇。有194名研究生获批“国家建设高水平大学公派出国留学项目”，其中攻读学位55人、联合培养139人；34人获批国家留学基金委博士生导师短期访问项目；19人获批第四批江苏省产业教授。

积极组织国防军工等大型企业人才招聘研讨会，主动加强学生选择国家重点行业和

重要岗位就业的价值引领与氛围营造。2016 届毕业生年终总就业率达 98.49%,位居全国高校前列。

(二) 全力实施“人才强校”战略,师资队伍建设取得新成效

进一步加快人事综合改革,优化结构、创新机制、激发活力,制定并启动实施“十三五”师资队伍规划和“高端师资倍增计划”,大力实施“人才强校”战略。新增欧洲科学院院士 1 人,长江学者 2 人,青年长江学者 5 人,“青年千人”6 人,“万人计划”专家 4 人,“全国工程勘察设计大师”1 人。入选汤森路透 2016 全球高被引科学家 2 人。新增江苏特聘专家 3 人,江苏省突出贡献中青年专家 1 人,江苏省双创团队 1 个,江苏省双创人才 6 人,江苏省双创博士 8 人。入选江苏省“333”工程的有 66 人,第一和第二层次入选数位列全省第一。积极推进人事制度改革,制定出台首席教授、青年首席教授、至善青年学者和文科资深教授人才计划,以及“师资队伍建设‘1842’行动措施”,成功举办首届海外青年学者论坛,进一步加大人才引进和培育力度。全面启动绩效工资和薪酬体系改革,构建了以岗位绩效工资为主体,年薪制、协议工资、项目工资等并存的多元化工资体系。制定出台专职科研人员队伍管理办法,修订完善海内外引进人才高级专业技术职务评聘暂行办法、博士后管理办法和教职工退休暂行办法。积极推进定岗定编工作,全面开展事业编制教职工养老保险参保信息核定工作。

(三) 不断加强科研组织建设,科学研究实现新突破

启动实施“原创能力突破计划”,进一步加强科研制度和科研组织建设,大力推进重大科研项目、基础交叉科研平台、创新团队的布局和产学研合作等工作。牵头获 2016 年度国家科学技术奖 3 项,其中自然科学、技术发明和科技进步二等奖各 1 项,牵头获奖项目数(通用项目)位列全国高校第 9;牵头获教育部 2016 年度高等学校科学研究成果奖(科学技术)5 项,其中一等奖 2 项;牵头获 2016 年度江苏省科学技术奖 8 项,其中一等奖 5 项,位居全省第一。获批国家自然科学基金资助项目 303 项,其中重点项目 6 项、重大仪器专项 3 项、杰青项目 2 项、优青项目 3 项;获批国家重点研发计划专项牵头项目 6 项、牵头课题 21 项;获批军委科技委、军委装备发展部、教育部等国防科研项目 56 项;获批国家社科基金 27 项。入选第七届教育部科技委学部委员 9 人、军委科技委专家 4 人。获批教育部霍英东教育基金高等院校青年教师基金资助与青年教师奖各 1 项。科研到账总经费 20.208 亿元,较上一年增长 12.2%。2015 年度 SCI 收录论文 2 394 篇,比上一年增加 234 篇,排名第 19 位;EI 收录论文 2 554 篇,比上一年增加 384 篇,排名第 14 位;表现不俗论文 903 篇,比上一年增加 83 篇,排名第 21 位。发明专利申请 2 495 件,已授权 1 238 件,PCT 专利申请 50 件。承担“江苏省重大科技成果转化项目”22 项,位列全省第一。首次入选“十三五”期间“国防科工局—教育部共建高校”。与中国航空工业集团、上海航天技术研究院、航天九院十三所、中国核动力研究设计院、中国电子科技集团第二十九所、故宫博物院、南京医科大学、华为技术有限公司等大型企事业单位签订战略合作协议,与南京市政府签订推动科技与产业深度融合合作协议,与苏州市高新区签约共建“东南大学苏州医疗器械研究院”。

积极推进国家实验室和国家重点实验室立项工作,获批江苏省“高档数控机床及智能装备”制造业创新中心和全国首家最高人民法院司法大数据研究基地。东南大学智慧城市研究院、空间科学与技术研究院、国家发展与政策研究院等交叉科学研究院建设稳步推进,东南大学丘成桐中心、未来地下空间研究院、东南大学—威斯康星大学智能网联交通联合研究院等基础与前沿国际化科研机构论证进展顺利。东南大学大数据计算中心和分析测试中心共建共享平台建设顺利推进。学校科研团队在我国载人航天工程、第5代移动通信技术、AMS空间科学实验、500米口径球面射电望远镜、国学中心建设等重大战略领域和工程中做出积极贡献。

(四) 不断优化学科布局,一流学科建设取得新成绩

全力推进内涵发展,进一步加强学科顶层设计,优化学科布局,确立“强势工科、优势理科、精品文科、特色医科”建设目标。启动实施“一流学科攀升计划”,充分发挥学科发展责任主体作用。启动推进“双一流”建设,完成“中央高校建设一流大学(学科)和特色发展引导专项资金”建设项目方案论证,深化ESI学科建设与引导,启动建设“新一代通信网综合试验平台”“细胞工程与转化医学平台”等13个开放共享重大科研平台。组织五大门类31个学科参加全国第四轮学科评估。药理学与毒理学、神经科学与行为科学进入ESI全球前1%,进入ESI全球前1%学科数由8个增至10个,其中工程学上升至第45位,计算机科学上升至第66位。依托“网络空间安全”一级学科成立网络空间安全学院。17个学科获批“十三五”江苏省重点学科。启动了2017年新增博士、硕士学位授权点申请筹备工作。

(五) 着力加强顶层设计和现代大学制度建设,内部治理结构更趋合理

《东南大学“十三五”事业发展规划纲要》上报教育部并正式实施。编制完成并启动实施“十三五”规划的六大支撑计划。第十四次党代会确立了“早日建成世界一流大学”总体目标和今后五年改革发展主要任务。启动“双一流”建设方案编制,进一步明确“双一流”建设蓝图和路径,细化了综合改革与各项工作责任和任务。以大学章程引领现代大学制度建设,坚持和完善党委领导下的校长负责制,健全党委领导、校长负责、教授治学、民主管理的工作机制,修订完善《东南大学校长办公会议事规则》,明确学校制度框架、治理结构以及各主体的权利义务范围。试点学院综合改革持续深化,进一步推动学校管理重心下移,制定简政放权的具体措施,下放副高专业技术职务评审权限到院(系),强化院(系)学科建设和治理的主体责任。进一步坚持和完善民主管理制度,不断扩大广大师生员工的知情权、参与权和监督权。启动学校内部控制体系建设,积极完善高效率、高质量、高协同的服务机制。

(六) 大力拓展交流与合作,国际化办学内涵不断提升

启动实施“卓越大学伙伴计划”,积极推进高层次国际交流、合作办学和具有国际影响力的海外高水平人才引进。东南大学—蒙纳士大学苏州联合研究生院获批“江苏省中外合作办学高水平示范性建设工程培育点”。积极推进国家外专局国际化示范建筑学院申报，与法国雷恩一大联合申报研究生学院工作进展顺利，“器官芯片学科创新引智基地”入选“111 计划”。与美国威斯康星大学、瑞典乌普萨拉大学等 15 所国(境)外高校签署合作交流协议。聘请 1 000 余名外国专家来校讲学和合作研究，全年派出 1 200 余名教师和 2 000 多名本科生和研究生赴国(境)外交流与学习。外国留学生人数达 1 849 人，其中学位生 1 402 人，学位留学生比例达到 75.8%，继续位居江苏第一。6 门课程获江苏省省级留学生全英文精品课程，位居全省第一，其中 2 门获国家级来华留学英文授课品牌课程。“一带一路”可持续基础设施工程硕士项目完成首批学生录取。加入“一带一路”高校联盟。3 所孔子学院发展良好，注册汉语学生达 4 500 多人，与我校合作共建孔子学院的 Dennis 教授荣获国家汉办授予的 2016 年度全球“孔子学院先进个人”称号。

（七）加快推进“美丽东大”建设，办学条件获得新提升

坚持以人为本，改善办学条件，加强民生建设，优化办学环境，启动实施“东大影响力提升计划”，初步完成《东南大学校区定位及功能规划》，全年完成基建投资近 1 亿元。积极落实 16 项教育部专项工程。完成九龙湖校区学生宿舍节能安全改造等工程，以及土木交通教学科研楼 A 区(办公楼)、B 区(试验楼)主体工程和桃园学生宿舍建设。编制完成九龙湖游泳馆、桃园学生宿舍(9—10 号)可行性研究报告并通过教育部评估。完成九龙湖校区信息电子教学综合楼招标设计，以及生医科研综合楼、能环科研综合楼、留学生楼的建设前期调研工作。启动九龙湖校区护校河污水整治工程及桃园食堂二期工程。与南京市江宁区签订的东南大学幼儿园江宁分园共建项目启动建设。推进四牌楼校区校史馆、线上/线下师生综合服务大厅和校园快递中心建设。东南大学校园网站新主页正式启用。

（八）围绕学校中心工作，其他各项事业迈上新台阶

“两学一做”学习教育顺利开展，党风廉政监督机制和责任体系进一步完善。校园民生不断改善，民主渠道建设进一步加强。顺利召开第八届教职工代表大会暨第十五届工会会员代表大会，选举产生了新一届教代会执委会和工会委员会。实现了院(系)教代会全覆盖，提高了在职教职工福利标准，完善了大病医疗互助办法。设立学生事务校长特别助理，进一步扩大学生参与校园民主管理的权利。财务运行情况良好，财政总收入 38.12 亿元，与去年持平。安全稳定工作卓有成效，依法治校工作取得新进展。学校教育基金会和校友工作取得新的成绩，新签捐赠协议 103 份，协议总额 6 616 万元，设立“东南大学海外交流基金”，校友总会获第四届“高校校友工作优秀单位”称号。经济责任审计工作积极推进，国有资产清查专项工作顺利开展。进一步健全和完善学校国有资产的管理和绩效考核工作，积极推进国有经营性资产规范化运营和建设，并规划调整经营性房产。支持科技成果转移转化和创新创业教育实践。对口支援与定点扶贫工作扎实推进，信息公开工作测评成绩位列教育部直属高校第一。

大力推进开放办学，积极拓展办学资源，与甘肃省、云南省、河北省、江苏省南京市江北新区和江宁区等地方政府签订战略合作协议。附属中大医院不断改革创新，各项事业

取得新成绩。各校区、各院系、各直属单位在学校领导下顺利开展工作，均取得较好成绩。

二、2017 年工作要点

2017 年是全面实施“十三五”发展规划、全面深化综合改革和加快推进“双一流”建设的重要一年，也是我校建校 115 周年。2017 年工作总体要求是：深入贯彻落实习近平总书记系列重要讲话精神和全国高校思想政治工作会议精神，以“五大发展理念”为引领，紧紧围绕学校第十四次党代会确立的总体目标和主要任务，按照“瞄准前沿、服务战略、师生为本、人才为先”的办学思路，继续坚持以“推动人才强校、深化综合改革”为主题，以“提高教育质量、推动内涵发展”为主线，大力实施多学科融合、产学研结合、理工文医综合和国际化联合“四合”战略，努力实现人才培养、师资队伍建设、科学研究、学科建设、国际合作等方面的新突破，凝心聚力，奋发有为，全面推进各项事业的改革发展，进一步提升办学水平和综合实力。

(一) 着力提高人才培养质量

全面落实“立德树人”根本任务，进一步推进“双创人才培养计划”，培养创新精神和创业意识，提升创新创业能力，把社会主义核心价值观和创新创业教育理念融入人才培养全过程，切实提高人才培养质量。

召开本科教育教学工作会议，认真总结经验，深入研讨人才培养的新目标、新思路和新举措。全力做好本科教学审核评估工作，以评促建，高质量通过审核评估，并以本科教学审核评估和工程教育认证为契机，深化本科人才培养综合改革。加快推进课程改革与建设，大力推进本科生研究型教学，进一步加强思政课程改革，全力启动新一轮精品课程建设，努力建成一大批各级各类精品课程。深入推进创新创业实践与实训，开拓海外实践基地，深化社会实践内涵，建设大学生创新创业文化长廊和创客空间。进一步加强文化育人平台建设，积极拓展与国(境)外高水平大学的交流项目，加强本科生跨文化学习和交流能力的培养。进一步深化吴健雄学院人才培养模式改革，深入推进文科试验班人才培养模式改革，积极推进国际化示范建筑学院建设与发展，积极探索少年班人才培养新模式。进一步加强教学质量保障体系建设，建立健全“可视、公开、约束、激励”的教学管理机制。进一步完善科学评教和教学考核办法，强化课程组等基层教学组织建设。进一步完善学生学籍管理和奖助体系建设，积极探索复合型人才培养和荣誉学位教育。

进一步加强研究生导师队伍建设，启动实施面向全校博士生导师的培训计划，认真做好研究生导师遴选和招生资格年审工作。大力推进分类培养模式改革，深化创新创业教育理念，全面修订研究生培养方案，进一步优化研究生人才培养课程体系。大力推进研究生研究型教学，启动建设一批案例库和慕课课程，充分激发研究生从事科学研究和实践创新的积极性和主动性。大力推进与国(境)外高水平大学联合开展研究生培养的工作，进一步提高海外交流、访学的导师和研究生比例，开拓海外实践基地，加强研究生跨文化学习、交流和工作能力的培养。加强企业研究生工作站的建设和管理，强化专业学位研究生实践能力培养。进一步健全研究生课程建设和课程教学质量监控办法，完善集中开题和中期考核分流淘汰办法。推进研究生学位标准改革,优化博士研究生申请学位成果要求。进一步优化学位管理和归档流程,强化研究生助教和助管岗位培训。建设博士研究生学位论文网络评审平台,进一步提高评审质量,缩短评审周期。

加大招生宣传力度,拓展优质生源渠道,做好博士新生奖学金计划。积极探索改进多元选拔方式,做好特殊类型和各类试验班招生,推动江苏省综合评价录取试点工作,切实提高本科生生源质量。积极争取扩大博士研究生招生规模,进一步扩大硕士研究生学术学位和专业学位分类考试试点,深化申请考核博士生招生制度改革,做好国家重大专项博士生班计划招生工作。加强职业发展规划指导,完善就业创业服务平台,引导学生不断提高职业发展目标定位。加强对学生选择国家重点行业和重要岗位就业的价值引领与政策支持。

(二)大力实施人才强校战略

深入推进实施"高端师资倍增计划",全面落实"师资队伍建设'1842'行动措施",进一步加大人才引育力度,大力构筑一流人才高地。全方位多层次加大海内外人才招聘宣传力度,加强海外高层次人才招聘和海外青年学者论坛工作,引进具有博士学位专任教师 150 人左右,其中具有海外一流大学博士学位教师不少于 50 人。新增"千人计划"专家 3～4 人,长江学者 4～5 人,"青年千人"、青年长江学者和青年拔尖人才 18～20 人。继续做好江苏省双创团队、双创个人、江苏省特聘教授、"333"工程、青蓝工程和"六大人才"工程等人才建设项目。全面实施东南大学首席教授、特聘教授、文科资深教授、青年首席教授、青年特聘教授和至善青年学者等人才计划,建立健全高端师资队伍人才体系,强化人才引进和培育的院(系)主体责任考核工作。加强师德师风建设和思想政治工作,加快推进人事制度改革,完善新进教师"弹性聘期"制度,全面实施全员岗位聘用制,对不同层次和不同类别教职员工分别制定和完善岗位职责与要求,完善职务晋升和聘期考核政策。进一步下放院(系)为主体的绩效考核和评审评价权力,实施岗位分层分类管理制度,推进定岗定编工作,加快专职科研队伍建设。根据教育部部署进行绩效工资改革,按照江苏省要求实施养老保险全员参保工作。进一步完善博士后管理条例,全面提高博士后招收和培养质量。

(三)继续强化科技创新能力

继续坚持"科学谋划、战略布局、目标导向、敢为人先"工作思路,面向世界科技前沿、面向国家重大需求、面向经济主战场,布局科研发展战略,优化科研组织管理,全力实施"原创能力突破计划",努力打造高水平科技创新格局。牵头获国家科技奖 5～6 项,省部级一等奖 10 项以上。获批国家重点研发计划牵头项目 10 项、牵头课题 30 项,立项总经费 3 亿元。获批国家自然科学基金项目 350 项,其中"杰青"项目 4～5 项、"优青年"项目 5～6 项,并在重大重点项目(含国际合作)和群体项目取得新突破,立项总经费 3 亿元。获批国家社科基金项目 30 项。积极组织国防重点项目立项,大力推进国防重大科研计划,立项总经费 3 亿元。加大高水平论文支持力度,发表 SCI 源刊论文 2 800 篇以上。申请发明专利 3 000 件、高价值专利 150 件、PCT 专利 80 件,授权发明专利 1 500 件。积极组织国家重大科学基础设施论证,大力推进国家实验室、国家重点实验室(工程中心)、国家级文科智库、国防重点实验室、2011协同创新中心、国际联合实验室和引智基地申报。大力推进基础、前沿与交叉学科研究院(中心)新型科研机构和国防科研基地,以及全校大型仪器设备公共基础科研平台建设。深化落实《东南大学促进成果转移转化实施方案》,加强国家大学科技园和国家技术转移中心建设,加快推进科技成果转移转化。进一步推进保密和军工资质体系建设。力争年度科研到账总经费23亿元。

(四)切实提升学科建设水平

大力推进"一流学科攀升计划",全力建设"强势工科、优势理科、精品文科、特色医科",推进理工文医学科交叉融合,形成多学科协调发展、科学合理的学科生态。进一步论证完善"双一流"建设方案,力争高质量进入教育部"双一流"建设。进一步加强学科顶层设计,积极实施ESI学科建设引导,全面推动我校ESI学科数持续增长和现有ESI学科排名稳步提升,为工程学进入万分之一、计算机科学和材料科学进入千分之一打下基础。启动学科平台三年滚动建设论证,努力构建若干开放共享的重大科研平台,积极推进大型仪器公共服务支撑体系建设。全力做好第四轮学科评估后续工作,力争取得好成绩。布局和启动新一轮学位授权点申报组织工作,积极组织江苏高校优势学科二期验收和三期申报工作。积极推进网络空间安全学院和国防特色学科、生命科学与医学等新兴交叉学科建设与发展。全力做好2017年院士人选推荐、申报和服务工作。

(五)持续深化体制机制改革

以《东南大学章程》和《东南大学综合改革方案》为引领,以建设一流大学和一流学科为目标,以体制机制改革为核心,以深化人事分配制度改革为突破口,以调动全体师生员工积极性为重要标志,全面深化各主要领域综合改革,着力破除体制机制障碍。大力加强院(系)综合改革力度,全面深化试点学院综合改革工作,积极推动学校管理重心下移,落实院(系)主体地位,形成分工科学、运转顺畅高效的管理架构和运行机制。推进内部控制体系建设,优化学校内部治理结构,完善现代大学制度。加强各级各类学术组织建设,健全和完善校级学术组织的运行机制,激发学部、院(系)等基层学术组织的创新活力,充分发挥学术组织在学科建设、学术评价、学术发展中的核心作用。进一步推进定岗定编和校部处机关机构设置调整工作,推动管理服务部门优化重组,全面提高部处机关服务质量和水平,着力健全综合事务跨部门协调机制,建成线上/线下师生综合服务大厅。

(六)加快推进国际化办学进程

大力推动国际化合作战略,加快实施"卓越大学伙伴计划",坚持"全球高端、实质合作、引领发展"工作思路,力争在与世界一流大学开展实质性深层次校际合作上有所突破。进一步提高东南大学—蒙纳士大学苏州联合研究生院和联合研究院的合作质量和办学水平,积极推动与瑞典乌普萨拉大学合作办学,完成与法国雷恩一大联合研究生学院申报审批,以及国际化示范建筑学院申报审批工作。新增3～5所世界一流大学合作伙伴，推动成立中英大学联盟。建立海外人才引进需求库，全面深化海外人才引智工作。开拓地方政府资源，积极聘请国际顶尖科学家及团队来校工作。全年聘请1 000余名外国专家来校讲学和合作研究，全年派出1 300余名教师和2 500余名本科生和研究生赴国(境)外交流与学习。积极筹办高层次国际会议，努力探索建立国际交流与合作评价指标，激发各院(系)国际化工作主动性和积极性，推进院(系)与国际一流大学实质合作。开拓招生渠道，进一步扩大留学生规模，提高留学生培养层次与质量。加大卓越奖学金项目"一带一路"可持续基础设施工程硕士招生工作，以"一带一路"为契机，发挥学科优势，拓展国际合作范围和内涵。推动孔子学院发展建设，3所孔子学院注册汉语学生达5 000人。

(七) 稳步推进"美丽东大"建设

全面推进"东大影响力提升计划"，着力改善办学条件，加强校园文化景观、文化氛围和学校影响力等软实力建设。以115周年校庆为契机，加快"美丽东大"建设，为学校"双一流"建设提供有力保障。完成九龙湖校区景观绿化规划和四牌楼校区文物保护规划工作，完成九龙湖校区基建规划调整和丁家桥校区基建规划调整工作。全面启动九龙湖校区景观提升工程，完成校舍出新与基础设施改造50 000平方米。推进四牌楼校区和九龙湖校区雨污分流，以及九龙湖校区护校河污水整治工程。完成三个校区绿化补植、九龙湖梅园广场和四牌楼南门景观改造，做好新建桃园宿舍、土木交通教学科研楼、桃园食堂周边景观建设。完成土木交通教学科研楼工程(不含振动台配套工程)、桃园学生食堂工程建设，完成九龙湖游泳馆、桃园学生宿舍(9—10号)设计。完成能环科研综合楼、生医科研综合楼和留学生楼可行性研究报告编制和报送教育部评估，并启动设计招标工作。完成信息电子教学综合楼施工总包招标，完成四牌楼校区校史馆建设，完成九龙湖校区快递中心建设。完成文科综合楼、学生宿舍(名称待定)前期调研工作。积极推进附属中大医院新门急诊楼项目。加强东南大学二级网站和英文网站建设与维护，完成东南大学校园网站全面更新。

(八) 统筹协调其他各项工作

积极协助党委做好中央巡视检查各项工作，认真落实巡视整改工作。切实发挥校、院(系)两级教代会民主管理和民主监督作用，建立健全涉及师生权益的听证和申诉等权利保障机制，保障师生对学校重大事项的知情权、参与权和监督权。进一步规范化和制度化各类财经行为，加强财务流程再造，为师生员工提供优质便捷财务服务。积极探索多元化筹集办学资源渠道和方式，加强国有资产监管和规范化管理，进一步完善学校经营性资产管理体制。进一步完善后勤服务体制机制，推进"互联网+服务"管理模式，建立健全与一流大学建设相适应的后勤保障体系。完成九龙湖新桃园食堂学生餐厅、教工餐厅和清真餐厅开业工作，完成新一轮物业服务招投标工作。加强校园安全、稳定及综合治理工作，着力推进江苏省"平安校园"示范校建设。东南大学幼儿园江宁分园落成启用。积极争取江宁区政府支持，帮助解决教职工子女中小学入学困难。深化开放办学，积极拓展与地方政府和大型企业战略合作。继续做好对口支援和定点扶贫工作，大力提升校园网络建设和信息化水平。进一步加强与海外校友联系,推动海外校友分会建设。继续支持附属中大医院发展,提高医疗服务和教学科研水平。

“新故相推,日生不滞。”硕果累累的2016年已成过去,砥砺奋进的2017年正在前方。早日建成中国特色世界一流大学是全体东大人的共同梦想,也是“止于至善”的大学之道,更是党和国家赋予东南大学的光荣使命。面对前所未有的机遇与挑战,2017年全校各部门单位要进一步增强使命意识和责任意识,增强危机感和紧迫感,以持之以恒的改革勇气、敢为人先的创新动力、艰苦创业的坚定意志、奋发有为的担当精神,深化综合改革,推动事业发展,加快推进“双一流”建设,共同喜迎115周年校庆,为早日实现建成中国特色世界一流大学的“东大梦”,提高我国高等教育发展水平,增强国家核心竞争力,实现中华民族伟大复兴的“中国梦”而努力奋斗!

东南大学 2017 年上半年工作总结和下半年工作补充安排

一、上半年工作总结

2017 年是全面实施“十三五”事业发展规划、深化综合改革的重要一年，是全面推进“双一流”建设的关键之年。上半年，学校以马克思列宁主义、毛泽东思想、邓小平理论、“三个代表”重要思想、科学发展观为指导，全面落实党的十八大及十八届三中、四中、五中、六中全会精神，深入贯彻习近平总书记系列重要讲话精神和治国理政新理念新思想新战略，牢固树立政治意识、大局意识、核心意识、看齐意识，坚定不移地维护以习近平同志为核心的党中央权威和集中统一领导，统筹推进“五位一体”总体布局和协调推进“四个全面”战略布局，贯彻新发展理念，坚定对中国特色社会主义的道路自信、理论自信、制度自信、文化自信，贯彻落实“四个服务”，全力配合做好中央第四巡视组对学校党委的专项巡视工作与巡视整改工作。紧紧围绕学校第十四次党代会确立的总体目标和主要任务以及年度工作要点，以“推动人才强校、深化综合改革”为主题，以“提高教育质量、推动内涵发展”为主线，凝心聚力，奋发有为，学校各项事业发展均取得较好成绩，综合实力显著增强，“双一流”建设进程明显加快。

（一）深化教育教学改革，人才培养质量稳步提升

全面落实“立德树人”根本任务，努力把社会主义核心价值观和创新创业教育理念融入人才培养全过程，深入实施“双创人才培养计划”，推动人才培养模式及体制机制创新，稳步提升人才培养质量。全面启动 2017 年本科教学工作审核评估，统筹推进迎接审核评估与教育教学改革。召开本科教育教学工作会议，深入研讨人才培养的新目标、新思路和新举措。举办全体专任教师、教学管理人员集中培训，着力提升教师教育教学能力。出台《东南大学基层教学组织管理规定（试行）》，大力推进并完善基层教学组织的建设与管理。修订完善《东南大学青年教师授课竞赛实施办法》，进一步提升授课竞赛活动及评审工作的规范化和权威性。获 2017 年江苏省教育教学成果奖特等奖 4 项、一等奖 6 项、二等奖 6 项，获奖总数位列全省高校第二。

继续深化考试招生制度改革，本科生和研究生生源质量稳步提高。本科生理科投档分数线超过 100 分的省市达 25 个，在全国各省市平均位居“985”高校第 16 位；文科试验班类（郭秉文班）和江苏省综合评价录取试点首批招生成效显著。全面优化博士生招考方式，完善申请考核、硕博连读、本科直博招考综合评价考核办法。完成教育部统筹全日制和非全日制的硕士生招生改革，进一步扩大学术学位和专业学位硕士生分类考试试点。强化博士生导师招生资格年审，启动实施“博士新生奖学金”计划。完成首届国家重大专项博士班，以及首批与南医大联合培养博士生招考工作。

本科生教育教学改革持续推进。入选 2017 年度全国创新创业典型经验高校。获

批 2016—2017 年江苏省首批在线开放课程建设立项 21 门,获批数位列全省第一。在江苏省优秀毕业设计(论文)评选中,20 篇单篇论文及 3 个团队全部获奖,获一等奖人数位居全省第一。获 2017 美国大学生数学建模竞赛一等奖、第十二届全国大学生交通科技大赛一等奖、第五届全国大学生工程训练综合能力竞赛一等奖等优秀成绩。获第十五届江苏省大学生课外学术科技作品竞赛暨"挑战杯"全国竞赛江苏省选拔赛决赛特等奖 3 项,入围国赛 6 项,均并列全省第一。获 2017 年江苏省大学生计算机设计大赛特等奖 3 项,特等奖数位列全省第一。115 名本科生赴国外一流大学参加交换生项目或暑期学校学习,77 名本科生获国家留学基金委资助赴国(境)外进行课程学习或科研实习。

研究生培养改革成效明显。建设慕课课程 5 门、案例库 10 个。获批全国示范性工程专业学位研究生联合培养基地 1 个,开拓海外实践基地 3 个。建成 15 个全英文专业,与国外一流大学教授共同组织全英文课程 37 门。获国家留学基金委首批录取联合培养研究生 240 人,录取人数比去年增加 24%。获批江苏省各类研究生培养创新工程 300 项。获首届世界智能驾驶挑战赛第 2 和第 3 名,获全国研究生集成电路设计竞赛一等奖 4 项、第八届 CDN 中国汽车设计大赛"最佳用户界面设计奖"等优秀成绩。研究生助研学酬金系统上线运行,研究生学位论文网络评审平台投入试运行。

(二) 加快人事综合改革,师资队伍建设成效明显

进一步加快人事综合改革,以高水平人才队伍建设为核心,以创新工作体制机制为重点,深入实施"十三五"师资队伍规划和"高端师资倍增计划",大力实施"人才强校"战略。围绕"双一流"建设目标,制定一流师资队伍建设方案,努力构筑一流人才高地。正式出台《东南大学首席教授、青年首席教授聘用办法》《东南大学人文社会科学资深教授遴选办法》《东南大学至善青年学者支持计划实施办法》等人才支持计划,基本形成合理的人才梯队培养与建设体系。修订《东南大学引进人才高级专业技术职务评审暂行办法》,为海内外人员提供晋升渠道,并强化海外高层次人才招聘力度。新增"千人计划"专家 2 人、"青年千人"4 人、国家"万人计划"教学名师 2 人;新增长江学者 2 人、青年长江学者 5 人;新增国家优青 3 人,江苏省杰青 6 人、优青 7 人;新增享受政府特殊津贴 5 人、江苏省特聘教授 3 人;新增江苏省"青蓝工程"优秀教学团队 1 个、中青年学术带头人 2 人、优秀青年骨干教师 3 人。引进具有博士学位教师 101 人,其中具有一年以上海外留学经历 82 人,具有海外博士学位 43 人。进站博士后 57 人。启动并推进定岗定编工作。按照国家及江苏省政策规定推进学校事业编制人员养老保险及医疗保险改革工作。

(三) 着力提升创新能力,科学研究实现新突破

继续坚持面向世界科技前沿、面向国家重大需求、面向经济主战场,布局科研发展战略,优化科研组织管理,全力实施"原创能力突破计划"。在 2017 年度国家科学技术奖评选中,自然科学奖二等奖 1 项、技术发明奖二等奖 2 项、科技进步奖二等奖 1 项已通过第一轮会评答辩。4 位教授获首届"全国创新争先奖"奖状表彰,获奖人数并列全国高校第二。获批国家重点研发计划项目 3 项、牵头课题 29 项。申报国家自然科学基金各类项目

1 236 项，获批资助项目 265 项；获江苏省自然科学基金立项资助 87 项。获批各类重大专项项目 5 项、部委项目 14 项。申请中国发明专利 1 406 项，授权中国发明专利 608 项；申请 PCT 专利 22 项，申请国外发明专利 17 项，授权国外发明专利 5 项。获第 45 届瑞士日内瓦国际发明展会特别金奖 1 项、银奖 1 项、铜奖 2 项，第十届江苏省专利奖金奖 1 项。启动实施东南大学专利 VAE(科技成果增值)工程。获国家社科基金年度项目立项 29 项，立项数并列全国理工科高校第一；获教育部人文社会科学研究一般项目 6 项、江苏省高校哲学社会科学研究重大重点项目 10 项。上半年科研到款经费 4 亿元。江苏省网络群体智能重点实验室获批建设。论证并成立丘成桐中心、量子信息研究中心、东南大学—威斯康星大学智能网联交通联合研究院、未来地下空间研究院等新型科研机构。入选江苏高校人文社会科学校外研究基地 1 个，获批江苏高校哲学社会科学优秀创新团队培育点 1 个。入选首批中国智库索引(CTTI)来源智库 3 个。修订完善《东南大学异地研究院管理暂行办法》，新建校企联合研发中心 6 个。全面推进江宁环东南大学知识创新圈、东南大学江北创新研究院的规划和建设。分析测试中心和大数据计算中心建设方案完成论证并启动实施。通过中国新时代认证中心对我校质量管理体系军品第二次监督审核与扩项，以及民品第二次监督审核。

(四) 深入推进内涵发展，学科建设取得新进展

进一步优化学科布局，积极鼓励和支持基础、新兴、交叉学科发展，促进形成多学科协调发展、科学合理的学科生态。成立“双一流”建设领导小组和工作小组，研讨起草并上报“双一流”建设方案。完成 2017 年中央高校建设一流大学(学科)和特色发展引导专项资金预算安排和经费使用计划的论证与审批。完成第四轮学科评估二次数据反馈工作。积极组织和推进 ESI 学科建设，已有 10 个学科进入 ESI 世界前 1%，其中工程学位列第 33 位、计算机科学位列第 57 位。组织完成学位授权自主审核单位申报工作，开展新增学位授权点的申报及学科动态调整工作，组织 7 个学科申报一级学科博士授权点、6 个学科参加江苏省硕士学位授权一级学科点评估。增列博士生导师 4 人、硕士生导师 30 人，为优秀人才开展研究生培养提供绿色通道。组织协调并完成 11 位两院院士有效候选人的申报材料报送、公示和复核工作，其中 4 人进入科学院、1 人进入工程院的第二轮评选。

(五) 大力提升合作水平，国际化办学不断拓展

加快实施“卓越大学伙伴计划”，深入推进国际化合作战略，加大高层次国际交流、国际重大科技项目合作和海外高水平创新人才引进力度。稳步推进与蒙纳士大学联合办学，成功召开两校联合管理委员会会议，并签署两校知识产权协议。国家外国专家局与教育部正式批准建筑学院开展“高校国际化示范学院推进计划”试点工作。东南大学雷恩研究生学院正式获得教育部批复设立，成为我校获批的第二个中外合作办学机构。作为中方牵头高校组建了中英大学工程教育与研究联盟。积极推进与乌普萨拉大学全面合作，签署两校学生交流交换协议，并与伯明翰大学、诺丁汉大学、香港中文大学、加州大学欧文分校、威斯康星大学等世界一流大学签订或续签合作协议 18 份。邀请丁肇中等 4 位诺贝尔奖获得者以及丘成桐等国际知名学者来校访问交流，举办专题报告会或大师讲座活动。积极推进与瑞典皇家理工学院等世界高水平大学的学生交流交换、联合培养工作，通过校级交流项目派出学生 111 人，并协调接收华盛顿州立大学等国外伙伴院校来华交流生 13 名。

（六）继续推进“美丽东大”建设，办学条件呈现新面貌

坚持以人为本，加强校园基础设施、文化景观等建设，着力改善办学条件，进一步优化办学环境。积极推进“美丽东大”建设，基本完成丁家桥校区建设规划方案调整工作，完成生医科研综合楼、能环科研综合楼的可行性研究报告上报工作。完成九龙湖校区游泳馆、桃园宿舍 9—10 号设计招标及信息电子教学综合楼施工图设计。桃园食堂二期通过主体验收。实施改善基本办学条件专项 10 项；全面整治九龙湖校区护校河，目前已完成污水截流工作；配合玄武区水务局及施工队伍对四牌楼校区进行雨污分流改造。完成校园智能云洗衣建设、报修与出行 App 建设等。“美丽东大，你我共建”本科生和研究生校务说明会制度启动实施。初步完成九龙湖校区快递中心建设工作，校园绿化、景观提升、校友捐赠、宿舍围合补缺等项目进一步落实。与南京市江宁区签订的东南大学附属幼儿园建设项目进展顺利。

（七）围绕学校中心工作，其他各项事业稳步推进

积极配合做好中央第四巡视组对学校进行的专项巡视工作。根据中央巡视组反馈的意见和要求，坚持提高政治站位和政治觉悟，切实把整改落实工作作为一项重大政治任务来抓，不折不扣地推动各项整改任务落实到位。党风廉政建设不断加强，廉政监督机制和责任体系不断完善，深入开展干部人事、招投标、招生等重点领域、关键环节的监督工作。廉洁教育有效加强，风清气正的校园氛围持续向好。意识形态工作领导权、管理权、话语权不断加强，工作水平持续提升。

校园民生不断改善，民主渠道建设进一步加强。修订完善教职工大病医疗互助金使用管理办法。安全稳定工作卓有成效，依法治校工作进展顺利。内控制度建设和财务管理长效机制建设得到强化，财务工作管理效益不断提高。经济责任审计积极推进；进一步健全和完善学校国有资产的管理和绩效考核工作，不断加强国有经营性资产规范化运营和建设。积极推动海外校友分会的组织建设；完善“校友综合服务管理系统”，建立校友资源电子化原始信息库；新签各类捐赠协议 68 份；10 位优秀教师荣获唐仲英基金会“仲英青年学者”称号。校园网及校园信息化建设工作、对口支援与定点扶贫工作、信息公开工作稳步推进。师生综合服务大厅已完成基础设施建设。圆满完成 115 周年校庆系列活动，通过举办主题论坛、学术报告、颁奖典礼、文艺演出等多种活动，凝聚爱校荣校情感，增强干事创业信心。新校史馆正式开馆。附属中大医院不断改革创新，医联体建设、服务内涵提升、科研教学等工作取得新进展。各校区、各院系、各直附属单位在学校领导下顺利开展工作，均取得较好成绩。

二、下半年工作补充安排

2017年下半年工作的基本思路，是继续深入贯彻落实习近平总书记系列重要讲话精神和全国高校思想政治工作会议精神，贯彻落实中央部署要求，紧扣中央巡视组反馈的问题，不断强化“四个服务”意识，把整改作为深化综合改革、加快推进中国特色世界一流大学建设的重要机遇，深入推进学校“十三五”事业发展规划纲要，紧紧围绕学校第十四次党代会确立的总体目标和主要任务，围绕年度工作计划，大力推进综合改革与“双一流”建设，不断提升学校办学水平和综合实力。下半年学校要重点推进和完成的工作任务有：

（一）切实提高人才培养质量

全面落实“立德树人”根本任务，切实将思想政治工作贯穿教育教学全过程，将创新创业教育融入人才培养全过程，大力实施有温度的教育。认真做好并确保高质量完成本科教学审核评估工作，并以本科教学审核评估和工程教育认证为契机，深化本科人才培养综合改革，建立健全“可视、公开、约束、激励”的教学管理机制。进一步完善科学评教和教学考核办法，强化课程组等基层教学组织建设。继续加强学习、实践、文化三个课堂建设，大力推进研究型教学。进一步加强思政课程改革，加快各级各类精品课程建设进程，积极推进本硕课程资源共享平台建设。完善创客空间条件，举办东南大学第十二届大学生创新创业成果展示会，进一步为学生创新创业搭建更宽广的舞台。持续推进本科人才培养国际化工作，推动与国（境）外高水平大学的联合培养和学分、学位互认工作，落实一批与高水平大学合作项目。进一步深化吴健雄学院、文科试验班、少年班人才培养模式的改革。

进一步加强研究生导师队伍建设，实施面向全校博士生导师的培训计划。加强思想政治工作，深化创新创业教育改革，大力推进分类培养模式改革，全面修订研究生培养方案，进一步优化研究生人才培养课程体系，强化创新创业能力培养。制定国家重大专项博士生班、医工结合等交叉学科博士生联合培养方案。大力推进与国（境）外高水平大学联合开展研究生培养工作，开拓海外实践基地，加强研究生跨文化学习、交流和工作能力的培养。进一步健全研究生课程建设和课程教学质量监控办法，修订优化博士研究生申请学位的成果标准。推进东南大学学位与研究生教育质量信息平台建设，进一步完善研究生学位论文网络评审平台，全面提升我校学位论文的质量。

实施就业价值引领工程、就业质量促进工程和就业创业能力提升工程，引导学生不断提高职业发展目标定位，加强对学生选择国家重点行业和重要岗位就业的价值引领与政策支持。完善就业创业平台建设，提升就业创业指导服务能力，优化毕业生就业质量追踪调研。

（二）大力实施人才强校战略

深入推进落实“高端师资倍增计划”，全力做好人才引育工作。创新人才引育机制，营造人才成长生态，强化人才引育的院（系）主体责任考核。全方位多层次加大海内外人才招聘宣传力度,加强海外高层次人才招聘,尤其是“青年千人”引进力度,全年引进具有博士学位专任教师150人左右,其中具有海外一流大学博士学位教师不少于50人。完成第十四批“千人计划”申报工作,做好2017年度“长江学者奖励计划”“双创人才”“双创团队”“六大人才高峰”推荐等工作。加强校内高层次骨干教师的培养和激励,完成首期东南大学首席教授、特聘教授、青年首席教授、青年特聘教授和至善青年学者等人才计划选聘工作。加强师德师风建设和思想政治工作,全面启动定岗定编、全员岗位聘用工作,完成2017年专业技术岗位分级聘用工作。进一步完善博士后管理条例,优化科研人员配置,全力加快专职科研队伍建设。根据教育部工作部署,制定绩效工资相关政策及标准,推进绩效工资改革工作。

(三) 继续强化科技创新能力

紧紧瞄准国际学术前沿和国家重大需求,深入实施“原创能力突破计划”,持续优化科研组织管理,不断提升科技创新能力和科技服务水平,努力打造高水平科技创新格局。大力推进国家实验室、国家重大科学基础设施、国家重点实验室(工程中心)、国家级文科智库、国防重点实验室申报与建设;大力推进基础、前沿与多学科交叉的新型研究机构建设,着力建设好丘成桐中心、量子信息研究中心、东南大学—威斯康星大学智能网联交通联合研究院、未来地下空间研究院等新型科研机构,以及空间技术研究院、智慧城市研究院、国家发展与政策研究院等新型研究机构;大力推进全校大型仪器设备公共基础科研平台建设,构建一批世界一流的科研平台。继续做好国家重点研发计划专项申报,积极谋划国家重大项目立项,全力推进国家社科基金、教育部重大项目申报。加大高水平论文支持力度,发表SCI源刊论文2 800篇以上。申请发明专利3 000件、高价值专利150件、PCT专利80件,授权发明专利1 500件。

(四) 不断提升学科建设水平

继续按照“强势工科、优势理科、精品文科、特色医科”的学科布局,以国家“双一流”建设为契机,进一步完善学校整体学科建设规划和分学科建设规划,全面推进生物医学工程、交通运输工程、艺术学理论、建筑学、电子科学与技术、风景园林学、土木工程、城乡规划学、信息与通信工程、仪器科学与技术、动力工程及工程热物理、控制科学与工程、计算机科学与技术、材料科学与工程、生命科学与健康等15个学科(群)的重点建设,并大力推进人工智能、量子信息、智能制造、智慧城市、网络空间安全等一批基础、前沿、新兴和交叉学科建设,形成科学合理的学科生态。积极做好第四轮学科评估后续工作,力争取得好成绩;积极做好学位授权自主审核单位申请工作;积极做好马克思主义理论、外国语言文学、化学、力学、基础医学、工商管理等6个博士学位授权一级学科点和临床医学博士专业学位授权点申请工作;积极做好江苏高校优势学科二期验收和三期申报工作。继续大力实施ESI学科建设引导,全面推动我校现有ESI学科排名稳步提升和ESI学科数持续增长,力争社会科学总论进入ESI,使我校ESI学科数达到11个。探索一流学科建设绩效评价方法和激励约束机制,强化目标管理,突出建设实效,引导各学科进一步提升建设水平。继续做好院士人选推荐服务工作,力争取得新突破。

（五）持续深化体制机制改革

以中央巡视整改、深化综合改革为契机，按照“双一流”建设方案，以深化人事分配制度改革为突破口，以调动全体师生员工积极性为重要标志，继续深化各领域体制机制改革。深化5所试点学院综合改革工作，积极推动学校管理重心下移，落实院（系）主体地位，形成分工科学、运转顺畅高效的管理架构和运行机制。继续完善内部控制体系建设，优化学校内部治理结构，完善现代大学制度。加强各级各类学术组织建设，充分发挥学术组织在学科建设、学术评价、学术发展中的核心作用。全面启动推进定岗定编和校部处机关机构设置调整工作，推动管理服务部门优化重组，着力健全综合事务跨部门协调机制，全面提高部处机关服务质量和水平。加快建设并启动运行线上/线下师生综合服务大厅，着力解决广大师生反映强烈的跨部门办事难的问题。加大财务流程再造，加强网上报销功能提升，为师生员工提供优质便捷的财务服务。

（六）加快推进国际合作步伐

继续大力推动国际化合作战略，加快实施“卓越大学伙伴计划”，深化与世界一流大学开展实质性深层次校际合作。进一步提高东南大学—蒙纳士大学苏州联合研究生院和联合研究院的合作质量和办学水平，积极推动与瑞典乌普萨拉大学合作办学。做好雷恩一大联合研究生学院、国际化建筑示范学院试点建设工作。积极推进与美国北卡罗来纳大学教堂山分校、威斯康星大学麦迪逊分校等世界一流大学的合作协议签署，积极推动与美国哈佛大学、哥伦比亚大学、德州农工大学等高校开展合作。大力推进外国专家来校任教、讲学和合作研究，大力加强教师赴国（境）外交流与合作。进一步做好与国际高水平大学的学生交换与交流工作，积极提高合作大学与交流交换学生数量。进一步做好中英大学工程教育与研究联盟各项工作，积极推动联盟纳入2017年中英人文交流机制。完成出国（境）网上审批等信息化管理系统开发，提高外事工作信息化水平。继续推动孔子学院发展建设，确保3所孔子学院注册汉语学生达5 000人。

（七）统筹推进其他各项工作

积极协助党委认真落实中央巡视整改工作，深入巩固巡视整改成果。继续推动“党政同责，一岗双责”落实，进一步加强和完善年度中层党政领导班子和领导干部党风廉政建设责任制检查考核工作，为学校改革发展营造更加风清气正的政治生态。

修订完善学校公用房管理办法，进一步加强公用房资源合理配置。完成房产出租管理信息化系统建设，全面提升工作效率。完成九龙湖校区基建规划调整、丁家桥校区基建规划调整报批，以及九龙湖校区游泳馆、桃园学生宿舍9—10号的施工图设计工作。完成桃园食堂二期建设任务并交付使用，完成土木交通教学科研楼工程（不含振动台配套工程）竣工交付，完成能环科研综合楼和生医科研综合楼设计招标。全力推进附属中大医院新门急诊综合大楼建设各项筹备工作。完成四牌楼校区国家文物保护规划和九龙湖校区景观提升规划，基本完成九龙湖校区九龙湖景观一期改造建设工作。做好桃园食堂二期开业相关工作以及东南大学附属幼儿园的开园工作。大力加强学校二级网站和英文网站建设与维护,完成东南大学校园网站全面更新工作。

深化开放办学,积极拓展与地方政府和大型企业战略合作。继续做好对口支援和定点扶贫工作,大力提升校园网络建设和信息化水平。落实《东南大学科技成果转移转化实施方案》,做好科技成果作价投资和授权许可知识产权用于学生创新创业的试点等工作。加强审计信息化建设,提高学校工程审计水平。完成2017年度改善办学条件安防专项建设任务和2018年江苏省平安校园示范校申报工作。

面对中央巡视整改和“双一流”建设的历史机遇,2017年下半年,学校各单位和机关各部门,要继续坚持党代会确立的早日建成中国特色世界一流大学的总体目标,按照“瞄准前沿、服务战略、师生为本、人才为先”办学思路,重塑目标,深化改革,激发活力,引领发展,确保圆满完成2017年度工作计划,为“十三五”事业发展打下坚实基础,为早日实现中国特色世界一流大学的“东大梦”而努力奋斗,以良好精神面貌和优异工作成绩迎接党的十九大胜利召开。

抄送:各党工委,各基层党委、党总支、直属党支部,党委各部、委、办,工会、团委。

东南大学校长办公室
2017年8月23日印发

在本科教学工作审核评估动员部署大会上的讲话

东南大学党委书记 易 红

(2017 年 4 月 1 日)

同志们:

根据教育部高等教育教学评估中心的安排,教育部本科教学工作水平评估专家组将于今年 10 月 30 日进驻我校进行考察评估,从现在起到教育部专家组进校,仅有六个多月的时间,这意味着我校本科教学工作审核评估迎评工作进入了最为关键和最为紧要的阶段。

刚才,张校长对学校迎接本科教学工作审核评估做了动员报告,进行了相应的工作部署,提到:要深刻领会本科教学审核评估的重要意义,准确把握本科教学工作审核评估的科学内涵,要求要认真并高质量完成本科教学工作审核评估工作。我完全同意。林萍华老师根据多年的工作经验,为大家介绍了本科审核评估工作的一些体会、看法和建议,十分中肯,对我们迎接本科教学工作审核评估很有帮助。孙伟峰处长就学校迎接本科教学工作审核评估做了具体的工作布置,希望大家能够充分理解并积极配合,根据分工认领任务加以落实。

我校是 1996 年全国最早通过教育部本科教学优秀评估的三所高校之一。在 2003—2008 五年一轮次的评估中,我校是 2008 年受评,获得了教育部本科教学工作水平评估优秀学校的成绩。现在经过近十年的时间,我们即将面临新一轮的本科教学审核评估。学校近十年来本科教学改革、建设和发展以什么样的面貌、以什么样的成果展现在专家组和社会面前,能否为我国的本科人才培养工作提供新的经验,创出新的品牌,将直接影响到学校创建世界一流大学的进程。从这个意义上讲,接受本科教学工作审核评估是我们实施《东南大学“十三五”事业发展规划纲要》、推进人才培养工作的重要环节,也是对我校教学改革、人才培养质量的切实检验,对于快速推进世界一流大学建设步伐具有极其重要的意义。全校各级党组织、各院(系)、各部门、各直附属单位,全校师生员工要进一步行动起来,以强烈的使命感和高度的责任感,积极投入迎接本科教学审核评估的各项工作中去,以优异的成绩向教育部汇报,向全社会汇报,同时也为学校的持续快速发展注入新的动力。为此,我再提出以下几点要求。

一、深刻认识开展本科教学工作审核评估的重要意义,以迎接评估为契机,促进学校事业的快速发展

本科教育在高等教育中处于核心和基础地位,本科教育的水平是衡量一所大学整体办学水平的重要标志。当前,由于社会的发展及大学功能的拓展,大学的职能除人才培养

外，还包括科学研究、社会服务、文化传承创新等职能，但大学职能的丰富和多样化并不意味着"大学的根本目标是培养人才"发生了变化，培养能够承担社会责任、推动时代进步、满足经济社会发展需要的高素质人才始终是大学最为重要的职能和第一要务。而本科教育又是人才培养中最为根本和最为重要的内容。有了高质量的本科教育，学校才会有出色的社会声誉和社会地位。东南大学汇聚了大批优秀的学生和教师，担负着为国家培养高素质创新人才的使命。因此，我们一定要深刻认识本科教育的重要性，把为本科生提供最好的教育作为创建世界一流大学的重要内容，放在学校工作的中心位置。

迎接本科教学工作审核评估是全面提升我校本科人才培养质量和教育教学水平的重要机遇。中国高等教育在实现规模发展的历史性跨越后，全面提升质量已成为必然的内在要求。"十二五"期间，我校始终坚持和保证本科教学工作的中心地位、教学质量的首要地位和教学投入的优先地位，人才培养工作与教学改革建设取得了显著成绩。张校长刚总结了具体成效，学校在专业建设、课程建设、教材建设、师资队伍建设、实验基地建设、教学成果奖和教改项目等各方面指标，基本位列全国高校前十。但是，对照教育部本科教学工作水平评估指标体系，我们的本科教育在思想认识、体制机制、国际化等方面仍存在着一些亟待解决的困难和问题，如何积极创办理念先进、质量一流、充满活力的本科教育，如何探索符合世界一流大学建设需要的本科生培养模式，如何将学校的学科优势、科技优势转化成本科教育的优势，如何提升本科教学资源的内涵品质，仍然是要我们积极思考并努力解决的问题。迎接教育部本科教学审核评估正好为我们提供了很好的契机。

本科教学工作审核评估是对学校综合办学能力和水平的全面检验。其评估指标体系是在长期以来先后进行高等学校合格评估、优秀评估、随机性评估的过程中不断完善而成的，是我国众多高等教育专家智慧和心血的结晶，符合高等教育教学规律和高等学校的办学实际，具有很高的权威性和指导性。正因如此，对教育部本科教学审核评估，社会高度关注，学校高度重视，教育行政部门高度期待。

教育部本科教学工作审核评估是对高等学校教学工作的全面检查和评估，将多角度全方位地考察学校人才培养质量状况和保障机制。因此评估绝不仅仅是教学部门和教学单位的事，而是全校的大事。多年来，全校上下对本科教学工作的重视程度越来越高，各职能部门给予了大力支持和配合，各级党政负责人投入了大量心血，全体师生员工付出了辛勤劳动，这些工作成果应该得到充分展示。同时，学校多年来得到教育部、省委省政府的亲切关心和帮助，此次本科教学审核评估工作，也是向教育部、向江苏省、向海内外校友、向全社会展示东南大学办学经验与成果的大好机会，这对于进一步提高学校的凝聚力和向心力，提高学校的社会知名度和美誉度，争取国家和地方更多的支持都会产生积极的作用。

二、秉承优良教学传统，科学管理，真抓实干，确保以优秀成绩通过教育部本科教学审核评估

以优秀成绩通过教育部本科教学审核评估，是我们必须坚持的目标，也是必须取得的成绩，不可能接受另一种结果，这也是由东南大学的地位和使命所决定的。因此我们要认真对照指标，查找差距，凝练经验，展示成果。在剩下只有六个多月的时间里，必须集全校

之力，协同配合，加强组织，认真并高质量完成本科教学审核评估工作。

在本科教学工作审核评估的准备工作中，我们要重点做好以下几个方面的工作：

第一，全方位地展示学校人才培养质量状况和教育教学成果。这次审核评估，主要是对我校2008年获得教育部本科教学工作水平评估优秀学校以来的教育教学改革、建设和发展成就的一次系统总结，同时也是对我校教育教学水平、人才培养质量和办学水平的一次全面检验和综合研判。本轮教学审核评估包括培养目标、毕业要求、课程体系、师资队伍、支持条件、质量保障、学生发展、特色项目“7＋1”指标项，涉及本科教育的目标、状态、条件、保障和效果，涵盖人才培养的全过程和各个关键环节。对我们来说，就是要对照指标体系，认真组织材料，收集整理教育教学成果，把我们学校的优秀成果充分展示出来，把我们学校本科教学的特色和亮点充分展示出来，让专家组充分了解我们学校本科教学的优秀成果。

第二，认真梳理并积极整改本科教学中存在的问题。对照本科教学审核评估的指标体系和要求，客观上学校仍存在不少差距和问题。我们在积极组织成果展示的同时，还要通过此次审核评估进行全面系统的梳理，努力查找本科教学中存在的问题，认真加以整改。比如我们是否存在重科研、轻教学现象？拔尖创新人才培养的理念是否执行到位？本科教学方面的国际化开展的是否具有成效？等等。我们要客观分析，找出症结，以评促建，以评促改。在整改落实的同时，也要进一步深化改革，明确未来本科教学的发展方向。

第三，开展院系教学工作评估。要强化院系的主体责任，突出院长、系主任、教授的关键作用。要重点理清院系教学工作现状，明确学科发展战略和队伍发展战略，查找差距，抓紧整改。要广泛动员，开展全校性的学校定位、办学特色与教学思想观念的学习、讨论，认真地总结过去，理清现状，规划未来，学校的特点一定要充分总结出来。一定要深入研究，准确把握办学指导思想，总结办学经验，弘扬办学特色，明确奋斗目标。每个学院也应该突出自身特色，以评促建，以评促改，以评促发展，将自己学院近年来的进步和成果认真总结出来，汇聚成东南大学本科教育教学工作的整体优势。

三、牢固树立全局意识、时间意识和责任意识，扎实做好迎接评估的各项建设和准备工作

从今天的动员会开始，我校迎接新一轮本科教学审核评估工作已正式进入倒计时。比照教育部本科教学评估体系的严格要求和兄弟高校的先进做法，反观我校的各项建设和准备工作，我们应感到面临的巨大压力和挑战。今年学校的工作任务很多很重，当前全校上下也正在迎接中央巡视，但迎接本科教学审核评估无疑是全校工作中的又一项特别重要的工作。

全校各部门、各院系要牢固树立全局意识，做到迎评工作全校一盘棋，按照学校和教务处的统一部署，切实做好各项基础性建设和准备工作。为了切实做好迎评工作，学校即将成立专门的本科教学审核评估领导小组，同时应设立若干工作组。领导小组的各位成员和各个工作组要认真履行职责，按照分工协作的组织原则，做好相关工作。希望全校各部门和院系积极配合领导小组和工作组，根据工作要求和时间安排做好各项工作。各院系也应根据迎评工作需要，建立相应的机构或组织，以利于推进工作。

全校各部门、各院系要牢固树立时间意识,从早、从紧、从严安排好迎评的各项准备工作。希望大家会后立即根据会议精神,进行本单位的迎评动员工作,并尽早开展迎评的综合筹划。遇到问题班子要及早商量,及早与评估领导小组、工作组或有关部门沟通,及早解决。要对照评估指标体系和学校的要求,对各项工作进行反复的、多次的检查。

要牢固树立责任意识,党政部门主要负责人、院系的党政一把手要亲自抓迎评工作,并作为本单位的迎评工作第一责任人。要科学合理安排好相关工作,层层建立责任制度,做到目标明确,措施到位,任务分解,责任明晰。我预先敲个警钟,对迎评工作中不按学校部署,不执行学校指令,或因拖拉、推诿等造成工作失误的单位和责任人,学校将采取措施,严肃追究党政一把手和相关当事人的责任。

同志们,提高本科教育质量,为学生提供最好的教育,是建设世界一流大学最核心和最基础性的工作。我们一定要以积极认真的态度,扎扎实实做好迎接教育部本科教学审核评估的各项准备工作,为进一步提高我们的本科教学质量,为国家培养更多的拔尖创新人才做出应有的贡献。

谢谢大家!

在推进“两学一做”学习教育常态化制度化工作部署会上的讲话

东南大学党委书记　易　红

（2017 年 5 月 10 日 16:00　教三 105 报告厅）

同志们、同学们：

前不久，中共中央总书记习近平做了重要指示，充分肯定了“两学一做”学习教育成效，深刻阐明推进“两学一做”学习教育常态化制度化的重大意义、目标任务和基本要求，为我们做好工作提供了重要遵循。在北京召开的推进“两学一做”学习教育常态化制度化工作座谈会上，中共中央政治局常委、中央书记处书记刘云山发表了讲话，对推进“两学一做”学习教育常态化制度化提出明确要求。中共中央办公厅下发了《关于推进“两学一做”学习教育常态化制度化的意见》，就推进“两学一做”学习教育常态化制度化进行了专门部署。在过去一年多的时间里，我校各级党组织和广大党员，按照中央的要求，在校党委的统一部署和领导下，深入开展“两学一做”学习教育，取得了很好的成效。刚才，电气工程学院和外国语学院两位基层党委书记分别介绍了本单位的做法，讲得很好，希望其他单位也能够认真总结，创造特色，取得好的工作成果。今天，我们在此召开大会，并以视频方式在其他校区直播，主要目的就是全面贯彻落实中央的要求，回顾总结一年来学校“两学一做”学习教育情况，对“两学一做”学习教育常态化制度化做出部署安排，从讲政治的高度深刻认识推进“两学一做”学习教育常态化制度化的重大意义，在真学实做、学做结合、深度融合、落实落地上深化拓展，推动全面从严治党向纵深发展，从而加快推进学校“双一流”建设和事业发展。

一、对我校学习教育工作的回顾

2016 年，我校按照中央要求，在全体党员中开展“学党章党规、学系列讲话，做合格党员”学习教育，以尊崇党章、遵守党章为基本要求，坚持基础在学、关键在做，着力解决突出问题，推动党内教育从“关键少数”向广大党员拓展、从集中性教育向经常性教育延伸，强化组织领导，结合学校实际创新活动形式，形成了自身特色。

一是组织指导“细”。区别领导班子和党员干部、普通党员的不同情况，针对不同层次、不同类型党组织的特点，有针对性地提要求、定措施，明确学习教育的重点内容、组织方式，做到具体化、精准化、差异化，不搞一刀切。学校先后制定或下发了全校实施方案、党支部指导手册、关于若干具体问题的说明和基层党组织一把手职责清单等指导性文件，各基层党组织和党支部也都根据本部门、本院系实际情况，分别制定了细致的学习教育方案，并确保可操作性。校理论学习中心组成员、全校中层干部和普通党员，分别制订不同的理论学习计划，开展学习活动。

二是学以致用“实”。在学习教育中,坚持问题导向,结合学校改革发展和“双一流”建设需要,结合院系、支部工作实际,注重在学中做、在做中学,推动全体党员学以致用、知行合一,做“四有”党员,立足岗位履职尽责。着重解决党员队伍中、党的组织生活中、党员和党员领导干部教育管理中、基层党组织建设中存在的问题,认真召开民主生活会和专题组织生活会,深入开展批评与自我批评和民主评议党员。如:建筑学院、马克思主义学院等党委针对查摆出的基层组织建设涣散的问题重点整改。人文学院公共管理系支部结合习总书记“五大发展理念”、公共治理等重要讲话精神,实地调研江宁区横溪街道、江宁区新农村建设,形成了《五大发展理念的体验与诠释》等理论研究成果。此外,严格执行基层党组织按期换届制度,7 月份顺利召开学校第十四次党代会完成学校党委换届工作,下半年顺利完成 746 个基层党支部的集中换届工作。11 月份,学校专门成立失联党员排查工作组,通过调阅档案、校友联系、公安网络等多种方式,在前期排查的基础上再次全面排查。截至 2016 年底,平稳完成党费补交工作。

三是学习方法“新”。创新学习教育的方式方法,充分利用现代信息技术手段,将自主学习和集体学习相结合,线上学习和线下学习相结合,针对不同对象、不同领域、不同群体采取切合实际、易于接受的方式方法,确保学习触及灵魂、入脑入心。各基层党组织、支部在学习教育实践中,充分发挥创造性,开展“微党课”、知识竞赛、专题辩论赛、党日活动、廉政文化作品征集、优秀党员事迹分享会等系列活动,使学习教育变得鲜活、生动、有趣。如:土木工程学院开展了“微图片”“微标语”“微视频”“微讨论”等微主题系列活动,仪科学院通过微信“每日一题”,形成了党员“轻松自主学习、实时互动交流”的良好学习氛围。

四是舆论引导“强”。学校通过联络员制度,及时掌握各基层党组织和支部“两学一做”学习教育动态,挖掘先进典型和特色做法,及时通过“两学一做”专题网站和校报等媒介进行推广宣传。党委宣传部还建立了“两学一做”理论宣讲专家库,聘请马哲、人文、法律等领域的专家教授,围绕总书记系列重要讲话精神出理论成果、做理论宣讲。6 月 2 日,《人民日报》刊发我校原党委书记郭广银教授、袁久红教授题为《治国理政科学体系的丰富发展》的理论文章,随后新华网、求是网、央视网、光明网等重要媒体都在显著位置全文转载。

五是协调督导“严”。为避免学习教育走过场、流于形式主义,校党委加强对基层学习教育的督导力度,先后数次发文,对基层党组织和党支部结合本单位实际,推进学习教育主要任务和各项规定动作的时间进度、内容形式等,逐一细化明确,做出具体安排。校领导严格按照中央、江苏省委和学校党委要求,了解、督促、检查各基层党组织的“两学一做”学习教育进展情况。10 月底成立了 11 个学习教育集中检查小组,分别前往各基层党组织了解检查学习教育开展情况。

通过学习教育。全校基层党组织的战斗堡垒作用和共产党员先锋模范作用得到了充分发挥,有力地推动了世界一流大学和一流学科的建设。具体体现在四个方面:

一是广大党员干部受到深刻的思想政治教育,“四个意识”显著增强。各级党组织紧紧围绕学习党章党规、学习习近平总书记系列重要讲话,普遍加强党委中心组学习,开展集中轮训培训,抓好党支部党小组集体学习,领导干部以普通党员身份参加所在党支部组织生活,深入基层讲党课,推动党员干部自觉用习近平总书记系列重要讲话精神武装头脑、指导工作。二是党内政治生活更加严格规范，锤炼党性的“熔炉”作用进一步彰显。依托“三会一课”、民主生活会、组织生活会、民主评议党员等基本制度，突出党内政治生活的政治性、时代性、原则性、战斗性，深入查摆问题、加强党性分析，认真开展批评和自我批评，推动组织生活庄重起来、严肃起来、规范起来，广大党员干部受到深刻的党性锻炼。三是基层党建突出问题得到有效解决，整体工作水平有了新的提升。着力抓好党员组织关系排查、党费收缴工作专项检查等4项重点任务，对基层党建工作进行“大起底”“全透视”，有针对性地解决存在的突出问题。四是合格党员标准鲜明确立，展现了新时期党员干部良好风貌。坚持以学促做、知行合一，推动党员干部对照党章党规、对照系列讲话、对照“四讲四有”标准，联系实际找差距、明不足，真学真做、积极担当，领导干部骨干带头作用、基层党组织战斗堡垒作用、党员先锋模范作用得到进一步发挥。

实践证明，“两学一做”学习教育是新形势下加强党内经常性教育的成功实践，为深化全面从严治党提供了有益启示。正是在深入总结成功实践的基础上，党中央做出推进“两学一做”学习教育常态化制度化的重大部署。

二、从讲政治和全局高度充分认识推进“两学一做”学习教育常态化制度化的重大意义

讲政治是马克思主义政党的根本要求，是我们党补钙壮骨、强身健体的根本保证。推进“两学一做”学习教育常态化制度化，实际上就是政治建设，是重要的政治考量，对推进伟大斗争、伟大工程、伟大事业，具有重大而深远的意义。

党章是管党治党的总章程，党规是党员思想和行为的具体遵循。习近平总书记系列重要讲话是中国特色社会主义理论体系最新成果，是当代中国马克思主义最新发展，是我们党推进具有许多新的历史特点的伟大斗争、党的建设新的伟大工程、中国特色社会主义伟大事业的强大思想武器，是各级党组织和全体党员必须始终坚持的行动指南。做合格党员是对每名党员的基本要求。实践证明，开展“两学一做”学习教育，是坚持思想建党、组织建党、制度治党紧密结合的有力抓手，是不断加强党的思想政治建设的有效途径，为新形势下落实全面从严治党要求积累了成功经验。

推进“两学一做”学习教育常态化制度化，是坚定维护以习近平同志为核心的党中央权威和集中统一领导、更好发挥我们政治优势的必然要求，是坚持思想建党、组织建党、制度治党紧密结合，深化全面从严治党的重要举措，是凝心聚力促进改革发展稳定大局的内在需要，是深入推进我校“双一流”建设的政治保证。

总之，推进“两学一做”学习教育常态化制度化，是全面从严治党的基础性工程，对于进一步用习近平总书记系列重要讲话精神和党中央治国理政新理念新思想新战略武装全党，加强和规范党内政治生活，保持党的先进性纯洁性，增强党的生机活力，确保全党更加紧密地团结在以习近平同志为核心的党中央周围，开创中国特色社会主义事业新局面，具有重大而深远的意义；对于贯彻落实中共中央国务院《关于加强和改进新形势下高校思想政治工作的意见》，推进学校扎根中国大地创建世界一流大学和一流学科具有极为重要的意义。

三、明确推进“两学一做”学习教育常态化制度化的基本目标要求

推进“两学一做”学习教育常态化制度化,必须紧密联系本部门本单位实际,把思想教育作为首要任务,坚持用党章党规规范党组织和党员行为,用习近平总书记系列重要讲话精神武装头脑、指导实践、推动工作,坚持学思践悟、知行合一,坚持全覆盖、常态化、重创新、求实效,不断增强党组织和党员政治意识、大局意识、核心意识、看齐意识,不断增强党内政治生活的政治性、时代性、原则性、战斗性,不断增强党自我净化、自我完善、自我革新、自我提高能力,确保党的组织充分履行职能、发挥核心作用,确保党员领导干部忠诚干净担当、发挥表率作用,确保广大党员党性坚强、发挥先锋模范作用,为统筹推进“五位一体”总体布局、协调推进“四个全面”战略布局和学校“双一流”建设提供坚强组织保证。

坚持“融入日常、抓在经常”。校党委和基层党组织要以理论学习中心组学习、民主生活会等制度为主要抓手,组织党员领导干部定期开展集体学习;党支部要以“三会一课”为基本制度,把“两学一做”作为党员教育的基本内容,长期坚持,形成常态。突出问题导向,建立完善及时发现和解决问题的有效机制,推动各级党组织和党员依靠自身力量修正错误、改进提高;注重以上率下,严格和规范双重组织生活制度,充分发挥领导干部带头示范作用;强化分类指导,针对不同层级不同群体明确工作要求,体现具体化、精准化、差异化;激发基层活力,充分调动党支部积极性、主动性、创造性,探索创新党内教育和组织生活的有效方法;选树先进典型,宣传践行“两学一做”优秀党员事迹,树立时代楷模,引导党员、干部见贤思齐;坚持常抓不懈,防止和克服紧一阵松一阵、表面化形式化、学习教育与思想工作实际“两张皮”等不良倾向。

四、全面落实各项方法措施,扎实推进“两学一做”学习教育常态化制度化

(一) 持续用力保证“两学一做”学习教育融入日常

1. 精心安排学习内容

各级党组织要做好本单位的学习计划,党员领导干部要根据自身实际制订个人自学计划,每年完成规定的学习任务。坚持读原著、学原文、悟原理,联系实际学、带着问题学、不断跟进学,掌握基本精神、基本内容、基本要求,做到学而信、学而思、学而行。学习党章党规,要深刻认识党章是管党治党的总规矩总遵循,践行党内政治生活准则、党内监督条例和廉洁自律准则等党内法规要求。学习习近平总书记系列重要讲话,要深刻认识讲话的重大理论意义和实践意义,深刻理解讲话的时代背景、鲜明主题、科学体系,准确把握蕴含其中的治国理政新理念新思想新战略,领会掌握贯穿其中的马克思主义立场观点方法。要把学习习近平总书记系列重要讲话同学习马克思列宁主义、毛泽东思想、邓小平理论、“三个代表”重要思想、科学发展观紧密结合起来。党员领导干部在学习上要有更高标准、更高要求。

2. 引导党员做到“四个合格”

各级党组织要教育引导广大党员按照“四讲四有”标准，做到政治合格、执行纪律合格、品德合格、发挥作用合格。在政治合格方面，重点是坚定理想信念，正确把握政治方向，坚定站稳政治立场，坚决维护以习近平同志为核心的党中央权威，不断增强中国特色社会主义道路自信、理论自信、制度自信、文化自信。在执行纪律合格方面，重点是增强组织纪律性，执行党的决定，服从组织分配，严守党的纪律特别是政治纪律和政治规矩。在品德合格方面，重点是继承发扬党的优良传统和作风，大力弘扬忠诚老实、光明坦荡、公道正派、实事求是、艰苦奋斗、清正廉洁等共产党人价值观，带头践行社会主义核心价值观。在发挥作用合格方面，重点是牢记党的根本宗旨，爱岗敬业，履职尽责，服务群众，奉献社会，敢担当、敢负责、敢作为，在促进改革发展稳定中做表率、当先锋。

3. 联系思想工作实际经常查找解决问题

各级党组织和广大党员要坚持将学习教育与本部门、本单位的中心工作和重点工作深度融合，与学校“双一流”建设紧密结合，与抓好中央巡视整改任务落实紧密结合。查找解决问题，做到两手抓、两促进。党员要对照党章党规，对照系列讲话，对照先进典型，查找分析理想信念是否坚定，对党是否忠诚老实，大是大非面前是否旗帜鲜明，是否做到在思想上政治上行动上同以习近平同志为核心的党中央保持高度一致，着力解决党的意识不强、组织观念不强、发挥作用不够等问题。校党委和基层党组织要查找分析是否落实全面从严治党主体责任，是否坚决执行党的理论和路线方针政策，是否认真坚持民主集中制，着力解决党的领导弱化、党的建设缺失、管党治党宽松软等问题。党支部要查找分析组织生活是否经常、认真，党员教育管理监督是否严格、规范，团结教育服务群众是否有力、到位，着力解决政治功能不强、组织软弱涣散、从严治党缺位等问题。

4. 坚持民主评议党员制度

要把党的组织生活作为查找解决问题的重要途径，注意听取群众的意见和反映，抓早抓小、防微杜渐。校党委和基层党组织每年召开民主生活会，党支部召开专题组织生活会，组织党员开展民主评议。民主生活会和组织生活会要严肃认真开展批评和自我批评，坚持“团结—批评—团结”，严于自我解剖，热忱帮助同志。民主评议党员要对照党员标准和查摆强化要求，按照个人自评、党员互评、民主测评、组织评定的程序，对党员进行评议。要综合运用民主评议结果，对优秀党员予以表扬，对评议结果较差的，按照党章和党内有关规定，对照处置不合格党员办法，区别不同情况，严格稳妥慎重给予组织处置。

（二）充分发挥党支部的主体作用

1. 把党支部建设作为最重要的基本建设

党支部是党最基本的组织，是党全部工作和战斗力的基础。要树立党的一切工作到支部的鲜明导向，注重把思想政治工作落实到支部，把从严教育管理党员落实到支部，把群众工作落实到支部。合理设置党支部,指导党支部健全各项工作机制,选好配强党支部班子,把优秀党员选拔到党支部书记岗位。要发挥党支部教育管理党员、团结凝聚群众的主体作用。加强对党支部书记的培训,注重"双带头人"的培养。党委组织部重点抓好教职工党支部书记的培训,党委学工部抓好本科生党支部书记的培训,党委研工部抓好研究生党支部书记的培训。基层党组织要建立党支部工作经常性督查指导机制,持续整顿软弱涣散党支部,为党支部开展工作和活动提供必要保障。

2. 把"两学一做"学习教育纳入"三会一课"等基本制度

党支部要充分运用"三会一课"等制度抓好"两学一做"学习教育。要组织党员按期参加党员大会、党小组会和上党课,定期召开支部委员会会议。"三会一课"要突出政治学习和教育,突出党性锻炼,坚决防止表面化、形式化、娱乐化、庸俗化。要针对党员思想工作实际,确定"三会一课"的主题和具体方式,做到形式多样、氛围庄重,做到有主题、有讨论、有收获。党支部要制订年度"三会一课"计划并报上级党组织备案,如实记录"三会一课"开展情况,对没有正当理由长期不参加"三会一课"的党员,要进行批评教育,促其改正。基层党组织每个学期都要对党支部执行"三会一课"情况进行指导检查,对不经常、不认真、不严肃的,要批评指正;情况严重的,要采取整顿等措施,进行组织处理。

3. 探索创新党组织活动方式

党支部要定期开展主题党日活动等组织生活,组织党员开展"三会一课"、理论学习、民主议事、重温入党誓词、主题展览、知识竞赛、辩论赛、红色景点现场教育、优秀党员事迹分享会、志愿服务等活动。结合党建研究项目立项工作,鼓励各级党组织加强研究和实践,不断探索创新党内教育和组织生活的有效形式和方法,使其成为凝聚党员和群众的平台。党委组织部要牵头做好"最佳党日活动"评选表彰活动。

(三) 坚持领导干部率先垂范

1. 党员领导干部要带头学

校党委和基层党组织要把学党章党规、学系列讲话作为理论学习中心组学习的主要内容,采取个人自学、分头领学、集中研讨的形式,加强互动式、调研式学习,发挥引领示范作用。党员领导干部,要带头联系实际学,把本部门本单位工作实际和党员思想实际摆进去,以普通党员身份,参加所在党支部的学习。党支部书记要领着学,带动所有党员都真正学起来。学校领导班子成员、基层党组织书记和副书记、党支部书记坚持每年面向基层讲党课。

2. 党员领导干部要带头做

要时刻牢记自己第一身份是党员,无论职务高低,都要以普通党员身份参加党的组织生活。要带头做合格党员、合格领导干部。要践行"三严三实"要求,履职尽责、敢于担当、建功立业,重实干、办实事、求实效。要严格执行中央八项规定精神,密切联系群众,切实改进作风，严格要求自己，注重家庭、家教、家风，保持清正廉洁的政治本色。

（四）加强引领、督导和制度化建设

1. 加强舆论引导，注重典型引领

各相关部门和各级党组织要及时掌握“两学一做”学习教育动态，挖掘先进典型和特色做法，及时通过“两学一做”专题网站和校报等媒介进行推广宣传。由党委宣传部牵头，积极开展“榜样在身边”活动，在全校范围内选树一批教学、科研、医疗、管理、服务等各类先进典型，充分发挥示范、激励、引领作用，用身边人教育身边人，贴着看、跟着干。

2. 坚持和完善联系督导制度

要把督查调研作为一项制度性措施长期坚持。党委组织部牵头负责对全校基层党组织的督导，基层党组织要做好对下属党支部的督导。通过随机抽查、专项督查、情况通报、重点约谈等方式，更好推动学习教育和问题整改。

3. 深入推进党建工作制度化建设

要突出正常教育、长期教育，要把学习教育中形成的全覆盖、常态化、重创新、求实效等好经验、好做法，尽快用制度形式固定下来。组织部负责牵头制定《东南大学学生党建工作标准》和《东南大学基层党支部工作标准》，各级党组织也要根据自身实际，制定和完善相应的工作制度，推动党建工作组织化、制度化、具体化。

同志们，党的根基在基层，党的肌体细胞是党员。细胞合格，党的肌体就强健；基层有活力，党的事业就兴旺。各级党组织要把推进“两学一做”学习教育常态化制度化作为全面从严治党的战略性、基础性工程，高度重视，精心组织，抓常抓细抓长；要切实履行主体责任，要专门研究部署，并做出具体工作安排。此项工作将作为基层党委书记抓党建述职评议考核的重要内容，作为评判党组织和党组织书记履行管党治党责任情况的重要依据。

让我们携手努力，认真抓好抓实“两学一做”学习教育常态化制度化，各级党组织和全体党员要更加团结统一、更加坚强有力，以优异的成绩迎接党的十九大胜利召开，为加快推进“双一流”建设，为早日实现跻身世界一流大学的“东大梦”而团结奋进！

立大志　做大事　成大人

——在东南大学2017级本科生开学典礼上的讲话

东南大学校长　张广军

(2017年9月4日9:00　九龙湖体育馆)

亲爱的同学们,老师们:

大家好!

今天是属于东大的节日,来自祖国各地的3 968名本科生新同学和首批报到入学的26名海外留学生新同学,迈进了百年名校——东南大学的校门,在庆祝建校115周年和"双一流"建设即将正式启动的历史时刻成为又一代东大人。在此,我代表易红书记和学校全体师生员工对你们入学东大表示最衷心的祝贺和最热烈的欢迎!

"得天下英才而教育之"是大学的荣誉,是教师的快乐,而有机会培养出超越自己的学生是教师最大的幸福。在这个五彩斑斓的夏天,你们经历了高考的洗礼、圆梦的欣喜,也经历了漫长的期待和入学的向往。在你们这一级新生中,包含了13种招考类别,其中100位同学通过江苏省首次综合评价录取,261位同学通过以"东南大学之父"郭秉文老校长命名的"文科试验班类(郭秉文班)"首次招生录取。在你们这一级新生中,来自33个民族的少数民族同学共有358位,"00后"同学共有370位。少年班中,罗哲同学年纪最小,只有14周岁;15周岁的姜奕颖同学,曾获得"河北省三好学生"荣誉称号,高考成绩高出河北省理工类本科一批分数线114分。同学们,你们都是这个时代脱颖而出的娇子,是中华民族伟大复兴的希望!感谢你们在人生最美好的时光选择东大作为你们新的人生起点和梦想舞台!从今天起,你们将在这片学府的圣地,这片梦想的热土共同书写美丽动听的东大故事!

"大学之道,在明明德,在亲民,在止于至善。"入学东大,你们即将进入崭新的课堂、开启人生的篇章。古人云,"凡事预则立,不预则废"。开学之初,首先希望你们预先读懂三本书。

一是读懂"时代"之书。卓尔不群的人,往往依赖于他们所处的时代。当前,人类社会正处在大发展、大变革、大调整时代,中国也正经历着我国历史上最为广泛而深刻的社会变革,进行着人类历史上最为宏大而独特的实践创新。伴随着第四次工业革命方兴未艾,我们已悄然进入移动互联网和人工智能时代,深海、深地、深空、深蓝等高科技成为引领未来科技革命和产业变革的新引擎,并深刻改变人类生产生活方式和思维模式。由此,如何在新的时代迎接新挑战、引领新潮流、占领制高点成为一个时代命题。同时,科技创新和强国崛起与发展无一不依赖其教育质量与发展能力。当前,我们正处于中华民族伟大复兴、国家将强未强的关键历史时期,正如习近平总书记所说,党和国家对高等教育的需要比以往任何时候都更加迫切,对科学知识和卓越人才的渴求比以往任何时候都更加强烈。

时代赋予中国从大国到强国跃升的历史机遇，也为你们展现出壮丽的画卷和磅礴的舞台，期待你们读懂时代这本大书并始终融入其中。

二是读懂“东大”之书。传承千年文脉的东南大学历经115载春秋，见证并丰富了中国的近现代高等教育发展史，探索并践行了“止于至善”的大学之道，铸就了“以科学名世，以人才报国”的大学精神。她宛如一本大书，历经沧桑又饱含活力，底蕴深厚又充满朝气，低调内敛又顶天立地。东大曾是中国科学社的大本营，是中国自然科学的发祥地，开创科技进步的诸多先河，同时还曾是学衡派的诞生地，是现代儒学复兴的策源地，担负文化传承创新的重要使命。东大历史上科学巨匠俊彦云集、人文大师灿若星河，先后走出了200多位院士，也培养出“中国居里夫人”吴健雄、首位“建筑界的诺贝尔奖”——普利兹克奖中国得主王澍这样的杰出校友。近年来，东大在量子信息、毫米波新型基片、电磁超材料、分子影像等领域实现了重大原创性突破，并在我国载人航天工程、第5代移动通信技术、AMS空间科学实验、500米口径球面射电望远镜、国学中心建设等重大战略领域和工程中做出积极贡献。当前，东大开启了“双一流”建设的历史新篇，按照“瞄准前沿、服务战略、师生为本、人才为先”办学思路，大力实施有温度的教育，不断深化教育教学综合改革，为实现“1—10—100”的东大梦愿景砥砺前行，期待你们读懂东大这本大书并与之共同成长。

三是读懂“自我”之书。正如世界上没有两片完全相同的树叶，你们每个人的生命也都是独一无二的。老子曾说“知人者智，自知者明”，西方文化也把“认识你自己”作为醒世格言。同学们不妨静心反思，你们是否读懂自己？是否忘记自己的初心？是否认同自己的境遇？是否明晰自己的未来？同学们来自祖国的四面八方，在不同的地域和文化背景下成长，有着不同的卓越品质，也有着不同的价值理念，但你们即将面临共同的机遇和挑战，那就是在大学四年如何珍惜韶华？如何脱颖而出？如何确立自己的人生坐标？我曾记得去年毕业的许德旺同学，虽然入学前面临着艰辛坎坷的人生境遇，但他坚持把苦难砌成台阶，在取得优异学业的同时，毅然奔赴祖国西部支教，始终热心投身社会公益，被评为“中国大学生自强之星标兵”。同学们，每个人的命运都掌握在自己手中，期待同学们真正读懂自我这本大书，把自我归零，以时代的使命和国家的责任为方向，确立好自己最有意义、最富价值的人生坐标。

大学之大，在于大师之大、大爱之大，也在于使命之大、责任之大。在这个呼唤人才、呼唤创新的伟大时代，你们在预先读懂三本大书之后，应如何做好一名时代的开拓者？如何做一名优秀的东大人？又如何度过这段美好的青春？在此，我想用三个主题词与大家分享和共勉。

一是立大志。孟子云：“先立乎其大者，则其小者弗能夺也。”目标决定方向，一个人的潜力是无穷的，但往往在目标引领和危机驱动时才能最大限度地激发出来。习近平总书记说，有信念、有梦想、有奋斗、有奉献的人生，才是有意义的人生。同学们的美好青春与实现“两个一百年”奋斗目标同向同行，你们建功立业的舞台空前广阔、梦想成真的前景空前光明。在重大历史关头，一代代东大人始终肩负民族之大义，勇立时代之潮头。国立中央大学罗家伦校长在国家抗战、民族危难之际，毅然提出《中央大学之使命》，即“为中国建立有机体的民族文化”，在西迁重庆后培养了祖国栋梁、保存了华夏文脉。对同学们来说，你们的目标不应仅仅是找份好工作,而应在时代大潮中确立大志向,勇敢担当中华民族伟大复兴的历史使命,立志把自己淬炼成为具有家国情怀和国际视野、引领未来和造福人类的领军人才。

二是做大事。创新是一个民族进步的灵魂,是一个国家兴旺发达的不竭动力,也是中华民族最深沉的民族禀赋。习近平总书记说,“在激烈的国际竞争中,惟改革者进,惟创新者强,惟改革创新者胜”。中华民族伟大复兴目标的实现,必须坚定不移贯彻科教兴国战略和创新驱动发展战略,坚定不移走科技强国之路。“嚼得菜根,做得大事”,这是东大两江师范学堂时期李瑞清先生倡导的校训,勉励学生要顶天立地,争做大事。东大首任工科主任茅以升先生曾提出治学的“十六字诀”,即“博闻强记,多思多问,取法乎上,持之以恒”,希望学生勤勉治学,创新进取。当前,创新的事业呼唤创新的人才,希望同学们不断磨砺投身创新、超越自我的智慧和勇气,瞄准国际前沿,苦练扎实内功,引领创新之先,不断提高创新精神、创新能力和协作意识,切莫沉迷网络,荒废学业,辜负韶华。

三是成大人。“大人者,不失其赤子之心者”,成就大事的人物,总是不忘初心,永葆诚朴、善良的品行。习近平总书记说,“青年时代,选择吃苦也就选择了收获,选择奉献也就选择了高尚”。东南大学历史上曾以“诚”“诚朴、勤奋、求实”“止于至善”等为校训,彰显的都是对东大人做人的道德要求。罗家伦老校长在《道德的勇气》一文中说,要在道德修炼中,养成一种至大至刚的“浩然之气”。曾在东大任教的陶行知先生也曾呼吁“把自己的私德健全起来,建筑起‘人格长城’”。那么,应如何磨砺玉成高尚的人格?正如曾在东大讲学的梁启超先生所主张的,“患难困苦,是磨炼人格之最高学校”。希望同学们勇担“天将降大任”之困苦,崇德向善,见贤思齐,坚持修养胸怀天下的大爱人格,在一言一行中传承“钟山之崇高,玄武之深静,大江之雄毅”的东大品格,践行“止于至善”的人格之道。

海阔凭鱼跃,天高任鸟飞。同学们,立大志、做大事、成大人是我们对大学也是对人生的一种理解与追求。我相信你们会对这三点会有更多的思考与行动。

“东揽钟山紫气,北拥扬子银涛,六朝松下听箫韶”,这是东大校歌的歌词,充满昂扬斗志和文化自信。中华民族伟大复兴的中国梦、“1—10—100”的东大梦期待你们来接力和续写,静待花开的大学生活期待着你们的珍惜与绽放。衷心祝愿你们在未来的东大生活和人生旅程中,映照时代的光辉、彰显东大的自信、筑就美好的未来!

谢谢大家!

在东南大学2017级硕士研究生与秋季入学博士研究生开学典礼上的讲话

东南大学校长 张广军

（2017年9月8日9:00 九龙湖焦廷标馆）

亲爱的同学们，老师们：

大家好！

在这美好的初秋时节，我们一起相聚在九龙湖畔，举行东南大学2017级硕士研究生和秋季入学博士研究生开学典礼，共同见证4 569名硕士研究生和485名秋季入学博士研究生成为东大人的神圣时刻。在此，我代表学校党政、代表易红书记，向你们开启东大求学新生涯表示衷心的祝贺和热烈的欢迎！

“得天下英才而教育之”是大学的荣耀，是教师的快乐。秉承“止于至善”大学之道、享有“以科学名世，以人才报国”广泛赞誉的百年名校——东南大学始终敞开胸怀欢迎卓尔不凡的莘莘学子。今天，你们伴随着东大深化综合改革、启动创建“双一流”的铿锵步伐，伴随着东大115个春秋的历史年轮进入东大，将在这片放飞梦想的热土共同书写始于初心、止于至善的东大故事！4 569位硕士研究生是国家首次实行全日制和非全日制研究生并轨招生、统筹管理的首批硕士研究生，其中推免生1 515位，非全日制硕士研究生665位。2017级共804位博士研究生是东大全面实施申请考核博士生招生和实行新学制改革后的首届博士研究生，分春季和秋季两次入学，在本次秋季入学的485名博士研究生中，共有优秀本科直博生82位，本校硕博连读生55位，国家重大专项博士生班首批工程博士研究生28位。在你们身上，充溢着热情奔放的青春活力，蕴藏着擎天立地的创新潜能，你们都是东大渴求的拔尖创新才俊，预示着东大的无限生机！感谢你们在人生最美好的时光选择东大作为新的起点，从此我们就成为命运共同体，将为了共同的梦想相伴相行。

传承千年文脉的东南大学历经三江师范学堂、国立东南大学、国立中央大学、南京工学院等重要历史发展时期，文化积淀深厚，教育历史悠久，“东揽钟山紫气，北拥扬子银涛，六朝松下听箫韶”，这就是东大人文化自信的根基，也是东大人115年始终喷薄跃动、薪火相传的初心。

东大人的初心是“科学名世”。东大曾是中国科学社的大本营，曾是学衡派的诞生地，茅以升、严济慈、竺可桢、李四光、杨廷宝、吴有训、李叔同、陶行知、马寅初、吴宓、徐志摩、闻一多、徐悲鸿、张大千等先生曾在此执教。115年来，一代代东大人矢志创新，在推动国家科技进步、坚守中国优秀传统文化进程中发挥了重要引领作用。

东大人的初心是“人才报国”。在20世纪那个民族危机深重的时刻，一代代东大人肩负民族大义，勇担强国使命。115年来，东南大学英豪辈出，先后培养出了200多位院士，也培养出“中国居里夫人”吴健雄、首位“建筑界的诺贝尔奖”——普利兹克奖中国得主王澍这样的杰出校友。

东大人的初心是“止于至善”。115 年办学历程，东大见证了中国近现代高等教育发展史，也践行了“止于至善”的校训精神，在东大人身上彰显的是内化于心的至善追求和至善情怀。

“不忘初心，方得始终。”近年来，东大人不忘“科学名世”之神圣责任，在国家多个战略性领域自主创新，实现了一大批重大原创性突破，获得国家技术发明一等奖和国家科技进步一等奖等 20 多项国家级科技奖励，并在我国载人航天工程、第 5 代移动通信技术、国际 AMS 空间科学实验、500 米口径球面射电望远镜、国学中心建设等重大战略领域和工程中做出积极贡献。近年来，东大人不忘“人才报国”之崇高使命，大力推进“人才强校”战略，着力提升人才培养质量，创新创业精英人才不断涌现。2014 年获得国家级教学成果一等奖 1 项、二等奖 5 项之佳绩。

一代人才一代使命。习近平总书记指出，“青年一代有理想、有担当，国家就有前途，民族就有希望”。历史告诉我们，强国崛起与发展无一不依赖其教育质量与发展能力；一个国家拥有什么样的大学基本决定了其现在和发展的能力，而大学的能力则取决于其所传承和创造知识的能力，取决于其服务国家重大需求和国际学术前沿的竞争力。当前，正如习近平总书记所说，我们比历史上任何时期都更加接近中华民族伟大复兴的目标，对高等教育的需要比以往任何时候都更加迫切，对科学知识和卓越人才的渴求比以往任何时候都更加强烈。你们是幸运的一代，有幸在时代呼唤创新、国家渴求人才、大学回归教育的背景下，在你们人生的黄金时期，能够投身实现“两个一百年”奋斗目标的伟大历史进程。当然，国家和民族给予你们更多的机遇和选择，也赋予你们更重的使命与担当。入学东大，你们做出了一个值得钦佩的勇敢抉择，从今天起，你们即将在东大开启一条充满挑战而又富有意义的学术创新之路，同时也将踏上一条肩负着服务国家和民族发展的成贤成才之路。

同学们，面对历史的机遇与挑战，面对时代的使命与担当，你们应该如何准备？你们期待的下一个转折点是什么？为了使各位更好地把握人生转折点，我用两个问题与大家共同思考。

第一个问题，研究生阶段的意义和价值是什么？

历史告诉我们，人类社会的每一次科技突破都会催生社会生产力的深刻变革，推动着人类文明迈向新的更高台阶。当今世界和中国正处于深刻的转型期，创新驱动成为当代发展的特征。大学是追求学术性、多样性、卓越性的创新源泉，伴随着新一轮科技和工业革命的孕育兴起，学科交叉与融合已成为科学研究的驱动力，催生着传统学科焕发新的生机，培育着新兴学科快速发展，并推动着国际大科学合作。在国家吹响建设世界科技强国号角和新的科技创新的时代背景下，你们的学术追求将是国家创新进步的中坚力量。

从人才成长规律看，25～35 岁期间是人生中最富创造与激情的时期，许多科学家和著名学者的成功大多源于博士研究生期间的发现及其养成的永无止境的探索精神，例如波动力学创始人、量子力学奠基人之一的德布罗意，32 岁时以“物质波理论”获博士学位，并以此在 37 岁获 1929 年诺贝尔奖；量子物理学家康普顿，24 岁获博士学位，并持续探索 7 年，发现了 X 射线散射效应，33 岁获得 1927 年诺贝尔奖。据统计分析，要成为一流科学家，没有博士阶段的严格规范的科学训练几乎是不可能的。

对学者和大学而言，知识的应用与创造都重要，但对于杰出的学者和大学而言，知识创造的价值却远大于知识应用的价值。在我看来，0 到 1 的距离远大于 1 到 1 万的距离！

因此,保持对未知问题的冲动和永恒追求才是知识创造的源泉,也充分体现了研究生阶段的意义和价值。无论今后各位在何种岗位,研究生时代的思考与行动将与你们的成功成正比,因为这是你们最富创造和激情的黄金时代。

第二个问题是,成为东大人的你们应该如何思考和行动?

在此,我想提三点希望与大家分享和共勉。

一是牢固树立崇高远大的理想信念。理想信念是人们追求、向往的目标,是一个人的世界观、人生观和价值观的集中体现。崇高的理想信念是人生的支柱和前进的灯塔。有了坚定的理想信念,站位就高了,眼界就宽了,心胸就开阔了。马克思在1835年中学毕业论文《青年在选择职业时的考虑》中写道:"如果我们选择了最能为人类福利而劳动的职业,那么,重担就不能把我们压倒,因为这是为大家而献身。"理想指引人生方向,信念决定事业成败。希望你们始终与时代同呼吸,与祖国共命运,把个人的理想追求融入国家和民族的事业,融入为实现中华民族伟大复兴的"中国梦"的奋斗之中。

二是始终坚守勇敢淡定的学术境界。"功崇惟志,业广惟勤。"王国维曾在《人间词话》中写道:古今之成大事业、大学问者,必经过三种境界:"昨夜西风凋碧树。独上高楼,望尽天涯路。"此第一境也,寓意视野广阔,目标坚定。"衣带渐宽终不悔,为伊消得人憔悴。"此第二境也,寓意历经磨砺,孜孜不倦。"众里寻他千百度,蓦然回首,那人却在,灯火阑珊处。"此第三境也,寓意茅塞顿开,玉汝于成。通往成就之路是困难而寂寞的,需要一种境界。希望你们始终坚守勇敢而淡定的学术境界,品味人生的乐趣并领略包容差异的深远和成功前的孤独。

三是不断传承"止于至善"的校训精神。"大学之道,在明明德,在亲民,在止于至善。"正如习总书记所说,中国有优秀传统文化的底蕴,也有在中国革命、建设、改革的伟大实践过程中孕育的革命文化和社会主义先进文化,这是中国特色社会主义文化自信的深厚根基。东南大学115年发展历程积淀着深厚的文化特色,从"诚"到"诚朴"再到"止于至善",东大历史上的校训就生动地体现了大学之道的精髓。一代代东大人以训为则,不断追求卓越、至善的崇高境界。希望你们涵养家国情怀、增强文化自信,不断传承东大人"钟山之崇高,玄武之深静,大江之雄毅"的品格、品行和品位。

同学们,有信念、有梦想、有奋斗、有奉献的人生,才是有意义的人生。崇高远大的理想信念、勇敢淡定的学术境界、"止于至善"的校训精神,应是你们对人生的一种理解与追求。我相信在座的各位对这种理解会有更多的思考与行动。

我还记得,去年10月,人文学院博士毕业生胡芮同学曾写下的博士论文后记——《别东南赋》,他的"读博的过程意味着对灵魂的磨练"之感慨,他的"望书海之万卷""聆大家之妙谈"之抒情给人启示、令人感动。我也希望每位研究生新同学在历经寒窗苦读后也能写下值得回忆的东大故事,分享破茧成蝶的心路历程。

"上下同欲者胜,风雨同舟者兴。"同学们,早日建成中国特色世界一流大学是全体东大人的共同梦想,也是"止于至善"的大学之道,更是党和国家赋予东南大学的光荣使命。让我们携手一道,在追求一流、"止于至善"的圆梦征程中同感共情、潜心深耕、不忘初心、奋发前行!

祝愿各位在东大转型、超越,并创造美好未来!

谢谢大家!

担当使命　引领未来

——在东南大学2017年本科生毕业典礼暨学位授予仪式(第一场)上的讲话

东南大学校长　张广军

(2017年6月19日8:30　四牌楼大礼堂)

亲爱的同学们,尊敬的各位来宾、校友,老师们:

大家上午好!

美好的六月是属于东大人的校庆季、感恩季和毕业季,在共祝母校115周年华诞之际,我们又一次如期而至,相聚在庄严雄伟的四牌楼大礼堂,隆重举行2016年本科生毕业典礼暨学位授予仪式。首先,我代表易红书记、代表全校师生员工向本次获得学士学位的1 152名毕业本科生表示热烈的祝贺!向辛勤培育、为你们成长默默奉献的所有老师与员工们表示衷心的感谢!向今天共同见证这个神圣时刻、一起分享这份荣光自豪的各位来宾和亲朋好友们致以热烈的欢迎和诚挚的敬意!

“得天下英才而教育之”是师者之乐,是大学之魂,更是国家之幸。四年前,青春洋溢而略显青涩的你们满怀豪情和憧憬迈入东大校门,从此便深深地融入东大命运共同体,开启了属于你们的黄金岁月,也书写了属于你们的东大故事。正如习近平总书记所说,“现在,青春是用来奋斗的;将来,青春是用来回忆的”。四年的时光,你们经历了无数艰辛的奋斗,也收获了许多美好的回忆。在东大这个共同的家园、这个梦想的舞台,你们构筑思想高地、涵养家国情怀,你们阅历科学殿堂、激荡创新火花,你们领略名师风采、开拓国际视野,或冥思苦想,或慷慨激昂,你们都不忘初心,奋力成长。

在你们这届毕业生中,共有248位同学获得国家奖学金、28位同学获得“江苏省三好学生”称号、17位同学获得“江苏省优秀学生干部”称号、10个班集体获得“江苏省先进班集体”称号,还有10位同学被评选为“最有影响力毕业生”,你们铸就了成功的榜样。土木工程学院的任逸哲同学立志创新,发表10篇学术论文,获1项国家发明专利和全国土木工程本科生创新成果特等奖。仪科学院的索传哲同学完成10余项SRTP项目,获2项国际奖、10项国家和省级奖,同时还积极担当社会责任,曾志愿服务南京青奥会、组织爱之翼公益活动。吴健雄学院的黄灵莹同学发表1篇国际会议论文、1篇国内核心会议论文,获得省级三好学生、学校三好学生标兵等荣誉称号。我相信,每一位同学在四年的时间里都曾这样写下美丽的故事,遇见最好的自己。

四年的时光,你们成就了自我,也成就了东大,你们作为东大命运共同体的重要组成部分,与东大一起成长,是学校四年来各项事业发展的奉献者和见证者。从东大学生团队在2015年“挑战杯”全国大学生课外学术科技作品竞赛和2016年“创青春”全国大学生创业大赛中捧得“优胜杯”,到许德旺、谷乐同学获评为“中国大学生自强之星标兵”,申怡飞同学入选“中国大学生自强之星”,你们见证了东大“立德树人”佳讯频传;从四年共牵头摘得12项国家科技大奖，到科研团队为我国载人航天工程、第5代移动通信技术、AMS空间科学实验、500米口径球面射电望远镜、国学中心建设等重大战略工程做出积极贡献，你们见证了东大科技创新屡攀高峰；近四年进入ESI世界前1%的学科从7个增至10个，其中工程学排名从第87位提升至第37位，计算机排名从第249位提升至第57位，你们见证了东大一流学科水平快速提升；从王建国教授当选为中国工程院院士到曹进德教授当选为欧洲科学院院士，你们见证了东大名师队伍不断壮大；从教育部批准设立的国内首所中外合作研究生院——东南大学—蒙纳士大学苏州联合研究生院正式成立，到东南大学雷恩研究生学院和国际化建筑示范学院获批建设，你们见证了学校走国际化强校之路的坚定步伐；从第14次党代会"早日建成世界一流大学"总体目标和"强势工科、优势理科、精品文科、特色医科"学科战略的确立，到"瞄准前沿、服务战略、师生为本、人才为先"的办学思路和"1—10—100"东大梦愿景的提出，再到"双一流"建设的正式启动，你们见证了学校谋篇布局、锐意改革、逐梦一流的坚强决心。在此，我代表学校感谢你们与学校发展荣辱与共，感谢你们为学校发展做出的重要贡献！

同学们，著名作家柳青曾说过，"人生的道路虽然漫长，但要紧处常常只有几步，特别是当人年轻的时候"。在大学本科的最后一课，在大家即将毕业的十字路口，我想你们最后一次考试题应该是人生的选择题。我了解到，截至目前，你们这届毕业生中，已有超过46%的同学选择到国内外高校院所继续深造，还有的同学选择了就业和创业。我相信，无论同学们作何选择，都是经过深思熟虑的最好选择，但同时更应该置身历史的责任、立足时代的使命，去眺望远方、丈量选择、付诸行动。"少年强则国强"，正如马克思17岁时写下的中学毕业论文中所说，"如果我们选择了最能为人类福利而劳动的职业，那么，重担就不能把我们压倒，因为这是为人类而献身"。人生的价值、青春的光辉、理想的钥匙、生命的意义，乃至人类的生存和发展，就在于青年的奋斗与担当。当今时代，应如何更好地答好人生的选择题？在做出选择后应如何走好人生路？在此，我想分享三点希望，与你们一起思考与共勉。

第一，希望你们勇做时代使命的担当者和引领者。目标决定方向，"古之立大事者，不惟有超士之才，亦必有坚忍不拔之志。"当今，人类社会和中华民族正处在一个发展和变革的时代。你们很幸运，因为你们的成长历程与"两个一百年"奋斗目标的实现同频共振；你们很幸运，因为你们的使命担当与中华民族伟大复兴的"中国梦"同向同行。在当前国家深入推进创新驱动战略，更加渴求科学知识和卓越人才的时代背景下，希望你们牢固树立与时代主题同心同向的理想信念，主动担当时代赋予的历史使命，同时希望你们以赤诚而宽广的家国情怀，提升个人人生目标，立志做引领未来和造福人类的卓越人才，在激情奋斗中绽放青春，在时代浪潮中追逐梦想。

第二，希望你们争做东大精神的践行者和传承者。"凿井者，起于三寸之坎，以就万仞之深。"正是115年来一代代东大人栉风沐雨、薪火相传，积淀并筑就了东大深厚的文化底蕴和崇高的文化品格。从"嚼得菜根，做得大事"之理念到"以科学名世，以人才报国"之追求，从担当"建立有机体的民族文化"之使命到传承"诚朴求实、止于至善"之精神，这都是属于东大人的宝贵财富。正如80年前，国立中央大学四千师生在战火中携带两千箱图书仪器，辗转西迁到数千里之遥的重庆沙坪坝，最大限度保留了兴学强国的薪火，希望你们无论身处何种境遇，都能以东大人为名，不忘初心，经世济国，争做东大精神的践行者和传承者。

第三，希望你们善做人生境界的开拓者和追求者。“德不优者，不能怀远。”人只有融入时代的使命和国家的事业中并与之同奋进、共命运，才能真正取得大成就、臻于大境界。然而，人生通往成功之路往往是困难而寂寞的，正如梁启超先生所说，“患难困苦，是磨炼人格之最高学校”。同学们毕业后无论是继续学习深造还是就业创业，未来的人生路上都要直面披荆斩棘的艰难与挑战，也要经受汲汲营营的诱惑与考验。希望你们脚踏实地、身体力行、敢为人先、持之以恒。同时，也希望你们在生活中做到“淡泊以明志，宁静以致远”“不以物喜，不以己悲”，坚持磨砺纯洁、善良、智慧的品格，不断淬炼从容、豁达、优雅的心境，追求人生最曼妙的风景、最崇高的境界。

爱国诗人艾青曾有诗云：“为什么我的眼里常含泪水？因为我对这土地爱得深沉。”我曾在学校 BBS 上看到一篇《怀念东大》的短文，一位毕业两年的校友感慨毕业时的百感交集已慢慢沉淀，却仍念念不忘彼时在四牌楼的点点滴滴，甚至他要将校名的某个字嵌入子女的名字，希望他的孩子也会深深地爱上这个地方。这就是校友对母校真切的情感，令人动容。

同学们，你们即将迈出校门，成为东大的新校友；你们即将开启新的征程，肩负新的使命，成为未来的筑梦者。希望你们担当时代使命，传承东大精神，始终追求崇高的人生境界。“水本无华，相荡乃成涟漪；石本无火，相击而生灵光。”未来母校将在“双一流”建设中砥砺奋进，再创佳绩，希望你们一如既往地关心支持母校的发展，与建设“1—10—100”中国特色世界一流大学的“东大梦”愿景紧紧相连。

“历尽千帆，归来仍少年”，同学们，我们永远是命运的共同体，母校是你们永恒的精神家园，母校的大门永远向你们敞开，期盼你们常回家，期待我们再相会！

最后，祝愿各位同学在新的征程中转型、超越，并创造美好的未来！

谢谢大家！

守望崇高　躬行践履

——在东南大学2017年研究生毕业典礼暨学位授予仪式上的讲话

东南大学校长　张广军

（2017年6月18日9:00　四牌楼大礼堂）

亲爱的同学们，尊敬的各位来宾、校友，老师们：

大家上午好！

在共庆母校115周年华诞之际，我们又一次相聚在庄严雄伟的大礼堂，隆重举行2017年研究生毕业典礼暨学位授予仪式。首先，我代表全校师生员工、代表易红书记向本届141名获得博士学位、2 997名获得硕士学位的研究生同学表示最热烈的祝贺！向悉心指导、辛勤培育你们的导师们和为你们成长默默奉献的所有老师与员工们表示最衷心的感谢！向今天共同见证、分享这个神圣时刻的各位来宾和亲朋好友们致以最诚挚的欢迎！

"大学乃大人之学。"几度春秋，你们孜孜以求，饱经风霜，在东大这片"学府圣地"成人成贤成才。六朝松下，你们朝经暮史，触摸千年文脉；九龙湖畔，你们磨砥刻厉，激扬真理火花；丁家桥头，你们妙手回春，践行大医精诚。你们把论文、智慧和青春融入东大115年悠久的历史之河，融入东大"科学名世、人才报国"的探索之路，融入东大"止于至善"的大学之道。夜晚，实验室和图书馆的灯光总是最迷人的，我相信每一位同学都在追求学术的道路上沐浴过它，我也相信，你们一定在灯光下苦读了无数的文献，冥想了创新的难关，尝试了屡次的实验，甚至在志愿服务时也一定体验了不尽的辛酸。在你们身上，映照的是东大人"钟山之崇高，玄武之深静，大江之雄毅"的品格、品行和品位。

这些年，你们在学术的道路上瞄准目标，找准方向，取得了创新性的研究成果。本次获得博士学位的141名毕业生已发表196篇SCI论文、107篇EI论文。其中，信息学院的刘硕同学读博期间在无线能量传输、微波超薄柔性隐身衣等领域做出具有国际一流水平的学术成果，共发表24篇SCI论文，累计影响因子117，其中以第一作者发表论文14篇。他参与完成的编码超表面的一系列工作被美国光学学会评选为2016年最激动人心的30项光学成果之一。

这些年，你们秉承东大"止于至善"的校训精神，积极投身创新创业的时代大潮，并用爱心和善行担当社会责任。土木工程学院的孔祥羽同学是学生干部的优秀代表，他积极投身青奥会等社会志愿服务，参与组织了上百场大型活动，并发起爱心助学基金，他用实际行动践行着"止于至善"的校训精神。交通学院的唐皓同学本硕七年三获国家奖学金，毕业后毅然选择走进非洲大地，即将远赴中国路桥公司肯尼亚办事处工作，他立志为祖国"一带一路"奉献智慧、做出行动。

"上下同欲者胜，风雨同舟者兴。"你们作为东大命运共同体的重要组成部分，是学校科技创新的生力军,是学校改革发展的奉献者和见证者。你们见证了学校党代会“早日建成世界一流大学”宏伟目标的确立,见证了包括你们在内的全体东大人凝心聚力、锐意改革所取得的发展成就,也见证了学校即将正式开启“双一流”建设的新征程。

“立德树人”是大学的立身之本和根本任务。近年来,学校围绕培养拔尖创新人才,形成了“重基础、重实践、重素质”的育人传统和严谨求实的教风学风,并提出了“卓越化、国际化、研究型”的育人新境界。我们不断推进研究生教育综合改革,全面实施申请考核制等招生制度和研究生分类培养模式改革,人才培养质量显著提升。在国家教学成果奖、特色专业建设、精品课程、教学创新团队、人才培养模式改革等人才培养指标上位居全国高校前列。你们见证了入选首批深化创新创业教育改革示范高校的铿锵步伐。

学科建设是学校发展的龙头。近年来,学校依托工科特色,推动多学科协调发展、融合发展,确立了“强势工科、优势理科、精品文科、特色医科”学科发展布局。在上一轮教育部学科评估取得可喜成绩的同时,神经科学与行为科学、药理学与毒理学首次进入世界ESI前1%,进入ESI前1%的学科数增至10个,多个学科的排名也稳步上升,其中,工程学位列第37位,计算机科学位列第57位。你们见证了一流学科的国际影响力和国际声誉不断增强。

科技创新是大学义不容辞的责任和使命,也是推动大学进步的不竭动力。东大素以“科学名世”,在推动国家自主创新中发挥着重要作用。近年来学校科技创新能力明显增强,五年内共牵头获国家级科技奖14项,其中国家科技进步一等奖1项。2016年科研总经费突破20亿。你们见证了学校科研团队在我国载人航天工程、第5代移动通信技术、AMS空间科学实验、500米口径球面射电望远镜、国学中心建设等重大战略领域和工程中做出的积极贡献。

人才是支撑发展的第一资源。近年来,学校坚持“人才强校”战略,特别是去年制订出台了“高端师资倍增计划”等一系列重大改革举措,师资队伍建设成效明显。近五年新增两院院士2人,“万人计划”16人,“千人计划”专家12人,“青年千人”19人,长江学者11人,青年长江学者10人,杰出青年基金15人,优秀青年基金20人,“新世纪百千万人才工程”3人。你们见证了高端人才队伍的不断壮大。

同学们,学校的快速发展、不懈进步,都离不开你们的青春、智慧和汗水。在此,我再次代表学校向你们为东大和社会做出的贡献、奉献的爱心表示由衷的感谢!

去年12月,习近平总书记在全国高校思想政治工作会上发表重要讲话,从全局和战略高度,深刻回答了事关高等教育事业发展和高校思想政治工作的一系列重大问题,特别是高校培养什么样的人、如何培养人以及为谁培养人这些根本问题,为办好中国特色世界一流大学,也为青年一代的道路选择指明了方向、提供了遵循。站在新的历史起点上,你们未来如何在中国特色社会主义伟大实践中绽放光彩?如何在“大众创业、万众创新”的时代大潮中放飞梦想?

送别之际,我想与大家共同思考,并提出三点希望与你们共勉。

一是守望崇高。崇高的理想、神圣的使命、至善的境界,这是大学守望的精神追求,也是国家和民族振兴的初心和希望。“如果我们选择了最能为人类福利而劳动的职业,那么,重担就不能把我们压倒,因为这是为人类而献身”,马克思17岁时的初心选择了崇高。

“不忘初心，继续前进”，中国共产党人的奋斗精神和对人民的赤子之心选择了崇高。“以科学名世，以人才报国”，从李瑞清老校长“嚼得菜根，做得大事”的校训，到陶行知先生“捧着一颗心来，不带半根草去”的誓言，再到陈善年教授夫妇捐赠百万而甘居宿舍的执着，一代代东大人的初心也选择了崇高。你们作为东大的青年才俊，是国家创新驱动战略的主力军，也是支撑民族振兴的脊梁。希望你们无论何时何处，不忘初心，守望崇高，涵养家国情怀，追求至善境界，把人生理想融入为实现中华民族伟大复兴的“中国梦”的奋斗之中，做引领创新的英雄、影响时代的先锋。

二是保持定力。习近平总书记曾这样勉励青年学子：“人的一生只有一次青春。现在，青春是用来奋斗的；将来，青春是用来回忆的。”当今中国，青年一代与国家“两个一百年”奋斗目标同心同向，有着脱颖而出的黄金机遇，也面临无可逃离的生活压力。我曾看到《人民日报》一篇题为《清华和房价都不能定义人生》的评论写道，“广阔天地，大有作为”，只要有思想、有知识、有技术，年轻人在哪儿都能找到自己的舞台，呼吁当代青年在住房压力、生活焦虑中仍要听从内心的召唤，敢做“不一样的烟火”。梁启超先生曾把患难困苦视为磨炼人格的最高学校，在我看来也是淬炼定力的课堂。追求崇高的目标，要保持不随物流、不为境转的定力。希望你们步入社会后，要坦然面对，不躁狂，不迷茫，贫而有志，富而不骄。无论在什么样的环境中，都不失德，都不丧志，做到“淡泊以明志，宁静以致远”，真正收获更长久、更广阔的成长与成功。

三是不懈躬行。“空谈误国，实干兴邦”，这是对国家未来前途的回答和诠释。唯有立足于实干，国家才会真正树立社会主义道路自信、理论自信、制度自信、文化自信。“为者常成，行者常至。”华为“以行践言”的品牌理念，成就了国际 5G 标准的中国骄傲，其中更有东大人的聪明才智和技术贡献。“天下难事必作于易，天下大事必作于细。”八年前，空间科学与技术研究院原副院长郝英立教授研制“南极冰穹 A 科考支撑平台”，整整一年吃住在青藏高原，终于有一天，他撑不住了，倒在了青藏高原，年仅 47 岁。东大人有默默耕耘的心境，更有行胜于言的品格，希望你们始终躬行践履，锲而不舍，把握好自己的人生方向和人生轨迹，做“至善”的践行者与传承者。

杨绛先生曾这样感言人生，“我们曾如此渴望命运的波澜，到最后才发现，人生最曼妙的风景，竟是内心的淡定与从容”。同学们，你们即将迈出东大的校门，成为东大的新校友；你们即将投身时代的洪流，成为东大的新风景。衷心期待你们在崇高的初心、定力的心境和躬行的品格中成就自我、引领未来，在淡定与从容中承担最为神圣的使命、写下最有诗意的故事、筑就最有价值的人生，真正为中国梦、为人类福祉做出你们的思考和行动。同时，母校也将站在建校 115 周年的历史节点，凝心聚力，砥砺奋进，加快推进中国特色世界一流大学建设。希望你们一如既往地关心支持母校的发展，为到 2030 年左右实现“1—10—100”的“东大梦”愿景贡献力量。我们永远是命运的共同体，母校的大门永远向你们敞开，欢迎你们常回家，期待我们再相会。

“长风破浪会有时，直挂云帆济沧海。”同学们，崭新的征程即将开启，祝愿大家在“至善”之道上奋力前行、转型超越，并创造美好的未来！

谢谢大家！

迈上新征程　勇担新使命
奋力谱写“双一流”建设新篇章

——在2018年新年茶话会上的讲话

东南大学校长　张广军

尊敬的各位老领导，老师们、同学们，校友们、朋友们：

“一元复始，万象更新。”在昂扬奋进的新时代，在喜迎元旦佳节的美好时刻，我们欢聚一堂，分享收获，展望新年。首先，我代表学校党政，向辛勤耕耘、奋发有为的全校教职员工，向刻苦求学、创新成长的莘莘学子，向爱校荣校、无私奉献的离退休老同志，向心系母校、回报母校的海内外校友，向关心支持、鼎力帮助学校发展的社会各界人士，一并致以亲切的问候、诚挚的谢意和新年的祝福！

在东南大学发展的历史坐标上，2017年注定是继往开来的重要节点。这是党的十九大胜利召开之年，是实施“十三五”规划的重要一年，也是全面深化改革的关键之年，更是高质量入选国家“双一流”建设A类高校的辉煌之年。一年来，在党的十八大及十九大精神和习近平新时代中国特色社会主义思想指引下，在教育部、江苏省委省政府的关心指导下，学校领导班子带领全体师生员工，以新发展理念引领学校发展，谋篇布局，改革创新，大力实施《东南大学“十三五”事业发展规划纲要》及“六大支撑”计划，全面深化综合改革，着力推动“人才强校”战略，学校各项事业发展取得新进展，和谐校园建设取得新成效，呈现出蓬勃向上的发展活力。

一、人才培养质量显著提升

持续深化人才培养改革，全面落实“立德树人”根本任务，人才培养质量不断提升。召开本科教育教学工作会议，顺利完成教育部本科教学工作审核评估工作。本科生和研究生生源质量稳步提高，文科试验班(郭秉文班)和江苏省综合评价录取试点首批招生成效显著，实施“博士新生奖学金”计划，完成首届国家重大专项博士班招考工作。

本科生教育教学改革持续推进。入选2017年度全国创新创业典型经验高校(全国共50所高校)。获2017年江苏省教育教学成果奖特等奖4项、一等奖6项、二等奖6项，获奖总数位列全省高校第二。6 655人次获得各级各类竞赛项目奖励，其中获得第三届中国“互联网＋”大学生创新创业大赛季军和第十五届“挑战杯”全国大学生课外学术科技作品竞赛总分第三位，全国大学生数学建模竞赛和全国大学生电子设计竞赛一等奖获奖数均并列全国第一。研究生培养改革稳步扎实推进，获批全国示范性工程专业学位研究生联合培养基地1个，获国家留学基金委首批录取联合培养研究生240人，研究生助研学酬金系统上线运行，研究生学位论文网络评审平台投入运行，优化修订博士研究生申请博士学位科研成果考核标准，出台《东南大学研究生指导教师责任制实施办法》。

二、学科建设取得重要突破

继续推进学科建设内涵发展，全力实施“一流学科攀升计划”。学校进入我国“双一流”建设A类名单，共有11个学科入选一流学科建设名单，入选学科数位列全国第8位，正式公布“双一流”建设方案。在全国第四轮学科评估中，建筑学、土木工程、交通运输工程、生物医学工程、艺术学理论获评A＋等，电子科学与技术获评A等，6个学科获评A—等，获评A＋等的学科总数位列全国高校第8位。积极组织和推进ESI学科建设，进入ESI世界前1%的学科增至11个，继工程学后，计算机科学首次进入1‰，其中工程学位列第34位、计算机科学位列第37位。组织完成学位授权自主审核单位申报工作，开展新增学位授权点的申报及学科动态调整，组织7个学科申报一级学科博士授权点、6个学科参加江苏省硕士学位授权一级学科点评估。入选国家首批“一流网络安全学院建设示范项目高校”。

三、师资队伍建设成效明显

深入实施“高端师资倍增计划”，深化人才发展体制机制改革，强化综合改革绩效考核，健全师资队伍快速成长成才体系。制定出台《东南大学一流师资队伍建设方案》等系列人才支撑计划或方案。新增长江学者特聘教授1人，青年长江学者5人；新增“千人计划”青年项目7人；新增“万人计划”科技领军人才4人，哲学社会科学领军人才1人，教学名师1人（公示中）；新增“百千万人才工程”国家级人选2人，并授予“有突出贡献中青年专家”荣誉称号；新增享受国务院政府特殊津贴5人；新增江苏特聘教授3人；新增江苏省“双创团队”1个，“双创人才”5人（已公示）；新增江苏省高校青蓝工程优秀教学团队1个，中青年学术带头人2人，优秀青年骨干教师3人；新增江苏“六大人才高峰”创新人才团队项目3个、高层次人才项目23个。具有博士学位的教师占比超过80%，45岁以下教师占比达到57%，具有一年及以上海外留学经历的教师占比达到47%。曹进德教授当选巴基斯坦科学院外籍院士；崔铁军教授团队入选“全国高校黄大年式教师团队”；宋爱国教授获宝钢优秀教师特等奖；邱海波教授荣获“白求恩奖章”；刘攀教授荣获“江苏青年五四奖章”；刘加平教授荣获全国杰出工程师奖；滕皋军教授荣获美国介入放射学会金奖。

四、科技创新获得重要进展

全力实施“原创能力突破计划”，坚持面向世界科技前沿、面向国家重大需求、面向经济主战场，布局科研发展战略，优化科研组织管理。在2017年度国家科学技术奖评选中，获自然科学奖二等奖1项、技术发明奖二等奖2项、科技进步奖二等奖1项。4位教授获首届“全国创新争先奖”奖状表彰，获奖人数并列全国高校第二。以第一完成单位获高等学校科学研究优秀成果奖（科学技术）10项，获奖总数位列全国第五。申报国家自然科学基金各类基金项目1 314项，获批276项目，获资助总经费达1.57亿元；获3项国家社科基金重大项目和1项重大重点项目，立项数创历史新高。截至目前，发明专利申请量达2 400余项，授权1 300余项。3人入选全球2017年“高被引科学家”。科研总经费达到23.1亿元。出台《东南大学新型科研机构管理办法（试行）》，成立东南大学智慧城市研究院、东南大学未来地下空间研究院、东南大学丘成桐中心、东南大学—威斯康星大学智能网联交通联合研究院、量子信息研究中心等新型科研机构。组建东南大学苏州医疗器械研究院、“东大—联想”穿戴式心脏—睡眠—情绪智能监控联合实验室、高分辨率对地观测系统江苏数据与应用中心、东南大学江北新区创新研究院等科研平台。

五、国际合作与交流持续推进

大力拓展交流与合作,国际化办学内涵不断提升。与威斯康星大学麦迪逊分校、贝尔法斯特女王大学等世界一流大学签署合作协议。东南大学建筑国际化示范学院获得国家外国专家局与教育部正式批准并揭牌运行。东南大学雷恩研究生学院正式获得教育部批复设立,成为我校获批的第二个中外合作办学机构。作为中方牵头高校组建了中英大学工程教育与研究联盟,并纳入中英高级别人文交流机制。东南大学道德发展研究院与耶鲁大学全球正义研究中心签署合作协议,共建“社会公正与人类道德发展研究中心”。外国留学生人数达到 1 947 人,其中学位生 1 492 人,学位留学生比例达到 76.6%。与东南大学合办的 3 所海外孔子学院在学汉语生人数达 7 000 多人。

六、“美丽东大”建设呈现新面貌

加快推进“美丽东大”建设,改善办学条件,加强民生建设,优化办学环境。完成九龙湖校区快递中心建设。完成东南大学附属幼儿园的基础建设,并积极筹备开园前的相关工作,着力解决年轻教职工子女入园的后顾之忧。积极推进九龙湖校区桃园北食堂的开业准备工作,完成桃园南食堂的维修改造。游泳馆项目已完成委托设计和方案设计工作,目前正在进行施工图设计。土木交通教学科研楼、能环科研综合楼、生医科研综合楼 3 个项目已被教育部列入“双一流”建设重点项目名单。

七、其他各项事业迈上新台阶

采取形式多样的方式认真学习宣传贯彻党的十九大精神,全面贯彻落实全国高校思想政治工作会议精神,持续开展“两学一做”学习教育,切实加强党风廉政建设,认真履行“党政同责、一岗双责”。顺利完成中央专项巡视和巡视整改工作。召开深化院(系)综合改革工作部署会,与 5 个深化综合改革试点学院签署目标责任书。财务总收入 39.03 亿元。圆满完成 115 周年校庆系列活动,新校史馆正式开馆。学校信息公开工作稳步推进,综合服务大厅正式启动运行。

与湖南省人民政府、中国航天科工集团公司、中国路桥工程有限责任公司等签署战略合作协议,与南京医科大学签署战略合作实施协议,组建东南大学—兰州理工大学联合技术转移中心、东南大学城市与建筑遗产保护教育部重点实验室(西北中心)。与江宁区签署共建环东南大学知识创新圈合作协议,并共同积极推动。完成云南省楚雄州南华县定点扶贫工作。全年共签约落实捐赠 120 多项,协议总额近 8 000 万元,2 972 位师生分获 1 293 万元奖助金。

2017 年成绩的取得凝聚着全体师生员工的智慧和奋斗,凝聚着海内外校友的关心和回馈,凝聚着社会各界朋友的帮助和支持,也凝聚着刚刚离任的易红书记的心血和贡献。

在此，谨向全校师生员工、海内外校友、社会各界朋友和易红书记表示诚挚的敬意和由衷的感谢！

2018年即将到来，迎着新时代的曙光，我们昂首踏上新征程。面对新时代国家发展的新机遇和新需求，面对“双一流”建设千帆竞发、百舸争流的新态势和新挑战，我们清醒地认识到，东南大学面临的机遇从未像今天这样宝贵，面临的挑战也从未像今天这般严峻，在改革中寻求突破、在创新中获取动力的任务十分艰巨。正如习近平总书记所说，“惟改革者进，惟创新者强，惟改革创新者胜”。新的一年，我们将始终坚持“以科学名世，以人才报国”的办学理念，继续按照“瞄准前沿、服务战略、师生为本、人才为先”的办学思路，重塑目标、深化改革、激发活力、引领发展，坚持以“推动人才强校，深化综合改革”为主题，以“提高教育质量，推动内涵发展”为主线，大力实施多学科融合、理工文医综合、产学研结合和国际化联合“四合”战略，努力实现人才培养、师资队伍建设、科学研究、学科建设、国际合作等方面的新突破，在中国特色世界一流建设进程中培育一流领军人才，服务国家重大战略，推进人类文明进步。

新的一年，我们要继续坚持社会主义办学方向。在党的十九大精神和习近平新时代中国特色社会主义思想指引下，贯彻落实全国高校思想政治工作会议精神，以新发展理念引领学校教育事业新的发展，牢牢把握社会主义办学方向，扎根中国大地，努力创建中国特色世界一流大学。坚持和完善党委领导下的校长负责制，贯彻落实学校第十四次党代会精神，持续巩固中央巡视整改成果，拓展“两学一做”学习教育成效，立足全局，科学谋划，积极为提高我国高等教育发展水平、加快建设创新型国家、增强国家核心竞争力做出东大贡献。

新的一年，我们要继续坚持“立德树人”根本任务。只有培养出一流人才的高校，才能够成为世界一流大学。坚持把“立德树人”作为中心环节，把思想政治工作贯穿教育教学全过程，把创新创业教育融入人才培养全过程。坚持以学生为中心，大力实施有温度的教育，持续加强思想引领、知识传授和能力培养，着力打造学习、实践和文化三个课堂。进一步深化吴健雄学院、文科试验班、少年班人才培养模式的改革。以本科教学工作审核评估整改为契机，开展人才培养工作大讨论，科学构建知识结构和课程体系，积极探索人才培养新模式，完善“可视、公开、约束、激励”管理机制，持续深化教育教学改革，切实形成一流人才培养新格局，努力培养具有家国情怀和国际视野、能引领未来和造福人类的领军人才。

新的一年，我们要继续全面深化综合改革。对接国家发展战略对高等教育的新需求，以体制机制改革为核心，以深化人事分配制度改革为突破，以调动全体师生员工积极性为重要标志，全面深化各主要领域综合改革，着力破除体制机制障碍。大力加强院（系）综合改革力度，全面深化试点学院综合改革工作，积极推动学校管理重心下移，落实院（系）主体地位，形成分工科学、运转顺畅高效的管理架构和运行机制。继续优化学校内部治理结构，完善现代大学制度。

新的一年，我们要继续推进一流大学文化建设。文化自信是更基础、更广泛、更深厚的自信。我们将传承东大优良的文化传统，弘扬东大深厚的文化精神，加强一流的先进文化建设。大力实施《国家“十三五”时期文化发展改革规划纲要》，加快构建具有东大特色的精神文化、制度文化、行为文化和形象文化体系，不断提升学校在海内外的凝聚力、感召力和影响力，充分发挥文化在育人体系中的思想引领与示范作用。继续加强"美丽东大"建设，持续改善办学条件，为学校改革发展提供坚强保障。进一步健全校友与母校交流合作的平台，汇聚海内外校友爱校、荣校的赤诚之心与无限智慧。

老师们、同学们，校友们、朋友们，未来属于脚踏实地的实干家，属于刻苦钻研的创新者，属于搏击风浪的弄潮儿。在决胜全面建成小康社会，夺取新时代中国特色社会主义伟大胜利的历史时期，我们要认真贯彻落实党的十九大精神，以习近平新时代中国特色社会主义思想统揽全局，指导工作，不忘初心，牢记使命，持续深化各领域综合改革，全力推进内涵式发展，努力形成加快创建世界一流大学的不竭动力和全新格局。让我们以永不懈怠的精神状态、一往无前的奋斗姿态，以新气象、新作为续写新时代东大发展的新篇章，为早日实现中国特色世界一流大学的"东大梦"做出新的更大贡献！

最后，衷心祝愿大家新年快乐，阖家幸福，身体健康，万事如意！

谢谢大家！

在本科教学工作审核评估动员部署会上的讲话

东南大学校长　张广军

（2017年4月1日上午9:00　九龙湖校区纪忠楼报告厅）

同志们：

今年是全面实施"十三五"发展规划、全面深化综合改革和加快推进"双一流"建设的重要一年，也是我校建校115周年。年初中层干部大会上我们提出了今年面临的五项重大任务，其中一项就是10月底即将开展的本科教学工作审核评估。今天，校领导、各院系各部门负责人，以及各院系分管教学和学生工作的负责人参加了这次会议，就迎接本科教学工作审核评估工作进行动员部署。首先，我代表学校领导班子对审核评估工作讲三点意见。

一、深刻领会本科教学工作审核评估的重要意义

在中国将强未强的关键历史时期，高等教育承担着更加重要的使命。习总书记在全国高校思政工作会上强调，党中央做出加快建设世界一流大学和一流学科的战略决策，就是要提高我国高等教育发展水平，增强国家核心竞争力。高校立身之本在于立德树人，只有培养出一流人才的高校，才能够成为世界一流大学。办好我国高校，办出世界一流大学，必须牢牢抓住全面提高人才培养能力这个核心点。

当今，本科教育的回归成为共识。早在世纪之交，美国卡内基教学促进基金会先后发布两份重塑本科教育的报告，对本科教育改革产生了广泛而深远的影响，哈佛、斯坦福、MIT（麻省理工学院）等超一流大学纷纷回归本科教育，启动本科教育改革。陈宝生部长最近也在讲话中一直强调，"立德树人"要落实在提高本科教学水平上，本科是提高教学水平的基础。

质量是高等教育发展的生命线，重视质量是一个时代命题，谁轻视质量谁就将被淘汰出局。抓质量就是抓责任、抓标准、抓激励、抓评估。评估作为提高质量的杠杆和指挥棒，是国家建设一流本科的主要措施。回顾我国高校教学评估工作的历史，最初始于20世纪90年代，2004年3月印发的《2003—2007年教育振兴行动计划》正式确立高校教学评估为教学基本制度。迄今为止，教育部共实施了5轮较大规模的本科教学评估：第一轮为合格评估（1994—2002年），共评了190所高校；第二轮为优秀评估（1996—2000年），共评了16所高校；第三轮为随机评估（1999—2001年），共评了26所高校；第四轮为水平评估（2003—2008年），共评了589所高校。2013年，教育部印发《教育部关于开展普通高等学校本科教学工作审核评估的通知》，开启了第五轮的"教学评估"。

关于评估的目的意义，教育部明确强调：高等学校的根本任务是培养人才，教学质量

是人才培养质量的重点,开展教学评估既是我国构建具有中国特色的高等教育质量保障体系重要内容,也是提高教学质量的关键和重要举措,要通过评估推动高等学校开展教学改革,提高教学质量和人才培养质量,引导学校合理定位,办出特色和水平。由此可见,本科教学工作审核评估就是力推和引导学校建设“一流本科”和“一流专业”,从而实现培养“一流人才”的目标。

对学校来说,此次本科教学工作审核评估是挑战,更是机遇。评估是对我校2008年获得教育部本科教学工作水平评估优秀学校以来的教育教学改革、建设和发展成就的一次系统总结,同时也是对我校教育教学水平、人才培养质量和办学水平的一次全面检验和综合研判,更是全面落实“立德树人”根本任务,切实提高人才培养质量的重要举措。因此,我们要进一步统一共识,充分认识到此次评估工作的重要意义,抓住这一历史机遇,并以本科教学工作审核评估和工程教育认证为契机,以评促建、以评促改、以评促管、以评促强,深化本科人才培养综合改革,提升本科教育内涵和质量,为建设中国特色世界一流大学奠定坚实基础。

二、准确把握本科教学工作审核评估的科学内涵

本轮教学工作审核评估在指导思想、评估理念、审核标准和结论形式上都有新的内涵,要准确把握、深刻领会。

第一,指导思想新。一个“坚持”,坚持“以评促建、以评促改、以评促管、评建结合、重在建设”方针。两个“突出”,突出学校内涵建设,突出特色发展。三个“强化”,强化办学合理定位,强化人才培养中心地位,强化质量保障体系建设。

第二,评估理念新。以学校为主体,以学生发展为本位,以学生中心、结果导向(OBE)和质量持续改进(CQI)为质量核心理念。

第三,审核标准新。审核评估的核心内涵是“五个度”,即办学定位和人才培养目标与国家和区域经济社会发展需求的适应度、教师和教学资源条件的保障度、教学和质量保障体系运行的有效度、学生和社会用人单位的满意度、人才培养目标与培养效果的达成度。这“五个度”是本轮审核评估的重点和关键,包括培养目标、毕业要求、课程体系、师资队伍、支持条件、质量保障、学生发展、特色项目“7+1”指标大项。

第四,结论形式新。写实性报告,不分等级,淡化功利心态,强化内涵建设。

三、认真并高质量完成本科教学工作审核评估工作

教育部对本科教学工作审核评估提出了明确方向和具体要求,我校2017年工作要点也强调,要认真做好2017年本科教学工作审核评估工作,并以本科教学工作审核评估和工程教育认证为契机,深化本科人才培养综合改革。这是今年全校的一项重要任务,各院系各部门要在更高的站位上通力协作,认真并高质量完成评估工作。下面再具体提四点要求。

一是进一步凝聚共识,强化主体责任。

“立德树人”,特别是本科人才培养是学校的核心工作和根本任务,涉及全校各个环节,要充分凝聚共识,分工协作,勇于担当。学校目前已成立了审核评估工作领导小组,建

立了党政主要领导负总责、分管校长负专责、其他领导各负其责的工作责任机制。各部处、各院系党政主要负责人作为审核评估工作第一责任人,要切实把任务落实到人,真正做到事事有人做、人人有事做。要实行工作任务倒计时制,加强对各阶段工作的监督和检查。要建立问责制度,实行压力层层传导,把工作落实落细落小。

二是进一步总结经验,梳理主要问题。

一直以来,学校的本科教学工作底蕴深厚、基础扎实、特色鲜明、成果显著,形成了"重基础、重实践、重素质"的育人传统和严谨求实的教风学风,2008 年获得教育部本科教学工作水平评估优秀。2014 年获国家级教学成果一等奖 1 项、二等奖 5 项,获奖总数并列全国高校第 8 位。与此同时,国家对高等教育的需要比以往任何时候都更加迫切,对科学知识和卓越人才的渴求比以往任何时候都更加强烈。对照国家需求和世界一流大学的目标,对照广大师生的期待,学校在人才培养理念和目标、机制体制、管理水平和质量保障等方面还存在不少差距。学校应该通过此次审核评估进行全面系统的梳理,总结经验,查找症结,把脉开方,传承创新。

三是进一步深化改革,明确发展方向。

唯改革才有出路,唯创新才有未来。中国特色世界一流大学的建设出路也唯有改革创新。当前,高校综合改革、创新创业教育改革步入"深水区",需要更大的力气和勇气。本轮审核评估正处在学校全面深化综合改革、加快推进"双一流"建设的关键时期,要以此为契机,明确改革的方向和目标。要深入贯彻落实习近平总书记在全国高校思想政治工作会议上的重要讲话精神,紧紧围绕习总书记提出的"培养什么样的人、如何培养人、为谁培养人"和"办什么样的大学、怎样办好大学"两个根本性问题,进一步提升人才培养目标和理念,深化人才培养模式改革,以学生为中心,实施有温度的教育,在"卓越化、国际化、研究型"教育教学新境界下,把社会主义核心价值观和创新创业教育理念融入人才培养全过程。

四是进一步立行立改,重在以评促建。

围绕本轮教学工作审核评估的"五个度""7+1"指标大项,进行全面梳理、整改和建设。加快推进课程改革与建设,大力推进本科生研究型教学,进一步加强思政课程改革,全力启动新一轮精品课程建设。深入推进创新创业实践与实训,进一步加强文化育人平台建设,积极拓展与国(境)外高水平大学的交流,加强本科生跨文化学习和交流能力的培养。进一步加强教学质量保障体系建设,建立健全"可视、公开、约束、激励"的教学管理机制,真正实现以评促建、以评促改、以评促管、以评促强,切实提升人才培养质量。

今天的会议主要是我校迎接本科教学工作审核评估工作的动员和部署,这学期还要召开本科教育教学工作会议,希望上述四点工作要求在本科教育教学工作会议上得到回应和落实。

同志们,本科教学工作审核评估工作时间紧、任务重、要求高,希望大家立即行动起来,以饱满的热情、昂扬的斗志、扎实的作风认真地投入审核评估工作中,同心协力、众志成城,高质量完成审核评估工作。

谢谢大家!

逐梦世界一流　共谱时代华章

——在庆祝东南大学建校115周年纪念大会上的致辞

东南大学校长　张广军

(2017年6月3日9:00　九龙湖焦廷标馆)

尊敬的各位领导、各位来宾、各位校友,老师们、同学们:

大家上午好!

仲夏时节,丽日晴空,万物欣荣。在今天这个属于全体东大人的节日里,我们满怀喜悦和自豪的心情相聚在美丽的九龙湖畔,喜迎东南大学建校115周年华诞,一同回望东大人115年不懈追求的光辉历程,共同开启逐梦世界一流的伟大征程。在此,请允许我代表学校党政,向长期以来关心支持和帮助学校发展的各位领导和各界友人,表示最热烈的欢迎和最衷心的感谢!向在各个工作岗位竭诚奉献、爱校荣校的全体师生员工、离退休老同志,向心系母校、回馈母校的海内外校友,表示最崇高的敬意和最诚挚的祝福!

"大学之道,在明明德,在亲民,在止于至善。"115年风雨沧桑,115载奋斗历程,一代代东大人不忘初心,始终探索并践行"止于至善"的大学之道。我们不曾忘记,在20世纪初期中华民族危机深重之际,在举国上下救亡图存、求强思变的奋斗中,无数前辈先贤勇担民族大义和强国使命,从应运而生的三江师范学堂开始,拉开了一代代东大人探求真理、科教兴国的历史序幕。从1902年到2017年,从六朝松下到九龙湖畔,一代代东大人筚路蓝缕、砥砺奋进,虽历经风雨沧桑却始终坚守使命、弦歌不辍,积淀了优良的历史传统和丰厚的办学底蕴,铸就了"以科学名世,以人才报国"的精神追求。此时此刻,让我们深情回望东大115年的奋进之路。

一、东大"以人才报国"

立德树人是立校之本。115年来,东大始终把"作育英才以报国家"作为矢志不渝的理想追求与神圣职责。从南高师推行"启发式"教育、重视实学和体育,到国立东南大学实施"三育并举"、力求"四个平衡",从国立中央大学倡导"诚、朴、雄、伟"的新学风,再到南工坚持以国家需求为导向,东大115年来已为国家培养近30万英才,师生中走出了200多位两院院士,以及一大批为国家战略领域做出重大贡献的领军人才。百年于斯,桃李芬芳。一代代东大人以赤诚而宽广的家国情怀,无私奉献着自己的智慧和力量,为国家的建设发展、为推动人类文明进步奉献与担当,值得我们永远铭记和骄傲。

近年来,学校以人才培养质量为生命线,弘扬"重基础、重实践、重素质"的优良传统,以"卓越化、国际化、研究型"为育人新境界,持续深化教育教学改革,努力构建以学生为中心,理论教学、实践教学、自主研学、网络助学"四位一体"的教学模式。已连续三届获国家级教学成果一等奖。2001年和2007年,两次捧得全国大学生课外学术科技作品竞赛"挑战杯”，成为全国两次捧杯的 4 所高校之一。2016 年“创青春”全国大学生创业大赛金奖总数位列全国第二。近五年获全国研究生数学建模竞赛一等奖总数位列全国高校首位。新的人才培养体系正在构建。

二、东大“以科学名世”

创新是引领发展的第一动力。115 年来，东大恪守“科教兴国”的使命，开创了科技进步的诸多先河。作为中国科学社的大本营和中国自然科学的发祥地，东大曾云集了一大批科学巨匠，使二十世纪二三十年代的国立东南大学声誉鹊起。建国初期，积极参与“新中国十大工程”设计；六十年代，研制成功国内第一台机器人和第一台数字积分机；世纪之交，在国内首次研制出世界先进水平的第三代移动通信现场实验系统。在国家授予的 23 名“两弹一星”功勋奖章获得者中，有 5 位是东大校友；在 27 位国家最高科学技术奖获得者中，有 3 位校友获此殊荣。

近年来，东南大学在多个战略性新兴产业领域自主创新，实现了重大原创性突破，并在国家载人航天工程、第 5 代移动通信技术、AMS 空间科学实验、500 米口径球面射电望远镜、国学中心建设等重大战略领域和工程中做出积极贡献。近五年牵头获国家级科技奖励 14 项，位列全国高校第七，继尤肖虎教授团队获国家技术发明一等奖后，已故吕志涛院士团队再获国家科技进步一等奖。最近，4 位教授获颁首届全国创新争先奖状表彰，获奖人数位列全国高校第二。2016 年首次进入“国防科工局—教育部共建高校”行列。科技创新与人才培养之双轮驱动学科建设内涵稳步提升，在 2012 年第三轮全国学科评估中，3 个学科排名全国第一、3 个学科排名全国第二，排名第一的学科数和排名前两位的学科总数均并列全国高校第七位；进入 ESI 世界前 1%的学科数增至 10 个，其中工程学从 2012 年世界第 137 位上升至目前第 37 位，计算机科学从 2012 年世界第 321 位上升至目前第 57 位。一流学科建设正加快推进。

三、东大“以名师兴学”

“功以才成，业由才广。”115 年来，东大历史上的名家大师曾俊彦云集、灿若星河。国立东南大学时期“所延教授，皆一时英秀”；国立中央大学时期“师资之雄厚，……居国内高校之前列”；南工时期单是建筑系，就拥有中国建筑界“建筑四杰”中的三位。

近年来，学校大力实施“人才强校”战略。近五年新增两院院士 2 人，“万人计划”16 人，“千人计划”专家 12 人，“青年千人”19 人，长江学者 11 人，青年长江学者 10 人，杰出青年基金 15 人，优秀青年基金 20 人，“新世纪百千万人才工程”3 人。具有博士学位的专任教师比例已经超过 80%，专任教师中近一半具有海外一年以上经历。一支高端人才领衔、具有一流学术水平和国际视野的师资队伍正茁壮成长。

三、东大“以文化立根”

文化传承创新是大学的重要使命。115 年来的东大历史长河，浸润着深厚的文化精神。从两江师范学堂“嚼得菜根，做得大事”的理念，到国立东南大学学衡派“昌明国粹，融化新知”的坚守，从国立中央大学号召建立有机体的民族文化，到南工倡导“严谨求实，团结奋进”的追求，再到如今传承“诚朴求实，止于至善”的精神，东大始终坚持崇尚科学、追求卓越、自强不息、振兴中华的文化自觉。

近年来，东南大学以高度的文化自觉和文化自信传承发展大学文化，实施文化建设整体规划，聚焦精神文化、制度文化、行为文化和物质文化建设，搭建高水平讲座、高质量课程、高品位文化活动“三高”平台，构建科技与人文相互融合的文化育人体系，努力建设具有时代特征和东大特色的一流大学文化。

值得一提的是，今年时逢国立中央大学西迁80周年。80年前，中央大学四千师生在战火中携带两千箱图书仪器，辗转西迁到了数千里之遥的重庆沙坪坝，最大限度保留了兴学强国的薪火。当年的重庆大学热情接纳了中央大学，并肩开启了抗战兴学之路。为此，今年两校合作举办了“重走西迁路”活动，东大师生代表横跨三千里江山、穿越八十年时光，汲取历史的力量，寻求百年学府坚韧不拔、共赴国难的文化品格，发扬“力学勇毅，教育兴国”的中大西迁精神，传承国立中央大学建设有机体民族文化的历史使命。

五、东大“以开放强校”

开放包容、融会中西是东大的优良办学传统之一。两江师范学堂时期，李瑞清监督曾主张融会贯通中西之学以造就“中国之培根、笛卡尔”；南高师以“调和文理，沟通中外”为办学宗旨，美国实用主义哲学创始人杜威、英国著名哲学家罗素等许多著名的国际学者都曾受邀来校讲学；国立东南大学是当时国际学术交流最活跃的大学之一，诺贝尔文学奖获得者泰戈尔等亲临东大演讲，曾传为一时佳话。改革开放后，学校积极开展国际交流与合作，不断推进国际化进程。

近年来，东大坚定不移地走国际化办学的强校之路，与众多世界名校建立了长期合作交流关系，聘请了一大批国际一流专家学者为名誉教授、兼职教授。东南大学—蒙纳士大学苏州联合研究生院成为教育部批准设立的国内第一所中外合作研究生院，东南大学雷恩研究生学院今年新获教育部正式批复成立。今年5月，作为中方牵头高校，东大与中国8所以工科见长的一流高校、英国6所罗素联盟名校共同组建“中英大学工程教育与研究联盟”，成为中英两国首个以工程教育与研究为特色的大学联盟。新的对外合作交流格局正在形成。

校友们、老师们、同学们，辉煌业绩凝聚着党和政府的殷切关怀，凝聚着广大校友和各届朋友的鼎力襄助，凝聚着全体东大人的辛勤奉献。特别令人感动的是，多年来广大校友在对社会的奉献和对事业的追求中，不断弘扬东大精神，传播母校的教泽与声誉，同时不忘母校、感恩母校、回报母校，为学校各项事业的发展倾注心血、默默付出。在此，我再次代表学校向关爱、支持和帮助东大的各级领导、各界人士、广大校友、师生员工致以崇高的敬意和由衷的感谢！

一代人一代使命。当今世界，教育化、信息化、终身化、国际化、市场化引领着高等教育的新方向，而在国家经历令人瞩目的伟大变革并朝着“两个一百年”伟大目标砥砺奋进的历史时期，党和国家对高等教育的需要比以往任何时候都更加迫切，对科学知识和卓越人才的渴求比以往任何时候都更加强烈，高等教育的地位更加重要，创建中国特色世界一流大学的使命也更加崇高。唯改革才有出路，唯创新才有未来。我们清醒地认识到，东南大学面临的机遇从未像今天这样宝贵，面临的挑战也从未像今天这般严峻，特别是在新的历史条件下，在改革中寻求突破、在创新中获取动力的任务更为紧迫和艰巨。

对标时代的新呼唤、国家的新要求和教育的新趋势，特别是早日建成世界一流大学的目标和广大师生的期待，我们有信心、有决心扎根中国、坚定方向，努力实现“1—10—100”的“东大梦”愿景，即到2030年前后，东南大学建成世界一流大学，位居国内大学前十位左右，跻身世界大学前百位。为此，学校将在第14次党代会精神和《东南大学“十三五”事业发展规划纲要》的指引下，按照“瞄准前沿、服务战略、师生为本、人才为先”的办学思路和“强势工科、优势理科、精品文科、特色医科”的学科布局，大力实施多学科融合、理工文医综合、产学研结合和国际化联合“四合”战略，以“推动人才强校、深化综合改革”为主题，以“提高教育质量、推动内涵发展”为主线，在我国推进“双一流”建设的大格局中谋篇布局，开拓创新。

（一）我们将坚持“立德树人”根本任务，强化一流人才培养

只有培养出一流人才的高校，才能够成为世界一流大学。我们将积极探索育人之道，坚持把“立德树人”作为中心环节，把思想政治工作贯穿教育教学全过程，坚持把创新创业教育融入人才培养全过程，着力培养学生的创新精神、创业意识和创新创业能力。坚持以学生为中心，大力实施有温度的教育，着力打造学习、实践和文化三个课堂。持续加强思想引领、知识传授和能力培养，不懈追求“卓越化、国际化、研究型”的育人新境界，努力培养具有家国情怀和国际视野，能引领未来和造福人类的卓越人才。

（二）我们将持续实施人才强校战略，构筑一流人才高地

人才资源是第一资源，而且是战略资源。我们将持续推动“人才强校”战略，以“优化结构、创新机制、激发活力”为指导方针，按照“立足校内、深化海外、重点高端、面向未来”的人才引育工作思路，大力推进“高端师资倍增计划”，进一步加大人才引进和培育力度，强化人才引进和培育的院（系）主体责任，努力构建高端人才、优秀中青年、骨干教师多层次多类别具有活力的一流师资队伍，营造全员引才、聚才、育才的良好氛围和生态。

（三）我们将持续推动科技创新发展，创造一流学术成果

创新是世界一流大学的灵魂。我们将紧紧瞄准国际学术前沿和国家重大需求，努力打造高水平科技创新格局。坚持创新驱动战略，强化科研发展战略布局，优化科研组织管理，推进产学研协同创新。主动布局基础、前沿、新兴与交叉科研方向和重大研究计划，积极谋划国家级科研基地、重大科研平台、重大基础设施、重大项目等的论证和立项，努力把东大建设成为推动国家创新发展和科技进步的重要力量。

（四）我们将加快推进大学文化建设，传承一流大学精神

文化自信，是更基础、更广泛、更深厚的自信。我们将传承东大深厚的文化精神，大力建设一流的先进文化，努力提升海内外影响力。我们将牢固树立“以师生为本”的办学理念，推进科学与人文的良性互动，构建具有东大特色的“文化育人”体系。我们将不断推进

“美丽东大”建设，持续改善办学条件，为学校改革发展提供坚强保障。同时，我们将进一步健全校友与母校交流合作的平台，汇聚海内外校友爱校、荣校的赤诚之心与无限智慧。

(五)我们将持续深化国际合作内涵，提高一流国际化水平

国际交流合作是新时期党和国家赋予高校新的历史使命和重要职能，是提升办学能力的重要途径，也是创建中国特色世界一流大学的重要突破口。学校将坚定不移走国际化强校之路，以“全球高端、实质合作、引领发展”为指导方针，按照“立足亚太、深化欧洲、重点北美、辐射拉非”的国际合作区域布局，大力实施“卓越大学伙伴计划”，加快推进国际化进程，努力形成全方位、有重点、多层次、宽领域、高水平的国际交流合作新格局。

校友们、老师们、同学们，115年沧桑岁月，115年春华秋实，“止于至善”的精神追求、兴学育人的质朴理想，让一代代东大人焕发出拼搏进取的激情与勇气，收获着幸福与希望。

“百舸争流千帆竞，借海扬帆奋者先。”这是一个机遇与挑战并存、竞争与共赢交汇的时代，更是一个追逐理想、大有可为的时代。追逐“1—10—100”的“东大梦”愿景，早日建成中国特色世界一流大学，始终是全体东大人的共同梦想，也是“止于至善”的大学之道，更是党和国家赋予东南大学的光荣使命。我们拥有“以科学名世，以人才报国”的初心，拥有“六朝松下听箫韶”的信心，更拥有逐梦世界一流大学的决心、勇气和智慧！站在115周年的历史新起点，让我们携手一道，再次出发、砥砺奋进，为国家之和平崛起、民族之伟大复兴、人类之可持续发展的崇高使命而同心同向，共同谱写属于我们，更属于东大的时代华章！

谢谢大家！

践行立德树人　倾心为国育才

——在2017年庆祝第33个教师节大会上的讲话

东南大学校长　张广军

（2017年9月8日14：00　九龙湖纪忠楼报告厅）

老师们，同学们：

百年大计，教育为本；教育大计，教师为本。今天，我们隆重聚会，共同庆贺我国第33个教师节。首先，我谨代表学校党政，向常年奉献在教学、科研岗位上的老师们，向奋斗在管理、服务和医疗岗位上的全体教职员工，向广大离退休老领导、老教师、老同志，致以崇高的敬意和美好的节日祝福！

一年以来，广大教师凝心聚力、奋发有为、无私奉献，以饱满的热情和积极的态度，投身到学校的综合改革和"双一流"建设当中，有力地推动了学校各项事业的进一步发展，学校的综合实力和核心竞争力显著增强。一是全面落实"立德树人"根本任务，推动人才培养模式及体制机制创新，努力把社会主义核心价值观和创新创业教育理念融入人才培养全过程，人才培养质量稳步提升。二是进一步加快人事综合改革，以高水平人才队伍建设为核心，大力实施"人才强校"战略，出台一系列人才支撑计划，基本形成合理的人才梯队培养与建设体系。三是布局科研发展战略，优化科研组织管理，着力提升创新能力。在2017年度国家科学技术奖评选中，获自然科学奖二等奖1项、技术发明奖二等奖2项、科技进步奖二等奖1项，获奖通用项目总数位列全国高校第七；4位教授获首届"全国创新争先奖"奖状表彰，获奖人数并列全国高校第二；获国家社科基金年度项目立项29项，立项数并列全国理工科高校第一。四是积极鼓励和支持基础、新兴、交叉学科发展，促进形成多学科协调发展、科学合理的学科生态，制定上报了学校"双一流"建设方案，并成立丘成桐中心、量子信息研究中心、东南大学—威斯康星大学智能网联交通联合研究院等新型科研机构。10个学科进入ESI世界前1%，其中工程学位列第33位（去年同期44位）、计算机科学位列第57位（去年同期71位）。五是深入推进国际化合作战略，建筑学院获批正式开展"高校国际化示范学院推进计划"试点建设；东南大学雷恩研究生学院正式获得教育部批复设立；作为中方牵头高校组建了中英大学工程教育与研究联盟。六是继续推进"美丽东大"建设，加强校园基础设施、文化景观等建设，办学条件和办学环境呈现出新的面貌。七是积极配合做好中央第四巡视组对学校进行的专项巡视工作，并根据中央巡视组反馈的意见和要求，不折不扣地推动各项整改任务落实到位。

学校发展的每一个进步，学校事业的每一份成绩，都凝聚着广大教师的心血和汗水，饱含着广大教师的智慧与辛劳。借此机会，请允许我再次代表学校，向广大教师致以最崇高的敬礼和最诚挚的谢意！

教育兴则人才兴。当今世界，科技进步日新月异，国际竞争日趋激烈。综合国力竞争,说到底是人才竞争,人才越来越成为推动经济社会发展的战略性资源,教育的基础性、先导性、全局性地位和作用更加突显。习近平总书记在全国高校思想政治工作会议上强调,实现中华民族伟大复兴,教育的地位和作用不可忽视。我们对高等教育的需要比以往任何时候都更加迫切,对科学知识和卓越人才的渴求比以往任何时候都更加强烈。我国正处在从大国迈向强国、将强未强的关键时期,正面临新一轮科技革命和产业变革的机遇和挑战。党中央做出加快建设世界一流大学和一流学科的战略决策,就是要提高我国高等教育发展水平,增强国家核心竞争力。国家对高等教育所赋予的使命更为神圣、责任更为重大、方向更为明确。当前,我校正在全面深化综合改革,大力推进"双一流"建设,深入实施"人才强校"战略,积极搭建青年教师快速成长的平台,全面营造崇尚知识、尊重人才、鼓励创新的良好氛围,努力建设高端人才、优秀中青年、骨干教师多层次、多类别具有活力的一流师资队伍。

"善之本在教,教之本在师。"教师是人类灵魂的工程师,承担着"立德树人"的神圣使命。"立德树人"是大学的立身之本,培养各类精英人才是一流大学的根本任务和永恒主题。纵观世界高等教育史,大学的功能随着时代的发展变化而逐步拓展,但培养优秀人才这一基本功能、中心任务始终没有变。高等教育的转型发展,最终将回归到人才培养上来:只有培养出一流人才,才能够成为世界一流大学;只有培养出引领未来的人才,才能够推动人类文明进步。因此,我们每一位教师都要成为"有理想信念、有道德情操、有扎实知识、有仁爱之心"的好老师,要努力成为先进思想文化的传播者、党执政的坚定支持者、学生健康成长的引路者,用以德立身、以德立学、以德施教的实际行动,成为学生严谨治学、品德高尚的学习榜样,着力培养具有家国情怀和国际视野,能引领未来和造福人类的领军人才。

一要坚定理想信念,做青年学生的引路人。正确的理想信念是教书育人、播种未来的指路明灯。我国高等教育肩负着培养德智体美全面发展的社会主义事业建设者和接班人的重大任务,必须坚持正确政治方向。树立共产主义理想与信念就是"立德树人"的着眼点与发力点,事关高校"培养什么样的人、如何培养人、为谁培养人"这个根本问题和核心问题。如果不明确和重视这个问题,"立德树人"就容易流于空泛、失之偏颇。广大教师要做中国特色社会主义共同理想和中华民族伟大复兴中国梦的积极传播者,更好地担负起学生健康成长指导者和引路人的神圣职责,坚持把"立德树人"作为中心环节,把思想政治工作贯穿教育教学全过程,帮助学生筑梦、追梦、圆梦,让一代又一代年轻人都成为实现我们民族梦想的正能量。

二要坚持学生为本,做有温度教育的实践者。两江师范学堂监督李瑞清先生曾将"视教育若性命、学校若家庭、学生若子弟"作为育人理念。有爱的教育才是有温度的教育,习近平总书记在同北京师范大学师生代表座谈时提出,教育是一门"仁而爱人"的事业,爱是教育的灵魂,没有爱就没有教育。教育所面对的是一个个独特而鲜活的生命体,其过程是个体与个体之间心与心的碰撞与交流,需要一种温暖人心的力量,让真善美的种子落地生根,开花结果。这种温暖人心的力量就是一种爱,饱含了对教育事业的无限忠诚和热爱,体现了对学生的终极关怀和由衷期待。我们倡导和鼓励每一位教师坚持以学生为本,把自己的温暖和情感倾注到每一个学生身上,探索教育的个性化、人性化和情感化,提升教育的品质、公平与实效。

三要坚持创新引领，做前沿知识的探索者。创新是一流大学的灵魂。国外有教育家说过："为了使学生获得一点知识的亮光，教师应吸进整个光的海洋。"一名好的老师，不光是知识的传播者，还应是知识海洋里的探索者、创新者。在百舸争流、千帆竞渡的当今时代，"惟改革者进，惟创新者强，惟改革创新者胜"。如果不坚持创新引领，将会落后于时代，只有牢牢抓住创新这个"弯道超车"的关键，才能赶上历史潮流，赢得发展先机。广大教师要主动瞄准国际学术前沿，服务国家重大需求，沉下心来潜心向学，进行探索性创新研究，不断向未知领域进军，向科技和学术高峰攀登，丰富自身的学识、修养和创新创业能力，努力实现科研与教学的双轮驱动。

老师们、同学们，建设中国特色世界一流大学，不仅是愿景与目标之争，而且是智慧与行动之争，也是雄心和胆识之争，更是毅力与能力之争。我曾在今年学校暑期工作研讨会上谈过，东大要通过重塑目标、深化改革、激发活力、引领发展来实现转型发展。在学校全面深化综合改革和大力推进"双一流"建设的实践中，广大教师必将履行更加崇高的使命，承担更加繁重的任务，发挥更加重要的作用。学校也会设法把对教师的关爱与尊重落到实实在在的行动上，不断加大投入，努力改善工作和生活环境，尽最大努力来帮助广大教师解决实际困难，减少教师的后顾之忧，让广大教师安心从教、乐育英才。

当前，中央正号召向黄大年同志学习，学习他的爱国情怀、敬业精神和高尚情操。我们要以黄大年同志为榜样，对国家，胸怀至诚；对事业，倾尽全力；对学生，施以仁爱。践行"立德树人"神圣使命，牢固树立"四个服务"意识，把个人前途命运与国家和民族的前途命运紧密相连，把个体奋斗融入实现中国梦的时代洪流，不断超越自我、升华自我，谱写无愧人生的绚丽篇章，成就为国育才的不凡事业，以优异的成绩迎接党的十九大胜利召开。

最后，再次祝愿大家节日快乐，工作顺利，阖家幸福！

谢谢大家！

东南大学“至善青年学者”支持计划实施办法

(2017 年 3 月 13 日)

第一章　总　则

第一条　为加快东南大学世界一流大学和一流学科的建设步伐,根据东南大学中长期发展规划和“十三五”高端师资倍增计划,进一步加大海内外优秀青年教师的引进力度,为校内青年教师的专业发展提供良好的政策环境,特设立东南大学“至善青年学者”支持计划(以下简称“支持计划”)。

第二条　“支持计划”着眼于培养和支持一批学术基础扎实、具有突出的创新能力和发展潜力的青年学术带头人或青年学术骨干,为学校选拔“青年长江”“青年拔尖人才”“国家自然科学基金优秀青年科学基金获得者”等高水平人才计划的人选扩大师资储备。通过 A、B、C 三个层次的支持体系,坚持培育成果与培养人才相统一。通过“A 层次”的支持,培育标志性成果,培养高层次青年才俊;通过“B 层次”的支持,培育高水平成果,培养优秀青年骨干教师;通过“C 层次”的支持,培育创新性成果,培养青年后备人才。

第三条　“支持计划”实行聘期制,学校根据学科发展规划,在相关学科领域遴选优秀青年教师进行重点支持。入选者冠以东南大学“至善青年学者”称号。

第四条　“支持计划”是东南大学设立的专项基金,由学校财政专款拨付。入选者在聘期内享受相应层次的待遇或经费资助。

第二章　基本条件

第五条　“支持计划”入选对象应分别具备以下基本条件:

(一) 东南大学“至善青年学者”(A 层次)

1. 具有博士学位,在申报当年度的 1 月 1 日,年龄不超过 35 周岁。

2. 海内外引进的优秀青年教师,业绩成果特别突出且经学校评审通过的具有正高级专业技术职务者。

3. 校内成果特别突出的青年教师,且具有教师系列正高级专业技术职务:

(1) 承担本科生或研究生的教学任务,教学效果优秀。(2) 取得标志性成果,包括国家级科研项目的负责人;国家级教学、科研奖的主要获奖者;以第一作者身份发表高影响因子、高他引率的 SCI、SSCI 论文或 A&HCI 论文,或发表国内本学科最高级权威刊物论文等。

(二) 东南大学“至善青年学者”(B 层次)

1. 具有博士学位,在申报当年度的 1 月 1 日,年龄不超过 35 周岁。

2. 海内外引进的优秀青年教师,业绩成果突出且经学校评审通过的具有副高级专业技术职务者。

3. 校内成果突出的青年教师，且具有教师系列副高级专业技术职务：

(1) 承担本科生或研究生的教学任务，教学效果优秀。(2) 取得高水平成果，包括国家级科研项目的负责人、省部级科研项目的负责人；国家级、省部级教学、科研奖的主要获奖者；以第一作者身份发表 SCI、SSCI 论文或 A&HCI 论文，或发表国内本学科最高级权威刊物论文等。

(三) 东南大学“至善青年学者”(C 层次)

1. 具有博士学位，在申报当年度的 1 月 1 日，年龄不超过 35 周岁。

2. 业绩成果优秀的青年教师，且具有教师系列专业技术职务。

3. 承担本科生或研究生的教学任务。

4. 学风端正、治学严谨，在教学改革和科学研究方面具有创新性构想和战略性思维，获得校内学术同行认可的确有学术发展潜力的青年教师。

第六条　以上条件均为申报的基本条件，学校将根据岗位设置和整体学科发展情况，择优聘任。优先考虑学校优势学科、基础学科和交叉学科的青年教师。

第三章　岗位职责

第七条　“至善青年学者”主要职责：

1. 热爱高等教育事业，品德高尚，潜心研究，敬业奉献，具有强烈的事业心以及开阔的学术视野。

2. 致力于人才培养，讲授本学科核心课程，引导学生树立问题意识，建设有较强创新能力的研究团队。

3. 时刻关注本学科国内外发展的最新学术动向，承担国家级、省部级科研项目以及对经济社会发展有积极影响的前沿课题。

4. 获得高水平的研究成果，在国内外重要的学术刊物上发表科研论文(第一作者和通讯作者署名单位均为东南大学)。

5. 以入选“青年长江”“青年拔尖人才”“国家自然科学基金优秀青年科学基金获得者”等高层次青年人才计划为目标。

第四章　遴选与聘用

第八条　学校人才工作领导小组负责指导“支持计划”的评选工作，并成立评选工作小组(以下简称“工作小组”)，具体负责评选工作。

第九条　遴选程序主要包括申报、资格审核、推荐评议、学校工作小组评审推荐、学校人才工作领导小组评审决定、评审结果公示、聘用等环节。

1. 申请人申报，通过学院审核推荐，报送学校工作小组，申请人连续参加遴选不得超过 2 次。

2. 学校工作小组根据遴选条件对申请人的资格和条件进行审核和初评。工作小组通过的初步人选建议名单报学校人才工作领导小组讨论。通过后形成初步人选名单。

3. 学校工作小组依据学院审核意见进行评审，形成候选人推荐名单，报校人才工作领导小组。校人才工作领导小组对候选人推荐名单进行评审，采取无记名投票方式，获得投票人数三分之二同意票数的候选人通过。通过的候选人名单在校内公示,由工作小组受理异议,公示期为一周。

4. 公示无异议后正式聘用。

第五章　考核与管理

第十条　“支持计划”实行聘期目标管理,聘期3年,聘期结束后纳入学校正常体系。三个层次的入选者在聘期结束后可申请高一层次的支持计划。原“东南大学优秀青年教师教学科研资助计划”入选者须在聘期结束后再申请东南大学“至善青年学者”支持计划。

第十一条　东南大学与受聘者签订聘用合同,规定聘期及双方的权利和义务。

第十二条　“支持计划”入选者每年须向其所在院系汇报履行岗位职责情况及工作进展情况,进行聘期年度考核,并报学校审核批准。

第十三条　聘期结束前一个月,“支持计划”入选者须向所在院系全体教师汇报履行岗位职责情况,并提出今后的工作目标,学校将对其进行期满考核。

第六章　待　遇

第十四条　聘期内“支持计划”中“A层次”入选者执行协议工资制,标准25万元/年,“B层次”入选者执行协议工资制,标准20万元/年。

第十五条　聘期内给予“支持计划”中“C层次”入选者:理、工、医科类入选者科研经费资助20万～30万元(3年),文科、管理学科入选者科研经费资助10万～20万元(3年),用于支持入选者的教学和科研工作。

第十六条　“支持计划”入选者在聘期内入选国家级或省部级更高层次的人才工程项目,或入选“首席教授”“青年首席教授”等各类校内人才计划体系,学校将中止本“支持计划”。

第十七条　凡在该“支持计划”资助下取得的成果和发表的论著等,成果标注单位必须是东南大学。

第十八条　对考核不合格、未能正常履行工作职责或调离学校教学、科研岗位的入选者,以及违反学术道德或违反法律的入选者,学校解除与其签订的“支持计划”聘用合同,停拨相应待遇或资助经费,且不得再次参加遴选。

第七章　附　则

第十九条　本“支持计划”的解释权在东南大学人事处,“支持计划”实施的日常工作由人事处负责。

第二十条　本“支持计划”自颁布之日起执行。同时原“东南大学优秀青年教师教学科研资助计划”不再执行。

校发〔2017〕72号

东南大学本科生招生工作领导小组会议议事规则

第一章　总　则

第一条　为全面贯彻党的教育方针，保证行政决策的科学化、民主化、规范化，根据《关于深化考试招生制度改革的实施意见》和《东南大学章程》等文件精神，特制定本规则。

第二条　本科生招生工作领导小组会议是学校授权负责对全校本科生日常招生工作事项进行决策的重要会议。

第二章　议事范围

第三条　议事范围包括：

(1) 执行教育部有关本科生招生工作的规定、省级招委会的相关规定及实施细则，落实本科生招生委员会的各项决定；

(2) 指导相关职能部门制定本科生招生政策和规则、招生章程；

(3) 落实国家核准的年度招生计划，指导编制学校分省分专业招生计划；

(4) 指导开展自主招生、保送生等特殊类型招生工作，并审定各特殊类型招生简章、工作方案、考生资格名单；

(5) 指导开展招生宣传工作；

(6) 指导开展学校招生录取工作；

(7) 指导开展录取的新生复查工作，审定新生专业调整原则和名单；

(8) 履行高校招生信息公开相应职责；

(9) 其他经学校授权由招生工作领导小组决策的事项。

第三章　议题的提出与确定

第四条　各招生相关单位根据工作需要，提出会议议题，提交的议题由会议秘书单位汇总后报本科生招生工作领导小组组长审定。

第五条　会议的议题，相关部门应提前向秘书单位提供书面材料，内容包括汇报要点、需讨论的事项、论证报告以及对所提出事项解决办法的建议或方案。

第六条　除临时召集的会议外，每次会议的日期和议题材料，秘书单位应提前 3 天通知每位与会人员，以便做好议事准备。

第七条　本科生招生工作领导小组会议一般不临时增加议题。确需临时增加议题，应征得组长或会议主持人同意。

第四章　会议的组织与召开

第八条　本科生招生工作领导小组根据招生进程要求召开工作会议。如遇重大或急办事项可随时召开。

第九条　本科生招生工作领导小组由分管学生工作的党委副书记任组长，纪委书记任副组长，组员为纪委监察处处长、教务处处长、学生处处长和具体负责本科生招生工作副处长。根据需要，相关单位负责人列席会议。

第十条　会议由本科生招生工作领导小组组长召集或主持，组长不能参加时，由组长指定副组长召集或主持。

第十一条　会议必须有半数以上成员到会方能召开；讨论招生简章、招生计划、测试合格名单等重要事项时，应有三分之二以上会议成员到会方能召开。

第十二条　会议成员不能出席会议的，需向组长请假，可以指定本部门分管领导代会。

第十三条　会议议题汇报人一般为提出该议题的部门负责人。根据议题需要，会议主持人确定其他相关人员列席会议，在讨论到相关议题时进入会场，汇报或讨论完毕即退场。列席会议人员不具有表决权。

第十四条　会议议题涉及与会者本人或其直系亲属以及其他有利益关系的主体时，有关成员应主动申请回避。

第十五条　会议由秘书单位负责派专人做好会议签到、会议记录及相关的会务工作，并做好会议记录的保管、归案工作。

第十六条　遇有特殊情况，经本科生招生工作领导小组组长授权，会议可以书面征求成员意见的形式召开。

第十七条　本科生招生工作领导小组会议秘书单位为学生处招生办公室。

第五章　议事决定或决议

第十八条　会议采取一题一议的方式。其议事程序一般为：由提出议题的会议成员或有关部门负责人就议题作简要说明和汇报，内容包括汇报要点、需讨论的事项、论证报告以及对所提出事项解决办法的建议或方案；有特殊需要时，经会议主持人同意，可由列席会议人员作补充汇报；会议成员就此议题充分发表意见形成会议纪要；重大事项的决策方案通过无记名投票形式表决产生。

第十九条　会议表决事项时，以超过应到会成员人数的半数同意为通过；讨论测试合格名单、新生调整专业名单等重要事项时，以超过应到会成员人数的三分之二同意为通过。

第二十条　确需校长办公会决定或其他领导小组会议讨论决定的，由提交议事部门按本科生招生工作领导小组会议决议报有关会议。

第二十一条　对缺席的会议成员，必要时会后可由会议主持人向其转告本次会议重要事项的议事情况和结果，或由秘书单位以会议纪要形式送阅。

第六章　决定或决议的执行及执行情况的反馈

第二十二条　会议形成的决议，由秘书单位转发本科生招生工作领导小组成员和相关单位，相关成员和单位根据分工负责的原则予以落实。学生处负责对决定或决议的执行进行督查督办，及时将执行情况报告组长或本科生招生工作领导小组会议，并将有关材料及时存档。

第二十三条　在确遇新情况、新问题，不适宜或不可能按原决议执行时，由主要执行部门的负责人提请本科生招生工作领导小组会议复议。紧急情况需临时调整原决议，可由组长征求会议成员意见达成共识后进行通信表决。

第七章　纪律要求

第二十四条　坚持集体领导制度。凡属会议议事范围内的重要问题必须由集体讨论，按少数服从多数做出决议。

第二十五条　会议决议事项，根据《东南大学信息公开实施细则》有关规定予以公开。

第二十六条　会议议事和决议情况，凡涉密事项，各与会成员要严格保密，违者追究其纪律责任。

第八章　附　则

第二十七条　本规则由学校授权学生处招生办公室负责解释。

第二十八条　本规则经学校校长办公会通过后发布，自发布之日起执行。

东南大学校长办公室
2017 年 6 月 1 日印发

东南大学本科生招生委员会工作章程

2017 年 1 月 20 日

为贯彻落实教育部关于做好普通高校招生工作的相关文件精神，促进本科生招生工作规范化，加强本科生招生委员会建设，充分发挥教师、学生及校友代表等多元主体在民主管理和监督方面的作用。现结合我校实际，成立东南大学本科生招生委员会，制定本章程。东南大学本科生招生委员会是学校本科生招生工作最高决策机构，对本科生招生工作具有最终决策权。

一、组织架构

1. 本科生招生委员会设主任 1 名，由校长担任；副主任 3 名，由本科生招生工作分管校领导、本科生教学工作分管校领导及纪委书记担任。

2. 本科生招生委员会共设委员 14 名，包括：学校校长、本科生招生工作分管校领导、本科生教学工作分管校领导、纪委书记、校办主任、学生处处长、教务处处长、监察处处长、财务处处长、总务处处长、具体负责本科生招生工作副处长、教师代表 1 名、学生代表 1 名、校友代表 1 名。

3. 本科生招生委员会每届任期两年，期满换届。任期内，根据人员的职务变动，成员自动调整。

4. 本科生招生委员会下设本科生招生工作领导小组。本科生招生工作领导小组受本科生招生委员会授权，负责全校本科生日常招生工作的决策，并由本科生招生办公室具体负责本科生日常招生工作相关事务。本科生招生办公室定期向本科生招生工作领导小组汇报工作。

5. 本科生招生工作领导小组设组长 1 名，由本科生招生工作分管校领导担任；副组长 1 名，由纪委书记担任。组员包括：学生处处长、教务处处长、监察处处长、具体负责本科生招生工作副处长。

6. 本科生招生委员会全体会议原则上每学年召开 2 次，如遇特殊情况，由委员会主任根据具体情况随时召开；本科生招生工作领导小组会议根据工作需要适时召开。

7. 本科生招生委员会及本科生招生工作领导小组秘书单位为本科生招生办公室。

二、工作职责

(一) 本科生招生委员会职责

1. 贯彻执行国家、教育部有关本科生招生工作的方针、政策和规定；
2. 全面领导本科生招生工作，确定学校招生政策和规则；
3. 审定学校招生章程、招生计划和招生方案；

4. 听取本科生招生工作领导小组有关招生工作情况的汇报；
5. 提名、决定、罢免委员会组成人员；
6. 决定有关本科生招生工作的其他重大事项。

（二）本科生招生工作领导小组职责

1. 执行教育部有关本科生招生工作的规定、省级招委会的相关规定及实施细则，落实本科生招生委员会的各项决定；
2. 指导本科生招生相关职能部门制定本科生招生政策和规则、招生章程；
3. 落实国家核准的年度招生计划，指导编制学校分省分专业招生计划；
4. 指导开展自主招生、保送生等特殊类型招生工作，并审定各特殊类型招生简章、工作方案、考生资格名单；
5. 指导开展招生宣传工作；
6. 指导开展学校招生录取工作；
7. 指导开展录取的新生复查工作，审定新生专业调整原则和名单；
8. 履行高校招生信息公开相应职责；
9. 其他需要招生工作领导小组决策的事项。

三、附则

本章程在执行过程中，如遇未尽事宜，须由本科生招生工作领导小组提出修订案，提交本科生招生委员会讨论通过后生效。

校发〔2017〕29号

东南大学促进科技成果转移转化实施方案

2017 年 1 月 14 日

为贯彻落实《中华人民共和国促进科技成果转化法》《实施〈中华人民共和国促进科技成果转化法〉若干规定》《促进科技成果转移转化行动方案》《教育部 科技部关于加强高等学校科技成果转移转化工作的若干意见》《促进高等学校科技成果转移转化行动计划》等法律和文件精神,结合《东南大学"十三五"事业发展规划纲要》和《东南大学综合改革方案》,特制定本方案。

一、指导思想

以创新驱动发展战略纲要为主线,将一流大学和一流学科的建设目标与坚定不移的服务区域经济的发展战略紧密结合,破除科技成果转移转化的体制与机制障碍,强化我校技术、人才、服务等科技成果转移转化要素与资源的有机融合与优化配置,推动创新创业教育持续深入开展,建立符合科技创新规律、遵循市场经济规律、具有东南大学特色的科技成果转移转化体系。

二、主要目标

加强学校对科技成果转移转化工作的统筹与协同,构建符合科技创新创业规律,遵循市场化经济规律,具有东南大学特色的科技成果转移转化服务体系;瞄准技术前沿,引导高质量原创科技成果产出;建立科技成果转移转化专业化的管理服务机构;培养一批复合型科技成果转移转化专业人才;有效整合校内外资源,拓宽科技成果转移转化渠道,拓展政产学研合作新模式;发挥示范引导,推进新型科研机构的建设试点;促进我校技术、人才、装备、教育等科技成果转移转化要素的有机融合,搭建我校科技成果转移转化信息服务平台,提升现有孵化体系功能与品质;加强学校科技成果转移转化与创新创业教育工作的融合互通,培育集聚创新创业人才。

三、重点任务与具体措施

(一)建立健全科技成果转移转化工作机制

1. 加强学校科技成果转移转化的统一领导和统筹协调,成立学校科技成果转移转化工作领导小组成员,由校长担任组长,分管校领导担任副组长,成员由科学研究、资产经营、人事、财务、设备、人才培养、学生工作等部门和资产经营公司、大学科技园等单位负责人组成。建立全校科技成果转移转化重大事项领导班子集体决策制度,统筹涉及成果管理、技术转移、资产经营管理、法律等的事务,制定发展战略和制度规范,确定科技成果转移转化工作的责任主体和考核目标;审议建立学校与地方政府、行业部门、国内外大中型企业和科研机构等建立产学研合作的协作关系。

2. 调整东南大学科技成果转移转化职能机构，整合科研院、应用技术院和资产经营管理处部分职能，以及国家技术转移中心及其分中心、国家大学科技园及其分园，在学校科技成果转移转化领导小组的领导下，统筹负责学校的科技成果转移转化服务和与创新创业的衔接，包括应用型科技成果的立项及考核、重点项目的知识产权维护、成果孵化和商业推介、产学研合作、投融资对接、知识产权价格评估，以及授权许可、直接转让或作价投资的合同签订等，形成行政管理服务和企业市场运营职能有机融合的学校科技成果转移转化服务体系。

3. 健全科技成果转移转化的高效工作机制和明晰的管理服务流程。根据《东南大学专利转让、许可管理暂行办法》和《东南大学科技成果作价投资管理办法》，优化科技成果转移转化工作流程。在向企业或者其他组织转移转化科技成果时，将采用技术交易市场挂牌、拍卖、协议定价等方式确定价格。对作价投资、有利益关联的科技成果转让、许可等则需要进行国有资产评估，该评估值作为科技成果转移转化定价的重要参考依据。转让、许可和作价投资的科技成果名称、简介等基本要素和拟交易价格、价格形成过程等信息应在校内或社会网站公示，公示时间不少于 15 日。涉及国家秘密和国家安全的，按照国家相关规定执行。

（二）加强科技成果转移转化能力建设

1. 加强技术转移分中心建设，尝试以委托专业技术转移转化机构、中介机构等多种形式的技术转移模式开展技术转移工作。修订完善异地研究院、校企联合研发中心等机构的管理办法，充分发挥大学科技园、异地研究院、校企联合研发中心、行业组织在成果转移转化中的集聚辐射和带动作用；启动科技成果增值工程，建立高价值科技成果库；开展技术开发和市场需求对接、科技成果和风险投资对接，形成市场化的科技成果转移转化运营体系，培育打造运行机制灵活、专业人才集聚、服务能力突出的国家技术转移机构。

2. 加强技术转移转化专业人才队伍的建设，通过聘用专业技术转移转化人员，以及对技术转移中心分中心工作人员、技术转移特派员、校内院系部门科技成果转移转化相关人员的专业化培训，培养一支科技成果转移转化的专业人才和技术经纪人队伍。

3. 建设东南大学科技成果转移转化线上线下服务平台，平台内容包含科技成果供需方数据库、成果路演和推介、创新创业载体、孵化基金、创业培训、科技金融、中介服务、人力资源服务、仪器装备开放等要素的数据信息等，该平台与省级或国家级的科技成果转移转化及创新创业信息平台对接，是为学校内外提供全面融合科技成果转移转化和创新创业诸多要素的线上线下的交流、展示、推广、服务的综合性服务平台。

（三）健全以增加知识价值为导向的收益分配政策

1. 积极鼓励以增加知识价值为导向的收益分配政策。以技术转让或者许可方式转移转化职务科技成果的，学校从技术转让或者许可所取得的净收益中提取 70%的比例用于奖励技术团队和发明人，学校、学院（系）分别按 20%、10%的比例对净收益进行分配。

以科技成果作价投资实施转移转化的，学校从作价投资取得的收益中提取 70%的比例用于奖励技术团队和发明人,学校、学院(系)分别获得 20%、10%的收益权奖励。

以面向企业的技术开发、技术咨询、技术服务、技术培训等横向合作活动开展科技成果转化,由学校与合作单位依法签订合同或协议,约定任务分工、资金投入和使用、知识产权归属、权益分配等事项,经费支出按照合同或协议约定执行,净收入参照学校制定的相关科技成果转化项目管理办法对完成项目的科技人员给予奖励和报酬。

2. 学校正职领导是科技成果的主要完成人或者为成果转移转化做出重要贡献的,按照学校成果转移转化奖励和收益分配办法给予现金奖励,原则上不得获取股权奖励。在担任现职前因科技成果转化获得的股权,可在任现职后及时予以转让,转让股权的完成时间原则上不超过 3 个月;股权非特殊原因逾期未转让的,应在任现职期间限制交易;限制股权交易的,不得利用职权为所持股的企业谋取利益,在本人不担任上述职务 1 年后解除限制。

其他担任领导职务的科技人员,是科技成果的主要完成人或者为成果转移转化做出重要贡献的,可以按照学校制定的成果转移转化奖励和收益分配办法给予现金、股份或出资比例等奖励和报酬。但获得股权激励的领导人员不得利用职权为所持股的企业谋取利益。

对担任领导职务的科技人员的科技成果转移转化收益分配实行公示和报告制度,明确公示其在成果完成或成果转移转化过程中的贡献情况及拟分配的奖励、占比情况等。

(四)完善有利于科技成果转移转化的人事管理制度

1. 在国家、教育部和地方政府政策文件的大力支持下,学校进一步深入推进教学科研人员从事科技成果转移转化工作,完善相关人事管理制度。教学科研人员在履行岗位职责、完成本职工作的前提下,经个人申请、院系审核、校人事处批准,可以到企业兼职从事科技成果转移转化,也可以与学校签订不超过三年的离岗创业协议,明确离岗创业的条件、要求,以及离岗创业期间和期满后的权利和义务。

2. 设立专门的科技成果转移转化岗位,逐步建立和完善相应的评聘制度。设立一定比例的流动岗位,聘请有创新实践经验的企业家和企业科技人才兼职从事教学和科研工作。

(五)支持学生创新创业

1. 做好学生创新创业的统筹、协调和组织,由学校科技成果转移转化领导小组和学校创新创业教育领导小组统筹协调教务处、研究生院、团委、学生处、科研院、创新创业学院、大学科技园等部门,有效组织实施在校学生参与各类创新创业的比赛、交流、培训等活动和实践,培育在校学生创新创业的理念、素质和技能。有效调整学校经营房产资源,与地方政府合作共建,改造和提升载体质量,分期实施服务学生创新创业教育和实践的双创空间。

2. 进一步推进创新创业教学改革和完善鼓励学生创新创业的学籍管理规定。修订完善《东南大学研究生学籍管理规定》和《东南大学本科生学籍管理条例》中关于离校创业的条款,研究课程缓考、延迟毕业等灵活的学籍管理规定。

3. 在技术发明人许可的情况下，允许三年内以无偿许可知识产权的方式，向学生授权使用科技成果，引导学生参与科技成果转移转化和开展创新创业实践。尝试应用型学科的课题研究、毕业设计和学生创业相结合，探索新型的人才培养模式，将科技成果转移转化工作与学校的人才培养有机衔接。

4. 结合公共基础实验教学示范中心和大类学科实验教学示范中心平台建设，提升国家级实验教学示范中心、国家级虚拟仿真实验教学示范中心的内涵质量，完善软件、设备与载体改造，增加服务学生创新创业素质教育的开放空间与时间，形成部分专业技能培养和创新创业技能提升的开放式创客空间。

支持师生进行虚拟仿真教学软件与示教平台的研制与开发，以实验教学改革项目方式，鼓励教师从事虚拟仿真实验教学与实验项目设计工作。给予中心专项的示范性虚拟仿真教学系统建设经费，支持虚拟仿真实验教学中心与校外技术企业合作研发专业实验教学虚拟仿真系统，实施新技术与软件的校外应用与推广。鼓励中心吸纳学生进行虚实结合的专业教学实验、分布式远程实验以及课外创新研学项目，充分发挥平台技术先进性和便捷性优势。

5. 推动大学科技园为学生创新创业提供力所能及的场地、信息网络和商事、法律等服务，对在大学科技园园区的初创型学生创业企业和项目，学校房产经营管理全部免除租金考核。支持大学科技园建立微创新实验室、双创俱乐部等，鼓励大学科技园组织并聘请一批创业成功人士、知名企业家、天使和创业投资人、专家学者等担任创业导师，并参与编写高校师生创新创业成功案例作为创新创业教辅材料。鼓励大学科技园组织园区内企业设立为在校学生提供实习实训和研究生科研实践等教学科研基地。

（六）设立科技成果转移转化基金

积极吸纳包括校友企业家资源在内的社会资金，设立东南大学科技成果转移转化基金，以市场化模式推进科技成果的遴选、孵化、推介和转化。结合校内科技成果转移转化相关专项资金，统筹协调资金用于科技成果转移转化、创新创业教育改革和服务平台建设。

（七）推进科研设施和仪器设备开放共享

继续推进科研设施和仪器设备的开放共享，鼓励校企合作联合建立研究开发平台、技术转移机构或创新联盟，共同开展研究开发、成果应用推广、标准研究与制定。学校各级各类重点实验室、工程（技术）中心、大型科学仪器中心、分析测试中心、各级实验教学示范中心、创新创业教育基地和开放课程等向企业特别是中小企业开放，为科技成果转化和创新创业提供服务支撑。相关仪器设备和设施有偿开放使用的，其收入、支出纳入学校财务统一管理。

（八）建立科技成果转移转化年度报告制度和绩效评价机制

认真履行国家科技成果年度报告制度，按期向教育部报送我校年度科技成果授权许可、直接转让、作价投资，以及推进产学研合作、科技成果转移转化绩效和奖励等情况，并负责对学校全年科技成果转移转化取得的总体成效、面临问题和发展规划进行总结和报告。结合国家科技成果转移转化年度报告制度，建立我校科技成果转移转化绩效评价制度，有效对接世界一流大学和一流学科建设考核评价体系。

四、组织实施

学校将本实施方案纳入学校“十三五”规划，并充分融入科技成果转移转化改革、创新创业教育改革中去，分解落实各项任务，切实有效地加快科技成果转移转化。

加强对科技成果转移转化工作的监督检查，切实防范道德风险、廉政风险和法律风险。对不作为、乱作为的行为严肃问责，对借机谋取私利、搞利益输送的违纪违法问题依法依规严肃查处。

学校科研院作为方案牵头组织实施单位，协同资产经营管理处、人事处、财务处、学生处、教务处、研究生院、实验室与设备管理处、发展委员会、团委、资产经营有限公司、大学科技园等职能部门、单位，落实各项制度的制定和完善，共同推进科技成果转移转化工作深入开展。

本方案自发布之日起施行，各部门、单位在执行中遇到的问题，请及时向科技成果转移转化工作领导小组反馈。

校发〔2017〕23 号

东南大学党委常委会议事决策规则

2017 年 7 月 5 日

为认真贯彻执行党的民主集中制，严格规范党内政治生活，健全党委常委会议事决策制度，提高党委常委会议事决策的科学化和民主化水平，根据《中国共产党章程》《关于新形势下党内政治生活的若干准则》《中国共产党普通高等学校基层组织工作条例》《关于坚持和完善普通高等学校党委领导下的校长负责制的实施意见》《关于加强和改进新形势下高校思想政治工作的意见》《东南大学章程》和《东南大学党委领导下的校长负责制实施办法》等有关规定，结合学校实际，制定本规则。

第一章　议事决策的原则

第一条　坚持高举中国特色社会主义伟大旗帜，以马克思列宁主义、毛泽东思想、邓小平理论、“三个代表”重要思想和科学发展观为指导，深入学习贯彻习近平总书记系列重要讲话精神和治国理政新理念新思想新战略，统筹推进“五位一体”总体布局，协调推进“四个全面”战略布局，认真落实五大发展理念，牢固树立政治意识、大局意识、核心意识、看齐意识，严守政治纪律和政治规矩，坚决在思想上政治上行动上同以习近平同志为核心的党中央保持高度一致，坚决贯彻党的路线方针政策。

第二条　党委常委会要着力加强常委班子的思想作风建设，必须以党章为根本遵循，坚持党的政治路线、思想路线、组织路线、群众路线，着力增强党内政治生活的政治性、时代性、原则性、战斗性，着力增强党自我净化、自我完善、自我革新、自我提高能力，着力提高党的领导水平和执政水平、增强拒腐防变和抵御风险能力，着力维护党中央权威、保证党的团结统一、保持党的先进性和纯洁性，努力形成又有集中又有民主、又有纪律又有自由、又有统一意志又有个人心情舒畅生动活泼的政治局面。

第三条　坚持立党为公、执政为民，解放思想、实事求是，认真践行党的宗旨和群众路线，严格执行改进工作作风、密切联系群众的各项规定，不断提高议事决策的科学化和民主化水平。

第四条　坚持社会主义办学方向，坚持立德树人根本任务，以培养又红又专、德才兼备、全面发展的中国特色社会主义合格建设者和可靠接班人为目标，把落实中央决策部署和结合学校实际创造性开展工作相结合，坚持领导学校事业发展和履行全面从严治党政治责任相结合，坚持集体领导和个人分工负责相结合，把方向、管大局、作决策、保落实。

第五条　坚持在宪法和法律范围内议事决策，严格依据党章党规党纪履职尽责，严格按照权限、规则、程序办事。

第六条　坚持民主集中制，凡属党委常委会议事决策范围的重要事项，按照“集体领导、民主集中、个别酝酿、会议决定”的原则，由集体讨论，按民主集中制原则做出决定。

第二章　议事决策的范围

第七条　党委常委会主持学校党委经常工作,议事决策范围是:

(一) 贯彻执行党的路线方针政策和党的教育方针,学习传达中央和上级重要会议、文件精神,研究学校贯彻落实意见。

(二) 定期听取意识形态、思想政治和德育等工作汇报,并做出形势研判。讨论决定学校意识形态、思想政治和德育等工作中的重要问题。

(三) 讨论学校章程和章程修正案,并决定提交全委会审议。

(四) 讨论决定事关学校改革、发展和稳定的具体方针、政策和其他重要事项。讨论决定学校教学、科研、行政管理中的重要事项和基本管理制度。

(五) 讨论决定学校内部组织机构的设置、变更、撤销。

(六) 讨论决定学校中层干部的推荐、任免、调动、奖惩和后备干部队伍建设计划。讨论决定需要报送上级机关审批的重要人事推荐、提名。研究部署老干部工作。

(七) 讨论决定学校人才工作规划、重大人才政策、人才工作体制机制创新和各类人才队伍建设方案及计划、重要人才使用。

(八) 讨论决定学校统一战线工作、群团工作、安全稳定与和谐校园建设工作中的重要问题。

(九) 讨论决定大学文化建设和校风学风教风建设等重要事项。

(十) 讨论决定党的建设重要事项,加强对院(系)等基层党组织的领导,做好发展党员和党员教育、管理、服务工作。

(十一) 领导学校党的纪律检查工作,讨论决定党风廉政建设与推进惩治和预防腐败体系建设重要事项。

(十二) 讨论决定学校重大项目安排、校外重大项目合作、学校年度经费预算和决算、重大资金使用、重大评价评奖活动等重要事项。

(十三) 研究需由党委常委会决定的其他事项。

第三章　议题的提出与确定

第八条　会议议题由校领导班子成员提出,由党委办公室汇总后报党委书记确定。有关教学、科研、行政管理工作等议题,应在会前听取校长意见,取得共识后再提交会议讨论。

第九条　讨论决定学校重大问题,应由提出议题的校领导班子成员在调查研究基础上提出建议方案,经校领导班子成员沟通酝酿且无重大分歧后提交会议讨论决定。对干部任免事宜,在提交党委常委会讨论决定前,应在相应的范围内进行充分酝酿。对专业性、技术性较强的重要事项,应经过专家评估及技术、政策、法律咨询,必要时还须进行文字审核和安全稳定风险评估。对事关师生员工切身利益的重要事项,应通过教职工代表大会、规范性文件听证、重大事项决策听证、重大制度意见征求与解读平台或其他方式,广泛听取师生员工的意见建议。

第十条　党委常委会按照确定的议题进行,凡未经党委书记会前审定的议题,不列入党委常委会议程。

第十一条　党委常委会的议题、时间和地点，除因特殊紧急情况临时召开的以外，应由党委办公室提前1至2天通知党委常委以及列席党委常委会的人员。

第四章　会议的组织与召开

第十二条　党委常委会原则上每两周召开一次，如遇特殊紧急情况可随时召开。

第十三条　党委常委会由党委书记召集并主持。党委书记因故不能出席时，一般由党委书记委托党员校长或常务副书记召集并主持。

第十四条　党委常委会必须有半数以上应到会常委到会方能召开；讨论决定干部任免等重要事项时，应有三分之二以上应到会常委到会方能召开。非党委常委的行政领导班子成员，党委办公室主任、校长办公室主任、党委组织部部长列席会议。根据议题需要，会议主持人确定其他相关人员列席会议。

第十五条　党委常委因故不能出席党委常委会，需向党委书记或党委书记委托的会议主持人请假。不能出席会议的党委常委，对会议所列议题的具体意见或建议可在会议之前提出，委托会议主持人或其他党委常委在讨论中汇报，但不作为表决意见。

第十六条　党委常委会召开时，对议题涉及的有关部门列席人员，在讨论到有关议题时进入会场，汇报或讨论完毕后即刻退场。有关部门对于需在党委常委会上形成决议的议题，应提前提出建议草案，供党委常委会研究时参考。

第十七条　党委常委会采取一题一议的方式。讨论非干部任免事项时，由提出议题的校领导或有关部门负责人就议题作简要说明和汇报，内容包括汇报要点、需讨论的事项、论证报告以及解决的意见或建议。党委常委根据相关说明或汇报充分发表自己的意见，进行充分讨论。对干部任免和需要表决的重要事项，在与会党委常委充分发表意见的基础上，由会议主持人进行归纳集中，提出决策方案进行表决。

第十八条　党委常委会讨论干部任免事项，实行无记名票决制，并按照下列程序进行：

（一）党委分管干部工作的党委负责同志或党委组织部部长作相关工作汇报。

（二）党委常委认真酝酿、讨论。

（三）对意见分歧较大或重要问题不清楚的，可暂缓表决。对影响做出决定的问题，责成有关部门及时查清。

（四）在充分发表意见的基础上，采取无记名投票方式，对人选表明同意、不同意或者暂缓讨论的明确意见。缺席的成员不得委托他人投票，也不另行投票。

（五）会议主持人指定一名列席人员负责监票，由工作人员负责计票，会议主持人当场宣布表决结果。

第十九条　党委常委会表决事项时，以超过应到会党委常委人数的半数同意为通过；讨论决定干部任免等重要事项时，以超过应到会常委人数的三分之二同意为通过。

第二十条　党委常委会执行回避制度。议题涉及本人及本人近亲属或有其他利害关系的，有关成员应主动提出并回避。

第二十一条　党委常委会议事决策时，党委办公室负责派专人做好会议记录及相关的会务工作。会议记录应当详实、准确、完整且不得任意涂改。确需涂改的,记录人应在涂改处签名。整理成打印稿的会议记录,记录人应在每页上签名。根据会议记录形成的会议纪要,经党委办公室主任签发后,发送给全体党委常委。党委办公室应做好会议签到记录、会议记录、会议纪要、会议决定或决议等会议材料的存档备案工作。

第五章　会议决定或决议的落实督办

第二十二条　党委常委会讨论形成的决议,由党委书记或受委托的会议召集人审阅后签发。

第二十三条　根据集体领导和个人分工负责相结合的原则,党委常委会作出的决议、决定,由分管校领导按照分工负责组织实施。

第二十四条　党委办公室协助分管校领导负责党委常委会决议、决定的督办检查,并将落实情况及时向党委书记和党委常委会报告。

第二十五条　党委常委会议事决策事项,根据学校有关规定予以公开。

第二十六条　对会议决定的事项在执行过程中确因情势变更需要做出调整的,应根据本规则的议事决策程序,再次召开党委常委会讨论决定。

第六章　纪律要求

第二十七条　严格按照新形势下党内政治生活准则议事决策,严守党内政治纪律和政治规矩,坚持事业至上、出于公心,正确行使权力,做到忠诚干净担当。

第二十八条　始终坚持集体领导制度。凡属党委常委会议事决策范围内的重要问题必须由集体讨论,按民主集中制原则做出决定。党委常委应当增强全局意识和责任意识,在研究工作时充分发表意见,决策形成后按照分工一抓到底。在党的工作和活动中,不允许用个人主张代替组织主张、用个人决定代替组织决定。在调研检查指导工作或者参加其他公务活动时发表的意见,应当符合党委常委会决定精神。

第二十九条　党委常委会做出的决定,任何人无权更改。个人如有不同意见,允许保留或向上级反映,但在决定未改变前,除执行决定会立即引起严重后果等紧急情况外,必须无条件执行。遇重大突发事件等紧急情况,不能及时召开党委常委会决策的,可临机处置,事后应及时向党委常委会报告。

第三十条　党委常委会议事决策情况,经批准公开之前,其成员及列席会议人员不得以任何形式泄露,违者追究纪律责任。

第七章　附　则

第三十一条　本规则由党委常委会审定通过并负责解释。

第三十二条　本规则自发布之日起执行,原议事规则同时废止。

东大委〔2017〕73 号

东南大学校长办公会议事决策规则

2017 年 7 月 5 日

第一章 总 则

第一条 根据《中华人民共和国高等教育法》《关于坚持和完善普通高等学校党委领导下的校长负责制的实施意见》《关于加强和改进新形势下高校思想政治工作的意见》和《东南大学章程》《东南大学党委领导下的校长负责制实施办法》等相关法律法规及规范性文件的规定，结合学校实际，制定本规则。

第二条 议事决策原则。

（一）坚持高举中国特色社会主义伟大旗帜，以马克思列宁主义、毛泽东思想、邓小平理论、“三个代表”重要思想和科学发展观为指导，深入学习贯彻习近平总书记系列重要讲话精神和治国理政新理念新思想新战略，统筹推进“五位一体”总体布局，协调推进“四个全面”战略布局，认真落实五大发展理念，牢固树立政治意识、大局意识、核心意识、看齐意识，严守政治纪律和政治规矩，坚决在思想上政治上行动上同以习近平同志为核心的党中央保持高度一致，坚决贯彻党的路线方针政策。

（二）坚持社会主义办学方向，坚持“立德树人”根本任务，以培养又红又专、德才兼备、全面发展的中国特色社会主义事业合格建设者和可靠接班人为目标。

（三）坚持和完善党委领导下的校长负责制。严格执行改进工作作风、密切联系群众的各项规定。坚持科学决策、民主决策、依法决策，不断提高会议质量、决策效率。

第三条 校长办公会是学校行政议事决策机构，主要研究提出拟由党委讨论决定的重要事项方案，具体部署落实党委决议的有关措施，研究处理教学、科研、行政管理等工作。

第二章 议事决策范围

第四条 议事决策范围主要包括：

（一）根据学校党委决定，组织实施上级文件精神的贯彻落实意见；

（二）讨论学校发展规划、基本管理制度、重要行政规章制度、重大教学科研改革措施、重要办学资源配置方案；

（三）讨论学校教学、科研、行政管理等机构的设置和调整方案；

（四）讨论学校人才发展规划、重要人才政策和重大人才工程计划；

（五）在学校党委领导下，组织开展学校师资队伍建设、人才培养、学科建设、科学研究、社会服务、文化传承与创新、对外合作交流、后勤保障、行政管理等方面重要工作；

（六）讨论学校重大基本建设、年度财务预算和决算等方案；

（七）研究学校国有资产的重大调整与变更事项；

(八) 研究提出教职工收入分配及福利待遇调整方案,研究决定对教职员工实施的重要行政奖励或处分;

(九) 讨论决定专业设置和教学计划调整方案,研究招生、就业、学生事务管理等重要事项;

(十) 通报交流行政工作;

(十一) 研究需由校长办公会处理的其他工作。

第三章 议题的提出与确定

第五条 校领导根据工作需要,提出校长办公会议题。提交的议题由校长办公室汇总后报校长或校长委托的其他校领导审定。

第六条 提交校长办公会讨论决定的议题,相关部门应提供书面材料,内容包括汇报要点、需讨论决定的事项以及对所提问题解决办法的建议方案。

第七条 对专业性、技术性较强的重要事项,应经过专家评估及技术、政策、法律咨询,做好可行性论证,再提交会议讨论。

第八条 对事关师生员工切身利益的重要事项,应通过教职工代表大会、规范性文件听证、重大事项决策听证、重大制度意见征求与解读平台或其他方式,广泛听取师生员工的意见建议,再提交会议讨论。

第九条 校长办公会的重要议题,应在会前听取党委书记意见并取得共识后,再提交会议讨论。集体决定重大事项前,党委书记、校长和有关领导班子成员要个别酝酿、充分沟通。

第十条 除临时召集的会议外,每次校长办公会的议题、时间、地点及有关材料,应提前2日通知全体校长办公会成员。会议出席人员应在会前阅读和研究会议材料。如对议题有重大异议,应与有关校领导沟通,必要时可提请校长撤销相关议题。

第十一条 校长办公会一般不临时增加议题。确需临时增加议题,应征得校长或其他会议主持人同意。

第四章 会议的组织与召开

第十二条 校长办公会原则上每两周举行一次。如遇重大或紧急事项可随时召开。

第十三条 校长办公会成员一般为学校行政领导班子成员和校长助理,党委书记、副书记、纪委书记、非学校行政领导班子成员的党委常委等可视议题情况参加会议。校长办公室主任、党委办公室主任、监察处处长列席校长办公会。

第十四条 校长办公会由校长召集并主持,校长不能参加时,一般由校长委托常务副校长或其他校领导召集并主持。

第十五条 校长办公会必须有半数以上应到会成员到会方能召开。校长办公会成员不能出席会议的,需向本次会议主持人请假,可事先对议题提出意见或建议。

第十六条 校长办公会议题汇报人一般为提出该议题的校领导。议题涉及部门负责人列席会议,必要时可作补充汇报,并回答有关征询,议题讨论完毕即退场。

第十七条 校长办公会议题涉及与会者本人或其直系亲属以及其他有利益关系的主

体时，有关成员须回避。

第十八条　遇有特殊情况，经校长授权，校长办公会可以书面征求办公会议成员意见的形式召开。

第十九条　校长办公会由校长办公室负责派专人做好会议记录及相关的会务工作。会议记录应当详实、准确、完整且不得任意涂改，确需涂改的，记录人应在涂改处签名。整理成打印稿的会议记录，记录人应在每页上签名。根据会议记录形成的会议纪要，经提出议题的校领导审核、会议主持人审定签发后，由校长办公室负责发送给全体校长办公会成员。校长办公室应做好会议签到记录、会议记录、会议纪要、会议决定或决议等会议材料的存档备案工作。

第五章　议事决定或决议

第二十条　校长办公会议事程序一般为：

（一）由提出议题的校领导就议题作简要说明，提出解决的建议或方案；有特殊需要时，可由列席会议人员作补充汇报；

（二）校长办公会成员就此议题充分发表意见；

（三）会议主持人在广泛听取与会人员意见基础上，归纳集中作出决定或决议；

（四）需要校长办公会作出决定的政策性问题，一般应由学校相关工作领导小组、办公室或受委托的专家组提出全面的分析意见以供参考。

第二十一条　如对重要事项分歧较大，除紧急情况下由会议主持人决定外，一般应暂缓作出决定，待进一步调研或论证后再作决定。

第二十二条　校长办公会议事情况，凡涉密事项，各与会成员要严格保密，违者追究其纪律责任。

第六章　会议决定或决议的落实督办

第二十三条　校长办公会决定或决议的事项，与会成员根据分工负责的原则予以落实。明确由部门负责的，则由校长办公室主任传达和催办，并及时将执行情况报告分管校长。

第二十四条　校长办公室根据决定或决议的内容开具“决议执行单”，经校长或其他会议主持人签发后，送达负责落实的部门和人员。校内各有关部门和人员必须认真贯彻执行，并在决定或决议执行后一周内将执行情况以书面形式报校长办公室。校长办公室负责对决定或决议的执行进行督查督办，及时将执行情况报告校长或校长办公会，并将有关材料存档。

第二十五条　校长办公会的决定或决议不得随意变更、调整。如需变更、调整，一般应由主要执行单位的分管校领导提请校长办公会复议。紧急情况需临时调整原决议，可由校长征求办公会成员意见后进行调整，但应在下次校长办公会上通报。

第二十六条　校长办公会决定或决议，必要时可以文件或纪要等形式印发给有关部门。

第七章　附　则

第二十七条　本规则由校长办公会授权校长办公室负责解释。

第二十八条　本规则经学校党委常委会通过后发布,自发布之日起执行,原校长办公会议事规则同时废止。

校发〔2017〕213 号

东南大学国家大学科技园建设管理办法

2017 年 8 月 11 日

第一章　总　则

第一条　为加强东南大学国家大学科技园(以下简称“大学科技园”)的建设和运营管理,促进大学科技园健康、持续和稳定发展,根据《国家中长期科学和技术发展规划纲要(2006—2020 年)》《国家创新驱动发展战略纲要》《“十三五”国家科技创新规划》《国务院关于大力推进大众创业万众创新若干措施的意见》等文件精神,以及科技部、教育部《国家大学科技园认定和管理办法》《国家大学科技园绩效评价指导意见》等办法,结合东南大学(以下简称“学校”)实际情况,制定本管理办法。

第二条　大学科技园是学校“双一流”建设和事业发展的重要组成部分;是学校成果转移转化和创新创业人才培养的重要基地;是整合创新资源、提供科技创业集成服务的重要平台;是培育创新型企业的重要载体。一流的大学科技园是一流大学的重要标志之一。

第三条　大学科技园建设发展纳入学校建设计划和考核体系,并接受国家科技部、教育部和省市科技、教育行政管理部门的宏观管理和指导。

第二章　管理体制

第四条　学校设立的“东南大学国家大学科技园管理委员会”(以下简称“科技园管委会”),是大学科技园建设和管理的决策和协调机构;科技园管委会下设管委会办公室,负责科技园管委会的日常事务和落实协调科技园管委会关于大学科技园建设的决策;“江苏东南大学资产管理有限公司”代表学校投资设立的“江苏东大科技园发展有限公司”(以下简称“科技园公司”),负责大学科技园的具体运营管理。

第五条　科技园管委会设主任一名、副主任两名,由分管副校长担任主任,总会计师和分管后勤工作的副校长担任副主任,委员由学校校长办公室、财务处、科研院、团委、教务处、研究生院、资产经营管理处、总务处、审计处、资产公司等职能单位负责人和法律、经管专家组成,负责审议大学科技园建设发展规划、制定管理制度和协调资源支持,决策大学科技园“三重一大”等事项。

第六条　科技园管委会办公室负责落实执行科技园管委会的决定、决议和会议纪要,组织实施大学科技园建设和发展规划、拟定管理制度和协调学校各职能部门共同参与大学科技园建设等事宜。

第七条　科技园管委会办公室与科技园公司采取“两块牌子,一套班子”的管理模式,管委会办公室设在科技园公司,办公室主任同时担任科技园公司总经理,全面主持大学科技园的建设和管理日常工作。

第八条　“江苏东南大学资产管理有限公司”是科技园公司的出资方,负责向科技园公司出资所形成的股权管理。

第九条　科技园公司是建设大学科技园的运营管理公司，是具有独立法人资格的运营实体。

第十条　科技园公司基于科技园管委会的指导以及江苏东南大学资产管理有限公司的股东意见，按照科技部、教育部对国家大学科技园的管理办法和绩效评价指导意见，负责大学科技园的运营和管理，服务学校成果转移转化和创新创业人才培养，建立健全制度和措施，完善园区管理，构建服务体系，孵化科技型企业，有效促进政产学研合作。

第三章　运行模式

第十一条　为全面推进大学科技园建设，学校安排必要的双创服务经费保障大学科技园创新创业工作的有序开展。

第十二条　大学科技园职能主要分为创新创业和园区管理。创新创业工作包括科技成果转移转化、师生创新创业、创新创业人才培养等；园区管理工作包括学校房产经营、房屋租赁、房屋零星维修、安全管理、物业协调工作等。

第十三条　基于创新创业及科技成果转移转化等任务，科研院、学生处、团委、资产经营管理处、研究生院、教务处、财务处等相关职能部门提出双创服务需求及指标，由大学科技园管委会审议确定，明确大学科技园的年度任务指标，并作为大学科技园年度考核的基本依据。

第十四条　大学科技园管理学校部分房产资源，由资产经营管理处依据上一年度大学科技园园区租金收缴任务完成情况、园区安全责任执行情况和园区企业服务评价等指标，与科技园公司签订“园区管理服务协议”，经考核，由学校安排必要的园区管理经费。

第十五条　大学科技园载体划分为双创服务载体和一般性载体。

（一）双创服务载体是大学科技园用于开展创新创业、科技成果转移转化及人才培养的载体，重点用于承接学校科技成果转移转化项目、产学研合作项目、师生创新创业项目、学生创新创业实训工作及利用学校资源建设的专业化技术平台、创业空间等与学校创新创业相关的任务；

（二）一般性载体是大学科技园双创服务载体除外的可用于对外出租出借的园区房产，主要用于培育和孵化社会型科技企业；

（三）大学科技园双创服务载体不作为经营性房产对外出租出借，一般性载体按学校经营性房产进行管理。

第十六条　大学科技园园区重大修缮改造由科技园公司向总务处申请立项并实施。

第十七条　学校教育、人才、成果、设备等资源向大学科技园开放，支持大学科技园开展产学研对接活动、构建技术转移机构和人才队伍，鼓励师生到园区转化成果和创新创业，促进大学科技园建设发展。

第四章　考核评价

第十八条　大学科技园实行年度考核，本着实事求是的原则，聚焦学校“双一流”建设和事业发展，全面评价大学科技园建设运营管理，积极引导大学科技园的发展，促进服务能力提升。

第十九条　大学科技园管委会负责做好科技园公司的绩效考核评价工作，每年组织一次大学科技园建设运营管理考核评价，考核内容主要包括：

（一）国家大学科技园评价指标达标情况；

（二）大学科技园公司服务学校双创工作开展情况（含科技成果转移转化、师生创新创业、人才培养等）；

（三）“园区管理服务协议”完成情况。

第二十条　根据考核评价结果，予以科技园公司绩效奖惩。

第五章　附　则

第二十一条　本办法由科技园管委会办公室负责解释，自公布之日起试行。

校发〔2017〕267 号

东南大学基本建设管理实施办法(暂行)

2017 年 8 月 11 日

第一章 总 则

第一条 为进一步规范东南大学基本建设管理,提高决策水平,保证投资效益,推进工程建设进度,促进学校事业持续健康发展,根据有关法律法规和国家相关政策,结合实际情况,制定本办法。

第二条 东南大学校园建设总体规划(以下简称“校园建设规划”)的编制,新建、扩建、改建等基本建设项目(以下简称“建设项目”)的管理适用本办法。

第三条 学校基本建设决策应当严格执行“三重一大”制度,遵守基本建设程序,坚持“先规划论证,后设计施工”的原则。

第四条 学校主要领导对项目建设负总责,分管领导对相关工作负领导责任。党委常委会和校长办公会为学校基本建设工作的最高决策机构。学校各校区的功能布局、总体规划、体量规模、景观风貌、建筑风格、投资规模,单体建筑规模、投资额度、设计方案、立项报批等重大事项、重大决策、重大投资,每年的建设计划、投资计划等,由校长办公会或党委常委会决定,并形成会议决议,下达基本建设处。

建设项目重要功能调整、扩大投资、重大变更(50 万元及以上)等必须提交校长办公会或党委常委会决定。建设项目一般事项由校基建领导小组、基本建设处或相关职能部门决定。

各类招标工作按照《中华人民共和国招投标法》《东南大学采购管理办法(暂行)》执行,由校招标领导小组决定。

第五条 校长办公室、党委办公室负责根据校长办公会、党委常委会决定综合协调基本建设相关事项和各部门工作;发展规划处负责学校事业发展规划编制,指导校园建设规划的编制;财务处负责学校基本建设项目的资金筹措、招标、合同审批、建设费用支付、财务决算,并负责建设项目中涉及一卡通的功能确定、设计图纸审批确认;总务处负责确定建设项目规模、能源及基础设施支持、设计方案中各类用房指标的审查及确认、绿化及配套实施、公房分配;实验室与设备管理处负责实验功能、实验设备参数及用电负荷、环保设施的审查及确认;基本建设处负责学校基建工作的具体实施,负责校园建设规划的编制及报审,以及建设项目的申请报批和组织实施,财务处依据确定的基本建设方案,履行建设资金的预算安排决策程序、配合基建处完成工程款结算和建设项目竣工财务决算编制;保卫处负责建设项目消防设施、安防设施及监控系统的功能确定、设计图纸审批确认,负责校园内建设项目的消防监督和治安管理;网络与信息中心负责建设项目中网络部分弱电功能确定、设计图纸审批确认;审计处负责建设项目审计监督,包括全过程跟踪审计、管理审计、结算(决算)审计;法制办负责建设项目全过程的法律保障;监察处负责基本建设过程中的廉政建设、廉政风险防控，负责对项目招标投标、建设监理、合同管理、项目验收等关键环节的监督检查，重要事项的全程监督和廉政建设。

第二章　校园建设规划编制

第六条　校园建设规划是学校开展基本建设、确定建设项目的重要依据，应当具有前瞻性、稳定性和权威性，不得随意变更。编制校园建设规划（含新编和修订，下同）应当贯彻保护环境、节地、节水、节能、节材的基本方针，构建资源节约型、环境友好型校园，做到以人为本、统筹规划，实事求是、量力而行，尊重标准、勤俭办学，把握节奏、保证安全。编制校园建设规划应当坚持适用、经济的原则，正确处理近期建设和远景发展的关系，新建、改扩建校园和既有校园的关系。

第七条　发展规划处根据学校事业发展规划，确定学校各校区的功能定位和布局，制定各校区发展规划，报校长办公会或党委常委会批准。总务处依据各校区发展规划，确定各校区内驻区单位的各类房屋面积指标，汇总后提交校长办公会或党委常委会批准。基本建设处依据学校事业发展规划、各校区发展规划和各单位用房面积指标，负责编制东南大学各校区校园建设规划。

第八条　各校区校园建设规划由基本建设处委托有相应资质的单位编制，校园建筑规划面积指标应当符合国家相关规定。基本建设处组织专家对编制单位提交的校园建设规划进行评估论证，通过多种途径广泛征求校内院系和师生对规划方案的意见和建议，并结合专家评审意见进行修改。

第九条　校园建设规划编制完成，报校长办公会或党委常委会批准后，基本建设处依照有关规定报地方政府规划部门批准或备案，并报送教育部备案。

第十条　基本建设处会同财务处，根据经批准的校园建设规划，结合学校事业发展需要和财务能力，按照国家经济与社会发展规划周期，每 5 年编制一次基本建设规划，确定 5 年内规划实施的建设项目和投资方案，经校基建领导小组审批，校长办公会或党委常委会批准后，报教育部审核。5 年基本建设规划实施期间，原则上可调整一次。

第三章　建设项目立项管理

第十一条　基本建设项目按照国家有关规定，根据资金来源不同，分别实行备案管理或审批管理。

不申请中央预算内基建投资，利用自筹资金（包括自有、捐赠、地方配套资金等）的建设项目，由基本建设处向教育部办理项目备案手续。

申请中央预算内基建投资的建设项目，由基本建设处按照国家有关规定报送教育部或者国家发展和改革委员会审批，获得批准后方可实施。

报国家发展和改革委员会审批的建设项目，由教育部初审后，报送国家发展和改革委员会审批。

报教育部审批的建设项目，其审批环节包括项目建议书（视需要）、可行性研究报告、初步设计及概算（视需要）。

第十二条　根据学校事业发展规划、校园建设规划和 5 年基本建设规划，由总务处在报送建设项目项目建议书或可行性研究报告前 10 个月(报送可行性研究报告前一年的 7 月底前),测算、核定建设项目的建设规模,报校长办公会或党委常委会批准后,下达给基本建设处。基本建设处在 1 个月内,调研使用单位,初步完成功能需求对接,完成造价估算,会同总务处,提出建设项目启动建设的申请,报校长办公会批准后,启动建设。在建设项目启动建设后 10 天内,审计处负责组建建设项目跟踪审计组,通报基本建设处及各相关单位。

第十三条　根据经学校批准的建设规模,基本建设处负责征集校内使用单位的使用要求,了解新建项目功能需求、相应规模、用电需求,必要时组织由审计处、财务处、使用单位人员参加的相关调研工作,完成功能对接,作为项目建设的基础依据。

使用单位或管理单位根据学校核定的面积,进行国内外调研,结合本单位实际,提出相关功能需求,经主要负责人确认签字、加盖公章,报总务处和实验室与设备管理处审批确认后,于报送项目可行性研究报告前一年的 11 月底前,提交基本建设处。

第十四条　基本建设处视建设项目规划设计、土地征用、争取投资等需要,委托有相应资质的单位,编制项目建议书、可行性研究报告、环境影响评价报告、节能评估报告、初步设计及概算等,报政府相关部门、教育部审批或备案。

第十五条　基本建设处应当于本年度 1 月底前完成可行性研究报告初稿的编制,由基本建设处召集专家论证会进行评估,财务处、审计处、使用单位等参加。

第十六条　财务处负责履行建设项目的资金预算安排决策程序,应当于本年度 1 月 10 日前提供编制项目建议书或可行性研究报告所需的资金筹措文件。

第十七条　计划下一年度开始建设的建设项目,基本建设处应当于本年度 4 月底前完成可行性研究报告的编制和修改,经校投资评审小组评审,报校长办公会或党委常委会批准后,于 5 月底前向教育部报送可行性研究报告及相关文件。

第十八条　建设项目可行性研究报告实行审批前投资咨询评估制度,基本建设处负责联系教育部发展规划司和咨询评估单位,组织投资咨询评估会议,财务处、审计处、总务处配合工作。

第十九条　可行性研究报告批准后,基本建设处视项目需要,委托有相应资质的单位编制初步设计及概算,报投资评审小组评审。建设项目初步设计及概算应当严格依照可行性研究报告批复文件所确定的内容编制。

第四章　年度投资计划编制

第二十条　年度投资计划包括下一年度基本建设投资建议计划(以下简称“建议计划”)、本年度基本建设投资计划(以下简称“年初计划”)和本年度基本建设投资调整计划(以下简称“调整计划”)。

第二十一条　年初计划由基本建设处会同财务处,依据上一年度确认的建议计划,结合上一年度投资完成情况及财政部确认的当年预算进行编制,报校长办公会或党委常委会批准后,于本年度 3 月底前报教育部。

第二十二条　建议计划由基本建设处会同财务处,依据项目实施情况及基建规划编制,报校长办公会或党委常委会批准后,按教育部要求时间上报。调整计划由基本建设处会同财务处,依据年初计划实际执行情况编制,报校长办公会或党委常委会批准后,于本年度 11 月底前报教育部。

第五章　建设项目实施

第二十三条　建设项目获得批准或备案后，基本建设处负责建设项目实施工作，在可行性研究报告批复文件下达之日起 3 年内开工建设。基本建设处应当严格按照批复文件实施建设项目，严禁擅自改变建设选址、建设用途、建筑面积、建设标准和项目投资；从严控制建设规模和标准，如有重大变化应当重新报批可行性研究报告。

第二十四条　建设项目实行招标投标制度，勘察、设计、施工、监理、设备和材料的采购、工程咨询及社会审计等均应当依法实行招标。建设项目实行工程监理制度，项目建设监理应当依照有关法律、法规、技术标准、相关文件及合同实施。基本建设处对建设项目依法实施合同管理，严格执行项目变更审批制度。

(一) 招标与合同

第二十五条　基本建设处负责招标公告的编制，财务处负责招标公告的审核、建设经费的确认、校内公开招标项目招标公告的发布、投标单位的资格审查。基本建设处负责资格审查结果的确认。

第二十六条　基本建设处负责委托有资质的招标代理机构完成招标的程序性工作，财务处负责校内招标项目的招标文件的发布、投标单位报名、资格审查、发标、开标、定标、中标公示等工作。基本建设处配合财务处完成定标工作，在中标通知书发出后 7 天内，完成合同签订工作，财务处负责合同审核签章，基本建设处负责合同备案。校招标监督小组负责招标及合同签订全过程监督。

第二十七条　基本建设处负责完成招标文件(含工程量清单、合同)(以下简称“招标文件”)的编制，审计处负责委托有资质的造价咨询单位同步完成工程量清单的编制，财务处、审计处、法制办负责完成招标文件的审核，基本建设处负责招标文件的修改，财务处、审计处、法制办负责完成招标文件的终审。招标文件编制、审核时限如下表。

招标文件编制、审核时限一览表　　(单位：工作日)

序号	工作项目	招标项目				负责单位	备注
		土建安装	分包甲供材	规划设计	其他		
1	招标文件编制	22	10	22	10	基本建设处	同步进行
2	审计委托清单编制	22	10			审计处	
3	招标文件审核	10 (22)	7 (10)	5	5	财务处 审计处 法制办	无 2 时为括号时限
4	招标文件修改	7	5	5	5	基本建设处	
5	招标文件终审	5	5	5	5	财务处 审计处 法制办	同步进行

(二)前期工作与设计

第二十八条　基本建设处根据项目建议书或可行性研究报告的批复文件启动设计工作。使用单位或管理单位在一个月内，在立项阶段所提出相关功能需求的基础上，结合本单位实际，提出详尽的功能需求，经主要负责人确认签字并加盖公章，提交实验室与设备管理处、总务处、基本建设处。实验室与设备管理处负责在半个月内完成建设项目设备参数及用电负荷的审定，总务处负责在半个月内完成建设项目建设规模、各类功能需求及其面积、基础设施配建要求以及水电气、空调、智能化等的审核与确定。

第二十九条　基本建设处负责通过招标选定设计单位，进行初步方案设计，提出设计方案和设计概算，在评标完成后一个月内，征求用户单位、总务处意见，召开专家论证会，必要时校内广泛征求意见，报校长办公会或党委常委会审批，确定设计方案。

第三十条　基本建设处根据学校审批意见，指令中标设计单位在一个半月内完成扩初设计或施工图设计，经主管校领导批准后报市(区)规划局审批，经市(区)规划局批准后由设计单位在一个半月内修改或完成施工图设计。施工图完成后一个月内，基本建设处负责召开专家论证会、提出修改意见、完成施工图修改，使用单位、保卫处、网络与信息中心、财务处(一卡通中心)、实验室与设备管理处、总务处负责同期完成施工图审核、确认工作，报主管校领导批准后，按规定报建设主管部门审查批准(施工图审查、消防审查等)。

(三)项目施工

第三十一条　建设项目可行性研究报告批准后15天内，基本建设处负责确定建设项目施工及临时设施场地范围，报总务处审核。总务处在15天内，负责审核确定建设项目施工及临时设施场地范围，提供施工用上、下水及用电接驳口位置，并现场交底。在建设项目施工及临时设施场地确定后两个半月内，总务处负责完成场地内树木绿化带等移植工作。

第三十二条　所有需进入施工场地工作的乙方单位，在签订合同后7天内，按学校相关规定向保卫处申报相关事项。保卫处负责在接受申报的7天内，办理外来人员、车辆登记、施工车辆校内运行线路确定、消防、治安设施验收等相关事项，并负责不定期进行消防安全、治安安全检查。

第三十三条　基本建设处委派工作人员(项目负责人、专业工程师)负责项目过程管理，对工程进度、质量、安全、投资全面管控，审计处跟踪审计组负责进行过程跟踪审计。项目负责人、专业工程师负责督促监理人员进行全方位监理。质量控制主要做到事前控制、事中控制、事后控制，施工单位执行“三检”制度，监理单位执行“巡视、旁站、平行检验”制度。

第三十四条　项目负责人、专业工程师做好日常巡视，关键部位、关键工序参与检查，其他节点随机抽检，确保施工质量。基本建设处负责每月组织建设项目质量安全检查，确保施工质量和施工现场、校园安全。

第三十五条　根据建设项目的总进度计划，项目负责人、专业工程师负责督促承建方编制周进度计划、月进度计划，项目负责人、专业工程师和监理单位进行审核并督促按计划执行。对于工期延误，项目负责人、专业工程师负责督促施工、监理单位查找原因，调整施工部署，按期完工。

第三十六条　工程变更、签证按《东南大学基建工程变更及签证管理办法(暂行)》分类分级执行，基本建设处负责办理，跟踪审计全过程参与、监督。

第三十七条　基本建设处派专人负责建设项目档案资料的收集、保管、整理和移交等相关工作。

第三十八条　在施工单位完成工程项目设计和合同约定的全部施工内容后15天内，在具有完整的技术档案和施工管理资料、有工程使用的主要材料设备进场检测合格的报告，有勘察、设计、施工、监理单位分别签署的质量合格文件等条件下，由基本建设处组织工程初步验收，在初验通过后向市(区)质监站提出竣工验收申请，并组织参建五方及质监站进行竣工验收。

第三十九条　项目竣工验收后10天内，基本建设处组织施工、监理等参建单位，向总务处、保卫处、网络与信息中心、财务处、审计处、监察处、(用户单位)等相关部门实施工程移交工作，移交内容包括工程、设备清单，合同，保修文件等相关图纸资料，基本建设处同时向总务处办理固定资产交付手续。

第六章　建设资金管理

第四十条　建设资金管理实行全过程动态投资控制方式。基本建设处负责通过招标委托并督促造价咨询单位或招标代理机构，在项目实施阶段对工程项目进行全过程动态实时投资控制。投资控制主要内容包括：审核项目估算、概算、预算，审核工程进度款、工程变更费用估算，签证和联系单费用审核，工程结算审核，及时分析评价施工索赔内容并提供预防措施及处理意见，编制月度投资动态分析报告、项目投资控制总结报告及造价分析报告等。

第四十一条　项目建设管理与财务管理分离，工程款支付按学校财经制度规定的管理办法和审批程序执行，实行工程款支付“两支笔”会签制度(基本建设处处长和财务处处长双签付款)，100万元及以上建设资金支付，需总会计师和分管基建校领导共同签字。建设项目预算纳入国库集中支付范围的，资金拨付按照国库集中支付的有关管理办法执行。基本建设处负责办理工程款支付校内流程的审批，财务处负责工程款支付和国库集中支付资料的审核、申报。

第四十二条　基本建设处配合财务处，按年度编制学校固定资产投资报表，按教育部规定时间上报，并按教育部要求完成报表的会审。

第四十三条　基本建设处负责工程结算送审，审计处负责工程结算审计。基本建设处负责督促各乙方单位完成工程结算文件编制，基本建设处委托监理单位或造价咨询单位或招标代理机构，在1个月内完成工程结算的初审工作，基本建设处参与监理单位或造价咨询单位或招标代理机构的现场工程量复测，抽查监理单位或造价咨询单位或招标代理机构的初审报告。完成竣工结算初审5天内，基本建设处向审计处送审工程结算，审计处负责在1个月内完成或委托完成工程结算初步审计报告，通过审计谈判、征求基本建设处意见后，15天内签发最终审计报告。

第四十四条　基本建设处协助财务处，在建设项目完工可投入使用或者试运行合格后3个月内编报竣工财务决算(大型项目不得超过6个月)，并委托有资质的会计师事务所进行项目财务评审,上报教育部审批。

第七章　监　督

第四十五条　监察处负责对建设项目各个环节的监督管理,加强对项目招标投标、建设监理、合同管理、项目验收等关键环节的监督检查,对重要事项进行全程监督,把廉政建设责任落实到位,把廉政风险防范工作融入建设项目的日常管理工作。学校各级领导干部应当严格执行教育部关于严禁领导干部违反规定插手干预基本建设工程项目管理行为的规定。

第四十六条　违反本办法要求,造成建设项目质量低劣、损失浪费或责任事故的,对直接责任人员,视情节轻重依法追究其行政或者法律责任,构成犯罪的依法追究刑事责任。

第八章　附　则

第四十七条　本办法由基本建设处负责解释。

第四十八条　本办法自发布之日起实施。本办法在执行过程中,如国家相关政策调整,按调整后的政策执行。

校发〔2017〕261 号

东南大学基层教学组织管理规定(试行)

2017年6月13日

为进一步完善学校教学管理体制,大力推进基层教学组织的建设与管理,切实调动教师教育教学积极性,形成良好的教学文化氛围,全面提高学校的教学水平和人才培养质量,特制定本管理规定。

第一章 设置原则

第一条 全体覆盖原则:每个院(系)、教学单位设置的基层教学组织应覆盖本院(系)、教学单位开设的全部课程和实践环节。所有从事教学工作的教师(含实验实践指导教师等)均应参加所在院(系)、教学单位内设立的基层教学组织的日常活动。

第二条 灵活设置原则:基层教学组织在满足工作要求的基础上,可根据学科专业特点,围绕人才培养目标要求,按照有利于教学活动组织与管理的原则,采取教研室、学科组、实验组、教学(科研)团队、课程组/课程群等模式组建,同时需要综合考虑与原有系、教研室、专业建设团队、课程教学团队等组织的有效衔接与融合,避免重复分散设置。

第二章 工作职责

第三条 根据人才培养方案和教学计划要求,明确课程的教学目标,优化课程的各个环节,制定教学大纲、教学日历等。

第四条 组织落实教学任务,合理安排教学人员。对于面广量大的通识教育基础课程(英语、数学、物理等)每学期集体备课不少于3次;其他课程教学基层组织每学期集中商议不少于2次,确保课程教学全过程的质量。

第五条 加强对各个教学环节(如备课、授课、实验实习、课程设计、考试考查、毕业论文或设计等)的指导、检查和督促,每学期互相听课每人不少于2次,需有听课记录,并建档留存。

第六条 规范课程考核要求,制定成绩评定办法,严格落实试题审查和试卷批阅规范等制度。对于两人及以上讲授同一门课程,需要制定统一的教学大纲、考核大纲、考试命题、阅卷要求等;对于实验、实践课程,要有评阅意见,留有批改痕迹,并按照相关规范进行签字确认。

第七条 期末考核后,进行课程成绩和目标达成度分析以及持续改进等相关工作。

第八条 组织开展对新入职教师的试讲评议,为教学能力欠缺的教师指派教学经验丰富、教学能力较强的教师担任教学工作指导老师,进行“一对一”帮扶培养,每学期开展不少于3次的听(评)课等集体活动,并建档留存。

第九条 根据院(系)学科专业发展,参与课程体系优化,负责相关课程内容及时更新,将最新的学科前沿、产业发展、科研成果融入课堂教学。加强现代信息技术和教育教学的深度融合,推进在线开放课程、微课的开发与应用。编写或选用高质量教材和指导用书,进行教材、教辅资料、课件、题库、资源库、开放课程等多种形式的教学资源建设。

第十条 组织教师开展教学内容、实践教学、教学方法与手段、教学质量评价等方面研究,加强研究成果的应用和推广。每学期开展至少 2 次教学研究与改革的研讨与交流。

第十一条 撰写年度工作总结,向所在院(系)教学委员会报告并备案。

第十二条 负责院(系)布置的其他与教学相关的工作。

第三章 管理与考核

第十三条 基层教学组织是院(系)、教学单位制定课程标准、落实教学任务、促进教师教学发展、开展教研活动、推进教学改革的基本教学单位,由各院(系)、教学单位归口管理。各院(系)、教学单位党政主要负责人是基层教学组织建设与管理的第一责任人,分管教学的负责人是直接责任人。

第十四条 各院(系)、教学单位负责所属各基层教学组织的考核,并将考核结果报教务处备案。教务处负责对各院(系)、教学单位的基层教学组织整体工作情况进行考核,考核结果作为学校对院(系)、教学单位考核的重要组成部分。

第四章 附 则

第十五条 本管理规定自发布之日起施行。

第十六条 本管理规定由教务处负责解释。

校发〔2017〕200 号

东南大学加强重要事项多部门协调联动推进机制方案

2017 年 4 月 5 日

为全面深化综合改革，着力破除体制机制障碍，促进各职能部门转变作风、形成合力、提高效率，更好地落实上级部门和学校的各项重大决策部署，进一步加强重要事项多部门协调联动推进机制，特制定方案如下：

一、重要事项范围

启动多部门协调联动推进机制的重要事项，主要是指需要多部门合力完成的，包括落实上级部门的重要文件和专项工作、学校年度重点工作任务、学校所作出的重大决定和决议，以及需要解决的其他热点和难点问题等。

二、协调联动内容

（一）任务研判

根据校领导批示精神和要求，校长办公室对具体重要事项进行进一步分析研判，需要多部门合力推进完成的，启动重要事项多部门协调联动推进机制，明确牵头部门和协调配合部门。

（二）部门协调

牵头部门担负推进重要事项完成的主体责任，负责协调配合部门积极参与、各司其职，共同推进重要事项的落实。在协调过程中，牵头部门要及时向分管校领导报告，分管校领导与其他分管配合部门的校领导保持信息沟通，共同指导重要事项的协调推进工作。

（三）学校协调

部门协调中有难以解决的问题和困难，牵头部门应第一时间向校长办公室反映，校长办公室获悉情况后要客观及时地向常务副校长报告，由常务副校长会同各分管校领导对有关问题和困难进行协调；特殊情况提请上校长办公会议讨论决定。

（四）联席会商

建立联席会议制度。部门层面协调的联席会议由牵头部门召集，配合部门负责人参加；学校层面协调的联席会议由校长办公室召集，牵头部门、配合部门负责人参加。会议主要针对协调中存在的突出问题，提出解决问题的思路与对策，进一步明确办结时间，督促相关部门抓紧落实。部门层面协调的联席会议由牵头部门根据需要自行召开；学校层面协调的联席会议一般每月召开一次，没有重要事项协商就不开，特殊情况可随时召开。

(五) 督查督办

将协调联动工作融入学校督查督办工作体系，协调联动推进机制进入到由常务副校长出面协调时，即进入督查督办程序，校长办公室根据《东南大学督促检查工作暂行办法》(东大委〔2013〕20 号)主动对重要事项的协调推进工作进行督查督办。

(六) 跟踪问效

牵头部门要加强对各部门协调联动事项办理情况的跟踪，切实把握重要事项推进的进度、效果等，并适时进行通报。进入督查督办程序后，学校有关部门对因工作不力、推诿扯皮而造成工作损失或影响学校总体工作进程的部门或个人，根据相关规定进行严肃问责。

东南大学经济合同管理办法(暂行)

2017 年 6 月 9 日

第一章 总 则

第一条 为了规范学校经济合同行为,维护学校合法权益,防范风险,促进学校各项事业的健康发展,根据《中华人民共和国合同法》《中华人民共和国招投标法》《中华人民共和国政府采购法》《东南大学采购管理办法(暂行)》等相关法律法规和学校规定,结合学校实际,制定本办法。

第二条 本办法所指的经济合同是指以东南大学的名义,与其他平等主体签订的(包括自然人、法人和其他组织)签订的设立、变更、终止权利义务关系的协议。各学院、部、处等二级单位不得以学校名义对外签订经济合同。

第三条 经济合同订立必须遵守法律、法规,坚持平等互利、协商一致、诚实守信的原则,维护学校的正当权益,任何部门和个人不得利用合同损害学校利益。

第四条 依法订立的经济合同,对当事人具有法律约束力。当事人应当按照约定履行自己的义务,不得擅自变更或者解除合同。

第二章 合同管理范围

第五条 本办法所指的经济合同包括货物或服务采购合同,基建工程、修缮工程、装修工程合同,出租、出借合同等各类经济往来的合同。

第六条 本办法所指的经济合同不包括:(一) 雇佣、劳务合同;(二) 捐赠、赞助合同;(三) 委托(含代理、出版等)、合作合同;(四) 科研、教学等收入合同。

第七条 经济合同的内容一般包括以下条款:(一)当事人的名称或者姓名和住所;(二)标的;(三)数量;(四)质量;(五)价款;(六)质保期;(七)履行期限、地点和方式;(八)违约责任;(九)解决争议的方法;(十)开户行、户名、账号;(十一)签订合同的时间。

第三章 合同管理职责

第八条 项目单位是经济合同的第一责任人,在合同款项有保障的前提下,负责合同文本的起草、拟定、送审、报批及履行等工作。凡合同涉及应由业务归口管理部门、法制办把关的,在合同到采购中心备案前,还应先到有关业务归口管理部门审核(签字盖章)和法制办审核(出具法律意见书)。

按《东南大学采购管理办法》招标的项目,合同内容应按照招标文件相关内容与中标单位签订相应合同,双方不得另行签订与招标文件、投标文件实质性内容不一致的其他协议。

合同审查:在订立合同前,还必须严格审查对方当事人主体资格、经营范围、履约能力、资信情况、委托代理权限等。同时,对合同的可行性、必要性、合同标的合理性以及立项情况、合同内容、合同条款等进行审查。

法制办审核有保留意见或建议的,由项目单位修改并确认,若项目单位认为不需要修改的,项目单位应提交书面说明并由负责人签字确认,必要时,采购中心组织业务专家会审,必要时报校采购领导小组决策,最终以决策意见执行。

经济合同每份均应由项目负责人签字,盖两份处级部门公章,并提供项目号。

第九条　学校各业务归口主管部门根据其职责范围,具体包括合同的前期准备指导、论证、审查及合同履行过程的监督检查等,对项目单位提交的资料,进行复核,并在项目单位盖章的一份合同上签字盖章。

(一) 实验室与设备管理处:负责学校仪器设备及维保、软件、实验材料(含化学品)、其他货物等采购合同管理;负责审核把关外贸公司与外商签订的外贸合同。

(二) 总务处:负责建筑修缮工程、装修改造、绿化与景观、物业管理、水电气设施、道路等修缮工程的合同管理;负责各类家具的合同管理和后勤专用设施及维保等合同管理。

(三) 基本建设处:负责基本建设的工程、相关建筑和装饰材料等合同管理。

(四) 网络与信息中心:网络工程等合同管理。

(五) 图书馆:负责图书、期刊、电子出版物等采购合同管理。

(六) 科研院:科研的外协、技术开发、技术咨询、技术服务及科技成果转让等合同管理。

(七) 先进技术与装备院:涉及保密要求的合同管理。

(八) 校工会委员会:员工福利等合同管理。

(九) 其他:本部门视同业务主管部门,如保卫处的门卫管理、消防器材等合同管理;校医院的药品采购等合同管理。

第十条　法制办:对合同金额在 100 万元以上的货物和服务(120 万元及以上工程)或特殊项目的内贸合同内容、条款进行全面审查,提供意见或建议,必要时以书面的法律意见书形式出具,以确保学校的权益得到法律保护。

第十一条　履行采购相关手续后,合同金额在 500 万元以内,由处级单位审批;合同金额超出 500 万元的,由项目分管的校级领导审批。

第十二条　因紧急或其他特殊原因未签订合同但已经履行或履行完毕的补办合同(超出一年期),需提供项目负责人签字并盖部门(或学院)章确认的情况说明。该情况下签订的合同应当符合《中华人民共和国招投标法》《中华人民共和国政府采购法》等相关法律法规的规定。

第十三条　在经济合同管理过程中遇到的问题,属于一般情况的,由项目单位提出书面申请,经业务主管部门审核后办理。属于较为复杂的情况,由业务主管部门协同采购中心和监督小组进行会商;属于重大经济合同,报请校采购领导小组决策或授权处理。

第四章　经济合同签订的规范化

第十四条　经济合同签订的一般流程:

(一) 项目单位按本办法的第九条和第十条要求拟定相应合同;(二) 业务主管部门

审查;(三)法制办审查;(四)合同对方单位签字盖章(合同章或公章);(五)项目分管的校级领导审批(合同金额在500万元以上);(六)采购中心登记备案。

第十五条　涉及“八项规定”内容的经济合同(如会议费、公务租车等),按国家和学校制定的最新规定执行。

第十六条　2万元以上的经济业务必须签订书面经济合同,但退税的国产设备均须签订书面经济合同。

20万元以内的经济合同,业务主管部门(实验室与设备管理处、总务处、科研院、校工会委员会等)已制定相关规定,按其规定执行。

第十七条　2万～20万元以内的经济业务,无业务主管部门的经济合同,另行制定相应规定。

第十八条　20万元以上采购项目的合同,项目单位按照招投标文件相关内容与中标人拟定相应合同,送业务主管部门审核。

第十九条　100万元以上的货物和服务(120万元及以上工程)或特殊的经济合同,除按第十八条外,应提供法律意见书。委托社会代理机构采购项目的经济合同,还须提供中标通知书(委托社会代理机构采购项目的招标文件和投标文件由业务主管部门或项目单位保存)。若合同金额超出500万元的,由项目分管的校级领导审批。

第二十条　在签订合同时,应当预防各类常见的不规范合同的发生。如结算方式:10万元以下的经济合同,原则上“货到(或项目完工)验收合格后付款”;10万元以上的经济合同,预付款的一般比例:工程、货物≤30%,服务≤50%。

第二十一条　签订的经济合同不少于6份,学校的项目单位、业务主管部门、采购中心、财务处(报销及国产设备退税)、审计处(工程类)等部门应当各留存1份,外加合同的对方单位1份(具体根据合同对方的需求)。合同签订后,原则上不得再增加份数。

留存经济合同的单位和部门必须加强管理,特别在人员变动时,应当办理合同档案交接手续。

第二十二条　项目单位应当由项目负责人在每份合同上签字并盖两份处级部门章(办理合同的人员不得为合同对方人员),同时明确项目号;经济合同原则上先请合同对方单位先签字并盖经济合同章(或单位公章)及骑缝章。

第二十三条　业务主管部门、采购中心、法制办等应逐步制定统一的合同格式文本。项目单位签订经济合同原则上应采用学校统一的格式文本;若国家规定采用标准合同文本的必须采用标准文本。采用标准文本的,项目单位亦应根据具体项目的特点和要求,对有特殊要求的项目在合同相应条款中作特别约定。

第二十四条　业务主管部门、采购中心共同推进经济合同管理信息化。

第五章　经济合同专用印章管理规定

第二十五条　东南大学经济合同专用印章由校采购中心管理,印章应由专人保管和使用。

第二十六条　在使用经济合同专用章时,项目单位、业务主管部门应执行相关规定,履行相关职责。

第二十七条　采购中心负责分类备案登记，并保存一份合同原件(盖部门章，并经业务主管部门审核过的合同)。

第二十八条　校内部门之间发生的经济业务，原则上采用转账方式。若须签订合同，履行相关审核后，到采购中心加盖“行政章”(工程三份，其他二份)备案登记，用于财务报销。

第二十九条　对于二级法人在学校财务处核算的，履行相关审核等手续后，再到采购中心加盖“行政章”(工程三份，其他二份)备案登记，用于财务报销。

第三十条　采购中心对不符合用印手续的合同不予办理。

第六章　合同的履行

第三十一条　经济合同签订后，即具有法律效力，双方当事人应当全面履行。

第三十二条　合同履行单位及业务归口管理部门必须按合同约定条款组织实施，并对合同执行情况进行监督检查，保质、保量按期完成合同约定事项。

第三十三条　在合同履行过程中，确需变更合同内容或另行签订补充协议的，属于基建、维修工程类的按《东南大学基建、工程变更及签证管理办法(暂行)》办理，其余类的应经双方协商后，签订变更合同文本；确需解除合同的，应经双方协商后签订解除合同文本；签订解除或变更合同的，应按前述流程报相关部门审核后签订。变更或解除合同的文本与原合同具有同等的法律效力。

合同履行过程中发生质量、延期等重大问题时，合同履行单位应及时、妥善处理，必要时可书面报请业务归口管理部门、法制办协商处理。

第三十四条　合同项目完成，验收合格，质保期满，款项结清，合同自行终止。

第七章　二级法人单位合同管理规定

第三十五条　学校的二级法人单位情况各异。从类型上分为事业法人、社团法人和企业法人单位三类；从会计核算上分为二级法人单位独立核算和在校财务处(部分)核算两类；从地区上分为在宁的和驻外的。

第三十六条　学校理应加强对二级法人单位监督管理。各对口的业务主管部门应进行业务指导，并加强监管。二级法人单位应参照执行学校相关的规定，加强采购和合同管理方面的管理，进行自我规范。

第三十七条　具备条件的二级法人单位(如中大医院、成贤学院、江苏东南大学资产经营有限公司等)应根据国家法律法规，结合实际，自行制定本单位的经济合同管理办法，防范风险。

第三十八条　具有教学与科研性质的二级事业法人(如苏州研究院、无锡分校等)可参照本办法执行；对于执行过程中存在的问题，应当主动汇报相应的业务归口部门并提出解决方案，再按业务归口主管部门审定的要求执行；无业务归口主管部门的经济合同，由二级法人自行制定并经相应的主管机构批准后按照规定执行。

第三十九条　社团法人分为负责人由学校任命的社团法人(如校工会委员会、校教育基金会等)和其他的社团法人(如各类学会、协会等)。对于负责人由学校任命的社团法人可参照本办法执行；对于执行过程中存在问题的，可向相应的业务归口部门提出解决方案，按业务归口主管部门审定的要求执行；无业务归口主管部门的经济业务，则自行制定相应规定，并经相应的主管机构批准后按照规定执行。

第八章 监督与问责

第四十条 应签订而未签订或未及时签订经济合同的，造成学校经济或其他损失的，由项目负责人、责任人承担相应损失和责任。

第四十一条 签订虚假经济合同，或未经授权部门、个人私自签订经济合同，造成经济或其他损失的，学校将依照有关规定追究责任单位及责任人员的行政或经济责任。

第四十二条 归口的合同审查部门，应当认真履行审核、把关的职责。

第四十三条 各单位应当自觉接受校内外各级审计检查，接受财政、监察部门对经济合同各环节的检查和监督。

第四十四条 违反本办法规定，对直接责任人和相关负责人，学校按相关规定给予行政处分。涉嫌违法的，移交司法机关处理。

第九章 附 则

第四十五条 本办法中未尽事宜，依据《中华人民共和国合同法》相关条款执行。

第四十六条 本办法由校采购中心负责解释。

第四十七条 本办法自印发之日起施行，原《关于东南大学经济合同管理办法(试行)》(校通知〔2013〕66 号)同日废止，学校其他管理规定与本办法不一致的，以本办法为准。

校发〔2017〕164 号

东南大学科研项目管理办法(修订)

2017 年 7 月 26 日

第一章 总 则

第一条 为发挥学校知识和人才密集方面的优势,多渠道承接国家、地方及企事业单位的科研项目,明确科技人员和管理人员的岗位职责,保证科研计划的顺利进行并完成科研任务,不断提高学校的科技创新能力和管理水平,促进学科建设和人才培养,特制定本办法。

第二条 科研院和社会科学处是对学校科研工作实施日常管理的主要职能部门,负责分类管理学校各级各类科研项目;各院、系对本单位承担的科研项目负有协助管理责任。

第三条 科研项目管理机构应依据《国家中长期科学和技术发展规划纲要(2006—2020)》《高等学校哲学社会科学繁荣计划(2011—2020 年)》和当前国家、地方经济发展的需要,结合学校学科特色和发展规划,着眼于学科的未来发展,遵循科研发展规律,认真组织科研项目的实施。

第四条 科研项目管理遵循的原则。

1. 学校鼓励教师和科技人员承接国家科研任务、省部级科研任务、国际科技合作任务、地方政府和企事业单位委托和合作开发的科研任务,积极引导、扶植并支持各院、系科学合理地组织多学科科研队伍承接各级各类重大、重点科技任务。

2. 协调基础研究、应用基础研究与应用开发之间的关系,努力提高基础理论研究水平和创新能力,加强对面向未来产业技术的应用基础研究的引导,保证学校拥有一支精干、高水平的从基础研究到应用开发的科技队伍,提升学校在国内外的影响力和知名度。

3. 充分发挥学校学科齐全、人才与知识密集的优势,大力倡导多学科交叉和集成,积极开展多学科合作,促进各学科间交叉渗透,培育发展新兴学科。对于综合性的重大科研项目,充分发挥学部的协调作用,组织相关学科间的科技协作,联合攻关。

第五条 各院、系和科研机构应本着战略性的眼光制定中长期科技发展规划,围绕主攻方向和总体目标落实科技任务;要坚持学科的纵向深入和横向拓展,发挥优势,形成特色,赶超国内外科技先进水平。

第六条 科研项目管理主要内容包括:制定年度、近期科技工作计划和中长期科技发展规划;确定科研选题,组织项目、成果申报;督促、检查项目的实施;组织项目的验收、成果鉴定与推广应用;进行科技统计与总结等。

第二章 项目组织

第七条 科研项目按计划形式、合同形式和委托方式的特点分为纵向科研项目和横向科研项目。纵向科研项目包括:国家、部委、省市厅局下达的各类计划项目,国防科技项目(指军口管理部门直接下达的项目),国际科技合作项目(指政府下达的项目)等。

1. 国家级项目指国家科技部、国家自然科学基金委员会、全国哲学社会科学规划办下达的科研项目。

2. 省部级项目指国务院除科技部以外的其他部委以及江苏省科技厅、江苏省发展和改革委员会、江苏省经济和信息化委员会下达的科研项目。

3. 厅局级项目是指省内除科技厅、发展和改革委员会、经济和信息化委员会以外的其他厅级部门和其他省、自治区、直辖市厅级部门下达的科研项目。

横向科研项目包括:各类科技开发、服务项目、科技成果转让许可实施项目以及纵向科研项目内涵之外的项目。

第八条　科研项目的选题、申报、实施、验收、鉴定、报奖及推广应用等由科研院、社会科学处和项目所在院、系或科研机构共同组织管理。

第九条　科研项目校内管理实行项目(课题)负责人制。项目(课题)负责人既负有项目实施及按期完成的责任,同时也负有规范使用和管理项目经费的责任。科研基地、院系或创新群体、团队申报的科研项目,实行技术负责人和行政负责人制,双重负责和管理,保证项目实施及按期完成。

第三章　项目立项

第十条　科研院和社会科学处积极向各主管部门推荐专家人选,组织学校有关专家参加国家、地方、行业的规划、计划、实施方案、项目指南的制定和编写工作,及时了解、掌握相关科技信息,并向各院、系和科研机构传达和通报有关内容,组织争取各类科研项目;各院、系、科研机构和教师、科技人员有义务积极配合科研院和社会科学处的相关工作。

第十一条　申请国家、部委和地方的科研项目,必须按照有关规划、计划、项目指南、招标公告以及申请和投标办法,认真填写申请书、投标书等申报材料,经院、系主要负责人审查签字并盖章后报学校科研管理部门;科研管理部门审定,部门负责人签字,统一加盖东南大学公章后,上报各有关主管部门。

院系初审申报材料时,应当重点加强对师德规范、意识形态及学术规范等内容的审查。科研管理部门在审定申报材料时,认为必要的,应当报党委宣传部对申报材料的政治思想和意识形态方面的内容进行审核,并报人事处对申请人的师德规范进行审查。

第十二条　科研项目是科技计划的重要组成部分,必须以合同的形式确认,使其具有完整的法律关系。各类科技合同均需符合《中华人民共和国合同法》有关规定,经科研管理部门审核同意,必要时需组织专家进行合同评审并通过后,方可签约,加盖东南大学科技合同专用章。各院、系、科研机构和个人不得私自以学校名义签订科技合同,否则由此产生的经济、民事责任由当事人承担,学校不负任何经济、民事法律责任。

第十三条　为维护科研项目选题立项的严肃性和公正性,项目申请者或申请单位必须严格按照有关申请办法按时申报;对于质差、误时申报以及弄虚作假的项目,学校一律不予申报审批。凡因主观因素导致在研项目未按时完成者或因任务完成较差而造成不良影响者,纳入个人目标考核与科研诚信档案,并在两年内取消其申请各类新项目的资格。

第四章 项目实施管理

第十四条 项目负责人应由学科骨干或具备较强业务能力和组织能力的教师或科技人员担任,具体负责项目的实施和完成。项目组成员应有明确分工,在项目负责人的领导和协调下完成指定的研究工作。项目组内实行任务目标公开、进度公开和经费公开的原则。科研管理部门和项目所在学院、系、科研机构主管领导有责任督促、检查项目执行情况。

第十五条 项目立项后,应按照项目下达单位的要求认真、如实地编写项目任务书或合同。编写中,若需改变项目申请书中的有关研究内容或技术指标,必须征得项目下达单位同意或与下达单位沟通后再行填报。重大项目立项后要做好开题报告或方案论证报告,报告要求科学、可行。

第十六条 项目负责人必须在学校科研管理系统登记科研项目基本信息、成员信息、经费预算,上传相关附件等。经院系和科研管理部门两级审核后,办理相关科研经费手续。

第十七条 项目组成员严格按照任务书或合同排名,一般不予调整。若项目执行过程中确需对项目组成员进行调整,必须提交书面申请说明理由并提供相应证据,且在合同期满前六个月进行调整。研究过程中只允许变更一次,结项后不得再行变更人员排名。各级各类科研项目结题验收时,验收材料中的人员及排名一律以数字化校园科研管理信息系统中登记的信息为准。

变更程序:

1. 由项目负责人提出申请,并由项目负责人及变更前后所有项目参与人签字,项目所在学院、系盖章确认;需由项目主管部门核准的,应向项目主管部门提交人员变更申请,获得批准后方可变更。

2. 科研管理部门负责人审核并签字确认,盖部门公章。

3. 相关科室办理变更手续。

第十八条 项目负责人和成员在项目执行过程中,要保持科学的态度,严谨的作风,高水平、高质量地完成科研任务。特殊专业或实验环境较为恶劣的科技项目,项目负责人须邀请有关专业人员对项目组全体成员进行安全培训,并严格执行有关的技术安全法规,确保科研中的人身、财产安全。

第十九条 科研项目一旦立项或签约,必须严格按照项目下达时签订的合同任务书中的各项指标,按期按质完成,不得随意更改研究合同计划。确需调整并符合国家规定调整范围的,应依据相关管理要求履行有关程序。对于涉及项目实施过程中研究目标、研究内容、研究进度和执行期、主要研究人员、合作单位等重大事项的变更,要组织专家论证,学校严格审核把关,并按照项目组织单位或计划主管部门规定的相关程序、要求办理和执行。

第二十条 项目负责人应按计划或合同要求如期完成约定任务,若因特殊原因不能按时完成的,项目负责人应提前写出书面报告上报科研管理部门,由学校会同主管部门或合同对方协调处理。按申报、审定、签约的程序申请调整或撤销。项目负责人或成员因故中断研究工作，应在离开项目组前办好研究工作、研究经费、仪器设备等移交工作。项目负责人如因出国等原因离开学校，则应对其承担的科研项目进行调整，变更项目负责人，并报科研管理部门备案。项目负责人短期出国，其承担的项目由本人或本单位委托临时负责人办理有关事宜，并报科研管理部门备案。

第二十一条　科研项目(课题)立项后，其负责人可以根据科研工作实际需要，按照相关规定设立子课题(子项目)，各子课题(子项目)负责人对所管课题(项目)的经费支出负责。

第二十二条　对于科技经费数额较大的国家重点研发计划项目(课题)、国家科技重大专项项目(课题)、国防重点型号、预研项目、国家自然科学基金重大重点项目及其他重大项目等，学校将进行重点管理，并从人力、物力、时间等方面给予重点保证，以确保任务完成。

第二十三条　国家重点研发计划项目、国家科技重大专项项目的详细管理办法，分别参见《东南大学国家重点研发计划项目管理办法》和《东南大学国家科技重大专项项目管理办法》。

第五章　项目经费管理

第二十四条　项目负责人应该按照项目下达方的要求编制项目经费预算。编制项目预算必须以项目计划任务书中确定的研究任务为依据，预算书与任务书中的关键信息必须严格一致，不得任意增删或修改。

第二十五条　采用反映全额经费支出和全额经费来源的方法编制所申报项目的全额预算。总的平衡公式为：项目经费支出全额预算合计＝项目经费来源全额预算合计。项目研究经费是指项目确立后，项目研究过程中发生的所有必需的相关支出，包括与项目研究有关的所有直接费用、间接费用和协作研究支出。

第二十六条　对重大重点项目的预算，要求项目负责人在财务处、科研院、社会科学处等部门有关工作人员的指导下，根据任务下达单位的要求和规定共同编制。

第二十七条　项目经费的使用应严格按照下达的项目预算执行。如有必要调整时，应当按照项目下达方的管理规定进行调整。

第二十八条　项目组根据实际情况可以聘用科研财务助理，协助项目负责人完成项目预算的编制、项目的经费收支、预算管理与执行、财务决算报告等与项目经费相关的日常事务。

第二十九条　项目经费的详细管理办法，参见《东南大学科研项目经费管理办法》。

第六章　项目检查、验收和结题

第三十条　项目执行过程中应自觉接受各级各类检查，按照有关规定按时填写年度执行情况表或中期检查表。如果执行过程中取得重大进展或遇到重大问题，项目负责人应随时上报科研管理部门。

第三十一条　项目负责人应按照项目下达方的要求按时提交科研项目年度和中期检查报告，其中科研经费支出使用部分须经财务处审核后盖章确认。

第三十二条　对于国家和上级部门下达的重大科技项目，科研管理部门将实行跟踪管理，并对项目执行情况和存在问题做出评价，必要时写出书面汇报，连同阶段性研究成果和论文，上报主管部门。

第三十三条　科研项目完成后，项目验收工作必须在项目资助方规定的时间内完成。由项目负责人向科研管理部门递交验收所需的全部资料，科研管理部门审查合格后(财务验收材料须经财务处审核)，方可向项目主管部门或合同对方提出验收申请，经批准后及时办理和完成验收相关工作。项目验收以批准的项目可行性报告、合同文本或计划任务书、预算书约定的内容和考核目标为基本依据，对计划任务完成情况、经费执行情况、项目产生的科技成果水平、应用效果和对经济与社会的影响、实施的技术路线、攻克关键技术的方案和效果、知识产权的形成和管理、科技人才的培养和队伍建设等做出客观的、实事求是的汇总和评价。

第三十四条　项目结题验收通过第三方考核为优秀的，学校另给予一定比例奖励；对计划执行不力、任务完成不好的项目，将予以批评并减少绩效奖励；对确知科研项目完不成，并将要造成损失的科技项目，项目所在院、系应及时调整或改组项目组，并报科研管理部门备案；对交叉性研究的项目组，由科研管理部门会同有关院、系提出调整或改组项目组意见；对因主观原因或失职而延误进度，造成严重损失和损害学校信誉者，将追究其相关责任，严肃处理。

第三十五条　根据科技档案管理要求，项目结束后项目组必须及时向学校档案馆提交完整的技术档案资料和过程管理文件。技术档案的内容包括：项目申请书、技术合同、技术方案论证、可行性分析报告、执行计划、原始实验记录和工作记录、年度进展报告和总结报告、验收报告、论文、获奖材料、技术文件、图纸资料、专利证书及技术鉴定证书等。

第三十六条　项目结束后项目负责人应及时在学校科研管理信息系统中提交结题申请，经科研管理部门审核通过后，办理经费结题。结余经费的使用参见《东南大学科研项目结余经费管理办法》。

第三十七条　每年年终，科研管理部门应及时对学校本年度科技工作进行总结，对学校的科技项目进行全面统计、清理，列出科技项目清单及实施、完成情况，填报学校年度科技统计材料，做好科技年鉴的撰写工作。

第七章　附　则

第三十八条　科技成果、科技奖励的管理，分别参见《东南大学科技成果管理办法》《东南大学科技成果奖励办法》。

第三十九条　本办法由学校科研院、社会科学处负责解释。

第四十条　本办法自公布之日起执行。

校发〔2017〕237 号

东南大学青年特聘教授条例

2017 年 3 月 13 日

第一章　总　则

第一条　为加快培养优秀青年教师，促进新一代学术骨干和学科带头人的成长，推动东南大学世界一流大学建设，提高东南大学在国内外的学术地位和竞争实力，特设立“东南大学青年特聘教授”岗位制度。

第二条　“东南大学青年特聘教授”岗位实行聘期制，学校根据学科发展规划，在相关学科领域设立“青年特聘教授”岗位，优先考虑基础性学科和交叉学科。岗位面向海内外学术界公开招聘，择优竞争上岗。校外申请人员人事关系须正式调入东南大学(外国国籍或中国香港、澳门和台湾地区人士，聘期内须在东南大学全职全时工作)。受聘者冠以“东南大学青年特聘教授”称号。

第三条　“东南大学青年特聘教授”岗位总数设定为 20 个。

第二章　“东南大学青年特聘教授”职责

第四条　作为青年学术带头人，掌握本学科方向发展的最新趋势，带领本学科方向在其前沿领域紧跟和赶超国际先进水平，扩大本学科方向的国际影响和地位。

第五条　培养优秀青年人才和高水平研究生，建设一支具有较强创新能力的学术梯队。

第六条　承担本科生和研究生的教学任务。

第七条　主持国家重要的科研项目，包括国家自然科学基金重点项目、国家社会科学基金重点项目、国家重点研发计划项目等重大研究项目以及对国民经济发展有重大影响的前沿课题。

第八条　获得具有标志性的创新成果，并以东南大学教授的名义在国际重要的学术刊物上发表高水平的科研论文(第一作者和通讯作者单位均为东南大学)。

第三章　“东南大学青年特聘教授”申报条件

第九条　在教学和科研领域取得同行公认的显著成绩，有潜在培养前途的青年学者，其从事的研究领域应符合东南大学重点发展的学科方向。

第十条　“东南大学青年特聘教授”必须从事一线教学、科研工作，具有博士学位和教师系列正高级专业技术职务，热爱东南大学，模范遵守职业道德规范，具有强烈的事业心和协作精神，申请当年年龄一般不超过 40 周岁。

第十一条　近三年，在所在领域中做出以下突出成绩者均可以申报：

1. 理工医科国家奖的主要获奖者，省部级一等奖的第一获奖者；文科省部级一等奖的主要获奖者，省部级二等奖的第一获奖者；国家教学成果奖的主要获奖者，省教学成果特等奖第一获奖者；

2. 国家优秀青年科学基金获得者，国家自然科学基金重大、重点项目主持人，国家社会科学基金重点项目主持人，国家其他重大、重点项目主持人；

3. 在 *Science*、*Nature*、*Cell* 发表论文，或发表高影响因子、高他引率 SCI/SSCI 收录论文，或在《中国社会科学》发表高水平论文(以上均为第一作者)；

4. 其他学术造诣深厚、取得过学术界公认突出成果的青年学者教授。

第十二条　以上条件均为申报的基本条件，学校将根据岗位情况，择优聘任。“长江学者青年项目”入选者、“青年千人”入选者、“青年拔尖”入选者、全国优秀博士论文获得者在同等条件下优先考虑。

第四章　“东南大学青年特聘教授”的遴选与聘用

第十三条　学校人才工作领导小组负责指导东南大学青年特聘教授的评选工作，并成立评选工作小组(以下简称“工作小组”)，具体负责评选工作。

第十四条　遴选程序主要包括申报、资格审核、推荐评议、校外专家通讯评审、学校工作小组评审推荐、学校人才工作领导小组评审决定、评审结果公示、聘用等环节。

1. 申请人申报，通过学院审核推荐，报送学校工作小组，申请人连续参加遴选不得超过 2 次。

2. 学校工作小组根据遴选条件对申请人的资格和条件进行审核和初评。工作小组通过的初步人选建议名单报学校人才工作领导小组讨论。通过后形成初步人选名单。

3. 学校工作小组将初步人选的申请材料分送五位同行评审。获得超过校外通讯评审专家投票人数三分之二同意票数的候选人进入下一评审环节。

4. 学校工作小组依据同行评审意见进行评审，形成候选人推荐名单，报校人才工作领导小组。校人才工作领导小组对候选人推荐名单进行评审，采取无记名投票方式，获得投票人数三分之二同意票数的候选人通过。通过的候选人名单在校内公示，由工作小组受理异议，公示期为一周。凡有弄虚作假、侵占剽窃等学风不端或违反学术道德者，一经核实即取消资格，且不得再次参加遴选。

5. 公示无异议后正式聘用。

第十五条　遴选严格实行回避制度，申请人及其亲属均不能参加申报资格审核及评议、评审等有关工作。每位申请人可以提出不超过 2 人的校外同行专家回避名单。

第五章　“东南大学青年特聘教授”考核和管理

第十六条　“东南大学青年特聘教授”岗位实行聘期目标管理，聘期 3 年。

第十七条　东南大学与受聘者签订聘用合同，规定聘期及双方的权利和义务。

第十八条　“东南大学青年特聘教授”每年须向其岗位所在院系学术委员会汇报履行岗位职责情况及工作进展情况，进行年度考核。聘期结束前一个月，青年特聘教授须向其岗位所在院系全体教师汇报履行岗位职责情况，并提出今后的工作目标，同时向学校提交书面聘期总结报告，学校将根据聘用合同的约定对其履行聘用合同项下的义务进行期满考核。

第六章 “东南大学青年特聘教授”待遇

第十九条 “东南大学青年特聘教授”在聘期内，学校按《东南大学校内岗位绩效津贴调整方案》标准给予校岗位绩效津贴。

第七章 附 则

第二十条 本条例的解释权在东南大学人事处，“东南大学青年特聘教授”岗位实施的日常工作由人事处负责。

第二十一条 本条例自颁布之日起执行。

校发〔2017〕71 号

东南大学人才引进工作办法(修订)

2017 年 8 月 7 日

为进一步加强人才队伍建设,拓展国际视野,引导院(系)科学设岗,规范流程,选聘政治坚定、品德高尚、身心健康、业务精湛、遵纪守法的高水平人才,借鉴世界一流大学成功经验,结合东南大学实际情况,特制定本办法。

一、适用范围

教学科研岗位上引进的高层次人才,接收的具有博士学位及博士后出站人员,接收的海外留学回国人员。

二、申报流程

1. 院(系)根据学科规划及教师队伍发展需要,在上年末提出人才引进岗位及人数要求,经学校批准后确定当年度的人才引进计划,并向国内外公开发布和招聘。

2. 院(系)根据学校下达的指标,召开院(系)学术委员会,制定本年度进人计划人选的学科岗位分布、学术能力基本要求、教学能力基本要求、学缘结构基本要求,并报学校审核通过。

3. 应聘者填写《东南大学新聘人员审批表》(附件 1),表中所列内容(如学历、职称、职务、成果等)应据实填写,并提供相关证书、证明。

4. 院(系)基层党委应对应聘者材料进行审核,从中遴选出思想品德好、道德修养高、心理素质强、遵纪守法的高水平人才进行试讲。

5. 院(系)教学委员会对拟引进人员的课程试讲做出评价,实名填写《东南大学引进教师试讲测评表》(附件 2),教学委员会对其试讲效果具有一票否决权。

6. 试讲通过人员,院(系)还应召开学术委员会议,就岗位要求及初选者学术水平、学科背景、科研能力、发展潜力等进行学术评价和投票表决,并将投票结果和“学术委员会议评议意见”填写上报(见附件 3:《东南大学引进教师学术评价表》)。

7. 引进人员的专业技术职务的评定按《东南大学引进人才高级专业技术职务评审暂行办法》执行,引进人员原有的专业技术职务须认证后聘用。引进人员高级专业技术职务的认定和评定须进行同行专家学术评价及推荐。同行专家学术评价时,由申请者提供代表作由学校负责送审,其中副高级职务申请者应有 3 名及以上校外同行专家学术评价及推荐意见;正高级职务申请者,应有 5 名及以上校外同行专家学术评价及推荐意见。该环节工作可与第 4、5 项工作同时进行。

8. 在教学委员会议、学术委员会议和同行专家评价的基础上,院(系)召开党政联席会议,根据院(系)各学科建设和教师队伍发展规划情况,按照学校下达的年度教师引进计划指标确定拟引进人选,在《东南大学新聘人员审批表》中填写“院(系)部门综合意见和拟引进人员未来的工作安排、培养目标”等，由院长（系主任）及党委书记分别签字并加盖单位公章。

9. 院（系）将申报材料[包括《东南大学新聘人员审批表》《东南大学引进教师试讲测评表》《东南大学引进教师学术评价表》《东南大学同行专家鉴定表》（应聘和确认高级专业技术职务岗位人员）]及引进人员的相关证明材料等提交学校人事处待审。

三、审批流程

1. 由学校人事处就院（系）所报各项申报材料进行审查，并对拟引进人员所在单位编制情况、进人指标、岗位要求等情况进行审核。

2. 人事处每季度从学校相关学科专家库中抽取5位专家，对各单位拟引进人员申报材料进行一次评审选拔。人事处根据专家评议意见，结合学校教学科研岗位设置情况，提出引进初步意见，报主管校领导审批。

3. 学校审批通过的拟引进人员名单，在校园网公示5个工作日后最终确定。

4. 人事处负责下发引进人员聘用通知，并在引进人员体检通过后为其办理入校手续。

5. 对社会公认的高水平学科带头人、省部级及以上人才计划入选者，可简化申报、审批流程：应聘者填写《东南大学新聘人员审批表》，由院（系）报人事处，人事处根据应聘者实际情况组织专家讨论，呈报校长审批确定，签订《东南大学聘用合同》。

四、其他

1. 本办法自公布之日起执行，原《东南大学人才引进工作办法（修订）》（校发〔2015〕86号）同时废止。

2. 本办法由人事处负责解释。

校发〔2017〕245号

东南大学人文社会科学资深教授遴选办法(试行)

2017 年 3 月 15 日

为了推进我校人文社会科学队伍建设，表彰和激励在我校人文社会科学发展和研究方面取得卓越成就和做出杰出贡献的专家学者，繁荣和发展我校的人文社会科学，学校决定设立“人文社会科学资深教授”(以下简称“资深教授”)岗位。为做好有关遴选工作，特制定本办法。

第一章　资深教授的遴选原则

资深教授是东南大学自主设立的人文社会科学最高学术岗位。资深教授将严格按照条件和程序遴选，遵循公正、公平、公开、客观、高标准的原则，每两年评选一次，学校将结合学科情况，岗位优先，择优聘用，名额由学校确定。

第二章　资深教授的基本条件

(一) 从事教学和科研工作 30 年、教授任职 20 年及其以上，年龄一般不超过 65 周岁(截至遴选当年 1 月 1 日)。

(二) 政治立场坚定，思想品德高尚；治学严谨，学风正派，有深广的学术胸怀以及强烈的奉献精神和团队意识；团结同事，学术民主，充分尊重学术领域中的不同意见；与所在学科的成员同心同德，团结意识和协作精神强。

(三) 身体健康，能坚持正常的教学、科研等学术活动。

(四) 对本学科学术梯队的建设和发展做出了重大贡献，成绩突出，并具备以下条件：

1. 国家重点学科或学科评价位居前列学科、国家人文社科智库、教育部人文社会科学重点研究基地的创建者或主要带头人、主要负责人，在推进学科建设与发展方面做出了杰出贡献。

2. 担任过国家级或国际重要学术组织的主要负责人，在相应学术领域学术影响力居于国内前列，并拥有较高的国际学术影响力。

3. 牵头承担过国家级重要科研项目并获得国家级科研成果奖励，在重要学术领域取得了公认的系统性和原创性重大学术成就。

4. 在教学和人才培养方面取得突出成绩。

第三章　资深教授的遴选程序

(一) 学校人才工作领导小组负责指导资深教授的评选工作，并成立“人文社会科学资深教授”评选工作小组(以下简称“工作小组”)，具体负责资深教授评选工作。

(二) 遴选程序主要包括申报、资格审核、推荐评议、校外专家通讯评审、学校工作小组评审、评审结果公示、校党委常委会核定、聘用等环节。

1．申请人申报，通过学院审核推荐，报送学校工作小组，申请人连续参加遴选不得超过2次。

2．学校工作小组根据遴选条件对申请人的资格和条件进行审核和初评。工作小组通过的初步人选建议名单报学校人才工作领导小组讨论，通过后形成资深教授初步人选名单。

3．学校工作小组将初步人选的申请材料分送五位国内著名高校人文社会科学资深教授或中国社科院学部委员（包括荣誉学部委员）进行同行评审。获得超过校外通讯评审专家投票人数三分之二同意票数的候选人进入下一评审环节。

4．学校工作小组依据同行评审意见进行评审，采取无记名投票方式，赞同票数超过总投票数的三分之二方为通过。形成资深教授候选人建议名单，报校人才工作领导小组。校人才工作领导小组对候选人建议名单进行审议，审议通过后形成资深教授候选人名单。候选人名单在校内公示，由工作小组受理异议，公示期为半个月。凡有弄虚作假、侵占剽窃等学风不端或违反学术道德者，一经核实即取消资格，且不得再次参加遴选。

5．学校党委常委会对通过公示的候选人从政治思想表现、学术地位、学风道德情况等方面进行全面考核，确认评审结果，做出聘用决定。

6．校长根据党委常委会的决定颁发资深教授聘书。

（三）资深教授遴选严格实行回避制度，申请人及其亲属均不能参加资深教授申报资格审核及评议、评审等有关工作。每位申请人可以提出不超过2人的校外同行专家回避名单。

第四章　资深教授的待遇

资深教授在岗年龄不超过70周岁，执行协议工资制，协议工资为80万元/年。此收入为税前收入，包括养老保险、医疗保险、失业保险、生育保险、工伤保险和公积金，包含学校的突出成果奖励，个税按国家规定自理。入选者按国家和学校政策，所取得的科研劳务绩效不得超过年度协议工资的50％。

第五章　资深教授的职责

资深教授应发挥学术带头人的领军作用，承担学校的教学工作和重大科研任务，推动学科发展、队伍建设和人文社会科学领域的国际交流与合作。同时要积极参与制定学校人文社会科学发展规划，并根据资深教授的基本条件举荐资深教授候选人。

第六章　附　则

本办法由学校人才工作领导小组负责解释。

本办法自公布之日起试行。

校发〔2017〕74号

东南大学首席教授、青年首席教授聘用办法(试行)

2017 年 3 月 15 日

第一章　总　则

第一条　为推动东南大学世界一流大学建设，大力推进“人才强校”战略，持续加大海内外高层次人才引进和培养力度，建立院士、人文社会科学资深教授、长江学者和国家杰出青年科学基金获得者等高层次人才后备梯队，培养、造就在国内外处于领先水平的学术带头人，特制定“东南大学首席教授”(以下简称“首席教授”)和“东南大学青年首席教授”(以下简称“青年首席教授”)聘用办法。

第二条　首席教授、青年首席教授的聘用坚持公开招聘、平等竞争、择优聘用、严格考核、动态管理的原则。校外申请人员人事关系须正式调入东南大学(外国国籍或中国香港、澳门和台湾地区人士，聘期内须在东南大学全职全时工作)。

第二章　岗位设置

第三条　首席教授、青年首席教授岗位的设置，与学校重点优势学科和新兴交叉学科建设相结合，与加强学校教育教学工作、提高人才培养质量相结合，突出重点，合理布局，保证质量，注重实效。

第四条　首席教授、青年首席教授岗位实行聘期制，聘期三年。聘期结束后，按照工作程序重新进行申报和评审。

第三章　申报条件

第五条　国内外的著名教授和同行公认的知名学者，其从事的研究领域应符合东南大学重点发展的学科方向。身体健康，在教学科研一线工作，一般应具有博士学位，具有教师系列正高级专业技术职务，热爱东南大学，模范遵守职业道德规范，具有强烈的事业心和协作精神。申请当年，首席教授人选年龄一般不超过 62 周岁，青年首席教授人选年龄一般不超过 40 周岁(截至遴选当年 1 月 1 日)。

第六条　近三年，在所在领域中获得以下突出成绩者之一，可以申报首席教授：

1. 国家自然科学、技术发明、科技进步二等奖及以上的第一获奖者；文科国家哲学社会科学规划基金项目优秀成果奖、中宣部“五个一工程”奖、教育部高等学校科学研究优秀成果奖(人文社会科学)一等奖的第一获奖者；获得国家级教学成果一等奖及以上第一完成人；公认的国际重要学术奖项的第一获得者。

2. 国家重点研发计划项目、国家自然基金重大项目、国家社科基金重大项目等国家级重大项目负责人，以及资金为 1 000 万元以上的纵向项目负责人；或者曾经主持过两项及以上国家自然基金重大项目、国家社科基金重大项目的负责人。

第七条 近三年，在所在领域中获得以下优秀成绩之一，可以申报青年首席教授：

1. 国家自然科学、技术发明、科技进步奖前三名或省部级一等奖以上的第一获奖者；人文社科省部级一等奖以上的第一获奖者；国家级教学成果一等奖前三名的获奖者。

2. 国家自然基金重点项目、国家社科基金重点项目等国家级重点项目的负责人。

第八条 以上为东南大学首席教授、青年首席教授的基本要求，凡符合上述条件者均可申报推荐，学校将结合学科情况，岗位优先，择优聘用。

第九条 对学校学科发展急需的优秀人才及在人才培养方面取得突出业绩者，可突破条件申报。

第四章 工作任务和目标

第十条 首席教授工作任务和目标：

1. 讲授本学科核心课程，指导青年教师和研究生，在高层次创新型人才培养中做出突出贡献。

2. 引领学科发展方向，组织团队协作攻关，并取得具有国际领先水平的创新性研究成果。

3. 面向国家重大战略需求和国际科学与技术前沿，策划和承担国家重大科研项目以及对经济社会发展有重大影响的前沿课题，取得重大学术成就或社会经济效益。

4. 领导团队成员与国际知名大学和研究机构联合开展科研合作与交流，承担国际合作重大项目，扩大本学科在国内外的影响力。

第十一条 青年首席教授工作任务和目标：

1. 主讲本学科核心课程，并指导青年教师和研究生。

2. 把握本学科的发展方向，提出具有战略性、前瞻性和创造性的发展思路，带领本学科赶超或保持国际先进水平。

3. 承担国家重大科研项目，在本学科领域开展原创性研究和关键共性技术研究，获得具有重大标志性创新成果，并在国际重要的学术刊物上发表科研论文。

4. 领导本学科发展方向和学术梯队建设，根据学科特点和发展需要，组建并带领学术团队进行教学科研工作。

第五章 遴选与聘用

第十二条 学校人才工作领导小组负责指导首席教授和青年首席教授的评选工作，并成立评选工作小组(以下简称“工作小组”)，具体负责评选工作。

第十三条 遴选程序主要包括申报、资格审核、推荐评议、校外专家通讯评审、学校工作小组评审推荐、学校人才工作领导小组评审决定、评审结果公示、聘用等环节。

1. 申请人申报，通过学院审核推荐，报送学校工作小组，申请人连续参加遴选不得超过2次。

2. 学校工作小组根据遴选条件对申请人的资格和条件进行审核和初评。工作小组通过的初步人选建议名单报学校人才工作领导小组讨论。通过后形成初步人选名单。

3. 学校工作小组将初步人选的申请材料分送五位同行评审。获得超过校外通讯评审专家投票人数三分之二同意票数的候选人进入下一评审环节。

4. 学校工作小组依据同行评审意见进行评审,形成候选人推荐名单,报校人才工作领导小组。校人才工作领导小组对候选人推荐名单进行评审,采取无记名投票方式,获得投票人数三分之二同意票数的候选人通过。通过的候选人名单在校内公示,由工作小组受理异议,公示期为一周。凡有弄虚作假、侵占剽窃等学风不端或违反学术道德者,一经核实即取消资格,且不得再次参加遴选。

5. 公示无异议后正式聘用。

第十四条 遴选严格实行回避制度,申请人及其亲属均不能参加申报资格审核及评议、评审等有关工作。每位申请人可以提出不超过 2 人的校外同行专家回避名单。

第六章 管理和考核

第十五条 东南大学与受聘者签订聘用合同,规定聘期及双方的权利和义务。

第十六条 聘期结束时首席教授和青年首席教授须向其所在院系全体教师汇报履行岗位职责情况,院系根据聘用合同的约定对其履行聘用合同项下的义务进行期满考核,同时向学校提交书面聘期总结报告。

第十七条 首席教授和青年首席教授在聘用期内有违反学术道德规范或违反法律的,学校将解除与其签订的首席教授和青年首席教授聘用合同。

第七章 待 遇

第十八条 聘期内首席教授、青年首席教授执行协议工资制。首席教授协议工资 60 万元/年、青年首席教授协议工资 35 万元/年。此收入为税前收入,包括养老保险、医疗保险、失业保险、生育保险、工伤保险和公积金,包含学校的突出成果奖励,个税按国家规定自理。首席教授入选者按国家和学校政策,所取得的科研劳务绩效不得超过年度协议工资的 50%。

第八章 附 则

第十九条 本聘用办法的解释权在东南大学人事处。

第二十条 本聘用办法自颁布之日起执行。

校发〔2017〕73 号

东南大学校园网络信息安全管理规定

2017 年 8 月 9 日

第一条 为了深入贯彻习近平总书记关于网络安全系列重要讲话精神和治国理政新理念新思想新战略，进一步加强校园网络信息安全的管理，规范学校各级网络信息平台建设，保证网络信息安全，把校园网建设成为宣传党和国家事业、学校发展和改革创新的窗口，成为广大师生进行交流的平台、教育和学习的阵地，成为联系学校党政部门和广大师生的桥梁。根据《中华人民共和国网络安全法》《计算机信息网络国际联网安全保护管理办法》(公安部令第 33 号)和《互联网新闻信息服务管理规定》(国家互联网信息办公室令第 1 号)等法律法规和相关文件精神，结合我校实际情况，特制定本规定。

第二条 本规定中的网络信息是指东南大学在校园网内由学校各单位建立的互联网站、应用系统、论坛、新媒体(博客、微博客、公众账号、即时通信工具、网络直播)等网络信息平台中的所有信息。

第三条 学校网络安全和信息化领导小组负责领导校园网络信息安全全面工作，党委宣传部负责校园网络信息的审查、监督、监测、监管，网络与信息中心负责技术支持与保障，学校各单位对各自主管的网络信息平台信息负有审查、监测、监管的责任。

第四条 网络信息平台主管单位按照“谁主管谁负责、谁运维谁负责、谁使用谁负责”的原则切实落实信息安全责任。明确责任、加强引导、突出重点、保障安全。院系党委书记是本单位网络信息及信息安全的第一责任人，网络(系统)管理员是直接责任人；机关各部处及直(附)属单位的主要负责人是本部门的第一责任人，网络(系统)管理员是本部门的直接责任人。

第五条 党委宣传部负责对校内各单位网络信息平台建设申请的审定和备案工作。通过技术手段，对新媒体加强集中管理，严格审批与备案程序。网络与信息中心为校内各单位提供统一的互联网站制作软硬件平台(网站群)及新媒体监测监管技术手段，原则上各单位的互联网站应建立在网站群中。各单位所需应用系统的建设由网络与信息中心统一策划并组织实施。

第六条 为进一步加强校内网络信息平台的管理，经学校批准开设的网站论坛只有“虎踞龙蟠 BBS”，学校集中精力建设、管理与维护好现有网站论坛。各单位因教学、科研、管理和社交需要开设网站设论坛的，必须向党委宣传部申请，经批准后方能建设。凡经批准开设论坛的网站，必须采用后台实名制进行身份认证，关闭匿名发帖功能，并妥善保留相关的系统日志。

各网络信息平台对用户身份信息和日志信息负有保密和保管的义务，不得泄露、篡改、毁损，不得出售或非法向他人提供，同时应对信息数据做好安全备份工作。

第七条 各网络信息平台必须明确责任人和网络(系统)管理员，同时将责任人和网络(系统)管理员及其联系电话通过 OA 邮件报党委宣传部审核和网络与信息中心备案；

如人员发生变更,需在调整发生日起两天内通知党委宣传部和网络与信息中心。

第八条　校内各网络信息平台的管理工作应当由学校全职员工担当,采用第三方进行开发的应用系统,在正式启用后必须由本部门网络(系统)管理员接管。

第九条　网络信息平台的主管单位应加强信息发布的有效审核、监督和正确引导,时常更新网络信息内容。如网络信息平台的网络信息长期不用或无人管理,党委宣传部经核实后应通知相关主管单位进行整改或注销该平台。

第十条　各网络信息平台主管单位及校内个人用户不得利用国际联网危害国家安全、泄露国家秘密,不得侵犯国家的、社会的、集体的利益和公民的合法权益,不得从事违法犯罪活动。不得利用网络信息平台制作、下载、复制、查阅、发布、传播或者以其他方式使用含有下列内容的信息:

1. 煽动抗拒、破坏宪法和法律、行政法规实施的;
2. 煽动颠覆党的领导、国家政权,妄议党中央,推翻社会主义制度的;
3. 煽动分裂国家、破坏国家统一的;
4. 煽动民族仇恨、民族歧视,破坏民族团结的;
5. 捏造或者歪曲事实,散布谣言,扰乱社会秩序的;
6. 宣扬封建迷信、淫秽、色情、赌博、暴力、凶杀、恐怖,教唆犯罪的;
7. 公然侮辱他人或者捏造事实诽谤他人的;
8. 损害国家机关信誉的;
9. 其他违反宪法和法律、行政法规和校纪校规的。

第十一条　网络(系统)管理员必须监测网络信息平台网络信息的发布情况,及时发现网络信息平台内传输的信息明显属于本办法第十条所列内容之一的,应当立即停止传输并及时删除,保存有关记录,并向党委宣传部或向国家有关机关报告,确保网络信息平台健康运行。

第十二条　各网络信息平台主管单位及校内个人用户转载新闻信息,应当转载中央新闻单位或各省、自治区、直辖市直属新闻单位等国家规定范围内的单位发布的新闻信息,注明新闻信息来源、原作者、原标题、编辑真实姓名等,不得歪曲、篡改标题原意和新闻信息内容,并保证新闻信息来源可追溯。

第十三条　对校内网络信息平台,主管单位在网络与信息中心的指导下必须制定服务器安全管理技术要求,定期清查服务器漏洞或病毒,以防止服务器中的重要信息文件通过漏洞或病毒程序到处传播,避免造成重大网络安全事故。

第十四条　在党委宣传部和网络与信息中心指导下,各网络信息平台主管单位要经常组织开展形式多样、针对性强的全员网络安全宣传教育和培训工作,践行"忠诚、担当、创新、廉洁、团结、奉献"的网信精神,将网络与信息安全意识和政治意识、责任意识、保密意识结合起来,大力弘扬社会主义核心价值观,提高全体师生员工的安全和防范意识。着力提高识别有害信息的能力,培养良好的媒介素养,树立科学健康的用网习惯,培养规范、合法的网络行为。

第十五条　在党委宣传部和网络与信息中心指导下,各网络信息平台的主管单位责任人应定期对网络信息平台进行安全检查,检查内容应包括:

1. 安全责任落实情况，重点检查网络信息平台管理人员落实情况；

2. 安全防范措施落实情况，重点检查网络信息平台的身份认证、访问控制、防篡改、防病毒、防攻击等安全技术措施的有效性；

3. 应急相应机制建设情况，根据《东南大学网络和信息安全类突发事件应急处置预案》的要求，重点检查网络信息平台出现问题后的应急预案制定、落实情况，应急技术支持队伍建设情况，重大信息安全事故处置情况，以及重要数据及业务系统的备份情况；

4. 安全隐患排查及整改情况，重点检查对安全事故、防范措施、设备设施等方面存在的漏洞和薄弱环节的排查情况，分析产生问题和隐患的原因，研究和落实整改措施等情况；

5. 安全形势及安全风险评估，深入、系统地分析外部安全形势和内部防范措施的有效性，全面评估网络信息平台及信息内容的安全风险状况，提出整改意见。

第十六条 对违反校园网络信息安全管理规定造成信息安全事故的直接责任人和有关单位的第一责任人，应根据相关规定进行责任追究。对情节严重、触犯国家法律的移交司法机关处理。

第十七条 本规定自颁布之日起实施，原有《东南大学校园网络信息安全管理条例》同时废止。

第十八条 本规定由党委宣传部和网络与信息中心负责解释。

校发〔2017〕254 号

东南大学突发公共事件应急预案(试行)

2017 年 7 月 12 日

第一部分 总 则

一、编制目的和依据

为全面提高学校处置各种突发公共事件的能力,保障师生员工生命财产安全,保持学校稳定和促进教育事业持续健康发展,根据《国家突发公共事件总体应急预案》《教育系统突发公共事件应急预案》以及江苏省人民政府、江苏省教育厅相关预案和有关法律、法规,结合学校实际,制定本预案。

二、突发公共事件的分类和适用范围

根据突发公共事件的性质和高校特点,本预案主要适用于以下各类事件:

1. 社会安全突发事件。主要包括:校园内外涉及师生的各种非法集会、游行、示威、请愿以及集体罢餐、罢课、上访、聚众闹事等群体性事件,民族宗教事件,各类恐怖袭击事件,师生非正常死亡、失踪等可能会引发影响学校和社会稳定的事件等。

2. 公共卫生突发事件。主要包括传染病疫情,群体性不明原因疾病,食品安全和职业危害,以及所在地区发生的、严重影响师生健康和生命安全的事件。

3. 事故灾难突发事件。包括学校楼堂馆舍内发生的火灾、建筑物倒塌、拥挤踩踏等重大安全事故,校园重大交通安全事故,校园水面冰面溺水事故,大型群体活动公共安全事故,造成重大影响和损失的后勤供水、电、气、热、油等事故,危险化学品事故,核与辐射事故,重大环境污染和生态破坏事故等。

4. 网络与信息安全突发事件。主要包括利用校园网络发送有害信息,进行危害国家安全、色情、迷信等宣传活动;窃取国家及教育行政部门、学校保密信息,学校重要网络数据丢失等可能造成严重后果的事件;各种破坏校园网络安全运行的事件。

5. 自然灾害突发事件。包括气象、洪水、地质、地震灾害以及由地震诱发的各种次生灾害等。

6. 考试安全突发事件。包括在学校举行的各类考试中,在命题管理,试卷印刷、运送、保管等环节出现的泄密事件,以及在考试实施、评卷组织管理过程中发生的违规事件。

7. 影响学校安全与稳定的其他突发公共事件。

本预案适用于学校重大突发公共事件的应对工作,凡涉及跨校或本省区域的突发公共事件,依据有关预案处置。

三、突发公共事件的级别

突发公共事件按照事件的紧迫程度、形成的规模、行为方式和激烈程度、可能造成的

危害和影响，一般分为：Ⅰ级（特别重大事件）、Ⅱ级（重大事件）、Ⅲ级（较大事件）、Ⅳ级（一般事件）。

四、工作原则

（一）预防为主，教育疏导

各部门单位要始终把维护校园稳定作为头等大事来抓，立足防范，抓早、抓小。切实解决好师生员工关心的问题，积极做好教育疏导工作，认真开展矛盾纠纷排查调处工作，努力把不安定因素解决在萌芽、解决在基层、解决在校内。

（二）统一指挥，快速反应

学校成立突发事件应急处置工作领导小组（以下简称“领导小组”），全面负责学校应对突发公共事件的处置工作，形成以校级领导小组为核心的处置突发公共事件快速反应机制。一旦发生重大事件，确保发现、报告、指挥、处置等环节的紧密衔接，做到快速反应，正确应对，处置果断，力争把问题解决在萌芽状态。

（三）系统联动，群防群控

发生突发公共事件后，领导小组成员，各相关部门单位、院（系）主要负责人要立即深入第一线，掌握情况，开展工作，控制局面。形成各部门单位、院（系）系统联动、群防群控、全方位、立体式处置突发事件的工作格局。

（四）以人为本，依法处置

处理突发公共事件，要坚持从保护师生员工生命和财产安全的角度出发，按照“动之以情，晓之以理，可散不可聚，可顺不可激，可分不可结”的工作原则，严格区分和正确处理两类不同性质的矛盾。及时化解矛盾，防止事态扩大。一定要在法律许可的范围内开展工作，必要时可请求公安、司法等部门介入和援助。

（五）落实责任，齐抓共管

学校党委书记是维护稳定工作的第一责任人，党政齐抓共管，明确分工，各负其责。各部门单位和院（系）严格落实领导责任制，层层落实责任。

（六）加强保障，重在建设

从制度上、组织上、物质上全面加强应对突发公共事件的保障措施。在领导精力、经费保障和力量部署等方面加强硬件与软件建设，增强工作实力，提高工作效率。

第二部分　组织体系及职责

一、领导小组

学校党委和行政是本校范围内突发公共事件应急管理工作的最高领导机构。学校成立突发事件应急处置工作领导小组,作为学校应急处置突发公共事件的领导指挥机构。领导小组由党委书记、校长任组长,常务副书记、常务副校长、分管副书记和副校长任副组长,领导小组成员由相关部门的负责同志组成。

领导小组的主要职责是:传达贯彻上级有关稳定工作的指示精神,部署学校稳定工作。对校内发生的突发公共事件,实行集中领导,统一指挥。组织部署各有关机构和部门迅速依法处置校内发生的各类突发公共事件,维护学校安全与稳定。重大问题及时向上级领导部门请示报告。

二、领导小组办公室

校突发事件应急处置工作领导小组下设领导小组办公室,挂靠在党委办公室,由党委办公室主任任主任,校长办公室主任、保卫部(处)部(处)长、党委学工部部长、党委研工部部长任副主任。领导小组办公室是领导小组的日常办事机构。在处理突发公共事件时,领导小组办公室协助各类突发事件应急处置工作组开展工作。

领导小组办公室职责是:根据领导小组的部署,具体协调各有关部门单位,分工合作;及时收集、整理动态信息,提出处理各类突发公共事件的指导意见和具体措施,并向领导小组提出对策建议;负责上传下达和校内外信息传递;负责与校外有关机构联络;调动应急力量;对处置突发公共事件过程中发现的问题进行研究并提出对策等。

三、应急处置工作组(应急处置指挥部)

根据突发公共事件的类别,校突发事件应急处置工作领导小组下设相应的应急处置工作组(应急处置指挥部),负责突发公共事件的现场指挥处置。

(一) 社会安全突发事件应急处置工作组

社会安全突发事件应急处置工作组由分管校领导任组长,党委办公室主任、校长办公室主任任副组长。指挥部办公室设在党委办公室,相关工作由党委办公室、校长办公室主任协调。

(二) 公共卫生突发事件应急处置工作组

公共卫生突发事件应急处置工作组由分管校领导任组长,校医院院长、保卫处处长、总务处处长、丁家桥校区管委会主任任副组长。工作组办公室设在校医院,相关工作由校医院协调。

(三) 事故灾难突发事件应急处置工作组

事故灾难突发事件应急处置工作组由分管校领导任组长,保卫处处长、总务处处长、实验室与设备管理处处长担任副组长。工作组办公室设在保卫处,相关工作由保卫处协调。

（四）网络与信息安全突发事件应急处置工作组

网络与信息安全突发事件应急处置工作组由分管校领导任组长，党委宣传部部长、网络与信息中心主任任副组长。工作组办公室根据情况，相应设在宣传部或网络与信息中心，相关工作视情况由宣传部或网络与信息中心协调。

（五）自然灾害突发事件应急处置工作组

自然灾害突发事件应急处置工作组由分管校领导任组长，总务处处长、保卫处处长任副组长。工作组办公室设在总务处，相关工作由总务处协调。

（六）考试安全突发事件应急处置工作组

考试安全突发事件应急处置工作组由分管校领导任组长，教务处处长、研究生院常务副院长、继续教育学院院长、海外教育学院院长任副组长。工作组办公室根据情况，相应设在教务处、研究生院、继续教育学院、海外教育学院等单位，相关工作视情况由相应单位协调。

各应急处置工作组（应急处置指挥部）的职责是：

1. 决定是否启动相关预案；
2. 负责指挥处置本类突发事件；
3. 研究确定事件性质、类型以及与其他类别突发事件的联系，决定实施处置方案；
4. 决定信息报送的标准、内容以及请求上级指示、援助等事项；
5. 决定对外发布信息的口径和时间、方式等；
6. 总结经验、教训，调查有关责任人的责任。

四、职能工作组

为有效、迅速应对校内突发公共事件，校突发事件应急处置工作领导小组根据工作需要设立六个职能工作组，接到突发事件指令后，迅速赶到现场，听候应急处置工作组（应急处置指挥部）调动。

（一）信息联络与舆情应对组

工作组设在党委宣传部。组长由宣传部部长担任。主要职责是：预防和处置各类突发事件及舆论危机，维护学校形象，创造良好的社会舆论条件。广泛收集校内外、国内外有关安全和稳定的信息，对一些有预警性和背景性的信息及时整理形成报告上报校领导，供领导决策参考；负责校内指挥命令上传和下达；利用各种宣传工具（包括校电视台、广播电台、校报、虎踞龙蟠 BBS、官方微博、微信、橱窗、宣传栏等）积极开展正面宣传活动；负责敏感时期校内媒体（虎踞龙蟠 BBS）的监控工作；负责与校外媒体联系，统一对外媒体接待及宣传口径；负责与政府有关部门联系，沟通信息或请求援助。

(二)教育疏导组

工作组设在党委学工部。组长由党委学工部部长、党委研工部部长担任,副组长由继续教育学院、海外教育学院等单位分管学生工作的副院长担任,其他分管学生工作的负责同志为成员。主要职责是:发挥好学工干部、辅导员和学生干部队伍作用,做好学生思想政治教育工作;及时了解掌握师生员工的思想动态和引发事端的原因,掌握深层次、预警性信息;事件发生时,及时有效地做好师生员工的思想教育和疏导工作;协助信息联络与宣传组做好突发事件期间的舆论引导和宣传工作。

(三)治安保卫组

工作组设在保卫处,组长由保卫处处长担任。主要职责是:突发事件的现场控制,人员疏散,校内交通管制;落实重点要害部位安全措施;维护学校治安秩序,防止各类破坏活动;加强与公安部门的联系,协助公安机关查破案件,调查事故。

(四)后勤保障组

工作组设在总务处。组长由总务处处长担任,副组长由财务处处长、后勤党工委书记担任。主要职责是:提供车辆、电力、通讯、食宿等有关条件,维护学校正常工作、生活秩序;建立应急救灾物资储备仓库,以备不时之需;保障突发事件时期的后勤供给。

(五)外事工作组

工作组设在国际合作处(港澳台办公室)。组长由国际合作处处长担任,副组长由海外教育学院院长担任。主要职责是:收集掌握涉外方面的动态信息,将有关学校安全稳定的信息及时上报领导小组办公室;妥善处理突发事件期间与外籍人员有关的事宜,保持与政府外事部门、有关国家驻华外交机构的联系。

(六)医疗救治组

工作组设在校医院。组长由校医院院长担任,主要人员由校医院有关人员组成。负责突发公共事件发生后的医疗救治工作;做好传染病人的疫情报告、隔离消毒等相关工作;负责与校内外医疗机构的联系。

五、各院(系)、各单位突发公共事件应急处置机构

各院(系)、各单位成立相应的突发事件应急处置工作领导小组,由党委书记、单位主要负责人任组长,院长(系主任)、党委副书记任副组长,设信息员一名。各院(系)、各单位的突发事件应急处置工作领导小组平时接受校突发事件应急处置工作领导小组办公室领导,处理突发事件时接受校突发事件应急处置工作组(应急处置指挥部)指挥,并配合各职能工作组开展工作。

各院(系)、各单位突发事件应急处置工作领导小组职责:落实维护安全稳定工作责任制;广泛开展安全防范与维护稳定的宣传教育活动;掌握师生员工的思想动态,做好教育

疏导工作;收集有关安全稳定的信息,发现影响安全稳定的因素及时向领导小组办公室报告;负责处置本单位内部发生的一般性突发公共事件,全力配合学校妥善处置本预案所列各类突发公共事件。

第三部分　预防和预警机制

一、预防预警信息

(一) 信息报送原则

1. 迅速:最先发现突发公共事件的单位或个人应在第一时间向学校各级突发事件应急处置工作机构报告。

领导小组办公室电话(工作日):52090020、83793038;52090035、83790198。

保卫处 24 小时值班电话:83793110(四牌楼校区),52090110(九龙湖校区),83272438(丁家桥校区)。

2. 准确:信息内容要客观翔实,不得主观臆断,不得误报、漏报、瞒报。

3. 直报:发生 I 级突发事件,可直接向校突发事件应急处置工作领导小组成员报告。

4. 续报:事件情况发生变化后,应及时续报。

(二) 信息报送机制

领导小组办公室接到突发公共事件报告后,应立即报告领导小组和相关应急处置工作组(应急处置指挥部),通知各职能工作组组长或副组长,并按领导要求开展工作,同时与事发地保持密切联系,进一步核实情况。对重大信息,领导小组办公室按领导小组意见,及时上报教育部和江苏省委省政府、省教育工委、省教育厅及省、市公安部门。

(三) 信息主要内容

1. 事件发生的基本情况,包括时间、地点、规模、涉及人员、破坏程度以及人员伤亡等情况;

2. 事件发生起因分析、性质判断和影响程度评估;

3. 已经采取的措施;

4. 校内外公众及媒体的反应;

5. 事态现状、处置过程和结果;

6. 需要报送的其他事项。

二、预防预警行动

1. 加强应急反应机制的日常管理,强化校园稳定工作中的预测预警意识,充分发挥各院(系)、单位突发事件应急处置机构在掌握动态、收集信息中的基础性、直接性作用,对可能发生的突发公共事件及时做出预警。

2. 加强人员培训,定期开展演练活动,提高队伍理论素质、实践技能和应对突发公共事件的指挥能力,在实践中不断运用和完善应急处置预案。

3. 做好应对学校各类突发公共事件的人力、物力和财力方面的储备工作,确保突发公共事件预防、现场控制的应急设施、设备和必要的经费。

三、信息发布

严格按照党中央、国务院、教育部和江苏省的有关规定,牢牢把握信息发布和舆论控制的主动权。信息发布要全面、客观、准确、及时。建立学校新闻发言人制度(由党委宣传部负责),必要时向公众或媒体公布重大突发事件的相关信息。

第四部分　应急预案启动标准和响应程序

一、特别重大事件(Ⅰ级)应急响应

特别重大事件(Ⅰ级)发生后,应立即启动本预案,领导小组应立即进入指挥状态,并将处置情况及时报教育部、江苏省委省政府及省、市公安部门。

二、重大事件(Ⅱ级)应急响应

重大事件(Ⅱ级)发生后,应立即启动本预案,领导小组应立即进入指挥状态,并将处置情况及时报教育部、江苏省委省政府及省、市公安部门。

三、较大事件(Ⅲ级)应急响应

较大事件(Ⅲ级)发生后,领导小组办公室应立即进入指挥状态,请示领导小组是否启动本预案,及时报告处置情况,将相关信息及时报教育部、江苏省委省政府及省、市公安部门。

第五部分　突发公共事件处置程序

突发公共事件发生后,在处置上要快速响应、指挥有力、措施果断,各职能工作组、各院(系)及单位突发公共事件的应急处置机构要在领导小组的统一指挥下,各司其职,密切配合,形成快速、准确、高效的工作机制。

一、预防阶段

各院(系)、各单位要按照“安全第一”和“预防为主”的方针,加强安全教育和安全检查,配合职能部门落实对重点人头和重点部位的控制措施,注意发现、收集可能危及校园安全稳定的信息,及时报告领导小组办公室,及时采取预防措施,有效预防突发公共事件的发生。领导小组办公室要经常对各院(系)、各单位的上述工作进行督促、检查,对检查不合格单位责令限期整改。

二、发生阶段

一旦发生突发公共事件,校突发事件应急处置工作组(应急处置指挥部)立即进入运转状态,指挥部和总值班室设在保卫处报警中心(电话:83793110、52090110),领导小组办

公室协助指挥部工作。各职能工作组立即到位，并保持通讯联络顺畅、快捷，按事件的性质、规模、范围采取相应的处置措施。紧急情况需外部协助的立即向有关部门电话求助（火灾“119”；人员伤亡“120”；重大案件“110”）。必要时可预先通知校内广播、电视、网络等传媒做好播报准备。在事件处置过程中，要与上级相关部门保持密切联系。

三、善后处理阶段

认真总结经验教训，落实整改措施，依法追究并查处相关责任人，安抚和平静师生情绪，尽快恢复正常秩序。

第六部分　应急保障

一、信息保障

领导小组办公室应建立健全并落实突发公共事件信息收集、传递、报送、处理等各环节运行机制，完善信息传输渠道，保持信息传输设施和通信设备完好，保持通讯方便快捷，确保信息报送渠道的安全畅通。

二、物资保障

领导小组办公室应建立处置突发公共事件的物资储备，保障妥善处置突发公共事件的物资充足。特殊应急物资应由专人保管，保证物资、器材的完好和可使用性。物资存放合理，保持通道畅通，物资运输便利、安全。

三、资金保障

领导小组办公室应将突发公共事件应急资金纳入学校统一财政预算，设立突发公共事件应急专项资金，资金的使用由领导小组办公室归口管理。年度突发公共事件应急资金需求超过预算的，严格按照学校预算调整审批程序执行。

四、人员保障

领导小组办公室应组建突发公共事件应急预备队，一旦启动预案，立即投入使用。应急预备队按照突发公共事件的具体情况和指挥部门要求及时调整成员组成。预备队主要由党委学工部、保卫部（处）、校医院和总务处等部门人员组成。

五、培训演练保障

领导小组办公室应积极开展应急处置工作队伍的技能培训，定期进行应急模拟演练，提高协同作战和快速反应能力。

六、责任与奖惩

突发公共事件应急处置工作实行领导负责制和责任追究制。对在突发公共事件应急处置中做出突出贡献的先进集体和个人要给予表彰和奖励。对在突发公共事件应急处置中未按照规定履行报告职责,迟报、瞒报、漏报和谎报重要情况,在突发公共事件调查、控制、救治等工作中玩忽职守、失职、渎职以及未能履行应急处理职责的行为,将对有关责任人员给予行政处分,构成犯罪的,依法追究刑事责任。

第七部分　附　则

一、制定与解释

本预案由学校制定并根据实际情况变化及时修订,由领导小组办公室负责解释并组织实施。

二、实施时间

本预案自发布之日起实施。

三、附属单位预案的建立与完善

学校附属中大医院、成贤学院、资产经营有限公司等附属单位应参照本预案,制定切合本单位实际的突发公共事件应急预案,并向领导小组报备。

第八部分　附　件

东南大学新型科研机构管理办法(试行)

2017 年 5 月 31 日

第一章 总 则

第一条 为了推动学校的多学科交叉、国际合作和国防军工科研加速发展,切实推行“行政虚体、学术实体”的新型科研机构建设理念,根据国家、省部有关文件和《东南大学科研机构管理办法》等文件精神,特制定本办法。

第二条 新型科研机构的建立依托东南大学科研与人才优势,结合人才培养、学科建设的需要,坚持基础研究与应用研究并重,广泛开展科学研究、产业推进和人才培养的立体化合作,打造高端引领、柔性互动的科研载体,大力培育和发展国际一流新型科研机构。

第二章 新型科研机构的设置

第三条 新型科研机构是东南大学设立的科研载体,依据其成立性质的偏重,分为学科交叉型、国际合作型、国防军工型三大基本类别。

学科交叉型科研机构是为了整合校内多学科资源而设立的科研机构,旨在推动院、系、学科之间的融合交流,提升综合研究水平和核心竞争力,鼓励积极参与国家重大项目研究,引领产业规划和社会发展。

国际合作型科研机构是为了吸引全球高端人才,打造具有鲜明前沿学术研究方向的科研机构,旨在推动高水平学科与世界一流大学、科研院所和企业建立起具有长效机制的合作关系,着眼于提升学科研究水平,提升创新实力。

国防军工型科研机构是为了响应中央军民融合发展战略而成立的机构,旨在加速提高学校在国家重大安全领域的科研水平和服务国防重大需求的实力。

第四条 新型研究机构名称:

东南大学××(研究方向名称)研究院(中心);

东南大学××(学者名称)研究院(中心);

东南大学××(合作单位名称)研究院(中心)。

第五条 新型科研机构成立应具备如下条件:

1. 符合国家中长期科技发展规划;

2. 符合学校“双一流”建设总体发展目标;

3. 有明确、稳定的研究方向和研究目标,具有承担国家或地区重点科研任务的能力;

4. 有明确的国内外高水平科研团队合作意向,有明确的人才引进和互动计划;

5. 相关学科在该领域具有一定的研究优势、拥有研究基础,以及围绕研究院建设目标而集聚的研究队伍。

第六条 新型科研机构的建设、发展规划纳入学校的统一领导和管理,自然科学和社会科学领域的新型科研机构分别由科研院和社会科学处负责协调日常事务。

第七条　新型科研机构设立程序:

由院(系)提出申请,科研院(社会科学处)组织论证,形成可行性论证报告,提交校长办公会审议,审议通过后,由科研院(社会科学处)呈文,分管科研副校长签发校文批准成立。

第八条　新型科研机构是相对独立的学术机构,不作为独立的行政机构。

第三章　新型科研机构组织构架与人员管理

第九条　新型科研机构设立学术委员会,学术委员会由同行专家、新型科研机构学术带头人构成。学术委员会聘任由科研院(社会科学处)呈文,分管科研副校长签发校文,并报人事处备案。

新型科研机构设立院长(主任)一名,根据实际情况可选择设立常务副院长一名代行院长(主任)职责,同时设立副院长(副主任)若干名。院长(主任)人选经校长办公会通过后,聘任由科研院(社会科学处)呈文,分管科研副校长签发校文;副院长(副主任)等机构负责人聘任由科研院常务副院长(社会科学处处长)签发院(处)文,并报人事处备案。

新型科研机构应建立规范的管理章程,刻制校内业务专用印章。

第十条　学术委员会行使以下职责:

1. 指导发展规划;

2. 审核科研方向;

3. 把握重点任务;

4. 审议用人条件。

第十一条　新型研究机构的院长(中心主任)行使以下职责:

1. 组织制定发展规划;

2. 全面负责机构日常运行事务;

3. 协调与校内各部门之间的工作联系;

4. 决策新型研究机构重大事项;

5. 组织制定新型科研机构管理制度。

第十二条　新型科研机构科研人员组成:国内外高水平学者及其团队成员,东南大学教师、博士生(后)、硕士研究生,新型科研机构根据工作需要聘用的专职和兼职科研人员。

第十三条　新型科研机构可根据工作需要按《东南大学专职科研系列人员管理聘用办法(试行)》招聘专职科研人员,依据学校相关规定做好聘用、考核等工作。

第十四条　校内原有教师和科研人员经个人申请,按照相关新型科研机构管理制度采用备忘约定方式柔性进入或退出该机构工作。

第四章　新型科研机构的财务管理

第十五条　新型科研机构的财务管理构必须按照学校财务管理规定执行,并接受学校财务审计。

第十六条　新型科研机构科研经费的提扣办法,参照学校管理办法执行;所提扣的管理费包括学校管理费、科研管理基金、相关院(系)管理费、科研发展基金,其中,院(系)提扣部分暂仍留存各院(系)。

第十七条　新型科研机构科研项目经费的其他管理和经费使用办法均严格依照国家和学校相关管理办法实施。

第五章　新型科研机构的考核

第十八条　新型科研机构实行年度报告与定期评估制度。新型科研机构每年年终须向科研院(社会科学处)提交年度工作报告,作为评估工作的重要依据。

第十九条　科研院(社会科学处)对新型科研机构的管理,主要通过检查评估的形式进行。每年由科研院(社会科学处)组织一次年度检查,每两年组织一次全面评估。检查评估的主要内容:

1. 承担的科研任务完成情况、科研经费使用情况;
2. 人才培养的数量和质量情况;
3. 完成的论文、专著及知识产权等情况;
4. 科研成果的经济效益和社会效益情况;
5. 学术交流情况;
6. 财务运行情况等。

第二十条　对年度检查运行良好的新型科研机构,学校根据具体情况以运行费等方式予以奖励和支持。对年度检查不合格的新型科研机构,由科研院(社会科学处)提出警告和整改意见,并向校长办公会通报情况。对当次评估不合格的新型科研机构,由科研院(社会科学处)提出整改或撤销建议,并提交校长办公会批准。

第二十一条　新型科研机构根据人事考核要求每年组织对科研人员的考核,对考核不通过的人员依据聘用合同或学校人事管理制度进行处理。

第二十二条　新型科研机构中校内原有教师和科研人员的科研经费、科研项目、科研成果等均可计入其原单位,实行双算。专职科研人员的成果可以由新型科研机构根据人员所属学科或相关院(系)的贡献度等综合考虑后统计到指定院(系)。

第六章　附　则

第二十三条　本办法由科研院(社会科学处)负责解释。

第二十四条　本办法自公布之日起施行。

校发〔2017〕152 号

东南大学学生工作领导小组会议议事规则

2017 年 5 月 4 日

第一章　总　则

第一条　为全面贯彻党的教育方针，保证决策的科学化、民主化、规范化，根据《普通高等学校学生管理规定》和《东南大学章程》等文件精神，特制定本规则。

第二条　东南大学学生工作领导小组会议是受校长授权负责对全日制本科生、研究生教育管理等相关事项进行决策的专门会议。

第二章　议事范围

第三条　学生工作领导小组会议的议事范围包括：

(1) 传达上级关于学生工作的重要文件或会议精神，结合学校情况研究、讨论实施意见和贯彻措施；

(2) 制定、审定或修改与学生工作相关的规章制度；

(3) 听取各部门有关学生工作重要事项的汇报，并就请示的有关问题作出决定或决议；

(4) 研究决定对学生作出取消入学资格、取消学籍、退学、开除学籍或者其他涉及学生重大利益的处理或者处分决定；

(5) 通报、交流、研讨学生工作；

(6) 为校长办公会相关决策提供方案或意见；

(7) 其他有关学生工作的相关内容。

第三章　议题的提出与确定

第四条　各部门根据工作需要，提出学生工作领导小组会议议题，提交的议题由会议秘书单位汇总后报学生工作领导小组组长审定。

第五条　提交学生工作领导小组会议的议题，相关部门应提前向秘书单位提供书面材料，内容包括汇报要点、需讨论的事项、论证报告以及对所提出事项解决办法的建议或方案。

第六条　除临时召集的会议外，每次会议的日期和议题，秘书单位应提前 3 天通知每位与会人员，以便作好议事准备。

第七条　学生工作领导小组会议一般不临时增加议题。确需临时增加议题，应征得组长或其他会议主持人同意。

第四章 会议的组织与召开

第八条 学生工作领导小组会议原则上每月召开一次。如遇重大或紧急事项可随时召开。

第九条 学生工作领导小组由分管学生工作的党委副书记任组长，分管教学工作及研究生工作的副校长任副组长，组员为党委办公室、校长办公室、党委宣传部、党委学生工作部、党委研究生工作部、团委、研究生院、教务处、学生处、保卫处、财务处、总务处、丁家桥校区管理委员会、体育系、海外教育学院、校医院等部门负责人，成贤学院负责人列席会议。学生工作领导小组成员由学校文件《关于调整学校学生工作领导小组成员的通知》确定并调整。

第十条 学生工作领导小组会议由学生工作领导小组组长召集或主持，组长不能参加时，由组长指定其他副组长召集或主持。

第十一条 学生工作领导小组会议必须有半数以上成员到会方能召开；讨论《东南大学大学生手册》及《东南大学研究生手册》的修订，对学生作出取消入学资格、取消学籍、退学、开除学籍或者其他涉及学生重大利益的处理或者处分决定等重要事项时，应有三分之二以上会议成员到会方能召开。

第十二条 学生工作领导小组会议成员不能出席会议的，需向组长请假，可以指定分管领导代会。

第十三条 学生工作领导小组会议议题汇报人一般为提出该议题的部门负责人。根据议题需要，会议主持人确定其他相关人员列席会议，在讨论到相关议题时进入会场，汇报或讨论完毕即退场。列席会议人员不具有表决权。

第十四条 学生工作领导小组会议议题涉及与会者本人或其直系亲属以及其他有利益关系的主体时，有关成员应主动申请回避。

第十五条 学生工作领导小组会议由秘书单位负责派专人做好会议记录及相关的会务工作，并做好会议记录的保管、归案工作。

第十六条 遇有特殊情况，经学生工作领导小组组长同意，学生工作领导小组会议可以书面征求成员意见的形式召开。

第十七条 学生工作领导小组会议秘书单位为学生处，秘书单位负责做好会议签到、会议记录及相关会务工作，及时形成会议纪要并经组长或其他会议主持人审核，同时做好会议所有材料的保管、归档工作。

第五章 议事决定或决议

第十八条 学生工作领导小组会议采取一题一议的方式。其议事程序一般为：由提出议题的会议成员或有关部门负责人就议题作简要说明和汇报，内容包括汇报要点、需讨论的事项、论证报告以及对所提出事项解决办法的建议或方案；有特殊需要时，经会议主持人同意，可由列席会议人员作补充汇报；学生工作领导小组会议成员就此议题充分发表意见；主持人征求与会成员意见后，归纳集中做出决定或决议；对学生作出取消入学资格、取消学籍、退学、开除学籍或者其他涉及学生重大利益的处理或者处分决定以及其他需要表决的重要事项,要在与会成员充分沟通、发表意见的基础上进行表决。

第十九条　学生工作领导小组会议表决事项时,以超过应到会成员人数的半数同意为通过;讨论对学生作出取消入学资格、取消学籍、退学、开除学籍或者其他涉及学生重大利益的处理或者处分决定等重要事项时,以超过应到会成员人数的三分之二同意为通过。

第二十条　确需校长办公会决定或其他领导小组会议讨论决定的,由学生工作领导小组组长向各成员释明,并指示提交议题部门按学生工作领导小组会议精神报有关会议。

第二十一条　对缺席的会议成员,必要时会后可由会议主持人向其转告本次会议重要事项的议事情况和结果,或由秘书单位以会议纪要形式送阅。

第六章　决定或决议的执行及执行情况的反馈

第二十二条　学生工作领导小组会议形成的决议为生效决议,与会成员应根据分工负责的原则予以落实。由秘书单位开具“决议执行单”,经组长或其他会议主持人签发后,送达相关部门执行。相关部门在决定或决议执行后应将执行情况以书面形式报秘书单位,学生处负责对决定或决议的执行进行督查督办,及时将执行情况报告组长或学生工作领导小组会议,并将有关材料及时存档。在执行过程中,在确遇新情况、新问题,不适宜或不可能按原决定或决议执行时,由主要执行部门的负责人提请学生工作领导小组会议复议,若经表决确需重新作出决定或决议的,应先撤销原决定或决议,并重新作出新决定或决议。

第七章　纪律要求

第二十三条　坚持集体领导制度。凡属学生工作领导小组会议议事范围内的重要问题必须由集体讨论,按少数服从多数做出审定和决议。

第二十四条　学生工作领导小组会议决议事项,根据《东南大学信息公开实施细则》有关规定予以公开。

第八章　附　则

第二十五条　本规则由学校授权学生处负责解释。

第二十六条　本规则经学校校长办公会通过后发布,自发布之日起执行。

东南大学研究生指导教师责任制实施办法(试行)

2017年8月9日

第一章 总 则

第一条 研究生指导教师(以下简称“导师”)作为研究生培养的第一责任人,应对研究生培养具有高度的使命感和责任感,肩负教书与育人的神圣职责。为进一步强化导师责任制,提高研究生培养质量,根据国家有关规定并结合我校实际,特制定本办法。

第二条 本办法适用于我校全体研究生导师,经学校批准聘任的校外兼职导师参照执行。

第二章 育 人

第三条 导师应坚持党的教育方针,忠于人民教育事业,履行教书育人的义务,承担立德树人的职责。熟悉国家和学校有关学位与研究生教育的政策法规和规章制度,有理想信念,有道德情操,有扎实知识,有仁爱之心。

第四条 导师应对研究生的成长成才履行全面指导职责,应全面了解研究生政治思想、学业科研及身心健康等各方面的情况,积极帮助解决出现的困难和问题,加强研究生社会主义核心价值观的培育和高尚人格的塑造,引导研究生树立远大理想和奋斗目标。

第五条 导师应坚守高尚的科学道德和严谨的治学态度,加强教风与学风建设,以身作则,言传身教,教育研究生崇尚科学,敢于探索,勇于创新,遵守学术规范,树立良好的学术道德。

第六条 导师应主动关心研究生,经常与研究生交流,了解研究生学习和生活情况,指导研究生做好职业规划,鼓励研究生到国家重点行业、关键领域和急需岗位就业。

第三章 招 生

第七条 导师应自觉遵守研究生招生工作的相关规定,树立科学的人才选拔理念,坚持公平公正的原则,严格把握人才选拔质量关,积极参与学校和学院研究生招生宣传和优秀生源选拔活动。

第八条 导师根据学校和学院的安排,参与研究生入学考试命题、评卷、复试、录取等工作,必须参加培训、了解政策、熟悉规则、掌握方法,严明招生纪律,坚决抵制徇私舞弊等不正之风。

第九条 导师应有明确的研究方向并承担适合指导研究生的科研课题,有充足的科研经费能保证研究生课题研究的需要,且能够按学校规定向研究生足额发放助研津贴。导师每年可根据自身科研需求及项目经费情况,申请下一年度的研究生招生资格,只有通过学院和学校审核的导师方可列入下一年度招生目录。

第四章 培 养

第十条 导师应根据本专业培养方案要求和因材施教的原则,与研究生共同制订培养计划,指导其选课和课程学习;同时指导研究生阅读文献资料,组织研究生参与学术研讨和学术交流活动,积极为研究生从事创造性科学研究、发表高水平科研成果、参加国际学术交流活动创造有利条件。

第十一条 导师要指导研究生选择科研方向、确定研究课题、审查开题报告、制订相关的论文工作计划并负责论文的指导工作。对研究生的学位论文或拟发表的与学位论文有关的学术论文应进行必要的指导并亲自审稿把关,履行必要的手续,并做好知识产权保护工作。

第十二条 导师应引导、鼓励研究生参与国家、地方和国防重大项目研究,加强对研究生独立从事科研工作能力的培养,正确处理研究生论文工作与完成科研项目的关系,避免研究生单纯为完成导师的科研、开发任务而工作。

第十三条 导师应督促研究生认真学习和执行《东南大学研究生手册》中的各项规定;定期检查研究生培养计划的执行情况、科研工作和学位论文工作的进展情况;定期与研究生当面交流,一般每月不少于4次。

第十四条 导师应协助有关部门做好研究生的阶段性考核,注意发现优秀人才,对表现优秀的研究生应提出进一步重点培养的意见;对不宜继续培养的研究生,要及时向主管部门反映情况,并提出处理建议。

第五章 管 理

第十五条 研究生院是学校管理研究生导师队伍的主要职能部门,负责导师的评聘、培训、管理等工作,并与学院共同做好导师的日常管理工作。导师应自觉参加学校和学院组织的定期培训。

第十六条 导师所在学院应对导师工作给予支持和帮助,为保证研究生培养质量提供良好的环境和条件;学院有责任对新导师在研究生培养的关键环节予以指导和帮助。

第十七条 经学校批准跨学科招收研究生的导师,其相关研究生的招生、培养、学位授予及日常管理等工作,在所跨学科依托的学院进行,导师接受其相关业务管理,并按照所跨学科的要求培养研究生。

第十八条 导师每年应有半年以上的时间在国内指导研究生。导师如因出差、出国、身体因素或其他原因,三个月以上、半年以内无法履行导师职责,应委托其他导师代行职责或请学院负责落实研究生的指导工作,并将有关措施报所在学院备案。如预计超过半年无法履行导师职责,应提前一个月向所在学院提出申请,落实导师更换事宜,并将导师调整措施报研究生院审批、备案。

第十九条 鼓励建立导师指导小组,全程指导培养研究生,第一导师在研究生培养过程中负首要责任,其他成员协助第一导师完成培养任务,必要时可代行第一导师职责。兼职导师招收研究生必须建立导师指导小组,与校内合作导师共同指导培养研究生。

第二十条 学校对于认真履行导师职责、培养研究生成绩显著的导师,将依据相关规定予以表彰或奖励。

第二十一条　导师在研究生培养过程中，如出现下列情况之一，将暂停招生：

1. 本人未申请招生或未达到招生资格年审基本条件；

2. 根据国务院学位办或江苏省学位办学位论文抽检结果，指导的研究生学位论文存在不合格并被确认；

3. 不认真履行导师职责，导致研究生培养质量、学术道德等出现重大问题。

第二十二条　出现下列情况之一的导师，将退出导师岗位，其已招收的研究生转由该学科或相近学科的其他导师指导，以后若再要求指导研究生，则需重新参加导师遴选。

1. 无特殊原因，连续 3 年未申请招生或未达到招生资格年审基本条件；

2. 近五年内，指导的研究生学位论文在国务院学位办或江苏省学位办学位论文抽检中被确认为不合格累计达 2 次；

3. 经认定存在学术不端行为；

4. 出现违纪违法等其他严重问题。

第二十三条　导师调离学校前，需办理研究生指导工作的交接手续，且一般情况下要更换导师(所指导的研究生半年内将毕业的除外)。

第二十四条　导师停止招生年龄按学校相关文件规定执行，停止招生的导师应继续将其在读研究生培养至毕业。

第六章　附　则

第二十五条　本办法由学校授权研究生院负责解释。

第二十六条　本办法自公布之日起实施。原《东南大学研究生指导教师管理办法(试行)》(校通知〔2012〕148 号)同时废止，学校其他关于研究生导师的管理规定与本办法相冲突的，以本办法为准。

校发〔2017〕256 号

东南大学医学教育教学改革和发展的进展及进一步深化的实施方案

2017 年 10 月 16 日

一、东南大学医学教育的总体情况

大学以“立德树人”为历史使命，医学教育涉及医疗和教育两个最为直接的民生问题，承担着为维护人民健康培养人才的重要责任，是卫生与健康事业发展的重要基础。

医学教育是东南大学人才培养体系中的重要组成部分，主要任务由医学院、公共卫生学院、生命科学研究院和附属中大医院等承担。我校医学教育坚持以本科医学教育为基础、卓越医师培养为重点、拔尖创新人才培养为核心，着力提高本科生和研究生教育质量。

我校医学教育依托综合性研究型大学的优质教学资源和优良育人环境，多学科集成交融，适度控制招生规模，积极开展医学教育教学改革，致力于合格医师、卓越医师和医学拔尖创新人才培养。

我校以获批教育部第一批“卓越医生教育培养计划”项目试点高校——五年制临床医学人才培养模式改革试点高校(共 72 所)、第一批临床医学硕士专业学位研究生培养模式改革试点高校(共 64 所)、拔尖创新医学人才培养模式改革试点项目(共 26 所)和“国家级临床医学专业综合改革试点项目”为契机，紧密结合自身特色和社会需求，积极探索优化培养方案和培养模式，特别是为拔尖创新人才培养积累有益的经验。

医学教育最具有前沿性。我校作为综合性大学充分利用多学科优势，促进学科交叉融合，切实把医学教育放在优先发展的重要地位，为实现医学教育和医学学科跨越式发展，制定我校医学教育教学改革发展规划和进一步深化的实施方案。

二、我校医学教育教学改革的进展及成效

我校医学教育的办学理念：医学精英教育。

培养目标：崇高的医德、精湛的医术、科学的素养、人文的情怀和国际的视野。

教学主线：遵循生命轨迹，构筑卓越之梯。遵循“生老病死”的生命轨迹，将生命科学与医学的专业教育和“关爱生命、维护健康”的素质教育贯穿全程，将医学教育打造为“卓越医师”成长的攀越之梯，培育“德医兼修”的社会主义医疗卫生人才。

(一) 医学教育教学改革不断深化

1. 积极开展研讨型教学方式

我校已初步建立并继续完善研讨型教学体系、临床技能培训教学体系、科学研究与创新实验教学体系、课外研学与课外活动教学体系，加强了对医学生自主学习、人文素养、科研创新、临床技能、临床思维等方面的培养。

(1) 基于问题的学习(PBL)。开设 PBL 系列研讨型课程，每届学生从大一到大四，需

要系统完成约30个案例学习。已撰写108个成熟案例，将“生命的轨迹”所涉及的基础医学、临床医学、医学人文、医德教育、法律伦理等知识有机地融合于案例中。

(2) 基于案例的学习(CBL)。在大学四年级学生已具备了相应基础及临床知识后，开设“疾病诊断与临床思维”课程，通过临床病例讨论形式，鼓励学生提出诊断、鉴别诊断、治疗和做出预后评估等临床决策，为培养医学生综合运用医学知识能力和批判性思维打下坚实基础。

(3) 基于科学研究的学习(RBL)。已开设创新实验课程18门，分为科研设计类、科研方法与技术应用类及科研实验类，积极推进了实验教学改革，提升学生对科学研究的探究兴趣，培养学生科研思维。

(4) 基于标准化病人的学习。标准化病人从患者角度出发，对评价医学生沟通能力及人文素养更有说服力。已培训了一批标准化病人，营造多种临床情景，不仅用于临床技能的培训与考核，而且有效训练学生医患沟通和临床决策能力。

2. 全面加强医学生临床技能训练

(1) 整合临床技能训练课程群。我校组建了临床技能训练课程群，分别将《全国大学生临床技能竞赛指南》所规定的107项临床技能逐一落实到临床技能训练课程群中。通过模拟教学与床边教学相结合的方式，努力实现医学生临床操作规范化、系统化。

(2) 建立完善多阶段技能考核体系。在学生进入临床实习前，进行通科技能培训，通过考核方可进入临床实习阶段。实习过程中通过各科室的实习考核、中期实习检查考核及实习结束的临床综合考核等形式，对学生临床知识及技能的掌握起到很好的促进作用。

(3) 全程贯穿临床实践教学。构建“早期临床——社区见习——临床见习——社区实习——毕业实习”五位一体的临床实践教学体系。

(4) 辅以丰富的课外学习活动。通过早期接触临床/病人、医学知识竞赛、医学创新论坛暨科研设计大赛、“挑战杯”、临床技能大赛、大学生课外研学等系列活动优化了育人环境。2017年我校对国家、省级和校级SRTP及实验和技能大赛总经费投入已达70余万元。

(二) 医学教育教学改革取得的成效

通过系列改革，我校医学生生源质量稳步提升。医学生专业思想、学习能力、人文情怀、临床技能和综合素质得到加强，在近年的全国医学生临床技能大赛中表现突出、成绩优异。

教学计划和人才培养方案得到不断优化，质量保障体系不断完善，人才培养质量稳步提高，2016年顺利通过临床医学专业认证。

附属中大医院充分发挥高水平临床教学基地的重要作用，高质量地承担国家级全科医师培训基地和住院医师规范化培训基地的任务，并与临床医学硕士专业学位研究生教育有机衔接。

三、我校医学教育教学改革下一步工作重点

(一) 进一步完善医学教育管理体制

综合性大学医学教育管理体制是当前国内高校普遍面临的问题,由于大学、职能部门、医学院、附属医院的管理体制不够明晰,医学教育和医学人才成长的特殊规律没有得到应有的体现和准确的把握。我校于2009年将原基础医学院和临床医学院合并组建为医学院,整体上对医学教育、本科生人才培养方案制定、教育教学管理等方面发挥了积极的促进作用。

成立大学层面的医学教育改革工作领导小组,由常务副校长和教学副校长牵头,相关职能部门和医学院、公共卫生学院、生命科学研究院及附属中大医院负责人作为成员,加强协同,进一步探索综合性大学建设高水平医学教育的新机制、新模式,增强医学教育办学自主性和整体性,充分整合校内外医学教育资源,实现大学、生命科学与医学部、医学院、附属医院(临床学院、教学医院、社区医院)的全面合作和协调发展,逐步实化医学院对医学教育的统筹管理职能,全面提升医学人才培养的质量。

(二) 积极探索硕博一体化人才培养模式

我校先后与德国乌尔姆大学及汉堡大学建立合作关系。近年我院获批"中德临床医学专业学位人才培养项目",每年10名获临床医学专业硕士学位者,可申请国家留学基金委CSC资助项目(中德临床医学专业学位创新型人才培养项目),前往德国乌尔姆大学和汉堡大学医学院攻读博士学位。学生先在国内进行"5+3"本科及硕士课程学习和临床轮转,获得相应硕士专业学位和规范化培训合格证书后,赴德国进行2～3年科研训练,符合德国高校毕业要求的学生,可授予MD或PhD学位。

我校坚持精英教育和培养卓越医师的理念,要进一步完善"5+3一体化""5+3+X"的研究生培养方案。在开展五年制临床医学人才培养模式改革的基础上,将住院医师规范化培训、临床医学专业硕士培养以及临床专业学位博士研究生教育有机衔接,构建规范化临床医学人才培养体系,积极探索一条"适合中国国情,具有东大特色"的拔尖创新医学人才培养模式。

(三) 加强学科建设与师资队伍建设

经过多年建设,我校已形成一支年龄、知识结构较合理的高水平医学师资队伍,产生了一批国家级精品课程、教学成果奖,承担多项教学改革项目。

由于基础医学教师引进较困难,今后的建设重点将放在大力引进和培养具有医学背景的基础医学学科的教师上。根据学校"高端师资倍增计划",每年争取引进包括高水平学术带头人、中青年骨干教师及专职科研人员等在内的15～20人。

加快改革人力资源管理和薪酬制度,在加强岗前培训、提高教学规范性的前提下,积极激励临床教师参与教育教学的积极性,培育一支热心教学、临床技能扎实的临床带教师资队伍,促进教育教学内容与临床技术技能同步更新。

（四）加强临床教学基地建设

积极探索附属中大医院管理体制机制改革，整合各方资源，继续支持附属中大医院的建设与发展，明确大学附属医院临床教学的主体职能。在国家级临床技能实训中心的基础上，努力建设成为国家级临床教学培训示范中心，在本科生临床实践教学、研究生培养、住院医师规范化培训及临床带教师资培训等方面发挥示范辐射作用。

2014 年附属中大医院获批国家级首批住院医师规范化培训基地，下一步要加快完善住院医师规范化培训制度，健全临床带教激励机制，严格培训过程管理和结业考核，持续加强培训质量建设。

附属中大医院心血管病学专科已获批成为心内科专科医师规范化培训制度试点专业，今后要不断提高临床医师专科诊疗与带教水平，为探索和完善待遇保障、质量控制、使用激励等专科医师培训相关政策积累经验。

加强临床医学与公共卫生学科的融合交叉，探索建立公共卫生与临床医学复合型人才培养机制，培养一批临床医学专业基础扎实、防治结合的公共卫生人才。

（五）推进医学教育国际合作交流

我校将“国际化”作为医学生培养和提高办学水平的有效途径之一，不断加强与国际知名高校的交流合作。对低年级在校医学生进行 1～3 个月的短期互换交流，进行临床见习或临床实习。近五年医学院有 100 余名同学参加国际短期（1～3 个月）交流/实习，接收了近 20 名国外留学生来我校进行交流。近二年来，按照合作协议，德国乌尔姆大学一批教授应邀访问医学院，为医学院拔尖创新班同学带来了为期一周、医学前沿的全英文研讨课程，生动新颖的授课艺术受到同学们热烈欢迎。

今后，我校将进一步拓宽医学生海外研学的渠道，争取更多赴国际一流大学的交流机会，精心设计海外研学的内容，不断改进交流的效果，使更多优秀的医学生具备国际视野和发展潜力。

在本科生交流的基础上积极推进硕士生及博士生的国际互换合作培养，目前与瑞典乌普萨拉大学合作培养硕士生正在启动，建立合作研究生学院的协议正在谈判中，争取建立稳定合作关系的国际一流大学扩大到 5～6 所。

当前医学教育教学改革面临宝贵机遇，我们要牢记使命，攻坚克难，狠抓落实，为全面提高医学人才培养质量而努力。

校发〔2017〕317 号

发展规划工作

综　　述

2017年是学校全面落实"十三五"事业发展规划的关键之年，是全面深化综合改革和加快推进"双一流"建设的重要之年，也是学校创新发展阔步向前的丰收之年。发展规划部(处)、高教所踏实奋进，为学校的创新发展而努力。

一、推动学校二级管理和试点学院建设

发展规划部结合综合改革、放管服改革的要求，以及借鉴国内外高校有效经验，根据我校实际情况，起草《东南大学校、院(系)两级管理实施方案》，协同人事处制定和修改了新的试点学院改革方案，起草了《东南大学进一步深化院系综合改革的意见》。

二、制定《东南大学推动简政放权放管结合优化服务改革方案》

为贯彻国家简政放权、放管结合、优化服务的改革要求，进一步完善东南大学内部治理结构，释放办学活力，规划部根据《关于深化高等教育领域简政放权放管结合优化服务改革的若干意见》(教政法〔2017〕7号)的要求，制定《东南大学推动简政放权放管结合优化服务改革方案》，并上报教育部。该方案深入查找影响东南大学事业进一步发展、阻碍学校基层学术组织和师生创新活力激发、影响办学效率提升的体制机制问题，把构建科学制度、优化管理机制，解决瓶颈问题作为出发点和归宿，创新管理方式，推进学校管理职能转变，推动管理重心下移，持续推动人才培养、人事管理、科研体制等方面的校内决策、审批等制度改革，对构建权责更分明、管理更科学、监督保障更有力、服务更优质的具有中国特色和东大特点的世界一流大学体制机制具有重大意义。

三、形成《东南大学关于促进服务经济社会发展的改革方案》

规划部根据《省教改办关于实施"完善县城内义务教育 教师均衡配置体制机制"等3项教育综合改革重点推进事项的通知》，紧密结合本校实际，研究制定《东南大学关于促进

服务经济社会发展的改革方案》，并上报江苏省教育厅。该方案本着“坚持为人民服务，为中国共产党治国理政服务，为巩固和发展中国特色社会主义制度服务，为改革开放和社会主义现代化建设服务”的理念，推动学校进一步改革创新创业、产教融合、协同创新的体制机制，优化学科布局，更好地服务于地方经济社会发展。

四、参与《东南大学本科教学评估审核报告》《东南大学双一流建设方案》《东南大学双创示范基地建设工作方案》等多份重要文件的起草工作

我部门作为主要参与单位，直接撰写并修改了《东南大学本科教学评估审核报告》《东南大学双一流建设方案》《东南大学双创示范基地建设工作方案》。上述工作均作为学校的年度重点工作，对学校提升办学水平，冲击世界一流大学的意义十分重大。

党建与思想政治工作

纪检监察工作

2017年,学校纪委认真贯彻落实党的十八大、十九大精神以及中央纪委七次全会重要精神、习近平总书记系列重要讲话精神以及2017年教育系统党风廉政建设工作视频会议精神,紧紧围绕中央巡视工作、“双一流”建设及学校改革发展大局,创新工作思路,加大工作力度,纪检监察各项工作扎实推进,党风廉政建设工作水平持续提升。

一、即知即改、立行立改,全面配合学校党委开展中央巡视工作

1. 完成中央巡视期间所有问题线索的受理及处置

中央巡视期间,学校纪检监察部门共收到中央巡视组移交信访件115件,受理问题线索78件(其中22件重复件),另有业务范围外问题线索37件,已经全部完成处置。

2. 对相关责任人、单位依纪依规做出处理

巡视期间,学校共对8人共计12人次给予党政纪处分,诫勉谈话11人次,通报批评10人次,批评教育112人次,要求在领导班子会议上做出自我批评1人次,下达监察建议书8份,另解除聘用合同1人次,按要求辞去职务2人,免去副处级职务1人,相关人员上缴违规兼职取酬559 472.66元。

二、紧扣重点工作巩固扩大中央巡视整改成果,继续推进学校党风廉政建设工作

1. 召开2017年度党风廉政建设工作会议

校党委书记易红在会议上作《全面贯彻落实党的十九大精神,扎实推进党风廉政建设工作,为“双一流”大学建设提供坚强政治保证》的报告,校党委副书记、纪委书记任利剑作《以党的十九大精神为强大动力,全面提升新时代东南大学党风廉政建设整体工作水平》

的报告，总会计师丁辉、副校长黄大卫和吴刚分别结合财务、基建、总务、科研、产业等领域的党风廉政建设工作进行分析并提出相关要求，进一步提升全校各单位工作的规范性，增强内控机制建设水平。

2. 开展2017年度校领导班子成员切实落实“党政同责，一岗双责”相关工作

通过开展一次专题调研、进行一次廉政教育、完成一次工作汇报的“三个一”工作，不仅促进了各单位发现问题、解决问题能力的提升，而且校领导班子、全校二级单位及全体党员领导干部的“党政同责，一岗双责”意识和理念进一步增强，以上率下、上下联动的党风廉政建设责任体系和格局进一步构建和完善。

3. 开展2017年度校中层党政领导班子和领导干部党风廉政建设责任制检查考核工作

深入贯彻落实党的十九大关于全面从严治党的新部署、新要求，将廉政建设责任制检查考核纳入基层党组织书记党建述职、机关作风建设考评、单位年度综合考核等工作中，形成合力，确保责任落实。

三、坚持挺纪在前，信访举报及重点领域监督工作等扎实推进

1. 完成自收件问题线索的受理及处置

除中央巡视期间外，截至2017年12月31日，全年学校纪检监察部门共收到信访件74件，受理问题线索64件，另有业务范围外问题线索10件。经核查，对相关责任人、单位依纪依规做出处理，共计行政开除1人，行政降级1人，诫勉谈话5人，全校通报批评3个单位或个人，批评教育3人，下达监察建议书5份，相关人员上缴EMBA(高级管理人员工商管理硕士)招生奖励、科研经费自查自纠费用14.4399万元。按照上级要求，做好驻厅纪检组月报、省纪委季报、驻部纪检组年报工作。

2. 干部人事、物资采购、招生等监督工作深入开展

全年共出具干部党风廉政意见函29人次，对248个公开采购项目进行监督。其中校内公开采购183项，涉及金额1.5亿元；参与委托社会招标代理招标监督65项，涉及金额3.13亿元。进一步严格招生监督工作程序，完成2017年高水平艺术团学科测试、自主招生、江苏省综合评价测试、大学英语四六级及研究生入学考试等监督工作。

3. 完成多项专项检查、调查工作

完成“违规公款购买消费高档白酒问题自查自纠”和集中整治、税控发票线索专项调查、省教育纪工委2013—2016年度纪检监察信访举报工作绩效管理检查考核、高校纪检工作体制调研等工作，配合完成高级管理人员工商管理学位及其他专业学位研究生教育自查自纠、直属高校财务专项治理等工作；完成学校“EMBA领导干部学员清理不彻底问题”的专项调查，指导并配合附属中大医院开展廉政风险点与内控机制薄弱环节专项检查工作。

4. 强化规范管理意识

全年共召开 4 次纪委全委会,其中 1 次为纪委全委扩大会;完成全校院系、直附属单位“三重一大”决策制度实施办法的初步汇编整理,全校“三重一大”决策制度建设更趋规范;修订、制定《东南大学纪检监察信访举报工作实施细则(修订)》《东南大学礼金礼品登记上交处理办法》《东南大学党风党纪监督员、特邀监察员工作条例》《东南大学自主招生及特殊类型招生等监督工作规范(试行)》《东南大学专兼职纪检监察干部队伍能力提升计划》5 项规章制度。

5. 加强纪检监察队伍和二级纪委建设

结合工作深入开展理论研究,实现纪委专职干部参加各级各类业务培训的全覆盖,聘请 18 位同志担任东南大学第七届党风党纪监督员、特邀监察员;指导成贤学院成立纪委。

四、加强廉洁教育,多途径开展党风廉政建设宣传教育工作

1. 深入开展廉政文化作品展览及征集评选活动

对 2012—2017 年廉政文化作品进行整理,举行“翰墨传清韵,丹青寓廉风”东南大学廉政文化作品展并在学校内进行巡展。围绕“讲修养、讲道德、讲诚信、讲廉耻”的主题开展 2017 年度东南大学廉政文化作品征集活动并进行评选。2016 年度多项廉政文化作品获教育部、江苏省奖励。

2. 充分利用校内媒体开展廉政教育活动

全年在《东南大学学报》“党风廉政建设”专栏刊发文章 10 篇,东南大学官方微信“东南风清”栏目推出微信 17 期,在《东南大学学报》以“2016 年度东南大学廉政文化作品选登”“2017 年东南大学廉政文化获奖作品选登”“2017 年度廉政建设工作会议”为主题刊发专版。

3. 结合“两学一做”学习教育贴近师生开展廉洁教育

结合“双抓双促”大走访工作,至总务处、成贤学院等单位进行走访调研,深入基层单位宣讲党风廉政建设制度;坚持逢新必教,将廉政教育内容纳入新入职教师培训及新任中层干部培训;就学校信访工作中的典型案例进行整理,用身边事教育身边人。

4. 编印《学习参考资料》并完成纪委网站改版

围绕迎接中央巡视工作,编印以“十八大以来党中央就加强党的建设提出的新观点和新要求”等为内容的《学习参考资料》,进一步增强全体党员干部的纪律意识和规矩意识。纪委网站改版完成并发布运行,新增廉洁文化、学思践悟等栏目,廉政宣传教育平台建设进一步加强。

5. 持续开展作风建设

在元旦、春节、五一节、端午节、国庆节、中秋节等重要时间节点，通过发布通知、推送微信等多种方式，进一步强调和重申廉洁自律有关规定。

组织工作

2017 年，党委组织部围绕学校党委中心工作，以学习贯彻党的十九大精神、推进“两学一做”学习教育常态化制度化为重点，继续强化干部工作的科学化、规范化、制度化建设，努力推进基层党组织建设，加大对干部、党员、入党积极分子等的教育培训力度，做好人才工作，不断加强自身建设，努力开创组织工作新局面。

一、迎接中央巡视工作，认真做好整改

认真迎接中央巡视，以及选人用人专项和意识形态工作专项巡视工作，切实做好整改。完成《中共东南大学委员会关于干部选拔任用工作的报告》，修订完善了《校级领导干部民主生活会实施办法》《东南大学中层领导干部选拔任用工作条例》《东南大学中层领导后备干部选拔培养暂行办法》《东南大学院（系）级党组织党校工作条例》《东南大学中层领导干部教育培训工作条例》，制定出台《关于进一步加强在教职工中发展党员工作的意见》《关于加强基层党建工作的若干举措》和《东南大学中层领导干部兼职管理暂行办法》，严肃处理违规经商办企业和违反报告个人有关事项相关规定的干部。

二、扎实推进“两学一做”学习教育常态化制度化

制定实施方案，明确目标要求，全面动员和部署，通过持续用力保证“两学一做”学习教育融入日常、充分发挥党支部的主体作用、坚持领导干部率先垂范等方法措施，以及加强引领、督导和制度化建设，切实推动学习教育常态化制度化。开展“书记项目”活动，以问题为导向，实行项目化推进，使领导干部切实解决基层矛盾和困难，整改问题，增强为民服务意识，提高服务质量和水平，推动基层党建和事业发展。

三、在全校开展“双抓双促”大走访大落实活动

根据江苏省委的相关要求，在全校领导干部中开展以“抓整改促服务，抓项目促落实”为主要内容的大走访大落实活动，主要是以问题为导向，组织校党政领导班子成员及各单位、各部门领导班子成员下基层走访，了解掌握基层工作情况，帮助解决基层工作矛盾和师生员工困难，切实整改工作中存在的问题，切实加强基层党的思想建设、组织建设、作风建设、反腐倡廉建设和制度建设，促进领导干部进一步增强为民服务意识，提高服务质量和水平。同时，针对基层和师生员工关注的矛盾问题，实行项目化推进，促进矛盾问题的及时解决和政策措施的有效落实，推动基层党建工作和教育事业改革发展不断取得新成效。重点围绕五个方面开展工作：听意见、找短板，排问题、定项目，改作风、树形象，强责任、善作为，抓长效、立常态。

四、认真做好对干部的培养、选用、管理和监督工作

全面贯彻中央干部工作新要求,修订完善干部选拔任用工作条例,推进干部人事工作的科学化、规范化、制度化,做好干部的培养、选用、管理和监督工作。

1. 根据中央巡视组反馈的检查情况及整改建议,全面修订了《东南大学中层领导干部选拔任用工作条例》

坚持按照习近平总书记提出的好干部标准选人用人,进一步完善干部选拔任用各个环节,严格规范选人用人工作程序,制作了干部选拔任用工作流程图,实行全程纪实,进一步提高选人用人科学化水平。全年任免中层领导干部 64 人,其中新提拔任用 18 人,平级调整 19 人,机构变更重新任命 13 人,因机构调整、调出、退二线、个人请辞等免职 14 人。启动了 20 个岗位的选拔和推荐工作,其中 7 个岗位采用民主推荐方式,9 个岗位采用竞争上岗方式,4 个岗位尚未确定选任方式。组织民主推荐大会 6 场,组织面试及面谈共 7 场,考察岗位人选 34 人,考察谈话 670 人次,参加考察测评的有 1 000 人次;试用期满经测评合格正式任用干部 8 人;拟任职干部征求纪委意见函发出 28 份,拟任职干部征求财务处意见函发出 28 份;中层干部离任审计通知发出 16 份。

2. 进一步拓宽选人视野和用人渠道,全面修订了《东南大学中层领导后备干部选拔培养(暂行)办法》

进一步挖掘、培养优秀年轻干部和骨干教师,努力建设一支素质优良、数量充足的后备干部队伍。在试点院系完成后备干部人才情况摸底调查工作。

3. 严格执行干部工作"一报告两评议"制度

根据中组部《2016 年度中央单位选人用人"一报告两评议"工作方案》及教育部有关通知要求,于 2017 年 3 月 22 日召开 2016 年度选人用人"一报告两评议"工作评议大会。大会上校党委对我校 2016 年度选人用人工作情况作了报告,与会人员听取大会报告后对我校 2016 年度选人用人工作情况和新选拔任用的党政干部进行了民主评议和测评,测评结果及相关总结报告及时上报中组部和教育部。通过"一报告两评议"使广大师生员工在干部选人用人工作上,既有发言权,又有评议权,营造了群众监督的良好环境和氛围。

4. 根据教育部人事司《关于做好 2016 年直属高校领导班子和领导人员年度考核的通知》精神,于 2017 年 2 月 24 日召开校级领导班子和领导干部 2016 年度考核述职、测评大会

大会上校党委书记和校长代表班子进行了述职述廉,领导班子成员作了个人述职述廉。与会人员听取述职述廉报告后对校领导班子和领导班子成员进行了民主测评,测评结果及相关总结报告及时上报教育部。

5. 积极配合中组部、教育部、江苏省委组织部进行校级领导干部的选拔推荐、考察工作

全年共组织 3 次推荐测评大会,同时安排好个别谈话,借阅干部人事档案、提供相关材料等,经过民主推荐,我校有 3 名干部交流、提拔到其他中管高校、部属高校、省属高校

任职。按照教育部有关要求，推荐了两名干部赴驻外使（领）馆工作。积极配合江苏省委、南京市委进行全国人大代表，省人大代表、政协委员，市人大代表、政协委员候选人的推荐工作，提供相关材料并配合完成考察工作。

6. 做好从严管理监督干部工作

2017年是《领导干部报告个人有关事项规定》《领导干部个人有关事项报告查核结果处理办法》两项新法规实施的第一年。根据中组部、教育部有关文件要求，结合学校实际，经过摸底调研，制定了2017年领导干部个人事项集中填报方案，并进行了集中培训。2016年组织集中填报134人，其中随机核查15人。经认定，查核结果与本人填报情况基本一致12人，占80%。其中属于漏报行为情节较轻的，给予批评教育，责令作出检查，限期补报1人；属于漏报行为情节较重的，给予批评教育，责令作出检查，限期补报并诫勉处理1人；属于隐瞒不报，给予批评教育，责令作出检查，限期补报并诫勉处理1人；重点核查9人，其中取消考察资格1人。中央巡视我校整改期间，给予诫勉处理1人，给予在诫勉处理基础上暂缓提拔任用推荐处理1人；领导干部违规投资企业经营退出所得收入1人。

认真贯彻落实《关于组织人事部门对领导干部进行提醒、函询和诫勉的实施细则》，全年因领导干部违反组织纪律进行提醒4人，函询3人，诫勉处理3人；制定实施了《东南大学中层领导干部兼职管理暂行办法》，受理审核兼职领导干部10人。

根据中组部要求，认真组织开展了中管干部和其他领导干部获得国际和民间奖励情况的专项督查、调研工作，中管干部和其他领导干部退（离）休后在社会团体兼职自查工作，2017年以来新发现副处级及以上配偶移居人员自查摸底工作。配合校党办、统战部涉及省、市、区民主党派换届、政协换届等相关查询工作。

五、加强基层党组织建设和党员队伍建设

1. 做好党员发展工作

进一步加强发展党员和党员管理工作。按照党中央“控制总量、优化结构、提高质量、发挥作用”的发展党员总体要求，结合各基层党委现有的培养对象人数、近几年发展党员数以及今年拟发展党员数等情况，下达了2017年度发展党员指导性计划。全校共发展党员1 595人，其中学生党员1 571人，教职工党员24人。

2. 加强基层党组织建设，充分发挥党建工作的龙头作用

转发《江苏省普通高等学校基层党支部工作标准》、教育部党组《普通高等学校学生党建工作标准》，印发《关于进一步加强在教职工中发展党员工作的意见》。

开展“最佳党日活动”评选和党建项目研究工作，获得省委教育工委高校党建工作创新奖1项，高校最佳党日活动2项。推荐数学学院数学与应用数学党支部申报省级党支部书记工作室；组织基层党支部申报教育部第二届全国高校“两学一做”支部风采展示活动，共推荐申报微党课、支部工作案例、支部推荐展示各2个。

3. 组织开展基层党组织书记抓基层党建工作述职评议考核工作

拟采取定性与定量评价相结合的办法,结合平时调研了解、督促检查和述职评议会上领导点评、现场测评等情况,对院系级党组织书记抓基层党建工作情况形成综合评价意见,突出履行第一责任人职责和指导推进基层党建任务落实情况,肯定成绩、指出问题,并按“好、较好、一般、差”四个等次作出总体评价,防止简单以现场测评结果确定评价等次,并进一步强化结果应用。

4. 认真做好与党组织失去联系党员的规范管理和组织处置工作

对于在上一年组织关系排查中发现的失联党员,继续通过各种途径努力查找和联系,共取得联系 583 人。对重新取得联系的党员,通过党员本人提交情况说明、向党员工作过的单位或居住地党组织函询其表现等方式全面掌握党员失联期间表现,坚持教育为先,个案处理。各基层党委派专人做细做实思想工作,引导重新取得联系的党员正视存在的问题,增强组织观念,履行党员义务,区别对待失联原因、失联期间表现、认识问题的深刻程度,审慎做好相关处置。

对于主要由于客观原因与党组织失去联系,失联期间无不良表现,本人能正确认识问题,现因工作单位、居住地变动等原因,共转出组织关系 311 人;对尚在预备期且超出预备期较长时间的预备党员,经过谈话教育后共取消预备党员资格 30 人。

对于因党性观念淡薄、组织纪律涣散等主观原因与党组织失去联系,失联期间无不良表现,现在能正确认识错误并愿意改正的党员,给予限期改正处置,共计 78 人;对理想信念缺失、政治立场动摇,经谈话教育后仍然无动于衷或坚持退党的党员,由支委会提出初步处理意见连同调查核实材料报基层党委预审,基层党委讨论通过后报学校党委审批,审批通过后,由所在党支部召开党员大会形成决议,由基层党委发文并报学校党委组织部备案,共退党除名 1 人、自行脱党除名 25 人。

对于重新取得联系的出国境定居的正式党员,由所在党支部召开党员大会形成决议,由基层党委发文并报学校党委组织部备案,共停止党籍 133 人。

对于通过各种方式查找仍然没有取得联系的党员,由所在党支部召开党员大会形成决议,由基层党委发文并报学校党委组织部备案,共停止党籍 74 人。

六、进一步办好党校,加强对入党积极分子、党员和干部的培训工作

1. 认真做好党员发展对象和预备党员的教育培训工作

举办第二十三、二十四期预备党员培训班,共培训预备党员 1 400 余人。全年举办两期党员发展对象培训班,指导院系级党校培训发展对象 2 700 余人。按照校党校党员发展对象培训的统一要求,采取闭卷笔试的方式,上下半年各组织一次结业考试。

2. 认真组织做好全校党支部书记培训工作

依托中国教育干部网络学院对全校教工党支部书记进行为期 3 个月的网络培训。按

照《中共中央组织部关于进一步加强基层党支部书记集中轮训工作的通知》(中组发〔2017〕16号)要求,对全校党支部书记进行培训,先后邀请校内外领导、专家学者作专题辅导报告;组织全校党支部书记认真学习贯彻党的十九大精神。通过培训,使党支部书记牢固树立"四个意识",进一步增强了组织观念、纪律观念、群众观念、法制观念,提高了履职能力和服务能力。

3. 加强干部教育培训工作

根据中组部和教育部要求,安排校领导及中层干部多批次参加上级培训;选派了12名中层干部参加由10所高校联合委托江苏省委党校举办的"高校党政干部培训班",选派2名教职工党支部书记参加了"第五期江苏省高校教职工党支部书记示范培训班";安排3名院系负责人参加全省高校院(系)党政负责人培训班。举办2015年7月以来入职的中层干部参加"新任中层干部培训班"活动。

七、做好人才工作

开展了教育部定点联系滇西边境山区挂职干部、村第一支部书记、援藏干部人才等的选派工作和江苏省"科技镇长团"成员的推荐工作,促进校地之间的交流与合作,为区域经济建设和社会发展做出积极贡献。并组织学校和相关部门领导赴云南、新疆、西藏、江苏等地慰问考察挂职干部。接收对口支援、合作交流等兄弟高校来我校挂职的干部,对挂职干部进行了任命、送岗,并做好服务、管理和考核鉴定等相关工作。

宣传思想工作

2017年,党委宣传部高举习近平新时代中国特色社会主义思想伟大旗帜,深入学习贯彻党的十九大精神,贯彻落实习近平总书记关于宣传思想、意识形态与新闻舆论工作等系列重要讲话精神,贯彻落实全国高校思想政治工作会议精神,坚持正确思想引领与价值导向,紧紧围绕服务学校发展大局,扎实有效地开展教师思想政治、理论学习教育、新闻宣传、校园文化建设、网络管理及新媒体建设等各方面工作,为学校"双一流"建设营造积极向上的思想文化与舆论环境。

一、配合中央专项巡视及巡视整改工作顺利完成

积极配合中央巡视组专项巡视学校党委工作,根据要求先后向巡视组提交落实意识形态工作责任制、文化建设、思政理论课建设、网络意识形态、政治理论学习等19份材料。完成巡视动员、情况反馈及整改公开的新闻报道,编写巡视工作专报2期。牵头落实为期两个月的校党委意识形态专项巡视整改工作,制定了《东南大学党委落实意识形态工作责任制专项巡视整改方案》和任务清单,建立整改任务清单、责任清单和时间列表,配合召开4次校意识形态工作领导小组会议,推进督查落实68条整改任务,形成《东南大学党委意识形态专项巡视整改工作情况报告》并上报教育部。巡视及整改期间,宣传部共起草校党委规章制度文件、总结报告等材料30份,总计15余万字。

二、思想建设与理论武装有力加强,意识形态工作根基不断夯实

全面贯彻落实全国高校思想政治工作会议精神,起草并印发《东南大学关于加强和改进学校思想政治工作的实施办法》《东南大学全面贯彻落实全国高校思想政治工作会议精神任务清单》,向教育部、省委宣传部、省教育厅等上报思想政治、宣传思想文化、意识形态等专项报告、简报材料 10 份。加强和改进教师思想政治工作,出台教师思想政治工作实施方案,成立党委教师工作部,制订领导干部和教职工理论学习计划 2 次,组织校党委中心组专题学习 10 次,举办全校中层干部理论学习辅导报告会 8 次,选派基层党委书记分批次参加十九大精神等专题培训,编印购买并发放《全国高校思政工作会议材料汇编》、《习近平总书记关于宣传思想工作系列重要讲话精神资料汇编》、十九大辅导读本等专题学习资料 4 000 余册。申报的崔铁军教师团队入选全国首批黄大年式教师团队。开通十九大精神专题网站。结合全国"两会"、十九大等重大专题进行校内师生理论约稿 2 次,开展师生思想动态调研 2 次。牢牢掌握意识形态工作管理权、领导权、主动权,加强校内意识形态阵地管理,制定并印发了关于形势报告会和哲学社会科学报告会、研讨会、讲座、论坛、新媒体建设、校园信息发布、舆情引导与应对等管理办法或规程,下半年共审批校内各类活动申请 300 余场。出台加强和改进大学生网络思想政治教育工作实施方案,启动了对全校二级单位微信公众号和微博账号重新备案工作。成立校舆情工作领导小组,建立健全网络舆情引导与应对工作机制,编写网络舆情专报 350 余篇,处置校内网络舆情事件 19 起。

三、新闻宣传水平全面提高,影响力提升工作扎实开展

提升新闻专题策划能力,聚焦十九大召开、科技创新、典型人物等主题,在各大媒体推出系列重点宣传,在《光明日报》等连续推出整版宣传报道。全年刊发报道近 1 000 篇,其中中央级媒体报道 240 篇、中央电视台报道 21 篇。积极探索新闻宣传新思路,建立网络直播、新闻发布、新媒体联动等新闻宣传"一贯制"平台,组织院系新闻选题策划会,持续推出媒介素养论坛、院系新闻贡献率排行榜,形成了宣传部与基层院系互联互通、校内外新媒体与平面媒体齐发联动的新闻传播模式。校报出版 27 期,推出"党风廉政建设""家风班风校风""导员微语""草木有本心"等专栏,22 件校报作品在全国和江苏省好新闻评比中获奖。网络与新媒体建设卓有成效,完成了学校中英文主页的改版,建成了教师个人主页系统,完成了近百个二级网站的重新备案登记,对全校二级网站建设进行巡查,并对发现的具体问题提出了整改要求。协助 10 多个院系制作发布了网站,为 25 家单位网站解决使用问题。全年学校中文主页共发布新闻 700 余条、大图 110 余幅、访问量近 540 万,英文主页发布英文信息 125 条、访问量突破 23 万,微博微信发布博文 2 364 条、粉丝 23 万余人。

四、校园文化建设稳步推进,文化育人引领功能有力彰显

充分发挥文化建设在学校育人体系中的引领作用,挖掘深厚校史文化资源的思想政治价值,正式印发《东南大学"十三五"文化建设规划纲要》,形成《东南大学"止于至善"校

训精神在新形势下意义专项研究方案》《东南大学加强和改进校史文化建设方案》。举办东南大学 115 周年校庆系列文化活动:“纪念中大西迁 80 周年——重走西迁路再启新征程”、“郭秉文与现代大学教育思想研讨会”、中央电视台“朗读亭·走进东南大学”、“敦煌壁画艺术精品高校公益巡展”、“韩天雍、刘灿铭、叶军三人师生书画展”、大型史诗话剧《雨花台》等,累计参与师生 2.3 万人次。与凤凰江苏合作拍摄历史纪实片《国学堂堂,多士跄跄》和活动纪录片《重走西迁路再启新征程》于校庆前夕正式上线,点击量达 1 240 万次。拍摄校庆宣传片《诚朴求实,止于至善》《影视剧中的东南大学》等专题宣传片 4 部,广播台累计播音时长 1.4 万余分钟,广播台选送节目获第 16 届全国高校广播协会年会优秀节目评选一等奖。配合做好新校史馆布展与开馆工作,就建立博物馆开展了前期专题调研工作。

安全保卫工作

2017 年,东南大学保卫处在学校党政的坚强领导下,协同全校各单位,积极开展各项安全管理和安全服务工作,进一步落实安全责任制,进一步完善校园安全防范网络,持续开展以消防、交通、实验室为主的清查行动,及时整治化解安全隐患,全力确保校园和谐稳定。乔华云、刘海涛、钱舵、纪国、俞斌、李葆青、张一龙等 7 位同志被南京市公安局授予年度先进个人。

1. 江苏省 2017 年大学生安全知识竞赛优秀组织奖

获奖单位:东南大学保卫处。

2. 江苏省 2017 年大学生安全知识竞赛二等奖

获奖单位:东南大学。

3. 荣获江苏省“平安校园示范高校”称号

获奖单位:东南大学。

4. 南京市公安局 2017 年度个人三等功

获奖个人:任祖平。

一、热诚为师生做好校园安全管理及服务工作

全年认真处理全校师生来电咨询各类问题约 32 000 余人次,整理查阅档案材料 8 250 余份,网上发布安全信息 117 条,浏览次数达 90 387 次。

为师生办理出国(境)手续 262 人次、政审 108 人次,在校微信公众号上推送安全信息 120 条,电子显示屏发送安全提醒 44 条,审核、办理一卡通人员身份信息 804 人,办理入职入学登记 7 656 人,新生落户 1 280 人,毕业生户口迁出 1 327 人。借用归还补办《常住人口登记表》2 445 人次,开具居住证明 1 827 份。积极落实东南大学一站式服务,安排 2 名工作人员到九龙湖综合服务大厅 10 号窗口服务师生,9 月、10 月共接待师生 1 578 余人次,办理各类手续 1 356 人次,整理归档 2017 年新生入学材料 1 450 份,到百家湖派出所办理新生户口 310 份。

认真做好 89 次校园大型活动的安全保障,审批校园活动 649 次,有效防止诈骗案件

23起,抓获犯罪嫌疑人4人。调阅监控录像约3万余小时。返还遗失或涉案电动车6辆、自行车6辆、手机6部、笔记本等电脑6台、iPad2部、书包2个、钱包8个,以及失物14件和身份证、一卡通、银行卡等若干。协助处理上访事件5次,处理突发事件7起。

二、校内交通管理提档升级,管理更加规范,措施更加到位

全面优化三校区的车牌识别系统,使校内机动车辆的审核流程更科学、严格,全年车辆门禁审核547份,车辆信息变更197份。

全面优化交通设施,危险区域安装了隔离栏,设置了提示、提醒牌,主要道口设置了车辆减速带,设置了车辆行驶警示标志,交通事故明显下降,校园交通井然有序,有效地保障师生的校内交通安全。

三、积极净化校园环境

开展清理校园废残自行车和垃圾行动,改善治安环境,保持文明整洁的校园环境,清理废旧自行车4批次,妥善查处违章车辆509次,清除常年堆积的垃圾两处。

四、安全教育形式多样并扎实有效,消防安全工作到位

组织各类消防培训和消防演练13次,做好2017级3 392名本科新生的安全培训工作和安全知识测试,增强师生员工的防灾减灾的意识和抵御灾害的技能。

维护更新灭火器共10 453具,审核办理施工申请112件、施工许可申请77件、施工验收申请107件、易制毒化学品购买申请1315件、动火申请24件、施工安全防火承诺书77份,并对动火现场跟踪检查。在四牌楼校区档案馆安装气体灭火系统报警联动一体机1台、无管网气体灭火装置19套。吴健雄纪念馆、李文正楼部分实验室安装气体灭火系统报警联动一体机2台、无管网气体灭火装置17套。还分别在九龙湖、四牌楼、丁家桥校区建立微型消防站。提高校园消防安全的保障能力和灭火效能。

五、技术安防惠及楼宇,提升楼宇安全度

今年三校区部分楼宇的门禁系统改造已经完成,其中加装门禁控制主机61台、读卡器122个、双门磁力锁74个、单门磁力锁8个、电插锁4个、闭门器84个、地弹簧32个、枪机114个、半球60个,消防通道安装门禁一体机22部。同时根据部分楼宇情况更换或加固了大门,确保了楼宇安全及安全度的提升。

六、引入先进技术,视频监控效能凸显

对九龙湖和丁家桥校区视频系统进行高清改造,使校区治安环境水平升级。九龙湖和丁家桥校区公共区域高清视频监控系统全面升级改造已完成,人脸识别、车辆自动跟踪、远距离视频监视、球场全景监视等手段已经具备,技术防范水平得到极大提高。九龙湖图书馆高清视频监控系统升级改造也已完成,图书馆内的安全环境得到提升,案件明显下降。

统战工作

2017 年，党委统战部在学校党委的领导下，积极围绕学校中心工作，从强化高校党外人士思想政治引导，加强党外代表人士队伍建设，充分发挥党外知识分子作用等方面完成了以下几项工作：

一、多途径、多层面开展理论学习

积极创造机会，推荐各党派主委、秘书等骨干参加培训学习。本年度共推荐 10 人次党派主委和党外骨干教师参加省委统战部、省委教育工委及各党派省委组织的培训活动；冯建明部长分别参加全国高校统战部长培训班和全省高校统战部长培训班，并在大会作报告；李黎藜副部长参加省委组织部组织的高校党政干部进修班。

10 月 18 日，东南大学基层党委统战委员培训班在四牌楼校区举行。来自学校基层党委的 30 多位统战委员参加了培训，部分基层单位党委书记及职能部门负责同志受邀列席培训。

为了提升学生工作人员从事宗教事务管理工作的能力，11 月 22 日，学生辅导员宗教工作专题培训班在九龙湖校区大学生活动中心 324 报告厅举行。来自从事学生工作的副书记、辅导员，以及海外学院从事留学生管理的相关人员 50 余人参加了培训。

二、党派组织建设和干部队伍建设有序推进

1. 各党派党员发展情况

协助各党派做好党员发展的基层党组织考察工作，本年度共发展民主党派成员 21 名，其中农工党 5 人（唐小简、成于思、高云、徐秋贞、蔡文君），致公党 1 人（章炜），九三学社 8 人（孙剑飞、吉雄飞、李旗、潘志强、佟迅、张淦、孔璐、黄平），民进 2 人（邱晓东、肖睿），民盟 2 人（高李璟、李福兴），民革 3 人（倪海云、张晓文、梁卫霞）。

配合江苏省人民政府侨务办公室和南京市人民政府侨务办公室在全校在编在岗的教职员工中开展了基本侨情专题调研。据不完全统计，我校目前有外籍华人 4 人、华侨 3 人、留学归国人员 476 人。

2. 东南大学各党派基层委员会换届工作稳步进行

6 月 4 日，九三学社东南大学基层委员会换届大会在四牌楼校区吴健雄纪念馆报告厅顺利召开。与会代表通过无记名投票方式选举产生了九三学社东南大学第四届委员会委员。

12 月 6 日，民建东南大学基层委员会成立大会在四牌楼校区礼堂二楼会议室举行。会议通过选举产生了民建东南大学第一届基层委员会委员。

3. 积极沟通,我校民主党派人士在各党派江苏省委换届中获多个席位

马向真当选民革江苏省第十一届委员会委员,兼任民革江苏省第十一届监督委员会副主任。

刘灿铭当选民盟江苏省第十二届委员会副主任委员,梅姝娥当选民盟江苏省第十二届委员会委员。

荀少华当选民建江苏省新一届委员会监督委员会副主任委员,滕皋军当选民建第十一次全国代表大会代表。

尹立红当选民进江苏省第十届委员会常务委员、民进第十二次全国代表大会代表,韩俊海当选民进江苏省第十届委员会监督委员会成员。

吴智深当选农工党江苏省第十二届委员会副主任委员、农工党第十六次全国代表大会代表,孙子林当选农工党江苏省第十二届委员会常务委员、农工党第十六次全国代表大会代表,徐春祥当选农工党江苏省第十二届委员会委员。

赵春杰当选致公党江苏省第六届委员会常务委员,薛涛当选致公党江苏省第六届委员会委员。

王修信当选九三学社江苏省第八届委员会常务委员,崔铁军当选九三学社第十一次全国代表大会代表。

吕晓迎当选江苏省侨联第七届委员会常务委员。

4. 主动推荐,我校3位民主党派人士当选党派中央委员

吴智深当选农工党第十六届中央委员会委员。崔铁军当选九三学社第十四届中央委员会委员。肖国民当选民盟第十二届中央委员会委员。

5. 配合协调,顺利完成各级人大、政协换届

今年是各级人大、政协集中换届的年份,为更好地发挥党外代表人士参政议政、民主监督的职能,配合各级政府部门,先后完成推荐考察公示等工作。我校当选全国政协委员1名,江苏省政协委员13名,南京市政协委员3名,南京市人大代表1名。

三、宣传工作和文化建设持续加强

积极响应中央大统战格局建设,开展特色活动,增加组织活力。借助喜迎东南大学115周年校庆契机,由统战部牵头,充分调动发挥各党派优势,开展多项多党派联合的文化文体活动、党派与地方共建活动,促进交流,增进感情。

国务院侨办为深入贯彻落实"放管服"改革工作要求和《国家侨务工作发展纲要(2016—2020年)》部署,进一步激发各基层单位的积极性、主动性和创造性,推动国内为侨公共服务体系建设健康发展,于2017年启动了"全国为侨公共服务示范单位"创建工作。东南大学以助力学校改革发展为目标,以完善为侨公共服务为基础,以创新为侨服务方式为突破,紧紧围绕政策法规、涉侨事务、侨界民生和事业发展"四位一体"深入开展为侨服务公共体系建设工作,获国务院侨办公布的首批"全国为侨公共服务示范单位”的称号。

四、接待上级调研考察

1. 江苏省委统战部常务副部长杨勇一行到东南大学调研

4 月 6 日，江苏省委统战部常务副部长杨勇一行到东南大学就党外干部的培养、选拔和任用情况进行调研。东南大学党委常务副书记刘波出席调研会议。党委办公室、党委统战部、党委组织部相关负责人以及部分党外干部代表等参加了调研会。

2. 完成《东南大学处级党外干部情况表》的组织填写及汇总统计

根据江苏省委统战部《关于统计全省处级党外干部情况的通知》(苏委统〔2017〕44 号)精神，在全校范围内对处级党外干部情况进行统计，形成《东南大学处级党外干部情况表》，报送省委统战部。经基层党委填报，与组织部核对，我校目前有处级党外干部共计 46 人。

3. 中央统一战线工作领导小组第五调研检查组来我校调研检查

6 月 6 日—7 日，教育部党组成员、部长助理刘大为率中央统一战线工作领导小组第五调研检查组来我校，就贯彻落实中央关于统一战线一系列重大决策部署，特别是习近平总书记关于统一战线的系列重要讲话精神进行实地调研检查。

根据中央统一战线工作领导小组反馈的整改意见，半年来，我们从各层面多角度加强部署宗教相关工作，并于 12 月 22 日向中央统一战线工作领导小组提交了整改报告。

4. 江苏省侨联主席周建农一行到东南大学专题调研

12 月 7 日下午，江苏省侨联主席、党组书记周建农一行到东南大学就高校侨界群众学习贯彻党的十九大精神、侨联组织建设及工作开展情况进行专题调研。东南大学党委常务副书记左惟主持调研座谈会，校党委办公室主任、统战部部长冯建明及副部长李黎藜、校侨联主席吕晓迎、名誉主席林金明及部分委员、侨胞侨眷代表等参加了座谈会。

五、完善制度建设，加强交流沟通

根据工作需要，先后发布了《关于调整校领导联系民主党派和统战团体分工的通知》(〔2017〕28 号文)和《关于调整校领导联系民主党派和统战团体分工的通知》(〔2017〕120 号文)，并积极沟通联系，使校领导与各党派的沟通交流落到实处。

2017 年 7 月 21 日，我校修订了关于加强新形势下统一战线工作的实施意见。实施意见提出实施“三个 5”的党外代表人士培养计划，即重点培养 5 位左右标志性党外代表人物，50 位左右党外代表性人士和 50 位左右年轻的党外代表人士后备人选。

老干部工作

2017年,老干部处认真贯彻落实中办发〔2016〕3号文件精神及习总书记系列讲话精神,紧紧围绕学习贯彻十九大精神、全国思想政治会议精神,围绕学校"双一流建设"目标,发挥老干部正能量,助力学校人才培养工作的同时,服务好老同志,努力做好老干部工作。

一、开展"三送和大走访"、探讨"精准服务"的离退休干部服务管理品牌建设

根据2017年老干部处工作计划,老干部处在开展"送学习、送温暖、送服务"的"三送"服务基础上,通过完善"老干部服务系统"的信息资料,将联系人由老干部的第二代延伸至第三代,深入了解老干部家庭成员情况,为老干部居家养老、医疗保健及后事处理提供强有力的支撑;与此同时,老干部处还制定了"面对面、心连心"大走访大落实活动的实施方案,从制度上保证了"三送"活动的开展。通过进家门、听心声、话发展、聚能量四种服务方式,将"三送"活动推向新高度。

二、推进"四就近",共建"一方隶属,多重管理"党建示范社区品牌建设

今年,我校离休干部平均年龄89岁,为使我校离休干部在社区就近学习、就近活动、就近得到关心照顾、就近发挥作用,老干部处通过与社区的合作共建工作,共同探讨离退休干部党建工作模式,推进与青石村社区共建"一方隶属,多重管理"党建示范社区建设工作,开展了"薪火相传"的系列革命传统教育活动,为社区居民上党课、订报纸、培训党支部书记、示范分享党建工作经验等。协助社区努力提高服务离退休干部工作的科学化、规范化水平,并扩展到离退休干部居住的其他社区,开展了"砥砺前行,不忘初心"的抗战老兵采访活动。

三、践行"核心价值观"教育,立德树人,推进关工委工作品牌建设

老干部处不仅负责离休干部及退休厅局级干部的服务与管理工作,也负责学校关工委工作。关工委工作是老干部工作融入学校发展大局的一个切入点,也是推动引领示范老龄事业发展的一个助动器,更是广大离退休干部开展为党的事业增添正能量活动的一个平台。今年,我们加强对院系二级关工委工作中计划、执行、检查、处理环节的跟踪指导,发现问题及时配合解决,对15个院系进行了常态化建设考核验收。举办了"喜迎党的十九大,翰墨丹青放光彩"艺术作品展,举办了"建可载道,筑梦常青"的院士回母校的活动。在这个舞台上离退休干部,尤其是退休干部积极主动地投身于关心下一代的工作中,为学校立德树人的中心工作锦上添花,为党的事业增添正能量。

四、制定离退休干部"畅谈十八大,展望十九大"品牌活动的实施方案

为贯彻落实教育部办公厅教离退函〔2017〕2号及苏委老干〔2017〕13号文件精神,老干部处积极主动起草了《东南大学关于在全校离退休干部中开展"畅谈十八大以来变化,展望十九大胜利召开"主题活动的实施方案》,组织离退休干部通过党支部叙谈、集体座

谈、高端访谈、宣讲团讲谈、征文笔谈、文艺唱谈、网宣员网谈、考察议谈等不同方式，多层次、多角度、多维度进行畅谈和建言。“方案”得到了校领导的肯定和赞许，校党委副书记、关工委主任郑家茂同志在2017年度东南大学关工委工作会议上，向全校各级院系关工委布置了“畅谈建言”工作任务，由此，“畅谈建言”工作在全校离退休干部中得以组织实施。

“畅谈建言”系列活动有：老干部处处长和离退休干部两名代表参加了教育部离退休干部局在南京大学召开的“老干部建言十九大座谈会和组织老干部建言十九大经验交流会”；老干部处和离休干部党委共同召开了“畅谈建言”活动专题座谈会；举办了“畅谈十八大、喜迎十九大、欢庆建校115周年”书画摄影展；组织离退休干部到天乐湖养生养老社区进行“畅谈建言”活动之考察议谈；离退休协会举办了“畅谈建言”活动之“夕阳红”歌咏比赛；老干部处组织大学生志愿者成立了“六朝松网宣团”并推送微信及时报道“畅谈建言”活动；老干部处按照教育部离退休干部局及江苏省老干部局要求及时上报了我校“畅谈建言”活动的汇报材料。

由于工作出色，2017年我处荣获江苏省关工委优秀团队、先进集体、先进个人三项奖项。

国防教育人民武装工作

在学校党委的正确领导下和本部门全体人员的共同努力下，武装部、军事教研室圆满完成 2017 年学生军训工作和征兵工作，本科生的教学任务和国防教育研究生培养工作有序进行，为学校建设“双一流”大学做出应有的贡献。

一、我校被批准为全国国防教育特色学校

教育部公布首批 32 所本科院校为国防教育特色学校，我校作为江苏本科学校的唯一代表榜上有名。6 月受邀参加教育部在四川德阳召开的全国国防教育特色院校研讨会，并作经验介绍(共有 3 所院校)，接受媒体采访。

二、征兵工作再创佳绩，参军人数创历史新高

从 3 月征兵工作启动，到 9 月上旬送兵入伍，共有 12 名学生经体格检查和政治考核被批准为新兵，其中有 2 名是应届毕业生，10 名是在校生。这是我校开展大学生征兵工作以来参军人数最多的一年。这些入伍学生来自信息工程学院(3 名)，医学院(3 名)，自动化学院(2 名)，材料学院(1 名)，机械学院(1 名)，建筑学院(1 名)，艺术学院(1 名)。

三、军事理论教学和国防教育研究生培养工作

全年共有 42 个教学班 4 017 名本科生的军事理论课和 5 门通识课的教学任务。从 2017—2018 学年开始，本科生军事理论课调整为 32 课时，2 个学分。目前，2017 级本科生军事理论课教学正在有序进行中。

3 月份有 3 名国防教育研究生通过学位论文答辩，顺利毕业。今年招收了国防教育方向 1 名研究生。

按照教育厅工作计划，安排 1 名教师全程参加了在南京师范大学南苑校区举办的江苏省军事课教师培训，其他教师旁听了来自国防大学、陆军指挥学院和海军指挥学院专家的讲座。

四、圆满完成 2017 级学生军训工作

今年是军队改革进入规模结构和力量编成变革阶段，承训我校军训任务的解放军理工大学改组为陆军工程大学。经与江苏省军区乃至军委国防动员部以及陆军工程大学的多次协调，最后，该校确定由其通信工程学院承训我校学生军训。承训教官中三分之一的高素质女教官(均立过 2 次三等功或 1 次二等功)成为今年学生军训的亮点和特色。今年首次组织东大优秀退伍兵和“退伍兵专项计划”入学的研究生担任军训教官，取得很好的效果和成绩。在武装部和全校相关部门的共同努力下，2017 级学生军训工作取得圆满成功，并在训练内容和形式上有多项创新，如校园夜间拉练、仿真射击考核、利用手机进行定向运动等。在全省高校军训成果光盘评比中再次获得一等奖，选拔参赛的徐潇航同学获得全省“军训之星”一等奖。

五、选送学生参加第四届全国学生军事训练营取得佳绩

从7月到8月，由教育部和中央军委国防动员部主办，江苏省教育厅、江苏省军区战备建设局承办的第四届全国学生军事训练营在南京师范大学、大连舰艇学院举行。此次训练营突出培养青年学生海洋海防意识。我校2名教师全程参加了此项活动的组织和教练工作。选送的孙师伟（数学学院）、邹媛（土木工程学院）两名同学作为江苏队队员参加第四届全国学生军事训练营活动，经过激烈竞争，江苏队获得5个一等奖，团体总分第一的好成绩。

六、国防教育系列活动丰富多彩

组织开展“我与将军面对面”活动，邀请黄培义将军作题为“当前周边安全形势与中国军事战略”学术报告，4 000多名学生到场聆听；组织学生首次使用手机打点进行校园定向赛活动；开展建军90周年“军歌嘹亮”合唱比赛活动；组织选拔师生优秀摄影作品参加全省军训主题摄影作品比赛，获得一等奖2个、二等奖3个、三等奖1个、优秀奖3个的优异成绩；选送的5篇国防教育征文参加全省纪念建军90周年“爱我钢铁长城”主题国防教育征文比赛评审，有2篇征文获得二等奖。

工会工作

2017年,校教代会、工会在学校党委的正确领导和行政的大力支持、上级工会组织的精心指导下,保持和增强政治性、先进性和群众性,不断完善工作机制、创新工作模式、优化工作平台,在密切党群关系、完善学校民主管理、维护教职工合法权益、提高为教职工服务的能力和水平等方面开展了一系列积极有效的工作,为进一步凝心聚力推进学校"双一流"建设做出了一定的贡献。

一、完善教代会工作运行机制,进一步健全学校民主管理体制

1. 不断推进校教代会、工会工作的制度化、规范化

2017年3月,根据新一届"两代会"工作要求,起草了《东南大学提案工作委员会工作细则》《东南大学工会委员会工作细则》等文件,5月分发分管校领导、教代会执委、工会委员征求意见,并经第八届教代会执委会、工会委员会第二次会议审议、修改。

2. 继续加强基层民主管理工作建设

遵循建立、建设、定期评估、加强建设的发展路径,依法有序推进二级教代会工作。截至2018年1月底,各院(系)等单位基本完成首届教代会第二次年会的预报告、组织召开、大会报告等工作。

3. 不断优化提案工作办理机制

推行"提案办理——主办协办协商共同办理"工作机制,提高提案办理质量;通过提案落实工作推进会,落实提案工作委员会对综合性提案的追踪问询制度,加强对提案的督办力度;启动提案日常受理机制,保证教代会会议期间,特别是闭会期间,民主管理渠道始终畅通;试行优秀提案的评选表彰,扩大提案工作的影响力。八届一次教代会接收提案76件,经审核讨论,立案41件,转建议处理34件,不立案1件。提案人对41件立案提案办理态度的满意度为100%,对处理结果的满意度为95.2%。

4. 坚持发挥教代会执行委员会作用

召开两次教代会执行委员会会议,就学校事业编制职工养老保险基数缴纳等事项向执委们汇报,并听取意见。

二、多方位关爱教职工,进一步发挥情感纽带作用

1. 落实节日慰问,提升"东大人"的幸福感

制定《东南大学工会节日慰问品、生日慰问管理办法(暂行)》,进一步规范教职工福利工作;响应学校管理重心下移的号召,改进节日慰问工作模式,由各院(系)二级教代会讨

论通过确定节日慰问计划，校工会组织入围供货商展销，各部门工会遵照学校规定采用竞争性谈判采购、定标、签订合同、组织发放。完成2017年教职工节日慰问实物、2017与2018年生日慰问蛋糕券的采购及发放工作。

2. 做好各项暖心工作，增进"东大人"的温暖感

2017年，代表学校党政向困难教职工发放补助金，向省部级以上劳动模范发放慰问金；会同校办、党办做好教师节表彰大会工作；会同校党委统战部、农工民主党东南大学基层委员会办好教师节义诊活动；学校党政加大对教职工大病医疗互助工作的支持，由原来每年80万元增加到每年160万元，与互助会员缴纳的互助金实现1∶1配套；协同教职工大病医疗互助委员会在调研和听取广大教职工意见基础上，修订出台《东南大学教职工大病医疗互助金管理办法》，新办法坚持量入为出原则，为患大病的教职工辅助解决因病所致的实际困难，同时更加突出互助性，让患大病教职工感受到学校和同事互助的温暖。2017年9月，共向775名教职工发放互助金383万余元。

3. 共建"教工之家"，增强"东大人"的归属感

作为贯彻学校党委要求工会工作重心下移的具体举措，2017年，校工会与基层院系党委、部门工会达成共识，明确将共建"教工之家"作为创新工会建家工作的主要内容，经申报、实地考察、论证评估、专家评审、签署协议等程序，校工会已与外国语学院等6个单位共建"教工之家"。

4. 完善申(投)诉工作机制，维护"东大人"的合法权益

完善专业技术职务、岗位聘任申诉制度，受理、接待处理好教职工关于职称评审、岗位聘任的申(投)诉，确保此项工作的公开、公平、公正。

三、重视青年教职工的成长与发展，进一步激活助推学校发展的后备动力

1. 加强组织建设和制度建设，紧密团结全校青年教师，开启院(系)青委会分会的组建工作

2017年校工会通过下设的青年工作委员会将工作进一步向基层发展，与院(系)党政达成共识，成立校青年工作委员会学院分会，积极开展青年教职工喜闻乐见的主题活动。一年内，我校已成立交通学院等4个校青委会分会，开展了以"领略兵器之美，建树爱国情怀"等为主题的青年教师发展交流活动。

2. 提升青年教职工幸福指数，激发他们爱家爱校爱国情怀

关心单身教职工的婚恋，鼓励和组织单身青年教职工参加江苏省教育科技工会主办的"缘分的天空"系列联谊活动、各类校友会联谊活动等；关心青年教职工的子女教育，关心和支持校幼儿园的相关工作；倡导积极向上的生活理念，组织开展了深受青年教职工家庭喜爱的"奔跑吧，东大娃"等温馨亲子活动。

四、创新工会文化活动模式,进一步凝聚人心助推学校事业发展

1. 培育品牌活动,扩大工会文化活动的影响力

持续组织开展以弘扬社会主义核心价值观为主要内容的“至善学堂”。2017 年 12 月,受中国教科文卫体工会委托,以此为平台,面向全国各省教育科技工会主席、在宁高校工会主席等举办了“新时代高校工会工作创新发展论坛”;举办以女知识分子联谊会成员为主体的“女性发展沙龙”和拓展活动;组织开展女教职工形体服饰培训班。

2. 丰富活动内容,提升工会文化活动的吸引力

继续推行和优化校工会主办、部门工会承办的活动组织模式,开展了剪纸艺术讲座、“渔乐无穷”钓鱼比赛、冬季健步走等形式和内容更贴近教职工需求的活动;在气候宜人的时段,集中各类文化活动,在校内掀起工会活动的高潮,形成东大文化活动月,如以校庆为主题的女教职工旗袍秀、教职工篮球赛、“食尚东南,喜迎校庆”教职工厨艺沙龙、教职工摄影邮票作品展等。加大对部门工会的支持,调动他们的积极性,组织主题鲜明、形式多样的工会活动,如物理学院的工会会员亲子活动日、数学学院的“学习宣传贯彻党的十九大精神主题知识竞赛暨健身走活动”等。据统计,2017 年,校工会主办各类文体活动 12 次,参与教职工达 2 000 余人次;部门工会共承办大型活动 8 次,参与教职工达 800 余人次;各院(系)、部门举办工会活动 35 次,参与教职工达 3 000 余人次。

五、加强工会自身建设,进一步提升管理服务水平

1. 完善工会日常工作制度,保障工作有章可循

制定了《主席办公会议议事规则》;年初制订工会半年、全年工作计划,工会专职干部按团队制订工作计划,对各项工作实行目标管理,对各项活动实行计划管理,确保工作准时、有序推进;确立工作会议制度,重大决策、重要事项必须经主席办公会、工会委员会及各专门委员会集体讨论通过,方可执行。

2. 加强学习和交流,提高各级工会专兼职干部执行能力

2017 年,校工会接待了兰州理工大学工会的来访,进行了互相启迪的交流;制定调研提纲,分别就提案、福利、女工、信息网络化办公等工作赴上海交通大学等兄弟高校调研,拓展工作视野,互促工作发展;参加第七届中国高校工会论坛,并作主题发言;参加教育部直属高校工会工作会议等,与兄弟高校工会工作者深入交流和探讨,学习先进的工作理念和做法。

3. 推进信息化管理,提升工作水平和效率

落实工会工作信息化体系建设长远规划内容,会同校网络中心、软件公司就工会网络系统建设思路达成共识,并召开多次专题工作会议,确定工会会员信息基本数据库,

及工会会员管理平台、活动报名平台、二级教代会工作平台、评优树先平台的功能和操作流程，预计于 2018 年 4 月实现线上试运行；根据提案工作的需要不断优化提案管理信息系统。

2017 年，我校荣获“全国厂务公开民主管理先进单位”称号。我校一个集体荣获 2017 年“江苏省工人先锋号”称号，一名女教职工荣获 2017 年“江苏省巾帼建功标兵”称号。

共青团工作

2017 年,东南大学团委以习近平新时代中国特色社会主义思想为指导,以迎接党的十九大和深入学习宣传贯彻党的十九大精神为重点,进一步贯彻落实中央党的群团工作会议精神和全国高校思想政治工作会议精神,结合《高校共青团改革实施方案》和《江苏省高校共青团改革实施方案》有关部署和要求,以保持和增强政治性、先进性、群众性为目标,紧扣"立德树人"根本任务,始终突出思想价值引领这一核心使命任务,着力推动第二课堂拔尖创新人才培养体系建设,充分发挥共青团在学校"立德树人"工作中的生力军作用,畅通东南大学共青团联系服务青年学生的"最后一公里",创新工作理念与思路,改革工作方式与方法,开展了大量扎实而富有成效的工作,切实服务东大青年全面发展、健康成长。现将东南大学共青团 2017 年具体工作总结如下:

一、以迎接党的十九大和学习宣传贯彻十九大精神为主线,深入开展思想引领工作

1. 重点打造迎接十九大和学习宣传贯彻党的十九大精神系列活动

在今年 4 月至 9 月,连续开展"青春喜迎十九大"系列大型主题教育实践活动,打造了涵盖团日活动、主题讲座、社会实践、青春分享会、征文大赛、知识竞赛等在内的六大版块、二十余项活动,覆盖全校两万余名团员青年。将"青春喜迎十九大"主题有机融入"新生文化季",围绕该主题做好新生入学第一课。根据《共青团中央关于全团认真学习宣传贯彻党的十九大精神的通知》和《中共东南大学委员会关于认真学习宣传贯彻党的十九大精神的通知》等文件精神,结合学校共青团工作实际,制定并印发《共青团东南大学委员会关于认真学习宣传贯彻党的十九大精神的通知》,把认真学习宣传贯彻党的十九大精神作为全校共青团当前和今后一个时期的首要政治任务,迅速掀起学习宣传贯彻党的十九大精神热潮,教育引导全校团员青年全面准确把握党的十九大精神的思想精髓和核心要义。面向全校团员青年学生和专职团干部开展多形式、分层次、全覆盖的全员培训,将党的十九大精神长期作为学校共青团思想政治教育和第二课堂育人工作的重要内容。充分依托马克思主义学院、人文学院、经管学院、法学院等青年骨干教师专业力量,组建东南大学共青团学习贯彻党的十九大精神宣讲团,深入各校区、各学院、各学生组织集中开展宣讲。

2. 持续深入加强团员青年理想信念教育

深入开展学习宣传贯彻习近平总书记系列重要讲话精神"四进四信"系列活动 40 余场,通过进支部、进社团、进网络、进团课这"四进",向青年学生"讲"好、让青年学生"学"好习近平总书记系列重要讲话精神。扎实推进以"与信仰对话""奋斗的青春最美丽""我的青春我的梦""不忘初心跟党走"为主题的报告会、学习交流会、网络平台分享、演讲比赛等教育实践活动,邀请诺贝尔奖获得者丁肇中博士、中国人民大学张志伟教授等社会各界知名人士来校,打通线上线下学习互动渠道,有效吸引、凝聚并影响广大青年学子。按照全团统一部署,深入推进"学总书记讲话,做合格共青团员"教育实践,通过主题团日活动、社

会实践、研讨会、演讲赛、征文赛等各类形式，利用校园报刊、广播台、微博、微信、网络视频等多种途径，进行全方位、多渠道的宣传，教育引导广大团员青年学生自觉向党中央看齐，向习近平总书记看齐，更加紧密地团结在以习近平同志为核心的党中央周围，为党的十九大召开营造良好氛围。全校共举办各种形式的"一学一做"教育实践活动 453 场，累计参与达 12 841 人次。

3. 扎实推进社会主义核心价值观教育工作

依托"东南大学人文大讲堂"资源优势，开设"中西经典文化"精品人文课，邀请江苏省作家协会主席范小青女士，著名书法家言恭达教授，中国文联原副主席、中国传媒大学仲呈祥教授等来校举办核心价值观主题讲座 20 余场。在烈士纪念日、国家公祭日等重要时间节点，开展以原创育人素材编撰为核心、线上推广与线下仪式相结合的"一体两翼"式主题教育活动，通过线上推广扩大覆盖面和影响力，通过线下仪式增强触动性和感染力，提升团员青年价值引领工作成效。举办"庆祝东南大学建校 115 周年"系列活动，邀请中国科学院院士、西南交通大学首席教授翟婉明做专场报告会，邀请"第十二届江苏青年五四奖章"获得者、东南大学交通学院院长刘攀教授做"榜样在身边——我的青春故事"宣讲会，邀请杰出校友王酉亭之子王德先生出席抗战西迁 80 周年特别活动并讲述王酉亭率"畜禽大军"西迁壮举。积极选树先进典型，依托团中央"寻访中国大学生自强之星"品牌，推动数学学院谷乐同学等典型学子的励志事迹在全校团员青年中广泛传播，最终谷乐获评"中国大学生自强之星标兵"；大力开展 2017 年"东大好青年"评选工作，评选出梁爽等 10 名青年先进典型。

4. 深化青年马克思主义者培养工程

继续扎实做好东南大学大学生骨干培养学校首期培训班等校级"青马工程"项目，通过理论培训与实践锻炼等行之有效的方式，不断提高学生骨干的思想政治素养、政策理论水平和组织协调能力，累计培训精英骨干 800 余人。选派 50 余名优秀团员参加团中央及团省委组织开展的如"中央国家机关紫光阁计划""省级机关实习计划"等各级"青马工程"培训活动。按照团中央与团省委的要求，选派 1 名优秀团干部在江宁区团委挂职锻炼，通过校地结合的方式加快优秀团干部的培养。继续开展"青马工程"专项课题研究，探索更为有效的校级层面学生骨干培养路径，不断创新与改进"青马工程"培养模式。举办专兼职团干部专题研讨班，内容涉及工作辅导、经验分享、主题讨论、实践调研等，进一步提高团干部的思想政治素质、政策理论水平、创新能力、实践能力和组织协调能力。举办新任团支部书记培训班，帮助各学院 148 名新任团支部书记熟悉和了解团支部干部的职责和工作范围，更快适应基层团支部建设需求，充分发挥他们在基层团支部中的领导作用，增强他们的全局意识、服务意识与责任意识。

5. 创新开展团学组织网络思想价值引领作用

强化互联网思维，加快推进"网上共青团"和"网上学生会"建设，积极打造"青年东大说""东南大学研究生"两大微信公众平台，累计覆盖在校师生与校友 10 万余人，关注量与影响力在团中央、全国学联排行榜中始终保持前列。加强阵地平台、工作队伍、技术产品、动员机制、舆论场景等建设,注重把握学生关注点及时策划设置网络话题,抓住重要契机集中进行网络主题宣传,使思想政治工作新起来、活起来、火起来。着重在学习宣传中央精神、服务青年学生成长、传播正能量等方面,运用文字、视频、动漫、游戏等多种形式开发优质内容产品,特别是注重传播主流价值与符合青年学生现实特点、尊重学生认知习惯的结合,使东大学子增进对党的政治认同、思想认同、情感认同,对世界和中国发展大势、中国特色和国际比较、时代责任和历史使命、远大抱负和脚踏实地形成正确认识。

二、以深入推进人文校园和高雅校园建设为重点,着力打造文化浸润工程

1. 进一步提升精品校园文化活动品牌效应

连续第七年举办“东南大学新生文化季”,通过东南大学学生团体联合招新、“初识东南”系列名家高层演讲、“我的青春故事”、“我爱东大”校史知识竞赛、“中华赞”经典诵读大赛、“我的讲台我的娃”、新生文艺汇演、《吴健雄》话剧展演等八大版块在内的数十场活动,让2017级新生在入学之初就充分感受东南大学深厚的文化底蕴、崇高的精神追求和多彩的校园生活。借助东南大学“人文大讲堂”平台,邀请江苏省作家协会主席范小青女士、著名书法家言恭达教授、福建省作家协会副主席孙绍振教授、中国传媒大学艺术研究院院长仲呈祥教授、中国莎士比亚研究会朱尚刚先生等文化名家举办高层次人文讲座30余场,全面提升校园文化品位和层次。支持全校各级团学组织开展了包括“建筑师的二十岁——名家大师讲座沙龙”、“流金岁月·歌舞青春”电子学院校庆舞会、第五届微电影大赛、“激情四射”大型露天舞会、“无话不说”宿舍文化节、第四节“向经典致敬”诵读竞赛、首届健身舞蹈大赛、“至善东大”辩论赛、“影进九龙湖”、“致青春”舞蹈专场等在内的120项丰富多彩的校园文化活动。

2. 积极弘扬中华优秀传统文化

引导和支持全校各级团组织和学生组织开展包括“中华赞”经典诵读大赛在内的弘扬中华优秀传统文化的活动30余项。邀请国家一级美术师冯庆先生、六朝博物馆馆长胡阿祥教授、江苏省昆剧院院长李鸿良先生、金陵图书馆馆长董群教授等知名学者来校讲座。邀请了郭立中教授、金保方教授等著名中医养生专家开设“传统文化与中医养生”的系列讲座。邀请江苏省演艺集团昆剧院、京剧院、木偶剧团来校举办专场演出和传统艺术鉴赏活动。

3. 着力营造“健康东大”校园氛围

按照团中央统一部署,积极开展“走下网络、走出宿舍、走向操场”主题群众性课外体育锻炼活动,以此加强对身体健康素质和积极向上的生活理念的重视,大力倡导“每天锻炼一小时,健康工作五十年,幸福生活一辈子”的理念。指导学生会、研究生会、学生社团和学院团委开展2017“院系杯”系列赛事、射箭竞赛、四季跑、接力大作战、爱心公益跑、为圆梦而跑、风筝节、迎校庆“荧光夜跑”等丰富多彩的“三走”系列活动。

三、以完善创新创业竞赛育人体系为核心，提升拔尖创新人才培养实效

1. 全力推进“优秀本科生提前进入知名教授实验室”计划，“挑战杯”全国赛成绩实现飞跃

以拔尖创新人才培养为引领，在前期面向全校各个专业遴选87项“挑战杯”备赛课题的基础上，充分发挥共青团在组织动员、资源整合、载体搭建、氛围营造等方面的工作优势，以优化激励机制和完善资源配置为重点，提升“优秀本科生提前进入知名教授实验室”计划实施成效。在第十五届“挑战杯”全国赛中，学校推报的7个本科生团队全部入围终审决赛，7个团队成员累计申请专利19项，发表SCI、EI论文23篇，最终获得2项特等奖、2项一等奖、2项二等奖和1项“一带一路”专项赛一等奖，以团体总分420分刷新了学校参加“挑战杯”竞赛的历史最高分，位列全国第三，领跑江苏，实现近十年来“挑战杯”参赛成果的最大突破。

2. 扎实开展第二课堂创业教育实践活动，“互联网+”全国总决赛喜获佳绩

在关注启蒙意识、传授知识、提升技能等创业教学层面工作的同时，将部分注意力转向科技成果转化、初创项目孵化、资金政策扶持等创业实践层面的工作，以市场化为导向、以实践为目标，着力打通学生创业教学与创业实践之间的通道，围绕竞赛育人体系建设，通过团队组建、初赛答辩、导师配备、理论指导、模拟答辩、资金扶持等一系列举措，从百余件大学生创业项目中遴选了16支重点孵化团队，搭建了学生团队、专业教师、创业导师、职能部门之间充分沟通的机制与平台，有效提升了项目孵化质量。在第三届中国“互联网+”大学生创新创业大赛中，由校团委孵化并推荐参赛的“全息3D智能炫屏”项目以全场最高分——805分首次挺进四强争霸赛，并在总决赛中获得季军。“MxHealth——癌症早期精准检测系统”项目获得大赛银奖；“鹰眼无人机探测反制系统”“达人荟——高校知识才艺互联网共享社区”项目获得大赛铜奖，创造了学校参加“互联网+”大赛以来的历史最好成绩。

3. 积极推进大学生创新创业实践服务载体建设

抓住科技育人、创新驱动的主线，全面推进“2017年东南大学学生科技节”，圆满举办包括科技活动、学术交流、科技讲座、竞赛评比等4大类共计289场学术科技子活动。其中研究生层面137场，本科生层面152场，涵盖了学校所有学科方向，累积参与学生万余人次。成功举办2017年全国青少年高校科学营东南大学分营活动，接待360名优秀高中生参与其中，让他们感受了东南大学深厚的历史底蕴和科学精神。多措并举，成效显著，产生了广泛的社会影响，获得中国科协青少年科技中心荣誉表彰。持续开展“创新创业冬令营”“创业大讲堂”“双创暑期实训营”等品牌工作，组建校友层面的大学生创新创业导师团队，重点依托校友力量提升大学生创新创业项目指导扶持力度，邀请袁岳、林嘉喜、王捷等知名投资人和创业名人来校开展与双创团队及广大团员青年的面对面交流。积极培育大学生创业协会等创新创业类社团俱乐部，推动大学生科技协会、创业协会等社团与校团委科技创新部、创业实践部职能分离，充分发挥学生社团在校园创新创业氛围营造中的积

极作用。

四、以管理制度优化与实践平台拓展为手段,不断提升志愿实践育人成效

1. 不断规范和完善社会实践组织管理,提升社会实践活动的吸引力与影响力

继续打造以“三下乡”暑期社会实践为主,寒假“回访母校谢师恩”主题社会实践为辅,课外志愿服务、公益活动等常规社会实践相结合的工作格局。组织近 2 000 名同学在 2017 年寒假举办了以“回访母校谢师恩”为主题的社会实践活动,引导学生回到自己的母校开展形式多样、内容丰富的寒假社会实践活动,扩大了东南大学的影响。在 2017 年暑期社会实践里,紧密围绕“青春喜迎十九大·不忘初心跟党走”的年度主题,以培育和践行社会主义核心价值观为重点,确定了 8 个重点大类,共发动组建各类项目团队 558 支(其中全国重点团队 1 支,省级重点团队 14 支),确定校级重点团队 134 支,参与人数达到 5 000 余人。2017 年全面实现了社会实践“管理项目化、运作团队化、考核学分化”的改革目标,通过校级立项、网络双选等形式逐级申请立项,通过编写选题指南、报告指南有效指导学生实践向专业发展、规范化发展。举行社会实践表彰大会,表彰先进典型,分享成功经验,编写 2017 年暑期社会实践风采录《实践,让青春远航》。在各级评比中喜获佳绩,校团委荣获暑期“三下乡”社会实践活动“全国先进单位”和“省先进单位”称号,经济管理学院“守望江洲”团队获“千校千项”活动“最具影响好项目”和“江苏省十佳团队”称号,人文学院“骧行黔西”团队获得第九届远洋“探海者”全国大学生实践奖二等奖,经济管理学院“湘豫古今”团队获“为爱上色”中国大学生农村支教全国银奖,交通学院“小微企业调研团”获团中央“一带一路”暑期社会实践专项优秀团队称号,能源与环境学院“丹江口水库移民生活满意度”调查团等 6 支团队荣获“省级优秀团队”称号,土木学院周亦珩等 5 位团干部荣获“省级先进工作者”称号,电子学院王宗辉等 7 位同学荣获“省级先进个人”称号,建筑学院《夹缝中的汹涌与浪漫——新疆喀什地区农村饮用水水质调研》被评为“省级优秀调研报告”,计算机科学与工程学院、软件学院推荐的“南京市地质博物馆”荣获“省级优秀社会实践基地”称号。

2. 进一步推动研究生支教团工作稳步发展

完善招募选拔、培训教育、出征送行、支教服务、慰问看望、总结表彰等环节在内的完备的工作体系。通过支教知识培训、校史校情专题讲座、团队意识培养、历届支教队员座谈、教育心理培训、教学观摩等课程对我校第十九届研究生支教团成员开展全面深入的系统培训。在 2017 届本科生毕业典礼上专项表彰 22 名即将赴内蒙古准格尔旗、江西共青城、云南南华、新疆石河子开展支教工作的研究生支教团成员,并举行出征仪式为支教团成员壮行。今年我校研究生支教团的规模继续保持在 22 人,招募规模位居全国高校前列。在第二十届研究生支教团的招募过程中,严格按照“公开招募、自愿报名、择优选拔”的原则,在学院考核的基础上精心组织笔试、面试、体检等相关工作,对报名学生的思想政治素质、学习成绩、在校表现、志愿服务经历等进行综合考察,择优选拔,最终确定了 22 名东南大学研究生支教团成员。东南大学研究生支教团成员张少卿被新疆生产建设兵团评

为优秀志愿者，郑逸轩被江西省共青城市评为五四表彰先进青年。

3. 不断拓展志愿公益服务实践平台，品牌活动蓬勃开展

以东南大学研究生支教团西部支教服务点为布局核心，推动全校志愿服务活动蓬勃开展。顺利通过并完成“东南大学至善服务桥梁网”10100 创新项目，积极探索校地志愿共建服务体系。信息科学与工程学院“梦想支教团”、土木工程学院“爱在共青城”活动、支教协会“至善黔程”等都取得社会好评。与大报恩寺、南京市地质博物馆、牛首山风景区、江苏大剧院等文化场所进行志愿服务共建，打造精品实践品牌和志愿品牌，形成了“院院有品牌，个个有特色”的工作目标。积极参加大型赛事活动的志愿服务，在江苏发展大会、未来网络发展峰会、中国南京现代农业科技大会等多个大型活动中展现了“东南名片”的志愿风采。组织成立江苏青年志愿者协会高校志愿服务专业委员会并担任执行主任，策划开展了全省多项志愿活动和志愿评比。“至善西行”公益旅游组织获得中国第三届公益创业赛铜奖。组织参加了第二届江苏省志愿服务展示交流会，其中，计算机科学与工程学院、软件学院“微笑讲解团”获得金奖。在江苏省青年创益项目大赛中，交通学院“微课堂大成长”和研究生支教团“益心益路益事”获得金奖，经济管理学院“生命快递”获得银奖，建筑学院“互联网＋设计”获得铜奖。人文学院蒋烨琳、材料学院张培杰被评为“江苏省优秀青年志愿者”，交通学院“微课堂大成长”项目被评为“江苏省优秀志愿项目”，建筑学院志愿者协会荣获“江苏省青年志愿服务行动组织奖”，东南大学荣获“志愿服务事业贡献奖”。

五、以扎实开展全校共青团基层基础建设为依托，推进全面从严治团走向深入

1. 全面推进并实施共青团改革

为深入学习贯彻落实习近平总书记系列重要讲话精神和中央党的群团工作会议精神、全国高校思想政治工作会议精神，落实高校共青团改革系列文件要求，切实加强和改进学校共青团各项工作和建设，东南大学共青团于 2017 年 1 月启动《东南大学共青团改革实施方案》研究起草工作。经过专项调研学习、专题研究起草和专门征求意见三个阶段，2017 年 7 月 15 日《东南大学共青团改革实施方案》经学校党委常委会讨论通过后，于 9 月 2 日由学校党委正式印发。在本次改革中，东南大学共青团改革举措的聚焦指向与主要内容包括 5 大部分、18 个工作领域、50 余个具体改革事项。秉持着“边改革边实践，边探索边总结”的基本工作准则，围绕“强三性”“去四化”“回归青年”的改革目标，在改革实施方案起草与改革举措推进的实践过程中，形成了两“新”、四“学”、六“化”的具有鲜明特色的东南大学共青团改革创新举措。

2. 全力筹备并圆满召开共青团东南大学第二十次代表大会

经东南大学党委和共青团江苏省委批准，共青团东南大学第二十次代表大会于 2017 年 12 月 29 日至 30 日召开。此次大会以党的十九大精神为指引，全面贯彻习近平新时代中国特色社会主义思想，贯彻落实中央党的群团工作会议和全国高校思想政治工作会议

精神,按照东南大学第十四次党代会有关部署,认真总结第十九次团代会召开以来全校共青团工作所取得的成绩和经验,分析当前面临的形势与任务,对未来一个阶段学校共青团的工作进行了科学部署和成效展望,选举产生共青团东南大学第二十届委员会委员、常务委员及书记、副书记,为实现建设中国特色世界一流大学的"东大梦"和中华民族伟大复兴的"中国梦"凝聚青春动能。

3. 积极开展五四表彰活动

围绕学校育人的根本目标,发挥先进模范的示范引领作用,圆满完成五四表彰工作,共评选出6个五四红旗团委、3个国旗团支部、1个国旗团支部提名、20个特级团支部、64个甲级团支部、31个先进团支部、5名东南大学青年五四奖章(教师2名、学生3名)、8名优秀团务工作者、148名优秀团干、821名优秀团员。通过分级评比、评优和表彰,青年团员和团学干部的责任感得到进一步提升,团组织的战斗力得到进一步增强。校团委书记陆挺被评为"全国优秀共青团干部",交通学院刘攀教授获得"江苏省五四青年奖章",化学化工学院张袁健教授被评为2017江苏"青年双创英才",土木工程学院俞涛、建筑学院王子睿、经济管理学院张潇被评为"江苏省优秀共青团员",人文学院团委书记彭丽被评为"江苏省优秀共青团干部",电子科学与工程学院团委被评为"江苏省五四红旗团委",吴健雄学院610142团支部被评为"江苏省五四红旗团支部"。

4. 持续加强基层团组织的建设

以"磐石计划"(组织建设专项)为载体,深入实施高校基层"团支部"活力提升工程,有效提升基层团组织的运行活力、工作开展活力和团员的参与活力。2017年上半年围绕学习习近平总书记系列重要讲话精神、"青春喜迎十九大"、"践行社会主义核心价值观"、"廉洁教育——大学生诚信专题"等多个主题,广泛开展有意义的团日活动。共有来自24个学院的311个申报项目,最终评选出117个项目作为"磐石计划"立项项目。圆满完成2016年第一期(长期)、第二期及2017年第一期(短期)项目的结项工作。2017年下半年围绕认真落实贯彻十九大报告精神,开展专项团日活动。共收到来自24个学院的275个申报项目,最终评选出123个项目作为2017年第二期"磐石计划"立项项目。

六、以发挥学生组织自主性与创造性为目标,不断加强和改进对学生组织的指导和监督

1. 积极促进全校学生组织健康发展

贯彻落实《学联学生会组织改革方案》《高校学生社团管理暂行办法》等有关政策文件要求,坚持正确政治方向,坚持学生主体地位,坚持依法依章程开展工作,坚持问题导向深化改革,制定并印发《关于促进东南大学学生组织健康发展的改革实施意见》。通过改革使全校各级学生会组织和学生社团职能作用更加明确、代表性更加广泛、队伍作风更加严实、工作效能更加彰显,构建学校党委领导下的,以共青团为核心和枢纽,以学生会组织为学生自我服务、自我管理、自我教育、自我监督的主体组织,以学生社团及相关学生组织为外围延伸手臂的"一心双环"团学组织格局。

2. 指导学生会工作

认真落实共青团中央、教育部、全国学联共同下发的《学联学生会组织改革方案》，就新形势下的学联学生会组织改革积极探讨，勇于革新。充分发挥学生会在丰富校园文化、服务同学成长中的重要作用，指导学生会举办健身舞蹈大赛、十佳歌手大赛、“向经典致敬”诵读竞赛、“吾爱吾师”——我最喜爱的老师评选、宿舍文化节、领跑大学路等各类活动30余项。指导学生会进行有关学习、生活、实践等方面的调研活动，了解学生的具体需求；与食堂、宿舍等部门定期召开座谈会，听证会，面对面解决校园问题。接受并处理学生投诉共800余起，提供各类备考资料100余类，组织针对性学习辅导200余对。加强学生会内部培训机制，组织学生会干部开展以专题座谈等为形式、内容广泛的内部学习活动，并定期与各高校交流学习。指导学生会进行新媒体平台建设，扩大新媒体影响力。微信公众号粉丝突破3万人，累计发布活动预告、教务资讯、热点社评、服务追踪等信息数千条，把学生会新媒体平台打造成为学生意见、建议征集以及校园文化构建的重要渠道。指导校学生会荣获2016年度全省高校“优秀学生会”荣誉称号。

3. 指导研究生会工作

指导并组织校院两级研究生骨干围绕喜迎十九大、学习十九大精神、学习贯彻习近平总书记系列重要讲话精神专题活动20场。指导校研究生会开展“弘扬社会主义核心价值观”系列活动12场。指导研究生会树立青年学生榜样，策划并举办第三届“正 · 青年”东南大学杰出研究生评选大赛；树立良好师德师风典范，打造第七届“我最喜爱的研究生导师”评选大赛。指导研究生会举办学生科技节、辩论赛、十佳歌手大赛、周末舞会、研究生四大体育联赛、国际文化周等活动300余场。指导研究生会举办3 · 15维权调研、研究生生活质量调研、校园文化调研、学生宿舍调研、食堂卫生情况调研等调研活动20余次。指导研究生会广泛收集研究生在科研、学习、生活等诸多方面的意见和要求，及时向有关部门反馈并汇集为维权白皮书，累计处理学生投诉60余起。指导研究生会积极开拓新媒体平台，微信公众号粉丝数量突破6万人，在全国学联发起的高校研究生会微信排行中稳居全国前三，10月和11月连续两次蝉联榜首，在全校研究生群体中营造了良好的网络舆论氛围。指导校研究生会继续抓好传统宣传媒介，重新改版研究生会网站，出版活动预告40期、《善研》杂志4期、《东南研究生》报纸4期、研究生会风采录2期、《Hello SEU》新生手册，累计受众20 000余人次。指导校研究生会荣获2017年度“江苏省十佳研会”荣誉称号。

4. 指导学团联工作

指导学团联围绕年度重点主题举办“百团大战”学生团体联合招新、“社团巡礼节”等文体活动450余场。指导学生团体联合会积极调研各学生社团对当前学团联管理工作的意见，对“我最喜爱的学生团体”评比、学生团体星级评比、十佳学生团体评比等具体考核条例做了补充与修正。指导学生团体联合会积极开拓学生社团宣传平台，拓宽新媒体宣传阵地，持续完善学团联微信公众平台，加强与社团新媒体平台的互动。指导学团联组织和指导社团组建实践团队，深入开展社会实践活动，在学校社会实践评比中获团队奖 7 个，个人奖 39 个。指导学团联召开学生团体代表大会，对学生团体联合会各项章程做出修订，并顺利完成换届选举工作。天梯魔术团、永乐相声社、玉笙寒配音工作室获得“全国大中专学生最具影响力文艺社团”荣誉称号，龙舟协会、青年志愿者协会以及创业协会分别获得“全国大中专学生最具影响力体育社团奖”“全国大中专学生最具影响力爱心社团奖”“全国大中专学生最具影响力双创社团奖”等荣誉称号。

在校党委和上级团组织的正确领导下，在全校各职能部门的通力协作下，在全校团员青年和广大专兼职团干部的共同努力下，东南大学共青团的各项工作在 2017 年度均取得显著进展，社会影响在 2017 年度中进一步扩大。《中国青年报》、新华社、新浪网、腾讯网、中国青年网、中国新闻网、江苏电视台、南京电视台、《新华日报》、《扬子晚报》、《金陵晚报》、《现代快报》等各大媒体多次关注东南大学共青团相关重点工作，发稿量达到 200 余篇，校团委新媒体工作室获得 2017 年“全国学校共青团优秀新媒体专业工作室”荣誉称号。由校团委集中力量编撰的《东南大学共青团 2017 新闻集锦》，全面展示了东南大学共青团的工作成绩，受到了社会各界的充分肯定。

东南大学共青团将进一步深入梳理和总结 2017 年度的各项工作经验与改革创新成果，在迈入新时代伟大征程的起点上，紧扣“立德树人”根本任务，进一步凝心聚力、强基固本、改革创新、优化机制，努力在青年学生思想引领与价值塑造、服务青年学生成长与维护青年学生权益方面推出更多更具实效的创新举措，团结带领全校团员青年为实现建设中国特色世界一流大学的“东大梦”和中华民族伟大复兴的“中国梦”而努力奋斗！

学科建设与研究生教育

综　　述

继续深化考试招生制度改革，研究生生源质量稳步提高。优化博士生招考方式，全面实行申请考核制，分别完善申请考核、硕博连读、本科直博的综合评价考核办法。围绕国家发展战略，顺利完成首届整建制国家重大专项博士班 28 名工程博士的招生工作；扎实推进医工结合等学科交叉联合培养新模式，顺利完成首批 8 名与南医大联合培养博士生的招生工作；强化博导招生资格年审工作，导师队伍整体水平得以提升，实施“博士新生奖学金”计划，着力吸纳“双一流”优秀生源。顺利完成教育部统筹全日制和非全日制硕士生招生改革，进一步扩大学术学位和专业学位硕士生分类考试试点，招收推荐免试生数接近 1 700，比去年增加 11%，创历史新高。

深化教育教学改革，研究生培养质量显著提升。获批全国示范性工程专业学位研究生联合培养基地 1 个，获全国专业学位研究生教育优秀案例一等奖 1 项。研究生导师队伍建设进一步加强，出台《东南大学研究生指导教师责任制实施办法》，根据新修订的博士、硕士研究生指导教师遴选办法，增列 12 名博导(高端人才)、47 名硕导(讲师破格)，为优秀人才快速开展研究生培养和科研工作提供绿色通道。大力推进与国(境)外一流大学联合开展研究生培养，东南大学—蒙纳士大学苏州联合研究生院办学许可获教育部批准，与法国雷恩一大合作的雷恩研究生学院也获教育部批准。与世界知名大学专家学者共同组织全英文教学课程 37 门，开拓海外实践基地 3 个。获国家留学基金委录取 263 人，其中联合培养博士 216 人、攻读博士学位 32 人、联合培养硕士 2 人、攻读硕士学位 13 人，录取人数比去年增加 35%，创历史新高。获国家留学基金委录取短期访学博士生导师 22 人。持续建设研究生创新能力提升工程，2017 年获批江苏省各类研究生培养创新工程 301 项，其中江苏省研究生科研创新计划 184 项，江苏省研究生实践创新计划 81 项，江苏省研究生教育教学改革课题 7 项，江苏省研究生教育改革成果奖 2 项(一、二等奖各一项)，江苏省研究生学术创新论坛 1 项，江苏省优秀研究生工作站 6 个，江苏省研究生工作站 20 个。遴选优秀博士学位论文基金项目 101 项，资助博士生参加国际学术会议和短期访学403人。

研究生学位论文质量显著提高,修订研究生学位论文盲审条例,制定英文版学位论文格式要求,优化博士生申请学位的成果标准。获江苏省优秀博士学位论文14篇、优秀硕士论文33篇,比上一年度增加7篇;获全国一级学会优秀学位论文3篇。被评为江苏省学位授予信息报送工作优秀单位。

研究生创新创业学科竞赛和社会实践活动成果突出。被评为2017年教育部"蓝火计划"博士生工作团优秀组织单位。在中国研究生数模竞赛中获一等奖3项(全国并列第一),在全国研究生集成电路设计竞赛中获一等奖4项,在中国研究生电子设计竞赛中获一等奖1项、二等奖2项,获世界智能驾驶挑战赛第2和第3名,获中国汽车设计大赛"最佳用户界面设计奖",在首届江苏省研究生英语翻译大赛中获一等奖(3名)、三等奖(1名)等。299人获"东南大学优秀毕业研究生"、4人获"江苏省三好学生"、10人获"江苏省优秀研究生干部"、7个班级获"江苏省先进班集体"等荣誉称号。研究生助研学酬金系统上线运行,研究生学位论文网络评审平台投入运行。

学科内涵发展继续推进,学科竞争力大幅提升。进一步优化学科布局,积极鼓励和支持基础、新兴、交叉学科发展,促进形成多学科协调发展、科学合理的学科生态。学校入选一流大学建设高校A类名单,11个学科入选"双一流"建设学科名单,入选学科数位列全国第8位。在全国第四轮学科评估中,建筑学、土木工程、交通运输工程、生物医学工程、艺术学理论获评A+等,获评A+等的学科总数位列全国第8位,位列江苏高校第一。完成"双一流"建设方案论证和上报,完成2017年中央高校建设一流大学(学科)和特色发展引导专项资金预算安排和经费使用计划的论证与审批。完成马克思主义理论、外国语言文学、化学、力学、基础医学、工商管理等6个博士学位授权一级学科点和临床医学博士专业学位授权点的申请工作。全面推动我校现有ESI学科排名稳步提升和ESI学科数持续增长,"神经科学与行为学"和"社会科学总论"首次进入ESI全球前1%,进入ESI全球前1%的学科数增至11个,继工程学后,计算机科学首次进入1‰,其中工程学位列第34位,计算机科学位列第37位。入选国家首批"一流网络安全学院建设示范项目高校"。

2017 年度博士学位研究生招生专业及指导教师

学科门类	学科(一级学科)	专业(二级学科)	指导教师(以姓名拼音为序)
哲学 (01)	哲学	(按一级学科招生)	董　群　樊和平　马向真　乔光辉　王　珏 王　珂　魏福明　夏保华　徐　嘉　许建良 岳　瑨
经济学 (02)	应用经济学	(按一级学科招生)	陈淑梅　胡汉辉　华生(兼)　刘修岩 邱　斌　邵　军　吴利华　徐康宁　徐盈之 张宗庆　周　勤
		金融学	董　斌　刘晓星　周　勤
法学 (03)	法学	(按一级学科招生)	龚向和　刘艳红　孟鸿志　汪进元　肖　冰 周少华　周佑勇
	马克思 主义理论	马克思主义基本原理	高晓红　刘　魁　袁健红　袁久红
		思想政治教育	陈美华　李霄翔　廖小琴　刘　魁　许苏明
理学 (07)	数学	(按一级学科招生)	曹进德　陈建龙　李铁香　李玉祥　梁金玲 林金官　林文松　刘继军　卢剑权　孙志忠 唐达林　王冠军　王栓宏　徐君祥　余星火 虞文武
	物理学	(按一级学科招生)	陈世华　董　帅　董正高　范吉阳　郭　昊 侯净敏　李　旗　吕　准　倪振华　邱　腾 施智祥　汪　军　王金兰　徐春祥　徐明祥 徐庆宇　薛　鹏　杨文星　叶　巍　翟　亚 周海清
	生物学	(按一级学科招生)	柴人杰　巢　杰　樊　红　方　明　韩俊海 加正平　林承棋　刘向东　陆　巍　潘玉峰 谢　维　袁榴娣　张建琼　赵春杰　周子凯
工学 (08)	力学	固体力学	郭小明　何小元　李兆霞　糜长稳　杨福俊
		工程力学	郭　力　郭小明　何小元　靳　慧　李兆霞 吕令毅
	机械工程	(按一级学科招生)	毕可东　陈　南　陈云飞　费庆国　韩　良 贾民平　蒋书运　李　普　刘　磊　罗　翔 倪中华　沙　菁　史金飞　帅立国　苏　春 孙蓓蓓　汤文成　王兴松　幸　研　许飞云 薛澄岐　易　红　殷国栋　张建润　张志胜 周忠元
	光学工程	(按一级学科招生)	崔一平　顾　兵　雷　威　李　青　李晓华 娄朝刚　吕昌贵　屠　彦　王春雷　王琦龙 王著元　夏　军　恽斌峰　张晓兵 张　雄(外籍)　赵志伟　朱　利
	仪器科学与技术	(按一级学科招生)	蔡体菁　陈俊杰　陈熙源　程向红　李宏生 李建清(兼)　李　旭　刘锡祥　潘树国 秦文虎　宋爱国　宋光明　王爱民　王立辉 王　庆　吴　涓　夏敦柱　徐晓苏　严如强 杨　波　杨功流(兼)　张广军　张　彤 张为公　赵立业

（续　表）

学科门类	学科(一级学科)	专业(二级学科)	指导教师(以姓名拼音为序)
工学(08)	材料科学与工程	(按一级学科招生)	陈　锋　陈惠苏　陈　坚　储成林　丁　辉　董寅生　方　峰　高建明　郭丽萍　郭新立　蒋建清(兼)　蒋金洋　李　敏　刘加平　刘玉付　缪昌文　潘钢华　潘　冶　钱春香　邵起越　沈宝龙　孙　伟　孙正明　涂益友　薛　烽　余新泉　张亚梅　张友法　张云升　周　健　朱鸣芳
		材料物理与化学	丁收年　付大伟　付德刚　付国东　苟少华　顾忠泽　姜　勇　雷立旭　李新松　林保平　刘松琴　娄永兵　骆培成　祁争健　钱　鹰　任丽丽　孙柏旺　孙岳明　王明亮　王雪梅　王怡红　王志飞　卫　伟　吴东方　谢一兵　熊仁根　杨　洪　叶恒云　游雨蒙　张　闻　张一卫　张　毅　张袁健　周建成　周钰明　诸海滨
	动力工程及工程热物理	(按一级学科招生)	蔡　亮　陈晓平　陈亚平　陈永平(兼)　陈振乾　段伦博　段钰锋　归柯庭　黄亚继　金保昇　李舒宏　李益国　梁　财　梁彩华　陆　勇　潘　蕾　钱　华　邵应娟　沈德魁　沈　炯　沈来宏　盛昌栋　司风琪　宋　敏　王培红　向文国　肖　睿　熊源泉　许传龙　杨建刚　杨林军　殷勇高　余艾冰　袁竹林　张　军　张小松　张亚平　张耀明　赵伶玲　钟文琪　仲兆平　周克毅
		★ 能源环境工程	陈晓平　段钰锋　归柯庭　黄亚继　金保昇　肖　睿　熊源泉　钟文琪　仲兆平
	电气工程	(按一级学科招生)	陈　武　陈　中　程　明　窦晓波　樊　英　房淑华　高丙团　高赐威　高　山　顾　伟　胡敏强(兼)　花　为　黄学良　黄允凯　蒋　平　金　龙　李　扬　林鹤云　林明耀　陆于平　马伟明(兼)　汤　奕　王蓓蓓　王　政　吴在军　徐青山　余海涛　张建忠　赵剑锋　郑建勇
	电子科学与技术	物理电子学	崔一平　顾　兵　雷　威　李　青　李晓华　娄朝刚　吕昌贵　孙小菡　屠　彦　王春雷　王琦龙　王著元　夏　军　肖金标　恽斌峰　张　彤　张晓兵　张　雄(外籍)　赵志伟　朱　利
		电路与系统	陈莹梅　樊祥宁　胡庆生　黄风义　李文渊　李智群　孟　桥　苗　澎　吴建辉　杨　春　张　萌　朱　恩
		微电子学与固体电子学	单伟伟　丁德胜　黄庆安　陆生礼　秦　明　尚金堂　时龙兴　孙立涛　孙伟锋　汪正平(兼)　吴建辉　徐　峰　杨　春　杨　军　张　萌

（续　表）

学科门类	学科(一级学科)	专业(二级学科)	指导教师(以姓名拼音为序)
工学(08)	电子科学与技术	电磁场与微波技术	曹振新 陈继新 陈志宁(兼) 程 强 崔铁军 窦文斌 郝张成 洪 伟 胡三明 华 光 蒋卫祥 陆卫兵 马慧锋 孙忠良 王海明 吴 柯 徐金平 殷晓星 余旭涛 赵洪新 周健义 朱晓维
		★集成电路设计	单伟伟 丁德胜 李 冰 陆生礼 时龙兴 孙伟锋 杨 军
	信息与通信工程	(按一级学科招生)	陈 明 丁 峙 方世良 高西奇 衡 伟 黄永明 金 石 刘 楠 孟 桥 潘志文 裴文江 盛 彬 宋铁成 汪茂(兼) 王俊波 王 桥 王 炎 徐平平 许 威 杨绿溪 尤肖虎 张 华 张在琛 赵春明 赵 力 赵新胜 郑福春 郑 军 郑文明 邹采荣(兼)
		★信息安全	程 光 胡爱群 黄 杰 康 维
	控制科学与工程	(按一级学科招生)	曹进德 达飞鹏 费树岷 郭 雷(兼) 李 俊 李 奇(兼) 李世华 李新德 路小波 孙长银 田玉平 汪 峥 魏海坤 武玉强(兼) 严洪森 杨 俊 余星火 翟军勇 张凯锋 张侃健 张 亚
		导航、制导与控制	蔡体菁 程向红 田玉平 徐晓苏 张 涛
	计算机科学与技术	(按一级学科招生)	曹玖新 陈汉武 程 光 高志强 耿 新 蒋嶷川 李宝生(兼) 李必信 李小平 李幼平 罗军舟 罗立民 倪巍伟 漆桂林 芮 勇(兼) 舒华忠 宋爱波 陶 军 汪 芸 王红兵 杨 明
	建筑学	(按一级学科招生)	陈 薇 程泰宁 戴 航 单 踊 董 卫 韩冬青 冷嘉伟 李 飚 孟建民(兼) 彭昌海 齐 康 石 邢 王建国 王彦辉 张 宏 张十庆 张 彤 郑 炘 周 琦 周 颖
	土木工程	(按一级学科招生)	曹双寅 陈锦祥 陈忠范 戴国亮 丁汉山 丁幼亮 范圣刚 冯 健 冯若强 龚维明 郭 彤 郭正兴 惠 卓 李爱群 李维滨 梁书亭 刘伟庆(兼) 刘 钊 罗 斌 吕令毅 缪长青 Mohammed Noori 潘金龙 秦顺全(兼) 邱洪兴 舒赣平 万春风 汪 昕 王 浩 王景全 吴 刚 吴 京 吴智深 徐赵东 杨才千 叶继红 张继文 张 建 赵 坚 周 臻 朱 虹 宗周红
		岩土工程	蔡国军 邓永锋 杜广印 杜延军 洪振舜 刘松玉 缪林昌 童立元 章定文 朱志铎
		市政工程	傅大放 黄 娟 杨小丽
		供热、供燃气、通风及空调工程	蔡 亮 陈亚平 陈永平(兼) 陈振乾 李舒宏 梁彩华 钱 华 殷勇高 张小松

(续 表)

学科门类	学科(一级学科)	专业(二级学科)	指导教师(以姓名拼音为序)
工学(08)	土木工程	桥梁与隧道工程	黄 侨 万 水 王克海(兼) 王文炜 杨 明
		★土木工程建造与管理	郭正兴 李启明 李维滨
		★土木工程材料	陈惠苏 高建明 郭丽萍 李 敏 刘加平 缪昌文 潘钢华 钱春香 孙 伟 张亚梅 张云升
	化学工程与技术	(按一级学科招生)	程 林 丁收年 付大伟 付国东 苟少华 黄 凯 姜 勇 雷立旭 李新松 林保平 刘松琴 娄永兵 骆培成 祁争健 钱 鹰 任丽丽 孙柏旺 孙岳明 王明亮 王怡红 卫 伟 吴东方 肖国民 谢一兵 熊仁根 杨 洪 张一卫 张袁健 周建成 周钰明 诸海滨
	交通运输工程	(按一级学科招生)	陈 峻 陈淑燕 陈先华 陈学武 陈一梅 程建川 程 琳 邓永锋 杜延军 高 英 顾兴宇 郭建华 过秀成 洪振舜 黄 卫 黄晓明 季彦婕 李铁柱 李文权 刘 攀 刘志远 陆 建 马 涛 缪林昌 倪富健 潘玉利(兼) 钱振东 冉 斌 任 刚 孙 璐 王 昊 王 炜 项乔君 谢远长 徐宿东 杨 军 杨 敏 叶智锐 张 磊 张 永 章定文 赵永利
		★交通测绘与信息技术	高成发 胡伍生 翁永玲
	环境科学与工程	(按一级学科招生)	陈晓平 段伦博 段钰锋 归柯庭 黄亚继 金保昇 李先宁 吕锡武 沈德魁 沈来宏 盛昌栋 宋海亮 宋 敏 肖 睿 熊源泉 杨林军 余艾冰 余 冉 张 军 张亚平 赵伶玲 钟文琪 仲兆平 朱光灿
	生物医学工程	(按一级学科招生)	白云飞 陈 扬 陈 战 葛丽芹 葛芹玉 顾 宁 顾万君 顾忠泽 何农跃 何思渊 黄宁平 吉 民 李志勇 刘 宏 刘宏德 刘全俊 卢晓林 陆祖宏 吕晓迎 钱卫平 孙剑飞 孙清江 孙 啸 唐达林 王进科 王雪梅 吴富根 夏 强 肖鹏峰 肖忠党 熊 非 徐春祥 杨 芳 张天柱 张 宇 赵祥伟 赵远锦
		★学习科学	邓慧华 蒋 犁 康学军 周仁来(兼)
		★神经信息工程	卢 青 王海贤 韦 钰 禹东川 郑文明
	城乡规划学	(按一级学科招生)	董 卫 段 进 李百浩 王建国 王兴平 吴 晓 阳建强 杨俊宴
	风景园林学	(按一级学科招生)	陈 薇 成玉宁 冷嘉伟 石 邢 王晓俊 郑 炘
	软件工程	(按一级学科招生)	陈汉武 高志强 耿 新 李必信 李小平 漆桂林 王红兵 张敏灵 周德宇

（续　表）

学科门类	学科(一级学科)	专业(二级学科)	指导教师(以姓名拼音为序)
工学 (08)	网络空间安全	(按一级学科招生)	曹玖新 程光 胡爱群 黄杰 蒋嶷川 康维 梁金玲 卢剑权 罗军舟 倪巍伟 潘志文 陶军 汪芸 王炎 杨明 虞文武 张敏灵
	工程博士领域 (085200)	电子与信息	时龙兴 尤肖虎等
		先进制造	戴先中 汤文成等
医学 (10)	基础医学	免疫学	窦骏 高大庆 李淑锋 刘培党 沈传来 沈传陆 王大勇 王立新 姚红红 袁榴娣 张建琼
	临床医学	内科学	巢杰 陈宝安 陈立娟 陈平圣 樊红 郭凤梅 黄培林 李玲 刘必成 刘乃丰 刘志红(兼) 马根山 马坤岭 邱海波 施瑞华 孙子林 汤成春 汤日宁 王少华 王书奎(兼) 杨毅 姚玉宇 张晓良 赵伟(兼) 郭怡菁
		儿科	郭怡菁
		神经病学	柏峰 郭怡菁 谢春明 闫福岭 袁勇贵 张志珺
		影像医学与核医学	郭金和 居胜红 刘培党 马根山 滕皋军
		临床检验诊断学	高大庆 沈艳飞 王立新 吴国球
		外科学	陈陆馗 陈明 嵇振岭 芮云峰 王运涛 吴小涛 杨建军 于振坤(兼) 周家华
		妇产科学	陈明 窦骏
		肿瘤学	陈宝安 郭金和 黄培林 沈传来 唐秋莎 王彩莲 吴国球 张海军
	公共卫生与预防医学	流行病与卫生统计学	巢健茜 刘沛 沈孝兵 卫平民
		劳动卫生与环境卫生学	陈瑞 梁戈玉 刘冉 浦跃朴 吴巍 尹立红 张娟
		营养与食品卫生学	康学军 孙桂菊 许茜
		卫生毒理学	唐萌 王大勇 薛玉英
管理学 (12)	管理科学与工程	(按一级学科招生)	陈良华 陈伟达 陈志斌 邓小鹏 韩瑞珠 何建敏 何勇 胡汉辉 李爱国 李德智 李东 李廉水(兼) 李敏 李启明 李四杰 刘新旺 吕鸿江 梅姝娥 舒嘉 王海燕 王文平 吴芃 吴应宇 徐泽水(兼) 薛巍立 袁竞峰 张建坤 张玉林 赵林度 仲伟俊 庄亚明
		★金融工程	何建敏 刘晓星 庄亚明
艺术学 (13)	艺术学理论	(按一级学科招生)	甘锋 李蓓蕾 龙迪勇 沈亚丹 汪小洋 王廷信 谢建明(兼) 徐习文 徐子方 郁火星

注：★为自主设置的二级学科

2017 年度硕士学位研究生招生学科、专业

学术学位招生学科、专业

学科门类	学科(一级学科)	学科、专业(二级学科)
哲学	●哲学	
经济学	●应用经济学	金融学
法学	●法学	
	政治学	政治学理论
	●社会学	
	●马克思主义理论	
教育学	●教育学	
	●心理学	
	●体育学	
文学	●中国语言文学	
	外国语言文学	英语语言文学;日语语言文学;外国语言学及应用语言学
理学	●数学	
	●物理学	
	●化学	
	●生物学	生物物理学
	●统计学	
工学	●力学	
	●机械工程	
	●光学工程	
	●仪器科学与技术	
	●材料科学与工程	材料物理与化学
	●动力工程及工程热物理	动力工程及工程热物理(能源环境工程)
	●电气工程	
	电子科学与技术	物理电子学;电路与系统;微电子学与固体电子学 电磁场与微波技术;电子科学与技术(集成电路设计)
	●信息与通信工程	
	●控制科学与工程	导航、制导与控制
	●计算机科学与技术	

（续 表）

学科门类	学科(一级学科)	学科、专业(二级学科)
工学	● 建筑学	
	●土木工程	岩土工程;市政工程;供热、供燃气、通风及空调工程;桥梁与隧道工程;土木工程(土木工程材料);土木工程(土木工程建造与管理)
	●测绘科学与技术	
	●化学工程与技术	
	●交通运输工程	
	●环境科学与工程	
	●生物医学工程	生物医学工程(神经信息工程);生物医学工程(学习科学)
	●城乡规划学	
	●风景园林学	
	●软件工程	
	●网络空间安全	
	●设计学	
医学	●基础医学	
	临床医学	内科学;儿科学;神经病学;精神病与精神卫生学;影像医学与核医学;临床检验诊断学;外科学;妇产科学;眼科学;耳鼻咽喉科学;肿瘤学;麻醉学;急诊医学
	公共卫生与预防医学	流行病与卫生统计学;劳动卫生与环境卫生学;营养与食品卫生学;卫生毒理学
	中医学	中医内科学
	药学	药理学
	●护理学	
管理学	●管理科学与工程	
	●工商管理	会计学;旅游管理
	●公共管理	
	●图书情报与档案管理	
艺术学	●艺术学理论	
	●美术学	
	●设计学	

专业学位招生类别、领域

学科门类	类别	领域
经济学	金融	
	应用统计	
	国际商务	
法学	法律	法律(非法学) 法律(法学)
社会工作	社会工作	
汉语国际教育	汉语国际教育	
应用心理	应用心理	
文学	翻译	英语笔译
工学	建筑学	
	工程	机械工程 光学工程 仪器仪表工程 材料工程 动力工程 电气工程 电子与通信工程 集成电路工程 控制工程 计算机技术 软件工程 建筑与土木工程 水利工程 化学工程 交通运输工程 环境工程 生物医学工程 工业设计工程 物流工程
	城市规划	
	风景园林	
医学	临床医学	
	公共卫生	
	护理	
管理学	工商管理	
	公共管理	
	会计	
	工程管理	
艺术学	艺术	美术 艺术设计

2017 年度江苏省普通高校学术学位研究生科研创新计划名单

序号	院系	编号	申请人	项目名称	项目类型	研究生层次	导师
1	建筑学院	KYCX17_0105	仲文洲	基于能量结构法则的建筑形式与性能的量化机制研究	自然科学	博士	张彤
2	建筑学院	KYCX17_0106	窦瑞琪	城乡关系视角下非营利性住房的合作模式及介入策略	自然科学	博士	单踊
3	建筑学院	KYCX17_0107	黄卿云	现象学“还原”视角下的中国建筑设计创新思维探究	自然科学	博士	程泰宁
4	建筑学院	KYCX17_0108	张妍	晋中盆地历史城市变迁研究	自然科学	博士	董卫
5	建筑学院	KYCX17_0109	李劭雄	基于仿生学与工业化理论的轻型移动可重构式结构体系	自然科学	博士	彭昌海
6	建筑学院	KYCX17_0110	刘科	苏南地区乡村湿环境宜居性评估及优化设计研究	自然科学	博士	冷嘉伟
7	建筑学院	KYCX17_0111	董嘉	街区集约化问题的量化指标与计算机生成方法研究	自然科学	博士	韩冬青
8	建筑学院	KYCX17_0112	吕明扬	基于相同时空条件下的大数据与现场调研对比研究	自然科学	博士	王建国
9	建筑学院	KYCX17_0161	熊伟婷	大数据视角下的城市边缘区空间特征及耦合机制研究	自然科学	博士	杨俊宴
10	建筑学院	KYCX17_0162	王一婧	基于空间视觉容量的景观建筑形体生成研究	自然科学	博士	成玉宁
11	建筑学院	KYCX17_0163	邹昊	生态环境机制下的城市绿地空间形态分析方法研究	自然科学	博士	王晓俊
12	建筑研究所	KYCX17_0113	杨浥葳	基于环境适应性的苏南地区农村居住空间形态特征研究	自然科学	博士	王彦辉
13	机械工程学院	KYCX17_0055	李堃	充电石墨烯控制 DNA 过孔速度的研究	自然科学	博士	陈云飞
14	机械工程学院	KYCX17_0056	彭宁玥	态势评估中的视觉信息要素设计方法研究	自然科学	博士	薛澄岐
15	机械工程学院	KYCX17_0057	朱志贤	面向循环肿瘤细胞的分选富集仪器研制	自然科学	博士	倪中华
16	机械工程学院	KYCX17_0058	陶毅	微纳尺度材料电子对界面热导贡献表征	自然科学	博士	陈云飞
17	机械工程学院	KYCX17_0059	鄢小安	基于自适应时频分析的旋转机械故障诊断方法及应用研究	自然科学	博士	贾民平
18	机械工程学院	KYCX17_0060	王存金	人机柔性交互的下肢康复外骨骼研究	自然科学	博士	王兴松

(续　表)

序号	院系	编号	申请人	项目名称	项目类型	研究生层次	导师
19	机械工程学院	KYCX17_0061	任　凯	表面非晶化与纳米化对滚珠丝杠摩擦磨损性能的研究	自然科学	博士	汤文成
20	机械工程学院	KYCX17_0062	刘林波	介电泳高柔性组装纳米线芯片的研究	自然科学	博士	易　红
21	能源与环境学院	KYCX17_0072	赵士林	煤中添加剂对燃煤烟气汞转化和重金属迁移的机理研究	自然科学	博士	吕剑虹 段钰锋
22	能源与环境学院	KYCX17_0073	董新新	生物质燃气变换甲烷化双功能催化剂的制备及性能研究	自然科学	博士	金保昇
23	能源与环境学院	KYCX17_0074	程崇博	供氢溶剂体系下木质素定向断键制备高价值化学品	自然科学	博士	沈德魁
24	能源与环境学院	KYCX17_0075	司晓东	管道流动加速腐蚀影响机理和预测模型的研究	自然科学	博士	周克毅
25	能源与环境学院	KYCX17_0076	黄　芬	吸入制剂体内和体外沉积关系的实验及仿真研究	自然科学	博士	余艾冰 佟振博
26	能源与环境学院	KYCX17_0077	蔡天意	复合型钠基 CO_2 吸附剂理论与实验研究	自然科学	博士	陈晓平
27	能源与环境学院	KYCX17_0078	高　崴	多重乳液的微流控制备与流动特性研究	自然科学	博士	陈永平
28	能源与环境学院	KYCX17_0079	董　璐	改性钛基固溶体脱硝催化剂协同脱汞机理研究	自然科学	博士	黄亚继
29	能源与环境学院	KYCX17_0080	刘　超	木质素特征链接键的选择性催化氧化研究	自然科学	博士	肖　睿
30	能源与环境学院	KYCX17_0081	刘煜东	光场层析成像火焰三维温度场测量方法研究	自然科学	博士	许传龙
31	能源与环境学院	KYCX17_0082	于　磊	基于 Ni/Al_2O_3－ACF 催化剂的干气重整制备合成气研究	自然科学	博士	宋　敏
32	能源与环境学院	KYCX17_0153	王章鸿	木质素与废塑料共热解－催化重整制氢气联产碳纳米材料	自然科学	博士	沈德魁
33	能源与环境学院	KYCX17_0114	陈　涛	混合动力燃气热泵系统控制策略研究与性能分析	自然科学	博士	蔡　亮
34	能源与环境学院	KYCX17_0115	陈婷婷	溶液除湿/再生多尺度能量输运特性及机理研究	自然科学	博士	殷勇高
35	信息科学与工程学院	KYCX17_0091	张　琤	宽带红外雷达兼容隐身超材料	自然科学	博士	程　强
36	信息科学与工程学院	KYCX17_0092	吴瑞元	透射式数字超材料对电磁信息调控的研究	自然科学	博士	崔铁军
37	信息科学与工程学院	KYCX17_0097	朱　敏	宽带泛在光移动通信技术研究	自然科学	博士	张在琛

（续 表）

序号	院系	编号	申请人	项目名称	项目类型	研究生层次	导师
38	土木工程学院	KYCX17_0052	李 彬	纳米铜合金的力学性能及塑性变形微观机制研究	自然科学	博士	糜长稳
39	土木工程学院	KYCX17_0053	蒋汉阳	大量程电子散斑干涉测量系统研究	自然科学	博士	何小元
40	土木工程学院	KYCX17_0054	陈 强	热噪环境下结构高频动响应预示研究	自然科学	博士	费庆国
41	土木工程学院	KYCX17_0116	李小娟	江苏海上风电超大直径钢管桩基础水平承载特性研究	自然科学	博士	戴国亮
42	土木工程学院	KYCX17_0117	王正振	城市轨道交通装配式地下车站设计及施工关键技术研究	自然科学	博士	龚维明
43	土木工程学院	KYCX17_0118	沈宇洲	运营阶段 FAST 反射面索网支承结构评估预警系统	自然科学	博士	罗 斌
44	土木工程学院	KYCX17_0119	黄小刚	顶部不张开自定心框架的抗震性能与易损性分析	自然科学	博士	周 臻
45	土木工程学院	KYCX17_0120	侯士通	面向基础设施健康监测的 NB－IoT 无线传感器及网络系统	自然科学	博士	吴 刚
46	土木工程学院	KYCX17_0121	刘 杰	基于 FRP 的钢桥箱梁疲劳损伤加固方法研究	自然科学	博士	郭 彤
47	土木工程学院	KYCX17_0122	盖盼盼	基于能量法的粘弹性阻尼结构动力特性研究	自然科学	博士	吕令毅
48	土木工程学院	KYCX17_0123	陆明飞	大跨网壳结构稳定优化设计方法研究	自然科学	博士	叶继红
49	土木工程学院	KYCX17_0124	王 希	装配式单层空间网格结构力学性能研究	自然科学	博士	冯若强
50	土木工程学院	KYCX17_0125	李 洁	圈梁构造柱约束高强发泡混凝土自保温墙体受力性能研究	自然科学	博士	陈忠范
51	土木工程学院	KYCX17_0126	李红伟	加入粘弹性支座考虑车桥耦合的高铁高架桥的减震控制	自然科学	博士	徐赵东
52	土木工程学院	KYCX17_0127	茅建校	强台风期间复杂环境条件下大跨桥梁模态参数时变机理研究	自然科学	博士	王 浩
53	土木工程学院	KYCX17_0128	林元铮	近断层地震动模拟及跨断层桥梁抗震研究	自然科学	博士	宗周红
54	土木工程学院	KYCX17_0129	杨 林	基于计算机视觉的轨道交通工程施工安全风险辨识	自然科学	博士	李启明
55	土木工程学院	KYCX17_0191	常腾原	“一带一路”沿线国际工程政治风险的评价及对策研究	自然科学	博士	邓小鹏
56	土木工程学院	KYCX17_0192	崔 鹏	我国城市社区适灾弹性的度量方法与提升路径研究	自然科学	博士	李德智
57	电子科学与工程学院	KYCX17_0093	吴自力	非极性 p 型 AlGaN 材料掺杂技术及机理的研究	自然科学	博士	张 雄（外籍）
58	电子科学与工程学院	KYCX17_0094	赵见国	非极性 AlGaN 基深紫外 LED 关键材料制备技术的研究	自然科学	博士	吕昌贵 张 雄（外籍）

（续　表）

序号	院系	编号	申请人	项目名称	项目类型	研究生层次	导师
59	电子科学与工程学院	KYCX17_0095	张　建	基于碳纳米管场致发射的离子源结构设计与研究	自然科学	博士	张晓兵
60	电子科学与工程学院	KYCX17_0096	褚晨蕾	面向物联网通讯的微电子微波集成检测系统	自然科学	博士	廖小平
61	电子科学与工程学院	KYCX17_0063	张益之	基于微流控的单细胞生物光谱分析技术研究与应用	自然科学	博士	崔一平
62	电子科学与工程学院	KYCX17_0064	张　雷	纯相厚壳层量子点的受激辐射和量子限制 Stark 效应研究	自然科学	博士	张家雨
63	数学学院	KYCX17_0037	李亭亭	环与范畴上的核逆与对偶核逆	自然科学	博士	陈建龙
64	数学学院	KYCX17_0038	刘晓曼	多正则化罚项的医学图像恢复模型研究	自然科学	博士	刘继军
65	数学学院	KYCX17_0039	王金玲	二维切换正系统的小增益分析	自然科学	博士	梁金玲
66	数学学院	KYCX17_0040	陆佩芬	多智能体系统编队控制及其应用	自然科学	博士	刘淑君 虞文武
67	数学学院	KYCX17_0041	王佩君	多自主体系统分布式一致性分析及其在线形代数中的应用	自然科学	博士	余星火 虞文武
68	数学学院	KYCX17_0042	丁小帅	不连续分数阶系统的动态分析与控制	自然科学	博士	曹进德
69	自动化学院	KYCX17_0098	傅保增	面向 Hamilton 系统的抗干扰控制理论及应用研究	自然科学	博士	郭　雷
70	自动化学院	KYCX17_0099	宋志宝	一类切换非线性系统反馈控制研究	自然科学	博士	翟军勇
71	自动化学院	KYCX17_0100	李桂璞	基于压制方法和干扰补偿的非线性多智能体系统分布式协调控制研究	自然科学	博士	李世华 王翔宇
72	自动化学院	KYCX17_0101	姜胜芹	监控视频中人体行为识别技术研究	自然科学	博士	路小波
73	计算机科学与工程学院	KYCX17_0104	葛荣骏	大规模心脏影像分析	自然科学	博士	罗立民
74	物理学院	KYCX17_0043	杨永亮	高能散射中自旋极化效应研究	自然科学	博士	吕　准
75	物理学院	KYCX17_0044	凌崇益	电解水制氢二维催化剂的理论研究与设计	自然科学	博士	王金兰

（续　表）

序号	院系	编号	申请人	项目名称	项目类型	研究生层次	导师
76	物理学院	KYCX17_0045	邢　磊	镁元素等在钙钛矿纳米材料中的替代效应	自然科学	博士	徐明祥
77	物理学院	KYCX17_0046	范兴策	面向痕量检测应用的多级结构管状微纳马达的研究	自然科学	博士	邱　腾
78	物理学院	KYCX17_0047	林玲芳	新型电荷有序多铁材料的多铁性以及磁电耦合效应的研究	自然科学	博士	董　帅
79	生物科学与医学工程学院	KYCX17_0154	王　洁	多功能微载体的微流控制备及其组织工程应用	自然科学	博士	赵远锦
80	生物科学与医学工程学院	KYCX17_0155	张晓东	新型金纳米簇在放疗增敏中的应用	自然科学	博士	陈　战
81	生物科学与医学工程学院	KYCX17_0156	郑有坤	功能化金纳米粒子用于超级细菌感染治疗	自然科学	博士	王雪梅
82	生物科学与医学工程学院	KYCX17_0157	贾浩然	新型免清洗细胞膜荧光探针的构建及其体内应用	自然科学	博士	吴富根
83	生物科学与医学工程学院	KYCX17_0158	任姣雨	层层自组装自修复薄膜制备及其应用	自然科学	博士	葛丽芹
84	学习科学研究中心	KYCX17_0159	陶　丹	道德直觉决策及其神经机制探究	自然科学	博士	邓慧华
85	学习科学研究中心	KYCX17_0160	林娉婷	基于 FNIRS 学生物理核心概念判断的过程性评测	自然科学	博士	柏　毅
86	材料科学与工程学院	KYCX17_0068	李保亮	镍渣一水泥基复合胶凝材料的水化机理	自然科学	博士	张亚梅
87	材料科学与工程学院	KYCX17_0069	徐　晖	锂离子电池用多元复合钛酸锂负极材料的储锂特性研究	自然科学	博士	陈　坚
88	经济管理学院	KYCX17_0208	李松林	中国城市规模分布的格局及形成机制研究	人文社科	博士	刘修岩
89	经济管理学院	KYCX17_0209	许从宝	股权融资的实体经济效应研究	人文社科	博士	刘晓星
90	经济管理学院	KYCX17_0210	黄送钦	宏观经济不确定性、地方政府政绩诉求与企业投资行为	人文社科	博士	吴利华
91	经济管理学院	KYCX17_0193	王　超	基于不同网络结构和多元化策略的银行系统性风险研究	自然科学	博士	何建敏
92	经济管理学院	KYCX17_0194	李　文	风险视角下养老基金动态最优资产配置模型研究	自然科学	博士	庄亚明

（续　表）

序号	院系	编号	申请人	项目名称	项目类型	研究生层次	导师
93	经济管理学院	KYCX17_0195	祖雅菲	我国制造业供应链成本分配的动态稳定性研究	自然科学	博士	陈良华
94	经济管理学院	KYCX17_0196	武　彤	二型模糊大规模决策方法及其社会化商务推荐应用	自然科学	博士	刘新旺
95	经济管理学院	KYCX17_0197	郭鑫鑫	基于成本—收益视角的医疗信息共享平台持续运营策略研究	自然科学	博士	王海燕 韩瑞珠
96	经济管理学院	KYCX17_0198	吴小桔	考虑参与方行为的双边平台增值服务定价研究	自然科学	博士	张玉林
97	经济管理学院	KYCX17_0199	孙　虹	考虑对冲策略的再制造生产决策优化研究	自然科学	博士	陈伟达
98	经济管理学院	KYCX17_0102	王　敏	生鲜食品供应链冷链共享机制及碳交易模型研究	自然科学	博士	赵林度
99	电气工程学院	KYCX17_0083	夏　涛	直驱式波浪发电增速系统与控制策略的研究	自然科学	博士	余海涛
100	电气工程学院	KYCX17_0084	章恒亮	高性能永磁轮毂电机设计	自然科学	博士	花　为
101	电气工程学院	KYCX17_0085	倪海妙	基于剩磁状态的空载变压器选相合闸技术研究	自然科学	博士	房淑华
102	电气工程学院	KYCX17_0086	王克羿	新型可模块化分数槽绕组容错风力发电机设计	自然科学	博士	林鹤云
103	电气工程学院	KYCX17_0087	孔　永	无人机用非晶合金永磁电机效率优化设计与研究	自然科学	博士	林明耀
104	电气工程学院	KYCX17_0088	刘　瀚	电动汽车动态无线充电若干关键技术研究	自然科学	博士	黄学良
105	电气工程学院	KYCX17_0089	宁光富	适用于光伏发电接入中压直流系统的变流技术研究	自然科学	博士	陈　武
106	电气工程学院	KYCX17_0090	王学庆	高可靠型双三相永磁同步电机驱动关键控制技术与应用研究	自然科学	博士	王　政
107	化学化工学院	KYCX17_0133	黄日镇	基于蛋白酶体抑制的侧链功能化熊果酸衍生物的设计、合成及其抗耐药活性研究	自然科学	博士	廖志新
108	化学化工学院	KYCX17_0134	张　超	H-mSiO_2/纳米 Pt 簇/H-SiO_2 中空微球催化剂的制备及性能研究	自然科学	博士	周钰明
109	化学化工学院	KYCX17_0135	齐金旭	α-N-杂环螯合镓（Ⅲ）抗肿瘤药物的设计、合成及机制研究	自然科学	博士	王怡红
110	化学化工学院	KYCX17_0136	赵　硕	氮化碳基光催化材料的制备及其光解水制氢性能研究	自然科学	博士	张一卫
111	化学化工学院	KYCX17_0137	张玉叶	氮化碳材料的结构调控及其在气体传感中的应用	自然科学	博士	张袁健 刘松琴
112	化学化工学院	KYCX17_0070	沈宝星	BODIPY 树形分子的构筑、近红外发射活性氧探针及线粒体成像	自然科学	博士	钱　鹰

（续　表）

序号	院系	编号	申请人	项目名称	项目类型	研究生层次	导师
113	化学化工学院	KYCX17_0071	刘金霞	粒径分辨的量子点多色电化学发光多组份免疫检测研究	自然科学	博士	丁收年
114	交通学院	KYCX17_0130	毕钰璋	工程覆土阻隔污染场地气体运移的性能研究和结构优化	自然科学	博士	杜延军
115	交通学院	KYCX17_0131	刘　丽	地质材料中级配效应机制及在搅拌桩性能提升中的应用	自然科学	博士	邓永锋
116	交通学院	KYCX17_0132	余振鹏	混凝土多轴强度试验与理论研究	自然科学	博士	黄　侨
117	交通学院	KYCX17_0138	张　勐	基于多尺度的聚合物改性沥青排水路面水损害机理研究	自然科学	博士	钱振东
118	交通学院	KYCX17_0139	段　伟	基于 CPTU 原位状态参数的确定及液化评价应用	自然科学	博士	蔡国军
119	交通学院	KYCX17_0140	杨梦琳	车路协同环境下信号交叉口生态驾驶策略研究	自然科学	博士	刘　攀
120	交通学院	KYCX17_0141	卢　佳	城市轨道交通枢纽高强度客流辨识与疏运研究	自然科学	博士	任　刚
121	交通学院	KYCX17_0142	程启秀	多模式网络交通流态势逐日演化研究	自然科学	博士	刘志远
122	交通学院	KYCX17_0143	潘应久	基于交通运行状态的机动车排放特性分析与建模	自然科学	博士	陈淑燕
123	交通学院	KYCX17_0144	张　琳	多模式公交系统的抗毁性控制分级与线路布设反推研究	自然科学	博士	陆　建
124	交通学院	KYCX17_0145	徐凌慧	基于网联车辆的高速公路车辆位置估计算法研究	自然科学	博士	冉　斌
125	交通学院	KYCX17_0146	秦严严	智能网联环境下的高速公路混合交通流动态特性研究	自然科学	博士	王　昊
126	交通学院	KYCX17_0147	李　烨	车路协同环境下高速公路混合交通流优化控制方法研究	自然科学	博士	王　炜
127	交通学院	KYCX17_0148	邢　璐	基于交通冲突的混合型收费站前广场交通安全影响研究	自然科学	博士	何　杰
128	交通学院	KYCX17_0149	尚　睿	北斗混合星座异构数据深度融合网络 RTK 定位技术研究	自然科学	博士	高成发
129	交通学院	KYCX17_0150	龙凤阳	基于神经网络的电离层层析及震前电离层效应研究	自然科学	博士	胡伍生
130	交通学院	KYCX17_0151	刘　波	邻域卸荷对既有地铁隧道结构影响机理与控制	自然科学	博士	季彦婕
131	交通学院	KYCX17_0152	毛礼磊	江苏省内河限制性航道断面形态演变机制研究	自然科学	博士	陈一梅
132	仪器科学与工程学院	KYCX17_0065	王　威	高精度光纤惯导系统关键技术的研究	自然科学	博士	陈熙源

(续　表)

序号	院系	编号	申请人	项目名称	项目类型	研究生层次	导师
133	仪器科学与工程学院	KYCX17_0066	徐　扬	基于自适应变分模态分解的心脏室颤检测方法研究	自然科学	博士	张为公
134	仪器科学与工程学院	KYCX17_0067	蔡志鹏	基于心脏电学模型的穿戴式心电测量电极位置优化研究	自然科学	博士	李建清
135	仪器科学与工程学院	KYCX17_0103	吕维维	智能水下机器人组合导航系统多源信息融合技术研究	自然科学	博士	程向红
136	生命科学研究院	KYCX17_0048	宋　伟	lncRNA TRERNA1 结合 G9A 调控 E－cadherin 在肝细胞癌转移作用机制的研究	自然科学	博士	樊　红
137	生命科学研究院	KYCX17_0049	杜加伟	乳腺癌脑转移靶向分子探针的构建及其成像和治疗研究	自然科学	博士	张建琼
138	生命科学研究院	KYCX17_0050	郭荣荣	生物材料神经界面效应及物理因素调控神经干细胞的研究	自然科学	博士	唐明亮
139	生命科学研究院	KYCX17_0051	方巧军	在新霉素致聋模型中凋亡抑制基因 XIAP 对自噬的调控及其机制研究	自然科学	博士	柴人杰
140	公共卫生学院	KYCX17_0184	殷玥琪	江苏省青少年学生 HIV－1 感染者耐药及分子传播网络分析	自然科学	博士	王　蓓
141	公共卫生学院	KYCX17_0185	杨嘉莹	基于非劣效多价疫苗交并试验的样本量估计方法研究	自然科学	博士	刘　沛
142	公共卫生学院	KYCX17_0186	李太顺	贝叶斯模型在无金标准诊断试验评价中应用与验证	自然科学	博士	刘　沛
143	公共卫生学院	KYCX17_0187	吴申申	乙酸/ACSS2/HIF－2alpha 乙酰化信号通路调控直肠癌发生发展的机制研究	自然科学	博士	陈　瑞
144	公共卫生学院	KYCX17_0188	高志奎	食管癌中 miR－144/451 基因簇调控 EMT 的机制研究	自然科学	博士	刘　冉
145	公共卫生学院	KYCX17_0189	卫兰兰	基于静电纺丝技术的肠道生菌细胞固载化研究	自然科学	博士	康学军
146	公共卫生学院	KYCX17_0190	王兆丹	菊花黄酮类化合物成分鉴定及其降脂作用研究	自然科学	博士	孙桂菊
147	医学院	KYCX17_0164	万　昕	多功能负调节性 PLGA 微球靶向治疗 EAE 及其机制初探	自然科学	博士	沈传来
148	医学院	KYCX17_0165	周泽伟	circHECTD1 在矽肺炎症和纤维化中的作用机制研究	自然科学	博士	姚红红
149	医学院	KYCX17_0166	陈永强	肿瘤细胞来源自噬小体(TRAP)诱导 IL-21^{+}CD4^{+}T 细胞形成及其免疫调节功能的机制研究	自然科学	博士	王立新

（续　表）

序号	院系	编号	申请人	项目名称	项目类型	研究生层次	导师
150	医学院	KYCX17_0167	刘　蕾	Rab7 对白蛋白超负荷肾小管上皮细胞 MMP-2 活性调节的影响	自然科学	博士	陈平圣
151	医学院	KYCX17_0168	陈剑潇	MSC 调控 ARDS 炎症反应的新机制——旁分泌 TGF-β 诱导 Treg/Th17 极化平衡	自然科学	博士	邱海波
152	医学院	KYCX17_0169	胡泽波	肠道菌群紊乱致胆固醇稳态失调：糖尿病肾病脂质肾损伤的潜在新机制	自然科学	博士	马坤岭
153	医学院	KYCX17_0170	孟珊珊	低氧预处理促进 MSC 向 ARDS 肺组织归巢的作用机制研究	自然科学	博士	郭凤梅
154	医学院	KYCX17_0171	顾　页	SET7/9 在肝癌中的作用及分子机制	自然科学	博士	余卫平
155	医学院	KYCX17_0172	支朦朦	甲亢患者情绪和认知功能障碍的神经基础研究	自然科学	博士	李　玲
156	医学院	KYCX17_0173	周乐汀	慢性肾脏病尿液肾脏固有细胞特异性 mRNA 生物标志物的筛选与鉴定	自然科学	博士	刘必成
157	医学院	KYCX17_0174	韩熙琼	糖基化终产物诱导巨噬细胞 M1 极化及其机制研究	自然科学	博士	刘乃丰
158	医学院	KYCX17_0175	周云婷	胰岛星状细胞在胰岛脂质稳态及脂毒性胰岛损伤中的角色	自然科学	博士	孙子林
159	医学院	KYCX17_0176	黄　蓉	O-GlcNAc 糖基化修饰介导胰岛素抵抗所致 T2DM 认知障碍的机制研究	自然科学	博士	王少华
160	医学院	KYCX17_0177	姜海棠	p11-tPA-BDNF 裂解通路参与抑郁症快感缺失的机制研究	自然科学	博士	袁勇贵
161	医学院	KYCX17_0178	高丽娟	基于 ERP-fMRI 同步技术的 aMCI 患者再认记忆的神经环路机制研究	自然科学	博士	张志珺
162	医学院	KYCX17_0179	丁陈波	SGK269 在结直肠癌侵袭、转移中的作用及其相关机制研究	自然科学	博士	吴国球
163	医学院	KYCX17_0180	张　磊	HIF-1α-Rabs－EVs：rIPC 保护肾脏 IRI 的新机制	自然科学	博士	陈　明
164	医学院	KYCX17_0181	朱　倩	lncRNA HClnc1 在肝癌发生发展中作用及其机制研究	自然科学	博士	周家华
165	医学院	KYCX17_0182	陈　露	内质网应激促髓核细胞在 TNFα 刺激下存活的作用机制研究	自然科学	博士	吴小涛
166	医学院	KYCX17_0183	马　钰	Kras 突变调控肠癌细胞能量代谢重构及其分子机制的研究	自然科学	博士	黄培林
167	法学院	KYCX17_0211	郭　跃	行政许可裁量基准研究	人文社科	博士	周佑勇

（续　表）

序号	院系	编号	申请人	项目名称	项目类型	研究生层次	导师
168	法学院	KYCX17_0212	刘　春	无效行政行为的司法审查	人文社科	博士	周佑勇
169	法学院	KYCX17_0213	杨　楠	大数据应用场域中公民个人信息的刑法保护路径研究	人文社科	博士	刘艳红
170	人文学院	KYCX17_0200	赛子豪	进化主义的中国诠释——严复天演哲学中的范式转换研究	人文社科	博士	许建良
171	人文学院	KYCX17_0201	王一帆	人格的现代危机与伦理救赎	人文社科	博士	樊和平
172	人文学院	KYCX17_0202	荆　珊	工程共同体道德责任论	人文社科	博士	王　珏
173	人文学院	KYCX17_0203	都萧雅	《思想与时代》(1941－1948)伦理思想研究	人文社科	博士	徐　嘉
174	人文学院	KYCX17_0204	高　阳	金陵怀古对南京文化坐标的美学形塑	人文社科	博士	乔光辉
175	人文学院	KYCX17_0205	尹　飞	社区健康风险评估的因果模型研究	人文社科	博士	马　雷
176	人文学院	KYCX17_0206	贠兆恒	构建创新型都市圈协同创新体系的政策研究	人文社科	博士	李建清
177	人文学院	KYCX17_0207	吴一迪	电脑游戏哲学中的伦理问题研究	人文社科	博士	夏保华
178	马克思主义学院	KYCX17_0214	都超飞	创新的存在论路向研究	人文社科	博士	袁健红
179	马克思主义学院	KYCX17_0215	王常冉	马克思物质变换思想的生态意蕴研究	人文社科	博士	刘　魁
180	艺术学院	KYCX17_0216	邓新航	南方飞天艺术研究	人文社科	博士	汪小洋
181	艺术学院	KYCX17_0217	周　蓉	中国古代艺术理论的当代价值研究	人文社科	博士	王廷信
182	艺术学院	KYCX17_0218	李浩然	两宋时期《图画见闻志》接受研究	人文社科	博士	言恭达
183	艺术学院	KYCX17_0219	曹　蔚	跨界与粉丝:“轻”电影主流化趋势下的媒介奇观	人文社科	博士	谢建明
184	艺术学院	KYCX17_0220	冉令江	魏晋士人心态与书法风格研究	人文社科	博士	徐子方

2017年度研究生教育教学改革研究与实践课题名单省立省助

序号	单位	编号	课题名称	主持人
1	研究生院	JGZD17_003	江苏省产业教授选聘工作机制研究	袁榴娣
2	高教所	JGZZ17_004	借鉴美英大学经验推进我国高校专业博士教育改革研究	耿有权 李朝静
3	建筑学院	JGZZ17_005	基于跨学科比较的亚洲建筑、都市及景观历史与理论的方法论教学	夏铸九 李　华
4	公共卫生学院	JGZZ17_006	中美大学比较视野下公共卫生硕士培养路径的探析与实证研究	金　辉 梁戈玉

2017年度研究生教育教学改革研究与实践课题名单省立校助

序号	单位	编号	课题名称	主持人
1	数学学院	JGLX17_002	博士研究生数学模型课程的双语教学改革研究	陈　平 李林元
2	人文学院	JGLX17_003	研究生思政课教学形式改革研究	刘　作 王　兵
3	医学院	JGLX17004	中外临床医学专业学位研究生培养同质化的障碍及其对策研究	骆益民 孙子林

入选江苏省2017年普通高校研究生实践创新计划名单

序号	院系	编号	申请人	项目名称	项目类型	研究生层次	导师
1	建筑学院	SJCX17_0005	李鸿渐	基于“数字链”的传统民居生成设计探索	自然科学	硕士	李　飚
2	建筑学院	SJCX17_0006	吴昌亮	基于微环境的南京明城墙预防性保护研究	自然科学	硕士	王建国
3	建筑学院	SJCX17_0007	张　萌	大城市老旧社区适老化改造策略研究——以南京为例	自然科学	硕士	李向锋
4	建筑学院	SJCX17_0053	陈翰文	泛娱乐时代内城商业空间复兴——南京狮子桥步行街微更新	自然科学	硕士	孔令龙 孙世界

(续　表)

序号	院系	编号	申请人	项目名称	项目类型	研究生层次	导师
5	建筑学院	SJCX17_0054	马文倩	基于大数据参数化分析评价技术的观赏植物景观绩效研究	自然科学	硕士	陈　烨
6	机械工程学院	SJCX17_0008	张仕昭	纳米静电喷射的实验研究	自然科学	硕士	沙　菁
7	机械工程学院	SJCX17_0009	李　盛	基于 Solidworks 二次开发的 ATC 弧面凸轮研究	自然科学	硕士	仇晓黎
8	机械工程学院	SJCX17_0010	刘　好	基于能耗优化的车辆队列稳定性控制研究	自然科学	硕士	殷国栋
9	能源与环境学院	SJCX17_0011	林　楠	固体火箭发动机喷焰三维温度场在线检测系统开发	自然科学	硕士	许传龙
10	信息科学与工程学院	SJCX17_0012	蔡媛媛	移动互联技术应用于远程测控系统的研究	自然科学	硕士	高礼忠
11	信息科学与工程学院	SJCX17_0013	章　婷	Ka 波段硅基毫米波功率放大器设计	自然科学	硕士	李智群
12	信息科学与工程学院	SJCX17_0014	孙煜程	基于信道工作容限(COM)的 100Gb/s 串行链路的设计与优化	自然科学	硕士	胡庆生
13	信息科学与工程学院	SJCX17_0015	曹　佳	多路高频高速信号短延时处理电路的设计研究	自然科学	硕士	李文渊
14	土木工程学院	SJCX17_0016	车　辕	一种新型焊接半灌浆套筒钢筋连接技术研究	自然科学	硕士	郭正兴
15	土木工程学院	SJCX17_0017	谷少博	自动化成型的预制装配剪力墙板钢筋骨架设计与性能研究	自然科学	硕士	刘家彬
16	土木工程学院	SJCX17_0018	陆　锦	鄱阳湖水质时空变化及影响因子分析	自然科学	硕士	高海鹰
17	土木工程学院	SJCX17_0019	顾　浩	索承网格结构的无支架绿色装配技术及设计与施工一体化分析研究	自然科学	硕士	罗　斌
18	电子科学与工程学院	SJCX17_0020	李裕培	基于金硅异质结的红外光电探测研究	自然科学	硕士	王琦龙
19	计算机科学与工程学院	SJCX17_0021	房　敏	YouTube 视频评估关键参数与演进技术研究	自然科学	硕士	程　光
20	生物科学与医学工程学院	SJCX17_0022	孙云丹	包裹近红外染料的纳米胶束在肿瘤光热治疗中的应用	自然科学	硕士	吴富根

（续 表）

序号	院系	编号	申请人	项目名称	项目类型	研究生层次	导师
21	学习科学研究中心	SJCX17_0076	施甜甜	基于近红外成像技术的师生交互脑机制研究	人文社科	硕士	朱艳梅
22	学习科学研究中心	SJCX17_0077	庞谦竺	基于 ICT 的小学物质和生命科学概念评测方案设计	人文社科	硕士	柏　毅
23	材料科学与工程学院	SJCX17_0023	张王田	GRC 舱房配合比设计及其制备工艺研究	自然科学	硕士	张云升
24	材料科学与工程学院	SJCX17_0024	卢倩文	镍基超黑经金属材料	自然科学	硕士	张旭海
25	经济管理学院	SJCX17_0073	张　晨	消费支出、财富增长和资产收益:来自中国的证据	人文社科	硕士	刘晓星
26	经济管理学院	SJCX17_0074	顾雅文	影视作品版权衍生价值评估	人文社科	硕士	袁健红
27	经济管理学院	SJCX17_0085	姜　岩	CEO 声誉对上市公司事务所选择的影响研究	人文社科	硕士	吴　芃
28	经济管理学院	SJCX17_0025	黄曼容	全渠道零售模式下农产品定价与服务策略研究	自然科学	硕士	何　勇
29	电气工程学院	SJCX17_0026	李　淋	面向智慧城市的多能源利用价值挖掘及评估方法研究	自然科学	硕士	徐青山
30	电气工程学院	SJCX17_0027	凌　静	高渗透可再生能源互联电力系统的电力交易机制研究	自然科学	硕士	高丙团
31	电气工程学院	SJCX17_0028	叶昱媛	UPFC 故障诊断和定位技术研究	自然科学	硕士	郑建勇
32	电气工程学院	SJCX17_0029	舒良才	适用于 IGBT 场合的零电流软开关技术研究	自然科学	硕士	陈　武
33	化学化工学院	SJCX17_0030	刘　垦	基于静电纺丝的钛铝复合纤维微观结构探究及其绿色多功能应用	自然科学	硕士	孙岳明
34	化学化工学院	SJCX17_0031	梅　静	阶层多孔氧化铝的制备及应用研究	自然科学	硕士	任丽丽
35	交通学院	SJCX17_0032	侯梦琳	长江深水航道受限复杂段交通建模与仿真	自然科学	硕士	廖　鹏
36	交通学院	SJCX17_0033	高健文	江苏省沿海港口一体化保障体系研究	自然科学	硕士	徐宿东
37	交通学院	SJCX17_0034	郭丽昕	愤怒驾驶行为预测及其改善措施研究	自然科学	硕士	程建川
38	交通学院	SJCX17_0035	徐　刚	老化对改性沥青及其混合料疲劳性能的影响研究	自然科学	硕士	杨　军
39	交通学院	SJCX17_0036	易陈钰	基于数据融合技术的公共自行车与轨道交通接驳行为研究	自然科学	硕士	季彦婕

(续　表)

序号	院系	编号	申请人	项目名称	项目类型	研究生层次	导师
40	交通学院	SJCX17_0037	赵　昊	基于波形钢板的混凝土连续箱梁桥横向拼接缝构造研究	自然科学	硕士	吴文清
41	交通学院	SJCX17_0038	于亚南	激进驾驶行为选择和感知偏差分析	自然科学	硕士	陈淑燕
42	交通学院	SJCX17_0039	王寅朴	基于大数据的城市公交智能调度研究	自然科学	硕士	夏井新
43	交通学院	SJCX17_0040	杜树樱	高速公路交通指数体系研究——以沪宁高速公路为例	自然科学	硕士	冉　斌
44	交通学院	SJCX17_0041	李　明	淮北水洗煤矸石在路面基层中的应用研究	自然科学	硕士	李　昶
45	交通学院	SJCX17_0042	刘欣楠	人群荷载下新型预制拼装人行斜拉桥振动效应研究	自然科学	硕士	王文炜
46	交通学院	SJCX17_0043	徐　淼	大型综合客运枢纽送站坪通行能力研究	自然科学	硕士	李铁柱
47	交通学院	SJCX17_0044	靳　昕	建筑废弃物——粉土的路基填料改性及交通荷载下动力特性	自然科学	硕士	邓永锋
48	仪器科学与工程学院	SJCX17_0045	汪　峰	基于阻性传感阵列的坐姿检测技术研究	自然科学	硕士	吴剑锋
49	公共卫生学院	SJCX17_0065	余小歌	医生视角下分级诊疗转诊机制及其影响因素研究	自然科学	硕士	金　辉 谢　波
50	公共卫生学院	SJCX17_0066	陈一佳	糖尿病患者心脑血管疾病短期风险评估研究	自然科学	硕士	武　鸣
51	公共卫生学院	SJCX17_0067	苏雪荣	含银敷料产品质量评价及毒性研究	自然科学	硕士	薛玉英
52	公共卫生学院	SJCX17_0068	周义夕	中小学生行为问题与伤害关系的流行病学研究	自然科学	硕士	张徐军
53	公共卫生学院	SJCX17_0069	王　否	南京市社区老年高血压患者生活质量调查及管理模式研究	自然科学	硕士	巢健茜
54	公共卫生学院	SJCX17_0070	王　菁	木犀草素及叶酸对黄曲霉毒素B1染毒细胞的干预作用研究	自然科学	硕士	王少康
55	公共卫生学院	SJCX17_0071	刘　静	TiO_2纳米颗粒对肠上皮紧密连接蛋白Occludin和Claudin-4表达水平及p38/JNK MAPK信号通路的影响	自然科学	硕士	张小强
56	医学院	SJCX17_0055	李　甲	外泌体介导的microRNAs传递在急性髓系白血病耐药中的机制研究	自然科学	硕士	陈宝安
57	医学院	SJCX17_0056	刘玉秋	线粒体自噬流在糖尿病肾病巨噬细胞M1/M2表型转化中的作用	自然科学	硕士	张晓良

（续 表）

序号	院系	编号	申请人	项目名称	项目类型	研究生层次	导师
58	医学院	SJCX17_0057	黄见玲	小细胞肺癌的预后与 DLL3 表达的相关性研究	自然科学	硕士	韩淑华
59	医学院	SJCX17_0058	许　露	新藤黄酸对小细胞肺癌细胞及荷瘤鼠细胞的抗肿瘤作用研究	自然科学	硕士	朱晓莉
60	医学院	SJCX17_0059	柏文华	骨髓间充质干细胞源性外泌体对早产儿脑损伤神经炎症的调控研究	自然科学	硕士	蒋　犁
61	医学院	SJCX17_0060	龚文斌	SF/PHBV 复合纳米纤维膜在腹壁切口疝修补中的应用研究	自然科学	硕士	李俊生
62	医学院	SJCX17_0061	徐　涛	代谢相关因素与肾癌发病风险的相关性研究	自然科学	硕士	陈　明
63	医学院	SJCX17_0062	卢　健	食管裂孔疝的尺寸和胃食管反流频率及程度的相关性研究	自然科学	硕士	嵇振岭
64	医学院	SJCX17_0063	韩丽飞	lncRNA DANCR 在各分子亚型乳腺癌细胞株中的表达水平及生物学功能	自然科学	硕士	张亚男
65	医学院	SJCX17_0064	汤丽丽	育龄期女性全子宫切除对认知功能的影响	自然科学	硕士	沈　杨
66	医学院	SJCX17_0072	陈亚玲	全国多民族人群生活习惯对糖尿病发病风险的影响分析	自然科学	硕士	孙子林
67	法学院	SJCX17_0075	李昱然	网络时代著作权的刑法保护研究	人文社科	硕士	欧阳本祺
68	人文学院	SJCX17_0078	张　辉	来华留学生学习障碍研究——以江苏省高校为例	人文社科	硕士	李　玫
69	微电子学院	SJCX17_0046	淡富奎	一种高可靠性的 APUFs 电路实现	自然科学	硕士	李　冰
70	微电子学院	SJCX17_0047	韩子川	4×25Gb/s 高集成度光接收机芯片研制	自然科学	硕士	陈莹梅
71	微电子学院	SJCX17_0048	朱振宇	可重构卷积神经网络硬件分类器 IP 核的优化设计	自然科学	硕士	张　萌
72	微电子学院	SJCX17_0049	吴启强	三维风速测量仪的设计与开发	自然科学	硕士	秦　明
73	微电子学院	SJCX17_0050	史炎云	高阶 BOC 调制卫星通信信号捕获算法研究及 FPGA 验证	自然科学	硕士	樊祥宁
74	微电子学院	SJCX17_0051	陈　丹	多通道高动态范围低噪声模拟前端 AFE	自然科学	硕士	孟　桥
75	微电子学院	SJCX17_0052	赵　洋	基于闭环控制的一体化高精度 PLL－TDC 时间量化电路设计	自然科学	硕士	吴　金
76	苏州联合研究生院	SJCX17_0079	倪济生	感冒类中成药药品说明书高频词英译研究	人文社科	硕士	黄文英 杨　斌

（续　表）

序号	院系	编号	申请人	项目名称	项目类型	研究生层次	导师
77	苏州联合研究生院	SJCX17_0080	施雪琴	国内外机器翻译比较研究——基于百度和谷歌在线翻译调查	人文社科	硕士	吴兰香 鲁明易
78	苏州联合研究生院	SJCX17_0081	贡英桐	分析合作翻译中译者风格统一的实现路径	人文社科	硕士	高圣兵
79	苏州联合研究生院	SJCX17_0082	孙　政	翻译项目管理需求及课程建议——基于国内翻译企业分析	人文社科	硕士	高圣兵
80	苏州联合研究生院	SJCX17_0083	刘　唱	计算机辅助翻译(CAT)工具在翻硕学生翻译实践中的应用研究	人文社科	硕士	朱宏清
81	苏州联合研究生院	SJCX17_0084	王彤匀沿	手机口译App与人工口译对比研究	人文社科	硕士	朱宏清

2017年度江苏省企业研究生工作站名单

序号	工作站名称	技术领域	工作站类型	设站院系	总负责导师
1	江苏省城镇化和城乡规划研究中心	J	企业	建筑学院	王兴平
2	大唐南京环保科技有限责任公司	环保	企业	能源与环境学院	司凤琪
3	江苏东恒环境控股有限公司	G环保	企业	能源与环境学院	朱光灿
4	江苏美城建筑规划设计院有限公司	建筑	企业	能源与环境学院	张小松
5	徐工集团凯宫重工南京有限公司	结构工程 岩土工程	企业	土木工程学院	何　磊
6	昆山吉纳尔运动器材有限公司	现代制造	企业	自动化学院	魏海坤
7	昆山宝锦激光拼焊有限公司	自动控制	企业	自动化学院	马旭东
8	南京友西科技股份有限公司	新材料	企业	材料科学与工程学院	潘钢华
9	科派股份有限公司	新材料	企业	材料科学与工程学院	张友法
10	苏州优诺电子材料科技有限公司	新材料	企业	材料科学与工程学院	周　健
11	江苏创基新能源有限公司	新能源与节能	企业	材料科学与工程学院	周　健
12	江苏棋成化工有限公司	化工	企业	化工学院	周钰明
13	江苏扬农化工集团有限公司	化学原料及化学制品制造业	企业	化工学院	骆培成

（续　表）

序号	工作站名称	技术领域	工作站类型	设站院系	总负责导师
14	昆山交通发展控股集团有限公司	J 其他	企业	交通学院	顾兴宇
15	江苏大地益源环境修复有限公司	G 环保	企业	交通学院	杜延军
16	江苏天诺道路材料科技有限公司	C 新材料	企业	交通学院	黄晓明
17	江苏瑞沃建设集团有限公司	J 其他	企业	交通学院	顾兴宇
18	东南大学医学院附属南京胸科医院	医药卫生	企业	医学院	林　勇
19	扬州英迈克测控技术有限公司	电子信息	企业	机械工程学院	许飞云
20	江苏力乐汽车部件股份有限公司	现代制造	企业	机械工程学院	仇晓黎

2017 年度东南大学
新增博士研究生指导教师名单

各校区，各院、系、所，各处、室、直属单位，各学术业务单位：

根据《关于印发〈东南大学博士研究生指导教师遴选办法〉的通知》（校通知〔2013〕39 号）和《关于印发〈东南大学博士研究生指导教师遴选办法（修订）〉的通知》（校发〔2016〕299 号）的有关规定，学校遴选和确认 80 位教师为 2017 年度新增博士研究生指导教师，具体名单公布如下：

建筑学：李　华　淳　庆　闵鹤群

机械工程：杨决宽　周一帆　王建立　张　艳　陈　震　陈善广（兼职）

动力工程及工程热物理：苏志刚　张会岩　周　宾　王　军

信息与通信工程：李春国　陈立全　王家恒　赵涤燹

土木工程：赵才其　孙　越　邓　琳　刘志彬　孙　安　陆　勇　李建春　何　磊　李　霞　赵　坚

电子科学与技术：杨　非　孟洪福　蒋之浩　周再发　万　能　黄晓东

数学：曹婉容　王海兵　聂小兵

控制科学与工程：陈杨杨　柴　琳　杨万扣　盖绍彦　钱　堃

计算机科学与技术：刘肖凡　东　方　陈　阳　杨冠羽　刘　波　吴巍炜　郭百宁（兼职）

软件工程：薛　晖

生物医学工程：徐　华　姜　晖

材料科学与工程：陶　立

化学工程与技术：吉远辉

法学：欧阳本祺　李　川　张明楷(兼职)　张卫平(兼职)

马克思主义基本原理：孙迎联

哲学：徐菲菲

管理科学与工程：李守伟　杜运周

应用经济学：岳书敬

交通运输工程：罗　桑　于　斌

仪器科学与技术：张广军

电气工程：肖华锋　曲小慧

艺术学理论：季　欣

生物学：刘莉洁　武秋立　罗卓娟

临床医学：陆　军　刘　玲　王　尧　吕林莉　沈　杨　葛　峥　杨建军　李维勤(兼职)

公共卫生与预防医学：金　辉

(此页无正文)

东南大学
2017 年 2 月 12 日

东南大学校长办公室
2017 年 2 月 12 日印发

2017年度东南大学
新增硕士研究生指导教师名单

各院、系、所,各处、室、直属单位,各学术业务单位:

根据《关于印发〈东南大学硕士研究生指导教师遴选办法〉的通知》(校通知〔2013〕82号)和《关于印发〈东南大学硕士研究生指导教师遴选办法(修订)〉的通知》(校发〔2016〕297号)的有关规定,学校遴选和确认106位教师为2017年度新增硕士研究生指导教师。现将名单公布如下:

建筑学:韩晓峰 沈旸 金星 郭屹民

城乡规划学:陈晓东 周文竹 江泓

风景园林学:李哲 顾凯

机械工程:夏丹 窦建平 陈震

动力工程及工程热物理:张程宾 刘倩 贲昊玺 佟振博

信息与通信工程:陶俊

土木工程:许妍 张国柱 何磊 李霞 王菲

电子科学与技术:尹奎波 钟锐 吴俊 徐申 刘旭 蒋之浩 李霁

光学工程:徐淑宏

数学:温广辉 陈金兵 杜睿 王丽艳 乔会杰 吴昊

物理学:龚彦晓 陈殿勇 刘春华

计算机科学与技术:张三峰

生物医学工程:马明

材料科学与工程:郭超 戎志丹 陶立 袁晨晨

化学工程与技术:吉远辉 张久洋

化学:房雷 李颖

哲学:尹洁

中国语言文学:何平 张娟

法学:刘建利 单平基 熊樟林

应用经济学:唐攀 顾欣 张颖 薛漫天

工商管理:陈洪涛 杜运周 崔强

图书情报与档案管理:宋歌

电气工程:付兴贺 蒋玮

外国语言文学:李黎 陆薇薇 刘超 杨莉

交通运输工程:陈磊磊 董侨 王晨 李志斌

测绘科学与技术:于先文

艺术学理论:赫云 孟凡行 崔之进

设计学:许继峰

基础医学:仲明

临床医学:程张军　任　可　陈恕求　彭新桂　封海霞　刘松桥　陈克平　金保方
夏江燕　葛　峥　李　澄(2016.01)　许　斌(兼职)　程　友(兼职)
张　鑫(兼职)　周光新(兼职)　袁斯明(兼职)　宫剑滨(兼职)
张志强(兼职)　桑　红(兼职)　李晓军(兼职)　夏正坤(兼职)
黄振平(兼职)　何双八(兼职)
公共卫生与预防医学:孔　璐　王莉娜
生物学:罗卓娟　朱丽娟

(此页无正文)

东南大学
2017年1月19日

东南大学校长办公室
2017年1月19日印发

江苏省优秀博士学位论文获奖名单(2017)

序号	院系	姓名	学号	学科名称	论文题目	指导教师	获奖年度
159	机械工程学院	吴青聪	119044	机械电子工程	套索驱动重力平衡上肢康复外骨骼研究	王兴松	2017
160	能源与环境学院	王晓佳	119081	动力工程及工程热物理	高通量循环流化床燃煤化学链燃烧试验及数值模拟研究	金保昇	2017
161	信息科学与工程学院	游检卫	129103	电磁场与微波技术	高性能多物理场数值算法研究及其应用	崔铁军	2017
162	信息科学与工程学院	李允博	129100	电磁场与微波技术	新型人工电磁表面的理论、设计及系统级应用	崔铁军	2017
163	土木工程学院	代祥俊	129139	固体力学	基于径向基函数的高精度变形测量方法研究	杨福俊	2017
164	电子科学与工程学院	徐　涛	119236	微电子学与固体电子学	新型二维材料电子辐照效应研究	孙立涛	2017
165	数学学院	张清山	139123	数学	趋化模型解的存在性与渐近性研究	李玉祥	2017
166	自动化学院	查雯婷	119259	控制理论与控制工程	一类不确定非线性系统反馈控制研究	费树岷	2017
167	计算机科学与工程学院	单　冯	109263	计算机应用技术	能量自供给无线设备传输速率调度算法研究	罗军舟	2017
168	生物科学与医学工程学院	程　瑶	109303	生物医学工程	基于微流控技术的生物载体的制备及应用	顾忠泽	2017
169	生物科学与医学工程学院	刘慈慧	129298	生物医学工程	响应性一维光子晶体有序结构薄膜的构筑及应用研究	葛丽芹	2017
170	电气工程学院	张　淦	119377	电气工程	磁通切换型定子励磁无刷电机的分析与设计	程明	2017
171	仪器科学与工程学院	乔贵方	129466	仪器科学与技术	非结构化环境中自重构机器人仿生运动控制研究	宋光明	2017
172	医学院	陈宇辰	139276	影像医学与核医学	运用静息态功能磁共振成像对耳鸣神经机制的临床及动物模型研究	滕皋军	2017

江苏省优秀硕士学位论文获奖名单(2017)

序号	院系	姓名	学号	学科名称	论文题目	指导教师	获奖年度
224	建筑学院	谢华荣	120054	建筑学	基于水热迁移分析的中国传统青砖劣化机理研究	石　邢	2017
225	机械工程学院	王晓林	130266	机械工程(工业工程)	面向二手产品的质量升级与质保策略优化研究	苏　春	2017
226	能源与环境学院	嵇文秀	130350	动力工程及工程热物理	基于 $LiFePO_4$ 电池的混合动力燃气热泵的试验研究与能耗分析	蔡　亮	2017
227		王明超	130379	动力工程及工程热物理	三分螺旋折流板电加热器流动和传热性能研究	陈亚平	2017
228	信息科学与工程学院	陶于阳	130649	信息与通信工程	高速多色光通信系统接收技术研究	赵春明	2017
229		何沐昕	130587	电磁场与微波技术	毫米波共形与波束赋形天线的研究	郝张成	2017
230		王　宇	130700	信息与通信工程	无线通信系统零相关带序列集合设计和应用	徐琴珍	2017
231	土木工程学院	王　希	130911	土木工程	新型装配式索支撑空间网格结构力学性能数值模拟研究	冯若强	2017
232	电子科学与工程学院	高小钦	131164	物理电子学	胶体量子点的高浓度合成及其应用研究	张家雨	2017
233		胡志扬	131133	光学工程	共掺杂型水溶性 ZnSe 量子点的制备与荧光调控	王春雷	2017
234		徐晓靓	131118	光学工程	水溶性 Mn:ZnSe 纳米晶的两相制备及其荧光特性研究	崔一平	2017
235	计算机科学与工程学院	于　菲	131491	计算机科学与技术	新型偏标记学习算法研究	张敏灵	2017
236	物理学院	张慧敏	131567	物理学	钙钛矿氧化物异质结的第一性原理研究	姚晓燕	2017
237	生物科学与医学工程学院	贾正阳	133708	生物医学工程	肿瘤新生血管靶向的超小磁性 Fe_3O_4 纳米探针研究	张　宇	2017
238	电气工程学院	陈　健	132109	电气工程	二极管箝位型三电平双三相永磁同步电机控制策略研究	王　政	2017
239	外国语学院	卫美林	132188	外国语言学及应用语言学	中国英语学习者英语关系从句填充词——空位加工的 ERP 研究	李霄翔	2017
240	化学化工学院	张　超	132290	化学工程与技术	纳米 Pt 基核壳催化剂的制备及性能研究	周钰明	2017
241	交通学院	于博伟	132362	岩土工程	SS-B 稳定化重金属污染土的绿化种植再利用及环境安全性	杜延军	2017
242		戴逸清	132414	道路与铁道工程	基于低冲击开发模式的道路设计研究	顾兴宇	2017
243	艺术学院	杨　洋	133008	艺术学理论	中国艺术的主题母题研究——以陶渊明"归隐"主题为例	李蓓蕾	2017
244	马克思主义学院	吕卫丽	132898	政治学理论	国家治理的生态政治之维	叶海涛	2017

江苏省优秀专业学位硕士学位论文获奖名单(2017)

序号	院系名称	姓名	学号	专业学位类别	专业领域	论文题目	学校指导教师	企业指导教师	获奖年度
33	建筑学院	董竞瑶	130087	建筑学硕士		农村住宅模块化设计初探——以苏南农村为例	徐小东	吴云鹏	2017
34	信息科学与工程学院	吴祥龙	130852	工程硕士	电子与通信工程	多属性权威云存储系统中安全数据存储、接入和共享机制研究	蒋　睿	蒋泽民	2017
35	土木工程学院	张　凡	141069	工程硕士	建筑与土木工程	脉冲型地震动人工合成方法及其对大跨斜拉桥地震响应分析	王景全	殷惠光	2017
36	土木工程学院	张悦洋	131060	工程硕士	建筑与土木工程	钢一木螺栓连接木结构框架火灾反应试验研究	张　晋	唐伟伟	2017
37	电子科学与工程学院 微电子学院	许　阳	133470	工程硕士	集成电路工程	一种快速动态响应高精度的恒压恒流反激式AC-DC变换器设计	常昌远	李祖华	2017
38	电子科学与工程学院 微电子学院	吴承恩	133451	工程硕士	集成电路工程	基于PID数字控制的降压型DC-DC变换器中的极限环振荡分析与研究	常昌远	李祖华	2017
39	电气工程学院	吴小刚	132143	工程硕士	电气工程	适用于新能源直流并网的高压大功率变换器研究	胡仁杰	许晓慧	2017
40	电气工程学院	沈　湛	132125	工程硕士	电气工程	96kVA高压中频变压器优化设计研究	金　龙	曹胜华	2017
41	电气工程学院	朱　旭	132150	工程硕士	电气工程	适用于多端直流系统的直流潮流控制技术研究	顾　伟	许晓慧	2017
42	仪器科学与工程学院	沈　飞	142672	工程硕士	仪器仪表工程	高精度离体器官恒温灌注仪的研究与应用	严如强	梁　雪	2017
43	仪器科学与工程学院	朱碧玉	132611	工程硕士	仪器仪表工程	基于多种人机交互设备的空间遥操作机器人控制技术研究	宋爱国	赵国普	2017
44	公共卫生学院	赵跃媛	132786	公共卫生硕士		戊型肝炎的疾病负担及其疫苗免疫策略的卫生经济学研究	王　蓓	张雪峰	2017

2017 年学术型博士学位授予名单

序号	姓名	专业名称
1	孙旭鹏	中国哲学
2	李　丽	中国哲学
3	张　震	中国哲学
4	任春强	伦理学
5	陈　雯	伦理学
6	徐伯钧	伦理学
7	李　杨	伦理学
8	张轶瑶	伦理学
9	方旭红	伦理学
10	杨小钵	伦理学
11	谭　舒	伦理学
12	黎　松	伦理学
13	蒋艳艳	伦理学
14	顾　益	科学技术哲学
15	刘战雄	科学技术哲学
16	陈向群	科学技术哲学
17	倪宁宁	区域经济学
18	张　欢	区域经济学
19	郭　进	区域经济学
20	郝良峰	区域经济学
21	张　旭	金融学
22	卞家涛	产业经济学
23	牛　强	产业经济学
24	周海波	产业经济学
25	保　罗	国际贸易学
26	吴晓怡	国际贸易学
27	陈　旭	国际贸易学
28	潘文卿	法学
29	章雨润	法学

（续　表）

序号	姓名	专业名称
30	秦祖伟	法学
31	杜　宣	法学
32	莫　静	法学
33	冀　洋	法学
34	王　俊	法学
35	庄立峰	马克思主义基本原理
36	李万春	马克思主义基本原理
37	葛恒浩	马克思主义基本原理
38	李　森	马克思主义基本原理
39	李晓乐	马克思主义基本原理
40	冯吉芳	马克思主义基本原理
41	张　力	思想政治教育
42	孔辉湘	艺术学
43	鞠　虹	艺术学
44	玛丽姆	艺术学
45	朱辉辉	数学
46	郝朝鹏	数学
47	柯圆圆	数学
48	公维强	数学
49	邹红林	数学
50	周　楠	数学
51	王兵贤	数学
52	王玉婵	数学
53	万　颖	数学
54	曹晓菲	数学
55	李若霞	数学
56	尹玉莉	物理学
57	袁菲菲	物理学
58	苑红磊	物理学
59	周趯桦	物理学
60	黄　欣	物理学

(续　表)

序号	姓名	专业名称
61	朱钟湖	物理学
62	王文辉	物理学
63	黎秋航	物理学
64	姚晓静	物理学
65	韩　迪	物理学
66	郭潇潇	物理学
67	李　杰	物理学
68	吴章婷	物理学
69	翁亚奎	物理学
70	张文霞	物理学
71	牛相宏	物理学
72	泽　菲	物理学
73	徐　婧	生物学
74	童华威	生物学
75	王　晓	生物学
76	沈　炜	生物学
77	芮梦龙	生物学
78	吴乐乐	生物学
79	张晓艳	生物学
80	宋　航	生物学
81	杨翔宇	生物学
82	刘　岩	生物学
83	张新旺	遗传学
84	屠仁军	遗传学
85	刘丽娜	遗传学
86	杨　颖	遗传学
87	陈　禾	遗传学
88	张孔生	统计学
89	叶绪国	统计学
90	刘　聪	固体力学
91	周　胜	工程力学

（续　表）

序号	姓名	专业名称
92	詹润涛	工程力学
93	张　鹏	工程力学
94	郑哲远	工程力学
95	刘　鑫	机械制造及其自动化
96	唐文来	机械制造及其自动化
97	张鑫杰	机械制造及其自动化
98	焦仁强	机械制造及其自动化
99	廖　昕	机械制造及其自动化
100	奚如如	机械电子工程
101	巢　洲	机械电子工程
102	何富运	机械电子工程
103	章　寅	机械设计及理论
104	陈伟宇	机械设计及理论
105	赵伟玮	机械设计及理论
106	景　晖	车辆工程
107	金贤建	车辆工程
108	刘玲玲	机械工程(工业设计)
109	陈　默	机械工程(工业设计)
110	伍　磊	光学工程
111	陈　辉	光学工程
112	戚志鹏	光学工程
113	倪云舫	仪器科学与技术
114	柏俊杰	仪器科学与技术
115	杨　成	仪器科学与技术
116	冉昌艳	仪器科学与技术
117	田　磊	仪器科学与技术
118	徐效农	仪器科学与技术
119	钱　广	仪器科学与技术
120	张　颖	仪器科学与技术
121	陈　伟	仪器科学与技术
122	冯李航	仪器科学与技术

(续　表)

序号	姓名	专业名称
123	崔冰波	仪器科学与技术
124	纪　鹏	仪器科学与技术
125	刘来宝	材料科学与工程
126	王秋月	材料科学与工程
127	罗　勉	材料科学与工程
128	张太龙	材料科学与工程
129	黄　伟	材料科学与工程
130	厉　虹	材料科学与工程
131	陈　旭	材料科学与工程
132	朱志刚	材料科学与工程
133	李　旋	材料科学与工程
134	余永志	材料科学与工程
135	杨　林	材料科学与工程
136	顾　越	材料科学与工程
137	巴　特	材料科学与工程
138	褚洪岩	材料科学与工程
139	董　劲	材料物理与化学
140	崔　霞	材料物理与化学
141	龚晓辉	材料物理与化学
142	赵岳五	材料物理与化学
143	刘　巍	材料物理与化学
144	沈　伟	材料物理与化学
145	上官莉	材料物理与化学
146	周志新	材料物理与化学
147	赛　得	材料物理与化学
148	李其乐	材料物理与化学
149	廖伟强	材料物理与化学
150	闫力强	材料物理与化学
151	刘玉玲	材料物理与化学
152	马立国	材料学
153	丁　宽	动力工程及工程热物理

（续 表）

序号	姓名	专业名称
154	牛　欣	动力工程及工程热物理
155	陈　媛	动力工程及工程热物理
156	王金平	动力工程及工程热物理
157	徐　寅	动力工程及工程热物理
158	张　帆	动力工程及工程热物理
159	张玉黎	动力工程及工程热物理
160	陆玉正	动力工程及工程热物理
161	赵慧荣	动力工程及工程热物理
162	邓梓龙	动力工程及工程热物理
163	刘雪娇	动力工程及工程热物理
164	王胜南	动力工程及工程热物理
165	陆　彪	动力工程及工程热物理
166	耿察民	动力工程及工程热物理
167	陈岱琳	动力工程及工程热物理
168	顾丛汇	动力工程及工程热物理
169	葛晖骏	动力工程及工程热物理
170	科隆纳	动力工程及工程热物理
171	吴　昊	动力工程及工程热物理
172	徐惠斌	动力工程及工程热物理（能源环境工程）
173	潘　鹏	电气工程
174	谈天夫	电气工程
175	孙毅超	电气工程
176	朱　洒	电气工程
177	徐　妲	电气工程
178	黄　涛	电气工程
179	陈　宁	电气工程
180	韩　鹏	电气工程
181	周　磊	电气工程
182	赵志宏	电气工程
183	高铁峰	电气工程

(续　表)

序号	姓名	专业名称
184	施　涛	电气工程
185	许　超	电气工程
186	闻　枫	电气工程
187	骆　钊	电气工程
188	王　东	电气工程
189	徐　磊	电气工程
190	陈立兴	电气工程
191	王　琦	电气工程
192	杨辰星	电气工程
193	王　喆	电气工程
194	曾艾东	电气工程
195	王　维	电气工程
196	郭凯凯	电气工程
197	吴盛军	电气工程
198	朱俊澎	电气工程
199	刘康礼	电气工程
200	郭保成	电气工程
201	胡晓青	电气工程
202	冯　双	电气工程
203	陈源源	物理电子学
204	朱　辉	物理电子学
205	潘　超	物理电子学
206	丁沭沂	物理电子学
207	王嘉源	物理电子学
208	朱　丹	物理电子学
209	刘　向	物理电子学
210	李雪华	物理电子学
211	陈　鹏	物理电子学
212	张　旋	物理电子学
213	翟雨生	物理电子学
214	徐　银	物理电子学

（续　表）

序号	姓名	专业名称
215	吴胜保	物理电子学
216	许瑞林	物理电子学
217	李　竹	电路与系统
218	徐　杰	电路与系统
219	朱　灿	电路与系统
220	贺文伟	电路与系统
221	王海鹏	电路与系统
222	阮伟华	电路与系统
223	李　冬	电路与系统
224	孙文昊	电路与系统
225	曹哲玮	电路与系统
226	王曾祺	电路与系统
227	孙　俊	微电子学与固体电子学
228	任青颖	微电子学与固体电子学
229	董　蕾	微电子学与固体电子学
230	俞居正	微电子学与固体电子学
231	白春风	微电子学与固体电子学
232	程维昶	微电子学与固体电子学
233	朱雁青	微电子学与固体电子学
234	韩居正	微电子学与固体电子学
235	谭小东	微电子学与固体电子学
236	蔡本庚	电磁场与微波技术
237	蒋　姝	电磁场与微波技术
238	孙冬全	电磁场与微波技术
239	马　亮	电磁场与微波技术
240	虞舜华	电磁场与微波技术
241	张　龙	电磁场与微波技术
242	岳　寅	电磁场与微波技术
243	廖　臻	电磁场与微波技术
244	张　涛	电磁场与微波技术
245	黄维辰	电磁场与微波技术

(续　表)

序号	姓名	专业名称
246	黄　菲	电磁场与微波技术
247	李玉福	电磁场与微波技术
248	刘　刚	电磁场与微波技术
249	庄建兴	电磁场与微波技术
250	成　立	电磁场与微波技术
251	王　健	电磁场与微波技术
252	刘　硕	电磁场与微波技术
253	尹佳媛	电磁场与微波技术
254	郑丽霞	电子科学与技术(集成电路设计)
255	刘　威	信息与通信工程
256	吴　名	信息与通信工程
257	熊　鑫	信息与通信工程
258	唐成君	信息与通信工程
259	秦东润	信息与通信工程
260	陈　鹏	信息与通信工程
261	李古月	信息与通信工程
262	杨　杨	信息与通信工程
263	刘诚毅	信息与通信工程
264	丁晓进	信息与通信工程
265	王　侠	信息与通信工程
266	卢安安	信息与通信工程
267	查　诚	信息与通信工程
268	徐新洲	信息与通信工程
269	辛元雪	信息与通信工程
270	张海洋	信息与通信工程
271	潘如君	信息与通信工程
272	李宝龙	信息与通信工程
273	代海波	信息与通信工程
274	谭伟强	信息与通信工程
275	陶华伟	信息与通信工程
276	张国栋	信息与通信工程

（续　表）

序号	姓名	专业名称
277	李　晶	信息与通信工程
278	万晓琴	控制理论与控制工程
279	王军晓	控制理论与控制工程
280	薛　磊	控制理论与控制工程
281	孟祥虎	控制理论与控制工程
282	盛碧云	控制理论与控制工程
283	董　璐	控制理论与控制工程
284	亚　当	控制理论与控制工程
285	高芳征	控制理论与控制工程
286	胡长晖	检测技术与自动化装置
287	隽志如	系统工程
288	邵灵芝	系统工程
289	谢利萍	模式识别与智能系统
290	张　驰	模式识别与智能系统
291	胡　杰	导航、制导与控制
292	李振江	计算机科学与技术
293	陈　滨	计算机科学与技术
294	刘西林	计算机科学与技术
295	张维维	计算机系统结构
296	苏　琪	计算机系统结构
297	王　磊	计算机软件与理论
298	李文骞	计算机软件与理论
299	胡永东	计算机应用技术
300	史济源	计算机应用技术
301	马骏驰	计算机应用技术
302	徐海燕	计算机应用技术
303	顾　梁	计算机应用技术
304	郭晓军	计算机应用技术
305	王健弘	计算机科学与技术（图像处理与科学可视化）
306	刘翠林	建筑历史与理论

(续　表)

序号	姓名	专业名称
307	吕文明	建筑设计及其理论
308	裴　峻	建筑设计及其理论
309	宋　敏	建筑设计及其理论
310	雷晶晶	建筑设计及其理论
311	赵　倩	建筑设计及其理论
312	郭　兰	建筑设计及其理论
313	左静楠	建筑设计及其理论
314	来嘉隆	建筑设计及其理论
315	傅　岚	建筑设计及其理论
316	饶　永	建筑技术科学
317	郑宝锋	土木工程
318	秦晓川	土木工程
319	程　君	土木工程
320	郑开启	土木工程
321	张　晨	土木工程
322	张青青	土木工程
323	吴宜峰	土木工程
324	孙虎跃	土木工程
325	王星星	土木工程
326	周林云	土木工程
327	黎雅乐	土木工程
328	钟儒勉	土木工程
329	亚　当	土木工程
330	孙崇芳	土木工程
331	拓万永	土木工程
332	王高新	土木工程
333	周　满	土木工程
334	丁明珉	土木工程
335	夏　琪	土木工程
336	许飞鸿	土木工程
337	徐伟杰	土木工程

（续　表）

序号	姓名	专业名称
338	巴克尔	土木工程
339	管东芝	土木工程
340	魏明俐	岩土工程
341	杨玉玲	岩土工程
342	蔡光华	岩土工程
343	边汉亮	岩土工程
344	骆俊晖	岩土工程
345	张彤炜	岩土工程
346	张　沛	结构工程
347	汪　峰	供热、供燃气、通风及空调工程
348	姚伟发	桥梁与隧道工程
349	程　宸	桥梁与隧道工程
350	桂水荣	桥梁与隧道工程
351	胡世翔	桥梁与隧道工程
352	刘小玲	桥梁与隧道工程
353	汪　炳	桥梁与隧道工程
354	田　俊	桥梁与隧道工程
355	欧晓星	土木工程(土木工程建造与管理)
356	陈燕娟	土木工程
357	艾志勇	土木工程
358	王　飞	化学工程与技术
359	田　伟	化学工程与技术
360	吴东恩	化学工程与技术
361	爱施德	化学工程与技术
362	尤尼斯	化学工程与技术
363	蔡夫锋	化学工程与技术
364	何　飞	化学工程与技术
365	王建海	化学工程与技术
366	刘元建	化学工程与技术
367	王　猛	化学工程与技术
368	赵正柏	化学工程与技术

(续　表)

序号	姓名	专业名称
369	李　梅	应用化学
370	韩　沛	应用化学
371	唐国奇	交通运输工程
372	叶　欣	交通运输工程
373	金　磊	交通运输工程
374	李红梅	交通运输工程
375	赵　磊	交通运输工程
376	杨宇明	交通运输工程
377	朱森来	交通运输工程
378	王　涛	交通运输工程
379	郑竞恒	交通运输工程
380	覃运梅	交通运输工程
381	胡永恺	交通运输工程
382	顾海燕	交通运输工程
383	赵洁雯	交通运输工程
384	聂庆慧	交通运输工程
385	郭　辉	交通运输工程
386	任皎龙	交通运输工程
387	江筱薇	交通运输工程
388	汤文蕴	交通运输工程
389	闫星臣	交通运输工程
390	于　晨	交通运输工程
391	俞　灏	交通运输工程
392	谷　健	交通运输工程
393	纪翔峰	交通运输工程
394	何赏璐	交通运输工程
395	陈景旭	交通运输工程
396	程永振	交通运输工程
397	王元元	交通运输工程
398	展凤萍	交通运输工程
399	张运胜	交通运输工程

（续　表）

序号	姓名	专业名称
400	聂建强	交通运输工程
401	祝谭雍	交通运输工程
402	李　桑	交通运输工程
403	楼小明	交通运输工程
404	柏　璐	交通运输工程
405	马　辉	交通运输工程
406	龚明辉	交通运输工程
407	汪登辉	交通运输工程
408	徐海涛	环境科学与工程
409	刘　勇	环境科学与工程
410	刘海洪	环境科学与工程
411	钟道旭	环境科学与工程
412	奥斯曼	环境科学与工程
413	方　舟	环境科学与工程
414	汪楚乔	环境科学与工程
415	张　君	环境科学与工程
416	曹　羡	环境科学与工程
417	潘丹萍	环境科学与工程
418	贝　斯	环境科学与工程
419	代洪亮	环境科学与工程
420	田文娟	生物医学工程
421	房　坤	生物医学工程
422	陈　功	生物医学工程
423	段宇平	生物医学工程
424	段　磊	生物医学工程
425	叶　静	生物医学工程
426	王俊华	生物医学工程
427	朱延亮	生物医学工程
428	马宁宁	生物医学工程
429	陆　洁	生物医学工程
430	李鲁申	生物医学工程

(续　表)

序号	姓名	专业名称
431	郭庆生	生物医学工程
432	曹新江	生物医学工程
433	周高信	生物医学工程
434	曹唱唱	生物医学工程
435	范　晶	生物医学工程
436	陈　慧	生物医学工程
437	郑付印	生物医学工程
438	郭振超	生物医学工程
439	张　薇	生物医学工程
440	卢俊峰	生物医学工程
441	陈　多	生物医学工程
442	梁一俊	生物医学工程
443	来兰梅	生物医学工程
444	胡才彪	生物医学工程
445	高兵兵	生物医学工程
446	李滔滔	生物医学工程
447	刘海东	生物医学工程
448	田吉来	生物医学工程
449	赵春秋	生物医学工程
450	王德龙	生物医学工程
451	商珞然	生物医学工程
452	石　玲	生物医学工程(学习科学)
453	成敏敏	生物医学工程(学习科学)
454	张　环	生物医学工程(学习科学)
455	董云英	生物医学工程(学习科学)
456	张　权	生物医学工程(学习科学)
457	余　佳	生物医学工程(制药工程)
458	马玉恒	生物医学工程(制药工程)
459	李艳玮	生物医学工程(神经信息工程)
460	章国琴	城乡规划学
461	史　宜	城乡规划学

（续　表）

序号	姓名	专业名称
462	薛希玲	软件工程
463	张　慧	软件工程
464	徐　康	软件工程
465	朱学军	免疫学
466	于光婕	免疫学
467	许　涛	免疫学
468	高学仁	免疫学
469	王　北	免疫学
470	赵虎子	免疫学
471	魏　琼	内科学
472	汤　香	内科学
473	韩继斌	内科学
474	田　亮	内科学
475	胡淑玲	内科学
476	常立功	内科学
477	王　飞	内科学
478	史传兵	内科学
479	徐荣丰	内科学
480	黄　嘉	内科学
481	乔　勇	内科学
482	孙　洁	内科学
483	刘　静	内科学
484	袁宝玉	神经病学
485	尹营营	神经病学
486	陈　玖	神经病学
487	岳莹莹	神经病学
488	孙君君	神经病学
489	廖文象	神经病学
490	张钰群	神经病学
491	苏　凡	神经病学
492	丁　洁	影像医学与核医学

(续　表)

序号	姓名	专业名称
493	赵　振	影像医学与核医学
494	李沛城	影像医学与核医学
495	崔　莹	影像医学与核医学
496	常　娣	影像医学与核医学
497	王远成	影像医学与核医学
498	彭程宇	影像医学与核医学
499	钱　成	影像医学与核医学
500	杨翔宇	影像医学与核医学
501	王　琳	影像医学与核医学
502	薛秀蕾	临床检验诊断学
503	何　伟	外科学
504	张晓文	外科学
505	王立山	外科学
506	王　琨	外科学
507	关　翰	外科学
508	黄烨清	外科学
509	张云霞	妇产科学
510	戴　璐	肿瘤学
511	赵建文	肿瘤学
512	张洪明	肿瘤学
513	周守兵	肿瘤学
514	张亚非	流行病与卫生统计学
515	丁　震	劳动卫生与环境卫生学
516	张艳秋	劳动卫生与环境卫生学
517	李成云	劳动卫生与环境卫生学
518	杨立刚	营养与食品卫生学
519	高海涛	营养与食品卫生学
520	祁菲菲	营养与食品卫生学
521	王　锋	营养与食品卫生学
522	吴添舒	卫生毒理学
523	佘健俊	管理科学与工程

（续 表）

序号	姓名	专业名称
524	张福安	管理科学与工程
525	张　睿	管理科学与工程
526	李庭燎	管理科学与工程
527	周　宇	管理科学与工程
528	杨洲木	管理科学与工程
529	刘　慧	管理科学与工程
530	宋亮亮	管理科学与工程
531	张　伟	管理科学与工程
532	马小勇	管理科学与工程
533	贾若愚	管理科学与工程
534	李灵芝	管理科学与工程
535	王　斌	管理科学与工程
536	范圣然	管理科学与工程
537	王永健	管理科学与工程
538	楚俊峰	管理科学与工程
539	刘树利	管理科学与工程
540	王　海	管理科学与工程
541	贺小容	管理科学与工程
542	吴炳辉	管理科学与工程(金融工程)
543	王献东	管理科学与工程(金融工程)
544	徐　涛	管理科学与工程(金融工程)
545	周晖晖	艺术学理论
546	李盼君	艺术学理论
547	公丕普	艺术学理论
548	周珩帮	艺术学理论
549	包　艳	艺术学理论
550	杨光影	艺术学理论

2017 年专业型博士学位授予名单

序号	姓名	专业名称
1	赵军军	工程博士(先进制造)

2017 年学术型硕士学位授予名单

一、学历硕士研究生(共 1908 人)

序号	姓名	专业名称
1	杨丹丹	哲学
2	高　珊	哲学
3	陈　琳	哲学
4	何　瑶	哲学
5	欧晓霜	哲学
6	吴　梅	哲学
7	徐梦婷	哲学
8	刘清华	哲学
9	陈　蕾	哲学
10	田　嘉	哲学
11	王晓楠	哲学
12	崔雅斌	哲学
13	潘　飞	国民经济学
14	孙　卉	国民经济学
15	朱忠泰	国民经济学
16	霍　晓	国民经济学
17	朱新琴	国民经济学
18	王晶晶	国民经济学
19	王阿颖	国民经济学
20	邹玉琳	国民经济学
21	陈佳祺	区域经济学
22	沈梦姣	区域经济学
23	温青青	区域经济学

（续　表）

序号	姓名	专业名称
24	杨　扬	区域经济学
25	高　源	区域经济学
26	张　翠	区域经济学
27	刘军杰	金融学
28	程秋宜	金融学
29	李庆晗	金融学
30	李　妍	金融学
31	钱　锐	金融学
32	王丽华	金融学
33	吴佳伦	金融学
34	恽钧超	金融学
35	王梦娇	金融学
36	李　扬	金融学
37	崔耀丹	产业经济学
38	葛春燕	产业经济学
39	郭晓东	产业经济学
40	赵　雯	产业经济学
41	车天骏	产业经济学
42	唐雨宁	产业经济学
43	吕梦婷	产业经济学
44	朋　越	产业经济学
45	李　瑞	产业经济学
46	艾　刚	国际贸易学
47	华　烨	国际贸易学
48	江倩雯	国际贸易学
49	陆俊杰	国际贸易学
50	聂一欣	国际贸易学
51	严复新	国际贸易学
52	杨雅晓	国际贸易学
53	董会敏	国际贸易学
54	王潇潇	国际贸易学

(续　表)

序号	姓名	专业名称
55	肖　莹	国际贸易学
56	高焕香	国际贸易学
57	刘清肇	国际贸易学
58	黎清海	国际贸易学
59	卡　泽	国际贸易学
60	梁氏金算	国际贸易学
61	若　相	国际贸易学
62	埃　末	国际贸易学
63	林玉兰	国际贸易学
64	佩　罗	国际贸易学
65	凯　伦	国际贸易学
66	德　杰	国际贸易学
67	欧拉格	国际贸易学
68	阮唯英	国际贸易学
69	帕　普	国际贸易学
70	潘　梅	国际贸易学
71	尼　达	国际贸易学
72	孙提川	法学
73	陈盼晴	法学
74	杜梦秋	法学
75	李华思	法学
76	袁　静	法学
77	吴冠瑞	法学
78	程　琳	法学
79	丁　琦	法学
80	杭彧礽	法学
81	黄杨林	法学
82	莫兰兰	法学
83	彭　芳	法学
84	沈敏敏	法学
85	王　荟	法学

（续　表）

序号	姓名	专业名称
86	吴　林	法学
87	向晓庆	法学
88	杨　景	法学
89	李永洁	法学
90	陈祝凤	法学
91	陈康艳	法学
92	董玉泉	法学
93	朱　慧	法学
94	钱　涌	法学
95	万梦琪	法学
96	钱　帅	法学
97	韩慧颖	法学
98	熊婉萍	法学
99	翟子清	法学
100	程丹丹	法学
101	张颂昀	法学
102	詹梦醒	政治学理论
103	张　宁	政治学理论
104	田　挺	政治学理论
105	叶　旬	政治学理论
106	吉　梅	政治学理论
107	许　川	政治学理论
108	刘甜甜	政治学理论
109	吴常幸	政治学理论
110	葛兴旺	政治学理论
111	海四青	政治学理论
112	张天舒	社会学
113	朱佳倩	社会学
114	吴国华	社会学
115	刘　璐	社会学
116	崔玉竹	社会学

（续 表）

序号	姓名	专业名称
117	陈 阳	马克思主义理论
118	程丽琴	马克思主义理论
119	许 丽	马克思主义理论
120	袁 玲	马克思主义理论
121	王莲花	马克思主义理论
122	石 钰	马克思主义理论
123	刘 阳	马克思主义理论
124	张 莉	马克思主义理论
125	陈亚慧	马克思主义理论
126	刘文豪	马克思主义理论
127	方梦佳	高等教育学
128	俞 晨	高等教育学
129	李 平	高等教育学
130	郭超君	高等教育学
131	杜逸群	高等教育学
132	时 慧	高等教育学
133	文 雯	高等教育学
134	程亚云	高等教育学
135	李子妍	高等教育学
136	黄君君	职业技术教育学
137	顾菲菲	应用心理学
138	张 璇	应用心理学
139	张玲俐	应用心理学
140	江艾迪	应用心理学
141	李靖然	应用心理学
142	张明珠	应用心理学
143	赵 峰	应用心理学
144	夏 敏	应用心理学
145	王娟娟	应用心理学
146	胡 瑞	应用心理学
147	张 莹	应用心理学

（续 表）

序号	姓名	专业名称
148	陶源青青	体育学
149	韦　扬	体育学
150	汤晨皓	体育学
151	王　慧	体育学
152	叶　菁	中国语言文学
153	蔡漫毓	中国古代文学
154	刘琦玲	中国古代文学
155	高艳艳	中国古代文学
156	夏朋飞	中国古代文学
157	余　力	中国古代文学
158	王芳芳	中国古代文学
159	王诗昆	中国现当代文学
160	顾佳琪	中国现当代文学
161	卜星星	中国现当代文学
162	张立华	中国现当代文学
163	陈兆霞	英语语言文学
164	高君实	英语语言文学
165	韩　静	英语语言文学
166	吉　倩	英语语言文学
167	刘亚利	英语语言文学
168	皮晨瑶	英语语言文学
169	汤一昕	英语语言文学
170	夏　萌	英语语言文学
171	殷刘钢	英语语言文学
172	周小琳	英语语言文学
173	张　磊	英语语言文学
174	何　杰	英语语言文学
175	胡　铭	英语语言文学
176	包沙日娜	日语语言文学
177	戴艳萍	日语语言文学
178	白亚茹	日语语言文学

(续　表)

序号	姓名	专业名称
179	黄超凡	日语语言文学
180	赵　丹	日语语言文学
181	孙丹丹	日语语言文学
182	陈　西	外国语言学及应用语言学
183	封　叶	外国语言学及应用语言学
184	逯芳芳	外国语言学及应用语言学
185	姚　甜	外国语言学及应用语言学
186	刘浪宇	外国语言学及应用语言学
187	叶小燕	外国语言学及应用语言学
188	左婷婷	外国语言学及应用语言学
189	黄　嫣	外国语言学及应用语言学
190	袁　洁	外国语言学及应用语言学
191	宁新颖	外国语言学及应用语言学
192	柳雨婷	外国语言学及应用语言学
193	丁欢欢	外国语言学及应用语言学
194	徐　珊	外国语言学及应用语言学
195	李晓燕	外国语言学及应用语言学
196	蓝　俊	数学
197	骆　红	数学
198	魏若宇	数学
199	周　欣	数学
200	林金广	数学
201	郭　兴	数学
202	柳苏颖	数学
203	武熠龙	数学
204	张寒苏	数学
205	李　越	数学
206	马一琳	数学
207	文美玉	数学
208	任雪杰	数学
209	郁昌龙	数学

（续　表）

序号	姓名	专业名称
210	庞　欢	数学
211	王龙龙	数学
212	赵景宝	数学
213	邢迅超	数学
214	刘荣健	数学
215	王丽丹	数学
216	孙朋伟	数学
217	张璐丹	数学
218	赵润苗	数学
219	高　伟	数学
220	任予旸	数学
221	贾俊华	数学
222	罗正位	物理学
223	蔡伟民	物理学
224	王文达	物理学
225	杨彩萍	物理学
226	李雅斐	物理学
227	李艳英	物理学
228	陈　晶	物理学
229	闫若琳	物理学
230	王正贤	物理学
231	童一龙	物理学
232	李珍珍	物理学
233	张　欣	物理学
234	朱明洁	物理学
235	曹广霞	物理学
236	陈亦乐	化学
237	邓琳琳	化学
238	杜孟娟	化学
239	谷连帅	化学
240	李雪南	化学

(续　表)

序号	姓名	专业名称
241	方　飞	化学
242	单振楠	化学
243	高荣荣	化学
244	刘　叙	化学
245	崔　鹏	化学
246	刘　伟	化学
247	梁　磊	化学
248	魏珍珍	化学
249	黄其赞	化学
250	陆　迁	化学
251	印凯飞	化学
252	雷泽坤	化学
253	韩向斌	化学
254	胡　盼	化学
255	陆文秀	化学
256	何　丹	化学
257	余芳芳	化学
258	吕冰婧	化学
259	刘梅英	化学
260	王晓利	化学
261	齐晓冕	化学
262	卫玉珍	化学
263	吕星慧	化学
264	牛艳丹	化学
265	严文娟	化学
266	丁小静	化学
267	侯永鹏	化学
268	温高举	化学
269	李辰茹	化学
270	张　俊	生物学
271	王　鑫	生物学

（续　表）

序号	姓名	专业名称
272	刘　娜	生物学
273	沈小慧	生物学
274	张千千	生物学
275	曹双凤	生物学
276	李慧蓉	生物学
277	张　瑶	生物学
278	任明侠	生物学
279	胡　莹	生物学
280	马　芳	生物学
281	赵欢欢	生物学
282	巴　茹	生物学
283	常　莹	生物学
284	王德凤	生物学
285	杨　倩	生物学
286	张彦秋	生物学
287	祁俊侠	生物学
288	蔡依含	生物学
289	元　尼	生物学
290	朱　灿	生物物理学
291	张　虹	生物物理学
292	钱爱蕊	生物物理学
293	李　慧	生物物理学
294	汤缓缓	生物物理学
295	张亚丽	生物物理学
296	刘　梅	生物物理学
297	张　军	生物物理学
298	王　强	统计学
299	周鹏程	统计学
300	李晓蓉	统计学
301	高　嵩	统计学
302	赵凯英	病原生物学

(续　表)

序号	姓名	专业名称
303	刘　念	病原生物学
304	于士甲	力学
305	刘　俊	力学
306	凌必超	力学
307	钱帅宇	力学
308	陶佳跃	力学
309	王立源	力学
310	严舒玮	力学
311	张瑾琳	力学
312	宋正华	力学
313	陈　鹏	力学
314	张　镇	力学
315	陆　飞	力学
316	束一铭	力学
317	周计祥	力学
318	管家伟	力学
319	季祥超	力学
320	王孟然	力学
321	孙仲伟	力学
322	许叶帅	力学
323	刘保腾	力学
324	朱　茳	力学
325	唐　琦	力学
326	黄　强	机械制造及其自动化
327	崔进青	机械制造及其自动化
328	何　晖	机械制造及其自动化
329	胡剑雄	机械制造及其自动化
330	贾　雪	机械制造及其自动化
331	姜　婉	机械制造及其自动化
332	陆艮峰	机械制造及其自动化
333	谢艳华	机械制造及其自动化

（续　表）

序号	姓名	专业名称
334	尹奇峰	机械制造及其自动化
335	苏靖伦	机械制造及其自动化
336	单亚军	机械制造及其自动化
337	李嘉亮	机械制造及其自动化
338	陆　玥	机械制造及其自动化
339	潘海宁	机械制造及其自动化
340	汪亚琴	机械制造及其自动化
341	夏敏思	机械制造及其自动化
342	魏延宾	机械制造及其自动化
343	郇学东	机械制造及其自动化
344	石志国	机械制造及其自动化
345	朱彦清	机械制造及其自动化
346	单玉华	机械制造及其自动化
347	陈园园	机械制造及其自动化
348	崔恒洋	机械制造及其自动化
349	王　巡	机械制造及其自动化
350	朱均岭	机械制造及其自动化
351	陆紫薇	机械制造及其自动化
352	杨元瑞	机械制造及其自动化
353	石统蒙	机械制造及其自动化
354	金乾进	机械制造及其自动化
355	方春富	机械制造及其自动化
356	周　峰	机械制造及其自动化
357	刘志忠	机械电子工程
358	贺从愿	机械电子工程
359	解正康	机械电子工程
360	李悠扬	机械电子工程
361	刘朝阳	机械电子工程
362	马　冬	机械电子工程
363	任晨曦	机械电子工程
364	王姗姗	机械电子工程

(续　表)

序号	姓名	专业名称
365	徐乾荣	机械电子工程
366	徐振东	机械电子工程
367	赵怀云	机械电子工程
368	朱智勇	机械电子工程
369	林虹瑞	机械电子工程
370	姚兵兵	机械电子工程
371	陈　鑫	机械电子工程
372	耿纪钊	机械电子工程
373	姜　充	机械电子工程
374	金东升	机械电子工程
375	张晓敏	机械电子工程
376	黄鸿飞	机械电子工程
377	陆　斌	机械电子工程
378	余肖莹	机械电子工程
379	王　睿	机械电子工程
380	刘国宏	机械电子工程
381	孙　超	机械电子工程
382	吕良超	机械电子工程
383	张静平	机械电子工程
384	巩永强	机械电子工程
385	李　伟	机械电子工程
386	郭　锐	机械电子工程
387	陈丛哲	机械工程
388	张守雪	机械工程
389	高楠楠	机械工程(工业工程)
390	刘湘云	机械工程(工业工程)
391	杨　旸	机械工程(工业工程)
392	程　刚	机械设计及理论
393	陈　辰	机械设计及理论
394	沈贵彬	机械设计及理论
395	唐雯珍	机械设计及理论

（续　表）

序号	姓名	专业名称
396	余静文	机械设计及理论
397	刘　翔	机械设计及理论
398	苏冠明	机械设计及理论
399	黄世钊	机械设计及理论
400	冯盛圣	机械设计及理论
401	石鸿佼	机械设计及理论
402	王亚锋	机械设计及理论
403	陈园园	机械设计及理论
404	万诗龙	机械设计及理论
405	万　凯	机械设计及理论
406	黄正斌	机械设计及理论
407	李岩峻	车辆工程
408	王睿烽	车辆工程
409	张林灿	车辆工程
410	曹　哲	车辆工程
411	郁秋荣	车辆工程
412	袁振宇	车辆工程
413	杨　帆	车辆工程
414	左建军	车辆工程
415	杜小飞	光学工程
416	丁小海	光学工程
417	练　萌	光学工程
418	栾华凯	光学工程
419	汪　乾	光学工程
420	薛　晖	光学工程
421	申　进	光学工程
422	李　凡	光学工程
423	顾　凯	光学工程
424	钱　颖	光学工程
425	王亚伟	光学工程
426	房　杰	光学工程

(续　表)

序号	姓名	专业名称
427	陈科祥	光学工程
428	任泊晓	光学工程
429	郭文高	光学工程
430	李　磊	光学工程
431	王晓雁	光学工程
432	孙若斌	仪器科学与技术
433	陈　盼	仪器科学与技术
434	何双双	仪器科学与技术
435	李　昂	仪器科学与技术
436	李晨阳	仪器科学与技术
437	李珊珊	仪器科学与技术
438	秦超龙	仪器科学与技术
439	邵安成	仪器科学与技术
440	沈仕卿	仪器科学与技术
441	苏嘉玮	仪器科学与技术
442	孙文珺	仪器科学与技术
443	魏广进	仪器科学与技术
444	杨　阳	仪器科学与技术
445	臧云歌	仪器科学与技术
446	朱昆朋	仪器科学与技术
447	黄永江	仪器科学与技术
448	杨　坚	仪器科学与技术
449	刘恒军	仪器科学与技术
450	马东星	仪器科学与技术
451	高　瞻	仪器科学与技术
452	李政和	仪器科学与技术
453	夏振伟	仪器科学与技术
454	杨晓童	仪器科学与技术
455	姚荣亮	仪器科学与技术
456	张　靓	仪器科学与技术
457	张　勇	仪器科学与技术

（续　表）

序号	姓名	专业名称
458	周建飞	仪器科学与技术
459	孙　慧	仪器科学与技术
460	戴　菲	仪器科学与技术
461	陈　革	仪器科学与技术
462	苏亮亮	仪器科学与技术
463	蔡志祥	仪器科学与技术
464	王宁波	仪器科学与技术
465	武　均	仪器科学与技术
466	徐正正	仪器科学与技术
467	章文勤	仪器科学与技术
468	安坤坤	仪器科学与技术
469	丁艺伟	仪器科学与技术
470	刘　亨	仪器科学与技术
471	张鹏飞	仪器科学与技术
472	李芦伟	仪器科学与技术
473	王尧尧	仪器科学与技术
474	彭　璜	仪器科学与技术
475	钟兴建	仪器科学与技术
476	高海钰	仪器科学与技术
477	刘红旗	仪器科学与技术
478	轩　然	仪器科学与技术
479	徐　龙	仪器科学与技术
480	肖　勇	仪器科学与技术
481	华　璐	仪器科学与技术
482	徐少雄	仪器科学与技术
483	张　焱	仪器科学与技术
484	庄向阳	材料科学与工程
485	鲍亚东	材料科学与工程
486	邓　川	材料科学与工程
487	何心月	材料科学与工程
488	李　梦	材料科学与工程

(续　表)

序号	姓名	专业名称
489	李　蓉	材料科学与工程
490	王小娟	材料科学与工程
491	吴喆敏	材料科学与工程
492	杨嘉楠	材料科学与工程
493	杨　娴	材料科学与工程
494	詹乐宇	材料科学与工程
495	吴德通	材料科学与工程
496	王　虹	材料科学与工程
497	卜小芬	材料科学与工程
498	华培宜	材料科学与工程
499	蒋　俊	材料科学与工程
500	祁晨曦	材料科学与工程
501	秦　龙	材料科学与工程
502	邵　咪	材料科学与工程
503	孙丹丹	材料科学与工程
504	孙友康	材料科学与工程
505	王文秀	材料科学与工程
506	薛　桦	材料科学与工程
507	阎奕汝	材料科学与工程
508	袁　鹏	材料科学与工程
509	张弘毅	材料科学与工程
510	赵世煜	材料科学与工程
511	何美平	材料科学与工程
512	康文策	材料科学与工程
513	刘　旬	材料科学与工程
514	王晓慧	材料科学与工程
515	周　清	材料科学与工程
516	刘贤翠	材料科学与工程
517	薛　彬	材料科学与工程
518	沈达满	材料科学与工程
519	徐海潮	材料科学与工程

（续 表）

序号	姓名	专业名称
520	虞 涛	材料科学与工程
521	薄 兵	材料科学与工程
522	刘 取	材料科学与工程
523	张成明	材料科学与工程
524	田小云	材料科学与工程
525	程 凯	材料科学与工程
526	李陈林	材料科学与工程
527	夏梦圆	材料科学与工程
528	阮瑞杰	材料科学与工程
529	王利利	材料科学与工程
530	贺 伟	材料科学与工程
531	谢晓东	材料科学与工程
532	邢林栋	材料科学与工程
533	郭丽丽	材料科学与工程
534	张安蕾	材料科学与工程
535	何 磊	材料科学与工程
536	裴喜伟	材料科学与工程
537	梅 浩	材料科学与工程
538	潘 利	材料科学与工程
539	李 萍	材料科学与工程
540	陈海洋	材料科学与工程
541	陶慧文	材料物理与化学
542	朱 峰	材料物理与化学
543	何瑞玉	材料物理与化学
544	王华甫	材料物理与化学
545	刘剑峰	材料物理与化学
546	朱毓卿	材料物理与化学
547	时 凯	材料物理与化学
548	白一超	材料物理与化学
549	蔡 葵	动力工程及工程热物理
550	胡晓雨	动力工程及工程热物理

(续　表)

序号	姓名	专业名称
551	陆　杰	动力工程及工程热物理
552	宋诚骁	动力工程及工程热物理
553	孙　伟	动力工程及工程热物理
554	乔　侨	动力工程及工程热物理
555	王镜凡	动力工程及工程热物理
556	戴　超	动力工程及工程热物理
557	董科枫	动力工程及工程热物理
558	孟　鑫	动力工程及工程热物理
559	汤晓斌	动力工程及工程热物理
560	余志健	动力工程及工程热物理
561	张　金	动力工程及工程热物理
562	张锦泰	动力工程及工程热物理
563	朱小明	动力工程及工程热物理
564	赵　栗	动力工程及工程热物理
565	段文军	动力工程及工程热物理
566	王　靓	动力工程及工程热物理
567	邢海波	动力工程及工程热物理
568	周　浩	动力工程及工程热物理
569	孙亭亭	动力工程及工程热物理
570	许　静	动力工程及工程热物理
571	杨　凯	动力工程及工程热物理
572	曾台烨	动力工程及工程热物理
573	张　方	动力工程及工程热物理
574	张礼亮	动力工程及工程热物理
575	沈　奇	动力工程及工程热物理
576	陈昊洋	动力工程及工程热物理
577	陈　真	动力工程及工程热物理
578	范　赫	动力工程及工程热物理
579	高　畅	动力工程及工程热物理
580	江承潮	动力工程及工程热物理
581	李偲宇	动力工程及工程热物理

（续　表）

序号	姓名	专业名称
582	李　逗	动力工程及工程热物理
583	李　娇	动力工程及工程热物理
584	李　诗	动力工程及工程热物理
585	李树洲	动力工程及工程热物理
586	李小乐	动力工程及工程热物理
587	刘彦翔	动力工程及工程热物理
588	陆琳辉	动力工程及工程热物理
589	吕珍余	动力工程及工程热物理
590	孙青柯	动力工程及工程热物理
591	王　奔	动力工程及工程热物理
592	王晗昀	动力工程及工程热物理
593	王　浩	动力工程及工程热物理
594	许　建	动力工程及工程热物理
595	余婧雯	动力工程及工程热物理
596	郑征世	动力工程及工程热物理
597	朱玲莉	动力工程及工程热物理
598	经　骏	动力工程及工程热物理
599	石饶桥	动力工程及工程热物理
600	王远保	动力工程及工程热物理
601	徐煜昊	动力工程及工程热物理
602	杨　飞	动力工程及工程热物理
603	蔡新剑	动力工程及工程热物理
604	权学森	动力工程及工程热物理
605	万小明	动力工程及工程热物理
606	王　宁	动力工程及工程热物理
607	王　永	动力工程及工程热物理
608	吴海洋	动力工程及工程热物理
609	赵伟强	动力工程及工程热物理
610	周家豪	动力工程及工程热物理
611	朱　凯	动力工程及工程热物理
612	陈明明	动力工程及工程热物理

(续　表)

序号	姓名	专业名称
613	黄煜杰	动力工程及工程热物理
614	凌善旭	动力工程及工程热物理
615	刘朝阳	动力工程及工程热物理
616	孙　立	动力工程及工程热物理
617	徐笑强	动力工程及工程热物理
618	张明杰	动力工程及工程热物理
619	徐　亮	动力工程及工程热物理
620	秦　庆	动力工程及工程热物理
621	沈　维	动力工程及工程热物理
622	纪光菊	动力工程及工程热物理
623	刘东瀛	动力工程及工程热物理
624	刘婷婷	动力工程及工程热物理
625	徐　上	动力工程及工程热物理
626	黄紫祺	动力工程及工程热物理
627	欧兆伟	动力工程及工程热物理
628	邴旖旎	动力工程及工程热物理
629	雒　飞	动力工程及工程热物理
630	茹晋波	动力工程及工程热物理
631	郑　阳	动力工程及工程热物理
632	安玉磊	动力工程及工程热物理
633	陈亚南	动力工程及工程热物理
634	王　杰	动力工程及工程热物理
635	赵　琳	动力工程及工程热物理
636	吉　鸽	动力工程及工程热物理
637	梁之琦	动力工程及工程热物理
638	夏亚磊	动力工程及工程热物理
639	何鹏飞	动力工程及工程热物理
640	王淑慧	动力工程及工程热物理
641	熊涌泉	动力工程及工程热物理
642	张　彭	动力工程及工程热物理
643	左　杰	动力工程及工程热物理

（续　表）

序号	姓名	专业名称
644	金　伟	动力工程及工程热物理（能源环境工程）
645	崔小白	电气工程
646	邓　新	电气工程
647	王　靖	电气工程
648	张旭东	电气工程
649	蔡明明	电气工程
650	陈　明	电气工程
651	陈潇鹏	电气工程
652	冯士睿	电气工程
653	郭金鹏	电气工程
654	何春晓	电气工程
655	胡海波	电气工程
656	季杭为	电气工程
657	刘梦轩	电气工程
658	陆思远	电气工程
659	梅　杰	电气工程
660	秦成明	电气工程
661	任佳依	电气工程
662	苏　晨	电气工程
663	孙博宇	电气工程
664	王　琛	电气工程
665	吴奇珂	电气工程
666	徐新宇	电气工程
667	徐怡悦	电气工程
668	闫济红	电气工程
669	张静页	电气工程
670	郑嘉琪	电气工程
671	周　力	电气工程
672	祝明乐	电气工程
673	宗鹏鹏	电气工程

(续　表)

序号	姓名	专业名称
674	周正宇	电气工程
675	梁艳群	电气工程
676	马婷婷	电气工程
677	管　杰	电气工程
678	侯　创	电气工程
679	季媛媛	电气工程
680	江溯帆	电气工程
681	孟建建	电气工程
682	聂颖惠	电气工程
683	潘　棋	电气工程
684	王　凯	电气工程
685	王培秀	电气工程
686	王旭冲	电气工程
687	杨　磊	电气工程
688	杨钦臣	电气工程
689	张景皓	电气工程
690	张居谋	电气工程
691	周晓飞	电气工程
692	周雨奇	电气工程
693	祝子冲	电气工程
694	颜长鑫	电气工程
695	姚新阳	电气工程
696	肖　扬	电气工程
697	王克元	电气工程
698	李艺丰	电气工程
699	吴　斌	电气工程
700	李　轩	电气工程
701	汪　梁	电气工程
702	程圣剑	电气工程
703	董如来	电气工程
704	齐连伟	电气工程

（续　表）

序号	姓名	专业名称
705	秦　岭	电气工程
706	王　珺	电气工程
707	宋利华	电气工程
708	徐菲菲	电气工程
709	杨延举	电气工程
710	黄超信	电气工程
711	谢程洲	电气工程
712	吴　诚	电气工程
713	王　蕊	电气工程
714	王博超	电气工程
715	龚龙中	电气工程
716	陈　峰	电气工程
717	李　雪	电气工程
718	田　笑	电气工程
719	卢　恩	电气工程
720	法　罗	电气工程
721	埃　萨	电气工程
722	罗　泽	电子科学与技术
723	乌　拉	电子科学与技术
724	逸　夫	电子科学与技术
725	思　戈	电子科学与技术
726	爱　德	电子科学与技术
727	亦　科	电子科学与技术
728	胡　马	电子科学与技术
729	科　博	电子科学与技术
730	阿　加	电子科学与技术
731	郭正波	物理电子学
732	杜锦华	物理电子学
733	王隶桢	物理电子学
734	夏心怡	物理电子学
735	张　恒	物理电子学

(续　表)

序号	姓名	专业名称
736	常奕涛	物理电子学
737	叶　浩	物理电子学
738	冯鲲鹏	物理电子学
739	沈亚明	物理电子学
740	杨柳青	物理电子学
741	余琳琳	物理电子学
742	昌盛成	物理电子学
743	胡才雨	物理电子学
744	李　剑	物理电子学
745	毛子荐	物理电子学
746	潘　晨	物理电子学
747	滕　毅	物理电子学
748	汪俊鑫	物理电子学
749	王登峰	物理电子学
750	王　续	物理电子学
751	邢宇菲	物理电子学
752	张玉洁	物理电子学
753	周继松	物理电子学
754	包佳宇	物理电子学
755	许　涛	物理电子学
756	刘沄滔	物理电子学
757	高尚政	物理电子学
758	黄瑶瑶	物理电子学
759	冯洋洋	物理电子学
760	郭露萍	物理电子学
761	张　教	物理电子学
762	孙　义	物理电子学
763	徐佳佳	物理电子学
764	曹明喜	电路与系统
765	冯文华	电路与系统
766	郭爱文	电路与系统

（续　表）

序号	姓名	专业名称
767	胡　权	电路与系统
768	康榀锐	电路与系统
769	林桂石	电路与系统
770	孙天慧	电路与系统
771	吴天祥	电路与系统
772	杨康瑞	电路与系统
773	赵　远	电路与系统
774	王　锋	电路与系统
775	曹　松	电路与系统
776	张雪刚	电路与系统
777	马　武	电路与系统
778	谢永健	电路与系统
779	宋春雨	电路与系统
780	邹羽欣	电路与系统
781	陈廷欢	电路与系统
782	李子恒	电路与系统
783	廖振星	电路与系统
784	刘　畅	电路与系统
785	宋凯文	电路与系统
786	张汉军	电路与系统
787	张志中	电路与系统
788	彭　鹏	电路与系统
789	童　游	电路与系统
790	王　韬	电路与系统
791	倪天文	电路与系统
792	杨颖浩	电路与系统
793	梁员豪	电路与系统
794	倪　明	微电子学与固体电子学
795	黄　堃	微电子学与固体电子学
796	陈怀昊	微电子学与固体电子学
797	陈　青	微电子学与固体电子学

(续　表)

序号	姓名	专业名称
798	甘　琦	微电子学与固体电子学
799	郝志强	微电子学与固体电子学
800	贾　广	微电子学与固体电子学
801	聂健鑫	微电子学与固体电子学
802	庞　伟	微电子学与固体电子学
803	沈　兵	微电子学与固体电子学
804	王　刚	微电子学与固体电子学
805	吴爱东	微电子学与固体电子学
806	吴　蕾	微电子学与固体电子学
807	杨如倩	微电子学与固体电子学
808	周　迁	微电子学与固体电子学
809	栾　山	微电子学与固体电子学
810	刘　鹏	微电子学与固体电子学
811	陈子龙	微电子学与固体电子学
812	杜　媛	微电子学与固体电子学
813	章　丹	微电子学与固体电子学
814	赵蕴阳	微电子学与固体电子学
815	陈　攀	微电子学与固体电子学
816	丁　欣	微电子学与固体电子学
817	杜　凯	微电子学与固体电子学
818	封倩倩	微电子学与固体电子学
819	顾一帆	微电子学与固体电子学
820	季　程	微电子学与固体电子学
821	金　月	微电子学与固体电子学
822	李　宁	微电子学与固体电子学
823	李兆奇	微电子学与固体电子学
824	卢　逸	微电子学与固体电子学
825	邵　帅	微电子学与固体电子学
826	苏　畅	微电子学与固体电子学
827	田洪益	微电子学与固体电子学
828	田伟娜	微电子学与固体电子学

（续　表）

序号	姓名	专业名称
829	万　行	微电子学与固体电子学
830	汪东澍	微电子学与固体电子学
831	王　芳	微电子学与固体电子学
832	吴　凯	微电子学与固体电子学
833	吴乙雨	微电子学与固体电子学
834	张陆峰	微电子学与固体电子学
835	朱　欣	微电子学与固体电子学
836	葛海峰	微电子学与固体电子学
837	钱宇翔	微电子学与固体电子学
838	李胜利	微电子学与固体电子学
839	惠肇宇	微电子学与固体电子学
840	杨佳伟	微电子学与固体电子学
841	杨　杰	微电子学与固体电子学
842	叶沐阳	微电子学与固体电子学
843	陈建芳	微电子学与固体电子学
844	俞富强	微电子学与固体电子学
845	安　跃	微电子学与固体电子学
846	司开心	微电子学与固体电子学
847	马金凤	微电子学与固体电子学
848	薛尚嵘	微电子学与固体电子学
849	童　日	微电子学与固体电子学
850	沈　乾	微电子学与固体电子学
851	杨　乐	微电子学与固体电子学
852	姚玉瑾	微电子学与固体电子学
853	李正锐	微电子学与固体电子学
854	喻志远	微电子学与固体电子学
855	杨　健	微电子学与固体电子学
856	王晓彤	微电子学与固体电子学
857	张名爱	微电子学与固体电子学
858	姚　芹	微电子学与固体电子学
859	谢祖帅	微电子学与固体电子学

(续　表)

序号	姓名	专业名称
860	申艾麟	微电子学与固体电子学
861	袁永胜	微电子学与固体电子学
862	段志强	微电子学与固体电子学
863	汪锋刚	微电子学与固体电子学
864	黄　晨	电磁场与微波技术
865	黄丽华	电磁场与微波技术
866	孔方方	电磁场与微波技术
867	李　鸿	电磁场与微波技术
868	林维泉	电磁场与微波技术
869	刘　超	电磁场与微波技术
870	刘兆栋	电磁场与微波技术
871	冉烽力	电磁场与微波技术
872	王　佳	电磁场与微波技术
873	位静云	电磁场与微波技术
874	魏君成	电磁场与微波技术
875	吴　伟	电磁场与微波技术
876	吴　鑫	电磁场与微波技术
877	张来团	电磁场与微波技术
878	张逸驰	电磁场与微波技术
879	周晓慧	电磁场与微波技术
880	刘嘉俊	电磁场与微波技术
881	冯　明	电磁场与微波技术
882	陈　飞	电磁场与微波技术
883	桑联佳	电磁场与微波技术
884	张　猛	电磁场与微波技术
885	胡蒙筠	电磁场与微波技术
886	黄　静	电磁场与微波技术
887	栾　康	电磁场与微波技术
888	靖宇坤	电磁场与微波技术
889	王和阳	电磁场与微波技术
890	熊佩颖	电磁场与微波技术

（续　表）

序号	姓名	专业名称
891	占海涛	电磁场与微波技术
892	廖胜宝	电磁场与微波技术
893	张　剑	电磁场与微波技术
894	王海健	电磁场与微波技术
895	纪涛涛	电磁场与微波技术
896	曹博文	电磁场与微波技术
897	鲁洵洵	电磁场与微波技术
898	谭仁超	电磁场与微波技术
899	范敬轩	电磁场与微波技术
900	蒋一帆	电磁场与微波技术
901	师传波	电磁场与微波技术
902	李　宁	电子科学与技术(集成电路设计)
903	王宇明	电子科学与技术(集成电路设计)
904	何世栋	电子科学与技术(集成电路设计)
905	张　涛	电子科学与技术(集成电路设计)
906	周兴航	电子科学与技术(集成电路设计)
907	周　旸	电子科学与技术(集成电路设计)
908	潘申欣	电子科学与技术(集成电路设计)
909	汪　超	电子科学与技术(集成电路设计)
910	高爱勇	信息与通信工程
911	朱　峰	信息与通信工程
912	张云龙	信息与通信工程
913	董　烨	信息与通信工程
914	吕亚骏	信息与通信工程
915	沙　俊	信息与通信工程
916	卢小芳	信息与通信工程
917	曹言佳	信息与通信工程
918	曹智勇	信息与通信工程
919	陈　平	信息与通信工程
920	崔宇柯	信息与通信工程
921	董永兵	信息与通信工程

(续　表)

序号	姓名	专业名称
922	范鹏博	信息与通信工程
923	葛中鹏	信息与通信工程
924	何粮宇	信息与通信工程
925	胡　超	信息与通信工程
926	吉　峰	信息与通信工程
927	贾　伟	信息与通信工程
928	江枕声	信息与通信工程
929	李静雪	信息与通信工程
930	李　姝	信息与通信工程
931	林爽爽	信息与通信工程
932	刘　健	信息与通信工程
933	柳　颖	信息与通信工程
934	卢宪廷	信息与通信工程
935	陆　晨	信息与通信工程
936	吕　游	信息与通信工程
937	马梦云	信息与通信工程
938	强　勇	信息与通信工程
939	乔　丹	信息与通信工程
940	沙小仕	信息与通信工程
941	宋金穗	信息与通信工程
942	唐　敏	信息与通信工程
943	唐　启	信息与通信工程
944	陶　李	信息与通信工程
945	涂　晶	信息与通信工程
946	王振宇	信息与通信工程
947	吴　凯	信息与通信工程
948	吴夏英	信息与通信工程
949	谢晓东	信息与通信工程
950	徐鑫鑫	信息与通信工程
951	杨静雯	信息与通信工程
952	杨俊梅	信息与通信工程

（续　表）

序号	姓名	专业名称
953	易　凡	信息与通信工程
954	喻京昊	信息与通信工程
955	赵向南	信息与通信工程
956	郑美荣	信息与通信工程
957	丁　捷	信息与通信工程
958	何燕雨	信息与通信工程
959	韩　伟	信息与通信工程
960	李霁轩	信息与通信工程
961	孙　采	信息与通信工程
962	王开创	信息与通信工程
963	王凯歌	信息与通信工程
964	王智超	信息与通信工程
965	徐　明	信息与通信工程
966	许　洋	信息与通信工程
967	杨　星	信息与通信工程
968	姚广忠	信息与通信工程
969	赵兵强	信息与通信工程
970	赵　蓉	信息与通信工程
971	邹媛媛	信息与通信工程
972	徐　明	信息与通信工程
973	马振华	信息与通信工程
974	王　兵	信息与通信工程
975	程风全	信息与通信工程
976	范　奇	信息与通信工程
977	吴　琼	信息与通信工程
978	满勇强	信息与通信工程
979	张　祥	信息与通信工程
980	李乔平	信息与通信工程
981	张　凡	信息与通信工程
982	陈彬彬	信息与通信工程
983	姜波儿	信息与通信工程

(续　表)

序号	姓名	专业名称
984	廖树日	信息与通信工程
985	凌　峰	信息与通信工程
986	邱旻翔	信息与通信工程
987	王民锋	信息与通信工程
988	魏明君	信息与通信工程
989	严　鑫	信息与通信工程
990	杨　雷	信息与通信工程
991	叶日平	信息与通信工程
992	章勤杰	信息与通信工程
993	朱金晓	信息与通信工程
994	左崇彦	信息与通信工程
995	刘　勇	信息与通信工程
996	丁一坤	信息与通信工程
997	邹炉庚	信息与通信工程
998	黄玉洁	信息与通信工程
999	蒋　浩	信息与通信工程
1000	陶乐文	信息与通信工程
1001	曹　本	信息与通信工程
1002	陈显金	信息与通信工程
1003	何　旭	信息与通信工程
1004	黄　晨	信息与通信工程
1005	李一阳	信息与通信工程
1006	刘　旭	信息与通信工程
1007	苏敏华	信息与通信工程
1008	夏　进	信息与通信工程
1009	闫　东	信息与通信工程
1010	杨久龙	信息与通信工程
1011	张　炯	信息与通信工程
1012	张　奇	信息与通信工程
1013	赵玉叶	信息与通信工程
1014	朱玲燕	信息与通信工程

（续　表）

序号	姓名	专业名称
1015	王卫斌	信息与通信工程
1016	孟婉婉	信息与通信工程
1017	殷　永	信息与通信工程
1018	徐　耀	信息与通信工程
1019	刘　航	信息与通信工程
1020	张艳娇	信息与通信工程
1021	胡冰冰	信息与通信工程
1022	张祺威	信息与通信工程
1023	官林杰	信息与通信工程
1024	彭稣宇	信息与通信工程
1025	欧飞飞	信息与通信工程
1026	赵一良	信息与通信工程
1027	张一丹	信息与通信工程
1028	高　晨	信息与通信工程
1029	程之序	信息与通信工程
1030	徐乃阳	信息与通信工程(信息安全)
1031	刘效伯	信息与通信工程(信息安全)
1032	闵溪青	信息与通信工程(信息安全)
1033	戚姗姗	信息与通信工程(信息安全)
1034	万奔寒	信息与通信工程(信息安全)
1035	卫　锦	信息与通信工程(信息安全)
1036	向一帆	信息与通信工程(信息安全)
1037	杨天宇	信息与通信工程(信息安全)
1038	赵　然	信息与通信工程(信息安全)
1039	朱　政	信息与通信工程(信息安全)
1040	曹山山	信息与通信工程(信息安全)
1041	罗　斌	信息与通信工程(信息安全)
1042	张　璐	控制科学与工程
1043	盛嘉宇	控制理论与控制工程
1044	樊婧雯	控制理论与控制工程
1045	方丽辉	控制理论与控制工程

（续　表）

序号	姓名	专业名称
1046	黄剑冰	控制理论与控制工程
1047	嵇　玉	控制理论与控制工程
1048	刘希鹏	控制理论与控制工程
1049	卢张俊	控制理论与控制工程
1050	马陈强	控制理论与控制工程
1051	彭煜聪	控制理论与控制工程
1052	孙小静	控制理论与控制工程
1053	谭鹏飞	控制理论与控制工程
1054	邢继生	控制理论与控制工程
1055	徐　超	控制理论与控制工程
1056	徐明明	控制理论与控制工程
1057	姚　舜	控制理论与控制工程
1058	赵亮亮	控制理论与控制工程
1059	朱建文	控制理论与控制工程
1060	江爱晶	控制理论与控制工程
1061	孙自飞	控制理论与控制工程
1062	汤　明	控制理论与控制工程
1063	王　雷	控制理论与控制工程
1064	吴玉鹏	控制理论与控制工程
1065	杨劲柯	控制理论与控制工程
1066	陈佳星	控制理论与控制工程
1067	马申斌	控制理论与控制工程
1068	杨善军	控制理论与控制工程
1069	赵立伟	控制理论与控制工程
1070	徐　龙	控制理论与控制工程
1071	刘化轩	控制理论与控制工程
1072	汤兰兰	控制理论与控制工程
1073	田　闯	控制理论与控制工程
1074	魏　巍	控制理论与控制工程
1075	樊鹏鹏	控制理论与控制工程
1076	王赞赞	控制理论与控制工程

（续　表）

序号	姓名	专业名称
1077	杜　眯	控制理论与控制工程
1078	潘　浩	控制理论与控制工程
1079	郭东升	控制理论与控制工程
1080	王凯伦	控制理论与控制工程
1081	胡春鹏	控制理论与控制工程
1082	李东晓	控制理论与控制工程
1083	王　川	控制理论与控制工程
1084	王恩朋	控制理论与控制工程
1085	钟昌勇	控制理论与控制工程
1086	栾梦云	控制理论与控制工程
1087	代　星	控制理论与控制工程
1088	张　见	控制理论与控制工程
1089	丁　宁	控制理论与控制工程
1090	程思培	控制理论与控制工程
1091	黄　译	控制理论与控制工程
1092	罗　凡	控制理论与控制工程
1093	张　宇	控制理论与控制工程
1094	王　维	检测技术与自动化装置
1095	韩　雪	检测技术与自动化装置
1096	罗鸿飞	检测技术与自动化装置
1097	唐　涛	检测技术与自动化装置
1098	叶庆仕	检测技术与自动化装置
1099	赵蓉蓉	检测技术与自动化装置
1100	淮攀奇	检测技术与自动化装置
1101	王延夺	检测技术与自动化装置
1102	卫　朋	检测技术与自动化装置
1103	孔玮琦	检测技术与自动化装置
1104	范玉瑶	系统工程
1105	黄鹏飞	系统工程
1106	魏　征	系统工程
1107	周　吉	系统工程

(续　表)

序号	姓名	专业名称
1108	黄祥祥	系统工程
1109	申士海	系统工程
1110	舒冬情	系统工程
1111	谷思梦	系统工程
1112	马晓芳	系统工程
1113	崔建顺	模式识别与智能系统
1114	何　健	模式识别与智能系统
1115	刘浩波	模式识别与智能系统
1116	刘　历	模式识别与智能系统
1117	罗　毅	模式识别与智能系统
1118	屈德涛	模式识别与智能系统
1119	王　仁	模式识别与智能系统
1120	杨争辉	模式识别与智能系统
1121	曾　睿	模式识别与智能系统
1122	张俊康	模式识别与智能系统
1123	成　杰	模式识别与智能系统
1124	王凯南	模式识别与智能系统
1125	朱书剑	模式识别与智能系统
1126	华　金	模式识别与智能系统
1127	李双全	模式识别与智能系统
1128	刘承焕	模式识别与智能系统
1129	张满满	模式识别与智能系统
1130	舒　江	模式识别与智能系统
1131	戴晨曦	导航、制导与控制
1132	刘　钰	导航、制导与控制
1133	闫　晶	导航、制导与控制
1134	俞　熠	导航、制导与控制
1135	杨书天	导航、制导与控制
1136	戴　震	计算机科学与技术
1137	陈云卿	计算机科学与技术
1138	沈如达	计算机科学与技术

（续　表）

序号	姓名	专业名称
1139	任　杰	计算机科学与技术
1140	姚梦雪	计算机科学与技术
1141	高天蒙	计算机科学与技术
1142	吕希来	计算机科学与技术
1143	陈肖嵋	计算机科学与技术
1144	董源源	计算机科学与技术
1145	杜晓静	计算机科学与技术
1146	何敬怡	计算机科学与技术
1147	黄思逸	计算机科学与技术
1148	晋雅茹	计算机科学与技术
1149	李晓云	计算机科学与技术
1150	刘　诚	计算机科学与技术
1151	龙　吟	计算机科学与技术
1152	吕永涛	计算机科学与技术
1153	潘培龙	计算机科学与技术
1154	施仁立	计算机科学与技术
1155	王　辰	计算机科学与技术
1156	王　帅	计算机科学与技术
1157	魏　娜	计算机科学与技术
1158	吴程熙	计算机科学与技术
1159	吴展鹏	计算机科学与技术
1160	邢　超	计算机科学与技术
1161	薛凌云	计算机科学与技术
1162	詹　望	计算机科学与技术
1163	张幸芝	计算机科学与技术
1164	赵力阳	计算机科学与技术
1165	郑承俊	计算机科学与技术
1166	周　瑞	计算机科学与技术
1167	唐孟萍	计算机科学与技术
1168	袁明明	计算机科学与技术
1169	刘耀文	计算机科学与技术

(续　表)

序号	姓名	专业名称
1170	何娅仪	计算机科学与技术
1171	任　萌	计算机科学与技术
1172	王胜涛	计算机科学与技术
1173	陈俊良	计算机科学与技术
1174	蔡　雷	计算机科学与技术
1175	高建明	计算机科学与技术
1176	郭　斐	计算机科学与技术
1177	蒋翠翠	计算机科学与技术
1178	林　磊	计算机科学与技术
1179	卢晨旭	计算机科学与技术
1180	倪春泉	计算机科学与技术
1181	任文韬	计算机科学与技术
1182	万　逸	计算机科学与技术
1183	杨慧德	计算机科学与技术
1184	张　晓	计算机科学与技术
1185	张　炫	计算机科学与技术
1186	卢　力	计算机科学与技术
1187	方水明	计算机科学与技术
1188	顾明珠	计算机科学与技术
1189	李正龙	计算机科学与技术
1190	罗　斌	计算机科学与技术
1191	袁　满	计算机科学与技术
1192	张海东	计算机科学与技术
1193	李玲利	计算机科学与技术
1194	张德云	计算机科学与技术
1195	宋学贤	计算机科学与技术
1196	白同贺	计算机科学与技术
1197	扈晓娜	计算机科学与技术
1198	王卓然	计算机科学与技术
1199	赵　翔	计算机科学与技术
1200	张智超	计算机科学与技术

（续　表）

序号	姓名	专业名称
1201	王雪葵	计算机科学与技术
1202	尹长昕	计算机科学与技术
1203	李　根	计算机科学与技术
1204	朱文杰	计算机科学与技术
1205	唐才智	计算机科学与技术
1206	张　峰	计算机科学与技术
1207	叶云东	计算机科学与技术
1208	张慧娟	计算机科学与技术
1209	丁　皓	计算机科学与技术
1210	赵亚飞	计算机科学与技术
1211	张　欢	计算机科学与技术
1212	黄　超	计算机科学与技术
1213	安　桢	建筑学
1214	李　阳	建筑学
1215	季云竹	建筑学
1216	刘筱丹	建筑学
1217	卢　婷	建筑学
1218	邵星宇	建筑学
1219	石刘睿恬	建筑学
1220	赵　源	建筑学
1221	梁欣婷	建筑学
1222	黄锦富	建筑学
1223	吉宏亮	建筑学
1224	龙垣屹	建筑学
1225	徐　成	建筑学
1226	于长江	建筑学
1227	赵姗姗	建筑学
1228	董运宏	建筑学
1229	乔　梁	建筑学
1230	蒋振宇	建筑学
1231	陈文强	建筑学

(续　表)

序号	姓名	专业名称
1232	郭文成	建筑学
1233	张　贺	建筑学
1234	许先宝	建筑学
1235	郭书恺	建筑学
1236	吴明友	建筑学
1237	戴文诗	建筑学
1238	王　鑫	建筑学
1239	张亚宣	建筑学
1240	太　阳	建筑学
1241	欧　飞	建筑学
1242	赵　军	土木工程
1243	孔祥羽	土木工程
1244	黄开繁	土木工程
1245	艾永江	土木工程
1246	卞　军	土木工程
1247	陈国强	土木工程
1248	陈　凯	土木工程
1249	陈雪琪	土木工程
1250	董天韵	土木工程
1251	高　森	土木工程
1252	洪　曼	土木工程
1253	黄灵宇	土木工程
1254	贾文文	土木工程
1255	江登峰	土木工程
1256	蒋苏童	土木工程
1257	荆文军	土木工程
1258	孔　杰	土木工程
1259	李　成	土木工程
1260	连金龙	土木工程
1261	梁　琳	土木工程
1262	刘　吉	土木工程

（续　表）

序号	姓名	专业名称
1263	刘　朋	土木工程
1264	刘　震	土木工程
1265	钮佳伟	土木工程
1266	谯旭东	土木工程
1267	任　政	土木工程
1268	施志俊	土木工程
1269	田永丁	土木工程
1270	汪新丽	土木工程
1271	王　凯	土木工程
1272	王　升	土木工程
1273	王文超	土木工程
1274	王　勇	土木工程
1275	魏一豪	土木工程
1276	习文霄	土木工程
1277	辛岩磊	土木工程
1278	徐奥麟	土木工程
1279	徐鹏辉	土木工程
1280	许嘉辉	土木工程
1281	薛　程	土木工程
1282	杨　敏	土木工程
1283	杨　涛	土木工程
1284	余道兴	土木工程
1285	臧建斌	土木工程
1286	张丽媛	土木工程
1287	张　梅	土木工程
1288	庄　宇	土木工程
1289	王文波	土木工程
1290	华　雷	土木工程
1291	丁惠敏	土木工程
1292	郭海峰	土木工程
1293	胡修秀	土木工程

(续　表)

序号	姓名	专业名称
1294	黎　杰	土木工程
1295	李桂杰	土木工程
1296	刘桐旭	土木工程
1297	莫　创	土木工程
1298	史典鹏	土木工程
1299	史泽清	土木工程
1300	许逸文	土木工程
1301	张鼎钧	土木工程
1302	左　强	土木工程
1303	刘兴旺	土木工程
1304	苏仁东	土木工程
1305	钱泽伦	土木工程
1306	陈永亮	土木工程
1307	张　璇	土木工程
1308	陈博文	土木工程
1309	李　超	土木工程
1310	赵长银	土木工程
1311	王玉斌	土木工程
1312	杨　毅	土木工程
1313	郑建超	土木工程
1314	冯超元	土木工程
1315	董　霄	土木工程
1316	李佳星	土木工程
1317	袁凌风	土木工程
1318	代　浩	土木工程
1319	黄　炼	土木工程
1320	李灿军	土木工程
1321	张　龙	土木工程
1322	顾栋辉	土木工程
1323	宋进辉	土木工程
1324	鲜　铖	土木工程

（续 表）

序号	姓名	专业名称
1325	王 成	土木工程
1326	陈思锜	土木工程
1327	张 璐	土木工程
1328	许 涛	土木工程
1329	森 马	土木工程
1330	波 尔	土木工程
1331	瑞 兹	土木工程
1332	艾 维	土木工程
1333	雅 德	土木工程
1334	和 穆	土木工程
1335	徐 磊	岩土工程
1336	董冬冬	岩土工程
1337	哈 斯	岩土工程
1338	侍军伟	岩土工程
1339	丁宇能	岩土工程
1340	刘 垚	岩土工程
1341	任伟伟	岩土工程
1342	张正甫	岩土工程
1343	赵 余	岩土工程
1344	周 遊	岩土工程
1345	方 浩	岩土工程
1346	唐昊陵	岩土工程
1347	江 磊	岩土工程
1348	陈 欢	岩土工程
1349	洪声望	市政工程
1350	葛春雷	市政工程
1351	姜忠帅	市政工程
1352	王宇翔	市政工程
1353	黄功俊	市政工程
1354	罗军芬	市政工程
1355	李秋红	市政工程

(续　表)

序号	姓名	专业名称
1356	闫春妮	市政工程
1357	汤红铃	供热、供燃气、通风及空调工程
1358	高俊炜	供热、供燃气、通风及空调工程
1359	胡火岩	供热、供燃气、通风及空调工程
1360	李亚楠	供热、供燃气、通风及空调工程
1361	倪瑜菲	供热、供燃气、通风及空调工程
1362	闫　奔	供热、供燃气、通风及空调工程
1363	谭雪艳	供热、供燃气、通风及空调工程
1364	颜　洁	供热、供燃气、通风及空调工程
1365	邹　阳	供热、供燃气、通风及空调工程
1366	宋晓东	桥梁与隧道工程
1367	陈若男	桥梁与隧道工程
1368	廖品博	桥梁与隧道工程
1369	高达文	桥梁与隧道工程
1370	郭赵元	桥梁与隧道工程
1371	李　聪	桥梁与隧道工程
1372	汪　勇	桥梁与隧道工程
1373	吴　炜	桥梁与隧道工程
1374	左永辉	桥梁与隧道工程
1375	高明天	桥梁与隧道工程
1376	陈倩茹	土木工程(土木工程建造与管理)
1377	李柄静	土木工程(土木工程建造与管理)
1378	李　洲	土木工程(土木工程建造与管理)
1379	邵颖洁	土木工程(土木工程建造与管理)
1380	谭　凤	土木工程(土木工程建造与管理)
1381	尹　航	土木工程(土木工程建造与管理)
1382	应洁心	土木工程(土木工程建造与管理)
1383	吴嘉昊	土木工程(土木工程建造与管理)
1384	夏　聘	土木工程(土木工程建造与管理)
1385	徐　敏	土木工程(土木工程建造与管理)
1386	李苏豪	土木工程(土木工程建造与管理)

（续 表）

序号	姓名	专业名称
1387	孔 庄	港口、海岸及近海工程
1388	李 锐	港口、海岸及近海工程
1389	王兆卫	港口、海岸及近海工程
1390	胡方秋	港口、海岸及近海工程
1391	韩理想	大地测量学与测量工程
1392	乔龙雷	大地测量学与测量工程
1393	陈永潮	大地测量学与测量工程
1394	夏晓明	大地测量学与测量工程
1395	迪达尔	大地测量学与测量工程
1396	申佩佩	摄影测量与遥感
1397	周铁凡	摄影测量与遥感
1398	杨弘越	地图制图学与地理信息工程
1399	姚惠云	地图制图学与地理信息工程
1400	杜 曼	化学工程与技术
1401	耿 怡	化学工程与技术
1402	黄 双	化学工程与技术
1403	康 旋	化学工程与技术
1404	周孖熹	化学工程与技术
1405	李 璟	化学工程与技术
1406	王 涛	化学工程与技术
1407	李 倩	化学工程与技术
1408	周 妍	化学工程与技术
1409	唐 辉	化学工程与技术
1410	刘宇涵	化学工程与技术
1411	张红星	化学工程与技术
1412	张 伟	化学工程与技术
1413	张雁红	化学工程与技术
1414	郑 雨	化学工程与技术
1415	李常辉	化学工程与技术
1416	陈樸豪	化学工程与技术
1417	孔志能	化学工程与技术

(续　表)

序号	姓名	专业名称
1418	毛辰钰	化学工程与技术
1419	王洪娇	化学工程与技术
1420	公程程	化学工程与技术
1421	刘　明	化学工程与技术
1422	诸　伟	化学工程与技术
1423	张明玉	化学工程与技术
1424	张月乔	化学工程与技术
1425	陈慧枫	化学工程与技术
1426	梁　婷	化学工程与技术
1427	张　雪	化学工程与技术
1428	黄倩倩	化学工程与技术
1429	郭明亮	化学工程与技术
1430	胡进忠	化学工程与技术
1431	刘景娜	化学工程与技术
1432	赵肖媛	化学工程与技术
1433	王甜甜	化学工程与技术
1434	谭联侨	化学工程与技术
1435	杨　斌	化学工程与技术
1436	杜文琦	化学工程与技术
1437	潘雯璐	化学工程与技术
1438	刘梅花	化学工程与技术
1439	许杭慧	化学工程与技术
1440	陈　帅	交通运输工程
1441	崔　凯	交通运输工程
1442	丁珣昊	交通运输工程
1443	张斯琦	交通运输工程
1444	马　羊	交通运输工程
1445	沈　静	道路与铁道工程
1446	刘　源	道路与铁道工程
1447	鲍剑勇	道路与铁道工程
1448	唐　皓	道路与铁道工程

（续　表）

序号	姓名	专业名称
1449	王草原	道路与铁道工程
1450	王　慧	道路与铁道工程
1451	吴江涛	道路与铁道工程
1452	闫天昊	道路与铁道工程
1453	王丽琛	道路与铁道工程
1454	陈　呈	道路与铁道工程
1455	丁　京	道路与铁道工程
1456	郭　鹏	道路与铁道工程
1457	何嘉晨	道路与铁道工程
1458	吉　星	道路与铁道工程
1459	李　攀	道路与铁道工程
1460	林　展	道路与铁道工程
1461	刘德煊	道路与铁道工程
1462	刘其东	道路与铁道工程
1463	潘尚启	道路与铁道工程
1464	苏永姬	道路与铁道工程
1465	王　萌	道路与铁道工程
1466	闫迎州	道路与铁道工程
1467	杨　洪	道路与铁道工程
1468	姚　晖	道路与铁道工程
1469	张翔飞	道路与铁道工程
1470	郑俊秋	道路与铁道工程
1471	周文章	道路与铁道工程
1472	陶　赞	道路与铁道工程
1473	刘宜庆	道路与铁道工程
1474	杜维时	道路与铁道工程
1475	付保明	交通信息工程及控制
1476	贾文文	交通信息工程及控制
1477	王　握	交通信息工程及控制
1478	王夏秋	交通信息工程及控制
1479	韩　靖	交通信息工程及控制

(续　表)

序号	姓名	专业名称
1480	韩　龙	交通信息工程及控制
1481	李　晔	交通信息工程及控制
1482	赵圣娜	交通信息工程及控制
1483	陶　涛	交通运输规划与管理
1484	李丹枫	交通运输规划与管理
1485	尹婷婷	交通运输规划与管理
1486	俞微薇	交通运输规划与管理
1487	崔　诚	交通运输规划与管理
1488	丁　剑	交通运输规划与管理
1489	韩　婧	交通运输规划与管理
1490	胡婷婷	交通运输规划与管理
1491	李胜利	交通运输规划与管理
1492	林　芬	交通运输规划与管理
1493	申　慧	交通运输规划与管理
1494	施　敏	交通运输规划与管理
1495	宋俊莹	交通运输规划与管理
1496	孙尚珏	交通运输规划与管理
1497	孙庭源	交通运输规划与管理
1498	杨　帆	交通运输规划与管理
1499	叶秋君	交通运输规划与管理
1500	张　倩	交通运输规划与管理
1501	张　引	交通运输规划与管理
1502	刁天逸	交通运输规划与管理
1503	丁　悦	交通运输规划与管理
1504	葛韩林	交通运输规划与管理
1505	贡　玮	交通运输规划与管理
1506	李中海	交通运输规划与管理
1507	王　斌	交通运输规划与管理
1508	邢淋丽	交通运输规划与管理
1509	于泳波	交通运输规划与管理
1510	余东豪	交通运输规划与管理

（续 表）

序号	姓名	专业名称
1511	宋宁宁	交通运输规划与管理
1512	周　洋	交通运输规划与管理
1513	范文豪	交通运输规划与管理
1514	胡鸿飞	载运工具运用工程
1515	王　玥	载运工具运用工程
1516	梁　隽	载运工具运用工程
1517	张　莹	载运工具运用工程
1518	田　伦	载运工具运用工程
1519	冯冬焕	载运工具运用工程
1520	李薛晓	环境科学与工程
1521	史雅娟	环境科学与工程
1522	修瑞瑞	环境科学与工程
1523	朱一闻	环境科学与工程
1524	江文静	环境科学与工程
1525	吕子婷	环境科学与工程
1526	冯静娴	环境科学与工程
1527	李　寒	环境科学与工程
1528	李　娟	环境科学与工程
1529	张诗文	环境科学与工程
1530	龙　珍	环境科学与工程
1531	吴义福	环境科学与工程
1532	何俊乐	环境科学与工程
1533	段会英	环境科学与工程
1534	尹贺贺	环境科学与工程
1535	李娟	环境科学与工程
1536	赵至坤	生物医学工程
1537	章元伟	生物医学工程
1538	王佩瑶	生物医学工程
1539	谷德健	生物医学工程
1540	韩善颍	生物医学工程
1541	孔向晖	生物医学工程

(续　表)

序号	姓名	专业名称
1542	林视达	生物医学工程
1543	聂秀玲	生物医学工程
1544	潘荣芳	生物医学工程
1545	王　超	生物医学工程
1546	魏　铭	生物医学工程
1547	薛梦颖	生物医学工程
1548	薛诗静	生物医学工程
1549	张文懿	生物医学工程
1550	左方明	生物医学工程
1551	刘　杰	生物医学工程
1552	李　辉	生物医学工程
1553	高晟凯	生物医学工程
1554	娄继琳	生物医学工程
1555	沈　涛	生物医学工程
1556	史冰杰	生物医学工程
1557	聂萌萌	生物医学工程
1558	张　玥	生物医学工程
1559	段　越	生物医学工程
1560	李　玮	生物医学工程
1561	张　峰	生物医学工程
1562	倪楷茗	生物医学工程
1563	王团团	生物医学工程
1564	王　影	生物医学工程
1565	许娇娇	生物医学工程
1566	翟景艳	生物医学工程
1567	刘雪帆	生物医学工程
1568	胡文桥	生物医学工程
1569	刘　硕	生物医学工程
1570	王明聪	生物医学工程
1571	缪月红	生物医学工程
1572	汪　慧	生物医学工程

（续　表）

序号	姓名	专业名称
1573	赵永芳	生物医学工程
1574	杨子杰	生物医学工程
1575	唐淑颖	生物医学工程
1576	吴华珍	生物医学工程
1577	张凤玲	生物医学工程
1578	郭刘洋	生物医学工程
1579	史旭莲	生物医学工程
1580	黄筱筱	生物医学工程
1581	王　钰	生物医学工程
1582	李　晟	生物医学工程
1583	鲁　娜	生物医学工程
1584	孟凡坤	生物医学工程
1585	孟泓旭	生物医学工程
1586	孙　翌	生物医学工程
1587	田　磊	生物医学工程
1588	王　鹏	生物医学工程
1589	陈中思	生物医学工程
1590	江　洋	生物医学工程
1591	王月成	生物医学工程
1592	徐乔舒	生物医学工程
1593	陈雷峰	生物医学工程
1594	谢宏梅	生物医学工程
1595	曾胜澜	生物医学工程
1596	开思琪	生物医学工程
1597	莫　丹	生物医学工程
1598	管　锐	生物医学工程
1599	李艳娜	生物医学工程
1600	谢　成	生物医学工程
1601	刘修贤	生物医学工程
1602	赵大地	生物医学工程
1603	陈　烁	生物医学工程

(续　表)

序号	姓名	专业名称
1604	白志雄	生物医学工程
1605	陈晓斌	生物医学工程
1606	王　侃	生物医学工程
1607	卞非卡	生物医学工程
1608	顾　涛	生物医学工程
1609	孙新晨	生物医学工程
1610	杨文韬	生物医学工程
1611	程福东	生物医学工程
1612	黄　宇	生物医学工程
1613	朱统晶	生物医学工程
1614	傅元元	生物医学工程
1615	李　强	生物医学工程(神经信息工程)
1616	刘金双	生物医学工程(神经信息工程)
1617	戴龙利	生物医学工程(神经信息工程)
1618	史艳华	生物医学工程(神经信息工程)
1619	李日成	生物医学工程(学习科学)
1620	陈盛火	生物医学工程(学习科学)
1621	赵仁山	生物医学工程(学习科学)
1622	陈珍珠	生物医学工程(学习科学)
1623	李　蕊	生物医学工程(学习科学)
1624	黄晶晶	生物医学工程(学习科学)
1625	张　晔	生物医学工程(学习科学)
1626	杨　杰	城乡规划学
1627	龙　迪	城乡规划学
1628	顾　惠	城乡规划学
1629	顾　萌	城乡规划学
1630	刘　佳	城乡规划学
1631	王玉琢	城乡规划学
1632	徐奕然	城乡规划学
1633	杨　兵	城乡规划学
1634	张涵昱	城乡规划学

（续　表）

序号	姓名	专业名称
1635	张万丽	城乡规划学
1636	曹　俊	城乡规划学
1637	顾　睿	城乡规划学
1638	李毓美	城乡规划学
1639	陆冰洋	城乡规划学
1640	王方亮	城乡规划学
1641	吴贝西	城乡规划学
1642	谢启旭	城乡规划学
1643	熊恩锐	城乡规划学
1644	袁　杰	城乡规划学
1645	朱怡然	城乡规划学
1646	黄甥柑	城乡规划学
1647	张丹蕾	城乡规划学
1648	代　鑫	城乡规划学
1649	姜　巍	风景园林学
1650	陆　熹	风景园林学
1651	周雪莲	风景园林学
1652	韩晓瑾	风景园林学
1653	侯书凯	风景园林学
1654	王馨璞	风景园林学
1655	杨丹枫	风景园林学
1656	安明晗	风景园林学
1657	韩宁宁	风景园林学
1658	张舒韬	软件工程
1659	黄　潇	软件工程
1660	陈　宇	软件工程
1661	余君涛	软件工程
1662	陆雨晴	软件工程
1663	徐飞飞	软件工程
1664	张陈鹏	软件工程
1665	李程超	软件工程

（续　表）

序号	姓名	专业名称
1666	李　文	设计学
1667	秦　嫣	设计学
1668	杨势赫	人体解剖与组织胚胎学
1669	马　洁	免疫学
1670	叶梦滢	免疫学
1671	张　融	免疫学
1672	李梦菲	病理学与病理生理学
1673	申　霞	病理学与病理生理学
1674	张晓毅	病理学与病理生理学
1675	黄雪云	病理学与病理生理学
1676	马罗奇	病理学与病理生理学
1677	瞿洋洋	内科学
1678	刘　亮	内科学
1679	刘　畅	内科学
1680	杨一琼	内科学
1681	温　泉	儿科学
1682	邢方岚	神经病学
1683	王梅蕾	神经病学
1684	梁金凤	精神病与精神卫生学
1685	董　杰	影像医学与核医学
1686	李田宽	影像医学与核医学
1687	虞文辉	影像医学与核医学
1688	冯英连	影像医学与核医学
1689	黄　雨	影像医学与核医学
1690	魏恒乐	影像医学与核医学
1691	戴百灵	影像医学与核医学
1692	张艳秋	影像医学与核医学
1693	丁德芹	影像医学与核医学
1694	李　琳	影像医学与核医学
1695	李俊超	影像医学与核医学
1696	赵峰峰	临床检验诊断学

（续　表）

序号	姓名	专业名称
1697	张昕桐	外科学
1698	鲁生林	外科学
1699	周包壹	外科学
1700	刘旭呈	外科学
1701	代广春	外科学
1702	韩　勖	外科学
1703	范丽丽	妇产科学
1704	郭　欣	妇产科学
1705	张　秀	肿瘤学
1706	熊　健	肿瘤学
1707	孙秀飞	麻醉学
1708	黄丽丽	急诊医学
1709	庄金强	急诊医学
1710	郑　易	急诊医学
1711	颜文娟	流行病与卫生统计学
1712	黄　灏	流行病与卫生统计学
1713	何杰宇	流行病与卫生统计学
1714	李　洋	流行病与卫生统计学
1715	邢　星	流行病与卫生统计学
1716	徐　敏	流行病与卫生统计学
1717	周　瑾	流行病与卫生统计学
1718	卡　西	流行病与卫生统计学
1719	简子海	劳动卫生与环境卫生学
1720	李仪楠	劳动卫生与环境卫生学
1721	张程程	劳动卫生与环境卫生学
1722	冯媛美	劳动卫生与环境卫生学
1723	申　娴	劳动卫生与环境卫生学
1724	徐余超	劳动卫生与环境卫生学
1725	陈晓伟	劳动卫生与环境卫生学
1726	姚文卓	劳动卫生与环境卫生学
1727	曹　萌	劳动卫生与环境卫生学

(续　表)

序号	姓名	专业名称
1728	卢晓晓	劳动卫生与环境卫生学
1729	何　颖	劳动卫生与环境卫生学
1730	李明月	劳动卫生与环境卫生学
1731	屈　满	劳动卫生与环境卫生学
1732	刘静静	营养与食品卫生学
1733	周　雨	营养与食品卫生学
1734	周亚盼	营养与食品卫生学
1735	吴　逸	营养与食品卫生学
1736	孙晋都	卫生毒理学
1737	陈若晹	中医内科学
1738	张晓田	药理学
1739	黄荣荣	药理学
1740	刘娅群	药理学
1741	张　扬	护理学
1742	苑随霞	护理学
1743	谢　磊	管理科学与工程
1744	白　洁	管理科学与工程
1745	陈琪慧	管理科学与工程
1746	陈振东	管理科学与工程
1747	邓丽珊	管理科学与工程
1748	董雅利	管理科学与工程
1749	冯　瑾	管理科学与工程
1750	冯敏杰	管理科学与工程
1751	李亚迪	管理科学与工程
1752	林　玮	管理科学与工程
1753	刘逸凡	管理科学与工程
1754	刘宇坤	管理科学与工程
1755	冉　然	管理科学与工程
1756	孙文捷	管理科学与工程
1757	王苗苗	管理科学与工程
1758	高　原	管理科学与工程

（续 表）

序号	姓名	专业名称
1759	阍超成	管理科学与工程
1760	仲　冉	管理科学与工程
1761	钱明伟	管理科学与工程
1762	孙劲松	管理科学与工程
1763	仝晓蕊	管理科学与工程
1764	何　洁	管理科学与工程
1765	赵超越	管理科学与工程
1766	杨爽爽	管理科学与工程
1767	陈光冲	管理科学与工程
1768	程震霞	管理科学与工程
1769	刘东威	管理科学与工程
1770	陆佳雯	管理科学与工程
1771	吕加伦	管理科学与工程
1772	史婉莹	管理科学与工程
1773	孙　成	管理科学与工程
1774	王　青	管理科学与工程
1775	王佑草	管理科学与工程
1776	王争争	管理科学与工程
1777	肖　斌	管理科学与工程
1778	姚云露	管理科学与工程
1779	钱萍萍	管理科学与工程
1780	徐晶晶	管理科学与工程
1781	赵飞祥	管理科学与工程
1782	史君超	管理科学与工程
1783	徐　力	管理科学与工程
1784	扈维浩	管理科学与工程
1785	仲斯明	管理科学与工程
1786	杨　玉	管理科学与工程
1787	吴凯伦	管理科学与工程
1788	黄姣姣	管理科学与工程
1789	钱立炜	管理科学与工程

(续　表)

序号	姓名	专业名称
1790	徐　丹	管理科学与工程
1791	季　晶	管理科学与工程
1792	戚孝娣	管理科学与工程
1793	钱强飞	管理科学与工程
1794	吴文玥	管理科学与工程
1795	周　勇	管理科学与工程
1796	王　璜	管理科学与工程
1797	初　骁	管理科学与工程
1798	贺玉慧	管理科学与工程
1799	刘梦颖	管理科学与工程
1800	王　为	管理科学与工程
1801	吕思杰	管理科学与工程
1802	萨　拉	管理科学与工程
1803	周圣华	管理科学与工程
1804	蔡佳丽	会计学
1805	陈颖超	会计学
1806	程　畅	会计学
1807	邓　玲	会计学
1808	董　瑶	会计学
1809	董　颖	会计学
1810	苏　歆	会计学
1811	王一云	会计学
1812	吴晓茹	会计学
1813	许　颖	会计学
1814	李玉洁	会计学
1815	杨　楠	会计学
1816	张森森	会计学
1817	戴晶晶	企业管理
1818	付正茂	企业管理
1819	吕沁文	企业管理
1820	王　琴	企业管理

（续　表）

序号	姓名	专业名称
1821	徐西莹	企业管理
1822	许　烁	企业管理
1823	杨　琴	企业管理
1824	叶　馨	企业管理
1825	周冰莲	企业管理
1826	朱姗姗	企业管理
1827	訾艳茹	企业管理
1828	杜　瑾	企业管理
1829	王林浩	企业管理
1830	王绪会	企业管理
1831	张　锦	企业管理
1832	张　新	企业管理
1833	毕文明	企业管理
1834	邱　悦	旅游管理
1835	叶芳芳	旅游管理
1836	郑　茗	旅游管理
1837	周逗逗	旅游管理
1838	付蕙竹	旅游管理
1839	卓　兰	旅游管理
1840	于琛琛	旅游管理
1841	阮明玉	旅游管理
1842	俞　晴	技术经济及管理
1843	王新澄	技术经济及管理
1844	唐蔡立	技术经济及管理
1845	徐丽娜	技术经济及管理
1846	付　林	公共管理
1847	黄淑敏	行政管理
1848	李　优	行政管理
1849	范才营	行政管理
1850	曹婷婷	行政管理
1851	戴云珍	行政管理

(续　表)

序号	姓名	专业名称
1852	朱婷婷	行政管理
1853	庄　健	行政管理
1854	邱晓月	行政管理
1855	程荣波	行政管理
1856	王慧慧	行政管理
1857	穆振娟	行政管理
1858	陈　畅	社会保障
1859	徐春雨	社会保障
1860	余有任	社会保障
1861	段明妍	社会保障
1862	刘　禄	图书情报与档案管理
1863	戴　燕	图书情报与档案管理
1864	孙维佳	图书情报与档案管理
1865	张凌寒	图书情报与档案管理
1866	陈明星	图书情报与档案管理
1867	周　洲	艺术学理论
1868	胡馨菱	艺术学理论
1869	兰永贵	艺术学理论
1870	沈　婷	艺术学理论
1871	童　彤	艺术学理论
1872	王　萱	艺术学理论
1873	张骋杰	艺术学理论
1874	张怡可	艺术学理论
1875	诸钰祺	艺术学理论
1876	华　丽	艺术学理论
1877	刘小捷	艺术学理论
1878	张静静	艺术学理论
1879	徐　玲	艺术学理论
1880	程萌汝	艺术学理论
1881	刘竞阳	艺术学理论
1882	余露璐	艺术学理论

（续 表）

序号	姓名	专业名称
1883	陈颖洁	美术学
1884	徐沐阳	美术学
1885	陈伟卓	美术学
1886	储 芃	美术学
1887	贾 茹	美术学
1888	雷 雨	美术学
1889	徐 堑	美术学
1890	李 桢	美术学
1891	张乃中	美术学
1892	宣洋洋	美术学
1893	邹青宸	美术学
1894	张军营	美术学
1895	程燕青	设计学
1896	刘 燕	设计学
1897	孙 梦	设计学
1898	张 嘉	设计学
1899	章砚文	设计学
1900	黄赫曦	设计学
1901	庄 青	设计学
1902	徐 晨	设计学
1903	张 裕	设计学
1904	熊 云	设计学
1905	李小君	设计学
1906	许俪丹	设计学
1907	贾艳星	设计学
1908	张 思	设计学

二、非学历硕士研究生(共 29 人)

序号	姓名	专业名称
1	张小兵	内科学
2	张　齐	内科学
3	石秀艳	内科学
4	陈　艳	内科学
5	张　玮	内科学
6	秦　艳	儿科学
7	潘东英	影像医学与核医学
8	李保红	影像医学与核医学
9	唐彩银	影像医学与核医学
10	王　勇	影像医学与核医学
11	王　帆	影像医学与核医学
12	陈小伟	临床检验诊断学
13	潘红英	外科学
14	蒋东方	外科学
15	金　鑫	外科学
16	蒋　霖	外科学
17	林倩倩	妇产科学
18	郦培昕	妇产科学
19	吴凯华	妇产科学
20	顾美芹	妇产科学
21	张爱华	妇产科学
22	汤　如	眼科学
23	董莉莉	眼科学
24	臧　晔	肿瘤学
25	陈燕平	肿瘤学
26	陈　荣	麻醉学
27	王　佳	麻醉学
28	尹卓伟	急诊医学
29	张　明	急诊医学

2017 年专业型硕士学位授予名单

一、学历硕士研究生(共 1744 人)

序号	姓名	专业名称
1	陈羽南	金融硕士
2	戴巍巍	金融硕士
3	黄燕子	金融硕士
4	林　艳	金融硕士
5	刘欢欢	金融硕士
6	潘　晴	金融硕士
7	许佳馨	金融硕士
8	叶佩蕊	金融硕士
9	张　霓	金融硕士
10	柴　倩	金融硕士
11	李　栋	金融硕士
12	王晓宇	金融硕士
13	胡郭瑶	金融硕士
14	王　凯	金融硕士
15	唐　静	金融硕士
16	陈　茜	金融硕士
17	严　露	金融硕士
18	葛思燕	应用统计硕士
19	刘昌易	应用统计硕士
20	吴　丹	应用统计硕士
21	杨　叶	应用统计硕士
22	张　聪	应用统计硕士
23	崔文凤	应用统计硕士
24	王淑怡	应用统计硕士
25	李玉芳	应用统计硕士
26	卢　珊	应用统计硕士
27	潘　进	应用统计硕士
28	梁修玉	国际商务硕士

(续　表)

序号	姓名	专业名称
29	杨　捷	国际商务硕士
30	张洲译	国际商务硕士
31	吴嘉贤	国际商务硕士
32	徐运周	国际商务硕士
33	邱　磊	国际商务硕士
34	殷　越	国际商务硕士
35	陈　洁	国际商务硕士
36	李圣杰	国际商务硕士
37	张　爽	国际商务硕士
38	熊金月	国际商务硕士
39	吴　越	国际商务硕士
40	徐硕正	国际商务硕士
41	朱安琪	国际商务硕士
42	王燕君	国际商务硕士
43	张清风	国际商务硕士
44	左亚蒙	国际商务硕士
45	胡冬燕	国际商务硕士
46	刘嘉伟	国际商务硕士
47	沈　颖	国际商务硕士
48	于　左	国际商务硕士
49	王兴元	国际商务硕士
50	蒋　政	国际商务硕士
51	陈　苏	国际商务硕士
52	姜　楠	国际商务硕士
53	金　钰	国际商务硕士
54	丁　希	国际商务硕士
55	倪　媛	国际商务硕士
56	康倩琪	国际商务硕士
57	钱冰晶	国际商务硕士
58	戚艺梅	国际商务硕士
59	姚明月	国际商务硕士

（续　表）

序号	姓名	专业名称
60	许日时	国际商务硕士
61	郭　银	国际商务硕士
62	钱伟强	国际商务硕士
63	姜　娇	国际商务硕士
64	杨美群	国际商务硕士
65	王国栋	国际商务硕士
66	庞禹君	国际商务硕士
67	熊　敏	国际商务硕士
68	赵　壮	国际商务硕士
69	胡超君	国际商务硕士
70	许恒川	国际商务硕士
71	顾　昊	资产评估硕士
72	和　兰	资产评估硕士
73	胡秋菊	资产评估硕士
74	邱　夏	资产评估硕士
75	盛　艳	资产评估硕士
76	周红艳	资产评估硕士
77	金　慧	资产评估硕士
78	郝　爽	资产评估硕士
79	赵　娜	法律硕士(非法学)
80	戴芷宣	法律硕士(非法学)
81	赖僖敏	法律硕士(非法学)
82	刘晓静	法律硕士(非法学)
83	马　元	法律硕士(非法学)
84	史莹雯	法律硕士(非法学)
85	仲夏洁	法律硕士(非法学)
86	周　雅	法律硕士(非法学)
87	朱行健	法律硕士(非法学)
88	蒋　捷	法律硕士(非法学)
89	钱家元	法律硕士(非法学)
90	芮　颖	法律硕士(非法学)

(续　表)

序号	姓名	专业名称
91	张　楠	法律硕士(非法学)
92	张容溶	法律硕士(非法学)
93	吴丽娟	法律硕士(非法学)
94	李　敏	法律硕士(非法学)
95	杨小青	法律硕士(非法学)
96	周宇昕	法律硕士(非法学)
97	陶　沙	法律硕士(非法学)
98	丁　扬	法律硕士(非法学)
99	陆　蕊	法律硕士(非法学)
100	杨　洁	法律硕士(非法学)
101	邹明佳	法律硕士(非法学)
102	陈露露	法律硕士(非法学)
103	王　榕	法律硕士(非法学)
104	徐阿会	法律硕士(非法学)
105	谢玉杰	法律硕士(非法学)
106	王　璇	法律硕士(非法学)
107	闫　东	法律硕士(非法学)
108	王也仆	法律硕士(非法学)
109	李胜岚	法律硕士(法学)
110	曹　莉	法律硕士(法学)
111	李庆伟	法律硕士(法学)
112	常春春	法律硕士(法学)
113	张宇茹	法律硕士(法学)
114	陈迪颖	法律硕士(法学)
115	姜　璐	法律硕士(法学)
116	唐　博	法律硕士(法学)
117	张　帅	法律硕士(法学)
118	朱　彬	法律硕士(法学)
119	宗安琪	法律硕士(法学)
120	胡冰冰	法律硕士(法学)
121	陆　叶	法律硕士(法学)

（续　表）

序号	姓名	专业名称
122	牛芳芳	法律硕士(法学)
123	刘肇旺	法律硕士(法学)
124	罗　娜	法律硕士(法学)
125	郝　静	法律硕士(法学)
126	殷　禹	法律硕士(法学)
127	孙　宁	法律硕士(法学)
128	顾志君	法律硕士(法学)
129	周　静	法律硕士(法学)
130	王雅丽	法律硕士(法学)
131	郑　超	法律硕士(法学)
132	马翠梅	法律硕士(法学)
133	程佰健	应用心理硕士
134	沈　晟	应用心理硕士
135	葛丹丹	应用心理硕士
136	王彩云	应用心理硕士
137	陆征环	翻译硕士(英语笔译)
138	罗雪莹	翻译硕士(英语笔译)
139	尹晶美	翻译硕士(英语笔译)
140	赵晶晶	翻译硕士(英语笔译)
141	黄丹丹	翻译硕士(英语笔译)
142	陈　晨	翻译硕士(英语笔译)
143	张静宇	翻译硕士(英语笔译)
144	江琳琳	翻译硕士(英语笔译)
145	孙　瑜	翻译硕士(英语笔译)
146	杨　欢	翻译硕士(英语笔译)
147	翟青青	翻译硕士(英语笔译)
148	张　卉	翻译硕士(英语笔译)
149	熊　思	翻译硕士(英语笔译)
150	徐帝休	翻译硕士(英语笔译)
151	刘佳娣	翻译硕士(英语笔译)
152	沈万莉	翻译硕士(英语笔译)

(续　表)

序号	姓名	专业名称
153	王雨豪	翻译硕士(英语笔译)
154	陈宇娟	翻译硕士(英语笔译)
155	李　翔	翻译硕士(英语笔译)
156	刘　梦	翻译硕士(英语笔译)
157	江　政	翻译硕士(英语笔译)
158	袁梦瑢	翻译硕士(英语笔译)
159	潘　霞	翻译硕士(英语笔译)
160	王长浩	翻译硕士(英语笔译)
161	袁金明	翻译硕士(英语笔译)
162	陈晶晶	翻译硕士(英语笔译)
163	周　婕	翻译硕士(英语笔译)
164	黄培鑫	翻译硕士(英语笔译)
165	刘　超	翻译硕士(英语笔译)
166	曾小寒	翻译硕士(英语笔译)
167	张明琪	翻译硕士(英语笔译)
168	朱鹏程	建筑学硕士
169	乔莺帆	建筑学硕士
170	王　洲	建筑学硕士
171	白宇泓	建筑学硕士
172	董奕彤	建筑学硕士
173	高　楠	建筑学硕士
174	郭梓峰	建筑学硕士
175	姜　爽	建筑学硕士
176	李莹韩	建筑学硕士
177	刘静萍	建筑学硕士
178	吕　彬	建筑学硕士
179	马丹红	建筑学硕士
180	阮若辰	建筑学硕士
181	汤晓骏	建筑学硕士
182	王　瑶	建筑学硕士
183	杨路遥	建筑学硕士

（续 表）

序号	姓名	专业名称
184	张　莹	建筑学硕士
185	赵芸婷	建筑学硕士
186	安　帅	建筑学硕士
187	陈信自	建筑学硕士
188	方冬清	建筑学硕士
189	郭一鸣	建筑学硕士
190	胡小雨	建筑学硕士
191	胡逸飞	建筑学硕士
192	胡志超	建筑学硕士
193	姜方昕	建筑学硕士
194	李家翔	建筑学硕士
195	刘怡宁	建筑学硕士
196	齐文举	建筑学硕士
197	宋文颖	建筑学硕士
198	孙　璐	建筑学硕士
199	殷　玥	建筑学硕士
200	袁成龙	建筑学硕士
201	张苇弦	建筑学硕士
202	张祎玮	建筑学硕士
203	朱思洁	建筑学硕士
204	黄里达	建筑学硕士
205	伍伟侨	建筑学硕士
206	陈韬鹏	建筑学硕士
207	施鹏骅	建筑学硕士
208	史　越	建筑学硕士
209	张静宇	建筑学硕士
210	乔培森	建筑学硕士
211	黎德圆	建筑学硕士
212	顾婷婷	建筑学硕士
213	管盈盈	建筑学硕士
214	黄斐汐	建筑学硕士

(续　表)

序号	姓名	专业名称
215	刘奕秋	建筑学硕士
216	刘兆龙	建筑学硕士
217	马　迅	建筑学硕士
218	肖严航	建筑学硕士
219	王文娟	建筑学硕士
220	阚吉莉	建筑学硕士
221	王舒婷	建筑学硕士
222	王　悦	建筑学硕士
223	王正驰	建筑学硕士
224	张一波	建筑学硕士
225	陈易骞	建筑学硕士
226	单　文	建筑学硕士
227	丁中杉	建筑学硕士
228	孔亦明	建筑学硕士
229	李佳佳	建筑学硕士
230	李艳霞	建筑学硕士
231	李珍珍	建筑学硕士
232	刘耀坤	建筑学硕士
233	孟　阳	建筑学硕士
234	潘俊宇	建筑学硕士
235	钱　坤	建筑学硕士
236	吴龙杰	建筑学硕士
237	严　羽	建筑学硕士
238	张军军	建筑学硕士
239	周艺晶	建筑学硕士
240	曹天骥	建筑学硕士
241	许之鑫	建筑学硕士
242	曹　玥	建筑学硕士
243	张良钰	建筑学硕士
244	石绍聪	建筑学硕士
245	邢俊超	建筑学硕士

（续　表）

序号	姓名	专业名称
246	关慧姗	建筑学硕士
247	张　鹤	建筑学硕士
248	肖华杰	建筑学硕士
249	冯　捷	建筑学硕士
250	欧阳楠	建筑学硕士
251	王　斌	机械工程(专业学位)
252	何秋熟	工程硕士(机械工程)
253	琚安建	工程硕士(机械工程)
254	刘金肖	工程硕士(机械工程)
255	邵灵芝	工程硕士(机械工程)
256	史志娜	工程硕士(机械工程)
257	汤继善	工程硕士(机械工程)
258	王　虎	工程硕士(机械工程)
259	杨冬萍	工程硕士(机械工程)
260	姚智骞	工程硕士(机械工程)
261	张　欢	工程硕士(机械工程)
262	陈章誉	工程硕士(机械工程)
263	叶　治	工程硕士(机械工程)
264	刘东升	工程硕士(机械工程)
265	汪瑞杰	工程硕士(机械工程)
266	刘世亮	工程硕士(机械工程)
267	孙婷婷	工程硕士(机械工程)
268	王晓明	工程硕士(机械工程)
269	徐　辉	工程硕士(机械工程)
270	杨晨光	工程硕士(机械工程)
271	杨　琦	工程硕士(机械工程)
272	袁宏洲	工程硕士(机械工程)
273	周　奕	工程硕士(机械工程)
274	范　慧	工程硕士(机械工程)
275	李鹏程	工程硕士(机械工程)
276	黄　兴	工程硕士(机械工程)

(续　表)

序号	姓名	专业名称
277	郜　敏	工程硕士(机械工程)
278	杨　辉	工程硕士(机械工程)
279	胡慧远	工程硕士(机械工程)
280	张枭啸	工程硕士(机械工程)
281	黄　漪	工程硕士(机械工程)
282	徐兆飞	工程硕士(机械工程)
283	沈德阳	工程硕士(机械工程)
284	尹德军	工程硕士(机械工程)
285	张定亮	工程硕士(机械工程)
286	郑　磊	工程硕士(机械工程)
287	韩祝文	工程硕士(机械工程)
288	李庆典	工程硕士(机械工程)
289	邱龙华	工程硕士(机械工程)
290	彭泽清	工程硕士(机械工程)
291	颜竞峰	工程硕士(机械工程)
292	李天天	工程硕士(机械工程)
293	高　超	工程硕士(机械工程)
294	刘正全	工程硕士(机械工程)
295	楚孔德	工程硕士(机械工程)
296	张增雷	工程硕士(机械工程)
297	张　兵	工程硕士(机械工程)
298	李　杰	工程硕士(机械工程)
299	杨飞飞	工程硕士(机械工程)
300	秦运红	工程硕士(机械工程)
301	陈　鹏	工程硕士(机械工程)
302	杨　颖	工程硕士(机械工程)
303	柴　青	工程硕士(机械工程)
304	尹天伦	工程硕士(仪器仪表工程)
305	滕　达	工程硕士(仪器仪表工程)
306	徐美娇	工程硕士(仪器仪表工程)
307	荀晓芳	工程硕士(仪器仪表工程)

（续　表）

序号	姓名	专业名称
308	许叶红	工程硕士(仪器仪表工程)
309	张　强	工程硕士(仪器仪表工程)
310	冀乔伟	工程硕士(仪器仪表工程)
311	李晨晓	工程硕士(仪器仪表工程)
312	陈　柯	工程硕士(仪器仪表工程)
313	陆晗秀	工程硕士(仪器仪表工程)
314	丁　晗	工程硕士(仪器仪表工程)
315	龚　逸	工程硕士(仪器仪表工程)
316	张　婷	工程硕士(仪器仪表工程)
317	郑楚婷	工程硕士(仪器仪表工程)
318	叶百桉	工程硕士(仪器仪表工程)
319	宋子墨	工程硕士(仪器仪表工程)
320	张　平	工程硕士(仪器仪表工程)
321	胡　迪	工程硕士(仪器仪表工程)
322	胡　静	工程硕士(仪器仪表工程)
323	蒋晨瑶	工程硕士(仪器仪表工程)
324	李　娜	工程硕士(仪器仪表工程)
325	卢思祺	工程硕士(仪器仪表工程)
326	庞大军	工程硕士(仪器仪表工程)
327	冯家政	工程硕士(仪器仪表工程)
328	王　阳	工程硕士(仪器仪表工程)
329	邵　悦	工程硕士(仪器仪表工程)
330	胡贺庆	工程硕士(仪器仪表工程)
331	邵志远	工程硕士(仪器仪表工程)
332	赵昌森	工程硕士(仪器仪表工程)
333	康信文	工程硕士(仪器仪表工程)
334	任　阳	工程硕士(仪器仪表工程)
335	刘心雨	工程硕士(仪器仪表工程)
336	王　兵	工程硕士(仪器仪表工程)
337	刘　玲	工程硕士(仪器仪表工程)
338	徐道鸿	工程硕士(仪器仪表工程)

(续　表)

序号	姓名	专业名称
339	姚艳虹	工程硕士(仪器仪表工程)
340	余　乐	工程硕士(仪器仪表工程)
341	章　翔	工程硕士(材料工程)
342	冯子荥	工程硕士(材料工程)
343	洪　斌	工程硕士(材料工程)
344	谭　曦	工程硕士(材料工程)
345	王小武	工程硕士(材料工程)
346	张　浩	工程硕士(材料工程)
347	黄　冉	工程硕士(材料工程)
348	张　静	工程硕士(材料工程)
349	陆文敏	工程硕士(材料工程)
350	陈瑾梅	工程硕士(材料工程)
351	李　阳	工程硕士(材料工程)
352	潘盛佳	工程硕士(材料工程)
353	沈　杰	工程硕士(材料工程)
354	王舒涛	工程硕士(材料工程)
355	吴　杰	工程硕士(材料工程)
356	刁艳利	工程硕士(材料工程)
357	耿然然	工程硕士(材料工程)
358	葛　创	工程硕士(材料工程)
359	沈园方	工程硕士(材料工程)
360	窦　瑞	工程硕士(材料工程)
361	马　彪	工程硕士(材料工程)
362	屠富强	工程硕士(材料工程)
363	江红兵	工程硕士(材料工程)
364	陆　正	工程硕士(材料工程)
365	马秋阁	工程硕士(材料工程)
366	徐自强	工程硕士(材料工程)
367	杨亚男	工程硕士(材料工程)
368	张文文	工程硕士(材料工程)
369	孙文培	工程硕士(材料工程)

（续　表）

序号	姓名	专业名称
370	熊　羽	工程硕士(材料工程)
371	吴　迪	工程硕士(材料工程)
372	李晨俊	工程硕士(材料工程)
373	邵　海	工程硕士(材料工程)
374	王同堂	工程硕士(材料工程)
375	赵　莉	工程硕士(材料工程)
376	艾果果	工程硕士(材料工程)
377	姜浩雯	工程硕士(材料工程)
378	薛　娟	工程硕士(材料工程)
379	张可升	工程硕士(材料工程)
380	欧阳立来	工程硕士(材料工程)
381	李　根	工程硕士(材料工程)
382	周　帆	工程硕士(动力工程)
383	胡敬阔	工程硕士(动力工程)
384	陆佳佳	工程硕士(动力工程)
385	孟凡冉	工程硕士(动力工程)
386	谢海立	工程硕士(动力工程)
387	张灿强	工程硕士(动力工程)
388	杨宏伟	工程硕士(动力工程)
389	任建新	工程硕士(动力工程)
390	张天琦	工程硕士(动力工程)
391	刘　骏	工程硕士(动力工程)
392	宋　涛	工程硕士(动力工程)
393	郎　扬	工程硕士(动力工程)
394	汪青青	工程硕士(动力工程)
395	颜　云	工程硕士(动力工程)
396	张　敏	工程硕士(动力工程)
397	刘娜娜	工程硕士(动力工程)
398	张岚清	工程硕士(动力工程)
399	徐　杰	工程硕士(动力工程)
400	王祥图	工程硕士(动力工程)

(续　表)

序号	姓名	专业名称
401	江子箫	工程硕士(动力工程)
402	汪步斌	工程硕士(动力工程)
403	钱阳志	工程硕士(动力工程)
404	田月臣	工程硕士(动力工程)
405	刘飞明	工程硕士(动力工程)
406	董亚明	工程硕士(动力工程)
407	许　超	工程硕士(动力工程)
408	张绿野	工程硕士(动力工程)
409	张　琪	工程硕士(动力工程)
410	程禾尧	工程硕士(动力工程)
411	李付贵	工程硕士(动力工程)
412	王丽霞	工程硕士(动力工程)
413	朱　静	工程硕士(动力工程)
414	付翰升	工程硕士(动力工程)
415	江哲帆	工程硕士(动力工程)
416	姚旭东	工程硕士(动力工程)
417	赵　越	工程硕士(动力工程)
418	王晨平	工程硕士(动力工程)
419	王　超	工程硕士(动力工程)
420	闫　雷	工程硕士(动力工程)
421	李晚涛	工程硕士(动力工程)
422	芮嘉敏	工程硕士(动力工程)
423	丁卫科	工程硕士(动力工程)
424	蔡婷婷	工程硕士(电气工程)
425	刘博辰	工程硕士(电气工程)
426	卢思瑶	工程硕士(电气工程)
427	骆仁松	工程硕士(电气工程)
428	倪春花	工程硕士(电气工程)
429	彭　冲	工程硕士(电气工程)
430	孙玲玲	工程硕士(电气工程)
431	孙　帅	工程硕士(电气工程)

（续　表）

序号	姓名	专业名称
432	孙　韬	工程硕士(电气工程)
433	王家兵	工程硕士(电气工程)
434	伍宇翔	工程硕士(电气工程)
435	徐敏姣	工程硕士(电气工程)
436	杨　健	工程硕士(电气工程)
437	仲宙宇	工程硕士(电气工程)
438	孔　林	工程硕士(电气工程)
439	李永昆	工程硕士(电气工程)
440	徐志翔	工程硕士(电气工程)
441	杨　明	工程硕士(电气工程)
442	陈国宇	工程硕士(电气工程)
443	戴德嵩	工程硕士(电气工程)
444	符　旺	工程硕士(电气工程)
445	顾彬仕	工程硕士(电气工程)
446	管永丽	工程硕士(电气工程)
447	何旭鹏	工程硕士(电气工程)
448	刘　越	工程硕士(电气工程)
449	卢大川	工程硕士(电气工程)
450	万杰枫	工程硕士(电气工程)
451	王　森	工程硕士(电气工程)
452	吴健超	工程硕士(电气工程)
453	吴　枭	工程硕士(电气工程)
454	许　欢	工程硕士(电气工程)
455	杨　杰	工程硕士(电气工程)
456	姚　顺	工程硕士(电气工程)
457	赵国栋	工程硕士(电气工程)
458	李臣学	工程硕士(电气工程)
459	徐　迅	工程硕士(电气工程)
460	潘志翔	工程硕士(电气工程)
461	涂　旺	工程硕士(电气工程)
462	赵雪浩	工程硕士(电气工程)

(续　表)

序号	姓名	专业名称
463	肖　鹏	工程硕士(电气工程)
464	黄冠灵	工程硕士(电气工程)
465	王阳英夫	工程硕士(电气工程)
466	张　森	工程硕士(电气工程)
467	邓　璐	工程硕士(电气工程)
468	丁　超	工程硕士(电气工程)
469	史乐乐	工程硕士(电气工程)
470	杨文兵	工程硕士(电气工程)
471	程　帆	工程硕士(电气工程)
472	朱　栋	工程硕士(电气工程)
473	李忠坤	工程硕士(电气工程)
474	申　振	工程硕士(电气工程)
475	窦建青	工程硕士(电子与通信工程)
476	顾立新	工程硕士(电子与通信工程)
477	海　坤	工程硕士(电子与通信工程)
478	韩晓青	工程硕士(电子与通信工程)
479	焦晶晶	工程硕士(电子与通信工程)
480	田　蔓	工程硕士(电子与通信工程)
481	袁　鸣	工程硕士(电子与通信工程)
482	祝慧颖	工程硕士(电子与通信工程)
483	张　宁	工程硕士(电子与通信工程)
484	纪小展	工程硕士(电子与通信工程)
485	张佳乐	工程硕士(电子与通信工程)
486	唐　圆	工程硕士(电子与通信工程)
487	吴雪蕉	工程硕士(电子与通信工程)
488	毕明勇	工程硕士(电子与通信工程)
489	陈笑雷	工程硕士(电子与通信工程)
490	郭菁睿	工程硕士(电子与通信工程)
491	郭智明	工程硕士(电子与通信工程)
492	刘永畅	工程硕士(电子与通信工程)
493	潘晓青	工程硕士(电子与通信工程)

（续 表）

序号	姓名	专业名称
494	浦 江	工程硕士(电子与通信工程)
495	王 佳	工程硕士(电子与通信工程)
496	王 群	工程硕士(电子与通信工程)
497	吴明战	工程硕士(电子与通信工程)
498	吴细老	工程硕士(电子与通信工程)
499	谢良占	工程硕士(电子与通信工程)
500	姚 卉	工程硕士(电子与通信工程)
501	张小宝	工程硕士(电子与通信工程)
502	赵杰裔	工程硕士(电子与通信工程)
503	郑伊翎	工程硕士(电子与通信工程)
504	王潍潍	工程硕士(电子与通信工程)
505	周 雅	工程硕士(电子与通信工程)
506	王 勋	工程硕士(电子与通信工程)
507	李余民	工程硕士(电子与通信工程)
508	王蔚然	工程硕士(电子与通信工程)
509	李 鹏	工程硕士(电子与通信工程)
510	肖果平	工程硕士(电子与通信工程)
511	郑健海	工程硕士(电子与通信工程)
512	陈铁康	工程硕士(电子与通信工程)
513	吴俊文	工程硕士(电子与通信工程)
514	江亚东	工程硕士(电子与通信工程)
515	陈 帆	工程硕士(电子与通信工程)
516	张祝平	工程硕士(电子与通信工程)
517	郑黎丽	工程硕士(电子与通信工程)
518	刘 川	工程硕士(电子与通信工程)
519	韩冠男	工程硕士(电子与通信工程)
520	魏谨谦	工程硕士(电子与通信工程)
521	侯福宇	工程硕士(电子与通信工程)
522	刘家祥	工程硕士(电子与通信工程)
523	王传双	工程硕士(电子与通信工程)
524	王自成	工程硕士(电子与通信工程)

(续　表)

序号	姓名	专业名称
525	姚　璇	工程硕士(电子与通信工程)
526	陈　皞	工程硕士(电子与通信工程)
527	程茹洁	工程硕士(电子与通信工程)
528	沈佳佳	工程硕士(电子与通信工程)
529	王双军	工程硕士(电子与通信工程)
530	薛春林	工程硕士(电子与通信工程)
531	曹欢欢	工程硕士(电子与通信工程)
532	耿鸿飞	工程硕士(电子与通信工程)
533	杜亚文	工程硕士(电子与通信工程)
534	韩紫健	工程硕士(电子与通信工程)
535	李宇洁	工程硕士(电子与通信工程)
536	刘　耘	工程硕士(电子与通信工程)
537	皮　慧	工程硕士(电子与通信工程)
538	王玉琼	工程硕士(电子与通信工程)
539	张佩云	工程硕士(电子与通信工程)
540	朱　勇	工程硕士(电子与通信工程)
541	张希龙	工程硕士(电子与通信工程)
542	刘成宇	工程硕士(电子与通信工程)
543	陈　晟	工程硕士(电子与通信工程)
544	董　赛	工程硕士(电子与通信工程)
545	李治本	工程硕士(电子与通信工程)
546	耿　浩	工程硕士(电子与通信工程)
547	李文华	工程硕士(电子与通信工程)
548	王明双	工程硕士(电子与通信工程)
549	朱雪金	工程硕士(电子与通信工程)
550	钱泽虹	工程硕士(电子与通信工程)
551	张　磊	工程硕士(电子与通信工程)
552	张天阳	工程硕士(电子与通信工程)
553	陈　阳	工程硕士(电子与通信工程)
554	刘　军	工程硕士(电子与通信工程)
555	尹　杰	工程硕士(电子与通信工程)

（续 表）

序号	姓名	专业名称
556	朱 仟	工程硕士(电子与通信工程)
557	汪 志	工程硕士(电子与通信工程)
558	韩碧秋	工程硕士(电子与通信工程)
559	刘继龙	工程硕士(电子与通信工程)
560	陆从乐	工程硕士(电子与通信工程)
561	王国龙	工程硕士(电子与通信工程)
562	王 杰	工程硕士(电子与通信工程)
563	吴天一	工程硕士(电子与通信工程)
564	曾 昕	工程硕士(电子与通信工程)
565	李博文	工程硕士(电子与通信工程)
566	秦 旭	工程硕士(电子与通信工程)
567	沈亚飞	工程硕士(电子与通信工程)
568	宋 超	工程硕士(电子与通信工程)
569	王天奇	工程硕士(电子与通信工程)
570	张 珂	工程硕士(电子与通信工程)
571	陈 浩	工程硕士(电子与通信工程)
572	戴 然	工程硕士(电子与通信工程)
573	黄尔平	工程硕士(电子与通信工程)
574	孙 瑶	工程硕士(电子与通信工程)
575	郁俊伟	工程硕士(电子与通信工程)
576	赵晓明	工程硕士(电子与通信工程)
577	郑 超	工程硕士(电子与通信工程)
578	祖俊婕	工程硕士(电子与通信工程)
579	高孟川	工程硕士(电子与通信工程)
580	宋灵建	工程硕士(电子与通信工程)
581	章凌俊	工程硕士(电子与通信工程)
582	林宗伟	工程硕士(电子与通信工程)
583	苏田歌	工程硕士(电子与通信工程)
584	叶相锟	工程硕士(电子与通信工程)
585	张宇辰	工程硕士(电子与通信工程)
586	周 猛	工程硕士(电子与通信工程)

(续　表)

序号	姓名	专业名称
587	孙小东	工程硕士(电子与通信工程)
588	高晨阳	工程硕士(电子与通信工程)
589	陶志鹏	工程硕士(电子与通信工程)
590	徐林加	工程硕士(集成电路工程)
591	蔡虹宇	工程硕士(集成电路工程)
592	丁雨晨	工程硕士(集成电路工程)
593	董春风	工程硕士(集成电路工程)
594	房　颢	工程硕士(集成电路工程)
595	高慧珺	工程硕士(集成电路工程)
596	葛伟琪	工程硕士(集成电路工程)
597	华　超	工程硕士(集成电路工程)
598	黄烜宇	工程硕士(集成电路工程)
599	孔路平	工程硕士(集成电路工程)
600	刘　洋	工程硕士(集成电路工程)
601	孙　铁	工程硕士(集成电路工程)
602	叶子超	工程硕士(集成电路工程)
603	张馨月	工程硕士(集成电路工程)
604	郑　凯	工程硕士(集成电路工程)
605	周锦程	工程硕士(集成电路工程)
606	朱　颖	工程硕士(集成电路工程)
607	刘玉翠	工程硕士(集成电路工程)
608	林　洋	工程硕士(集成电路工程)
609	姚憓冬	工程硕士(集成电路工程)
610	赵永星	工程硕士(集成电路工程)
611	林志强	工程硕士(集成电路工程)
612	李　宽	工程硕士(集成电路工程)
613	段云芳	工程硕士(集成电路工程)
614	野昭东	工程硕士(集成电路工程)
615	禹　阔	工程硕士(集成电路工程)
616	刘东海	工程硕士(集成电路工程)
617	范建云	工程硕士(集成电路工程)

（续　表）

序号	姓名	专业名称
618	张　雨	工程硕士(集成电路工程)
619	何　影	工程硕士(集成电路工程)
620	王张辉	工程硕士(集成电路工程)
621	胡路苹	工程硕士(集成电路工程)
622	郭　安	工程硕士(集成电路工程)
623	费永舟	工程硕士(集成电路工程)
624	黄经纬	工程硕士(集成电路工程)
625	李　易	工程硕士(集成电路工程)
626	司向军	工程硕士(集成电路工程)
627	王　婉	工程硕士(集成电路工程)
628	陈琳琳	工程硕士(集成电路工程)
629	姜天林	工程硕士(集成电路工程)
630	李凤临	工程硕士(集成电路工程)
631	王晨昊	工程硕士(集成电路工程)
632	王维佳	工程硕士(集成电路工程)
633	赵　萌	工程硕士(集成电路工程)
634	成亚云	工程硕士(集成电路工程)
635	丁博文	工程硕士(集成电路工程)
636	孙　越	工程硕士(集成电路工程)
637	王　健	工程硕士(集成电路工程)
638	王双波	工程硕士(集成电路工程)
639	王以浦	工程硕士(集成电路工程)
640	周小蹦	工程硕士(集成电路工程)
641	罗恒斌	工程硕士(集成电路工程)
642	顾　巍	工程硕士(集成电路工程)
643	李佳兴	工程硕士(集成电路工程)
644	吕　伟	工程硕士(集成电路工程)
645	赵　欣	工程硕士(集成电路工程)
646	胡正华	工程硕士(集成电路工程)
647	黄　超	工程硕士(集成电路工程)
648	王　伟	工程硕士(集成电路工程)

(续　表)

序号	姓名	专业名称
649	张冬明	工程硕士(集成电路工程)
650	刘鑫海	工程硕士(集成电路工程)
651	袁　康	工程硕士(集成电路工程)
652	陈元虎	工程硕士(集成电路工程)
653	马兵兵	工程硕士(集成电路工程)
654	钱　杰	工程硕士(集成电路工程)
655	孙海龙	工程硕士(集成电路工程)
656	王　灿	工程硕士(集成电路工程)
657	陈海亮	工程硕士(集成电路工程)
658	贺平洋	工程硕士(集成电路工程)
659	金　童	工程硕士(集成电路工程)
660	刘　超	工程硕士(集成电路工程)
661	刘　青	工程硕士(集成电路工程)
662	刘若琛	工程硕士(集成电路工程)
663	朱文文	工程硕士(集成电路工程)
664	周　鹏	工程硕士(集成电路工程)
665	黄海飞	工程硕士(集成电路工程)
666	武言哲	工程硕士(集成电路工程)
667	曹　毅	工程硕士(集成电路工程)
668	涂贵明	工程硕士(集成电路工程)
669	杨　舟	工程硕士(集成电路工程)
670	杨　宇	工程硕士(集成电路工程)
671	刘伟辉	工程硕士(集成电路工程)
672	丁　磊	工程硕士(集成电路工程)
673	朱田友	工程硕士(集成电路工程)
674	谢雪丹	工程硕士(集成电路工程)
675	袁　野	工程硕士(集成电路工程)
676	胡子杰	工程硕士(集成电路工程)
677	徐春雪	工程硕士(集成电路工程)
678	张　震	工程硕士(集成电路工程)
679	任　慧	工程硕士(集成电路工程)

（续 表）

序号	姓名	专业名称
680	肖　霖	工程硕士(集成电路工程)
681	陈　耀	工程硕士(集成电路工程)
682	周岑军	工程硕士(集成电路工程)
683	陈　浩	工程硕士(集成电路工程)
684	周　峰	工程硕士(集成电路工程)
685	简春福	工程硕士(集成电路工程)
686	董志军	工程硕士(集成电路工程)
687	刘晓强	工程硕士(集成电路工程)
688	陈　猛	工程硕士(集成电路工程)
689	程福海	工程硕士(集成电路工程)
690	李罩羚	工程硕士(集成电路工程)
691	侯　立	工程硕士(集成电路工程)
692	李宝烨	工程硕士(集成电路工程)
693	许　贺	工程硕士(集成电路工程)
694	魏国辉	工程硕士(集成电路工程)
695	田　缝	工程硕士(集成电路工程)
696	李志辉	工程硕士(集成电路工程)
697	江　琦	工程硕士(集成电路工程)
698	李佳佳	工程硕士(集成电路工程)
699	钱圣宝	工程硕士(集成电路工程)
700	阎晓宁	工程硕士(集成电路工程)
701	高　洲	工程硕士(集成电路工程)
702	苏晓露	工程硕士(集成电路工程)
703	任晓飞	工程硕士(集成电路工程)
704	金　涛	工程硕士(集成电路工程)
705	张凌峰	工程硕士(集成电路工程)
706	李　婷	工程硕士(集成电路工程)
707	柳　晶	工程硕士(集成电路工程)
708	张青松	工程硕士(集成电路工程)
709	王　轩	工程硕士(集成电路工程)
710	汪　刚	工程硕士(集成电路工程)

(续　表)

序号	姓名	专业名称
711	罗文东	工程硕士(集成电路工程)
712	陈　熙	工程硕士(集成电路工程)
713	王　宁	工程硕士(集成电路工程)
714	张加帅	工程硕士(集成电路工程)
715	李原野	工程硕士(集成电路工程)
716	尹洪鑫	工程硕士(集成电路工程)
717	王晏清	工程硕士(集成电路工程)
718	张有志	工程硕士(集成电路工程)
719	凤佳梅	工程硕士(集成电路工程)
720	周中杰	工程硕士(集成电路工程)
721	朱卫卫	工程硕士(集成电路工程)
722	韩志明	工程硕士(集成电路工程)
723	李　兵	工程硕士(集成电路工程)
724	徐嘉钢	工程硕士(集成电路工程)
725	涂云晶	工程硕士(集成电路工程)
726	李振南	工程硕士(集成电路工程)
727	陈　超	工程硕士(控制工程)
728	陈清坤	工程硕士(控制工程)
729	崔宏宇	工程硕士(控制工程)
730	崔洪博	工程硕士(控制工程)
731	葛颖森	工程硕士(控制工程)
732	郭梦丽	工程硕士(控制工程)
733	黄永升	工程硕士(控制工程)
734	童　源	工程硕士(控制工程)
735	吴　奥	工程硕士(控制工程)
736	杨　彬	工程硕士(控制工程)
737	张　虹	工程硕士(控制工程)
738	张　敏	工程硕士(控制工程)
739	谭宝龙	工程硕士(控制工程)
740	杨冬奎	工程硕士(控制工程)
741	唐　林	工程硕士(控制工程)

（续 表）

序号	姓名	专业名称
742	王庆风	工程硕士(控制工程)
743	刘　辉	工程硕士(控制工程)
744	车　琳	工程硕士(控制工程)
745	陈　聪	工程硕士(控制工程)
746	陈兴宇	工程硕士(控制工程)
747	匡琳琳	工程硕士(控制工程)
748	李　磊	工程硕士(控制工程)
749	宋嘉冀	工程硕士(控制工程)
750	孙玉阳	工程硕士(控制工程)
751	田润亚	工程硕士(控制工程)
752	吴　航	工程硕士(控制工程)
753	吴秋岚	工程硕士(控制工程)
754	熊　诗	工程硕士(控制工程)
755	张洪坤	工程硕士(控制工程)
756	张　强	工程硕士(控制工程)
757	张文浩	工程硕士(控制工程)
758	周　鹏	工程硕士(控制工程)
759	宗振海	工程硕士(控制工程)
760	黄永刚	工程硕士(控制工程)
761	周　刚	工程硕士(控制工程)
762	方　鑫	工程硕士(控制工程)
763	张　鹏	工程硕士(控制工程)
764	刘　超	工程硕士(控制工程)
765	王　磊	工程硕士(控制工程)
766	王成成	工程硕士(控制工程)
767	艾必心	工程硕士(控制工程)
768	汪余景	工程硕士(控制工程)
769	吴志军	工程硕士(控制工程)
770	姜胜男	工程硕士(控制工程)
771	徐敬梁	工程硕士(控制工程)
772	付万程	工程硕士(控制工程)

(续　表)

序号	姓名	专业名称
773	刘晓曈	工程硕士(计算机技术)
774	化云龙	工程硕士(计算机技术)
775	童若琛	工程硕士(计算机技术)
776	蔡振盛	工程硕士(计算机技术)
777	陈霁辰	工程硕士(计算机技术)
778	冯富琴	工程硕士(计算机技术)
779	侯　鹏	工程硕士(计算机技术)
780	雷小惠	工程硕士(计算机技术)
781	涂金林	工程硕士(计算机技术)
782	王　韩	工程硕士(计算机技术)
783	杨正萍	工程硕士(计算机技术)
784	虞佳晋	工程硕士(计算机技术)
785	翟天琦	工程硕士(计算机技术)
786	张刘毅	工程硕士(计算机技术)
787	周志星	工程硕士(计算机技术)
788	盛立伟	工程硕士(计算机技术)
789	达　臻	工程硕士(计算机技术)
790	颉佳宇	工程硕士(计算机技术)
791	李媛媛	工程硕士(计算机技术)
792	陆二伟	工程硕士(计算机技术)
793	王　松	工程硕士(计算机技术)
794	徐添杰	工程硕士(计算机技术)
795	储彬彬	工程硕士(计算机技术)
796	范青霖	工程硕士(计算机技术)
797	郭一方	工程硕士(计算机技术)
798	茆俊强	工程硕士(计算机技术)
799	孟祥金	工程硕士(计算机技术)
800	钱佳林	工程硕士(计算机技术)
801	孙云晓	工程硕士(计算机技术)
802	徐文韬	工程硕士(计算机技术)
803	朱亚彬	工程硕士(计算机技术)

（续　表）

序号	姓名	专业名称
804	吴　琪	工程硕士(计算机技术)
805	祝传奇	工程硕士(计算机技术)
806	金　伟	工程硕士(计算机技术)
807	郭林波	工程硕士(计算机技术)
808	徐海洋	工程硕士(计算机技术)
809	郝敬坤	工程硕士(计算机技术)
810	林　涛	工程硕士(计算机技术)
811	张　伟	工程硕士(计算机技术)
812	刘　涛	工程硕士(计算机技术)
813	周斌斌	工程硕士(计算机技术)
814	李成洋	工程硕士(计算机技术)
815	王志平	工程硕士(计算机技术)
816	陈金鑫	工程硕士(计算机技术)
817	付石雷	工程硕士(计算机技术)
818	刘云建	工程硕士(计算机技术)
819	左雨林	工程硕士(计算机技术)
820	孟　青	工程硕士(计算机技术)
821	于　静	工程硕士(计算机技术)
822	李荣贵	工程硕士(计算机技术)
823	司景霞	工程硕士(计算机技术)
824	李宜鹏	工程硕士(计算机技术)
825	曾　雪	工程硕士(计算机技术)
826	白　骏	工程硕士(计算机技术)
827	董图南	工程硕士(计算机技术)
828	刘　超	工程硕士(计算机技术)
829	潘敬敏	工程硕士(计算机技术)
830	沈　飞	工程硕士(计算机技术)
831	李云高	工程硕士(计算机技术)
832	孙　洋	工程硕士(计算机技术)
833	崔　轩	工程硕士(计算机技术)
834	王懿雯	工程硕士(计算机技术)

(续　表)

序号	姓名	专业名称
835	刘　练	工程硕士(计算机技术)
836	郑　鑫	工程硕士(计算机技术)
837	倪朝曦	工程硕士(计算机技术)
838	陈敏敏	工程硕士(计算机技术)
839	沈　涛	工程硕士(计算机技术)
840	史　辉	工程硕士(计算机技术)
841	严　静	工程硕士(计算机技术)
842	张学爱	工程硕士(计算机技术)
843	周　航	工程硕士(计算机技术)
844	俞　君	工程硕士(计算机技术)
845	万　晨	工程硕士(计算机技术)
846	饶　炜	工程硕士(计算机技术)
847	朱　帅	工程硕士(计算机技术)
848	段玉龙	工程硕士(计算机技术)
849	李　斐	工程硕士(计算机技术)
850	陈小军	工程硕士(计算机技术)
851	任俊锴	工程硕士(计算机技术)
852	赵晞茜	工程硕士(计算机技术)
853	段曙亮	工程硕士(计算机技术)
854	易剑波	工程硕士(计算机技术)
855	夏雅倩	工程硕士(计算机技术)
856	黄俊衡	工程硕士(计算机技术)
857	邓　磊	工程硕士(计算机技术)
858	严　博	工程硕士(软件工程)
859	王　曦	工程硕士(软件工程)
860	马文阳	工程硕士(软件工程)
861	王　博	工程硕士(软件工程)
862	曲昶林	工程硕士(软件工程)
863	万　尧	工程硕士(软件工程)
864	冯　楠	工程硕士(软件工程)
865	张　乐	工程硕士(软件工程)

（续　表）

序号	姓名	专业名称
866	唐　帅	工程硕士(软件工程)
867	袁晓娇	工程硕士(软件工程)
868	朱　帅	工程硕士(软件工程)
869	陈　曦	工程硕士(软件工程)
870	李　莎	工程硕士(软件工程)
871	庞帆栋	工程硕士(软件工程)
872	王　娜	工程硕士(软件工程)
873	徐远哲	工程硕士(软件工程)
874	陈佳露	工程硕士(软件工程)
875	龙安洋	工程硕士(软件工程)
876	郑　轩	工程硕士(软件工程)
877	何洪宁	工程硕士(软件工程)
878	全东方	工程硕士(软件工程)
879	邢　尧	工程硕士(软件工程)
880	常　龙	工程硕士(软件工程)
881	庞　彪	工程硕士(软件工程)
882	李颜翎	工程硕士(软件工程)
883	李　晨	工程硕士(软件工程)
884	加冯刚	工程硕士(软件工程)
885	黄　睿	工程硕士(软件工程)
886	李智超	工程硕士(软件工程)
887	黄　唯	工程硕士(软件工程)
888	唐佳晟	工程硕士(软件工程)
889	吕玉连	工程硕士(软件工程)
890	陶守新	工程硕士(软件工程)
891	岳　豹	工程硕士(软件工程)
892	孙豆豆	工程硕士(软件工程)
893	孙　帅	工程硕士(软件工程)
894	陈　乐	工程硕士(软件工程)
895	包莉娜	工程硕士(软件工程)
896	彭　鹏	工程硕士(软件工程)

(续　表)

序号	姓名	专业名称
897	张　青	工程硕士(软件工程)
898	曾　雄	工程硕士(软件工程)
899	尢云龙	工程硕士(软件工程)
900	曾　强	工程硕士(软件工程)
901	余泽华	工程硕士(软件工程)
902	冀福全	工程硕士(软件工程)
903	许　喆	工程硕士(软件工程)
904	徐　健	工程硕士(软件工程)
905	刘　苏	工程硕士(软件工程)
906	闵绘宇	工程硕士(软件工程)
907	孙景春	工程硕士(软件工程)
908	张　扬	工程硕士(软件工程)
909	张宗辉	工程硕士(软件工程)
910	韩亚林	工程硕士(软件工程)
911	刘海龙	工程硕士(软件工程)
912	陈　清	工程硕士(软件工程)
913	徐志成	工程硕士(软件工程)
914	牛丽娜	工程硕士(软件工程)
915	欧阳春	工程硕士(软件工程)
916	袁　旭	工程硕士(软件工程)
917	陈　赞	工程硕士(软件工程)
918	胡平伍	工程硕士(软件工程)
919	杨　弈	工程硕士(软件工程)
920	邓　路	工程硕士(软件工程)
921	吴福怀	工程硕士(软件工程)
922	张保军	工程硕士(软件工程)
923	盛伦兵	工程硕士(软件工程)
924	邓英才	工程硕士(软件工程)
925	黄顺翔	工程硕士(软件工程)
926	冯雪艳	工程硕士(软件工程)
927	张　琳	工程硕士(软件工程)

（续 表）

序号	姓名	专业名称
928	李　鑫	工程硕士(软件工程)
929	单长武	工程硕士(软件工程)
930	吴志伟	工程硕士(软件工程)
931	程　聪	工程硕士(软件工程)
932	张书会	工程硕士(软件工程)
933	贾　森	工程硕士(软件工程)
934	王晓倩	工程硕士(软件工程)
935	唐　荣	工程硕士(软件工程)
936	吕修任	工程硕士(软件工程)
937	吴　杨	工程硕士(软件工程)
938	魏　巍	工程硕士(软件工程)
939	李金强	工程硕士(软件工程)
940	钱可嘉	工程硕士(软件工程)
941	张庆亚	工程硕士(软件工程)
942	李子洋	工程硕士(软件工程)
943	罗　阳	工程硕士(软件工程)
944	蔡鹏翔	工程硕士(软件工程)
945	张泽宇	工程硕士(软件工程)
946	陈启蒙	工程硕士(软件工程)
947	李甜甜	工程硕士(软件工程)
948	董祥林	工程硕士(软件工程)
949	王　根	工程硕士(软件工程)
950	朱世林	工程硕士(软件工程)
951	张文伟	工程硕士(软件工程)
952	戴　悦	工程硕士(软件工程)
953	朱　奕	工程硕士(软件工程)
954	高　艳	工程硕士(软件工程)
955	韩旺阳	工程硕士(软件工程)
956	王维樵	工程硕士(软件工程)
957	周云霞	工程硕士(软件工程)
958	温　馨	工程硕士(软件工程)

(续　表)

序号	姓名	专业名称
959	赵亚雄	工程硕士(软件工程)
960	丁方静	工程硕士(软件工程)
961	许世豪	工程硕士(软件工程)
962	宋　杰	工程硕士(软件工程)
963	姜　超	工程硕士(软件工程)
964	沈亚琪	工程硕士(软件工程)
965	李鸿生	工程硕士(软件工程)
966	朱正超	工程硕士(软件工程)
967	朱书阳	工程硕士(软件工程)
968	张丽萍	工程硕士(软件工程)
969	罗新娟	工程硕士(软件工程)
970	郑爱宇	工程硕士(软件工程)
971	张嘉树	工程硕士(软件工程)
972	王倩雯	工程硕士(软件工程)
973	柳汝滕	工程硕士(软件工程)
974	李贵贵	工程硕士(软件工程)
975	邵明浩	工程硕士(软件工程)
976	方　浩	工程硕士(软件工程)
977	邢昊天	工程硕士(软件工程)
978	程　君	工程硕士(软件工程)
979	刘衍庆	工程硕士(软件工程)
980	张　旭	工程硕士(软件工程)
981	彭灿灿	工程硕士(软件工程)
982	苏　进	工程硕士(软件工程)
983	肖　健	工程硕士(软件工程)
984	胡仁成	工程硕士(软件工程)
985	汤门豪	工程硕士(软件工程)
986	邱鹏飞	工程硕士(软件工程)
987	李文博	工程硕士(软件工程)
988	刘遂辉	工程硕士(软件工程)
989	张洪秀	工程硕士(软件工程)

（续　表）

序号	姓名	专业名称
990	黄孝羽	工程硕士(软件工程)
991	常丽梅	工程硕士(软件工程)
992	李贝贝	工程硕士(软件工程)
993	刘雨龙	工程硕士(软件工程)
994	王　维	工程硕士(软件工程)
995	徐维斌	工程硕士(软件工程)
996	张雅南	工程硕士(软件工程)
997	张柳霞	工程硕士(软件工程)
998	耿　鹤	工程硕士(软件工程)
999	叶蓉蓉	工程硕士(软件工程)
1000	王　兵	工程硕士(软件工程)
1001	王泽华	工程硕士(软件工程)
1002	杨乔虎	工程硕士(软件工程)
1003	邱海龙	工程硕士(软件工程)
1004	柯　杰	工程硕士(软件工程)
1005	程科迪	工程硕士(建筑与土木工程)
1006	曹　江	工程硕士(建筑与土木工程)
1007	陈　瑶	工程硕士(建筑与土木工程)
1008	陈　钊	工程硕士(建筑与土木工程)
1009	丁智霞	工程硕士(建筑与土木工程)
1010	董　洁	工程硕士(建筑与土木工程)
1011	葛元飞	工程硕士(建筑与土木工程)
1012	黎　健	工程硕士(建筑与土木工程)
1013	李晨琦	工程硕士(建筑与土木工程)
1014	李　林	工程硕士(建筑与土木工程)
1015	李梦璐	工程硕士(建筑与土木工程)
1016	李梦南	工程硕士(建筑与土木工程)
1017	李　敏	工程硕士(建筑与土木工程)
1018	李　涛	工程硕士(建筑与土木工程)
1019	李献勇	工程硕士(建筑与土木工程)
1020	廖　杰	工程硕士(建筑与土木工程)

(续　表)

序号	姓名	专业名称
1021	林文生	工程硕士(建筑与土木工程)
1022	刘　琛	工程硕士(建筑与土木工程)
1023	刘森林	工程硕士(建筑与土木工程)
1024	陆　栋	工程硕士(建筑与土木工程)
1025	马祥林	工程硕士(建筑与土木工程)
1026	戚鹏飞	工程硕士(建筑与土木工程)
1027	王凯辉	工程硕士(建筑与土木工程)
1028	王　磊	工程硕士(建筑与土木工程)
1029	王美珍	工程硕士(建筑与土木工程)
1030	王晓雯	工程硕士(建筑与土木工程)
1031	谢　莉	工程硕士(建筑与土木工程)
1032	修洪亮	工程硕士(建筑与土木工程)
1033	杨路远	工程硕士(建筑与土木工程)
1034	余亚男	工程硕士(建筑与土木工程)
1035	於　恒	工程硕士(建筑与土木工程)
1036	虞丽婷	工程硕士(建筑与土木工程)
1037	张鹤然	工程硕士(建筑与土木工程)
1038	周艳春	工程硕士(建筑与土木工程)
1039	周　扬	工程硕士(建筑与土木工程)
1040	朱冬平	工程硕士(建筑与土木工程)
1041	胡椿昌	工程硕士(建筑与土木工程)
1042	李杨克	工程硕士(建筑与土木工程)
1043	王孟连	工程硕士(建筑与土木工程)
1044	季红蔚	工程硕士(建筑与土木工程)
1045	花逸扬	工程硕士(建筑与土木工程)
1046	杨桢楠	工程硕士(建筑与土木工程)
1047	陈　凯	工程硕士(建筑与土木工程)
1048	刘　茜	工程硕士(建筑与土木工程)
1049	陈　东	工程硕士(建筑与土木工程)
1050	董少博	工程硕士(建筑与土木工程)
1051	顾　雯	工程硕士(建筑与土木工程)

（续　表）

序号	姓名	专业名称
1052	李金飞	工程硕士(建筑与土木工程)
1053	刘晓刚	工程硕士(建筑与土木工程)
1054	刘　雄	工程硕士(建筑与土木工程)
1055	钱　程	工程硕士(建筑与土木工程)
1056	沈　榕	工程硕士(建筑与土木工程)
1057	唐佳男	工程硕士(建筑与土木工程)
1058	王　超	工程硕士(建筑与土木工程)
1059	王自远	工程硕士(建筑与土木工程)
1060	夏秋羚	工程硕士(建筑与土木工程)
1061	徐　彤	工程硕士(建筑与土木工程)
1062	许心怡	工程硕士(建筑与土木工程)
1063	杨巍巍	工程硕士(建筑与土木工程)
1064	俞昊然	工程硕士(建筑与土木工程)
1065	俞有庭	工程硕士(建筑与土木工程)
1066	袁晨迪	工程硕士(建筑与土木工程)
1067	张　弘	工程硕士(建筑与土木工程)
1068	章东昊	工程硕士(建筑与土木工程)
1069	周　力	工程硕士(建筑与土木工程)
1070	夏英豪	工程硕士(建筑与土木工程)
1071	周伟杰	工程硕士(建筑与土木工程)
1072	赵阳建	工程硕士(建筑与土木工程)
1073	徐　萌	工程硕士(建筑与土木工程)
1074	邓文杰	工程硕士(建筑与土木工程)
1075	郝士博	工程硕士(建筑与土木工程)
1076	张異然	工程硕士(建筑与土木工程)
1077	周登峰	工程硕士(建筑与土木工程)
1078	陈　功	工程硕士(建筑与土木工程)
1079	韦　昆	工程硕士(建筑与土木工程)
1080	徐　涛	工程硕士(建筑与土木工程)
1081	郑志鹏	工程硕士(建筑与土木工程)
1082	付睿文	工程硕士(建筑与土木工程)

(续　表)

序号	姓名	专业名称
1083	李桂荣	工程硕士(建筑与土木工程)
1084	张俊魁	工程硕士(建筑与土木工程)
1085	夏　呈	工程硕士(建筑与土木工程)
1086	刘　莎	工程硕士(建筑与土木工程)
1087	彭　程	工程硕士(建筑与土木工程)
1088	陈新奎	工程硕士(建筑与土木工程)
1089	康　雷	工程硕士(建筑与土木工程)
1090	杨锦辉	工程硕士(建筑与土木工程)
1091	杜　勋	工程硕士(建筑与土木工程)
1092	龚湘源	工程硕士(建筑与土木工程)
1093	尤慧丰	工程硕士(建筑与土木工程)
1094	邓南彬	工程硕士(建筑与土木工程)
1095	邓　欣	工程硕士(建筑与土木工程)
1096	张忠祥	工程硕士(建筑与土木工程)
1097	王逸凡	工程硕士(建筑与土木工程)
1098	解增援	工程硕士(建筑与土木工程)
1099	邵明民	工程硕士(建筑与土木工程)
1100	李小凡	工程硕士(建筑与土木工程)
1101	徐小凤	工程硕士(建筑与土木工程)
1102	范　玥	工程硕士(水利工程)
1103	施文杰	工程硕士(水利工程)
1104	苏芸婕	工程硕士(测绘工程)
1105	王西地	工程硕士(测绘工程)
1106	王昭斌	工程硕士(测绘工程)
1107	傅湘萍	工程硕士(测绘工程)
1108	黄海南	工程硕士(测绘工程)
1109	陈凌宇	工程硕士(化学工程)
1110	李世伟	工程硕士(化学工程)
1111	钱东尔	工程硕士(化学工程)
1112	孙嘉慧	工程硕士(化学工程)
1113	王双华	工程硕士(化学工程)

（续 表）

序号	姓名	专业名称
1114	汤茂亮	工程硕士(化学工程)
1115	王金辉	工程硕士(化学工程)
1116	娄 爽	工程硕士(化学工程)
1117	王秀东	工程硕士(化学工程)
1118	王苑婷	工程硕士(化学工程)
1119	徐 华	工程硕士(化学工程)
1120	丁 月	工程硕士(化学工程)
1121	潘 翔	工程硕士(化学工程)
1122	王梓屹	工程硕士(化学工程)
1123	许景程	工程硕士(化学工程)
1124	张 奥	工程硕士(化学工程)
1125	郑 涛	工程硕士(化学工程)
1126	秦一玮	工程硕士(化学工程)
1127	王莎莎	工程硕士(化学工程)
1128	单鸿斌	工程硕士(化学工程)
1129	王曼凝	工程硕士(化学工程)
1130	曾平川	工程硕士(化学工程)
1131	张 琪	工程硕士(化学工程)
1132	王鹏鹏	工程硕士(化学工程)
1133	刘香香	工程硕士(化学工程)
1134	丁彬彬	工程硕士(化学工程)
1135	马 强	工程硕士(化学工程)
1136	范聪聪	工程硕士(化学工程)
1137	张姗姗	工程硕士(化学工程)
1138	黄庭远	工程硕士(化学工程)
1139	吴 晗	工程硕士(化学工程)
1140	湛宗升	工程硕士(化学工程)
1141	胡利冲	工程硕士(化学工程)
1142	李 军	工程硕士(化学工程)
1143	郜 丽	工程硕士(化学工程)
1144	吴保嬴	工程硕士(化学工程)

(续　表)

序号	姓名	专业名称
1145	谢心慧	工程硕士(化学工程)
1146	汤雪娇	工程硕士(化学工程)
1147	李从从	工程硕士(化学工程)
1148	丁　瑜	工程硕士(化学工程)
1149	桑圣亚	工程硕士(化学工程)
1150	马蓓蓓	工程硕士(化学工程)
1151	刘昌丹	工程硕士(化学工程)
1152	郭艳红	工程硕士(化学工程)
1153	王　瑾	工程硕士(化学工程)
1154	焦蒙蒙	工程硕士(化学工程)
1155	孔仙达	工程硕士(化学工程)
1156	张伟霞	工程硕士(化学工程)
1157	贺　赫	工程硕士(化学工程)
1158	张大明	工程硕士(化学工程)
1159	冯小含	工程硕士(化学工程)
1160	周宇骋	工程硕士(化学工程)
1161	舒位欣	工程硕士(化学工程)
1162	鲍怡法	工程硕士(化学工程)
1163	丁婉婷	工程硕士(交通运输工程)
1164	高金喆	工程硕士(交通运输工程)
1165	郭　超	工程硕士(交通运输工程)
1166	洪媛媛	工程硕士(交通运输工程)
1167	黄　敏	工程硕士(交通运输工程)
1168	籍丹萍	工程硕士(交通运输工程)
1169	姜冬雪	工程硕士(交通运输工程)
1170	接金亮	工程硕士(交通运输工程)
1171	劳叶春	工程硕士(交通运输工程)
1172	刘梦淼	工程硕士(交通运输工程)
1173	卢　洁	工程硕士(交通运输工程)
1174	梅丹兵	工程硕士(交通运输工程)
1175	沙　迪	工程硕士(交通运输工程)

（续 表）

序号	姓名	专业名称
1176	施 炎	工程硕士(交通运输工程)
1177	夏品苹	工程硕士(交通运输工程)
1178	徐国山	工程硕士(交通运输工程)
1179	许映红	工程硕士(交通运输工程)
1180	杨偲偲	工程硕士(交通运输工程)
1181	杨明珠	工程硕士(交通运输工程)
1182	章 茵	工程硕士(交通运输工程)
1183	刘 洋	工程硕士(交通运输工程)
1184	段伟宏	工程硕士(交通运输工程)
1185	姚红森	工程硕士(交通运输工程)
1186	李潇逸	工程硕士(交通运输工程)
1187	唐 震	工程硕士(交通运输工程)
1188	尹梦祥	工程硕士(交通运输工程)
1189	陈思鹏	工程硕士(交通运输工程)
1190	刘子铭	工程硕士(交通运输工程)
1191	罗瑞林	工程硕士(交通运输工程)
1192	谢 永	工程硕士(交通运输工程)
1193	徐项煜	工程硕士(交通运输工程)
1194	朱 展	工程硕士(交通运输工程)
1195	钱 航	工程硕士(交通运输工程)
1196	杜 威	工程硕士(交通运输工程)
1197	李 涵	工程硕士(交通运输工程)
1198	李志伟	工程硕士(交通运输工程)
1199	廖南楠	工程硕士(交通运输工程)
1200	林 雄	工程硕士(交通运输工程)
1201	陆 捷	工程硕士(交通运输工程)
1202	彭 攀	工程硕士(交通运输工程)
1203	叶碧青	工程硕士(交通运输工程)
1204	赵根华	工程硕士(交通运输工程)
1205	顾 成	工程硕士(交通运输工程)
1206	陶雨濛	工程硕士(交通运输工程)

(续　表)

序号	姓名	专业名称
1207	项　译	工程硕士(交通运输工程)
1208	许　凯	工程硕士(交通运输工程)
1209	唐章翔	工程硕士(交通运输工程)
1210	王海啸	工程硕士(交通运输工程)
1211	夏雨雨	工程硕士(交通运输工程)
1212	张云雨	工程硕士(交通运输工程)
1213	翰　耕	工程硕士(交通运输工程)
1214	罗　涛	工程硕士(交通运输工程)
1215	孔鲁霞	工程硕士(交通运输工程)
1216	刘　真	工程硕士(交通运输工程)
1217	张秋各	工程硕士(交通运输工程)
1218	兰　欢	工程硕士(交通运输工程)
1219	明小松	工程硕士(交通运输工程)
1220	李　蒸	工程硕士(交通运输工程)
1221	章若晨	工程硕士(交通运输工程)
1222	杜京涛	工程硕士(交通运输工程)
1223	张　盖	工程硕士(交通运输工程)
1224	孙益文	工程硕士(交通运输工程)
1225	周　轶	工程硕士(交通运输工程)
1226	郭　柯	工程硕士(交通运输工程)
1227	李伊人	工程硕士(交通运输工程)
1228	刘　锐	工程硕士(交通运输工程)
1229	王　漫	工程硕士(交通运输工程)
1230	刘依文	工程硕士(交通运输工程)
1231	宋超群	工程硕士(交通运输工程)
1232	李　实	工程硕士(交通运输工程)
1233	陈　杰	工程硕士(交通运输工程)
1234	陈玉根	工程硕士(交通运输工程)
1235	崔健武	工程硕士(交通运输工程)
1236	华东升	工程硕士(交通运输工程)
1237	马尚萱	工程硕士(交通运输工程)

（续　表）

序号	姓名	专业名称
1238	孙　川	工程硕士(交通运输工程)
1239	杨　昶	工程硕士(交通运输工程)
1240	武文杰	工程硕士(交通运输工程)
1241	赵杨洋	工程硕士(交通运输工程)
1242	王景页	工程硕士(交通运输工程)
1243	林浚恺	工程硕士(交通运输工程)
1244	陈为杰	工程硕士(交通运输工程)
1245	高萌萌	工程硕士(交通运输工程)
1246	陈祥龙	工程硕士(交通运输工程)
1247	英　姿	工程硕士(交通运输工程)
1248	王　波	工程硕士(交通运输工程)
1249	吴纯靓	工程硕士(交通运输工程)
1250	马晓明	工程硕士(交通运输工程)
1251	夏　政	工程硕士(交通运输工程)
1252	庄　焱	工程硕士(交通运输工程)
1253	王唐斌	工程硕士(交通运输工程)
1254	吉　萌	工程硕士(交通运输工程)
1255	陈科宇	工程硕士(交通运输工程)
1256	郭　强	工程硕士(环境工程)
1257	翟志东	工程硕士(环境工程)
1258	刘亚群	工程硕士(环境工程)
1259	曾学良	工程硕士(环境工程)
1260	卢慧霞	工程硕士(环境工程)
1261	王　洁	工程硕士(环境工程)
1262	马　骏	工程硕士(环境工程)
1263	孙　飞	工程硕士(环境工程)
1264	夏　岩	工程硕士(环境工程)
1265	顾东清	工程硕士(环境工程)
1266	程海磊	工程硕士(环境工程)
1267	王俊杰	工程硕士(环境工程)
1268	吉红军	工程硕士(环境工程)

(续　表)

序号	姓名	专业名称
1269	郭艳敏	工程硕士(环境工程)
1270	周超群	工程硕士(环境工程)
1271	闫鹏坤	工程硕士(生物医学工程)
1272	晏　蓉	工程硕士(生物医学工程)
1273	杨　燕	工程硕士(生物医学工程)
1274	常忆欣	工程硕士(生物医学工程)
1275	王小清	工程硕士(生物医学工程)
1276	赵桂红	工程硕士(生物医学工程)
1277	夏柳圆	工程硕士(生物医学工程)
1278	江林燕	工程硕士(工业工程)
1279	蒋秀秀	工程硕士(工业工程)
1280	林锋霖	工程硕士(工业工程)
1281	刘家薇	工程硕士(工业工程)
1282	杨小宁	工程硕士(工业工程)
1283	章　月	工程硕士(工业工程)
1284	汪　进	工程硕士(工业工程)
1285	袁丽静	工程硕士(工业设计工程)
1286	沈　萍	工程硕士(工业设计工程)
1287	王　京	工程硕士(工业设计工程)
1288	廖志达	工程硕士(工业设计工程)
1289	邓春红	工程硕士(工业设计工程)
1290	贾欣荷	工程硕士(工业设计工程)
1291	于　钊	工程硕士(工业设计工程)
1292	韩志刚	工程硕士(工业设计工程)
1293	秦刘臻	工程硕士(工业设计工程)
1294	贾笑楠	工程硕士(工业设计工程)
1295	章　迁	工程硕士(工业设计工程)
1296	张　欣	工程硕士(工业设计工程)
1297	薛　瑞	工程硕士(工业设计工程)
1298	薛少喆	工程硕士(工业设计工程)
1299	刘建祥	工程硕士(工业设计工程)

（续 表）

序号	姓名	专业名称
1300	王　奕	工程硕士(工业设计工程)
1301	杨　帆	工程硕士(工业设计工程)
1302	聂巧巧	工程硕士(工业设计工程)
1303	周兵兵	工程硕士(工业设计工程)
1304	朱海波	工程硕士(工业设计工程)
1305	李鲁明	工程硕士(工业设计工程)
1306	谢寒洁	工程硕士(工业设计工程)
1307	齐　浩	工程硕士(工业设计工程)
1308	彭袁圆	工程硕士(工业设计工程)
1309	马星远	工程硕士(工业设计工程)
1310	王修越	工程硕士(工业设计工程)
1311	倪丹丹	工程硕士(工业设计工程)
1312	宋　宇	工程硕士(工业设计工程)
1313	魏明松	工程硕士(工业设计工程)
1314	丁范卿	工程硕士(工业设计工程)
1315	刘振撼	工程硕士(工业设计工程)
1316	陈广鑫	工程硕士(工业设计工程)
1317	王　鹏	工程硕士(工业设计工程)
1318	张素航	工程硕士(工业设计工程)
1319	李景胜	工程硕士(工业设计工程)
1320	王海丰	工程硕士(工业设计工程)
1321	奚宏伟	工程硕士(工业设计工程)
1322	高　君	工程硕士(工业设计工程)
1323	王洪瑶	工程硕士(工业设计工程)
1324	陈香如	工程硕士(工业设计工程)
1325	玛丽安	工程硕士(物流工程)
1326	拜小霞	工程硕士(物流工程)
1327	曹　园	工程硕士(物流工程)
1328	孟素蕊	工程硕士(物流工程)
1329	欧阳娇	工程硕士(物流工程)
1330	宋　翡	工程硕士(物流工程)

(续　表)

序号	姓名	专业名称
1331	辛柳艳	工程硕士(物流工程)
1332	张万程	工程硕士(物流工程)
1333	庄锦辉	工程硕士(物流工程)
1334	潘　越	工程硕士(物流工程)
1335	徐文翰	工程硕士(物流工程)
1336	吴世航	工程硕士(物流工程)
1337	童　飞	工程硕士(物流工程)
1338	欧　梅	工程硕士(物流工程)
1339	申　佳	工程硕士(物流工程)
1340	王文树	工程硕士(物流工程)
1341	路婷婷	工程硕士(物流工程)
1342	刘一婷	城市规划硕士
1343	闻　雯	城市规划硕士
1344	袁野丰琳	城市规划硕士
1345	郑璐琳	城市规划硕士
1346	周兆前	城市规划硕士
1347	诸嘉巍	城市规划硕士
1348	王鲁帅	城市规划硕士
1349	邬　莎	城市规划硕士
1350	常嘉欣	城市规划硕士
1351	胡智行	城市规划硕士
1352	华　琳	城市规划硕士
1353	蒋　星	城市规划硕士
1354	陆　磊	城市规划硕士
1355	唐尧峰	城市规划硕士
1356	朱　妍	城市规划硕士
1357	管仪兵	城市规划硕士
1358	黄秋实	城市规划硕士
1359	周梦茹	城市规划硕士
1360	王兆伟	城市规划硕士
1361	孙　毅	城市规划硕士

（续　表）

序号	姓名	专业名称
1362	任欢欢	城市规划硕士
1363	陈艺文	风景园林硕士
1364	刘　思	风景园林硕士
1365	张泽楠	风景园林硕士
1366	王宇晴	风景园林硕士
1367	曹　越	风景园林硕士
1368	邵竹君	风景园林硕士
1369	杨丹琦	风景园林硕士
1370	丁敏吉	风景园林硕士
1371	周思瑶	风景园林硕士
1372	武丹丹	风景园林硕士
1373	李　宁	风景园林硕士
1374	吴艳丽	风景园林硕士
1375	赵星星	风景园林硕士
1376	张子维	风景园林硕士
1377	胡志凯	临床医学硕士（本硕连读）
1378	朱　蓉	临床医学硕士（本硕连读）
1379	惠靖雯	临床医学硕士（本硕连读）
1380	郝以姝	临床医学硕士（本硕连读）
1381	刘　倩	临床医学硕士（本硕连读）
1382	唐慧荣	临床医学硕士（本硕连读）
1383	曹欣华	临床医学硕士（本硕连读）
1384	徐　颖	临床医学硕士（本硕连读）
1385	沈燕珏	临床医学硕士（本硕连读）
1386	韦　琼	临床医学硕士（本硕连读）
1387	杨宇宏	临床医学硕士（本硕连读）
1388	侯　怡	临床医学硕士（本硕连读）
1389	戴黎阳	临床医学硕士（本硕连读）
1390	成心锟	临床医学硕士（本硕连读）
1391	刘　飞	临床医学硕士（本硕连读）
1392	杨宝林	临床医学硕士（本硕连读）

(续　表)

序号	姓名	专业名称
1393	李雪琳	临床医学硕士(本硕连读)
1394	贾贝贝	临床医学硕士(本硕连读)
1395	黄　洁	临床医学硕士(本硕连读)
1396	丁　艺	临床医学硕士(本硕连读)
1397	王履月	临床医学硕士(本硕连读)
1398	庄蕊萌	临床医学硕士(本硕连读)
1399	倪淑婷	临床医学硕士(本硕连读)
1400	庞　思	临床医学硕士(本硕连读)
1401	李　娜	临床医学硕士(本硕连读)
1402	刘海雁	临床医学硕士(本硕连读)
1403	李超杰	临床医学硕士(本硕连读)
1404	胡义立	临床医学硕士(本硕连读)
1405	杨乐天	临床医学硕士(本硕连读)
1406	王　洋	临床医学硕士(本硕连读)
1407	姜　榆	临床医学硕士(本硕连读)
1408	钱　洪	临床医学硕士(本硕连读)
1409	陆李珺	临床医学硕士(本硕连读)
1410	顾星逸	临床医学硕士(本硕连读)
1411	徐　琴	临床医学硕士(本硕连读)
1412	孙代宇	临床医学硕士(本硕连读)
1413	周　凡	临床医学硕士(本硕连读)
1414	孙国鑫	临床医学硕士(本硕连读)
1415	马彬彬	临床医学硕士(本硕连读)
1416	赵　闻	临床医学硕士(本硕连读)
1417	邵陈宇	临床医学硕士(本硕连读)
1418	宋松松	临床医学硕士(本硕连读)
1419	张业鹏	临床医学硕士(本硕连读)
1420	谢　聪	临床医学硕士(本硕连读)
1421	丁　双	临床医学硕士(本硕连读)
1422	金萧萧	临床医学硕士(本硕连读)
1423	宗　磊	临床医学硕士(本硕连读)

（续　表）

序号	姓名	专业名称
1424	金佳佳	临床医学硕士(本硕连读)
1425	韩　笑	临床医学硕士(本硕连读)
1426	薛碧珍	临床医学硕士(本硕连读)
1427	祁　纳	临床医学硕士(本硕连读)
1428	杨　林	临床医学硕士(本硕连读)
1429	王景霖	临床医学硕士(本硕连读)
1430	孙文爽	临床医学硕士(本硕连读)
1431	马良彧	临床医学硕士(本硕连读)
1432	郭倚天	临床医学硕士(本硕连读)
1433	高文强	临床医学硕士(本硕连读)
1434	刘一鸣	临床医学硕士(本硕连读)
1435	胡琼源	临床医学硕士(本硕连读)
1436	彭　鹏	临床医学硕士(本硕连读)
1437	陈海峰	临床医学硕士(本硕连读)
1438	朱晓城	临床医学硕士(本硕连读)
1439	左　蕾	临床医学硕士(本硕连读)
1440	金　珍	临床医学硕士(本硕连读)
1441	鲁　荐	临床医学硕士(本硕连读)
1442	肖利君	临床医学硕士(本硕连读)
1443	赵　淼	临床医学硕士(本硕连读)
1444	侯春艳	临床医学硕士(本硕连读)
1445	周　晓	临床医学硕士(本硕连读)
1446	苏　欢	临床医学硕士(本硕连读)
1447	见春宇	临床医学硕士(本硕连读)
1448	李瑞峰	临床医学硕士(本硕连读)
1449	马楼楼	临床医学硕士(本硕连读)
1450	熊　师	临床医学硕士(本硕连读)
1451	周　鹏	临床医学硕士(本硕连读)
1452	俞佳斌	临床医学硕士(本硕连读)
1453	刘剑书	临床医学硕士(本硕连读)
1454	黄雯雅	临床医学硕士(内科学)

(续　表)

序号	姓名	专业名称
1455	李　丹	临床医学硕士(内科学)
1456	李品青	临床医学硕士(内科学)
1457	张金倩	临床医学硕士(内科学)
1458	李婷婷	临床医学硕士(内科学)
1459	敖明强	临床医学硕士(内科学)
1460	谢孟勳	临床医学硕士(内科学)
1461	陶名玉	临床医学硕士(儿科学)
1462	莫妮卡	临床医学硕士(儿科学)
1463	阿　里	临床医学硕士(儿科学)
1464	依迪瑞	临床医学硕士(神经病学)
1465	陆照璇	临床医学硕士(影像医学与核医学)
1466	孙甜甜	临床医学硕士(影像医学与核医学)
1467	薛　倩	临床医学硕士(影像医学与核医学)
1468	董冰清	临床医学硕士(影像医学与核医学)
1469	吕　燕	临床医学硕士(影像医学与核医学)
1470	黄晓斌	临床医学硕士(影像医学与核医学)
1471	刘玉婷	临床医学硕士(影像医学与核医学)
1472	塔　哈	临床医学硕士(影像医学与核医学)
1473	曼　尼	临床医学硕士(影像医学与核医学)
1474	彭红新	临床医学硕士(临床检验诊断学)
1475	胡　强	临床医学硕士(外科学)
1476	沈　敏	临床医学硕士(外科学)
1477	杨　蜀	临床医学硕士(外科学)
1478	刘从兴	临床医学硕士(外科学)
1479	王奕平	临床医学硕士(外科学)
1480	鞠　鑫	临床医学硕士(外科学)
1481	哈　雷	临床医学硕士(外科学)
1482	麦格尔	临床医学硕士(外科学)
1483	亚　德	临床医学硕士(外科学)
1484	王　强	临床医学硕士(外科学)
1485	沙克亚	临床医学硕士(外科学)

（续　表）

序号	姓名	专业名称
1486	肯阿里	临床医学硕士(外科学)
1487	苏　拉	临床医学硕士(外科学)
1488	刘　璇	临床医学硕士(妇产科学)
1489	凌　丽	临床医学硕士(妇产科学)
1490	提瓦瑞	临床医学硕士(妇产科学)
1491	帕迪特	临床医学硕士(妇产科学)
1492	徐燕子	临床医学硕士(眼科学)
1493	迈　乐	临床医学硕士(眼科学)
1494	张　莲	临床医学硕士(耳鼻咽喉科学)
1495	陈雨朦	临床医学硕士(肿瘤学)
1496	李　尚	临床医学硕士(肿瘤学)
1497	缪淑敏	临床医学硕士(麻醉学)
1498	拉　米	临床医学硕士(麻醉学)
1499	舒　畅	临床医学硕士(急诊医学)
1500	陈黄慧	公共卫生硕士
1501	刘桂圆	公共卫生硕士
1502	刘留留	公共卫生硕士
1503	周晶晶	公共卫生硕士
1504	胡　洁	公共卫生硕士
1505	蒋树新	公共卫生硕士
1506	汪秋实	公共卫生硕士
1507	王雨潇	公共卫生硕士
1508	吴振春	公共卫生硕士
1509	徐　润	公共卫生硕士
1510	朱航榉	公共卫生硕士
1511	朱文博	公共卫生硕士
1512	张士涵	公共卫生硕士
1513	李婷竹	公共卫生硕士
1514	赵秋妮	公共卫生硕士
1515	唐光媛	公共卫生硕士
1516	黄兴宇	公共卫生硕士

(续　表)

序号	姓名	专业名称
1517	滕支梅	公共卫生硕士
1518	蒋小云	公共卫生硕士
1519	曲志华	公共卫生硕士
1520	李　诺	公共卫生硕士
1521	徐金瑞	公共卫生硕士
1522	穆　明	公共卫生硕士
1523	何　乐	公共卫生硕士
1524	斯　卡	公共卫生硕士
1525	赛　萌	公共卫生硕士
1526	苏丽曼	公共卫生硕士
1527	玛　友	公共卫生硕士
1528	葛　泽	公共卫生硕士
1529	成　名	工商管理硕士
1530	颜智繁	工商管理硕士
1531	杨　佶	工商管理硕士
1532	曹　璐	工商管理硕士
1533	黄敏红	工商管理硕士
1534	潘　奕	工商管理硕士
1535	王念祖	工商管理硕士
1536	许文杰	工商管理硕士
1537	俞　蓉	工商管理硕士
1538	白　云	工商管理硕士
1539	陈　功	工商管理硕士
1540	陈海先	工商管理硕士
1541	陈　云	工商管理硕士
1542	程　熙	工商管理硕士
1543	程永瀚	工商管理硕士
1544	单长亮	工商管理硕士
1545	邓根华	工商管理硕士
1546	丁希辰	工商管理硕士
1547	费文娴	工商管理硕士

（续　表）

序号	姓名	专业名称
1548	傅　琦	工商管理硕士
1549	高　超	工商管理硕士
1550	高晴云	工商管理硕士
1551	高　山	工商管理硕士
1552	高姝珍	工商管理硕士
1553	顾　晋	工商管理硕士
1554	韩　锋	工商管理硕士
1555	胡　兰	工商管理硕士
1556	胡　磊	工商管理硕士
1557	花洪春	工商管理硕士
1558	黄　东	工商管理硕士
1559	黄海雁	工商管理硕士
1560	黄李奔	工商管理硕士
1561	黄　勇	工商管理硕士
1562	贾　洁	工商管理硕士
1563	靖荣华	工商管理硕士
1564	李　莉	工商管理硕士
1565	李　露	工商管理硕士
1566	李若龙	工商管理硕士
1567	李　莎	工商管理硕士
1568	李小路	工商管理硕士
1569	李　远	工商管理硕士
1570	李　哲	工商管理硕士
1571	林　荣	工商管理硕士
1572	刘海荣	工商管理硕士
1573	刘红娟	工商管理硕士
1574	刘　杰	工商管理硕士
1575	刘靖涛	工商管理硕士
1576	刘　君	工商管理硕士
1577	刘　帅	工商管理硕士
1578	陆斯尧	工商管理硕士

(续　表)

序号	姓名	专业名称
1579	陆　扬	工商管理硕士
1580	马　研	工商管理硕士
1581	茅天元	工商管理硕士
1582	梅恩源	工商管理硕士
1583	潘保全	工商管理硕士
1584	潘清扬	工商管理硕士
1585	彭　超	工商管理硕士
1586	钱瑞阳	工商管理硕士
1587	乔延娟	工商管理硕士
1588	邱　超	工商管理硕士
1589	沈　薇	工商管理硕士
1590	施庆丰	工商管理硕士
1591	时　磊	工商管理硕士
1592	孙大伟	工商管理硕士
1593	孙国良	工商管理硕士
1594	孙　领	工商管理硕士
1595	谈　丹	工商管理硕士
1596	汤柳杨	工商管理硕士
1597	唐文焱	工商管理硕士
1598	陶　晔	工商管理硕士
1599	万伟伟	工商管理硕士
1600	万子维	工商管理硕士
1601	王殿奎	工商管理硕士
1602	王　吉	工商管理硕士
1603	王　洁	工商管理硕士
1604	王景英	工商管理硕士
1605	王　静	工商管理硕士
1606	王　磊	工商管理硕士
1607	王　强	工商管理硕士
1608	王　全	工商管理硕士
1609	王　翔	工商管理硕士

（续　表）

序号	姓名	专业名称
1610	王　鑫	工商管理硕士
1611	王　洋	工商管理硕士
1612	王　勇	工商管理硕士
1613	吴枭雄	工商管理硕士
1614	谢建强	工商管理硕士
1615	邢瑞君	工商管理硕士
1616	徐爱君	工商管理硕士
1617	徐　悦	工商管理硕士
1618	许海艇	工商管理硕士
1619	许　鹏	工商管理硕士
1620	许月萍	工商管理硕士
1621	薛夏乾	工商管理硕士
1622	严洪浩	工商管理硕士
1623	颜　清	工商管理硕士
1624	杨　燃	工商管理硕士
1625	杨腾飞	工商管理硕士
1626	杨小琴	工商管理硕士
1627	杨星宇	工商管理硕士
1628	杨　洋	工商管理硕士
1629	尹　雷	工商管理硕士
1630	尹　宁	工商管理硕士
1631	于治军	工商管理硕士
1632	余彩虹	工商管理硕士
1633	虞　巍	工商管理硕士
1634	张　涵	工商管理硕士
1635	张　亮	工商管理硕士
1636	张敏燕	工商管理硕士
1637	张　频	工商管理硕士
1638	张　擎	工商管理硕士
1639	张　然	工商管理硕士
1640	张　双	工商管理硕士

(续　表)

序号	姓名	专业名称
1641	张思琴	工商管理硕士
1642	张晓月	工商管理硕士
1643	张　艳	工商管理硕士
1644	张玉存	工商管理硕士
1645	章　文	工商管理硕士
1646	章阳阳	工商管理硕士
1647	周　洁	工商管理硕士
1648	周　娟	工商管理硕士
1649	周瑞龙	工商管理硕士
1650	周文龙	工商管理硕士
1651	周　源	工商管理硕士
1652	朱晶晶	工商管理硕士
1653	朱　力	工商管理硕士
1654	朱　敏	工商管理硕士
1655	朱　艳	工商管理硕士
1656	朱阳城	工商管理硕士
1657	朱一鸣	工商管理硕士
1658	訾体益	工商管理硕士
1659	左　起	工商管理硕士
1660	黄金丽	公共管理硕士
1661	赵丹丹	公共管理硕士
1662	陈　辉	公共管理硕士
1663	张　菡	公共管理硕士
1664	陈传胜	公共管理硕士
1665	丁　玥	公共管理硕士
1666	杜昕星	公共管理硕士
1667	甘　霖	公共管理硕士
1668	孔祥昊	公共管理硕士
1669	李　琴	公共管理硕士
1670	栾　蕾	公共管理硕士
1671	强　飞	公共管理硕士

（续　表）

序号	姓名	专业名称
1672	石　倩	公共管理硕士
1673	于　松	公共管理硕士
1674	赵　军	公共管理硕士
1675	周侃诚	公共管理硕士
1676	陈卫霞	公共管理硕士
1677	陈秀萍	公共管理硕士
1678	顾兴龙	公共管理硕士
1679	郭　琦	公共管理硕士
1680	贾尹瑜	公共管理硕士
1681	江　猛	公共管理硕士
1682	焦　铎	公共管理硕士
1683	李　嘉	公共管理硕士
1684	刘　柳	公共管理硕士
1685	欧　悦	公共管理硕士
1686	施晓山	公共管理硕士
1687	王海敏	公共管理硕士
1688	王　坤	公共管理硕士
1689	王文静	公共管理硕士
1690	王珠珠	公共管理硕士
1691	张　瑞	公共管理硕士
1692	朱小祥	公共管理硕士
1693	陈昌健	会计硕士
1694	包琼颖	会计硕士
1695	曹丽萍	会计硕士
1696	刁淑婷	会计硕士
1697	高　婕	会计硕士
1698	刘　可	会计硕士
1699	潘　恬	会计硕士
1700	盛怡婷	会计硕士
1701	孙巧悦	会计硕士
1702	唐　慧	会计硕士

(续　表)

序号	姓名	专业名称
1703	吴佳欣	会计硕士
1704	薛　亮	会计硕士
1705	钱　进	会计硕士
1706	李松楠	会计硕士
1707	邓艺伟	会计硕士
1708	胡靖雯	会计硕士
1709	李雨桐	会计硕士
1710	濮天怡	会计硕士
1711	王　睿	会计硕士
1712	王　滢	会计硕士
1713	姚　苑	会计硕士
1714	朱赛丹	会计硕士
1715	龚舒妮	会计硕士
1716	金冰莹	会计硕士
1717	吴　璇	会计硕士
1718	王雨晨	会计硕士
1719	应玲娟	会计硕士
1720	马北辰	会计硕士
1721	阚　洁	工程管理硕士
1722	吴　迪	工程管理硕士
1723	李海霞	艺术硕士(美术)
1724	张　园	艺术硕士(美术)
1725	竺丽萍	艺术硕士(美术)
1726	裴　荣	艺术硕士(美术)
1727	胡红丽	艺术硕士(美术)
1728	齐金凤	艺术硕士(艺术设计)
1729	曾　姣	艺术硕士(艺术设计)
1730	李　晶	艺术硕士(艺术设计)
1731	吉炳坤	艺术硕士(艺术设计)
1732	卢姝含	艺术硕士(艺术设计)
1733	徐　淼	艺术硕士(艺术设计)

（续 表）

序号	姓名	专业名称
1734	张文谦	艺术硕士(艺术设计)
1735	闫丹丹	艺术硕士(艺术设计)
1736	刘　溧	艺术硕士(艺术设计)
1737	席丙洋	艺术硕士(艺术设计)
1738	李永文	艺术硕士(艺术设计)
1739	王飞飞	艺术硕士(艺术设计)
1740	王海燕	艺术硕士(艺术设计)
1741	刘云军	艺术硕士(艺术设计)
1742	张春玉	艺术硕士(艺术设计)
1743	蔡沐容	艺术硕士(艺术设计)
1744	阮氏婋庄	艺术硕士(艺术设计)

二、非学历硕士研究生(共 446 人)

序号	姓名	专业领域名称
1	张　赜	法律硕士
2	李国林	法律硕士
3	丁尚港	法律硕士
4	何　洋	法律硕士
5	周爱萍	法律硕士
6	高　峰	法律硕士
7	陈　燕	法律硕士
8	吴一凡	法律硕士
9	陈　培	法律硕士
10	张建华	法律硕士
11	蔡丰华	法律硕士
12	陈　超	法律硕士
13	陈好为	法律硕士
14	陈美君	法律硕士
15	丁　云	法律硕士

(续　表)

序号	姓名	专业名称
16	高　宠	法律硕士
17	华　纯	法律硕士
18	惠蕾蕾	法律硕士
19	李海波	法律硕士
20	刘德超	法律硕士
21	刘嘉乐	法律硕士
22	刘　烨	法律硕士
23	马晓文	法律硕士
24	马　源	法律硕士
25	聂　磊	法律硕士
26	盛　蕾	法律硕士
27	史明月	法律硕士
28	苏美玲	法律硕士
29	汤晓川	法律硕士
30	唐胜才	法律硕士
31	唐文宣	法律硕士
32	田薰菁	法律硕士
33	王经纬	法律硕士
34	王　丽	法律硕士
35	王瑞涛	法律硕士
36	王顺义	法律硕士
37	王雅敏	法律硕士
38	吴　剑	法律硕士
39	吴新博	法律硕士
40	鄢志文	法律硕士
41	杨　晔	法律硕士
42	叶　宏	法律硕士
43	叶黎静	法律硕士
44	尹庆华	法律硕士
45	游海军	法律硕士
46	袁森彪	法律硕士

（续　表）

序号	姓名	专业名称
47	张宝兵	法律硕士
48	周备永	法律硕士
49	周凤王	法律硕士
50	陈炬锋	工程硕士(机械工程)
51	董正荣	工程硕士(机械工程)
52	叶志红	工程硕士(机械工程)
53	李建勋	工程硕士(机械工程)
54	宋敬涛	工程硕士(机械工程)
55	付　涛	工程硕士(机械工程)
56	杜怡琼	工程硕士(机械工程)
57	罗文通	工程硕士(机械工程)
58	张海龙	工程硕士(机械工程)
59	施平康	工程硕士(仪器仪表工程)
60	肖　亮	工程硕士(仪器仪表工程)
61	陈　越	工程硕士(动力工程)
62	徐　敏	工程硕士(动力工程)
63	于忠平	工程硕士(动力工程)
64	许　尧	工程硕士(动力工程)
65	王登云	工程硕士(动力工程)
66	徐　荣	工程硕士(动力工程)
67	徐　超	工程硕士(电气工程)
68	姜　兵	工程硕士(电气工程)
69	张少凯	工程硕士(电气工程)
70	余　海	工程硕士(电气工程)
71	张　翼	工程硕士(电气工程)
72	刘　平	工程硕士(电气工程)
73	李　民	工程硕士(电气工程)
74	朱柄宇	工程硕士(电气工程)
75	王珍珍	工程硕士(电气工程)
76	于浩然	工程硕士(电气工程)
77	王　强	工程硕士(电气工程)

(续　表)

序号	姓名	专业名称
78	蔡雯雯	工程硕士(电气工程)
79	王登峰	工程硕士(电气工程)
80	赵美荣	工程硕士(电气工程)
81	田　伟	工程硕士(电气工程)
82	冯永峰	工程硕士(电气工程)
83	汤弘鑫	工程硕士(电气工程)
84	徐晓冬	工程硕士(电气工程)
85	钱成龙	工程硕士(电气工程)
86	卓　倬	工程硕士(电气工程)
87	潘建亚	工程硕士(电气工程)
88	王升波	工程硕士(电气工程)
89	雷时荣	工程硕士(电气工程)
90	唐全国	工程硕士(电气工程)
91	姜　凯	工程硕士(电气工程)
92	吴丹宁	工程硕士(电气工程)
93	王林林	工程硕士(电气工程)
94	朱文杰	工程硕士(电气工程)
95	付彦冰	工程硕士(电气工程)
96	乐传正	工程硕士(电气工程)
97	张为越	工程硕士(电气工程)
98	张丙金	工程硕士(电气工程)
99	刘瀚存	工程硕士(电子与通信工程)
100	黄新俊	工程硕士(电子与通信工程)
101	梅　亮	工程硕士(电子与通信工程)
102	刘韡烨	工程硕士(电子与通信工程)
103	黄　辰	工程硕士(电子与通信工程)
104	李宝平	工程硕士(电子与通信工程)
105	卢　颢	工程硕士(电子与通信工程)
106	高　阳	工程硕士(电子与通信工程)
107	李　婧	工程硕士(电子与通信工程)
108	苑小林	工程硕士(电子与通信工程)

（续 表）

序号	姓名	专业名称
109	徐海林	工程硕士(电子与通信工程)
110	刘德林	工程硕士(电子与通信工程)
111	万声国	工程硕士(电子与通信工程)
112	向　虎	工程硕士(电子与通信工程)
113	朱卫俊	工程硕士(电子与通信工程)
114	陆　青	工程硕士(电子与通信工程)
115	雷爱红	工程硕士(电子与通信工程)
116	费　翔	工程硕士(电子与通信工程)
117	陈　荻	工程硕士(电子与通信工程)
118	周　琨	工程硕士(电子与通信工程)
119	刁振国	工程硕士(电子与通信工程)
120	刘俊杰	工程硕士(电子与通信工程)
121	黄　磊	工程硕士(电子与通信工程)
122	施志鹏	工程硕士(电子与通信工程)
123	朱莹莹	工程硕士(电子与通信工程)
124	徐建华	工程硕士(电子与通信工程)
125	张君直	工程硕士(电子与通信工程)
126	谢文韬	工程硕士(电子与通信工程)
127	张若翔	工程硕士(电子与通信工程)
128	李　倩	工程硕士(电子与通信工程)
129	程　晨	工程硕士(电子与通信工程)
130	臧成东	工程硕士(电子与通信工程)
131	马建宇	工程硕士(电子与通信工程)
132	宇　路	工程硕士(电子与通信工程)
133	郑泽宇	工程硕士(电子与通信工程)
134	方　圆	工程硕士(集成电路工程)
135	辛琳琳	工程硕士(集成电路工程)
136	葛　华	工程硕士(集成电路工程)
137	庸安明	工程硕士(集成电路工程)
138	陈金远	工程硕士(集成电路工程)
139	韩　颖	工程硕士(集成电路工程)

(续　表)

序号	姓名	专业名称
140	吕　勇	工程硕士(集成电路工程)
141	孟首业	工程硕士(集成电路工程)
142	袁　东	工程硕士(集成电路工程)
143	袁　杰	工程硕士(集成电路工程)
144	王　睿	工程硕士(控制工程)
145	赵志营	工程硕士(控制工程)
146	卢正明	工程硕士(控制工程)
147	邓　刚	工程硕士(控制工程)
148	冯伟智	工程硕士(控制工程)
149	吴嘉韵	工程硕士(控制工程)
150	陈祥睿	工程硕士(控制工程)
151	商　为	工程硕士(控制工程)
152	范　坤	工程硕士(控制工程)
153	陈丹惠	工程硕士(控制工程)
154	汪　骏	工程硕士(控制工程)
155	张　圣	工程硕士(控制工程)
156	庄义飞	工程硕士(控制工程)
157	纪爱玲	工程硕士(控制工程)
158	罗词文	工程硕士(控制工程)
159	彭　珑	工程硕士(计算机技术)
160	梁　飞	工程硕士(计算机技术)
161	赵关云	工程硕士(软件工程)
162	沙牧秋	工程硕士(软件工程)
163	王　华	工程硕士(软件工程)
164	高茹雁	工程硕士(软件工程)
165	曹　伟	工程硕士(软件工程)
166	陈一希	工程硕士(软件工程)
167	汤　澍	工程硕士(软件工程)
168	孙立华	工程硕士(软件工程)
169	吴青松	工程硕士(软件工程)
170	杨　菁	工程硕士(软件工程)

（续 表）

序号	姓名	专业名称
171	李丽华	工程硕士(软件工程)
172	陈　静	工程硕士(软件工程)
173	周　松	工程硕士(软件工程)
174	杨庆磊	工程硕士(软件工程)
175	杨　波	工程硕士(软件工程)
176	甘傲然	工程硕士(软件工程)
177	杜玉淼	工程硕士(软件工程)
178	沈庆虎	工程硕士(软件工程)
179	高瑞军	工程硕士(软件工程)
180	张　翔	工程硕士(软件工程)
181	李成长	工程硕士(软件工程)
182	申　悦	工程硕士(软件工程)
183	马祥银	工程硕士(软件工程)
184	贺星河	工程硕士(软件工程)
185	丁　雯	工程硕士(软件工程)
186	陈巧银	工程硕士(软件工程)
187	季常青	工程硕士(软件工程)
188	刘云灵	工程硕士(软件工程)
189	房海旭	工程硕士(软件工程)
190	曾祥云	工程硕士(软件工程)
191	顾正祥	工程硕士(软件工程)
192	杨　凡	工程硕士(软件工程)
193	王　敏	工程硕士(软件工程)
194	祝建松	工程硕士(软件工程)
195	姚　斌	工程硕士(软件工程)
196	张礼亮	工程硕士(软件工程)
197	陈新磊	工程硕士(软件工程)
198	刘国慧	工程硕士(软件工程)
199	刘欣洁	工程硕士(软件工程)
200	刘艳芝	工程硕士(软件工程)
201	鲍　利	工程硕士(建筑与土木工程)

(续　表)

序号	姓名	专业名称
202	张伟玉	工程硕士(建筑与土木工程)
203	李发国	工程硕士(建筑与土木工程)
204	殷　杰	工程硕士(建筑与土木工程)
205	魏庆庆	工程硕士(建筑与土木工程)
206	汤小平	工程硕士(建筑与土木工程)
207	窦永佳	工程硕士(建筑与土木工程)
208	蔡剑青	工程硕士(建筑与土木工程)
209	马　强	工程硕士(建筑与土木工程)
210	徐光临	工程硕士(建筑与土木工程)
211	左昊川	工程硕士(建筑与土木工程)
212	张　曌	工程硕士(建筑与土木工程)
213	鲍亦扬	工程硕士(建筑与土木工程)
214	安奕洁	工程硕士(建筑与土木工程)
215	孙小曦	工程硕士(建筑与土木工程)
216	王　宁	工程硕士(建筑与土木工程)
217	朱　莉	工程硕士(建筑与土木工程)
218	陈立根	工程硕士(建筑与土木工程)
219	冀春寅	工程硕士(建筑与土木工程)
220	张思蒙	工程硕士(建筑与土木工程)
221	顾晓星	工程硕士(建筑与土木工程)
222	陈　诚	工程硕士(建筑与土木工程)
223	赵　亮	工程硕士(建筑与土木工程)
224	陶国华	工程硕士(建筑与土木工程)
225	张国杰	工程硕士(建筑与土木工程)
226	翁　凌	工程硕士(建筑与土木工程)
227	刘玉兰	工程硕士(建筑与土木工程)
228	颜廷祥	工程硕士(建筑与土木工程)
229	王亚伟	工程硕士(建筑与土木工程)
230	徐文希	工程硕士(建筑与土木工程)
231	郭海东	工程硕士(建筑与土木工程)
232	姜　贵	工程硕士(建筑与土木工程)

（续 表）

序号	姓名	专业名称
233	李大威	工程硕士(建筑与土木工程)
234	张凤丽	工程硕士(建筑与土木工程)
235	陈向来	工程硕士(建筑与土木工程)
236	潘　军	工程硕士(建筑与土木工程)
237	曹睿明	工程硕士(交通运输工程)
238	邹爱琴	工程硕士(交通运输工程)
239	房　杰	工程硕士(交通运输工程)
240	严　锦	工程硕士(交通运输工程)
241	朱庆国	工程硕士(交通运输工程)
242	陈　超	工程硕士(交通运输工程)
243	赖连明	工程硕士(交通运输工程)
244	曾海军	工程硕士(交通运输工程)
245	邱杨波	工程硕士(交通运输工程)
246	张金康	工程硕士(交通运输工程)
247	李晓尧	工程硕士(交通运输工程)
248	章　燕	工程硕士(交通运输工程)
249	饶　睿	工程硕士(交通运输工程)
250	章　晶	工程硕士(交通运输工程)
251	吴舒文	工程硕士(交通运输工程)
252	丁　捷	工程硕士(交通运输工程)
253	莫　琨	工程硕士(交通运输工程)
254	韦　晨	工程硕士(交通运输工程)
255	李　明	工程硕士(交通运输工程)
256	陈传君	工程硕士(交通运输工程)
257	谢文平	工程硕士(交通运输工程)
258	唐川杰	工程硕士(交通运输工程)
259	曹　玮	工程硕士(交通运输工程)
260	王　晶	工程硕士(交通运输工程)
261	龚赛赛	工程硕士(环境工程)
262	邱春冬	工程硕士(生物医学工程)
263	张　平	工程硕士(生物医学工程)

(续　表)

序号	姓名	专业名称
264	赵仕芝	工程硕士(生物医学工程)
265	蒋　鹏	工程硕士(工业工程)
266	朱小星	工程硕士(工业工程)
267	何　刚	工程硕士(工业工程)
268	倪俊明	工程硕士(生物工程)
269	冯芳霞	工程硕士(项目管理)
270	张　旺	工程硕士(项目管理)
271	张　鹏	工程硕士(项目管理)
272	曲春江	工程硕士(项目管理)
273	何　涛	工程硕士(项目管理)
274	张志猛	工程硕士(项目管理)
275	李　虎	工程硕士(项目管理)
276	阮向宇	工程硕士(项目管理)
277	潘梅英	工程硕士(项目管理)
278	田智捷	工程硕士(项目管理)
279	许如静	工程硕士(项目管理)
280	戴姝婷	工程硕士(项目管理)
281	夏国玮	工程硕士(项目管理)
282	刘　洋	工程硕士(项目管理)
283	栾　浩	工程硕士(项目管理)
284	杨　静	工程硕士(项目管理)
285	袁燕红	工程硕士(项目管理)
286	吴瑛楠	工程硕士(项目管理)
287	陈业红	工程硕士(物流工程)
288	段中琳	工程硕士(物流工程)
289	韦　平	工程硕士(物流工程)
290	刘宇韬	工程硕士(物流工程)
291	马二中	工程硕士(物流工程)
292	孙荣明	工程硕士(物流工程)
293	路苏荣	风景园林硕士
294	叶　露	风景园林硕士

（续　表）

序号	姓名	专业名称
295	钱婵英	风景园林硕士
296	李志华	风景园林硕士
297	金艳燕	风景园林硕士
298	李　斐	风景园林硕士
299	赵玉春	风景园林硕士
300	蒋　璐	风景园林硕士
301	孙思策	风景园林硕士
302	蒋　瀚	风景园林硕士
303	希拉里	临床医学硕士(儿科学)
304	李彦昊	公共卫生硕士
305	于飞阳	公共卫生硕士
306	潘志强	公共卫生硕士
307	贺利敏	公共卫生硕士
308	杜秀德	公共卫生硕士
309	秦　勤	公共卫生硕士
310	张义勇	公共卫生硕士
311	杨　玺	公共卫生硕士
312	陈立新	公共卫生硕士
313	朱若华	公共卫生硕士
314	王龙珍	公共卫生硕士
315	毛金龙	公共卫生硕士
316	涂　岩	公共卫生硕士
317	张君华	公共卫生硕士
318	徐鲁妮	公共卫生硕士
319	张　军	公共卫生硕士
320	冯圆圆	公共卫生硕士
321	沈　健	公共卫生硕士
322	宋红焕	公共卫生硕士
323	强　薇	公共卫生硕士
324	陈良姝	公共卫生硕士
325	陈　鑫	公共卫生硕士

(续　表)

序号	姓名	专业名称
326	陈雅姣	公共卫生硕士
327	丁振琴	公共卫生硕士
328	董响梅	公共卫生硕士
329	高潺潺	公共卫生硕士
330	何亚琼	公共卫生硕士
331	马红艳	公共卫生硕士
332	乔荣华	公共卫生硕士
333	邵文燊	公共卫生硕士
334	舒　欣	公共卫生硕士
335	孙　慧	公共卫生硕士
336	王　静	公共卫生硕士
337	王丽萍	公共卫生硕士
338	夏金凤	公共卫生硕士
339	杨小武	公共卫生硕士
340	余建华	公共卫生硕士
341	张　欢	公共卫生硕士
342	张　颖	公共卫生硕士
343	赵成桂	公共卫生硕士
344	周长美	公共卫生硕士
345	周芬丽	公共卫生硕士
346	朱晓霞	公共卫生硕士
347	胡　静	公共卫生硕士
348	华　丽	公共卫生硕士
349	李秀文	公共卫生硕士
350	梁　静	公共卫生硕士
351	罗　洋	公共卫生硕士
352	屈留新	公共卫生硕士
353	唐　弘	公共卫生硕士
354	屠　晶	公共卫生硕士
355	王　丽	公共卫生硕士
356	翟燕燕	公共卫生硕士

（续 表）

序号	姓名	专业名称
357	江仁让	高级管理人员工商管理硕士
358	陆红梅	高级管理人员工商管理硕士
359	都业刚	高级管理人员工商管理硕士
360	胡居友	高级管理人员工商管理硕士
361	高正松	高级管理人员工商管理硕士
362	王　鹏	高级管理人员工商管理硕士
363	王科智	高级管理人员工商管理硕士
364	郑哲明	高级管理人员工商管理硕士
365	丁　璐	高级管理人员工商管理硕士
366	梁德仁	高级管理人员工商管理硕士
367	潘　春	高级管理人员工商管理硕士
368	陈秋磊	高级管理人员工商管理硕士
369	于贝贝	高级管理人员工商管理硕士
370	王　勤	高级管理人员工商管理硕士
371	徐　明	高级管理人员工商管理硕士
372	张　坚	高级管理人员工商管理硕士
373	董入法	高级管理人员工商管理硕士
374	何国厂	高级管理人员工商管理硕士
375	毛丽君	高级管理人员工商管理硕士
376	杨丽华	高级管理人员工商管理硕士
377	周红波	高级管理人员工商管理硕士
378	杨瑄斌	高级管理人员工商管理硕士
379	徐　宁	高级管理人员工商管理硕士
380	许晓汀	高级管理人员工商管理硕士
381	赵　明	高级管理人员工商管理硕士
382	薛可悦	高级管理人员工商管理硕士
383	徐伟农	高级管理人员工商管理硕士
384	周春山	高级管理人员工商管理硕士
385	孙海霞	公共管理硕士
386	陈　默	公共管理硕士
387	郭　悦	公共管理硕士

(续　表)

序号	姓名	专业名称
388	梅　杰	公共管理硕士
389	刘　超	公共管理硕士
390	李　霞	公共管理硕士
391	耿　鹏	公共管理硕士
392	刘春风	公共管理硕士
393	景　臣	公共管理硕士
394	居朝霞	公共管理硕士
395	罗　佳	公共管理硕士
396	胡译丹	公共管理硕士
397	朱婷婷	公共管理硕士
398	俞宝莹	公共管理硕士
399	陈杰琼	公共管理硕士
400	王海东	公共管理硕士
401	仇晓星	公共管理硕士
402	沈　燕	公共管理硕士
403	刘　妍	公共管理硕士
404	王小飞	公共管理硕士
405	汤海涛	公共管理硕士
406	魏　炜	公共管理硕士
407	陆玲玲	公共管理硕士
408	陈光银	公共管理硕士
409	陈　俊	公共管理硕士
410	蒋智颖	公共管理硕士
411	刘　静	公共管理硕士
412	王新亚	公共管理硕士
413	荀　峰	公共管理硕士
414	余　江	公共管理硕士
415	张　晔	公共管理硕士
416	赵　毅	公共管理硕士
417	周　姣	公共管理硕士
418	林海珊	艺术硕士(美术)

（续　表）

序号	姓名	专业名称
419	申文勇	艺术硕士(美术)
420	孙　成	艺术硕士(美术)
421	吴欢欢	艺术硕士(美术)
422	毕礼进	艺术硕士(艺术设计)
423	曹　楚	艺术硕士(艺术设计)
424	陈镜屹	艺术硕士(艺术设计)
425	陈　谊	艺术硕士(艺术设计)
426	陈月容	艺术硕士(艺术设计)
427	范　丽	艺术硕士(艺术设计)
428	高　蕾	艺术硕士(艺术设计)
429	韩静文	艺术硕士(艺术设计)
430	蒋小永	艺术硕士(艺术设计)
431	刘春娣	艺术硕士(艺术设计)
432	刘方义	艺术硕士(艺术设计)
433	路　影	艺术硕士(艺术设计)
434	普绍宇	艺术硕士(艺术设计)
435	孙　林	艺术硕士(艺术设计)
436	唐余虎	艺术硕士(艺术设计)
437	唐子文	艺术硕士(艺术设计)
438	王洪课	艺术硕士(艺术设计)
439	王　沛	艺术硕士(艺术设计)
440	徐世超	艺术硕士(艺术设计)
441	徐　翔	艺术硕士(艺术设计)
442	杨　菁	艺术硕士(艺术设计)
443	袁菡瑶	艺术硕士(艺术设计)
444	张　皓	艺术硕士(艺术设计)
445	张　弦	艺术硕士(艺术设计)
446	周　勇	艺术硕士(艺术设计)

科技工作

综　述

一、项目申报

1. 国家自然科学基金

2017 年度，经积极动员，全年共申报各类基金项目 1 315 项，申报项目组织涵盖了数理科学部、化学科学部、工程与材料科学部、管理科学部、地球科学部、信息科学部、生命科学部、医学科学部等 8 个学部。申请类别包括：面上项目 674 项、青年科学基金项目 358 项、国家杰出青年科学基金 36 项、优秀青年科学基金 77 项、重点项目 30 项、创新研究群体 6 项、联合基金项目 26 项、国际(地区)合作与交流项目 51 项、海外及港澳学者合作研究基金 16 项、重大仪器专项 11 项、重大研究计划 14 项。国家自然科学基金委批准获得资助 285 项目，获资助总经费达到 1.7 亿元(直接经费)，立项率 21.6%。其中：面上项目立项 138 项，青年科学基金项目立项 101 项。同时获得资助项目有国际合作 14 项、仪器专项 2 项、重点项目 8 项、海外港澳学者项目 3 项、应急管理项目 4 项、优秀青年基金 3 项、重大研究计划 3 项、联合基金 9 项。

2. 重点研发

完成了 2017 年度国家重点研发计划申报、评审和立项工作。我校共在“绿色建筑及建筑工业化”“干细胞转化及研究”“生物医用材料研发与组织器官修复替代”“云计算和大数据”“数字诊疗装备研发”“纳米科技”“蛋白质机器与生命过程调控”“增材制造与激光制造”“网络空间安全”“重大慢性非传染性疾病防控研究”“煤炭清洁高效利用和新型节能技术”“智能农机装备”“食品安全关键技术研发”“现代服务业共性关键技术研发及应用示范”“变革性技术关键科学问题”“战略性国际科技创新合作”“港澳台科技创新合作”17 个专项申报 32 个项目，共有 17 个项目进入第二轮评审。经过视频答辩，共有 6 个项目获科技部立项支持(包括国际合作项目 2 项),立项经费为 8 177 万元;另有 33 个牵头课题获科技部立项支持,立项经费为 11 965 万元。完成了 2016 年度立项的国家重点研发计划项目"云端融合的自然交互设备和工具"(项目负责人:宋爱国,项目编号:2016YFB1001300)第一执行年度后的竞争答辩工作,项目获得科技部高技术中心的继续支持。

3. 重大专项

申报总计:2017 年申报各类重大专项课题 20 项,其中核高基专项申报 3 项,移动通信专项申报 7 项,传染病防治专项 4 项,水专项 2 项,新药创制专项 2 项,高档机床专项和大型油气田及煤层气开发专项各 1 项。组织申报 2018 年移动通信专项 9 项(均为参与),新药创制专项 3 项(牵头申报)。获批情况:总计 6 项,移动通信专项 2 项,核高基专项 2 项,水专项和新药创制专项各 1 项,总经费 2 831.79 万元。

4. 各部委项目

申报总计:49 项,其中中科院项目 12 项,工信部项目 4 项,铁总项目 5 项,住建部项目 8 项。获批情况:25 项,总经费约 1 064 万元。

5. 国际合作

在国际合作方面,办理国际合作横向项目 8 项,合同总金额约 400 万元。申报教育部霍英东教育基金高等院校青年教师基金资助 4 项、青年教师奖 1 项。申请发展中国家杰出青年科学家来华工作岗位 3 个。申报 111 引智基地项目:现代城市智能交通学科创新引智基地。在校际合作与基地建设方面,我校积极推进东南大学-蒙纳士大学苏州联合研究生院的建设工作,各联合研究中心积极申报政府与企业科研项目,签署《东南大学与蒙纳士大学知识产权协议》。

6. 人才和团队建设

申报江苏省高校优秀科技创新团队 2 个,获批 1 个。今年验收 1 个。

7. 江苏省厅局项目

完成了 2017 年度江苏省自然科学基金的申报,经校内专家的评审遴选,共计申报省杰出青年 14 项、省优秀青年 12 项、省面上项目 40 项(以上项目为限项申报)、省青年科学基金 122 项。获批江苏省自然科学基金立项资助 87 项,立项率 46.28%,获得资助总经费 2 209 万元。其中省杰青 6 项、省优青 7 项、面上项目 22 项、青年基金 52 项。完成了 2017 年度省重点研发(产业前瞻与共性关键技术)项目申报,根据指南规定,我校共申报 17 项,立项 5 项,立项经费为 580 万元;完成了 2017 年度省重点研发(社会发展)项目申报,根据指南规定,我校共申报 10 项,立项 5 项,立项经费为 200 万元。

8. 基本科研业务费

完成基本科研业务费2017年的项目组织管理工作。在协调全校基本科研业务费下达工作的同时,完成了基础科研扶持项目等各类项目的申报、评审、合同签订及经费下达工作,基础科研扶持类项目375项(其中:高水平论文54项),试点学院改革项目30项,东大与南医大合作项目44项(其中:重点项目12项、面上项目34项)。完成了东南大学中央高校基本科研业务费2016—2017年的工作实施情况的上报汇总工作。

9. 产业技术研究所

协助我校两个产业所申报江苏省相关课题4项,协助办理法人代表变更手续,协助产业所召开理事会会议工作。

二、成果与知识产权管理

(一) 科技成果

1. 国家科学技术奖取得不俗成绩

2017年我校共牵头申报国家奖10项,其中自然奖3项、发明奖6项、进步奖1项,合作申报国家奖7项;经过网评和会评,我校共获国家奖6项,其中牵头获奖4项,合作申报2项。牵头获奖项目为自然科学奖二等奖1项、技术发明奖二等奖2项、科技进步奖二等奖1项,分别是:化工学院熊仁根教授的自然科学奖项目“新型分子基铁电体的基础研究”、仪科学院宋爱国教授的技术发明奖项目“土木工程结构区域分布光纤传感与健康监测关键技术”、土木学院吴智深教授的技术发明奖项目“人机交互遥操作机器人的力觉感知与反馈技术”、材料学院丁辉教授的科技进步奖项目“工业智能超声检测理论与应用关键技术”。

2. 部省级牵头获奖数量保持较高水平,教育部奖牵头获奖数量全国第五

2017年度,我校共申报江苏省科学技术奖13项;高等学校科学研究优秀成果奖(科学技术)21项,较去年增加5项;直报国家科学技术奖共3项,全部争取到申报2018年度国家科学技术奖的指标。我校2017年度江苏省科学技术奖获奖总数达24项,其中牵头获奖8项(含一等奖3项)、合报获奖16项,获奖总数遥遥领先,成绩全省排名第一。另获得2017年江苏省国际科学技术合作奖一等奖1项。江苏省科学技术一等奖获奖项目有:土木工程学院郭正兴教授牵头项目“装配式混凝土结构创新与应用”、能源与环境学院钟文琪教授牵头项目“大型电站锅炉高效低污染燃烧的先进调控技术及应用”、材料科学与工程学院方峰教授牵头项目“超高强度钢丝制备技术研究及产业化”;获得江苏省国际科学技术合作奖1项,获奖人为与电子科学与工程学院合作的英格里德·海德里克斯教授。

在2017年度高等学校科学研究优秀成果奖(科学技术)的评审中,东南大学以第一完成单位获奖10项,较去年增加5项。其中,自然科学奖一等奖1项、二等奖3项;技术发明奖二等奖 1 项;科技进步奖一等奖 1 项、二等奖 4 项。牵头获奖总数位列全国第五。另我校合报获自然科学奖和科技进步奖二等奖各 1 项。我校牵头获一等奖项目分别是能源与环境学院肖睿教授牵头完成的自然科学奖“生物质选择性热解制取高品质液体燃料基础理论与方法”、信息科学与工程学院方世良教授牵头完成的科技进步奖(国防专用)“××××关键技术及应用”。2017 年度我校牵头获国家一级学会一等奖 4 项、国家一级学会青年科技奖 1 项。

3. 组织申报首届“全国创新争先奖”并取得优秀成绩

“全国创新争先奖”是由人力资源社会保障部、中国科协、科技部、国务院国资委组织的科技人才奖,今年是第一届;通过积极组织申报我校曹进德、王炜、刘松玉、洪伟 4 位教授获创新争先奖状表彰,获奖人数并列全国高校第二,仅次于清华大学。

4. 组织参加第 45 届瑞士日内瓦国际发明展会并取得好成绩

东南大学共有 4 个具有自主知识产权的发明项目参加本届展会,全部获奖,并取得 1 项大会特别金奖、1 项银奖和 2 项铜奖的好成绩。张会岩副教授团队(张会岩、肖睿、郭昊坤)发明的“移动式生物质热解制油系统”获得最高奖项——大会特别金奖,丁幼亮教授团队的项目“高速铁路桥梁安全性能预警系统”获得银奖和俄罗斯代表团颁发的最佳发明奖,梁彩华教授团队参展的 2 个项目均获得铜奖。

5. 江苏省专利奖和中国专利奖

组织申报第十届江苏省专利奖 4 项,经过评审,我校获得江苏省专利金奖 1 项;获奖项目为一种带容错齿的冗余励磁双电枢绕组多相磁通切换电机(ZL201110250588.2);组织申报第十九届中国专利奖 2 项,经过评审该 2 项均获得十九届中国专利优秀奖。获奖项目:一种带容错齿的冗余励磁双电枢绕组多相磁通切换电机(ZL201110250588.2)、一种组合导航装置和实施方法(ZL201010134094.3)。

6. 其他奖项

全国优秀工程勘察设计行业奖一等奖 4 项、教育部优秀工程勘察设计奖一等奖 4 项。

我校合报获得其他省级科学技术奖二等奖 2 项。牵头获 2017 年度南京市科学技术奖三等奖 2 项,合报获得一等奖 4 项、二等奖 1 项、三等奖 1 项。

7. “三大检索”论文和专著情况

中国科学技术信息技术研究所发布了 2016 年度中国科技论文统计数据。该数据显示,2016 年东南大学 SCIE 收录论文 2 689 篇,比 2015 年增加 295 篇,排名第 19 位;EI 收录论文 2 644 篇,比 2015 年增加 90 篇,排名第 12 位,提升 2 位;CPCI－S 收录论文 935 篇,比 2015 年增加 621 篇,排名 11 位,提升 9 位;表现不俗论文 1 203 篇,比 2015 年增加 300 篇。2016 年东南大学主编出版专著 45 部。另外,完成了 2017 年度上半年和下半年全校论文的收集、整理、统计、审核等奖励工作,共计奖励 4 300 余篇。

(二) 知识产权管理

1. 江苏省高价值专利培育计划项目

组织申报了江苏省2017年度高价值专利培育计划项目2项，经过初评和现场答辩，“物联网核心器件高价值专利培育示范中心”成功获批。

2. 2017年大学生专利成果展示会

组织我校大学生参加2017年南京市大学生专利成果展示会，我校参展作品13项，其中“移动式秸秆热解制备液体燃料的装置和方法”和“肌电假手”获得优秀发明创造奖。

3. 强化管理，优化流程

优化专利申请的流程，采用网络化的管理模式，设计开发了“东南大学专利申请系统”，在运行过程中不断优化，提升系统使用的稳定性和便利性。

4. 专利指标

2017我校国内发明专利申请2 556项；授权1 545项，PCT专利申请为34项；国外专利申请25项，国外专利授权10项。据国家知识产权局中国专利信息中心统计数据显示，我校2017年发明专利授权位列全国高校第4位；截止2017年底有效专利数量位列全国高校第3位。

5. 其他

调整东南大学专利资助办法，完成2017年知识产权创造与运用(专利资助、奖励)专项资金的申请工作，完成国家知识产权局、江苏省知识产权局等主管部门分配的数据统计相关工作、对接调研工作。

三、基地建设

(一) 省部级及以上科研基地建设与管理

1. 指南征集工作

组织完成了2018—2020年江苏省重点实验室重点建设指南的校内征集、遴选和推荐工作。组织完成了教育部“十四五”国家重大科技基础设施项目建议的校内征集、遴选和推荐工作。

2. 基地申报工作

组织完成了2017年度江苏省创新能力建设计划项目的申报工作，申报了江苏省重点实验室3个(江苏省网络群体智能重点实验室、江苏省超材料科学与应用重点实验室、江苏省高效储能与转换重点实验室)。组织完成了2017年第一批省级工程中心和工程实验室的申报工作,申报了江苏省工程实验室1个(江苏省农业物联网感知及系统控制工程实验室)。组织完成了2017年国家地方联合工程研究中心的申报工作。组织完成了第四批国家临床医学研究中心申报工作。

3. 新增科研基地

新增1个江苏省学科重点实验室(江苏省网络群体智能重点实验室)和1个江苏省工程实验室(江苏省农业物联网感知及系统控制工程实验室)。

4. 基地验收和规划论证工作

顺利完成了"江苏省土木工程材料重点实验室提升项目"的验收工作。组织完成了"江苏省'分子铁电科学与应用'重点实验室""江苏省道路基础设施长效服役与绿色安全重点实验室"和"江苏省网络群体智能重点实验室"建设方案的规划论证工作,确保三个重点实验室正常运行。

5. 科研基地绩效评估工作

组织完成了我校"江苏省土木工程材料重点实验室"等7个江苏省高技术研究重点实验室的绩效评估工作,其中5个省重点实验室绩效评估成绩为良好,为学校争取到连续三年共3 000万的省重点实验室绩效后补助经费。组织完成了我校"计算机网络和信息集成"和"复杂工程系统测量与控制"两个教育部重点实验室的绩效评估工作,两个实验室最终评估结果均为良好。组织完成了我校"毫米波""移动通信"和"生物电子学"三个国家重点实验室的绩效评估工作,其中"毫米波国家重点实验室"和"移动通信国家重点实验室"评估成绩为良好。

6. 国家级科研基地的筹建工作

组织开展了国家重点实验室的筹建工作,根据学校的学科优势以及现有实验室分布情况,重点确立了2个国家重点实验室培育点,组建了申报工作小组,多次组织召开申报主题研讨会,对2个实验室的定位、研究方向、人才队伍组织以及申报材料撰写等多方面进行指导。组织国家健康医疗大数据中心生物医学大数据中心召开多次研讨会,经过多番凝练,已初步形成团队,并于2017年12月8日与南京扬子国资投资集团(简称扬子国投)签署了《共建生物医学大数据国家重大科技基础设施合作备忘录》。组织开展了国家实验室的筹建工作,组建了"网络通信与安全南京实验室"筹建工作小组和领导小组,组织召开多次研讨会,基本确立了实验室建设方案的大体框架。

7. 其他工作

完成了省部级及以上重点实验室年报的统计和上报工作,严格把关3个国家重点实验室专项经费以及校内30家省部级科研基地基本科研业务费的使用情况,完成了我校36个省部级及以上重点实验室固定人员和场地面积的统计和梳理工作。审核校内外重点实验室开放课题 118 项,外协合同 49 项。

(二) 协同创新工作

完成了江苏省教育厅关于国家协同创新中心和四个省级协同创新中心的建设成效上报工作、新一轮省级协同创新中心的规划工作。

(三) 新型科研机构

完成了 6 个新型科研机构的论证、发文工作。其中东南大学智慧城市研究院、东南大学丘成桐中心、东南大学未来地下空间研究院、东南大学-威斯康星大学智能网联交通联合研究院等 4 个新型科研机构完成了揭牌工作。2017 年 12 月 8 日东南大学-威斯康星大学智能网联交通联合研究院与扬子国投签署了《共建智能网联交通研究平台》。

(四) 校级研究机构工作

完成了 7 个校级研究机构的发文工作,拟推出校级研究机构的考核工作,对建所后工作不符合要求的做下一步清理工作。

(五) 江苏省高校优秀创新团队

申报江苏省高校优秀科技创新团队 2 个,获批 1 个。今年验收 1 个。

(六) 专职科研队伍

拟定了专职科研队伍的评聘办法,确定指标并下达院系,第一批通过的专职科研人员有 28 名 AB 岗,其中 A 类 17 个,B 类 11 个。

四、国防

战略合作与技术交流:与中国航天科工集团公司、中国电科第十二研究所、中国电科第 28 所签署战略合作协议,与中国航天科工集团 8511 研究所签署全面合作协议。与中国电科 28 所、航天科技 504 所、东方红公司成立联合实验室。组织与战支、中电、中航、航天科技、中船重工、兵器、中核等军队及军工科研单位技术交流 30 余次。科研平台:东南大学牵头的国家高分辨率对地观测系统江苏数据与应用中心挂牌并启动建设。成立东南大学量子信息研究中心、东南大学空间科学与技术研究院等 GF 类新型科研机构。

重大项目:联合航天东方红卫星公司等,联合开展实验卫星研究。组织申报中国南极科考泰山站、昆仑站能源支持系统项目,已通过中国极地中心评审。组织提出若干重大项目策划。

项目与经费:新立项预研 15 项、JW 科技委 GF 科技创新特区 29 项,装发部—教育部联合基金 10 项,装发部领域基金 4 项,GF 重点实验室基金 8 项,获批军委科技委 GF 科技卓越人才项目,立项资助校内 GF 基金 13 项。签订纵向合同 102 项约 1.15 亿元、横向合同 143 项约 1.18 亿元,纵横向合同额超过 2 亿元,创历史新高。到款已突破 1.57 亿元。

成果:方世良教授牵头获批教育部科技进步奖(专用类)一等奖。

质量体系及军工资质:组织完成2016—2017年度质量管理体系的内部审核、管理评审,通过中国新时代认证中心对我校质量管理体系军品第二次监督审核及扩项,以及民品第二次监督审核。提交装备承制单位资格扩项申请,为承接军方型号任务奠定基础。通过了国家国防科工局的武器装备科研生产许可证换证审查。

五、服务江苏,推动地方经济

1. 东南大学技术转移中心建设

转型、价值增值工程推进协调学校多个部门开展科技成果转移转化信息平台的建设论证收资工作,通过近半年的准备,已经完成具体开发单位的招标,2018年初系统将上线试运行,6月份系统正式运行。完成了技术转移公司方案报告的编写工作,准备将原东大科技服务有限公司更名为东大技术转移有限公司。

在苏州昆山、浙江长兴、徐州贾汪、滁州来安、河北石家庄、甘肃兰州等地新建6家技术转移地方分中心。为推进学校成果转化工作,联合学校多部门,启动实施东南大学专利VAE工程(科技成果增值工程),并于4月28日举行首次成果推介会,参加推介会的有20余家投资机构,10余家著名实体企业。首次推介会后,VAE工作团队又与常州武进高新技术开发区、江苏中琛宇投资有限公司等机构进行了专项推介交流。

作为江苏省技术转移联盟主席单位,积极组织和参与省技术转移联盟等有关活动。中心有关工作得到了省科技厅50万元、南京市科委40万元的绩效奖励或后补助经费支持。

启动知识产权运营相关收资和准备工作,与国内外相关公司开展调研工作。

2. 校企产学研联合研发中心建设

截止到日前,新建"东南大学—联想集团穿戴式心脏—睡眠—情绪智能监控联合实验室""东南大学—益丰电子毫米波与太赫兹集成技术联合实验室""东大—昆山交发智慧交通工程联合研发中心""东大—泰豪智慧能源创新联合研发中心""东大—中民筑友联合工程研发中心""东大—如皋汇鑫装配式建筑联合研发中心"等15家校企联合研发中心。

加强对已建校企联合研发中心的管理和考核工作。结合政产学研巡视整改工作,修订《东南大学校企联合研发中心(实验室)管理暂行办法(修订)》。对于合作期限即将届满的研发中心,组织协调中心续签工作,督促经费投入不足的中心按项目和计划落实到位,加大考核淘汰机制,通过研发中心平台为学校的横向科研经费做出长效稳定贡献。

努力推进与中国机械工业集团(国机集团)、绿地集团、海尔集团、联想集团、中国路桥集团、中兴集团、恩智浦等企业全面战略合作。

3. 政府产学研项目申报

2017年度,学校作为技术依托单位与企业联合申报省科技厅重大科技成果转化项目,获批15项,位居全国高校院所前列,为企业获得政府资助经费近1.3亿元,拟为学校获得科研经费约 1 500 万元。

组织申报南京市 2017 年产学研合作后补助计划项目,立项 17 项,获得南京市经费资助 670 万元,占整个计划项目总盘子 2 000 万元的近三分之一强。

2017 年度获批江苏省科技厅“双创博士”20 人,获得江苏省科技厅资助经费 100 万元。对已立项政府产学研项目加强过程管理,按照科技厅要求对 60 项在研项目进行中期检查和按质按量对 30 项项目进行结题验收;督促相关专家积极配合企业按期完成重大成果转化项目验收。

4. 异地研究院建设

加强顶层设计,修订完善《东南大学异地研究院管理暂行办法》(校发〔2017〕188 号),并于 2017 年 6 月 14 日正式发文施行;结合巡视整改工作,全面摸底异地研究院现状和发展诉求,健全异地研究院的考核、评价、退出机制,加强财务预决算和审计管理。

2017 年,学校在异地研究院建设方面,新成立了东南大学苏州医疗器械研究院、东南大学溧阳研究院、东南大学中国医药城生物医药与医疗器械研究院、东南大学江北新区创新研究院。按新管理办法运行,目前苏州医疗器械研究院正常运行,溧阳研究院已完成研究院注册,中国医药城研究院和江北新区创新研究院正在履行注册。

全面参与江宁环东南大学知识创新圈的构建和规划。同时完成盐城、镇江、深圳、扬州、常州等地研究院的法定代表人变更工作。

5. 产学研活动与对接

组织参加中共江苏省委、江苏省人民政府举办的“中国江苏 · 大院大所合作对接会暨第六届产学研合作成果展示洽谈会”。我校与清华、北大、南大 4 所高校分别设有专门展区,重点展示东南大学在江苏产学研合作中取得的经验、成效和最新成果、重点科研团队等。同时我校作为协作单位,与南京软件谷共同举办软件与信息技术产业专场活动,组织有关科研团队在会上作专题成果发布,邀请丘成桐院士参加该专题活动并作主题发言。组织参加“首届中国高校科技成果交易会”、上海“工博会”等全国性展洽会 10 余场。其中“首届中国高校科技成果交易会”上,由我校提供的“智能驾驶辅助系统——车载毫米波长城雷达关键技术产业化”项目与惠州企业德赛西威达成合作。

组织“2017 台州市企业与东南大学产学研合作对接会”“2017 临海市企业与东南大学产学研合作对接会”“2017 云南玉溪企业与东南大学产学研合作对接会”等东南大学专场对接会 20 多场次。

组织老师参加各地市组织的科技对接活动,如张家港科技周活动、昆山科技周、泰安市第四届国内科技合作对接会、国家技术转移联盟活动、省技术转移联盟等有关活动 30 余次。

接待各级政府部门、高校院所调研活动,到兄弟院校调研学习;接待各地市科技领导及企业、技术转移分中心组织的企业来校进行对接交流活动上 100 次。

推动日常产学研对接活动的机制改进和流程优化,明确横向管理部门的岗位职责定位,提升横向科研管理效率。

2017 年国际合作项目

序号	外资单位类项目	项目名称	项目所属单位	项目负责人	项目经费（万元）
1	国际合作项目（外资单位）	Link layer development，testing and integration with host / controller for Bluetooth Low Energy(BLE) version5	电子科学与工程学院	刘 昊	27.44
2	国际合作项目（外资单位）	脓毒血症病理生理机制的探讨	医学院	余卫平	11.67
3	国际合作项目（外资单位）	未来无线传输技术——2017	信息与工程科学学院	徐平平	52.5
4	国际合作项目（外资单位）	移植 Vaa3D-Mozak 分支到 Vaa3D 主线	生物科学与技术学院	阮宗才	29.35
5	国际合作项目（外资单位）	Low-complexity processing for mm-Wave massive MIMO	信息科学与工程学院	金 石	17.25
6	国际合作项目（外资单位）	上釉合金钢研发（V）	材料科学与工程学院	朱鸣芳	42
7	国际合作项目（外资单位）	电动车无线充电功率变换器设计（Design of Power Converters of a Wireless Vehicle Charger）	电气工程学院	王 政	46.52
8	国际合作项目（外资单位）	干煤粉增压富氧燃烧特性研究	能源与环境学院	段伦博	34.7

2017 年重大专项

序号	专项名称	课题编号	课题名称	课题负责人	所在学院	我校经费（万元）
1	水体污染控制与治理专项	2014ZX07405002A	江苏省域城乡统筹供水技术集成与综合示范	沈 杰	土木工程学院	60
2	新一代宽带无线移动通信网	2017ZX03001002－004	增强移动宽带 5G 系统概念样机研发	王闻今	信息科学与工程学院	200
3	新一代宽带无线移动通信网	2017ZX03001020－002	5G 大规模天线信道模拟器研发与验证	张念祖	信息科学与工程学院	1 380
4	核心电子器件、高端通用芯片及基础软件产品专项	2017ZX01030101－002	国产嵌入式 CPU 低功耗关键技术研发	刘新宁	电子科学与工程学院	700
5	核心电子器件、高端通用芯片及基础软件产品专项	2017ZX01001102	T/R 用多功能射频芯片	黄风义	信息科学与工程学院	75
6	重大新药创制专项	2017ZX-09101002－001-004	双氢青蒿素二倍体生物高效抗疟创新药物研究	李新松	化学化工学院	436.64

2017年江苏省自然科学基金项目

序号	项目编号	项目类别	项目名称	项目负责人	单位名称	经费(万元)
1	BK20170019	杰出青年	混杂动态网络的群体行为研究	卢剑权	数学学院	100
2	BK20170020	杰出青年	印记基因转录调控网络与干细胞命运决定	罗卓娟	生命科学研究院	100
3	BK20170021	杰出青年	抑郁症发病机制研究	朱丽娟	医学院	100
4	BK20170022	杰出青年	超声速飞行器多场耦合条件动响应预示研究	费庆国	机械工程学院	100
5	BK20170023	杰出青年	基于二维二硫化钼的超灵敏医用传感器件设计与构筑	刘　磊	机械工程学院	100
6	BK20170024	杰出青年	刺激响应性功能高分子材料研究	杨　洪	化学化工学院	100
7	BK20170078	优秀青年	亚细胞定位的物理化学机制及其应用	吴富根	医学院	50
8	BK20170079	优秀青年	多智能体系统协同行为分析与控制	温广辉	数学学院	50
9	BK20170080	优秀青年	神经发育中的蛋白质稳态调控机制研究	张子超	生命科学与技术院	50
10	BK20170081	优秀青年	生物质选择性热解制取高品质液体燃料基础研究	张会岩	能源与环境学院	50
11	BK20170082	优秀青年	分形多孔微小结构中固液相变传热机理研究	张程宾	能源与环境学院	50
12	BK20170083	优秀青年	新型可展与折叠结构	蔡建国	土木工程学院	50
13	BK20170084	优秀青年	碳纳米功能材料的制备及其在食品安全检测中的应用	沈艳飞	医学院	50
14	BK20170655	青年项目	高层钢筋混凝土结构地震损伤机理的多尺度研究	孙　宾	土木工程学院	20
15	BK20170656	青年项目	多场复合环境下缝合式复合材料夹芯板多尺度协同动响应预示研究	李彦斌	机械工程学院	20
16	BK20170657	青年项目	以无机钙钛矿薄单晶为光吸收层的高效稳定的单晶钙钛矿太阳电池	杨　洁	物理学院	20
17	BK20170658	青年项目	分子铁电薄膜的光伏应用	廖伟强	化学化工学院	20
18	BK20170659	青年项目	多轴分子铁电体的设计与研究	石萍萍	化学化工学院	20

（续　表）

序号	项目编号	项目类别	项目名称	项目负责人	单位名称	经费（万元）
19	BK20170660	青年项目	“双诱导”自旋交叉-上转换纳米复合物研制	罗洋辉	化学化工学院	20
20	BK20170661	青年项目	MoS_2核壳纳米阵列结构的可控制备与光电催化性能	王　玮	化学化工学院	20
21	BK20170662	青年项目	新型动态可逆表面光化学及其应用研究	杜　鑫	医学院	20
22	BK20170663	青年项目	m6A 修饰引发 RNA 脱尾降解的调控机制研究	杜　好	生命科学与技术学院	20
23	BK20170664	青年项目	基于社会空间网络视角的增量建设用地差别化管理机制与配置模式研究	曹　裕	经济管理学院	20
24	BK20170665	青年项目	基于江苏 CORS 的大气水汽探测及其时间序列的多尺度变化分析	上官明	交通学院	20
25	BK20170666	青年项目	应用核磁共振与同位素示踪对生物质热转化机理的研究	赍昊玺	能源与环境学院	20
26	BK20170667	青年项目	面向无酶葡萄糖检测的二维纳米结构的可控组装及传感机理研究	李　晓	机械工程学院	20
27	BK20170668	青年项目	新型全装配式剪力墙结构抗震性能提升及设计方法研究	孙　建	土木工程学院	20
28	BK20170669	青年项目	煤化学链燃烧空气反应器的优化与调控机理研究	王晓佳	能源与环境学院	20
29	BK20170670	青年项目	地铁隧道管片裂缝发展机理及长期承载性能研究	田龙岗	土木工程学院	20
30	BK20170671	青年项目	环保型多孔聚合物混凝土透水性能保持与恢复的关键问题研究	胡　靖	智能运输系统(ITS)研究中心	20
31	BK20170672	青年项目	基于模拟电荷法和随机漫步理论的绝缘子闪络概率分析	何嘉弘	电气工程学院	20
32	BK20170673	青年项目	电动汽车用新型同步磁阻铁氧体永磁电机关键技术研究	张　淦	电气工程学院	20
33	BK20170674	青年项目	新型磁通反向型可变磁通记忆电机研究	阳　辉	电气工程学院	20
34	BK20170675	青年项目	电力弹簧在新能源发电系统中的功率控制与系统参数匹配研究	王青松	电气工程学院	20
35	BK20170676	青年项目	微织构与 ta-C 涂层复合功效刀具的设计制备及润滑作用机理研究	邢佑强	机械工程学院	20
36	BK20170677	青年项目	颗粒材料运动的机理研究以及半隐式无网格方法模拟	何旭珍	土木工程学院	20

（续　表）

序号	项目编号	项目类别	项目名称	项目负责人	单位名称	经费（万元）
37	BK20170678	青年项目	基于动态数据下的管理模式对江南古镇历史地段保护的适应性策略	余雯蔚	建筑学院	20
38	BK20170679	青年项目	生物质和多氢原料催化共热解制油过程机理和调控研究	张　波	能源与环境学院	20
39	BK20170680	青年项目	装配式混凝土框架节点损伤机理及高效分析模型研究	冯德成	土木工程学院	20
40	BK20170681	青年项目	车轮力传感器动态耦合机理与解耦方法研究	王　东	仪器科学与工程学院	20
41	BK20170682	青年项目	雨水花园缓解城市热岛效应的机制研究——以昆山为例	缪蜀江	土木工程学院	20
42	BK20170683	青年项目	基于纳米静电喷射的微纳卫星驱动技术与装置的研究	莫景文	机械工程学院	20
43	BK20170684	青年项目	装配式粘弹性减震结构抗震性能与灾变分析	黄兴淮	土木工程学院	20
44	BK20170685	青年项目	基于相关性的预应力自复位钢结构抗震机理及设计方法	秦　颖	土木工程学院	20
45	BK20170686	青年项目	基于不确定性补偿的燃料电池发电过程抗干扰控制研究	孙　立	能源与环境学院	20
46	BK20170687	青年项目	多模式、多极化可穿戴天线的机理研究和实验验证	蒋之浩	信息科学与工程学院	20
47	BK20170688	青年项目	利用统计信道信息的毫米波网络大规模 MIMO 无线传输理论方法研究	尤　力	信息科学与工程学院	20
48	BK20170689	青年项目	面向亿级顶点知识图谱的分布式查询技术研究	金嘉晖	计算机科学与工程学院	20
49	BK20170690	青年项目	下肢康复外骨骼机器人的多步态自适应学习控制研究	石云德	机械工程学院	20
50	BK20170691	青年项目	大规模图像检索中多结构多视角多层次特征学习与表达	李　峻	自动化学院	20
51	BK20170692	青年项目	基于视觉认知特性的复杂图像显著目标检测研究	张金霞	自动化学院	20
52	BK20170693	青年项目	通信受限下基于连续多智能体系统的分布式优化研究	杨绍富	计算机科学与工程学院	20
53	BK20170694	青年项目	二维材料 / 钙钛矿复合结构光电探测器研究	吕俊鹏	物理学院	20
54	BK20170695	青年项目	输入饱和复杂多智能体系统采样一致性控制	付俊杰	数学学院	20
55	BK20170696	青年项目	二维材料异质结中激子的超快动力学研究	崔乾楠	医学院	20

（续　表）

序号	项目编号	项目类别	项目名称	项目负责人	单位名称	经费（万元）
56	BK20170697	青年项目	基于多代理系统的电力需求侧温控负荷集群控制研究	胡建强	数学学院	20
57	BK20170698	青年项目	77 GHz 毫米波车载 MIMO SAR 三维成像技术	徐　刚	信息科学与工程学院	20
58	BK20170699	青年项目	lncRNA ATAL 通过 PKR 抑制 DNA 损伤应答信号通路的新机制参与 AML 发生的作用机制研究	胡姣姣	中大医院	20
59	BK20170700	青年项目	肠道微生物经 NF-kB 炎症通路对果蝇代谢性学习记忆的影响	张钰旻	中大医院	20
60	BK20170701	青年项目	大鼠椎间盘内源性修复机制的研究：基于 HGF / c-met 信号轴介导的椎间盘巢源性干细胞自体内迁移	时　睿	中大医院	19
61	BK20170702	青年项目	孤独症相关分子 NLG1 双向调控突触可塑性的机制研究	刘　安	生命科学与技术学院	20
62	BK20170703	青年项目	PQBP1 在大脑皮层中调控自我增殖和分化的作用机制研究	程珊珊	生命科学与技术学院	20
63	BK20170704	青年项目	基于高分辨率磁共振对粥样硬化性颅内动脉管壁特征与缺血性脑血管事件相关的随访研究	赵登玲	中大医院	20
64	BK20170705	青年项目	外泌体携带 miR-152 调控脂肪干细胞促创面愈合的应用及机制研究	郭芳芳	中大医院	20
65	BK20170706	青年项目	SENP3 介导吸烟引起的非小细胞肺癌 EGFR-TKI 耐药的分子机制	王　铭	中大医院	20
66	BK20171348	面上项目	代数量子拟群、Galois 理论及其在量子杨- Baxter 方程中的应用	王栓宏	数学学院	10
67	BK20171349	面上项目	共振态理论和粲物理能区新粒子态研究	周智勇	物理学院	10
68	BK20171350	面上项目	桥梁生命索腐蚀-疲劳诱致点蚀和裂纹扩展的损伤跨尺度演化过程研究	王　莹	土木工程学院	10
69	BK20171351	面上项目	土壤微生物燃料电池对重金属的去除效能及机理研究	李先宁	能源与环境学院	10
70	BK20171352	面上项目	心肌组织芯片的构建与应用	黄宁平	生物科学与医学工程学院	10
71	BK20171353	面上项目	基于无线差分信标台的 GNSS 动态精密定位关键技术研究	高成发	交通学院	10

（续　表）

序号	项目编号	项目类别	项目名称	项目负责人	单位名称	经费（万元）
72	BK20171354	面上项目	高 Bs 铁基非晶合金的液态和非晶态结构调控及力学性能优化	袁晨晨	材料科学与工程学院	10
73	BK20171355	面上项目	基于各向异性磁阻效应的柔性磁场传感器的研究	陈　洁	电子科学与工程学院	10
74	BK20171356	面上项目	多氯联苯在太湖沉积物中的长期微生物厌氧降解及其强化机制研究	许　妍	土木工程学院	10
75	BK20171357	面上项目	基于导电聚合物与 MXenes 层间自组装纳米复合气凝胶的制备及吸波性能研究	何　曼	化学化工学院	10
76	BK20171358	面上项目	大数据驱动的城市快速路交通安全态势实时计算与主动调控	徐铖铖	交通学院	10
77	BK20171359	面上项目	热致变色沥青的温度调控机理与优化设计方法	于　斌	交通学院	10
78	BK20171360	面上项目	高频柔性开关非隔离光伏并网逆变器非单位功率因数运行基础研究	肖华锋	电气工程学院	10
79	BK20171361	面上项目	预应力钢板带-砖砌体组合墙受力性能与设计方法研究	敬登虎	土木工程学院	10
80	BK20171362	面上项目	基于局部测量的编队曲面包围控制的几何设计方法	陈杨杨	自动化学院	10
81	BK20171363	面上项目	多重社会网络中 Agent 群组系统的任务协调模型	蒋嶷川	计算机科学与工程学院	10
82	BK20171364	面上项目	飞秒激光脉冲与非线性光学纳米粒子相互作用及其在光镊中的应用	顾　兵	电子科学与工程学院	10
83	BK20171365	面上项目	基于金属／半导体超表面结构的偏振探测器件制备与特性研究	王琦龙	电子科学与工程学院	10
84	BK20171366	面上项目	基于双模振动的一体式石英振梁加速度计研究	梁金星	仪器科学与工程学院	10
85	BK20171367	面上项目	LncRNA MIR143HG 及其遗传变异与宫颈癌易感性的机制研究	王适之	公共卫生学院	10
86	BK20171368	面上项目	非复杂型 Stanford B 胸主动脉夹层预后的解剖形态学及血流动力学因素分析	秦永林	中大医院	10
87	BK20171369	面上项目	新发现的候选致病基因 HHATL 的功能及其在肥厚型心肌病中的致病机制研究	戴启明	中大医院	10

2017 年国防科技活动大事记

1. 3 月 13 日，我校六个学科获批 GF 特色学科。
2. 3 月 15 日，我校与中国电科第十二研究所签署战略合作协议。
3. 4 月 1 日，中国航天科技集团科技委主任包为民院士一行到东南大学调研。
4. 4 月 19 日，我校与中国电科第二十八研究所签署战略合作协议。
5. 7 月，我校通过武器装备科研生产许可证延续申请工作。
6. 9 月 29 日，“高分辨率对地观测系统江苏数据与应用中心”揭牌暨卫星数据应用合作协议签约仪式在东南大学举行。
7. 11 月 16 日，东南大学与中国航天科工集团公司签署战略合作协议。
8. 12 月 12 日，东南大学与中国航天科工集团八五一一研究所签订全面合作协议。

2017 年国防科技项目

一、2017 年国防国家级项目

序号	项目负责人	单位	项目类别	批准金额(单位:万元)
1	费庆国	机械工程学院	预研	200
2	陆卫兵	信息科学与工程学院	预研	300
3	周小阳	信息科学与工程学院	预研	400
4	徐晓苏	仪器科学与工程学院	预研	280
5	徐晓苏	仪器科学与工程学院	预研	160
6	张　涛	仪器科学与工程学院	预研	320
7	李宏生	仪器科学与工程学院	预研	240
8	夏墩柱	仪器科学与工程学院	预研	280
9	雷　威	电子科学与工程学院	预研	406
10	张志强	电子科学与工程学院	预研	350
11	程　光	计算机科学与工程学院	预研	185
12	尚金堂	电子科学与工程学院	预研	30
13	姜龙玉	计算机科学与工程学院	预研	30
14	何思渊	医学院	预研	20
15	李铁香	数学学院	预研	77.34
16	顾忠泽	医学院	重大专项	30
17	陈永平	能源与环境学院	重大专项	30

（续　表）

序号	项目负责人	单位	项目类别	批准金额(单位:万元)
18	孙东科	机械学院	2017 教育部装发联合基金	80
19	陈永平	能源与环境学院	2017 教育部装发联合基金	100
20	赵涤燹	信息学院	2017 教育部装发联合基金	80
21	李连鸣	信息学院	2017 教育部装发联合基金	100
22	刘斯扬	电子学院	2017 教育部装发联合基金	80
23	赵立业	仪科学院	2017 教育部装发联合基金	100
24	薛澄岐	机械学院	2018 教育部装发联合基金	100
25	陈云飞	机械学院	2018 教育部装发联合基金	100
26	虞文武	数学学院	2018 教育部装发联合基金	100
27	陈熙源	仪科学院	2018 教育部装发联合基金	100
28	周忠元	机械学院	领域基金	210
29	徐　欧	信息学院	领域基金	50
30	房淑华	电气学院	领域基金	50
31	夏墩柱	仪科学院	领域基金	50
32	刘震国	信息学院	重点实验室基金	20
33	安　良	信息学院	重点实验室基金	20
34	柏宁丰	电子学院	重点实验室基金	20
35	黄晓东	电子学院	重点实验室基金	20
36	张友法	材料学院	重点实验室基金	20
37	张旭海	材料学院	重点实验室基金	20
38	祝燕华	仪科学院	重点实验室基金	20
39	张　涛	仪科学院	重点实验室基金	20
40	张　彤	电子学院	JW 科技委创新特区	40
41	傅晓建	信息学院	JW 科技委创新特区	50
42	张晓兵	电子学院	JW 科技委创新特区	80
43	华　光	信息学院	JW 科技委创新特区	40
44	李家奇	物理学院	JW 科技委创新特区	20
45	杨　芳	生医学院	JW 科技委创新特区	50
46	恽斌峰	电子学院	JW 科技委创新特区	145
47	杨　鹏	计算机学院	JW 科技委创新特区	50
48	王琦龙	电子学院	JW 科技委创新特区	30

（续 表）

序号	项目负责人	单位	项目类别	批准金额(单位:万元)
49	孙桂芳	机械学院	JW 科技委创新特区	50
50	雷 威	电子学院	JW 科技委创新特区	40
51	喻小强	物理学院	JW 科技委创新特区	20
52	李 潍	仪科学院	JW 科技委创新特区	50
53	程 光	计算机学院	JW 科技委创新特区	25
54	陈 珲	信息学院	JW 科技委创新特区	80
55	周小阳	信息学院	JW 科技委创新特区	100
56	宋爱国	仪科学院	JW 科技委创新特区	150
57	王科平	信息学院	JW 科技委创新特区	50
58	杨 明	计算机学院	JW 科技委创新特区	40
59	巴 龙	生医学院	JW 科技委创新特区	50
60	王兴松	机械学院	JW 科技委创新特区	60
61	王兴松	机械学院	JW 科技委创新特区	120
62	沈宝龙	材料学院	JW 科技委创新特区	50
63	张久洋	化工学院	JW 科技委创新特区	20
64	陆卫兵	信息学院	JW 科技委创新特区	40
65	王志飞	化工学院	JW 科技委创新特区	50
66	李连鸣	信息学院	JW 科技委创新特区	15
67	赵远锦	生医学院	JW 科技委创新特区	50
68	张 彤	电子学院	JW 科技委创新特区	30
69	倪中华	机械学院	基础科研	530
70	吴 敏	化工学院	省军民融合项目	189
71	刘加平	材料学院	后勤保障项目	380

二、100 万元以上新上国防横向项目

序号	项目负责人	单位	金额(单位:万元)
1	安 良、方世良	信息学院	997.5
2	钱 澄	信息学院	675.906
3	方世良	信息学院	530
4	赵嘉宁	信息学院	495
5	罗昕炜	信息学院	350

(续　表)

序号	项目负责人	单位	金额(单位:万元)
6	方世良	信息学院	326
7	方世良	信息学院	300
8	高西奇	信息学院	300
9	方世良	信息学院	295
10	金世俊	仪科学院	286.76
11	徐晓苏	仪科学院	273
12	徐晓苏	仪科学院	273
13	徐晓苏	仪科学院	273
14	徐晓苏	仪科学院	273
15	华　光	信息学院	190
16	徐晓苏	仪科学院	182
17	徐晓苏	仪科学院	182
18	徐晓苏	仪科学院	182
19	徐晓苏	仪科学院	182
20	徐晓苏	仪科学院	182
21	徐晓苏	仪科学院	182
22	徐晓苏	仪科学院	182
23	赵涤燹	信息学院	170
24	费庆国	机械学院	160
25	方世良	信息学院	150
26	王霄峻	信息学院	149
27	王霄峻	信息学院	149
28	李智群	信息学院	148
29	王霄峻	信息学院	130
30	李连鸣	信息学院	124
31	刘锡祥	仪科学院	117.5
32	徐晓苏	仪科学院	104

2017年各部委项目

序号	专项名称	课题编号	课题名称	课题负责人	所在学院	我校经费（万元）
1	工信部	JZX2016-0305/Y034-02	网络异常流量高逼真复制技术	程光	计算机学院	15
2	工信部		新型垃圾焚烧系统研制及示范应用	刘道银	能环学院	50
3	国土资源部		西北边境地区重要通道路网参数遥感信息提取	戚浩平	仪器学院	30
4	交通运输标准(定额)项目		路面用热拌环氧沥青标准制定	罗桑	交通学院	20
5	交通运输部		公路桥梁加固技术规范	张娟秀	交通学院	10
6	交通运输部		公路桥梁承载能力检测评定规程	熊文	交通学院	10
7	交通运输部		公路桥梁加固设计规范修订	黄侨	交通学院	8
8	交通运输部		公路桥梁橡胶支座病害评定技术标准及更换技术规程	周明华	土木学院	90
9	铁总重点课题	2017G007-C	京张铁路长寿命耐久混凝土制备关键技术研究	郭丽萍	材料学院	17
10	铁总重点课题	2017G002-A	京沪高铁标准示范线关键技术研究——CRTSⅡ型板式轨道板端上拱检测及防治技术研究	张继文	土木学院	17
11	铁总重点课题	2017G008-B	路基工程建设技术研究——高速铁路路基沥青混凝土封闭结构应用技术研究	陈先华	交通学院	15
12	铁总重点课题	2017G002-K	基于检测监测数据的高速铁路拱桥和斜拉桥运维关键技术研究	王浩	土木学院	16
13	铁总重点课题	2017G003-D	高铁钢轨浅表层缺陷快速检测关键技术研究及装备研制	张磊	交通学院	10
14	铁总重点课题	2017G006-C	基于BIM的铁路工程节段预制拼装式桥墩关键技术研究	王景全	土木学院	50

（续 表）

序号	专项名称	课题编号	课题名称	课题负责人	所在学院	我校经费（万元）
15	铁总重点课题		基于耐腐蚀钢筋的铁路跨海桥梁耐久性设计与应用研究	蒋金洋	材料学院	100
16	中国工程院学术活动		第五届土木工程安全与防灾学术论坛活动	缪昌文	土木学院	5
17	中国工程院学术活动		中国城市建设中的可持续城市空间发展研究	王建国	建筑学院	85
18	中国工程院学术活动		县域城乡聚落体系与建筑风貌研究	王建国	建筑学院	15
19	中国工程院学术活动		城市基础设施品质工程及绿色坚韧化战略	吴智深	土木学院	28.3
20	中国工程院学术活动		中国城市建设现状评析与价值体系建构	程泰宁	建筑学院	210
21	中国工程院学术活动		“互联网＋”驱动的城市综合交通系统效能提升	任　刚	交通学院	20
22	中国工程院学术活动		中国城市建设价值体系建构	王　静	建筑学院	165
23	中国工程院学术活动		多维互动、双重导向的城市建设可持续发展系统性政策建议	李启明	土木学院	26
24	中国工程院学术活动		公交导向的城市精明增长和交通供需平衡控制	刘　攀	交通学院	25
25	中国工程院学术活动		城市存量空间更新、文化传承和功能提升战略	杨俊宴	建筑学院	27

2017 年江苏省环保科研课题

完成了 2017 年度省环保厅环保科研课题的申报。根据指南规定，我校共申报 6 项，获省环保厅立项 1 项，立项经费为 70 万元。

序号	项目类别	项目名称	项目负责人	立项部门	所在院系	立项经费（万元）
1	环保科研课题	市政污泥生物裂解安全减量处置新技术及其应用示范	余　冉	江苏省环保厅	能源与环境学院	70

2017 年度高等学校科学研究优秀成果奖(科学技术)

序号	项目名称	主要完成人	奖励类别	获奖等级	主要完成单位	院系
1	生物质选择性热解制取高品质液体燃料基础研究	肖　睿、张会岩、肖国民、沈德魁、刘　倩	自然科学奖	一等奖	东南大学	能源与环境学院
2	××××关键技术及应用	方世良、王晓燕、罗昕炜、安　良、姚　帅、韩　宁、武其松、陈励军、王　莉、陆佶人、邵　杰、朱传奇、曹红丽、黄舒夏	科技进步奖（国防专用）	一等奖	东南大学	信息科学与工程学院
3	基于神经驱控的呼吸衰竭优化呼吸治疗体系的建立	邱海波、杨　毅、刘　玲、郭凤梅、刘松桥、黄英姿	自然科学奖	二等奖	东南大学	中大医院
4	钾基固体吸收剂捕集燃煤烟气 CO_2 特性及机理	陈晓平、赵传文、吴　烨、董　伟、赵长遂	自然科学奖	二等奖	东南大学	能源与环境学院
5	偏微分方程反问题数值解及应用	刘继军、王海兵、王丽艳、杨　明	自然科学奖	二等奖	东南大学	数学学院
6	惯性多源高精度组合导航定位与测量关键技术	陈熙源、程向红、杨　波、祝雪芬、揭建英、周祥东	技术发明奖	二等奖	东南大学、北京七维航测科技股份有限公司、江苏罗思韦尔电气有限公司	仪器科学与工程学院
7	超大吨位转体施工桥梁建造关键技术创新与应用	王景全、张文学、蔡建国、薛红云、钱桂枫、梅大鹏、王新国、谢晓慧、秦宝来、姜新华、程　飞、刘　俊、邹向农、冯　宇、戚家南	科技进步奖	二等奖	东南大学、北京工业大学、中铁第五勘察设计院集团有限公司、中铁大桥勘测设计院集团有限公司、沪杭铁路客运专线股份有限公司、中铁第四勘察设计院集团有限公司、铁道第三勘察设计院集团有限公司、中铁二十一局集团一公司	土木工程学院

(续 表)

序号	项目名称	主要完成人	奖励类别	获奖等级	主要完成单位	院系
8	大尺度城市设计关键技术方法及其应用	王建国、韩冬青、杨俊宴、高 源、阳建强、王晓俊、陈 薇、张 愚、董 卫、陈 宇、徐小东、王兴平、谭 瑛、沈 旸、蔡凯臻、顾震弘、朱彦东、陶岸君、孙世界、朱 渊、胡明星、徐 宁、刘 华、史 宜、李京津、戎卿文、宋亚程	科技进步奖	二等奖	东南大学	建筑学院
9	半干法-湿法耦合型垃圾焚烧尾气污染物超低排放技术创新及应用	仲兆平、杨建平、宋 昕、张 波、宋 敏、黄亚继、邬国良、陈晓波、蒋洪元、周南兴、朱 林、毕金波、梁高丰、吴 俊、张新照	科技进步奖	二等奖	东南大学、无锡雪浪环境科技股份有限公司	能源与环境学院
10	多GNSS深度融合高精度定位关键技术及应用	潘树国、王 庆、高成发、高 旺、喻国荣、尹昊华、汪登辉、于先文、陈春花、唐超华、尚 睿、赵 庆、李芦伟、丁艺伟、赵鹏飞	科技进步奖	二等奖	东南大学、湖南省测绘科技研究所	仪器科学与工程学院
11	高频无线通信系统及关键器件技术研究	文岐业、陈 智、程钰间、班永灵、文天龙	自然科学奖	二等奖(合报)	电子科技大学、东南大学	信息科学与工程学院
12	软土地区复杂桩基工程分析理论与性能提升关键技术	梁发云、戴国亮(东南大学)、赵 程、张永涛、李镜培、褚 峰、龚维明(东南大学)、杨炎华、姜海西、赵学亮(东南大学)、宋 著、张 浩、陈海兵、王 琛、钟桂辉	科技进步奖	二等奖(合报)	同济大学、东南大学、中交第二航务工程局有限公司、上海陆家嘴金融贸易区开发股份有限公司、上海公路投资建设发展有限公司	土木工程学院

2017 年国家重点研发计划课题

序号	课题编号	课题名称	项目负责人	所在院系	经费(万元)
1	2017YFA0103903	内源性干细胞再生毛细胞和神经元的多基因协同调控机制研究	柴人杰	生命科学研究院	720
2	2017YFA0104302	干细胞移植示踪的影像分析技术	顾 宁	生物科学与医学工程学院	840
3	2017YFA0104303	干细胞体内示踪的生物机制	姚红红	医学院	701

（续 表）

序号	课题编号	课题名称	项目负责人	所在院系	经费（万元）
4	2017YFA0204803	相变纳米记忆存储和低维自旋电子器件材料的模拟与设计	王金兰	物理学院	500
5	2017YFA0205502	铁基纳米酶调控细胞氧化—还原环境与白血病耐药	张　宇	生物科学与医学工程学院	730
6	2017YFA0205704	表面等离激元热电子光电转换研究	倪振华	物理学院	855
7	2017YFA0205804	光致热载流子行为调控和红外新光源	张　彤	电子科学与工程学院	889
8	2017YFA0403602	二维半导体的光电性能和范德华异质结研究	邱　腾	物理学院	187
9	2017YFB0406003	原子级界面热传导精准测量技术	杨决宽	机械工程学院	165
10	2017YFC0107903	DSA 融合引导支架实时精确定位	舒华忠	计算机科学与工程学院	54
11	2017YFC0109202	锥束 CT 的高性能低剂量重建算法及以其为基础的高级应用	陈　阳	计算机科学与工程学院	110
12	2017YFC0211603	大气污染有害生物结局通路及健康影响关联研究	陈　瑞	公共卫生学院	451
13	2017YFC0504505	砒砂岩区生态安全保障技术	杨才千	土木工程学院	290
14	2017YFC0702302	具有气候适应机制的绿色公共建筑设计新方法	韩冬青	建筑学院	112
15	2017YFC0702501	经济发达地区传统建筑文化中的绿色设计理念、方法及其传承研究	陈　薇	建筑学院	210
16	2017YFC0702504	长三角地区基于文脉传承的绿色建筑设计方法及关键技术	王　静	建筑学院	269
17	2017YFC0702802	室内微生物群落特征、健康评估及污染水平预测	钱　华	能源与环境学院	222
18	2017YFC0703006	大拉力纤维增强复合材料索、锚具、连接件及其轻量化大跨结构体系研究	汪　昕	土木工程学院	212
19	2017YFC0703105	基于固废高掺烧结和固废源高活性材料制备绿色节能墙材技术研发与工程示范	王增梅	材料科学与工程学院	225
20	2017YFC0703402	高性能组合结构城市桥梁研发及应用示范	王景全	土木工程学院	271
21	2017YFC0703503	木竹结构安全性、耐久性和舒适性及其检测评价技术	邱洪兴	土木工程学院	170
22	2017YFC0703602	工业化建筑高层剪力墙结构组合隔震体系	李爱群	土木工程学院	135

(续　表)

序号	课题编号	课题名称	项目负责人	所在院系	经费(万元)
23	2017YFC0703705	复杂造型混凝土建筑部品和装饰构配件的柔性制造技术研究与示范	潘金龙	土木工程学院	727
24	2017YFC0703802	新型框架钢结构体系建筑产业化技术与示范	舒赣平	土木工程学院	301
25	2017YFC0804804	危险品运输罐车侧翻事故主动防控技术及系统	李　旭	仪器科学与工程学院	300
26	2017YFC0805505	建筑工程施工紧邻构筑物等环境安全状态监测预警及控制技术研究与工程示范	李建春	土木工程学院	250
27	2017YFF0205604	基于图像与三维映射融合的路面表观损坏计量技术与标准装置	顾兴宇	交通学院	65
28	2017YFC0906503	自动化文库构建系统及配套试剂研发	刘全俊	生物科学与医学工程学院	478
29	2017YFB1003001	面向工业互联网的云端融合体系结构	罗军舟	计算机科学与工程学院	440
30	2017YFB1002801	大数据多模态增量式交互推理基础理论	耿　新	计算机科学与工程学院	362
31	2017YFB1400801	开放式资源及服务集成模型与机理	李小平	计算机科学与工程学院	320
32	2017YFB1300902	系列化高品质伺服电机、驱动器及编码器通用优化设计技术	花　为	电气工程学院	188
33	2017YFB1303201	脑卒中康复机器人关键技术	李会军	仪器科学与工程学院	216

2017 年国家重点研发计划项目

序号	项目编号	项目名称	项目负责人	所在院系	经费(万元)
1	2017YFA0104300	间充质和神经干细胞的体内动态示踪技术与临床转化研究	顾　宁	生物科学与医学工程学院	2938
2	2017YFC0702500	经济发达地区传承中华建筑文脉的绿色建筑体系	王建国	建筑学院	1277
3	2017YFB1003000	面向工业互联网的智能云端协作关键技术及系统	罗军舟	计算机科学与工程学院	1816
4	2017YFB1400800	专业科技资源及服务集成技术	李小平	计算机科学与工程学院	1330
5	2016YFE0200500	震后建筑粘弹性减震恢复增强技术合作研发与应用示范	徐赵东	土木工程学院	326
6	2016YFE0201000	境外产业园区规划技术合作研究与示范应用	王兴平	建筑学院	490

2017 年国家自然科学基金项目

序号	项目负责人	单位	项目名称	项目类别	批准金额(万元)
1	贺　丹	07 数学学院	图的距离边着色问题	青年科学基金项目	24
2	赵　璇	07 数学学院	基于分层矩阵存储的分数阶扩散方程的自适应算法设计和应用	青年科学基金项目	22
3	赵海军	10 物理学院	涡旋低聚物的形成机理及其近晶流动态的研究	青年科学基金项目	29
4	吕俊鹏	10 物理学院	二维过渡金属硫化物/钙钛矿异质结构的光电性能研究	青年科学基金项目	26
5	姚　帅	04 信息学院	非白噪声下截获水声脉冲信号高精度参数估计方法研究	青年科学基金项目	25
6	白　羽	10 物理学院	北京谱仪Ⅲ实验中寻找 J/Psi 带电轻子味破缺的辐射衰变过程	青年科学基金项目	21
7	徐春祥	11 生医学院	氧化锌紫外纳米激光器的设计与模式调控	重点项目	300
8	陈建龙	07 数学学院	广义逆理论与偏序结构	面上项目	48
9	徐新冬	07 数学学院	哈密顿偏微分方程的动力学行为研究	面上项目	48
10	李　敏	14 经管学院	求解鞍点问题的非精确原始——对偶分裂算法研究	面上项目	48
11	张　鑫	07 数学学院	金融保险中的定价与随机控制问题	面上项目	48
12	林文松	07 数学学院	图的松弛染色问题	面上项目	48
13	闫　亮	07 数学学院	带有随机输入的偏微分方程反问题不确定性量化方法	面上项目	48
14	洪　俊	05 土木学院	高冲击荷载下散粒体发射药床动态响应的试验和数值研究	面上项目	62
15	杨福俊	05 土木学院	碳纤维增强复合材料高温力学性能及疲劳与动态损伤特性实验研究	面上项目	94
16	李志勇	11 生医学院	基于串联狭窄法易损斑块小鼠模型的斑块破裂力学机理研究	面上项目	62
17	贺龙兵	06 电子学院	基于原位电子显微技术研究纳米金属、合金、异质结的表/界面结构、物性的尺寸效应	面上项目	61
18	徐　峰	06 电子学院	亚埃尺度下黑磷烯钠电池负极材料表界面结构演化的原位动态表征与储钠机制研究	面上项目	62

（续　表）

序号	项目负责人	单位	项目名称	项目类别	批准金额(万元)
19	雷双瑛	06 电子学院	黑磷烯中电活性杂质和缺陷及其电学性质的研究	面上项目	62
20	董正高	10 物理学院	等离激元特异介质的光波磁有序响应及其与磁性材料的耦合特性	面上项目	62
21	杨文星	10 物理学院	低维半导体——贵金属耦合杂化体系中超快光学现象及量子相干控制	面上项目	63
22	顾　兵	06 电子学院	飞秒光镊中的非线性光学效应研究	面上项目	63
23	丁德胜	06 电子学院	非线性超声显微术	面上项目	65
24	蒋维洲	10 物理学院	核系统中非核子自由度与非对称核物质状态方程的研究	面上项目	54
25	陈殿勇	10 物理学院	新强子态谱学的唯象研究	面上项目	56
26	安　明	10 物理学院	多体局域化理论及实验最新进展研讨会	国际(地区)合作与交流项目	1.5
27	罗洋辉	19 化工学院	上转换发光对吡唑硼-亚铁自旋交叉体系的性能调控	青年科学基金项目	25
28	李　强	10 物理学院	新型二维半导体材料及其异质结构中电子结构与性能保护的理论研究	青年科学基金项目	26
29	廖伟强	19 化工学院	分子铁电半导体及其光伏应用	青年科学基金项目	26
30	吴亚锋	19 化工学院	基于 DNA 凝胶的仿生智能离子通道和离子泵的研究及应用	青年科学基金项目	25
31	郭存兰	19 化工学院	汞离子调控 DNA 电荷传递及在生物电子器件和传感中的应用	青年科学基金项目	25
32	叶　琼	19 化工学院	具有钙钛矿结构的多轴分子铁电体	面上项目	65
33	王金兰	10 物理学院	类石墨烯基电解水制氢催化剂的模拟与设计	面上项目	65
34	韩晓锋	11 生医学院	多角度研究细胞穿膜肽的穿膜机制	面上项目	59
35	张久洋	19 化工学院	基于含硫嵌段聚合物的多功能热塑性材料研究	面上项目	64
36	张袁健	19 化工学院	C2N 富碳纳米探针制备及其在胰腺癌早期诊断中的应用	面上项目	65
37	卫　伟	19 化工学院	聚 ADP 核糖聚合酶的高通量检测及其生物医学应用研究	面上项目	65
38	钱卫平	11 生医学院	基于有序多孔纳米结构基底的蛋白质分子相互作用研究	面上项目	64

（续 表）

序号	项目负责人	单位	项目名称	项目类别	批准金额(万元)
39	孙清江	11 生医学院	基于量子点的比率荧光传感器用于活细胞中 microRNA 检测研究	面上项目	65
40	吉远辉	19 化工学院	聚合物辅料对药物结晶速率调控的非平衡热力学研究	面上项目	64
41	林凤鸣	11 生医学院	真菌 cel3D 内含子保留调控基因功能的机制研究	青年科学基金项目	25
42	杜 好	27 生命科学研究院	CCR4-NOT 新成员的鉴定及其在 m6A 介导的 RNA 降解中的作用	青年科学基金项目	24
43	彭琼琳	27 生命科学研究院	Doublesex 调控果蝇习得求偶行为的分子与神经机制研究	青年科学基金项目	25
44	刘 安	27 生命科学研究院	星形胶质细胞中的 NLG3 在神经元活动以及社交记忆中作用的研究	青年科学基金项目	25
45	郭 超	27 生命科学研究院	果蝇求偶行为相关的视觉中间神经元的鉴定与功能研究	青年科学基金项目	25
46	陆 巍	27 生命科学研究院	研究调控神经元 NMDA 受体膜转运的分子机制及其在学习记忆中的作用	重点项目	294
47	周东蕊	25 学习中心	土壤依赖型人肠道细菌阻止抗生素诱导肠微生态失衡的作用机制研究	面上项目	25
48	孟继鸿	23 医学院	戊型肝炎——口蹄疫联合疫苗的基础研究	面上项目	60
49	田垚	27 生命科学研究院	果蝇 SCYL3 调控 s-LNv 神经元迁移投射的机制研究	面上项目	57
50	韩俊海	27 生命科学研究院	调控睡眠的 GABA 信号昼夜周期性变化的分子细胞机制研究	面上项目	60
51	王 苏	27 生命科学研究院	微环境中缝隙连接对果蝇神经干细胞自我更新与分化的调控机制	面上项目	25
52	谢 维	27 生命科学研究院	肌营养不良症的新机制研究	面上项目	65
53	顾秋实	13 人文学院	基于流动性视角的专题旅游者空间行为和影响机制研究——以葡萄酒旅游为例	青年科学基金项目	25
54	汤新华	22 仪科学院	基于模型优化的 GNSS/INS 矢量深组合跟踪环路研究	青年科学基金项目	25
55	潘树国	22 仪科学院	面向实测环境的高精度 GNSS 动态定位检定关键技术研究	面上项目	60
56	金 飞	21 交通学院	活性氧化镁激发矿渣水泥固化稳定六价铬的机理研究	青年科学基金项目	25

(续　表)

序号	项目负责人	单位	项目名称	项目类别	批准金额(万元)
57	Birahima Gueye	10 物理学院	基于电磁激励的电子摩擦机理研究	青年科学基金项目	25
58	马　建	02 机械学院	高效能反电渗析盐差能转换技术基础理论研究	青年科学基金项目	24
59	张　帅	03 能环学院	燃煤化学链气化中铁基复合载氧体与焦油相互作用机理研究	青年科学基金项目	24
60	曹　俊	03 能环学院	可燃固体废弃物热处理过程中Cl的迁移转化规律及脱除研究	青年科学基金项目	24
61	张　波	03 能环学院	基于烃池机理的生物质和多氢原料催化共热解制油过程协同效应和调控机制研究	青年科学基金项目	25
62	贲昊玺	03 能环学院	核磁共振检测在生物质热转化机理及产品鉴定领域的应用研究	青年科学基金项目	24
63	李　明	03 能环学院	微藻基多孔碳材料中氮的富集和定向转化规律及其氧还原催化作用机理研究	青年科学基金项目	25
64	李　周	16 电气学院	基于广义预测补偿直流磁控电抗器的多构型 FACTS 技术研究	青年科学基金项目	24
65	王　琦	16 电气学院	电力信息物理系统的频率态势预测及负荷紧急控制技术	青年科学基金项目	22
66	吴　志	16 电气学院	电力市场环境下高灵活性微电网与配电网联合规划方法研究	青年科学基金项目	21
67	洪芦诚	06 电子学院	单三相混合分布式发电系统的谐振模态及稳定域边界研究	青年科学基金项目	24
68	张　淦	16 电气学院	电动汽车用绕组分离型同步磁阻永磁电机关键技术研究	青年科学基金项目	21
69	阳　辉	16 电气学院	新型定子聚磁式永磁记忆电机研究	青年科学基金项目	24
70	彭　飞	16 电气学院	基于改进数值方法的全转速范围开关磁阻电机无位置传感器控制	青年科学基金项目	25
71	李　振	16 电气学院	基于隧穿磁阻传感与空气流体模型的直流电晕可听噪声研究	青年科学基金项目	24
72	费移山	01 建筑学院	基于交通基础设施城市化的城市边缘地区空间形态整合研究——以南京马群地区为例	青年科学基金项目	25
73	史文娟	01 建筑学院	城市视野下晚明江南园林“文本”解读方法再研究——以王世贞(1526—1590)的书写为例	青年科学基金项目	25
74	王　为	01 建筑学院	基于“空间批判”视角的住宅现代生产研究:以 20 世纪长江三角洲地区为例	青年科学基金项目	23

（续 表）

序号	项目负责人	单位	项目名称	项目类别	批准金额(万元)
75	黄旭升	01 建筑学院	塑造新国家首都：现代化早期的城市空间变革	青年科学基金项目	25
76	史　宜	01 建筑学院	基于多源大数据同构的城市中心体系“动态非均衡”结构及演变机理研究	青年科学基金项目	20
77	张　伦	03 能环学院	基于等相对湿度线新风处理的室内热湿环境营造节能基础研究	青年科学基金项目	21
78	周　欣	01 建筑学院	基于集群随机人员行为模型的办公建筑自然通风特性研究	青年科学基金项目	22
79	冯德成	05 土木学院	装配式混凝土结构拼接区精细化分析模型与整体损伤演化研究	青年科学基金项目	25
80	孙　建	05 土木学院	采用高强度螺栓连接的全装配式钢—混凝土组合剪力墙结构抗震性能及设计方法研究	青年科学基金项目	25
81	冯　攀	12 材料学院	海水拌养混凝土固-液界面非匀质溶解动力学过程和水化时变规律	青年科学基金项目	23
82	鲁　聪	05 土木学院	基于混合替代纤维的 ECC 材料性能设计理论及行为机制研究	青年科学基金项目	18
83	王燕华	05 土木学院	基于神经网络模型更新的子结构试验方法	青年科学基金项目	19
84	姚睿根	05 土木学院	基于时效和能效分析的无线结构健康监测传感器网络优化设计	青年科学基金项目	28
85	李慧乐	05 土木学院	基于车-轨-桥耦合振动的钢桥面系疲劳机理分析与剩余寿命预测	青年科学基金项目	28
86	胡　靖	28ITS 中心	沥青混凝土细观结构对疲劳损伤敏感性影响及演化机理研究	青年科学基金项目	24
87	杨　旭	21 交通学院	基于真实骨料模型数据库和虚拟扫描成像技术的多相材料三维细观模型构建方法	青年科学基金项目	23
88	黄兴淮	05 土木学院	粘弹性装配式减震器与节点的理论及试验研究	青年科学基金项目	26
89	蒋金洋	12 材料学院	新型二维纳米材料改性混凝土多尺度结构优化与性能调控研究	国际(地区)合作与交流项目	39.66
90	王　浩	05 土木学院	大跨度桥梁风效应及其监测	优秀青年科学基金项目	130
91	李德玉	02 机械学院	高热导率聚合物纳米纤维的制造及基础研究	海外及港澳学者合作研究基金	18
92	林　光	02 机械学院	肿瘤细胞流动治疗机理的多尺度模拟与实验研究	海外及港澳学者合作研究基金	18

(续　表)

序号	项目负责人	单位	项目名称	项目类别	批准金额(万元)
93	孙正明	12 材料学院	金属晶须自发生长机理及其在微电子与新材料领域的应用基础研究	重点项目	300
94	钟文琪	03 能环学院	流化床加压富氧燃烧捕集 CO_2 的关键基础问题	重点项目	292
95	钱春香	12 材料学院	面向绿色建筑和智能制造的结构-功能一体化水泥基复合材料	重点项目	300
96	刘　攀	21 交通学院	交通工程学科发展战略研究	应急管理项目	7.9
97	曾宇乔	12 材料学院	纳微复合结构超黑新材料的可控制备及光学性能调控研究	面上项目	60
98	徐庆宇	10 物理学院	含氟八面体铁电材料的多铁性与磁电耦合效应研究	面上项目	60
99	储成林	12 材料学院	低频动载作用下镁合金与涂层的降解行为及其频率特性	面上项目	55
100	程　洁	02 机械学院	基于连续损伤理论的生物可降解支架降解力学行为优化与测试方法研究	面上项目	55
101	张志胜	02 机械学院	复杂制造过程中基于多通道数据的质量控制建模理论与方法研究	面上项目	60
102	黄鹏	02 机械学院	大型工业球磨机运动建模方法及介质轴向分层现象研究	面上项目	62
103	徐晓苏	22 仪科学院	基于视觉/微惯性/里程计组合的移动机器人自主导航技术研究	面上项目	62
104	倪中华	02 机械学院	全血中稀有循环肿瘤细胞的精准表征方法研究	面上项目	62
105	陈亚平	03 能环学院	储能和碳捕集的燃气蒸汽混合工质循环的基础研究	面上项目	60
106	殷勇高	03 能环学院	压缩空气溶液干燥新方法及其关键基础问题研究	面上项目	60
107	张程宾	03 能环学院	多尺度沟槽结构梯度表面的自驱动珠状冷凝传热机理研究	面上项目	61
108	陈　震	02 机械学院	热传导和热辐射的动态调制：超高开关比热三极管	面上项目	64
109	段伦博	03 能环学院	高压、高 H_2O 浓度对流化床内煤/生物质燃烧特性的影响	面上项目	60
110	陈晓平	03 能环学院	Oxy-CFB 燃烧高钠煤时受热面积灰机理研究	面上项目	61
111	赵伶玲	03 能环学院	$scCO_2$-brine 多相流体在岩石孔隙内流动特性的研究	面上项目	60

（续 表）

序号	项目负责人	单位	项目名称	项目类别	批准金额(万元)
112	仲兆平	03 能环学院	基于脱氧提质的微波加热生物质化学链热解及介-微孔复合分子筛催化重整制油机理研究	面上项目	65
113	黄学良	16 电气学院	多目标条件下的无线电能传输系统电磁环境优化策略研究	面上项目	60
114	金　龙	16 电气学院	单向步进式超声波电机的动力学模型和实验研究	面上项目	60
115	李　扬	16 电气学院	动态可控负荷参与电力系统调频辅助服务理论与方法研究	面上项目	55
116	窦晓波	16 电气学院	含动态控制区域的有源配电网区域协同控制	面上项目	59
117	花　为	16 电气学院	四轮独立驱动电动汽车用模块化多单元磁通切换永磁轮毂电机研究	面上项目	61
118	胡敏强	16 电气学院	直驱式波浪发电用横向磁通混合磁场调制直线发电机及其控制系统研究	面上项目	61
119	黄允凯	16 电气学院	大功率多相高速永磁电机损耗抑制方法与热管理技术研究	面上项目	61
120	唐　芃	01 建筑学院	基于数字链系统的传统建筑聚落保护规划生成设计方法研究	面上项目	58
121	张　宏	01 建筑学院	基于构件法建筑设计的装配式建筑建造与再利用碳排放定量方法研究	面上项目	61
122	史永高	01 建筑学院	面向环境调控的建构学：复合建造与集成设计驱动的理论和策略研究	面上项目	60
123	鲍　莉	01 建筑学院	广义密度视角下城市住区形态及其公共空间品质的影响机制研究——以南京市为例	面上项目	58
124	淳　庆	01 建筑学院	基于典型构架体系的江南重要木构建筑遗产的关键预警指标及监测评估技术研究	面上项目	58
125	周　琦	01 建筑学院	中国近代钢筋混凝土建筑保护技术研究	面上项目	58
126	薛　力	01 建筑学院	城镇化辐射下山地少数民族特色村寨建筑传统的凝练与传承研究——以福建永安市青水畲族自治乡为例	面上项目	61
127	王承慧	01 建筑学院	基于社区研究和参与的居住型历史地段规划体系优化	面上项目	61

(续　表)

序号	项目负责人	单位	项目名称	项目类别	批准金额(万元)
128	阳建强	01 建筑学院	基于价值导向的历史街区保护利用综合评价体系、方法及机制研究	面上项目	63
129	李　哲	01 建筑学院	基于大样本结构方程的当代新中式建成环境空间效能量化研究	面上项目	60
130	钱　华	03 能环学院	室内温度分层环境下人呼出热射流规律及飞沫散布机理	面上项目	60
131	陆金钰	05 土木学院	基于精细化分析的径向开合屋盖结构行进全过程动力性能及设计方法研究	面上项目	60
132	孙泽阳	05 土木学院	面向远洋岛礁的装配式复合配筋混凝土柱基本性能研究	面上项目	62
133	潘金龙	05 土木学院	新型配筋 ECC-自预应力钢管混凝土组合柱及梁柱节点优化设计及抗震性能研究	面上项目	61
134	张亚梅	12 材料学院	蒸养钢渣/镍渣-水泥基复合胶凝材料的水化机理与长期性能	面上项目	60
135	郭丽萍	12 材料学院	超高强度高延性混凝土的微观力学设计与微结构调控	面上项目	60
136	张　建	05 土木学院	基于车桥耦合作用力实时识别的桥梁快速测试方法及其诊断理论开发	面上项目	60
137	缪长青	05 土木学院	车载和温度场耦合作用下大跨悬索桥钢箱梁疲劳性能及耐久性评估方法	面上项目	58
138	陈先华	21 交通学院	基床沥青混凝土层全温度域的作用机理与动态演变行为研究	面上项目	60
139	刘　钊	05 土木学院	UHPC-NC 叠层桥面板静力与疲劳性能的试验研究及设计理论	面上项目	60
140	张国柱	21 交通学院	能源隧道长期性能演变机理与设计方法研究	面上项目	60
141	黄晓明	21 交通学院	沥青路面水漂机理及类型选择策略研究	面上项目	61
142	杨　军	21 交通学院	基于微观原位测试的沥青混合料老化行为研究	面上项目	60
143	何　杰	21 交通学院	混合收费站运行安全和效率的影响机理与多领域协同分析设计研究	面上项目	54
144	张　磊	21 交通学院	基于三维网联模型的钢桥面铺装耦合动力行为特性与演化机理研究	面上项目	61

（续　表）

序号	项目负责人	单位	项目名称	项目类别	批准金额(万元)
145	张　晋	05 土木学院	自然火灾下正交胶合木结构抗火性能及设计方法研究	面上项目	60
146	徐　刚	04 信息学院	参数化稀疏 MIMOSAR 三维高分辨成像与误差补偿技术	青年科学基金项目	25.5
147	武军伟	04 信息学院	太赫兹频段的可编程电磁超表面研究	青年科学基金项目	25
148	张璇如	04 信息学院	基于多层结构的人工表面等离激元集成与调控研究	青年科学基金项目	25
149	武其松	04 信息学院	基于稀疏贝叶斯学习的多径抑制的高分辨穿墙雷达成像技术研究	青年科学基金项目	25
150	田　玲	04 信息学院	毫米波大规模 MIMO 信道测量仪通道间多维互耦模型及其补偿方法的研究	青年科学基金项目	24.5
151	沈一竹	04 信息学院	双圆极化无源无芯毫米波识别系统研究	青年科学基金项目	25
152	胡三明	04 信息学院	三维集成电路中的高性能毫米波天线研究	青年科学基金项目	25
153	樊鹤红	06 电子学院	光致真空热电子发射增强机理与试验研究	青年科学基金项目	25
154	严蘋蘋	04 信息学院	硅基太赫兹振荡器关键技术研究	青年科学基金项目	29
155	张　宇	09 计算机学院	基于深度骨架模型的多模态多视角 3D 手势识别的研究	青年科学基金项目	29
156	金嘉晖	09 计算机学院	基于子图近似匹配的海量知识图谱分布式查询技术研究	青年科学基金项目	25
157	单　冯	09 计算机学院	面向无线射频供电的数据传输调度优化研究	青年科学基金项目	25
158	付俊杰	07 复杂系统与网络科学研究中心	复杂多智能体系统输入饱和有限时间一致性控制	青年科学基金项目	21
159	胡建强	07 复杂系统与网络科学研究中心	状态观测机制下多智能体系统的集群控制研究及应用	青年科学基金项目	25
160	李　峻	08 自动化学院	大规模图像检索中多源异质视觉特征的学习与表达	青年科学基金项目	20
161	杨绍富	09 计算机学院	通信受限环境下基于神经网络群集动力学的分布式优化研究	青年科学基金项目	23
162	黄浩乾	22 仪科学院	基于磁辅助惯性系统的水下滑翔器抗干扰航姿估计方法研究	青年科学基金项目	25
163	张　凡	07 复杂系统与网络科学研究中心	动态拓扑下鲁里叶网络的协调控制	青年科学基金项目	25

（续　表）

序号	项目负责人	单位	项目名称	项目类别	批准金额(万元)
164	张金霞	08 自动化学院	结合感知分组和视觉注意特性的显著目标检测研究	青年科学基金项目	25
165	崔乾楠	11 生医学院	表面等离激元与二维激子共振耦合的时空动力学与超快光学动态调控	青年科学基金项目	35
166	吴汪然	06 电子学院	机械应变下 600VSOI-LIGBT 电学特性及可靠性研究	青年科学基金项目	26
167	易真翔	06 电子学院	电容式 MEMS 三维风速传感方法研究	青年科学基金项目	20
168	翟建锋	04 信息学院	高性能毫米波及太赫兹元器件的研究	国际(地区)合作与交流项目	10
169	王家恒	04 信息学院	面向 5G 移动通信的超密集传输与组网技术	国际(地区)合作与交流项目	15
170	黄永明	04 信息学院	广域覆盖毫米波大规模 MIMO 无线传输理论与技术研究	国际(地区)合作与交流项目	260
171	程　强	04 信息学院	人工电磁媒质	优秀青年科学基金项目	130
172	温广辉	07 复杂系统与网络科学研究中心	网络耦合系统协同行为分析与控制	优秀青年科学基金项目	130
173	黄庆安	06 电子学院	基于 MEMS 技术的近地层梯度风测量仪器的基础、技术及装置	国家重大科研仪器研制项目	564
174	付　昀	08 自动化学院	大数据社交媒体分析中基于深度学习的图像表达技术研究	海外及港澳学者合作研究基金	18
175	夏亦犁	04 信息学院	基于非圆复数的自适应滤波算法完备均方性能分析及应用	面上项目	60
176	秦　明	06 电子学院	面向物联网的超低功耗热式风传感关键技术及小型无线风传感节点的长续航算法研究	面上项目	60
177	宋铁成	04 信息学院	认知车联网关键技术研究	面上项目	62
178	殷晓星	04 信息学院	低阻槽线及其应用研究	面上项目	63
179	汪　茂	04 信息学院	新能源无线物联网系统的研究与开发	面上项目	59
180	翟建锋	04 信息学院	面向 5G 的宽带功率放大器数字预失真技术研究	面上项目	62
181	周光泉	11 生医学院	用于脊柱侧凸诊断的三维超声成像关键技术研究	面上项目	67
182	郑　军	04 信息学院	LTE-U 与 WiFi 系统非授权频段共存理论与方法研究	面上项目	62
183	衡　伟	04 信息学院	基于大规模天线阵列混合波束成型的毫米波通信关键技术研究	面上项目	62

（续 表）

序号	项目负责人	单位	项目名称	项目类别	批准金额(万元)
184	姜　明	04 信息学院	多码率码长兼容的多元 LDPC 码编码理论与技术	面上项目	62
185	朱　敏	06 电子学院	灵活栅格光网络中可虚拟化光收发器资源提供机制及性能研究	面上项目	16
186	戚隆宁	06 电子学院	基于微惯性单元和可见光通信的室内组合定位关键技术研究	面上项目	16
187	黄见秋	06 电子学院	基于聚四氟乙烯微孔材料的无源无线柔性湿度传感器研究	面上项目	62
188	于　虹	06 电子学院	基于纳机电谐振器的水环境汞离子高灵敏快速检测关键问题研究	面上项目	62
189	倪巍伟	09 计算机学院	世系与数据协同隐藏关键技术研究	面上项目	61
190	周德宇	09 计算机学院	面向热门争议话题的基于社交网络文本与结构的层次观点挖掘研究	面上项目	65
191	曹玖新	09 计算机学院	异质多社交网络信息融合与热点事件多维演化	面上项目	65
192	王立辉	22 仪科学院	水下地磁导航适配区选取方法及其航迹规划	面上项目	60
193	王海贤	25 学习中心	基于 EEG 信号的相位连接模式及其综合分类研究	面上项目	59
194	李　俊	08 自动化学院	超图定义下的广义着色旅行商问题的理论与方法研究	面上项目	65
195	程向红	22 仪科学院	基于地形辅助的深海长航时 ARV 自主导航技术研究	面上项目	16
196	杨万扣	08 自动化学院	面向静态图像行为识别的混合特征学习方法研究	面上项目	64
197	魏海坤	08 自动化学院	基于地基云图和深度学习的光伏功率超短期预测研究	面上项目	63
198	韩　磊	06 电子学院	基于典型 MEMS 膜/梁结构的 RFMEMS 柔性器件弯曲特性模型理论与实验研究	面上项目	63
199	王育乔	19 化工学院	金属氧化物的表面氧空位对光电转换器件中电子输运的影响	面上项目	63
200	倪振华	10 物理学院	基于缺陷与界面态控制的二维材料光电特性与器件	面上项目	63
201	王科平	04 信息学院	微瓦级无晶振无锁相环接收机关键技术研究	面上项目	63
202	朱　真	06 电子学院	酿酒酵母单细胞复制衰老过程中表型分析的高性能微流控三维光电表征方法研究	面上项目	65

(续　表)

序号	项目负责人	单位	项目名称	项目类别	批准金额(万元)
203	黄风义	04 信息学院	基于特征函数法的纳米超高速晶体管毫米波建模研究	面上项目	63
204	单伟伟	06 电子学院	基于自适应双向时钟拉伸的VLSI时序余量片上消除方法及其电路实现	面上项目	65
205	李　青	06 电子学院	无机钙钛矿光晶体管结构的高响应度紫外探测器件研究	面上项目	60
206	吴　俊	06 电子学院	基于材料浸润性的高精度喷墨印刷电子技术的研究	面上项目	16
207	李豪杰	21 交通学院	基于开放式小区背景下的路网安全评价与规划方法研究	青年科学基金项目	18
208	史雅妮	14 经管学院	网络购物环境下推荐时机、类型和依据对消费者行为的影响机制研究	青年科学基金项目	19
209	杨　帆	21 交通学院	基于多源数据融合的出行特征挖掘和需求预测建模	青年科学基金项目	19
210	沈永俊	21 交通学院	基于基准化分析方法的驾驶行为风险指数模型研究	青年科学基金项目	17
211	郭延永	21 交通学院	基于视频交通冲突的信号交叉口主动安全评价与设计优化研究	青年科学基金项目	17
212	赵　德	21 交通学院	基于数据驱动的混合自行车共享网络出行特性解析与协同优化方法	青年科学基金项目	17
213	曹　裕	14 经管学院	基于社会空间网络视角的建设用地差别化管理模式研究	青年科学基金项目	18
214	谢呈阳	14 经管学院	区际产业转移中承接地创新能力同步成长的机理、途径与双端激励政策研究	青年科学基金项目	18
215	杨　敏	21 交通学院	建成环境对轨道通勤方式链的作用机理与小汽车转移调控	面上项目	49
216	刘志远	21 交通学院	基于多模式组合出行的新型停车换乘网络设计与优化方法	面上项目	49
217	刘新旺	14 经管学院	二型模糊社会化商务决策方法及其推荐应用	面上项目	46
218	邓小鹏	05 土木学院	国际高铁项目瞬时竞争优势的形成机理、动态度量及提升路径研究	面上项目	49
219	何　勇	14 经管学院	供应中断下基于演化信息驱动的多主体动态应急策略研究	面上项目	48
220	陈良华	14 经管学院	异质环境下供应链成本分配的动态稳定性研究	面上项目	48

（续 表）

序号	项目负责人	单位	项目名称	项目类别	批准金额(万元)
221	张昕昕	23 医学院	原发性自发性气胸人群中 BHD-like 病人的分子遗传学研究	青年科学基金项目	20
222	王　伟	23 医学院	lncRNA-H19/miR-29b-3p/BBC3 通路调控矽肺纤维化的机制研究	青年科学基金项目	20
223	丁文筱	26 中大医院	内质网自噬在慢性间歇低氧致心肌细胞凋亡中的作用机制及脂联素干预效应的研究	青年科学基金项目	20
224	柳亚敏	26 中大医院	血小板 p66Shc/NO/VASP-P 信号通路介导糖尿病患者氯吡格雷抵抗的作用及机制	青年科学基金项目	20
225	赵　晔	26 中大医院	miR-199a-5p 介导克罗恩病 Th17/Treg 细胞分化失衡的机制研究	青年科学基金项目	21
226	王　彬	26 中大医院	醛固酮诱导 TIF 新机制：FOXO1/Rab7 轴对 miR-26a 表达调控的研究	青年科学基金项目	21
227	丁粉干	26 中大医院	LMWC-QDs/NLRP3siRNA 荧光复合纳米粒靶向干预糖尿病肾病肾小管上皮细胞转分化的实验研究	青年科学基金项目	19
228	吴　迪	26 中大医院	利用锰增强磁共振技术多层次研究 5XFAD 小鼠记忆神经环路和网络功能	青年科学基金项目	19
229	陈　玖	26 中大医院	基于神经影像特征的遗忘型轻度损害患者痴呆转化预测模型的构建与初步临床应用研究	青年科学基金项目	20
230	崔　莹	26 中大医院	2 型糖尿病患者早期认知功能损伤相关脑部结构与功能改变的动态随访研究	青年科学基金项目	20
231	郭芳芳	26 中大医院	外泌体携带 miR-152 调控脂肪干细胞促创面愈合的机制研究	青年科学基金项目	20
232	陈　伟	23 医学院	青霉素结合蛋白 PBP1A 在铜绿假单胞菌逃离时定位鞭毛组装的机制研究	青年科学基金项目	20
233	时　睿	26 中大医院	大鼠椎间盘内源性修复机制的研究：基于 HGF/c-met 信号轴介导的椎间盘巢源性干细胞自体内迁移	青年科学基金项目	20
234	王小虎	26 中大医院	GATA4 对髓核细胞衰老及衰老相关表型的调控作用及机制	青年科学基金项目	20

(续　表)

序号	项目负责人	单位	项目名称	项目类别	批准金额(万元)
235	吴　颖	26 中大医院	长非编码 RNAlinc00958 通过结合 DNMT1 调控 FAT4 表达促进肺鳞癌转移的机制研究	青年科学基金项目	20
236	马　腾	26 中大医院	LncRNAMalat1 调控 miR-124 影响肺腺癌细胞侵袭转移的机制研究	青年科学基金项目	20
237	钱言言	23 医学院	IL-6/STAT3 上调 lncRNAUCA1 在巨噬细胞参与的肝细胞癌进展中的作用机制研究	青年科学基金项目	20
238	李金龙	23 医学院	基于小分子药物生物传感的前列腺癌微环境分子检测的方法研究	青年科学基金项目	21
239	孙蓉丽	24 公卫学院	Evi1 基因在苯致造血毒性中的作用及机制研究	青年科学基金项目	20
240	廖　凯	23 医学院	和厚朴酚靶向线粒体呼吸链复合体Ⅰ核心亚基协助咪康唑拮抗白念珠菌持留菌的作用研究	青年科学基金项目	20.1
241	刘必成	26 中大医院	ExosomalmiRNA 介导肾小管上皮细胞-巨噬细胞对话的新机制研究	国际(地区)合作与交流项目	248
242	倪中华	02 机械学院	面向稀有循环肿瘤细胞的非标记精准检测仪器研制	国家重大科研仪器研制项目	690
243	韩俊海	27 生命科学研究院	PQBP1 基因突变导致智力障碍的机制研究	重点项目	290
244	浦跃朴	24 公卫学院	职业低苯暴露对骨髓造血功能的早期损伤作用与风险评估	重点项目	290
245	陈　瑞	24 公卫学院	大气细颗粒物致气道重塑和肺气肿的非编码 RNA 相关分子标志筛选及早期预警体系研究	重点项目	295
246	葛　峥	26 中大医院	急性淋巴细胞白血病中 IKAROS 通过组蛋白修饰机制调控 WDR5 及作为新治疗靶点的研究	面上项目	55
247	陈立娟	26 中大医院	泛素化连接酶 TRIM38 在心肌肥厚中的作用及机制研究	面上项目	55
248	史兴娟	27 生命科学研究院	新发现候选致病基因 NDUFA7 在心脏发育中的功能及在肥厚型心肌病中致病机制的研究	面上项目	60
249	刘乃丰	26 中大医院	FUNDC1 介导的线粒体自噬功能障碍在糖尿病血管钙化中作用和机制研究	面上项目	55
250	姚玉宇	26 中大医院	kallistatin 抗动脉粥样硬化的作用及其机制研究	面上项目	55

（续 表）

序号	项目负责人	单位	项目名称	项目类别	批准金额(万元)
251	汤日宁	26 中大医院	Notch-miRNA221 通路在 PTH 诱导 CKD 心脏瓣膜钙化形成中的作用研究	面上项目	55
252	杨建军	26 中大医院	Neurexin-1β/neuroligin-2 介导海马抑制性突触重构在术后认知功能障碍中的作用及机制	面上项目	54
253	袁勇贵	26 中大医院	团体认知行为治疗对伴抑郁的哮喘患者的疗效机制研究	面上项目	25
254	蒋　犁	26 中大医院	促红细胞生成素经 EPOR/PI3K/Akt 信号通路调控早产儿脑白质损伤血管修复的机制研究	面上项目	56
255	王志飞	19 化工学院	响应/可降解型铁基 MOF 纳米诊疗平台构筑及其“铁”协同的肿瘤杀伤效应研究	面上项目	55
256	刘培党	23 医学院	双靶点靶向载药银纳米复合物光热—化疗联合治疗乳腺癌的实验研究	面上项目	50
257	纪木火	26 中大医院	海马 CA1→内侧前额皮层突触可塑性受损参与脓毒症相关性脑病的机制研究	面上项目	51
258	毛晓华	23 医学院	MALAT1/mascRNA 双分子体系在调节巨噬细胞固有免疫应答及抗类风湿关节炎疾病中的作用和机制研究	面上项目	55
259	刘燕文	26 中大医院	LncRNAAP000320.6 绑定 PTEN 蛋白抑制 C-MET 去磷酸化促进胃癌恶性进程机制研究	面上项目	56
260	吴国球	26 中大医院	一种基于天然α-螺旋肽自组装的新型靶向抗菌纳米的设计及构建	面上项目	62.5
261	巢　杰	23 医学院	ciR-0001544 靶向调控 ZC3H4 在矽肺炎症和纤维化中的作用研究	面上项目	50
262	金保方	26 中大医院	基于“奇恒之腑”理论研究补肾导浊法通过 p38MAPK 调控炎症因子和细胞凋亡治疗Ⅲ型前列腺炎的作用机制	面上项目	57
263	王琦龙	06 电子学院	基于纳米金属半导体等离激元增强结构的光阴极研究	联合基金项目	62
264	孟　桥	04 信息学院	射电天文超宽带高时间频率分辨率数字后端技术研究	联合基金项目	48
265	房淑华	16 电气学院	大口径天文望远镜用圆筒式弧线永磁电机及精密控制系统	联合基金项目	48

(续　表)

序号	项目负责人	单位	项目名称	项目类别	批准金额(万元)
266	徐菲菲	13 人文学院	基于溢出效应和身份认同理论的可持续旅游行为研究——中英跨文化比较	国际(地区)合作与交流项目/合作交流/NSFC-ERC(中欧)	3
267	夏玮玮	04 信息学院	基于朵云协作的异构网络资源优化关键算法研究	应急管理项目/科学部综合管理项目/研究项目	16
268	Emre Sariyildiz	08 自动化学院	ActiveDisturbanceRejection Controller DesignforSeries ElasticActuators	国际(地区)合作与交流项目/国家自然科学基金外国青年学者研究基金	32
269	ChauYuen	06 电子学院	BigdataanalysiswithIo Tsensorsforasmartcity	国际(地区)合作与交流项目/国家自然科学基金外国青年学者研究基金	33
270	JavedAkram	06 电子学院	Surfaceplasmon polaritonswaveguidesandsources	国际(地区)合作与交流项目/国家自然科学基金外国青年学者研究基金	33
271	万　向	04 信息学院	基于可编程超表面的混合自适应波束赋形系统	国际(地区)合作与交流项目/组织间合作研究/NSFC-DFG(中德)	180
272	王闻今	04 信息学院	面向未来移动通信的大规模分层贝叶斯推断理论方法	国际(地区)合作与交流项目/组织间合作研究/NSFC-DFG(中德)	162
273	易宏伟	23 医学院	海洋药物 NeoechinulinB 通过 YY1-CFTR/DRA 通路治疗炎症性肠病等腹泻性疾病的分子机制	应急管理项目/科学部综合管理项目/研究项目	20
274	李晓波	24 公卫学院	PM2.5 所致肺损伤中能量代谢通路扰动及相关表遗传调控机制研究	重大研究计划/培育项目/大气细颗粒物的毒理与健康效应	75
275	李新德	08 自动化学院	共融交互中的机器人语义场所感知与自主作业	重大研究计划/培育项目/共融机器人基础理论与关键技术研究	63

（续 表）

序号	项目负责人	单位	项目名称	项目类别	批准金额(万元)
276	王雪梅	11 生医学院	多模态活细胞高灵敏检测平台的构建及相关生物大分子动态修饰与化学干预的评价	重大研究计划/培育项目/生物大分子动态修饰与化学干预	70
277	刘加平	12 材料学院	复杂海洋环境下钢筋混凝土高耐久基础理论及关键技术	联合基金项目/重点支持项目/NSFC-山东联合基金	280
278	陈惠超	03 能环学院	生物质基修饰钙基吸收剂捕集 CO_2 协同还原 NO_x 机理研究	联合基金项目/培育项目/NSFC－山西煤基低碳联合基金	65
279	张法明	12 材料学院	网状结构石墨烯增强钛合金基复合材料的强韧化机理与性能	联合基金项目/培育项目/航天先进制造技术研究联合基金	53
280	张程宾	03 能环学院	空间环境中闭式回路自适应微流道相变换热技术研究	联合基金项目/培育项目/航天先进制造技术研究联合基金	49
281	沈来宏	03 能环学院	化学链生物质解耦气化基础研究和过程优化	国际(地区)合作与交流项目/组织间合作研究/NSFC-DFG（中德）	180
282	孙长银	08 自动化学院	机器人集群的智能协同控制理论与方法	联合基金项目/重点支持项目/NSFC-深圳机器人基础研究中心项目	300
283	姚红红	23 医学院	神经胶质细胞特异性 Sigma-1 受体在中枢神经系统慢性炎性疾病中的作用及其机制研究	国际(地区)合作与交流项目/组织间合作研究/NSFC-DFG（中德）	180
284	宋爱国	22 仪科学院	高速作业机器人用多维力传感器关键技术研究	联合基金项目/重点支持项目/NSFC-深圳机器人基础研究中心项目	318
285	王晓佳	03 能环学院	基于多级塔式逆流移动床的煤基化学链燃烧反应器机理研究	应急管理项目/科学部综合管理项目/研究项目	10

2017 年度国家科学技术奖

序号	项目名称	主要完成人	奖励类别	获奖等级	主要完成单位	院系
1	新型分子基铁电体的基础研究	熊仁根(东南大学),叶琼(南京大学),付大伟(东南大学),张闻(东南大学)	自然科学奖	二等	东南大学、南京大学	化学化工学院
2	土木工程结构区域分布光纤传感与健康监测关键技术	吴智深(东南大学)、张建(东南大学)、孙安(东南大学)、李素贞(同济大学)、张宇峰(苏交科集团股份有限公司)、张浩(石家庄铁道大学)	技术发明奖	二等	东南大学、同济大学、苏交科集团股份有限公司、石家庄铁道大学	土木工程学院
3	人机交互遥操作机器人的力觉感知与反馈技术	宋爱国(东南大学)、宋光明(东南大学)、李会军(东南大学)、崔建伟(东南大学)、胡成威(北京空间飞行器总体设计部)、徐宝国(东南大学)	技术发明奖	二等	东南大学、北京空间飞行器总体设计部	仪器科学与工程学院
4	工业智能超声检测理论与应用关键技术	丁辉、束国刚、李明、李晓红、张俊、陈怀东、吕天明、马官兵、赵兴群、马庆增	科技进步奖	二等	东南大学、中国广核集团有限公司、武汉大学、苏州热工研究院有限公司、中广核检测技术有限公司、广东电网有限责任公司电力科学研究院	材料科学与工程学院
5	肺癌精准放射治疗关键技术研究与临床应用	李宝生、于金明、舒华忠(东南大学)、傅小龙、卢冰、黄伟、尹勇、袁双虎、朱健、邢力刚	科技进步奖	二等(合报)	山东省肿瘤防治研究院、东南大学、上海市胸科医院、贵州医科大学	计算机科学与工程学院
6	略	王长君、姜良维、方艾芬、李江平、路小波(东南大学)、方守恩、陆化普、陆建(东南大学)、李瑞敏、王俊骅	科技进步奖	二等(合报)	公安部交通管理科学研究所、东南大学、同济大学、清华大学	自动化学院、交通学院

2017 年度江苏省科学技术奖

序号	项目名称	主要完成人	奖励类别	获奖等级	主要完成单位	院系
1	装配式混凝土结构创新与应用	郭正兴、汪杰、刘家彬、朱张峰、陈锦石、龚咏晖、朱丹、李宁、管东芝、张军、黄新	应用类	一等奖	南京长江都市建筑设计股份有限公司、江苏中南建筑产业集团有限责任公司、龙信建设集团有限公司、南京工业大学、江苏华江祥瑞现代建筑发展有限公司	土木工程学院

（续 表）

序号	项目名称	主要完成人	奖励类别	获奖等级	主要完成单位	院系
2	大型电站锅炉高效低污染燃烧的先进调控技术及应用	钟文琪、许传龙、刘国耀、吕剑虹、赵永力、田万军、刘龙海、王政福、沈德明、周宾、沈浩	应用类	一等奖	东南大学、南京科远自动化集团股份有限公司、大唐江苏发电有限公司、中国大唐集团科学技术研究院有限公司、中电环保股份有限公司	能源与环境学院
3	超高强度钢丝制备技术研究及产业化	方峰、蒋建清、闵学刚、盛荣生、周立初、张年春、周雪峰、胡东辉、崔世云	应用类	一等奖	江苏宝钢精密钢丝有限公司、盛利维尔(中国)新材料技术股份有限公司、南京信息工程大学	材料科学与工程学院
4	疾病相关氧化应激状态原位示踪新技术及其应用	王雪梅、尹立红、姜晖、张海军、张娟、浦跃朴	基础类	二等奖	东南大学	生物科学与医学工程学院、公共卫生学院
5	基于视觉感知的高速公路行车安全监测预警与执法关键技术及应用	路小波、黄卫、姜良维、胡长晖、曾维理、姜胜芹、马庆、郑煜、朱周	应用类	二等奖	东南大学、公安部交通管理科学研究所	自动化学院
6	经脐单孔腹腔镜手术专用器械研制及相关应用研究	王栋、嵇振岭、吴巍、王晶敏、潘峥、谭宇彦、甘欣悦	应用类	三等奖	东南大学附属中大医院、江苏汉美科技有限公司	中大医院
7	全数字化快速土地调查执法技术及应用	王庆、张小国、王慧青、顾和和、朱凤武、汪云甲、徐地保	应用类	三等奖	东南大学、中国矿业大学、江苏省土地勘测规划院、江苏省测绘工程院	仪器科学与工程学院
8	南京南站综合枢纽道路工程绿色建设关键技术及示范应用	黄晓明、高英、马涛、姜培源、李志斌、姚凯、薛海	应用类	三等奖	东南大学、江苏省南京市公路管理处、南京先行交通工程设计有限责任公司	交通学院
9	物联网环境下面向服务的虚拟化协同网络关键技术及系统应用	朱洪波、朱琦、谢振华、金石、杨龙祥、邵伟翔、朱晓荣、程崇虎、胡捷、吕文俊、赵海涛	应用类	一等奖（合报）	南京邮电大学、中兴通讯股份有限公司、东南大学	信息科学与工程学院

(续　表)

序号	项目名称	主要完成人	奖励类别	获奖等级	主要完成单位	院系
10	特高压受端城市电网多时空主动调控关键技术及示范应用	韩冰、黄学良、赵家庆、滕贤亮、陈中、庄卫金、李亚平、杜红卫、吕洋、钱科军、李春	应用类	一等奖(合报)	国网江苏省电力公司苏州供电公司、东南大学、国电南瑞科技股份有限公司、中国电力科学研究院、国网江苏省电力公司、南京南瑞集团公司	电气工程学院
11	燃煤超低排放与湿烟气微细颗粒物控制技术及产业化	朱法华、金保昇、武俊、杨林军、薛建明、仲兆平、许月阳、雍建强、汤光华	应用类	二等奖(合报)	国电环境保护研究院、东南大学、国电江苏电力有限公司、南京龙源环保有限公司、南京国电环保科技有限公司、国电科学技术研究院	能源与环境学院
12	百吨级电传动自卸车核心技术及产业化	孟庆勇、张杰山、张建润、谢和平、孙蓓蓓、戈超、宁冉、张亮、卢熹	应用类	二等奖(合报)	徐州徐工矿山机械有限公司、东南大学	机械工程学院
13	高效、高可靠性模块化智能集成储能系统关键技术及应用	张之梁、蒋玮、严学庆、袁朝勇、王殿龙、吴争、任小永、何菲、赵荣兴	应用类	二等奖(合报)	江苏欧力特能源科技有限公司、东南大学、南京航空航天大学、国网江苏省电力公司泰州供电公司、江苏海德森能源有限公司	电气工程学院
14	半导体照明用稀土荧光粉关键共性技术研究及产业化	何锦华、梁超、董岩、符义兵、邵起越、刘凯、滕晓明、吴斌、徐俊峰	应用类	二等奖(合报)	江苏博睿光电有限公司、东南大学	材料科学与工程学院
15	基于MIMO技术的新一代移动通信天线研发与产业化	刘中华、华光、洪伟、蒯振起、钱鑫、张隆、钱军	应用类	三等奖(合报)	江苏亨鑫科技有限公司、东南大学	信息科学与工程学院

（续 表）

序号	项目名称	主要完成人	奖励类别	获奖等级	主要完成单位	院系
16	基于物联网的城市智能交通系统关键技术研发与集成应用	梁彪、朱翔、郭建华、钱林波、付万超、邹涛、陈黎	应用类	三等奖（合报）	南京城市智能交通股份有限公司、南京三宝科技股份有限公司、东南大学、南京市城市与交通规划设计研究院股份有限公司	智能运输系统研究中心
17	全自动高通量荧光免疫定量分析仪及配套试剂	苏恩本、顾忠泽、何农跃、宰云峰、黄力、王路海、颜彬	应用类	三等奖（合报）	基蛋生物科技股份有限公司、东南大学	生物科学与医学工程学院
18	三氯蔗糖高效清洁生产成套技术的研发与产业化	朱国廷、沈彬、郑辉东、倪晓春、孙同云、罗涛、陈宜武	应用类	三等奖（合报）	盐城捷康三氯蔗糖制造有限公司、东南大学、盐城工学院	化学化工学院
19	基于物联网技术的能源计量与监管设备及系统的研发和产业化	秦冬雷、田备、吴滨、张新、王强、周赣、董政	应用类	三等奖（合报）	无锡市恒通电器有限公司、江南大学、东南大学、无锡锐泰节能系统科学有限公司	电气工程学院
20	风电用Φ600mm以上超大直径特殊钢连铸圆坯的技术开发及产业化	钱刚、许晓红、涂益友、白云、刘谦、张剑锋、夏冬冬	应用类	三等奖（合报）	江阴兴澄特种钢铁有限公司、东南大学	材料科学与工程学院
21	原油在线调合关键技术研究及应用	朱雨、陈夕松、亚宏宇、梅彬、费树岷、刘铁、胡隼	应用类	三等奖（合报）	南京富岛信息工程有限公司、东南大学、中国石油化工股份有限公司金陵分公司	自动化学院
22	复杂环境下地铁盾构区间建造技术及其风险管控	杨树才、胡伍生、田开洋、尹志清、储征伟、王寿强、高海翔	应用类	三等奖（合报）	南京坤拓土木工程科技有限公司、东南大学、南京地铁建设有限责任公司、中铁十四局集团有限公司、南京市测绘勘察研究院有限公司	交通学院

（续　表）

序号	项目名称	主要完成人	奖励类别	获奖等级	主要完成单位	院系
23	智慧交通载具服务系统关键技术研发与产业化	丁飞、张登银、童恩、王堃、潘志文、封栋梁、刘楠	应用类	三等奖（合报）	南京邮电大学、中国移动通信集团江苏有限公司、东南大学	信息科学与工程学院
24	一种基于PCR-化学发光的HBV/HCV/HIV基因并行诊断新型血液筛查方法	梁文飚、李智洋、李爽、孙俊、杨淏文、张若洋、李军	基础类	三等奖（合报）	江苏省血液中心、东南大学、江苏省人民医院	材料科学与工程学院

2017年度其他省部级科学技术奖

序号	项目名称	主要完成人	奖励类别	获奖等级	主要完成单位	院系
1	2017年江苏省国际科学技术合作奖	英格里德海德里克斯	江苏省国际科学技术合作奖	一等奖	东南大学	电子科学与工程学院
2	火灾下桥梁灾变机理、安全评价与加固技术及其工程应用	贺栓海、张岗、黄侨、刘永健、王凌波、侯炜、姚伟发、赵煜、宋一凡	陕西省科技进步奖	二等奖（合报）	长安大学、东南大学	交通学院
3	基于正交矩与偏微分方程的图像重建与处理方法研究	桂志国、舒华忠、朱宏擎、刘祎	山西省自然科学奖	二等奖（合报）	中北大学、东南大学	计算机学院

2017年东南大学专利授权

序号	发明专利名称	申请院系	设计人	授权日	专利号
1	一种受污染原水的长距离输水管道预处理方法及处理系统	能源与环境学院、无锡市自来水有限公司	朱光灿、庄星宇、石晶晶、胡侃、袁君	2016.8.24	201410145364.9
2	一种基于自适应粒子滤波和稀疏表示的目标跟踪算法	仪器科学与工程学院	林国余、杨彪、张为公、李耀磊、刘亚群	2016.04.27	201310357510.X

（续　表）

序号	发明专利名称	申请院系	设计人	授权日	专利号
3	一种基于稳马尔科夫模型的车辆异常行为检测方法	仪器科学与工程学院	林国余、蔡英凤、王海、张为公	2016.08.03	201310127999.1
4	一种用于LTE下行控制信道的盲检系统及其盲检方法	信息科学与工程学院	姜明、朱琳、赵春明、黄鹤	2017.02.01	201310438063.0
5	一种通信装置以及采用该装置进行干扰协调和节能的方法	信息科学与工程学院	杜永强、尤肖虎、赵春明、蒋良成、黄鹤	2017.02.08	201310379393.7
6	基于非均匀入流中螺旋浆空化噪声数值预报的特征提取方法	信息科学与工程学院	曹红丽、方世良、朱志峰	2017.02.08	201310538724.7
7	高含水率疏浚泥堆场围堰空间排水防渗方法	交通学院	吉锋、李辉、别学清、洪振舜、马志华、张正田、刘建龙	2017.02.08	201410240281.8
8	一种移动通信网络中能量效率最优化的方法	信息科学与工程学院	尤肖虎、李知航、潘志文、刘楠	2017.01.18	201310676948.4
9	多用户自然场景标记排序方法	计算机科学与工程学院	耿新、罗龙润	2017.01.18	201310499159.8
10	一种用于AAC音频编码的DVFS方法	信息科学与工程学院	黄少珉、周杰、戚隆宁、林潇航、左红明、王功	2017.02.01	201410039578.8
11	周期预计算斜补偿电路及其FPGA片内延迟锁定环方法	信息科学与工程学院	徐平平、王立超	2017.01.25	201410110889.9
12	一种单片集成全对称三轴硅微音叉陀螺仪	仪器科学与工程学院	夏敦柱、孔伦、虞成、胡异炜、倪佩圳	2017.01.18	201410105276.6
13	基于用户意愿和出行规律的电动汽车充电负荷分配方法	电气工程学院	汤奕、陈成、王琦	2017.01.25	201410098427.X
14	硅微全解耦双质量双线振动式陀螺仪	仪器科学与工程学院	杨波、戴波、殷勇、邓允朋、王行军	2017.02.01	201410164249.6
15	基于二代小波变换与LMS的光纤陀螺信号去噪算法	仪器科学与工程学院	徐晓苏、吴亮、刘义亭、闫捷、邹海军	2017.02.01	201410151377.7

(续　表)

序号	发明专利名称	申请院系	设计人	授权日	专利号
16	一种仿人颈并联机器人及控制该机器人的方法	电气工程学院	高丙团、郭少雄、李伟	2017.02.01	201410143063.2
17	三轴硅底振式加速度计闭环驱动控制与频率检测电路	仪器科学与工程学院	杨波、赵辉、柳小军、戴波、王行军、邓允朋	2017.01.18	201410164579.5
18	一种最大共信息熵的定量小波基选择方法	自动化学院	严如强、单梦骁	2017.02.01	201410223601.9
19	Hedgehog 信号通路抑制剂	化学化工学院	吉民、胡兵、蔡进、曹萌、张入仁、王鹏、常维维、陈峻青、宗玺	2017.01.25	201410204318.1
20	基于相变储热的相变储热保温涂料及其制备方法和应用	土木工程学院	李敏、刘健鹏	2017.01.25	201410320421.2
21	一种风电储能发电系统的置信容量评何等方法	电气工程学院、中国电力科学研究院、国网宁夏电力公司	陈丽娟、吴驰、许晓慧、曾平良、徐青山、徐琼	2017.01.25	201410326792.1
22	降低甲酸在电极上被氧化的阳极及其制备方法	化学化工学院	雷立旭、张瑞、吕伟欣	2017.02.01	201410315897.7
23	燃气蒸汽联合循环机组多变量受限预测函数负荷控制方法	能源与环境学院	吕剑虹、高宇、崔晓波	2017.02.01	201410320483.3
24	一种混合云环境下服务提供者的资源供应方法	计算机科学与工程学院	李小平、陈龙、朱夏、杨芝	2017.01.25	201310722625.4
25	一种随机构建沥青混合料多层次结构仿真模型的方法	智能运输系统中心	钱振东、王江洋、胡靖	2017.02.08	201310091679.5
26	基于星敏感器的近空间弹载捷联惯导系统传递对准方法	仪器科学与工程学院	程向红、陈红梅、戴晨曦、韩旭、王蓝飞	2017.02.15	201410393596.6
27	基于双音叉效应的对称全解耦双质量块硅微陀螺仪	仪器科学与工程学院	杨波、戴波、邓允明、王行军、胡迪	2017.02.15	201410362573.9
28	基于虚拟振动台的水果类运输包装件动态响应用分析方法	交通学院、丹阳飓风物流股份有限公司	何杰、杜恒、赵惠丹、李培庆	2017.02.15	201410275763.7

（续 表）

序号	发明专利名称	申请院系	设计人	授权日	专利号
29	多边形裁剪中交点为多边形顶点的进出性判别方法	仪器科学与工程学院	王慧青、崇素文、王庆、李玲	2017.02.15	201410251976.6
30	一种用于电站循环水泵启停时背压数据的预估方法	电气工程学院、中国大唐集团公司安徽分公司	司风琪、王玺、吕晓明	2017.02.15	201410056562.8
31	具有多粒度特性的多层云制造资源建模框架	计算机科学与工程学院	李小平、刘宁、朱夏、张跃	2017.02.15	201310689629.7
32	用于测试轮胎/路面噪声的系统及方法	交通学院	廖公云、孙铭鑫、王声乐	2017.01.28	201410467094.3
33	净化农药类难降解有机污染土壤的系统	能源与环境学院	李先宁、宋海亮、吴磊、曹羡、余春艳	2017.01.25	201410437003.1
34	SOT封装类芯片引脚三维尺寸缺陷并行检测方法	机械工程学院	张志胜、戴敏、张俊卿	2017.02.01	201410391570.8
35	一种基于负荷控制灵敏度的低频袋子压减载优化控制方法	电气工程学院	宁佳、汤奕、邓克愚、李峰	2017.01.25	201410410254.0
36	一种可降解铝基材料	材料科学与工程学院	薛烽、秦龙、白晶、周健、张成	2017.02.01	201510155681.3
37	一种含油固体废弃物资源化利用装置和方法	能源与环境学院	向文国、周浩、陈晓平	2017.01.18	201510116779.8
38	一种用于生物质快速热解蒸汽高并行除尘的装置和方法	能源与环境学院	肖睿、胡昌淞、张会岩、沈吉兆、夏永奎	2017.01.18	201510120978.6
39	强化人工湿地去除药物残留物并防止耐药菌扩散的装置	能源与环境学院	宋海亮、修瑞瑞、杨小丽、张帅	2017.01.11	201510351628.0
40	一种海水淡化膜用环保型聚醚水处理剂及其制备方法	化学化工学院	陈依漪、吴镇、刘艳梅、梁爽、赵万隆、卓宁、王虎传、周钰明、姚清照、吴文导、孙伟	2017.01.11	201510307505.7
41	微型可投掷机器人	机械工程学院	王超、雷鹏坤	2017.01.11	201410408806.4
42	多晶硅薄膜材料杨氏模量测试结构及方法	电子科学与工程学院	李伟华、王雷、张璐、周再发	2017.01.11	201410243632.0

(续　表)

序号	发明专利名称	申请院系	设计人	授权日	专利号
43	磁齿轮功率分配器	电气工程学院	程明、孙乐、丁石川、李祥林	2017.01.11	201410197143.6
44	基于MIM蛋白环肽抑制剂的靶向长循环脂质体及其制备方法与应用	化学化工学院	蔡进、吉民、曹萌、陈峻青	2017.01.11	201410077563.0
45	银离子增强的稀土配位聚合物发光材料的制备方法	生物科学与医学工程学院	陈扬	2017.01.11	201410098430.1
46	一种与槽式太阳能集热器联合的热水系统	能源与环境学院	匡荛、仇秋玲、左杰、戴广立、李子杰、宋延琨	2017.02.01	201510513860.X
47	一种蓝藻处理方法	能源与环境学院	黄亚继、陈波、张锦泰、刘凌沁	2017.02.01	201510402356.2
48	一种双压力蒸发氨水动力循环发电装置	能源与环境学院	陈亚平、张治、郭占伟、吴嘉峰	2017.01.18	201510406736.3
49	基于马尔可夫模型的公共自行车系统调控方法	交通学院	程琳、高萌萌、滕法利	2017.02.01	201510304386.X
50	一种搭接式自定心屈曲约束支撑	土木工程学院	谢钦、周臻、孟少平	2017.02.01	201510217686.4
51	一种三维纳米多孔钛及其合金的制备方法	材料科学与工程学院	张法明、李萍	2017.01.25	201510158395.2
52	一种高效复合光催化材料的制备及应用方法	材料科学与工程学院	周建成、刘佳慧、田庆文、李乃旭、王猛、邓金全	2017.02.15	201410539706.5
53	高可靠无开关损耗型非隔离逆变器及其开关控制时序	电气工程学院	肖华锋	2017.01.11	201410387704.9
54	一种回流混合促进水汽凝结脱除烟气细颗粒的装置和方法	能源与环境学院	徐俊超、张军、于燕、孟强	2017.02.01	201510657008.X
55	集成芯片散热结构和无源器件的玻璃基板的圆片级制备方法	电子科学与工程学院	尚金堂、罗斌码、马梦颖	2017.01.25	201510957861.3

（续 表）

序号	发明专利名称	申请院系	设计人	授权日	专利号
56	一种应用于 SAR、ADC 的电压缓冲器	电子科学与工程学院	吴建辉、吴爱东、杜媛、李红、陈超	2017.01.25	201610066548.5
57	一种无线鼠标供电系统	电气工程学院	黄学良、赵俊锋	2017.02.08	201310191157.2
58	一种基于韦伯法则的局部多值模式的人脸识别方法	自动化学院	孙长银、杨万扣、黄荣、吴津	2017.02.08	201410001390.4
59	一种 OFDM 信号传输方法及装置	信息科学与工程学院	盛彬、严岩、李夏、刘磊	2017.02.08	201410004747.4
60	一种应用于 LTE 信道模拟器的宽带频率源	信息科学与工程学院	田玲、张念祖、李垚、朱晓维、张雷、陈鹏、余旭涛	2017.02.08	201410003575.9
61	一种用于 OFDM 系统的联合同步和频偏估计方法	信息科学与工程学院	盛彬、严岩、李夏、刘磊	2017.02.08	201410030020.3
62	一种圆极化的高增益低剖面谐振天线	信息科学与工程学院	刘震国	2017.02.08	201410005744.2
63	一种压缩采样信号的五阶特环累积量估计算法	电子科学与工程学院	陈廷欢、张萌、姚玲玲、孙传奇	2017.02.08	201410229504.9
64	一种采用削波搬移的低峰均比无线光传输方法	信息科学与工程学院	许威、吴满、张华	2017.02.08	201410206887.X
65	一种集成化学链高温空分制氧的富氧燃烧煤粉锅炉 CO_2 捕集方法	能源与环境学院	向文国、顾鹏飞	2017.02.08	201410253805.7
66	一种检测光场轨道角动量的装置及方法	电子科学与工程学院	芮光浩、詹其文、崔一平	2017.01.25	201510195708.1
67	砌筑水泥用水泥助磨剂	材料科学与工程学院	高建明、张太龙、祁兵	2017.02.01	201510255519.9
68	一种设置刚刃角的预制装配式顶进箱涵	土木工程学院	王浩、王春峰、茅建校、王飞球、罗勇	2017.02.01	201510194045.1

（续　表）

序号	发明专利名称	申请院系	设计人	授权日	专利号
69	一种微电流强化染料类废水生物降解的装置和方法	能源与环境学院	李先宁、顾凤、宋海亮、吴磊、方舟、曹羡	2017.01.18	201510192492.3
70	一种微网中重要节点电能质量治理方法	电气工程学院	郑建勇、胡路苹、张宸宇、胡洛瑄、缪慧宇、张震、胡子杰、梅军	2017.01.25	201510182793.8
71	一种直流潮流控制器	电气工程学院	陈武、吴小刚	2017.01.25	201510179145.7
72	一种电网黑自启动方法	电气工程学院	汤奕、冯祎鑫、李峰、申振	2017.02.01	201510166636.8
73	用于高真空环境中多种污染采集的富集器及使用方法	生物科学与医学工程学院	康学军、余世兵、邱金丽、肖梅、张晓兵	2017.01.25	201510151602.1
74	一种基于无功波动频率划分的SVG与SVC协调控制方法	电气工程学院	黄学良、周仲柳、王瑜、姚新阳	2017.01.25	201510099207.3
75	一种加氢脱氯催化剂的制备方法及该方法制备的催化剂	化学化工学院	任丽丽、刘蓝梦	2017.01.18	201510117973.8
76	一种基于大滑移温度非共沸工质的多温冰箱	能源与环境学院	刘剑、黄世芳、徐洁月、张小松	2017.01.18	201510053428.7
77	一种可调速比直线磁齿轮	电气工程学院	余海涛、封宁君	2017.01.25	201510001607.6
78	一种双定子轴向磁场磁通切换型混合永磁记忆电机	电气工程学院	林明耀、李念、郝立、徐妲、付兴贺	2017.01.25	201510028269.5
79	一种适用于现役钢缆索的索力检测仪和检测方法	仪器科学与工程学院	倪江生、罗斌、郭正兴、周波、陈诚、金伟明、刘玲、安坤坤	2017.01.25	201510041759.9
80	一种压阻敏感和电容敏感相结合的雨量传感器结构	电子科学与工程学院	秦明、杨凯、苏玲	2017.01.18	201510023959.1
81	一种六价铬污染土壤及地下水的修复方法	交通学院	杜延军、夏威夷、魏明俐	2017.01.18	201510038175.6
82	屈服可调型交叉支撑消能器	土木工程学院	黄镇、王嘉昌、杨林志	2017.01.18	201410797872.5

（续　表）

序号	发明专利名称	申请院系	设计人	授权日	专利号
83	一种基于纵向梳齿式电容的微梁断裂强度的测试结构	电子科学与工程学院	唐洁影、唐丹、王磊	2017.01.25	201410765597.9
84	一种集成超声结构的电容式湿度传感器及其制备方法	电子科学与工程学院	黄见秋、陈文浩	2017.01.18	201410724904.9
85	一种显示器校准方法	电子科学与工程学院	翁一士、刘、奡、张宇宁、李晓华	2017.01.25	201410710459.0
86	一种膨胀效应下信号交叉口非机动车道渠化控制方法	交通学院	任刚、江航、曾霞、黄正锋、卢佳、段婷婷	2017.02.01	201410715686.2
87	一种基于人工表面等离激元器件的波导结构及放大器	信息科学与工程学院	崔铁军、张浩驰、刘硕、沈晓鹏、陈林辉、李边鸣	2017.01.25	201410604357.0
88	一种电动汽车驱动防滑的微分模糊组合控制方法	电气工程学院	张建忠、胡省、徐帅	2017.02.01	201410568284.4
89	一种3.5GHz双极化无线局域网吸顶天线	信息科学与工程学院	张彦、杨天杨、洪伟	2017.02.01	201410550158.6
90	一种紫杉醇类磷脂化合物、其药物组合物及应用	化学化工学院	李新松、方硕	2017.02.01	201410493199.6
91	一种混合不对称的永磁转子	电气工程学院	付兴贺、王标、林明耀	2017.01.18	201410450048.2
92	适用于超导磁体或超导装备的综合型实时监控预警方法	电气工程学院	余海涛、董坤、胡敏强、黄磊、仲伟波、陈中显	2017.01.25	201410390850.7
93	一种适用于超导磁全的复合型失超保护电路	电气工程学院	余海涛、董坤、胡敏强、黄磊、闻程、仲伟波、孟高军	2017.01.25	201410311755.3
94	一种直驱式海洋波浪发电机输出功率的平稳方法	电气工程学院	余海涛、陈中显、胡敏强、黄磊	2017.01.18	201410291419.7

(续　表)

序号	发明专利名称	申请院系	设计人	授权日	专利号
95	无线视频监控系统中基于客户端数量的码率自适应方法	信息科学与工程学院	黄少珉、王盼、戚隆宁、孙敬敬、温蓝平、王国军	2017.02.01	201410229632.5
96	竹木填充屈曲约束支撑	土木工程学院	王春林、吴瑞尧、李晴、吕清芳、杜洋	2017.01.25	201410199273.3
97	带肋竹木约束剪切板	土木工程学院	王春林、吕清芳、董洁、吴瑞尧、吴昊	2017.01.18	201410199559.1
98	一种城市轨道交通客流高峰持续时间预测方法	智能运输系统研究中心	张宁、石庄彬、何铁军	2017.02.01	201410211258.6
99	一种轨道交通客流OD分布实时推测方法	智能运输系统研究中心	张宁、何铁军、石庄彬	2017.02.25	201410202139.4
100	一种多频响应太赫兹波调制器	电子科学与工程学院	张雄、冯丽丽、廖民亮、崔一平	2017.01.25	201410205385.5
101	九相永磁风力发电系统发电机侧PWM变换器控制方法	电气工程学院	樊英、夏子朋	2017.01.18	201410149423.X
102	一种宽带大规模天线系统中导频调度方法	信息科学与工程学院	江彬、熊鑫、尤肖虎、高西奇	2017.01.18	201410136859.5
103	一种磁分离装置	生物科学与医学工程学院	何农跃、邬燕琪、康淼	2017.01.25	201410102947.3
104	一种多天线中继系统中的信息估计与反馈方法	信息科学与工程学院	许威、彭张节、赵春明	2017.01.18	201410061157.5
105	一种粗粒度动态可重构数据规整控制单元结构	电子科学与工程学院	葛伟、曹鹏、马俊、刘波、杨锦江、徐凯、杨军、王超、卜爱国	2017.01.25	201410046567.2
106	一种含LC调谐滤波器的链式混合储能系统及其控制方法	电气工程学院	蒋玮、胡仁杰、丁一阳、黄慧春	2017.01.25	201410053458.3

（续 表）

序号	发明专利名称	申请院系	设计人	授权日	专利号
107	加劲套管混凝土屈曲约束支撑	土木工程学院	王春林、李涛、吴京、曾滨、葛汉彬	2017.01.18	201410015952.0
108	一种折弯机上模滑块进深控制方法	机械工程学院	汤文成、郭哲锋	2017.01.25	201410001786.9
109	一种噪声抑制能力增强的SD调制器结构	电子科学与工程学院	吴建辉、王海冬、黄成、李红、田茜	2017.01.25	201410012909.9
110	一种模数转换器的电容失配快速校准电路及校准方法	电子科学与工程学院	吴建辉、汤旭婷、薛金炜、王海冬、胡建飞、李红	2017.02.01	201410018857.6
111	无线光CDMA系统功率分别约束下多用户功率分配方法	信息科学与工程学院	梁霄、陈春艳、王家恒、赵春明	2017.02.01	201310689450.1
112	一种基于定性和定量用户偏好选择可信Web服务的方法	计算机科学与工程学院	王红兵、俞超	2017.02.01	201310645566.5
113	一种Web服务组合生成方法	计算机科学与工程学院	王红兵、邹彬	2017.01.25	201310693416.1
114	一种考虑同频干扰的MIMO-JFDM信道估计方法	信息科学与工程学院	曹敦、孟鑫、江彬、高西奇、尤肖虎	2017.01.25	201310418937.6
115	基于模态分解的水下目标壳体径向振动低频声辐射信号快速估计方法	信息科学与工程学院	方世良、安良、程强	2017.01.18	201310597616.7
116	一种横向氧化锌纳米棒阵列发光二极管	电子科学与工程学院	张雄、王翼、崔一平	2017.02.01	201410287509.9
117	一种基于北斗三频宽巷组合的网络RTK瞬时定位方法	仪器科学与工程学院	潘树国、高旺、高成发	2017.01.11	201410348205.9
118	一种基于区别性字典的低剂量CT图像处理方法	计算机科学与工程学院	陈阳、石路遥、罗立民、李松毅、鲍旭东	2016.11.30	201310422085.8
119	一种热声驱动的悬浮颗粒迁移脱除装置	能源与环境学院	乔正辉、黄亚继、董卫、程梅、周树青	2016.11.30	201510608994.X

(续　表)

序号	发明专利名称	申请院系	设计人	授权日	专利号
120	适用于无线局域网的联合功率分配的干扰对齐方法	信息科学与工程学院	黄永明、夏灿锋	2016.11.30	201410012255.X
121	一种具有自冷却功能、的燃煤锅炉高温防腐装置	能源与环境学院、国电科技技术研究院	金保昇、姚露、张勇、陈天杰、刘建民、黄启龙、陈国庆	2017.01.04	201510119907.4
122	一种永磁电机转子位置计算方法	电气工程学院	程明、王亚、王伟	2017.01.18	201410456698.8
123	一种基于柔性连接的双质量解不时硅微陀螺仪	仪器科学与工程学院	杨波、邓允朋、殷勇、戴波、王行军、胡迪	2017.01.18	201410449942.8
124	毫米尺度的石墨烯球及其大规模制备方法	电子科学与工程学院	孙立涛、万树、毕恒昌、周奕龙	2017.01.18	201410667717.1
125	一种基于解耦SVPWM的开绕组驱动系统容错控制方法	电气工程学院	樊英、张向阳、祝卫霞、程明	2017.02.01	201410618246.5
126	一种采用交互多模型的移动机器人WSN/INS组合导航方法	仪器科学与工程学院	陈熙源、唐建、徐元、方琳	2017.01.18	201410614772.4
127	一种利用喷涂制备石墨烯基空调滤网的方法	电子科学与工程学院	孙立涛、毕恒昌、孙佳惟、万树	2017.02.01	201410670785.3
128	一种基于轮式移动机器人轨迹跟踪的混合控制方法	自动化学院	翟军勇、黄大伟、艾伟清、费树岷	2017.01.25	201410631147.0
129	一种带滚动球铰连接的悬吊式多层油膜阻尼器	机械工程学院	蒋书运、邱玉江、王红军	2017.01.25	201410796691.0
130	一种考虑变量相关性的光伏穿透功率极限的确定方法	电气工程学院	蒋平、张文婷、诸远	2017.02.01	201510039704.4
131	锌离子检测用量子点比率荧光探针及其检测方法	电子科学与工程学院	孙清江、巫亮、郭庆生、刘玉乾	2017.02.01	201510012279.X
132	绝缘衬底上厚膜硅材料泊松比测试结构	电子科学与工程学院	李伟华、王雷、张璐、周再发	2017.02.01	201510009655.X

（续　表）

序号	发明专利名称	申请院系	设计人	授权日	专利号
133	一种基于光子晶体的高灵敏度免疫层析方法	生物科学与医学工程学院	刘宏、高兵兵、顾忠泽	2017.01.18	201510016906.7
134	兼顾风电场和网络节点电压调节的STATCOM控制方法	电气工程学院	蒋平、冯士睿	2017.01.25	201510053805.7
135	一种制备垂直取向氧化石墨烯薄膜的方法	电子科学与工程学院	万能、董辉	2017.01.11	201410650520.7
136	一种具有工艺稳定性的CMOS集成接收信号强度批示器	电子科学与工程学院	吴建辉、白春风、陈超、黄成、李红	2017.01.11	201510069711.9
137	一种应用于全集成LDO的瞬态增强电路	电子科学与工程学院	吴金、王灿、汪超、陈浩、郑丽霞、孙伟锋	2017.01.11	201510649687.6
138	一种基于服务拓扑的网络系统规模可扩展性评价方法	计算机科学与工程学院	沈军、张旸、朱云斌	2017.01.11	201410110023.8
139	一种基于高斯过程回归的组合导航系统故障诊断方法	仪器科学与工程学院	程向红、朱倚娴、王磊、胡杰	2017.01.11	201410295356.2
140	一种用于磁通切换直线电机的定位力抑制方法	电气工程学院	余海涛、孟高军、胡敏强、黄磊	2017.01.11	201410340620.X
141	一种双机器人协作系统的基坐标标定方法	自动化学院	周波、戴先中、孟正大、张曦	2017.01.11	201410510923.1
142	基于NH码元跳变检测的北斗卫星导航信号捕获方法	信息科学与工程学院	樊祥宁、朱灿、孟苑、王志功	2017.01.11	201510010320.X
143	一种基于旋钮式力反馈手控器及机械臂遥操作控制方法	仪器科学与工程学院	崔建伟、傅威、李程程、杨阳、陈盼、胡静	2017.01.11	201510334938.1
144	缆索检测机器人	土木工程学院	王春林、卢干、黄林新、华海涛、王博臣、夏丹	2017.01.11	201510553087.X
145	SERS可示踪的PH一温度双敏感的脂质体/金属纳米药物载体及其制备方法	电子科学与工程学院	王著元、朱丹、崔一平	2017.01.04	201410287612.3

（续　表）

序号	发明专利名称	申请院系	设计人	授权日	专利号
146	新型预制混凝土管片立式整体成型模具及成型方法	土木工程学院、江西赣粤高速公路股份有限公司、北京特希达科技有限公司	吴刚、吁新华、唐煜、王焰	2017.01.04	201410752766.5
147	开绕组三相永磁同步电机单相绕组短路容错系统及容错方法	电气工程学院	樊英、张向阳	2017.01.04	201410676453.6
148	纤维增强复合材料网格筋成型模具及成型方法	土木工程学院、北京特希达科技有限公司	吴刚、王焰、魏洋、张敏、唐煜	2017.01.04	201410137480.6
149	偏振方向各异的双面随机激光出射的装置和方法	电子科学与工程学院	叶莉华、赵翀、顾兵、刘波、王雁、崔一平	2016.11.30	201410077876.6
150	基于捷联惯性制导和多普勒计程仪的优化导航方法	仪器科学与工程学院	程向红、许立平	2017.03.01	201310654553.4
151	一种快速制备高质量$FeSe_{0.5}Te_{0.5}$超导多晶的方法	物理系	施智祥、李雄	2017.02.22	201510026893.1
152	金属薄膜材料杨氏模量测试结构	电子科学与工程学院	李伟华、王雷、张璐、周再发	2017.02.22	201510010179.3
153	双管式唾液采样器	生物科学与医学工程学院	康学军、李晨、沈康维	2017.02.22	201410446330.3
154	基于纸质平面数据的城市三维空间矢量建模方法	建筑学院	杨俊宴、胡昕宇、史宜	2017.02.22	201410310251.X
155	一种采用基片集成同轴线技术的紧凑型双频枝节线耦合器	信息科学与工程学院	王海明、无奇、余震、洪伟	2017.02.22	201410342931.X
156	控制三线圈高压永磁操动机构的电路及方法	电气工程学院	林鹤云、柳庆东、陈亚彬、徐喆明	2017.02.22	201410371473.2
157	一种基于惯性传感品质航向角获取方法	信息科学与工程学院	夏玮玮、朱亚萍、沈连丰、贾子彦、张瑞、章跃跃	2017.02.22	201410364663.1

（续 表）

序号	发明专利名称	申请院系	设计人	授权日	专利号
158	胫骨骨折可调负重功能支具	机械工程学院	王兴松、田梦倩、马振兴	2017.03.01	201510297499.1
159	一种电网黑启动系统和光伏电站参与电网黑启动的方法	电气工程学院	汤奕、李峰、冯祎鑫	2017.03.01	201510258082.4
160	一种氧化石墨烯的改性方法	化学化工学院	郭新立、赵丽、李琦	2017.03.01	201510261567.9
161	一种主轴电机转子自锁紧式装配装置	机械工程学院	蒋书运、冯慧慧	2017.03.01	201510141441.8
162	仿生电化学池	化学化工学院	雷立旭、张瑞、李光华	2017.03.01	201510098884.3
163	一种高刚性低成本闭式静压导轨	机械工程学院	蒋书运、储佳伟	2017.03.01	201510140314.6
164	基于非共沸工质的热湿解耦处理空调系统	能源与环境学院	陈婷婷、殷勇高、张小松	2017.03.01	201510073291.1
165	一种静压承小孔节流器的简便装拆装置	机械工程学院	蒋书运、冯慧慧	2017.02.22	201510007974.7
166	一种带内馈节流器的大承载静压球头铰链机构	机械工程学院	蒋书运、徐春冬	2017.02.22	201410799357.0
167	盾构隧道环向智能化加固结构及加固方法	土木工程学院、北京特希达科技有限公司、北京市地铁建筑安装工程公司	吴刚、陶津、李金涛、杨广武、沈忱、王佳妮、唐永圣	2017.02.22	201410758544.4
168	基于双边补偿结构的捷联惯导姿态圆锥补偿算法设计方法	仪器科学与工程学院	陈熙源、汤传业	2017.02.22	201410612025.7
169	一种复杂图像多阈值分割方法	机械工程学院	张志胜、巢渊、戴敏	2017.02.22	201410649123.8
170	一种医用婴儿洗浴操作台	机械工程学院	吕晨	2017.02.22	201410621007.5

（续　表）

序号	发明专利名称	申请院系	设计人	授权日	专利号
171	一种超顺磁纳米复合材料及其制备方法	化学化工学院	周钰明、张泽武、张一卫、盛晓莉、向三明、续元妹	2017.02.22	201410450296.7
172	一种聚苯胺一二氧化锰一氮化钛纳米线阵列复合材料及其制备方法和应用	生物科学与医学工程学院	谢一兵、夏池、陈战	2017.02.22	201410506263.X
173	面向嵌入式设备的大容量矢量地图土豆可视化实现方法	仪器科学与工程学院	王慧青、李玲、王庆、张小国、潘树国	2017.02.22	201310222746.2
174	基于因子综合评价的城市整体高度控制分区方法	建筑学院	王建国、杨俊宴、刘坤	2017.02.22	201310223774.6
175	可编程控制的液晶光子晶体光功能器件及光路设置方法	电子科学与工程学院	张彤、李若舟、张宇宁、单锋	2017.02.22	201310468383.0
176	全域覆盖多波束卫星LTE的辅助同步信道传输方法	信息科学与工程学院	王海明、邓祝明、高西奇、尤肖虎	2017.02.22	201410031899.3
177	一种MIMO链路自适应传输方法	信息科学与工程学院	高西奇、吴泳澎、薛昀、江彬	2017.02.22	201410033083.4
178	一种基于社区划分的在线社交网络海量数据存储方法	计算机科学与工程学院	蒋嶷川、陈昭娣	2017.02.22	201410058324.0
179	一种基于信息熵特征和概率神经网络的锅炉燃烧工况识别方法	电气工程学院、马鞍山当涂发电有限公司	司风琪、顾慧、王传奇	2017.02.22	201410058456.3
180	选择性催化还原脱硝装置的气固两相流场与喷氨优化方法	能源与环境学院	金保昇、张勇、陈天杰、姚露	2017.02.22	201410163844.8
181	基于程序流程图的Android恶意软件检测方法	信息科学与工程学院	秦中元、杨中云、王志远	2017.02.22	201410250514.2
182	基于改进型LSSVW迁移学习的轴承故障诊断方法和系统	自动化学院	严如强、陈超、沈飞、陈雪峰、张兴武	2017.02.22	201610069784.2
183	动力锂离子电池极片缺陷自动检测方法	机械工程学院	韩良	2017.02.22	201510162405.X

（续 表）

序号	发明专利名称	申请院系	设计人	授权日	专利号
184	一种MMSE检测下的链路级仿真到系统级仿真的接口方法	信息科学与工程学院	衡伟、余诗洋、张清华	2017.02.22	201510245738.9
185	一种三明治结构金刚石AL复合材料的方法	材料科学与工程学院	陈锋、陈培架、余新泉、张友法、曾从远	2017.02.22	201510240880.4
186	密路网小街区的居住社区机非分离道路地库复合系统	建筑学院	邵润青、段进、钱艳	2017.02.22	201510245681.2
187	薄膜材料断裂强度的测试结构	电子科学与工程学院	李伟华、王雷、张璐、周再发	2017.02.22	201510010385.4
188	面向服务的需求分析方法	计算机科学与工程学院	王红兵、周书湘	2017.02.15	201310636447.3
189	基于自适应标记分布的人类年龄估计方法	计算机科学与工程学院	耿新、王芹	2017.02.15	201310531120.X
190	沥青混合料局部三轴试验方法及其径向位移测试装置	交通学院	杨军、张建同、陈先华、陈小兵	2017.02.15	201310581795.5
191	稳态电能质量预警机制中的异常数据判定阈值设定方法	国家电网公司、江苏省电力公司、江苏省电力公司电力科研研究院、电气工程学院	袁晓冬、柏晶晶、顾伟、李群、张帅	2017.02.15	201310656915.3
192	一种无线局域网中的多用户多输入多输出干扰对齐方法	信息科学与工程学院	俞菲、孙英明、王敏	2017.02.22	201310557015.3
193	一种基于概率融合和降维技术的行为识别方法	电子科学与工程学院	田茜、徐海燕、王臻、马慧、陈萍萍、吴建辉、李红	2017.02.22	201410179070.8
194	一种基于微生物预测模型的货架期预警系统及方法	经济管理学院	赵林度、赵芳芳、邓超、范玉瑶、魏征	2017.02.22	201410200370.X
195	自弱磁愈来愈磁通切换永磁电机	电气工程学院	花为、周令康、程明、王宝安	2017.02.22	201410579552.2

（续　表）

序号	发明专利名称	申请院系	设计人	授权日	专利号
196	一种面向可见光通信的多接收点几何中心定位系统及方法	信息科学与工程学院	许威、王佳、张华	2017.02.22	201410573357.9
197	实现夏季供冷与冬季游泳再生的热源塔热泵游泳再生装置	能源与环境学院	梁彩华、李达、蒋东梅、张小松	2017.02.22	201410674184.X
198	一种零电压开关 Heric 型非隔离光伏并网逆变器	电气工程学院	肖华锋	2017.02.22	201410687891.2
199	一种多孔沥青混合料冲刷冻融劈裂试验方法	交通学院	马涛、梁彦龙、赵晨、黄晓明、张垚	2017.02.22	201410720815.7
200	一种混合永磁磁极交替式磁通切换型记忆电机及其绕组切换弱磁控制方法	电气工程学院	林鹤云、阳辉、房淑华	2017.02.22	201410768271.1
201	一种基于横向梳齿式电容的微梁断裂强度的测试结构	电子科学与工程学院	唐洁影、唐丹、王磊	2017.02.22	201410768803.1
202	一种采用双向搅拌注入法修复有机物污染场地的方法	交通学院、江苏圣泰实田环境修复有限公司	杜延军、刘松玉、宋德君、沈胜强	2017.02.22	201410831123.X
203	一种基于平板式电容检测的微梁断裂强度的测试结构	电子科学与工程学院	唐洁影、唐丹、王磊	2017.02.22	201410768361.0
204	一种静电式 MEMS 扭转梁疲劳强度的测试结构	电子科学与工程学院	唐洁影、王磊	2017.02.22	201410767834.5
205	一种智能温控电热手术刀	公共卫生学院	吴巍、徐恬、赵俊昌	2017.02.22	201410804427.7
206	一种制备氧化石墨烯传感器的方法	电子科学与工程学院	万能、黄见秋、孙立涛	2017.02.22	201410788111.3
207	沥青路面就地热再生工程中的再生厚度测试方法	交通学院、苏州中恒通路桥建设有限公司	赵永利、李铉国、郭鹏、孙一兵	2017.02.22	201410826363.0
208	基于 SERS 微流平台的三维码生物检测芯片及制备、检测方法	电子科学与工程学院	王著元、崔一平、伍磊、范可泉、宗慎飞	2017.02.22	201510026950.6

（续 表）

序号	发明专利名称	申请院系	设计人	授权日	专利号
209	一种有源型谐波治理装置直流侧电压控制优化方法	电气工程学院	赵剑锋、刘康礼、曹武、季永超、王艺钢	2017.02.22	201510033876.0
210	新型大尺寸块状信息存储铁电单晶体的环保节能生长方法	化学化工学院	付大伟、张毅、戈加震、叶恒云、叶琼、游雨蒙、熊仁根	2017.02.22	201510041379.5
211	一种全集成抗阻塞射频接收前端架构	电子科学与工程学院	吴建辉、程超、于天骥、姚红燕、程康、陈超、李红、黄成	2017.02.22	201510066420.4
212	一种超亲水硅谁凝胶接触透镜及处理方法	材料科学与工程学院	姜勇、赵正柏、谢海姣、安双双	2017.02.22	201510197798.8
213	一种设置支撑的冷成型钢组合墙体及安装方法	土木工程学院	江力强、叶继红	2017.02.22	201510225301.9
214	一种滑动式封闭病原检测卡盒	生物科学与医学工程学院	何农跃、陈慧、邬燕琪、张元颖、苏恩本	2017.02.22	201510246613.8
215	一种知识依赖的网页信息抽取方法	焦点科技股份有限公司、计算机科学与工程学院	陈茂榕、孙伟伟、邵明路、滕晓程、王婷	2017.02.22	201510809018.0
216	具有零序电流自矫正的六相同步电机直接转矩控制方法	电气工程学院	周扬忠、程明	2017.02.15	201410610713.X
217	基于结霜初期多效应综合作用的空气源热泵除霜装置	能源与环境学院	汪峰、梁彩华、杨明涛、张小松	2017.02.15	201410584455.2
218	一种带复位结构的高速主从型D触发器	电子科学与工程学院	吴金、许其罗、姚群	2017.02.15	201410539314.9
219	一种便携式直线电机多轴联动测控系统	电气工程学院	余海涛、王亚鲁、胡敏强、黄磊	2017.02.15	201410441292.2
220	一种基于薄膜晶体管的反相器	电子科学与工程学院	黄晓东、黄见秋	2017.02.15	201410442661.X

(续　表)

序号	发明专利名称	申请院系	设计人	授权日	专利号
221	一种喜树碱类磷脂化合物、其药物组合物及应用	化学化工学院	李新松、方硕	2017.02.15	201410495174.X
222	一种基于双边型直线电机的故障信息融合诊断方法	电气工程学院	胡敏强、徐鸣飞、余海涛、黄磊	2017.02.15	201410439278.9
223	一种用于导航系统航向角直接校正补偿方法	仪器科学与工程学院	陈熙源、吕才平、黄浩乾、方琳、藏云歌	2017.02.15	201410439211.5
224	以正反馈跨阻放大级为负载的25%占空比无源混频器	电子科学与工程学院	吴建辉、刘杰、程超	2017.02.25	201410405208.1
225	基于压缩感知的MIMO—OFEM系统信道估计方法	信息科学与工程学院	高西奇、潘云强、孟鑫、金石	2017.02.15	201410312859.6
226	一种全自动CT图像冠状动脉钙化分数计算方法	计算机科学与工程学院	杨冠羽、王征、宁秀芳、孙巧榆、舒华忠	2017.02.15	201410356582.7
227	一种嵌入式音频采集端AAC音频编码方法	信息科学与工程学院	黄少珉、林潇航、戚隆宁、周杰、王功、左红明	2017.02.15	201410284372.1
228	一种基于情感数据场的连续语音情感预测算法	信息科学与工程学院	查诚、黄程韦、赵力	2017.02.15	201410283309.6
229	一种双向同步运动直线电机	电气工程学院	胡敏强、仲伟波、余海涛、黄磊、施振川、刘强、刘春元、闻程、陈中显、董坤	2017.02.15	201410201368.4
230	一种基于条件概率的风电功率加权预测方法	电气工程学院	秦英杰、时斌、谢珍建、乔黎伟、王哲	2017.02.15	201410235407.2
231	全数字锁环内建自测试结构	电子科学与工程学院	吴建辉、阁兰花、黄成、李红、陈超、田茜	2017.02.15	201410168720.9
232	超密集异松网络下跨层干扰协调优化方法	信息科学与工程学院	潘志文、缪俊、刘楠、尤肖虎	2017.02.15	201410141467.8

（续　表）

序号	发明专利名称	申请院系	设计人	授权日	专利号
233	一种基于动态标量调节的低峰均比无线光传输方法	信息科学与工程学院	张华、袁颖、许威	2017.02.15	201410131898.6
234	面向大规模MIMO、TEE系统的3D波束成形方法	信息科学与工程学院、日电（中国）有限公司	黄永明、范立行、杨绿溪、姜蕾、王刚	2017.02.15	201410101271.6
235	一种基于视频图像序列的人脸表情识别方法	信息科学与工程学院	徐平平、谢怡芬、吴秀华	2017.02.15	201410073222.6
236	面向移动终端三维模型流式传输方法	计算机科学与工程学院	姚莉、李沛林	2016.11.23	201310131264.6
237	一种利用轮廓感知的虚拟视点合成方法	计算机科学与工程学院	姚莉、许辉	2017.03.15	201510182858.9
238	一种风电场光伏电站联合出力模拟方法	电气工程学院、中国电力科学研究院	陈丽娟、徐琼、曾平良、许晓慧、徐青山、吴驰	2017.03.01	201410332527.4
239	一种弹性叶片式并联型超声波电机	电气工程学院	徐志科、董晓霄、金龙、潘鹏、胡敏强	2017.03.01	201510159094.1
240	一种半预制地下连续墙及其施工方法	土木工程学院	金晓飞、梁书亭、朱筱俊、黄云天、尹寒青	2017.03.01	201510319108.1
241	高效去除低污染水中亲脂性痕量有机物的生态工程方法	能源与环境学院	宋海亮、翟志东、杨小丽	2017.03.01	201510381202.X
242	共掺型与分掺型ZnInS/ZnS双发射量子点的制备方法	电子科学与工程学院	王春雷、黄光光、徐淑宏、崔一平	2017.03.01	201510444553.0
243	一种原位竖向隔离工程屏障材料的制备装置及制备方法	交通学院	范日东、杜延军、刘松玉	2017.03.01	201510712143.X
244	一种带自检测装置的压阻式压力传感器及其制备方法	电子科学与工程学院	聂萌、包宏权、黄庆安	2017.03.08	201510105497.8
245	一种自动移液装置	生物科学与医学工程学院	何农跃、邬燕琪、陈慧	2017.03.08	201510690778.4

(续　表)

序号	发明专利名称	申请院系	设计人	授权日	专利号
246	一种火电机组协调控制系统的煤质自校正预测控制方法	能源与环境学院	潘蕾、陈伟、刘西陲、李益国、沈炯	2017.03.08	201510126722.6
247	基于SINS/DVL/GPS的AUV纵使导航系统	仪器科学与工程学院	程向红、许立平、王磊、朱倚娴、冯骥、韩旭	2017.03.15	201410032817.7
248	频分复用户MIMO能效优化方法	信息科学与工程学院	王家恒、赵立成、梁霄	2017.03.15	201410243380.1
249	一种基于熵的路网环境位置泛化方法	计算机科学与工程学院	倪巍伟、马中希、陆介平	2017.03.15	201410252465.6
250	一种基于指数函数近似的dB线性可变增益放大器	电子科学与工程学院	吴建辉、姚红燕、于天骥、白春风、黄成、陈超、田茜、李红	2017.03.15	201410352822.6
251	一种基于横向游移坐标系的极区惯性导航方法	仪器科学与工程学院	徐晓苏、姚逸卿	2017.03.15	201410522175.9
252	一种制备Ag:ZnInSe量子点敏化太阳能电池的方法	电子科学与工程学院	徐淑宏、王赵冲、王春雷、崔一平	2017.03.15	201410773040.X
253	一种多星座长基线网络RTK部分模糊度快速解算方法	仪器科学与工程学院	潘树国、高旺、高成发、胡惠卿、尚睿	2017.03.15	201410827003.2
254	一种自识别负载的无线电能传输系统接收端检测方法	电气工程学院	谭林林、黄学良、颜常鑫、王维	2017.03.15	201410828760.1
255	一种基于非差非组合模型的网络RTK模糊度解算方法	仪器科学与工程学院	潘树国、汪登辉、高成发、邓家栋、杨徉	2017.03.15	201410837313.2
256	一种制备金纳米颗粒的方法	电子科学与工程学院	王著元、范可泉、崔一平	2017.03.15	201510037346.3
257	一种荷电团簇迁移的动能-电能转换装置	电气工程学院	顾璠、徐凯、李森	2017.03.15	201510090160.4
258	一种基于电渗析的三元工质氨水吸收式制冷系统	能源与环境学院	李舒宏、梁圆圆、张小松	2017.03.15	201510149850.2

（续 表）

序号	发明专利名称	申请院系	设计人	授权日	专利号
259	一种适用于调平锁紧缸的便携式应急装置及其操作方法	仪器科学与工程学院	倪江生、孙诚、周波、金伟明、安坤坤、刘玲	2017.03.15	201510147766.7
260	一种生物质分级气化制取富氢气体装置及方法	能源与环境学院	肖军、周亚运、吕潇、袁言言、沈来宏	2017.03.15	201510218684.7
261	一种家居环境下的机器人路径规划方法	信息科学与工程学院	徐平平、田红瑞	2017.03.15	201510257930.X
262	一种建筑减振用装配式铅泡沫铝复合材料阻尼器	土木工程学院	刘少波、李爱群、轩鹏	2017.03.15	201510257460.7
263	多层浅根系生长空间植物滤柱装配型滤床	能源与环境学院	宋海亮、张守凤、杨小丽	2017.03.15	201510386523.9
264	一种用于修复芳烃.重金属离子复合污染的微生物方法	材料科学与工程学院	钱春香、詹其伟	2017.03.15	201510394676.8
265	一种基于草甘膦降解的重金属离子矿化修复的微生物方法	材料科学与工程学院	钱春香、詹其伟	2017.03.15	201510393343.3
266	一种固相负载捕碳微生物胶凝材料的施用装置及方法	材料科学与工程学院	钱春香、詹其伟、伊海赫	2017.03.15	201510549898.2
267	一种多年冻土地区路基结构	交通学院	马涛、黄晓明、赵永利、汤涛、汪海年	2017.03.15	201510575129.X
268	微玻璃半球谐振陀螺及其圆片级制备方法	电子科学与工程学院	尚金堂、罗斌	2017.03.15	201510963681.6
269	一种分层无线传感器网络中的密钥管理方法	信息科学与工程学院	秦中元、冯可荣、黄杰、胡帅奇、廖如天、陶雷、杨远益	2017.04.05	201410246037.2
270	金纳米簇作为谷胱甘肽荧光探针的应用	化学化工学院	吴富根、张晓东、陈战	2017.04.05	201410261543.9
271	纳米金一纳米纤维功能复合物修饰电极的制备方法	公共卫生学院	王晓英	2017.04.05	201410324482.6

（续　表）

序号	发明专利名称	申请院系	设计人	授权日	专利号
272	一种电动汽车驱动系统单相绕组断路容错控制系统及方法	电气工程学院	樊英、张向阳、程明	2017.04.05	201510026835.9
273	一种基于P(MVE—alt—MA)光控水凝胶及其制备方法	生物科学与医学工程学院	张天柱、马晓娥、顾宁	2017.04.19	201410131093.1
274	基于滑模磁链观测器的永磁同步电机转矩控制方法	电气工程学院	樊英、张丽、厦子朋、顾玲玲	2017.04.19	201410116544.4
275	一种不对称转子直线旋转运动转换器	电气工程学院	付兴贺、王标、林明耀	2017.04.19	201410453888.4
276	一种考虑风电预测误差的机组有功实时调度方法	电气工程学院	蒋平、张文婷、霍雨翀	2017.04.19	201510236708.1
277	一种多色LED可见光通信自适应传输方法	信息科学与工程学院	赵春明、吴满、黄鹤、梁霄	2017.04.19	201510019678..9
278	一种高灵敏热风速传感器结构和风速风向测定方法	电子科学与工程学院	秦明、杨佳伟、姚玉瑾、王芳	2017.04.19	201510024185.4
279	一种用于选择性氨气敏检测的石墨烯复合物的制备方法及应用	能源与环境学院	宋敏、徐娟、金保昇、仲兆平	2017.04.19	201410794224.4
280	一种用于水工泄水建筑物修补的高延性水泥基材料及制备方法	材料科学与工程学院	郭丽萍、陈波、谌正凯、张文潇	2017.04.19	201510468837.3
281	一种压电-电磁复合式MEMS振动能量收集器及其制备方法	电子科学与工程学院	黄晓东、黄见秋、黄庆安	2017.04.19	201510526843.X
282	一种基于冲击振动的桥梁检测评估方法与设备	土木工程学院	张建、夏琪、张博、郭双林	2017.04.19	201610510192.X
283	一种自动多维粗差探测方法	交通学院	张志伟、汪平、胡伍生	2017.04.05	201510064440.8
284	一种生物质燃气甲烷化催化剂及其制备方法	能源与环境学院	金保昇、王妍艳、宋敏、牛淼淼、董新新	2017.04.05	201510198909.7

（续 表）

序号	发明专利名称	申请院系	设计人	授权日	专利号
285	GPS高程异常数据的粗差探测方法	交通学院	张志伟、胡伍生	2017.04.05	201510159639.9
286	一种用于伺服刀架重复定位精度的测试装置及测试方法	机械工程学院	张建润、陈龙、张诚、孙蓓蓓、卢熹、贾雪	2017.04.05	201510213154.3
287	一种溶液中亚硝酸根离子清除剂及其制备方法和应用	生物科学与医学工程学院	陈扬、戚泽万	2017.03.08	201510230404.4
288	颗粒流与有限差分法不耦合计算方法	土木工程学院	赵学亮	2017.04.05	201410310306.7
289	一种基于欠采样技术锁相环长周期抖动片上测量电路	电子科学与工程学院	许浩博、蔡志匡、徐亮	2017.04.05	201410422608.3
290	一种基于协调路基路面变形的沥青路面结构	交通学院	黄晓明、李昶、程永振	2017.06.05	201410767762.4
291	一种干旱地区核电厂太阳能辅助间接空冷系统	能源与环境学院	冷杉、胡敬阔、宋涛、陈绍炳	2017.03.15	201510268071.4
292	异构网络融合系统中的业务资源控制方法	信息科学与工程学院	沈连丰、刘诚毅、夏玮玮	2017.04.05	201410136418.5
293	一种用于脉冲干扰信道下拓扑码的译码方法	信息科学与工程学院	姜明、徐逸佳、赵春明、梁霄、黄鹤	2017.04.05	201410064544.4
294	基于模糊自适应控制技术的捷联惯导非线性对准方法	仪器科学与工程学院	徐晓苏、邹海军、刘锡祥、刘义亭、潘永飞、吴亮	2017.04.05	201410030336.2
295	蜂窝小区间D2D通信传输模式切换方法	信息科学与工程学院	倪艺洋、乔丹、金石、朱洪波	2017.04.05	201410031878.1
296	用于集装箱物联风管控的WSID信息感知系统及方法	仪器科学与工程学院	陈俊杰、蒋燕飞	2017.04.05	201410146838.1
297	一种预应力索杆结构的对称找力方法	土木工程学院	陈耀、冯健	2017.04.05	201510613987.9

(续　表)

序号	发明专利名称	申请院系	设计人	授权日	专利号
298	用于控制阀粘滞检测的风格频率设定双椭圆拟合方法	计算机科学与工程学院	曹鸣	2017.04.05	201510126667.0
299	一种基于炉膛实时结渣情况的炉膛出口烟温软测量方法	能源与环境学院	黄亚继、徐力刚、陈波	2017.04.05	201510764823.6
300	基于判别性卷积特征学习的感应电机故障诊断方法	仪器科学与工程学院	严如强、孙文珺、赵锐、邵思羽、陈雪峰	2017.04.05	201610262121.2
301	一种两轮信号耦合编码的 DNA 连接测序方法	生物科学与医学工程学院	涂景、陆祖宏、李俊吉、郭靖、高珅、梁福鹏	2017.04.12	201410599337.9
302	一种基于危险多代理的 WSNs 联合入侵检测方法	信息科学与工程学院	黄杰、张莎、王恩飞、陈磊、孙熊、陈叶、荣誉、张丽	2017.04.12	201410161843.X
303	钢桥面铺装结构和方法	智能运输系统研究中心(ITS)	罗桑、陆庆、钱振东、王建伟	2017.03.22	201510801477.4
304	一种太阳能辅助谷能固体相变蓄热装置	能源与环境学院	陆勇、鹿浩伟、田野、李先宁、钟文琪	2017.03.29	201510274470.1
305	一种二酰亚胺一氟硼二吡咯荧光树形分子及其制备方法和应用	化学化工学院	钱鹰、成焕仁	2017.03.08	201510387562.0
306	六氢吡嗪并喹啉类 D3 受体配体及其制备方法和用途	化学化工学院	蔡进、吉民、周本华	2017.03.08	201510817940.4
307	维持电力系统电压稳定的分区倒负荷配合方法	电气工程学院	汤奕、管永高、石磊	2017.03.08	201510101112.0
308	一种基于实验车辆信息的禁止变换车道长度的确定方法	交通学院	程琳、郭柯、滕法利	2017.03.08	201510213396.2
309	一种用于天线筋板装配的柔性工装装置	机械工程学院	汤文成、潘明辉、倪俊、幸研	2017.03.08	201510212693.5
310	一种基于重力视运动 SINS 自对准与纬度计算方法	仪器科学与工程学院	刘锡祥、赵玉、宋清、杨燕、刘贤俊、刘志鹏	2017.04.05	201410549590.3

（续 表）

序号	发明专利名称	申请院系	设计人	授权日	专利号
311	基于层层组装功能纳米微胶囊面膜的制备方法	生物科学与医学工程学院	葛丽芹、朱彦熹	2017.04.05	201410432736.6
312	一种基于碳纳米管-石墨烯复合三维网络的 FeF_3 柔性电极的制备方法与应用	化学化工学院	范奇、孙岳明、徐庆宇	2017.04.05	201410398206.8
313	一种基于级联集成分类器的车辆品牌类型识别方法	交通学院	赵池航、齐行知、连捷	2017.04.05	201610077560.6
314	一种无线传感器网络密钥分配方法	电子科学与工程学院	秦中元、王玉莹、黄杰	2017.04.12	201410169717.9
315	桥梁地震荷载的快速识别方法	土木工程学院	丁幼亮、曹宝雅、王高新	2017.04.12	201510173245.9
316	一种含碳化硅的铝合金铸渗用涂料及利用其制备铸渗涂层的方法	材料科学与工程学院	董寅生、张成明、肖雪芹、盛晓波、郭超、储成林、林萍华	2017.04.12	201510471204.8
317	一种光声耦合迁移悬浮颗粒物的装置	能源与环境学院	黄亚继、乔正辉、董卫、王永兴、程梅	2017.04.12	201510690745.X
318	酶标抗体-金纳米探针在二氨基联苯胺催化、显色及暗场成像的应用	生物科学与医学工程学院	张宇、范霖、田艳艳、类豆豆、张熙之、马明、顾宁	2017.04.05	201510243543.0
319	一种砂土的微生物固化方法及其装置	交通学院	张涛、蔡国军、段伟宏	2017.04.05	201510582874.7
320	一种制备小粒径铈激活钇铝石榴石荧光粉的方法	材料科学与工程学院	董岩、吕娇、虞文奇、邵起越、蒋建清	2017.04.05	201510543265.0
321	一种含有二氧化钛的铝合金铸渗用涂料及利用其制备铸渗涂层的方法	材料科学与工程学院	董寅生、张成明、肖雪芹、盛晓波、郭超、储成林、林萍华	2017.04.05	201510471180.6
322	一种以光子晶体作为入射窗的氮化镓基紫外探测器	电子科学与工程学院	张雄、赵见国、崔一平	2017.04.05	201510284031.9

（续　表）

序号	发明专利名称	申请院系	设计人	授权日	专利号
323	一种用于不确定通信拓扑的微电协同控制方法	电气工程学院	柳伟、顾伟、薛帅	2017.04.05	201510044890.0
324	一种环氧沥青混凝土施工容留时间的测试装置及测试方法	智能运输系统研究中心	薛永超、钱振东、于智光、金磊	2017.04.05	201510010300.2
325	一种相变蓄热大罐耦合废热能回收系统	能源与环境学院	杨斯涵	2017.04.05	201410849064.9
326	一种扭剪型单边自紧螺栓固件	土木工程学院	范圣刚、舒赣平、刘飞	2017.04.05	201410777461.X
327	一种可停靠式球柱形孔压探头	交通学院	蔡国军、杨岩、邹海峰	2017.03.29	201510946159.7
328	槽式太阳能聚光集热器的抛物镜热弯成型模具及制作方法	能源与环境学院	苏中元、王军、史国钧	2017.04.05	201510847470.6
329	一种工作性能参数可监测和识别的隔震橡胶支座	土木工程学院	王浩、张玉平	2017.04.05	201510753282.7
330	一种具有高电源抑制比的带隙基准电压源	电子科学与工程学院	吴建辉、吴爱东、林志伦、杜媛、姚芹、李红、陈超	2017.04.05	201510603170.3
331	一种考虑长期均衡关系的道路断面交通速度短时预测方法	智能运输系统研究中心	夏井新、聂庆慧、钱振东、陆振波、吕伟韬、陆佳炜	2017.03.29	201510590339.6
332	一种磁驱动生物样本处理装置及其处理方法	生物科学与医学工程学院	何农跃、陈慧、邬燕琪、张元颖、邓燕、苏恩本	2017.04.05	201510448509.7
333	含分布式电源和可转移负荷的售电公司优化调度方法	电气工程学院	高君、顾伟、朱俊澎、任佳依	2017.03.29	201510383004.7
334	一种抗连续倒塌的冷弯壁型钢组合墙体及现场快速安装方法	土木工程学院	陈伟、叶继红	2017.04.05	201510294112.7

（续 表）

序号	发明专利名称	申请院系	设计人	授权日	专利号
335	用于接触透镜的模具、整理方法及接触透镜的制作方法	化学化工学院	姜勇、谢海姣、王涛、赵正柏、安双双	2017.04.05	201510262811.3
336	一种混合励磁同步电机气隙磁通与电流相量角控制方法	电气工程学院	林明耀、赵纪龙	2017.04.05	201510170421.3
337	一种室内可风光通信系统中支持亮度调节的调制方法	信息科学与工程学院	姜明、刘晶、赵春明、梁霄、黄鹤	2017.04.05	201510093327.2
338	基于路径特征的程序执行轨迹状态自动获取取方法	计算机科学与工程学院	王璐璐、李必信、廖力、周颖	2017.04.05	201410609913.3
339	用于空调制冷领域的冷水机组、工作方法及制冷剂	能源与环境学院	张小松、刘剑、张恺	2017.04.05	201410559664.1
340	一种用于父子进程间交互信息的路径剖析方法	计算机科学与工程学院	李必信、苗意盎、王璐璐、姜雨晴、陈艺	2017.04.05	201410419011.3
341	一种在医用聚氯乙烯材料表面制备润滑性涂层的方法	生物科学与医学工程学院	周雪锋、顾怡婧、顾宁、殷菊、张天柱	2017.04.05	201410394460.7
342	一种改进型部分并长架构乘法器及其处理方法	电子科学与工程学院	张萌、李保申、闫成刚、李红	2017.04.05	201410319001.2
343	一种实时在线获取地图数据的方法	仪器科学与工程学院	王庆、王慧青、肖鹏	2017.04.05	201310456959.1
344	自热式酸洗一热解一燃烧一体化制备高品质生物油和白炭黑的方法及装置	江西金糠新材料科技有限公司、能源与环境学院	熊源泉、张书平、张平	2017.04.12	201510680920.7
345	一种干粉挤压密封变压输送装置	能源与环境学院	梁财、胡驾纬、陈晓平	2017.04.05	201510053694.X
346	一种可传递竖向荷载的冷弯薄壁型钢组合导轨	土木工程学院	陈伟、叶继红	2017.03.22	201510295220.6
347	一种用于他熄灭式超再生接收机中的高摆幅电荷泵电路	信息科学与工程学院	徐建、韩婷婷、田密、王志功	2017.03.22	201510128825.6

(续　表)

序号	发明专利名称	申请院系	设计人	授权日	专利号
348	两级高效循环蒸发有机朗肯循环燃煤烟气余热回收系统及方法	能源与环境学院	熊源泉、王志军、苏银海	2017.03.22	2015105593258.0
349	一种异构式机器人手控器四自由度手部转动装置	仪器科学与工程学院	崔建伟、宋爱国、宗玉杰、蔡岩松、陈盼、胡静、李程程、桑鹏程	2017.03.22	201510920943.0
350	一种吡啶乙烯基三苯胺-罗丹明荧光分子 PTRh 及其制备方法和应用	化学化工学院	钱鹰、曹多军、邓卫	2017.03.22	201510891442.4
351	一种高灵敏度宽量程力传感器及其制造方法	电子科学与工程学院	秦明、叶一舟、王芳、高磬雅	2017.03.22	201610034473.2
352	一种基于固态电子的太赫兹电脉冲产生装置	信息科学与工程学院、爱斯泰(上海)高频通讯技术有限公司	唐旭升、黄风义、姜楠、张有明、同孟川、彭振宁	2017.04.05	201410717802.4
353	一种罗丹明-(4-二甲基氨乙基氨基-1,8-萘二甲酰亚胺)荧光分子及其制备方法和应用	材料科学与工程学院	钱膺、牛艳芳、孙就府	2017.03.22	201510145667.5
354	一种数字解调超再生无线接收机	信息科学与工程学院、南京矽志微电子有限公司	徐建、王志功、江少达、石咏柳、韩婷婷、孙峰、王蓉、王巍巍	2017.03.22	201510081735.6
355	一种气固流动情况下非球形颗粒参数测量的装置和方法	能源与环境学院	钟文琪、陈曦	2017.03.22	201410838184.9
356	一种成都市轨首交通站点客流不确定性分析方法	智能运输系统研究中心	张宁、徐世鹏、石庄彬、线振东	2017.03.22	201410262069.1
357	一种适用于无线传感器网络的低延时调度方法	电子科学与工程学院	胡晨、刘野、刘昊、吴建辉、张萌、李红	2017.03.22	201410168717.7
358	一种具有低热弹性阻尼结构的扭转式微机电谐振器件	机械工程学院	李普、方玉明、台永鹏	2017.03.22	201410001421.6

（续　表）

序号	发明专利名称	申请院系	设计人	授权日	专利号
359	一种遗传算法优化动态递归神经网络的光纤陀螺温度漂移建模方法	仪器科学与工程学院	陈熙源、宋锐、汤传业、黄浩乾、吕才平、何昆鹏、方琳	2017.03.22	201310619024.0
360	一种适用于深空光通信系统的原模图码	信息科学与工程学院	姜明、周煌、赵春明	2017.03.22	201310198293.4
361	一种智能化力反馈手柄及其控制方法	仪器科学与工程学院	宋爱国、李博维、李会军、徐宝国	2017.03.22	201510431214.9
362	单电感多输出电源变换器次级开关管衬底的可控性连接方法及其电路	电子科学与工程学院	孙伟锋、肖哲飞、薛尚嵘、田野、陆生礼、时龙兴	2017.03.01	201510072359.4
363	一种考虑信道高斯误差和收发机损伤的波束成形方法	信息科学与工程学院	黄永明、汪汉、何世文、杨绿溪	2017.02.15	201410040037.7
364	一种垂直型场疚晶体管直流特性和电容特性仿真方法	电子科学与工程学院	孙伟锋、叶伟、叶然、马荣晶管、周雷雷、陆生礼、时龙兴	2017.02.15	201410126962.1
365	综合传感网业务中间件及其实现业务传送的方法	电子科学与工程学院	孙小菡、王颖、孙翰飞、万知之、邱俊华、周谓、朱铖、郑宇、唐恒建、张晓露	2017.02.15	201410151180.3
366	面向AES算法的抗功耗攻击方法及电路实现	电子科学与工程学院	单伟伟、孙华芳、伏星源	2017.02.15	201410172447.7
367	基于动态改变中间数据存储位置的抗功击方法及电路实现	电子科学与工程学院	单伟伟、戴文韬、伏星源	2017.02.15	201410173997.0
368	电力电子变压器及其无通讯线数据HUB实现方法	电气工程学院	赵剑锋、刘巍、季振东、孙毅超	2017.02.15	201410199355.8
369	一种基于流水线的数据匹配方法和装置	电子科学与工程学院	李冰、董乾、刘勇、赵霞、王刚	2017.02.15	201410197834.6

(续　表)

序号	发明专利名称	申请院系	设计人	授权日	专利号
370	基于地源热泵的室内制冷装置	能源与环境学院	杨斯涵、张勇	2017.02.15	201410229044.1
371	一种新型惯性辅助GPS接收机实现方法	仪器科学与工程学院	陈熙源、王熙赢、方琳、崔冰波、宋锐、汤传业	2017.02.15	201410259221.0
372	一种便携式金属线材拉伸应力腐蚀试验装置	交通学院	缪长青、尉廷华、梅明星、陈先亮	2017.02.15	201410264150.3
373	一种基于单尺度Retinex的快速实时图像增强方法	自动化学院	路小波、季赛平、刘春雪、曾维理、李聪、杨黎	2017.02.15	201410270579.3
374	一种高效太阳能热水器	能源与环境学院	陈九法、李亚楠、刘玉兰、饶义本、田权、安玉磊	2017.01.18	201510288364.9
375	一种可折叠展开充气索膜桁架结构	土木工程学院	蔡建国、贾文文、冯健	2017.01.18	201510134431.1
376	一种腔内手术操作器	机械工程学院	王兴松、沈冬华、毛玉良	2017.01.18	201510054487.6
377	光纤链路监测信号的规整化有效特征段选取方法	生物科学与医学工程学院	李凯彦、万遂人、赵兴群、孙小菡、潘超	2017.02.08	201410143519.5
378	一种用于无人引导寻迹机器人的定位装置及其定位方法	机械工程学院	王兴松、杨文军	2017.02.08	201410088145.1
379	一种基于粗粒度动态可重构系统的多模式数据访问装置及办法	电子科学与工程学院	刘波、曹鹏、庄德坤、朱婉瑜、肖建、杨军	2017.02.08	201410062769.6
380	一种双向功率流高频隔离有源钳位整流器的控制方法	电气工程学院	程明、朱文杰、周克亮	2017.02.08	201310618743.0
381	违章用地的自动发现方法	仪器科学与工程学院	王庆、张小国、朱柱、缪磊	2017.02.08	201310516634.8

（续　表）

序号	发明专利名称	申请院系	设计人	授权日	专利号
382	一种基于多公交线路运行数据融合的城市公交到站时间预测方法	交通学院大、南京全司达交通科技有限公司	华雪东、王炜、张方伟	2017.02.08	201410107002.0
383	用于偏瘫患者康复训练的手指运动机构及康复训练装置	仪器科学与工程学院	王爱民、赵昌森、王坚、易荣武、王汉森	2017.01.11	201510420418.2
384	一种月球车辐射散热器	能源与环境学院	陈永平、吴苏晨、赵亮	2017.01.11	201510268206.7
385	一种下穿既有线桥涵顶进水平导向纠偏系统	土木工程学院	王浩、杨敏、罗勇、王飞球	2017.01.11	201510360453.X
386	一种可折叠展开的连杆充气膜结构	土木工程学院	蔡建国、贾文文、冯健	2017.01.11	201510131409.1
387	一种无需组装的可折叠帐篷	土木工程学院	蔡建国、贾文文、冯健	2017.01.11	201510134435.X
388	一种无需组装的拉索锁定可折叠帐篷	土木工程学院	蔡建国、贾文文、冯健	2017.01.11	201510134596.9
389	一种单电感多输出开关电源变换器次级开关占空比信号时序控制电路	电子科学与工程学院	孙伟锋、肖哲飞、田伟娜、钱钦松、陆生礼、时龙兴	2017.01.11	201410836860.9
390	一种开关电源的数字PFM控制模式实现方法	电子科学与工程学院	徐申、王冲、程松林、沈乾、孙伟锋、陆生礼、时龙兴	2017.01.11	201410790982.9
391	一种空气净化设备内活性炭过滤层的脱附再生装置及脱附再生方法	能源与环境学院	陈振乾、许波、马强	2017.01.11	201410650023.7
392	光纤连接器、光纤配线盘系统及装配方法	仪器科学与工程学院	丁飞、宋爱国、李志明	2017.01.11	201410652060.1
393	一种双重微乳液快速制备装置	能源与环境学院	陈永平、吴梁玉、张程宾、刘向东	2017.01.11	201410317254.6

（续　表）

序号	发明专利名称	申请院系	设计人	授权日	专利号
394	一种气流冷却器耦合相变暖气片的水空调系统	能源与环境学院	杨斯涵	2017.01.11	201410307874.1
395	一种具有双向防护能力的静电放电保护结构	电子科学与工程学院	孙伟锋、叶然、王剑峰、孙陈超、刘斯扬、陆生礼、时龙兴	2017.01.11	201410269632.8
396	一种张弦木拱结构	土木工程学院	张晋、马树伟、张鸣	2017.01.11	201410089062.4
397	基于微流体装置的聚丙烯腈气泡制备方法	生物科学与医学工程学院	葛丽芹、彭昊、徐泽英	2017.01.11	201410006195.0
398	一种无需组装的可展环-连杆拉索锁定可折叠帐篷	土木工程学院	蔡建国、贾文文、冯健	2017.01.04	201510132967.X
399	具备预警功能的FRP筋.钢束组合吊索结构	交通学院	吴文清、余江昱	2017.01.04	201510071509.X
400	基于并行结构的协作网络系统级仿真方法	信息科学与工程学院	许威、黄健、张华	2017.01.11	201310671899.5
401	一种基于计算机视觉的复杂环境下果蔬识别方法	学习科学研究中心	陶华伟、赵力、高瑞军、黄永盛、奚吉、虞玲、王彤、魏昕	2017.01.11	201310652771.4
402	一种引物选择合成测序分析PCR产物单体型的方法	生物科学与医学工程学院	肖鹏峰、潘荣芳、浦丹	2016.11.30	201410605987.X
403	用于多路母线电流检测的电流互感器及其电流检测方法	电子科学与工程学院	韦朴、程澄、孙小菡、单雪康	2017.01.04	201410536412.7
404	一种高可靠混合励磁容错电机系统	电气工程学院	樊英、张丽	2017.01.04	201410460766.8
405	一种运输自行车的公交车辆、运输系统及其控制方法	交通学院	邱丰、安成川、沈金星	2016.11.30	201410441862.8

（续 表）

序号	发明专利名称	申请院系	设计人	授权日	专利号
406	基于高斯过程模型的建筑物环境传感器测点优化方法	自动化学院	钱堃、彭昌海、马旭东、谭伯龙、王侦	2017.01.04	201410223460.0
407	一种基于即时通讯软件检测网络代理的方法	计算机科学与工程学院	陶桦	2016.12.28	201310368018.2
408	一种基于长标距光纤光栅传感器的系杆拱桥挠度识别方法	土木工程学院	张建、张青青、夏琪、孙安、吴智深	2017.03.29	2016100971989
409	一种基于 RRC 的 PUF 可靠性保障系统及方法	电子科学与工程学院	李冰、陈帅、刘勇、赵霞、董乾、王刚	2017.04.05	201410151433.7
410	一种基于频率补偿的 GPS 位同步方法	电子科学与工程学院	刘新宁、牛玉祥、谢震、戴晨、蔡伟、瞿晓	2017.04.05	201410231307.2
411	基于 RRC 的射频测距主、子处理装置、系统及其方法	电子科学与工程学院	李冰、陈帅、赵霞、刘勇、董乾、王刚	2017.04.05	201410597234.9
412	一种手指运动功能康复训练装置	仪器科学与工程学院	王爱民、王恒、王坚、易荣武、赵昌森	2017.03.29	201510219521.0
413	模拟工况下的数控刀架可靠性切削试验方法	机械工程学院	陈南、刘晨曦、崔政	2017.03.29	201510346996.6
414	具有环形滑块系统的可自动复位浮标	土木工程学院	蔡建国、贾文文、冯健、陈凤来、童亮、施永富	2017.03.08	201510343486.3
415	一种预制桩桩身表面应变计与桩侧土压力盒现场布设方法	交通学院、江苏省建设工程设计施工图审核中心	李洪江、刘松玉、童立元、蒋谦	2017.03.29	201510583730.3
416	一种拥有低峰均功率比的无线光正交多载波通信方法	信息科学与工程学院	张华、袁颖、许威	2017.03.22	201310638461.7
417	一种基于肤色分割和 AdaBoost 相结合的快速人脸检测方法	自动化学院	路小波、季赛平、曾维理、陆立颖、刘春雪、徐千州	2017.03.22	201410060480.0
418	一种基于直接双侧二维主成分分析的图像识别和图像重建方法	自动化学院	王海贤、王敬	2017.03.22	201410179380.X

（续　表）

序号	发明专利名称	申请院系	设计人	授权日	专利号
419	一种锆钛酸钡钙无铅梯度厚膜的制备方法	电气工程学院	赵剑锋、姚晓君、王书征	2017.03.22	201410225403.6
420	一种基于粒子群优化的异构网络干扰协调方法	信息科学与工程学院	潘志文、蒋慧琳、尤肖虎	2017.04.05	201310513787.7
421	一种高击穿电压的N型纵向碳化硅金属氧化物半导体管	电子科学与工程学院	孙伟锋、黄宇、顾春德、张春伟、刘斯扬、钱钦松、陆生礼、时龙兴	2017.04.19	201310365077.4
422	一种用于H.264编码的整数运动估计快速搜索方法	电子科学与工程学院	刘新宁、徐情生、顾宇巍、齐静瑞、康志强、杨军	2017.04.19	201410204512.X
423	单相位时钟低电平异步复位低功耗触发器及其控制方法	电子科学与工程学院	单伟伟、郭银涛、蒋樊	2017.04.19	201410319019.2
424	一种故障自修复的鲁棒的煤矿巷道剪应力采集方法	信息科学与工程学院	黄永明、虞金花、章国宝、张露、吴奥	2017.04.19	201410516131.5
425	一种基于相变蓄热箱的废热能热换系统	能源与环境学院	杨斯涵	2017.04.19	201410665838.2
426	基于三级唤醒机制的煤矿巷道应变数据采集方法及装置	信息科学与工程学院	黄永明、虞金花、章国宝、张露、吴奥	2017.03.22	201410514416.5
427	一种横向沟槽绝缘栅双极型晶体管及其制备方法	电子科学与工程学院	孙伟锋、喻慧、张龙、祝靖、陆生礼、时龙兴	2017.03.22	201410571052.4
428	一种万向铰抗拉隔震支座	土木工程学院	陶轩洁、李爱群、张慧娟	2017.03.22	201410638526.2
429	一种基于频率选择表面等离激元的宽带滤波器	信息科学与工程学院	崔铁军、尹佳媛、张浩驰、潘柏操	2017.03.22	2015100316704
430	一种基于移相全桥电路死区时间可调的车载充电机	电子科学与工程学院	钱钦松、张太之、娄庆庆、祝靖、孙伟锋、陆生礼、时龙兴	2017.01.285	201410835281.2

（续 表）

序号	发明专利名称	申请院系	设计人	授权日	专利号
431	一种产生贝塞尔波束的变换透镜	信息科学与工程学院	孟洪福、李腾、窦文斌	2017.01.25	201410836112.0
432	一种直流升压变换器系统先进控制方法	自动化学院	李世华、王军晓、王佐、樊静雯、吴斌、崔宏宇、李奇	2017.01.25	201410733860.6
433	一种基于60度坐标系双逆变器共模电压抑制方法	电气工程学院	樊英、张向阳、祝卫霞	2017.01.18	201410620484.X
434	基于磁控光栅光阀的电流互感器及检测母线电流的方法	电子科学与工程学院	韦朴、程澄、孙小菡	2017.02.01	201410626176.8
435	定子永磁型无轴承同步电机转子悬浮控制方法	电气工程学院	周扬忠、程明	2017.01.18	201410499575.2
436	下肢步态康复训练自适应减生机构及控制方法	仪器科学与工程学院	宋爱国、秦超龙、李会军、倪得晶	2017.01.18	201410785391.2
437	长度可调节的煤矿巷道应变采信装置	信息科学与工程学院	黄永明、虞金花、章国宝、张露、吴奥	2017.02.01	201410515801.1
438	一种高集成度多功能像素单元及其偏置电路	电子科学与工程学院	孙伟锋、刘金岑、朱长峰、苏军、夏晓娟、徐申、陆生礼、时龙兴	2017.01.18	201410313283.5
439	一处车载动力电池自适应充电方法	交通学院	秦文虎、许庆、黄林	2017.02.01	201410313184.7
440	一种半桥驱动电路中的自举二极管仿真电路	电子科学与工程学院	孙伟锋、黄泽祥、张允武、祝靖、陆生礼、时龙兴	2017.01.25	201410304459.0
441	一种通讯规约平台及其访问方法	信息科学与工程学院	陈中、崔光鲁、李俊庆	2017.01.25	201410137424.2
442	一种基于纵向灰度特征的雾天等级检测方法	自动化学院	路小波、李聪、季赛平、童辰、曾维理	2017.01.18	201410169673.X

（续　表）

序号	发明专利名称	申请院系	设计人	授权日	专利号
443	一种电力系统谐波快速分析方法及运行装置	自动化学院	章国宝、张露、虞金花、鲁小雨、黄永明	2017.02.01	201410176242.6
444	具有检测障碍物高度和距离的弹跳机器人及其检测方法	仪器科学与工程学院	张军、宋光明、宋爱国	2017.01.25	201510262904.6
445	一种电熔管件智能焊接方法	机械工程学院	许飞云、彭洋军、陆宇航、黎世鹏、贾民平、胡建中、黄鹏	2017.02.01	201510203319.9
446	一种无需组装的铰锁定可折叠帐篷	土木工程学院	蔡建国、贾文文、冯健	2017.01.25	201510134996.X
447	一种适用于原边反馈反激变换器的跳脉冲模式PSM控制方法	电子科学与工程学院	徐申、倪丹丹、王冲、程松林、孙伟锋、陆生礼、时龙兴	2017.01.25	201510074103.7
448	BaMnF4在作为无机荧光材料方面的应用	物理系	徐庆宇、董帅、周双	2017.01.25	201510024017.5
449	基于分组的有序用电避峰预案编制方法	电气工程学院	高赐威、陆婷婷	2017.01.25	201310618067.7
450	一种长标距碳纤维应变传感器	土木工程学院、江苏绿材谷新材料科技发展有限公司	吴智深、黄璜、刘建勋	2017.01.18	201410110787.7
451	一种减弱硅基液晶边缘场效应的方法	电子科学与工程学院	杨磊、夏军、张晓兵	2017.01.18	201310711607.6
452	面向服务的系统中的质量动态预警方法	计算机科学与工程学院	万程、王红兵	2017.01.18	201310436762.1
453	一种基于边界检测的移动智能终端安全检测方法	信息科学与工程学院	李涛、胡爱群、王涛、黄夷芯、高尚、姜丽丽、邵辰	2017.05.03	201410001872.X
454	一种高稳定性噪声抑制增强ΣΔ调制器结构	电子科学与工程学院	吴建辉、冯学梅、李红、陈超、黄成、王海冬、汤旭婷	2017.05.03	201410037061.5

（续 表）

序号	发明专利名称	申请院系	设计人	授权日	专利号
455	高速铁路板式无砟轨道结构实时温度分布数据的快速确定方法	交通学院	孙璐、欧祖敏	2017.05.03	201410310314.1
456	一种基于二维扫描激光的人腿检测方法	自动化学院	周波、韩明瑞、戴先中、马旭东	2017.05.03	201410506045.6
457	利用统计信道状态信息的三维波束成型空分多址自适应传输方法	信息科学与工程学院	李潇、金石、高西厅	2017.05.03	201410610353.3
458	一种顾及 FCBS 的精密单点定位模糊度快速固定方法	仪器科学与工程学院	潘树国、朱荷欢、王庆、何帆、陈伟荣	2017.05.03	201510076802.5
459	一种小功率多负载无线供电自适应直流稳压系统	能源与环境学院	谭林林、王维、黄学良、赵俊锋、陈琛、孙文慧	2017.05.03	201510191946.5
460	一种 110 kV 高压线路无线供能系统用在线感应取能装置的设计方法	电气工程学院	黄学良、王维、刘瀚谭林林	2017.05.03	201510448449.9
461	一种多年冻土地区路基保温施工方法	交通学院	马涛、黄晓明、赵永利、汤涛、汪海年	2017.05.03	201510574648.4
462	一种液相成膜装置和方法	电子科学与工程学院	万能	2017.05.03	201510674510.1
463	一种制备枝杈状有序二氧化钛纳米棒阵列的方法	化学化工学院	王玮、李长盼、王育乔、孙岳明	2017.05.03	201610046754.X
464	AMPSK 调制信号的微带谐振相干解调器	信息科学与工程学院	郑祖翔、吴乐南	2017.05.10	201410002001.X
465	一种无线传感器网络的高可靠传输方法	电子科学与工程学院	张萌、张泰平、张乐、刘昊	2017.05.10	201410141466.3
466	基于衬底转移工艺的热式风束风向传感器及其封装方法	电子科学与工程学院	秦明、朱雁青、陈蓓、黄庆安	2017.05.10	201410326494.2
467	氨和尿素溶液烟气净化吸收液制过硫酸铵的装置及方法	能源与环境学院、南京源紫尚蓝能源科技有限公司	熊源泉、张颖、张平	2017.05.10	201410405163.8

(续　表)

序号	发明专利名称	申请院系	设计人	授权日	专利号
468	基于相变暖气散热器耦合相变冰晶罐释冷器的空调系统	能源与环境学院	杨斯涵	2017.05.10	201410573159.2
469	一种药物甜菜碱缀合物、其药物组合物及应用	化学化工学院	李新松、方硕、张伟、凌龙兵、张叶敏	2017.05.10	201410710128.7
470	基于氧化石墨烯的三维集成电容式温湿度传感器及其制法	电子科学与工程学院	黄见秋、邢朝进	2017.05.10	201510001576.4
471	一种混合励磁同步电机恒磁链控制方法	电气工程学院	林明耀、赵纪龙	2017.05.10	201510053693.5
472	多级密封变压给料系统	能源与环境学院	梁财、谭震、陈晓平、刘道银、段伦博、陈惠超	2017.05.10	201510069331.5
473	一种顾及高程差异的稀疏参考站网络天顶对流层延迟建模方法	仪器科学与工程学院	喻国荣、杨徉、潘树国、高旺、陈伟荣、汪登辉	2017.05.10	201510076735.7
474	一种用于Gm－C滤波器的高精度频率校准电路	电子科学与工程学院	吴建辉、于天骥、程超、姚红燕、陈超、李红、黄成	2017.05.10	201510093340.8
475	一种联合水洗-烘焙预处理生物质微波热解多联产的装置与方法	能源与环境学院	熊源泉、张书平、张理、董庆	2017.05.10	201510098115.3
476	一种采用乘性削波的可见光多载波传输方法	信息科学与工程学院	许威、徐锦丹、张华	2017.05.10	201510134897.1
477	一种湍流与化学团聚耦合促进PM2.5长大的装置及方法	能源与环境学院	杨林军、胡斌、刘勇、吴昊、潘丹萍	2017.05.10	201510242655.4
478	一种VIENNA整流器直流侧中点电位平衡控制装置及方法	电气工程学院	赵剑锋、高铁峰、张松波	2017.05.10	201510275287.3

（续 表）

序号	发明专利名称	申请院系	设计人	授权日	专利号
479	一种应用于数字式CMOS温度传感的脉宽信号产生电路	电子科学与工程学院	吴金、唐豪杰、闫晓宁	2017.05.10	201510277866.1
480	一种多模式多天线信道模拟器射频前端的实现方法和实现结构	信息科学与工程学院	田玲、李垚、袁云辉	2017.05.10	201510543618.7
481	一种利用二氧化碳强化再生混凝土细骨料的方法	材料科学与工程学院、镇江建科建设科技有限公司	潘钢华、陆小军、付明华	2017.05.10	201510587289.6
482	基于置换法和聚集诱导的水溶性发光金纳米团簇的制备方法	电子科学与工程学院	徐淑宏、杜锦华、王春雷、李宇航、崔一平	2017.05.10	201510753066.2
483	一种夹片式微流控器件及制造方法	机械工程学院	倪中华、张鑫杰、项楠	2017.05.10	201510766988.7
484	一种水性透明超双疏纳米涂料及其制备方法和应用	材料科学与工程学院	张友法、朱海燕、余新泉	2017.05.10	201510854139.7
485	一种具有极低泄露电流的带隙基准启动电路	电子科学与工程学院	吴建辉、孙杰、傅娟、李红	2017.05.10	201610003613.X
486	一种简便的静压轴承节流器分组选配的装置	机械工程学院	蒋书运、冯慧慧	2017.05.03	201510008000.0
487	移动式秸秆热解制备液体燃料的装置与方法	能源与环境学院	肖睿、张会岩、郭昊坤、杨帆、邵静怡	2017.05.03	201410659408.X
488	一种制备去除水面微量油的吸油纸的方法	电子科学与工程学院	孙立涛、毕恒昌、孙佳惟、万树	2017.05.03	201410670734.0
489	一种镁一钯一钴三元镍电池负极材料及其制备方法	材料科学与工程学院	张耀、詹乐宇、庄向阳、陈坚	2017.05.03	201410688254.7
490	适用于严重缺水地区核电站的模块化表面式间接空冷系统	能源与环境学院	冷杉、王超、陈绍炳、董晨鹏	2017.05.03	201410526115.4
491	土地利用现状变更调查中变更图斑移动更新方法	仪器科学与工程学院	王慧青、崇素文、王庆、李玲	2017.05.03	201410521168.7

(续　表)

序号	发明专利名称	申请院系	设计人	授权日	专利号
492	一种数字式可重构雷达天线	信息科学与工程学院	崔铁军、万向、齐美清	2017..05.03	201410510873.7
493	一种应用于正交频分复用系统的载波同步的方法	电子科学与工程学院	张萌、闫成刚、黄成、李保申、钟景川、刘俊、郭仲亚、陈子洋、庞伟	2017.05.03	201410380674.9
494	水下组合导航故障智能诊断方法	仪器科学与工程学院	徐晓苏、刘义亭、刘锡祥、张涛、吴亮、闫捷、邹海军	2017.05.03	201410309238.2
495	一种聚吡咯－二氧化钛或氮化钛－聚苯胺同轴三层纳米管阵列复合材料及其制备方法与应用	生物科学与医学工程学院	谢一兵、王丹	2017.05.03	201410262000.9
496	轴承异常检测系统及其方法	自动化学院	严如强、胡世杰	2017.05.03	201410241363.4
497	适于医疗检测用电源的低噪声高效隔离变换器及控制方法	自动化学院	房芳、马旭东、吴红飞	2017.05.03	201410159267.5
498	一种锂插层二氧化锰－氮化钛纳米管复合材料及其制备方法与应用	化学化工学院	谢一兵	2017.05.03	201410148411.5
499	网格频率设定双椭圆拟合方法及其应用	计算机科学与工程学院	曹鸣	2017.05.03	201510126529.2
500	配电网内分布式电源有功无功解耦的多阶段调度方法	电气工程学院	高君、顾伟、任佳依、朱俊澎	2017.05.03	201510427576.0
501	基于车辆GPS和公交IC卡数据的公交换乘识别方法	交通学院	王昊、付旻、王炜	2017.05.03	201510364696.0
502	等离子－超重力耦合协同脱除气体污染物的装置及方法	能源与环境学院	段钰锋、张君、赵蔚欣、朱纯、周强、佘敏	2017.05.03	201510364125.7

（续 表）

序号	发明专利名称	申请院系	设计人	授权日	专利号
503	盒装药品核对运输装置及方法	机械工程学院	韩良	2017.05.03	201510290558.2
504	一种底部易修复的磨擦耗能自复位剪力墙结构	土木工程学院	朱冬天、周臻	2017.05.03	201510240641.9
505	非高斯噪声条件下基于粒子滤波的室内定位方法	信息科学与工程学院	夏玮玮、章跃跃、沈连丰、宋铁成、胡静	2017.05.03	201510190763.1
506	一种具有治疗和预防高尿酸血症或痛风的化合物及其制备方法和应用	医学院	吴国球、范小波	2017.05.03	201510186338.5
507	一种采用双向内反馈节流技术的静压球头铰链	机械工程学院	蒋书运、徐春冬	2017.05.03	201510141925.2
508	一种显示用光扩散膜及其制备方法	化学化工学院	周钰明、胡金刚、何曼	2017.04.26	201510096070.6
509	一种高压静电纺丝法制备阴离子交换膜的方法	化学化工学院	倪恨美、杨亚冬、陈奕炫、吴敏	2017.04.26	201510601298.6
510	一种 ISOP 逆变器系统无互联均压控制方法	电气工程学院	陈武、王广江	2017.04.26	201510347580.6
511	一种基于投影仪散焦解相位的光栅投影三维快速测量方法	自动化学院	达飞鹏、郑东亮、赵立伟、肖毅鹏、戴鲜强、张璞	2017.04.26	201510320409.6
512	离体器官灌注仪的温度融合与控制系统	仪器科学与工程学院	严如强、沈飞	2017.04.26	201610825039.6
513	一种水下激光切割装置与方法	电子科学与工程学院	孙桂芳、张永康、卢轶、李倩、郇学东、王占栋	2017.04.26	201610179839.5
514	一种 Q 波段超高速无线局域网移动终端天线	信息科学与工程学院	张彦、宋超、王海明、洪伟	2017.04.19	201410578189.2
515	一种基于胎压监测的竖向车轮冲击力实时测量方法	土木工程学院	张建、陈钊、赵文举、周立明	2017.04.19	201610628399.7

(续　表)

序号	发明专利名称	申请院系	设计人	授权日	专利号
516	一种DNA碱基序列检测的双层SiN纳米孔结构的制作方法	机械工程学院	凌新生、袁志山	2017.05.03	201610256247.9
517	一种小粒径大孔隙多层排水沥青路面结构	智能运输系统研究中心	罗桑、丁京、钱振东、王建伟、钟科	2017.05.03	201610176684.X
518	3D实体电极介电泳纳米线操控系统	机械工程学院	倪中华、刘林波、项楠、陈科、王欣、黄笛、唐文来	2017.05.03	201610057507.X
519	一种一比特数字式超表面	信息科学与工程学院	崔铁军、齐美清、万向	2017.02.15	201410400830.3
520	一种基于色彩空间变换的彩色图像纹理力钥匙觉再现方法	仪器科学与工程学院	宋爱国、曹家梓、田磊、吴涓	2017.02.15	201410400904.3
521	基于FPGA的区间编码硬件实现系统	电子科学与工程学院	李冰、徐寅、张林、赵霞、刘勇、董乾、王刚	2017.02.15	201410415874.3
522	一种基于套索传动的膝关节助力康复装置	机械工程学院	王兴松、单晖	2017.02.15	201410462145.3
523	一种内外循环耦合的煤基化学链燃烧分离二氧化碳的装置	能源与环境学院	肖睿、张帅、沈德魁、张会岩、曾德望	2017.02.15	201410480616.3
524	一种基于温度设定值调整的聚合空调负荷调度方法	电气工程学院	李扬、周磊	2017.02.15	201410494017.7
525	一种提高基因连接测序准确性的方法	生物科学与医学工程学院	肖鹏峰、何磊	2017.02.15	201410269782.9
526	一种单周期控制加Ⅲ型补偿的CUK型开关变换器的启动电路	电子科学与工程学院	陆生礼、万中原、田野、徐申、孙伟锋、时龙兴	2017.02.15	201410279292.7
527	斜面上凸起特征映射为制造特征体积的映射方法	机械工程学院	刘晓军、倪中华、易红、刘金锋、程亚龙	2017.02.15	201410302287.3
528	基于柔性织物的多支臂多关节角度一体化并行检测系统	仪器科学与工程学院	吴剑锋、李建清、蔡志鹏	2017.02.15	201410572180.0

（续 表）

序号	发明专利名称	申请院系	设计人	授权日	专利号
529	基于数据的低湿低压环境发电机组运行仿真系统	电气工程学院	方仕雄、魏海坤、张侃健、陈海强	2017.02.15	201410520562.9
530	一种实现有轨电车站间绿波通行的绿波设置方法	交通学院	王炜、吴忠君、胡晓健	2017.02.15	201410564285.1
531	一种移相全桥开关变换器	电子科学与工程学院	钱钦松、俞居正、朱俊杰	2017.02.15	201410631422.9
532	一种蓄电池容量的检测方法	电子科学与工程学院	孙伟锋、张太之、付君宇	2017.02.15	201410631450.0
533	绕组互补型多相半齿绕磁通切换电机	电气工程学院	花为、苏鹏、张淦、程明、王宝安	2017.02.15	201410594571.2
534	基于布里渊放大多波长激光器的微波信号产生的方法与装置	信息科学与工程学院	王如刚、赵力、周锋	2017.02.15	201410578188.8
535	基于刚性体识别的三维尺寸完备性检测方法	机械工程学院	倪中华、易红、程亚龙、刘晓军、刘金锋	2017.02.15	201410302854.5
536	一种面向雷达应用动态可重构处理阵列扩展的方法	电子科学与工程学院	刘波、曹鹏、汪芮合、肖建、杜月、刘炎	2017.02.15	201410311140.0
537	一种考虑防护措施的缓存可靠性分析方法	计算机科学与工程学院	汪芸、王辉	2017.02.15	201410311754.9
538	一种带自校准功能的延时采样电路	电子科学与工程学院	单伟伟、金海坤	2017.02.15	201410366145.3
539	一种对复数信道矩阵的SVD分解方法	信息科学与工程学院	俞菲、林翰、缪小龙	2017.03.29	201310522665.4
540	一种家用燃气泄漏报警器及自动切断气源装置	能源与环境学院	杨斯涵	2017.03.29	201410791121.2
541	一种开关磁阻电机的开环软启动控制方法	电子科学与工程学院	钟锐、郭小强、刘培银、刁龙、孙伟锋、陆生礼、时龙兴	2017.03.29	201410843553.3

（续　表）

序号	发明专利名称	申请院系	设计人	授权日	专利号
542	基于二阶滑模和扰动观测器的三相 PWM 逆变器控制方法	自动化学院	李世华、郑雯、王军晓、王佐、李奇	2017.02.22	201410735635.6
543	一种利用稀土催化点击化学体系制备聚合物网络的方法	化学化工学院	付国东、李扬、姚芳	2017.02.22	201410772910.1
544	基于扫频光学相干层析技术的双折射率检测装置及其方法	电子科学与工程学院	陈翰、胡才雨、孙小菡	2017.02.22	201410775281.8
545	一种框构、框构体及其预制和建造方法	建筑学院、朱宏宇	张宏、朱宏宇、吴京、徐小东	2017.02.22	201410785660.5
546	一种基于功率控制的簇简虚拟骨干路由协议方法	信息科学与工程学院	李霞、方世良、王丽玮、王永倩、安良、王晓燕	2017.03.08	201310666860.4
547	蜂窝网络中的调度方法	信息科学与工程学院	潘志文、尤肖虎、沈东生、刘楠	2017.03.08	201410062543.6
548	一种学习型无线转红外万向转发装置及其工作方法	自动化学院、南京格林家居工程有限公司	章国宝、鲁小雨、杨晓辉、张露、虞金花、黄永明	2017.02.29	201410173384.7
549	一种适用于 MIMO－OFDM 系统的信道矩阵与干扰协方差矩阵估计方法	信息科学与工程学院	高西奇、潘云强、孟鑫、江彬、金石	2017.03.08	201410270623.0
550	一种单层鼠笼式双定子无刷双馈电机	电气工程学院	程明、韩鹏	2017.03.08	201410354094.2
551	基于说话人模型对齐的非对称语音库条件下的语音转换方法	信息科学与工程学院	宋鹏、赵力、金赟	2017.03.08	201410399475.2
552	自适应增益均衡型分布式光纤传感光信号接收方法及装置	电子科学与工程学院	孙小菡、潘超、侍海峰、叶红亮、黄新锐、王广祯、王烁、李明铭、赵澍慧	2017.03.08	201510024489.0
553	基于光栅相位臂的级联马赫曾德干涉仪型光功分-波分器	电子科学与工程学院	孙小菡、蒋卫锋、田勇、吕涛、李元、崔晗	2017.04.19	20151007l474.X

（续　表）

序号	发明专利名称	申请院系	设计人	授权日	专利号
554	一种颜色自由采集配色装置	电子科学与工程学院	方天琦、郑姚生、瞿悦、王鹏、汤勇明	2017.04.19	201510134300.3
555	一种开关电源功率管驱动的死区时间自适应控制电路及其方法	电子科学与工程学院	徐申、徐媛媛、肖哲飞、张力文、孙伟锋、陆生礼、时龙兴	2017.04.19	201510297612.6
556	一种适用于高寒地区的淡水生成装置	能源与环境学院	陈永平、邵陈希、吴苏晨、张程宾	2017.04.19	201510627393.3
557	恒流-恒压复合拓扑的感应式充电系统	电气工程学院	曲小惠、韩洪豆、黄少聪、谢智刚	2017.03.08	201510169385.9
558	一种分布式光纤传感系统散射迹线平坦化方法及装置	电子科学与工程学院	孙小菡、叶红亮、潘超、李明铭、赵澍慧	2017.02.22	201410843740.1
559	垃圾投放箱及垃圾分类投放方法	土木工程学院	周晓晶、陈锦祥、周满、尹磊、谢娟	2017.02.22	201410855266.4
560	一种时分双工通信模式下多天线系统的互易性校准方法	信息科学与工程学院	王东明、魏浩、尤肖虎	2017.03.29	201510018802.X
561	一种缩短与公交换乘距离的有轨电车系统及其控制方法	交通学院	王炜、丁浩洋、杨敏、赵德、魏雪延	2017.02.22	201510022013.3
562	一种无需组装的可展环-连杆铰锁定可折叠帐篷	土木工程学院	蔡建国、贾文文、冯健	2017.02.22	201510133898.4
563	一种数字DC/DC变换器的四段式自适应PID控制方法	电子科学与工程学院	常昌远、吕玲、吴承恩、赵欣、徐春雪、杨鹏林	2017.03.29	201510074069.3
564	一种能够实时防止管道冻结的太阳能热水器	能源与环境学院	陈九法、安玉磊、陈景	2017.02.22	201510258260.3
565	一种双头螺旋菱形支撑板正六边形核燃料组件	能源与环境学院	陈亚平、郭占伟、吴嘉峰	2017.03.01	201510095716.9
566	非再热回热复合循环机组的热耗率测定方法	能源与环境学院	王培红、权学森、苏志刚、顾玉顺、郑卫东	2017.03.29	201410797015.5

（续　表）

序号	发明专利名称	申请院系	设计人	授权日	专利号
567	五相逆变器双三相电机系统的控制方法	电气工程学院	王伟、张景皓、程明	2017.03.29	201510115174.7
568	一种可折叠站的充气索膜结构	土木工程学院	蔡建国、贾文文、冯健	2017.03.29	201510131267.9
569	高压水射流掘进装置	机械工程学院	李烈	2017.03.01	2015104873393
570	水泥基彩色微表处及其施工方法	交通学院	顾兴宇、陆力文	2017.03.01	201510574665.8
571	基于砷化镓基低漏电流四悬臂梁开关的RS触发器	电子科学与工程学院	廖小平、严嘉彬	2017.07.28	201510380082.1
572	硅基低漏电流固支梁栅MOSFET或非门的RS触发器	电子科学与工程学院	廖小平、陈子龙	2017.08.04	201510379674.1
573	硅基低漏电流四悬臂梁可动栅MOS管的RS触发器	电子科学与工程学院	廖小平、王小虎	2017.08.04	201510380043.1
574	基于灵敏度分析的直流潮流控制器优化配置方法	电气工程学院	陈武?? 吴小刚	2017.08.04	201510520044.1
575	一种基于需求响应的中央空调建模及控制策略	电气工程学院	高赐威、张良杰	2017.07.28	201510525972.7
576	一种适用于多端直流输电系统的直流潮流控制器	电气工程学院	陈武、朱旭	2017.08.04	201510536700.7
577	空调所属建筑物二阶等效热参数模型的实时参数辨识方法	电气工程学院	高赐威、宋梦	2017.07.28	201510570735.2
578	一种煤和生物质的流化床混合加料设备	能源与环境学院	仲兆平、郭飞宏、王恒、薛则禹、张金、王肖祎、王泽宇	2017.08.04	201510626115.6
579	一种补给地下水的城市道路排水方法	交通学院	黄晓明、巩金芝、丁珣昊、刘修宇、曹青青、王飚奇、闫天昊	2017.08.04	201510886062.1

（续　表）

序号	发明专利名称	申请院系	设计人	授权日	专利号
580	一种多感知生胶叠片机器人装置	仪器科学与工程学院	崔建伟、李程程、胡静、陈盼、蔡岩松、宗玉杰、桑鹏程	2017.07.28	201510925121.1
581	一种MTC设备随机接入蜂窝网络的方法	信息科学与工程学院	张源、刘林翔	2017.07.28	201410290587.4
582	一种基于节点角色切换机制的自组织分布式存储系统及其方法	计算机科学与工程学院	蒋嶷川、张梦竹	2017.08.04	201410288643.0
583	一种WLAN无线网络测试仪及其测试方法	信息科学与工程学院	徐平平、吴秀华、张苏横、商敏红	2017.07.28	201310481875.3
584	一种基于KHT机制的云存储系统的资源动态分配方法	计算机科学与工程学院、焦点科技股份有限公司	东方、周经亚、罗军舟	2017.07.28	201410326861.9
585	MRT预编码策略下的多小区MIMO系统用户高度方法	信息科学与工程学院	李峥、金石、王晓钰	2017.07.28	201410410558.7
586	一种DCO－OFDM系统的符号检测方法	信息科学与工程学院	党建、张在琛、吴亮	2017.07.28	201410433035.4
587	一种用于锁相环片上灾难性故障检测的鉴频鉴相器	电子科学与工程学院	吴建辉、閤兰花、黄成、李红、陈超、田茜	2017.08.04	201410487847.7
588	一种交叉支撑型消能器	土木工程学院	黄镇、吴鹏、覃作伟	2017.07.28	201410795342.7
589	一种宽带高效率的连续逆F类功率放大器及其设计方法	信息科学与工程学院	朱晓维、孙引进、张雷、孟凡	2017.07.28	201510092406.1
590	一种多方式的城市道路横断面资源协调配置方法	交通学院	陈峻、叶娇、王斌	2017.07.28	201510203023.7
591	一种粉尘浓度检测装置及检测方法	信息科学与工程学院	陈洁、惠肇宇	2017.08.04	201510220545.8
592	一种BDS和GPS观测信息融合的、宽巷模糊度解算方法	仪器科学与工程学院	潘树国、高旺、高成发	2017.07.28	201510290260.1

(续　表)

序号	发明专利名称	申请院系	设计人	授权日	专利号
593	一种测量电机转运惯量的方法	电气工程学院	樊英周晓飞、张向阳	2017.08.04	201510297589
594	硅基低漏电流固支梁栅的开关电容滤波器及制备方法	电子科学与工程学院	廖小平、褚晨蕾	2017.07.28	201510378714.0
595	用于多电平变换器的基本单元、三电平和m电平拓扑结构	电气工程学院	王政、张兵、程明	2017.07.21	201410715674.X
596	一种可测量酒精浓度的车载空气净化器	公共卫生学院	吴巍、徐金瑞	2017.07.21	201410802995.3
597	一次性超声穿刺用实验体模	公共卫生学院	吴巍、徐恬、杜明轩	2017.07.21	201410810712.X
598	一种大规模MIMO仿真系统的多径信道等效生成方法	信息科学与工程学院	金石、沈超、张苏春、高西奇	2017.07.21	201510013790.1
599	一种三电平四桥臂T型容错变流器及其控制方法	电气工程学院	张建忠、徐帅、姜永将、胡省	2017.07.21	201510018514.4
600	一种短切超细有机纤维与水泥基复合材料界面粘结强度的测试方法	材料科学与工程学院	郭丽萍、谌正凯、杨亚男	2017.07.21	201510167494.7
601	一种多块太阳能电池板供能设备的电压调整装置及方法	仪器科学与工程学院	吴剑锋、肖勇、顾东、张瑞、李建清	2017.07.21	201510195839.X
602	硅基低漏电流固支梁栅MOS管乙类推挽功率放大器	电子科学与工程学院	廖小平、王小虎	2017.07.21	201510379019.6
603	黑磷烯量子点一石墨烯纳米片三维复合材料的制备方法	电子科学与工程学院	徐峰、童日、朱重阳	2017.07.21	201510603017.0
604	一种基于遗传算法的室内水下目标定位方法	仪器科学与工程学院	陈熙源、臧云歌	2017.07.21	201510677240.X
605	一种低能耗实现燃气机组热电冷三联产零碳排放的方法	能源与环境学院	段伦博、陈健、石田、周琳绯、赵长遂	2017.07.21	201610825258.4

（续 表）

序号	发明专利名称	申请院系	设计人	授权日	专利号
606	一种测量烟气过饱和度的方法和装置	能源与环境学院	张军、于燕、徐俊超、孟强	2017.6.30	201510903388.0
607	硅基低漏电流双固支梁可动栅分频器	电子科学与工程学院	廖小平、韩居正	2017.6.30	201510379719.5
608	一种基于新型趋近律的永磁同步电机滑模控制策略	电气工程学院	樊英、周晓飞	2017.6.30	201510410455.5
609	硅基低漏电流固支梁浮动栅的RS触发器	电子科学与工程学院	廖小平、褚晨蕾	2017.6.30	201510379742.4
610	氮化镓基低漏电流悬臂梁的RS触发器	电子科学与工程学院	廖小平、褚晨蕾	2017.6.30	201510379289.7
611	一种带辅助线圈的高压真空断路器用长行程永磁操动机构	电气工程学院	房淑华、蒋佳明、林鹤云、徐喆明	2017.6.30	201510281850.8
612	一种小型的多波束天线阵列及其连接的网络合路	信息科学与工程学院	陈鹏、周圆、张慧、余旭涛、张在琛	2017.6.30	201510213182.5
613	一种混合励磁同步电机最大输出功率控制方法	电气工程学院	林明耀、赵纪龙	2017.6.30	201510054235.3
614	一种基于机器学习的图书本体匹配方法	机械工程学院	吴天星、漆桂林、;罗斌	2017.6.30	201410799922.3
615	一种基于积分滑模和扰动观测器的电动自行车控制方法	自动化学院	李世华、谷伟、王会明	2017.6.30	201410755884.1
616	一种用于测量回转支承滚道直径的测量单元	机械工程学院	李彬	2017.6.30	201410606334.3
617	一种支撑微电网规划设计的全过程暂态仿真方法	电气工程学院	吴在军、黄冬冬、窦晓波、胡敏强、赵波、孙旻、孙纯军	2017.6.30	201410514021.5
618	一种基于蒸发冷却除尘技术的湿式电除尘装置及方法	能源与环境学院	杨林军、雒飞、吴昊、袁竹林	2017.6.23	201610380648.5

(续 表)

序号	发明专利名称	申请院系	设计人	授权日	专利号
619	一种无砟轨道结构防水减振的柔性防护结构及铺设方法	交通学院、中国铁路总公司、中国铁道科学研究院铁道建筑研究所	陈先华、赵国堂、杨国涛、杨军、蔡德钩、周文章、王萌、叶阳升、韩自力、张千里、闫宏业、崔颖辉	2017.6.23	201610191992.X
620	一种兼具荧光和室温铁磁性的无毒稀磁量子点材料及其制备方法	电子科学与工程学院	王春雷、申进、徐淑宏、崔一平	2017.6.23	201510882258.3
621	一种用于测量温度和湿度的柔性集成传感器及其制备方法	电子科学与工程学院	聂萌、章丹、黄庆安	2017.06.23	201510511255.9
622	一种 UPFC 接入系统的方法及三节点功率注入模型	电气工程学院	吴熙、陈曦、蒋平	2017.6.30	2015105043239
623	一种基于工业废渣的基坑工程止水帷幕材料	交通学院	童立元、刘松玉、张明飞、郑灿政、哈斯、陈欢	2017.6.30	201510417484.4
624	一体化减少簧下质量的不等长双横臂悬架轮边驱动系统	机械工程学院	殷国栋、袁元	2017.6.23	201510283667.1
625	一种无线无源 MEMS 湿度传感器及其制备方法	电子科学与工程学院	黄晓东、黄见秋、黄庆安	2016.6.23	201510271009.0
626	一种基于 MEMS 技术的三维风速风向传感器及其制备方法	电子科学与工程学院	黄庆安、陈蓓、秦明	2017.6.23	201510107696.2
627	基于逻辑思维和形象思维的脑机接口方法	电子科学与工程学院	孙瀚、张雄、王保平、仲雪飞、樊兆雯、张玉、王力	2017.6.23	201510091464.2
628	一种等效气隙可调电抗器	电气工程学院	林克曼、李念、林明耀	2017.6.23	201510019484.9
629	一种用于流速、加速度和角速度敏感的仿生毛发传感器	电子科学与工程学院	杨波、胡迪、邓允朋、王行军、戴波	2017.6.23	201410853371.4

（续 表）

序号	发明专利名称	申请院系	设计人	授权日	专利号
630	一种硅基垂直槽式纳米线光调制器	电子科学与工程学院	肖金标、徐银	2017.6.23	201410810586.8
631	一种北斗兼容 GPS/GLONASS 的网络 RTK 参考站间模糊度快速解算方法	仪器科学与工程学院	潘树国、王胜利、高成发、吴波	2017.6.23	201410286854.0
632	面向连接的网络服务构造方法	计算机科学与工程学院	沈军、彭殷路	2017.6.23	201410196856.0
633	一种人耳信息的编码加密及应用方法	生物科学与医学工程学院	张继中	2017.6.23	201310664349.0
634	一种适用于高压大功率场合的谐振升压直/直变换器及其控制方法	电气工程学院	陈武、吴小刚、蒋玮、胡仁杰	2017.5.31	201410232840.0
635	一种面向用户规划的虚拟人群仿真框架	仪器科学与工程学院	孙立博、秦文虎、丁路	2017.5.31	201410249703.8
636	一种基于最近邻特征线的人脸分类方法	电子科学与工程学院	吴建辉、王臻、田茜、马慧、徐海燕、陈萍萍、李红	2017.5.31	201410307765.X
637	一种适用于太阳能光伏和光热的新型免跟踪式聚光器	能源与环境学院、南京源紫尚蓝能源科技有限公司	熊源泉、张理、张平	2017.5.31	201410395946.2
638	AMPSK 无线携能通信系统的频域功率分配器	信息科学与工程学院	郑祖翔、吴乐南	2017.5.31	201410396157.0
639	一种基于多核学习判别分析的舰船辐射信号识别方法	学习科学研究中心	郑文明、徐新洲、赵力、罗昕炜、黄程伟、余华、吴尘、查诚	2017.5.31	201410437529.X
640	一种间接蒸发冷却回风全热回收的新风处理装置	能源与环境学院	张伦、张小松	2016.5.31	201410659997.1

(续　表)

序号	发明专利名称	申请院系	设计人	授权日	专利号
641	一种电动汽车用轴向磁场磁通切换永磁电机容错控制方法	电气工程学院	林明耀、赵纪龙	2017.5.31	201510054387.3
642	一种射频高Q值带通滤波器	电子科学与工程学院	吴建辉、程超、于天骥、姚红燕、程康、陈超、李红、黄成	2017.5.31	201510066486.3
643	一种用于全差分Cm-C滤波器的四输入跨导放大器	电子科学与工程学院	吴建辉、周明杰、李红、陈超、黄成	2017.5.31	201510098896.6
644	一种混合型无线电能传输系统的动态能量收发结构	能源与环境学院	黄学良、王维、谭林林、赵俊锋、颜长鑫	2017.5.31	201510190387.6
645	用于流速及加速度适量敏感的仿生毛发传感器及检测方法	仪器科学与工程学院	杨波、胡迪、王行军、戴波	2017.5.31	201510203285.3
646	一种制备稳定性能的再生混凝土方法	土木工程学院	李维滨、马康、马志凯	2017.5.31	201510338992.3
647	硅基低漏电流悬臂梁浮动栅的RS触发器	电子科学与工程学院	廖小平、褚晨蕾	2017.5.31	201510380063.9
648	基于氧化石墨烯的柔性集成温湿度传感器及其制备方法	电子科学与工程学院	聂萌、章丹、黄庆安	2017.5.31	201510512421.7
649	面向对等模式下微电网的基于牵制的分布式协同控制方法	电气工程学院	顾伟、柳伟、陈明、薛帅、楼冠男、曹戈	2017.5.31	201510586785.X
650	一种圆形平面阴极与圆台、柱形组合栅孔对应的冷阴极电子枪	电子科学与工程学院	朱卓娅、于彩茹、狄云松、张晓兵、王琦龙	2017.5.31	201410615905.X
651	一种自重构返回式混频器	电子科学与工程学院	陈超、吴建辉、李红、黄成、张萌	2017.5.31	201510786670.5
652	一种可复位形状记忆合金多维隔震支座	土木工程学院	王浩、张玉平	2017.5.31	201510885643.3
653	一种室温键合ITO纳米线的装置和方法	电子科学与工程学院	万能	2017.5.31	201610105967.5

（续 表）

序号	发明专利名称	申请院系	设计人	授权日	专利号
654	无线传感器网络多级发射功率配置方法	信息科学与工程学院	徐平平、周飞、邢涛、朱文祥	2017.6.9	201310118968.X
655	无线传感器网络的便携电脑级恶意节点检测与容忍方法	信息科学与工程学院	姜禹、黄杰	2017.6.6	201410001114.8
656	一种用于实现骨髓穿刺虚拟手术的二维力觉交互装置	仪器科学与工程学院	王爱民、王昌鹏、王坚、何有源、王恒、郑波、张勇	2017.6.6	201410030392.6
657	一种基于移们峰值检测方法的OOK接收机数据分离器	电子科学与工程学院	吴建辉、姚红燕、陈超、李红、赵超、田茜	2017.6.6	201410117068.8
658	一种基于看板的推拉结合的医院药品配送方法	经济管理学院	赵林度、王敏、楚永杰	2017.6.6	201410161545.0
659	一种基于连通性的WSN空洞节点检测方法	信息科学与工程学院	徐平平、姜生林、邢涛	2016.6.6	201410146705.4
660	一种蜂窝移动D2D系统中自适应协作传输方法	信息科学与工程学院	史锋峰、许威、沈弘、赵春明	2017.6.9	201410226784.X
661	基于空分多址与干扰抑制的毫米波大规模MIMO系统多用户传输方法	信息科学与工程学院	金石、韩瑜、谢一	2017.6.6	201410284433.4
662	一种双定子永磁游标风力发电机	电气工程学院	林鹤云、张洋、房淑华	2017.6.6	201410321107.6
663	高性能计算和云计算混合环境中的动态资源管理方法	计算机科学与工程学院	东方、罗军舟、陈苗	2017.6.6	201410410274.8
664	一种城市轨道交通时刻优化技术应用框架	智能运输系统研究中心	张宁、汪林、邵家玉	2017.6.6	201410459677.1
665	一种三段式时间数字转换电路	电子科学与工程学院	吴金、张文龙、姚群	2017.6.9	201410536431.X
666	一种用于不下滑翔器的导航系统及姿态角校正和回溯解耦方法	仪器科学与工程学院	陈熙源、黄浩乾、周智恺、吕才平	2017.6.6	201410712437.8

(续　表)

序号	发明专利名称	申请院系	设计人	授权日	专利号
667	一种移动处理器上 CPU 与 GPU 软件功耗测量方法	电子科学与工程学院	齐志、孟炜、温闻、时龙兴、吴建辉、杨军	2017.6.6	201410741891.6
668	一种定子聚磁式混合永磁记忆电机	电气工程学院	林鹤云、阳辉、房淑华、黄允凯	2017.6.9	201410768272.6
669	一种无需电解电容的静止同步补偿装置	电气工程学院	冯双、蒋平、雷家兴	2017.6.9	201510042126.X
670	一种混凝合励磁轴向磁场磁通切换电机容错控制方法	电气工程学院	林明耀、赵纪龙	2017.6.6	201510054503.1
671	一种脉冲检波超再生无线接收机	信息科学与工程学院、南京矽志微电子有限公司	徐建、韩婷婷、王志功、江少达、石咏柳、孙峰、王蓉、王巍巍	2017.6.6	201510082025.5
672	一种换热器铝箔翅片组超疏水表面的规模化制备方法	材料科学与工程学院	邵博文、张友法、聂乐文、王宇、谭晓慧、刘粒祥、彭沛	2017.6.9	201510082078.7
673	一种太赫兹宽带随机表面	信息科学与工程学院	程强、董获获、赵捷、陈洁、高丽华、王科、崔铁军	2017.6.6	201510164584.0
674	一种无线无源 MEMS 温度传感器及其制备方法	电子科学与工程学院	黄晓东、黄见秋、黄庆安	2017.6.6	201510272015.8
675	氮化镓基低漏电流固支梁的 RS 触发器	电子科学与工程学院	廖小平、褚晨蕾	2017.6.9	201510378510.7
676	一种基于生物质气化初级燃气的水蒸气催化重整制氢气的方法及装置	能源与环境学院	宋敏、于磊、高瑞琦、卫月星、唐心红	2017.6.16	201510938341.8
677	氮化镓基低漏电流固支梁开关或非门的 RS 触发器	电子科学与工程学院	廖小平、陈子龙	2017.6.9	201510378790.1
678	基于硅基低漏电流双悬臂梁可动栅或非门的 RS 触发器	电子科学与工程学院	廖小平、严嘉彬	2017.6.9	201510379369.2

（续 表）

序号	发明专利名称	申请院系	设计人	授权日	专利号
679	一种硅凝胶接触透镜及其表面反转处理方法	化学化工学院	姜勇、孟一帆、韦静、李敏	2017.6.9	201510387598.9
680	一种电化学发光检测金属离子的方法	医学院	沈艳飞、尚秋伟、周志新、张袁健	2017.6.9	201510400118.8
681	一种新型电力弹簧拓扑及其控制方法	电气工程学院	程明、王青松	2017.6.9	201510413038.6
682	一种基于电流源型逆变器实现的电力弹簧拓扑结构及其控制方法	电气工程学院	程明、王青松、王嘉楠	2017.6.6	201510477238.8
683	一种压阻式压力传感器及其制备方法	电子科学与工程学院	聂萌、章丹、黄庆安	2017.6.9	201510512767.7
684	耐高温磷酸盐透明玻璃及其制备方法	材料科学与工程学院	刘玉付、沈杰	2017.6.9	201510558257.3
685	耐有机污染物的聚合物膨润土纳米复合材料及其制备方法	交通学院	杜延军、沈胜强、范日东、任伟伟、梅丹兵	2017.6.9	201510570454.7
686	一种环形声场迁移悬浮颗粒的装置及用于该装置的方法	能源与环境学院	乔正辉、黄亚继、董卫、程梅、周树青	2017.6.9	201510627628.9
687	一种应用于阵列系统的高精度低功耗三段式TDC电路	电子科学与工程学院	吴金、谢雪丹、朱田友、陈浩、郑丽霞、孙伟峰	2017.6.9	201510660827.X
688	基于分布式架构的多天线双向信道测量装置与校准方法	信息科学与工程学院	张念祖、王海明、洪伟、周健义	2017.6.6	201510665762.8
689	一种组合式长行程高压单稳态永磁操动机构及分闸合闸方法	电气工程学院	林鹤云、郑奕、李博、房淑华、蒋佳明	2017.6.6	201510696424.0
690	一种楔形图案化超浸润性表面及其制备方法	材料科学与工程学院	张友法、张静、余新泉、陈锋	2017.6.9	201610201644.6
691	一种用于异构网络的集中式动态关闭小小区方法	信息科学与工程学院、日电（中国）有限公司	金石、吴杰、黄永明、姜蕾、王刚	2017.6.16	201410236114.6

(续　表)

序号	发明专利名称	申请院系	设计人	授权日	专利号
692	一种面向多个粗粒度动态可重构阵列的共享数据缓存装置及控制方法	电子科学与工程学院	曹鹏、刘波、闵婧、杜月、肖建、杨军	2017.2.8	201410176151.2
693	一种考虑不确定性影响的电力系统故障分析方法	电气工程学院、国家电网公司、中国电力科学研究院、国网宁夏电力公司	高山、陈跃彬、姚建国、杨胜春、摆世彬、王珂、曾丹	2017.4.26	201410506194.2
694	一种基于SINS/LBL紧组合的AUV水下导航定位方法	仪器科学与工程学院	张涛、石宏飞、徐晓苏、陈立平	2017.4.26	201410796735.X
695	一种叉排水平管束与波纹丝网层的交替吸收芯体	能源与环境学院	吴嘉峰、陈亚平、操瑞兵、吴哲宇、纪光菊	2017.4.26	201510095293.0
696	一种大跨桥梁损伤识别方法	土木工程学院	张建、夏琪、程玉瑶	2017.4.26	201610096035.9
697	基于监测数据与温度应力分析的大跨钢箱梁桥的总应力计算方法及安全预警方法	土木工程学院	张建、夏琪、刘森林	2017.4.26	201610373912.2
698	一种锅炉燃烧优化控制方法	能源与环境学院	林祥、刘西陲、吴啸、李益国、沈炯、潘蕾	2017.5.10	201510176385.1
699	一种用于工程机械驾驶室的底板	机械工程学院	张建润、陆冬、孙蓓蓓、卢熹	2017.5.10	201410432976.6
700	一种具有上部竖杆的径向开合膜屋盖	土木工程学院	蔡建国、陆栋、冯健	2017.5.10	201510334947.0
701	一种粗粒度可重构系统中的配置住处缓存装置及压缩方法	电子科学与工程学院	曹鹏、刘波、张亚、刘炎、朱婉瑜、杜月	2017.5.17	201410177912.6
702	一种基于相差轨迹的三维标注缺失尺寸查找方法	机械工程学院	刘晓军、易红、程亚龙、倪中华、刘金锋	2017.5.17	201410302523.1
703	一种便携式低场核磁共振集成装置	机械工程学院	雷鹏坤、倪中华、周新龙、易红、姜晓文、陈逸、陆荣生	2017.5.17	201410743772.4

（续 表）

序号	发明专利名称	申请院系	设计人	授权日	专利号
704	基于双树复小波变换的色谱重叠峰分解方法	仪器科学与工程学院	王爱民、徐龙	2017.5.17	201610005845.9
705	一种复合导电材料的心肌仿生支架及其制备方法	生物科学与医学工程学院	黄宁平、刘海霞	2017.5.17	201510263030.6
706	一种壳核功能材料的制备装置	能源环境学院	陈永平、高崴、刘向东、张程宾	2017.5.17	201511009230.5、
707	一种履带式移动机器人协作攀爬楼梯控制方法	仪器科学与工程学院	宋光明、韦中、刘杰、彭璜、宋爱国	2017.5.17	201510628676.X
708	带隔膜空气弹簧隔振器	“机械工程学院”	卢熹、吴丹、张建润、孙蓓蓓	2017.5.17	201510572489.4
709	一种子弹跳机器人的回收系统及回收方法	仪器科学与工程学院	张军、宋光明、杨茜、宋爱国	2017.5.17	201510349751.9
710	金属氧化物半导体场效应晶体管电容-电压特性修改方法	电子科学与工程学院	孙伟锋、张春伟、任晓飞、袁永胜、刘斯扬、陆生礼、时龙兴	2017.5.17	201510121194.5
711	多维特征的相似性度量优化方法及图像匹配方法	信息科学与工程学院	祁友杰、朱恩、王建新、彭金龙、胥陈彧	2017.5.17	201510140372.9
712	一种基于车桥耦合振动分析的桥梁检测方法与检测系统	土木工程学院	张建、田永丁、程玉瑶	2017.4.26	2016105226624
713	基于可更换式相变蓄热器及其废热回收再利用装置	能源与环境学院	杨斯涵	2017.5.17	201410812035.5
714	一种水下航行器用神经网络辅助组合导航方法	仪器科学与工程学院	徐晓苏、周峰、张涛	2017.6.16	201410643141.5
715	一种基于 SINS/LBL 的 AUV 水下交互辅助定位系统及定位方法	仪器科学与工程学院	张涛、陈立平、徐晓苏	2017.6.16	201410621498.3

（续　表）

序号	发明专利名称	申请院系	设计人	授权日	专利号
716	基于量子点的白光 LED 器件的无机封装置方法	电子科学与工程学院	张家雨、高小钦、谬晨	2014.11.03	201410604606.6
717	一种改进的 BWT 数据压缩方法及其硬件实现系统	电子科学与工程学院	李冰、陈帅、董乾、刘勇、赵霞、王刚	2017.6.16	201410571262.3
718	一种采用点云数据表示的人脸纹三维提取方法及其设备	生物科学与医学工程学院	周平、袁骏杰、于云雷	2017.6.16	201410573296.6
719	利用数据冗余的轨道移动设备射频识别定位系统及方法	电气工程学院	方仕雄、钱王平、李奇、邓多洪	2017.6.16	201410477994.6
720	一种基于可重构技术的二维数据访问动态自适应方法	电子科学与工程学院	曹鹏、刘波、杨苗苗、肖建、朱婉瑜、张亚	2017.6.16	201410313092.9
721	综合报文和流的二维网络活跃节点测量方法	计算机科学与工程学院	程光	2017.6.16	201410248167.X
722	大规模 MISO 协同能效发送方法	信息科学与工程学院	何世文、陈文阳、黄永明、王海明	2017.6.16	201410117328.1
723	一种在 GPS 姿态测量中快速探测与修复周跳的方法	仪器科学与工程学院	陈熙源、兰德、方琳、黄浩乾、崔冰波、吴向阳	2017.6.16	201410038295.1
724	基于金属氮化物半导体的氮极性面发光二极管及制备方法	电子科学与工程学院	张雄、张恒、崔一平	2017.6.13	201510287664.5
725	一种模块化双定子永磁直线电机及其构成的电机模组	电气工程学院	程明、张邦富、孔龙涛、王伟	2017.6.13	201510197367.1
726	基于广域分布交通系统的异常轨迹检测方法	计算机科学与工程学院	李小平、陈湉、化、朱夏、陈龙、胡苇	2017.6.13	201510159009.1
727	一种基于模型库的数字脉冲重叠峰分离算法	能源与环境学院	宋兆龙、林特	2017.6.13	201510143272.1
728	器件等效电路模型参考提取方法及焊盘寄生参数提取方法	信息科学与工程学院	唐旭升、黄风义、张有明	2017.6.13	201410637767.5

（续 表）

序号	发明专利名称	申请院系	设计人	授权日	专利号
729	一种公交线网布设优化方法	交通学院	沈金星、邱丰、安成川	2017.6.13	201410407842.9
730	一种无重叠视域多摄像机监控网络拓扑自适应学习方法	仪器科学与工程学院	林国余、杨彪、张宇歆、张为公	2017.6.13	201410266226.6
731	一种自复位 FRP－钢－混凝土组合结构墩柱及施工方法	土木工程学院	吴智深、汪昕、范家俊、张建东	2017.5.10	201610092085X
732	基于轴载谱的沥青混合料多级加载高温蠕变试验方法	交通学院	倪富健、蒋继望、高磊、娄深鑫	2017.6.23	201610035063.X
733	一种抑制激光散斑效应的全息计算方法	电子科学与工程学院	常琛亮、夏军、雷威	2017.6.23	201410687968.6
734	基于特征点的三维人脸识别方法	自动化学院	达飞鹏、李燕春、刘俊权、吕士文、邓星、常朋朋	2017.6.23	201410343015.8
735	具有径向拉索的径向开合膜屋盖	土木工程学院	蔡建国、陆栋、冯健、朱奕峰	2017.6.20	201510334515.X
736	一种三自由度拇指康复训练机构	仪器科学与工程学院	王爱民、赵昌森、徐龙、王尧尧、徐少雄	2017.6.16	201510904435.3
737	一种基于长标距光纤光栅传感技术的桥梁动态称重方法及动态称重系统	土木工程学院	张建、张青青、吴智深	2017.6.16	201610795802.5
738	一种改善多模式数字原边反激变换器动态性能的控制系统	电子科学与工程学院	孙伟锋、吴乙雨、周健洋、徐申、陆生礼、时龙兴	2017.6.16	2015106817862
739	一种双向运行的弹性叶片式超声波电机	电气工程学院	徐志科、董晓霄、胡敏强、金龙、潘非非	2017.6.16	2015105292208
740	基于气压源微流泵驱动出口的快接储液管	生物科学与医学工程学院	刘全俊、赵文远、侯传荣、刘航、吴宏文	2017.6.16	201510360614.5
741	一种基于 Android 移动终端的无线 GPS 定位系统及方法	电子科学与工程学院	李冰、田洋、李艳、李雪雪、虞娟、张紫微、俞凯、钱鑫海	2017.6.16	201510038909.0

（续　表）

序号	发明专利名称	申请院系	设计人	授权日	专利号
742	一种防静电干扰的电容测量电路及测量方法	能源与环境学院	李健、许传龙、王式民	2017.6.16	201510013877.9
743	一种利用人工地物稀疏形状点自动生成物轮廓的方法	仪器科学与工程学院	张小国、周斌、吕家东、王庆	2017.6.16	201410835540.1
744	一种开关电源的保护电路	电子科学与工程学院	孙伟锋、张晓明、程维昶、徐申、刘斯扬、陆生礼	2017.6.16	201410789945.6
745	一种微纳石墨烯片的制备方法	材料科学与工程学院	曾宇乔、李晨骏、朱建峰	2017.6.16	201510243280.3
746	一种定量测量细胞吞噬纳米颗粒的系统	生物科学与医学工程学院	顾宁、许阳、杨升、鞠安、常宁、蒋雯、王鹏	2017.6.20	201510153567.7
747	基于力信息的多移动机器人协作搬运平板状物体方法	仪器科学与工程学院	宋光明、张颖、张勇、彭璜、宋爱国	2017.6.20	201510207804.3
748	一种检测沥青自愈合强度的方法	交通学院	杨军、龚明辉、陈怡林、姚泽恒、宋开明、董夏鑫	2017.6.23	201510166392.3
749	一种搭接式自定心摩擦耗能支撑	土木工程学院	周臻、谢钦、林华泉、王风范、孟少平	2017.6.23	201510218624.5
750	一种复合浅层叠加型植物生长模块及其应用	能源与环境学院	宋海亮、耿冰、杨小丽	2017.6.20	201510359545.6
751	一种防水透湿抗紫外水性聚之所以酯材料及其制备方法	化学化工学院	周钰明、张路萍、戴淄岳、吕华波	2017.6.20	201510093712.7
752	带辅助分闸线圈的五线圈高压永磁操动机构用控制电路及方法	电气工程学院	林鹤云、陈亚彬、柳庆东、徐喆明	2017.6.20	201410373667.6
753	伺服转塔刀架过载保护装置	机械工程学院	陈南、杨佳宁、刘晨曦、杨客	2017.6.20	201410757654.9

（续 表）

序号	发明专利名称	申请院系	设计人	授权日	专利号
754	一种 RAB7A 和 EGFP 基因过表达融合绿色荧光蛋白的慢病毒载体及其构建方法和应用	医学院	余文敏、陈平圣、王智、丁粉干、刘静、刘蕾	2017.6.23	201410765155.4
755	3一硫戊二酰胺类萃取剂及其在萃取金上的应用	能源与环境学院	黄瑛、武剑、李泳华、李尚华	2017.6.23	201410837922.8
756	一种基于微博的交通数据获取方法	交通学院	王炜、华雪东、张方伟	2017.6.20	201410396110.4
757	能源提高气动控制阀粘滞程度检出率的网格频率庙定双椭圆拟合方法	计算机科学与工程学院	曹鸣	2017.6.20	201510124696.3
758	一种无线传感器网络密钥管理方法	电子科学与工程学院	秦中元、张新帅、黄杰	2017.6.23	201410134463.7
759	一种客货分离式高速公路误驶车辆纠错引导方法和系统	交通学院	王昊、董长印、王炜、李烨、戈悦淳	2017.6.23	201510742021.5
760	一种基于改进 LDA 模型的互联网话题在线挖掘方法	计算机科学与工程学院	杨鹏、卢云骋、董永强	2017.6.20	201510557916.1
761	一种正向渐进成形圆孔翻边装置	材料科学与工程学院	高锦张、陆文婷	2017.5.24	201510916628.0
762	一种快速高效降解高浓度偏二甲肼废水的方法	化学化工学院	吴敏、李伟杰、周宇骋、梁美玲、曾平川、苗春存	2017.5.24	201510452741.8
763	一种具有量子点 p 区结构的紫外发光二极管	电子科学与工程学院	张雄、代倩、吴自力、崔一平	2017.5.24	201510770220.7
764	一种面向 D2D 通信的基站天线选择方法	信息科学与工程学院	倪艺洋、乔丹、金石、朱洪波	2017.5.24	201410179379.7
765	一种底部可更换的粘滞耗能自复位剪力墙结构	土木工程学院	周臻、朱冬天	2017.5.24	201510240971.8

（续　表）

序号	发明专利名称	申请院系	设计人	授权日	专利号
766	一种复用体全息光栅	电子科学与工程学院	郭静菁、杨兰兰、屠彦、王莉莉、王保平	2017.5.24	201510133629.8
767	一种含有二氧化硅的铝合金铸渗用涂料及利用其制备铸渗涂层的方法	材料科学与工程学院	董寅生、张成明、肖雪芹、盛晓波、郭超、储成林、林萍华	2017.5.24	201510470971.7
768	绝缘衬底上厚膜硅材料残余应力测试结构	电子科学与工程学院	李伟华、王雷、张璐、周再发	2017.5.24	201510010516.9
769	一种重金属蒸汽与吸附剂气固反应的装置	能源与环境学院	黄亚继、刘长奇、王昕晔、张帅毅、夏文青	2017.5.24	201510399981.6
770	一种铸造铝合金晶粒细化剂及其制备方法	材料科学与工程学院	陆韬、潘冶、景力军、谢耀枢	2017.5.24	201610204606.6
771	在线社交网络中基于用户行为演化的福利精准投放技术	计算机科学与工程学院	蒋嶷川、郑小明	2017.5.24	201410529714.1
772	一种基于扩展汉明码的二维乘积码编码装置及编码方法	电子科学与工程学院	张萌、李保申、李红、郭仲亚、黄成、田茜	2017.5.24	201510073415.6
773	一种基于局部敏感哈希的分布式快速文本分类方法	计算机科学与工程学院	杨鹏、顾梁、董永强	2017.5.24	201510521022.7
774	网格频率设定双椭圆拟合方法	计算机科学与工程学院	曹鸣	2017.5.24	201510124491.5
775	模拟海洋环境下激光切割的试验装置	医学院	孙桂芳、张永康、李倩、卢轶、王占栋	2017.5.24	201610179706.8
776	流程工业的厂级控制回路振荡源定位方法	自动化学院	曹鸣	2017.5.24	201510234239.X
777	一种含有三氧化二铝的铝合金铸渗用涂料及利用其制备铸渗涂层的方法	材料科学与工程学院	董寅生、张成明、肖雪芹、盛晓波、郭超、储成林、林萍华	2017.5.24	201510471037.7
778	超高导热、表面可加工金刚石—Al复合材料的制备方法	材料科学与工程学院	陈锋、曾从远、余新泉、张友法、裴喜伟	2017.5.24	201510763385.1

（续 表）

序号	发明专利名称	申请院系	设计人	授权日	专利号
779	一种贴壁射流速度场和浓度场的同步测量装置与方法	能源与环境学院	张勇、钟文琪、孙文静、金保昇	2017.5.24	201510644060.1
780	一种快速剥离氧化石墨烯抽滤膜并转移到衬底的方法	电子科学与工程学院	孙立涛、孙佳惟、毕恒昌、万树	2017.5.24	201510828612.4
781	一种含有三氧化二铁的铝合金铸渗用涂料及利用其制备铸渗涂层的方法	材料科学与工程学院	董寅生、张成明、肖雪芹、盛晓波、郭超、储成林、林萍华	2017.5.24	201510472228.5
782	预制剪力墙竖向钢筋集中约束搭接连接构造	土木工程学院	冯健、刘亚非、金如元、陈耀、庞涛、蔡建国、刘立新	2017.5.24	201510362691.4
783	基于姿态归一化的非正面人脸表情识别方法	学习科学研究中心	郑文明、冯天从	2017.5.24	201310261775.X
784	含柔性负荷的配电公司日前优化调度方法	电气工程学院	高君、顾伟、朱俊澎、任佳依	2017.5.24	201510428352.1
785	一种基于离散分数阶傅里叶变换相位住处的信号重建方法	计算机科学与工程学院	刘洁媛、伍家松、韩旭、杨冠羽、杨淳沨、吴丹、舒华忠	2017.5.24	201410196439.6
786	一种道路路面或机场道面铺装结构、制备方法及管模	交通学院	张磊、王文炜、张立安、邵显智、叶松、陈望春、李强、安彦卿、林雄、彭攀、任仲山、朱凯轩、单睿	2017.5.24	201510661315.5
787	一种免清洗的长时间细胞膜荧光成像试剂及其制备方法	化学化工学院	吴富根、王宏银、陈战	2017.6.9	201410487271.4
788	一种原子自旋磁强计SERF态的判定方法	仪器科学与工程学院	陈熙源、张红、邹升	2017.6.16	201510129338.1
789	一种蜂窝式低温脱硝催化剂及其制备方法	能源与环境学院	蔡森、归柯庭、王瑞、梁辉	2017.6.16	201510041019.5

（续　表）

序号	发明专利名称	申请院系	设计人	授权日	专利号
790	石墨相氮化碳作为抗菌材料的新用途	医学院	张袁健、尚秋伟、沈艳飞	2017.6.16	201510401181.3
791	一种黑棉土加州承载比试验方法	交通学院	黄晓明、李昶、程永振	2017.6.16	201410796145.7
792	一种带宽补偿的超高速激光驱动器电路和驱动器芯片	信息科学与工程学院	陈莹梅、王鹏霞、王琼、龚健伟	2017.6.16	201510042192.7
793	内置耗能钢板和粘弹性材料层的桥墩耗能与防压碎结构	土木工程学院	王景全、王震	2017.6.16	201610109864.6
794	可更换复合板内置防屈曲支撑的桥墩耗能与防压碎结构	土木工程学院	王景全、王震	2017.6.16	201610109943.7
795	可更换复合板内置耗能钢筋的桥墩耗能与防压碎结构	土木工程学院	王景全、王震	2017.6.16	201610105894.X
796	绝缘衬底上厚膜硅材料杨氏模量测试结构	电子科学与工程学院	李伟华、王雷、张璐、周再发	2017.6.16	201510010411.3
797	可更换复合板内置钢棒阻尼器的桥墩耗能与防压碎结构	土木工程学院	王景全、王震	2017.6.16	201610110034.5
798	用于集装箱管控的WSID标签装置及其运行方法	仪器科学与工程学院	陈俊杰、蔡民杰、蒋燕飞	2017.6.16	201410144877.8
799	一种环保型原油脱钙剂	化学化工学院	周钰明、余晨光、马帅帅	2017.7.18	201610161271.4
800	一种掌纹信息的编码加密及应用方法	生物科学与医学工程学院	张继中	2017.07.07	201310661847.X
801	一种便于平面集成的高增益圆极化天线	信息科学与工程学院	郝张成、刘晓明	2017.07.07	201410229570.8
802	人体动作识别中的基于空时能量分解的关键点检测方法	学习科学研究中心	王海贤、张桐	2017.07.07	201410364346.X

（续 表）

序号	发明专利名称	申请院系	设计人	授权日	专利号
803	一种适用于可见光通信的DCO－JFDM系统直流偏置设置方法	信息科学与工程学院	姜明、张俊、赵春明、梁霄、张华	2017.07.07	201410455607.9
804	一种基于双耳声源定位的语音分离方法	信息科学与工程学院	周琳、李枭雄、吴镇扬、郭海燕	2017.07.07	201410579458.7
805	两阶段工作金属消能器	土木工程学院	黄镇、杨林志、李宗京	2017.07.07	201410796317.0
806	网箱网衣防附着装置	公共卫生学院	吴巍、田亮	2017.07.07	201410812218.7
807	一种单冷水机组诱导送风与辐射一体化空调装置	能源与环境学院	司强、张小松	2017.07.07	201410823766.X
808	一种基于内模原理的电动自行车控制方法	自动化学院	李世华、谷伟、王会明、杨俊、颜赟达、张宇	2017.07.07	201510072376.8
809	一种电网状态下的启动动态分区方案的方法	电气工程学院	汤奕、陈倩、石磊、蔡明明	2017.07.07	201510305457.8
810	一种开孔泡沫铜孔径调控方法	材料科学与工程学院	张友法、高琳、余新泉	2017.07.07	201510323443.9
811	一种流体卡盒	生物科学与医学工程学院	何农跃、陈柱、邬燕琪、陈慧、张元颖、邓燕、苏恩本	2017.07.07	201510335261.3
812	硅基低漏电流悬臂梁栅MOSFET或非门的RS触发器	电子科学与工程学院	廖小平、陈子龙	2017.07.07	201510379370.5
813	一种电磁式MEMS振动能量收集器及其制备方法	电子科学与工程学院	黄晓东、黄见秋、黄庆安	2017.07.07	201510528824.0
814	一种全预制冷成型钢房屋模块化单元及装配连接方法	土木工程学院	江力强、叶继红	2017.07.07	201510583370.7
815	一种大跨度桥梁伸缩缝损伤识别方法	土木工程学院	张文明	2017.07.07	201510836034.9

(续　表)

序号	发明专利名称	申请院系	设计人	授权日	专利号
816	一种水汽过饱和度场的建立方法和装置	能源与环境学院	张军、于燕、徐俊超、孟强	2017.07.07	201510906973.6
817	一种基于鲁棒混合高斯模型的城市交通场景中车辆检测方法	交通学院	赵池航、张运胜、陈爱伟、齐行知	2017.07.07	201610268210.8
818	一种无低表面能物质改性的超疏水表面及其制备方法	材料科学与工程学院	张友法、张文文、余新泉、陈锋	2017.08.15	201610013538.5
819	一种基于幻影单径路由的增强性源位置隐私保护方法	信息科学与工程学院	万长胜、周琳、黄杰	2017.08.25	201410011049.7
820	一种核苷酸不同步合成测序分析 PCR 产物单体型方法	生物科学与医学工程学院	肖鹏峰、潘荣芳	2017.08.25	201510198271.7
821	硅基低漏电流双悬臂梁可动栅 NMOS 相位检测器	电子科学与工程学院	廖小平、闫浩	2017.08.25	201510377659.3
822	硅基低漏电流悬臂梁栅 MOS 管乙类推挽功率放大器	电子科学与工程学院	廖小平、王小虎	2017.08.25	201510379387.0
823	硅基低漏电流双悬臂梁可动栅 MOS 管或非门	电子科学与工程学院	廖小平、王小虎	2017.08.25	201510379768.9
824	一种全工况运行的预凝式热源塔装置	能源与环境学院	梁彩华、黄世芳、徐洁月、张小松	2017.08.25	201510401944.4
825	含直接控制负荷和可中断负荷的售电公司两阶段调度方法	电气工程学院	顾伟、高君、薛帅、王志贺、唐沂媛	2017.08.25	201510552713.3
826	用于研究污染场地桩基打设时污染气体运移的模型装置	交通学院	杜延军、冯亚松	2017.08.25	201510975136.9
827	一种独柱墩梁桥抗倾覆加固支撑装置	交通学院、安徽省交通控股集团有限公司	熊文、鲁圣弟、丁旭东、叶见曙、韦国志、耿超、崔珊珊、李刚、李金山、杨宙	2017.08.25	201610591707.3

（续 表）

序号	发明专利名称	申请院系	设计人	授权日	专利号
828	一种基于鲁棒输入训练神经网络的多传感器故障诊断系统及方法	电气工程学院、大唐苏州热电有限责任公司	任少君、黄志军、司风琪	2017.05.24	201410197036.3
829	基于波束动态关闭的异构小小区空分干扰协同方法	信息科学与工程学院、日电（中国）有限公司	黄永明、夏灿锋、张帆、何世文、姜蕾、王刚	2017.06.16	201410143360.7
830	一种用于微控芯片的单向球阀及其制备方法	生物科学与医学工程学院	涂景、鞠安、张宇翔、陆祖宏	2017.06.23	201510385896.4
831	基于伽马先验的稀疏角度CT图像重建方法	生物科学与医学工程学院	陈旭、张俊峰、罗立民	2017.06.23	201510391071.3
832	一种LNG.液氧直燃混合工质动力循环发电装置	能源与环境学院	陈亚平、张宝怀、吴嘉峰	2017.07.18	201610144314.8
833	一种枪尖加载装置	生物科学与医学工程学院	何农跃、张春明、邬燕琪	2017.07.18	201610140228.X
834	一种光调控直流变换器件	信息科学与工程学院	蒋卫祥、崔铁军、张娜、徐白冰	2017.07.18	201510540698.0
835	一种存储态真空电子器件剩余寿命的检测方法	电子科学与工程学院	孙小菡、袁慧宇	2017.07.18	201510494459.6
836	球面环绕编队控制的几何设计方法	自动化学院	陈杨杨、王凯旋	2017.07.18	201510582120.1
837	一种利用废旧铅酸电池的活性物质制备新铅酸电池的方法	化学化工学院	雷立旭、刘巍、张科、马蓓蓓	2017.07.18	201510713121.5
838	基于大数据的出租车服务站选址及可行性评价方法	交通学院	张永、华一峰、冯冬焕、季永强	2017.07.18	201510655076.2
839	一种SiC颗粒表面包覆镍的方法	材料科学与工程学院	戴挺、刘林	2017.07.18	201510661264.6
840	一种组合式压缩性泡沫铝复合材料阻尼器	土木工程学院	刘少波、爱群、轩鹏、陆飞	2017.07.18	201510765509.X

（续　表）

序号	发明专利名称	申请院系	设计人	授权日	专利号
841	防连续倒塌的冷弯薄壁型钢托梁一体式连接板、连接结构及其施工方法	土木工程学院	陈伟、叶继红	2017.07.18	201510827776.5
842	一种智能变电站内网络报文选择的实现方法	电气工程学院	张建忠、张发飞	2017.07.18	201410779490.X
843	一种不含硅灰的超高性能混凝土基体及其制备方法	材料科学与工程学院	黄伟、孙伟、郭丽萍	2017.07.18	201510982409.2
844	应用于老年痴呆症的早期快速检测及其多模态成像的影像制剂	生物科学与医学工程学院	王雪梅、赵春秋、来兰梅、苏美娜、李晓琦、叶静、陈传胜、姜晖	2017.06.16	201510056250.1
845	内置防屈曲支撑和粘弹性材料层的桥墩耗能与防压碎结构	土木工程学院	王景全、王震	2017.06.16	201610105718.6
846	一种贮能消磁电源的储能电容和滤波电感、电容确定方法	电气工程学院	王念春、吴晓玉、滕春阳	2017.06.16	201510244126.8
847	永磁励磁无刷双馈风力发电机	电气工程学院	张建忠、姜永将、徐帅、胡省	2017.06.16	201510010050.2
848	一种乙炔发生器搅拌装置	化学化工学院	骆培成、罗小雨、郜云翠、张月乔	2017.06.16	201510291700.5
849	基于储能系统的双馈异步风电机组自启动控制方法	电气工程学院	蒋平、冯士睿	2017.06.16	201510475640.2
850	一种电机锥形转子压铸和压装自动化生产系统	仪器科学与工程学院	夏敦柱、姚艳红	2017.06.16	201610034349.6
851	基于免疫粒子群-齿行法的桁架结构分层优化方法	土木工程学院	陆金钰、沈圣、牛畅、杨湛	2017.06.16	201510427385.4
852	三轴单片集成谐振电容式硅微加速度计及其加工方法	仪器科学与工程学院	夏敦柱、高海珏、孔伦	2017.06.16	201510083131.5

（续 表）

序号	发明专利名称	申请院系	设计人	授权日	专利号
853	一种用于股骨干骨折的复位装置及复位方法	机械工程学院	王兴松、田梦倩、孙小刚	2017.06.16	201510213291.7
854	薄膜材料杨氏模量测试结构及方法	电子科学与工程学院	李伟华、王雷、张璐、周再发	2017.06.16	201410243633.5
855	基于捷联惯性制导和多普勒计程仪的导航方法	仪器科学与工程学院	程向红、许立平	2017.06.16	201310653821.0
856	内置钢棒阻尼器和粘弹性材料的桥墩耗能与防压碎结构	土木工程学院	王景全、王震	2017.06.16	201610107166.2
857	一种考虑时序 DBSCAN 的智能手机轨迹链簇识别方法	交通学院	季彦婕、高良鹏、王炜、周洋	2017.05.24	201510494163.4
858	基于互补型电流源和时分复用输出的四通道功能电刺激装置	信息科学与工程学院	王海鹏、王志功、吕晓迎、黄宗浩	2017.06.16	201510430828.5
859	一种物种特异性内源性条形码的搜索方法及其在多样本混合测序中的应用	生物科学与医学工程学院	孙啸、李成、涂景、束传军	2017.05.24	201510070781.6
860	一种用于互通立交的交通冲突严重性分析方法	交通学院	顾欣、李燊、项乔君、唐超、戴俊晨、赵世鹏	2017.05.24	201510749610.6
861	一种防渗土工布处理黑棉土路堤的结构及方法	交通学院	黄晓明、李昶、程永振	2017.05.24	201410796693.X
862	一种基于旋转坐标系的多轮盘转子动平衡检测方法	电气工程学院	杨建刚、房久正	2017.05.24	201410361836.4
863	水下潜器地形辅助惯性导航系统的位置匹配方法	仪器科学与工程学院	程向红、周玲、陆源	2017.06.16	201410469998.X
864	面向复杂系统中的 MAXQ 任务图结构的自动发现方法	计算机科学与工程学院	王红兵、李文雅	2017.05.24	201110367593.1
865	一种基于蚁群算法获取汽轮机高压调门组流量的方法	能源与环境学院	杨建明、易思强	2017.07.18	201610331481.3

(续　表)

序号	发明专利名称	申请院系	设计人	授权日	专利号
866	一种PLC的指令编码及识别系统	机械工程学院	张志胜、卓文涛、周一帆、卞扬清	2017.07.18	201410008304.2
867	内置耗能钢筋和粘弹性材料层的桥墩耗能与防压碎结构	土木工程学院	王景全、王震	2017.07.18	201610107842.6
868	基于硬件特性的无线目标被动定位方法	信息科学与工程学院	胡爱群、包佳敏、袁红林、韩心梓	2017.07.18	201410299349.X
869	显示器滤色片透过率谱线分布优化方法	电子科学与工程学院	曹建伟、王坚、李晓华、董玉珍、杨嘉	2017.07.21	201410800026.4
870	一种具有优良电化学性能的非化学计量比磷酸盐正极材料的制备方法及应用	化学化工学院	范奇、徐庆宇、孙萍萍、孙岳明、雷立旭、齐齐	2017.07.18	201410398894.4
871	全同态加密中重加密深度优化方法	信息科学与工程学院	陈立全、责红梅、黄杰	2017.07.18	201410421236.2
872	一种电磁场辅助激光增材制造的装置	机械工程学院	孙桂芳、卢轶、倪中华	2017.07.18	201610081496.9
873	一种陶瓷基体熔盐相变高温蓄热式谷电利用蒸汽发生装置	能源与环境学院	陆勇、张勉照、段文军、鹿浩伟	2017.07.18	201610044679.3
874	一种联合稀疏信道估计方法、装置及系统	信息科学与工程学院	戚晨皓、朱鹏程	2017.07.18	201410282949.5
875	LC并联谐振降压直/直变换器及其控制方法	电气工程学院	吴小刚、陈武、蒋玮、胡仁杰	2017.07.18	201410173188.X
876	一种紧凑型功率合成平衡式三倍频器	机械工程学院	郭健、徐杰、崔寅杰、许正彬、钱澄	2017.07.18	201410169719.8
877	基于优选关闭基站的网络节能方法	信息科学与工程学院	尤肖虎、童恩、万宇	2017.07.18	201410153805.X
878	基于自适应的应按需唤醒技术的无线传感传输方法	信息科学与工程学院	徐平平、李小娟、秦汉	2017.07.18	201410073919.3

（续　表）

序号	发明专利名称	申请院系	设计人	授权日	专利号
879	用于 TD－LTE/TD－LTE－A 系统区分用户优先级前导码分配的上行接入方法	信息科学与工程学院	赵新胜、翟军辉	2017.07.18	201410030103.2
880	一种基于超高频射频识别标签的速度测量系统和测量方法	仪器科学与工程学院	黄华林、刘英杰、莫凌飞、许奇梦、吴之桐	2017.07.18	201510164827.0
881	基于 ISTSSRCKF 的惯性民航初始对准方法	仪器科学与工程学院	徐晓苏、田泽鑫、张涛、张义亭、孙进、姚逸卿	2017.07.18	201510063634.6
882	一种对称集中力与均布荷载耦合热弯成型装置及其应用	能源与环境学院	匡荛、叶超峰、潘杭萍、范毅、闫建璐、吴丹丹	2017.07.18	201510173695.8
883	蜂窝式 MEMS 谐振硅微陀螺仪及其加工方法	仪器科学与工程学院	夏敦柱	2017.07.18	201510214116.X
884	基于 MAPLESIM 的 Delta 机器人快速建模方法	仪器科学与工程学院	冯李航、张为公、龚宗泽、林国余	2017.07.18	201510184767.9
885	一种单片集成六自由度微惯性测量单元及其加工方法	仪器科学与工程学院	夏敦柱	2017.07.18	201510213185.9
886	一种隔离式带减震结构的模块化动力电池组	机械工程学院	陈南、王超、刘元强、陈晨、李乔宇、李静之	2017.07.18	201510325269.1
887	玻璃护栏双层拉索支撑体系人行天桥结构	土木工程学院	冯若强、刘峰成、花定兴、王飞勇	2017.07.18	201610261878.X
888	减少下行共享信道传输时延的联合调度和信道分配方法	信息科学与工程学院	赵新胜、余俊林、罗莎	2017.07.18	201410028540.0
889	一种含有三氧化二铬的铝合金铸渗用涂料及利用其制备铸渗涂层的方法	材料科学与工程学院	董寅生、张成明、肖雪芹、盛晓波、郭超、储成林、林萍华	2017.07.18	201510472027.5
890	一种硅微机械线振动式陀螺及其带宽拓展方法	仪器科学与工程学院	李宏生、曹慧亮、倪云舫、徐露、王瑞、黄丽斌	2017.08.25	201410829073.1

（续　表）

序号	发明专利名称	申请院系	设计人	授权日	专利号
891	一种氧化锌-二氧化钛纳米复合材料的制备方法	物理学院	洪昆全、王文达、李同乐	2017.08.25	201610240700.7
892	基于光时域反射仪的无源光网络链路等距故障识别方法	电子科学与工程学院	孙小菡、张旋、陈斯、陆凤军、朱敏	2017.08.25	201510504395.3
893	一种核电站堆芯衰变热的模拟装置和方法	材料科学与工程学院	褚洪岩、孙伟、蒋金洋	2017.08.25	201510012530.2
894	一种高压断路器直线电机操动机构的自抗扰控制器	电气工程学院	张建忠、汪仁杰	2017.08.25	201410108058.8
895	基于EMD的光纤陀螺温度漂移多尺度极限学习机训练方法	仪器科学与工程学院	陈熙源、崔冰波、宋锐、何昆鹏、方琳	2017.08.25	201510022939.2
896	一种具有旋转不变性的海底地形二维匹配辅助导航方法	仪器科学与工程学院	徐晓苏、岳增阳、李佩娟、张涛、汤郡郡	2017.08.25	201410394482.3
897	一种异位土壤热脱附方法	能源与环境学院	张勇、金保昇、钟文琪、肖睿	2017.08.25	201510749335.8
898	一种咔唑基三苯胺一氟硼二吡咯荧光分子BCPA－BODIPY及其制备方法和应用	化学化工学院	钱鹰、李倩、沈宝星	2017.08.25	201610151356.4
899	一种实现CO_2分离和捕集的超临界CO_2发电装置及方法	能源与环境学院	向文国、王杨、陈时熠、马士伟、王东	2017.08.25	201610685016.X
900	一种原边反馈反激式电源CCM与DCM模式的恒流控制系统	电子科学与工程学院	徐申、过恒荣、王冲、司开心、孙伟锋、陆生礼、时龙兴	2017.08.25	201610524020.8
901	一种基于话题和相对熵的网页个性化推荐方法	计算机科学与工程学院	杨鹏、卢云骋	2017.08.25	201510279762.4
902	悬索桥施工过程中加劲梁测量坐标修正方法	土木工程学院	张文明	2017.08.25	201510113238.X
903	基于稳态迁移控制的复杂动态网络拓朴结构估计器及方法	学习科学研究中心	禹东川	2017.08.25	201410536271.9

（续 表）

序号	发明专利名称	申请院系	设计人	授权日	专利号
904	可更换复合板内置耗能钢板的桥墩耗能与防压碎结构	土木工程学院	王景全、王震	2017.08.25	201610108438.0
905	双定子永磁无刷双馈风力发电机	电气工程学院	张建忠、姜永将、徐帅、胡省	2017.08.25	201510009922.3
906	一种预应力索撑可展网架结构	土木工程学院	陆金钰、廖杰、舒赣平	2017.08.25	201510362543.2
907	基于模型识别方法的流程工业厂级控制回路振荡源定位方法	自动化学院	曹鸣	2017.08.25	201510234091.X
908	一种枪尖装载装置	生物科学与医学工程学院	何农跃、张春明、邬燕琪	2017.08.25	201610142044.7
909	基于S曲线的小型汽车驾驶培训预测方法	交通学院	何杰、王峥嵘、杭文、邢璐	2017.08.25	201410410559.1
910	支持共享共治的内容数据标识及应用方法	计算机科学与工程学院	杨鹏、李幼平、尹浩、吕勇强	2017.08.25	201610785180.8
911	一种压缩空气储能发电系统及其工作方法	能源与环境学院、云南电网公司技术分公司	向文国、马士伟、赵明、赛俊聪、梁俊宇、邱亚林、耿向瑾、陈晓平	2017.08.22	201410371716.2
912	一种针对缆索表面缺陷的图像检测方法	武艺汉恒兴通检测有限公司、机械工程学院	王兴松、李帮建、王蔚	2017.08.04	201510185418.9
913	角度时延域导频复用宽带大规模 MIMO 通信方法	信息科学与工程学院	高西奇、尤力、仲文、江彬	2017.08.15	201410446640.5
914	虚拟发电厂的分布式电源组合规划系统和方法	电气工程学院	喻洁、梅军、顾伟、冯其芝、仇式鹍	2017.08.15	201410822167.6
915	一种生物质固定床富氧气化炉	能源与环境学院	黄亚继、刘凌沁、金保昇、牛淼淼、孙青柯、张锦泰	2017.08.15	201510460400.5

（续　表）

序号	发明专利名称	申请院系	设计人	授权日	专利号
916	与缺血性脑卒中组织特异性结合的 HGG 多肽及其应用	医学院	张建琼、付波、张莹	2017.08.15	201510011387.5
917	高分子负载催化剂及其在芳烃选择性氯化反应中的应用	化学化工学院	葛裕华、任开路、李婷婷	2017.08.04	201510061219.7
918	一种结合地形和环境特征的水下导航定位方法	仪器科学与工程学院	徐晓苏、汤郡郡、李佩娟	2017.09.01	201410320791.6
919	一种磁通切换直线电机速度脉动抑制方法	电气工程学院	余海涛、孟高军、胡敏强、黄磊	2017.09.01	201410467130.6
920	一种基于矢量泰勒级数的多环境模型孤立词识别方法	信息科学与工程学院	周琳、束佳明、吕勇	2017.09.01	201410676529.5
921	一种基于机器学习的跨语言分类结构匹配方法	计算机科学与工程学院	方一曙、漆桂林、吴天星、陆彬、张慧	2017.09.01	201510105414.5
922	一种固体燃料分级氧化的化学链燃烧装置及方法	能源与环境学院	沈来宏、张海峰、宋涛、顾海明、肖军	2017.09.01	201510161670.6
923	一种压电驱动式微型热声制冷机	机械工程学院	张建润、丁琦、楼永锋、李军、阙翔、陈思	2017.09.01	201510388614.6
924	一种纳米原油降凝剂、制备方法及应用方法	化学化工学院	姜勇、郃丽、赵正柏、张大明	2017.09.01	201510738755.6
925	一种永磁同步电机初始位置的检测方法	电气工程学院	王伟、张景皓、程明	2017.09.01	201510916273.5
926	一种生态纳米改性胶凝材料及其制备方法	材料科学与工程学院	郭丽萍、雷东移、曹园章	2017.09.01	201510975172.5
927	多天线系统的协作分集互易性校准方法	信息科学与工程学院	王东明、魏浩、尤肖虎	2017.09.08	201510790168.1
928	一种可远程操作流量-液位检测数学实验平台系统及其使用方法	自动化学院、南京新思维自动化科技有限公司	王晓俊、王碧波、牛丹、崔佳威、周杏鹏	201.09.12	201510268424.0

（续 表）

序号	发明专利名称	申请院系	设计人	授权日	专利号
929	采用占空比直接求解脉宽调制的M相永磁电机控制方法	电气工程学院	程明、於锋、花为、邹国棠	2017.09.15	201410141190.9
930	一种利用外力和惯性力驱动的发电装置	电气工程学院	付兴贺、王标、林明耀	2017.09.15	201410248221.0
931	基于SEN框架的广电多出口智能调度系统及方法	信息科学与工程学院	占亿民、张在琛	2017.09.15	201410305641.8
932	一种适用于分数频率合成器的数字DS调制器结构	电子科学与工程学院	吴建辉、张文通、程超、程康、娄宁、陈超、黄成、李红	2017.09.15	201410441266.X
933	一种基于异构网络和多目标功率优化方法	信息科学与工程学院	蒋雁翔、刘强、鲁宁宁、张家典、尤肖虎	2017.09.15	201410467128.9
934	应用于流水线模数转换器的高速低功耗基准电压输出缓冲器	电子科学与工程学院	吴建辉、林志伦、李红、汤旭婷、薛金炜、黄成	2017.09.15	201410476642.9
935	一种利用公共网络地图辅助土地调查的方法	仪器科学与工程学院	张小国、王庆、任阳、寇海堂	2017.09.15	201410800000.X
936	一种磁通切换型并联混合永磁记忆电机	电气工程学院	林明耀、李念、徐妲、赫立、付兴贺	2017.09.15	201510018349.2
937	一种固定摆幅高驱动本振波形缓冲器	电子科学与工程学院	陈超、吴建辉、黄成、李红、田茜	2017.09.15	201510026965.2
938	一种永磁交错式轴向磁场磁通切换型记忆电机	电气工程学院	林明耀、李念、赫立、徐妲、付兴贺	2017.09.15	201510073876.3
939	一种新型的电流切换式的D触发器及五分频电路	电子科学与工程学院	吴建辉、张文通、程超、陈超、黄成、李红	2017.09.15	201510100786.9
940	一种杂多阴离子改性铜基类水滑石催化剂的制备方法及其应用	化学化工学院	魏瑞平、耿高丽、肖国民、高李璟、周铭昊	2017.09.15	201510116306.8
941	一种绕线机的换槽装置及换槽方法	仪器科学与工程学院	崔建伟、杨阳、王玲、戚思雨、毕晓丹	2017.09.15	201510203328.8

(续　表)

序号	发明专利名称	申请院系	设计人	授权日	专利号
942	一种实现边带激光和随机激光转换的装置及方法	电子科学与工程学院	叶莉华、王雁、顾兵、冯洋洋、崔一平	2017.09.15	201510294176.7
943	面向生物分子检测的二硫化钼场效应晶体管的制作方法	机械工程学院	沙菁、徐伟、袁志山、邹益人、刘磊、倪中华、易红、陈云飞	2017.09.15	201510307242.X
944	一种透射电镜样品的制备方法	材料科学与工程学院	周雪峰、江红兵、方峰、蒋建清、涂益友、黄慧玲、陈雷雷	2017.09.15	201510375709.4
945	氮化镓基低漏电流双悬臂梁开关或非门的RS触发器	电子科学与工程学院	廖小平、王小虎	2017.09.15	201510379020.9
946	氮化镓基低漏电流固支梁的与非门	电子科学与工程学院	廖小平、褚晨蕾	2017.09.15	201510379290.X
947	氮化镓基低漏电流固支梁开关乙类推挽功率放大器及制备	电子科学与工程学院	廖小平、王小虎	2017.09.15	201510379705.3
948	氮化镓基低漏电流双悬臂梁开关或非门	电子科学与工程学院	廖小平、王小虎	2017.09.15	201510379728.4
949	氮化镓基低漏电流悬臂梁开关乙类推挽功率放大器	电子科学与工程学院	廖小平、王小虎	2017.09.15	201510379774.4
950	氮化镓基低漏电流固支梁开关差分放大器	电子科学与工程学院	廖小平、陈子龙	2017.09.15	201510379962.7
951	氮化镓基低漏电流悬臂梁开关或非门的RS触发器	电子科学与工程学院	廖小平、陈子龙	2017.09.15	201510380023.4
952	一种具有自封装的柔性温度传感器及其制备方法	电子科学与工程学院	聂萌、章丹、黄庆安	2017.09.15	201510511210.1
953	盐模板法制备多孔氮碳复合物及其在超级电容器中的应用	化学化工学院	李颖、雷泽坤、刘松琴	2017.09.15	201510514569.4
954	一种喜树碱类磷脂化合物、其药物组合物及应用	化学化工学院	李新松、张伟、杜亚伟	2017.09.15	201510598251.9

（续　表）

序号	发明专利名称	申请院系	设计人	授权日	专利号
955	一种黑磷烯—石墨烯复合材料空心微球的制备方法	电子科学与工程学院	徐峰、倪亚茹、闵辉华、朱重阳、夏委委、李胜利、李正锐、童日	2017.09.15	201510624711.0
956	一种双源无线供电系统参数在线检测和电源协同控制方法	电气工程学院	谭林林、郭金鹏、刘瀚、黄学良、王维、颜长鑫	2017.09.15	201510648495.3
957	一种基于采样电阻的双向无线电能传输系统自启动方法	电气工程学院	谭林林、颜长鑫、黄学良、郭金鹏、王维	2017.09.15	201510791768.X
958	一种分段发射式电动汽车在线动态无线供电系统	电气工程学院	谭林林、刘瀚、黄学良、王维、郭金鹏	2017.09.15	201510822026.9
959	一种沥青路面坑槽修复边界补强的方法	智能运输系统研究中心	陈磊磊、钱振东、张勐、姚波、刘雨萱	2017.09.15	201511018615.8
960	基于磁场的离子阱飞行时间质谱仪设置方法	公共卫生学院	吴巍、尹立红、彭凡立	2017.09.15	201511020353.9
961	一种增压多级冷凝的油气回收方法	能源与环境学院	鲁洁明、杜垲	2017.09.15	201610070842.3
962	一种水溶性无毒多色荧光量子点材料的制备方法	电子科学与工程学院	王春雷、徐敬坤、徐淑宏、崔一平	2017.09.15	201610218725.7
963	一种抗积碳性质的化学链制氢复合载氧体及其制备方法	能源与环境学院	王璐璐、沈来宏、牛欣、蒋守席	2017.09.15	201610302528.3
964	一种基于JMS消息总线的服务器实时推送系统及方法	计算机科学与工程学院	吴含前、袁瑞峰、姚莉、李露	2017.05.24	201410004255.5
965	一种3D视频转多视点自由立体显示的方法	计算机科学与工程学院	姚莉	2017.04.12	201510178515.5
966	基于可变位支撑的柔顺牵引支撑外骨骼载运器	机械工程学院	王兴松、朱智勇、杜峰坡、姜忠宝	2017.09.19	201610157661.4

（续　表）

序号	发明专利名称	申请院系	设计人	授权日	专利号
967	一种微型燃气轮机解耦控制方法	能源与环境学院	刘彦翔、张帆、张俊礼、周霞、沈炯	2017.09.19	201610178952.1
968	一种预应力纤维板加固梁板的自动化张拉系统	土木工程学院	吴刚、李兴华	2017.09.19	201610341179.6
969	一种非平稳随机动态载荷下的声振响应分析方法	土木工程学院	李彦斌、费庆国、吴邵庆、廖涛、张鹏	2017.09.19	201610383627.9
970	一种冷却燃气内燃机燃气轮机进气系统	能源与环境学院	钱阳志、许红胜、马永贵	2017.09.19	201610395337.6
971	一种萘酰亚胺－氟硼二吡咯荧光分子 NP－BODIPY 及其制备方法和应用	化学化工学院	钱鹰、沈宝星	2017.09.19	201510766781.X
972	光电式高尔夫击球参数测试方法和装置	电子科学与工程学院	吴旭峰	2017.09.19	201510953468.7
973	牛奶盒自动压缩式垃圾箱	能源与环境学院	刘韵晗、花日馨	2017.09.19	201510946291.8
974	一种城市信号交叉口机非隔离设施设置方法	交通学院	陈峻、徐闯闯、陈沁	2017.09.19	201510962535.1
975	一种跑道形螺栓连接结构的有限元建模方法	土木工程学院	廖涛、李彦斌、费庆国、吴邵庆、董萼良	2017.09.19	201610023913.4
976	具有活性材料 $BaCoF_4$ 工作电极的超级电容及其制备方法	物理系	徐庆宇、周双、董帅	2017.09.19	201610112671.6
977	一种利用锂渣和镍渣制备的免蒸压加气混凝土及其制备方法	材料科学与工程学院	张亚梅、李保亮、施锦杰、张培根、孙正明	2017.09.19	201610148304.1
978	基于快速终端滑模的轮式移动机器人轨迹跟踪方法	自动化学院	翟军勇、黄大伟、王智慧	2017.09.19	201510312675.4

（续 表）

序号	发明专利名称	申请院系	设计人	授权日	专利号
979	一种三向刚度可调的隔振器	机械工程学院	张建润、晏腾飞、孙蓓蓓、卢熹、陶亚楠	2017.09.19	201510474610.X
980	蒸汽压缩一喷射耦合制冷循环装置及方法	能源与环境学院	杜垲、江巍雪、李舒宏、李彦军	2017.09.19	201510607996.7
981	一种大幅摆动下转轴振动测量误差的补偿算法	能源与环境学院	杨建刚、张明杰、房久正	2017.09.19	201510673562.7
982	一种基于出租车GPS的道路网络提取方法	交通学院	王炜、赵德、季彦婕、李晓伟、魏雪延、寿森	2017.09.19	201510698684.1
983	一种双机械臂自动攀爬机器人	机械工程学院	陈远志、吴成博、张海川、黄林新、朱成德	2017.09.19	201510744785.8
984	一种基于六面体几何的张拉整体结构单元	土木工程学院	陈耀、冯健、孙求知	2017.09.19	201510695070.8
985	BP神经网络实时提取TDLAS气体吸收光谱吸光度的方法	空间科学与技术研究院	卢荣军、杜倩倩	2017.09.19	201410699109.9
986	一种基于荧光纳米颗粒的细胞膜成像试剂及其制备方法	化学化工学院	吴富根、王宏银、贾浩然、杨婧婧、华先武	2017.09.19	201410706068.1
987	一种基片集成同轴线的尺寸设计方法	信息科学与工程学院	王海明、无奇、余震、洪伟	2017.09.19	201410782853.5
988	一种链格孢菌Y1309－1及其应用	化学化工学院	陈峻青、李黎、吉民、戚文秀	2017.09.19	201410819654.7
989	载荷力方向自平衡的加载装置及力方向自控的数控刀架静刚度测试平台	机械工程学院	孙蓓蓓、刘鑫、陈南、张建润、卢熹	2017.09.19	201510061048.8
990	三轴单片集成全解耦角振动环式硅陀螺仪及其加工方法	仪器科学与工程学院	夏敦柱、高海珏、孔伦	2017.09.19	201510076084.1
991	一种多维粘弹性减隔震装置	土木工程学院	徐赵东、黄兴淮、郭迎庆、尹学军、盖盼盼、贾红兵	2017.09.19	201510170881.6

(续　表)

序号	发明专利名称	申请院系	设计人	授权日	专利号
992	一种MATLAB/STM32混合动力试验系统及其试验方法	土木工程学院	徐赵东、郭迎庆、吴敏东、王凯洋、刘永林	2017.09.19	201510173348.5
993	双定子超导励磁场调制电机	电气工程学院	程明	2017.09.19	201510228203.0
994	一PLC编程式中SFC到梯形图的转换方法	机械工程学院	周一帆 卞扬清、张志胜、童炜山	2017.09.08	201410009324.1
995	基于大规模粗粒度嵌入式可重构系统及其处理方法	电子科学与工程学院	曹鹏、刘波、汪芮合、杨苗苗、刘杨、朱婉瑜	2017.09.19	201410240683.8
996	预制剪力墙干式垂直连接节点的施工方法	土木工程学院	梁书亭、孙崇芳、朱筱俊	2017.09.19	201510754026.X
997	一种基于四元数散射网的彩色图像纹理分类方法	自动化学院	伍家松、杨淳沨、姜龙玉	2017.09.19	201410326277.3
998	基于酸碱指示剂吸光谱的阈值可调pH值检测报警装置及方法	电子科学与工程学院	朱利、杨亚洲、刘效伯、崔一平	2017.09.19	201410354457.2
999	基于空闲用户设备辅助的OFDMA系统上行子信道分配方法	信息科学与工程学院	宋铁成、顾斌、胡静、孙大飞、张雷、吴名、郭洁、沈连丰	2017.09.19	201410378155.9
1000	一种用于水位监测的WSN信息感知系统及方法	仪器科学与工程学院	陈俊杰、张园	2017.09.22	201410410242.8
1001	一种应用于自动配煤机的配煤优化方法	能源与环境学院	睢刚、魏昌淼	2017.09.19	201410551177.0
1002	碳点作为抗肿瘤药物载体的应用	化学化工学院	吴富根、杨婧婧、张晓东、王志飞、陈战	2017.09.19	201410677248.1
1003	一种救援清障车七绞盘布局方法	仪器科学与工程学院	宋翔、李旭、徐启敏	2017.08.29	201510941406.4
1004	一种协调控制被控对象传递函数模型辨识方法	电气工程学院	睢刚、钱磊	2017.08.29	201510389887.2

（续 表）

序号	发明专利名称	申请院系	设计人	授权日	专利号
1005	一种光伏组件除尘策略优化方法	电气工程学院	陈湘如、谢吉华、杨正和、林英俊	2017.08.29	201510271839.3
1006	加速度计和陀螺仪的实时降噪系统和方法	仪器科学与工程学院	徐晓苏、刘义亭、刘锡祥、张涛、姚逸清、吴亮、孙进、男泽鑫	2017.09.29	201510013787.X
1007	旋转加速度计重力梯度仪重力梯度信号仿赵方法	仪器科学与工程学院	蔡体菁、钱学武、丁昊	2017.09.26	201410610089.3
1008	一种RCD修饰的超小磁性氧化铁纳米颗粒的制备方法及其应用	生物科学与医学工程学院	张宇、贾正阳、谢俊	2014.09.26	201410475070.2
1009	一种Cu/Ca基化合物联合循环捕捉CO_2的方法及装置	能源与环境学院	段伦博、段元强、陈惠超、赵长遂	2017.09.26	201410295360.9
1010	一种适用于全双工物理层网络编码系统中多次译码检测的方法	信息科学与工程学院	姜明、赵春明、沙小仕、张华	2017.09.26	201410287204.8
1011	一种基于多参考站的网络RTK区域大气误差建模方法	仪器科学与工程学院	潘树国、吴波、高旺、高成发	2017.09.26	201510074744.2
1012	碳化混凝土再碱化用表面涂料及制备和使用方法	材料科学与工程学院	龚米凯、刘远之、韦语涵、潘钢华	2017.09.26	201510077074.X
1013	一种天文望远镜用三维气隙哈尔巴赫永磁弧形电机及其控制方法	电气工程学院	房淑华、郭凯凯、阳辉	2017.09.26	201510284035.7
1014	氮化镓基低漏电流悬臂梁的开关电容滤波器及制备方法	电子科学与工程学院	廖小平、褚晨蕾	2017.09.26	201510379887.4
1015	一种电容式压力传感器及其制备方法	电子科学与工程学院	聂萌、章丹、黄庆安	2017.09.26	201510513013.3
1016	一种基于细胞聚集体的微脉管肝脏芯片及其制备和使用方法	生物科学与医学工程学院	顾忠泽、郑付印、赵远锦、付繁繁、赵泽、魏红梅	2017.09.26	201510720578.9

(续　表)

序号	发明专利名称	申请院系	设计人	授权日	专利号
1017	一种微型扑翼飞行器传动机构	机械工程学院	任昱宁、陈开、雷思杰、周宇昕、杨楠涛、沙婧洁	2017.09.26	201610304888.7
1018	一种基于二维码识别的地铁购票、检票方法	智能运输系统研究中心	何铁军、张宁、汤滢江	2017.09.26	201410392929.3
1019	一种基于时空混色技术的显示器件	电子科学与工程学院	翁一士、张宇宁、李晓华、王坚	2017.10.03	201410438794.X
1020	多天线安全通信系统中基于信道估计的有限反馈传输方法	信息科学与工程学院	许威、彭张节、赵春明	2017.09.29	201410830926.3
1021	基于延时测量的热风速传感器结构和风速风向测定方法	电子科学与工程学院	秦明、王芳、杨佳伟	2017.09.29	201510024244.8
1022	一种频率选择表面结构	信息科学与工程学院	华光、陆平	2017.10.03	201510035441.X
1023	应用于单端SAR、ADC的二进制电容阵列及其冗余校准方法	电子科学与工程学院	吴建辉、林志伦、杜媛、陈超、黄成、李红、张萌	2017.09.29	201510069640.2
1024	一种红外传感器	电子科学与工程学院	万能、黄见秋	2017.10.03	201510069980.5
1025	一种新型的风浪发电系统	电气工程学院	付兴贺、王标、林明耀、刘凯	2017.10.03	201510099064.6
1026	强信号干扰下铁路桥梁模态频率识别中功率谱的修正方法	土木工程学院	丁幼亮、王高新、宋永生	2017.09.29	201510150755.4
1027	一种保密性强的抗打印扫描数字图像水印方法	自动化学院	肖子豪、张艺璇、夏思宇、冯炽、李艺	2017.09.29	201510210039.0
1028	一种具有零点校准功能的热式风速传感器结构及校准方法	电子科学与工程学院	秦明、叶一舟、陈蓓、朱雁青、黄庆安	2017.09.29	201510346481.6
1029	一种测风传感器芯片结构及其制造方法	电子科学与工程学院	秦明、王芳、姚玉瑾、杨佳伟、叶一舟	2017.10.03	201510346422.9

（续　表）

序号	发明专利名称	申请院系	设计人	授权日	专利号
1030	一种铜包铝复合材料的低压充芯制备工艺	材料科学与工程学院	盛晓波、张望成、董寅生、储成林、郭超	2017.09.29	201510363960.9
1031	硅基低漏电流双固支梁可动栅 NMOS 相位检测器	电子科学与工程学院	廖小平、闫浩	2017.09.29	201510378247.1
1032	硅基低漏电流双悬臂梁可动栅锁相环电路	电子科学与工程学院	廖小平、韩居正	2017.09.29	201510379710.4
1033	硅基低漏电流双固支梁可动栅倍频器	电子科学与工程学院	廖小平、韩居正	2017.09.29	201510386965.3
1034	一种可调谐基片集成波导圆形谐振腔滤波器	信息科学与工程学院	周健义、黄菲	2017.09.29	201510398499.0
1035	信号交叉口多线路多公交车辆优先控制方法	交通学院	叶智锐、许明涛、王炜	2017.09.29	201510436151.6
1036	基于氧化石墨烯海绵的柔性压力传感器及其制备方法	电子科学与工程学院	孙立涛、万树、毕恒昌、周奕龙、尹奎波、贺龙兵	2017.10.03	201510439412.X
1037	利用根系分泌物强化湿地耦合系统去除地表水中抗生素的系统及方法	能源与环境学院	宋海亮、夏岩、张帅、杨小丽	2017.09.29	201510559543.1
1038	一种耐高温磷酸盐透明玻璃及其制备方法	材料科学与工程学院	刘玉付、沈杰	2017.10.03	201510561255.X
1039	一种抗氧化涂层及其制备方法	材料科学与工程学院	刘玉付、周颖	2017.10.03	201510624813.2
1040	一种基于任务解耦的多机器人协作焊接路径的生成方法	自动化学院	周波、吴宝举、戴先中、孟正大、曲志兵	2017.10.03	201510664567.3
1041	一种基于表面曲率的喷涂机器人自动路径生成方法	自动化学院	周波、吴宝举、戴先中、孟正大、徐龙	2017.10.03	201510664721.7

（续　表）

序号	发明专利名称	申请院系	设计人	授权日	专利号
1042	一种荧光－SERS 双模式超分辨成像探针及其制备方法和使用方	电子科学与工程学院	宗慎飞、陆驹、陈晨、王著元、崔一平	2017.10.03	201510836925.4
1043	大功率 APF 并机谐波补偿系统动态协调控制方法	电气工程学院	赵剑锋、刘康礼、曹武、尤鋆	2017.10.03	201510837613.5
1044	基于传感器优化布置的山体滑坡线早期形态的确定方法	交通学院、浙江省公路管理局、丽水市公路管理局	熊文、叶见曙、万毅宏、朱定勤、马建青、梁平安、侯训田、傅长荣、李承广、刘旭鹤	2017.09.29	201510854494.4
1045	一种局部预应力装配式耗能梁柱节点	土木工程学院	郭正兴、管东芝	2017.09.29	201610044530.5
1046	砷化镓基低漏电流双固支梁开关双栅锁相环电路	电子科学与工程学院	廖小平、韩居正	2017.09.29	201510379127.3
1047	一种带隙基准电压源的启动加速电路	电子科学与工程学院	吴建辉、孟楠、钱文明、徐力、际超、黄成、李红	2017.10.13	201410393689.9
1048	一种基于模型预测控制的冷热电联供型微电网运行方法	电气工程学院	顾伟、王志贺、骆钊、唐沂媛、刘元圆	201710.13	201510059153.8
1049	一种双定子轴向磁场磁通切换型混合永磁记忆电机	电气工程学院	林明耀、李念、郝立、徐妲、付兴贺	2017.10.13	201510080897.8
1050	一种风能和波浪能发电装置	电气工程学院	付兴贺、王标、林明耀	2017.10.10	201510100417.X
1051	一种温度传感器响应时间测量装置及测量方法	电子科学与工程学院	黄见秋、李飞	2017.10.13	201510114497.4
1052	一种基于 2D 和 3D、SIPT 特征融合的一般物体识别方法	自动化学院	李新德、刘苗苗、徐叶帆	2017.10.10	201510117991.6
1053	一种单纯疱疹病毒性角膜炎疫苗及其制备方法	医学院	胡凯	2017.10.10	201510362541.3

（续 表）

序号	发明专利名称	申请院系	设计人	授权日	专利号
1054	一种熔模铸造铁素体不锈钢晶粒细化剂及其使用方法	材料科学与工程学院	盛晓波、江坤华、董寅生、储成林、郭超	2017.10.10	201510364587.9
1055	基于GaAs基低漏电流双悬臂梁开关频率检测器	电子科学与工程学院	廖小平、严嘉彬	2017.10.10	201510378246.7
1056	基于GaAs基低漏电流双固支梁开关频率检测器	电子科学与工程学院	廖小平、严嘉彬	2017.10.10	201510379992.8
1057	氮化镓基低漏电流固支梁开关交叉耦合振荡器及制备方法	电子科学与工程学院	廖小平、王小虎	2017.10.13	201510380061.X
1058	一种蓄电池组劣化单体电池检测方法	能源与环境学院	程力、袁世魁、蔡体菁	2017.10.13	201510485826.6
1059	一种固相负载高粘微生物材料的再生复活及载体循环利用的系统及方法	材料科学与工程学院	钱春香、詹其伟	2017.10.13	201510548766.8
1060	一种高灵敏度压阻式压力传感器及其制备方法	电子科学与工程学院	聂萌、包宏权、黄庆安	2017.10.13	201510580358.0
1061	一种电流复用高线性度的跨导放大器结构	电子科学与工程学院	吴建辉、华超、陈超、黄成、李红	2017.10.13	201510640229.6
1062	一种应对城市低洼处道路的快速排水路面结构	交通学院	黄晓明、丁珣昊、刘修宇、曹青青、巩金芝、王飓奇、闫天昊、彭龙	2017.10.13	201510883746.6
1063	一种基于透水路面的城市道路延时排水结构	交通学院	黄晓明、刘修宇、曹青青、巩金芝、丁珣昊、闫天昊、王飓奇	2017.10.13	201510885625.5
1064	一种倒置式单电极电流体三维喷印装置	生物科学与医学工程学院	顾忠泽、丁海波、付光彬、田磊、朱存	2017.10.10	201610103194.7
1065	一种基于甲基乙烯基醚马来酸共聚物及壳聚糖pH敏感复合纳米凝胶及其制备方法	生物科学与医学工程学院	张天柱、马晓娥、周乃珍	2017.10.13	201610183740.2

(续 表)

序号	发明专利名称	申请院系	设计人	授权日	专利号
1066	一种竖直纸基微流控检测芯片及其制备方法	生物科学与医学工程学院	刘宏、高兵兵、顾忠泽	2017.10.10	201610202188.7
1067	一种实现光自旋霍尔效应的金属微纳结构	物理系	董正高、王英华、李家奇	2017.10.13	201610913662.7
1068	一种单次运动想象脑电信号的辨识方法	仪器科学与工程学院	曾洪、王语海、宋爱国、徐宝国	2017.10.20	201410741790.9
1069	一种同时控制三台开关磁阻电机的功率拓扑结构	电气工程学院	花为、陆增洁、赵桂书	2017.10.20	201510001815.6
1070	一种低电压高速采样保持电路	信息科学与工程学院	黎飞、李连鸣、王尧	2017.10.20	201510014035.5
1071	一种旋转加速度计重力梯度仪重力梯度解调方法	仪器科学与工程学院	蔡体菁、钱学武	2017.10.20	201510315721.6
1072	砷化镓基低漏电流双悬臂梁开关双栅锁相环电路	电子科学与工程学院	廖小平、韩居正	2017.10.20	201510379437.5
1073	一种磷酸盐基复合材料及其制备方法	材料科学与工程学院	刘玉付、沈杰	2017.10.20	201510560535.9
1074	一种具有高灵敏度的柔性压阻式压力传感器及其制备方法	电子科学与工程学院	聂萌、章丹、黄庆安	2017.10.20	201510624235.2
1075	一种降低毛刺的 TSPC 型 D 触发器	电子科学与工程学院	郑丽霞、江琦、张有志、王灿、许其罗、吴金	2017.10.20	201510626563.6
1076	基于超疏水翅片管换热器的空气源热泵喷淋除霜装置	能源与环境学院	梁彩华、汪峰、杨明涛、张小松	2017.10.20	201510672101.8
1077	一种 MoS_2 石墨烯复合对电极的电化学制备方法	电子科学与工程学院	徐峰、李胜利、倪亚茹、朱重阳、闵辉华、孙立涛	2017.10.20	201510729208.1
1078	用于气体传感器件快速响应特性的测试装置及测试方法	电子科学与工程学院	万能、黄见秋	2017.10.20	201510973746.5

（续 表）

序号	发明专利名称	申请院系	设计人	授权日	专利号
1079	一种应用于轮腿复合式机器人的轮腿机构及控制方法	仪器科学与工程学院	宋光明、韦中、张勇、郑楚婷、彭璜、宋爱国	2017.10.20	201610048470.4
1080	一种基于涡流自触发的模块化多电平换流器直流侧断路器	电气工程学院	梅军、王创、马天、缪惠宇、丁然	2017.10.20	201610188609.5
1081	预制拼装桥墩芯形榫接头构造与施工方法	土木工程学院	刘钊、卓为顶、冯健	2017.10.20	201610554362.4
1082	一种具有片上自标定功能的MEMS热式风速传感器	电子科学与工程学院	秦明、朱雁青、叶一舟、黄庆安	2017.10.27	201510345261.1
1083	一种物联网认证中的位置隐私保护方法	信息科学与工程学院	万长胜、黄杰、潘浩	2017.10.27	201410016575.2
1084	一种基于相关性的服务选择系统及选择方法	计算机科学与工程学院	王海艳、罗军舟、李伟、杨文彬	2017.10.27	201210494558.0
1085	一种基于FPGA的微处理器PUF实现系统及其方法	信息科学与工程学院	黄杰、陈叶蓉、张丽、孙雄	2017.10.03	201510123087.6
1086	一种用于下肢助力外骨骼的被动储能足部机构	机械工程学院	王兴松、奚如如、朱智勇	2017.10.20	201610098737.0
1087	基于套索驱动的节能半被动下肢外骨骼	机械工程学院	王兴松、奚如如、朱智勇、姜充	2017.10.20	201610099877.X
1088	一种润滑油含气量测量装置及测量方法	能源与环境学院	郭瑞、王志芳、傅行军、杨建刚	2017.09.26	201510314811.3
1089	定量检测系统、汞离子检测芯片的制备方法和应用方法	生物科学与医学工程学院	刘宏、高兵兵、顾忠泽	2017.10.03	201510183768.1
1090	荭草苷在制备抑制血管生成药物中的应用	化学化工学院	廖志新、胥廉谦、施天一	2017.09.26	201410075480.8
1091	一种基于解耦和扰动观测的超临界机组预测控制方法	能源与环境学院	沈炯、笪凌云、刘西陲、吴啸、潘蕾、李益国	2017.09.26	201510024727.8

（续　表）

序号	发明专利名称	申请院系	设计人	授权日	专利号
1092	一种以手性双环二胺为载体配体的铂(II)配合物及其制备方法和应用	化学化工学院	苟少华、刘峰帆	2017.09.26	201510127298.7
1093	基于局域网和FPGA的远程电路设计硬件实验系统及方法	计算机科学与工程学院	杨全胜、罗继明、吴强、张海东、杨慧德、王飞、王晓蔚、黄华、李林	2017.09.26	201510187659.7
1094	多波长下光功分器性能测量方法及波长选择光探测器模块	电子科学与工程学院	蒋卫锋、管孟文、孙小菡	2017.09.26	201510778026.3
1095	二维阻性传感器阵列的快速读出电路及其读出方法	仪器科学与工程学院	吴剑锋、何赏赏、王愚、李建清	2017.7.28	201610003772.X
1096	数据聚类方法及B2B平台客户偏好获取方法、装置	经济管理学院	武忠、张丽媛、李媛、吕思杰、赵飞祥	2017.7.28	2015104909624
1097	一种用于X射线荧光光谱本底扣除的方法	仪器科学与工程学院	王爱民、赵奉奎	2017.7.28	201510313534.4
1098	一种颗粒浓度测量方法	能源与环境学院	宋兆龙、雷志伟、许传龙	2017.7.28	201510152905.5
1099	一种基于视觉和力反馈的四旋翼飞行器进行空中抓取作业的控制方法	仪器科学与工程学院	宋光明、张勇、张颖、孙慧玉、宋爱国	2017.10.10	201510330767.5
1100	场效应管电容-电压特性测试电路的串联电阻测定方法	电子科学与工程学院	刘斯扬、张艺、魏家行、张春伟、孙伟锋、陆生礼、时龙兴	2017.10.10	201510121313.7
1101	一种确定驾驶人换道行为特性参数的方法和系统	交通学院	陆建、杨海飞、李英帅	2017.10.10	201510823155.X
1102	一种Burrows、Wheeler变换硬件处理装置	电子科学与工程学院	李冰、顾巍、王超凡、陈帅、董乾、赵霞、刘勇、王刚	2017.10.10	201510381710.8
1103	一种基于立体直式阵列波导光栅波分器和功分器	电子科学与工程学院	孙小菡、蒋卫锋、李元、吕涛、崔晗、田勇	2017.10.10	201510054821.8

（续 表）

序号	发明专利名称	申请院系	设计人	授权日	专利号
1104	一种抗变形耐压均温板	能源与环境学院	陈永平、黄永平、丁奕文、张程宾	2017.10.10	201510587040.5
1105	一种颗粒机械强度的测量装置及方法	能源与环境学院	段伦博、余志健、段元强、赵长遂	2017.10.10	201510154252.4
1106	一种检测蓄电池是否充满的方法	电子科学与工程学院	孙伟锋、张太之、付君宇、俞居正、钱钦松、陆生礼、时龙兴	2017.10.10	201510182728.5
1107	一种采用太阳能集热的多温度梯度利用系统	能源与环境学院	陈九法、饶义本、田权、李亚楠、安玉磊、齐东昇	2017.7.28	201510289635.2
1108	一种五相逆变器双三相电机系统的控制方法	电气工程学院	王伟、张景皓、程明	2017.7.28	201510386545.5
1109	一种南极发电机舱内柴油储藏箱低温保护装置	能源与环境学院	陈永平、杨飞、周颖、张程宾	2017.7.28	201510603020.2
1110	一种N型射频横向双扩散金属氧化物半导体器件	电子科学与工程学院	孙伟锋、马荣晶、周雷雷、张艺、张春伟、刘斯扬、陆生礼、时龙兴	2017.7.28	201510021811.4
1111	一种多源激光二元相位调制与解调装置及方法	信息科学与工程学院	陆泽橼、吴乐南、戚晨皓、张煜东	2017.7.28	201510127325.0
1112	一种基于反激式原边反馈的数字恒流控制器	电子科学与工程学院	常昌远、黄晓敏、朱文文、周中杰、周志琪、胡俊杰	2017.7.28	201510422760.6
1113	火灾后木结构建筑的承载能力评估方法	土木工程学院	张晋、张悦洋	2017.7.28	201510391488.X
1114	一种结合相关分析滤波性的相对比较法	电气工程学院	卢毅、袁飞、杨震男	2017.7.28	201510161603.4
1115	一种具有下部拉索的开合膜屋盖	土木工程学院	蔡建国、陆栋、冯健、朱奕峰	2017.8.25	201510332573.9

(续　表)

序号	发明专利名称	申请院系	设计人	授权日	专利号
1116	一种具有上部竖杆的平面开合膜屋盖	土木工程学院	蔡建国、陆栋、冯健、朱奕峰	2017.7.28	201510334617.1
1117	一种采用漏极调制方式的脉冲功率放大器	信息科学与工程学院	李智群、文武、林晓娟、马武、何世栋、刘扬、罗磊、景永康、王曾祺、程国枭	2017.8.11	201510320586.4
1118	一种相变蓄热装置	能源与环境学院	陈永平、张孟臣、朱炳朋、张程宾	2017.8.25	2015105494888
1119	一种拼装式电池模块及其电池组	机械工程学院	陈南、李乔宇、刘元强、陈晨、王超,李静之	2017.8.25	201510522493X
1120	一种采用隔离变压器的桥式变换器单路信号栅驱动电路	电子科学与工程学院	孙伟锋、苏畅、俞居正、钱钦松、陆生礼、时龙兴	2017.8.25	2015106582829
1121	一种基于液体变焦透镜的火焰三维温度场测量装置及方法	能源与环境学院	许传龙、胡江海、张彪	2017.9.26	201510221171.1
1122	一种阻性复合传感器阵列的读出电路及其读出方法	仪器科学与工程学院	吴剑锋、何赏赏、李建清	2017.7.28	201610005628.X
1123	一种悬挂式浮放物三维隔震装置	土木工程学院	李爱群、唐永辉、王骁宇、李大强	2017.7.28	201510013980.3
1124	一种太阳能温室大棚的恒温和供暖系统	能源与环境学院	杨斯涵	2017.8.25	201510320939.0
1125	一种基于短信的移动终端地理信息交换方法	仪器科学与工程学院	张小国、王庆、张也、徐美娇	2017.7.28	201410459459.8
1126	基于导频复用的大规模MEMO无线通信方法	信息科学与工程学院	高西奇、尤力、仲文、巴特尔、夏香根、马霓、彭炎	2017.7.28	201310563145.8

（续 表）

序号	发明专利名称	申请院系	设计人	授权日	专利号
1127	一种预应力FRP网格的张拉锚固装置及张拉锚固方法	土木工程学院、江苏绿材谷新材料科技发展有限公司	汪昕、吴智深、朱中国、贺卫东、陈功	2017.10.10	201610196537.9
1128	一种主动配电网控制系统评价方法及主动本电网规划方法	国家电网公司、江苏省电力公司、江苏省电力公司电力经济技术研究院、电气工程学院	高山、谢珍建、孙建龙、黄俊辉、王海潜、刘宇、谈建、归三荣、李琥、韩俊	2017.8.25	201410504786.0
1129	一种电力系统的次同步振荡评估方法	江苏省电力公司电力经济技术研究院、电气工程学院	黄俊辉、高山、杨晓梅、王海潜、赵欣、谢珍建、陆军、祁万春、季杭为、江溯帆、蔡晖、吴晨、乔黎伟、李琥、王旭、杨林、汪惟源、窦飞	2017.8.25	2015106514145
1130	一种采用隔离变压器栅驱动的移相全桥变换器的故障保护方法	电子科学与工程学院	钱钦松、卢致鹏、张太之、徐申、孙伟锋、陆生礼、时龙兴	2017.8.25	201510181367.2
1131	基于并联机构和二维测力机构的下肢双关节康复训练机构	仪器科学与工程学院、常州市钱璟康复股份有限公司	宋爱国、秦超龙、李会军、曾洪、樊天润、樊金成	2017.8.4	201510556834.5
1132	一种全数字逐次副近寄存器式快速锁定延时锁定环	电子科学与工程学院	阙诗璇、蔡志匡、刘婷婷、许浩博、庞佳军、杨军	2017.7.28	201310596163.6
1133	一种纤维增强复合材料模壳及加工方法	土木工程学院、江苏绿材谷新材料科技发展有限公司、苏交科集团股份有限公司	汪昕、吴智深、朱中国、邓文杰、孙沈鹏、张建东	2017.10.10	201610193910.5
1134	可测纳米单体吸收光谱的透射电镜样品杆及其使用方法	电子科学与工程学院	贺龙兵、张磊、唐路平、孙立涛、董辉	2017.8.25	201610256248.3
1135	基于GPS位移监测的大跨桥梁钢箱梁损伤预警方法	交通学院	缪长青、王蔓、梅明星、田洪金	2017.10.10	201410263892.4

（续　表）

序号	发明专利名称	申请院系	设计人	授权日	专利号
1136	表面活性剂作用下的单晶硅全晶全面刻蚀速率的获取方法	电子科学与工程学院	幸研、张辉	2017.10.10	201410803809.8
1137	小动物多模态医学影像配准及融合方法	生物科学与医学工程学院	罗宁华、李晶、李光、顾宁	2017.10.10	201410819671.0
1138	基于随机抽样多分类器的网络流量识别方法	计算机科学与工程学院	程光	2017.7.28	201410790370.X
1139	一种基于路径数据的优先级转发方法	电子科学与工程学院	刘昊、袁志敏、蒋富龙、吴建辉	2017.7.28	201410311752.X
1140	一种利用“一锅法”制备金属配位聚合物凝胶的方法	化学化工学院	付国东、李扬、姚芳	2017.7.28	201410770635.X
1141	电动汽车换电网络协调规划方法	电气工程学院	高赐威、潘樟惠	2017.9.26	201410546720.8
1142	一种盐度测量方法	电子科学与工程学院	韩磊、殷刚毅、周全、刘佳杰	2017.7.28	201510460176.X
1143	一种用于非相干解调电路中的载波相位同步方法及装置	电子科学与工程学院	刘昊、袁斌	2017.7.28	201410369979.X
1144	一种基于动态交通流的长直公路周边区域噪声预测方法	交通学院	何杰、章晨、赵池航、杭文、邢璐	2017.7.28	201410045592.9
1145	地下连续墙钢筋笼结构及其施工方法	土木工程学院	金晓飞、梁书亭、朱筱俊、张玉良	2017.7.28	201410205206.8
1146	多点协同对偶能效传输优化方法	信息科学与工程学院	何世文、陈文阳、黄永明、王海明	2017.9.26	201410114825.6
1147	一种无线传感器网络多流竞争场景下的数据传输方法	电子科学与工程学院	刘昊、张泰平、张萌、蒋富龙	2017.7.28	201410370854.9
1148	一种基于远程数据的手术排程优化设计方法	经济管理学院	赵林度、刘飞、李春阳、倪燕、沈杰、李晓妮	2017.7.28	201410191889.6

（续　表）

序号	发明专利名称	申请院系	设计人	授权日	专利号
1149	总线式多方通信数字电话系统	信息科学与工程学院	吴强、王彬、武华阳	2017.7.28	201410113209.9
1150	基于IPv6的IPSec嵌入式防火墙的系统及其操作方法	电子科学与工程学院	李冰、蔡鹏程、刘勇王刚、董乾、赵霞	2017.10.10	201410571261.9
1151	阻性复合传感器阵列的读出电路及其读出方法	仪器科学与工程学院	吴剑锋、何赏赏、李建清	2017.7.28	201610003423.8
1152	一种分布式光纤振动传感系统扰动事件识别及定位方法	电子科学与工程学院	孙小菡、潘超、王广祯、黄新锐、侍海峰、王烁、叶红亮、李明铭、赵澍慧	2017.10.31	201510031246.X
1153	石墨烯-钛酸纳米线二维网状复合材料及其制备方法和应用	化学化工学院	代云茜、符婉琳、孙贻白、杨冲亚、黄美优、施炜晗、黄诚谦、王世梅、顾清、林保平	2017.10.31	201510783823.0
1154	一种磁链并联双转子复合电机	电气工程学院	花为、苏鹏、张淦、程明、王宝安	2017.10.31	2016101089191
1155	一种有轨电车与BRT线网综合布设方法	交通学院	王昊、林浩、王炜	2017.10.31	201510037096.3
1156	一种基于核主成分分析网络的图像分类方法	计算机科学与工程学院	吴丹、伍家松、姜龙玉、杨淳沨、达臻、舒华忠	2017.10.31	201510037296.9
1157	基于二线制等电势法的阻性传感器阵列读出电路	仪器科学与工程学院	吴剑锋、何赏赏、李建清	2017.10.31	201610059140.5
1158	一种测量水汽过饱和度的方法及其装置	能源与环境学院	张军、徐俊超、孟强、于燕	2017.10.31	201510638606.2

(续　表)

序号	发明专利名称	申请院系	设计人	授权日	专利号
1159	一种云服务工作流调度方法	计算机科学与工程学院	李小平、丁涛勇、朱夏、陈龙、胡苇	2017.10.31	201510204384.3
1160	基于表面等离子体激元的透射式滤波器	电子科学与工程学院	郭静菁、屠彦、王莉莉、杨兰兰、王保平	2017.10.31	201510214207.3
1161	一种 AC. DC 变换器输出电压的恒压控制方法及其电路	电子科学与工程学院	孙伟锋、范献军、吴乙雨、黄智、徐申、陆生礼、时龙兴	2017.10.31	201510021895.1
1162	一种无线电能传输系统恒流补偿网络拓扑的确定方法	电气工程学院	曲小慧、景妍妍、韩洪豆、黄少聪、谢智刚	2017.10.31	201610060017.5
1163	一种基于优化调幅的无线光高效传输方法	信息科学与工程学院	张华、袁颖、许威	2017.10.31	201410432681.9
1164	一种提高开关电源动态响应的控制方法	电子科学与工程学院	徐申、王冲、范献军、孙伟锋、陆生礼、时龙兴	2017.10.31	201510502980X
1165	载波环路自适应跟踪方法、自适应载波跟踪环路	仪器科学与工程学院	陈熙源、崔冰波	2017.10.31	2016100691653
1166	一种原边反馈反激式电源变换器输出电流的恒流控制系统	电子科学与工程学院	孙伟锋、沈乾、张晓明、王冲、徐申、陆生礼、时龙兴	2017.10.31	201510423030.8
1167	一种无线电能传输系统恒压补偿网络拓扑的确定方法	电气工程学院	曲小慧、景妍妍、韩洪豆、黄少聪、谢智刚	2017.10.31	201610060977.1
1168	一种水下航行器的螺旋桨推力建模方法	仪器科学与工程学院	程向红、王阳阳	2017.10.31	201510003603.1
1169	软土地基固化及桩埋装置	能源与环境学院	郭文璐	2017.10.31	201610350901.2
1170	一种混合励磁磁链并联双转子复合电机	电气工程学院	花为、苏鹏、张淦、程明、王宝安	2017.10.31	2016101089204

（续 表）

序号	发明专利名称	申请院系	设计人	授权日	专利号
1171	时间序列数据的周期挖掘方法	计算机科学与工程学院	李小平、倪春泉、朱夏、刘宁、徐海燕	2017.10.31	201510152852.7
1172	基于二线制等电势法的阻性传感器阵列快速读出电路	仪器科学与工程学院	吴剑锋、何赏赏、李建清	2017.10.31	201610061102.3
1173	基于二线制电压反馈的阻性传感器阵列测试电路	仪器科学与工程学院	吴剑锋、何赏赏、李建清	2017.10.31	201610061119.9
1174	一种基于二线制等电势法的阻性传感器阵列快速读出电路	仪器科学与工程学院	吴剑锋、何赏赏、李建清	2017.10.31	201610059187.1
1175	一种生物质炭一碳纳米材料复合物的制备方法	能源与环境学院	宋敏、卫月星、唐心红、徐娟	2017.10.31	201510834098.5
1176	基于节点曲率和小波分析的变截面梁损伤识别方法	土木工程学院	宗周红、钟儒勉、杨泽刚、周海飞、郑沛娟、臧建斌	2017.10.31	201510141171.0
1177	一种基于二线制等电势法的阻性传感器阵列读出电路	仪器科学与工程学院	吴剑锋、何赏赏、李建清	2017.10.27	201610059209.4
1178	城市路网行人交通事故黑点识别方法	交通学院	陆丽丽、任刚、王义、王炜	2017.10.31	201410781098.9
1179	再热机组有加热器散热损失回热作功比与回热增益率测定方法	能源与环境学院	王培红、赵佳骏、郝勇生、江承潮、孙文	2017.10.31	201410799259.7
1180	一种南极发电舱的温控装置	能源与环境学院	陈永平、徐世杰、张程兵、于程	2017.10.31	201510208483.9
1181	网球拍拍弦静态刚度测量装置及方法	机械工程学院	韩良、叶治	2017.11.03	201510716580.9
1182	一种逆流型螺旋折流板U型管束换热器	能源与环境学院	陈亚超、王明超、吴嘉峰	2017.11.03	201510663050.2
1183	一种连续追踪水泥基材料水分传输的方法	材料科学与工程学院	张云升、杨林、刘志勇	2017.11.03	201510617455.2

（续　表）

序号	发明专利名称	申请院系	设计人	授权日	专利号
1184	二次核相仪及核相方法	电气工程学院	汤奕、谭光慧、谭敏刚申振	2017.11.03	201410214362.0
1185	一种电子商务网站中顾客好友关系网络的挖掘方法	计算机科学与工程学院	蒋嶷川、陈昭娣	2017.11.03	201410011076.4
1186	基于有限元法和功率输入法的统计能量分析参数获取方法	土木工程学院工程力学系	陈强、张鹏、李彦斌、费庆国、吴邵庆	2017.11.03	201710003724.5
1187	隧道防排水系统及其建造方法	交通学院	张国柱、刘松玉、马海涛、夏才初	2017.11.03	201610821516.1
1188	一种高触变性导电银浆	材料科学与工程学院	周健、王大鹏、郝建、屠富强、薛烽、白晶	2017.11.03	201610522046.9
1189	一种用于血糖血脂无创核磁共振检测的方法	机械工程学院	陆荣生、易红、倪中华、尹奇峰、姜晓文	2017.11.03	201610438569.5
1190	基于三角函数正交基的随机动态载荷分解技术	土木工程学院	李彦斌、费庆国、廖涛、吴邵庆、张鹏	2017.11.03	201610384243.9
1191	基于分段常函数正交基的随机动态载荷分解技术	土木工程学院	李彦斌、费庆国、廖涛、吴邵庆、陈强	2017.11.03	201610390659.1
1192	一种基于自适应局部特征背景模型的车辆检测方法	交通学院	赵池航、张运胜、陈爱伟	2017.11.03	201610361751.5
1193	一种单开口编织网型软接头人工肌肉	机械工程学院	王兴松、巩永强	2017.11.03	201610331436.8
1194	一种纳米金刚石增强钛基复合材料及其制备方法和应用	材料科学与工程学院	张法明、刘苏丽	2017.11.03	201610302136.7
1195	一种循环流化床锅炉的新型 AGC 控制方法	机械工程学院	高超	2017.11.03	201610289585.2
1196	一种水下激光切割用排水装置	机械工程学院	孙桂芳、张永康、卢轶、王占栋、郇学东	2017.11.03	201610183913.0

（续 表）

序号	发明专利名称	申请院系	设计人	授权日	专利号
1197	基于数值优化极值搜索的无模型锅炉燃烧优化控制方法	能源与环境学院	沈奇、李益国、沈炯、刘西陲、吴啸	2017.11.03	201610173955.6
1198	制备水溶性荧光碳点的方法及荧光碳点在抗菌及区分细菌中的应用	生物科学与医学工程学院	吴富根、杨婧婧、高歌	2017.11.03	201610170470.1
1199	一种封闭式病原体检测卡盒	生物科学与医学工程学院	何农跃、陈慧、邬燕琪、邓燕、苏恩本	2017.11.03	201610102868.1
1200	特高压直流分层接入方式下混联系统电压稳定性判别方法	电气工程学院	汤奕、朱亮亮、陈斌、戴玉臣、王琦、李辰龙	2017.11.03	201610046539.X
1201	氮化钛酸锂纳米管.纳米膜一体化材料及其制备方法和应用	化学化工学院	谢一兵、宋飞	2017.11.03	201610044045.8
1202	一种稀土氧化物一石墨烯复合掺杂镀锌层的制备方法	材料科学与工程学院	储成林、卢秋晖	2017.11.03	201510932219.X
1203	基于不同道路状况的汽车尾气排放测定方法	交通学院	卞凤兰、黄晓明、彭龙、刘真	2017.11.03	201510898053.4
1204	一种氯化钠辅助制备石墨烯多孔膜的方法	电子科学与工程学院	孙立涛、毕恒昌、万树	2017.11.03	201510890613.1
1205	基于试错法和机动车流量的拥堵收费最优费率确定方法	交通学院	刘志远、程启秀、别一鸣、荆文涛、黄迪、黄凯	2017.11.03	201510883352.0
1206	一种用于雷蒙磨粉碎工艺的抗干扰控制方法	自动化学院	牛丹、陈夕松、周兴鹏、杨俊、黄洲荣、叶庆仕、张炜森	2017.11.03	201510835768.5
1207	化学交联与金属离子络合的互穿网络水凝胶的制备方法	化学化工学院	付国东、董孟姣、姚芳	2017.11.03	201510778176.4
1208	一种基于波束运算和分组平均的 LTE.A 双码本预编码选择方法	信息科学与工程学院	衡伟、胡津铭、朱云帆	2017.11.03	201510247370.X

(续　表)

序号	发明专利名称	申请院系	设计人	授权日	专利号
1209	一种燃气轮机组烟气流量在线监测的方法	能源与环境学院、大唐苏州热电有限责任公司	司风琪、黄郑、周建新、夏际先、王晓东	2017.11.07	201610397362.8
1210	可现场测试地表下不同深度土含水率与干密度的探测器	交通学院	李学鹏、蔡国军	2017.11.03	201510583197.0
1211	岩土体冻胀参数原位测试仪	交通学院	张国柱、刘松玉	2017.11.03	201510502088.1
1212	可定量探测污染土体中挥发性有机物浓度的气渗性探头	交通学院	蔡国军、李学鹏、刘松玉	2017.11.03	201510474092.1
1213	一种电容式压力传感器及其制备方法	电子科学与工程学院	聂萌、包宏权、黄庆安	2017.11.03	201510405880.5
1214	一种公交站台毗邻区公交车运行状态评价验证方法	交通学院	郑元、张健、冉斌、张国强	2017.11.03	201610077543.2
1215	矩形薄膜压膜阻尼等效电路模型	电子科学与工程学院	李伟华、黄慧	2017.11.03	201510182481.7
1216	一种溶液全热回收和冷凝除湿复合新风处理装置	能源与环境学院	张伦、黄维东、张小松	2017.11.03	201510185378.8
1217	无线光通信系统中的MIMO、ACO、OFDM迭代接收方法	信息科学与工程学院	沈弘、邓榆钦、赵春明	2017.11.03	201510230401.0
1218	一种人工表面等离激元波的二次谐波产生装置	信息科学与工程学院	崔铁军、张浩驰、范逸风	2017.11.03	201510237596.1
1219	一种基于细胞膜包覆的肿瘤光疗试剂及其制备方法和应用	生物科学与医学工程学院	吴富根、贾浩然	2017.11.03	201510315360.5
1220	一种透气式丁基橡胶聚合物、其薄膜的制备及应用	化学化工学院	杨洪、柳芳、林保平	2017.11.03	201510306972.8
1221	一种用溶剂萃取法-离子交换法处理化学镀镍废液的方法	能源与环境学院	黄瑛、李尚桦、朱玲	2017.11.03	201510290426.X

（续 表）

序号	发明专利名称	申请院系	设计人	授权日	专利号
1222	一种基于小波神经网络的火电机组变负荷速率预测方法	能源与环境学院	吕剑虹、岑垚、崔晓波、周帆	2017.11.03	201510267592.8
1223	一种异质交通状态的交叉口信号优化控制方法	交通学院	任刚、邢淋丽、江航、卢佳	2017.11.03	201510606687.8
1224	一种基于多因素融合修正的结构件剩余寿命预测方法	机械工程学院	贾民平、朱林、许飞云	2017.11.03	201510247506.7
1225	一种支持可扩展性的远程数据完整性检查方法	信息科学与工程学院	万长胜、刘军	2017.11.03	201410734406.2
1226	一种基于流量校正的电站主蒸汽流量在线计算方法	电气工程学院、大唐安徽发电有限公司	司风琪、朱正香、顾慧、吴跃明	2017.11.03	201410764596.2
1227	一种基于交互式多模型的目标跟踪方法	仪器科学与工程学院	程向红、朱立华	2017.11.03	201410778057.4
1228	一种云环境下的工件流应用弹性资源供应方法	计算机科学与工程学院	李小平、蔡志成、陈湉	2017.11.03	201410829648.X
1229	滤芯及其制备方法和应用	电子科学与工程学院	孙立涛、毕恒昌、万树	2017.11.03	201510034032.8
1230	一种应用于基带处理中的可重构调制解高调方法	电子科学与工程学院	张萌、钟景川、离辉、陈廷欢、陈子洋、刘俊	2017.11.03	201510061216.3
1231	一种面向 IEEE802.11ac 射频一致性测试的信道估计方法	信息科学与工程学院	裴文江、韩娜、郝金光	2017.11.03	201510082293.7
1232	一种利用主元解耦计算夏热冬冷地区建筑负荷的方法	能源与环境学院	胥建群、陈飞翔、宋震、刘明涛、张方、周克毅、赵龙生	2017.11.03	201510089090.0
1233	一种絮凝剂回收式废油再生集成装置及其应用	能源与环境学院	钟文琪、韩致旭	2017.11.03	201510093916.0
1234	基于 NCC 的道路消失线检测方法	自动化学院	卢凯悦、夏思宇	2017.11.03	201510176886.X

（续　表）

序号	发明专利名称	申请院系	设计人	授权日	专利号
1235	砷化镓基低漏电流双悬臂梁开关双栅分频器	电子科学与工程学院	廖小平、韩居正	2017.11.24	201510380065.8
1236	硅基低漏电流双固支梁可动栅锁相环电路	电子科学与工程学院	廖小平、韩居正	2017.11.24	201510378619.0
1237	基于砷化镓基低漏电流双悬臂梁开关的或非门	电子科学与工程学院	廖小平、严嘉彬	2017.11.24	201510380083.6
1238	促进心肌修复的可注射壳聚糖复合水凝胶及其制备方法	生物科学与医学工程学院	黄宁平、张峰、孟泓旭	2017.11.24	201510262731.8
1239	一种电力系统负阻尼机理低频振荡和强迫振荡的判别方法	电气工程学院	蒋平、冯双、吴熙	2017.11.28	201510149876.7
1240	OFDM－WLAN系统的定时同步硬件实现方法	信息科学与工程学院	俞菲、王孜、李恒、吕川、杨绿溪	2017.11.24	201410248166.5
1241	应用于阵列型单光子雪崩二极管的紧凑型检测淬灭电路	集成电路学院	郑丽霞、胡欢、翁子清、姚群、吴金、孙伟锋	2017.11.17	201610901963.8
1242	一种落杆式自动爬杆机器装置及其方法	吴健雄学院	金玉龙、李静渊、彭泽坤、吴闫明	2017.11.17	201610436356.9
1243	一种基于车车联网的高速公路入口匝道安全控制方法	交通学院	王炜、李烨、邢璐、董长印、赵德	2017.11.17	201610296352.5
1244	电解电容器漏电流.绝缘电阻测量仪用充放电装置及方法	自动化学院	王晓俊、黄永升、李建宇、陈涛、罗鸿飞、牛丹、赵永杰	2017.11.14	201610884613.5
1245	一种制备高取向性石墨烯纳米结构的方法	电子科学与工程学院	万能	2017.11.17	201610198221.3
1246	煤和生物质的混烧利用装置及方法	能源与环境学院	仲兆平、郭飞宏、张金、薛则禹、王泽宇、王恒、丁宽	2017.11.17	201610184143.1
1247	一种生成无衍射针型光场的装置	电子科学与工程学院	顾兵、万勇、任泊晓、刘达辉、芮光浩、崔一平	2017.11.17	201610125707.4

（续 表）

序号	发明专利名称	申请院系	设计人	授权日	专利号
1248	一种混响场随机面压载荷模型的等效技术	土木工程学院	张鹏、费庆国、吴邵庆、李彦斌、陈强	2017.11.24	201610825155.8
1249	一种离散差分壁面操控悬浮颗粒的装置及其方法	能源与环境学院	乔正辉、董卫、黄亚继、程梅	2017.11.24	201610374793.2
1250	一种锆含量不同的碳化硅纤维及其制备方法	材料科学与工程学院	刘玉付、杨勇	2017.11.24	201610067275.6
1251	基于蓝牙脑电耳机的实时驾驶疲劳检测系统及检测方法	仪器科学与工程学院	曾洪、赵维政、焦越、王乙、李敬、王玲、宋爱国	2017.11.24	201510730549.0
1252	一种110kV高压线路无线供能系统用大功率在线取能装置功率波动抑制方法	电气工程学院	黄学良、王维、刘瀚、谭林林	2017.11.28	201510649101.6
1253	一种耐火材料及其制备方法	材料科学与工程学院	刘玉付、谢晓东	2017.11.24	201510618486.X
1254	硅基低漏电流悬臂梁场效应晶体管混频器	电子科学与工程学院	廖小平、陈子龙	2017.11.28	201510378147.9
1255	氮化镓基低漏电流悬臂梁开关场效应晶体管或非门	电子科学与工程学院	廖小平、陈子龙	2017.11.28	201510379116.5
1256	硅基低漏电流悬臂梁栅场效应晶体管差分放大器	电子科学与工程学院	廖小平、陈子龙	2017.11.17	201510379118.4
1257	硅基低漏电流固支梁栅MOS管交叉耦合振荡器及制备方法	电子科学与工程学院	廖小平、王小虎	2017.11.17	201510379030.2
1258	一种锂离子电池负极材料二氧化钼.碳及其制备方法	化学化工学院	王增梅、蔡亚菱	2017.11.17	201510284228.2
1259	一种基于模型预测控制的分布式能源能量管理方法	电气工程学院	黄学良、孙厚涛、季振亚、李军	2017.11.17	201510925463.3
1260	一种双氧水氧化联合氨基湿法脱硫脱硝方法及其装置	能源与环境学院	熊源泉、吴波、茹晋波、苏银海、宋杰、王金涛	2017.11.17	201510790167.7

(续　表)

序号	发明专利名称	申请院系	设计人	授权日	专利号
1261	一种 MU－MISO 可见光通信系统迫零预编码矩阵确定方法	信息科学与工程学院	沈弘、邓榆钦、赵春明	2017.11.17	201510766029.5
1262	一种使锁相环系统快速锁定的自动频带校准方法	电子科学与工程学院	吴建辉、丁欣、陈超、黄成、李红	2017.11.17	201510601133.9
1263	双固支梁开关砷化镓基低漏电流微波相位检测器	电子科学与工程学院	廖小平、闫浩	2017.11.17	201510379538.2
1264	砷化镓基低漏电流双悬臂梁开关双栅倍频器	电子科学与工程学院	廖小平、韩居正	2017.11.28	201510379758.5
1265	一种基于能量收集速率的无线传感器网络竞争接入方法	信息科学与工程学院	徐平平、郑茂宗、朱文祥	2017.11.07	201410488205.9
1266	一种广播信号在线监测和并行解调系统及方法	信息科学与工程学院	裴文江、曾月、郝金光	2017.11.07	201510079751.1
1267	一种单端输入双平衡无源混频器	电子科学与工程学院	陈超、吴建辉、李红	2017.11.07	201510119931.8
1268	公路桥梁支座及伸缩装置纵向抗冲击服役性能评定方法	土木工程学院	黄跃平、周明华、何顶顶	2017.11.07	201510254313.4
1269	面向移动终端的可穿戴指套式力触觉交互违章装置及实现方法	仪器科学与工程学院	吴涓、邵知宇、王路、邓鹏、宋爱国	2017.11.07	201510292295.9
1270	氮化镓基低漏电流固支梁的开关电容滤波器及制备方法	电子科学与工程学院	廖小平、褚晨蕾	2017.11.07	201510378715.5
1271	硅基低漏电流固支梁栅场效应晶体管差分放大器	电子科学与工程学院	廖小平、陈子龙	2017.11.07	201510377658.9
1272	砷化镓基低漏电流双固支梁开关双栅分频器	电子科学与工程学院	廖小平、韩居正	2017.11.07	201510379501.X
1273	一种多点滑动的二维滑动窗 DFT 变换的快速算法	电子科学与工程学院	董志芳、伍家松、朱为、桂继勇	2017.11.07	201510447355.X

（续 表）

序号	发明专利名称	申请院系	设计人	授权日	专利号
1274	一种电感式 MEMS 湿度传感器及其制备方法	电子科学与工程学院	黄晓东、黄见秋、黄庆安	2017.11.07	201510526030.0
1275	基于需求响应的变频空调负荷建模与运行控制方法	电气工程学院	高赐威、丁小叶	2017.11.07	201510551510.2
1276	基于递推最小二乘法的空调所属建筑物一阶模型实时参数辨识方法	电气工程学院	高赐威、宋梦	2017.11.07	201510571379.6
1277	一种 SERF 原子自旋陀螺仪原子自旋进动的检测方法	仪器科学与工程学院	陈熙源、何双双、张红、邹升、黄浩乾	2017.11.07	201510679672.4
1278	一种污染土体压缩变形参数的确定方法	交通学院	杜延军、范日东、刘松玉	2017.11.07	201510712639.7
1279	一种基于 E—TSPC 结构的低功耗 2.3 分频器电路	电子科学与工程学院	吴建辉、陈怀昊、陈超、李红、黄成、张萌	2017.11.07	201510785565.X
1280	一种超轻块状氧化铝气凝胶的制备方法	化学化工学院	任丽丽、贺赫	2017.11.07	201610856015.7
1281	基于时空维度动态停车收费策略的停车管理系统及方法	交通学院	浦自源、李志斌	2017.11.10	201510783985.4
1282	一种根据平均值触发风力发电机变桨动作指令的控制方法	电气工程学院	樊英、赵雪浩、夏子朋	2017.11.14	201510315062.6
1283	氮化镓基低漏电流悬臂梁开关交叉耦合振荡器及制备方法	电子科学与工程学院	廖小平、王小虎	2017.11.14	201510379740.5
1284	一种基于约束预测控制的 SCR 脱硝系统及方法	能源与环境学院	郑志豪、刘西陲、张怡、李益国、沈炯	2017.11.17	201410830507.X
1285	沥青路面就地热再生工程取样段落确定方法	交通学院	赵永利、李铉国、曹屹、江瑞龄	2017.11.17	201510005896.7
1286	一种采用电流 DAC 消除可增益放大器电路直流失调的方法	电子科学与工程学院	吴建辉、姚红燕、郭仲亚	2017.11.17	201510093261.7

（续　表）

序号	发明专利名称	申请院系	设计人	授权日	专利号
1287	一种基于抗差自适应Kalman滤波的多PPP解算方法	仪器科学与工程学院	潘树国、靳晓东、高成发、何帆、吴向阳	2017.11.17	201510146368.3
1288	一种基于电位法的α-唾液淀粉酶检测装置及制备使用方法	生物科学与医学工程学院	刘宏、张琳、顾忠泽	2017.11.17	201510226687.5
1289	一种基于对用户行为复合因子进行挖掘的混合推荐方法	信息科学与工程学院	徐平平、刘博宇	2017.11.17	201510249271.5
1290	混凝土泵车料仓切割环与眼镜板泵送装置	机械工程学院	陈霞、张志胜、冷护基	2017.05.17	201610212027.6
1291	一种基于GPU加速的虚拟视点合成方法	软件学院	姚莉、韩应栋	2017.7.28	201510195978.2
1292	一种综合人工表面等离激元器件的波导和基片集成波导的滤波器	信息科学与工程学院	崔铁军、张茜、张浩驰、范逸风	2017.11.02	201510084784.5
1293	一种无风洞虚拟热风速传感器测试装置	电子科学与工程学院	秦明、朱雁青、叶一舟、黄庆安	2017.12.05	201510346482.0
1294	应用于单端SAR、ADC的电容失配校准电路及其校准方法	电子科学与工程学院	吴建辉、林志伦、孙杰、黄成、李红、张萌	2017.12.05	201510374237.0
1295	基于硅基低漏电流双悬臂梁可动栅的频率检测器	电子科学与工程学院	廖小平、严嘉彬	2017.12.01	201510378149.8
1296	氮化镓基低漏电流悬臂梁开关差分放大器	电子科学与工程学院	廖小平、陈子龙	2017.12.05	201510377657.4
1297	硅基低漏电流悬臂梁栅CMOS管倒相器及制备方法	电子科学与工程学院	廖小平、王凯悦	2017.12.05	201510378249.0
1298	硅基低漏电流双悬臂梁可动栅倍频器	电子科学与工程学院	廖小平、韩居正	2017.12.05	201510378508.X
1299	双悬臂梁开关砷化镓基低漏电流微波相位检测器	电子科学与工程学院	廖小平、闫浩	2017.12.05	201510379890.6

（续 表）

序号	发明专利名称	申请院系	设计人	授权日	专利号
1300	硅基低漏电流固支梁栅MOS管倒相器及制备方法	电子科学与工程学院	廖小平、王凯悦	2017.12.05	201510379914.8
1301	硅基低漏电流悬臂梁浮动栅的与非门	电子科学与工程学院	廖小平、褚晨蕾	2017.12.05	201510380062.4
1302	氮化镓基低漏电流悬臂梁的与非门	电子科学与工程学院	廖小平、褚晨蕾	2017.12.05	201510380064.3
1303	氮化镓基低漏电流固支梁开关场效应晶体管混频器	电子科学与工程学院	廖小平、陈子龙	2017.12.05	201510380081.7
1304	硅基低漏电流悬臂梁栅MOS管交叉耦合振荡器	电子科学与工程学院	廖小平、王小虎	2017.12.05	201510380084.0
1305	一种基于路段速度区间的城市干线双向绿波控制优化方法	智能运输系统研究中心	夏井新、陈珊珊、陆振波、焦恬恬、安成川、张韦华、吕伟韬	2017.12.05	201510448450.1
1306	一种直流电力弹簧拓扑及其控制方法	电气工程学院	程明、王青松、姜云磊	2017.12.01	201510593255.8
1307	一种沥青路面热再生用再生剂	交通学院	马涛、黄晓明、赵永利、叶勤、袁浩	2017.12.05	201510638205.7
1308	一种导电且超疏水石墨烯功能纸的制备方法	电子科学与工程学院	孙立涛、毕恒昌	2017.12.05	201610070058.2
1309	一价金纳米粒子-三维石墨烯-泡沫镍复合结构的简易制备方法	材料科学与工程学院	郭新立、王小娟、葛创、李琦、赵丽、李发亮、张弘毅	2017.12.05	201610172777.5
1310	一种快速拆装的桌子及其组装的方法	机械工程学院	谌虹静	2017.12.05	201610181505.1
1311	一种基于车路协同的单行道行人过街控制方法	交通学院	李烨、王昊、邢璐、董长印、秦严严	2017.12.05	201610296353.X

（续　表）

序号	发明专利名称	申请院系	设计人	授权日	专利号
1312	一种定量评价植物根系加固土工程特性的原位测试仪	交通学院	夏涵、蔡国军	2017.12.05	201610520927.7
1313	一种纤维表面处理方法及纤维增强复合材料和复合材料的制备方法	材料科学与工程学院、华为技术有限公司	刘玉付、戴传友、王敢伟	2017.12.12	201610072576.8

2016年度被SCI/SSCI、EI、CPCI-S、CITA收录论文统计(2017年发布)

序号	院系	SSCI	SCI	EI	CPCI-S	表现不俗论文
1	建筑学院(含建筑研究所)	4	17	21	5	7
2	机械工程学院	0	79	126	56	32
3	能源与环境学院	0	201	307	42	109
4	信息科学与工程学院	0	230	244	247	91
5	土木工程学院	2	162	216	21	40
6	电子科学与工程学院	0	189	186	47	66
7	数学学院	0	61	8	0	51
8	自动化学院	1	79	102	70	24
9	计算机科学与工程学院	1	69	107	45	24
10	物理学院	0	107	72	8	41
11	生物科学与医学工程学院	4	241	128	10	102
12	材料科学与工程学院	0	91	115	7	49
13	电气工程学院	1	88	159	135	41
14	化学化工学院	0	214	163	1	151
15	交通学院	29	146	205	49	56
16	仪器科学与工程学院	0	51	47	27	21
17	医学院	0	72	0	2	30
18	公共卫生学院	0	68	19	6	15
19	生命科学研究院	0	12	0	0	5
20	中大医院	12	167	23	18	77

（续　表）

序号	院系	SSCI	SCI	EI	CPCI-S	表现不俗论文
21	智能运输系统研究中心(ITS)	1	7	14	5	2
22	无锡分校	0	1	4	1	0
23	经济管理学院	64	67	50	10	27
其他	23	270	328	123	142	
合计	142	2 689	2 644	935	1 203	

注明：其他是无院系认领的论文。

人文社会科学研究工作

综　　述

2017年是“双一流”建设的开局之年，是深化改革、推进“精品文科”建设的关键之年，社会科学处紧密结合国家和教育部关于“双一流”的重要决策和部署，在校党委和行政的正确领导下，不忘初心，牢记使命，永不懈怠，锐意进取，开拓创新，不断提升科研管理服务水平，与院系和兄弟部处协同工作，出色完成了本年度各项任务，建章立制、重大项目、平台建设、服务能力等关键指标走在国内以工科为特色的综合性高校前列，人文社会科学的话语权和影响力显著增强。

一、2017年度社科处主要管理措施

1. 建章立制，完善社科管理服务工作体制机制

社科处多次召开研讨会议，制定文科科研管理章程，先后草拟、制定或印发了《东南大学思想政治研究专项项目管理办法》《东南大学哲学社会科学涉外合作研究项目管理办法》《东南大学人文社科重点研究基地考核办法》《东南大学文科专职科研人员聘用管理办法》等文件；协助人事处草拟了文科科研评价指标体系；在最新《国家社会科学基金项目资金管理办法》等文件发布后，社科处及时开展专题调研，陆续制定相关配套政策，对文科项目的直接费、间接费以及绩效考核等问题作出了明确规定，进一步完善了文科科研管理服务规章制度。

2. 切实加强顶层设计，强力推进精品文科建设

校长张广军院士等校领导多次主持召开精品文科建设和发展研讨会，进一步凝练文科办学理念，明确文科发展的阶段目标，创新精品文科的发展模式，制定落实东南大学“双一流建设”文科推进方案的工作规划和措施，实行学科分类支持与动态调整，科学布局文科一级学科发展，强力推进高端文科师资队伍建设，加大青年文科师资的培训力度，夯实

文科发展根基，全面提升文科传承文化、原始创新、重大攻关与应用交叉研究能力，切实推动文理工医跨学科研究，大力发展新兴交叉学科，努力形成东大文科学派，在传承发展中华优秀传统文化、真正建立文化自信方面做出东南大学应有的贡献。

二、2017 年度社科处主要工作

1. 国家社科基金项目立项等各类社科项目再创新高

社会科学处精心准备、积极组织国家社科基金项目申报，努力挖掘新的增长空间，特别注重青年项目、跨学科项目的申报。社科处狠抓"项目培育、课题论证、评审跟踪"三个重要环节。社科处首先改革了基本科研业务费的使用机制，其中的基础科研扶持项目、国家重大重点项目、预研项目都以培育冲击国家级为目的，让基本科研业务费切实起到培育高水平科研项目的作用。同时还进一步加大服务力度，在申报过程中，社科处邀请国家社科基金评审专家等全国著名学者来我校举办讲座、指导项目申报，社科处与各学院联合进行至少两轮次的申报评审，在提交申报材料后，社科处还进一步加强了国家社科基金申报后期信息跟踪工作。

2017 年我校喜获 37 项国家社科基金各类项目，在以理工科为特色的高校中名列前茅。其中 3 项国家社科基金重大项目，创我校历史最高水平；重点项目 3 项、一般项目 13 项、青年项目 13 项；后期资助项目 1 项，艺术学项目 3 项，教育学项目 1 项。另外，还获得了教育部研究阐释党的十九大精神专项课题 3 项。我校国家社科基金青年项目立项数在全国高校中排名第四(清华大学排名第八、南京大学排名第九)，在以工科为特色的综合性大学中排名第一(清华大学排名第二)。

2. 智库(基地)建设取得重大突破，东大文科知名品牌呼之欲出

我校十分重视智库建设工作，先后多次召开智库(基地)建设工作推进会。校长张广军院士等校领导多次专题调研智库(基地)建设工作，并在学校层面出台政策给予重点支持，校内相关院系和部处积极采取措施加大智库建设力度，使我校智库(基地)建设工作取得较大进展。在东南大学中国特色社会主义研究院、东南大学道德发展智库和东南大学司法大数据研究中心分别获批江苏省首批重点高端智库、最高人民法院首家人民法院司法大数据研究基地的基础上，今年我校有 5 家智库成功入选 CTTI 来源智库，有 2 家基地获批江苏省级基地。截止 2017 年，我校省级文科科研机构已达 25 家，在江苏省名列前茅。

3. 试点建立"文科学术特区"，东大郭秉文文科试验班开班

在社科处的扶持引导下，文科学术特区在培养人才、构建团队、产出成果、服务社会等方面发挥越来越重要的作用。郭秉文文科试验班在社会上产生良好影响。

4. 加大成果展示力度，扩大东南大学社会科学的影响力

在信息传播和成果宣传工作方面，全面改版并进一步完善了社科处网站，安排专人负

责社会科学处微信公众号,QQ 工作交流群、飞信平台等,即时发布工作动态;编发了《2016 东大社科发展报告》,出版《东南学术文库》,从科研、基地、成果、人才和学术活动等方面,全面展示学校社科成就和科研风貌,扩大东南大学社会科学的影响力。

5. 东南大学"道德发展智库"受邀参加 2017 中国智库治理暨思想理论传播高峰论坛

2017 年 12 月 20 日,由光明日报社与南京大学联合主办的"2017 中国智库治理暨思想理论传播高峰论坛"在京顺利举行,会议主题为"为新时代贡献思想力量"。来自中央部委及省市智库管理部门、中国智库索引(CTTI)来源智库、智库研究界、思想理论界的专家学者等 700 余人出席会议。作为首批 CTTI 来源智库,东南大学"道德发展智库"受邀参加会议。东南大学"道德发展智库"许敏副教授、蒋艳艳博士代表"道德发展智库"参会,并分别参与了 2017CTTI 来源智库精品成果发布会与高校智库座谈会两场分论坛。

东南大学"道德发展智库"成立于 2015 年,由东南大学联合教育部四大重点研究基地等享有盛誉、各具优势的研究单位的相关高端学科、高端专家,江苏省委省政府的相关机构共同创建,是首批江苏省重点高端智库。东南大学人文社会科学部主任、教育部长江学者特聘教授、江苏省社科院副院长樊和平教授担任首席专家,本智库由 3 位院士(其中一位美国人文科学院院士)、5 位长江学者、4 位国家教学名师、100 多位知名专家学者和政府官员组成。"道德发展智库以'发展'看待道德",在人类文明的大视野下,研究和解决中国伦理道德发展的重大理论和现实问题,提供关于中国道德发展的理念、理论、信息和战略,科学、高端、创新性地为中国道德发展与精神文明建设服务。目前,智库拥有五大研究机构:全球文明与道德发展研究中心、公民道德与社会风尚研究与指导研究中心、道德国情调查中心、伦理实验室、高层论坛。另有一些配套学术机构,如老龄化国际研究中心、社会发展的人文评估中心、公益慈善研究院等。

三、2017 年度决策咨询社会服务

1. 东南大学经济管理学院浦正宁副教授科研成果获江苏省两位领导重要批示

东南大学经济管理学院浦正宁副教授承担的江苏省社科基金项目"江苏产学研协同创新的路径优化及机制研究"(13GLB004)、主要成果"推进江苏产学研协同创新的对策建议"分获江苏省省长石泰峰和副省长张敬华两位领导的重要批示。近日,江苏省哲学社会科学规划办公室专门致函东南大学,对浦正宁副教授及其课题组成员给予通报表扬。

据了解,浦正宁副教授作为江苏省创新驱动研究基地成员并兼任东南大学国家发展与政策研究院研究员,其现主持的江苏省社科基金项目围绕省内协同创新工作现状展开分析,围绕既有工作中存在的问题就江苏未来协同创新工作的进一步开展与管理工作改进提出了相关对策建议。依托该项目完成的上述成果,对江苏省领导的未来推动基于协同创新的特色小镇建设与现有校企、企业间协同创新活动管理等相关决策与实际工作将产生重要推动作用。

2. 东南大学经管学院陈淑梅教授省社科基金重大项目成果获江苏省副省长马秋林批示

东南大学经济管理学院陈淑梅教授承担的江苏省社科基金重大项目"TPP 制约下江

苏深度融入全球价值链问题研究”(15ZD005)、主要成果“促进我省企业深度融入全球价值链的对策与建议”获江苏省副省长马秋林重要批示。

江苏省哲学社会科学规划办公室专门致函东南大学,对陈淑梅教授及其课题组成员给予通报表扬。这是我校近三年继建筑学院李海清副教授、王兴平教授、经济管理学院赵驰副研究员、浦正宁副教授以来,省社科基金项目成果第五次获得省委主要领导同志批示。据了解,作为东南大学国际区域经济研究所负责人,陈教授带领课题组在对我省企业融入全球价值链情况进行了深度调研的基础上,探讨了目前我省企业深度融入全球价值链存在的问题,并就相关问题的解决提出了对策建议。

3. 孟鸿志教授、单平基副教授应邀参加江苏省人大常委会法制工作委员会《江苏省太湖水污染防治条例》修正案草案专家座谈会

2017 年 12 月 21 日下午,江苏省人大常委会法制工作委员会《江苏省太湖水污染防治条例》修正案草案专家座谈会在江苏省人大第三会议室举行。江苏省人大常委会法制工作委员会副主任李后龙,江苏省人大常委会环境资源城乡建设委员会委员、环境资源处处长张弛,以及来自江苏省环保厅、南京大学、东南大学、河海大学、南京工业大学等单位的 10 余位专家参加了此次座谈会。法学院孟鸿志教授、单平基副教授应邀参会。

江苏省人大常委会法制工作委员会副主任李后龙介绍了《江苏省太湖水污染防治条例》修正案草案的出台背景。1996 年江苏省第八届人民代表大会常务委员会第二十一次会议审议通过了《江苏省太湖水污染防治条例》,经 2007 年修订以及 2010 年、2012 年两次修正,对加强太湖流域水污染防治、保护和改善太湖水质、促进太湖流域环境保护与经济社会协调发展发挥了重要作用。为全面贯彻新发展理念,深入实施太湖治理国家总体方案和省实施方案,不断改善流域水环境质量,亟待修改。

法学院孟鸿志教授、单平基副教授分别针对《江苏省太湖水污染防治条例》修正案草案提出了修改建议。孟鸿志教授针对现有草案与既有行政规范可能存在的冲突、需要处理的与《立法法》的关系、环保优先与“放、管、服”的关系处理等问题发表了专家意见。单平基副教授针对现有草案建议将最新的环保理念及制度纳入其中,并就环评程序后置、地表水与地下水污染的防治关系、按时计罚、排污权转让以及减量替代等制度提出了修改建议。法学院教师针对《江苏省太湖水污染防治条例》修正案草案所提的修改建议,引起了江苏省人大常委会法制工作委员会的高度重视,表示将就上述问题专门提交相关部门进行研究。

四、社科处 2017 年大事记

1. 2017 年 2 月 25 日,陶思炎教授从教 36 周年暨《陶思炎文集》发行学术研讨会在我校召开。

2. 2017 年 3 月 7 日,《艺术学界》入选 CSSCI 收录集刊(2017—2018)目录。

3. 2017 年 3 月 8 日,东南大学经济管理学院浦正宁副教授科研成果获江苏省两位领导重要批示。

4. 2017 年 5 月 15 日,东南大学经济管理学院徐康宁教授在《人民日报》撰文谈“一带一路”建设。

5. 2017 年 5 月 26 日，东南大学经济管理学院建院 30 周年暨东南大学商科百年——“新金融、新业态”金融高端学术论坛成功举行。

6. 2017 年 5 月 31 日，东南大学艺术学院长北教授著作获第四届中国出版政府奖。

7. 2017 年 6 月 15 日，江苏省决策咨询研究基地评估座谈会在我校举行。

8. 2017 年 6 月 17 日，我校喜获 38 项国家社科基金各类项目。

9. 2017 年 9 月 1 日，东南大学经管学院陈淑梅教授省社科基金重大项目成果获江苏省副省长马秋林批示。

10. 2017 年 9 月 21 日，东南大学艺术学院艺术学理论专业入选“双一流”建设名单。

11. 2017 年 9 月 28 日，东南大学人文学院樊和平教授喜获首届“罗国杰伦理学教育基金”优秀著作奖一等奖。

12. 2017 年 10 月 24 日，光明日报整版推出东大中特智库解读十九大理论文章。

13. 2017 年 11 月 4 日，刘艳红入选国家百千万人才工程，获“有突出贡献中青年专家”称号。

14. 2017 年 11 月 7 日，我校喜获 3 项国家社科基金重大项目。

15. 2017 年 11 月 26 日，东南大学青年教师高彦彦博士荣获第二届洪银兴经济学(青年)奖。

16. 2017 年 12 月 2 日，东南大学法学院周佑勇教授获最高人民法院 2017 年度司法研究重大课题。

17. 2017 年 12 月 5 日，王廷信入选国家“万人计划”哲学社科科学领军人、文化名家暨“四个一批”人才。

18. 2017 年 12 月 15 日，东南大学与耶鲁大学共建“社会公正与人类道德发展研究中心”。

19. 2017 年 12 月 20 日，东南大学“反腐败法治研究中心”及“现代管理会计创新研究中心”成功入选 CTTI 来源智库(2017 年 1 月—2018 年 12 月)。

2017 年社科处人文社会科学主要科研统计表

1. 省部级研究机构

序号	基地名称	依托单位	批准时间	批准部门	负责人	机构性质
1	教育立法研究基地	法学院	2017	教育部政策法规司	周佑勇	教育部研究基地
2	江苏省健康产业发展研究基地	经济管理学院	2017	江苏省教育厅	王海燕	江苏省教育厅校外研究基地
3	中华优秀传统艺术传承发展研究	艺术学院	2017	江苏省教育厅	王廷信	江苏高校哲学社会科学优秀创新团队培育点

（续　表）

序号	基地名称	依托单位	批准时间	批准部门	负责人	机构性质
4	人民法院司法大数据研究基地	法学院	2016	最高人民法院	刘艳红	最高人民法院批准成立的重点智库
5	江苏省家事审判心理学重点研究基地	人文学院	2016	江苏省高级人民法院	马向真	江苏省高级人民法院重点研究基地
6	江苏省中国特色社会主义理论体系研究基地	马克思主义学院等	2015	江苏省委宣传部	郭广银	江苏省中国特色社会主义理论体系研究基地
7	中国特色社会主义发展研究院（简称“中特发展智库”）	马克思主义学院等	2015	江苏省委宣传部	郭广银	首批江苏省重点高端智库
8	道德发展智库	人文学院	2015	江苏省委宣传部	樊和平	首批江苏省重点高端智库
9	反腐败法治研究中心	法学院	2015	江苏省教育厅	刘艳红	江苏省高校哲学社会科学重点研究基地
10	道德国情与道德哲学前沿创新团队	人文学院	2015	江苏省教育厅	樊和平	江苏省教育厅社科优秀创新团队
11	公民道德与社会风尚协同创新中心	人文学院	2014	江苏省人民政府	樊和平	江苏省 2011 协同创新中心
12	江苏省非物质文化遗产研究基地	艺术学院	2014	江苏省文化厅	王廷信	江苏省非物质文化遗产研究基地
13	公民道德提升与人的现代化研究中心	人文学院	2013	江苏省社科规划办	田海平	江苏省哲社研究基地
14	道德国情调查研究中心	人文学院	2013	江苏省社科联	王　珏	江苏省决策咨询研究基地
15	中国传统艺术的传承与传播研究中心	艺术学院	2013	江苏省教育厅	王廷信	江苏省教育厅社科优秀创新团队
16	亚太语言政策研究中心	外国语学院	2013	江苏省教育厅	陈美华	江苏省教育厅国际问题研究中心（培育）
17	江苏省科技创新体系建设思想库	经济管理学院	2012	江苏省科技厅	仲伟俊	江苏省决策咨询研究基地
18	江苏经济全球化研究中心	经济管理学院	2012	江苏省教育厅	邱　斌	江苏省教育厅校外研究基地
19	交通法治与发展研究中心	法学院	2012	江苏省交通运输厅	周佑勇	江苏省交通运输行业政策法规重点研究基地

（续　表）

序号	基地名称	依托单位	批准时间	批准部门	负责人	机构性质
20	江苏省重点物流研究基地	经济管理学院	2011	江苏省经信委	赵林度	江苏省物流重点研究基地
21	江苏创新驱动研究基地	经济管理学院	2011	江苏省社科联	仲伟俊	江苏省决策咨询研究基地
22	江苏民生幸福研究基地	经济管理学院	2011	江苏省社科联	徐康宁	江苏省决策咨询研究基地
23	金融统计研究所	数学系	2011	江苏省统计局	林金官	江苏省统计科学研究基地
24	艺术学研究中心	艺术学院	2010	江苏省教育厅	凌继尧	江苏省高校哲学社会科学重点研究基地
25	道德哲学与中国道德发展研究所	人文学院	2009	江苏省教育厅	樊和平	江苏省高校哲学社会科学重点研究基地
26	江苏省区域经济与发展研究基地	经济管理学院	2008	江苏省社科规划办	徐康宁	江苏省哲学社会科学研究基地

2. 2017 年新增校级研究机构

序号	机构名称	所属单位	成立时间	负责人
1	东南大学民商事纠纷解决法律研究所	法学院	2017	肖　冰
2	东南大学智慧旅游与美丽乡村建设研究所	经济管理学院	2017	何　勇
3	东南大学人文旅游研究所	人文学院	2017	贾鸿雁
4	东南大学融资租赁研究所	经济管理学院	2017	张　颖
5	东南大学健康管理研究所	公共卫生学院	2017	巢健茜

3. 2017 年立项课题

（1）国家社会科学基金项目

课题名称	类别	负责人	单位	经费（万元）
长江流域道教造像与造像记研究	重大项目	汪小洋	艺术学院	80
大数据驱动下的审判体系和审判能力现代化理论与创新路径研究	重大项目	刘艳红	法学院	60
世界经济重大结构性矛盾及其深远影响研究	重大项目	徐康宁	经济管理学院	60
中国宗教美术考古编年史研究(1949—2016)	重点项目	汪小洋	艺术学院	35

（续 表）

课题名称	类别	负责人	单位	经费（万元）
供需两侧政策协同下我国传统制造企业绿色转型的引导机制研究	重点项目	吴利华	经济管理学院	35
宪法个案解释基准的证成路径、方法与规则研究	重点项目	汪进元	法学院	35
创业教育对大学生创业品质的影响机制及培养策略	一般项目	崔　军	教师教学发展研究中心	20
公共事件中社会伦理心态的影响因素研究	重点项目	马向真	人文学院	35
10—13世纪东亚地区罗汉信仰与图像研究	一般项目	徐习文	艺术学院	20
宋代图像与文学关系研究	一般项目	沈亚丹	艺术学院	20
“一带一路”视阈下亚洲新电影共同体构建研究	一般项目	章旭清	艺术学院	20
中国现代平面设计艺术观念史	一般项目	蔡顺兴	艺术学院	20
多语种外宣译本海外认知度与翻译有效性研究	一般项目	侯　旭	外国语学院	20
从反启蒙回到启蒙的德国现当代伦理演进逻辑研究	一般项目	范志军	人文学院	20
当代中国社会风尚的伦理实验研究	一般项目	季玉群	人文学院	20
传播媒介视域下的中国古代文学观念演变研究	一般项目	孙易君	艺术学院	20
新诗现实功能及现代性建设研究	一般项目	王　珂	人文学院	20
近三十年中国小说本土话语建构中的传统戏曲影响研究	一般项目	李　玫	人文学院	20
基于国家治理视角的公民核心价值观建设研究	一般项目	盛凌振	马克思主义学院	20
区域转型背景下健康服务业融合发展机理及供给侧引导政策研究	一般项目	翟俊生	经济管理学院	20
电子商务中基于隐私信息经济性的隐私信息保护和应用策略研究	一般项目	梅姝娥	经济管理学院	20
尖端医疗技术给刑法带来的挑战及对策研究	一般项目	刘建利	法学院	20
中国独立担保制度的理念、实践及国际化研究	一般项目	陆　璐	法学院	20
“网约车”的法律规制研究	一般项目	顾大松	法学院	20

（续　表）

课题名称	类别	负责人	单位	经费（万元）
英语学习者协同互动能力评估体系构建研究	青年项目	陈文雪	外国语学院	20
基于认知视角的来华留学生汉语辞格的理解及其应用研究	青年项目	曹燕黎	海外教育学院	20
大数据时代图书馆数据素养教育理论建构与实践创新研究	青年项目	孟祥保	图书馆	20
汉传佛教生命伦理思想研究	青年项目	王富宜	人文学院	20
中国官员交流制度效应评估研究	青年项目	曾　瑜	人文学院	20
早期健康状况对阶层固化的影响机制及对策研究	青年项目	洪岩壁	人文学院	20
医患纠纷第三方机构治理及模式比较研究	青年项目	张　晶	人文学院	20
中国农村留守儿童营养健康现状与影响干预机制研究	青年项目	吴一超	经济管理学院	20
回汉杂居乡村的民族交融与社会重建研究	青年项目	闫志丹	人文学院	20
全球化视域下的近代中国居士佛教运动研究	青年项目	张　佳	人文学院	20
供给侧结构性改革视角下我国资源枯竭型城市转型发展的实现机制研究	青年项目	杨　帆	经济管理学院	20
城市交通治理中路权冲突及其解决机制研究	青年项目	刘启川	法学院	20
司法标准化视野下的著作权侵权判定规则研究	青年项目	徐珉川	法学院	20
先秦因循哲学论	后期资助	许建良	人文学院	20

（2）教育部人文社会科学研究项目及其他部级项目

课题名称	类别	负责人	单位	经费（万元）
互联网信息技术促进农村经济发展的机制与对策研究	青年基金	高彦彦	经济管理学院	8
老旧小区海绵化改造的居民参与式治理研究——基于长三角试点海绵城市的分析	规划基金	李德智	土木学院	10

（续 表）

课题名称	类别	负责人	单位	经费（万元）
社会网络视角下的互联网吸贩毒群体及其协调综合治理研究	规划基金	陶卓立	人文学院	10
语言学汉语理解过程中情绪加工的神经机制研究	规划基金	李雪松	生物科学与医学工程学院	10
盈余管理视角下的媒体报道声誉治理效应研究	规划基金	吴 芃	经济管理学院	10
基于“知识-能力-素养”协同发展的(交通运输类)工程人才创造力培养与提升模式研究	专项任务一般项目	秦 霞	交通学院	10
中华艺术精神在当代中国艺术中的呈现	教育部重大攻关子课题	甘 锋	艺术学院	10
国家可持续发展议程创新示范区评估指标体系与评估报告	科技部	仲伟俊	经济管理学院	20
中国管理会计人才评价体系研究	财政部全国会计科研重点项目	陈志斌	经济管理学院	4
创新型城市建设评价方法研究	中国科学院科技战略咨询研究院	庄亚明	经济管理学院	15
大数据驱动的城市道路交通安全统计测度及预测方法创新研究	其他部委	徐铖铖	交通学院	3
行政规范性文件附带审查制度研究	最高人民法院	周佑勇	法学院	10
建筑市场监管信息系统制度体系研究	住建部	郑 磊	土木工程学院	25
动态数据序列变异点检测及在预警监测中的应用	其他部委	陈 平	数学系	3

（3）江苏省哲学社会科学基金项目

课题名称	类别	负责人	单位	经费（万元）
智库专项项目	江苏省政府	樊和平	人文学院	200
东南大学“中国特色社会主义发展研究院”智库(2017)	江苏省政府	袁久红	马克思主义学院	200
江苏境外国际合作园区发展模式与规划引导机制研究	重点项目	王兴平	建筑学院	8

(续　表)

课题名称	类别	负责人	单位	经费(万元)
江苏打造具有知名度、影响力和竞争力的金融大数据平台研究	青年项目	尹　威	经济管理学院	5
重大工程社会公共安全治理协同模式构建研究	一般项目	陆　莹	土木工程学院	5
江苏灰霾排放的现状分析及管控优化研究	一般项目	岳书敬	经济管理学院	8
全域旅游视域下基于游客体验的江苏旅游公共服务体系转型升级研究	青年项目	赵政原	人文学院	5
区际产业转移中承接地创新能力同步成长的双端激励政策研究	青年项目	谢呈阳	经济管理学院	5
离婚财产分割的家庭建设功能研究	青年项目	王玮玲	法学院	5
伊恩·麦克尤恩小说中的都市边缘人研究	一般项目	吴兰香	外国语学院	5
西方翻译思想多源发生学研究	重点项目	高圣兵	外国语学院	8
"一带一路"战略下汉语国际传播数字化教材库研究	一般项目	鲍　敏	外国语学院	5
心理语言学视角下基于口译能力结构的日语口译测试方法研究	一般项目	韩　晓	外国语学院	5
多源流理论视角下的日本外语战略形成过程研究	一般项目	吴未未	外国语学院	5
北宋馆阁的艺术研究	青年项目	杨　朗	艺术学院	5
中学和大学英语教育规划衔接研究	自筹项目	李　晨	外国语学院	71
江苏省生态环境保护制度综合改革方案落实情况评估	江苏省委研究室特别委托项目	袁健红	马克思主义学院	6
中国城市空间结构的演化机制及其福利效应	社科英才项目	刘修岩	经济管理学院	10
江苏省创新生态系统打造及创新浓度提升研究	重点项目	徐盈之	经济管理学院	8
促进江苏产业迈向全球价值链中高端研究	一般项目	陈丰龙	经济管理学院	5
激发和保护企业家精神研究	一般项目	冯　伟	经济管理学院	5
女娲的多模态艺术研究	后期资助项目	朱善华	外国语学院	5

（续 表）

课题名称	类别	负责人	单位	经费（万元）
江苏聚焦富民的主攻方向和关键举措研究	重点项目	邵　军	经济管理学院	8
基于区域创新系统优化的创新型国家建设研究	重点项目	浦正宁	经济管理学院	8
构建市场导向的江苏绿色技术创新体系研究	重点项目	徐盈之	经济管理学院	8
江苏“三个口袋”平衡发展问题研究	重点项目	江建平	经济管理学院	8
激发和保护企业家精神研究	基地项目	冯　伟	经济管理学院	5
促进江苏产业迈向全球价值链中高端研究	基地项目	陈丰龙	经济管理学院	5

（4）江苏省软科学项目

课题名称	负责人	单位	经费(万元)
区域科技型中小企业融资能力量化评估研究	侯赟裴	经济管理学院	2
深化医改背景下社区养老服务模式创新研究——基于家庭医生签约服务与社区养老服务融合发展的视角	李　洁	附属中大医院	5
江苏产业创新生态环境的建设路径与政策研究	仲伟俊	经济管理学院	15
江苏新型科研机构市场化机制与政策建议	陈良华	经济管理学院	5
江苏高新技术企业的科技创新效率分析	徐盈之	经济管理学院	3
特色小镇科技支撑体系建设研究	顾　欣	经济管理学院	5
促进江苏科教资源优势转化为创新发展优势的策略研究	浦正宁	经济管理学院	5
第二轮《江苏省志·科学技术志》——科技团体与科学普及	袁健红	马克思主义学院	4
公立医院公益性研究	卫平民	东南大学校医院	3
第二轮《江苏省志科学技术志》编纂——基础科学	袁健红	马克思主义学院	10

（5）江苏省教育厅高校哲学社会科学研究基金项目

课题名称	类别	负责人	单位	经费(万元)
国家治理体系与治理能力现代化与江苏政府综合财务报告规范建设研究	重大	陈志斌	经济管理学院	12
江苏重污染行业上市公司环境信息披露研究	重点	陈洪涛	经济管理学院	8
大数据驱动的江苏省制造业升级转型模式创新及政策建议	重点	刘新旺	经济管理学院	8

（续　表）

课题名称	类别	负责人	单位	经费(万元)
三重多层CAS网络视角下的多元领导力及其对领导力效能的影响	重点	吕鸿江	经济管理学院	8
电子商务平台企业客户体验的测度与管理研究	重点	武　忠	经济管理学院	8
逆全球化背景下增强OFDI与出口关联度的机理和对策研究	重点	臧　新	经济管理学院	8
高校智库协同发展模式及其路径选择	重点	袁曦临	图书馆	8
历史唯物主义视域中的马克思道德观研究	重点	高广旭	人文学院	8
江苏高校哲学社会科学年度研究报告	教育重点委托	胡汉辉	经济管理学院	8
高校基本建设内涵品质提升研究——新常态下的大学校园规划修订调整的模式研究	教育厅委托项目	李维滨	基建处	10
面向知识单元的高校微课教学资源组织模式研究	基金项目	杨明芳	图书馆	
基于资源发现系统的高校图书馆用户行为模式挖掘与服务优化研究	基金项目	李慧芳	图书馆	
江苏省产业教授选聘机制研究	研究生培养创新教育教改项目	袁榴娣	研究生院	10

（6）其他厅局级项目

课题名称	项目来源	负责人	单位	经费(万元)
关于苏州企业引才育才主体作用发挥情况的研究	苏州市人才重点课题	周路路	经济管理学院	9
江苏质量强省与品牌振兴研究	江苏省统计局	徐盈之	经济管理学院	2
青少年行为伦理研究——南京市未成年人社会主义核心价值观教育有效性实践探索	南京市	王　珏	人文学院	10
南京市江宁区人民检察院行政法律监督研究	南京市江宁区	尹　吉	法学院	10
互联网医疗卫生服务背景下卫生计生立法工作研究	江苏省卫生厅	季玉群	人文学院	5
艾滋病告知对患者临床指标影响机制的队列研究	广西省	杨　瑾	公共卫生学院	40
基层计划生育网络队伍建设研究——基于南京市浦口区的调研分析	江苏省卫生厅	周　琛	外国语学院	5
多层次全民医保体系建设与商业健康保险发展研究	江苏省医疗保险研究会	张　晓	公共卫生学院	7

（续　表）

课题名称	项目来源	负责人	单位	经费（万元）
公立医院公益性研究	江苏省卫生和计划生育委员会	卫平民	公共卫生学院	3
泰检青年英才“331”计划	泰州市人民检察院	刘艳红	法学院	15
国家可持续发展议程创新示范区评估指标体系与评估报告	科技部	仲伟俊	经济管理学院	20
小麦、玉米综合生产能力灰色诊断技术应用与信息化平台构建	其他省级单位	王文平	经济管理学院	3.5
江苏省不良行为未成年人犯罪预防研究	江苏省团委	李　川	法学院	6
单亲困难女职工和女农民工及其子女心理关怀团队建设	江苏省总工会女职工部	马向真	人文学院	3

（7）横向项目

课题名称	类别	负责人	单位	经费(万元)
江宁街道新市镇建设 PPP 项目法律咨询服务合同	委托项目	高　歌	法学院	6
政府法治水平提升研究——以交通运输行政执法部门为视角	委托项目	顾大松	法学院	7
面向 K－12 阶段的科学教育 Homekit 套件开发	委托项目	柏　毅	生物科学与医学工程学院	15
苏州工业园区转型提升关键问题研究——产业转型升级研究专题	委托项目	王兴平	建筑学院	20
苏州在全省创新格局中发挥引领性作用的实施路径研究	委托项目	冯　伟	经济管理学院	32
南京文化书房视觉设计与推广服务咨询项目	委托项目	徐习文	艺术学院	20
特殊药品谈判机制研究协议咨询书	委托项目	吴应宇	经济管理学院	9.8
江苏传统建筑及园林营造技艺发展溯源研究	委托项目	刘　超	外国语学院	8
日本传统建造技艺保护与活化传承经验及启示	委托项目	刘　超	外国语学院	5
关于中国证券市场监管机制和效率研究	委托项目	许苏明	马克思主义学院	22
南京市“健康鼓楼 2030”规划纲要及“健康鼓楼 2017—2020 行动计划”	委托项目	巢健茜	公共卫生学院	5
多层次全民医保体系建设与商业健康保险发展研究	委托项目	张　晓	江苏省医疗保险研究会	7
南京市行政诉讼案件集中管辖试点成效研究	委托项目	周佑勇	法学院	10

(续 表)

课题名称	类别	负责人	单位	经费(万元)
江苏交通控股有限公司心理生活热线建设研究	委托项目	马向真	人文学院	2
铁心桥街道社会文明程度提升对策研究	委托项目	袁健红	马克思主义学院	10
社区矫正损害修复理论研究与实践创新项目	委托项目	李　川	法学院	6
江苏科技史	委托项目	陈爱华	人文学院	5
江苏农业执法领域行政法与刑法衔接问题研究	委托项目	顾大松	法学院	9.5
东南大学数据采集服务协议	委托项目	周　勤	经济管理学院	2.5
网络调研项目服务合同	委托项目	杜　静	土木工程学院	0.299
东海县张湾乡印屯村美丽乡村建设发展规划研究	委托项目	傅兆君	经济管理学院	8.5
全球海洋治理的价值目标及中国的角色定位	委托项目	叶　泉	法学院	4
公益律师制度在物业管理领域矛盾纠纷调处中的作用研究	委托项目	浦晓天 黄　喆	法学院	3.5
大地集团公司治理优化与管理咨询	委托项目	陈良华	经济管理学院	10
非生产性房产全寿命周期(项目规划与可研阶段)综合评价研究	委托项目	徐　伟	法学院	4.725
非生产性房产全寿命周期(运行维护阶段)综合评价研究	委托项目	徐　伟	法学院	7.095
面向七年级学生的STEM课程研发与心理测评	委托项目	柏　毅	生物科学与医学工程学院	4
宿迁市社会福利中心运营方案	委托项目	巢健茜	公共卫生学院	10
2017年江苏省互联网金融创新发展研究	委托项目	吴清烈	经济管理学院	12
新一代“智慧司法”综合应用平台的开发与应用研究	委托项目	王禄生	法学院	
台商投资法律风险防范及典型案例评析	委托项目	肖　冰	法学院	17
南京市城市管线规划建设管理研究	委托项目	顾大松	法学院	15
公益律师制度在物业管理领域矛盾纠纷调处中的作用研究	委托项目	黄喆	法学院	3.5
江苏省浙商企业发展报告	委托项目	张建军	经济管理学院	18
江苏省不良行为未成年人犯罪预防研究	委托项目	李　川	法学院	6
南京市既有住宅加建电梯相关法律问题研究	委托项目	顾大松	法学院	1
RCEP对江苏的影响研究	委托项目	陈淑梅	经济管理学院	10

本科教育

综　　述

2017年，教务处认真学习党的“十九大”精神，贯彻落实党的教育方针，按照“双一流”建设目标，强化内涵建设。在学校党政的正确领导下，经与兄弟部门及院系的共同努力，在教学工作审核评估、教育教学内涵建设、教学成果等方面取得了可喜的成绩。

一、教学研究工作

1. 专业建设。完成交通工程、交通运输、测绘工程、自动化、测控技术与仪器五个专业的工程教育认证专家进校考查工作。按规范程序向教育部申报设立网络空间安全新专业。按照省教育厅工作部署，完成15个专业(类)合计33个江苏省重点专业(类)验收的校内工作，形成验收报告和总结，提交省教育厅；对8个江苏高校品牌专业开展了中期检查，形成《江苏高校品牌专业建设工程一期项目中期报告》，获得省教育厅一个优秀、七个良好的好成绩。

推进专业动态调整，在编制分专业招生计划时，将志愿率、就业率、招录率、生师比等纳入编制因素。完成2017级招生计划编制工作，护理学、科学教育专业于本年度停止招收本科生。发布《关于落实2017级本科生按院(系)或专业类招生培养工作的通知》，针对新人文试验班，经过反复研讨，出台了有利于复合型、个性化的分流方案。

2. 开展人才培养模式改革。改革文科人才培养模式，针对原人文学院、法学院和经济类(文科招生)学生设立人文试验班，进行复合培养，完成2017年首批招生。改革原少年生培养模式，实行“1年基础课程(大平台托管)+3年专业课程(专业导师培养)”的新培养模式。构建了全新的个性化、开放性工科试验班(吴健雄班)招生模式与培养方案，实施驻院导师+专业导师的双导师制培养模式，努力推进书院制。

3. 课程与教材建设。获批国家精品在线开放课程2门。江苏省首批在线开放课程建设立项21门(已上线20门)，获批数位列全省第一。8部教材获省级重点教材立项建设项目。对2015年立项建设的研讨课程进行了检查和评估，55门次立项建设的研讨课程通过年度检查。确立校级示范性研讨课 44 门,确定 10 门校级在线开放课程立项建设项目。

4. 教学改革。召开了本科教育教学工作会议,认真总结经验,深入研讨了人才培养的新目标、新思路和新举措。立项 17 项思想政治类专项教改课题和 63 项创新创业专项教改课题。对 2013 年、2015 年度教改项目开展结题验收工作,确定 112 项教改项目通过结题验收,56 项教改项目延期结题,11 项教改项目撤销立项。新立项 5 个重中之重、23 个重点、63 个一般(合计 91 个)项目为 2017 年度校级教学改革研究与实践项目。

获 2017 年江苏省教育教改研究 3 项重点立项项目、8 项一般立项项目。推荐"'智能—网联'发展趋势下的交通运输类专业改造升级路径研究与实践""面向新工科的多学科交叉网络空间安全专业建设与实践""面向智能制造的高层次机械人才培养模式研究与实践"3 项教改课题申报教育部新工科研究与实践项目。推荐 11 项课题、7 项奖项申报"教育部在线教育研究中心在线教育研究基金(全通教育)2018 年度课题""教育部在线教育研究中心在线教育奖励基金(全通教育)"。推荐 3 项理科教改课题申报"中国高教学会理科教育专业委员会高等理科教育研究课题"。

5. 审核评估。高质量完成 2016—2017 学年全校本科教学状态数据填报工作,确保审核评估的工作基础。完成《东南大学本科教学工作审核评估自评报告》《东南大学本科教学状态数据分析报告》《东南大学本科教学工作审核评估支撑材料》,完成审核评估各项准备工作。完成专家进校考察工作,审核评估专家从 6 个方面对我校的本科教学工作予以了充分肯定。深入落实"以评促建、以评促改、以评促管、评建结合、重在建设"的评估宗旨,按照评估专家的意见,经多次研讨,形成《东南大学本科教学工作审核评估整改方案》。

6. 综合改革工作。颁发《东南大学关于印发〈东南大学基层教学组织管理规定(试行)〉》,推进基层教学组织的建设与管理,切实调动教师教育教学积极性,形成良好的教学文化氛围。为加强引进教材选用的规范性,确保思想正确、水平先进、知识现代的优秀教材进入大学课堂,针对课程教学中选用的国外、境外教学资料,包括纸介质教材和根据教学内容指定的教辅材料等,制定了《东南大学关于引进教材选用的管理办法》。完成《东南大学双一流建设方案(人才培养部分)》《东南大学 2016—2017 学年本科教学质量报告》《东南大学 2016—2017 学年本科教学质量数据》。

经多年建设,不断凝练总结,在 2017 年江苏省高等教育教学成果奖评审中,获特等奖 4 项、一等奖 6 项、二等奖 6 项,获奖总数与南京大学并列第一。

7. 师资队伍建设。胡仁杰教授获 2017 年度国家"万人计划"教学名师(公示期结束)。宋爱国教授获宝钢优秀教师特等奖,戴玉蓉、郭玲香、李文渊教授获宝钢优秀教师奖。优化了教学奖励金的评审办法,评出 2016—2017 学年东南大学教学奖励金特等奖 4 人、一等奖 26 人、二等奖 68 人和专项奖两类 16 项。

二、实践教育教学工作

1. 课外研学与学科竞赛。2017 年设立各级 SRTP 项目 1 666 项,参与各级各类竞赛项目的学生超过 20 000 人次,获奖学生达到 6 655 人次。其中,获得国际奖项 180 人次,国家级、省级奖项 1217 人次,相比去年提高了 13%。在第三届全国"互联网"大学生创新创业大赛中获得季军;在第十五届"挑战杯"全国大学生课外学术科技作品竞赛中捧得"优胜杯”;在2017年全国大学生电子设计竞赛中一等奖获奖数并列全国高校第一;并获得2017年美国土木工程大学生钢桥竞赛国际级一等奖、美国大学生数学建模竞赛国际级一等奖等。

2. 毕业设计与实习实践。2017年双选成功毕设课题3 769项,其中结合工程实际的卓越课题278项。共评出校级优秀毕业设计(论文)115篇,推荐20篇单篇论文及3个团队参评省级优秀毕业设计(论文)全部获奖,且一等奖人数位居省内高校之首。开展实习基地的规范性工作检查,修订实习教学工作条例以及实习教学大纲,加强实习课程网络化规范管理,2017年通过实习管理系统填报的实习实践类课程高达337门次。

3. 国际化与校企合作。协助完成与近30所国外高水平大学合作协议的签署;设立专项资助计划,支持50余名本科生赴国外一流大学交流学习,参加高水平国际竞赛及国际学术会议;举办中美暑期英语夏令营活动,参加学生超过300人。本年度参加国际交流学习并进行学分替换本科生近400人,其中109名学生获得各类本科出国交流资助。邀请175位校外专家为本科生开设课程和讲座,其中外籍教师72人、企业兼职教师103人,共建校企课程90门。同时推荐15名优秀教师出国进行教学法研修。以立项模式加大对卓越人才培养的政策与经费支持,组织各专业申报各类产学研合作项目及科教研项目,支持教师与企业进行行业协会工程人才培养及项目对接会议。

三、教务运行工作

1. 学籍管理高效无误,学务工作公开公正。办理学籍异动2 900人次,在读证明约14 000份,成绩单、证书复印件等盖章约79 000份,证明书、证件等补办约516份。制作2017级新生学生证3 969套,完成在校生约15 469人火车优惠卡充磁。完成2017届学生毕业资格审核4 089人,2017年学士学位资格审核5 225人,制作与发放毕业证书3 917本、学位证书5 165本。完成2017级新生学籍电子注册3 968人,2017—2018学年在校生电子注册12 359人。毕业或结业电子注册3 958人,学士学位电子注册5 165人。规范实施本科生893人转专业工作,录取205人。按程序完成本科生1 837人按专业类招生分专业培养的专业类分流工作。认真细致审核全校约12 500人2016—2017学年学籍状态,留级224人,退学93人。“公正、公平、公开”实施2018届推免生的各项工作,推荐768人。完成2017年度学习优秀生的审核与选拔工作,推荐430人。

2. 运行工作平稳有序。科学完成3 200门,7 200余门次的课表编排工作;16 000余位本科生、超过200 000次总量的选课平稳有序。全学年安排各类重修课程13 170人次左右,重修门次1 122门。安排补考832门、7 294人次;安排高等数学、大学物理、大学英语的期中考试和军事理论结课考试,考试总人次超过14 000人次。顺利完成11 200人次、2 763个考场的期末考试,保证了2 739门课程按时录入成绩,录入比例达99%。顺利完成了16 824位学生参加的2017年全国四、六级外语考试,总考场数569个,无一差错。开展期中教学检查,走访了全校全部院系,调查院系教学工作基本状况,广泛收集了学院对教务处工作的意见和建议。

3. 新版《东南大学学生手册》修订完成。根据教育部第41号令的要求,制定和全面修订《2017级东南大学学生手册》,与教务科、学生处、法制办等相关单位举行研讨会超过

20 次,通过调研与商讨,修订《东南大学全日制本科学生学籍管理规定》等管理工作文件 21 个。

4. 主动服务意识不断提高。修订、编制与发放《2017 级新生学习指南》、问题简答、办理流程、学习辅导简介等小册约 4 000 套(共 16 000 份),并上网上墙公布相关《工作信息表》和《教学运行计划表》。修订、编制与发放《本科生赴国外交流学习管理手册》约 4 000 份。发布《教务与学籍运行简报》8 期。召开工作培训会、学生座谈会、工作说明会及交流学习宣讲会与咨询会等约 20 场。

5. 学业辅导与学习预警工作成效显著。组织与安排各学院进行学期初、中、末学生学业预警审核,预警学生约 1 430 人次。走访机械学院等 22 个学院,参加学院、学生及部分家长座谈会,解读相关政策及解答相关问题,检查和督促各学院填写相关表格并帮助学生制订学习计划及指导学生选课。招募课程辅导优秀学生约 230 名,开展通识基础类课程一对一辅导。招募优秀志愿者 20 名,开展课程学习、学业规划等答疑咨询活动约 150 人次;与信息学院、外语学院合作,选聘优秀学生,以主讲及课后答疑相结合的方式,帮扶学生学习相关专业基础课程,课程通过率达 78.6%。聘请优秀教师,组织安排通识基础类课程学习辅导讲座 20 场。

6. 国际化工作有序规范。完成 25 个批次、涉及国(境)外 95 所高校交流学习项目的报名和审核工作,共推荐 263 人次赴国(境)外高校交流学习并签署协议;完成 191 名交流学习期满回校学生的学分认定与课程成绩转换工作。完成 104 名校外学生赴我校交流学习的审核和接收工作,并完成 78 名学生办理离校、出具成绩单和交流学习证明工作。

四、文化素质教育工作

1. 开设高水平人文课程。作为“庆祝东南大学建校 115 周年”系列活动,邀请了孙建君、赵秉志、张大庆、张海霞、陈仲丹、姜良芹、董群、吕乃基等名家开设“中西经典文化”精品人文选修课程,邀请“第十二届江苏青年五四奖章”获得者、东南大学交通学院院长刘攀教授做青春故事报告会,邀请杰出校友王酉亭之子王德先生讲述“中央大学”抗战西迁的传奇故事,覆盖面广泛,深受学生好评。

2. 举办高层次人文讲座。邀请了中国工程院院士翟婉明教授、福建省作协副主席孙绍振教授、中国文联原副主席仲呈祥教授、中国人民大学哲学院张志伟教授、中国著名冰雪画家冯庆等科学大师与文化名家举办精品人文讲座 30 余场,邀请著名作家、江苏省作家协会主席范小青女士举办文学畅谈会,邀请著名书法家、国家一级美术师言恭达教授举办书法艺术分享会,提升了校园文化。启动了“2017 东南大学新生文化季之初识东南”系列名家高层演讲活动,邀请万俊人、朱苏力、胡阿祥、朱菁、李鸿良、黄光国、郭立中、金保方等人文大师与学术名家登坛讲学,引起了强烈的反响。

3. 组织高品位人文活动。举办“高雅艺术进校园”活动,积极开展“文化名人进校园”活动,邀请朱尚刚、罗援、袁岳、王津等名人名家进行文化讲座活动。邀请诺贝尔奖获得者丁肇中教授举办前沿科研成果报告会、著名京剧表演艺术家王珮瑜女士举办京剧唱谈会,著名国际学者大山举办中西文化脱口秀等。邀请享有盛誉的澳大利亚墨尔本歌剧院交响乐团举行 2017 东南大学歌剧经典新年音乐会。

东南大学本科专业设置一览表

序号	院系	专业代码	专业名称	修业年限	学位授予门类
1	建筑学院	082801	建筑学	五年	建筑学
2		082802	城乡规划	五年	工学
3		082803	风景园林	五年	工学
4	机械工程学院	080201	机械工程	四年	工学
5		120701	工业工程	四年	工学
6	能源与环境学院	080501	能源与动力工程	四年	工学
7		081002	建筑环境与能源应用工程	四年	工学
8		082502	环境工程	四年	工学
9		082201	核工程与核技术	四年	工学
10	信息科学与工程学院	080706	信息工程	四年	工学
12	土木工程学院	081001	土木工程	四年	工学
13		120103	工程管理	四年	工学
14		080102	工程力学	四年	工学
15		081003	给排水科学与工程	四年	工学
16	电子科学与工程学院	080702	电子科学与技术	四年	工学
17		080905	物联网工程	四年	工学
20	数学学院	070101	数学与应用数学	四年	理学
21		070102	信息与计算科学	四年	理学
22		071201	统计学	四年	理学
23	自动化学院	080801	自动化	四年	工学
24		080803T	机器人工程	四年	工学
25	计算机科学与工程学院	080901	计算机科学与技术	四年	工学
26		080902	软件工程	四年	工学
27	物理学院	070201	物理学	四年	理学
28		070202	应用物理学	四年	理学
30	生物科学与医学工程学院	082601	生物医学工程	四年	工学
31		082601	生物医学工程	七年	工学
32		071003	生物信息学	四年	工学

(续　表)

序号	院系	专业代码	专业名称	修业年限	学位授予门类
33	材料科学与工程学院	080401	材料科学与工程	四年	工学
34	人文学院	030201	政治学与行政学	四年	法学
35		120901K	旅游管理	四年	管理学
36		030301	社会学	四年	法学
37		050101	汉语言文学	四年	文学
38		010101	哲学	四年	哲学
39	经济管理学院	120201K	工商管理	四年	管理学
40		020401	国际经济与贸易	四年	经济学
41		120102	信息管理与信息系统	四年	管理学
42		120203K	会计学	四年	管理学
43		020301K	金融学	四年	经济学
44		020101	经济学	四年	经济学
45		120801	电子商务	四年	管理学
46		120601	物流管理	四年	管理学
47		020302	金融工程	四年	经济学
48	电气工程学院	080601	电气工程及其自动化	四年	工学
49	外国语学院	050201	英语	四年	文学
50		050207	日语	四年	文学
51	化学化工学院	081301	化学工程与工艺	四年	工学
52		081302	制药工程	四年	工学
53		070301	化学	四年	理学
54	交通学院	081802	交通工程	四年	工学
55		081801	交通运输	四年	工学
56		081201	测绘工程	四年	工学
57		081103	港口航道与海岸工程	四年	工学
58		070504	地理信息科学	四年	理学
59		081005T	城市地下空间工程	四年	工学
60		081006T	道路桥梁与渡河工程	四年	工学
61	仪器科学与工程学院	080301	测控技术与仪器	四年	工学

（续　表）

序号	院系	专业代码	专业名称	修业年限	学位授予门类
62	艺术学院	130310	动画	四年	艺术学
63		130401	美术学	四年	艺术学
66		130504	产品设计	四年	艺术学
68	法学院	030101K	法学	四年	法学
70	医学院	100201K	临床医学	五年	医学
71		100201K	临床医学	5+3 一体化	医学
72		100203TK	医学影像学	五年	医学
74		101001	医学检验技术	四年	理学
75		083001	生物工程	四年	工学
76	公共卫生学院	100401K	预防医学	五年	医学
77		120403	劳动与社会保障	四年	管理学

2017 年医学教学基地名单

附属医院：

1. 中大医院
2. 徐州市第四人民医院
3. 扬州市第一人民医院
4. 蚌埠市第一人民医院
5. 江北人民医院
6. 蚌埠市第三人民医院
7. 南京市第二医院
8. 马鞍山市人民医院
9. 江阴市人民医院
10. 盐城市第三人民医院
11. 南京同仁医院
12. 南京市胸科医院
13. 南京军区总医院

教学医院：

1. 北京铁路总医院
2. 天津铁路中心医院
3. 济南铁路中心医院
4. 郑州铁路中心医院

5. 宜兴市人民医院
6. 广州铁路中心医院
7. 上海崇明县中心医院
8. 南京市第一医院
9. 南京市鼓楼医院
10. 徐州铁路医院
11. 南京铁路分局中心医院
12. 金坛市人民医院
13. 姜堰市人民医院
14. 丹阳市人民医院
15. 江都市人民医院
16. 宿迁市人民医院
17. 新沂市人民医院
18. 无锡市第二人民医院
19. 靖江市人民医院
20. 苏北人民医院
21. 淄博铁路医院
22. 南京市胸科医院
23. 成都铁路中心医院
24. 武汉铁路中心医院
25. 柳州铁路中心医院
26. 西安铁路中心医院
27. 蚌埠铁路中心医院
28. 南京市江宁区人民医院
29. 镇江市解放军三五九医院
30. 淮安市解放军八二医院
31. 连云港市人民医院
32. 常州戚墅堰车辆厂职工医院
33. 南京市江浦县人民医院
34. 南京市六合区人民医院
35. 南京明基医院
36. 响水县人民医院
37. 南京市中心医院

教学防疫站：
1. 江苏省卫生防疫站
2. 南京市卫生防疫站
3. 南京铁路卫生防疫站
4. 北京铁路中心卫生防疫站

5. 沈阳铁路中心卫生防疫站
6. 齐齐哈尔铁路中心卫生防疫站
7. 郑州铁路中心卫生防疫站
8. 济南铁路中心卫生防疫站
9. 广州铁路中心卫生防疫站
10. 上海铁路中心卫生防疫站
11. 成都铁路中心卫生防疫站
12. 福州铁路中心卫生防疫站
13. 丹阳市卫生防疫站
14. 嘉兴市第二医院
15. 徐州市彭城社区卫生服务中心
16. 南京市模范西路社区卫生服务中心
17. 南京市虹桥社区卫生服务中心
18. 南京市小市社区卫生服务中心
19. 南京市中华路社区卫生服务中心
20. 西藏自治区拉萨市疾病预防控制中心
21. 常熟市疾病预防控制中心
22. 苏州吴江区疾病预防控制中心
23. 乌鲁木齐市疾病预防控制中心

健康教育基地： 江苏省盱眙中学

2017 年国家级大学生创新创业训练计划项目立项信息一览表

项目编号	项目名称	负责人	项目成员	指导教师	经费(元)	所属学院
201710286001	康复设施空间与环境的优化设计方法研究	陶博双 01513104	高　雪/01513106 施俊婕/01513105 崔吉吕/01513107 任广为/01114409	周　颖	20 000	建筑学院
201710286002	基于碳纤维层压式复合材料的单体壳车身结构设计	宋景晖 02015304	高程远/02015511 李　正/02015324 黄栋渠/02015631 唐剑南/21A16332	薛澄岐	20 000	机械工程学院
201710286003	基于 ANSYS 的制动散热导流罩设计	陈勇强 02014311	吴荣承/02015528 朱语杰/02016307 吴　越/02016321 王思源/02016616	陈敏华	20 000	机械工程学院
201710286004	赛车立柱的拓扑优化设计及逆向曲面建模	谭韬涌 02015529	郭一冰/02016102 郭建辉/02016609 赵浩祯/02014217 赖靖雯/13415119	周一帆	20 000	机械工程学院
201710286005	医用金属不锈钢生物功能化-激光合金化 Cu—Co 元素	陶　丰 02015510	姬文宣/02015517 姜　波/02015515 牛牧遥/61115106	孙桂芳	20 000	机械工程学院
201710286006	基于球类发射器的多种速度的视觉识别发射机构	何东泽 02014529	侯红宇/02014301 吴嘉恒/02014520 雷世英/02014518 段福鑫/02014502	戴　敏	20 000	机械工程学院
201710286007	基于力触觉传感器的多旋翼陀螺仪结构测试平台	张一涛 02015513	张卓然/02014402 赵浩祯/02014217 高　畅/02014401 余康宁/02014314	阳　媛	20 000	机械工程学院
201710286008	太阳能供电的手持空气集水装置	杨家宇 03014422	孟华宁/03014430 张子涵/03014415 钟文琦/13415103	殷勇高	20 000	能源与环境学院
201710286009	全玻璃直通式真空集热管	黄　政 03015326	蒋　铮/03015329 杨舒然/03015403 刘明枝/03014203	王　军	20 000	能源与环境学院

（续　表）

项目编号	项目名称	负责人	项目成员	指导教师	经费（元）	所属学院
201710286010	关于小区停车位出租利用的 APP 设计与研发	刘　博 03014428	胡　星/03314529 贺伟东/03014429 周　鹏/03014433 付童方/03014425	张　勇	20 000	能源与环境学院
201710286011	非稳态吸气条件下真实上呼吸道内非吸湿颗粒的沉积实验	马　瑞 03014333	羊飞宇/03014312 梁晓迪/03014332 熊　震/03014331 余印振/03014310	陈晓乐	20 000	能源与环境学院
201710286012	低成本定日镜驱控系统	熊　鑫 03015128	王　耀/61115104 杨启锐/06215605 余虹宽/16015420 龙鑫玮/71115221	匡　荛	20 000	能源与环境学院
201710286013	基于化学反应网络的 DNA 功能模块研究	庄雨辰 04015319	李慕浩/04015616 陆煜翔/04015536 张星池/04015514	张　川	20 000	信息科学与工程学院
201710286014	大规模 MIMO 的信号检测算法研究	杨宇峰 04014324	金洁珺/61315101	尤肖虎	20 000	信息科学与工程学院
201710286015	基于 tensorflow 机器学习的物体识别复杂地形探测器	李　俊 04015617	肖　秦/06A15116 沈星汝/04216701	张圣清	20 000	信息科学与工程学院
201710286016	实时自适应窄带干扰抑制算法研究	史　柯 04015317	陈启航/04015315 贾　燚/04015344	曹振新	20 000	信息科学与工程学院
201710286017	宽带天线设计与模型研究	张明辉 04014643	王瀚升/04014346 何伟梁/04014316 曹子建/04014336	徐　欧	20 000	信息科学与工程学院
201710286018	基于磁耦合谐振的无线充电技术的探究	武　越 04015322	刘佳琦/04015304 彭蔓昕/04015402 熊柏苹/04015216 包晨阳/04215712	张在琛	20 000	信息科学与工程学院
201710286019	基于时空 Mac 地址映射的空间位置信息处理	马浩鑫 04015450	陆予希/04015423 潘经纬/04015411 于子川/04015415	高　翔 刘肖凡	20 000	信息科学与工程学院

（续　表）

项目编号	项目名称	负责人	项目成员	指导教师	经费（元）	所属学院
201710286020	基于微电子肌电桥的双功能多通道原型系统设计	袁冬宇 04215709	黄　健/04215719 艾　然/04215711 桑　野/04215708 吴启晨/04215704	王志功	20 000	信息科学与工程学院
201710286021	FM广播的数字化及国产系统实现	孔令峥 04015227	杨泽堉/04015635 侯方舒/04014103	戚晨皓	20 000	信息科学与工程学院
201710286022	基于MPQ平台的虚拟服务机器人	黄文俊 04015417	李宇迪/04015421 林　泉/04015436 李书棋/04015435	黄　蓓	20 000	信息科学与工程学院
201710286023	基于低中频连续波雷达的生命体征仪	倪天恒 04015336	刘元可/04015237 樊悦成/04015316 明澍歆/04015329	李连鸣	20 000	信息科学与工程学院
201710286024	CMOS40nm射频器件设计和等效电路建模	张嘉耀 04015543	陈翔宇/04015331 杜　静/04015302	唐　路 余旭涛	20 000	信息科学与工程学院
201710286025	基于移动众包模式的室内地图生成系统	薛天昊 04015119	洪　磊/04015135 周　灏/04015147 曹天旸/04015645	宋宇波	20 000	信息科学与工程学院
201710286026	基于AR与BIM的工程模型检查系统的设计与研究	彭祺予 05215121	贺佳欣/05215209 陈　露/05215211 刘栋玮/21115204	成于思	20 000	土木工程学院
201710286027	双层压型钢板-混凝土组合剪力墙力学性能研究	黎泳薇 05115306	蓝旭曌/05114608 吴远德/05315115 王翔宇/05115618 苏煜森/05115415	秦　颖	20 000	土木工程学院
201710286028	游牧式穹顶结构体系关键技术研究	邵天宇 05115418	王思瑾/05315106 黄诗婷/05315108 付林晨/05114418 赵　鑫/05115417	朱明亮	20 000	土木工程学院
201710286029	受压屈服破坏模式下混凝土梁CY块性能研究和优化设计	林靖阳 213140972	唐小刚/05114316 方亦凡/05114314 茆凌风/05114309	朱　虹	20 000	土木工程学院

（续 表）

项目编号	项目名称	负责人	项目成员	指导教师	经费（元）	所属学院
201710286030	偏心受压胶合竹柱抗火性能试验研究	刘常浩 05115609	王佳欣/05115606 刘 杰/05115624 陈昊辉/05115626 张晓迪/05114603	徐 明	20 000	土木工程学院
201710286031	基于结构方程模型的保障房社区居民养老方式研究	李琬莹 05214105	黄诗琳/05214223 郁 璐/05214208 毛文俊/05214220 郑义明/05114406	李德智	20 000	土木工程学院
201710286032	一体化仿生秸秆建材的开发	俞 涛 05114502	吕乾韬/11A15222 吕文博/05115625 刘 桦/05115507 孙逸夫/05115501	陈锦祥	20 000	土木工程学院
201710286033	基于Dcloud技术的大学生课外研学（含学科竞赛）平台构建及探索	孙 悦 05115304	张 路/05215119 何至立/05115628 吴睿喆/05115311 屈 灿/05315117	陆金钰	20 000	土木工程学院
201710286034	UV和氯消毒下二氯硝基甲烷的降解	刘雪华 05115309	李 旭/05115326 雷嘉瑞/05515129 王武明/05515117 吴谊文/05115603	邓 琳	20 000	土木工程学院
201710286035	模块化建筑钢结构体系开发及BIM技术应用	肖宇凡 05115619	徐睿妮/05115604 唐 笑/05115608 苏子阳/05115613 陈昊辉/05115626	陆金钰	20 000	土木工程学院
201710286036	基于深度学习的结构损伤识别研究	陈 钦 05515128	雷嘉瑞/05515129 李安冬/04014244 曾少儒/05114118 宋来健/05114133	陈锦祥	20 000	土木工程学院
201710286037	新型空间网格钢结构装配式节点的开发与研究	卢 毅 05115610	徐睿妮/05115604 王肖骏/05115623 肖宇凡/05115619 李正浩/05115616	范圣刚	20 000	土木工程学院
201710286038	面向移动终端显示的建筑信息模型构建方法研究	康 蕊 05215103	孙 宁/05215102 唐茂宏/05215115 张震祺/05215218 王思睿/05215205	徐 照	20 000	土木工程学院
201710286039	SMA自复位耗能支撑装置在框架结构中的研究与应用	孙枫然 05114210	潘粮今/05114214 何祥平/05114201 王思瑾/05315106	舒赣平	20 000	土木工程学院

（续　表）

项目编号	项目名称	负责人	项目成员	指导教师	经费(元)	所属学院
201710286040	基于纳米材料催化效应的空气净化技术	赵明虎 06A15314	纪　愚/06A15319 赵临风/06A15315	张晓阳	20 000	电子科学与工程学院
201710286041	使用化学气相沉积制备范德瓦尔斯异质结及其性质研究	周雨晴 06A15406	刘城君/06A15430 张颖炜/06A15429 姚礼佳/12015311	万　能	20 000	电子科学与工程学院
201710286042	沉积物中基于无机纳米导体的导电网络的研究	董笑涵 06014333	袁　迪/06014134 陈　欣/06114102 高浚玮/06014235 卢　昱/04015114	赵志伟	20 000	电子科学与工程学院
201710286043	光控取向层对DDNLC随机激光的影响	闵嘉位 06314116	黄雨晴/07214101 李　想/06A15512	叶莉华	20 000	电子科学与工程学院
201710286044	流式细胞电转染数控系统的开发	耿杨烨 06014215	吴成均/06014115 初慧杰/06014204	朱　真	20 000	电子科学与工程学院
201710286045	物联网多信息数据处理与显示——智能家居中生态系统的信息处理与控制	娄诗钰 06114105	张　渊/61015231 朱　宇/06A5531	张　萌	20 000	电子科学与工程学院
201710286046	复杂网络系统编队控制	吴超群 07115107	周　晓/07115121 雷　诺/07215117 黎　俊/07315132 李彦清/07115135	虞文武	20 000	数学学院
201710286047	格子 Boltzmann 算法的 GPU 实现与优化	诸葛晓婷 07215105	王志伟/07215115 葛　沛/07115133	杜　睿	20 000	数学学院
201710286048	多自主体系统编队控制	王东明 07015223	叶子豪/07115123 邵　其/07315123 李佳明/07115122 车昱辰/07115101	虞文武	20 000	数学学院
201710286049	处理含有大量数据的多保真信息混合格式研究	王雨菲 07215103	陈席林/07314134 原景亮/07215118 孙启梦/07215104	闫　亮	20 000	数学学院

（续 表）

项目编号	项目名称	负责人	项目成员	指导教师	经费（元）	所属学院
201710286050	基于大数据智能算法的江苏省雾霾影响因素及趋势的研究	王一茗 07315113	刘安琪/07115109 黎　俊/07315132 雷　诺/07215117 宋美晨/07315115	赵　璇 曹进德	20 000	数学学院
201710286051	求解非线性分数阶微分方程的高效数值算法	郭博文 07315102	甘　坤/07215114 戴逸菲/07315101 杜徐冰清/07315111 张　嫱/07214102	曹婉容	20 000	数学学院
201710286052	基于视觉目标检测的小车导航和控制系统	张　乐 08015318	范文浩/08015413 陆逸慧/08015101 潘冬平/08015410 刘　希/08015324	符影杰	20 000	自动化学院
201710286053	基于机器学习的RoboCup类人足球机器人球场情况识别	王　宇 08015322	刘桂东/71115414 郭琪周/04015445 林　泉/04015436	谈英姿	20 000	自动化学院
201710286054	视频摘要技术研究	边张行 08015409	黄士俊/08015421 胡虎威/08015323 彭　松/08015423 丁　霁/08015425	夏思宇	20 000	自动化学院
201710286055	基于惯性测量数据手套	陈乔森 71Y15122	胡　南/71Y15125 闫怀宇/71Y15123 吴海伦/08015106 蔡林峰/24A16127	凌　振	20 000	计算机科学与工程学院
201710286056	基于图像识别与处理的人际关系分析软件	白蔓菲 71115105	刘欣琪/71115106 张迎雪/71115107	姚　莉	20 000	计算机科学与工程学院
201710286057	基于种群分析的带学习/恶化效应无等待流水调度的自适应文化基因算法	许　旖 09014139	崔明宇/71Y15117 施超敏/71Y15108 曹心成/09014116 戈妍妍/09014108	李小平	20 000	计算机科学与工程学院
201710286058	基于AprilTag二维标签的自动跟踪系统	刘　韦 09015209	华健钧/61315125 罗　毅/03A16131	刘其奇	20 000	计算机科学与工程学院
201710286059	高压亚稳态单相多铁性材料的薄膜制备	高柏植 10315112	陈　俊/10315110 马宇星/10315114 谢佳辰/10315111	徐庆宇	20 000	物理学院

（续　表）

项目编号	项目名称	负责人	项目成员	指导教师	经费（元）	所属学院
201710286060	稀土对磁性/非磁复合薄膜系统界面混合电导的调控	钱　骞 10114119	刘琬铃/10114106 李金钰琳/10114103 徐飞扬/10114126	翟　亚 黄兆聪	20 000	物理学院
201710286061	过渡金属原子在二维半导体材料表面的成核与生长机制研究	彭朝辉 10114121	刘悦凯/10114112 李国平/10016108 李国安/10016109	陈　乾	20 000	物理学院
201710286062	活脑 pH 和多巴胺联合检测的 SERS 活性微针研究	韩书彦 11114113	王婕妤/11215115 田蕾蓉/11215114	董　健	20 000	生物科学与医学工程学院
201710286063	基于结构张量的光场三维重建算法研究	顾　承 11215110	王卓颖/11215113 缪居正/11A15117 蔡维嘉/11213206 郑婉璐/11214209	周　平	20 000	生物科学与医学工程学院
201710286064	普鲁士蓝纳米酶的控制制备研究	封开政 11215121	毕琪彦/11215104 张筱萱/11A15202	张　宇	20 000	生物科学与医学工程学院
201710286065	磁微纳颗粒在全血 T 细胞分离中的应用研究	邓媛媛 11215105	廖家洁/11A15104 魏嘉莉/11215106 刘心怡/11215108	肖忠党	20 000	生物科学与医学工程学院
201710286066	大型青铜艺术品的液态成形工艺计算机辅助分析	沈奕阳 12014211	覃岚芯/12014307 李嘉祎/12015218	戴　挺	20 000	材料科学与工程学院
201710286067	医用植入锌基多孔合金的制备与性能测试研究	韩　珂 12014314	刘京荆/12014207 金　璐/12014208 李文卓/12014205	白　晶	20 000	材料科学与工程学院
201710286068	钢筋腐蚀产物在砂浆中的扩散表征	王佳扬 12014210	谷业含/12014212 陈　阳/12014213	施锦杰	20 000	材料科学与工程学院
201710286069	SiNx 纳米晶的制备与性能	王永超 12014420	尚真真/12014405 王　静/12014101	曾宇乔 张旭海	20 000	材料科学与工程学院

（续　表）

项目编号	项目名称	负责人	项目成员	指导教师	经费（元）	所属学院
201710286070	钛酸锂混合电容器中的开发及性能研究	刘煜轩 12015120	赵鸣宇/12015126	陈　坚	20 000	材料科学与工程学院
201710286071	东南大学原创新媒体平台创意写作成果转化	黎万峡 13414107	谢梁伟/02614111 沈文可/03314503 章　凯/71114227 王梓骞/25015128	张　娟	12 000	人文学院
201710286072	大学生信任模式的转变——以大学生网络信贷为例	李　静 13215102	李常君/13215112 邓　越/13215103 吴　宇/13215115	龙书芹	12 000	人文学院
201710286073	基于中国风的温泉模式初探	胡　娟 13315109	龚丽丹/13315108 方闰杰/05716126 赵鹏风/13A16326 明　天/04016529	郭　垚	12 000	人文学院
201710286074	“互联网＋政务服务”下城市政务 APP 的发展困境和策略研究	曹则慈 13114127	毕　铕/13114132 胡辰璐/13114123 严众阅/13414130 郑　凯/05114212	杨　煜	12 000	人文学院
201710286075	双渠道竞争环境下的保健品定价模型研究及利润分析	张志勇 14814129	侯鹏君/14114124 谢江涛/14114116 郎泽坤/14814118 许蒙蒙/14814103	杨东辉	12 000	经济管理学院
201710286076	城市内轨道交通建设 PPP 模式创新探究——以南京地铁 5 号线为例	李若晨 14615130	周路妍/14515219 董　婕/14515217 李君晗/14415101 魏明秋/07315122	周　勤	12 000	经济管理学院
201710286077	“互联网＋”背景下网约挂号对医疗服务排程的影响分析	步纤屿 14815119	赵宇轩/14115130 庄文杰/16015214	孙胜楠	12 000	经济管理学院
201710286078	基于身份证识别与机器学习的租车行业整合服务平台的研究	王梦娇 14114105	杨　莹/14B16406 曾　娟/14215113 李宇霞/14515209 黄锦松/14915126	林宏志	12 000	经济管理学院
201710286079	全球价值链分工动态变迁进程中的我国生产服务业发展研究	李丹凝 14614108	应鑫豪/14614130 李雪娇/14615125 赵　旭/14615127 闫　洁/14615119	陈　健	12 000	经济管理学院

(续　表)

项目编号	项目名称	负责人	项目成员	指导教师	经费(元)	所属学院
201710286080	基于大数据分析的P2P平台评级模型与预警系统设计	孙伊宁 14115108	岳滕旭/14115121 宋美晨/07315115 颜娇娇/14115105 黄鑫晨/71Y14117	尹　威 张　鑫	12 000	经济管理学院
201710286081	“约伴”社交信息发布平台	奉泓利 14515112	石　怡/04014304 曾焱菱/13315106 刘子曦/21014111 刘贵东/14915122	江其玟	12 000	经济管理学院
201710286082	基于ZYNQ的视觉素描绘画机器人	孙宇幸 16015311	花璐璐/09015208 邓子晗/02015307 蔡玉彤/71Y15115	房淑华	20 000	电气工程学院
201710286083	基于LabVIEW和骨骼信息的高自由度体感机械臂系统	庄文杰 16015214	李鑫磊/02014405 赵临风/06A15315 闫　昊/16015107	房淑华	20 000	电气工程学院
201710286084	从TED文本稿分析如何提高英语演讲水平	王家宁 17116218	许　婕/17116117 林娅婧/17116301 陆顾玥/17116114	朱宏清	12 000	外国语学院
201710286085	微表情在大学生社交中的应用	朱欣妍 17215216	蒋兆涵/10115116 曾焱菱/13315106	马向真 陶卓立	12 000	外国语学院
201710286086	BET/HDAC双靶点的BI-2536衍生物的设计、合成及活性研究	李　贞 19214102		蔡　进	20 000	化学化工学院
201710286087	双壳层空腔结构原位封装纳米金簇复合磁性催化材料的构筑及反应性能研究	杨成函 19114121	王鲲鹏/19114111	张一卫	20 000	化学化工学院
201710286088	中药岩白菜清热解毒活性成分的发现	郭　彤 19214103	张梦婷/19214110	廖志新	20 000	化学化工学院
201710286089	基于静电纺丝的钛铝复合纤维微观结构探究及其绿色多功能应用	尹林植 19114204	黄芳芳/19114101 卢莹炜/19314102	代云茜	20 000	化学化工学院

（续　表）

项目编号	项目名称	负责人	项目成员	指导教师	经费（元）	所属学院
201710286090	过渡金属碳化物及其固溶体的制备与催化加氢木质素活性研究	谈梦璐 19215103	詹梦梦/19115103	周建成	20 000	化学化工学院
201710286091	三维核/壳结构过渡金属氧化物的构筑及其在高效储能器件中的应用	孟闻飞 19115120	廉佳宁/19314112 周天悦/19315110	王育乔 孙岳明	20 000	化学化工学院
201710286092	电活性碳基材料的电化学性能研究	喻　舰 19315114		谢一兵	20 000	化学化工学院
201710286093	基于数据融合技术的南京市公共自行车用户出行行为研究	杨名远 21014115	金雨川/21115222 谭　旭/21115224	季彦婕	20 000	交通学院
201710286094	基于 ArcGIS 和网络爬取数据的轨道交通走廊关键节点出行特征提取	罗津宇 21114103	张一豪/21114131 王文佳/21015101 毕嘉元/21115232 金雨川/21115222	杨　敏	20 000	交通学院
201710286095	分布式房源信息检索及合租匹配服务应用程序开发	许志翔 21514118	刘宇航/21514119 林思语/14B16313 冯　森/71114431	张　远	20 000	交通学院
201710286096	基于无人机智控模块开发的建筑结构损伤检测技术研究与应用	徐为驰 21815107	张滕远/06A15219 朱励轩/06A15223 李　标/21815105 张滕翔/04215727	张　磊 叶智锐	20 000	交通学院
201710286097	形状记忆合金/FRP增强混凝土梁的预应力生成机理及智能机制研究	刘　胤 21714224	吴曾晗/21714221 张晓宇/21714237 曹宏斌/21715235 高俊博/21715133	王文炜	20 000	交通学院
201710286098	隧道相变—渗流—温度多场耦合特性模型试验研究	李　燚 21814113	李星圻/21814129 鲁泰山/213141431	张国柱	20 000	交通学院
201710286099	基于离散元法的土体剪切带细观研究	吴　阅 21015206	许　晴/21715206 洪正强/21015210 丁　鹏/21715114	马　涛	20 000	交通学院

(续　表)

项目编号	项目名称	负责人	项目成员	指导教师	经费(元)	所属学院
201710286100	珊瑚砂泡沫流动固化材料性能试验研究	丁雪琪 21715111	肖　瑞/21814134 林　豪/21815144 曾　珞/21814133 任　华/21715116	石名磊	20 000	交通学院
201710286101	基于智能手机传感器的城市自行车道骑行路况分析研究	王世奇 21715138	吴　双/21215123 杨佩雯/21215111 叶玮婧/21215110 刘星坤/21715126	杨顺新	20 000	交通学院
201710286102	基于半解析有限元的沥青路面结构受力分析快速仿真工具开发	郑柳青 21714117	黄少琦/21714106 吴曾晗/21714221 叶舒凡/21714207	陈先华	20 000	交通学院
201710286103	高密度条件下的行人流实验	陈俊兰 21114206	吴金莲/21114102 魏　薇/21014101 金　雪/21114122	金诚杰	20 000	交通学院
201710286104	特定小流域内涝分析	穆弘轩 21415120	姚金悦/21415106 朱保航/21415123 孔维铭/21415119	耿艳芬	20 000	交通学院
201710286105	基于多源数据融合的景区行人路径选择建模	季钧一 21015115	任怡凤/21115105 周润瑄/21015116 张珺玮/21015106 焦凤伟/21515102	过秀成	20 000	交通学院
201710286106	低成本城市组合导航实时监测系统	胡　权 22015325	武国庆/22015316 章司怡/22015306 柴建舟/22015217 李孟凡/22015106	汤新华	20 000	仪器科学与工程学院
201710286107	面向空间站虚拟训练手臂力反馈系统	邵斌澄 22014425	李　坤/22014209	宋爱国	20 000	仪器科学与工程学院
201710286108	环境交互智能机器人	厉　叶 22014426	汤翰如/22015428 李英昊/22014419 李文凯/22014117	莫凌飞	20 000	仪器科学与工程学院
201710286109	基于神经拟态的神经网络模式识别研究	高　菊 22014106	李嘉哲/22014212 王凯旋/22014217 营世煜/22014213 周　巍/22014214	莫凌飞	20 000	仪器科学与工程学院

（续 表）

项目编号	项目名称	负责人	项目成员	指导教师	经费（元）	所属学院
201710286110	非处罚类的行政裁量基准研究	李　燕 25014213	石语甜/25014216 玛黑扎提·木拉提别克/25014214 邱　晓/25014215 丁金钰/25014225	熊樟林	12 000	法学院
201710286111	业主抗辩权的行使范围及限制——基于业主拒交物业费现状的分析	杜　震 25014126	金　婷/25014112	单平基	12 000	法学院
201710286112	中国城市核心区交通拥堵治理的道路停车基础法律问题研究	范　洁 25015204	张书曼/25015220 曹雅茹/25015203 李诗雯/25014113 马浩轩/25014228	顾大松	12 000	法学院
201710286113	行政机关负责人出庭应诉制度实证研究	汪贝贝 25015115	周宇恒/25015227 颜文涛/25015127 陈致宁/25015102	孟鸿志	12 000	法学院
201710286114	脑转移性乳腺癌细胞系靶向多肽的分子构象分析及特异性鉴定	孙　瑞 43814104	陈金鹏/43814123 仓杰辉/43215112	张　莹	20 000	医学院
201710286115	神经胶质细胞在果蝇蛹期发育过程中的自噬模式研究	黄潞言 41115106	牟　杨/41115122 王　岸/41115118 吕　铖/43114223	甘光明	20 000	医学院
201710286116	海马细胞凋亡对慢性应激咳嗽变异性哮喘豚鼠的影响及作用机制探究	芦皓文 43814128	李静波/43814114 孙亚亚/43814125 饶　琪/43A15133	胡向阳	20 000	医学院
201710286117	新型载氧化锌/纳米银牙根尖充填材料抑菌性能及生物相容性评价	牟娟丽 43114115	王晋秋/43114116 程晋凤/43114217	缪凤琴	20 000	医学院
201710286118	探究星形胶质细胞在PM2.5暴露所导致的气道炎症中的作用	徐　明 43114119	张雪芹/43214402 袁国栋/43214522	张　蕾	20 000	医学院
201710286119	mm9 _ circ _ 002888/HECTD1 通路在SiO2诱导的肺内皮间质转化中的作用研究	李欣欣 43214415	张　璐/43214414 戴卉莹/43114128	巢　杰	20 000	医学院

（续　表）

项目编号	项目名称	负责人	项目成员	指导教师	经费(元)	所属学院
201710286120	秀丽线虫神经因子NLG－1调节氧化石墨烯毒效应的机制研究	韩仲昱 43A15331	吕　逍/43814109	王大勇	20 000	医学院
201710286121	磁性纳米颗粒刺激垂体对骨代谢的影响	张文君 41115103		刘　璇	20 000	医学院
201710286122	高效低毒性的新型在体基因操作工具	叶定德 43214423	勾文静/43814103 蔡祥铭/43814127	赵　晟	20 000	医学院
201710286123	ciR－008885靶向调节矽肺炎症反应的实验研究	陈碧琪 43114210	祁文俊/43114121 胡建楠/43114213	张　伟 巢　杰	20 000	医学院
201710286124	大鼠缺血/再灌注损伤脑组织miRNA的PCR检测	顾倩影 43814102	彭翊倩/43814106	吕海芹	20 000	医学院
201710286125	雌激素效应检测的重组酵母系统构建及其在环境雌激素检测中的应用	严　庆 42114227	龚煜范/42114114 焦志刚/42114118 曹　猛/42114215 黄书奇/42215204	刘　冉	20 000	公共卫生学院
201710286126	碲化镉量子点对人外周血T淋巴细胞增殖及免疫应答的毒性机制研究	赵鑫尧 42115121	张紫钰/42115112	唐　萌	20 000	公共卫生学院
201710286127	金属纳米镍的雌性生殖毒性作用机制	吴志鑫 42115101	黄文妍/42115104 蒋炫励/42115103 黄书奇/42215204	孔　璐	20 000	公共卫生学院
201710286128	miR－702－3p调控纳米SiO_2致大鼠肺纤维化中EMT的作用机制	赵　航 42115216	张　茜/42215108 朱梦磊/42114123	杨　红	20 000	公共卫生学院
201710286129	microRNAs基因多态变异与宫颈癌遗传易感性的关联性的研究	冯馨锐 42114210	赵文轩/42114205 丁鸿宇/42115123	王适之	20 000	公共卫生学院

（续　表）

项目编号	项目名称	负责人	项目成员	指导教师	经费（元）	所属学院
201710286130	不同特性纳米银体内外遗传毒性研究	陆　强 42113119	赵喜生/42113126 时倩雯/42113110 王　卿/42113114	薛玉英	20 000	公共卫生学院
201710286131	对自主参与型健康教育模式的评价	蒋炫励 42115103	黄文妍/42115104 李俊颉/43215225 魏明明/43214510 马晶晶/43214202	王　蓓	20 000	公共卫生学院
201710286132	菊花黄酮类化合物的超声提取工艺优化及定性分析	胡　艳 42115201	马雯青/42115212 李明码/42115222 杨　雯/42115206 刘德彬/42114221	孙桂菊	20 000	公共卫生学院
201710286133	教学实验中心构建 6S 管理	张中华 42114119	李龙飞/42114127 解李漫冉/42215103 杨　雯/42115206	崔梦晶	20 000	公共卫生学院
201710286134	原花青素对 Aβ25－35 诱导的 SH－SY5Y 细胞损伤的抑制作用及 APP 代谢的影响	张皓鹏 42115225	伊有琴/42115208 冯延璐/42115209	张小强	20 000	公共卫生学院
201710286135	基于神经网络的无人机跟踪目标系统	刘兆寰 61315126	孙伯文/08015213 程　健/08015319	姚　莉	20 000	吴健雄学院
201710286136	基于视觉制导的自行瞄准的全方位移动机器人	陈　曦 61315130	朱励轩/06A15223 陈望隆/22015412 陈　威/06a15114 徐　菁/61015211	孟　桥	20 000	吴健雄学院
201710286137	基于随机计算与神经网络的人工智能研究	王辉征 61315119	方　恒/04014020	张　川	20 000	吴健雄学院
201710286138	无毒耐蚀中低温 SCR 催化剂制备及性能研究	金宇晖 61115101	王　彤/61115102 呼　煜/03214743	沈德魁	20 000	吴健雄学院
201710286139	基于龙芯芯片的 FM 广播系统	陈哲恒 61314125	赵　佳/61314124 方祖琦/61314122	戚晨皓	20 000	吴健雄学院

(续　表)

项目编号	项目名称	负责人	项目成员	指导教师	经费(元)	所属学院
201710286140	超低功耗 ISM 波段超再生无线接收机设计	杨孟儒 04014022	李迪威/61014130	徐　建	20 000	吴健雄学院
201710286141	基于视频分析的多车道交通流换道机理研究	戴昀琦 61314102	王昱昊/21114136 亢晓妍/21114224 孟凌宇/21114133	金诚杰	20 000	吴健雄学院
201710286142	CASSPAD 病原体现场检测系统	朱姝杰 11A16210	王秋杰/11115136 叶　鹏/11115138 况璐莎/14414218 张筱萱/11A15202 张雨诺/14314112	何农跃 朱志坚	20 000	团委
201710286143	能源互联网基础数据和优化控制技术服务提供商	蒋明俊 06A16232	于凌霜/16015202 张　雄/09016320 袁　槟/14B16405 严　格/61516322 汪苗苗/24314115	杨文燮	20 000	团委
201710286144	交运之星—TranStar	武　易 13115115	姜泽汶/11A16219 朱　健/21815128 刘欣蕙/14115101 魏姝晴/21015120	杨　帆 王　炜	20 000	团委
201710286145	秸秆热解制取生物油	秦晓阳 16015623	张　杰/14414117 邓雅珂/14414118 黄丽环/14Y15104 周　敏/14313103 燕智瑾/14515102	张会岩 胡汉辉	20 000	团委
201710286146	PID—SPACE 万向跑步机	罗俊文 02014108	江　苏/02014303 周宇阳/71116309 李君晗/14415101	帅立国	20 000	团委
201710286147	基于 MR 的疾病预防与确诊系统	姜泽汶 11A16219	武　易/13115115 刘欣蕙/14115101	蔡钰萍 葛沪飞	20 000	团委
201710286148	追影—青年约拍社交平台	李荣粲 02015206	申皓月/24314203 黄鑫晨/71Y14117 姜　苏/24314119 王宏图/02014103 孙伊宁/14115108	胡汉辉	100 000	团委
201710286149	至善西行公益旅游项目	曹新蕊 43113119	蔡　轩/14614103 王钱生/41114119 李　倩/43114108	程　斌 浦正宁	100 000	团委

（续　表）

项目编号	项目名称	负责人	项目成员	指导教师	经费（元）	所属学院
201710286150	鸥锐安科技商业计划	周　瑜 14414108	简柏樑/11A15212 管忆楠/43214509 张瑞琪/14415205 孙　青/11A16206 刘家宝/11215122	吴国球	100 000	团委

2017 年江苏省大学生创新创业训练计划项目一览表

项目编号	项目名称	负责人	项目成员	指导教师	经费（元）	所属学院
201710286001Y	古建筑无梁殿建筑构造及结构性能研究	秦群捷 01514116	黄奕霖/01514125 国佳琪/01514104 徐　闻/01514103 刘禾玥/05115627	淳　庆	8 000	建筑学院
201710286002Y	拟自然水景参数化设计研究	陈宇龙 01113506	朱辰昊/01513118 张　宁/01514115 刘滨钰/01513116 王思琪/01513117	袁旸洋	8 000	建筑学院
201710286003Y	校园水景观评价方法与提升策略研究	戴文嘉 01514124	盛方远/01514107 张潇涵/01514122 叶　聪/01515117 杨宇欣/01515102	成玉宁 袁旸洋	8 000	建筑学院
201710286004Y	近现代苏皖粮仓建筑遗产建造模式与环境调控技术研究	刘子彧 01114129	王举尚/01113422 杨嘉桐/01113424 任紫湫/01114112	李海清	8 000	建筑学院
201710286005Y	城市既有住区公共空间活力的影响因子研究	詹佳佳 01113408	朱辰昊/01513118 钱　程/01113118 吴晓涵/01113404 冯可欣/01214126	鲍　莉 张玫英	8 000	建筑学院
201710286006Y	面向细菌检测的微型核磁共振装置	唐伟祥 02615125	蔡金伟/02615130 邓志强/02615126 郑雨桐/02615117 石　轶/02615118	陆荣生	8 000	机械工程学院
201710286007Y	robomaster 英雄车研发	侯红宇 02014301	肖梦涵/02014527 雷世英/02014518 吴闫明/02014519	张志胜	8 000	机械工程学院

(续　表)

项目编号	项目名称	负责人	项目成员	指导教师	经费(元)	所属学院
201710286008Y	瓷碗排列机械手研制	吴嘉恒 02014520	朱清园/02014329 王炳坤/02014504 钱　诚/02014104	陈　芳	8 000	机械工程学院
201710286009Y	基于核磁共振检测的血糖高灵敏度检测	张　森 02015217	李桓汀/02015228 马瑞凯/04015644 张昆仑/02015218 刘皓央/02015208	胡　涛	8 000	机械工程学院
201710286010Y	基于 STM32 光电门切链机研发设计	李孜轩 02014317	赵进超/02014119 何湘鹏/02014128	韩　良	8 000	机械工程学院
201710286011Y	面向公共安全事件的灾后态势应对推演方法研究——以仓库火灾事件为例	王一凡 02615121	王敬晗/02015406 王　轩/02615116	许映秋 谈英姿	8 000	机械工程学院
201710286012Y	基于温差发电的超级电容移动电源	马　皋 03015407	何家丰/03315527 吴文昊/04015542	熊源泉	8 000	能源与环境学院
201710286013Y	基于单片机控制的盲人避障装置	丁　烨 03115622	霍雅超/03015205 刘妍君/03015206 王旭东/03015110	沈红梅	8 000	能源与环境学院
201710286014Y	污泥减量微生物菌剂的制备与作用机理研究	陈　功 03214740	段海昕/03214713 杨诗月/03215705 王文强/03215739	余　冉	8 000	能源与环境学院
201710286015Y	土壤可挥发有机物治理和能量回收装置	陈文炜 03315508	毛清平/03316529 李歆立/03315510 李　源/03315221	段伦博	8 000	能源与环境学院
201710286016Y	基于太阳能发电的校内多点式充电站	王凤霞 03015304	任佳仪/03015303 曹亚静/03015305	刘振祥	8 000	能源与环境学院
201710286017Y	基于单片机与涡流效应的自动维温加热水装置	赵雨晨 03015121	鲍旭奇/03015119 王艺涵/03015115 郑　道/03015234 何韫玉/03115603	黄　磊	8 000	能源与环境学院

（续 表）

项目编号	项目名称	负责人	项目成员	指导教师	经费（元）	所属学院
201710286018Y	基于python的新浪微博数据挖掘和可视化分析	罗 咪 04215726	赖敬之/04015443 陈雪奇/08015301	秦中元	8 000	信息科学与工程学院
201710286019Y	通过手机定位计算教室人口拥挤度及疏导	刘蕴箫 04015541	彭朝阳/04015545 苏 悦/04015503 赵千锋/09015139	宋宇波	8 000	信息科学与工程学院
201710286020Y	基于单片机的老年人智能安全卫士系统	步兆军 04015221	蒋 昊/04015219 李 克/04015220 武 哲/04015226	俞 菲	8 000	信息科学与工程学院
201710286021X	大规模MIMO无线通信系统中的波束成形算法研究	夏智康 04015427	张滕翔/04215727 陈泽坤/04015422 马 莉/04015407 蔚宏轩/04015434	戚晨皓	8 000	信息科学与工程学院
201710286022X	水声多普勒频移估计研究	何 海 04015447	孙苏齐/04015449	李春国	8 000	信息科学与工程学院
201710286023X	基于人脸识别技术的智能电子锁系统	李子箫 04216728	冯 瞭/04016607 侯宏卫/04016534 朱云翼/04216737	张在琛	8 000	信息科学与工程学院
201710286024X	基于android平台的线上食堂交互服务系统	林泽鑫 04015619	王梦哲/04015406 杨棋允/71115315 杨兴才/71115313	徐琴珍	8 000	信息科学与工程学院
201710286025X	家用智能无线健康监测系统	史沛然 04215717	完晓妍/61315103 李秋霖/09015230	苗 澎	8 000	信息科学与工程学院
201710286026X	防瞌睡眼镜研究与开发	王静远 04015242	周慧超/04015234 吕欣泽/04015233	潘志文	8 000	信息科学与工程学院
201710286027X	基于GPRS和Open CV的人脸数据采集传输与识别系统	郭大威 04015224	林雨琪/04015202 袁逸凡/04015204 林沁琦/04015203	樊祥宁	8 000	信息科学与工程学院

(续　表)

项目编号	项目名称	负责人	项目成员	指导教师	经费(元)	所属学院
201710286028X	无线充电地磁车辆检测仪	孙治华 04015345	许心宇/04015446 陈博韬/04015324	徐平平	8 000	信息科学与工程学院
201710286029X	冷弯薄壁型钢立柱高温后力学性能试验及数值研究	王肖骏 05115623	卢　毅/05115610 叶啸天/05115611 吕文博/05115625 张皓月/05114208	陈　伟	8 000	土木工程学院
201710286030X	基于 Hedonic 模型法的南京市绿色住宅溢价分析	宋　渊 05114122	江晓茜/05215108 叶倩雯/05214104 张蕴文/05114120	李德智	8 000	土木工程学院
201710286031X	新型木结构自复位梁柱节点的滞回性能研究	刘　濠 05115208	王银山/05115116 羊　景/05115117 章梦霞/05115504	周　臻	8 000	土木工程学院
201710286032X	高对称预应力索杆体系的构建与刚度分析	张宸浩 05114631	杜木杨/05114503 张信森/05114505 谢思聪/05114611 夏　悦/21714118	陈　耀	8 000	土木工程学院
201710286033X	高应力下 Galfan 拉索索夹抗滑移性能试验研究	徐华生 05115629	李志强/05115213 何至立/05115628 袁　抗/05115630 张婧琛/05115205	罗　斌	8 000	土木工程学院
201710286034X	纳米态镉与常态镉对活性污泥处理性能及微生物群落的影响	韩雪欣 05515104	陈　前/05515118 赵宇彤/05515112 洪裕葸/05A16132	许　妍	8 000	土木工程学院
201710286035X	轻钢龙骨预制外挂墙板抗弯性能研究	孙任运 05114609	沈一聪/05114613 黄康逸/05114410 祝世权/05114327	潘金龙	8 000	土木工程学院
201710286036X	高对称预应力索杆体系的几何构形及稳定性分析研究	倪　越 05115307	宫鹏飞/05115301 孙　悦/05115304 杨瑞臻/05115305 孙逸夫/05115501	陈　耀	8 000	土木工程学院
201710286037X	公共资源交易具体制度中的法理与适用研究	徐雨晴 05214203	萧圣达/05214128 沈童非/25014116 陈　弦/25014104 林泽倩/14514218	陆惠民	8 000	土木工程学院

（续 表）

项目编号	项目名称	负责人	项目成员	指导教师	经费（元）	所属学院
201710286038X	基于BIM的建筑能耗分析与地暖方案设计	孙 宁 05215102	张承文/05314110 田 驰/05314129 康 蕊/05215103 邵世轩/05314108	徐 照	8 000	土木工程学院
201710286039X	高温下与高温后双相体不锈钢材料力学性能统一模型	吴谊文 05115603	杨 航/05115517 周 航/05115509 桂颖彬/05115518 唐 笑/05115608	范圣刚	8 000	土木工程学院
201710286040X	基于ANSYS二次开发的“网架结构设计”程序	许胜寒 05114129	杨凯文/05114130	朱明亮	8 000	土木工程学院
201710286041X	金属玻璃振动响应行为与特征研究	倪 翔 05114419	李增聪/05314127 李文卓/12014205 邵世轩/05314108	孟积兴 何顶顶	8 000	土木工程学院
201710286042X	基于Kinect和Revit的三维施工场景构建技术研究	张皓月 05114208	石一帆/05114207 潘粮今/05114214 黄 钺/05114227 李长通/05114229	成于思	8 000	土木工程学院
201710286043X	高性能铝合金蜂窝板的抗弯性能试验研究	汤 澄 05114128	魏圣坤/05114131 葛中彬/05214111 陈昊天/05114125 宋明泽/05114124	赵才其	8 000	土木工程学院
201710286044X	新型装配式钢结构梁柱节点力学性能研究	张婧琛 05115205	史左政/05115209 徐瑶函/05115206 陈艺夫/05115201 石 棚/05115202	秦 颖	8 000	土木工程学院
201710286045X	青藏高原地区大跨连续钢构桥薄壁空心高墩稳定性研究	田润鹏 05115519	崔永嘉/05115424 艾孜麦提·吾加卜拉/05115522 文 莺/05115503 何少奇/05115521	张文明 刘 钊	8 000	土木工程学院
201710286046X	医疗侵权责任制度在非一线城市的现状及其完善	陈靖然 05215226	陈 弦/25014104 和亚娟/25014210 张玉铃/14715108 陆英杰/05115525	刘明全	8 000	土木工程学院
201710286047X	基于多源基础数据的隧道围岩参数贝叶斯推断	吴宇同 05115310	张 颖/05115312 王 宁/05115315 洪新妍/05315105	张 琦	8 000	土木工程学院

(续　表)

项目编号	项目名称	负责人	项目成员	指导教师	经费(元)	所属学院
201710286048X	新型自动化开合屋盖设计及其模型制作	肖定邦 05115118	苏海宇/05115119 覃俊宇/05115120 王子帆/05315142 李正璋/05115128	陆金钰	8 000	土木工程学院
201710286049X	生态排水渠对氮磷的净化效果研究	李　铁 05515105	王元馨/05515116 陈佳枫/05514111 黄　聪/05515125 吴皙来/05515103	杨小丽	8 000	土木工程学院
201710286050X	SMA 自复位耗能支撑的研究与应用	徐　圆 05115607	王　涵/05115115 蒋晨阳/05115617	舒赣平	8 000	土木工程学院
201710286051X	一种基于卷积神经网络的江苏省方言分类问题研究	张优优 06A15439	李子煜/06A15239 姚　天/04015641 汪　鑫/04015643	董志芳	8 000	电子科学与工程学院
201710286052X	单细胞阵列智能控制系统的研究	厉俏单 06014305	俞　峰/06014322 金鼎鑫/06014231	朱　真	8 000	电子科学与工程学院
201710286053X	基于物联网的家居环境一体化监测与控制	邹少锋 06A15522	刘　荟/06014307 王　涛/06014124 李旭涛/06A15524 赖兴宇/06A15515	张　萌	8 000	电子科学与工程学院
201710286054X	基于 Arduino 的可跳跃户外探测机器人	肖　秦 06A15116	陈建升/06A15113 张梦媛/11A15303	赵　宁	8 000	电子科学与工程学院
201710286055X	基于混合方式的苯乙烯可控聚合反应研究	张子豪 06A15338	李定宜/06A15322 孙乾坤/06A15335 张　驰/06A15331 朱俊彦/06A15325	朱　利	8 000	电子科学与工程学院
201710286056X	求解贝叶斯反问题的快速 MCMC 方法研究	杜　瑶 07315107	李　源/07315105 王盛辉/07315126 余　洋/07315112	闫　亮	8 000	数学学院
201710286057X	东南大学自行车调度方案	高浩然 07215112	李勇超/07215111 刘照辉/07115126 叶群钦/07115125	徐　毅	8 000	数学学院

（续　表）

项目编号	项目名称	负责人	项目成员	指导教师	经费（元）	所属学院
201710286058X	自然垄断行业中的国企民营化绩效研究——以我国港口行业为例	王博闻 07314125	谭忠恒/07314124 蔡雨汀/14514204 刘　越/14514119	赵　驰	8 000	数学学院
201710286059X	多智能体系统分布式跟踪控制与优化	潘益鸣 07315116	李冬阳/08015311 潘子豪/07114131 王　晶/07315117 易芳如/07115108	温广辉	8 000	数学学院
201710286060X	面向公共安全的多机器人通信交互系统研究	廖晓锋 08015428	赵圣娇/08015304 蔡宗伦/08015433 姚　越/08015117 于雪丽嘉/08014305	谈英姿	8 000	自动化学院
201710286061X	广义协作包围设计与仿真	吴　迪 08015211	苏志伟/08015109 刘文睿/08015220 邹书童/08015226	陈杨杨	8 000	自动化学院
201710286062X	局域网内 Andriod 与 PC 平台剪贴板同步功能的实现	胡鹏程 08014211	左霆华/08014131 何　容/08014101 刘　静/08014103 陆明琦/08014132	牛　丹	8 000	自动化学院
201710286063X	基于 HTC VIVE 的 VR 消防模拟系统	国家玮 71115117	李正阳/04015414 汪苗苗/24314115 彭蔓昕/04015402 吕莛琳/14115104	张　祥	8 000	计算机科学与工程学院
201710286064X	基于超体素与信息论的大脑功能分区研究	孙君校 09015436	马浩宇/09015412 雷仁昊/09015437	孔佑勇	8 000	计算机科学与工程学院
201710286065X	可视化的编程教育应用软件	陈　挺 09015229	阳行意/09015236 孙　凯/09015231 常　宇/04015337	李慧颖	8 000	计算机科学与工程学院
201710286066X	未来大型环形正负电子对撞机实验中胶子喷注的研究	史静远 10314108	兰博扬/10114110 刘站峰/10114129 王　博/10114114 孔攀宇/10114125	白　羽	8 000	物理学院
201710286067X	使用固态去湿技术在铝纳米碗中实现纳米球的自组装	孙　梦 10114128	孙慧敏/10114105 彭朝辉/10114121 符　彬/10114123	邱　腾	8 000	物理学院

(续　表)

项目编号	项目名称	负责人	项目成员	指导教师	经费(元)	所属学院
201710286068X	基于石墨烯的高灵敏传感器	何琳萍 10315103		倪振华	8 000	物理学院
201710286069X	多孔金属支架内哺乳动物细胞培养	林玄悦 11215111	封雨潇/11215116 游玉莹/12015307 齐　琪/11A15105 陈文宇/12014423	何思渊	8 000	生物科学与医学工程学院
201710286070X	微生物自修复混凝土的研究	冯建航 12015118	金　鹏/12015124 葛浩成/12015122	钱春香	8 000	材料科学与工程学院
201710286071X	预制舱用 GRC(玻璃纤维增强水泥)材料的配方设计与性能研究	耿子凡 12015135	封媛嘉/12015305 刘　琪/12015304 郑超浪/12015420 张俊杰/12015419	张云升	8 000	材料科学与工程学院
201710286072X	碳基固态润滑膜的制备和性能研究	王　纯 12015202	沈佩琦/12015103 文　韬/12015425	陈　坚	8 000	材料科学与工程学院
201710286073X	耐蚀钢筋在碱激发混凝土模拟液的氯盐点蚀研究	何晓洋 12015414	魏子尧/12015411 马海峰/12015127 刘　博/12015116	施锦杰	8 000	材料科学与工程学院
201710286074X	微波辅助制备 CNTs/MXene 复合材料	庄晋坤 12015219	徐　涵/12015306 秦宇璇/12015208	张培根	8 000	材料科学与工程学院
201710286075X	南京市区盲道建设及使用状况调查——以秦淮区为例	吴　颖 13314112	陈君懿/17114125 何柔桑/13414127	吕秋琳	8 000	人文学院
201710286076X	南通话中的音变和节律研究	何丹丹 13415102	钟文琦/13415103 李　静/13215102 刘　杰/05115624	刘艳梅	8 000	人文学院
201710286077X	南京古街道文化价值新探	杨晓婕 13415127	刘佳欣/13415129 王涵宇/21715101 任　盈/13415126	许　丹	8 000	人文学院

（续 表）

项目编号	项目名称	负责人	项目成员	指导教师	经费（元）	所属学院
201710286078X	真味史味游孝陵——世界遗产地原真性体验提升的探索	赵鹏风 13A16326	汤　立/13A16526 陈　牧/02016207 奚许峰/12016326	贾鸿雁	8 000	人文学院
201710286079X	“至善中文总部”微信公众号推广运营	杨　洋 13414122	雷　灏/13414126 杨雪雯/13414121 高雨娜/13414125 王梦瑶/13414124	乔光辉	8 000	人文学院
201710286080X	南京地铁之民国风情主题壁画构拟	赵梦梦 13415111	卢一阁/13A16414 李潇涵/13415113 王能威/21715123 张泽华/02614102	白朝晖	8 000	人文学院
201710286081X	本土价值链构建下的江苏产业转型与劳动力市场发展耦合关系研究	姜媛媛 14614104	蒋文培/14614120 杨瑞雪/14614107 王雨桐/14515202 贺　斌/14615128	陈　健	8 000	经济管理学院
201710286082X	探究中国当代社会女同性恋群体的生存现状——以南京女同性恋群体为例	苏　娅 14214104	陆琪瑶/14214114	龙书芹	8 000	经济管理学院
201710286083X	上市公司盈余质量研究	王紫宇 14415224	周　燕/14415211 朱　敏/14414104 李佳卉/14414105 丁子云/14414106	吴　芃	8 000	经济管理学院
201710286084X	跨境电商发展与高校国贸人才培养	孙瑞琪 14215102	熊皖豫/14Y15102 程绮颖/08016105	张向阳	8 000	经济管理学院
201710286085X	“互联网＋”时代应用场景的嵌入性特征研究	李东阳 14415114	李明月/14Y15105 施依非/14415218 关以恒/14115126 李　佳/14314102	周路路	8 000	经济管理学院
201710286086X	大学生信贷平台交易活动及其监管体制的研究	王　焱 14915101	吴奕霏/14915116 李婧怡/14415210	朱　涛	8 000	经济管理学院
201710286087X	创业失败中的典型商业模式缺陷研究	王冰玉 14715103	钟宁桐/14415207 李星潼/14415221	葛沪飞	8 000	经济管理学院

(续　表)

项目编号	项目名称	负责人	项目成员	指导教师	经费(元)	所属学院
201710286088X	小额支付在多应用场景切换中的功能与应用研究	方子茹 14415212	李星潼/14415221 周路妍/14515219 刘欣一/14515223 李明月/14Y15105	张晓玲	8 000	经济管理学院
201710286089X	互联网借贷平台的信息传播研究	贺佳一 14915107	杨　冉/07315125 冯雅思/07115105 姜岱玮/07315128	刘晓星 唐　攀	8 000	经济管理学院
201710286090X	家庭医药配送模式研究	戴薛甜 14815101	安茂琳/14415108 郑天宇/14715121 杨文蕾/14815113 庞　珞/14815124	孙胜楠 赵林度	8 000	经济管理学院
201710286091X	上市公司盈余管理研究	诸泽宇 14114117	陈吴越/14414111 卢宏发/14414121 王佳旎/14414213 王　双/14414209	江其玟	8 000	经济管理学院
201710286092X	并网型微电网精简式优化配置技术研究	孙睿哲 16015224	卫一诚/16015423 庄文楠/16015607 包丽雯/16015406 孙宇幸/16015311	徐青山	8 000	电气工程学院
201710286093X	FSC赛车电动换当系统设计及其数据采集系统设计	吴　政 16014210	房安之/02015516 张瑞曦/16014209	房淑华	8 000	电气工程学院
201710286094X	分布式电源接入的微电网实时仿真测试平台研发	刘杨阳 16014124	胡子健/16014121 吴　政/16014210	顾　伟	8 000	电气工程学院
201710286095X	多通信方式电力控制终端	桑林卫 16014217	肖　鹏/61314113 许利通/16014510 郭　潇/16015128 陈逸涵/16014205	汤　奕	8 000	电气工程学院
201710286096X	新能源黑启动在动模实验室的仿真验证技术研究	应志平 16014118	江晓庆/16014117 刘之涵/16014224 安闪闪/16014110	汤　奕	8 000	电气工程学院
201710286097X	基于北斗信号的新型实时跟踪技术研究	孙锴宇 16015631	曲朝晖/22015314 林泽洋/22015313 吴逸凡/22015322 刘倩雯/22015304	汤新华	8 000	电气工程学院

（续 表）

项目编号	项目名称	负责人	项目成员	指导教师	经费（元）	所属学院
201710286098X	基于单片机的智能跟随机器人系统	李善良 16014315	张 琛/16014328 王 伟/16014314 黄 博/16014312 郭昆健/16014320	房淑华	8 000	电气工程学院
201710286099X	基于树莓派的智能拾球车	闫 昊 16015107	孙锴宇/16015631 李奕儒/16015116 薛栋铭/16015416 郭 潇/16015128	李 周	8 000	电气工程学院
201710286100X	商场公示语英译问题及原因分析	张亚萍 17115310	张 宇/17115207 彭楚钦/17115316	姚羚羚	8 000	外国语学院
201710286101X	中餐英译之走进大学校园	于小雅 17116216	付艺伟/17116101 钮昕意/17116104	毛彩凤	8 000	外国语学院
201710286102X	二十世纪初期英国社会伦理道德的解体与重建——以《唐顿庄园》为切入点	周绮越 17116312	吴冰晶/17116310 虞子璐/17116307 李 想/17116320	刘 超	8 000	外国语学院
201710286103X	中西方女权主义比较	袁 野 17116120	谢培煊/17116108 刘池恬/17116105 陈皓睿/71116313	朱宏清	8 000	外国语学院
201710286104X	从美国“911”文学中的伊斯兰教与基督教冲突看美国当代宗教文化问题以厄普代克的作品《恐怖分子》为例	董瀚琛 17115218	鄢昱全/17115121 张 佳/17115118	胡永辉	8 000	外国语学院
201710286105X	中国大数据时代下明星的粉丝力量	白 雪 17115201	周 燕/14415211 郭培霞/13115109 周 晨/08015102	廖静如	8 000	外国语学院
201710286106X	从日本物质文化遗产保护看南京古建筑现状	林世斌 17216216	宋 冕/17214110 李楚妍/17216205	黄绿萍	8 000	外国语学院
201710286107X	贵金属光催化复合材料的可控制备及其性能研究	仇楷博 19114114	彭 程/19114117	张一卫	8 000	化学化工学院

（续　表）

项目编号	项目名称	负责人	项目成员	指导教师	经费（元）	所属学院
201710286108X	氮掺杂石墨烯的基础结构研究及其作为非金属催化剂的高效应用	徐婉琳 19115101	孙乐乐/05215131 曾燚/19114108	代云茜	8 000	化学化工学院
201710286109X	生物质基碳材料的合成及应用	明　晶 19214101	张晓琴/19214107	刘安然	8 000	化学化工学院
201710286110X	基于g—C3N4相Z型催化体系的构建及其光催化CO_2还原研究	苏福宝 19215115	王嘉玮/19215116	周建成	8 000	化学化工学院
201710286111X	硒化钼的制备及其光电性能研究	李梦恬 19315103	张绍辉/19215114 杨　钺/19016124	王育乔	8 000	化学化工学院
201710286112X	碱激发矿渣膨润土竖向工程屏障渗透及耐久特性研究	曾　珞 21814133	肖　瑞/21814134 黄梦雨/21015204 章思齐/21115106 李勖晟/21815135	杜延军	8 000	交通学院
201710286113X	轻质土在地基处理中的应用研究	徐　曼 21815102	李　伟/21815122 彭之晟/21815127	邓永锋	8 000	交通学院
201710286114X	水面曲线虚拟仿真模拟研究	金　雨 21815125	李真真/21415107 冯　青/21415110 刘　翎/21815112	耿艳芬	8 000	交通学院
201710286115X	旅游交通可达性研究——以江宁美丽乡村为例	杨袖陵 21114107	印俊霖/21114127 孟凌宇/21114133 应　俊/21114117 王昱昊/21114136	过秀成	8 000	交通学院
201710286116X	信号交叉口时空资源协调设计对通行能力的影响性分析及仿真	刘宇衡 21115218	赖如欣/21115214 张锦阳/21115226 韦淳义/21115128 杨昊明/21114129	过秀成	8 000	交通学院
201710286117X	基于WiFi检测的公交线路乘客出行信息提取与挖掘	于维杰 21115127	王诗菡/21115203 张应恒/21015118 陆　钥/21115104 王礼睿/21115126	李志斌	8 000	交通学院

（续　表）

项目编号	项目名称	负责人	项目成员	指导教师	经费（元）	所属学院
201710286118X	FRP/SMA 温度记忆效应及可控变形机理研究	王　宝 21015215	江宛琪/21015205 张靖霖/21015216 陈英杰/21015217 韩　涛/21015213	王文炜	8 000	交通学院
201710286119X	形状记忆合金驱动折叠桥梁结构设计与模型制作	张丹妮 21015201	唐　诗/21715203 韩　涛/21015213 施　维/21015203	蔡建国	8 000	交通学院
201710286120X	学校出入口交通组织与管理方案设计	李佳蔚 21215112	占昌文/21215130 朱毅然/21015114 彭　铖/21015110 杨丽娜/21215103	杭　文	8 000	交通学院
201710286121X	隧道保温橡胶气囊的性能测试和结构优化	郭振飞 21815140	顾博石/21815106 杨　强/21815139 贾立夏/21815141 王鑫煜/21815116	张国柱	8 000	交通学院
201710286122X	运用 CT 扫描技术及数字图像分析法研究沥青混合料微观结构与抗车辙性能的关系	黄子文 21714230	雷凯雯/61314114 王国彤/21714228 张　泓/21714204 王　栋/21714229	杨若冲	8 000	交通学院
201710286123X	基于三维路面与整车模型的桥头跳车仿真研究	王　月 21715207	梅临风/21715231 赵万迪/21815101 王新雅/21715205 吴　俣/21715229	陈先华	8 000	交通学院
201710286124X	定制公交与多模式公共交通组合出行下的出行链特征及出行分布的研究	诸　赛 21115227	王舒逸/21415103 李　楠/05115104 黄　杰/21115229	刘志远	8 000	交通学院
201710286125X	基于生物结合料的废旧沥青再生剂制备及应用基础研究	曹家铖 21015218	王翼超/21015211 江思源/21715234 张靖霖/21015216	杨　军	8 000	交通学院
201710286126X	基于 Android 移动端的建筑物场景可视化	刘瑞琦 22014203	胡书铭/22014315 李松涛/22014418 单婧雯/22014204 谢奔翌/22014202	王慧青	8 000	仪器科学与工程学院
201710286127X	针对受限空间环境下的无人机的设计和应用	张晶晶 22015108	李艺璇/22015107 樊佛莉/22015105 刘子琦/08015407 王小荷/09015210	阳　媛	8 000	仪器科学与工程学院

（续　表）

项目编号	项目名称	负责人	项目成员	指导教师	经费（元）	所属学院
201710286128X	动作意图理解的时空间特性研究	刘济恺 22015310	兰竣杰/16015220 王旭升/16015210 钟　智/16015217 何国豪/16015121	葛　盛	8 000	仪器科学与工程学院
201710286129X	医疗事故刑法规制现状及改善对策研究	尹　灏 25015218	杨玉洁/25015217 掌博文/25014230 何敏鑫/25015206 曹　睿/25015202	刘建利	8 000	法学院
201710286130X	图书出版质量的售后反馈机制研究	薛文婷 25015215	董馨羽/13215107 聂建东/09015430 邱祉祎/14415219	刘　红	8 000	法学院
201710286131X	基于裁判实践的医疗服务合同纠纷研究	朱佳雯 25015122	朱竹露/25014223 郑忻怡/25015121 王　珊/25015170 杨瑷绮/25014220	高　翔	8 000	法学院
201710286132X	民间借贷纠纷的法律规制实证研究	曹雅茹 25015203	廖婧文/25015208 吴秋月/25015116 范　洁/25015204	冯煜清	8 000	法学院
201710286133X	医疗侵权责任制度的现状及其完善——以一线及新一线城市为例	王迪先 25015225	廖婧文/25015208 何倍泽/25015224 晁　俊/25015223	刘明全	8 000	法学院
201710286134X	ASPP1/p53 通路对二氧化硅诱导的肺纤维化的作用机制研究	章美琳 43114105	朱桂萍/43114201 王佳美/43214208 周　醒/43214207 扎西桑姆/43314101	巢　杰	8 000	医学院
201710286135X	果蝇中枢神经 Calyx 区精细结构解析	牟　杨 41115122	吕　铖/43114223 王　岸/41115118 黄潞言/41115106	甘光明	8 000	医学院
201710286136X	肿瘤细胞释放自噬小体(TRAP)体内诱导中性粒细胞凋亡的研究	张　忠 43214225	董　瑞/43214224 魏祥羽/43214201	潘　宁	8 000	医学院
201710286137X	亚油酸/α一亚麻酸比值对 EA. hy926 内皮细胞功能的影响及其可能机制研究	朱梦磊 42114123	姜　梦/42114110 龚怡静/42114111 王曦旋/43215214 达瓦德吉/42115207	杨立刚	8 000	公共卫生学院

（续 表）

项目编号	项目名称	负责人	项目成员	指导教师	经费（元）	所属学院
201710286138X	人群中肺癌相关lncRNA的表达水平及临床特征分析	平 易 42114108	金 玮/42114207 张 浩/42113125 宛雨佳/42113115 唐涵清/42115102	梁戈玉	8 000	公共卫生学院
201710286139X	木犀草素诱导人食管癌Eca109细胞凋亡和对人类正常食管上皮细胞的保护作用及其机制的体外实验研究	刘 钰 42114213	张永欣/42114208 刘彩萍/42114211 陈思臻/42115218 陆天予/43A15230	王少康	8 000	公共卫生学院
201710286140X	医务人员工作满意度对分级诊疗的影响	阿瓦古力·买买提 42114209	奥格莱姆·依明/42114209 那扎开特·迪尔木拉提/42114212 曹 猛/42114215 杜嘉怡/42214204	金 辉	8 000	公共卫生学院
201710286141X	石英微针阵列工艺的研究	史章昆 61115105	郝金祎/61115110 李征蔚/61115103	幸 研	8 000	吴健雄学院
201710286142X	采用石墨烯纳米流体直接吸热的新型太阳能集热器	强筱婕 61315107	杨钦江/61315120 何泽恒/61315117	徐国英	8 000	吴健雄学院
201710286143X	小蜂窝系统中的缓存布置方法研究	姜 宁 61315108	郜正轩/16015412 周爱君/61015205 卢嘉成/71115128	蒋雁翔	8 000	吴健雄学院
201710286144X	大规模MIMO系统中波束分配问题的研究	马一凡 61315102	陈 曦/61315130 王一彪/61315122	王俊波	8 000	吴健雄学院
201710286145X	穿戴式肢动仪探测与刺激的电极及电路	冯涵颖 61315106	王一彪/61315122 王 欣/61015103	王志功	8 000	吴健雄学院
201710286146X	高铁无线通信中的容量分析与优化	马睿智 61015216	张 睿/61015214 蒋 驰/61015218	王俊波	8 000	吴健雄学院
201710286147X	物联网智能数据处理系统	肖若愚 21715213	胡 犇/16015419 马翌程/06015007 卢 婧/14415120	张 萌	8 000	团委
201710286148X	ACTUAL防伪科技有限公司	赵会一 02015205	姜旭玲/14315104 罗 兰/14414280 杜 亮/41115124 陈 洁/24314209	葛沪飞 顾忠泽	8 000	团委

(续　表)

项目编号	项目名称	负责人	项目成员	指导教师	经费(元)	所属学院
201710286149X	三维人脸识别 3D—FRS	管清泽 08A16328	施　佳/14C16306 樊嘉颖/17216203 姜涵予/04016526 杨博冲/21A16920	王　翔	8 000	团委
201710286150X	具有抗菌作用的医用敷料	崔　柳 14B16213	程冰洁/14B16201 孙钰凯/02016412	蔡钰萍 谢呈阳	8 000	团委

2017 年文化素质教育中心讲座及活动一览表

序号	主讲人	主讲人介绍	题目	日期
1	朱尚刚	中国莎士比亚研究会名誉理事、嘉兴市朱生豪故居管理所名誉所长	诗侣莎魂——我的父母朱生豪与宋清如	2017/3/9
2	孙建君	中国艺术研究院研究员、博士生导师	文化传承的启示——以手工技艺为例	2017/3/16
3	吕乃基	著名科技哲学研究专家、东南大学人文学院教授	大历史观视野下的人工智能	2017/3/23
4	陈仲丹	南京大学历史系教授、博士生导师	晚清名臣曾国藩:自省与治世	2017/3/30
5	刘　攀	东南大学交通学院院长、教育部“长江学者奖励计划”青年学者	我的学术与青春	2017/3/31
6	冯　庆	中国著名冰雪画家、国家一级美术师	冰雪艺术创作与冬奥情缘	2017/4/5
7	姜良芹	南京大学历史学院教授、南京大学中华民国史研究中心执行主任	宋美龄的格局与人生	2017/4/6
8	张志伟	中国人民大学学术委员会委员、哲学院教授	启蒙主义与传统文化的复兴	2017/4/10
9	董　群	东南大学人文学院教授、博士生导师	向孔子学君子之道	2017/4/20
10			“止于至善”说	2017/10/18
11	张海霞	北京大学信息科学技术学院教授	让创新逆天飞翔	2017/4/22
12	赵秉志	北京师范大学刑事法律科学研究院院长、教授	黄海勇引渡案:中国最复杂引渡案之观察	2017/4/22

（续　表）

序号	主讲人	主讲人介绍	题目	日期
13	孙绍振	著名学者、福建师范大学文学院教授	中国古典诗歌的艺术奥秘	2017/4/26
14			苏东坡的人生命运和赤壁豪情	2017/4/27
15	王　德	中央大学王西亭之子	中央大学王西亭率“畜禽大军”西迁壮举	2017/5/11
16	张大庆	北京大学医学人文研究院院长、教授	当代医学人文的发展	2017/5/15
17	仲呈祥	中国文联原副主席、中国传媒大学艺术研究院院长、教授	文化自信与艺术教育	2017/5/17
18	翟婉明	中国科学院院士、西南交通大学首席教授	谁的青春不奋斗：我的求学路与高铁梦	2017/5/18
19	言恭达	著名书法家、国家一级美术师、东南大学兼职教授	当代文化的新觉醒	2017/5/24
20	范小青	江苏省作家协会主席	当下的社会与文学	2017/5/25
21	胡阿祥	南京六朝博物馆馆长、南京大学历史学院教授	行走中的感悟——爱上南京，品味金陵	2017/9/27
22	朱苏力	著名法学家、教育部“长江学者奖励计划”特聘教授、北京大学法学院原院长	为什么“家国天下”?	2017/10/11
23	朱　菁	厦门大学人文学院院长、教育部“长江学者奖励计划”特聘教授	理解人工智能的四个基本问题	2017/10/27
24	万俊人	清华大学人文学院教授、教育部“长江学者奖励计划”特聘教授	正义如何可能	2017/10/29
25	金保方	江苏省人民医院生殖中心特聘专家、东南大学附属中大医院中西医结合男科主任	青年男性养生之道	2017/11/7
26	罗　援	少将、军事科学院世界军事研究部副部长、研究员	周边安全环境和软实力建设	2017/11/13
27	袁　岳	零点有数董事长、飞马旅创始人	从现在到未来——创业环境分析和风口预测	2017/11/20
28	大　山	著名国际学者、主持人、相声演员	大山侃大山：相声 PK 脱口秀	2017/11/21
29	李鸿良	著名昆曲表演艺术家、中国戏剧“梅花奖”获得者	至美的昆丑——昆剧丑行的表演特点和当下雅俗审美的引领作用	2017/11/30
30	郭立中	南京中医药大学教授	五千年的中医养生智慧	2017/12/7
31	黄光国	著名社会心理学家、台湾大学心理学系教授	四个自信与三统并进	2017/12/14

2017 届毕业生名册

建筑学院

【011】建筑学(89 人)

倪　恬　徐静怡　汤轶茹　江　珊　汪佳琪　徐菁菁　章昊笛　郁如意　乔意然
王忆伊　汪雨田　杨仁青　林　茜　唐涵伦　田　野　俞敏浩　李　奇　郑　剑
王文晨　陈加麒　蒋　涵　王嘉城　杨一鸣　陈　孜　张　腾　倪钰程　段一行
沈　祎　郝子宏　廖伶真　庄惟中　王　彤　施　晴　孙妙清　索佳妮　华　玥
丁思源　杨　洋　涂雨璇　张　祺　周　婷　王　芳　冯天云　陈渝婷　许　岭
徐吟星　张亦然　张　悦　张　乐　白宇坤　黄晓琳　徐武剑　李云飞　王子睿
聂梓介　钱志达　邵建东　侯坤奇　胡海林　庞国超　廖启安　徐文婷　刘　硕
黄宇星　蔡天怡　刘　琳　陆冬凌　陈　娇　刘宁琳　李俊珂　金　千　陆　娟
程苏晶　赖雨诗　周星宇　曹　慧　张　悦　沈　略　杨　硕　陈欣涛　唐浩铭
冯海辉　林宗雄　冷先强　黄俊瑜　孙焕贝　陈子宁　王一帆　王宗冠

【012】城市规划（52 人）

王　慧　张　晗　段　艳　姜梦姣　何　叶　王　伟　刘羽瑄　丁雨露　彭雨佳
丛晓雨　叶　颖　丁金铭　宋品洁　李加惠　周倩颖　黄晓庆　吴佳怡　黄昕虹
李文玥　刘泽怡　徐英浩　杜　康　姚昊牧　付宇昕　秦宇轩　梁国杰　高海翔
杨小龙　谢贤彬　黄加森　花薛芃　孙茂然　马　超　李沁原　单　路　范居正
王　琛　音　子　邹嘉能　曹昌旭　王　潇　罗卿凯　刘晨曦　李海亮　边　博
刘　渊　梁文朗　钱　鑫　陈鹏举　翟垚森　王锦忆　王　旋

【015】景观学（20 人）

宋　佳　左亚男　解文慧　杨怡然　周心怡　陈　尧　徐慕蓉　许晓林　张皓翔
武　峪　朱博扬　邓　磊　韩　续　黄曼佳　严　恒　陆冠中　赵逸龙　赵鑫浩
林宛林　艾则木江·艾尔肯

【019】建筑学（16 人）

唐　滢　张博涵　宗袁月　隋明明　戚　瑞　张　立　夏晓瑜　陆玮佳　白海琦
严青洲　程可昕　龚稼琦　沈　忱　陈　诚　奚涵宇　方　坤

机械工程学院

【020】机械工程（194人）

李田 伍梦帆 于睿 张婧荷 花日馨 杨周宇 傅方舟 陈开 杨文聪
王子豪 肖岳 袁亦博 胡哲轩 赵聪 雷庆明 文尚华 朱德勇 赵亮
刘川 钱逸程 杨博融 杨宇恒 杜光毅 王子强 方晨 倪光一 谭会明
张驰 杨海军 王灵 范剑伟 吴远航 吴泽庆 吴宣勇 周渝 李静渊
文高峰 章周翔 郑沐鑫 陈龙 张康 邵宏达 廖勇 贺亚鹏 田志强
张欢欢 黄冬鸣 柏硕 赵士豪 杨易嘉 于德宝 孙杰 李嘉伟 高鹏
沈川川 郑帅可 徐新胜 张孟强 郑良聪 黄康晋 仇索 黄振庭 董宛莹
陈思瑶 钟鸣 徐筱榛 张芒 韩俊伦 沙海 裴贺添 徐键 彭泽坤
关宁 刘伯勋 蔡新雨 王亚明 王斌 王飞 敖刚 李小锐 李继桐
丁清源 王珏鑫 王凯迪 徐叶昊 张天弘 何东航 蒯强 张曲辰 王子昂
宋欢 姚佳倩 王晓蓉 万京东 郭喜庆 范青宏 黄思策 华志登 何旺
郑渲彰 袁帅东 陆嘉辰 项俊明 蔡元力 王宇翔 张琪 李洋 董建衡
朱嘉洲 林玮 闵剑 许国树 张爽 段永欣 冉东升 查仁方 王宝柱
蔡道清 孙承栋 桑旭 苏良威 戴楷新 赵斌 冯超 王凯 徐轩
吕雪 黄天麟 吴金桥 方振伍 滕佳栋 肖玮烨 龚渝水 游浩杰 王澄宇
汪洋 李宇杭 丁耀寰 丁杰辉 樊增隆 姜成 赖林生 昝瑞琪 胡兆泉
赵周健 张芸怡 严佳园 乔优优 张鹏宇 孔军 顾苏杰 赵越 杨文彦
王文枫 杨磊 李嘉鹏 李洋 明文睿 何俊志 董钦 张若愚 王希
张剑秋 高峰 臧杰东 郭成 张道富 马继超 耿闯 兰天 张贻波
朱志豪 谢佳文 李振杰 纪德杰 钱炀明 许必成 王伟达 刘翔 李陈陈
汪逸鹏 刘洋 刘易鑫 韦凯 胡珏铭 龙大凡 杨宇宸 孙一洲 夏康立
沈航 宋雨遥 刘正 刘晓龙 张鑫威

【020】机械工程及自动化（5人）

刘长青 李宇峰 张鹏飞 王志海 汤杰

【026】工业工程（18人）

曹璨 徐晗 刘韵晗 张馨予 余芳燕 徐晨熹 王浩 查铭禹 张开磊
边兆通 张泽亮 邱天 彭芳琪 王平 崔杰 吴宇翔 吴叶天强 刘聪

能源与环境学院

【030】能源与动力工程（147人）

徐青蓝 李小芳 张梦瑶 付明月 唐炜洁 金玉龙 刘明明 李睿 高阳

刘晨东	高　峥	凌　晨	王　贺	李彦博	王　锴	李　浩	王从强	丁　赟
张周燕	郭慧欣	刘蔚萱	叶步青	周　娣	魏　莉	刘天池	徐家乐	高飞翔
李睿智	唐海宇	金　楠	史泽文	叶建栋	王　深	梁朝钰	敖　韬	吕春浦
区卓辉	吴文锐	曹硕硕	杨协和	吴　柯	张培阮	郭昊坤	吕　旭	邵　文
孙子文	王司晨	朱洁雯	刘鑫雅	黄斯琪	赵圆圆	徐依钒	王凯丽	梅紫薇
顾秋子	曹思远	戴　楠	王逸文	杨明明	李　阳	程笑宇	倪晓滨	谢吉勰
郭　文	孙胜楠	程　泽	谢丹阳	董　舒	付辰丰	黄　闯	胡启龙	黄俊宇
陈友堂	吴　含	陈家颖	孙　阳	朱　旻	张奇月	王新兴	李　谦	王　路
李　婷	颜红燕	黄怡婷	石　睿	谭美秀	韦佳菊	付少林	程　茗	徐静文
黄业飞	刁　凡	王　立	钱超琦	朱彦祺	管臻睿	李安东	孔志伟	谢华强
许凡成	丁　松	郭　嘉	蒲小军	李晨光	常鸣华	李韧杰	章步鑫	张　弓
胡洋洋	赵文广	曾　峥	胡均宜	何　涛	赵启宇	张馨云	朱筱雅	泮依婷
葛　浩	俞江峰	陈　康	杨官汇	范永学	扈佳玮	许嘉熙	钟佳奇	邴一伟
郑伟佳	徐文亮	李顺隆	杨　帆	马智睿	黄胜男	徐佩琛	徐媛媛	周雪婷
王晨璐	冯鑫驰	许　叶	戴　领	黄驰晨	张先金	熊铭杰	李建杰	曾柯源
郭　子	谢云飞	王卓立						

【030】热能与动力工程（2 人）

王　宇	王伟伟

【031】建筑环境与能源应用工程（21 人）

胡宇函	张　艺	乔静宜	宋雅梅	卢玥明	成赛凤	范芳苏	郑丹伟	孙　益
尹　航	冯东阳	杨晨晓	张　赟	赵润民	陈博闻	邓林新	符兢颖	范家豪
邓希得	袁天鹏	徐新懿						

【032】环境工程（33 人）

叶　蓉	冯志洁	黄静依	杨李玲	徐　蓓	鲍梦蓉	邵静怡	朱会惠	康诗佳
董怡然	崔馨予	张业蕾	张　彤	高　欢	申轩榕	覃秋萤	江　域	马海涛
张绍卿	金　超	张思远	董皓月	杜浩然	王祺智	郑成强	许　昊	朱心剑
廖俊棋	李浩然	高　磊	毛瑞鑫	刘　洋	韩　震			

【033】核工程与核技术（30 人）

张思雨	李雅君	李　可	车泽南	曹　乾	牟春霖	张　松	单明森	解立坤
李智勇	韦宇卿	贾兆钧	马　源	梁润成	姜　山	戴　文	孙先亮	马泽彬
杨　涛	陈天阳	杨　清	兰睿哲	周　游	葛　易	何瑞庄	马瑞轩	徐志超
杨海涛	蒋　衡	郝　威						

信息科学与工程学院

【040】信息工程（237人）

鞠炜煜　廖　孜　虞　悦　宋　畅　朱宇潇　应函均　张道逸　孙宇涵　杨　逍
林兴源　徐　乐　丛鑫波　孙陆阳　周　睿　刘赐翀　马文焱　刘映辰　李子园
王少云　金泽坤　陈　旭　贺陈锴　陈　鑫　王　凯　董智杰　高天翔　余柯阳
郭萌萌　宋依欣　闵　玥　汪一帆　张晨莹　庞宏俐　邓春燕　陈金华　邹俊昊
万晓宁　冯　源　柳　阳　王　枫　齐基翔　王程田　龙逸尘　李泽成　张　翔
张息壤　李淳洋　李　轩　徐卓扬　袁家振　林　祥　梁建中　陈金炜　甘翔宇
王赵迪　周　曼　于佳阳　张　凯　李智轩　陈　秦　颜兵健　蒋　琴　范莹莹
蒋文君　戴　娜　朱燕文　王靖雯　杨　铮　刘香君　潘桂鑫　杨佳伟　刘丹阳
卢彬清　郑　磊　巩鑫瑞　潘天杨　冯小龙　陈孝伟　胥家睿　陈柏霖　马腾飞
张嘉俊　陈炜珩　莫忠道　李仲宇　唐鸿珲　王佐钧　齐浩政　俞言星　李效君
张子乐　刘延栋　秦晓蕊　王　媛　宋　睿　顾　鹏　王驭扬　张容晟　邱嘉伟
徐余浩　严　弘　黄天星　覃惠祺　李雨婷　张梦娇　刘　燕　陈　娜　王　喻
徐春梅　江　浩　郑　言　李　杨　林震宇　丁天骜　矣咏燃　叶梦宇　朱子杰
齐　恒　谢望达　郭子衡　唐　建　蔡雨君　王　轩　孙　羿　李　轩　孙文杰
姚昕羽　顾志方　张　欢　吕　钱　徐冰妍　陆　琪　高君慧　王禹新　孟　帆
国世佳　杨　茜　陈　赟　张师逸　杨学朋　宣天鹏　徐炜鸿　李　来　孙炜凯
宋浩川　曹聪聪　寿徐凯　刘御汐　许顺轶　姜宏博　顾彦杰　张雪慧　史达亮
宗国文　孙源辰　葛灵慧　董开兴　张孙名言　张轩浩　孔令恺　刘　毅　贲月晶
韩炳辉　肖　彤　李轶雪　郁清雯　张易机　杨璨宇　金　青　钱文婧　王小仟
石　天　陆　旺　陈　峰　王华玮　王正泽　袁　原　巩昕宇　林岳鹏　苏文博
安海巍　薛思达　刘建宇　景树森　甘　宇　顾玲僮　浦瑜立　颜　帅　陆紫薇
王　安　陆　超　张　都　王艺炜　薛　谦　乔　焜　曹　凡　徐　力　陈俐源
陈瑾钰　谢　天　秦修恒　袁　新　林煜瀚　何倩倩　王旭悦　王　乙　王圣宇
梁睿琪　葛　冬　贺　瑾　王玙璠　封　帆　王泽凤　廖文婷　李旭帅　黄进瑞
刘子戌　栾超非　沈星欣　朱舒翔　汤文凯　周新宇　谢　天　彭玉荣　邵　睿
蒲伯宇　樊松亭　钟天辰　连禹霖　郑喆文　全艺博　涂　欣　苏　鹏　黄　堃
罗　艳　袁　瑞　刘思宇

土木工程学院

【051】土木工程（181人）

荆　鑫　李子杰　章锦洋　孙明策　夏婉秋　蒋天泽　高亚清　杨睿靖　李忠伟
张　斌　钱业秋　仇　健　娄纪超　陈其洲　蒋晓放　刘治廷　陈洪淋　蒋光辉
胡文松　陈一凡　王　余　施彦博　乔子璇　杨心怡　曹渐寒　刘钰麟　朱世聪

朱策良 刘泽润 徐克凡 马壮 任逸哲 胡阳 蒲森林 武文 顾悦言
姚佳梦 郁美琪 高文沁 莫思阳 刘业伟 王晗 张磊 夏浩 李响
赵博瀚 吴梧鸿 董永杰 熊小兵 罗保宏 孙志庭 刘国安 聂涛 赵英凯
徐亦采 张猛 王笑韩 尉甜甜 范云翔 黄靓麟 李然 周天烁 朱佳庆
杨昀 温晓 陈军玉 顾胜宇 李殿亮 刘家琦 李建宇 倪佳歆 李姝玮
林皓明 赵星云 滕飞 李大隆 李子洲 赖光书 李剑 张旻权 丛凡淇
朱瑞焘 张俊平 唐磊 陈钦涛 李禹 苑东瑞 谢吉程 马俊逸 陈甲尧
于一洋 蓝俊贤 梁庆康 丁润民 陆维杰 朱婷 李扬飞 胡玉璟 翟王颖
刘金锁 张伯琴 徐福浩 周仕超 刘欢 鄢雨生 俞杰 潘杰 陈祎飞
许锐 申浩雷 管潇 陈竟峰 段斐然 赵磊 张岁寒 王宁康 王浩琛
李济东 王天宁 马文昊 郑宏伟 苏越 陈守一 陈金波 司怡 周宇辉
王琳 刘嘉琪 郭晶 桑栋 黄思杰 李秋池 马骋 刘晓睿 廖聿宸
袁航 曾令贤 储长青 陈金桥 阚臻驰 高一民 申晨 成帅 缪志刚
张宗凯 薛源 董逸轩 黄仕豪 李起川 李博文 祁志远 冯程程 鞠丹
方超 宗越 赵阳 赵云 魏笑尘 蒋睿 王卫昌 胡皓磊 罗德成
陈耀伦 陈涛涛 孙玉叶 项程 刘涛 陈实 周震鑫 王琦 朱晓强
袁冶 朱熔清 盛伟 刘兴 陈熹 王仲衡 曾昊 王浩霖 王仲超
孟畅

【052】工程管理(50 人)

仇亚睿 毕玮 王艳 杨悦悦 苏菲 余颖 刘丽斯 邵文城 胡良煜
杨斯奇 郭云超 陈铮一 吴可书 石瑞斌 马应成 丁羿 刘乐 王天桥
刘文博 赵曾军 马天昊 李杰 王阳华 王颢淇 吴正放 王艳青 姚舒阳
徐小扣 尹玉洁 张梦 严茂茂 孙致远 赵超 宋杰 宋克程 徐铣灏
韩兆 李锦涛 初洵 吴雷 李想 胡衎 樊梓阳 李司豪 张磊
王维潇然 李亚龙 石威武 陈玉瑜 玛衣拉·哈列里汗

【053】工程力学(44 人)

李雪晨 郭文璐 于文迪 姚思羽 夏梦 戴言可 李影 汪珍 姜逸菲
张竞 魏婕 黎婷 戴璐 蔺志一 关晓宇 邓星宇 刘宇 蒋中序
仲春 冯晶 尹啸麒 范晨 陈营利 孔黄飞 姜煜 黄周皓 华一唯
段浩 林宏磊 潘霁超 林良哲 范黎 李玉鑫 朱坦迪 吴烜弛 殷家宁
于文波 潘庆麒 汤足熠 温韬 李远目 路泽 卞靖 杨郁葱

【055】给排水科学与工程(28 人)

崔世博 李沁芮 王君娴 唐孟琪 黄欣雨 马林利 宫泽睿 郝文锦 向若兰
曲黎莎 吴赵依 贾晓蕊 朱国元 刘豪伟 文隆佳 杨智虎 王佳宁 王鸣宇
雷华新 金纬昊 谷一弘 徐昊鼎 孙逸凡 刘健宁 凌锦锋 吴昊天 夏阳光

邵忠兵

电子科学与工程学院

【060】电子科学与技术（128 人）

吕逸如 曹梦迪 郭祉嘉 杨杰能 杨宇尘 彭涵 宋文清 苏浩亮 高小桐
王泽敏 孙彧 林娟 李晓敏 李秀娟 马兰 谭浩轩 朱培星 郭钰
郭姿桂 刘小嫚 高昕 黄思源 顾博 崔崇伦 龚志鹏 施闰霄 黎蒿升
张嘉瑾 王畅然 任佩旭 罗伟 徐石 谢思源 李长波 朱志鸿 许华尧
梁贵钘 李宜修 赵泽华 赵易 张驰 袁超 汪锦言 李文翰 颜舟
汪翔 陈新旭 叶晨 张剑锋 刘鑫尧 张志杰 何倩 刘婷婷 周丹
马可悦 徐晓芬 甘玉琪 王莹 朱秋悦 王慧清 周韵 张函仑 孙简
杨文鑫 陈垚鑫 车永越 单大鹏 杨坤 裴廷宽 周杨浩 周翔 史国强
韩泽静 于海洋 杨文彬 王鑫鑫 曾庆翔 余乐 周星宇 王锐虹 叶景植
顾奇耘 陈亚伦 孙昊鑫 李天骄 陈勇城 余思远 李帆 曹远志 于政
朱媛媛 杜亚琼 王艳 宋歌 刘文昭 王凌 龚子妍 何欣怡 张瑶霖
郭建廷 严仕林 高存远 张清松 段小洋 陈炜捷 田倍通 董亦洲 王天鹏
吉星宇 谭宇浩 赵正宁 陈超 崔权 徐文琪 侯国睿 陆昊 张冰鑫
温紫廷 杨昌 徐焱飞 陈卿 徐嘉铭 李戌阳 任博文 管鼎 闫南飞
刘道弼 李国勇

【061】物联网工程（28 人）

黄莹莹 姜凌云 黄晓煜 吴小溪 胡远哲 楼阁 龚启善 艾鹭 万昊
赵轩东 辛均浩 张一弛 乐祥 董一德 邵依文 贾茜 徐蔚洋 张航博
侯超杰 向文琛 魏鑫 徐庆宇 刘剑波 裴文韬 龚云羿 辛磊 倪冬欣
刘家成

【063】新能源材料与器件（22 人）

许佳 崔旭嫘 付国荣 吕昭迪 彭凯 曹政坤 王林暄 鲁瑞 肖丰
邹海洋 王宇 方越 郑宇 陈涛 王大成 刘鹏鑫 陈熠钦 许凌云
易帅 曾鹏源 陈永强 陈禹飞

数学学院

【071】数学与应用数学（28 人）

沈清灵 马雪晴 沈佳妮 王丹 沈嘉琪 郭园润 杨一行 幸云晨 尹海安
李江含 孙向前 黄宇宸 孟俊逸 林雨春 吕远飞 曾程 成天晟 陈泓舟
陈哲远 杨斌斌 汪建雄 石砚舟 区汝沛 李焕 涂宏 智宪 高润丁

王　炜

【072】信息与计算科学（15 人）

郭文孜　智佳琦　张　芳　刘梦歌　于晓璇　谭远琴　王旭平　李梦颖　段琪瑶
邓　姣　李浩然　李　毅　高兆坤　李　冬　王明宝

【073】统计学（27 人）

王新鑫　赖南杏　崔　晨　吴　格　王嫣然　胡宛青　施逸尘　熊文琴　孙　丽
林鸿益　古　祥　尹天骄　郝智强　董亦涵　段思毅　刘存雷　秦秋洪　陈金斌
张发东　兰睿东　代　姚　陈继耘　陈志强　陈雪松　谈国星　黄　文　王　浩

自动化学院

【080】自动化（133 人）

高卓越　蒋　田　陆思宇　杨攸涵　张婧瑜　张玉希　周　敏　陈泽森　程　浩
丁　刚　贺　宁　江欣睿　缪　洋　秦佳浩　申　辉　宋　阳　孙　安　唐一鹏
王　聪　王文达　王彦然　徐伟豪　杨　健　应天裕　于旷迪　于　怡　岳元琛
张思渊　张逸哲　祝成磊　邹　鹏　邹湘宁　汪越宇　迟　骋　杨淳元　梁　超
陈圣哲　陈旭璇　倪慧燕　聂雪雪　邱梦婕　宋　尧　陶思羽　张阳阳　陈天昊
陈　峥　董　宁　封宝鼎　韩博宇　韩　杰　靳　宏　李佳昌　卢长胜　秦　晨
施信玮　石　灵　宋正强　孙　睿　唐中樑　王　曦　吴　圣　杨继晨　杨世达
姚　超　朱金志　杨亚龙　常青松　陈　楠　老劲瑀　李春露　徐晓雯　赵择谏
朱丹丹　葛　晖　胡啸天　华璧辰　黄　晟　焦雨庆　刘昌鑫　刘炽义　鲁瑜亮
马　硕　邱望彦　邵俊能　宋佳铭　唐迪锋　汪　帆　王　超　王　焜　王子娆
肖春晖　徐明浩　于容谦　刘文杰　黄威龙　夏　颖　田可心　徐硕然　姜文斌
牛保伟　储颖君　杜丽双　符晓天　王夕冉　葛金鑫　龚祥晖　何晓宇　胡　波
胡钊豪　蒋　琪　蒋荣星　匡振国　凌孝儒　马哲文　莫瑜夫　聂云聪　钱昱米
秦智敏　施恺然　王　赫　王金梦　王平旭　王　天　武天元　张　鹏　赵广涵
赵　伟　朱超群　张　鑫　何增祥　杨尚霖　荣　峰　吴仪尚

计算机科学与工程学院

【090】计算机科学与技术（123 人）

吴天然　郑馥薇　戴思琪　张晨妍　张莹莹　吴晓瑜　赵蔓瑜　陆馨杭　任　玥
江义胜　王瑞明　邹东棋　周　瑞　邹　翔　方兆辉　王旭恒　严晟嘉　韩　磊
王华威　何永东　焦晨航　朴智新　王正阳　肖　然　黄靖芳　康　鑫　张　俊
王文宇　杨　易　段尚甫　陈石开　朱　宁　廖胜兰　吴欣蕙　陈　婷　姜　笛
杨　雪　张柯嘉　顾灵童　戚小芳　钱　燚　黄志豪　陈天宇　张宇飞　缪宇坤

刘恺铮　黄钇钢　吴宗翰　刘　源　张子义　刘　全　江仲鸣　杨　鑫　郭逸民
杨嘉熙　万　龙　崔效玮　汤子凡　张　浩　孙清伟　王同星　吴明优　陆庆佳
孙子越　唐　滢　蔡　萌　景昕蕊　程昕云　许丹妮　赵佳珊　张　晖　胡慧婷
王琦璇　戴广立　孙　越　许　伟　潘英富　徐威鸿　高　正　陈　冷　谷　苗
张剑飞　张洋铭　邱传飞　杨鹏军　肖德政　唐　玮　史晓枫　杨乐鹏　卢泽峰
俞豪敏　孟　乐　司马志　于子涵　周　婕　马心玫　袁　元　李　娜　周宇池
谭春阳　黄　颖　彭佳慧　钱　鑫　许　亮　卢　震　支渠成　洪伟龙　孙登玉
白熠鋆　汪文涛　王天伦　吴　凡　刘锦良　黄路遥　任杰文　黄星皓　茅志翔
吴剑桥　汤永健　张润杰　任　凯　张志远　陈　曦

物理学院

【101】应用物理学（29 人）

刘芳宇　倪琳郁　陈　瑶　杨　莹　杨盼慧　谢雨琪　于　艺　王雅斓　吴　锡
周子昂　胡　辉　赵博宇　申　汀　章烨晖　李小宝　刘晨曦　吴麟辉　查佳佳
陶　勉　许保张　李建澄　胡加帆　庄伟嘉　姚甲甲　周　畅　夏雨欣　杨锐松
严　攀　董耀宾

【102】光电信息科学与工程（23 人）

李奕燃　郭睿元　王　昊　陈臻垚　尚成林　姚含光　曲东奇　马星宇　纪仲阳
肖屹彤　黄晟昊　朱美程　姜博怀　石达宁　刘　洋　丁一舟　刘志鑫　杨自立
张　昂　徐光照　张贺岩　赵　涛　李明泽

【103】物理学（8 人）

郝佩佩　孙一然　任思锜　夏世城　赵中华　侯翔宇　司天明　单承梓

生物科学与医学工程学院

【111】生物医学工程（26 人）

李子劢　耿云聪　杨淑慈　金　静　张艺馨　王月圆　陈姝琳　王若涵　娄国锋
郑　良　申云鹏　郭育新　朱　轲　吕晓强　郭明洋　赵　乐　万逸铭　邹奕轩
戴　兵　黄浩铭　陈雨薇　杨佳铮　林贤和　赵　翔　胡雅娜　赵辛尧

【112】生物医学工程(本硕连读)（48 人）

曹熠炜　王　楚　孙　炜　姜翰凝　陈嘉伦　何明杰　应潇挺　陶宇涵　张少华
胡高宁　苏　振　王凯旋　郑镠铮　赵海桐　陈东暄　张静逸　张　运　邹旻含
孙灵钰　陈　怡　王月桐　沈　睿　石　茜　黄梦婷　朱家慧　杨雅乐　王婉莹
汤俊贤　李一鑫　刘凌泽　水恒涛　蔡维嘉　殷豪景　向国瑞　王　军　闪紫阳

唐　健　王歆悦　邢鹤云　刘雨桐　徐　颖　胡雪琪　蔡怡然　孙文华　于晓程
程晓彤　郭芳蕾　张明坤

【113】生物信息技术(7人)

王秀功　李良伟　严　俊　曹传德　杨　森　陈肇喆　周　全

【113】生物信息学(15人)

田　也　屈冠雯　王玉珏　李馥雨　徐韵婉　韩婷玉　吴琳琳　王梦真　王　韬
赵新雷　姚　彬　陈　键　闫子玥　董　毅　王宇涵

材料科学与工程学院

【120】材料科学与工程(110人)

李　青　邓含露　鲍　青　潘文倩　经　典　关　怀　韩卓娅　刘孟玮　严潇潇
侯泽宇　诸　豪　潘　浩　陈泽浩　孙振楠　陈博为　叶勇靖　潘　超　宋宣锋
王潇猛　刘华昕　刘广伟　张恩铭　韦孝诚　李文鑫　席　庶　刘彦奇　郭泓良
陈兴旺　李慧森　王　飞　姚　磊　顾作飞　戴乐多　王　梦　崔丹钰　蔡名娟
朱　玉　易　星　祁　琪　常栖晴　张彦博　邵里良　罗文达　张高峰　王浩川
李宗沛　崔国方　周　宁　顾　仲　李擎宇　刘新来　方　奇　刘主豪　王　震
陆晋媛　覃玉嘉　朱建峰　谭博文　张杉琳　胡梦丹　狄思怡　熊桑琪　杨菲尔
袁如璆　何茜雯　杨紫嫣　刘欢欢　刘　胜　端　羽　陈飞阳　全琪炜　赵孚嘉
张沐天　宋延琨　郑志豪　高　源　李政雄　田晓升　王佳龙　陈　勇　滕怀锦
朱传瑞　陈明轩　李昀朋　何凌潇　邹思茗　宋涵威　张嘉敏　唐　佳　尹　蕾
杜浒沅　刘继琦　鲁菁琳　关锡媚　韩宝玲　郭天硕　刘勇超　蓝宏宇　汪锦龙
许光远　王　全　王泽曦　翟卫鑫　楼浩然　吴鑫旺　李凤翔　宋冠洲　孙　凯
张培杰　石　涛

人文学院

【131】政治学与行政学(33人)

陶欣怡　余　典　周雨晴　刘玉洁　苑高娃　杨思凡　李亚兰　冯明月
张育菡　张　祎　李周玉萌　文　萍　徐　畅　加永德西　李梦娇　胡　园
黄梦戈　任晶慧　陈　娅　张树婷　夏　颖　陈　甜　严珊珊　林　姝
陶洋阳　王欣悦　毕占方　仲是达　杨　亮　周峻羽　史博文
热合木别克·阿拉山别克　祖力皮努尔·玉苏甫

【132】社会学(34人)

王玥茗　徐　果　戴　琦　苗艳艳　焦慧敏　李静妍　李卓凡　曾梓欣　唐佳奇

卢静雯 王钰 袁晓 曹荻 左恺仙 刘思佳 张琰 蔡倡 王嫣语
白雨璇 景雅茜 姜卓昕 田瞻 夏雨 高曼婧 张琳 符湘琦 王亚宁
旦增吉美 昂旺顿珠 薛文博 耿羽 尤宇轩 吐力克扎特 加尼别克·吐安拜

【133】旅游管理（33人）
魏雪 黄佳佳 李雨濛 石雪雍 多吉拉姆 陈泱 喻崇娟 冯羽 马妍
刺利青 秦雅芳 胡国庆 黄晓萍 林俐芳 王荣荣 吴殷巧 陈钰岚 闫锐辛
蒋志政 陈意 陆宜桑 旦增拉巴 郝硕 孔德胜 顾一石 焦聪 齐飙臻
朱恒硕 王西陵 马天兴 周羿霖 哈思楠 章越

【134】汉语言文学（33人）
沈晶 谢一丹 谷雨 田雪 张睿洁 张甜甜 周恬 次仁央金 丁倩
孙雨昕 王桑 胡若冰 王桂琼 赵一燊 王誉砚 杨佳琪 王佳琪 许琳婧
沈烨 周然 王瑾瑶 牟丹凝 陈哲 刘彤 许彧澜 张梓烨 祝金怡
薛雪 彭方芳 胡志远 欧阳莞锋 沙木西亚·艾克拜 阿莱·巴合提

【136】哲学（9人）
祝晓 刘圆梦 李璐熠 滕纯一 白健丁 白茹丽 巴桑顿珠 王蒙蒙 袁珠

经济管理学院

【141】信息管理与信息系统（30人）
曹雪 焦竹晗 杨丽娟 张琴 王箫笛 王茜 肖蔚 张轶杰 马思佳
黄春 李嘉欣 李斯琦 王璐瑶 陈昕昀 郭蕊 姚伟 史郁洁 陈汉彪
毛博雅 陶杰武 宋枭雄 赵世杰 伍云飞 覃光强 刘安华 邹策民 田野
杨雨杭 徐可洋 考沙尔·巴合提别克

【142】国际经济与贸易（20人）
陆佳晖 梅雪 马雨娴 王翠翠 郁静怡 王誉瑶 牟薪禧 高佳汇 朱俊明
王钰畅 卢宪 徐姝玮 张琦辉 陈思贤 陈子扬 王斌 顾徐鑫 马乾荣
张爱华 沙拉·努尔哈米提

【143】工商管理（23人）
徐越 汪洋 许玲 夏清晨 郑璐 张一弢 李桓靖 孙雨亭 昂旺央措
普措拉珍 李建杏 李会杰 郑漫兮 张哲齐 秦世宇 熊迪 班靖康 何英杰
李世忠 马锐 伍当冠雄 刘朋泽 阿依江·库满那里

【144】会计学（49人）

何雨寒　刘钰　王倩楠　李瑞　费斐　王迪　袁晓芸　孙一涵　石慧
杨静　何少梅　高颖丽　张璐　蔡晓菲　步佳莹　包艳秋　陈艺丹　尹超
覃冠华　丁根旺　贾子腾　艾桃　龙厚宇　李浩宇　张申宏　周梓茜　黄佳燕
曲昕怡　周敏　陈若皎　肖瑶　王玉雪　李雪莹　陈思　郑子鹤　王怡
李锦　陈宗枢　钱卓宁　杨茗暄　章羽茜　张宗煦　周希桢　张健　杨路
孟鹏　曾加　周靖宇　郝宇辉

【145】金融学（65人）

张玖瑜　张洋帅　殷梦华　侯文丽　杨旭蕾　顾译尹　李嘉雯　薛雯　王紫嫣
黄小庆　陈越异　李姝　王雨茜　邢嘉玲　刘凝菲　潘文青　周雨晴　朱媛媛
徐小茜　姚佳英　李柔　邓舒文　薛紫霄　李超　仝甜甜　祝莉娜　金琨
周米　张炯明　蒋家睿　李欣伟　严海成　刘政伟　沈晨　刘轩池　毛凌翼
朱大春　姚冬琪　蔡逸清　郭文欣　李谦谦　王蓓蓓　王姗　李思佳　崔耀允
胡迪　刘静　孟瑶　雷蕾　帅承露　汤乐乐　王清扬　张丽　何映
贾玥　汤若冰　徐晨晨　张潇　姚义楠　邵逸文　闵睿　范无忌　廖星伟
柳盛杰　夏传旭

【146】经济学（29人）

卢文婷　卞辰　蔡晓　邓稀文　李孟祝　杨涵　韩静静　刘金玉　宋俞蓉
修艺　王清　杨婕妤　吴昊　马天舒　张昕　闫蓉　赵雨威　尹泉郦
邓琳慧　赵昕　刘晨茜　史梦奇　陈杰　梁子卓　葛帅锋　张文杰　曾成辉
谢冠辰　热娜古丽·艾比布力

【147】电子商务（19人）

曾悦　苏怡伟　毛惠敏　黄燕菲　顾云　汪小钰　桂月婷　马茜　黄毅菱
孙颖　邵书昕　王鹏　陈俊阳　汪魁　沙宽　江淮杰　袁任　魏子珹
郁振生

【148】物流管理（28人）

何托阳　王晓郡　梁艺馨　郭鉴　赵婵　王月　王星灵　李瑞琪　周艺
谢俐萨　梁雪　徐玉秋　刘丽　韦宇杉　梁炜璇　申飞阳　张峥　丁钰皎
秦伟　苏龙　戈宏辉　汤昌睿　王玉文　张晓伟　李泽健　刘北川　杨森
袁梓铭

【149】金融工程（22人）

林佩瑶　胡晓桐　黄丽　叶金坪　陈思蔚　沈鸿迪　唐霞　王蓓佳　王亮平
袁晓楠　苏蕊花　赵洪娜　张思雨　利嘉恒　王健　葛睿　周哲浩　张嘉润

潘心远　张佳宁　李宗耀　陈宇航

【14Y】国际经济与贸易(英文)(23 人)

王悦人　邓荣霞　范　蕊　李梦瑶　王　茜　慕　蓉　杨　昭　闫　捷　周晓薇
董泽钰　黄紫新　杨心怡　刘诗雯　于林可　杨　力　高　玥　方　哲　郭翔宇
王乔睿　张　璞　桂宇畅　何奕希　缪锦邑

电气工程学院

【160】电气工程及其自动化(172 人)

胡春璇　李雅然　王　益　朱云鹏　吴旭东　肖诗蕾　高　越　汤海波　李爽
张从越　施祎辰　郝　翰　陈　刚　高宇飞　史文博　田鲁琦　王　颖　任佳婧
薛正艺　王宇辰　史　豪　彭晨宇　卫楚奇　陈　新　李昊洋　陆子秋　吕家乐
刘伟琦　杨　权　朱　旭　林至钧　詹海亮　宁　晨　常辉天　杨渼翔　方国权
耿肖肖　张超明　黎大为　王璐瑶　武令君　刘月婷　林　丽　孙慧宇　胥鸣
陶苏朦　马相如　赵　毅　唐　健　李俊杰　厉国舜　卞盛锐　付徐笙　陈柏青
洪旭东　李　率　王旭瑞　王志宇　杨玉钦　陈　勇　曲俊先　叶思阳　陈乾
何　丹　方宇杰　方　炜　李勇治　印　月　徐　璐　唐胜飞　陆　迪　李明书
胥世豪　孙久义　王泽宇　张智宇　安　慰　王　彪　籍　泠　吴　昊　林明明
郭　咏　戴中坚　张翊详　翟　浩　李泽浩　朱建阳　杜鹏远　尚嘉诚　李玮星
郭　熙　茅明明　张一清　郭亚森　邵海雯　张晔玮　韦　洋　关　蕾　任璟茹
蒋浩然　曹世明　陈秋鹏　赵子义　郑育杰　陈绍烨　李　蒙　吕一凡　张兆磊
杨　陈　傅昱彪　张　彬　李　星　王梓鸣　曹　炀　胡经纬　沈　垚　刘　艺
徐玉姣　李　越　曾　丹　张　琳　马欣悦　陈艺亭　王彩云　陶秋岑　王凯
赵金亮　陈佳豪　王星煜　李墨飞　符尊靖　刘家豪　程天石　徐　欣　邵凤宣
丁　立　庞　禹　何　伟　吴泽庆　胡　杰　屠逸翔　李渭娟　徐艺敏　胡艳红
马鸿翔　侯玉洁　徐　筝　全琬玥　高怡静　黎　蕙　范薇薇　李家庆　梁成新
张哲宇　蔡子文　罗小林　马　赛　顾晨骁　付　磊　吴一凡　石　浩　顾夕凯
李正凯　李伟祚　杨　硕　郑国涛　叶苏寒　吴　洋　许　俊　张国彬　张博望
文竹

外国语学院

【171】英语(56 人)

郭培滢　吴尔慧　潘佳惠　赵瑞婷　徐　润　梅　蕊　张　姝　蒋晓露　李泺莹
王子彦　张　晨　黄诗雅　张亚楠　宫雲飞　祝可星　刘德威　赵非凡　陈天成
王　顺　王亚男　金媛媛　郑奕贤　胡雅娴　许　悦　朱　煜　张　黎　卢晓徐
宋紫薇　马思梦　王雪霞　王泳萍　裴静文　祝梦璘　毕尧羽　周逸鹏　黄倧睿

杨东泽 肖　璇 王杨轫 张之葳 侯筱婧 田　元 王月婵 顾峥嵘 杨俣
郭海汐 顾　婕 陈秋宇 洪欣乐 张　弦 胡馨月 马　健 李思林 胡宇璇
帅静茹 景琬婷

【172】日语(39人)

张佳韵 夏　雨 李永芳 崔　阳 章玉婷 韦　唯 李若媛 万　依 马冰洁
黄倩然 邓　琪 张　懿 沈　卉 叶彦君 高望晗 钱　程 许　可 隋　尧
金梦超 徐明勇 唐讷敏 庄若尘 周　晴 何伊文 唐书雅 陈　玲 张　鑫
凌一飞 周　洁 王雅玫 高　岑 任亦雷 吕秋晨 高雅雯 王　斐 李　威
施昱舟 王　超 朱光照

化学化工学院

【191】化学工程与工艺(39人)

谢歆雯 李小恒 李晓宇 吴文婷 严　景 王亚妹 曾笑雨 申少顺 梁　爽
陈　勇 钱　威 陶　振 毋志为 陈金财 王　壮 边伟超 盛家琪 钱　崑
程　品 黄松文 杨冲亚 解霞飞 黄美优 刘　谣 朱明芸 王世梅 袁　慧
何　跃 张亦弛 韩　宇 缪　桐 王恒锋 张皓杰 胡　峰 高　真 高思睿
黄诚谦 张周玺 丰　凡

【192】制药工程(21人)

安佩景 丁　婷 郭丽娟 谭继华 龙婕妤 吴才芬 邓　佳 邓卓婷 施炜晗
杨羽西 刘　凯 李　新 杨宗超 胡宇航 张旦坤 赵康明 王伯军 李光明
卓　宁 沈　颖 刘怡姗

【193】化学(10人)

张　哲 刘昕怡 齐　元 骆季荣 赵业泉 雒　毅 黄大宇 乔俊杰 胡　之
龙俊成

交通学院

【210】道路桥梁与渡河工程(20人)

王　冰 赵梦迪 朱雯青 钟雨果 周逸松 苏　强 赵润民 史林煊 林子豪
陈奕辛 端木祥永 殷宇翔 童巨声 沈凯仁 王伟立 施向东 卢桂林 刘梦琦
王永宁 江春源

【210】交通工程(20人)

马懿元 袁诗琳 赵鑫玮 吴丽霞 李昱洁 李雯婷 王心怡 孙国鼎 郑启康

桂　航　孙卓群　綦　聪　陆加健　姚东成　吴运腾　俞　俊　柯泽冕　高瑾瑶
刘雍翡　肖　尧

【211】交通工程（68 人）

董书洋　郝　俊　李　怡　吴　帆　杨　丽　罗雅婷　张文倩　王婷婷　李　昂
魏育充　周沁雪　张君昭　刘恺馨　冯　怡　刘　菲　马恒益　戴　冰　李新妍
杨钧剑　潘永健　莫　文　纪鹏森　许方家　郭晓东　陈泽志　赵子宇　李昌东
郝一行　周　洋　袁　帅　熊志强　王　冉　刘　源　王成晨　张　创　陈　坦
冒培培　钱晓宁　王梦雪　梁　爽　秦　依　唐思楠　杨宗允　董海宁　王　雪
颜　倩　陈佳琪　周佳玮　刘珊珊　孙荣杰　樊　瑶　袁忠琪　杨逸飞　朱　宁
龙　振　青泰宇　陆　寅　刘皓愉　缪汉伟　瞿业洋　孟鸿程　王　晰　潘东昊
潘照勋　牛竞宇　潘义强　裴　兴　吕泰然

【212】交通运输（31 人）

张　燕　吉　理　陈心雨　刁　晗　吴雪菲　钟敏儿　虞　悦　王萌旖　辛银花
高　天　何　苗　沈昱希　王喆正　赵　磊　何添源　薛钟铭　舒世瑶　姜　彪
吴峒瑶　胡　羿　刘昊东　刘相麟　林昱賢　蒋　威　李嘉铭　吴冠鹤　尹仕鸿
施朝峻　胡铭洲　程　谦　李　枭

【213】测绘工程（26 人）

朱瑞琪　金　婷　王　茹　康晋洁　张景舒　冯文婷　张栩熔　董心君　董彦锋
殷逸超　金俭俭　綦晓杰　张正协　张　杰　王维宇　鲁　啸　李　航　陈　波
周　军　苑忠浩　汪靖韬　常晓宇　岳振华　徐录铸　杨松霖　聂檄晨

【214】港口航道与海岸工程（30 人）

王凯宁　陆燕仪　陈　菲　罗紫婧　杨　莎　李梦婷　马梦頔　谢亿秦　李宜洲
李茉嫣　赵玉博　石　乾　卢　源　吴正勇　李盼盼　林霄煜　范　政　蒋　韬
赵　铨　蒋　欢　周杰雄　蓝佐坤　季文韬　倪　鑫　李祥炜　宋　宸　房琳清
李成帅　王开元　冯　锴

【215】地理信息科学（28 人）

许碧华　刘玉轩　王晓雅　张淑英　吴　琼　刘凯丽　杨玉娇　杨　雪　徐玺蕴
李欣谕　梁　钰　丁妍心　盛彩英　张静宜　程俊淇　秦和天　周　康　邓翀翔
王　侃　易新宇　王　猛　王紫东　成　亮　程雨秋　王俊涛　贺佳伟　王佳明
薛　宁

【215】地理信息系统（1 人）

崔亚豪

【217】道路桥梁与渡河工程（81人）

何珂 任驰 温帅 李玉发 薛佳悦 郑浙秀 郑露晓 涂珊珊 顾婷婷
胡荣 韩雨钦 尹思晴 肖亦娴 吴咪艺 吴立群 周海翔 杨名 蒋林笑
李东帅 王晨 蔡宗全 赵子力 邹震宇 刘泓佚 侯瑞鑫 朱营博 马帅之
谭豪 杨志木 朱云鹏 孙树文 蒋才健 郭梅龙 关健 武嘉斌 梁童
高看 谢磊 车瑞 刘小曈 卢尧 吴其乐 陈胜 郭玉亮 单彧诗
陈明虹 何西西 刘蕊 程瑜 朱佳韵 贾雯雯 荆迪菲 陶天琪 刘子姝
张含宇 尚宪超 李振豪 黄万极 肖金旭 袁嘉伟 胡飞 刘广发 沈利军
熊喆 王赠安 戚文斌 周畅 邓涵宇 胡子文 张书睿 孙方正 祁孔庆
李天明 朱昊然 孟祥成 王家豪 王正奇 石宇 肖宏 汤钧尧 马少典

【218】城市地下空间工程（36人）

高源 叶美锡 王成英杰 刘宜昭 刘锋 徐亚峰 张郑昊 郜宇晨 孟令天
杜尚辉 蔡兆毅 田泊航 肖广 胡有方 宋晨 袁子翔 杨俊达 陈家威
梁孝东 马海涛 姚潇宇 赵宇豪 李浩民 杨善麟 张思源 陈润发 李威
钱福健 杨正旺 陆阳 冯煜坤 肖恒 张凤尧 刘禹 乔轩 马盛南

仪器科学与工程学院

【220】测控技术与仪器（92人）

吴佳玲 陈心怡 任世萍 冯玥滢 程欣迎 李明波 高依宁 熊利臣 赵维政
管闯 焦越 韩意浓 蒋嘉浩 薛嘉伟 桂灏 蒋凯文 张姜 李鹏辉
唐卢鑫 石帅 胡蝶 段雪薇 杨梦婷 杜喆宁 石逸轩 石春凤 张书睿
郑冰清 孙然 黄砺枭 谢冠秀 赵世宬 王骁宇 孙磊 简袁禄 陈一鸣
朱紫兴 袁嘉 方雅璐 胡晓磊 刘飞龙 张鹏程 华文奇 索传哲 安鹏宇
范默涵 黄琳惠 朱铃颖 胡芸雪 黄蓉 赵琬婷 惠文珊 胡素芸 朱雅玫
宋茜 王梓安 邢田 刘攀飞 陈自祁 侯夷 邓睿 刘森 贯孟璇
左潇 周祺 翁铖铖 曾欣 杨文强 陈宬 钱靖一 邵鑫 许广富
郑鹏 张诗月 傅文琦 李梦含 郭晓艺 袁曦 王诗玮 翟金凤 邢璟楠
江俊 冉江川 李筱筠 王培宇 杨昊青 李钒 叶菁 薛启凡 张仕超
秦阳 郭文科

艺术学院

【241】美术学（13人）

张真 蒋雨瑶 庄婉仪 刘铭艺 邹东 杨赟 陈阿曼 陈佳敏 张琪儿
王珊 宋潇 曹人春 黄天宇

【242】动画（17 人）

李欣悦 石依敏 张志青 高雅 蒋谨如 罗婷 袁娅婧 罗羽岑 陆佳毅
张正浩 纪家达 梁天宇 陈梓秋 姚凯宇 林真 张浩 范晓伟

【243】产品设计（42 人）

顾文婷 倪婷 鲁思言 王梦霞 李国锦 徐晓馨 李彦影 金枫 林苏敏
王姝 翁雨昕 李文心 倪弘沣 陈文生 陈志文 刘巍 李典 计嘉杰
林家葳 王雨情 刘畅 吴瑞卿 周燕 李诗雯 姜卿卿 罗纨卓 江雪婷
仲嘉茜 陈佳琦 刘佳倩 吴纯子 邢唯 蒋倩妍 刘曼 高涵 张立辰
王欣然 宋连晓 张溶强 刘弘 王庚运 吴世豪

法学院

【250】法学（63 人）

杨振原 曹惠 陈晓倩 陈卓 闫宇驰 顾译予 黄菊 黄依烟 姜华越
李默 李欣然 刘荣 刘雨晨 尼玛普赤 平宇婷 强巴 石若昕 宋子耕
吴茜 项会云 张璐淇 周烨 周昱航 朱萌 李子安 廖陈昊 吕廷康
童晓健 徐加庆 张迪 鲍怡婕 曾浩 多吉卓玛 汪书 李沁原 李一可
刘琪 刘怡 杨宇航 钱秋瑶 史镓祯 索朗曲宗 王静芝 王宁姝 王祺
魏然 肖务姿 徐科滢 徐文倩 翟洛霞 张旻 朱楠 樊方正 胡浩
马文博 王哲 韦宇翔 马力恒·加那尔别克 哈力木别克·乌拉力汗
古再努尔·艾尔肯 布阿西·卡迪尔 姑丽帕热·吐鲁洪 吴博伦

学习科学研究中心

【261】科学教育（16 人）

范睿 张思慧 刘卓然 李梦怡 陈信宇 郝佩 谢雨晨 钟琳 孙华玲
黄馨雨 雅茹 华林 李照轩 韩明东 汪世奇 宁永凯

无锡分校

【042】信息工程（34 人）

周少卿 韩碧莹 权静 于润湉 朱君妍 朱珂 徐峥 阮梦 朱盛杰
李政熠 赵越 刘振浩 石伟 史聪 吴瑞南 赵苏木 赵爽 李进
龚敏翔 王康 苏炎 朱春林 任忻炜 王奇安 徐孟晖 柏志恒 杨嘉禾
蒋思睿 何苏伟 李心鹤 谭儒昕 邱聪 许意威 茆禹

【062】电子科学与技术（25 人）

谭羽婷 严客雨 周晨晨 刘立 邹书铭 柏茹雪 施予同 王磊 孙富军

杨　阔　郑　超　耿　直　颜云浩　张翌晨　陆旻熠　许　昕　章　坚　姚嘉玮
赵　磊　秦　豪　葛　政　蒋光亚　沈　超　黄文舟　周志昕

公共卫生学院

【421】预防医学(34 人)

朱秋燕　钱姝娅　陈俊霞　黄艳玲　花田甜　刘宇翔　赵葛赟　苏姜宇　拉姆次仁
次仁嘎宗　范　扬　杨辉军　潘佳琪　陈振明　旦增索朗　西热措姆　高慧雯
黄凯萍　倪　倩　史湘铃　杨　玉　姜　飞　纪双斌　王典玺　姚勤龙
艾迪拜·司马义　古丽沙那提·哈衣尔汗　艾斯卡尔·艾拜都拉　古丽柯孜·艾力
古再丽努尔·图尔贡　曲珍　乌勒汗·木勒达合麦提　帕孜莱提·司来曼　扎　桑

【422】劳动与社会保障(35 人)

蔡孟蓉　徐梓萌　马睿吕　杨柳青　石　菲　苏　蕾　毛　雅　张　婕　杨腾清
索朗央宗　张雪娇　妲娃卓玛　倪　豪　韦聪颖　林瑞欣　杨　帆　焦　珉
徐子蘅　赵心语　董　玥　夏　霜　童　瑶　覃丽娜　武钇西　白玛曲珍
格桑卓玛　加央旺姆　张云德　施烨晨　许　唱　麦尔哈巴·麦合木提
古丽再努尔·玉苏甫　合木巴提·阿克木别克　如孜古丽·麦麦提艾力　多吉旦增

医学院

【411】生物工程(18 人)

张铭书　田　茹　钟超群　陈冬冬　李雪莹　符　为　贺韵遐　卓一洲　朱思婷
胡慧祯　王　迪　陈亦哲　杨亦航　王子瑜　张　露　张明远　李芊芊　王　奇

【431】临床医学(68 人)

王运荣　曹　冲　吴　飞　旦增德旦　房　杨　罗小林　吕海宁　陈　曦　汪晓晨
欧阳玲珑　周　铨　李贵芳　黄　栓　张小芬　张　莹　王婷婷　宋丽华　詹　杰
徐小一　储诚彪　赵泽祥　赵圆元　蔡杰瑞　岑　璞　范嘉俊　伏　炎　次仁伦珠
徐震东　蒋奕舟　尧亮华　乔　恩　巨少龙　孙晨皓　朱晓雨　于　月　朱丽莉
戴媛媛　杨墨丹　韩　雨　拉巴卓玛　央金巴姆　杨　婵　崔秋红　杨雪薇
余文娟　孙琦清　刘清香　刘媛媛　牛亦奇　冉　娇　罗小菲　周熙佳　尹绍琼
朱泳敏　王元斌　李庆平　唐小欢　李棒棒　张　恺　林李澧
阿布都热合曼·买合木提　阿力木江·艾比布拉　阿力木江·买合木提
热伊莱·艾买提　热孜宛古力·阿木提　寸振林　符　顺　阿依努尔·赛买尔

【432】临床医学(本硕连读)(99 人)

翟修文　刘红丽　沈尤婧　杨玉涵　徐　倩　宋志颖　张亚菲　王　芳　祁　靓

杨　璐　童文雨　蔺　蒙　杜紫薇　胡嘉滢　冯　娴　苏荣彬　蒋桂亚　周洋洋
赵庆有　李学祺　于之源　康子一　钟明道　王亦杨　刘　赢　赵喜迎　高　晔
周佳琰　孙　宸　王雅丽　唐雨莹　王　倩　朱月赟　张田利　唐　琪　华　欣
胡昕滢　徐文文　邱　钰　刘瑷瑜　李　晓　吴　丹　甄朋浩　杨超虎　李基健
卓华威　王　柯　王德辉　张飞飞　孟敬军　庄　俊　石　秀　陈　澄　王雪莹
高丽君　陈　静　赵怡欣　潘思杰　陈　瑾　刘　莹　杨　子　周　诗　曾　欣
李忆昆　王菲凡　李国成　蔡浩荻　牛文浩　潘高健　谢睿扬　谢　添　李煌殊
张　威　刘国臻　杜　泉　张　静　孙园园　汤海霞　谢蓉蓉　时　娟　苏榆婷
靳诗颖　卢晨雪　胡笑男　王　梦　吴　顺　翁美玲　杨　丹　吕　妍　王希涛
徐野夫　郭灵承　姜曙宇　马　骁　吉群祥　查俊豪　刘智鹏　张　和　王　浩

【433】医学影像学（25 人）
孟祥盼　徐　蓉　赵文丫　徐沁梅　吴晓璐　缪滢钰　徐冰清　赵茉言　余　莉
李惠明　张　芮　邓金凌　杨冰洁　张雨濛　肖　红　吴　迪　姚源康　颜辉显
金志成　孟庆斌　范嘉晨　陈衍江　熊凌历　魏庭丰　陈建建

【434】医学检验（14 人）
王云怡　董艳琳　袁祥祥　程　婧　徐雪妮　徐子涵　唐雪梅　王　杰　邢　婕
田江峰　顾　恒　许　伟　曹琛煜　李家辉

【434】医学检验技术（19 人）
吴梦滢　刘　艺　朱芸华　张蓓蓓　柏　玉　周　希　张小雅　季　悦　李淑君
徐　睿　李　丹　旦增卓玛　旦增卓嘎　达珍旺姆　董　磊　孟鹏飞　王向阳
孙汉祥　陈立凡

【435】护理学（33 人）
王娅敏　文　秀　强巴玉珍　卓玛旦增　央　吉　德吉措姆　王　杰　周雨欣
张　梅　黄郑丽　周丹丹　孙　青　潘雪影　张　姝　谢丹丹　陆玉婷　王雨瑶
周　影　白　曲　次旦白珍　畦　杰　马　璐　马玥莹　杨洁凤　德吉央金
古丽麦热姆·乌拉依木　亚森·麦麦提　热孜万古丽·斯迪克　木热迪力·艾合买提
阿热孜古丽·卡地尔　仁青卓玛　托合塔汗·扎依尔　马依拉·托合提

吴健雄学院

【613】道路桥梁与渡河工程（1 人）
汤宁兴

【613】电气工程及其自动化（6 人）
黄灵莹　程　非　张　丹　刘必扬　张凯恒　徐　欣

【613】电子科学与技术 (3 人)
杨泽宇　张而弛　崔正阳

【613】交通工程 (1 人)
熊剑文

【613】能源与动力工程 (1 人)
任昱宁

【613】生物医学工程 (1 人)
王　茜

【613】土木工程 (6 人)
文君涵　郭家梁　徐孝宇　陆　鼎　周　羽　倪　瑾

【613】信息工程 (9 人)
孙一唯　薛　烨　郭若鸿　岳晨涛　蒋　伟　封蔚鸿　吴远兮　华　杰　陈国骏

软件学院

【711】软件工程 (95 人)
陈建蓉　周芙蓉　孟　博　丁　策　陶　侃　刘朝阳　梁　胤　章跃庭　林天乙
梁　辰　钱思远　刘　进　朱　启　杨　珂　李　杰　万厚宏　张伟栋　张　赟
马麒翔　武雨田　张悦心　黄伟聪　陈幸子　张妍雅　马　宁　鲍　悦　黄河清
刘自苗　魏远卓　凌恩浩　王诗强　时皓轩　黄志超　肖　通　杨运韬　梁庆宙
吴　越　刘培明　王子阳　张上华　孟嘉琪　张　皓　陈　浩　周鑫一　卢醒寒
杨佳星　邹　悦　孙照月　张琪琪　王　侃　陈　宇　韩　畅　吴　涛　张雷铭
陈　铭　方　乾　余　俊　周晓雪　杨　帆　史皓羽　宋代伟　陈泽瑞　田稼丰
康　尧　李　双　陈　惠　王　璐　吴紫静　谢　楠　多美璇　周　翀　韩冰冰
王　琪　胡　斐　刘禹良　雷彭晶　李茹俊　尤秋宇　韩春霖　刘焱龙　杨勇杰
刘　俣　严一为　李　鑫　耿宇豪　王睿康　谭仁超　程　唯　贺　健　胡　龙
丁劭华　钱　舟　卢冠男　黄威涵　陈浩远

【71Y】软件工程(英文) (26 人)
金　睿　王雪羽　安　杏　吴雅琴　徐子涵　赵　莹　张　霓　赵　磊　乔若珣
宁静珲　顾佳炜　赵浩然　傅惟一　李　丞　梁　界　赵　岑　陈彦松　陈良涛
冯博威　薛雨聪　马　弘　汤　豪　张　坤　肖　绪　王佳陈梓　李知润

2017年校级SRTP结题优秀项目一览表

序号	项目编号	项目名称	项目完成人	指导教师	验收结果	所属学院
1	15012002	StructureasSpace——大跨度的工程美学	01112318 周星宇 01112315 陆　娟 01112319 曹　慧 01112317 赖雨诗	李海清	优秀	建筑学院
2	201702069	自行车圆管零件自动冲压装置设计研究	21715125 韦苡松 04015535 李松林 02015631 黄栋渠 12015309 潘　韩 02015624 刘　路	韩　良	优秀	机械工程学院
3	201702065	基于PLC的分拣机械手设计与研究	03014410 刘兵兵 02014118 范　鸣 02014127 董林杰 02014326 李学文	陈敏华	优秀	机械工程学院
4	201702062	基于Inspire拓扑优化的汽车金属3D打印立柱的优化设计	02015529 谭韬涌 02016609 郭建辉 02016102 郭一冰	周一帆	优秀	机械工程学院
5	201702060	robomaster英雄车研发	02014527 肖梦涵 02014502 段福鑫 02014301 侯红宇 02014518 雷世英 02014519 吴闫明	张志胜	优秀	机械工程学院
6	201702052	自稳定三轴云台	06014009 洪剑龙 02014535 许修祥 02015315 张宇哲	戴　敏	优秀	机械工程学院
7	201702041	四联装矩式硬币分拣器	02015227 孙静宇 02015204 严小涵 02015223 杨利鑫 02015226 覃　炜 02015216 毛士麟	董祥国	优秀	机械工程学院
8	201702033	无碳自动寻迹小车	02014527 肖梦涵 02014502 段福鑫 03014333 马　瑞 02014529 何东泽 02015619 刘子昂	张志胜	优秀	机械工程学院

（续　表）

序号	项目编号	项目名称	项目完成人	指导教师	验收结果	所属学院
9	201702032	基于球类发射器的多种速度的视觉识别发射机构	02014520 吴嘉恒 02014502 段福鑫 02014301 侯红宇 02014518 雷世英 02014529 何东泽	张志胜	优秀	机械工程学院
10	201702029	血糖血脂无创核磁共振监测方法	21715104 钱红茹 02015509 魏骏帆 16015630 印　航 02015601 乔　煜 02015615 林福金	陆荣生	优秀	机械工程学院
11	201702028	低成本、多层塑料薄膜微混合器的设计与开发	02615104 冷珊珊 02015309 王　成 02615106 叶　佳	倪中华 项　楠	优秀	机械工程学院
12	201702016	基于 ANSYS 的制动散热优化设计	02014311 陈勇强 02016616 王思源 02016307 朱语杰 02016321 吴　越	陈敏华	优秀	机械工程学院
13	201702015	插齿电极介电泳芯片对粒子的操纵研究	02015626 蔡明宇 02015613 林文兴 02015622 刘彦豪 02015608 田　垒 02015614 况　攀	倪中华 项　楠	优秀	机械工程学院
14	201702014	基于摩擦轮的高效取弹机构	02014535 许修祥 02015215 林晓辉 02015315 张宇哲 02016136 张朝晖 11A15221 张明琛	胡　涛	优秀	机械工程学院
15	201702012	基于 FPGA 的二胡机器人	02014109 任　波 02614107 王小红 02014333 夏陈村 02014170 段治理	帅立国	优秀	机械工程学院
16	201702005	网联智能模型小车试验平台及路径规划算法研究	02014423 汪　其 02014420 李　哲 02014407 陈明惠	王金湘	优秀	机械工程学院
17	201702011	腿部按摩机器人	02013211 郑沐鑫 02014308 刘　乐 02014321 钟　义	田梦倩	优秀	机械工程学院

（续　表）

序号	项目编号	项目名称	项目完成人	指导教师	验收结果	所属学院
18	16022028	基于 Fluent 的 FSAE 赛车空气动力套件翼型组合分析优化	02013533 王文枫 02013429 王宝柱 02014419 单　铭 14515117 雷雅晴	王荣蓉	优秀	机械工程学院
19	16022013	基于 FSAE 的电子节气门的设计优化	02013421 林　玮 02013430 蔡道清 02014210 陈　楠	戴　敏	优秀	机械工程学院
20	16022011	基于 FSAE 赛车传动结构的设计优化	02014201 邹雅琳 02014210 陈　楠 03014014 张　鹏 03014321 于天池	戴　敏	优秀	机械工程学院
21	16022032	基于体感交互的数字界面交互研究	02013506 肖玮烨 24313116 刘　巍 02013508 龚渝水	薛澄崎	优秀	机械工程学院
22	201703064	基于单片机控制的盲人避障装置	03115622 丁　烨 03015206 刘妍君 03015110 王旭东 03015205 霍雅超	沈红梅	优秀	能源与环境学院
23	201703012	逆重力条件下脉动热管的工作特性的实验研究	03014008 周宇昕 03014005 冯嘉伟 03014103 江子欣 61115107 苗双双 03015334 周天骏	张程宾	优秀	能源与环境学院
24	201703004	基于 PLC 控制的非稳态吸气实验装置构建	03014310 余印振 03014331 熊　震 03014333 马　瑞 03014332 梁晓迪	陈晓乐	优秀	能源与环境学院
25	201703001	非球磁颗粒在磁悬浮场的运动特性及定向调控规律研究	03315523 林悦楠 03115614 周坚坚 04015236 张腾辉 05115107 伍　镔	张　勇	优秀	能源与环境学院
26	201703022	基于太阳能电池蓄电的智能防雨装置	03015216 钟伟东 03015225 戴文韬 03015213 刘泽宇 03015215 曹智成	黄　磊	优秀	能源与环境学院
27	201703007	一种基于纯机械自动温控系统的双水温开水器	03014206 樊聪慧 03014207 肖　艳 03114607 李梦欣	杨　柳	优秀	能源与环境学院

(续　表)

序号	项目编号	项目名称	项目完成人	指导教师	验收结果	所属学院
28	201703016	基于健身器材的生物能发电装置	03015226 郭艺伟 03015111 郭振宇 03015211 刘　行	刘　倩	优秀	能源与环境学院
29	201703037	燃气灶高温烟气使用效率研究及优化	03014407 吴　钊 03014308 陈怡睿 03314530 黄恩和	黄亚继	优秀	能源与环境学院
30	201703031	基于单片机的蓝牙智能开关及其控制手机程序	03314502 毛宝雪 03014209 陈维茜 03314505 谭茗月	张　彪	优秀	能源与环境学院
31	201704066	针对纺织废品逆向物流的移动服务平台研发	14615129 吴奇聪 04215722 顾　艺 04215724 孙刘毅 04015414 李正阳 14915118 曹　晶	吴清烈 姜　禹	优秀	信息科学与工程学院
32	201704060	基于自制物理引擎和图像处理的 AR 实现	04015511 方梦泸 04015512 赵宇飞 04015513 吴嘉文	董　晓	优秀	信息科学与工程学院
33	201704053	基于时空 Mac 地址映射的空间位置信息处理	04015411 潘经纬 04015423 陆予希 04015450 马浩鑫 04015415 于子川	高　翔	优秀	信息科学与工程学院
34	201704050	防瞌睡眼镜研究开发	04015242 王静远 04015234 周慧超 04015233 吕欣泽	潘志文	优秀	信息科学与工程学院
35	201704049	可远程管理全自动智能空气净化器	04014638 何柏宜 04014141 肖晟远 04014618 王　强 04014617 张邦杰	姜　明	优秀	信息科学与工程学院
36	201704048	基于 myRIO 的智能管家	04015238 徐　靖 04015240 桂仁杰 04015231 姜培文	金　石	优秀	信息科学与工程学院
37	201704043	基于图像识别的远程鼠标	04015616 李慕浩	宋宇波	优秀	信息科学与工程学院
38	201704041	小型无人机无线充电方案研究	04015304 刘佳琦 04015421 李宇迪 04015632 徐敬一	张在琛	优秀	信息科学与工程学院

（续　表）

序号	项目编号	项目名称	项目完成人	指导教师	验收结果	所属学院
39	201704034	基于无线充电的磁耦合充电技术研究	04015322 武　越 04215712 包晨阳 04015402 彭蔓昕 04015216 熊柏苹	张在琛	优秀	信息科学与工程学院
40	201704029	实时自适应窄带干扰抑制算法研究	04015315 陈启航 04015344 贾　燚 04015317 史　柯	曹振新	优秀	信息科学与工程学院
41	201704025	基于大规模 MIMO 信号检测的算法研究	04014324 杨宇峰 61315101 金洁珺	张　川	优秀	信息科学与工程学院
42	201704016	基于化学反应网络的 DNA 深度网络实现	04015319 庄雨辰 04015536 陆煜翔 04015514 张星池 04015616 李慕浩	张　川	优秀	信息科学与工程学院
43	201704013	基于手机定位共享的室内地图生成系统	04015147 周　灏 04015135 洪　磊 04015119 薛天昊	宋宇波	优秀	信息科学与工程学院
44	201704012	基于肌肉电流的机械手应用	04215703 江碧怡 04215702 黄淑怡 02015703 奚佳栋	戴　敏	优秀	信息科学与工程学院
45	201704003	基于 tensorflow 机器学习的物体识别复杂地形探测器	04014445 章　鹏 06A15116 肖　秦 04015617 李　俊	张圣清	优秀	信息科学与工程学院
46	16042069	基于单片机的 GSM 信号时隙功率精确测量	04014146 黄梦宇 04014348 尹　超 04214730 钟　凯 16014529 冷钊莹	张圣清	优秀	信息科学与工程学院
47	16042014	基于红外和图像传输技术的四轴飞行器	04014130 吴　亮 04014122 郝培钧 04014104 熊　恬	孟　桥	优秀	信息科学与工程学院
48	201704036	高兼容性 Android 远程文件管理器	04014114 章天野 04214714 明　月	方效林	优秀	信息科学与工程学院
49	201704024	基于 Matlab 和 RTL－SDR 的数字通信演示系统	04014601 董诗琦 04014505 戴思宇 04014602 张馨予	王东明	优秀	信息科学与工程学院
50	201705065	伪度量下 Einstein － Hillbert 泛函的变分计算	05314112 倪盼睿	沈　斌	优秀	土木工程学院

(续　表)

序号	项目编号	项目名称	项目完成人	指导教师	验收结果	所属学院
51	201705041	考虑粘结滑移影响的装配式混凝土梁高效配筋技术研究	05114521 杨　凯 05114531 魏斯特 05114518 林　榕 05114512 王　闯	孙泽阳	优秀	土木工程学院
52	201705056	城市轨道交通装配式地下车站设计及施工关键技术研究	05114426 韦信丞 05114413 王　冰 05114107 张子杰 05114417 张亮亮 05114422 解　江	戴国亮	优秀	土木工程学院
53	201705006	绿色轻质秸秆水泥基墙体的开发	05114502 俞　涛 11A15222 吕乾韬 05115507 刘　桦 05115625 吕文博	陈锦祥	优秀	土木工程学院
54	201705046	面向移动终端显示的建筑信息模型构建方法研究	05215218 张震祺 05215103 康　蕊 05215205 王思睿 05215102 孙　宁 05215115 唐茂宏	徐　照	优秀	土木工程学院
55	16052072	力学创新实验平台建设的实验项目设计(之二)	05314115 谭荣球 05314120 巫　頔 05314110 张承文 05114307 苏意然 05314123 赵东昊	董萼良	优秀	土木工程学院
56	16052023	新型城镇化背景下小城市污水处理 PPP 模式的关键成功因素调查	05214114 王纪元 05214122 马俊伟 05214101 朱嘉薇 05214202 沈伶佳 05214103 李　波	杜　静	优秀	土木工程学院
57	16052046	基于剪式铰单元的快速可展拱桥结构分析和研究	05314136 王雨竹 05114617 唐　昆 05114614 练　强 05114631 张宸浩 05114616 王月峰	陈　耀	优秀	土木工程学院
58	201706041	快递无人化运输导航载体研究	08014111 黄文超 12015212 王　添 06015334 朱　宇 09016113 高睿昊 09016114 李多星	赵　宁	优秀	电子科学与工程学院
59	201706031	无线智能家居的应用创新	06015235 贺楚祎 06315123 王璇璇 06015243 张昕跃 06115121 宋金凯 06315121 徐英达	万　能	优秀	电子科学与工程学院

（续　表）

序号	项目编号	项目名称	项目完成人	指导教师	验收结果	所属学院
60	201706028	使用物理气相沉积制备二维材料范德瓦尔斯异质结及其性质研究	12015311 姚礼佳 06015209 周雨晴 06015316 张颖炜 06015317 刘城君	万　能	优秀	电子科学与工程学院
61	201706023	基于深度学习的图像融合算法的研究	06014306 杨　琳 06014107 李林南 06014105 崔静怡 06014335 韩　琨	董志芳	优秀	电子科学与工程学院
62	201706020	基于 Kinect 的无人机手势操纵及 VR 显示系统	06114111 吴锦东 06015232 曾智方 16015513 苏龙港	张　雄	优秀	电子科学与工程学院
63	201706017	基于透镜阵列的三维场景重建	06115111 时宇健 06015141 潘玮坤	张宇宁	优秀	电子科学与工程学院
64	201706011	基于 FPGA 的物体自动识别追踪系统	06014323 汪家喆 06114118 宋章先 06014120 常钦皓	王琦龙	优秀	电子科学与工程学院
65	201706009	基于纳米材料催化效应的空气净化技术	06015221 纪　愚 06015241 赵临风 06015219 赵明虎	张晓阳	优秀	电子科学与工程学院
66	201706032	基于 FPGA 和机器视觉的简笔画机器人	06114102 陈　欣 06014115 吴成均 06014101 刘明月	杨兰兰	优秀	电子科学与工程学院
67	201706019	基于物联网的家居与行车环境一体化监测与显示	06014124 王　涛 06014135 陈　杨 06014307 刘　荟 06114124 陆亦诚 06014108 肖如吉	张　萌	优秀	电子科学与工程学院
68	201708018	Leepmotion 交互 3D 模型场景	08015429 刘　凯 08015238 彭梓瑞 08015136 王嘉伟	王辰星	优秀	自动化学院
69	201708006	基于 RCRSS 多智能体通信的可视化研究	08014124 邢永陈 08014125 徐　浩 08014133 唐越萌 08015325 卢卓桓 02015416 谢正荣	谈英姿	优秀	自动化学院
70	16092004	水下机器人	11214115 冯沛严 04214709 顾　驰 09014217 刘兴成	刘其奇	优秀	计算机科学与工程学院

(续　表)

序号	项目编号	项目名称	项目完成人	指导教师	验收结果	所属学院
71	16092031	人脸识别软件	09014208 陈芸丽 09014211 赵怡原 09014231 潘东元 09014207 谭曦桐 09014206 周安莉	王　征	优秀	计算机科学与工程学院
72	16092010	迷宫旅者	09014203 骆　颖 09014201 钟　瑞 09014427 於泽邦	姜　浩	优秀	计算机科学与工程学院
73	16092018	基于随机魔方求解的图像处理和算法以及动画研究	09014229 丁子昊 09014232 查骁雄 09014312 冯裕浩	姜　浩	优秀	计算机科学与工程学院
74	201710013	未来大型环形正负电子对撞机实验中胶子喷注的研究	10114110 兰博扬 10114114 王　博 10314108 史静远 10114125 孔攀宇 10114129 刘站峰	白　羽	优秀	物理学院
75	201710008	高质量 YIG 的低温制备工艺探索	10115101 黄　菊 10115119 薛丰铧 10115106 李天睿 10115111 王子凡	徐庆宇	优秀	物理学院
76	201710007	高压亚稳态单相多铁性材料的薄膜制备	10315110 陈　俊 10315112 高柏植 10315114 马宇星 10315111 谢佳辰	徐庆宇	优秀	物理学院
77	201711027	磁微纳颗粒在全血 T 细胞分离中的应用研究	11215105 邓媛媛 11A15104 廖家洁 11215108 刘心怡 11215106 魏嘉莉	肖党忠	优秀	生物科学与医学工程学院
78	201711016	普鲁士蓝纳米酶的控制制备研究	11215121 封开政 11215104 毕琪彦 11A15202 张筱萱	张　宇	优秀	生物科学与医学工程学院
79	201711007	pH 和多巴胺在体联合检测的 SERS 活性微针研究	11114113 韩书彦 11215114 田蕾蓉	董　健	优秀	生物科学与医学工程学院
80	201712018	纤维表面疏水处理制备高延性水泥基材料	12014308 俞晓涵 12014325 刘　新 12015201 顾栩涵 12015324 刘志康	郭丽萍	优秀	材料科学与工程学院

（续 表）

序号	项目编号	项目名称	项目完成人	指导教师	验收结果	所属学院
81	201712013	碱激发水泥早期水化孔结构的变化	12015209 赵翎亦 12015215 邵丽静 12015320 汪智斌	张亚梅	优秀	材料科学与工程学院
82	201712007	钛酸锂混合电容器中的开发及性能研究	12015120 刘煜轩 12015126 赵鸣宇	陈　坚	优秀	材料科学与工程学院
83	201712025	生态型超高性能水泥基材料静态、动态性能研究	12015118 冯建航 12015432 罗　旭 12015310 杨青青 12015301 岳夏薇	戎志丹	优秀	材料科学与工程学院
84	201712005	钢筋腐蚀产物在砂浆中的扩散表征	12014210 王佳扬 12014212 谷业含 12014213 陈　阳	施锦杰	优秀	材料科学与工程学院
85	201712031	微波辅助制备 CNTs/MXene 复合材料	12015219 庄晋坤 12015306 徐　涵 12015208 秦宇璇	张培根	优秀	材料科学与工程学院
86	201712035	基于"海绵城市"理念的透水铺装系统研究	12014323 周横一 12014413 王亚利 12015327 刘阳阳	庞超明	优秀	材料科学与工程学院
87	201712036	全降解镁丝增强高分子骨固定用棒材的结构和性能研究	12014126 张洪瑄 12014123 欧阳臻旭 12015421 刘嘉恒	白　晶	优秀	材料科学与工程学院
88	201713001	东南大学原创新媒体平台创意写作成果转化	03314503 沈文可 02614111 谢梁伟 71114227 章　凯 13414107 黎万峡 25015128 王梓骞	张　娟	优秀	人文学院
89	201713023	公交车司机生存状况调查	13315102 刘正珏 13315105 杜婧仪 16015509 程　澍 13215103 邓　越	聂春雷	优秀	人文学院
90	201713026	"笔走龙湖"创意写作及新媒体运营	13415117 汪语盈 13415108 丁天添 13415128 李云蔚 13415109 刘雅艺	张　娟	优秀	人文学院

(续　表)

序号	项目编号	项目名称	项目完成人	指导教师	验收结果	所属学院
91	201713029	“互联网＋政务服务”下城市政务APP的发展困境和策略研究	13414130 严众阅 13114123 胡辰璐 13114127 曹则慈 05114212 郑　凯 13114132 毕　铕	杨　煜	优秀	人文学院
92	201713013	灵魂摆渡人“殡葬师”——殡葬师群体的职业自我认同与社会认同	13214117 张雪晴 13214104 张阳卉 13214106 朱文静 13214133 王博文 13214127 杨若雨	聂春雷	优秀	人文学院
93	201714010	新零售模式下的传统小型实体商业模式转型策略研究	14915103 宋嘉馨 14516213 马倩茹 14y16112 高　雅 14216126 万思远 14516210 刘凌文	葛沪飞	优秀	经济管理学院
94	201714009	我国两院及985高校科研效率比较研究——基于改进DEA模型的实证研究	14514126 范曜铖 14514103 张　航 14514125 曹靓宁	赵　驰	优秀	经济管理学院
95	201714056	双渠道竞争环境下的保健品定价模型研究	14114124 侯鹏君 14114116 谢江涛 14814103 许蒙蒙 14814118 郎泽坤 14814129 张志勇	杨东辉	优秀	经济管理学院
96	201714033	基于指派问题的布局重组优化分析——以东南大学(九龙湖校区)梅园食堂为例	14814125 林家峰 14814126 吴　祥 14814127 崔晓豪	薛巍立	优秀	经济管理学院
97	201714038	南京市不同区域老年人用品需求的比较与分析	25016134 刘佳诺 14315109 吴宏善 14115112 王　晨 14315112 郑卓妮 14315127 许剑楠	张晓玲	优秀	经济管理学院
98	201714007	数据驱动的个性化医疗服务决策优化研究	14714110 马秋庆 07314116 林　茵 07314118 崔　洁 14714107 罗陈斌 14814112 许　诺	薛巍立	优秀	经济管理学院
99	201714062	探究中国当代社会女同性恋群体的生存现状——以南京女同性恋群体为例	14214104 苏　娅	龙书芹	优秀	经济管理学院

（续 表）

序号	项目编号	项目名称	项目完成人	指导教师	验收结果	所属学院
100	201714044	电子竞技行业虚拟产品的定价研究	05114132 舒皓祥 14415118 徐秋燕 14215120 刘 升 14115115 彭韵琼 14415122 覃 枨	花 俊	优秀	经济管理学院
101	201714019	基于数据挖掘和仿真模拟的P2P金融平台风险评估模型与系统	71y14117 黄鑫晨 14115105 颜娇娇 14115108 孙伊宁 14115121 岳滕旭 07315115 宋美晨	尹 威 张 鑫	优秀	经济管理学院
102	201714035	货币政策对房地产价格影响的时效性研究——基于中国历史数据的实证分析	14914104 王 赛 14514113 徐慧敏 14914103 徐艺珺	李绍芳	优秀	经济管理学院
103	201714058	房价与大学生就业地选择	14215129 吴景顺 14515225 魏 天 14215124 刘子慊	张向阳	优秀	经济管理学院
104	201714074	股票市场个体投资者非理性行为的研究——基于行为金融视角	14214122 丁 天 14515221 黄 婧 17215201 陈宥心 14515101 张 钊	刘新旺	优秀	经济管理学院
105	201714090	青少年对家庭购买决策的影响力研究	17116117 许 婕 14c16307 王梦佳 14c16308 孟 圆 14c16309 施津煜	张 钒	优秀	经济管理学院
106	201714065	对外贸易、经济发展与环境保护三者间的关系——以发展中国家为视角	14414171 李艳飞 14414273 沈海曼 14414278 邱悦旻 24315111 顾湘丽 03215724 刘苏皖	陈吉凤	优秀	经济管理学院
107	201714112	互联网3.0时代下“网红经济”营销模式探究——基于网络整合营销“4I”理论	14914110 毕江萍 14214115 卢 玉	虞 斌	优秀	经济管理学院
108	201714133	信息化时代图书馆纸质图书利用率和各类图书需求情况调查研究	14y15114 王睿平 14415222 徐 淼 07115122 李佳明	陈菊花	优秀	经济管理学院
109	201714017	基于Python的数据爬取及分析——黄焖鸡米饭的兴起之路	14615133 黄雍庭 04014408 应雅杰 14114131 叶子逸 02014304 倪文辉 14115115 彭韵琼	林宏志	优秀	经济管理学院

(续　表)

序号	项目编号	项目名称	项目完成人	指导教师	验收结果	所属学院
110	201716032	基于单片机的多种类乐器演奏器	16015126 夏　琪 16015119 刘　磊 16015127 窦英华 16015125 高明阳	房淑华	优秀	电气工程学院
111	201716023	基于单片机的太阳能阳光追踪系统	16014114 胡　凯 16014113 吴　鹏 16014111 孙琦润 16014115 闫志鹏	房淑华	优秀	电气工程学院
112	201717012	从日本物质文化遗产保护看南京古建筑现状	17214110 宋　冕 17216205 李楚妍 17216216 林世斌 17217218 向奕瑾	黄绿萍	优秀	外国语学院
113	201717008	商场公示语英译问题及原因分析——以南京市新街口商圈大型商场为例	17115207 张　宇 17115310 张亚萍 17115316 彭楚钦	姚羚羚	优秀	外国语学院
114	201717001	从 TED 文本分析如何提高英语演讲水平	17116114 陆顾玥 17116301 林娅婧 17116218 王家宁	朱宏清	优秀	外国语学院
115	201717028	从日本偶像文化现象分析日本当代国民心理	17215102 戴　枫 17215110 孙佳禾 17215108 卢灵舢 17215103 牟朝霞	周　琛	优秀	外国语学院
116	201717025	从叙事电影到奇观电影——快感文化的兴起	17115221 谭梦丛 17115308 于梦涵 17115219 林俊吉 17115220 钱俊儒	胡永辉	优秀	外国语学院
117	201719015	贵金属光催化复合材料的可控制备及其性能研究	19114114 仇楷博 19114117 彭　程	张一卫	优秀	化学化工学院
118	201719005	超顺磁双硅层空腔结构原位封装纳米金簇复合催化材料的制备及反应性能研究	19114121 杨成函 19114111 王鲲鹏	张一卫	优秀	化学化工学院
119	201719004	过渡金属碳化物及其固溶体的制备与催化加氢木质素活性研究	19215103 谈梦璐 19115103 詹梦梦	周建成	优秀	化学化工学院
120	201719025	三维核/壳结构过渡金属氧化物的构筑及其在高效储能器件中的应用	19314112 廉佳宁 19315110 周天悦 19115120 孟闻飞	王育乔	优秀	化学化工学院

（续 表）

序号	项目编号	项目名称	项目完成人	指导教师	验收结果	所属学院
121	201719012	电活性碳基材料的电化学性能研究	19315114 喻　舰	谢一兵	优秀	化学化工学院
122	201719002	新型罗丹明—萘酰亚胺荧光探针的合成与应用	19314108 韩　策 19315104 朱雯瑜 19215109 韩成婷	钱　鹰	优秀	化学化工学院
123	201719014	中药岩白菜清热解毒活性成分的发现	19214110 张梦婷 19214103 郭　彤	廖志新	优秀	化学化工学院
124	201719003	基于DNA损伤修复(DDR)的新型四价铂复合物的抗肿瘤机制研究	19215124 张丽梅 19214106 曹沐繁 19214116 张复亮	陈飞虹	优秀	化学化工学院
125	201721067	基于虚拟CBR试验的级配碎石设计方法研究	21714210 乐琪琦 21714234 黄　迪 21714108 郑静怡 21014214 马柏杨 21714109 李　璐	马　涛	优秀	交通学院
126	201721065	隧道保温橡胶气囊的性能测试和结构优化	21815139 杨　强 21815141 贾立夏 21815140 郭振飞 21815106 顾博石 21815116 王鑫煜	张国柱	优秀	交通学院
127	201721064	基于三维路面与整车模型的桥头跳车仿真研究	21715205 王新雅 21715207 王　月 21815101 赵万迪 21715231 梅临风 21715229 吴　俣	陈　茜	优秀	交通学院
128	201721062	无人飞行器的自主绕飞模块集成在建筑结构损伤监测的实践应用	06115113 朱励轩 06015136 张滕远 04215727 张滕翔 21815107 徐为驰 21815105 李　标	张　磊	优秀	交通学院
129	201721052	FRP/SMA温度记忆效应及可控变形机理研究	21015216 张靖霖 21015205 江宛琪 21015215 王　宝 21015213 韩　涛 21015217 陈英杰	王文炜	优秀	交通学院
130	201721048	城市公共配送系统平台开发	21215122 周圣敏 21215101 张子儒 21215112 李佳蔚 21215130 占昌文 09015326 陈衍庆	李铁柱	优秀	交通学院

(续　表)

序号	项目编号	项目名称	项目完成人	指导教师	验收结果	所属学院
131	201721036	基于货物状态信息的货运安全保障方法	21214132 胡家铭 04014405 蒋子彦 21214133 钱子晨 21214112 赖　佳 71115104 季蒙雅	赵池航	优秀	交通学院
132	201721031	水面曲线虚拟仿真模拟研究	21415110 冯　青 21415107 李真真 21815125 金　雨 21815112 刘　翎	耿艳芬	优秀	交通学院
133	201721030	基于计算机辅助的南京长江大桥维修方案分析	21014201 杨子晔 21714118 夏　悦 21714112 董　鑫	熊　文	优秀	交通学院
134	201721025	基于 WiFi 检测的公交线路乘客出行信息提取与挖掘	21015118 张应恒 21115126 王礼睿 21115104 陆　钥 21115127 于维杰 21115203 王诗菡	李志斌	优秀	交通学院
135	201721021	基于生物结合料的废旧沥青再生剂制备及应用基础研究	61314107 闫雪晗 21015216 张靖霖 21015211 王翼超 21015218 曹家铖 21715234 江思源	杨　军	优秀	交通学院
136	201721020	考虑行程时间不确定性的活动场所时空可达性研究	21514107 陆　欣 21514108 李梦瑶 21015220 方　周 21515102 焦凤伟 21515114 吕景旭	付　晓	优秀	交通学院
137	201721019	高密度条件下的行人流实验	21014101 魏　薇 21114102 吴金莲 21114206 陈俊兰 21114122 金　雪 21114207 吴子馨	金诚杰	优秀	交通学院
138	201721014	特定小流域内涝分析	21415120 穆弘轩 21415106 姚金悦 21415123 朱保航 21415119 孔维铭	耿艳芬	优秀	交通学院
139	201721002	基于 ArcGIS 和网络爬取数据的轨道交通走廊关键节点出行特征提取	21114103 罗津宇 21114131 张一豪 21115232 毕嘉元 21015101 王文佳 21115222 金雨川	杨　敏	优秀	交通学院

（续 表）

序号	项目编号	项目名称	项目完成人	指导教师	验收结果	所属学院
140	16212003	基于手机信令的城市轨道交通客流特征研究	21514115 陈 博 21114206 陈俊兰 21514113 金 坤 21014106 刘 培 21514101 曲俊蓉	张 健	优秀	交通学院
141	16212027	互联网+空闲车位临时租赁平台设计与软件实现	21114127 印俊霖 21114129 杨昊明 21114215 郭昊旻 21114131 张一豪	张 健	优秀	交通学院
142	16212034	盐分对比表面积测试的影响与光谱效应研究	21814129 李星圻 21714217 范爱华 21714216 董惜杨 21814130 李 钊	邓永锋	优秀	交通学院
143	16212040	基于大数据的砂卵石地层地铁盾构隧道地表沉降预测	09014424 姚仕贤 21714243 李 震 21814101 吴德忠 61314114 雷凯雯	张国柱	优秀	交通学院
144	16212073	沥青混合料性能老化与再生评价方法研究	21014208 李树仁 03114612 张 超 21014219 胡浩辰 21714116 朱 雨 21014206 李树伟	马 涛	优秀	交通学院
145	16212106	校园道路平交口驾驶员视觉搜索模式与速度控制研究	43314114 谭茹心 21714111 周 雯 21114110 李彦青 21714201 余瀚林 21714202 申志飞	陈 飞	优秀	交通学院
146	201722012	面向空间站虚拟训练的手臂力觉反馈系统的设计	22014209 李 坤 22014425 邵斌澄	宋爱国	优秀	仪器科学与工程学院
147	201722010	环境交互智能机器人	22014301 郭雨辰 22014426 厉 叶 22014419 李英昊 22014117 李文凯 22015428 汤翰如	莫凌飞	优秀	仪器科学与工程学院
148	201722008	基于足部压力感知的可穿戴交互系统及应用	22015414 胡金涛 22015420 李博阳 22015114 高 昊 22015410 姜旭东	朱利丰	优秀	仪器科学与工程学院

(续　表)

序号	项目编号	项目名称	项目完成人	指导教师	验收结果	所属学院
149	201722013	基于 Android 移动端的建筑场景可视化	22014418 李松涛 22014202 谢奔翌 22014315 胡书铭 22014204 单婧雯 22014203 刘瑞琦	王慧青	优秀	仪器科学与工程学院
150	16222015	基于 LabVIEW 的全向轮篮球机器人的控制系统设计	22014326 卢世昕 22014212 李嘉哲 22014206 张婧怡 08015132 李通伟 16015107 闫　昊	崔建伟	优秀	仪器科学与工程学院
151	16222011	手部抓握力测量系统设计	22014301 郭雨辰 22014302 钱　蕾 22015332 楚栋浩	徐宝国	优秀	仪器科学与工程学院
152	16222010	基于北斗的足球训练辅助系统	22013324 翁铖铖 22013323 周　祺 22013306 惠文珊 22014212 李嘉哲	陈熙源	优秀	仪器科学与工程学院
153	16222018	基于 myo 臂带的虚拟假手训练平台	22013413 邢璟楠 22013312 王梓安 22013410 翟金凤 22013325 曾　欣 22013421 杨昊青	曾　洪	优秀	仪器科学与工程学院
154	201724008	切换用水的龙头	05214114 王纪元 24314118 陈　玙 24315223 刘本杨 24215103 李　姣 02015624 刘　路	许继峰	优秀	艺术学院
155	201724006	非遗语境下湖笔工艺保护与传承研究	13614117 邓茂林 24214112 邬珍莹 24114112 黄潇雨 24114106 杨琪琪	李　牧	优秀	艺术学院
156	201725003	医疗损害中患者救济进路研究	25014223 朱竹露 25014220 杨瑷绮 25015122 朱佳雯 25015121 郑忻怡 25015170 王　珊	高　翔	优秀	法学院
157	201725007	业主抗辩权的行使范围及限制——基于业主拒交物业费现状的分析	25014126 杜　震 25014112 金　婷	单平基	优秀	法学院

（续 表）

序号	项目编号	项目名称	项目完成人	指导教师	验收结果	所属学院
158	201725014	自动驾驶汽车消费市场接受度调查及法律风险评估	25015211 沈梦洁 25015209 潘豫皖 25015230 唐子轩 25015212 孙晓静	杨　洁	优秀	法学院
159	201725010	中国城市核心区交通拥堵治理的道路停车基础法律问题研究	25014113 李诗雯 25015203 曹雅茹 25015220 张书曼 25015204 范　洁 09015106 齐文慧	顾大松	优秀	法学院
160	201741069	探讨大气中细颗粒物暴露对 GFAP 表达的影响	43214522 袁国栋 43214402 张雪芹 43114119 徐　明	陈　晨 涂孝洁	优秀	医学院
161	201751052	一种保守的长非编码 RNA (MALAT1)在炎性免疫应答反应中的功能	43114218 陈　洋 43215428 姚　驰	毛晓华 苏振毅	优秀	医学院
162	201714043	ASPP1/p53 通路对二氧化硅诱导的肺纤维化的作用机制研究	43214208 王佳美 43214207 周　醒 43114105 章美琳 43114201 朱桂萍 43314101 扎西桑姆	巢　杰	优秀	医学院
163	201741019	肿瘤细胞释放自噬小体(TRAP)体内诱导中性粒细胞凋亡的研究	43214224 董　瑞 43214225 张　忠 43214201 魏祥羽	潘　宁	优秀	医学院
164	201741011	高效低毒性的新型在体基因操作工具	43814127 蔡祥铭 43814103 勾文静 43214423 叶定德	赵　晟	优秀	医学院
165	201741008	骨化三醇对脓毒血症小鼠肾脏线粒体应激的保护机制研究	43114224 罗远志 43214422 赵雅宽 43114202 古　丽丹·努尔哈子	倪海锋	优秀	医学院
166	16412043	纳米抗体库的构建和 B 细胞展示	43212206 唐雨莹 43814127 蔡祥铭 43814103 勾文静	赵　晟	优秀	医学院
167	16412033	PDK1 调控皮层神经元凋亡的机制初探	43813108 胡心惠 43813106 曹　蓉	赵春杰	优秀	医学院
168	16412039	自噬基因调控氧化石墨烯体内毒性的分子机制	41113112 王鑫瑶 41114111 蒋昕钰 41114112 张孟芹	武秋立	优秀	医学院

(续　表)

序号	项目编号	项目名称	项目完成人	指导教师	验收结果	所属学院
169	16412012	miR－7 抑制 TGF－β1 分子表达而减低 BCSC 亚群数量的研究	43113213 马　楠 43113118 蔡敬宇 43113117 王　萍	窦　骏	优秀	医学院
170	16412062	circ _ 0001544/miRNA212/ZC3H4 调控轴在矽肺诊治中的研究	43814107 曹周利 43814105 龚　静 43214121 胡恩强	巢　杰	优秀	医学院
171	201742004	原花青素对 Aβ25－35 诱导的 SH－SY5Y 细胞损伤的抑制作用及 APP 代谢途径的影响	42115225 张皓鹏 42115208 伊有琴 42115209 冯延璐	张小强	优秀	公共卫生学院
172	201742016	亚油酸/α－亚麻酸比值对内皮细胞功能的影响及其可能机制研究	42114118 焦志刚 42114110 姜　梦 42114111 龚怡静 42114123 朱梦磊 43215214 王曦旋	杨立刚	优秀	公共卫生学院
173	16422013	江苏省中学生性与艾滋病认知现状及青春健康教育模式探索	42113202 彭娜娜 42214112 刘佳檬 42214105 宗婧清 42114116 潘振宇 42114113 陈　丽	王　蓓	优秀	公共卫生学院
174	16422007	南京市居民对分级诊疗模式的认知情况调查	42114114 龚煜范 42114111 龚怡静 42114113 陈　丽 42114201 蔡　馨 42114214 李彬菁	金　辉	优秀	公共卫生学院
175	16422006	基于大学生志愿者参与的医院流产后服务体系的探索及其效果评价	42113205 黄祯赟 42114208 张永欣 42114109 陆　璇 42214208 王　杨	王　蓓	优秀	公共卫生学院
176	201761015	阵列式触觉传感器	22014129 叶升威	宋爱国	优秀	吴健雄学院
177	201761021	在 CRAN 架构下基于 BP 算法的分布式缓存布置与优化	04015011 夏骋宇 61315103 完晓妍 04015025 许晨煜	蒋雁翔	优秀	吴健雄学院
178	201761007	基于随机计算与深度神经网络的人工智能实现	04014020 方　恒 04014444 徐茹宁 61315119 王辉征	张　川	优秀	吴健雄学院
179	201761001	超低功耗 ISM 波段超再生无线接收机设计	61014130 李迪威 61014206 杨孟儒	徐　建	优秀	吴健雄学院

（续 表）

序号	项目编号	项目名称	项目完成人	指导教师	验收结果	所属学院
180	201761027	基于学术论文大数据的英文科学写作智能助手研究与实现	09014204 林若瑜 61315109 朱皓瑀 61015209 李玥珺 61315126 刘兆寰	汪　鹏	优秀	吴健雄学院
181	201761028	疏水表面冷凝传热特性的实验研究	03014002 江志杰 03114626 顾　聪 03014335 王文楷 03015008 孟昊飞	陈永平	优秀	吴健雄学院
182	16612010	超级延伸复合体(SEC)与Wnt信号通路在小鼠内耳干细胞再生为毛细胞过程中的协同作用	61314120 郭家琦 61314104 张紫菡 61314108 吴晓涵	柴人杰	优秀	吴健雄学院

2017年校级示范性系列研讨课立项结果

序号	学院	课程负责人	职称	课程名称	课程类型
1	建筑学院	史永高	副教授	建筑技术与设计(1、2)	系列专题研讨课
2		成玉宁	教授	景观规划设计Ⅲ	系列专题研讨课
3		孙世界	副教授	城市规划与设计3(城市设计)	系列专题研讨课
4		高　源	副教授	城乡社会综合调查研究	系列专题研讨课
5		王海卉	副教授	城乡规划原理Ⅲ	系列专题研讨课
6	能源与环境学院	李舒宏	教授	建筑节能	系列专题研讨课
7		潘　蕾	副教授	可编程序控制器技术与系统	系列专题研讨课
8	信息科学与工程学院	张毅锋	副教授	模式识别基础	系列专题研讨课
9	土木工程学院	靳　慧	教授	计算力学	系列专题研讨课
10		陆金钰	副教授	结构体系创新与实践	系列专题研讨课
11		沈　杰	副教授	工程预算	系列专题研讨课
12	电子科学与工程学院	朱　敏	副教授	光纤通信原理与系统	系列专题研讨课
13	数学学院	杜　睿	副教授	数学软件基础	系列专题研讨课
14		张福保	教授	数学分析选读	新生研讨课
15	自动化学院	戴先中	教授	自动化与工业化、信息化的关系	新生研讨课
16		魏海坤	教授	C++程序设计	系列专题研讨课

(续　表)

序号	学院	课程负责人	职称	课程名称	课程类型
17	计算机科学与工程学院	周　玲	副研(上岗)	系统的系统	系列专题研讨课
18		王世杰 周卫平	副教授 副研究员	多媒体技术	系列专题研讨课
19	物理学院	周雨青	教授	(基于 MOOC)大学物理专题研讨课	系列专题研讨课
20	生物科学与医学工程学院	巴　龙	教授	从纳米科学看科学的历史发展观	系列专题研讨课
21		徐丽娜	副教授	SEM 之科学摄影——走进美丽神奇的微观世界	系列专题研讨课
22		张天柱	教授	生物医用高分子与医疗器材	系列专题研讨课
23	人文学院	梁卫霞	副教授	西方哲学智慧	系列专题研讨课
24		贾鸿雁	副教授	历史文化名城与旅游专题	系列专题研讨课
25		张天来	副教授	《诗经》与中国文化	系列专题研讨课
26	经济管理学院	李庆华	副教授	战略管理	系列专题研讨课
27		张晓玲	副教授	技术创新与创业管理	系列专题研讨课
28		陈志斌	教授	财务与会计理论	系列专题研讨课
29		江其玟 陈吉凤	副教授 讲师	企业经营实战沙盘模拟	系列专题研讨课
30	外国语学院	侯　旭	副教授	社会语言学	系列专题研讨课
31	化学化工学院	谢一兵	教授	新能源化学	系列专题研讨课
32		王育乔	副教授	光电转换材料及器件集成的基础与前沿	系列专题研讨课
33	交通学院	徐铖铖	讲师	交通数据分析方法	系列专题研讨课
34		陈　峻	教授	交通运输导论	新生研讨课
35		熊　文	副教授	桥梁工程电算(研讨)	系列专题研讨课
36		过秀成	教授	交通工程案例分析	系列专题研讨课
37	法学院	刘建利	副教授	医事与法律	系列专题研讨课
38		单平基	副教授	民法与环境法的对话	系列专题研讨课
39	公共卫生学院	金　辉	副教授	循证医学	系列专题研讨课
40		孙桂菊	教授	食品安全与人体健康	系列专题研讨课
41		杨　红	副教授	职业与健康	系列专题研讨课
42	医学院	刘　桦	副教授	药物发现与新药开发	系列专题研讨课
43		张　伟	副高	医学实验技巧	系列专题研讨课
44	电工电子中心	黄慧春	副教授	电子系统综合设计	系列专题研讨课

2017年校级思想政治教育类专项教改项目立项结果

序号	学院	项目名称	课题负责人	项目等级
1	数学学院	以案例化教学实现基于MOOC的高校思想政治课实践教学改革研究	曹海燕	一般
2	人文学院	高校思想政治理论课学风建设的问题及对策探索	何　熠	一般
3		思想政治理论课专兼职师资队伍融合研究与实践	李　涛	重点
4	马克思主义学院	以问题为导向的思想政治理论课整体化教学改革——以吴健雄学院为试点	叶海涛	重中之重
5		思想政治理论课大学生的获得感研究	廖小琴	一般
6		社会主义核心价值观互动教学模式改革与实践研究	杨　洋	一般
7		实践教学对思想政治课专题贯通式教学改革的支撑作用研究	涂亚峰	一般
8		东南大学思想政治课实践教学与实践基地建设协同研究	朱菊生	重点
9	交通学院	“思想道德修养与法律基础”课“知性—体验式”教学模式探索与实践——以东南大学“向阳花”志愿服务项目为例	陈　怡	重中之重
10	仪器科学与工程学院	高校思想政治理论课问题逻辑教学模式的探索与实践研究	张　力	一般
11	公共卫生学院	服务学习视域下预防医学学生思想政治课与专业课的融通机制研究与实践	凤启龙	重点
12	吴健雄学院	基于拔尖创新人才思想道德培养实践教学改革模式探讨	钟　辉	一般
13	党委办公室 党委统战部	“形势与政策”讲座式教学改革	刘　波	重点
14	研究生工作部	基于品德能力培养的思想道德修养课教学模式改革	奚社新	一般
15	学生处	习近平总书记系列重要讲话精神和治国理政新理念新思想新战略“进教材进课堂进头脑”研究	宇业力	一般
16		健全人格培养在大学生思想政治教育中的定位研究	张　静	一般
17	校长办公室	体验式教学理念下《思想道德修养与法律基础》课程实践教学改革研究	李朝静	一般

2017 年在线开放课程立项建设名单

序号	申报单位	课程名称	课程负责人
1	建筑学院	建筑物理基础	傅秀章
2	机械工程学院	创造学与创造力开发训练	张志胜
3	信息科学与工程学院	电子电路基础	王　蓉
4	土木工程学院	工程力学	洪　俊
5	土木工程学院	理论力学	董萼良
6	电子科学与工程学院	电子器件(双语)	于　虹
7	人文学院	诗歌欣赏与诗歌疗法	王　珂
8	经济管理学院	会计学	陈菊花
9	马克思主义学院	马克思主义基本原理	袁久红
10	体育系	健身气功八段锦	李晓智

2017 年校级教学改革与研究立项建设项目一览表

项目编号	所属院系	项目名称	课题负责人	项目等级	建设经费(万元)	一期经费(万元)
2017—001	建筑学院	基于专业指导规范的跨学科、研讨型景园建筑教学研究	陈　烨	重点	2	1.5
2017—002	建筑学院	卓越规划专业人才研究分析能力簇的培养模式改革研究	史　宜	一般	0.8	0.6
2017—003	机械工程学院	面向跨专业选修的《产品设计方法学》教学内容整体优化研究与实践	周　蕾	一般	0.8	0.6
2017—004	机械工程学院	机械制造工程学课程设计的网上资源建设	张灶法	一般	0.8	0.6
2017—005	机械工程学院	基于虚拟现实的机械工程专业"立体"教学模式研究	牛亚峰	一般	0.8	0.6
2017—006	机械工程学院	基于企业需求的机械结构热力耦合仿真分析的实训教学研究	魏志勇	重点	2	1.5
2017—007	机械工程学院	研究生培养模式在本科课外研学中的实践应用	项　楠	重点	2	1.5
2017—008	机械工程学院	《机械制图》双语课程教学改革探索	莫景文	一般	0.8	0.6
2017—009	机械工程学院	智能交互环境下工业设计课程教学模式创新实践与探究	吴闻宇	一般	0.8	0.6

（续 表）

项目编号	所属院系	项目名称	课题负责人	项目等级	建设经费(万元)	一期经费(万元)
2017—010	机械工程学院	面向国际化人才培养的《汽车理论》全英文课程教学模式探索	张　宁	一般	0.8	0.6
2017—011	机械工程学院	工业工程本科专业《设计原理与方法》课程双语教学研究	邢佑强	一般	0.8	0.6
2017—012	能源与环境学院	认知同化结合建构主义学习理论在构建工程热力学教学体系中的研究	郭　瑞	一般	0.8	0.6
2017—013	能源与环境学院	研究探索督导在青年教师教学能力发展中的全面作用	华永明	重中之重	4	3
2017—014	能源与环境学院	交叉学科下基于项目教学法的培养研究创新型人才的教学模式改革	宋　敏	一般	0.8	0.6
2017—015	能源与环境学院	《核反应堆物理》课程教学模式改革与实践	张　彪	一般	0.8	0.6
2017—016	能源与环境学院	对流传热理论基本教学的新模式	张　辉	重点	2	1.5
2017—017	信息科学与工程学院	《信息工程专业概论》课程建设的研究与实践	张圣清	重点	2	1.5
2017—018	信息科学与工程学院	下一代无线通信中天线技术课程研讨型教学改革与实践	张　彦	重点	2	1.5
2017—019	土木工程学院	结构工程综合探索训练	吴　京	一般	0.8	0.6
2017—020	土木工程学院	土木工程专业工程教育认证毕业要求达成度评价方法研究	童小东	重点	2	1.5
2017—021	土木工程学院	基于BIM技术的土木工程结构计算机辅助设计课程简介教学改革	冯若强	重点	2	1.5
2017—022	土木工程学院	土木工程概论课程体系与教学内容整体优化研究	孙　建	一般	0.8	0.6
2017—023	土木工程学院	基于江苏省土木建筑虚拟仿真实验教学共享平台的钢结构虚拟仿真实验教学的创新与实践	杜二峰	一般	0.8	0.6
2017—024	土木工程学院	基于虚拟仿真平台的水力学实验双语教学的探索与实践	缪蜀江	重点	2	1.5
2017—025	电子科学与工程学院	微电子学院产学研合作教育模式探索与教学实践	汤勇明	重点	2	1.5
2017—026	电子科学与工程学院	基于“三个融入”理念的光纤通信专题研讨课程教学改革与实践	朱　敏	一般	0.8	0.6

（续　表）

项目编号	所属院系	项目名称	课题负责人	项目等级	建设经费(万元)	一期经费(万元)
2017—027	电子科学与工程学院	充分融合虚拟仿真技术的微纳加工技术课程教学改革研究	周再发	一般	0.8	0.6
2017—028	数学学院	《高等数学》微课辅助教学研究与实践	王　静	一般	0.8	0.6
2017—029	数学学院	数学物理方法课程内容的完善与更新	杨　明	一般	0.8	0.6
2017—030	数学学院	全英文高等数学教学模式的探究	刘国华	一般	0.8	0.6
2017—031	数学学院	基于机器学习指导下的本科个性化培养的研究	李铁香	重点	2	1.5
2017—032	数学学院	高等数学课程的多元化题库建设	贺　丹	一般	0.8	0.6
2017—033	数学学院	科学计算前沿选讲	朱　平	一般	0.8	0.6
2017—034	自动化学院	机器人专业的《机器人学》课程建设、研讨型与双语教学模式研究及持续改进	李　俊	重点	2	1.5
2017—035	自动化学院	基于 OBE 的现代控制论教学研究	张　亚	一般	0.8	0.6
2017—036	自动化学院	复杂工程问题在《自动控制原理》教学系统中的设计和优化	陈杨杨	一般	0.8	0.6
2017—037	自动化学院	新工科研究与创建“智能化”新工科专业探索	戴先中	一般	0.8	0.6
2017—038	自动化学院	信息通信网络教学改革与实践	曹向辉	重点	2	1.5
2017—039	自动化学院	新专业课程《机器人动力学与控制》建设研究	甘亚辉	一般	0.8	0.6
2017—040	自动化学院	以“理论联系实际”为导向的数据结构课程教学改革与实践	张金霞	一般	0.8	0.6
2017—041	计算机科学与工程学院、软件学院	OBE 导向的大学计算机基础实践教学改革与研究	陈　伟	一般	0.8	0.6
2017—042	计算机科学与工程学院、软件学院	面向元认知能力培养的程序设计课程教材体系研究	沈　军	一般	0.8	0.6
2017—043	物理学院	物理实验(理工)课程互动与兴趣拓展	刘金金	一般	0.8	0.6
2017—044	物理学院	基于以太网的开放型物理实验刷卡管理系统的改进与升级	顾小杰	一般	0.8	0.6
2017—045	物理学院	基于微信公众平台的大学物理“智慧学习空间”构建与教学创新	张　勇	重点	2	1.5

（续　表）

项目编号	所属院系	项目名称	课题负责人	项目等级	建设经费(万元)	一期经费(万元)
2017—046	生物科学与医学工程学院	一种新型实验教学模式的发展及应用——连环实验系统及学生自主式实验	王进科	重点	2	1.5
2017—047	生物科学与医学工程学院	科研成果转化于生物医学传感器课程实践体系的设计	黄　雷	一般	0.8	0.6
2017—048	材料科学与工程学院	《非晶态物质概论》双语课程的教学改革研究与实践	袁晨晨	一般	0.8	0.6
2017—049	材料科学与工程学院	面向科技竞赛的材料学科创新实践平台建设	晏井利	重中之重	4	3
2017—050	人文学院	基于"产出导向"的人文素养教育课程建设——以通选课《遗产与旅游》为例	贾鸿雁	一般	0.8	0.6
2017—051	人文学院	基于卓越化、研究型哲学人才培养的大学课程开发研究——以《西方哲学史》为例	梁卫霞	重点	2	1.5
2017—052	人文学院	以工为主的综合性大学文科生就业取向与就业心理状况分析研究——以东南大学人文学院为例	彭　丽	一般	0.8	0.6
2017—053	经济管理学院	创新创业环境下基于理论和实践融合教学的《企业资源计划》课程设计	李四杰	一般	0.8	0.6
2017—054	经济管理学院	教育部高校本科专业目录调整背景下管理类专业人才培养方案优化研究	陈伟达	一般	0.8	0.6
2017—055	经济管理学院	"一带一路"战略下创新创业教育模式研究	赵林度	重中之重	4	3
2017—056	经济管理学院	基于出版商平台的数字化优质教育资源共建共享模式的研究	陈菊花	重点	2	1.5
2017—057	经济管理学院	大数据背景下电子商务专业人才培养课程体系改革研究	沙溪清	一般	0.8	0.6
2017—058	电气工程学院	基于微课题的《电子技术》教学方法探索	王　伟	一般	0.8	0.6
2017—059	外国语学院	英语教学中课堂文化模式的研究与构建	王　捷	一般	0.8	0.6
2017—060	外国语学院	国际合作背景下工科院校英语专业国际化课程建设改革实践研究——以英语系中外合作课程为例	张　豫	一般	0.8	0.6

(续　表)

项目编号	所属院系	项目名称	课题负责人	项目等级	建设经费(万元)	一期经费(万元)
2017—061	外国语学院	一带一路背景下俄罗斯历史与文化课程建设研究	宋秀梅	一般	0.8	0.6
2017—062	外国语学院	借助英语媒体培养大学生的国际文化识读能力	杨　敏	一般	0.8	0.6
2017—063	外国语学院	东南大学通用英语分级测试大纲	程俊瑜	重点	2	1.5
2017—064	外国语学院	大学英语分级能力测试题库建设	杨茂霞	重点	2	1.5
2017—065	体育系	不同形式太极拳教学对大学生认知功能影响	孙　晔	一般	0.8	0.6
2017—066	体育系	武术文化对高校学生文化素质教育的影响	姬晶晶	一般	0.8	0.6
2017—067	化学化工学院	有机化学全英文教学模式的研究与实践	赵　红	一般	0.8	0.6
2017—068	交通学院	新型交叉学科工程人才培养的协同模式研究	柴　干	一般	0.8	0.6
2017—069	交通学院	《交通规划》课程实验教学内容与教学资源建设	陈　茜	一般	0.8	0.6
2017—070	交通学院	《交通设计》课程案例教学模式的研究和实践	项乔君	重点	2	1.5
2017—071	交通学院	交通运输类专业群多维度数字化教学资源建设	陈　峻	重中之重	4	3
2017—072	交通学院	《交通数据分析》双语教学资源优化与共享	陈淑燕	一般	0.8	0.6
2017—073	仪器科学与工程学院	面向卓越工程师培养的C++课程教学实践	张小国	一般	0.8	0.6
2017—074	仪器科学与工程学院	面向综合素质拓展的检测技术教学方法改革与实践	李煊鹏	一般	0.8	0.6
2017—075	仪器科学与工程学院	以江苏省品牌专业建设项目为依托的测控专业本科生实践教学平台创新与实践	祝雪芬	重中之重	4	3
2017—076	仪器科学与工程学院	虚拟现实与数据可视化教学改革	孙立博	一般	0.8	0.6
2017—077	艺术学院	探究式教学模式在《中国当代艺术》教学中的研究与实践	徐习文	一般	0.8	0.6
2017—078	法学院	基于法学基础理论课程定位的《中国法制史》教学模式改革研究	郑颖慧	一般	0.8	0.6

（续 表）

项目编号	所属院系	项目名称	课题负责人	项目等级	建设经费(万元)	一期经费(万元)
2017—079	法学院	交通法跨学科人才培养试验研究	顾大松	重点	2	1.5
2017—080	法学院	创新法律人才培养背景下通识教育与专业教育的融合机制研究	张雪莲	一般	0.8	0.6
2017—081	医学院	拔尖创新人才临床教学环节的优化与实践	谢 波	一般	0.8	0.6
2017—082	医学院	临床医学留学生药理学课程教学评估体系的探索	朱新建	重点	2	1.5
2017—083	公共卫生学院	基于“应创型”人才培养的实验教学模式研究与实践	王晓英	一般	0.8	0.6
2017—084	公共卫生学院	以培养国际视野为导向的《全球卫生》教学模式研究与实践	张小强	一般	0.8	0.6
2017—085	公共卫生学院	中美预防医学专业主干课程设置与内容的比较研究	李云晖	重点	2	1.5
2017—086	公共卫生学院	基于多模块和多用途的卫生经济学课程改革:内容更新机制与高水平教材建设	曹 乾	一般	0.8	0.6
2017—087	公共卫生学院	MOOCs背景下基于翻转课堂的预防医学专业课程教学模式改革与实践——以《职业卫生与职业医学》课程为例	王适之	一般	0.8	0.6
2017—088	电工电子实验中心	数字电路基础实验数据智能化评判方式的研究与实践	黄慧春	一般	0.8	0.6
2017—089	工业发展与培训中心	面向“双一流”建设的“卓越化、国际化、研究型”新型人才培养模式的工业发展与培训中心建设的研究与实践	陈建松	一般	0.8	0.6
2017—090	教务处	基于M00C的学习体验现状调研及其满意度影响因子研究	蒋 华	一般	0.8	0.6
2017—091	团委	大学生舞蹈创作能力培养研究	曹菲菲	一般	0.8	0.6

2017年江苏省高等教育教学改革研究课题申报项目汇总表

序号	课题指南编号	课题名称	推荐类别(重点/一般)	是否品牌专业申报	课题主持人姓名	联系电话	课题主要完成单位
1	2—2	建筑学品牌专业主干课程群集成教学法研究	重点	是	韩冬青 鲍 莉	13505199824	东南大学

(续　表)

序号	课题指南编号	课题名称	推荐类别(重点/一般)	是否品牌专业申报	课题主持人姓名	联系电话	课题主要完成单位
2	1—7	以产业需求为导向的微电子专业创新人才培养模式的改革与实践	重点	是	仲雪飞	13704164449	东南大学
3	9—11	新工科建设背景下计算机类专业实践教学体系与实践平台建设研究	重点	否	罗军舟	13601458884	东南大学
4	3—2	面向复合、创新人才培养的交通运输类专业多维度数字化优质教学资源建设与实践	一般	是	陈　峻 陈　怡	13913945222	东南大学
5	9—7	生物医学工程新工科个性化人才培养模式探索与实践	一般	是	顾忠泽	83705635	东南大学
6	9—11	面向新工科的测控类工程实践平台构建	一般	是	宋爱国 祝雪芬	13951804055 13645161372	东南大学
7	4—3	基于虚拟仿真技术的学生自主结构创新教学改革探索与实践	一般	是	陆金钰 王燕华	15851818467	东南大学
8	4—3	面向创新能力培养的信息类课程教学改革研究	一般	是	戚晨皓	15150519258	东南大学
9	3—4	基于图像和标准化病人的典型超声影像病例库的构建与应用	一般	是	李　嘉 李　澄	13951609892	东南大学
10	4—1	提升能源动力类大学生工程创新能力的探索与研究	一般	否	李舒宏	13705168965	东南大学
11	2—8	拓展内涵融合创新高等数学课程的深入改革与实践	一般	否	陈文彦 王栓宏	13851761058	东南大学
12	9—15	面向“一带一路”的工程教育国际化研究与实践	一般	否	赵林度	025—52091040	东南大学

国际交流合作与港澳台合作

综　　述

2017年是全面实施“十三五”发展规划、全面深化综合改革和加快推进“双一流”建设的重要一年，我校顺利进入“双一流”高校建设行列并取得很好的排名。在“双一流”战略引导下，国际合作处及早应对，积极作为，有针对性进行整体布局，明确国际化在学校发展过程中的战略意义。在工作中，坚持“全球高端、实质合作、引领发展”工作思路，不断推进学校的国际化进程，增强学校的国际影响力，在与世界一流大学开展实质性深层次校际合作上取得突破，完成了下列工作，总结如下：

一、中外合作办学取得重大突破

深化与澳大利亚蒙纳士大学的合作，进一步提高东南大学—蒙纳士大学苏州联合研究生院和联合研究院的合作质量和办学水平。2017年5月，中国教育部批准通过东南大学与蒙纳士大学合作续期5年，将延续至2024年12月31日。在6月召开的年度联合管理委员会上，双方一致同意成立了学术、科研及财务与人事三个工作小组，形成有效的沟通机制，以推动“东—蒙”实质性合作顺利开展；签署了知识产权(IP)协议，为今后两校深化合作奠定了基础；就在苏州共同搭建高水平科研公共平台和凝练重大科学与技术问题达成共识，并探讨共同设立种子基金、共同会议基金等。完成了东南大学与雷恩第一大学联合创建东南大学雷恩研究生学院的申报工作，并于今年5月获得教育部批准。

二、中外科研、教学合作平台取得重大进展

2017年5月25日，由我校牵头成立的中英大学工程教育与研究联盟的“签约仪式暨指导委员会会议”在南京顺利召开。双方成员学校签署了《关于建立中英大学工程教育与研究联盟的谅解备忘录》，审核通过了联盟组织及管理框架。11月12—24日，联盟实施面向博士生的“未来工程师领导力和创新学院”项目，来自联盟的26名博士生进行了为期两周的学习；这是中英两国在工程领域增强跨国博士教育机会所迈出的第一步。

12月6日—7日,我校张广军校长出席了中英高级别人文交流机制第五次会议,并在刘延东副总理及亨特大臣的见证下,与贝尔法斯特女王大学校长签署了《有关成立中英大学工程教育与研究联盟的共同宣言》,彰显出东南大学与贝尔法斯特女王大学牵头组建的中英大学工程教育与研究联盟已得到中英两国政府的高度认同与大力支持。

由国际合作处牵头对接国家外专局和教育部,统筹协调建筑学院国际化示范学院的各项申报工作。2017年7月,国际化示范学院通过了教育部和国家外国专家局联合组织的专家评审,并获得立项。

三、国际合作与交流向深度和广度发展

全年共安排学校领导率17个团组出访欧洲、美国和加拿大等地区高校。接待国外45个校级代表团202人次来校访问。

深化了与美国威斯康星大学、加州大学伯克利分校、加州大学欧文分校、北卡罗来纳大学教堂山分校、德州农工大学、美国田纳西大学、爱尔兰都柏林圣三一学院、德国乌尔姆大学、法国巴黎高科、雷恩一大、澳大利亚蒙纳士大学、英国剑桥大学、英国帝国理工、伦敦大学学院、伯明翰大学、诺丁汉大学、华威大学、贝尔法斯特女王大学、挪威科技大学、丹麦皇家建筑艺术学院、瑞典乌普萨拉大学、瑞典皇家理工学院、日本东京科技大学、大阪大学等世界知名高校的交流与合作。

与美国北卡州立大学教堂山分校、英国伯明翰大学、英国诺丁汉大学、瑞典皇家理工学院、美国威斯康星麦迪逊大学、英国贝尔法斯特女王大学等世界一流大学和高水平大学及我国台湾、香港等9个国家和地区的20所大学签署(续签)合作交流和学生交换协议共22件。

在国家"一带一路"的倡议下,2017年执行了两批次的赞比亚大学教师培训,在提高赞比亚大学师资力量的同时更促进了中非人民的友谊,为国家的外交做出贡献。

四、外专引智工作有力推进

我校围绕国家急需紧缺领域和重点发展方向,以国家级重点项目为引领,重点支持"111计划""引进海外高层次文教专家重点支持计划""海外名师引进计划""诺贝尔大师校园行"等重点引智项目。2017年,我校共立项56个,较2016年增长17.8%。其中国家级外专项目8个,高校重点外专项目33个。资助来华工作1个月以上高水平专家73人。

2017年,我校共聘请国(境)外专家共计778人,其中3位诺贝尔奖获得者,1位菲尔兹奖获得者及3位千人计划专家,客座教授共34位。聘请专家来源国排名前5位的分别是美国、英国、日本、澳大利亚和法国,所涉领域主要包括工程与材料科学和数理科学。为了规范名誉教授和客座教授的聘请和授予工作,制定了《东南大学聘请客座教授和授予名誉教授暂行办法》,使得这项工作有章可依。

同时,在国际合作处的积极推动下,我校客座教授、麻省理工学院建筑与城市规划学院前院长艾黛尔·诺德桑托斯(AdleNaudSantos)荣获2017年国家政府"友谊奖";能源学院的客座教授彼德·路德(PeterLund)获得南京"金陵友谊奖"。

五、开拓渠道，扩大学生交流交换人数

2017 年，通过国际合作处的学生交流交换项目被国外院校录取的派出学生共 109 人；共接收慕尼黑工业大学、瑞典皇家理工学院、宾夕法尼亚大学、蒙纳士大学、巴黎高科、亚琛工业大学、汉堡大学等世界知名大学来华交换生共计 90 人。同时还加大与瑞典皇家理工大学等世界一流高校的学生出国交流、进修和攻读学位的力度。新增了瑞典皇家理工大学联合培养项目、北卡罗来纳大学教堂山分校学生访问等多个学生派出项目。

六、鼓励师生出国(境)参与国际合作和交流，积极支持召开国际学术会议

全年共派出 1 249 位教师、2 200 多位学生赴国(境)外参加国际学术会议、学术交流、合作研究等，其中公派联合培养研究生 195 人。为加强对派出工作的管理，使派出工作取得更大的成效，更好地为学校的“双一流”建设服务，修订并颁布了《东南大学因公出国(境)审批管理办法》。

全年召开 22 个国际学术会议，共有 660 多位境外专家学者来校与会，扩大了学校海外影响，展示了我校相关领域的科研水准，拓展了我校师生同国内外同行交流和合作的渠道，开拓了师生的国际视野。

七、港澳台事务工作进展顺利

港澳台交流合作顺利推进，全年共接待 32 批，605 人次。其中接待港澳 7 个校级代表团，接待台湾 2 个大学代表团。

全年完成教育部以及中国教育国际交流协会对港澳台交流项目 4 项，市台办、省台办暑期 4 个项目。新签了东南大学与台湾高雄大学学术交流合作备忘录、学生短期研修协定(书)，与台湾大学、成功大学等 8 所大学续签(确认自动延长 5 年的)协议书；与香港中文大学、香港理工大学、香港城市大学新签合作协议书。2017 年共派出港澳台交换生 110 人，接收台湾交换生 31 人。派出交流交换生 128 人。

八、留学生工作再上新台阶

2017 年，我校外国留学生人数达到 1 947 人，其中学位生 1 492 人，学位留学生比例达到 76.6%。在读硕士生 509 人、博士生 204 人，硕博研究生在学位生中占比达到 47.8%，位居江苏第一。我校共有五门课程获 2017 年度江苏省省级留学生全英文精品课程，在江苏省高校名列前茅。

九、“孔子学院”建设取得新进展

与东南大学合办的白俄罗斯明斯克国立语言大学孔子学院、美国田纳西大学孔子学院和达拉斯德克萨斯大学孔子学院等三所孔子学院事业蒸蒸日上，在学汉语生已达到 7 000余人，取得大幅增长。

2017 年与国(境)外高等院校及科研机构合作交流一览表

学校名称或科研机构	合作内容	签约日期	标题
the University of California, Irvine	3+2 项目合作补充协议(金校等)	2017/5/30	Amendment ot the Agreement between the University of California, Irvine and Southeast Universtiy
密西根州立大学 Michigan State University	人文学院	2017/12/21	Memorandum of Understanding for Academci Cooperation between Michigan State University, Colleges of Human Medicine and Arts & Letters, East Lansing, Michigan, USA and Southeast University, School of Humanities, Nanjing, People's Republic of China(英文)
威斯康星大学麦迪逊分校	框架备忘录	2017/2/10	Memorandum of Understanding (MOU) between Southeast University, China and University of Wisconsin—Madison, United States of America
威斯康星大学麦迪逊分校	移动互联联合研究院协议	2017/9/25	Cooperation Agreement for Joint Research Institute on Internet of Mobility Between Southeast University, China(东南大学) and University of Wisconsin—Madison, United States of America
华盛顿州立大学(pullman)	吴健雄学院(雷威)交换生	2017/3/15	International Agreement RECIPROCAL STUDENT EXCHANGE PROGRAM between SEU and WSU(中、英文)
The University of North Carolina at Chapel Hill	框架备忘录	2017/9/22	Memorandum of Understanding between Southeast University and The University of North Carolina at Chapel Hill
皇家墨尔本理工学院(Royal Melbourne Institute of Technology Limited) RMIT University	中止联合培养的函(涉及经管项目)	2017/2/8	Notice: Termination of Articulation Agreement
悉尼大学 3+1+X	吴健雄学院	2017/11/3	International Agreement of 3 + 1 + X Program Between School of Electrical and Information Engineering of Sydney University, Sydney, Australia And Chien-Shiung Wu College (Honors) of Southeast University, Nanjing, PRChina

（续　表）

学校名称或科研机构	合作内容	签约日期	标题
澳大利亚蒙纳士大学	知识产权协议	2017/3/3	知识产权协议(IP Deed)(中英文)
根特大学 Ghent University	框架备忘录	2017/3/7	Memorandum of Understanding between Southeast University and Ghent University
The University of Nottingham	谅解备忘录	2017/5/25	Memorandum of Understanding between the University of Nottingham and Southeast University (中英文)
贝尔法斯特皇后大学	MOU	2017/12/7	Memorandum of Understanding between the Queen's University of Belfast and Southeast University
贝尔法斯特皇后大学	工科联盟共同声明	2017/12/7	关于成立中英大学工程教育与研究联盟的共同声明(中英文)
伯明翰大学	谅解备忘录	2017/5/26	东南大学—伯明翰大学谅解备忘录(中英文)
雷恩第一大学	雷恩研究生学院成本补偿协议	2017/3/1	东南大学与雷恩一大关于东南大学雷恩研究生学院的成本补偿协议(中法文)
巴黎高科学院	框架备忘录	2017/5/15	Memorandum of Understanding between Southeast University and Paris Institute of Technology (ParisTech)(英文)
法国国立高等工程技术学院 ENSAM	框架协议	2017/4/7	法国国立高等工程技术学院与东南大学(中国)国际合作框架协议(中法文)
法国国立高等工程技术学院 ENSAM	双硕士学位协议	2017/7/24	Accord Specifique De Double Dipl? me Ingenieur/Master entre Ecole Nationale Superieure D'Arts et Metiers (France) et SOUTHEAST UnivERSITY (Chine) 中国东南大学与法国国立高等工程技术学院工程/硕士专业双学位项目合作协议书
Aalen University	续签	2017/1/3	Renewal of Co — operation Agreement between Southeast University and Aalen University
香港理工学院大学	框架协议	2017/6/12	东南大学与香港理工大学合作协议(简繁体)
香港中文大学	学术交流	2017/5/20	东南大学与香港中文大学学术交流协议(简繁体)

(续　表)

学校名称或科研机构	合作内容	签约日期	标题
冈山县立大学	框架协议	2017/2/6	Agreement of Cooperation between Southeast University and Okayama Prefectural University
瑞典皇家理工学院(KTH)	学术合作协议	2017/8/28	东南大学与瑞典皇家理工学院学术合作协议(中英文)
Uppsala University	医学协议(学生交换)	2017/2/10	Agreement on Student Exchange between Faculty of Medicine, Southeast University, Nanjing, China and Disciplinary Domain of Medicine and Pharmacy, Uppsala University University, Sweden
新竹交通大学	学术交流	2017/2/23	东南大学与新竹交通大学学术交流合约书(简繁)
新竹交通大学	交换学生	2017/2/23	东南大学与新竹交通大学交换学生合约书(简繁)
元智大学	学生交流	2017/2/23	东南大学与元智大学学生交流专案协定书(简繁)
东海大学	学术交流	2017/6/12	东南大学与东海大学教育学术合作交流协定书(简)
东海大学	学生交流	2017/6/12	东南大学与东海大学学生交流项目协定书(简)
亚洲大学	学术交流	2017/5/5	亚洲大学学术交流备忘录(简繁)
国立高雄大学	学术交流合作备忘录	2017/5/3	东南大学与高雄大学学术交流合作备忘录(简繁)
国立高雄大学	学生短期研修协定	2017/5/3	东南大学国立高雄大学学生短期研修协定(简繁)

In2017,32newlysignedorrenewed.

2017 年授予国(境)外(或地区)学者名誉教授、客座教授和名誉顾问名单

序号	姓名	国别地区	单位	职务	专业	授予名称	办理时间	授予学院
1	陈利群	英国	英国萨里大学	教授	信息科学与工程	客座教授	2017.1.17	信息科学与工程学院
2	Georgios Papadakis	希腊	希腊农业大学	教授	能源与环境	客座教授	2017.2.22	能源与环境学院
3	MichelSteyaert	比利时	鲁汶大学	教授	信息	客座教授	2017.3	信息学院
4	陈嵘	中国	马里兰大学	教授	生医	客座教授	2017.3	生医学院
5	SamuelJPleasure	美国	加州大学旧金山分校	教授	医学	客座教授	2017.3.15	医学院

（续 表）

序号	姓名	国别地区	单位	职务	专业	授予名称	办理时间	授予学院
6	JonahRChan	美国	加州大学旧金山分校	教授	医学	客座教授	2017.3.15	医学院
7	MOHAMMED-BRAHIMTayeb	法国	法国雷恩第一大学	教授	微电子	客座教授	2017.3.16	电子学院
8	段文会	澳大利亚	澳大利亚蒙纳士大学	教授	材料工程	客座教授	2017.3.20	材料工程学院
9	AirAl-Tabbaa	英国	剑桥大学工程学院	教授	高性能土木工程材料，岩土与环境工程	客座教授	2017.3.30	交通学院
10	秦潞山	澳大利亚	秦皇翻译公司	教授	翻译	客座教授	2017.4.19	外国语学院
11	周光平	美国	小米科技有限公司	研究员	信息	客座教授	2017.4.24	信息科学与工程
12	Yong-ChilSeo	韩国	韩国延世大学	教授	能源与环境学院	客座教授	2017.4.24	能源与环境学院
13	宋文战	中国大陆	美国佐治亚大学	教授	信息科学与工程	客座教授	2017.5.8	信息科学与工程学院
14	StephenJ. Pandol	美国	加州大学洛杉矶分校	教授	医学	客座教授	2017.5.8	东南大学附属中大医院
15	夏幼南	美国	乔治亚理工学院	教授	化学化工	客座教授	2017.5.17	化学化工学院
16	TasawarHayat	巴基斯坦	巴基斯坦真纳大学	教授（院士）	流体力学、微方程式等	客座教授	2017.6.22	数学系
17	刘允怡	中国香港	香港中文大学	教授	外科	客座教授	2017.7.25	中大医院
18	HojjatAdeli	美国	美国俄亥俄州立大学	教授	土木	客座教授	2017.7.26	土木学院
19	JonFrampton	英国	伯明翰大学	教授	生命科学	客座教授	2017.8.30	生命科学学院
20	唐耀亮	中国	佐治亚医学院	教授	医学	客座教授	2017.8.30	东南大学附属中大医院
21	LawrenceJunZhang	新西兰	新加坡南洋理工大学	教授	英语	客座教授	2017.9.11	外国语学院

(续　表)

序号	姓名	国别地区	单位	职务	专业	授予名称	办理时间	授予学院
22	童文	加拿大	HuaweiTechnologiesCo. Ltd.	CTO	信息与通信工程	客座教授	2017. 9. 18	信息科学与工程学院
23	MichelBarsoum	美国	DrexelUniversity	教授	材料	客座教授	2017. 10. 26	材料科学与工程学院
24	AhsanKareem	美国	UniversityofNotreDame	教授	结构工程	客座教授	2017. 10. 26	土木学院
25	顾臻	中国	美国北卡罗来纳大学教堂山分校	副教授	生物医学工程/药学	客座教授	2017. 10. 26	生物医学工程学院
26	RobertPeterGale	美国	HaematologyResearchCenter，Divisionof ExperimentalMedicine，Departmentof Medicine，ImperialCollegeLondon	教授	医学	客座教授	2017. 10. 26	中大医院
27	BjornBirgisson	冰岛	TexasA&MUniversity	教授	交通	客座教授	2017. 10. 26	交通学院
28	Nancy Shatzman Steinhardt	美国	宾夕法尼亚大学	教授	建筑	客座教授	2017. 11. 8	建筑
29	Okuyama Shinichi	日本	东京工业大学	教授	建筑	客座教授	2017. 11. 9	建筑
30	Marco Trisciuoglio	意大利	意大利都灵理工大学	教授	建筑	客座教授	2017. 11. 17	建筑
31	Ronald Wennersten	瑞典	瑞典皇家理工学院	教授	建筑	客座教授	2017. 11. 17	建筑
32	Takeuchi Toru	日本	东京工业大学	教授	建筑	客座教授	2017. 11. 17	建筑
33	walter Bodmer	英国	牛津大学	院士	生医	客座教授	2017. 12. 7	生医学院
34	Vijay KumarDhir	美国	美国加州大学洛杉矶分校	院士	工程学	客座教授	2017. 12. 18	土木
35	黄建伟	中国香港	香港中文大学	教授	信息	客座教授	2017. 12. 28	信息

2017 年举办国际会议/两岸会议情况

序号	会议名称	会议时间	会议主席或召集人	论文数	代表数		总数
					外	内	
1	国际小诗暨小诗磨坊作品研讨会	2017.4.22—23	王　珂	研讨	15	15	30
2	第四届中国(南京)汽车前沿技术青年论坛	2017.4.22	殷国栋	研讨	5	52	57
3	国际光电子学与微纳光学进展会议	2017.4.23—26	崔一平	291	27	152	179
4	郭秉文与现代大学教育思想研讨会	2017.6.2	毛惠西	研讨	6	50	56
5	亚洲视野,亚洲城市——亚洲建筑中心国际学术研讨会	2017.6.2—3	陈　薇	研讨	10	10	20
6	微流控芯片与组织工程国际研讨会	2017.6.9—11	顾忠泽	研讨	5	15	20
7	亚洲可持续发展会议	2017.6.23—25	邵　军	100	6	19	25
8	首届土木工程海外华人青年学者联谊与学术交流会	2017.7.9	王景全	研讨	4	40	44
9	“语言与未来”青年学者国际研讨会	2017.8.26—27	陈美华	研讨	10	50	60
10	第六届中日刑事法研讨会	2017.9.16—17	刘艳红	研讨	10	150	160
11	重大节事与旗舰建筑对于城市更新的空间影响、经验总结与多重策略中德双边研讨会	2017.9.19—23	段　进	研讨	8	18	26
12	第 9 届无线通信与信号处理国际学术会	2017.10.11—13	尤肖虎	328	35	196	231
13	中国第三届数字景观国际研讨会	2017.10.21—22	韩冬青	研讨	20	180	200
14	“一带一路”背景下海外工程承包风险防控论坛暨江苏省法学会工程法学研究会	2017.10.27	刘艳红	研讨	5	137	142
15	国际工程科技发展战略高端论坛——城市设计发展前沿高端论坛	2017.11.10—12	王建国	研讨	50	150	200
16	“胸中丘壑——中国园林与山水画”国际学术研讨会	2017.11.28—29	陈　薇	研讨	12	5	17
17	结构建筑学研究国际学术研讨会	2017.12.1—2	韩冬青	研讨	8	22	30
18	工业遗产、文化产业与创新型城市发展国际研讨会	2017.12.1—3	易　鑫	31	5	20	25
19	江苏—欧洲新能源国际会议	2017.12.8—11	王　军	研讨	10	170	180

(续　表)

序号	会议名称	会议时间	会议主席或召集人	论文数	代表数		总数
					外	内	
20	信息通信与机电一体化技术在生物医学与卫生保健中的应用国际研讨会	2017.12.13—16	朱晓维	54	14	41	55
21	面向交通强国战略的智能网联交通国际学术研讨会	2017.12.20	王　炜	研讨	5	45	50
22	第七届金陵国际微创外科会议	2017.12.21—23	滕皋军	研讨	5	400	405

2017年出国(境)人员名单一览表(教师)

姓名	单位	职称职务	国家(地区)	项目	时间
付国东	化学化工学院	教授	泰国	国际会议	2017.01.02—2017.01.06
仲伟俊	经济管理学院	教授	美国	国际会议	2017.01.03—2017.01.09
熊艳艳	经济管理学院	副教授	美国	国际会议	2017.01.05—2017.01.10
徐康宁	经济管理学院	教授	美国	合作研究	2017.01.05—2017.01.15
浦正宁	经济管理学院	副教授	美国	合作研究	2017.01.05—2017.01.15
陈先华	交通学院	副教授	南非	技术培训	2017.01.05—2017.01.15
倪富健	交通学院	教授	美国	国际会议	2017.01.07—2017.01.11
刘志远	交通学院	教授	美国	国际会议	2017.01.07—2017.01.13
付　晓	交通学院	讲师	美国	国际会议	2017.01.07—2017.01.13
杨　洁	法学院	讲师	美国	国际会议	2017.01.07—2017.01.13
程建川	交通学院	副院长	美国	国际会议	2017.01.07—2017.01.13
顾兴宇	交通学院	副教授、副院长	美国	国际会议	2017.01.07—2017.01.13
张　永	交通学院	副教授	美国	国际会议	2017.01.07—2017.01.13
董　侨	交通学院	研究员	美国	国际会议	2017.01.07—2017.01.14
高　英	交通学院	副教授	美国	国际会议	2017.01.08—2017.01.11
刘　攀	交通学院	院长、教授	美国	国际会议	2017.01.08—2017.01.12
陈淑燕	交通学院	教授	美国	国际会议	2017.01.08—2017.01.12
王春林	土木工程学院	副教授	智利	国际会议	2017.01.08—2017.01.14
刘　静	港澳台办公室	科长	中国香港	工作访问	2017.01.09—2017.01.13
叶智锐	港澳台办公室	副主任	中国香港	工作访问	2017.01.09—2017.01.13
徐春祥	生物科学与医学工程学院	副院长	柬埔寨	国际会议	2017.01.09—2017.01.13
王保平	校长办公室	副校长、教授	中国香港	工作访问	2017.01.09—2017.01.13
周海清	物理学院	副教授	中国台湾	学术交流	2017.01.09—2017.01.24

（续 表）

姓名	单位	职称职务	国家(地区)	项目	时间
赵剑锋	学生处	助理研究员	澳门	教育展	2017.01.12—2017.01.17
赵长遂	能源与环境学院	教授	澳大利亚、新西兰	国际会议	2017.01.13—2017.01.23
段伦博	能源与环境学院	副教授	澳大利亚、新西兰	国际会议	2017.01.13—2017.01.23
徐菲菲	人文学院	教授	中国香港、中国澳门	合作研究	2017.01.14—2017.01.18
吴乐南	信息科学与工程学院	教授	苏丹	国际会议	2017.01.14—2017.01.20
王海明	信息科学与工程学院	副研究员	美国	国际会议	2017.01.14—2017.01.21
梁　财	能源与环境学院	副教授	澳大利亚、新西兰	国际会议	2017.01.14—2017.01.22
沈来宏	能源与环境学院	教授	中国台湾	学术交流	2017.01.15—2017.01.19
孙伟锋	信息科学与工程学院	院长	日本	国际会议	2017.01.16—2017.01.18
吉远辉	化学化工学院	教授	中国澳门	国际会议	2017.01.16—2017.01.20
赵　璇	数学学院	教师	中国澳门	国际会议	2017.01.16—2017.01.20
涂永明	土木工程学院	副教授	中国澳门	国际会议	2017.01.16—2017.01.20
陆　建	交通学院	教授、副院长	韩国	设备验收	2017.01.18—2017.01.21
胡晓健	交通学院	副教授	韩国	设备验收	2017.01.18—2017.01.21
陈建龙	数学学院	教授	澳大利亚	合作研究	2017.01.18—2017.02.15
王景全	土木工程学院	教授、院长	美国	合作研究	2017.01.18—2017.02.18
王春雷	电子科学与工程学院	研究员	中国香港	国际会议	2017.01.19—2017.01.23
徐淑宏	电子科学与工程学院	副研究员	中国香港	国际会议	2017.01.19—2017.01.23
梁金玲	数学学院	教授	卡塔尔	合作研究	2017.01.19—2017.03.16
戴玉蓉	物理学院	教授	中国香港	访问交流	2017.01.20—2017.01.25
刘　玲	附属中大医院	副主任医师	美国	国际会议	2017.01.21—2017.01.25
邱海波	附属中大医院	副院长、教授	美国	国际会议	2017.01.21—2017.01.25
孙伟锋	教务处	处长、教授	澳大利亚	工作访问	2017.01.21—2017.01.25
幸　研	机械工程学院	教授	美国	国际会议	2017.01.21—2017.01.27
尚金堂	电子科学与工程学院	教授	美国	国际会议	2017.01.21—2017.01.27

(续 表)

姓名	单位	职称职务	国家(地区)	项目	时间
张志胜	机械工程学院	教授	新加坡	合作研究	2017.01.21—2017.02.19
付　晓	交通学院	讲师	中国香港	合作研究	2017.01.22—2017.01.24
袁　超	国际合作处	秘书	澳大利亚	工作访问	2017.01.22—2017.01.26
袁榴娣	研究生院	教授、副院长	澳大利亚	工作访问	2017.01.22—2017.01.26
孙岳明	科研院	教授、副院长	澳大利亚	工作访问	2017.01.22—2017.01.26
王保平	校长办公室	教授、副校长	澳大利亚	工作访问	2017.01.22—2017.01.26
叶智锐	国际合作处	教授、副处长	澳大利亚	工作访问	2017.01.22—2017.01.26
张培根	材料科学与工程学院	讲师	美国	国际会议	2017.01.22—2017.01.27
黄庆安	电子科学与工程学院	教授	美国	国际会议	2017.01.22—2017.01.28
汪　茂	信息科学与工程学院	教授	美国	工作访问	2017.01.23—2017.01.25
顾忠泽	生物科学与医学工程学院	院长、教授	日本	合作研究	2017.01.24—2017.02.02
Qasim Khan	电子科学与工程学院	讲师	巴基斯坦	国际会议	2017.01.25—2017.02.02
陈宝安	附属中大医院	教授	美国	合作研究	2017.01.26—2017.02.16
赵兴群	生物科学与医学工程学院	教授	美国	国际会议	2017.01.27—2017.02.03
王　庆	仪器科学与工程学院	教授	英国	合作研究	2017.01.28—2017.02.02
万遂人	生物科学与医学工程学院	教授	美国	国际会议	2017.01.28—2017.02.02
孙小菡	电子科学与工程学院	教授	美国	国际会议	2017.01.29—2017.02.02
陈建刚	建筑设计研究有限公司	助理	日本	合作研究	2017.01.30—2017.02.05
李永辉	建筑学院	副教授	日本	合作研究	2017.01.30—2017.02.05
张世军	附属中大医院	住院医师	美国	国际会议	2017.01.31—2017.02.05
王海兵	数学学院	副教授	日本	合作研究	2017.01.31—2017.02.26
刘继军	数学学院	教授	日本	国际会议	2017.01.31—2017.03.25
游雨蒙	化学化工学院	教授	新加坡	合作研究	2017.02.01—2017.02.06
陈志斌	社会科学处	教授、副处长	澳大利亚	合作研究	2017.02.01—2017.02.17
冷　杉	能源与环境学院	教授	美国	合作研究	2017.02.01—2017.02.28

（续　表）

姓名	单位	职称职务	国家(地区)	项目	时间
曹婉容	数学学院	副教授	美国	国际会议	2017.02.01—2017.03.31
牛亚峰	机械工程学院	讲师	美国	合作研究	2017.02.01—2017.08.01
赵涤燹	信息科学与工程学院	研究员	美国	国际会议	2017.02.04—2017.02.09
耿　新	计算机科学与工程学院	副院长	美国	国际会议	2017.02.04—2017.02.09
薛　晖	计算机科学与工程学院	副教授	美国	国际会议	2017.02.04—2017.02.09
单伟伟	电子科学与工程学院	副教授	美国	国际会议	2017.02.04—2017.02.09
杨　军	电子科学与工程学院	教授	美国	国际会议	2017.02.04—2017.02.10
杨　军	电子科学与工程学院	教授	美国	访问考察	2017.02.04—2017.02.10
李连鸣	信息科学与工程学院	副研究员	美国	国际会议	2017.02.05—2017.02.09
陈恕求	附属中大医院	副主任医师	美国	工作访问	2017.02.05—2018.03.05
周海清	物理学院	副教授	中国台湾	学术交流	2017.02.06—2017.02.21
夏　圆	图书馆	助理馆员	美国	访学	2017.02.06—2017.04.05
丁　冬	图书馆	馆员	美国	访学	2017.02.06—2017.04.05
柴人杰	生命科学研究院	教授	美国	国际会议	2017.02.11—2017.02.15
李晓华	电子科学与工程学院	教授	韩国	国际会议	2017.02.12—2017.02.16
李　扬	电气工程学院	教授	日本	短期讲学	2017.02.13—2017.02.20
樊　红	医学院	教授	中国香港	合作研究	2017.02.16—2017.02.19
韩冬青	建筑学院	院长、教授	日本	联合教学	2017.02.18—2017.02.26
李　飚	建筑学院	教授	日本	联合教学	2017.02.18—2017.02.26
郭屹民	建筑学院	副研究员	日本	联合教学	2017.02.18—2017.02.26
唐　芃	建筑学院	副教授	日本	联合教学	2017.02.18—2017.02.26
阳建强	建筑学院	教授	美国	留学	2017.02.18—2017.03.20
蒋政波	信息科学与工程学院	副教授	西班牙	开会访问	2017.02.24—2017.03.04
钟　敏	数学学院	讲师	日本	合作研究	2017.02.25—2017.03.11
石　邢	建筑学院	副院长、教授	瑞士	合作研究	2017.02.26—2017.03.04

（续　表）

姓名	单位	职称职务	国家(地区)	项目	时间
金　星	建筑学院	副教授	瑞士	合作研究	2017.02.26—2017.03.04
辛　格	土木工程学院	副教授	印度	合作研究	2017.02.26—2017.03.31
段钰锋	能源与环境学院	教授	南非	国际会议	2017.02.27—2017.03.03
李　青	电子科学与工程学院	研究员	中国香港	合作研究	2017.02.27—2017.05.26
郝张成	信息科学与工程学院	教授	希腊	国际会议	2017.02.28—2017.03.04
蒋之浩	信息科学与工程学院	教授	希腊	国际会议	2017.02.28—2017.03.04
刘志远	交通学院	教授	日本	国际会议	2017.03.02—2017.03.08
潘志文	信息科学与工程学院	教授	日本	国际会议	2017.03.03—2017.03.06
金　石	信息科学与工程学院	教授	美国	国际会议	2017.03.04—2017.03.08
朱海东	附属中大医院	主治医师	美国	国际会议	2017.03.04—2017.03.09
滕皋军	附属中大医院	院长	美国	国际会议	2017.03.04—2017.03.09
何农跃	生物科学与医学工程学院	教授	坦桑尼亚	国际会议	2017.03.05—2017.03.11
程　强	信息科学与工程学院	教授	日本	国际会议	2017.03.07—2017.03.11
陆卫兵	信息科学与工程学院	副院长、教授	日本	国际会议	2017.03.07—2017.03.11
陈　健	经济管理学院	副教授	美国	国际会议	2017.03.08—2017.03.15
顾　欣	经济管理学院	副教授	美国	国际会议	2017.03.08—2017.03.15
刘乃丰	医学院	院长、教授	中国香港	国际会议	2017.03.09—2017.03.12
王立新	医学院	副院长、教授	中国香港	国际会议	2017.03.09—2017.03.12
万春风	土木工程学院	副教授	日本	合作研究	2017.03.10—2017.03.12
刘志彬	交通学院	副教授	美国	国际会议	2017.03.11—2017.03.17
凌新生	机械工程学院	教授	美国	国际会议	2017.03.12—2017.03.17
董　帅	物理学院	教授	美国	国际会议	2017.03.12—2017.03.18
韩俊海	生命科学研究院	教授	中国台湾	两岸会议	2017.03.13—2017.03.17
张惠红	体育系	教授	美国	国际会议	2017.03.13—2017.03.22
张文静	体育系	副教授	美国	国际会议	2017.03.13—2017.03.22

（续　表）

姓名	单位	职称职务	国家(地区)	项目	时间
姚玉宇	医学院	研究员	美国	国际会议	2017.03.16—2017.03.20
李　爽	发展委员会	副主任	新加坡	工作访问	2017.03.17—2017.03.21
姚志彪	发展委员会	副研究员	新加坡	工作访问	2017.03.17—2017.03.21
马冬梅	外国语学院	副院长、教授	美国	国际会议	2017.03.17—2017.03.22
衡　伟	信息科学与工程学院	教授	美国	国际会议	2017.03.17—2017.03.28
王　刚	信息科学与工程学院	讲师	美国	国际会议	2017.03.17—2017.03.28
吴智深	土木工程学院	校长特助、教授	美国	工作访问	2017.03.18—2017.03.24
葛　明	建筑学院	副院长、教授	美国	工作访问	2017.03.18—2017.03.24
史永高	建筑学院	副教授	美国	工作访问	2017.03.18—2017.03.24
许克琪	国际合作处	副处长、教授	美国	工作访问	2017.03.18—2017.03.24
吴凌尧	人事处	副处长、副研究员	美国	工作访问	2017.03.18—2017.03.24
余　晨	信息科学与工程学院	副研究员	法国	国际会议	2017.03.18—2017.03.25
沈连丰	信息科学与工程学院	教授	美国	国际会议	2017.03.18—2017.03.26
顾　宁	生物科学与医学工程学院	教授	美国	国际会议	2017.03.18—2017.03.28
陈淑燕	交通学院	教授	美国	培训	2017.03.18—2017.09.17
王建立	机械工程学院	副教授	日本	国际会议	2017.03.19—2017.03.22
单　纯	附属中大医院	住院医师	日本	国际会议	2017.03.21—2017.03.25
吴　培	附属中大医院	主任医师	日本	国际会议	2017.03.21—2017.03.25
马旭东	自动化学院	教授	美国	国际会议	2017.03.22—2017.03.31
孙桂菊	公共卫生学院	教授	中国香港	短期讲学	2017.03.23—2017.03.26
陈　明	附属中大医院	副院长	英国	国际会议	2017.03.23—2017.03.28
金　石	信息科学与工程学院	教授	中国台湾	学术交流	2017.03.23—2017.04.23
尤肖虎	信息科学与工程学院	教授	中国台湾	两岸会议	2017.03.25—2017.03.29
许　妍	土木工程学院	副教授	日本	国际会议	2017.03.25—2017.03.29
尚金堂	电子科学与工程学院	教授	美国	国际会议	2017.03.25—2017.03.30
程　明	电气工程学院	教授	美国	国际会议	2017.03.26—2017.03.30
王建立	机械工程学院	副教授	韩国	国际会议	2017.03.26—2017.03.30

(续　表)

姓名	单位	职称职务	国家(地区)	项目	时间
傅大放	土木工程学院	教授	印度	合作研究	2017.03.26—2017.03.31
钱钦松	电子科学与工程学院	讲师	美国	国际会议	2017.03.26—2017.03.31
徐　申	电子科学与工程学院	副教授	美国	国际会议	2017.03.26—2017.03.31
李舒宏	能源与环境学院	教授	英国,瑞士	合作研究	2017.03.26—2017.04.06
梁彩华	能源与环境学院	教授	英国,瑞士	合作研究	2017.03.26—2017.04.06
殷勇高	能源与环境学院	教授	英国,瑞士	合作研究	2017.03.26—2017.04.06
张小松	能源与环境学院	教授	英国,瑞士	合作研究	2017.03.26—2017.04.06
胡　遴	中大医院	护师	中国台湾	学术交流	2017.03.26—2017.04.08
汪　芸	计算机科学与工程学院	教授	瑞士	国际会议	2017.03.27—2017.03.31
孙立涛	电子科学与工程学院	副院长	西班牙	国际会议	2017.03.27—2017.04.01
顾　凯	建筑学院	副教授	西班牙	合作研究	2017.03.27—2017.04.02
贺志启	土木工程学院	讲师	美国	参加竞赛	2017.03.27—2017.04.03
徐　照	土木工程学院	讲师	美国	参加竞赛	2017.03.27—2017.04.03
朱明亮	土木工程学院	讲师	美国	参加竞赛	2017.03.27—2017.04.03
张会岩	能源与环境学院	副教授	瑞士	国际会议	2017.03.27—2017.04.03
沈孝兵	教务处	副处长、教授	美国	参加竞赛	2017.03.27—2017.04.03
王雪梅	生物科学与医学工程学院	教授	美国	国际会议	2017.03.27—2017.04.07
董　卫	建筑学院	教授	比利时	国际会议	2017.03.28—2017.04.01
周小棣	建筑设计研究院	副教授	比利时	国际会议	2017.03.28—2017.04.01
丁幼亮	土木工程学院	研究员	瑞士	参加发明展	2017.03.28—2017.04.04
万春风	土木工程学院	副教授	瑞士	参加发明展	2017.03.28—2017.04.04
杜运周	经济管理学院	教授	美国	工作访问	2017.03.29—2017.04.02
何农跃	生物科学与医学工程学院	教授	美国	国际会议	2017.03.30—2017.04.06
何小元	土木工程学院	教授	加拿大	合作研究	2017.03.30—2017.04.29
樊　红	医学院	教授	美国	国际会议	2017.04.01—2017.04.06
冯　攀	材料科学与工程学院	讲师	美国	国际会议	2017.04.01—2017.04.07
杨福俊	土木工程学院	教授	新加坡	国际会议	2017.04.01—2017.04.08
侯吉旋	物理学院	副教授	丹麦	国际会议	2017.04.02—2017.04.07

（续　表）

姓名	单位	职称职务	国家(地区)	项目	时间
汪　芸	计算机科学与工程学院	教授	法国	合作研究	2017.04.02—2017.04.15
周德宇	计算机科学与工程学院	教授	西班牙	国际会议	2017.04.03—2017.04.07
孙桂菊	公共卫生学院	教授	马来西亚	国际会议	2017.04.03—2017.04.07
盖绍彦	自动化学院	副高	新加坡	国际会议	2017.04.04—2017.04.08
王辰星	自动化学院	副高	新加坡	国际会议	2017.04.04—2017.04.08
邱海波	附属中大医院	教授、主任医师	中国香港	国际会议	2017.04.06—2017.04.08
党　建	信息科学与工程学院	讲师	美国	国际会议	2017.04.06—2017.04.10
熊　文	交通学院	副教授	美国	国际会议	2017.04.06—2017.04.10
陶　立	材料科学与工程学院	教授	美国	国际会议	2017.04.06—2017.08.23
毛海军	交通学院	教授	哈萨克斯坦、阿联酋	合作研究	2017.04.07—2017.04.15
赵　驰	经济管理学院	副研究员	美国	国际会议	2017.04.07—2017.04.15
沙菁契	机械工程学院	副教授	美国	国际会议	2017.04.08—2017.04.13
韩　晶	附属中大医院	护师	中国台湾	专业培训	2017.04.09—2017.04.22
沈来宏	能源与环境学院	教授	中国台湾	国际会议	2017.04.10—2017.04.14
张徐军	公共卫生学院	教授	中国台湾	学术交流	2017.04.12—2017.04.17
孙立涛	电子科学与工程学院	副院长	美国	国际会议	2017.04.16—2017.04.22
张　涛	仪器科学与工程学院	副研究员	美国	国际会议	2017.04.17—2017.04.22
居胜红	附属中大医院	主任医师、教授	韩国	国际会议	2017.04.20—2017.04.23
邱海波	附属中大医院	教授、副院长	奥地利	国际会议	2017.04.21—2017.04.25
黄英姿	附属中大医院	主任医师	奥地利	国际会议	2017.04.21—2017.04.26
彭新桂	附属中大医院	副主任医师	美国	国际会议	2017.04.22—2017.04.27
雷　威	吴健雄学院	教授	英国	国际会议	2017.04.23—2017.04.27
沈长圣	电子科学与工程学院	讲师	英国	国际会议	2017.04.23—2017.04.27
柏宁丰	电子科学与工程学院	副教授	英国	国际会议	2017.04.23—2017.04.27
朱卓娅	电子科学与工程学院	副教授	英国	国际会议	2017.04.23—2017.04.27

(续　表)

姓名	单位	职称职务	国家(地区)	项目	时间
李　鑫	吴健雄学院	辅导员	美国	参加竞赛	2017.04.23—2017.04.27
华　好	建筑学院	讲师	法国	国际会议	2017.04.23—2017.04.29
范星都	材料科学与工程学院	讲师	爱尔兰	国际会议	2017.04.23—2017.04.29
蔡　雪	中大医院	护师	中国台湾	专业培训	2017.04.23—2017.05.06
东　方	计算机科学与工程学院	副教授	新西兰	国际会议	2017.04.24—2017.04.29
王兴平	建筑学院	教授	比利时	国际会议	2017.04.25—2017.04.29
孙桂菊	公共卫生学院	教授	新加坡	国际会议	2017.04.26—2017.04.28
张静宁	外国语学院	副教授	美国	国际会议	2017.04.26—2017.04.30
吴巍炜	计算机科学与工程学院	副教授	美国	国际会议	2017.04.30—2017.05.04
肖卿俊	计算机科学与工程学院	讲师	美国	国际会议	2017.04.30—2017.05.05
陈　南	机械工程学院	教授	立陶宛	国际会议	2017.04.30—2017.05.06
阳建强	建筑学院	教授	英国、丹麦	合作研究	2017.05.02—2017.05.11
张　彤	电子科学与工程学院	教授	新加坡	国际会议	2017.05.03—2017.05.06
刘松桥	附属中大医院	副主任医师	荷兰	国际会议	2017.05.03—2017.05.07
胡汉辉	经济管理学院	教授	中国台湾	学术交流	2017.05.03—2017.05.09
祝　虹	经济管理学院	副教授	中国台湾	学术交流	2017.05.03—2017.05.09
唐　斌	建筑学院	讲师	中国香港	合作研究	2017.05.04—2017.05.07
葛　明	建筑学院	副院长、教授	中国香港	合作研究	2017.05.04—2017.05.07
汪　峥	自动化学院	教授	美国	国际会议	2017.05.04—2017.05.09
张玉林	经济管理学院	副院长、教授	美国	国际会议	2017.05.04—2017.05.09
孙世界	建筑学院	副教授、副院长	英国	国际会议	2017.05.04—2017.05.10
方　明	生命科学研究院	教授	日本	国际会议	2017.05.08—2017.05.12
郭　超	生命科学研究院	讲师	日本	国际会议	2017.05.08—2017.05.12
滕皋军	附属中大医院	院长、教授	马来西亚	国际会议	2017.05.10—2017.05.15
许　斌	附属中大医院	主治医师	美国	国际会议	2017.05.12—2017.05.16
陈　明	附属中大医院	副院长、主任医师	美国	国际会议	2017.05.12—2017.05.16
刘克华	外国语学院	副教授	日本	合作研究	2017.05.12—2017.05.25

（续　表）

姓名	单位	职称职务	国家(地区)	项目	时间
邱　斌	海外教育学院	教授、院长	西班牙、意大利	参加教育展	2017.05.13—2017.05.22
蔡一峰	海外教育学院	副科长	西班牙、意大利	参加教育展	2017.05.13—2017.05.22
陈宝安	附属中大医院	教授、主任医师	美国	国际会议	2017.05.13—2017.06.10
莫景文	机械工程学院	讲师	美国	国际会议	2017.05.14—2017.05.19
邓永锋	交通学院	教授	俄罗斯	国际会议	2017.05.16—2017.05.19
方　磊	交通学院	教授	俄罗斯	国际会议	2017.05.16—2017.05.19
莫　敏	中大医院	主治医师	德国	国际会议	2017.05.16—2017.05.20
刘松玉	发展委员会	教授、主任	俄罗斯	国际会议	2017.05.16—2017.05.20
刘松桥	中大医院	副主任医师	德国	国际会议	2017.05.16—2017.05.20
杜广印	交通学院	副教授	俄罗斯	国际会议	2017.05.16—2017.05.20
经　绯	交通学院	副教授	俄罗斯	国际会议	2017.05.16—2017.05.20
汪小洋	艺术学院	教授	法国	国际会议	2017.05.16—2017.05.22
蔡国军	交通学院	教授	俄罗斯	国际会议	2017.05.17—2017.05.21
史雅妮	经济管理学院	讲师	法国	国际会议	2017.05.17—2017.05.26
顾忠泽	生物科学与医学工程学院	院长、教授	美国	工作访问	2017.05.19—2017.05.23
李晓华	电子科学与工程学院	教授	美国	国际会议	2017.05.19—2017.05.28
赵涤燹	信息科学与工程学院	研究员	比利时	国际会议	2017.05.20—2017.05.24
吴　亮	信息科学与工程学院	讲师	法国	国际会议	2017.05.20—2017.05.24
张圣清	信息科学与工程学院	讲师	美国	访问交流	2017.05.20—2017.05.25
张树林	信息科学与工程学院	副教授	美国	访问交流	2017.05.20—2017.05.25

（续 表）

姓名	单位	职称职务	国家(地区)	项目	时间
陈 明	信息科学与工程学院	教授	法国	国际会议	2017.05.20—2017.05.26
吕晓迎	生物科学与医学工程学院	教授	葡萄牙	国际会议	2017.05.20—2017.05.26
张天柱	生物科学与医学工程学院	教授	比利时	国际会议	2017.05.20—2017.05.26
黄 炎	生物科学与医学工程学院	讲师	葡萄牙	国际会议	2017.05.20—2017.05.26
宋宇波	信息科学与工程学院	副教授	法国	国际会议	2017.05.20—2017.05.26
郑 军	信息科学与工程学院	教授	法国	国际会议	2017.05.20—2017.05.28
赵永利	交通学院	教授	加拿大	访问考察	2017.05.20—2017.05.28
孙长银	自动化学院	教授、副院长	美国	合作研究	2017.05.20—2017.11.19
程 光	计算机科学与工程学院	教授	法国	国际会议	2017.05.21—2017.05.25
花 为	电气工程学院	教授	美国	国际会议	2017.05.21—2017.05.25
尤 力	信息科学与工程学院	讲师	法国	国际会议	2017.05.21—2017.05.25
张 彤	建筑学院	副院长、教授	印度	国际会议	2017.05.21—2017.05.25
王 蓉	信息科学与工程学院	副教授	俄罗斯	国际会议	2017.05.21—2017.05.25
窦文斌	信息科学与工程学院	教授	俄罗斯	国际会议	2017.05.21—2017.05.26
许传龙	能源与环境学院	教授	意大利	国际会议	2017.05.21—2017.05.26
张 彪	能源与环境学院	讲师	意大利	国际会议	2017.05.21—2017.05.26
陈晓平	能源与环境学院	教授	波兰	国际会议	2017.05.21—2017.05.27
马吉亮	能源与环境学院	教师	波兰	国际会议	2017.05.21—2017.05.27
严如强	仪器科学与工程学院	教授、副院长	意大利	国际会议	2017.05.21—2017.05.28
居胜红	附属中大医院	教授	美国	国际会议	2017.05.21—2017.05.29

（续 表）

姓名	单位	职称职务	国家(地区)	项目	时间
向文国	能源与环境学院	教授	波兰、德国、瑞士	国际会议	2017.05.21—2017.06.02
段伦博	能源与环境学院	副教授	波兰、德国、瑞士	国际会议	2017.05.21—2017.06.02
尹　洁	人文学院	副教授	中国香港	工作访问	2017.05.22—2017.05.25
吴跃全	国际合作处	助理研究员	英国	工作访问	2017.05.22—2017.05.26
张敏灵	计算机科学与工程学院	教授	韩国	国际会议	2017.05.22—2017.05.26
夏　军	电子科学与工程学院	教授	美国	国际会议	2017.05.22—2017.05.26
周佑勇	校长办公室	副校长、教授	英国	工作访问	2017.05.22—2017.05.26
张宇宁	电子科学与工程学院	副教授	美国	国际会议	2017.05.22—2017.05.26
陈时熠	能源与环境学院	讲师	波兰	国际会议	2017.05.22—2017.05.27
刘　璐	电子科学与工程学院	副研究员	美国	国际会议	2017.05.22—2017.05.27
仲雪飞	电子科学与工程学院	副教授、副院长	美国	国际会议	2017.05.22—2017.05.27
王莉莉	电子科学与工程学院	副教授	美国	国际会议	2017.05.22—2017.05.27
屠　彦	电子科学与工程学院	教授	美国	国际会议	2017.05.22—2017.06.06
徐菲菲	人文学院	教授	中国香港	国际会议	2017.05.23—2017.05.27
张　彦	信息科学与工程学院	讲师	中国香港	国际会议	2017.05.23—2017.05.27
陈继新	信息科学与工程学院	教授	中国香港	国际会议	2017.05.23—2017.05.30
侯德彬	信息科学与工程学院	讲师	中国香港	国际会议	2017.05.23—2017.05.30
李启明	土木工程学院	教授	美国	国际会议	2017.05.25—2017.05.29
李德智	土木工程学院	副教授	美国	国际会议	2017.05.25—2017.05.29
顾忠泽	生物科学与医学工程学院	教授	中国台湾	两岸会议	2017.05.25—2017.05.30

(续　表)

姓名	单位	职称职务	国家(地区)	项目	时间
钱卫平	生物科学与医学工程学院	教授	中国台湾	两岸会议	2017.05.25—2017.05.30
张　川	信息科学与工程学院	副教授	美国	国际会议	2017.05.27—2017.06.01
洪岩璧	人文学院	副教授	中国澳门	学术交流	2017.05.28—2017.05.30
孙伟锋	电子科学与工程学院	教授	日本	国际会议	2017.05.28—2017.06.01
刘斯扬	电子科学与工程学院	讲师	日本	国际会议	2017.05.28—2017.06.01
祝　靖	电子科学与工程学院	讲师	日本	国际会议	2017.05.28—2017.06.01
刘肖凡	计算机科学与工程学院	副教授	日本	国际会议	2017.05.28—2017.06.01
高　云	材料科学与工程学院	讲师	比利时	国际会议	2017.05.28—2017.06.03
戎志丹	材料科学与工程学院	副教授	比利时	国际会议	2017.05.28—2017.06.03
项乔君	交通学院	教授	德国	学术访问	2017.05.28—2017.06.19
蔡体菁	仪器科学与工程学院	教授	俄罗斯	国际会议	2017.05.29—2017.06.01
刘乃丰	附属中大医院	院长、教授	瑞典	工作访问	2017.05.29—2017.06.02
袁　超	国际合作处	秘书	瑞典	工作访问	2017.05.29—2017.06.02
吴　涓	教务处	教授	瑞典	工作访问	2017.05.29—2017.06.02
袁榴娣	研究生院	副院长	瑞典	工作访问	2017.05.29—2017.06.02
王保平	校长办公室	副校长、教授	瑞典	工作访问	2017.05.29—2017.06.02
尚金堂	电子科学与工程学院	教授	美国	国际会议	2017.05.29—2017.06.03
徐　健	海外教育学院	讲师、副院长	美国	参加教育展	2017.05.29—2017.06.04
章昊洋	海外教育学院	副主任	美国	参加教育展	2017.05.29—2017.06.04
沈　亮	数学学院	副教授	泰国	国际会议	2017.05.30—2017.06.02

（续　表）

姓名	单位	职称职务	国家(地区)	项目	时间
徐菲菲	人文学院	教授	印度尼西亚	国际会议	2017.05.30—2017.06.04
顾秋实	人文学院	讲师	印度尼西亚	国际会议	2017.05.30—2017.06.04
何思渊	生物科学与医学工程学院	副高	法国	合作研究	2017.05.30—2017.08.29
陶　云	外国语学院	教授	中国香港	国际会议	2017.05.31—2017.06.03
马根山	附属中大医院	主任医师、教授	日本	国际会议	2017.05.31—2017.06.04
库　马	土木工程学院	教师	日本	合作研究	2017.06.01—2017.06.07
陈　明	附属中大医院	副院长、主任医师	美国	国际会议	2017.06.02—2017.06.06
张海军	附属中大医院	副研究员	美国	国际会议	2017.06.02—2017.06.06
汤日宁	附属中大医院	副主任医师	西班牙	国际会议	2017.06.02—2017.06.07
王艳丽	附属中大医院	副主任医师	西班牙	国际会议	2017.06.02—2017.06.07
吕林莉	医学院	副教授	西班牙	国际会议	2017.06.02—2017.06.07
刘必成	附属中大医院	教授、主任医师	西班牙	国际会议	2017.06.03—2017.06.06
党　建	信息科学与工程学院	讲师	澳大利亚	国际会议	2017.06.03—2017.06.07
李连鸣	信息科学与工程学院	副研究员	美国	国际会议	2017.06.03—2017.06.07
李　潇	信息科学与工程学院	副教授	澳大利亚	国际会议	2017.06.03—2017.06.07
徐平平	信息科学与工程学院	教授	澳大利亚	国际会议	2017.06.03—2017.06.08
蒋雁翔	信息科学与工程学院	副研究员	澳大利亚	国际会议	2017.06.03—2017.06.08
赵涤燹	信息科学与工程学院	研究员	美国	国际会议	2017.06.03—2017.06.09
郑　军	信息科学与工程学院	教授	澳大利亚	国际会议	2017.06.03—2017.06.10

(续　表)

姓名	单位	职称职务	国家(地区)	项目	时间
李　媛	吴健雄学院	秘书	法国	国际会议	2017.06.03—2017.06.11
况迎辉	吴健雄学院	教授、副院长	法国	国际会议	2017.06.03—2017.06.11
沈连丰	信息科学与工程学院	教授	澳大利亚	国际会议	2017.06.03—2017.06.11
燕　锋	信息科学与工程学院	副研究员	澳大利亚	国际会议	2017.06.03—2017.06.11
单伟伟	电子科学与工程学院	副教授	日本	国际会议	2017.06.04—2007.06.09
陈美华	外国语学院	教授、院长	新加坡	国际会议	2017.06.04—2017.06.07
郭锋萍	外国语学院	讲师	新加坡	国际会议	2017.06.04—2017.06.07
冯德成	土木工程学院	讲师	美国	国际会议	2017.06.04—2017.06.08
郝张成	信息科学与工程学院	教授	美国	国际会议	2017.06.04—2017.06.09
李铁香	数学学院	副教授	中国台湾	合作研究	2017.06.04—2017.07.03
夏思宇	自动化学院	副教授	罗马尼亚	国际会议	2017.06.05—2017.06.09
袁旸洋	建筑学院	讲师	德国	国际会议	2017.06.05—2017.06.11
乔立兴	附属中大医院	副主任医师	葡萄牙	国际会议	2017.06.05—2017.06.12
宋　敏	能源与环境学院	副高	瑞典以及丹麦	国际会议	2017.06.05—2017.06.16
陈　喆	信息科学与工程学院	讲师	美国	国际会议	2017.06.06—2017.06.09
张玉林	经济管理学院	副院长、教授	美国	合作研究	2017.06.06—2017.06.15
刘　娟	附属中大医院	主治医师	日本	留学进修	2017.06.06—2017.07.07
冯建明	党委办公室	主任	荷兰、挪威、丹麦	工作访问	2017.06.07—2017.06.16
许陶涛	国际合作处	秘书	荷兰、挪威、丹麦	工作访问	2017.06.07—2017.06.16

（续　表）

姓名	单位	职称职务	国家(地区)	项目	时间
叶智锐	国际合作处	教授、处长	荷兰、挪威、丹麦	工作访问	2017.06.07—2017.06.16
傅大放	土木工程学院	教授	荷兰、挪威、丹麦	工作访问	2017.06.07—2017.06.16
董　卫	建筑学院	教授	荷兰、挪威、丹麦	工作访问	2017.06.07—2017.06.16
易　红	党委办公室	党委书记、教授	荷兰、挪威、丹麦	工作访问	2017.06.07—2017.06.16
徐佳佳	附属中大医院	主治医师	日本	合作研究	2017.06.07—2017.07.07
王　玉	附属中大医院	住院医师	美国	国际会议	2017.06.08—2017.06.14
陈志斌	社会科学处	教授、副处长	香港	国际会议	2017.06.10—2017.06.14
沙溪清	经济管理学院	讲师	丹麦	国际会议	2017.06.10—2017.06.14
李　潇	信息科学与工程学院	副教授	日本	国际会议	2017.06.10—2017.06.14
赵　坚	土木工程学院	教授	挪威、波兰、捷克	国际会议	2017.06.10—2017.06.23
尹立红	公共卫生学院	院长、教授	瑞典	工作访问	2017.06.11—2017.06.15
刘乃丰	附属中大医院	院长、教授	瑞典	工作访问	2017.06.11—2017.06.15
侯道平	国际合作处	秘书	瑞典	工作访问	2017.06.11—2017.06.15
唐秋莎	医学院	教授	泰国	国际会议	2017.06.11—2017.06.15
郭　彤	研究生院	教授	瑞典	工作访问	2017.06.11—2017.06.15
丁　辉	校长办公室	教授	瑞典	工作访问	2017.06.11—2017.06.15
鉾井修一	建筑学院	教授	挪威	国际会议	2017.06.11—2017.06.15
沈　亮	数学学院	副教授	法国	国际会议	2017.06.11—2017.06.15
李永辉	建筑学院	副教授	挪威	国际会议	2017.06.11—2017.06.15

（续　表）

姓名	单位	职称职务	国家(地区)	项目	时间
吴　涓	教务处	副处长、教授	瑞典	工作访问	2017.06.11—2017.06.15
汪　茂	信息科学与工程学院	教授	美国	国际会议	2017.06.12—2017.06.14
金　石	信息科学与工程学院	教授	中国澳门	国际会议	2017.06.12—2017.06.15
沈来宏	能源与环境学院	教授	中国台湾	学术交流	2017.06.12—2017.06.16
张敏灵	计算机科学与工程学院	教授	美国	颁奖典礼	2017.06.12—2017.06.17
雷立旭	化学化工学院	教授	保加利亚	国际会议	2017.06.12—2017.06.17
宋　敏	能源与环境学院	副高	瑞典、丹麦	国际会议	2017.06.12—2017.06.18
程　光	计算机科学与工程学院	教授	日本	国际会议	2017.06.14—2017.06.17
熊艳艳	经济管理学院	副教授	越南	国际会议	2017.06.15—2017.06.18
顾忠泽	生物科学与医学工程学院	院长、教授	日本	工作访问	2017.06.15—2017.06.19
郝庆九	国际合作处	秘书	日本	工作访问	2017.06.15—2017.06.19
殷国栋	机械工程学院	副院长、教授	日本	工作访问	2017.06.15—2017.06.19
姚志彪	发展委员会	副研究员	日本	工作访问	2017.06.15—2017.06.19
黄大卫	校长办公室	副校长	日本	工作访问	2017.06.15—2017.06.19
梁书亭	总务处	处长、教授	日本	工作访问	2017.06.15—2017.06.19
何浩平	人文学院	讲师	日本	国际会议	2017.06.16—2017.06.20
王建华	电气工程学院	副研究员	柬埔寨	国际会议	2017.06.16—2017.06.20
吴在军	电气工程学院	教授、副院长	柬埔寨	国际会议	2017.06.17—2017.06.21
马旭东	自动化学院	教授	柬埔寨	国际会议	2017.06.17—2017.06.21
杨　俊	自动化学院	副教授	柬埔寨	国际会议	2017.06.17—2017.06.21

（续　表）

姓名	单位	职称职务	国家(地区)	项目	时间
吴佰建	土木工程学院	讲师	希腊	国际会议	2017.06.17—2017.06.23
付兴贺	电气工程学院	副教授	韩国	国际会议	2017.06.17—2017.06.23
沈宝龙	材料科学与工程学院	副院长、教授	西班牙	国际会议	2017.06.17—2017.06.24
盛昌栋	能源与环境学院	教授	哈萨克斯坦	国际会议	2017.06.18—2017.06.22
王培红	能源与环境学院	教授	哈萨克斯坦	国际会议	2017.06.18—2017.06.22
刘瑜俊	电气工程学院	讲师	立陶宛	国际会议	2017.06.18—2017.06.22
丁幼亮	土木工程学院	研究员	希腊	国际会议	2017.06.18—2017.06.23
盛凌振	马克思主义学院	副院长、副教授	美国	研修	2017.06.18—2017.06.24
郭广银	马克思主义学院	副部级、院长、教授	美国	研修	2017.06.18—2017.06.24
朱利丰	仪器科学与工程学院	讲师	美国	国际会议	2017.06.19—2017.06.23
许　妍	土木工程学院	副教授	美国	国际会议	2017.06.19—2017.06.23
樊祥宁	信息科学与工程学院	教授	俄罗斯	国际会议	2017.06.19—2017.06.24
冯　军	信息科学与工程学院	教授	俄罗斯	国际会议	2017.06.19—2017.06.24
胡庆生	信息科学与工程学院	教授	俄罗斯	国际会议	2017.06.19—2017.06.24
李文渊	信息科学与工程学院	教授	俄罗斯	国际会议	2017.06.19—2017.06.24
吴智深	土木工程学院	教授	哥伦比亚	国际会议	2017.06.19—2017.06.25
曹进德	数学学院	教授、院长	日本	国际会议	2017.06.20—2017.06.27
卢剑权	数学学院	教授	日本	国际会议	2017.06.20—2017.06.27
王声乐	交通学院	教授	罗马尼亚	合作研究	2017.06.20—2017.07.04
东　方	计算机科学与工程学院	副教授	美国	国际会议	2017.06.21—2017.06.25

（续　表）

姓名	单位	职称职务	国家(地区)	项目	时间
葛　峥	附属中大医院	主任医师	西班牙	国际会议	2017.06.21—2017.06.26
罗军舟	计算机科学与工程学院	院长、教授	美国	合作研究	2017.06.21—2017.06.27
舒华忠	计算机科学与工程学院	副院长、教授	法国	合作研究	2017.06.22—2017.07.07
张　琦	土木工程学院	讲师	美国	国际会议	2017.06.24—2017.06.29
宋云燕	发展委员会	助教	中国香港	参加竞赛	2017.06.24—2017.06.30
徐洪菊	发展委员会	助教	中国香港	参加竞赛	2017.06.24—2017.06.30
胡汉辉	经济管理学院	教授	中国香港	参加竞赛	2017.06.24—2017.06.30
谢呈阳	经济管理学院	讲师	中国香港	参加竞赛	2017.06.24—2017.06.30
王红兵	计算机科学与工程学院	教授	美国	国际会议	2017.06.24—2017.06.31
康　维	信息科学与工程学院	教授	德国	国际会议	2017.06.24—2017.07.01
刘　楠	信息科学与工程学院	教授	德国	国际会议	2017.06.24—2017.07.01
况迎辉	吴健雄学院	教授、副院长	美国	交流	2017.06.24—2017.07.09
虞文武	数学学院	副院长、教授	澳大利亚	合作研究	2017.06.24—2017.08.23
卢　青	学习科学研究中心	教授	加拿大	国际会议	2017.06.25—2017.06.29
陈　怡	生物科学与医学工程学院	副研究员	中国香港	国际会议	2017.06.25—2017.06.29
孙立涛	电子科学与工程学院	副院长	捷克	国际会议	2017.06.25—2017.06.30
王辰星	自动化学院	副教授	德国	国际会议	2017.06.25—2017.06.30
曹　俊	能源与环境学院	讲师	美国	国际会议	2017.06.25—2017.07.01
陈美华	外国语学院	院长、教授	德国、白俄罗斯	工作访问	2017.06.25—2017.07.02
王景全	土木工程学院	院长、教授	德国、白俄罗斯	工作访问	2017.06.25—2017.07.02

（续　表）

姓名	单位	职称职务	国家(地区)	项目	时间
邱　斌	海外教育学院	院长、教授	德国、白俄罗斯	工作访问	2017.06.25—2017.07.02
赵祥伟	生物科学与医学工程学院	教授、副院长	中国香港	国际会议	2017.06.25—2017.07.02
赵春杰	医学院	副院长、教授	德国、白俄罗斯	工作访问	2017.06.25—2017.07.02
周佑勇	校长办公室	副校长、教授	德国、白俄罗斯	工作访问	2017.06.25—2017.07.02
周建新	能源与环境学院	副教授	美国	国际会议	2017.06.25—2017.07.02
许克琪	国际合作处	副处长、教授	德国、白俄罗斯	工作访问	2017.06.25—2017.07.02
李宏生	仪器科学与工程学院	教授、副院长	美国	合作研究	2017.06.25—2017.07.08
范　赟	数学学院	讲师	新加坡	合作研究	2017.06.25—2017.07.08
杨冠羽	计算机科学与工程学院	副教授	法国	合作研究	2017.06.25—2017.07.15
滕皋军	附属中大医院	院长、教授	中国香港	学术交流	2017.06.26—2017.06.29
张建琼	医学院	教授	中国香港	学术交流	2017.06.26—2017.06.29
居胜红	附属中大医院	教授	中国香港	学术交流	2017.06.26—2017.06.29
陈陆馗	附属中大医院	教授、主任医师	德国	国际会议	2017.06.26—2017.07.14
曹玖新	计算机科学与工程学院	教授	瑞典	合作研究	2017.06.28—2017.07.23
吕　准	物理学院	教授	智利	合作研究	2017.06.30—2017.07.29
王　进	物理学院	副教授	中国香港	合作研究	2017.06.30—2017.09.20
尹　威	经济管理学院	讲师	澳大利亚	国际会议	2017.07.01—2017.07.05
刘晓星	经济管理学院	教授	澳大利亚	国际会议	2017.07.01—2017.07.05
芮一康	交通学院	讲师	美国	国际会议	2017.07.01—2017.07.06
朱　敏	电子科学与工程学院	副教授	西班牙	国际会议	2017.07.01—2017.07.06

(续 表)

姓名	单位	职称职务	国家(地区)	项目	时间
伍家松	计算机科学与工程学院	讲师	法国	合作研究	2017.07.01—2017.07.12
杨淳风	计算机科学与工程学院	讲师	法国	合作研究	2017.07.01—2017.07.12
董　帅	物理学院	教授	西班牙、意大利、瑞士	国际会议	2017.07.01—2017.07.22
魏海坤	自动化学院	副院长、教授	加拿大	合作研究	2017.07.01—2017.07.22
李大韦	交通学院	讲师	日本	合作研究	2017.07.01—2017.07.29
殷国栋	机械工程学院	教授	美国	合作研究	2017.07.01—2017.08.03
李世华	自动化学院	教授	澳大利亚	合作研究	2017.07.01—2017.08.31
胡中倩	附属中大医院	主治医师	美国	培训	2017.07.01—2018.06.30
陈晓平	能源与环境学院	教授	葡萄牙	国际会议	2017.07.02—2017.07.05
宗慎飞	电子科学与工程学院	讲师	巴西	国际会议	2017.07.02—2017.07.05
Nohammad N. Noori	土木工程学院	教授	中国香港	国际会议	2017.07.02—2017.07.06
沈来宏	能源与环境学院	教授	葡萄牙	国际会议	2017.07.02—2017.07.06
盛昌栋	能源与环境学院	教授	葡萄牙	国际会议	2017.07.02—2017.07.06
张志政	计算机科学与工程学院	副教授	芬兰	国际会议	2017.07.02—2017.07.06
金　石	信息科学与工程学院	教授	日本	国际会议	2017.07.02—2017.07.07
阳建强	建筑学院	教授	希腊	国际会议	2017.07.02—2017.07.07
李世华	自动化学院	副院长、教授	马其顿	国际会议	2017.07.02—2017.07.07
陈杨杨	自动化学院	副教授	马其顿	国际会议	2017.07.02—2017.07.07
张　亚	自动化学院	副教授	马其顿	国际会议	2017.07.02—2017.07.07
汤　斌	外国语学院	副教授	澳大利亚	国际会议	2017.07.02—2017.07.15

（续　表）

姓名	单位	职称职务	国家(地区)	项目	时间
黄晓东	电子科学与工程学院	副教授	中国香港	合作研究	2017.07.02—2017.09.01
黄永明	信息科学与工程学院	教授、副院长	日本	国际会议	2017.07.03—2017.07.06
王闻今	信息科学与工程学院	副研究员	日本	国际会议	2017.07.03—2017.07.07
徐　嘉	学报编辑部	教授	新加坡	国际会议	2017.07.03—2017.07.08
李　力	建筑学院	讲师	葡萄牙、瑞士	国际会议	2017.07.03—2017.07.12
朱　健	计算机科学与工程学院	副教授	法国	合作研究	2017.07.03—2017.07.14
田玉平	自动化学院	教授	马其顿、法国	国际会议	2017.07.03—2017.07.15
韩晓峰	建筑学院	副教授	加拿大	合作研究	2017.07.03—2017.07.23
朱　雷	建筑学院	副教授	加拿大	联合教学	2017.07.03—2017.07.24
孙　宾	土木工程学院	讲师	中国香港	合作研究	2017.07.03—2017.09.02
陆生礼	电子科学与工程学院	研究员	中国澳门	会议评审	2017.07.04—2017.07.08
何　磊	土木工程学院	教授	日本	工作访问	2017.07.04—2017.07.09
赵　坚	土木工程学院	教授	日本	工作访问	2017.07.04—2017.07.09
王建国	建筑学院	教授	日本	工作访问	2017.07.04—2017.07.09
杨俊宴	建筑学院	教授	日本	工作访问	2017.07.04—2017.07.09
夏　兵	建筑学院	副教授	日本	工作访问	2017.07.04—2017.07.09
郭屹民	建筑学院	副研究员	日本	联合教学	2017.07.04—2017.07.17
朱　雷	建筑学院	副教授	日本	联合教学	2017.07.04—2017.07.17
王志功	信息科学与工程学院	教授	美国	国际会议	2017.07.05—2017.07.09
吕晓迎	生物科学与医学工程学院	教授	美国	国际会议	2017.07.05—2017.07.09

（续　表）

姓名	单位	职称职务	国家(地区)	项目	时间
罗立民	计算机科学与工程学院	教授	法国、瑞士	合作研究	2017.07.05—2017.07.24
尤肖虎	信息科学与工程学院	教授	日本	国际会议	2017.07.06—2017.07.10
陈俊杰	仪器科学与工程学院	教授	新加坡	国际会议	2017.07.06—2017.07.10
胡璞玉	吴健雄学院	秘书	美国	学术交流	2017.07.06—2017.07.29
陆生礼	电子科学与工程学院	研究员	中国香港	合作研究	2017.07.07—2017.07.10
罗　磊	交通学院	助教	美国	实习培训	2017.07.07—2017.08.19
王　卫	交通学院	讲师	美国	实习培训	2017.07.07—2017.08.19
王廷信	艺术学院	院长、教授	马来西亚	国际会议	2017.07.08—2017.07.12
李轶南	艺术学院	教授	马来西亚	国际会议	2017.07.08—2017.07.12
刘灿铭	艺术学院	教授	马来西亚	国际会议	2017.07.08—2017.07.12
张乾元	艺术学院	教授	马来西亚	国际会议	2017.07.08—2017.07.12
程万里	艺术学院	副教授	马来西亚	国际会议	2017.07.08—2017.07.12
李世华	自动化学院	教授	法国	国际会议	2017.07.08—2017.07.14
洪　伟	信息科学与工程学院	教授、院长	美国	国际会议	2017.07.08—2017.07.15
蒋之浩	信息科学与工程学院	教授	美国	国际会议	2017.07.08—2017.07.15
朱晓维	信息科学与工程学院	教授	美国	国际会议	2017.07.08—2017.07.15
孙　立	能源与环境学院	讲师	法国	国际会议	2017.07.08—2017.07.15
史雅妮	经济管理学院	讲师	加拿大	国际会议	2017.07.08—2017.07.15
潘　蕾	能源与环境学院	副教授	法国	国际会议	2017.07.08—2017.07.15
李益国	能源与环境学院	教授	法国	国际会议	2017.07.09—2017.07.13

（续　表）

姓名	单位	职称职务	国家(地区)	项目	时间
Altabey	土木工程学院	讲师	日本	国际会议	2017.07.09—2017.07.13
沈宝龙	材料科学与工程学院	副院长、教授	法国	国际会议	2017.07.09—2017.07.13
安　明	物理学院	讲师	意大利	国际会议	2017.07.09—2017.07.15
糜长稳	土木工程学院	副教授	美国	国际会议	2017.07.09—2017.07.15
张　鑫	数学学院	副教授	美国	国际会议	2017.07.09—2017.07.15
朱建宝	医学院	副教授	美国、西班牙	工作访问	2017.07.09—2017.07.16
雷　威	吴健雄学院	教授	德国	国际会议	2017.07.09—2017.07.18
张晓兵	科研院	教授	德国	国际会议	2017.07.09—2017.07.18
李　波	法学院	讲师	中国台湾	学术交流	2017.07.09—2017.07.22
吴智深	土木工程学院	教授	美国	工作访问	2017.07.10—2017.07.13
杨　勇	经济管理学院	教授	澳大利亚	国际会议	2017.07.10—2017.07.14
杨　洁	法学院	讲师	美国	国际会议	2017.07.10—2017.07.14
易　鑫	建筑学院	副教授	葡萄牙	国际会议	2017.07.10—2017.07.14
侯赟慧	经济管理学院	副研究员	澳大利亚	国际会议	2017.07.10—2017.07.15
曾　洪	仪器科学与工程学院	副教授	韩国	国际会议	2017.07.10—2017.07.15
陈　健	经济管理学院	副教授	澳大利亚	国际会议	2017.07.10—2017.07.15
陈洪涛	经济管理学院	副教授	澳大利亚	国际会议	2017.07.10—2017.07.15
岳书敬	经济管理学院	副教授	澳大利亚	国际会议	2017.07.10—2017.07.15
王志功	信息科学与工程学院	教授	韩国	国际会议	2017.07.10—2017.07.16
刘全俊	生物科学与医学工程学院	教授	韩国	国际会议	2017.07.10—2017.07.16

（续　表）

姓名	单位	职称职务	国家(地区)	项目	时间
陆祖宏	生物科学与医学工程学院	教授	韩国	国际会议	2017.07.10—2017.07.16
吕晓迎	生物科学与医学工程学院	教授	韩国	国际会议	2017.07.10—2017.07.16
邱　斌	经济管理学院	教授	澳大利亚	国际会议	2017.07.10—2017.07.16
涂　景	生物科学与医学工程学院	讲师	韩国	国际会议	2017.07.10—2017.07.16
顾　凯	建筑学院	副教授	俄罗斯	国际会议	2017.07.10—2017.07.17
周　霖	建筑学院	讲师	日本	参加竞赛	2017.07.10—2017.07.23
李霄翔	外国语学院	教授	英国	培训	2017.07.10—2017.07.30
曹　裕	经济管理学院	讲师	澳大利亚	国际会议	2017.07.11—2017.07.15
杨　帆	经济管理学院	讲师	澳大利亚	国际会议	2017.07.11—2017.07.15
莫凌飞	仪器科学与工程学院	副教授	韩国	国际会议	2017.07.11—2017.07.15
冯　伟	经济管理学院	副教授	澳大利亚	国际会议	2017.07.11—2017.07.15
张　建	土木工程学院	教授	美国	国际会议	2017.07.11—2017.07.16
张云升	材料科学与工程学院	教授	美国	国际会议	2017.07.11—2017.07.16
居胜红	附属中大医院	教授、主任医师	新加坡	国际会议	2017.07.13—2017.07.17
顾　伟	电气工程学院	教授	美国	合作研究	2017.07.13—2017.08.03
吴　志	电气工程学院	讲师	美国	合作研究	2017.07.13—2017.08.03
张晓坚	学生处	讲师、副部长	中国香港	工作访问	2017.07.14—2017.07.16
潘家志	学生处	讲师	中国香港	工作访问	2017.07.14—2017.07.16
吕鸿江	经济管理学院	教授	泰国	国际会议	2017.07.14—2017.07.18
戴国亮	土木工程学院	教授	埃及	国际会议	2017.07.14—2017.07.20

（续　表）

姓名	单位	职称职务	国家(地区)	项目	时间
傅大放	土木工程学院	教授	澳大利亚	国际会议	2017.07.14—2017.08.01
司风琪	能源与环境学院	教授、副院长	葡萄牙	国际会议	2017.07.15—2017.07.21
朱　利	电子科学与工程学院	教授	英国	国际会议	2017.07.15—2017.07.21
段钰锋	能源与环境学院	教授	美国	国际会议	2017.07.15—2017.07.25
曹秀英	信息科学与工程学院	教授	英国	合作研究	2017.07.15—2017.08.15
许苏明	马克思主义学院	研究员	美国	合作研究	2017.07.15—2017.08.20
李世华	自动化学院	副院长、教授	澳大利亚	合作研究	2017.07.15—2017.08.31
吴在军	电气工程学院	教授、副院长	美国	国际会议	2017.07.16—2017.07.20
顾　伟	电气工程学院	教授	美国	国际会议	2017.07.16—2017.07.20
吴　志	电气工程学院	讲师	美国	国际会议	2017.07.16—2017.07.20
陈振乾	能源与环境学院	教授	意大利	国际会议	2017.07.16—2017.07.21
王向阳	信息科学与工程学院	副研究员	英国	合作研究	2017.07.17—2017.08.15
汪　昕	土木工程学院	教授、副院长	新加坡	国际会议	2017.07.18—2017.07.22
朱　虹	土木工程学院	教授	新加坡	国际会议	2017.07.18—2017.07.22
王念春	电气工程学院	教授	丹麦	合作研究	2017.07.18—2017.08.18
杜延军	交通学院	教授	泰国	国际会议	2017.07.19—2017.07.23
鲍　莉	建筑学院	副教授	意大利	合作研究	2017.07.20—2017.08.03
殷晓星	信息科学与工程学院	教授	加拿大	合作研究	2017.07.20—2017.08.13
祁争健	化学化工学院	教授	美国	合作研究	2017.07.20—2017.08.19
张　建	土木工程学院	教授	日本	国际会议	2017.07.21—2017.07.24

(续　表)

姓名	单位	职称职务	国家(地区)	项目	时间
侯吉旋	物理学院	副教授	美国	国际会议	2017.07.21—2017.07.27
闵鹤群	建筑学院	副高	英国	国际会议	2017.07.21—2017.07.27
关秀翠	数学学院	副教授	美国	合作研究	2017.07.21—2017.08.18
赵祥伟	生物科学与医学工程学院	教授、副院长	泰国	国际会议	2017.07.22—2017.07.28
张天柱	生物科学与医学工程学院	教授	澳大利亚	国际会议	2017.07.22—2017.07.28
张建润	机械工程学院	教授	英国	国际会议	2017.07.22—2017.07.28
孙蓓蓓	机械工程学院	副院长、教授	英国	国际会议	2017.07.22—2017.07.28
卢　熹	机械工程学院	副教授	英国	国际会议	2017.07.22—2017.07.28
向文国	能源与环境学院	教授	澳大利亚	国际会议	2017.07.22—2017.07.29
徐　刚	信息科学与工程学院	副研究员	美国	国际会议	2017.07.22—2017.07.29
钟　辉	吴健雄学院	副教授	美国	国际会议	2017.07.22—2017.08.04
肖金标	电子科学与工程学院	教授	丹麦	国际会议	2017.07.23—2017.07.27
李文渊	信息科学与工程学院	教授	西班牙	国际会议	2017.07.23—2017.07.28
乔会杰	数学学院	副教授	俄罗斯	国际会议	2017.07.23—2017.07.29
顾　兵	电子科学与工程学院	教授	韩国	国际会议	2017.07.24—2017.07.29
钱　堃	自动化学院	副教授	西班牙	国际会议	2017.07.24—2017.07.29
张亚梅	材料科学与工程学院	教授、副院长	日本	国际会议	2017.07.24—2017.07.30
高建明	材料科学与工程学院	教授	日本	国际会议	2017.07.24—2017.07.30
谈英姿	自动化学院	副教授	日本	参加竞赛	2017.07.24—2017.08.01
牛　丹	自动化学院	讲师	西班牙、德国	国际会议	2017.07.24—2017.08.03

（续 表）

姓名	单位	职称职务	国家(地区)	项目	时间
袁晨晨	材料科学与工程学院	副研究员	德国	合作研究	2017.07.24—2017.08.19
范　赟	数学学院	讲师	德国	合作研究	2017.07.24—2017.08.20
潘金龙	土木工程学院	教授	新加坡	国际会议	2017.07.25—2017.07.29
吕秋琳	人文学院	讲师	美国	国际会议	2017.07.25—2017.07.29
王　军	能源与环境学院	副教授	芬兰	国际会议	2017.07.25—2017.08.01
王文炜	交通学院	教授	美国	工作访问	2017.07.25—2017.08.03
崔铁军	信息科学与工程学院	教授	新加坡	国际会议	2017.07.25—2017.08.04
王雪梅	生物科学与医学工程学院	教授	以色列	合作研究	2017.07.25—2017.08.12
靳　慧	土木工程学院	教授	瑞士	合作研究	2017.07.27—2017.08.07
黄培林	科研院	教授	德国	合作研究	2017.07.28—2017.09.15
周光泉	生物与医学工程学院	副研究员	中国香港	国际会议	2017.07.29—2017.08.03
孟　帆	信息科学与工程学院	助教	日本	工作访问	2017.07.29—2017.08.07
蔡　彦	生物科学与医学工程学院	讲师	中国香港	国际会议	2017.07.30—2017.08.02
陈　强	生物科学与医学工程学院	副研究员	中国香港	国际会议	2017.07.30—2017.08.02
马旭东	自动化学院	教授	美国	国际会议	2017.07.30—2017.08.05
高赐威	电气工程学院	教授	美国	国际会议	2017.07.30—2017.08.05
陈　明	附属中大医院	主任医师、副院长	以色列	工作访问	2017.07.31—2017.08.04
徐　冰	附属中大医院	主管技师	以色列	国际会议	2017.07.31—2017.08.04
吴在军	电气工程学院	教授、副院长	美国	国际会议	2017.07.31—2017.08.04
程　强	信息科学与工程学院	教授	新加坡	国际会议	2017.07.31—2017.08.04

（续　表）

姓名	单位	职称职务	国家(地区)	项目	时间
崔铁军	信息科学与工程学院	教授	新加坡	国际会议	2017.07.31—2017.08.04
董正高	物理学院	教授	新加坡	国际会议	2017.07.31—2017.08.04
高丙团	电气工程学院	教授	美国	国际会议	2017.07.31—2017.08.04
王　琦	电气工程学院	讲师	美国	国际会议	2017.07.31—2017.08.04
赵　欣	电气工程学院	讲师	美国	国际会议	2017.07.31—2017.08.04
周　波	自动化学院	副教授	美国	国际会议	2017.07.31—2017.08.04
雷双瑛	电子科学与工程学院	副教授	新加坡	国际会议	2017.07.31—2017.08.04
蒋　玮	电气工程学院	副教授	美国	国际会议	2017.07.31—2017.08.04
张学义	人文学院	讲师	中国澳门	国际会议	2017.07.31—2017.08.05
杨　俊	自动化学院	副教授	英国	留学进修	2017.07.31—2018.07.30
郭　力	土木工程学院	教授	越南	国际会议	2017.08.01—2017.08.05
陈淑梅	经济管理学院	教授	新加坡	国际会议	2017.08.01—2017.08.05
洪　俊	土木工程学院	副教授	越南	国际会议	2017.08.01—2017.08.05
王　莹	土木工程学院	副教授	越南	国际会议	2017.08.01—2017.08.05
周一帆	机械工程学院	副教授	澳大利亚	国际会议	2017.08.01—2017.08.05
缪凝彦	教育基金会	秘书	中国香港	采访编撰	2017.08.01—2017.08.06
张　磊	交通学院	副研究员	中国香港	国际会议	2017.08.01—2017.08.10
丁　辉	校长办公室	教授、总会计师	英国	合作研究	2017.08.01—2017.08.15
张在琛	信息科学与工程学院	教授、副院长	英国	合作研究	2017.08.01—2017.08.22
丁　溢	经济管理学院	讲师	美国	培训	2017.08.01—2017.12.31

（续　表）

姓名	单位	职称职务	国家(地区)	项目	时间
万　能	电子科学与工程学院	副研究员	美国	培训	2017.08.01—2017.12.31
鲁明易	外国语学院	副教授	美国	培训	2017.08.01—2017.12.31
刘　波	计算机科学与工程学院	副教授	美国	培训	2017.08.01—2017.12.31
姚玉宇	附属中大医院	研究员	美国	合作研究	2017.08.01—2018.01.31
杨全胜	计算机科学与工程学院	副教授	新加坡	国际会议	2017.08.02—2017.08.06
朱晓维	信息科学与工程学院	教授	加拿大	国际会议	2017.08.02—2017.08.27
张建忠	电气工程学院	研究员	加拿大	合作研究	2017.08.02—2017.08.30
王金兰	物理学院	教授	美国	合作研究	2017.08.02—2017.08.31
李　冰	无锡分校	教授	新加坡	国际会议	2017.08.03—2017.08.07
杜运周	经济管理学院	教授	美国	国际会议	2017.08.03—2017.08.09
吴　芃	经济管理学院	副教授	美国	国际会议	2017.08.03—2017.08.23
许　勤	经济管理学院	讲师	美国	国际会议	2017.08.04—2017.08.09
张亚梅	材料科学与工程学院	教授、副院长	澳大利亚	国际会议	2017.08.04—2017.08.16
陈惠苏	材料科学与工程学院	教授	澳大利亚	国际会议	2017.08.04—2017.08.16
高建明	材料科学与工程学院	教授	澳大利亚	国际会议	2017.08.04—2017.08.16
陈　春	材料科学与工程学院	副研究员	澳大利亚	国际会议	2017.08.04—2017.08.16
孙　立	能源与环境学院	讲师	美国	国际会议	2017.08.05—2017.08.10
房　芳	自动化学院	副教授	日本	国际会议	2017.08.05—2017.08.10
陈小敏	教务处	科员	以色列	合作交流	2017.08.05—2017.08.11
沈孝兵	教务处	教授、副处长	以色列	合作交流	2017.08.05—2017.08.11

(续　表)

姓名	单位	职称职务	国家(地区)	项目	时间
王　浩	土木工程学院	教授	奥地利	国际会议	2017.08.05—2017.08.11
吕清芳	土木工程学院	副研究员	奥地利	国际会议	2017.08.05—2017.08.11
余海涛	电气工程学院	教授	澳大利亚	国际会议	2017.08.05—2017.08.15
石　邢	建筑学院	教授、副院长	美国	国际会议	2017.08.05—2017.08.17
金　星	建筑学院	副教授	美国	国际会议	2017.08.05—2017.08.17
Mohammad N. Noori	土木工程学院	教授	奥地利	国际会议	2017.08.06—2017.08.10
蔡晓波	体育系	教授	韩国	国际会议	2017.08.06—2017.08.10
田　馨	交通学院	讲师	美国	国际会议	2017.08.06—2017.08.10
姬晶晶	体育系	讲师	韩国	国际会议	2017.08.06—2017.08.10
王立靖	体育系	副教授	韩国	国际会议	2017.08.06—2017.08.10
李慧颖	计算机科学与工程学院	副教授	日本	国际会议	2017.08.06—2017.08.10
罗　晨	机械工程学院	副教授	日本	国际会议	2017.08.06—2017.08.10
殷勇高	能源与环境学院	教授	日本	国际会议	2017.08.06—2017.08.11
上官明	交通学院	讲师	新加坡	国际会议	2017.08.06—2017.08.11
钟思佳	数学学院	副教授	新加坡	国际会议	2017.08.06—2017.08.11
沈艳飞	医学院	教授	丹麦	合作研究	2017.08.06—2017.08.13
刘松琴	化学化工学院	教授	丹麦	合作研究	2017.08.06—2017.08.13
卫　伟	化学化工学院	教授	丹麦	合作研究	2017.08.06—2017.08.13
张袁健	化学化工学院	教授	丹麦	合作研究	2017.08.06—2017.08.13

（续　表）

姓名	单位	职称职务	国家(地区)	项目	时间
张小松	能源与环境学院	教授、常务副院长	日本、中国香港	国际会议	2017.08.06—2017.08.18
王金兰	物理学院	教授	美国	国际会议	2017.08.06—2017.08.18
吴　刚	校长办公室	副校长、教授	美国	大学校长培训	2017.08.06—2017.08.19
董　侨	交通学院	研究员	中国香港	国际会议	2017.08.07—2017.08.11
黄晓明	交通学院	教授	中国香港	国际会议	2017.08.07—2017.08.11
倪富健	交通学院	教授	中国香港	国际会议	2017.08.07—2017.08.11
钱振东	交通学院	教授	中国香港	国际会议	2017.08.07—2017.08.11
胡　靖	交通学院	讲师	中国香港	国际会议	2017.08.07—2017.08.11
于　斌	交通学院	副研究员	中国香港	国际会议	2017.08.07—2017.08.11
顾兴宇	交通学院	副教授、副院长	中国香港	国际会议	2017.08.07—2017.08.11
马　涛	交通学院	副教授	中国香港	国际会议	2017.08.07—2017.08.11
王文平	经济管理学院	教授	瑞典	国际会议	2017.08.07—2017.08.12
葛丽芹	生物科学与医学工程学院	教授	法国	国际会议	2017.08.07—2017.08.13
陈先华	交通学院	副教授	中国香港	国际会议	2017.08.07—2017.08.16
李铁香	数学学院	副教授	中国台湾	合作研究	2017.08.08.2017.09.08
董　卫	建筑学院	教授	泰国	国际会议	2017.08.08—2017.08.12
林鹤云	电气工程学院	教授	澳大利亚	国际会议	2017.08.09—2017.08.17
阳　辉	电气工程学院	讲师	澳大利亚	国际会议	2017.08.09—2017.08.17
房淑华	电气工程学院	副教授	澳大利亚	国际会议	2017.08.09—2017.08.17
程　明	电气工程学院	教授	澳大利亚	国际会议	2017.08.09—2017.08.19

（续　表）

姓名	单位	职称职务	国家(地区)	项目	时间
林明耀	电气工程学院	教授	澳大利亚	国际会议	2017.08.09—2017.08.21
付兴贺	电气工程学院	副教授	澳大利亚	国际会议	2017.08.09—2017.08.21
樊　英	电气工程学院	教授	澳大利亚	国际会议	2017.08.09—2017.08.19
花　为	电气工程学院	教授	澳大利亚	国际会议	2017.08.10—2017.08.18
张　淦	电气工程学院	讲师	澳大利亚	国际会议	2017.08.10—2017.08.18
陈建龙	数学学院	教授	墨西哥	国际会议	2017.08.10—2017.08.19
王青松	电气工程学院	讲师	澳大利亚	国际会议	2017.08.10—2017.08.19
郑文明	生物科学与医学工程学院	教授	日本	合作研究	2017.08.10—2017.08.20
黄　磊	电气工程学院	讲师	澳大利亚	国际会议	2017.08.10—2017.08.20
徐志科	电气工程学院	副研究员	澳大利亚	国际会议	2017.08.10—2017.08.20
董正高	物理学院	教授	美国	合作研究	2017.08.10—2017.08.24
钟　敏	数学学院	讲师	澳大利亚	合作研究	2017.08.10—2017.08.24
牛　丹	自动化学院	讲师	美国	合作研究	2017.08.10—2017.08.30
陆荣生	机械工程学院	讲师	加拿大	国际会议	2017.08.12—2017.08.18
耿艳芬	交通学院	副教授	马来西亚	国际会议	2017.08.12—2017.08.18
钱卫平	生物科学与医学工程学院	教授	美国	国际会议	2017.08.12—2017.08.27
王彩莲	附属中大医院	主任医师	德国	合作研究	2017.08.12—2017.09.10
戴玉蓉	物理学院	教授、副院长	美国	国际会议	2017.08.13—2017.08.18
张敏灵	计算机科学与工程学院	教授	加拿大	国际会议	2017.08.13—2017.08.18

（续　表）

姓名	单位	职称职务	国家(地区)	项目	时间
安　明	物理学院	讲师	美国	国际会议	2017.08.13—2017.08.18
陈　乾	物理学院	高级工程师	美国	国际会议	2017.08.13—2017.08.18
袁士俊	物理学院	副教授	美国	国际会议	2017.08.13—2017.08.18
何农跃	生物科学与医学工程学院	教授	美国、韩国	国际会议	2017.08.13—2017.08.23
王蓓蓓	电气工程学院	副教授	澳大利亚	合作研究	2017.08.13—2017.08.24
刘继军	数学学院	教授	日本	合作研究	2017.08.13—2017.09.21
王海兵	数学学院	副教授	日本	合作研究	2017.08.13—2017.09.21
沈孝兵	教务处	教授	中国台湾	科技比赛	2017.08.14—2017.08.18
孙泽阳	土木工程学院	讲师	中国台湾	科技比赛	2017.08.14—2017.08.18
朱明亮	土木工程学院	讲师	中国台湾	科技比赛	2017.08.14—2017.08.18
缪志伟	土木工程学院	副教授	中国台湾	科技比赛	2017.08.14—2017.08.18
顾　芳	苏州研究院	副研究员	新加坡	培训	2017.08.14—2017.08.23
丁建东	附属中大医院	主任医师	韩国	国际会议	2017.08.15—2017.08.19
苗　澎	信息科学与工程学院	副教授	加拿大	国际会议	2017.08.15—2017.08.26
袁海涛	土木工程学院	助工	英国	培训	2017.08.15—2017.08.29
徐　明	土木工程学院	研究员	英国	培训	2017.08.15—2017.08.29
宗周红	土木工程学院	教授	英国	培训	2017.08.15—2017.08.29
孟正大	实习室与设备管理处	教授	英国	培训	2017.08.15—2017.08.29
徐伟杰	土木工程学院	讲师	英国	培训	2017.08.15—2017.08.29
王燕华	土木工程学院	高级工程师	英国	培训	2017.08.15—2017.08.29

（续　表）

姓名	单位	职称职务	国家(地区)	项目	时间
熊国平	建筑学院	副教授	韩国	国际会议	2017.08.17—2017.08.22
阳建强	建筑学院	教授	美国	工作访问	2017.08.17—2017.08.26
蒋之浩	信息科学与工程学院	教授	加拿大	国际会议	2017.08.18—2017.08.27
朱晓维	信息科学与工程学院	教授	加拿大	国际会议	2017.08.18—2017.08.27
田　玲	信息科学与工程学院	副教授	加拿大	国际会议	2017.08.18—2017.08.27
王春雷	电子科学与工程学院	研究员	加拿大	国际会议	2017.08.19—2017.08.25
耿　新	计算机科学与工程学院	教授、副院长	澳大利亚	国际会议	2017.08.19—2017.08.25
徐平平	信息科学与工程学院	教授	加拿大	国际会议	2017.08.19—2017.08.25
王金兰	物理学院	教授	美国	国际会议	2017.08.19—2017.08.25
吴　京	土木工程学院	教授	加拿大	国际会议	2017.08.19—2017.08.25
周　臻	土木工程学院	教授	加拿大	国际会议	2017.08.19—2017.08.25
王雪梅	生物科学与医学工程学院	教授	美国	国际会议	2017.08.19—2017.08.25
漆桂林	计算机科学与工程学院	教授	奥地利	国际会议	2017.08.19—2017.08.25
张敏灵	计算机科学与工程学院	教授	澳大利亚	国际会议	2017.08.19—2017.08.25
郭正兴	土木工程学院	教授	加拿大	国际会议	2017.08.19—2017.08.25
黄兴淮	土木工程学院	讲师	加拿大	国际会议	2017.08.19—2017.08.25
管东芝	土木工程学院	讲师	加拿大	国际会议	2017.08.19—2017.08.25
刘家彬	土木工程学院	副教授	加拿大	国际会议	2017.08.19—2017.08.25
王春林	土木工程学院	副教授	加拿大	国际会议	2017.08.19—2017.08.25
潘　冶	材料科学与工程学院	教授	墨西哥	国际会议	2017.08.19—2017.08.26

（续 表）

姓名	单位	职称职务	国家(地区)	项目	时间
陈陆馗	附属中大医院	教授、主任医师	土耳其	国际会议	2017.08.20—2017.08.25
崔铁军	信息科学与工程学院	教授	加拿大	国际会议	2017.08.20—2017.08.25
徐淑宏	电子科学与工程学院	副研究员	加拿大	国际会议	2017.08.20—2017.08.25
李必信	计算机科学与工程学院	教授	韩国	国际会议	2017.08.20—2017.08.26
徐国英	能源与环境学院	讲师	英国	国际会议	2017.08.20—2017.08.26
赵　驰	经济管理学院	副研究员	葡萄牙	国际会议	2017.08.20—2017.08.26
张　川	信息科学与工程学院	副教授	英国	国际会议	2017.08.20—2017.08.27
沈　炯	能源与环境学院	教授	英国、美国	国际会议	2017.08.20—2017.09.01
吴　啸	能源与环境学院	教授	英国、美国	国际会议	2017.08.20—2017.09.01
顾　宁	生物科学与医学工程学院	教授	美国	合作研究	2017.08.20—2017.09.10
张赤斌	机械工程学院	教授	韩国	国际会议	2017.08.21—2017.08.26
林晓辉	机械工程学院	副教授	韩国	国际会议	2017.08.21—2017.08.26
熊仁根	化学化工学院	教授	印度尼西亚	国际会议	2017.08.21—2017.08.28
斐文江	信息科学与工程学院	教授	英国	国际会议	2017.08.22—2017.08.26
李绍芳	经济管理学院	讲师	德国	国际会议	2017.08.22—2017.08.26
夏亦犁	信息科学与工程学院	副教授	英国	国际会议	2017.08.22—2017.08.26
马根山	附属中大医院	主任医师、教授	西班牙	国际会议	2017.08.23—2017.08.29
许陶涛	国际合作处	秘书	法国	工作访问	2017.08.25—2017.08.29
袁榴娣	研究生院	教授、副院长	法国	工作访问	2017.08.25—2017.08.29
舒华忠	计算机科学与工程学院	教授、副院长	法国	工作访问	2017.08.25—2017.08.29

（续　表）

姓名	单位	职称职务	国家(地区)	项目	时间
左　惟	党委办公室	教授	法国	工作访问	2017.08.25—2017.08.29
陆　璐	国际合作处	副教授、副处长	法国	工作访问	2017.08.25—2017.08.29
柴　琳	自动化学院	副研究员	中国香港	国际会议	2017.08.25—2017.08.30
戴国亮	土木工程学院	教授	日本	国际会议	2017.08.25—2017.08.31
何　勇	经济管理学院	教授	日本	国际会议	2017.08.25—2017.08.31
张雪勤	化学化工学院	副教授	日本	国际会议	2017.08.25—2017.08.31
吴雪萌	海外教育学院	副教授	美国	长期任教	2017.08.25—2018.08.15
丁建文	交通学院	副教授	日本	国际会议	2017.08.26—2017.08.31
衡　伟	信息科学与工程学院	教授	印度尼西亚	国际会议	2017.08.26—2017.09.01
何嘉弘	电气工程学院	讲师	阿根廷	国际会议	2017.08.26—2017.09.01
黄允凯	电气工程学院	副院长、教授	荷兰、德国	国际会议	2017.08.26—2017.09.05
任思捷	建筑学院	讲师	尼泊尔	联合教学	2017.08.26—2017.09.15
诸葛净	建筑学院	副教授	尼泊尔	联合教学	2017.08.26—2017.09.15
滕皋军	附属中大医院	教授、主任医师	中国香港	工作访问	2017.08.27—2017.08.29
杨福俊	土木工程学院	教授	印度尼西亚	国际会议	2017.08.27—2017.08.31
何小元	土木工程学院	教授	印度尼西亚	国际会议	2017.08.27—2017.09.01
徐莹隽	电工电子实验中心	高级工程师	印度尼西亚	国际会议	2017.08.27—2017.09.01
王澄非	仪器科学与工程学院	副教授	印度尼西亚	国际会议	2017.08.27—2017.09.01
刘松琴	化学化工学院	教授、副院长	日本	国际会议	2017.08.27—2017.09.02
沈艳飞	医学院	教授	日本	国际会议	2017.08.27—2017.09.02

（续　表）

姓名	单位	职称职务	国家（地区）	项目	时间
卫　伟	化学化工学院	教授	日本	国际会议	2017.08.27—2017.09.02
张袁健	化学化工学院	教授	日本	国际会议	2017.08.27—2017.09.02
洪　伟	信息科学与工程学院	院长	韩国	国际会议	2017.08.27—2017.09.03
丁德胜	电子科学与工程学院	教授	法国	国际会议	2017.08.27—2017.09.03
丁幼亮	土木工程学院	研究员	韩国	国际会议	2017.08.28—2017.09.01
徐盈之	经济管理学院	教授	荷兰	国际会议	2017.08.28—2017.09.02
童金虎	交通学院	工程师	法国、西班牙、德国	国际会议	2017.08.28—2017.09.08
王晓俊	建筑学院	教授	荷兰	留学进修	2017.08.28—2017.09.30
王志功	信息科学与工程学院	教授	韩国	国际会议	2017.08.29—2017.09.02
赵　坚	土木工程学院	教授	中国台湾	两岸会议	2017.08.30—2017.09.01
林承棋	生命科学研究院	教授	新加坡	工作访问	2017.08.31—2017.09.05
袁勇贵	附属中大医院	主任医师	法国	国际会议	2017.09.01—2017.09.06
李晓莉	附属中大医院	住院医师	法国	国际会议	2017.09.01—2017.09.06
张志珺	附属中大医院	主任医师、教授	法国	国际会议	2017.09.01—2017.09.06
胡伍生	交通学院	教授	加拿大	合作研究	2017.09.01—2017.09.07
赵长遂	能源与环境学院	教授	美国	合作研究	2017.09.01—2017.09.30
段伦博	能源与环境学院	副教授	美国	合作研究	2017.09.01—2017.09.30
梁　财	能源与环境学院	副教授	美国	合作研究	2017.09.01—2017.09.30
韦继南	附属中大医院	主治医师	美国	留学进修	2017.09.01—2018.08.31
金　星	建筑学院	副教授	瑞士	留学进修	2017.09.01—2018.09.01

（续　表）

姓名	单位	职称职务	国家(地区)	项目	时间
叶　卉	附属中大医院	住院医师	西班牙	留学进修	2017.09.01—2021.09.01
巢健茜	公共卫生学院	教授	英国	国际会议	2017.09.02—2017.09.06
刘　沛	公共卫生学院	教授	英国	国际会议	2017.09.02—2017.09.06
曹进德	数学学院	教授、院长	匈牙利	国际会议	2017.09.02—2017.09.08
卢剑权	数学学院	教授	匈牙利	国际会议	2017.09.02—2017.09.08
林承棋	生命科学研究院	教授	美国	国际会议	2017.09.02—2017.09.08
马晓东	建筑设计研究院	研究员	韩国	国际会议	2017.09.03—2017.09.07
陈　薇	建筑学院	教授	韩国	国际会议	2017.09.03—2017.09.07
蒋维洲	物理学院	教授	法国	国际会议	2017.09.03—2017.09.09
蔡体菁	仪器科学与工程学院	教授	俄罗斯	合作研究	2017.09.03—2017.09.16
刘志彬	交通学院	副教授	英国	国际会议	2017.09.04—2017.09.09
肖　睿	能源与环境学院	教授	美国	国际会议	2017.09.04—2017.09.16
张会岩	能源与环境学院	副教授	美国	国际会议	2017.09.04—2017.09.16
赵长遂	能源与环境学院	教授	美国、加拿大	国际会议、合作研究	2017.09.04—2017.09.17
段伦博	能源与环境学院	副教授	美国、加拿大	国际会议、合作研究	2017.09.04—2017.09.17
李四杰	经济管理学院	副教授	法国、德国	国际会议、合作研究	2017.09.04—2017.09.30
何　勇	经济管理学院	教授	德国	合作研究	2017.09.04—2017.10.01
成玉宁	建筑学院	教授	美国	学术交流	2017.09.05—2017.09.23
周聪惠	建筑学院	副教授	美国	学术交流	2017.09.05—2017.09.23
赵　坚	土木工程学院	特聘教授	新加坡	工作访问	2017.09.06—2017.09.08

（续　表）

姓名	单位	职称职务	国家(地区)	项目	时间
滕皋军	附属中大医院	院长、教授	韩国	国际会议	2017.09.07—2017.09.10
李晓智	体育系	副教授	荷兰	体育交流	2017.09.07—2017.09.15
陈建龙	数学学院	教授	西班牙、希腊	合作研究和国际会议	2017.09.07—2017.10.05
宋晓东	交通学院	讲师	意大利	国际会议	2017.09.09—2017.09.13
尹立红	公共卫生学院	教授、院　长	斯洛伐克	国际会议	2017.09.09—2017.09.14
梁戈玉	公共卫生学院	教授、副院长	斯洛伐克	国际会议	2017.09.09—2017.09.14
浦跃朴	公共卫生学院	教授	斯洛伐克	国际会议	2017.09.09—2017.09.14
张　娟	公共卫生学院	副教授	斯洛伐克	国际会议	2017.09.09—2017.09.14
张小松	能源与环境学院	美国	美国	合作研究	2017.09.10—2017.09.14
程　强	信息科学与工程学院	教授	英国	国际会议	2017.09.10—2017.09.14
洪　伟	信息科学与工程学院	教授	英国	国际会议	2017.09.10—2017.09.14
冯德成	土木工程学院	讲师	葡萄牙	国际会议	2017.09.10—2017.09.14
李连鸣	信息科学与工程学院	副研究员	比利时	国际会议	2017.09.10—2017.09.14
孟洪福	信息科学与工程学院	副教授	英国	国际会议	2017.09.10—2017.09.14
王建华	电气工程学院	副研究员	波兰	国际会议	2017.09.10—2017.09.15
赵涤燹	信息科学与工程学院	研究院	比利时	国际会议	2017.09.10—2017.09.16
窦文斌	信息科学与工程学院	教授	意大利	国际会议	2017.09.10—2017.09.16
陈惠苏	材料科学与工程学院	教授	英国	国际会议	2017.09.10—2017.09.16
高建明	材料科学与工程学院	教授	英国	国际会议	2017.09.10—2017.09.16
蒋金洋	材料科学与工程学院	教授	英国	国际会议	2017.09.10—2017.09.16

（续　表）

姓名	单位	职称职务	国家(地区)	项目	时间
刘加平	材料科学与工程学院	教授	英国	国际会议	2017.09.10—2017.09.16
潘钢华	材料科学与工程学院	教授	英国	国际会议	2017.09.10—2017.09.16
钱春香	材料科学与工程学院	教授	英国	国际会议	2017.09.10—2017.09.16
施锦杰	材料科学与工程学院	教授	英国	国际会议	2017.09.10—2017.09.16
万克树	材料科学与工程学院	教授	英国	国际会议	2017.09.10—2017.09.16
张云升	材料科学与工程学院	教授	英国	国际会议	2017.09.10—2017.09.16
冯　攀	材料科学与工程学院	讲师	英国	国际会议	2017.09.10—2017.09.16
佘　伟	材料科学与工程学院	讲师	英国	国际会议	2017.09.10—2017.09.16
武胜萍	材料科学与工程学院	讲师	英国	国际会议	2017.09.10—2017.09.16
郭丽萍	材料科学与工程学院	副教授	英国	国际会议	2017.09.10—2017.09.16
戎志丹	材料科学与工程学院	副教授	英国	国际会议	2017.09.10—2017.09.16
朱晓维	信息科学与工程学院	教授	英国、爱尔兰	国际会议并工作访问	2017.09.10—2017.09.17
Mohammad N. Noori	土木工程学院	教授	葡萄牙	国际会议	2017.09.11—2017.09.16
陈振乾	能源与环境学院	教授	俄罗斯	国际会议	2017.09.11—2017.09.16
舒赣平	土木工程学院	教授、副院长	丹麦、英国	国际会议	2017.09.11—2017.09.22
范圣刚	土木工程学院	教授	丹麦、英国	国际会议	2017.09.11—2017.09.22
唐明亮	生命科学研究院	研究员	德国	国际会议	2017.09.12—2017.09.16
赵祥伟	生物科学与医学工程学院	副院长、教授	西班牙	国际会议	2017.09.12—2017.09.16
吴跃全	国际合作处	助理研究员	西班牙	工作访问	2017.09.12—2017.09.17
任利剑	党委办公室	研究员	西班牙	工作访问	2017.09.12—2017.09.17

（续　表）

姓名	单位	职称职务	国家(地区)	项目	时间
戴轶飞	海外教育学院	讲师	西班牙	工作访问	2017.09.12—2017.09.17
冷　杉	能源与环境学院	教授	加拿大	国际会议、合作研究	2017.09.12—2017.09.25
柴人杰	生命科学研究院	教授	德国	国际会议	2017.09.12—2017.09.16
居胜红	中大医院	主任医师、教授	波兰	国际会议	2017.09.13—2017.09.18
王春林	土木工程学院	副教授	日本	国际会议	2017.09.14—2017.09.18
朱海东	附属中大医院	主治医师	丹麦	国际会议	2017.09.15—2017.09.21
潘金龙	土木工程学院	教授	德国	国际会议	2017.09.17—2017.09.21
殷　磊	港澳台办公室	副主任	中国台湾	工作访问	2017.09.17—2017.09.21
仲雪飞	电子科学与工程学院	副院长、教授	中国台湾	工作访问	2017.09.17—2017.09.21
袁榴娣	研究生院	副院长	中国台湾	工作访问	2017.09.17—2017.09.21
王保平	校长办公室	副校长、教授	中国台湾	工作访问	2017.09.17—2017.09.21
陶　俊	信息科学与工程学院	教授	美国	国际会议	2017.09.17—2017.09.22
阳　媛	仪器科学与工程学院	讲师	日本	国际会议	2017.09.17—2017.09.22
李大韦	交通学院	副教授	越南	国际会议	2017.09.17—2017.09.22
刘松玉	交通学院	教授	韩国	国际会议	2017.09.17—2017.09.23
杜延军	交通学院	教授	韩国	国际会议	2017.09.17—2017.09.23
王　菲	交通学院	副研究员	韩国	国际会议	2017.09.17—2017.09.23
刘志彬	交通学院	副教授	韩国	国际会议	2017.09.17—2017.09.23
汪　茂	信息科学与工程学院	教授	法国	国际会议	2017.09.18—2017.09.22
刘　钊	土木工程学院	教授	加拿大	国际会议	2017.09.18—2017.09.24

(续　表)

姓名	单位	职称职务	国家(地区)	项目	时间
贺志启	土木工程学院	讲师	加拿大	国际会议	2017.09.18—2017.09.24
雷　威	电子科学与工程学院	教授	韩国	合作研究、访问考察	2017.09.20—2017.09.25
李　青	电子科学与工程学院	教授	韩国	合作研究、访问考察	2017.09.20—2017.09.25
夏　军	电子科学与工程学院	教授	韩国	合作研究、访问考察	2017.09.20—2017.09.25
刘志远	交通学院	教授	英国	合作研究	2017.09.20—2017.09.30
时　斌	电气工程学院	副教授	丹麦	留学进修	2017.09.20—2018.09.19
刘松琴	化学化工学院	教授、副院长	加拿大	合作研究	2017.09.21—2017.10.05
曹向辉	自动化学院	副教授	加拿大	国际会议	2017.09.22—2017.09.26
林承棋	生命科学研究院	教授	新加坡	合作研究	2017.09.22—2017.09.30
陈　明	附属中大医院	主任医师、副院长	西班牙	国际会议	2017.09.23—2017.09.27
杨　毅	附属中大医院	主任医师	奥地利	国际会议	2017.09.23—2017.09.27
邱海波	附属中大医院	教授、主任医师	奥地利	国际会议	2017.09.23—2017.09.27
王雪梅	生物科学与医学工程学院	教授	匈牙利	国际会议	2017.09.23—2017.09.28
孙伟锋	电子科学与工程学院	教授	中国香港	国际会议	2017.09.23—2017.09.28
陈　耀	土木工程学院	讲师	德国	国际会议	2017.09.23—2017.09.30
Mohammad Noori	土木工程学院	教授	美国	工作访问	2017.09.24—2017.09.28
蔡建国	土木工程学院	教授	德国	国际会议	2017.09.24—2017.09.29
李　澄	中大医院	院长助理、主任	美国	工作访问	2017.09.24—2017.09.30
张广军	校长办公室	校长、教授	美国	工作访问	2017.09.24—2017.09.30

（续 表）

姓名	单位	职称职务	国家(地区)	项目	时间
袁　超	国际合作处	秘书	美国	工作访问	2017.09.24—2017.09.30
王景全	土木工程学院	教授、院长	美国	工作访问	2017.09.24—2017.09.30
刘　攀	交通学院	教授、院长	美国	工作访问	2017.09.24—2017.09.30
吴在军	电气工程学院	教授、副教授	美国	工作访问	2017.09.24—2017.09.30
叶智锐	国际合作处	教授、副处	美国	工作访问	2017.09.24—2017.09.30
冯若强	土木工程学院	教授	德国	国际会议	2017.09.24—2017.09.30
汤新华	仪器科学与工程学院	讲师	美国	国际会议	2017.09.24—2017.09.30
徐铖铖	交通学院	副教授	英国	合作研究	2017.09.24—2017.09.30
何　磊	土木工程学院	教授	日本	工作访问	2017.09.25—2017.10.02
罗军舟	计算机科学与工程学院	教授、院长	中国香港	合作研究	2017.09.25—2017.10.03
张袁健	化学化工学院	教授	日本	国际会议	2017.09.26—2017.09.28
韩冬青	建筑学院	院长、教授	西班牙	国际会议	2017.09.26—2017.10.01
王晓俊	建筑学院	教授	西班牙	国际会议	2017.09.26—2017.10.01
费移山	建筑学院	讲师	西班牙	国际会议	2017.09.26—2017.10.01
熊国平	建筑学院	副教授	西班牙	国际会议	2017.09.26—2017.10.01
李　飚	建筑学院	教授	瑞士、意大利	联合教学	2017.09.26—2017.10.09
江　泓	建筑学院	副教授	瑞士、意大利	联合教学	2017.09.26—2017.10.09
唐　芃	建筑学院	副教授	瑞士、意大利	联合教学	2017.09.26—2017.10.09
朱　渊	建筑学院	副教授	瑞士、意大利	联合教学	2017.09.26—2017.10.09
程　明	电气工程学院	教授	美国	国际会议和工作访问	2017.09.26—2017.10.10

（续　表）

姓名	单位	职称职务	国家(地区)	项目	时间
董　侨	交通学院	研究员	美国	合作研究	2017.09.26—2017.10.11
郝张成	信息科学与工程学院	教授	英国、德国	国际会议、合作研究	2017.09.26—2017.10.14
翟建锋	信息科学与工程学院	副研究员	英国、德国	国际会议、合作研究	2017.09.26—2017.10.14
张　宏	建筑学院	教授	美国	参加竞赛	2017.09.27—2017.10.06
张　旭	建筑学院	讲师	美国	参加竞赛	2017.09.27—2017.10.06
彭昌海	建筑学院	副教授	美国	参加竞赛	2017.09.27—2017.10.06
顾　宁	生物科学与医学工程学院	教授	保加利亚	国际会议	2017.09.28—2017.10.02
王　政	电气工程学院	教授	美国	国际会议	2017.09.30—2017.10.06
赵　坚	土木工程学院	教授	南非	国际会议	2017.09.30—2017.10.07
樊　英	电气工程学院	教授	美国	国际会议	2017.09.30—2017.10.09
黄海波	材料科学与工程学院	高级工程师	中国香港	合作研究	2017.09.30—2017.10.10
燕　锋	信息科学与工程学院	副研究员	新加坡	国际会议和工作访问	2017.1.13—2017.01.20
沈连丰	信息科学与工程学院	教授	新加坡	国际会议和工作访问	2017.1.13—2017.01.20
夏玮玮	信息科学与工程学院	副研究员	新加坡	国际会议和工作访问	2017.1.13—2017.01.20
钱卫平	生物科学与医学工程学院	教授	美国	国际会议并合作研究	2017.1.20—2017.02.06
张志胜	机械工程学院	教授	新加坡	国际会议和合作研究	2017.01.21—2017.2.19
董　卫	建筑学院	教授	泰国	国际会议	2017.01.04—2017.01.08
张建忠	电气工程学院	副教授	美国	国际会议	2017.10.01—2017.10.05
刘　波	电子科学与工程学院	讲师	法国	国际会议	2017.10.01—2017.10.06
张　川	信息科学与工程学院	副教授	法国	国际会议	2017.10.01—2017.10.06

（续　表）

姓名	单位	职称职务	国家(地区)	项目	时间
李　峻	自动化学院	博士后	加拿大	合作研究	2017.10.01—2018.10.01
张　淦	电气工程学院	讲师	美国	国际会议	2017.10.02—2017.10.06
况迎辉	吴健雄学院	教授、副院长	澳大利亚	工作访问	2017.10.02—2017.10.08
柴人杰	生命科学研究院	教授	澳大利亚	工作访问	2017.10.02—2017.10.08
樊和平	人文学院	教授	德国	国际会议	2017.10.03—2017.10.09
王　珏	人文学院	教授	德国	国际会议	2017.10.03—2017.10.09
张晶晶	人文学院	讲师	德国	国际会议	2017.10.03—2017.10.09
袁晨晨	材料科学与工程学院	副研究员	中国香港	合作研究	2017.10.03—2019.10.02
李小平	计算机科学与工程学院	教授	加拿大	国际会议	2017.10.04—2017.10.09
曾　洪	仪器科学与工程学院	副教授	加拿大	国际会议	2017.10.04—2017.10.09
何　勇	经济管理学院	教授	加拿大	国际会议、合作研究	2017.10.04—2017.10.15
尤海燕	经济管理学院	讲师	加拿大	国际会议、合作研究	2017.10.04—2017.10.15
李四杰	经济管理学院	副教授	加拿大	国际会议、合作研究	2017.10.04—2017.10.15
袁　琴	学生处	主任	日本	工作访问	2017.10.06—2017.10.12
任亚梨	教务处	科长	日本	工作访问	2017.10.06—2017.10.12
沈宝龙	材料科学与工程学院	教授、副院长	英国	国际会议	2017.10.07—2017.10.11
熊仁根	化学化工学院	教授	日本	国际会议	2017.10.07—2017.10.11
李　旗	物理学院	教授	英国	国际会议	2017.10.07—2017.10.12
阳建强	建筑学院	教授	新加坡	国际会议	2017.10.07—2017.10.13
陈继新	信息科学与工程学院	教授	德国、荷兰	国际会议	2017.10.07—2017.10.14

(续　表)

姓名	单位	职称职务	国家(地区)	项目	时间
余　超	信息科学与工程学院	副教授	德国、荷兰	国际会议	2017.10.07—2017.10.14
林艺馨	土木工程学院	副教授	中国台湾	学术交流	2017.10.08—2017.10.12
王翔宇	自动化学院	讲师	澳大利亚	合作研究	2017.10.08—2017.10.28
沈淑琦	艺术学院	副教授	英国	国际会议	2017.10.09—2017.10.12
薛澄岐	机械工程学院	教授	奥地利	国际会议	2017.10.09—2017.10.14
牛亚峰	机械工程学院	讲师	奥地利	国际会议	2017.10.09—2017.10.14
吴闻宇	机械工程学院	讲师	奥地利	国际会议	2017.10.09—2017.10.14
刘松桥	附属中大医院	副主任医师	澳大利亚	国际会议	2017.10.09—2017.10.14
杨　毅	附属中大医院	主任医师	澳大利亚	国际会议	2017.10.10—2017.10.14
李兆霞	土木工程学院	教授	美国	合作研究	2017.10.09—2017.10.20
贺志启	土木工程学院	副教授	美国	国际会议	2017.10.10—2017.10.16
乔宗良	能源与环境学院	讲师	美国	留学进修	2017.10.10—2018.10.09
黄绿萍	外国语学院	讲师	日本	国际会议	2017.10.12—2017.10.17
陆薇薇	外国语学院	副教授	日本	国际会议	2017.10.12—2017.10.17
朱晓莉	附属中大医院	主任医师	日本	国际会议	2017.10.13—2017.10.19
邱海波	附属中大医院	教授、主任医师	美国	合作研究	2017.10.13—2017.10.22
蔡建国	土木工程学院	教授	丹麦	研习营	2017.10.14—2017.10.30
李煊鹏	仪器科学与工程学院	讲师	日本	国际会议	2017.10.15—2017.10.19
顾忠泽	生物科学与医学工程学院	教授、院长	德国	国际会议	2017.10.16—2017.10.20
钱　锋	建筑设计研究院有限公司	高级工程师	中国香港	访问交流	2017.10.16—2017.10.18

（续　表）

姓名	单位	职称职务	国家(地区)	项目	时间
朱　渊	建筑学院	副教授	中国香港	访问交流	2017.10.16—2017.10.18
叶智锐	国际合作处	教授、处长	斯洛伐克	参加联盟成立仪式	2017.10.16—2017.10.20
王雪梅	生物科学与医学工程学院	教授	德国	国际会议	2017.10.16—2017.10.20
赵祥伟	生物科学与医学工程学院	副院长	德国	国际会议	2017.10.16—2017.10.20
王　刚	无锡分校	讲师	中国台湾	国际会议	2017.10.16—2017.10.22
赵　霞	无锡分校	讲师	中国台湾	国际会议	2017.10.16—2017.10.22
郑丽霞	无锡分校	讲师	中国台湾	国际会议	2017.10.16—2017.10.22
洪宗训	生物科学与医学工程学院	副教授	德国	工作访问	2017.10.16—2017.10.25
何小元	土木工程学院	教授	美国	合作研究	2017.10.17—2017.11.01
单伟伟	电子科学与工程学院	副教授	美国	留学进修	2017.10.17—2017.12.02
严如强	仪器科学与工程学院	教授、副院长	意大利	国际会议	2017.10.18—2017.10.22
张敏灵	计算机科学与工程学院	教授	日本	国际会议	2017.10.18—2017.10.22
李　牧	艺术学院	讲师	美国	国际会议	2017.10.18—2017.10.22
程国斌	人文学院	副教授	美国	国际会议、交流	2017.10.18—2017.10.28
王春雷	电子科学与工程学院	研究院	加拿大	留学进修	2017.10.18—2018.10.17
徐淑宏	电子科学与工程学院	副研究员	加拿大	留学进修	2017.10.18—2018.10.17
乔玉钰	人文学院	讲师	中国香港	国际会议	2017.10.19—2017.10.22
刘文成	学生处	研究实习员	中国澳门	参加教育展	2017.10.19—2017.10.23
崔一平	电子科学与工程学院	教授	韩国	国际会议	2017.10.19—2017.10.29
陈大林	机械工程学院	工程师	美国	研修	2017.10.19—2018.10.18

(续　表)

姓名	单位	职称职务	国家(地区)	项目	时间
陈伟达	经济管理学院	教授	美国	国际会议	2017.10.20—2017.10.26
夏江燕	附属中大医院	副主任医师	美国	国际会议	2017.10.20—2017.10.26
周一帆	机械工程学院	副教授	美国	国际会议	2017.10.20—2017.10.28
漆桂林	计算机科学与工程学院	教授	奥地利	国际会议	2017.10.21—2017.10.25
丁　溢	经济管理学院	讲师	美国	国际会议	2017.10.21—2017.10.26
杨东辉	经济管理学院	讲师	美国	国际会议	2017.10.21—2017.10.26
朱冬梅	经济管理学院	讲师	美国	国际会议	2017.10.21—2017.10.26
张　颖	经济管理学院	副教授	美国	国际会议	2017.10.21—2017.10.26
侯合银	经济管理学院	副教授	美国	国际会议	2017.10.21—2017.10.27
王海燕	经济管理学院	教授	美国	国际会议和合作研究	2017.10.21—2017.10.28
薛巍立	经济管理学院	副教授	美国	国际会议	2017.10.21—2017.10.28
黄　磊	电气工程学院	副教授	英国	留学进修	2017.10.21—2018.10.21
郑建勇	成贤学院	院长、教授	日本	工作访问	2017.10.22—2017.10.26
郝庆九	国际合作处	秘书	日本	工作访问	2017.10.22—2017.10.26
林保平	化学化工学院	教授	日本	工作访问	2017.10.22—2017.10.26
董梅芳	成贤学院	副院长	日本	工作访问	2017.10.22—2017.10.26
郑家茂	党委办公室	副校长、教授	日本	工作访问	2017.10.22—2017.10.26
夏　强	生物科学与医学工程学院	教授	韩国	国际会议	2017.10.22—2017.10.27
袁健红	马克思主义学院	教授	荷兰	合作研究	2017.10.22—2017.10.31
孙莉玲	学生处	处长	美国	培训团	2017.10.22—2017.11.11

（续　表）

姓名	单位	职称职务	国家(地区)	项目	时间
熊国平	建筑学院	副教授	美国	国际会议	2017.10.23—2017.10.28
阳建强	建筑学院	教授	美国	国际会议	2017.10.23—2017.10.29
孙子林	医学院	教授、副院长	美国	国际会议	2017.10.24—2017.10.29
孙玲美	医学院	讲师	美国	留学进修	2017.10.24—2018.10.23
马根山	附属中大医院	主任医师、教授	日本	国际会议	2017.10.25—2017.10.28
李　华	建筑学院	副教授	中国台湾	两岸会议	2017.10.25—2017.11.01
陈　宇	建筑学院	副教授	中国台湾	两岸会议	2017.10.25—2017.11.01
徐君祥	数学学院	教授	美国	合作研究	2017.10.26—2017.11.10
朱　真	电子科学与工程学院	讲师	英国	国际会议	2017.10.27—2017.11.02
陆　巍	生命科学研究院	教授	美国	合作研究	2017.10.27—2017.11.17
黄庆安	电子科学与工程学院	教授	英国	国际会议	2017.10.28—2017.11.02
廖小平	电子科学与工程学院	教授	英国	国际会议	2017.10.28—2017.11.02
易真翔	电子科学与工程学院	讲师	英国	国际会议	2017.10.28—2017.11.02
王立峰	电子科学与工程学院	副教授	英国	国际会议	2017.10.28—2017.11.02
程　强	信息科学与工程学院	教授	泰国	国际会议	2017.10.29—2017.11.03
张念祖	信息科学与工程学院	副研究员	泰国	国际会议	2017.10.29—2017.11.03
杨建军	附属中大医院	主任医师	美国	国际会议	2017.10.29—2017.11.04
冯若强	土木工程学院	教授	韩国	国际会议	2017.10.30—2017.11.04
刘必成	附属中大医院	主任医师、教授	美国	国际会议	2017.10.30—2017.11.06
李鸿伟	科研院	副教授	瑞典、丹麦、芬兰	工作访问	2017.10.30—2017.11.08

（续　表）

姓名	单位	职称职务	国家(地区)	项目	时间
窦　骏	医学院	教授	加拿大	国际会议	2017.10.31—2017.11.04
王　彬	附属中大医院	住院医师	美国	国际会议	2017.10.31—2017.11.06
秦　颖	土木工程学院	讲师	韩国	国际会议	2017.11.01—2017.11.05
陆金钰	土木工程学院	副教授	韩国	国际会议	2017.11.01—2017.11.05
朱明亮	土木工程学院	副教授	韩国	国际会议	2017.11.01—2017.11.05
高　民	附属中大医院	副主任医师	美国	国际会议	2017.11.01—2017.11.07
李　哲	建筑学院	副教授	日本	合作研究	2017.11.01—2017.11.07
张建润	机械工程学院	教授	澳大利亚	合作研究	2017.11.01—2017.11.10
顾　凯	建筑学院	副教授	英国	国际会议	2017.11.02—2017.12.01
许　勤	经济管理学院	讲师	中国澳门	国际会议	2017.11.03—2017.11.06
刘建利	法学院	副教授	中国台湾	两岸会议	2017.11.03—2017.11.08
陈玉玲	法学院	副教授	中国台湾	两岸会议	2017.11.03—2017.11.08
施　娟	能源与环境学院	讲师	美国	国际会议	2017.11.03—2017.11.09
阚亚鲸	机械工程学院	讲师	美国	国际会议	2017.11.03—2017.11.09
沙菁契	机械工程学院	副教授	美国	国际会议	2017.11.03—2017.11.09
张　艳	机械工程学院	副教授	美国	国际会议	2017.11.03—2017.11.09
刘灿铭	艺术学院	教授	美国	交流	2017.11.03—2017.11.11
张志珺	附属中大医院	教授、主任医师	美国	合作研究	2017.11.03—2017.12.25
陈　明	附属中大医院	主任医师、副院长	德国、瑞士	工作访问	2017.11.04—2017.11.11
陈志斌	社会科学处	教授、副处长	马来西亚	国际会议	2017.11.04—2017.11.09

（续　表）

姓名	单位	职称职务	国家(地区)	项目	时间
林承棋	生命科学研究院	教授	德国	国际会议	2017.11.04—2017.11.09
单伟伟	电子科学与工程学院	副教授	韩国	国际会议	2017.11.05—2017.11.08
赵　坚	土木工程学院	特聘教授	澳大利亚	合作研究	2017.11.05—2017.11.09
周小棣	建筑设计研究院	教授	巴西	国际会议	2017.11.05—2017.11.09
丁　辉	校长办公室	教授、总会计师	中国香港、中国澳门	工作访问	2017.11.05—2017.11.09
蔡　亮	学生处	教授、副院长	中国香港、中国澳门	工作访问	2017.11.05—2017.11.09
张竞慧	计算机科学与工程学院	讲师	澳大利亚	国际会议	2017.11.05—2017.11.09
张　璐	校团委	讲师	中国香港、中国澳门	工作访问	2017.11.05—2017.11.09
刘　静	港澳台办公室	讲师	中国香港、中国澳门	工作访问	2017.11.05—2017.11.09
方　红	科研院	副教授	中国香港、中国澳门	工作访问	2017.11.05—2017.11.09
李慧颖	计算机科学与工程学院	副教授	美国	国际会议	2017.11.05—2017.11.09
李晓华	电子科学与工程学院	教授	意大利	国际会议	2017.11.05—2017.11.11
范星都	材料科学与工程学院	讲师	美国	国际会议	2017.11.05—2017.11.11
刘震国	信息科学与工程学院	副教授	新西兰	国际会议	2017.11.05—2017.11.12
程　强	信息科学与工程学院	教授	新西兰	国际会议	2017.11.06—2017.11.11
傅晓建	信息科学与工程学院	副教授	新西兰	国际会议	2017.11.06—2017.11.11
汤文轩	信息科学与工程学院	副教授	新西兰	国际会议	2017.11.06—2017.11.11
陈祥雨	外国语学院	助理工程师	美国	国际会议	2017.11.06—2017.11.12
李　晨	外国语学院	讲师	美国	国际会议	2017.11.06—2017.11.12

(续　表)

姓名	单位	职称职务	国家(地区)	项目	时间
张静宁	外国语学院	副教授	美国	国际会议	2017.11.07—2017.11.11
董　帅	物理学院	教授	日本	国际会议	2017.11.08—2017.11.12
纪　静	吴健雄学院	助教	美国	国际会议	2017.11.08—2017.11.13
况迎辉	吴健雄学院	教授、副院长	美国	国际会议	2017.11.08—2017.11.13
漆桂林	计算机科学与工程学院	教授	澳大利亚	国际会议	2017.11.09—2017.11.13
陈锦祥	土木工程学院	教授	日本	国际会议和合作研究	2017.11.09—2017.11.17
吕锡武	能源与环境学院	教授	中国台湾	两岸会议	2017.11.10—2017.11.15
王金兰	物理学院	教授	新加坡	国际会议	2017.11.10—2017.11.16
杨　鑫	生命科学研究院	讲师	美国	国际会议	2017.11.10—2017.11.16
朱新建	医学院	副教授	美国	国际会议	2017.11.10—2017.11.16
袁久红	马克思主义学院	教授、院长	日本	国际会议	2017.11.11—2017.11.15
雷　威	电子科学与工程学院	教授	新加坡	国际会议	2017.11.12—2017.11.15
李　青	电子科学与工程学院	教授	新加坡	国际会议	2017.11.12—2017.11.15
王兴平	建筑学院	教授	哈萨克斯坦	国际会议	2017.11.12—2017.11.16
王红兵	计算机科学与工程学院	教授	西班牙	国际会议	2017.11.12—2017.11.16
陈　瑞	公共卫生学院	教授	韩国	国际会议	2017.11.12—2017.11.16
许克琪	港澳台办公室	教授	中国香港	工作访问	2017.11.12—2017.11.18
邵　华	附属中大医院	副主任医师	意大利	实习培训	2017.11.12—2017.11.23
钱钦松	电子科学与工程学院	副教授	中国香港	国际会议	2017.11.13—2017.11.15
张　彦	信息科学与工程学院	讲师	马来西亚	国际会议	2017.11.13—2017.11.17

（续　表）

姓名	单位	职称职务	国家(地区)	项目	时间
徐　申	电子科学与工程学院	副教授、副院长	日本	国际会议	2017.11.13—2017.11.17
陈磊磊	交通学院	副教授	韩国	国际会议	2017.11.13—2017.11.17
徐　治	附属中大医院	副主任医师	美国	合作研究	2017.11.13—2017.12.30
时龙兴	电子科学与工程学院	教授	中国香港	合作研究	2017.11.14—2017.11.15
宋慧滨	电子科学与工程学院	高级工程师	中国香港	合作研究	2017.11.14—2017.11.15
王志功	信息科学与工程学院	教授	巴基斯坦	国际会议	2017.11.14—2017.11.17
张敏灵	计算机科学与工程学院	教授	韩国	国际会议	2017.11.14—2017.11.18
于　璐	国际合作处	秘书	美国	工作访问	2017.11.14—2017.11.19
肖　睿	能源与环境学院	教授、院长	美国	工作访问	2017.11.14—2017.11.19
倪中华	机械工程学院	教授、院长	美国	工作访问	2017.11.14—2017.11.19
邱　斌	海外教育学院	教授、院长	美国	工作访问	2017.11.14—2017.11.19
李维滨	基本建设处	教授、处长	美国	工作访问	2017.11.14—2017.11.19
张会岩	能源与环境学院	副研究员	美国	工作访问	2017.11.14—2017.11.19
黄大卫	校长办公室	副校长、副教授	美国	工作访问	2017.11.14—2017.11.19
陈宝安	附属中大医院	教授、主任医师	美国	国际会议和合作研究	2017.11.14—2017.12.09
朱　真	电子科学与工程学院	讲师	瑞士	国际会议	2017.11.15—2017.11.21
滕皋军	附属中大医院	教授、主任医师	中国香港	工作访问	2017.11.17—2017.11.20
赵祥伟	生物科学与医学工程学院	教授、副院长	新加坡	国际会议	2017.11.18—2017.11.22
张敏灵	计算机科学与工程学院	教授	美国	国际会议	2017.11.18—2017.11.22
洪　伟	信息科学与工程学院	教授、院长	新加坡	国际会议	2017.11.18—2017.11.23

（续　表）

姓名	单位	职称职务	国家(地区)	项目	时间
胡三明	信息科学与工程学院	教授	新加坡	国际会议	2017.11.18—2017.11.23
任近静	机械工程学院	讲师	新加坡	国际会议	2017.11.18—2017.11.23
孟洪福	信息科学与工程学院	副教授	新加坡	国际会议	2017.11.18—2017.11.23
沈一竹	信息科学与工程学院	副教授	新加坡	国际会议	2017.11.18—2017.11.23
马慧锋	信息科学与工程学院	研究员	日本	国际会议	2017.11.18—2017.11.24
周　颖	建筑学院	教授	日本	国际会议和合作研究	2017.11.18—2017.11.26
贾　方	科技园有限公司	教授	新西兰	国际会议并工作访问	2017.11.18—2017.11.26
张志胜	机械工程学院	教授	新西兰	国际会议并工作访问	2017.11.18—2017.11.26
戴　敏	机械工程学院	副教授	新西兰	国际会议并工作访问	2017.11.18—2017.11.26
徐　照	土木工程学院	副教授	中国香港	参加竞赛	2017.11.20—2017.11.22
钱丽娟	附属中大医院	主治医师	加拿大	访问学者	2017.11.20—2018.05.19
孙胜楠	经济管理学院	讲师	美国	留学进修	2017.11.20—2018.11.19
孙桂菊	公共卫生学院	教授	新西兰、澳大利亚	国际会议	2017.11.21—2017.11.30
王蓓蓓	电气工程学院	副教授	日本	国际会议	2017.11.22—2017.11.26
徐子方	艺术学院	教授	中国台湾	国际会议	2017.11.22—2017.11.27
赵天为	艺术学院	副教授	中国台湾	国际会议	2017.11.22—2017.11.27
钱振东	交通学院	教授	捷克、斯洛伐克、奥地利	合作研究	2017.11.23—2017.11.02
陆振波	交通学院	副研究员	捷克、斯洛伐克、奥地利	合作研究	2017.11.23—2017.11.02
韩　晓	外国语学院	讲师	日本	国际会议和工作访问	2017.11.23—2017.11.27
张　涛	仪器科学与工程学院	副研究员	日本	国际会议	2017.11.23—2017.11.27

（续　表）

姓名	单位	职称职务	国家(地区)	项目	时间
施锦杰	材料科学与工程学院	副教授	泰国	国际会议	2017.11.23—2017.11.27
窦文斌	信息科学与工程学院	教授	中国台湾	国际会议	2017.11.23—2017.11.28
洪　伟	信息科学与工程学院	教授、院长	中国香港	国际会议	2017.11.23—2017.11.29
张亚梅	材料科学与工程学院	教授、副院长	泰国	国际会议	2017.11.23—2017.12.09
葛　峥	附属中大医院	主任医师	日本	国际会议	2017.11.24—2017.11.27
董　卫	建筑学院	副教授	缅甸	合作研究	2017.11.24—2017.12.10
江　泓	建筑学院	副教授	缅甸	合作研究	2017.11.24—2017.12.10
周小棣	建筑学院	副教授	缅甸	合作研究	2017.11.24—2017.12.10
蒋金洋	材料科学与工程学院	教授	泰国	国际会议	2017.11.25—2017.11.29
张云升	材料科学与工程学院	教授	泰国	国际会议	2017.11.25—2017.11.29
佘　伟	材料科学与工程学院	讲师	泰国	国际会议	2017.11.25—2017.11.29
张文华	材料科学与工程学院	副教授	泰国	国际会议	2017.11.25—2017.11.29
许陶涛	国际合作处	秘书	挪威、丹麦	工作访问	2017.11.25—2017.12.02
易　红	党委办公室	教授、党委书记	挪威、丹麦	工作访问	2017.11.25—2017.12.02
叶智锐	国际合作处	教授、处长	挪威、丹麦	工作访问	2017.11.25—2017.12.02
傅大放	土木工程学院	教授	挪威、丹麦	工作访问	2017.11.25—2017.12.02
董　卫	建筑学院	教授	挪威、丹麦	工作访问	2017.11.25—2017.12.02
冯建明	党委办公室	副研究员	挪威、丹麦	工作访问	2017.11.25—2017.12.02
熊仁根	化学化工学院	教授	美国	合作研究	2017.11.25—2017.12.19
葛　伟	电子科学与工程学院	助理研究员	美国	国际会议	2017.11.26—2017.11.02

(续　表)

姓名	单位	职称职务	国家(地区)	项目	时间
葛　明	建筑学院	教授、副院长	英国	国际会议	2017.11.26—2017.11.30
刘　波	电子科学与工程学院	讲师	美国	国际会议	2017.11.26—2017.12.01
张友法	材料科学与工程学院	副教授	美国	国际会议	2017.11.26—2017.12.01
董　帅	物理学院	教授	美国	国际会议	2017.11.26—2017.12.02
刘继军	数学学院	教授	日本	合作研究	2017.11.26—2017.12.02
林承棋	生命科学研究院	教授	新加坡	合作研究	2017.11.26—2017.12.02
陈　薇	建筑学院	教授	英国	国际会议和合作研究	2017.11.26—2017.12.06
王红兵	计算机科学与工程学院	教授	中国台湾	两岸会议	2017.11.27—2017.12.01
宋爱波	计算机科学与工程学院	教授	中国台湾	两岸会议	2017.11.27—2017.12.01
周德宇	计算机科学与工程学院	教授	中国台湾	两岸会议	2017.11.27—2017.12.01
董　恺	计算机科学与工程学院	讲师	中国台湾	两岸会议	2017.11.27—2017.12.01
熊润群	计算机科学与工程学院	讲师	中国台湾	两岸会议	2017.11.27—2017.12.01
殷　磊	港澳台办公室	副主任	中国台湾	两岸会议	2017.11.27—2017.12.01
任利剑	党委办公室	副书记	中国台湾	两岸会议	2017.11.27—2017.12.01
孙立博	仪器科学与工程学院	副教授	泰国	国际会议	2017.11.27—2017.12.01
刘志昊	计算机科学与工程学院	副教授	中国台湾	两岸会议	2017.11.27—2017.12.01
董永强	计算机科学与工程学院	副教授	中国台湾	两岸会议	2017.11.27—2017.12.01
吴含前	计算机科学与工程学院	副教授	中国台湾	两岸会议	2017.11.27—2017.12.01
徐　申	计算机科学与工程学院	副教授	中国台湾	两岸会议	2017.11.27—2017.12.01
李　伟	计算机科学与工程学院	副教授	中国台湾	两岸会议	2017.11.27—2017.12.01

（续　表）

姓名	单位	职称职务	国家(地区)	项目	时间
朱利丰	仪器科学与工程学院	副教授	泰国	国际会议	2017.11.27—2017.12.02
袁士俊	物理学院	副教授	美国	留学进修	2017.11.27—2018.11.26
孟　杰	学生处	助教	中国香港	参加教育展	2017.11.30—2017.12.04
蔡　亮	学生处	教授、副处长	中国香港	参加教育展	2017.11.30—2017.12.04
杨　洋	马克思主义学院	讲师	中国台湾	国际会议	2017.11.30—2017.12.04
张　嵩	建筑学院	讲师	中国台湾	学术交流	2017.11.30—2017.12.11
蒋卫祥	信息科学与工程学院	教授	新加坡	国际会议	2017.11.8——2017.12.03
钱卫平	生物科学与医学工程学院	教授	日本	国际会议	2017.12.01—2017.12.04
高兵兵	生物科学与医学工程学院	教师	日本	国际会议	2017.12.01—2017.12.04
顾洪成	生物科学与医学工程学院	讲师	日本	国际会议	2017.12.01—2017.12.04
杜　鑫	生物科学与医学工程学院	副研究员	日本	国际会议	2017.12.01—2017.12.04
谢卓颖	生物科学与医学工程学院	副研究员	日本	国际会议	2017.12.01—2017.12.04
李　玲	附属中大医院	主任医师	美国	合作研究	2017.12.01—2017.12.31
万春风	土木工程学院	副教授	澳大利亚	国际会议和合作研究	2017.12.01—2017.12.17
顾　岩	附属中大医院	住院医师	美国	合作研究	2017.12.01—2018.05.31
李　燕	外国语学院	讲师	美国	任教	2017.12.01—2019.11.30
周光泉	生物科学与医学工程学院	副研究员	中国香港	国际会议	2017.12.02—2017.12.06
孙伟锋	电子科学与工程学院	教授、处长	美国	国际会议	2017.12.02—2017.12.07
张文明	土木工程学院	副教授	新西兰	国际会议	2017.12.02—2017.12.08
段伦博	能源与环境学院	副教授	澳大利亚	国际会议	2017.12.02—2017.12.08

(续 表)

姓名	单位	职称职务	国家(地区)	项目	时间
莫凌飞	仪器科学与工程学院	副教授	澳大利亚	国际会议	2017.12.03—2017.12.07
郑　军	信息科学与工程学院	教授	新加坡	国际会议	2017.12.03—2017.12.08
许传龙	能源与环境学院	教授	中国香港	国际会议	2017.12.03—2017.12.08
张　彪	能源与环境学院	讲师	中国香港	国际会议	2017.12.03—2017.12.08
黄永明	信息科学与工程学院	教授、副院长	新加坡	国际会议	2017.12.03—2017.12.09
金　石	信息科学与工程学院	教授	新加坡	国际会议	2017.12.03—2017.12.09
许　威	信息科学与工程学院	教授	新加坡	国际会议	2017.12.03—2017.12.09
吴智深	土木工程学院	教授	澳大利亚	国际会议	2017.12.03—2017.12.09
陈振乾	能源与环境学院	教授	中国香港、中国澳门	国际会议	2017.12.03—2017.12.09
沈来宏	能源与环境学院	教授	澳大利亚	国际会议	2017.12.03—2017.12.09
盛昌栋	能源与环境学院	教授	澳大利亚	国际会议	2017.12.03—2017.12.09
孙子林	医学院	副院长、教授	阿联酋	工作访问	2017.12.03—2017.12.09
蒋雁翔	信息科学与工程学院	副研究员	新加坡	国际会议	2017.12.03—2017.12.09
戚晨皓	信息科学与工程学院	副教授	新加坡	国际会议	2017.12.03—2017.12.09
陶　军	计算机科学与工程学院	副教授	新加坡	国际会议	2017.12.03—2017.12.09
朱　敏	电子科学与工程学院	副教授	新加坡	国际会议	2017.12.03—2017.12.09
喻　洁	电气工程学院	副教授	中国台湾	学术交流	2017.12.03—2017.12.09
张　鑫	数学学院	副教授	澳大利亚	国际会议	2017.12.03—2017.12.11
魏海坤	自动化学院	教授	美国	学术交流	2017.12.03—2017.12.17
柏宁丰	电子科学与工程学院	副教授	美国	学术交流	2017.12.03—2017.12.17

（续　表）

姓名	单位	职称职务	国家(地区)	项目	时间
尤肖虎	信息科学与工程学院	教授	新加坡	国际会议	2017.12.04—2017.12.08
郑福春	信息科学与工程学院	教授	新加坡	国际会议	2017.12.04—2017.12.08
曹向辉	自动化学院	副教授	新加坡	国际会议	2017.12.04—2017.12.08
段钰锋	能源与环境学院	教授	澳大利亚	国际会议	2017.12.04—2017.12.12
崔铁军	信息科学与工程学院	特聘教授	韩国	国际会议	2017.12.05—2017.12.08
王建国	建筑学院	教授	中国台湾	学术交流	2017.12.05—2017.12.08
张　军	仪器科学与工程学院	副研究员	中国澳门	国际会议	2017.12.05—2017.12.08
肖　睿	能源与环境学院	院长、教授	英国	工作访问	2017.12.05—2017.12.09
张广军	校长办公室	校长、教授	英国	工作访问	2017.12.05—2017.12.09
袁　超	国际合作处	秘书	英国	工作访问	2017.12.05—2017.12.09
金保昇	校长办公室	教授、副校长	英国	工作访问	2017.12.05—2017.12.09
叶智锐	国际合作处	教授、处长	英国	工作访问	2017.12.05—2017.12.09
孙立涛	电子科学与工程学院	副院长、教授	英国	工作访问	2017.12.05—2017.12.09
陆　璐	国际合作处	副教授、副处长	英国	工作访问	2017.12.05—2017.12.09
徐小东	建筑学院	副教授	美国	留学进修	2017.12.05—2018.10.04
吴　刚	校长办公室	教授、副校长	中国香港	工作访问	2017.12.06—2017.12.08
孙岳明	科研院	教授、常务副院长	中国香港	国际会议	2017.12.06—2017.12.08
曹进德	数学学院	教授、院长	卡塔尔	国际会议	2017.12.06—2017.12.10
佘　伟	材料科学与工程学院	讲师	中国香港	国际会议	2017.12.06—2017.12.10
虞文武	数学学院	教授、副院长	卡塔尔	国际会议	2017.12.07—2017.12.10

(续　表)

姓名	单位	职称职务	国家(地区)	项目	时间
王　彬	附属中大医院	医师	意大利	国际会议	2017.12.07—2017.12.11
史雅妮	经济管理学院	讲师	韩国	国际会议	2017.12.07—2017.12.14
葛　峥	附属中大医院	主任医师	美国	国际会议	2017.12.08—2017.12.13
张　琦	土木工程学院	讲师	澳大利亚	合作研究	2017.12.08—2017.12.17
李志斌	交通学院	研究员	中国香港	国际会议	2017.12.09—2017.12.12
陈伟达	经济管理学院	教授	新加坡	国际会议	2017.12.09—2017.12.14
阳　媛	仪器科学与工程学院	讲师	中国香港	国际会议	2017.12.09—2017.12.14
荀少华	化学化工学院	教授	澳大利亚	工作访问	2017.12.09—2017.12.15
徐　刚	化学化工学院	讲师	澳大利亚	国际会议	2017.12.09—2017.12.15
赵　健	化学化工学院	讲师	澳大利亚	国际会议	2017.12.09—2017.12.15
朱　仟	土木工程学院	讲师	美国	国际会议	2017.12.09—2017.12.16
黄见秋	电子科学与工程学院	副教授	美国	留学进修	2017.12.09—2018.12.08
汪　茂	信息科学与工程学院	教授	美国	国际会议	2017.12.10—2017.12.12
付　晓	交通学院	讲师	中国香港	国际会议	2017.12.10—2017.12.12
金　石	信息科学与工程学院	教授	澳大利亚	国际会议	2017.12.10—2017.12.14
王建国	建筑学院	教授	新加坡	学术交流	2017.12.10—2017.12.14
何　磊	土木工程学院	教授	新加坡	工作访问	2017.12.10—2017.12.15
李晓华	电子科学与工程学院	教授	日本	国际会议	2017.12.10—2017.12.16
刘胥影	计算机科学与工程学院	讲师	中国台湾	学术交流	2017.12.10—2018.01.03
翟军勇	自动化学院	教授	澳大利亚	国际会议	2017.12.11—2017.12.15

（续　表）

姓名	单位	职称职务	国家(地区)	项目	时间
杜运周	经济管理学院	教授	瑞士	国际会议	2017.12.11—2017.12.15
倪振华	物理学院	教授、副院长	新加坡	国际会议	2017.12.11—2017.12.16
程　明	电气工程学院	教授	美国	国际会议	2017.12.11—2017.12.16
王兴平	建筑学院	教授	喀麦隆、埃塞俄比亚	国际会议和合作研究	2017.12.11—2017.12.19
田玉平	自动化学院	教授	澳大利亚	国际会议	2017.12.11—2017.12.21
张　亚	自动化学院	副教授	澳大利亚	国际会议	2017.12.11—2017.12.21
吕俊鹏	物理学院	教授	新加坡	国际会议和合作研究	2017.12.11—2017.12.24
王保平	校长办公室	教授、副校长	日本	国际会议	2017.12.12—2017.12.16
冯煜清	法学院	副教授	中国台湾	国际会议	2017.12.13—2017.12.17
虞文武	数学学院	教授、副院长	澳大利亚	国际会议	2017.12.16—2017.12.21
梁金玲	数学学院	教授	澳大利亚	国际会议	2017.12.16—2017.12.21
曹向辉	自动化学院	副教授	澳大利亚	国际会议	2017.12.16—2017.12.21
陈杨杨	自动化学院	副教授	澳大利亚	国际会议	2017.12.16—2017.12.21
盛昌栋	能源与环境学院	教授	日本	合作研究	2017.12.17—2017.12.21
沈淑琦	艺术学院	副教授	中国台湾	国际会议	2017.12.17—2017.12.21
万　能	电子科学与工程学院	副研究员	美国	国际会议	2017.12.25—2017.12.02
张　毅	化学化工学院	研究员	日本	合作研究	2017.12.25—2018.01.04
付大伟	化学化工学院	教授	日本	合作研究	2017.12.25—2018.01.04
熊仁根	化学化工学院	教授	日本	合作研究	2017.12.25—2018.01.04
李必信	计算机科学与工程学院	教授	中国香港	国际会议	2017.12.27—2017.12.31
巩绪芳	学生处	讲师	中国香港	国际会议	2017.12.27—2017.12.31

2017 年出国(境)人员名单一览表(学生)

姓名	所在院系	职务/职称	出访国家或地区	出访任务	时间
胡鼎辉	计算机科学与工程学院	硕士生	瑞士	合作研究	2017.01.02—2018.01.02
来兰梅	生物科学与医学工程学院	博士生	泰国	国际会议	2017.01.02—2017.01.06
王俊华	生物科学与医学工程学院	博士生	泰国	国际会议	2017.01.02—2017.01.06
曹新江	生物科学与医学工程学院	博士生	泰国	国际会议	2017.01.02—2017.01.06
王　敏	经济管理学院	博士生	美国	国际会议	2017.01.03—2016.01.07
蔡明君	经济管理学院	硕士生	美国	国际会议	2017.01.03—2017.01.07
邹　翔	经济管理学院	博士生	美国	国际会议	2017.01.03—2017.01.09
许　翔	交通学院	博士生	美国	国际会议	2017.01.06—2017.01.12
周　昊	交通学院	硕士生	日本	国际会议	2017.01.06—2017.01.13
马　羊	交通学院	硕士生	日本	国际会议	2017.01.06—2017.01.13
杨　阳	交通学院	博士生	美国	国际会议	2017.01.06—2017.01.14
李林超	交通学院	博士生	美国	国际会议	2017.01.07—2017.01.13
周　洲	交通学院	博士生	美国	国际会议	2017.01.07—2017.01.13
郑　乐	交通学院	博士生	美国	国际会议	2017.01.07—2017.01.13
张　涛	交通学院	博士生	美国	国际会议	2017.01.07—2017.01.13
张　勐	交通学院	博士生	美国	国际会议	2017.01.07—2017.01.13
徐笑梅	交通学院	博士生	美国	国际会议	2017.01.07—2017.01.13
王心怡	交通学院	本科生	美国	国际会议	2017.01.07—2017.01.13
陶　涛	交通学院	硕士生	美国	国际会议	2017.01.07—2017.01.13

（续　表）

姓名	所在院系	职务/职称	出访国家或地区	出访任务	时间
李昀轩	交通学院	博士生	美国	国际会议	2017.01.07—2017.01.13
雷　达	交通学院	硕士生	美国	国际会议	2017.01.07—2017.01.13
蒋继望	交通学院	博士生	美国	国际会议	2017.01.07—2017.01.13
江筱薇	交通学院	博士生	美国	国际会议	2017.01.07—2017.01.13
黄　凯	交通学院	硕士生	美国	国际会议	2017.01.07—2017.01.13
吴静娴	交通学院	博士生	美国	国际会议	2017.01.08—2017.01.12
甘佐贤	交通学院	博士生	美国	国际会议	2017.01.08—2017.01.12
刘　阳	交通学院	博士生	美国	国际会议	2017.01.08—2017.01.13
覃小纲	交通学院	博士生	美国	国际会议	2017.01.08—2017.01.22
纪　鹏	仪器科学与工程学院	博士生	马来西亚	国际会议	2017.01.12—2017.01.16
刘海东	生物科学与医学工程学院	博士生	泰国	国际会议	2017.01.14—2017.01.18
牛　欣	能源与环境学院	博士生	中国台湾	学术交流	2017.01.15—2017.01.19
刘卫东	能源与环境学院	博士生	中国台湾	学术交流	2017.01.15—2017.01.19
孟　帆	信息科学与工程学院	博士生	苏丹	国际会议	2017.01.15—2017.01.19
陈　鹏	信息科学与工程学院	博士生	苏丹	国际会议	2017.01.15—2017.01.19
徐意仁	电子科学与工程学院	硕士生	中国香港	国际会议	2017.01.19—2017.01.23
吴　浩	电子科学与工程学院	硕士生	中国香港	国际会议	2017.01.19—2017.01.23
王　翔	电子科学与工程学院	硕士生	中国香港	国际会议	2017.01.19—2017.01.23
邱玉江	机械工程学院	博士生	日本	国际会议	2017.01.19—2017.01.23

(续　表)

姓名	所在院系	职务/职称	出访国家或地区	出访任务	时间
郭哲锋	机械工程学院	博士生	日本	国际会议	2017.01.19—2017.01.23
丁红钦	机械工程学院	博士生	日本	国际会议	2017.01.19—2017.01.23
吉　宇	电子科学与工程学院	博士生	美国	国际会议	2017.01.21—2017.01.27
张　辉	机械工程学院	博士生	美国	国际会议	2017.01.22—2017.01.26
郑　伟	材料科学与工程学院	博士生	美国	国际会议	2017.01.22—2017.01.27
丁健翔	材料科学与工程学院	博士生	美国	国际会议	2017.01.22—2017.01.27
叶一舟	电子科学与工程学院	博士生	美国	国际会议	2017.01.22—2017.01.28
戈志群	电子科学与工程学院	博士生	美国	国际会议	2017.01.28—2017.02.01
胡长涓	建筑学院	博士生	西班牙	国际会议	2017.01.30—2017.02.04
宫　聪	建筑学院	博士生	西班牙	国际会议	2017.01.30—2017.02.04
陈晓皎	机械工程学院	博士生	美国	短期学习	2017.02.01—2018.01.31
胥海明	计算机科学与工程学院	硕士生	美国	国际会议	2017.02.04—2017.02.09
唐才智	计算机科学与工程学院	硕士生	美国	国际会议	2017.02.04—2017.02.09
凌妙根	计算机科学与工程学院	博士生	美国	国际会议	2017.02.04—2017.02.09
侯　鹏	计算机科学与工程学院	硕士生	美国	国际会议	2017.02.04—2017.02.09
商新超	电子科学与工程学院	博士生	美国	国际会议	2017.02.04—2017.02.09
陆田野	成贤学院	本科生	中国台湾	短期学习	2017.02.05—2017.06.23
林尹雅	成贤学院	本科生	中国台湾	短期学习	2017.02.05—2017.06.23
沈天越	机械工程学院	本科生	中国台湾	短期学习	2017.02.05—2017.06.23

（续　表）

姓名	所在院系	职务/职称	出访国家或地区	出访任务	时间
魏欣宇	人文学院	本科生	中国台湾	短期学习	2017.02.05—2017.06.23
刘埠桅	人文学院	本科生	中国台湾	短期学习	2017.02.05—2017.06.23
柳乔丰	计算机科学与工程学院	本科生	中国台湾	短期学习	2017.02.06—2017.06.17
王方军	成贤学院	本科生	中国台湾	短期学习	2017.02.09—2017.06.18
陈懋仁	成贤学院	本科生	中国台湾	短期学习	2017.02.09—2017.06.18
孙哲田	成贤学院	本科生	中国台湾	短期学习	2017.02.09—2017.06.20
张　溢	成贤学院	本科生	中国台湾	短期学习	2017.02.10—2017.06.27
谢治瑶	成贤学院	本科生	中国台湾	短期学习	2017.02.10—2017.06.27
沈光熠	成贤学院	本科生	中国台湾	短期学习	2017.02.10—2017.06.27
金姮慧	成贤学院	本科生	中国台湾	短期学习	2017.02.10—2017.06.27
陈凡荣	成贤学院	本科生	中国台湾	短期学习	2017.02.10—2017.06.27
李忠武	机械工程学院	博士生	美国	国际会议	2017.02.11—2017.02.15
何品尧	机械工程学院	博士生	美国	国际会议	2017.02.11—2017.02.15
赵逸闻	成贤学院	本科生	中国台湾	短期学习	2017.02.11—2017.06.19
张忍忍	成贤学院	本科生	中国台湾	短期学习	2017.02.11—2017.06.19
范霆霄	机械工程学院	本科生	中国台湾	短期学习	2017.02.11—2017.06.20
王安洁	经济管理学院	本科生	中国台湾	短期学习	2017.02.11—2017.06.20
沈　洁	人文学院	本科生	中国台湾	短期学习	2017.02.11—2017.06.20
周陆琪	成贤学院	本科生	中国台湾	短期学习	2017.02.12—2017.06.26
吴　野	成贤学院	本科生	中国台湾	短期学习	2017.02.12—2017.06.26

（续　表）

姓名	所在院系	职务/职称	出访国家或地区	出访任务	时间
林　敏	成贤学院	本科生	中国台湾	短期学习	2017.02.12—2017.06.26
蒋鑫浩	成贤学院	本科生	中国台湾	短期学习	2017.02.12—2017.06.26
曾庆芳	成贤学院	本科生	中国台湾	短期学习	2017.02.12—2017.06.26
王浩然	成贤学院	本科生	中国台湾	短期学习	2017.02.13—2017.06.30
袁骥德	信息科学与工程学院	博士生	新加坡	短期学习	2017.02.13—2017.07.21
宋一鸣	建筑学院	博士生	阿联酋	国际会议	2017.02.14—2017.02.18
廖婧文	法学院	本科生	中国台湾	短期学习	2017.02.14—2017.07.05
施佳男	交通学院	本科生	中国台湾	短期学习	2017.02.14—2017.07.05
孙春龙	数学学院	博士生	日本	合作研究	2017.02.15—2017.03.14
刘　雨	成贤学院	本科生	中国台湾	短期学习	2017.02.15—2017.06.30
李玲慧	成贤学院	本科生	中国台湾	短期学习	2017.02.15—2017.06.30
黄文惠	成贤学院	本科生	中国台湾	短期学习	2017.02.15—2017.06.30
冯宇程	成贤学院	本科生	中国台湾	短期学习	2017.02.15—2017.06.30
王沁雅	成贤学院	本科生	中国台湾	短期学习	2017.02.16—2017.06.28
李雅静	成贤学院	本科生	中国台湾	短期学习	2017.02.16—2017.06.28
依萨克	法学院	本科生	中国台湾	短期学习	2017.02.17—2017.06.30
谢微微	法学院	本科生	中国台湾	短期学习	2017.02.17—2017.06.30
郑如秋	化学化工学院	本科生	中国台湾	短期学习	2017.02.17—2017.06.30
张　旭	成贤学院	本科生	中国台湾	短期学习	2017.02.18—2017.06.30
王子琪	成贤学院	本科生	中国台湾	短期学习	2017.02.18—2017.06.30

（续　表）

姓名	所在院系	职务/职称	出访国家或地区	出访任务	时间
李雪萌	成贤学院	本科生	中国台湾	短期学习	2017.02.18—2017.06.30
李少文	成贤学院	本科生	中国台湾	短期学习	2017.02.18—2017.06.30
陈川瑞	成贤学院	本科生	中国台湾	短期学习	2017.02.18—2017.06.30
李婧怡	经济管理学院	本科生	中国台湾	短期学习	2017.02.19—2017.06.26
唐浩然	电气工程学院	硕士生	美国	国际会议	2017.02.20—2017.02.25
朱孔博	医学院	博士生	中国香港	国际会议	2017.02.23—2017.02.26
李程程	生物科学与医学工程学院	博士生	日本	国际会议	2017.02.27—2017.02.31
朱甜馨	建筑学院	硕士生	德国	短期学习	2017.02.27—2017.04.10
邢艺凡	建筑学院	硕士生	德国	短期学习	2017.02.27—2017.04.10
陈煜君	建筑学院	硕士生	德国	短期学习	2017.02.27—2017.04.10
赵　鹏	生物科学与医学工程学院	博士生	美国	合作研究	2017.03.01—2017.08.31
张　强	信息科学与工程学院	硕士生	日本	国际会议	2017.03.07—2017.03.11
蔡　瑞	信息科学与工程学院	硕士生	日本	国际会议	2017.03.07—2017.03.11
黎雅乐	土木工程学院	博士生	泰国	国际会议	2017.03.10—2017.03.12
舒计城	交通学院	博士生	美国	国际会议	2017.03.11—2017.03.16
曹智国	交通学院	博士生	美国	国际会议	2017.03.12—2017.03.16
张骏杰	物理学院	博士生	美国	国际会议	2017.03.12—2017.03.18
高小钦	信息科学与工程学院	博士生	美国	国际会议	2017.03.12—2017.03.18
翁亚奎	物理学院	博士生	美国	国际会议	2017.03.13—2017.03.18
王文辉	物理学院	博士生	美国	国际会议	2017.03.13—2017.03.18

(续　表)

姓名	所在院系	职务/职称	出访国家或地区	出访任务	时间
牛相宏	物理学院	博士生	美国	国际会议	2017.03.13—2017.03.18
李　杰	物理学院	博士生	美国	国际会议	2017.03.13—2017.03.18
Amina Zafar	物理学院	博士生	美国	国际会议	2017.03.13—2017.03.18
张晓明	土木工程学院	硕士生	日本	国际会议	2017.03.15—2017.03.19
何恒涛	信息科学与工程学院	博士生	中国台湾	合作研究	2017.03.15—2017.05.14
茆意伟	信息科学与工程学院	博士生	美国	国际会议	2017.03.18—2017.03.22
匡肃奉	信息科学与工程学院	博士生	美国	国际会议	2017.03.18—2017.03.22
杜劲波	信息科学与工程学院	博士生	美国	国际会议	2017.03.18—2017.03.22
李　翔	信息科学与工程学院	博士生	美国	国际会议	2017.03.18—2017.03.23
尹杰茜	信息科学与工程学院	博士生	法国	国际会议	2017.03.18—2017.03.25
王　锋	医学院	博士生	美国	国际会议	2017.03.18—2017.03.25
张曦文	医学院	博士生	比利时	国际会议	2017.03.20—2017.03.25
薛　明	医学院	博士生	比利时	国际会议	2017.03.20—2017.03.25
张　慧	机械工程学院	博士生	加拿大	国际会议	2017.03.21—2017.03.25
栾成欣	医学院	博士生	日本	国际会议	2017.03.22—2017.03.27
李　晨	学习科学研究中心	博士生	日本	国际会议	2017.03.24—2017.03.28
陈适之	土木工程学院	博士生	美国	国际会议	2017.03.25—2017.03.29
张　辉	信息科学与工程学院	博士生	中国台湾	国际会议	2017.03.25—2017.03.29
刘　恒	信息科学与工程学院	硕士生	中国台湾	国际会议	2017.03.25—2017.03.29
巨福军	能源与环境学院	博士生	韩国	国际会议	2017.03.25—2017.03.30

（续　表）

姓名	所在院系	职务/职称	出访国家或地区	出访任务	时间
陈婷婷	能源与环境学院	博士生	韩国	国际会议	2017.03.25—2017.03.30
沙　江	电子科学与工程学院	博士生	瑞士	国际会议	2017.03.25—2017.04.01
季柯丞	电子科学与工程学院	博士生	瑞士	国际会议	2017.03.25—2017.04.01
孟宪会	生物科学与医学工程学院	博士生	西班牙	国际会议	2017.03.26—2017.03.29
仲宙宇	电气工程学院	硕士生	美国	国际会议	2017.03.26—2017.03.30
禹法文	能源与环境学院	博士生	韩国	国际会议	2017.03.26—2017.03.30
俞居正	电子科学与工程学院	博士生	美国	国际会议	2017.03.26—2017.03.31
宋相海	化学化工学院	博士生	韩国	国际会议	2017.03.27—2017.03.31
潘东辉	化学化工学院	博士生	韩国	国际会议	2017.03.27—2017.03.31
马骏驰	计算机科学与工程学院	博士生	瑞士	国际会议	2017.03.27—2017.03.31
罗　斌	电子科学与工程学院	博士生	美国	国际会议	2017.03.27—2017.04.01
谈小铭	机械工程学院	本科生	美国	参加竞赛	2017.03.27—2017.04.03
郑逸川	土木工程学院	本科生	美国	参加竞赛	2017.03.27—2017.04.03
张　磊	土木工程学院	本科生	美国	参加竞赛	2017.03.27—2017.04.03
杨秀辉	土木工程学院	本科生	美国	参加竞赛	2017.03.27—2017.04.03
巫　岫	土木工程学院	本科生	美国	参加竞赛	2017.03.27—2017.04.03
孟　畅	土木工程学院	本科生	美国	参加竞赛	2017.03.27—2017.04.03
蔺志一	土木工程学院	本科生	美国	参加竞赛	2017.03.27—2017.04.03
黎宝山	土木工程学院	本科生	美国	参加竞赛	2017.03.27—2017.04.03

(续　表)

姓名	所在院系	职务/职称	出访国家或地区	出访任务	时间
姜　煜	土木工程学院	本科生	美国	参加竞赛	2017.03.27—2017.04.03
华一唯	土木工程学院	本科生	美国	参加竞赛	2017.03.27—2017.04.03
胡皓磊	土木工程学院	本科生	美国	参加竞赛	2017.03.27—2017.04.03
陈励续	土木工程学院	本科生	美国	参加竞赛	2017.03.27—2017.04.03
赵瀚玮	土木工程学院	博士生	瑞士	国际会议	2017.03.27—2017.04.04
王高新	土木工程学院	博士生	瑞士	国际会议	2017.03.27—2017.04.04
汪　艳	建筑学院	博士生	英国、比利时	短期学习，开会	2017.03.28—2017.05.08
陆　彪	能源与环境学院	博士生	中国香港	国际会议	2017.03.30—2017.03.31
章　寅	机械工程学院	博士生	美国	国际会议	2017.04.01—2017.04.05
姜海棠	医学院	博士生	意大利	国际会议	2017.04.01—2017.04.05
黄蓉蓉	生物科学与医学工程学院	博士生	美国	国际会议	2017.04.02—2017.04.06
何　磊	生物科学与医学工程学院	博士生	美国	国际会议	2017.04.02—2017.04.06
郭玲玲	生物科学与医学工程学院	博士生	美国	国际会议	2017.04.02—2017.04.06
朱亚楠	数学学院	博士生	中国香港	短期学习	2017.04.02—2017.07.01
刘　东	生物科学与医学工程学院	博士生	德国	国际会议	2017.04.03—2017.04.08
俞　健	自动化学院	博士生	新加坡	国际会议	2017.04.04—2017.04.08
饶　立	自动化学院	博士生	新加坡	国际会议	2017.04.04—2017.04.08
李韶旭	自动化学院	博士生	新加坡	国际会议	2017.04.04—2017.04.08
黄　源	自动化学院	博士生	新加坡	国际会议	2017.04.04—2017.04.08
唐　杰	仪器科学与工程学院	博士生	美国	国际会议	2017.04.06—2017.04.09

（续　表）

姓名	所在院系	职务/职称	出访国家或地区	出访任务	时间
徐俊超	能源与环境学院	博士生	德国	国际会议	2017.04.06—2017.04.10
江　浩	信息科学与工程学院	博士生	美国	国际会议	2017.04.06—2017.04.10
王瀚庆	信息科学与工程学院	博士生	中国台湾	学术交流	2017.04.08—2017.06.07
顾丽华	医学院	博士生	意大利	国际会议	2017.04.10—2017.04.15
牛　欣	能源与环境学院	博士生	中国台湾	国际会议	2017.04.10—2017.04.14
刘卫东	能源与环境学院	博士生	中国台湾	国际会议	2017.04.10—2017.04.14
褚洪岩	材料科学与工程学院	博士生	英国	合作研究	2017.04.15—2017.05.16
刘　翔	信息科学与工程学院	博士生	法国	合作研究	2017.04.15—2017.07.14
杨冬瑞	仪器科学与工程学院	博士生	美国	国际会议	2017.04.17—2017.04.21
童金武	仪器科学与工程学院	博士生	美国	国际会议	2017.04.17—2017.04.21
唐路平	电子科学与工程学院	博士生	美国	国际会议	2017.04.18—2017.04.22
陆　建	医学院	博士生	美国	国际会议	2017.04.18—2017.04.24
马军卫	土木工程学院	博士生	泰国	国际会议	2017.04.20—2017.04.23
徐晓敏	医学院	博士生	美国	国际会议	2017.04.21—2021.04.24
卢春强	医学院	博士生	美国	国际会议	2017.04.21—2021.04.24
张　劲	电子科学与工程学院	博士生	英国	国际会议	2017.04.23—2017.04.27
王宇啸	吴健雄学院	本科生	美国	参加竞赛	2017.04.23—2017.04.27
王　煜	吴健雄学院	本科生	美国	参加竞赛	2017.04.23—2017.04.27
刘永帆	吴健雄学院	本科生	美国	参加竞赛	2017.04.23—2017.04.27
姜　宁	吴健雄学院	本科生	美国	参加竞赛	2017.04.23—2017.04.27

（续　表）

姓名	所在院系	职务/职称	出访国家或地区	出访任务	时间
周令康	电气工程学院	博士生	爱尔兰	国际会议	2017.04.23—2017.04.29
王海涛	电气工程学院	博士生	爱尔兰	国际会议	2017.04.23—2017.04.29
朱伯谦	医学院	博士生	捷克	国际会议	2017.04.24—2017.04.29
王　鑫	医学院	博士生	捷克	国际会议	2017.04.24—2017.04.29
孙宇宁	医学院	博士生	捷克	国际会议	2017.04.24—2017.04.29
韩熙琼	医学院	博士生	捷克	国际会议	2017.04.24—2017.04.29
夏　涛	电气工程学院	博士生	爱尔兰	国际会议	2017.04.24—2017.04.30
张欢欢	计算机科学与工程学院	硕士生	新西兰	国际会议	2017.04.25—2017.04.29
刘耀文	计算机科学与工程学院	硕士生	新西兰	国际会议	2017.04.25—2017.04.29
李晓云	计算机科学与工程学院	硕士生	新西兰	国际会议	2017.04.25—2017.04.29
胡　苇	计算机科学与工程学院	博士生	新西兰	国际会议	2017.04.25—2017.04.29
陈　龙	计算机科学与工程学院	博士生	新西兰	国际会议	2017.04.25—2017.04.29
苏志鹏	生命科学研究院	博士生	美国	国际会议	2017.04.30—2017.05.06
迈乐	医学院	硕士生	美国	国际会议	2017.04.30—2017.05.17
王亚军	土木工程学院	博士生	美国	合作研究	2017.05.01—2017.12.30
胡家顺	信息科学与工程学院	博士生	加拿大	短期学习	2017.05.02—2017.11.01
单　锋	电子科学与工程学院	博士生	新加坡	国际会议	2017.05.03—2017.05.06
钱　广	仪器科学与工程学院	博士生	新加坡	国际会议	2017.05.03—2017.05.06
黄　昊	物理学院	博士生	新加坡	国际会议	2017.05.03—2017.05.07
韩　迪	物理学院	博士生	新加坡	国际会议	2017.05.03—2017.05.07

（续 表）

姓名	所在院系	职务/职称	出访国家或地区	出访任务	时间
鲍　磊	经济管理学院	博士生	美国	国际会议	2017.05.04—2017.05.08
罗　毅	经济管理学院	博士生	美国	国际会议	2017.05.04—2017.05.09
刘丽萍	经济管理学院	博士生	美国	国际会议	2017.05.04—2017.05.09
朱　宁	建筑学院	硕士生	英国	国际会议	2017.05.04—2017.05.10
乔　丹	信息科学与工程学院	硕士生	中国台湾	学术交流	2017.05.05—2017.05.15
卢欣桐	信息科学与工程学院	硕士生	中国台湾	学术交流	2017.05.05—2017.05.15
吉　峰	信息科学与工程学院	硕士生	中国台湾	学术交流	2017.05.05—2017.05.15
王婷婷	生命科学研究院	博士生	日本	国际会议	2017.05.07—2017.05.12
芮梦龙	生命科学研究院	博士生	日本	国际会议	2017.05.07—2017.05.12
李　倩	生命科学研究院	博士生	日本	国际会议	2017.05.07—2017.05.12
顾帮忠	计算机科学与工程学院	博士生	日本	国际会议	2017.05.07—2017.05.13
汪　锐	生命科学研究院	博士生	日本	国际会议	2017.05.08—2017.05.12
韩彩虹	生命科学研究院	博士生	日本	国际会议	2017.05.08—2017.05.12
程　乾	生命科学研究院	博士生	日本	国际会议	2017.05.08—2017.05.12
陈丹丹	生命科学研究院	博士生	日本	国际会议	2017.05.08—2017.05.12
陈　洁	生命科学研究院	博士生	日本	国际会议	2017.05.08—2017.05.12
毕彩丽	生命科学研究院	博士生	日本	国际会议	2017.05.08—2017.05.12
宣红云	生物科学与医学工程学院	博士生	日本	国际会议	2017.05.08—2017.05.14
任姣雨	生物科学与医学工程学院	博士生	日本	国际会议	2017.05.08—2017.05.14
宋亚程	建筑学院	博士生	新加坡	合作研究	2017.05.08—2018.05.05

(续　表)

姓名	所在院系	职务/职称	出访国家或地区	出访任务	时间
哈　瓦	医学院	博士生	土耳其	国际会议	2017.05.10—2017.05.15
谭小东	电子科学与工程学院	博士生	马来西亚	国际会议	2017.05.11—2017.05.14
李小杉	公共卫生学院	博士生	美国	国际会议	2017.05.12—2017.05.16
万　昕	医学院	博士生	美国	国际会议	2017.05.12—2017.05.16
高　蓉	医学院	博士生	美国	国际会议	2017.05.12—2017.05.16
张　杨	物理学院	博士生	加拿大	国际会议	2017.05.13—2017.05.21
张明飞	交通学院	博士生	加拿大	国际会议	2017.05.16—2017.05.22
彭尔兴	交通学院	博士生	加拿大	国际会议	2017.05.16—2017.05.22
路高学	人文学院	博士生	法国	国际会议	2017.05.16—2017.05.22
王诗晓	艺术学院	博士生	法国	国际会议	2017.05.16—2017.05.22
刘　波	交通学院	博士生	俄罗斯	国际会议	2017.05.17—2017.05.21
段　伟	交通学院	博士生	俄罗斯	国际会议	2017.05.17—2017.05.21
蔡光华	交通学院	博士生	俄罗斯	国际会议	2017.05.17—2017.05.21
韩　鹏	电气工程学院	博士生	美国	国际会议	2017.05.17—2017.05.24
冯亚松	交通学院	博士生	日本	国际会议	2017.05.19—2017.05.26
温万里	信息科学与工程学院	博士生	法国	国际会议	2017.05.20—2017.05.25
魏　超	信息科学与工程学院	博士生	法国	国际会议	2017.05.20—2017.05.25
潘怡瑾	信息科学与工程学院	博士生	法国	国际会议	2017.05.20—2017.05.25
戈璐璐	信息科学与工程学院	硕士生	法国	国际会议	2017.05.20—2017.05.26
程　铭	信息科学与工程学院	博士生	法国	国际会议	2017.05.20—2017.05.26

（续 表）

姓名	所在院系	职务/职称	出访国家或地区	出访任务	时间
朱新凯	电气工程学院	博士生	美国	国际会议	2017.05.21—2017.05.25
许之鑫	建筑学院	硕士生	印度	国际会议	2017.05.21—2017.05.25
吴芋颖	信息科学与工程学院	博士生	法国	国际会议	2017.05.21—2017.05.25
刘诚征	信息科学与工程学院	硕士生	法国	国际会议	2017.05.21—2017.05.25
范　忱	信息科学与工程学院	博士生	俄罗斯	国际会议	2017.05.21—2017.05.25
陈　岩	信息科学与工程学院	博士生	法国	国际会议	2017.05.21—2017.05.25
侯博瑞	仪器科学与工程学院	博士生	意大利	国际会议	2017.05.21—2017.05.25
马士伟	能源与环境学院	博士生	波兰	国际会议	2017.05.21—2017.05.26
刘一君	能源与环境学院	博士生	波兰	国际会议	2017.05.21—2017.05.26
檀　雷	信息科学与工程学院	博士生	俄罗斯	国际会议	2017.05.21—2017.05.26
潘云龙	信息科学与工程学院	博士生	俄罗斯	国际会议	2017.05.21—2017.05.26
刘志强	信息科学与工程学院	博士生	俄罗斯	国际会议	2017.05.21—2017.05.26
刘　刚	信息科学与工程学院	博士生	俄罗斯	国际会议	2017.05.21—2017.05.26
窦江玲	信息科学与工程学院	博士生	俄罗斯	国际会议	2017.05.21—2017.05.26
吴　影	能源与环境学院	博士生	波兰	国际会议	2017.05.21—2017.05.27
祁怡君	电子科学与工程学院	硕士生	美国	国际会议	2017.05.22—2017.05.26
李博伟	机械工程学院	博士生	泰国	国际会议	2017.05.24—2017.05.27
连大帅	公共卫生学院	硕士生	捷克	国际会议	2017.05.27—2017.05.31
蒋炫励	公共卫生学院	本科生	捷克	国际会议	2017.05.27—2017.05.31
龚婧雯	公共卫生学院	本科生	捷克	国际会议	2017.05.27—2017.05.31

（续　表）

姓名	所在院系	职务/职称	出访国家或地区	出访任务	时间
宋浩川	信息科学与工程学院	本科生	美国	国际会议	2017.05.27—2017.06.02
景树森	信息科学与工程学院	本科生	美国	国际会议	2017.05.27—2017.06.02
刘国建	材料科学与工程学院	博士生	比利时	国际会议	2017.05.28—2017.06.01
张　龙	电子科学与工程学院	博士生	日本	国际会议	2017.05.28—2017.06.02
杨　卓	电子科学与工程学院	博士生	日本	国际会议	2017.05.28—2017.06.02
魏家行	电子科学与工程学院	博士生	日本	国际会议	2017.05.28—2017.06.02
唐传高	学习科学研究中心	博士生	美国	国际会议	2017.05.29—2017.06.04
姜雪瑞	生物科学与医学工程学院	硕士生	中国香港	合作研究	2017.06.01—2017.12.30
梁止水	土木工程学院	博士生	日本	短期学习	2017.06.01—2018.05.31
周乐汀	医学院	博士生	西班牙	国际会议	2017.06.02—2017.06.07
赵　宇	医学院	博士生	西班牙	国际会议	2017.06.02—2017.06.07
汤涛涛	医学院	博士生	西班牙	国际会议	2017.06.02—2017.06.07
刘　蕾	医学院	博士生	西班牙	国际会议	2017.06.02—2017.06.07
NGUYEN HOANG LiNH	建筑学院	博士生	希腊	国际会议	2017.06.02—2017.06.10
邹海峰	交通学院	博士生	美国	国际会议	2017.06.03—2017.06.07
徐锦丹	信息科学与工程学院	博士生	澳大利亚	国际会议	2017.06.03—2017.06.07
吴　俊	信息科学与工程学院	博士生	澳大利亚	国际会议	2017.06.03—2017.06.07
江　浩	信息科学与工程学院	博士生	澳大利亚	国际会议	2017.06.03—2017.06.07
王　玮	信息科学与工程学院	博士生	澳大利亚	国际会议	2017.06.03—2017.06.08
韩　瑜	信息科学与工程学院	博士生	澳大利亚	国际会议	2017.06.03—2017.06.08

（续 表）

姓名	所在院系	职务/职称	出访国家或地区	出访任务	时间
张　瑞	信息科学与工程学院	博士生	澳大利亚	国际会议并工作访问	2017.06.03—2017.06.11
丁　翠	信息科学与工程学院	硕士生	澳大利亚	国际会议并工作访问	2017.06.03—2017.06.11
蒋艳艳	人文学院	博士生	意大利	国际会议	2017.06.04—2017.06.09
王路得	生物科学与医学工程学院	博士生	日本	国际会议	2017.06.05—2017.06.06
龚莉莉	电气工程学院	博士生	意大利	国际会议	2017.06.05—2017.06.10
吴昌子	能源与环境学院	博士生	瑞典、丹麦	国际会议并工作访问	2017.06.05—2017.06.16
夏侯遐迩	土木工程学院	博士生	南非	国际会议	2017.06.07—2017.06.13
Rehana Bibi	化学化工学院	博士生	西班牙	国际会议	2017.06.09—2017.06.15
王曦辉	医学院	博士生	泰国	国际会议	2017.06.11—2017.06.15
高之琳	生物科学与医学工程学院	硕士生	中国香港	国际会议	2017.06.11—2017.06.16
刘窈窈	生物科学与医学工程学院	硕士生	中国香港	国际会议	2017.06.11—2017.06.16
林　霏	能源与环境学院	硕士生	泰国	短期学习	2017.06.12—2017.08.11
李江通	能源与环境学院	硕士生	泰国	短期学习	2017.06.12—2017.08.11
曹志亮	土木工程学院	博士生	新加坡	国际会议	2017.06.13—2017.06.17
刘　岩	生命科学研究院	博士生	英国	国际会议	2017.06.14—2017.06.18
吴楠楠	公共卫生学院	硕士生	中国香港	短期学习	2017.06.14—2017.06.28
宋　玥	公共卫生学院	硕士生	中国香港	短期学习	2017.06.14—2017.06.28
嵇　昱	公共卫生学院	硕士生	中国香港	短期学习	2017.06.14—2017.06.28
冒建亮	自动化学院	博士生	柬埔寨	国际会议	2017.06.17—2017.06.21
李毅博	电气工程学院	博士生	韩国	国际会议	2017.06.17—2017.06.23

（续　表）

姓名	所在院系	职务/职称	出访国家或地区	出访任务	时间
薛　琳	材料科学与工程学院	博士生	西班牙	国际会议	2017.06.17—2017.06.24
吴俊峰	机械工程学院	博士生	希腊	国际会议	2017.06.17—2017.06.24
赵　泽	生物科学与医学工程学院	博士生	西班牙	国际会议	2017.06.17—2017.06.24
姜永将	电气工程学院	博士生	韩国	国际会议	2017.06.18—2017.06.22
杨旭锋	化学化工学院	博士生	新加坡	国际会议	2017.06.18—2017.06.22
江道勇	化学化工学院	博士生	新加坡	国际会议	2017.06.18—2017.06.22
李东野	电气工程学院	博士生	英国	国际会议	2017.06.18—2017.06.23
黄　煜	电气工程学院	博士生	立陶宛	国际会议	2017.06.18—2017.06.23
方　钊	土木工程学院	博士生	希腊	国际会议	2017.06.18—2017.06.23
张慧云	物理学院	博士生	新加坡	国际会议	2017.06.18—2017.06.23
刘少鹏	物理学院	博士生	新加坡	国际会议	2017.06.18—2017.06.23
范宝路	物理学院	博士生	新加坡	国际会议	2017.06.18—2017.06.23
沈昱婷	电子科学与工程学院	博士生	新加坡	国际会议	2017.06.18—2017.06.24
宫建霞	经济管理学院	博士生	西班牙	短期学习	2017.06.18—2017.06.29
廖一龙	信息科学与工程学院	博士生	俄罗斯	国际会议	2017.06.19—2017.06.24
方兰婷	信息科学与工程学院	博士生	比利时	国际会议	2017.06.19—2017.06.25
李晓明	建筑学院	硕士生	英国	国际会议	2017.06.21—2017.06.25
李慧娟	医学院	博士生	意大利	国际会议	2017.06.21—2017.06.26
李刘文	自动化学院	博士生	澳大利亚	国际会议	2017.06.23—2017.06.28
陈虹宇	物理学院	博士生	中国香港	国际会议	2017.06.24—2017.06.26

（续　表）

姓名	所在院系	职务/职称	出访国家或地区	出访任务	时间
赵　丽	材料科学与工程学院	博士生	中国香港	国际会议	2017.06.24—2017.06.27
于红光	材料科学与工程学院	博士生	中国香港	国际会议	2017.06.24—2017.06.27
杨浩昌	经济管理学院	博士生	中国香港	国际会议	2017.06.24—2017.06.27
石　颖	交通学院	硕士生	美国	国际会议	2017.06.24—2017.06.28
戴　康	机械工程学院	本科生	中国香港	参赛	2017.06.24—2017.06.30
马伟国	交通学院	本科生	中国香港	参赛	2017.06.24—2017.06.30
朱雯雯	经济管理学院	本科生	中国香港	参赛	2017.06.24—2017.06.30
赵　昕	经济管理学院	本科生	中国香港	参赛	2017.06.24—2017.06.30
敬运来	经济管理学院	本科生	中国香港	参赛	2017.06.24—2017.06.30
万志辉	土木工程学院	博士生	美国	国际会议	2017.06.24—2017.06.30
李小娟	土木工程学院	博士生	美国	国际会议	2017.06.24—2017.06.30
邓会元	土木工程学院	博士生	美国	国际会议	2017.06.24—2017.06.30
张　琦	外国语学院	本科生	中国香港	参赛	2017.06.24—2017.06.30
杨晓蕾	外国语学院	本科生	中国香港	参赛	2017.06.24—2017.06.30
顾乃全	艺术学院	本科生	中国香港	参赛	2017.06.24—2017.06.30
李　路	电子科学与工程学院	博士生	美国	国际会议	2017.06.24—2017.07.01
严　岩	机械工程学院	博士生	挪威	国际会议	2017.06.24—2017.07.01
张秋阳	吴健雄学院	本科生	美国	短期学习	2017.06.24—2017.07.08
闫雪晗	吴健雄学院	本科生	美国	短期学习	2017.06.24—2017.07.08
吴启范	吴健雄学院	本科生	美国	短期学习	2017.06.24—2017.07.08

(续　表)

姓名	所在院系	职务/职称	出访国家或地区	出访任务	时间
万富达	吴健雄学院	本科生	美国	短期学习	2017.06.24—2017.07.08
秦宇枭	吴健雄学院	本科生	美国	短期学习	2017.06.24—2017.07.08
李虹宇	吴健雄学院	本科生	美国	短期学习	2017.06.24—2017.07.08
金虹希	吴健雄学院	本科生	美国	短期学习	2017.06.24—2017.07.08
江　林	吴健雄学院	本科生	美国	短期学习	2017.06.24—2017.07.08
董启飞	吴健雄学院	本科生	美国	短期学习	2017.06.24—2017.07.08
董家旭	吴健雄学院	本科生	美国	短期学习	2017.06.24—2017.07.08
刘晨跃	经济管理学院	博士生	荷兰	国际会议	2017.06.25—2017.06.29
俞　炜	能源与环境学院	博士生	美国	国际会议	2017.06.25—2017.06.29
王心怡	学习科学研究中心	硕士生	加拿大	国际会议	2017.06.25—2017.06.29
毕　昆	学习科学研究中心	博士生	加拿大	国际会议	2017.06.25—2017.06.29
何恒涛	信息科学与工程学院	博士生	德国	国际会议	2017.06.25—2017.06.30
陈天宇	能源与环境学院	博士生	美国	国际会议	2017.06.25—2017.07.01
祁　晶	能源与环境学院	博士生	美国	国际会议	2017.06.25—2017.07.02
张　涛	能源与环境学院	博士生	美国	国际会议	2017.06.26—2017.06.30
陈小龙	能源与环境学院	博士生	美国	国际会议	2017.06.26—2017.06.30
尤　其	生物科学与医学工程学院	博士生	新加坡	国际会议	2017.06.28—2017.07.02
胡先运	生物科学与医学工程学院	博士生	新加坡	国际会议	2017.06.28—2017.07.02
王　彬	计算机科学与工程学院	博士生	芬兰	国际会议	2017.07.02—2017.07.07
张　满	公共卫生学院	博士生	马来西亚	国际会议	2017.07.02—2017.07.06

（续　表）

姓名	所在院系	职务/职称	出访国家或地区	出访任务	时间
顾佳怡	公共卫生学院	博士生	马来西亚	国际会议	2017.07.02—2017.07.06
蒋守席	能源与环境学院	博士生	葡萄牙	国际会议	2017.07.02—2017.07.06
蒋吕啸	能源与环境学院	博士生	葡萄牙	国际会议	2017.07.02—2017.07.06
邵敬平	自动化学院	博士生	马其顿	国际会议	2017.07.02—2017.07.06
刘　鹏	自动化学院	博士生	马其顿	国际会议	2017.07.02—2017.07.06
刘　科	建筑学院	博士生	希腊	国际会议	2017.07.02—2017.07.07
黎德圆	建筑学院	博士生	希腊	国际会议	2017.07.02—2017.07.07
黄卿云	建筑学院	博士生	希腊	国际会议	2017.07.02—2017.07.07
张　铖	信息科学与工程学院	博士生	日本	国际会议	2017.07.02—2017.07.07
董　嘉	建筑学院	博士生	葡萄牙	国际会议	2017.07.02—2017.07.08
刘　阳	交通学院	博士生	美国	国际会议	2017.07.02—2017.07.08
张　宁	生物科学与医学工程学院	博士生	西班牙	国际会议	2017.07.02—2017.07.08
朱夏可	交通学院	本科生	中国台湾	暑期课程	2017.07.02—2017.07.15
张苏春	信息科学与工程学院	硕士生	日本	国际会议	2017.07.03—2017.07.07
李朝松	信息科学与工程学院	硕士生	日本	国际会议	2017.07.03—2017.07.07
张桂龙	医学院	博士生	中国香港	国际会议	2017.07.03—2017.07.07
陈　露	医学院	博士生	中国香港	国际会议	2017.07.03—2017.07.07
Arjun Sinkemani	医学院	博士生	中国香港	国际会议	2017.07.03—2017.07.07
米进忠	人文学院	博士生	新加坡	国际会议	2017.07.03—2017.07.08
顾铤威	化学化工学院	本科生	中国台湾	暑期课程	2017.07.03—2017.07.29

（续　表）

姓名	所在院系	职务/职称	出访国家或地区	出访任务	时间
朱周华夏	人文学院	本科生	中国台湾	暑期课程	2017.07.03—2017.07.29
郑　屹	建筑学院	博士生	日本	学术交流	2017.07.04—2017.07.09
赵文锐	建筑学院	本科生	日本	参加竞赛	2017.07.04—2017.07.17
张增鑫	建筑学院	本科生	日本	参加竞赛	2017.07.04—2017.07.17
杨　清	建筑学院	本科生	日本	参加竞赛	2017.07.04—2017.07.17
徐　忆	建筑学院	本科生	日本	参加竞赛	2017.07.04—2017.07.17
谢　冰	建筑学院	本科生	日本	参加竞赛	2017.07.04—2017.07.17
吴则希	建筑学院	本科生	日本	参加竞赛	2017.07.04—2017.07.17
祁雅菁	建筑学院	本科生	日本	参加竞赛	2017.07.04—2017.07.17
刘博伦	建筑学院	本科生	日本	参加竞赛	2017.07.04—2017.07.17
高亦超	建筑学院	本科生	日本	参加竞赛	2017.07.04—2017.07.17
高小涵	建筑学院	本科生	日本	参加竞赛	2017.07.04—2017.07.17
陈　晔	建筑学院	本科生	日本	参加竞赛	2017.07.04—2017.07.17
贾玉如	交通学院	本科生	中国台湾	夏令营	2017.07.04—2017.07.29
许从宝	经济管理学院	博士生	日本	国际会议	2017.07.05—2017.07.08
刘骏斌	经济管理学院	博士生	日本	国际会议	2017.07.05—2017.07.08
刘　春	艺术学院	博士生	中国台湾	国际会议	2017.07.05—2017.07.08
陈剑潇	医学院	博士生	澳大利亚	短期学习	2017.07.05—2017.12.31
方兰婷	信息科学与工程学院	博士生	新加坡	国际会议	2017.07.06—2017.07.10
刘　渊	仪器科学与工程学院	博士生	新加坡	国际会议	2017.07.06—2017.07.10

（续 表）

姓名	所在院系	职务/职称	出访国家或地区	出访任务	时间
姚礼佳	材料科学与工程学院	本科生	美国	短期学习	2017.07.06—2017.07.29
王　淞	电气工程学院	本科生	美国	短期学习	2017.07.06—2017.07.29
汤一顺	电子科学与工程学院	本科生	美国	短期学习	2017.07.06—2017.07.29
何京苒	电子科学与工程学院	本科生	美国	短期学习	2017.07.06—2017.07.29
方子涵	电子科学与工程学院	本科生	美国	短期学习	2017.07.06—2017.07.29
唐涵清	公共卫生学院	本科生	美国	短期学习	2017.07.06—2017.07.29
张柏寒	机械工程学院	本科生	美国	短期学习	2017.07.06—2017.07.29
宋泽文	机械工程学院	本科生	美国	短期学习	2017.07.06—2017.07.29
吕　顺	计算机科学与工程学院	本科生	美国	短期学习	2017.07.06—2017.07.29
胡明昊	计算机科学与工程学院	本科生	美国	短期学习	2017.07.06—2017.07.29
李心恬	建筑学院	本科生	美国	短期学习	2017.07.06—2017.07.29
张　泓	交通学院	本科生	美国	短期学习	2017.07.06—2017.07.29
寇寅生	交通学院	本科生	美国	短期学习	2017.07.06—2017.07.29
孟雅之	经济管理学院	本科生	美国	短期学习	2017.07.06—2017.07.29
王晓艺	能源与环境学院	本科生	美国	短期学习	2017.07.06—2017.07.29
周逸铭	吴健雄学院	本科生	美国	短期学习	2017.07.06—2017.07.29
许文寒	吴健雄学院	本科生	美国	短期学习	2017.07.06—2017.07.29
李智轩	吴健雄学院	本科生	美国	短期学习	2017.07.06—2017.07.29
胡正宇	吴健雄学院	本科生	美国	短期学习	2017.07.06—2017.07.29
吴佳其	信息科学与工程学院	本科生	美国	短期学习	2017.07.06—2017.07.29

（续　表）

姓名	所在院系	职务/职称	出访国家或地区	出访任务	时间
周琳婕	交通学院	本科生	美国	国际会议	2017.07.07—2017.08.19
张胜源	交通学院	本科生	美国	国际会议	2017.07.07—2017.08.19
张缪言	交通学院	本科生	美国	国际会议	2017.07.07—2017.08.19
吴文晖	交通学院	本科生	美国	国际会议	2017.07.07—2017.08.19
吴　双	交通学院	本科生	美国	国际会议	2017.07.07—2017.08.19
吴　菲	交通学院	本科生	美国	国际会议	2017.07.07—2017.08.19
文　婷	交通学院	本科生	美国	国际会议	2017.07.07—2017.08.19
陶奉涵	交通学院	本科生	美国	国际会议	2017.07.07—2017.08.19
马锦航	交通学院	本科生	美国	国际会议	2017.07.07—2017.08.19
李哲贤	交通学院	本科生	美国	国际会议	2017.07.07—2017.08.19
李玲慧	交通学院	本科生	美国	国际会议	2017.07.07—2017.08.19
李佳蔚	交通学院	本科生	美国	国际会议	2017.07.07—2017.08.19
黄承启	交通学院	本科生	美国	国际会议	2017.07.07—2017.08.19
洪正强	交通学院	本科生	美国	国际会议	2017.07.07—2017.08.19
顾熠卿	交通学院	本科生	美国	国际会议	2017.07.07—2017.08.19
崔钟予	交通学院	本科生	美国	国际会议	2017.07.07—2017.08.19
毕嘉元	交通学院	本科生	美国	国际会议	2017.07.07—2017.08.19
安　琪	交通学院	本科生	美国	国际会议	2017.07.07—2017.08.19
张　驰	经济管理学院	博士生	泰国	国际会议	2017.07.08—2017.07.13
严　岩	机械工程学院	博士生	美国	国际会议	2017.07.08—2017.07.14

（续　表）

姓名	所在院系	职务/职称	出访国家或地区	出访任务	时间
王晓虹	自动化学院	博士生	法国	国际会议	2017.07.08—2017.07.14
陈春宇	自动化学院	博士生	法国	国际会议	2017.07.08—2017.07.14
彭宁玥	机械工程学院	博士生	加拿大	国际会议	2017.07.08—2017.07.15
赵慧荣	能源与环境学院	博士生	法国	国际会议	2017.07.08—2017.07.15
符　灏	能源与环境学院	博士生	法国	国际会议	2017.07.08—2017.07.15
韦　中	仪器科学与工程学院	博士生	中国香港	国际会议	2017.07.09—2017.07.13
沈　飞	仪器科学与工程学院	博士生	日本	国际会议	2017.07.09—2017.07.13
陈　超	仪器科学与工程学院	博士生	日本	国际会议	2017.07.09—2017.07.13
尹佳媛	信息科学与工程学院	博士生	美国	国际会议	2017.07.09—2017.07.14
冒建亮	自动化学院	博士生	法国	国际会议	2017.07.09—2017.07.14
胡　裕	机械工程学院	硕士生	加拿大	国际会议	2017.07.09—2017.07.15
刘鹏飞	信息科学与工程学院	博士生	美国	国际会议	2017.07.09—2017.07.17
朱　橙	法学院	硕士生	中国台湾	学术交流	2017.07.09—2017.07.22
郑忻怡	法学院	本科生	中国台湾	学术交流	2017.07.09—2017.07.22
翟彦菁	法学院	本科生	中国台湾	学术交流	2017.07.09—2017.07.22
余　辰	法学院	硕士生	中国台湾	学术交流	2017.07.09—2017.07.22
熊文菲	法学院	本科生	中国台湾	学术交流	2017.07.09—2017.07.22
肖　篪	法学院	本科生	中国台湾	学术交流	2017.07.09—2017.07.22
夏心怡	法学院	本科生	中国台湾	学术交流	2017.07.09—2017.07.22
韦语涵	法学院	硕士生	中国台湾	学术交流	2017.07.09—2017.07.22

（续　表）

姓名	所在院系	职务/职称	出访国家或地区	出访任务	时间
冯昱程	法学院	本科生	中国台湾	学术交流	2017.07.09—2017.07.22
程佳辰	法学院	本科生	中国台湾	学术交流	2017.07.09—2017.07.22
陈致宁	法学院	本科生	中国台湾	学术交流	2017.07.09—2017.07.22
操婉莹	法学院	本科生	中国台湾	学术交流	2017.07.09—2017.07.22
周小舟	机械工程学院	博士生	加拿大	国际会议	2017.07.10—2017.07.14
郭　琪	机械工程学院	博士生	加拿大	国际会议	2017.07.10—2017.07.14
张继翔	信息科学与工程学院	博士生	中国香港	国际会议	2017.07.10—2017.07.14
曹达明	信息科学与工程学院	博士生	中国香港	国际会议	2017.07.10—2017.07.14
陈　阳	建筑学院	博士生	葡萄牙	国际会议	2017.07.10—2017.07.15
索维 Savo	经济管理学院	博士生	澳大利亚	国际会议	2017.07.10—2017.07.15
王海鹏	信息科学与工程学院	博士生	韩国	国际会议	2017.07.10—2017.07.16
钮益斐	建筑学院	本科生	日本	实习	2017.07.10—2017.09.15
王美昌	经济管理学院	博士生	澳大利亚	国际会议	2017.07.11—2017.07.15
谷媛媛	经济管理学院	博士生	澳大利亚	国际会议	2017.07.11—2017.07.15
晏华文	仪器科学与工程学院	博士生	新加坡	国际会议	2017.07.11—2017.07.15
曾禄杰	仪器科学与工程学院	硕士生	韩国	国际会议	2017.07.11—2017.07.15
孙新晨	生物科学与医学工程学院	硕士生	韩国	国际会议	2017.07.12—2017.07.14
于复超	医学院	博士生	新加坡	国际会议	2017.07.12—2017.07.16
余梓梁	建筑学院	本科生	日本	短期学习	2017.07.13—2017.08.30
韩雨晨	建筑学院	博士生	韩国	国际会议	2017.07.14—2017.07.18

（续　表）

姓名	所在院系	职务/职称	出访国家或地区	出访任务	时间
赵兴华	经济管理学院	博士生	泰国	国际会议	2017.07.14—2017.07.18
万志辉	土木工程学院	博士生	埃及	国际会议	2017.07.14—2017.07.20
周　侗	土木工程学院	硕士生	澳大利亚	国际会议	2017.07.14—2017.07.22
杨飞凯	土木工程学院	硕士生	澳大利亚	国际会议	2017.07.14—2017.07.22
刘小龙	土木工程学院	博士生	澳大利亚	国际会议	2017.07.14—2017.07.22
董明京	土木工程学院	硕士生	澳大利亚	国际会议	2017.07.14—2017.07.22
顾丽华	医学院	博士生	英国	国际会议	2017.07.15—2017.07.20
喻　聪	能源与环境学院	博士生	葡萄牙	国际会议	2017.07.15—2017.07.21
马　欢	能源与环境学院	博士生	葡萄牙	国际会议	2017.07.15—2017.07.21
徐俊俊	电气工程学院	博士生	美国	国际会议和工作访问	2017.07.15—2017.07.24
楼冠男	电气工程学院	博士生	美国	国际会议和工作访问	2017.07.15—2017.07.24
李培帅	电气工程学院	博士生	美国	国际会议和工作访问	2017.07.15—2017.07.24
赵士林	能源与环境学院	博士生	美国	国际会议	2017.07.15—2017.07.25
汤红健	能源与环境学院	博士生	美国	国际会议和工作访问	2017.07.15—2017.07.25
梁福鹏	生物科学与医学工程学院	博士生	韩国	国际会议	2017.07.15—2017.07.25
王琪炜	生物科学与医学工程学院	博士生	美国	合作研究	2017.07.15—2018.01.15
卢雅林	能源与环境学院	硕士生	意大利	国际会议	2017.07.16—2017.07.22
杨叶晴	建筑学院	本科生	中国台湾	暑期课程	2017.07.16—2017.08.04
杨诗月	能源与环境学院	本科生	中国台湾	暑期课程	2017.07.16—2017.08.04
沈　圣	土木工程学院	硕士生	日本	合作交流	2017.07.16—2017.08.04

（续　表）

姓名	所在院系	职务/职称	出访国家或地区	出访任务	时间
孙慧玉	仪器科学与工程学院	博士生	中国香港	国际会议	2017.07.17—2017.07.20
穆泊源	材料科学与工程学院	博士生	意大利	国际会议	2017.07.17—2017.07.21
宋志宝	自动化学院	博士生	澳门	国际会议	2017.07.17—2017.07.21
傅保增	自动化学院	博士生	澳门	国际会议	2017.07.17—2017.07.21
顾大伟	土木工程学院	博士生	新加坡	国际会议	2017.07.18—2017.07.12
万世成	交通学院	博士生	新加坡	国际会议	2017.07.18—2017.07.22
周　飞	土木工程学院	博士生	新加坡	国际会议	2017.07.18—2017.07.22
闵信哲	土木工程学院	博士生	新加坡	国际会议	2017.07.18—2017.07.22
李　婷	土木工程学院	博士生	新加坡	国际会议	2017.07.18—2017.07.22
贺卫东	土木工程学院	博士生	新加坡	国际会议	2017.07.18—2017.07.22
冯　博	土木工程学院	博士生	新加坡	国际会议	2017.07.18—2017.07.22
程　君	土木工程学院	博士生	新加坡	国际会议	2017.07.18—2017.07.22
史慧媛	土木工程学院	博士生	新加坡	国际会议	2017.07.18—2017.07.23
杨翔宇	生命科学研究院	博士生	日本	国际会议	2017.07.19—2017.07.24
邓齐文	医学院	博士生	捷克	国际会议	2017.07.19—2017.07.24
郭文成	建筑学院	硕士生	英国	国际会议	2017.07.21—2017.07.27
严　格	吴健雄学院	本科生	美国	国际会议	2017.07.21—2017.07.27
李颖慧	吴健雄学院	本科生	美国	国际会议	2017.07.21—2017.07.27
侯君佶	吴健雄学院	本科生	美国	国际会议	2017.07.21—2017.07.27
程家乐	吴健雄学院	本科生	美国	国际会议	2017.07.21—2017.07.27

（续　表）

姓名	所在院系	职务/职称	出访国家或地区	出访任务	时间
卞悠悠	吴健雄学院	本科生	美国	国际会议	2017.07.21—2017.07.27
许长春	能源与环境学院	博士生	澳大利亚	国际会议	2017.07.22—2017.07.27
谢　凡	生物科学与医学工程学院	硕士生	澳大利亚	国际会议	2017.07.22—2017.07.29
潘光玉	生物科学与医学工程学院	博士生	澳大利亚	国际会议	2017.07.22—2017.07.29
刘盼苗	生物科学与医学工程学院	博士生	澳大利亚	国际会议	2017.07.22—2017.07.29
郑铁凡	成贤学院	本科生	中国台湾	夏令营	2017.07.22—2017.08.13
王明成	成贤学院	本科生	中国台湾	夏令营	2017.07.22—2017.08.13
黄诗雨	成贤学院	本科生	中国台湾	夏令营	2017.07.22—2017.08.13
陈珊珊	成贤学院	本科生	中国台湾	夏令营	2017.07.22—2017.08.13
杨长冰	外国语学院	本科生	日本	短期学习	2017.07.23—2017.08.09
王山林	材料科学与工程学院	博士生	新加坡	国际会议	2017.07.24—2017.07.28
吴胜宝	电子科学与工程学院	博士生	丹麦	国际会议	2017.07.24—2017.07.28
祁正青	电子科学与工程学院	博士生	韩国	国际会议	2017.07.24—2017.07.28
段凤君	数学学院	博士生	捷克	国际会议	2017.07.24—2017.07.29
祁　兵	材料科学与工程学院	博士生	日本	合作研究	2017.07.24—2017.07.30
李保亮	材料科学与工程学院	博士生	日本	合作研究	2017.07.24—2017.07.30
钱　程	机械工程学院	硕士生	日本	参加竞赛	2017.07.24—2017.08.01
刘　川	机械工程学院	本科生	日本	参加竞赛	2017.07.24—2017.08.01
刘桂东	计算机科学与工程学院	本科生	日本	参加竞赛	2017.07.24—2017.08.01
郭琪周	信息科学与工程学院	本科生	日本	参加竞赛	2017.07.24—2017.08.01

(续 表)

姓名	所在院系	职务/职称	出访国家或地区	出访任务	时间
张 乐	自动化学院	本科生	日本	参加竞赛	2017.07.24—2017.08.01
吴 鹏	自动化学院	本科生	日本	参加竞赛	2017.07.24—2017.08.01
王 宇	自动化学院	本科生	日本	参加竞赛	2017.07.24—2017.08.01
高海丹	自动化学院	硕士生	日本	参加竞赛	2017.07.24—2017.08.01
刘正珏	人文学院	本科生	中国台湾	夏令营	2017.07.24—2017.08.11
谢俐萨	经济管理学院	本科生	荷兰	国际会议	2017.07.25—2017.07.28
梁艺馨	经济管理学院	本科生	荷兰	国际会议	2017.07.25—2017.07.28
张益之	电子科学与工程学院	博士生	新加坡	国际会议	2017.07.25—2017.07.29
李 浪	电子科学与工程学院	博士生	新加坡	国际会议	2017.07.25—2017.07.29
朱玮玮	经济管理学院	博士生	新加坡	国际会议	2017.07.25—2017.07.29
杨 阁	经济管理学院	博士生	荷兰	国际会议	2017.07.25—2017.07.29
王 柯	经济管理学院	博士生	荷兰	国际会议	2017.07.25—2017.07.29
邬松涛	经济管理学院	博士生	新加坡	国际会议	2017.07.26—2017.07.28
陶 健	信息科学与工程学院	博士生	西班牙	国际会议	2017.07.26—2017.07.30
钟凌潇	信息科学与工程学院	本科生	日本	暑期交流夏令营	2017.07.29—2017.08.07
姚心恪	生物科学与医学工程学院	硕士生	中国香港	国际会议	2017.07.30—2017.08.02
韦玲玲	生物科学与医学工程学院	博士生	中国香港	国际会议	2017.07.30—2017.08.02
郭慕依	生物科学与医学工程学院	硕士生	中国香港	国际会议	2017.07.30—2017.08.02
吴洁莹	经济管理学院	硕士生	中国台湾	研习营	2017.07.30—2017.08.19
张 罕	土木工程学院	硕士生	中国台湾	研习营	2017.07.30—2017.08.19

（续　表）

姓名	所在院系	职务/职称	出访国家或地区	出访任务	时间
许　涵	信息科学与工程学院	硕士生	中国台湾	研习营	2017.07.30—2017.08.19
刘晓峰	电气工程学院	博士生	美国	国际会议	2017.07.31—2017.08.04
姜雷杰	电气工程学院	博士生	美国	国际会议	2017.07.31—2017.08.04
高仁栋	电气工程学院	硕士生	美国	国际会议	2017.07.31—2017.08.04
吴自力	电子科学与工程学院	博士生	新加坡	国际会议	2017.07.31—2017.08.04
潘吴斌	计算机科学与工程学院	博士生	澳大利亚	国际会议	2017.07.31—2017.08.04
王英华	物理学院	博士生	新加坡	国际会议	2017.07.31—2017.08.04
张浩驰	信息科学与工程学院	博士生	新加坡	国际会议	2017.07.31—2017.08.04
刘　硕	信息科学与工程学院	博士生	新加坡	国际会议	2017.07.31—2017.08.04
张静怡	经济管理学院	本科生	中国台湾	夏令营	2017.07.31—2017.08.09
田　雨	经济管理学院	本科生	中国台湾	夏令营	2017.07.31—2017.08.09
赵　硕	化学化工学院	博士生	泰国	国际会议	2017.08.01—2017.08.05
张　超	化学化工学院	博士生	泰国	国际会议	2017.08.01—2017.08.05
方嘉声	化学化工学院	博士生	泰国	国际会议	2017.08.01—2017.08.05
周　岩	经济管理学院	博士生	新加坡	国际会议	2017.08.01—2017.08.05
赵晓涛	经济管理学院	博士生	新加坡	国际会议	2017.08.01—2017.08.05
高敬云	经济管理学院	博士生	新加坡	国际会议	2017.08.01—2017.08.05
孙骁晓	土木工程学院	博士生	越南	国际会议	2017.08.01—2017.08.05
田　媛	生物科学与医学工程学院	硕士生	中国香港	采编	2017.08.01—2017.08.06
张晶莹	艺术学院	硕士生	中国香港	采编	2017.08.01—2017.08.06

(续　表)

姓名	所在院系	职务/职称	出访国家或地区	出访任务	时间
蔡　燊	法学院	硕士生	中国台湾	学术交流	2017.08.01—2017.08.31
陈　帅	微电子学院	博士生	新加坡	国际会议	2017.08.03—2017.08.07
Arjun Sinkemani	医学院	博士生	美国	国际会议	2017.08.05—2017.08.10
田志超	建筑学院	博士生	美国	国际会议	2017.08.05—2017.08.17
司秉卉	建筑学院	博士生	美国	国际会议	2017.08.05—2017.08.17
刘天策	建筑学院	硕士生	美国	国际会议	2017.08.05—2017.08.17
吕　玥	能源与环境学院	博士生	日本	国际会议	2017.08.06—2017.08.11
梁圆圆	能源与环境学院	博士生	日本	国际会议	2017.08.06—2017.08.11
陈　涛	能源与环境学院	博士生	日本	国际会议	2017.08.06—2017.08.11
朱晟泽	交通学院	博士生	中国香港	国际会议	2017.08.07—2017.08.11
姚琳怡	交通学院	硕士生	中国香港	国际会议	2017.08.07—2017.08.11
王　茜	交通学院	硕士生	中国香港	国际会议	2017.08.07—2017.08.11
刘修宇	交通学院	硕士生	中国香港	国际会议	2017.08.07—2017.08.11
刘　勇	交通学院	硕士生	中国香港	国际会议	2017.08.07—2017.08.11
李　松	交通学院	博士生	中国香港	国际会议	2017.08.07—2017.08.11
蒋继望	交通学院	博士生	中国香港	国际会议	2017.08.07—2017.08.11
姜严旭	交通学院	硕士生	中国香港	国际会议	2017.08.07—2017.08.11
龚明辉	交通学院	博士生	中国香港	国际会议	2017.08.07—2017.08.11
杜　慧	交通学院	博士生	中国香港	国际会议	2017.08.07—2017.08.11
曹青青	交通学院	硕士生	中国香港	国际会议	2017.08.07—2017.08.11

（续　表）

姓名	所在院系	职务/职称	出访国家或地区	出访任务	时间
李晨龙	自动化学院	博士生	瑞典	国际会议	2017.08.07—2017.08.12
刘川北	材料科学与工程学院	博士生	澳大利亚	国际会议	2017.08.07—2017.08.14
李保亮	材料科学与工程学院	博士生	澳大利亚	国际会议	2017.08.07—2017.08.14
曹瑞林	材料科学与工程学院	博士生	澳大利亚	国际会议	2017.08.07—2017.08.14
赵桂书	电气工程学院	博士生	澳大利亚	国际会议	2017.08.10—2017.08.15
魏新迟	电气工程学院	博士生	澳大利亚	国际会议	2017.08.10—2017.08.15
姜云磊	电气工程学院	硕士生	澳大利亚	国际会议	2017.08.10—2017.08.15
郭天云	电气工程学院	博士生	澳大利亚	国际会议	2017.08.10—2017.08.15
顾卫钢	电气工程学院	博士生	澳大利亚	国际会议	2017.08.10—2017.08.15
宋　玉	计算机科学与工程学院	硕士生	澳大利亚	国际会议	2017.08.10—2017.08.15
任　意	计算机科学与工程学院	博士生	澳大利亚	国际会议	2017.08.10—2017.08.15
霍增炜	计算机科学与工程学院	硕士生	澳大利亚	国际会议	2017.08.10—2017.08.15
曾小波	微电子学院	硕士生	西班牙	国际会议	2017.08.10—2017.08.15
张　涛	电气工程学院	硕士生	澳大利亚	国际会议	2017.08.11—2017.08.18
戴喆秦	能源与环境学院	博士生	美国	国际会议	2017.08.12—2017.08.18
徐利伟	机械工程学院	博士生	澳大利亚	国际会议	2017.08.12—2017.08.19
边辰通	机械工程学院	博士生	澳大利亚	国际会议	2017.08.12—2017.08.19
施建平	机械工程学院	博士生	日本	国际会议	2017.08.13—2017.08.17
赵英鹤	物理学院	博士生	美国	国际会议	2017.08.13—2017.08.18
史　丽	物理学院	博士生	美国	国际会议	2017.08.13—2017.08.18

（续　表）

姓名	所在院系	职务/职称	出访国家或地区	出访任务	时间
孙春龙	数学学院	博士生	日本	合作研究	2017.08.13—2017.09.21
张　颖	土木工程学院	本科生	中国台湾	科技比赛	2017.08.14—2017.08.18
俞　涛	土木工程学院	本科生	中国台湾	科技比赛	2017.08.14—2017.08.18
谢思聪	土木工程学院	本科生	中国台湾	科技比赛	2017.08.14—2017.08.18
王佳伟	土木工程学院	本科生	中国台湾	科技比赛	2017.08.14—2017.08.18
蓝旭曌	土木工程学院	本科生	中国台湾	科技比赛	2017.08.14—2017.08.18
姜　波	土木工程学院	本科生	中国台湾	科技比赛	2017.08.14—2017.08.18
马　琳	建筑学院	本科生	日本	实习	2017.08.15—2017.09.30
邓会元	土木工程学院	博士生	澳大利亚	短期学习	2017.08.15—2018.02.15
宋旼珊	经济管理学院	博士生	日本	国际会议	2017.08.16—2017.08.20
黄琦炜	经济管理学院	博士生	日本	国际会议	2017.08.16—2017.08.20
郑传军	土木工程学院	博士生	日本	国际会议	2017.08.16—2017.08.20
李梦柯	建筑学院	硕士生	韩国	国际会议	2017.08.17—2017.08.22
裴氏莺	海外教育学院	博士生	加拿大	国际会议	2017.08.18—2017.08.25
孟　凡	信息科学与工程学院	博士生	加拿大	国际会议	2017.08.18—2017.08.27
杨晓燕	土木工程学院	博士生	加拿大	国际会议	2017.08.19—2017.08.25
杨　辉	土木工程学院	博士生	加拿大	国际会议	2017.08.19—2017.08.25
谢　钦	土木工程学院	博士生	加拿大	国际会议	2017.08.19—2017.08.25
刘　烨	土木工程学院	博士生	加拿大	国际会议	2017.08.19—2017.08.25
黄小刚	土木工程学院	博士生	加拿大	国际会议	2017.08.19—2017.08.25

（续　表）

姓名	所在院系	职务/职称	出访国家或地区	出访任务	时间
徐积刚	土木工程学院	博士生	加拿大	国际会议	2017.08.20—2017.08.24
范家俊	土木工程学院	博士生	加拿大	国际会议	2017.08.20—2017.08.24
崔浩然	土木工程学院	博士生	加拿大	国际会议	2017.08.20—2017.08.24
刘　硕	信息科学与工程学院	博士生	加拿大	国际会议	2017.08.20—2017.08.25
赵善国	能源与环境学院	博士生	英国	国际会议	2017.08.20—2017.08.26
李　骅	能源与环境学院	博士生	美国	国际会议	2017.08.20—2017.08.26
赵　超	土木工程学院	硕士生	美国	留学	2017.08.20—2018.08.31
徐春梅	信息科学与工程学院	硕士生	英国	国际会议	2017.08.22—2017.08.26
武昊安	生物科学与医学工程学院	博士生	日本	国际会议	2017.08.22—2017.08.27
陈　玲	生物科学与医学工程学院	博士生	日本	国际会议	2017.08.22—2017.08.27
陈　尧	土木工程学院	博士生	葡萄牙	短期学习	2017.08.23—2018.02.23
王正振	土木工程学院	博士生	日本	国际会议	2017.08.25—2017.08.31
张光昊	医学院	博士生	西班牙	国际会议	2017.08.26—2017.08.30
陈　强	土木工程学院	博士生	中国香港	国际会议	2017.08.26—2017.08.31
徐　萍	信息科学与工程学院	硕士生	中国香港	国际会议	2017.08.26—2017.08.31
黄舒夏	信息科学与工程学院	博士生	中国香港	国际会议	2017.08.26—2017.08.31
郭　蓉	电气工程学院	博士生	荷兰	国际会议	2017.08.26—2017.09.01
张　帆	能源与环境学院	博士生	美国	国际会议	2017.08.26—2017.09.01
王　迪	能源与环境学院	博士生	美国	国际会议	2017.08.26—2017.09.01
郑　悦	建筑学院	本科生	尼泊尔	合作研究	2017.08.26—2017.09.15

(续　表)

姓名	所在院系	职务/职称	出访国家或地区	出访任务	时间
张立筠	建筑学院	本科生	尼泊尔	合作研究	2017.08.26—2017.09.15
徐　忆	建筑学院	本科生	尼泊尔	合作研究	2017.08.26—2017.09.15
孙迎喆	建筑学院	本科生	尼泊尔	合作研究	2017.08.26—2017.09.15
潘奕铭	建筑学院	本科生	尼泊尔	合作研究	2017.08.26—2017.09.15
黄郁宇	建筑学院	本科生	尼泊尔	合作研究	2017.08.26—2017.09.15
冯婧婕	建筑学院	本科生	尼泊尔	合作研究	2017.08.26—2017.09.15
丁伯仪	建筑学院	本科生	尼泊尔	合作研究	2017.08.26—2017.09.15
王　敏	经济管理学院	博士生	日本	国际会议	2017.08.27—2017.08.31
费晴怡	经济管理学院	博士生	日本	国际会议	2017.08.27—2017.08.31
楚永杰	经济管理学院	博士生	日本	国际会议	2017.08.27—2017.08.31
朱程鹏	土木工程学院	博士生	印度尼西亚	国际会议	2017.08.27—2017.08.31
严　洁	土木工程学院	博士生	印度尼西亚	国际会议	2017.08.27—2017.08.31
徐　军	土木工程学院	博士生	印度尼西亚	国际会议	2017.08.27—2017.08.31
苏志龙	土木工程学院	博士生	印度尼西亚	国际会议	2017.08.27—2017.08.31
彭邦龙	仪器科学与工程学院	硕士生	印度尼西亚	国际会议	2017.08.27—2017.09.01
罗春浩	仪器科学与工程学院	硕士生	印度尼西亚	国际会议	2017.08.27—2017.09.01
李　旭	仪器科学与工程学院	硕士生	印度尼西亚	国际会议	2017.08.27—2017.09.01
蒋佳明	电气工程学院	博士生	荷兰	国际会议	2017.08.27—2017.09.01
郭保成	电气工程学院	博士生	荷兰	国际会议	2017.08.27—2017.09.02
周　晴	化学化工学院	博士生	日本	国际会议	2017.08.27—2017.09.02

（续 表）

姓名	所在院系	职务/职称	出访国家或地区	出访任务	时间
张玉叶	化学化工学院	博士生	日本	国际会议	2017.08.27—2017.09.02
张　鑫	化学化工学院	博士生	瑞典	国际会议	2017.08.27—2017.09.02
杨海堂	化学化工学院	博士生	日本	国际会议	2017.08.27—2017.09.02
刘金霞	化学化工学院	博士生	瑞典	国际会议	2017.08.27—2017.09.02
邢　磊	物理学院	博士生	日本	国际会议	2017.08.27—2017.09.02
张　茜	信息科学与工程学院	博士生	法国	国际会议	2017.08.27—2017.09.02
徐俊珺	信息科学与工程学院	博士生	法国	国际会议	2017.08.27—2017.09.02
宋刚水	信息科学与工程学院	博士生	法国	国际会议	2017.08.27—2017.09.02
任　普	土木工程学院	硕士生	韩国	国际会议	2017.08.28—2017.09.01
钟　雯	土木工程学院	博士生	韩国	国际会议	2017.08.28—2017.09.01
董志强	土木工程学院	博士生	澳大利亚	短期学习	2017.08.28—2018.02.28
米进忠	人文学院	博士生	中国台湾	短期学习	2017.09.01—2018.01.25
袁　野	外国语学院	本科生	中国台湾	短期学习	2017.09.01—2018.01.25
李三红	医学院	博士生	德国	短期学习	2017.09.01—2018.02.28
于光明	土木工程学院	博士生	美国	留学进修	2017.09.01—2018.03.01
李培帅	电气工程学院	博士生	澳大利亚	留学进修	2017.09.01—2018.08.31
陈忆澄	艺术学院	博士生	美国	留学进修	2017.09.01—2018.08.31
刘　哲	建筑学院	博士生	比利时	留学进修	2017.09.01—2018.09.01
韦斯纳	物理学院	博士生	法国	国际会议	2017.09.02—2017.09.08
任佳前	建筑学院	博士生	韩国	国际会议	2017.09.02—2017.09.10

(续　表)

姓名	所在院系	职务/职称	出访国家或地区	出访任务	时间
徐啸林	成贤学院	本科生	中国台湾	短期学习	2017.09.02—2018.01.19
王文婧	成贤学院	本科生	中国台湾	短期学习	2017.09.02—2018.01.19
季雨欣	成贤学院	本科生	中国台湾	短期学习	2017.09.02—2018.01.19
冯梓贤	成贤学院	本科生	中国台湾	短期学习	2017.09.02—2018.01.19
张宸浩	土木工程学院	本科生	中国台湾	短期学习	2017.09.02—2018.01.19
张　强	土木工程学院	本科生	中国台湾	短期学习	2017.09.02—2018.01.19
俞　涛	土木工程学院	本科生	中国台湾	短期学习	2017.09.02—2018.01.19
杨　乾	土木工程学院	本科生	中国台湾	短期学习	2017.09.02—2018.01.19
严嘉怡	土木工程学院	本科生	中国台湾	短期学习	2017.09.02—2018.01.19
谢思聪	土木工程学院	本科生	中国台湾	短期学习	2017.09.02—2018.01.19
王月峰	土木工程学院	本科生	中国台湾	短期学习	2017.09.02—2018.01.19
王　正	土木工程学院	本科生	中国台湾	短期学习	2017.09.02—2018.01.19
宋来健	土木工程学院	本科生	中国台湾	短期学习	2017.09.02—2018.01.19
沈一聪	土木工程学院	本科生	中国台湾	短期学习	2017.09.02—2018.01.19
沈　鑫	土木工程学院	本科生	中国台湾	短期学习	2017.09.02—2018.01.19
潘粮今	土木工程学院	本科生	中国台湾	短期学习	2017.09.02—2018.01.19
练　强	土木工程学院	本科生	中国台湾	短期学习	2017.09.02—2018.01.19
李谈词	土木工程学院	本科生	中国台湾	短期学习	2017.09.02—2018.01.19
李碧淙	土木工程学院	本科生	中国台湾	短期学习	2017.09.02—2018.01.19
黄　钺	土木工程学院	本科生	中国台湾	短期学习	2017.09.02—2018.01.19

（续 表）

姓名	所在院系	职务/职称	出访国家或地区	出访任务	时间
陈虹宇	土木工程学院	本科生	中国台湾	短期学习	2017.09.02—2018.01.19
曾少儒	土木工程学院	本科生	中国台湾	短期学习	2017.09.02—2018.01.19
蔡懿博	土木工程学院	本科生	中国台湾	短期学习	2017.09.02—2018.01.19
陆顾玥	外国语学院	本科生	中国台湾	短期学习	2017.09.02—2018.01.19
余　斌	吴健雄学院	本科生	中国台湾	短期学习	2017.09.02—2018.01.19
李抒芮	信息科学与工程学院	本科生	中国台湾	短期学习	2017.09.02—2018.01.19
顾　效	建筑学院	博士生	韩国	国际会议	2017.09.03—2017.09.07
蔡陈翼	建筑学院	硕士生	韩国	国际会议	2017.09.03—2017.09.07
王钰彬	成贤学院	本科生	中国台湾	短期学习	2017.09.03—2018.01.08
张雷刚	能源与环境学院	博士生	意大利	学习交流	2017.09.04—2017.09.08
毛柏杨	交通学院	博士生	英国	国际会议	2017.09.04—2017.09.09
斯培杰	成贤学院	本科生	中国台湾	短期学习	2017.09.04—2018.01.15
张鹏飞	吴健雄学院	本科生	中国台湾	短期学习	2017.09.04—2018.01.15
尤永庭	计算机科学与工程学院	本科生	中国台湾	短期学习	2017.09.04—2018.01.16
张崇辉	能源与环境学院	本科生	中国台湾	短期学习	2017.09.04—2018.01.16
赵善国	能源与环境学院	博士生	瑞士	国际会议	2017.09.05—2017.09.09
俞俊杰	成贤学院	本科生	中国台湾	短期学习	2017.09.05—2018.01.14
王睿珠	成贤学院	本科生	中国台湾	短期学习	2017.09.05—2018.01.14
钱　芸	成贤学院	本科生	中国台湾	短期学习	2017.09.05—2018.01.14
郭　鑫	成贤学院	本科生	中国台湾	短期学习	2017.09.05—2018.01.14

(续　表)

姓名	所在院系	职务/职称	出访国家或地区	出访任务	时间
严宇翔	交通学院	博士生	匈牙利	合作研究	2017.09.05—2018.09.10
毛学薇	成贤学院	本科生	中国台湾	短期学习	2017.09.07—2018.01.14
张骏彧	土木工程学院	博士生	捷克	国际会议	2017.09.07—2017.09.14
张陈晨	仪器科学与工程学院	硕士生	日本	国际会议	2017.09.07—2017.09.22
许　斌	生物科学与医学工程学院	博士生	中国台湾	短期学习	2017.09.07—2018.01.17
张　琤	信息科学与工程学院	博士生	英国	国际会议	2017.09.09—2017.09.15
吴宇春	成贤学院	本科生	中国台湾	短期学习	2017.09.09—2018.01.16
滕晋烨	成贤学院	本科生	中国台湾	短期学习	2017.09.09—2018.01.16
陆周楠	成贤学院	本科生	中国台湾	短期学习	2017.09.09—2018.01.16
李鹏程	成贤学院	本科生	中国台湾	短期学习	2017.09.09—2018.01.16
徐志峰	土木工程学院	博士生	新加坡	国际会议	2017.09.10—2017.09.14
余英瑞	信息科学与工程学院	博士生	英国	国际会议	2017.09.10—2017.09.14
徐　俊	信息科学与工程学院	博士生	英国	国际会议	2017.09.10—2017.09.14
丁　聪	材料科学与工程学院	博士生	英国	国际会议	2017.09.10—2017.09.16
周　扬	材料科学与工程学院	博士生	英国	国际会议	2017.09.10—2017.09.16
郑雪皎	材料科学与工程学院	硕士生	英国	国际会议	2017.09.10—2017.09.16
郑　琦	材料科学与工程学院	博士生	英国	国际会议	2017.09.10—2017.09.16
张志锋	材料科学与工程学院	博士生	英国	国际会议	2017.09.10—2017.09.16
张舜泉	材料科学与工程学院	博士生	英国	国际会议	2017.09.10—2017.09.16
张　浩	材料科学与工程学院	博士生	英国	国际会议	2017.09.10—2017.09.16

（续　表）

姓名	所在院系	职务/职称	出访国家或地区	出访任务	时间
展咪咪	材料科学与工程学院	博士生	英国	国际会议	2017.09.10—2017.09.16
杨志强	材料科学与工程学院	博士生	英国	国际会议	2017.09.10—2017.09.16
阎奕汝	材料科学与工程学院	硕士生	英国	国际会议	2017.09.10—2017.09.16
王子潇	材料科学与工程学院	博士生	英国	国际会议	2017.09.10—2017.09.16
王凤娟	材料科学与工程学院	博士生	英国	国际会议	2017.09.10—2017.09.16
苏依林	材料科学与工程学院	博士生	英国	国际会议	2017.09.10—2017.09.16
顾　越	材料科学与工程学院	博士生	英国	国际会议	2017.09.10—2017.09.16
褚洪岩	材料科学与工程学院	博士生	英国	国际会议	2017.09.10—2017.09.16
陈燕娟	材料科学与工程学院	博士生	英国	国际会议	2017.09.10—2017.09.16
谭　震	能源与环境学院	博士生	意大利	国际会议	2017.09.10—2017.09.16
周　悦	人文学院	本科生	中国台湾	短期学习	2017.09.10—2018.01.22
张雷刚	能源与环境学院	博士生	俄罗斯	国际会议	2017.09.11—2017.09.15
张明明	生物科学与医学工程学院	博士生	意大利	国际会议	2017.09.11—2017.09.15
祝祥云	医学院	博士生	葡萄牙	国际会议	2017.09.11—2017.09.15
支朦朦	医学院	博士生	葡萄牙	国际会议	2017.09.11—2017.09.15
田　赛	医学院	博士生	葡萄牙	国际会议	2017.09.11—2017.09.15
何灿灿	医学院	博士生	葡萄牙	国际会议	2017.09.11—2017.09.15
蔡　予	医学院	博士生	葡萄牙	国际会议	2017.09.11—2017.09.15
任冬冬	能源与环境学院	博士生	意大利	国际会议	2017.09.11—2017.09.16
顾少宸	能源与环境学院	博士生	意大利	国际会议	2017.09.11—2017.09.16

（续　表）

姓名	所在院系	职务/职称	出访国家或地区	出访任务	时间
李　然	土木工程学院	硕士生	丹麦	国际会议	2017.09.11—2017.09.17
曹　石	土木工程学院	硕士生	丹麦	国际会议	2017.09.11—2017.09.17
郑宝锋	土木工程学院	博士生	英国、丹麦	国际会议	2017.09.11—2017.09.22
祝祥云	医学院	博士生	瑞士	留学进修	2017.09.11—2017.12.22
俞振烨	成贤学院	本科生	中国台湾	短期学习	2017.09.11—2018.01.21
吴昱锋	成贤学院	本科生	中国台湾	短期学习	2017.09.11—2018.01.21
苏宇静	成贤学院	本科生	中国台湾	短期学习	2017.09.11—2018.01.21
沈晴宇	成贤学院	本科生	中国台湾	短期学习	2017.09.11—2018.01.21
张敏行	成贤学院	本科生	中国台湾	短期学习	2017.09.11—2018.01.31
冯海川	成贤学院	本科生	中国台湾	短期学习	2017.09.11—2018.01.31
安晓彤	成贤学院	本科生	中国台湾	短期学习	2017.09.11—2018.01.31
常腾原	土木工程学院	博士生	新加坡	留学进修	2017.09.12—2018.09.11
周安琪	成贤学院	本科生	中国台湾	短期学习	2017.09.13—2018.01.24
刘维茜	成贤学院	本科生	中国台湾	短期学习	2017.09.13—2018.01.24
翟文碧	外国语学院	本科生	中国台湾	短期学习	2017.09.13—2018.01.24
廖笙羽	外国语学院	本科生	中国台湾	短期学习	2017.09.13—2018.01.24
张冠宇	成贤学院	本科生	中国台湾	短期学习	2017.09.13—2018.01.25
王瑞涵	成贤学院	本科生	中国台湾	短期学习	2017.09.13—2018.01.25
李世杰	成贤学院	本科生	中国台湾	短期学习	2017.09.13—2018.01.25
郭枫岩	成贤学院	本科生	中国台湾	短期学习	2017.09.13—2018.01.25

（续 表）

姓名	所在院系	职务/职称	出访国家或地区	出访任务	时间
丁婧仪	成贤学院	本科生	中国台湾	短期学习	2017.09.13—2018.01.25
奚培媛	成贤学院	本科生	中国台湾	短期学习	2017.09.14—2018.01.23
潘星君	成贤学院	本科生	中国台湾	短期学习	2017.09.14—2018.01.23
刘　晨	成贤学院	本科生	中国台湾	短期学习	2017.09.14—2018.01.23
冯心悦	成贤学院	本科生	中国台湾	短期学习	2017.09.14—2018.01.23
潘　涛	医学院	博士生	丹麦	国际会议	2017.09.15—2017.09.20
高　霞	信息科学与工程学院	本科生	中国台湾	短期学习	2017.09.15—2018.01.26
马　辉	交通学院	博士生	德国	国际会议	2017.09.17—2017.09.21
王嘉昌	土木工程学院	博士生	英国	国际会议	2017.09.17—2017.09.22
杜　利	土木工程学院	硕士生	英国	国际会议	2017.09.17—2017.09.22
陈美合	土木工程学院	博士生	英国	国际会议	2017.09.17—2017.09.22
徐田雨	成贤学院	本科生	中国台湾	短期学习	2017.09.17—2018.01.22
吴　培	成贤学院	本科生	中国台湾	短期学习	2017.09.17—2018.01.22
巫　遐	成贤学院	本科生	中国台湾	短期学习	2017.09.17—2018.01.22
董燕青	成贤学院	本科生	中国台湾	短期学习	2017.09.17—2018.01.22
卓为顶	土木工程学院	博士生	加拿大	国际会议	2017.09.18—2017.09.24
谢鲁齐	土木工程学院	博士生	加拿大	国际会议	2017.09.18—2017.09.24
夏志远	土木工程学院	博士生	加拿大	国际会议	2017.09.18—2017.09.24
余筠如	生物科学与医学工程学院	博士生	澳大利亚	国际会议	2017.09.22—2017.09.28
王　欢	生物科学与医学工程学院	博士生	澳大利亚	国际会议	2017.09.22—2017.09.28

（续　表）

姓名	所在院系	职务/职称	出访国家或地区	出访任务	时间
刘羽霄	生物科学与医学工程学院	博士生	澳大利亚	国际会议	2017.09.22—2017.09.28
付繁繁	生物科学与医学工程学院	博士生	澳大利亚	国际会议	2017.09.22—2017.09.28
董夏薇	生物科学与医学工程学院	博士生	匈牙利	国际会议	2017.09.23—2017.09.27
闫　文	信息科学与工程学院	博士生	加拿大	国际会议	2017.09.23—2017.09.27
徐锦丹	信息科学与工程学院	博士生	加拿大	国际会议	2017.09.23—2017.09.27
常　炜	医学院	博士生	奥地利	国际会议	2017.09.23—2017.09.27
郭静静	电子科学与工程学院	博士生	希腊	国际会议	2017.09.23—2017.09.28
樊　浩	信息科学与工程学院	硕士生	加拿大	国际会议	2017.09.24—2017.09.27
陈淑菁	信息科学与工程学院	硕士生	加拿大	国际会议	2017.09.24—2017.09.27
王煜奇	电气工程学院	博士生	德国	国际会议	2017.09.24—2017.09.28
蔡霁霖	电气工程学院	博士生	德国	国际会议	2017.09.24—2017.09.28
许玲玲	土木工程学院	博士生	德国	国际会议	2017.09.24—2017.09.28
田　飞	生物科学与医学工程学院	博士生	德国	国际会议	2017.09.24—2017.09.30
李亭亭	数学学院	博士生	希腊	国际会议	2017.09.24—2017.09.30
熊振峰	能源与环境学院	博士生	日本	国际会议	2017.09.25—2017.09.30
张　猛	土木工程学院	硕士生	日本	工作访问	2017.09.25—2017.10.02
娄纪超	土木工程学院	硕士生	日本	工作访问	2017.09.25—2017.10.02
韩　翀	土木工程学院	硕士生	日本	工作访问	2017.09.25—2017.10.02
刘　宇	电气工程学院	博士生	意大利	国际会议	2017.09.26—2017.09.30
张冠亭	建筑学院	博士生	西班牙	国际会议	2017.09.26—2017.09.30

（续　表）

姓名	所在院系	职务/职称	出访国家或地区	出访任务	时间
刘海芊	建筑学院	硕士生	西班牙	国际会议	2017.09.26—2017.09.30
宋亚程	建筑学院	博士生	西班牙	国际会议	2017.09.26—2017.10.01
葛　欣	建筑学院	博士生	西班牙	国际会议	2017.09.26—2017.10.01
张佳石	建筑学院	硕士生	意大利、瑞士	联合教学	2017.09.26—2017.10.09
王海涛	电气工程学院	博士生	美国	国际会议	2017.09.29—2017.10.05
李秀萍	经济管理学院	博士生	中国香港	国际会议	2017.09.30—2017.10.04
缪　延	公共卫生学院	硕士生	希腊	国际会议	2017.09.30—2017.10.06
徐　帅	电气工程学院	博士生	美国	国际会议	2017.10.01—2017.10.05
文宏辉	电气工程学院	博士生	美国	国际会议	2017.10.01—2017.10.05
宁光富	电气工程学院	博士生	美国	国际会议	2017.10.01—2017.10.05
胡　省	电气工程学院	博士生	美国	国际会议	2017.10.01—2017.10.05
崔荣华	电气工程学院	博士生	美国	国际会议	2017.10.01—2017.10.05
刘雪娇	能源与环境学院	博士生	西班牙	国际会议	2017.10.01—2017.10.05
陈岱琳	能源与环境学院	博士生	西班牙	国际会议	2017.10.01—2017.10.05
杨　静	建筑学院	博士生	意大利	留学进修	2017.10.01—2018.10.01
刘　赛	电气工程学院	硕士生	印度尼西亚	国际会议	2017.10.02—2017.10.06
郭昊旻	电气工程学院	硕士生	印度尼西亚	国际会议	2017.10.02—2017.10.06
龚　宇	电子科学与工程学院	博士生	法国	国际会议	2017.10.02—2017.10.06
钟志伟	信息科学与工程学院	本科生	法国	国际会议	2017.10.02—2017.10.06
杨宇峰	信息科学与工程学院	本科生	法国	国际会议	2017.10.02—2017.10.06

(续　表)

姓名	所在院系	职务/职称	出访国家或地区	出访任务	时间
徐炜鸿	信息科学与工程学院	硕士生	法国	国际会议	2017.10.02—2017.10.06
吴至棒	信息科学与工程学院	硕士生	法国	国际会议	2017.10.02—2017.10.06
金洁珺	信息科学与工程学院	本科生	法国	国际会议	2017.10.02—2017.10.06
戈璐璐	信息科学与工程学院	硕士生	法国	国际会议	2017.10.02—2017.10.06
周悦媛	生物科学与医学工程学院	博士生	日本	短期学习	2017.10.02—2019.09.30
宋　伟	生命科学研究院	博士生	希腊	国际会议	2017.10.03—2017.10.07
公丕海	生命科学研究院	博士生	希腊	国际会议	2017.10.03—2017.10.07
周俊汝	建筑学院	硕士生	法国	国际会议	2017.10.03—2017.10.08
应　媛	建筑学院	硕士生	美国	参加竞赛	2017.10.03—2017.10.10
张宇涛	建筑学院	硕士生	美国	参加竞赛	2017.10.03—2017.10.11
张莹莹	建筑学院	硕士生	美国	参加竞赛	2017.10.03—2017.10.11
徐祝庆	计算机科学与工程学院	博士生	加拿大	国际会议	2017.10.04—2017.10.08
凤尔翠	学习科学研究中心	博士生	中国香港	国际会议	2017.10.05—2017.10.09
孙宇幸	电气工程学院	本科生	日本	访问交流	2017.10.06—2017.10.12
赵雅茹	电子科学与工程学院	本科生	日本	访问交流	2017.10.06—2017.10.12
李金钊	化学化工学院	本科生	日本	访问交流	2017.10.06—2017.10.12
孔德优	机械工程学院	本科生	日本	访问交流	2017.10.06—2017.10.12
杨　浩	计算机科学与工程学院	本科生	日本	访问交流	2017.10.06—2017.10.12
伍　术	人文学院	本科生	日本	访问交流	2017.10.06—2017.10.12
李佳明	数学学院	本科生	日本	访问交流	2017.10.06—2017.10.12

（续 表）

姓名	所在院系	职务/职称	出访国家或地区	出访任务	时间
任加勉	外国语学院	本科生	日本	访问交流	2017.10.06—2017.10.12
寇梓黎	电子科学与工程学院	本科生	日本	访问交流	2017.10.06—2017.10.12
王伟粱	自动化学院	本科生	日本	访问交流	2017.10.06—2017.10.12
陈路瑜	交通学院	本科生	新加坡	国际会议	2017.10.07—2017.10.11
周　磊	能源与环境学院	博士生	加拿大	国际会议	2017.10.07—2017.10.13
常承鹏	信息科学与工程学院	硕士生	加拿大	国际会议	2017.10.08—2017.10.13
盖盼盼	土木工程学院	博士生	美国	留学进修	2017.10.10—2018.03.10
祝如愿	医学院	硕士生	斯洛文尼亚	国际会议	2017.10.11—2017.10.16
李慧娟	医学院	博士生	斯洛文尼亚	国际会议	2017.10.11—2017.10.16
洪会粉	数学学院	博士生	澳大利亚	短期学习	2017.10.13—2018.04.14
刘　莉	化学化工学院	博士生	美国	国际会议	2017.10.14—2017.10.20
张晓露	电子科学与工程学院	博士生	西班牙	国际会议	2017.10.15—2017.10.19
叶　震	土木工程学院	硕士生	丹麦	合作研究	2017.10.15—2017.10.29
杨海龙	土木工程学院	硕士生	丹麦	合作研究	2017.10.15—2017.10.29
汪子哲	土木工程学院	硕士生	丹麦	合作研究	2017.10.15—2017.10.29
柳杨青	土木工程学院	博士生	丹麦	合作研究	2017.10.15—2017.10.29
刘　鹏	土木工程学院	硕士生	丹麦	合作研究	2017.10.15—2017.10.29
崔弥达	土木工程学院	硕士生	丹麦	合作研究	2017.10.15—2017.10.29
张　迪	生物科学与医学工程学院	博士生	德国	国际会议	2017.10.16—2017.10.20
孙良栋	生物科学与医学工程学院	博士生	德国	国际会议	2017.10.16—2017.10.20

（续　表）

姓名	所在院系	职务/职称	出访国家或地区	出访任务	时间
刘　勇	微电子学院	博士生	中国台湾	国际会议	2017.10.16—2017.10.22
董　乾	微电子学院	博士生	中国台湾	国际会议	2017.10.16—2017.10.22
张　晶	经济管理学院	博士生	韩国	国际会议	2017.10.17—2017.10.21
王　进	经济管理学院	博士生	韩国	国际会议	2017.10.17—2017.10.21
王　超	经济管理学院	博士生	韩国	国际会议	2017.10.17—2017.10.21
张　怡	能源与环境学院	博士生	韩 国	国际会议	2017.10.17—2017.10.21
钱　丽	经济管理学院	博士生	韩国	国际会议	2017.10.18—2017.10.21
任彦军	材料科学与工程学院	博士生	韩国	国际会议	2017.10.19—2017.10.23
赵志超	化学化工学院	博士生	韩国	国际会议	2017.10.19—2017.10.23
路　露	化学化工学院	博士生	韩国	国际会议	2017.10.19—2017.10.23
张　晨	外国语学院	硕士生	日本	短期学习	2017.10.20—2018.01.16
路云晴	外国语学院	硕士生	日本	短期学习	2017.10.20—2018.01.16
李维佳	外国语学院	硕士生	日本	短期学习	2017.10.20—2018.01.16
巩小旭	外国语学院	硕士生	日本	短期学习	2017.10.20—2018.01.16
白　露	外国语学院	硕士生	日本	短期学习	2017.10.20—2018.01.16
吴天星	计算机科学与工程学院	博士生	奥地利	国际会议	2017.10.21—2017.10.25
赵盛楠	电气工程学院	博士生	加拿大	国际会议	2017.10.21—2017.10.26
潘世富	经济管理学院	博士生	美国	国际会议	2017.10.21—2017.10.26
李倩茹	经济管理学院	博士生	美国	国际会议	2017.10.21—2017.10.26
郭鑫鑫	经济管理学院	博士生	美国	国际会议	2017.10.21—2017.10.26

（续　表）

姓名	所在院系	职务/职称	出访国家或地区	出访任务	时间
季振亚	电气工程学院	博士生	新加坡	国际会议	2017.10.23—2017.10.27
Alhasan	建筑学院	博士生	意大利	国际会议	2017.10.23—2017.10.28
熊伟婷	建筑学院	博士生	美国	国际会议	2017.10.23—2017.10.29
陆小波	建筑学院	博士生	美国	国际会议	2017.10.23—2017.10.29
陈海宁	建筑学院	博士生	美国	国际会议	2017.10.23—2017.10.29
陈　骁	建筑学院	博士生	美国	国际会议	2017.10.23—2017.10.29
朱　敏	信息科学与工程学院	博士生	日本	国际会议	2017.10.24—2017.10.28
栾　颖	医学院	博士生	韩国	国际会议	2017.10.24—2017.10.28
Taher. J. T. Moghayer	建筑学院	博士生	意大利	国际会议	2017.10.25—2017.10.27
李新苗	人文学院	博士生	美国	国际会议	2017.10.25—2017.10.29
王　强	生物科学与医学工程学院	博士生	日本	国际会议	2017.10.25—2017.10.30
胡琬君	生物科学与医学工程学院	博士生	日本	国际会议	2017.10.25—2017.10.30
叶　青	医学院	博士生	美国	国际会议	2017.10.26—2017.10.28
周华羿	信息科学与工程学院	博士生	美国	国际会议	2017.10.28—2017.11.01
褚晨蕾	电子科学与工程学院	博士生	英国	国际会议	2017.10.28—2017.11.02
马　忠	能源与环境学院	博士生	美国	国际会议	2017.10.29—2017.11.02
刘　超	能源与环境学院	博士生	美国	国际会议	2017.10.29—2017.11.02
胡昌淞	能源与环境学院	博士生	美国	国际会议	2017.10.29—2017.11.02
卢　成	信息科学与工程学院	博士生	泰国	国际会议	2017.10.29—2017.11.02
江力强	土木工程学院	博士生	韩国	国际会议	2017.10.30—2017.11.05

(续　表)

姓名	所在院系	职务/职称	出访国家或地区	出访任务	时间
王　义	交通学院	博士生	美国	留学进修	2017.10.30—2018.04.30
韩雨晨	医学院	博士生	美国	国际会议	2017.10.31—2017.11.06
俞顺吉	土木工程学院	硕士生	韩国	国际会议	2017.11.01—2017.11.05
贾莲莲	土木工程学院	硕士生	韩国	国际会议	2017.11.01—2017.11.05
鲁　梦	土木工程学院	硕士生	韩国	国际会议	2017.11.01—2017.11.10
阳　析	信息科学与工程学院	博士生	中国台湾	学术交流	2017.11.01—2017.12.03
韩　瑜	信息科学与工程学院	博士生	中国台湾	学术交流	2017.11.01—2017.12.03
柳文章	自动化学院	博士生	中国香港	短期学习	2017.11.01—2018.01.31
郑士亚	医学院	博士生	美国	合作研究	2017.11.01—2018.05.11
郑功杭	能源与环境学院	硕士生	美国	国际会议	2017.11.02—2017.11.09
汪官镇	医学院	硕士生	马来西亚	国际会议	2017.11.04—2017.11.09
商新超	电子科学与工程学院	博士生	韩国	国际会议	2017.11.05—2017.11.09
戴文韬	电子科学与工程学院	博士生	韩国	国际会议	2017.11.05—2017.11.09
张　浩	电子科学与工程学院	博士生	美国	国际会议	2017.11.05—2017.11.10
黄小丹	电子科学与工程学院	博士生	美国	国际会议	2017.11.05—2017.11.10
高　桓	计算机科学与工程学院	博士生	新加坡	国际会议	2017.11.05—2017.11.10
吕舒康	电气工程学院	博士生	美国	国际会议	2017.11.05—2017.11.11
张　磊	电子科学与工程学院	博士生	韩国	国际会议	2017.11.07—2017.11.11
余开浩	电子科学与工程学院	博士生	韩国	国际会议	2017.11.07—2017.11.11
陈晓宇	电气工程学院	博士生	日本	国际会议	2017.11.07—2017.11.12

（续　表）

姓名	所在院系	职务/职称	出访国家或地区	出访任务	时间
胡媛媛	艺术学院	硕士生	俄罗斯	国际会议	2017.11.08—2017.11.12
强筱婕	吴健雄学院	本科生	美国	国际会议	2017.11.08—2017.11.13
李沛文	吴健雄学院	本科生	美国	国际会议	2017.11.08—2017.11.13
徐　康	计算机科学与工程学院	博士生	澳大利亚	国际会议	2017.11.09—2017.11.13
李娟红	能源与环境学院	博士生	中国台湾	两岸会议	2017.11.10—2017.11.15
戴喆秦	能源与环境学院	博士生	中国台湾	两岸会议	2017.11.10—2017.11.15
查　晓	能源与环境学院	博士生	中国台湾	两岸会议	2017.11.10—2017.11.15
张小云	生命科学研究院	博士生	美国	国际会议	2017.11.10—2017.11.16
王韶莉	生命科学研究院	博士生	美国	国际会议	2017.11.10—2017.11.16
盛　涛	生命科学研究院	博士生	美国	国际会议	2017.11.10—2017.11.16
毛　蕊	生命科学研究院	博士生	美国	国际会议	2017.11.10—2017.11.16
张桂龙	医学院	博士生	美国	国际会议	2017.11.11—2017.11.15
吴申申	公共卫生学院	博士生	韩国	国际会议	2017.11.12—2017.11.16
孟庆涛	公共卫生学院	博士生	韩国	国际会议	2017.11.12—2017.11.16
朱　琳	医学院	博士生	越南	国际会议	2017.11.12—2017.11.16
顾丽华	医学院	博士生	越南	国际会议	2017.11.12—2017.11.16
朱　靖	公共卫生学院	博士生	美国	国际会议	2017.11.12—2017.11.17
殷玥琪	公共卫生学院	博士生	美国	国际会议	2017.11.12—2017.11.17
吴亚楠	电子科学与工程学院	本科生	日本	国际会议	2017.11.13—2017.11.17
吴成均	电子科学与工程学院	本科生	日本	国际会议	2017.11.13—2017.11.17

（续　表）

姓名	所在院系	职务/职称	出访国家或地区	出访任务	时间
杜子纯	电子科学与工程学院	本科生	日本	国际会议	2017.11.13—2017.11.17
张　乐	机械工程学院	本科生	日本	国际会议	2017.11.13—2017.11.17
沈天越	机械工程学院	本科生	日本	国际会议	2017.11.13—2017.11.17
沙　杰	机械工程学院	本科生	日本	国际会议	2017.11.13—2017.11.17
江　苏	机械工程学院	本科生	日本	国际会议	2017.11.13—2017.11.17
贾乐松	机械工程学院	本科生	日本	国际会议	2017.11.13—2017.11.17
赵　洋	无锡分校	本科生	日本	国际会议	2017.11.13—2017.11.17
张广超	无锡分校	本科生	日本	国际会议	2017.11.13—2017.11.17
俞向荣	无锡分校	本科生	日本	国际会议	2017.11.13—2017.11.17
刘　祺	无锡分校	本科生	日本	国际会议	2017.11.13—2017.11.17
顾　驰	无锡分校	本科生	日本	国际会议	2017.11.13—2017.11.17
卞方娟	无锡分校	本科生	日本	国际会议	2017.11.13—2017.11.17
徐允果	吴健雄学院	本科生	日本	国际会议	2017.11.13—2017.11.17
孙　凯	吴健雄学院	本科生	日本	国际会议	2017.11.13—2017.11.17
金宇晖	吴健雄学院	本科生	日本	国际会议	2017.11.13—2017.11.17
金洁珺	吴健雄学院	本科生	日本	国际会议	2017.11.13—2017.11.17
冯嘉伟	吴健雄学院	本科生	日本	国际会议	2017.11.13—2017.11.17
庄雨辰	信息科学与工程学院	本科生	日本	国际会议	2017.11.13—2017.11.17
张明辉	信息科学与工程学院	本科生	日本	国际会议	2017.11.13—2017.11.17
张婧媛	信息科学与工程学院	本科生	日本	国际会议	2017.11.13—2017.11.17

（续 表）

姓名	所在院系	职务/职称	出访国家或地区	出访任务	时间
许 函	信息科学与工程学院	硕士生	日本	国际会议	2017.11.13—2017.11.17
王瀚升	信息科学与工程学院	本科生	日本	国际会议	2017.11.13—2017.11.17
汪佳玮	信息科学与工程学院	本科生	日本	国际会议	2017.11.13—2017.11.17
乔文超	信息科学与工程学院	本科生	日本	国际会议	2017.11.13—2017.11.17
洪 姝	信息科学与工程学院	本科生	日本	国际会议	2017.11.13—2017.11.17
方钱安	信息科学与工程学院	本科生	日本	国际会议	2017.11.13—2017.11.17
丁宁宁	信息科学与工程学院	本科生	日本	国际会议	2017.11.13—2017.11.17
董雅轩	仪器科学与工程学院	本科生	日本	国际会议	2017.11.13—2017.11.17
周英智	化学化工学院	博士生	澳大利亚	国际会议	2017.11.14—2017.11.18
陈 晨	土木工程学院	博士生	澳大利亚	国际会议	2017.11.14—2017.11.18
刘峻峰	信息科学与工程学院	博士生	新加坡	国际会议	2017.11.18—2017.11.23
刘 玮	信息科学与工程学院	博士生	新加坡	国际会议	2017.11.18—2017.11.23
高 平	信息科学与工程学院	博士生	新加坡	国际会议	2017.11.18—2017.11.23
张 磊	信息科学与工程学院	博士生	日本	国际会议	2017.11.18—2017.11.24
杨彬祺	信息科学与工程学院	博士生	新加坡	国际会议	2017.11.18—2017.11.24
吴瑞元	信息科学与工程学院	博士生	日本	国际会议	2017.11.18—2017.11.24
张 琪	机械工程学院	博士生	新西兰	国际会议和合作研究	2017.11.18—2017.11.26
任成龙	机械工程学院	硕士生	新西兰	国际会议、工作访问	2017.11.18—2017.11.26
何崇伟	机械工程学院	硕士生	新西兰	国际会议、访问考察	2017.11.18—2017.11.26
郭一鸣	机械工程学院	博士生	新西兰	国际会议、合作研究	2017.11.18—2017.11.26

（续　表）

姓名	所在院系	职务/职称	出访国家或地区	出访任务	时间
杨会超	机械工程学院	博士生	美国	留学进修	2017.11.18—2018.11.19
张　路	土木工程学院	本科生	中国香港	国际会议	2017.11.20—2017.11.22
卢　毅	土木工程学院	本科生	中国香港	国际会议	2017.11.20—2017.11.22
刘　峰	土木工程学院	本科生	中国香港	国际会议	2017.11.20—2017.11.22
范建华	土木工程学院	本科生	中国香港	国际会议	2017.11.20—2017.11.22
梁止水	土木工程学院	博士生	日本	国际会议	2017.11.20—2017.11.23
周泽伟	医学院	博士生	澳大利亚	国际会议	2017.11.22—2017.11.27
吴　萌	材料科学与工程学院	博士生	泰国	国际会议	2017.11.22—2017.11.28
明　静	材料科学与工程学院	博士生	泰国	国际会议	2017.11.23—2017.11.27
苗敏敏	仪器科学与工程学院	博士生	中国台湾	国际会议	2017.11.23—2017.11.27
仲斌演	医学院	博士生	美国	国际会议	2017.11.25—2017.11.30
龚　亮	医学院	博士生	美国	国际会议	2017.11.26—2017.11.29
王从晓	医学院	博士生	美国	国际会议	2017.11.26—2017.11.30
朱　琳	医学院	博士生	美国	国际会议	2017.11.26—2017.12.01
何灿灿	医学院	博士生	美国	国际会议	2017.11.26—2017.12.01
周宇琪	建筑学院	本科生	中国台湾	学术交流	2017.11.30—2017.12.11
吴　韵	建筑学院	本科生	中国台湾	学术交流	2017.11.30—2017.12.11
刘　艺	建筑学院	本科生	中国台湾	学术交流	2017.11.30—2017.12.11
李伊格	建筑学院	本科生	中国台湾	学术交流	2017.11.30—2017.12.11
贾　冕	建筑学院	本科生	中国台湾	学术交流	2017.11.30—2017.12.11

（续　表）

姓名	所在院系	职务/职称	出访国家或地区	出访任务	时间
何珍珠	生物科学与医学工程学院	博士生	日本	国际会议	2017.12.01—2017.12.04
王　敏	生物科学与医学工程学院	硕士生	日本	国际会议	2017.12.01—2017.12.04
刘小将	生物科学与医学工程学院	博士生	日本	国际会议	2017.12.01—2017.12.04
曾　易	生物科学与医学工程学院	博士生	日本	国际会议	2017.12.01—2017.12.04
周萌萌	能源与环境学院	硕士生	澳大利亚	国际会议	2017.12.01—2017.12.05
衡丽君	能源与环境学院	博士生	澳大利亚	国际会议	2017.12.01—2017.12.05
陈　星	能源与环境学院	博士生	澳大利亚	国际会议	2017.12.01—2017.12.05
温　博	土木工程学院	博士生	澳大利亚	国际会议	2017.12.01—2017.12.09
杨明星	机械工程学院	博士生	新加坡	留学进修	2017.12.01—2018.05.31
喻名彪	仪器科学与工程学院	博士生	俄罗斯	国际会议	2017.12.02—2017.12.06
高　扬	计算机科学与工程学院	博士生	新加坡	国际会议	2017.12.03—2017.12.07
申怡飞	信息科学与工程学院	硕士生	新加坡	国际会议	2017.12.03—2017.12.07
徐依凌	计算机科学与工程学院	硕士生	新加坡	国际会议	2017.12.03—2017.12.08
宋祥磊	能源与环境学院	博士生	中国香港	国际会议	2017.12.03—2017.12.08
李　林	能源与环境学院	博士生	中国香港	国际会议	2017.12.03—2017.12.08
曹丽霞	能源与环境学院	博士生	中国香港	国际会议	2017.12.03—2017.12.08
朱建月	信息科学与工程学院	博士	新加坡	国际会议	2017.12.03—2017.12.08
章建军	信息科学与工程学院	博士	新加坡	国际会议	2017.12.03—2017.12.08
阳　析	信息科学与工程学院	博士生	新加坡	国际会议	2017.12.03—2017.12.08
高　攀	电子科学与工程学院	硕士生	新加坡	国际会议	2017.12.03—2017.12.09

(续　表)

姓名	所在院系	职务/职称	出访国家或地区	出访任务	时间
朱　纯	能源与环境学院	博士生	澳大利亚	国际会议	2017.12.03—2017.12.09
于　燕	能源与环境学院	博士生	澳大利亚	国际会议	2017.12.03—2017.12.09
王璐璐	能源与环境学院	博士生	澳大利亚	国际会议	2017.12.03—2017.12.09
沈天绪	能源与环境学院	博士生	澳大利亚	国际会议	2017.12.03—2017.12.09
张　静	信息科学与工程学院	硕士生	新加坡	国际会议	2017.12.03—2017.12.09
马妙丽	信息科学与工程学院	硕士生	新加坡	国际会议	2017.12.03—2017.12.09
刘诚征	信息科学与工程学院	硕士生	新加坡	国际会议	2017.12.03—2017.12.09
孙宇涵	信息科学与工程学院	硕士生	新加坡	国际会议	2017.12.03—2017.12.09
袁骥德	信息科学与工程学院	博士生	新加坡	国际会议	2017.12.04—2017.12.08
孙晓宇	信息科学与工程学院	博士生	新加坡	国际会议	2017.12.04—2017.12.08
葛鹏飞	信息科学与工程学院	博士	新加坡	国际会议	2017.12.04—2017.12.08
王天鹏	电子科学与工程学院	硕士生	日本	国际会议	2017.12.04—2017.12.09
龚志鹏	电子科学与工程学院	硕士生	日本	国际会议	2017.12.04—2017.12.09
赵文举	土木工程学院	博士生	澳大利亚	国际会议	2017.12.04—2017.12.09
李　楠	信息科学与工程学院	硕士生	新加坡	国际会议	2017.12.04—2017.12.09
程　铭	信息科学与工程学院	博士生	新加坡	国际会议	2017.12.04—2017.12.09
唐　强	材料科学与工程学院	硕士生	中国香港	国际会议	2017.12.06—2017.12.10
王　坚	电子科学与工程学院	博士生	日本	国际会议	2017.12.06—2017.12.10
刘　骞	电子科学与工程学院	博士生	日本	国际会议	2017.12.06—2017.12.10
金岑岑	电子科学与工程学院	硕士生	日本	国际会议	2017.12.06—2017.12.10

（续　表）

姓名	所在院系	职务/职称	出访国家或地区	出访任务	时间
万　颖	数学学院	博士生	卡塔尔	国际会议	2017.12.06—2017.12.10
丁小帅	数学学院	博士生	卡塔尔	国际会议	2017.12.06—2017.12.10
李赛鹏	材料科学与工程学院	博士生	新加坡	国际会议	2017.12.06—2017.12.11
李德浩	数学学院	博士生	卡塔尔	国际会议	2017.12.06—2017.12.11
杨文贵	数学学院	博士生	卡塔尔	国际会议	2017.12.07—2017.12.11
程启秀	交通学院	博士生	中国香港	国际会议	2017.12.08—2017.12.11
韩超灵	能源与环境学院	博士生	印度	国际会议	2017.12.08—2017.12.14
卢欣桐	信息科学与工程学院	硕士生	澳大利亚	国际会议	2017.12.08—2017.12.14
韩　瑜	信息科学与工程学院	博士生	澳大利亚	国际会议	2017.12.08—2017.12.14
王天奇	信息科学与工程学院	硕士生	中国台湾	合作研究	2017.12.08—2018.02.07
高璇璇	信息科学与工程学院	硕士生	中国台湾	合作研究	2017.12.08—2018.02.07
刘　旋	计算机科学与工程学院	博士生	英国	国际会议	2017.12.09—2017.12.14
谢婉莹	经济管理学院	博士生	新加坡	国际会议	2017.12.09—2017.12.14
孙　虹	经济管理学院	博士生	新加坡	国际会议	2017.12.09—2017.12.14
任智亮	经济管理学院	博士生	新加坡	国际会议	2017.12.09—2017.12.14
张陈晨	仪器科学与工程学院	硕士生	中国香港	国际会议	2017.12.09—2017.12.14
张　波	仪器科学与工程学院	博士生	中国香港	国际会议	2017.12.09—2017.12.14
叶　飞	仪器科学与工程学院	博士生	中国香港	国际会议	2017.12.09—2017.12.14
马　群	仪器科学与工程学院	硕士生	中国香港	国际会议	2017.12.09—2017.12.14
冯悠扬	仪器科学与工程学院	博士生	中国香港	国际会议	2017.12.09—2017.12.14

（续 表）

姓名	所在院系	职务/职称	出访国家或地区	出访任务	时间
戴　鹏	仪器科学与工程学院	硕士生	中国香港	国际会议	2017.12.09—2017.12.14
鲍小雨	仪器科学与工程学院	硕士生	中国香港	国际会议	2017.12.09—2017.12.14
李京津	建筑学院	博士生	新加坡	工作访问	2017.12.10—2017.12.14
刘志成	信息科学与工程学院	博士生	美国	国际会议	2017.12.10—2017.12.15
万　树	电子科学与工程学院	博士生	新加坡	国际会议	2017.12.10—2017.12.16
黄旭舟	自动化学院	硕士生	澳大利亚	国际会议	2017.12.10—2017.12.17
赵胜波	建筑学院	硕士生	喀麦隆、埃塞俄比亚	国际会议、合作研究	2017.12.10—2017.12.19
Taher J. T. Mogayer	建筑学院	博士生	喀唛隆、埃塞俄比亚	国际会议并合作研究	2017.12.10—2017.12.19
朱亚楠	数学学院	博士生	美国	合作研究	2017.12.10—2018.06.09
朱麒文	电子科学与工程学院	硕士生	中国香港	国际会议	2017.12.11—2017.12.15
罗　磊	信息科学与工程学院	博士生	马来西亚	国际会议	2017.12.12—2017.12.15
范　琪	交通学院	博士生	美国	短期学习	2017.12.15—2018.05.15
张　磊	土木工程学院	博士生	加拿大	留学进修	2017.12.15—2018.12.15
王金玲	数学学院	博士生	澳大利亚	国际会议	2017.12.16—2017.12.21
宗思恒	自动化学院	博士生	澳大利亚	国际会议	2017.12.16—2017.12.21
张亚军	自动化学院	博士生	新加坡	国际会议	2017.12.16—2017.12.21
吴　飞	自动化学院	硕士生	澳大利亚	国际会议	2017.12.16—2017.12.21
卫斐然	医学院	博士生	美国	合作研究	2017.12.20—2017.12.28
许正英	电子科学与工程学院	博士生	孟加拉	国际会议	2017.12.25—2017.12.29
吕　涛	电子科学与工程学院	博士生	孟加拉	国际会议	2017.12.25—2017.12.29

（续　表）

姓名	所在院系	职务/职称	出访国家或地区	出访任务	时间
管孟文	电子科学与工程学院	硕士生	孟加拉	国际会议	2017.12.25—2017.12.29
张婉莹	化学化工学院	博士生	日本	合作研究	2017.12.25—2018.01.04
汤渊源	化学化工学院	博士生	日本	合作研究	2017.12.25—2018.01.04
李鹏飞	化学化工学院	博士生	日本	合作研究	2017.12.25—2018.01.04
陶焕杰	自动化学院	博士生	新加坡	国际会议	2017.12.26—2017.12.29
隆曦孜	能源与环境学院	博士生	日本	国际会议	2017.12.26—2017.12.30
宋宝林	信息科学与工程学院	博士生	新加坡	国际会议	2017.12.26—2017.12.30
张　杨	自动化学院	博士生	新加坡	国际会议	2017.12.26—2017.12.30
谢　超	自动化学院	博士生	新加坡	国际会议	2017.12.26—2017.12.30
毕　昆	生物科学与医学工程学院	博士生	英国	合作研究	2017.12.30—2018.03.30

2017 年华英文化教育基金会推荐资助“华英学者”出国研究一览表

序号	系、所及学科	姓名	职称、学位	拟赴何国、何校、何教授处进修
1	自动化学院 控制理论与控制工程	杨　俊	副教授，博士生导师，工学博士	英国，曼彻斯特大学 Dr. AlexandruStancu
2	建筑学院 建筑学	金　星	副教授，博士	瑞士，苏黎世联邦理工学院 JanCarmeliet 教授
3	电子科学与工程 微电子与固体电子学	单伟伟	副教授，博士	美国哥伦比亚大学 ColumbiaUniversity Prof. MingooSeok

2017 年华英文化教育基金会奖助回国教学访问学者一览表

序号	姓名	国籍	单位及职务	专业	学位	来校时间
1	卢兹·杜本	西班牙	西班牙瓦伦西大学教授 AppliedOptimizationSystems-Group (SOA,http://soa. iti. es)实验室主任	计算机科学	博士	2017. 11. 1—2017. 11. 15
2	铃木岩弓	日本	日本东北大学文学部宗教教学系主任、教授、博士生导师;现任日本东北民俗学会会长,日本《东北民俗研究》杂志社主编	宗教学	博士	2017. 3. 1—2017. 3. 15
3	丁正桃	中国(UK 永居)	英国曼彻斯特大学副教授	控制理论与控制工程	博士	2017. 11. 15—2017. 11. 30

2017 年东南大学友谊奖获奖名单

获奖名称	获奖时间	获奖人姓名(英文)	中文姓名	院系
中国政府友谊奖	2017 年	Adèle Naudé Santos	艾黛尔·诺迪·桑托斯	建筑学院
江苏省友谊奖	2017 年	David Earl Leatherbarrow	戴维·莱塞巴罗	建筑学院
江苏省友谊奖	2017 年	Olivier, Andre, Paul, Edouard Bonnaud	奥利维尔·博诺	电子工程学院

人才与人事工作

综　述

2017年，人事处在校党政的正确领导和统一部署下，紧紧围绕世界一流大学和一流学科的建设规划和目标定位，深入推进实施"高端师资倍增计划"，深化人才发展机制体制改革，建立健全高端师资队伍快速成长成才的新体系，在人才引进、人才培养、专业技术职务评聘、劳资与劳动社会保障等方面工作进展顺利，取得了较好的成绩。

1. 人才引进及培养

2017年新增第十三批"千人计划"专家2人，"青年千人计划"专家4人；新增"百千万人才工程"国家级人选2人；新增享受国务院政府特殊津贴5人；新增江苏省"双创团队"1个，"双创人才"5人(已公示)；新增江苏特聘教授3人；新增江苏省青蓝工程优秀教学团队1个，中青年学术带头人2人，优秀青年骨干教师3人。新增第十四批"六大人才高峰"创新人才团队项目3个，高层次人才项目23个。在2017年第十四批"千人计划"申报工作中，共上报19位"千人计划"候选人，40位"青年千人计划"候选人，目前已有7位"青年千人计划"候选人通过答辩并公示；在2017年"长江学者奖励计划"的申报工作中，有5位青年学者候选人通过答辩，特聘教授答辩正在进行中。

截至2017年12月，我校共有"千人计划"专家23人，"青年千人计划"专家26人，"长江学者奖励计划"特聘教授、讲座教授46人，"长江学者奖励计划"青年学者15人，"万人计划"专家17人，"百千万人才工程"国家级人选23人，江苏省突出贡献中青年专家12人。

完成校2017年专任教师引进计划，正在着手进行2018年教师引进计划，2017年共引进具有博士学位专任教师134人，其中高级职称21人，副高13人，具有海外博士学位的49人，具有一年以上海外留学经历的82人；以非在编人事代理方式招聘管理岗及实验技术岗人员60余人；出台《关于进一步明确和规范出国(境)人员相关待遇的通知》，进一步规范了管理细节，确保公平、公正、透明，2017年派出出国研修人员40余人；完成2017

年全年教职工公派留学全额资助、青骨、江苏省资助、双创博士等各类项目的申报、选拔、派出和回国考核管理。

截止 2017 年 12 月,全校教职工总数为 5 457 人(校本部事业编制 4 029 人,大集体 111 人,非在编人事代理 444 人,中大医院事业编制 789 人,合同聘用 84 人),其中院士 13 人;专任教师 2 832 人,具有教授职称的人数为 781 人,副教授职称 1 154 人,高级职称的师资比例达 69%;具有博士学位的教师占教师总数超过 80%;45 岁以下的教师 1 598 人,占教师总人数比例达 57%;具有一年及以上海外留学经历的教师 1 329 人,占师资队伍总人数的比例达 47%。

2. 教职工晋级晋职

完成了 2017 年度职称评审工作,高级职称评审通过 125 人(正高 37 人,戴帽教授 14 人,副高 74 人),中初级职称评审通过 63 人;2017 年,根据教育部和省里相关文件精神,顺利完成了体育、学生思想政治教育、教育管理研究系列职称评审权下放后的评审工作,其他无评审权学科将积极按照相关文件执行。

核定 2016 年度全校各专业技术岗位级别的岗位空缺数,完成了 2016 年度专业技术岗位聘用的增补工作(其中晋升正高二级 12 人,正高三级 16 人,副高五级 6 人,副高六级 2 人,中级八级 25 人,中级九级 2 人,初级十一级 5 人)。聘请兼职教授 38 人。2017 年度专业技术岗位分级聘用工作正在进行中。

完成 2017 年度教师资格认定工作,评审通过 90 人。发放 2017 年第一批突出成果奖励 577.5 万元,正在核对统计 2017 年第二批突出成果奖励 1 500 万元左右。

进一步推行职员制度,完成 2016 年职员晋升工作,共 53 名同志晋升高一级职员。启动 2017 年职员晋升工作。

印发《关于开展 2017 年工勤技能岗位技术等级考核工作的通知》《关于开展 2017 年工勤技能岗位技师及高级技师考评工作的通知》,新晋升高级技师 2 人,技师 5 人。

3. 薪酬与劳动社会保障

完成了 2017 年在职职工薪级工资正常晋升,完成了我校在职人员失业保险与工伤保险的年检及缴费基数申报工作,完成事业编制养老保险单位参保登记工作。

根据江苏省机关事业单位养老保险规定及校发[2016]107 号文件,为到龄退休人员 146 人办理退休手续并代发退休生活费。依苏人社发[2017]224 号文,根据江苏省统一部署,于 2017 年 7 月完成了全校退休人员基本养老金的调整工作;为我校离休人员调整护理费。2017 年进一步完善单位综合考核工作,2017 年奖励性绩效津贴在上一年度岗位绩效津贴的基础上进行更为细化的考核及发放,年终院系部门整体考核以及全校在职教职工个人考核工作正在进行中。

4. 博士后队伍建设

截至目前,我校在站博士后共 572 人,其中统招统分博士后 104 人,在职博士后 326 人,企业博士后 142 人。2017 年度,我校博士后共进站 105 人(其中统招统分博士后 29

人，在职博士后 32 人，企业博士后 44 人），出站 94 人，退站 7 人。

2017 年，我校共 6 名博士后获得中国博士后科学基金特别资助，50 名博士后获得面上资助，资助总额 367 万元；共 21 名博士后获得江苏省博士后科研资助，7 名博士后获得日常资助，资助总额 185 万元；2 名博士后入选 2017 年度“博士后创新人才支持计划”，1 名博士后入选 2017 年度“博士后国际交流计划引进项目”，1 名博士后入选 2017 年度“香江学者计划”，东南大学博士后重点科研资助正在评选中。

5. 教职工服务工作

院士服务：做好院士的日常保健工作，本着“院士工作无小事”的工作要求，及时、周到、热情、高质量地做好院士的服务保障工作。

退休人员服务：为全校 4 240 名退休教职工做好服务工作，2017 年重阳节为 1 631 名老寿星举行祝寿活动。

补助慰问：做好教职工失业保险及工伤保险的参保及认定工作，为工伤职工申请获得医疗及工伤补助，为 50、60 年代下放人员发放 2017 年生活补助费；全年为 65 名去世职工妥善办理后事，为他们的遗属发放了 2017 年度遗属补助费；全年慰问各类病残和经济困难职工数百人。

2017 年院士名录

姓名	性别	出生年月	职称	院士名称	当选日期	所在学院	外籍院士	专业
齐　康	男	1931.10	教授	科学院院士	1993.11	技术科学院	1997.02 法国建筑科学院	建筑设计及其理论
韦　钰	女	1940.02	教授	工程院院士	1994.11	信息与电子工程学院		生物电子学、分子电子学
钟训正	男	1929.07	教授	工程院院士	1997.11	土木、水利与建筑工程学院		建筑学
吕志涛	男	1937.11	教授	工程院院士	1997.11	土木、水利与建筑工程学院		混凝土与钢筋混凝土结构
李幼平	男	1935.05	教授	工程院院士	1999.11	信息与电子工程学院		电子与通信技术
孙忠良	男	1936.08	教授	工程院院士	2001.11	信息与电子工程学院		微波、毫米波技术
张耀明	男	1943.12	教授	工程院院士	2001.11	化工、冶金与材料工程学院		无机非金属材料

(续 表)

姓名	性别	出生年月	职称	院士名称	当选日期	所在学院	外籍院士	专业
孙 伟	女	1935.11	教授	工程院院士	2005.11	土木、水利与建筑工程学院		无机非金属材料
程泰宁	男	1935.12	教授	工程院院士	2005.11	土木、水利与建筑工程学院		建筑学
黄 卫	男	1961.04	教授	工程院院士	2007.11	土木、水利与建筑工程学院		道路桥梁及交通工程
缪昌文	男	1957.08	教授	工程院院士	2011.11	土木、水利与建筑工程学院		建筑材料与制品
张广军	男	1965.03	教授	工程院院士	2013.11	信息与电子工程学院		精密仪器
王建国	男	1957.07	教授	工程院院士	2015.11	土木、水利与建筑工程学院		城市设计,建筑设计

“万人计划”专家名单

姓名	所在单位	类别	年度
尤肖虎	能源与环境学院	科技创新领军人才	2013
王 庆	仪器科学与工程学院	科技创新领军人才	2013
钟文琪	能源与环境学院	青年拔尖人才	2013
高西奇	信息科学与工程学院	科技创新领军人才	2014
刘加平	材料科学与工程学院	科技创新领军人才	2014
王 炜	交通学院	教学名师	2014
戴先中	自动化学院	教学名师	2014
樊和平	人文学院	哲学社会科学领军人才	2014
殷勇高	能源与环境学院	青年拔尖人才	2015
孙伟锋	电子科学与工程学院	青年拔尖人才	2015
虞文武	数学学院	青年拔尖人才	2015
舒 嘉	经济管理学院	青年拔尖人才	2015
吴 刚	土木工程学院	科技创新领军人才	2016
徐赵东	土木工程学院	科技创新领军人才	2016
肖 睿	能源与环境学院	科技创新领军人才	2016
周佑勇	法学院	哲学社会科学领军人才	2016
王建国	建筑学院	教学名师	2016

“千人计划”专家名单

姓名	所在单位	年度
丁　峙	信息科学与工程学院	2009
李万林	信息科学与工程学院	2009
吴智深	土木工程学院	2009
史国均	能源与环境学院	2010
郑福春	信息科学与工程学院	2010
余星火	自动化学院	2010
陈　战	生物科学与医学工程学院	2010
冉　斌	交通学院	2010
NorriN. Muhammad	土木工程学院	2011
ArokiaNathan	电子科学与工程学院	2012
GerardMarriott	生物科学与医学工程学院	2012
唐达林	生物科学与医学工程学院	2012
SaidEasa	交通学院	2012
李志燀	交通学院	2012
RodrigoSalgado	土木工程学院	2013
孙正明	材料科学与工程学院	2013
凌新生	机械工程学院	2014
OlivierBonnaud	电子科学与工程学院	2014
DidierPribat	电子科学与工程学院	2014
JamesCharlesWhisstock	生命科学研究院	2015
赵　坚	土木工程学院	2016
JeanlouisreneCoatrieux	计算机科学与工程学院	2017
陶纬国	生物科学与医学工程学院	2017

“青年千人计划”专家名单

姓名	所在单位	年度
郝张成	信息科学与工程学院	2011
张　建	土木工程学院	2011
温海防	交通学院	2011
叶智锐	交通学院	2012
张袁健	化学化工学院	2013
李　霞	土木工程学院	2014
刘　宏	生物科学与医学工程学院	2014
林承棋	生命科学研究院	2014
胡三明	信息科学与工程学院	2015
谢远长	交通学院	2015
刘志远	交通学院	2015
姚红红	医学院	2015
陈　瑞	公共卫生学院	2015
柴人杰	生命科学研究院	2015
潘玉峰	生命科学研究院	2015
陈　震	机械工程学院	2016
蒋之浩	信息科学与工程学院	2016
赵涤燹	信息科学与工程学院	2016
何　磊	土木工程学院	2016
马志刚	自动化学院	2016
陶　立	材料科学与工程学院	2016
吉远辉	化学化工学院	2016
贲昊玺	能源与环境学院	2017
张婧婧	信息科学与工程学院	2017
郭存兰	化学化工学院	2017
罗卓娟	生命科学研究院	2017

全国杰出专业技术人才名单

姓名	所在单位	入选年度
尤肖虎	信息科学与工程学院	2014

“长江学者奖励计划”特聘教授、讲座教授名单

姓名	所在单位	入选年度
蔡宁生	能源与环境学院	1999
陆祖宏	生物科学与医学工程学院	1999
尤肖虎	信息科学与工程学院	2000
洪　伟	信息科学与工程学院	2000
王志功	信息科学与工程学院	2000
崔一平	电子科学与工程学院	2000
罗立民	生物科学与医学工程学院	2000
陆　键	交通学院	2000
黄　卫	交通学院	2000
张十庆	建筑研究所	2000
王建国	建筑学院	2001
崔铁军	信息科学与工程学院	2001
田玉平	自动化学院	2001
赵正旭	仪器科学与工程学院	2001
谢　维	基础医学院	2001
黄风义	信息科学与工程学院	2003
吴　柯	信息科学与工程学院	2003
顾忠泽	生物科学与医学工程学院	2003
熊仁根	化学化工学院	2004
黄庆安	电子科学与工程学院	2005
王　炜	交通学院	2005
吴智深	土木工程学院	2005
王江舟	信息科学与工程学院	2006
孙　璐	交通学院	2007

(续 表)

姓名	所在单位	入选年度
丁 峙	信息科学与工程学院	2007
黄秋庭	信息科学与工程学院	2007
顾 宁	生物科学与医学工程学院	2008
樊和平	人文学院	2008
邹国棠	电气工程学院	2008
余星火	自动化学院	2009
王晓东	信息科学与工程学院	2010
高西奇	信息科学与工程学院	2011
肖 睿	能源与环境学院	2011
姚新中	人文学院	2011
陆 勇	土木工程学院	2012
陈云飞	机械工程学院	2013、2014
刘加平	材料科学与工程学院	2013、2014
周佑勇	法学院	2013、2014
陈志宁	信息科学与工程学院	2013、2014
颜 安	经济管理学院	2013、2014
钟文琪	能源与环境学院	2015
吴刚	土木工程学院	2015
刘艳红	法学院	2015
李建春	土木工程学院	2016
孙立涛	电子科学与工程学院	2016
徐赵东	土木工程学院	2017

“长江学者奖励计划”青年学者名单

姓名	所在单位	入选年度
黄永明	信息科学与工程学院	2015
郭 彤	土木工程学院	2015
张敏灵	计算机科学与工程学院	2015
舒 嘉	经济管理学院	2015
韩俊海	生命科学研究院	2015

（续　表）

姓名	所在单位	入选年度
程　强	信息科学与工程学院	2016
蒋卫祥	信息科学与工程学院	2016
王　浩	土木工程学院	2016
虞文武	数学学院	2016
刘　攀	交通学院	2016
丁幼亮	土木工程学院	2017
倪振华	物理学院	2017
董　帅	物理学院	2017
花　为	电气工程学院	2017
游雨蒙	化学化工学院	2017

“百千万人才工程”入选人员名单

姓名	所在单位	入选年度
陆祖宏	生物科学与医学工程学院	1997
黄　卫	交通学院	1997
王志功	信息科学与工程学院	1999
黄　侨	交通学院	1999
洪　伟	信息科学与工程学院	2000
尤肖虎	信息科学与工程学院	2000
王　炜	交通学院	2000
罗立民	生物科学与医学工程学院	2000
赵春明	信息科学与工程学院	2004
李爱群	土木工程学院	2006
黄庆安	电子科学与工程学院	2006
孙克勤	能源与环境学院	2006
易　红	校长办公室	2007
时龙兴	电子科学与工程学院	2007
宋爱国	仪器科学与工程学院	2009
周佑勇	法学院	2009
赵春杰	生命科学研究院	2009

（续　表）

姓名	所在单位	入选年度
崔铁军	信息科学与工程学院	2013
刘松玉	交通学院	2013
肖　睿	能源与环境学院	2014
高西奇	信息科学与工程学院	2015
徐赵东	土木工程学院	2017
刘艳红	法学院	2017

2017年度江苏省双创计划人才入选人员名单

姓名	所在单位	人才工程	时间
陈　震	机械工程学院	江苏省双创人才	2017
蒋之浩	信息科学与工程学院	江苏省双创人才	2017
孙正明	材料科学与工程学院	江苏省双创人才	2017
游雨蒙	化学化工学院	江苏省双创人才	2017
林承棋	生命科学研究院	江苏省双创人才	2017
罗卓娟	生命科学研究院	江苏省双创人才	2017
孙正明	材料科学与工程学院	江苏省双创团队	2017

江苏省“333高层次人才培养工程”第五期培养对象名单

姓名	所在单位	类别	时间
崔铁军	信息科学与工程学院	一层次	2016
吴智深	土木工程学院	一层次	2016
时龙兴	电子科学与工程学院	一层次	2016
刘加平	材料科学与工程学院	一层次	2016
周佑勇	法学院	一层次	2016
滕皋军	附属中大医院	一层次	2016
陈云飞	机械工程学院	二层次	2016
倪中华	机械工程学院	二层次	2016

（续　表）

姓名	所在单位	类别	时间
肖　睿	能源与环境学院	二层次	2016
钟文琪	能源与环境学院	二层次	2016
金　石	信息科学与工程学院	二层次	2016
马慧锋	信息科学与工程学院	二层次	2016
潘志文	信息科学与工程学院	二层次	2016
郭　彤	土木工程学院	二层次	2016
吴　刚	土木工程学院	二层次	2016
徐赵东	土木工程学院	二层次	2016
孙立涛	电子科学与工程学院	二层次	2016
孙伟锋	电子科学与工程学院	二层次	2016
李世华	自动化学院	二层次	2016
孙长银	自动化学院	二层次	2016
王金兰	物理学院	二层次	2016
王雪梅	生物科学与医学工程学院	二层次	2016
钱春香	材料科学与工程学院	二层次	2016
陈淑梅	经济管理学院	二层次	2016
邱　斌	经济管理学院	二层次	2016
舒　嘉	经济管理学院	二层次	2016
马冬梅	外国语学院	二层次	2016
陆　建	交通学院	二层次	2016
宋光明	仪器科学与工程学院	二层次	2016
龙迪勇	艺术学院	二层次	2016
刘艳红	法学院	二层次	2016
韩俊海	生命科学研究院	二层次	2016
葛　峥	附属中大医院	二层次	2016
居胜红	附属中大医院	二层次	2016
袁勇贵	附属中大医院	二层次	2016
张业伟	附属中大医院	二层次	2016
杨俊宴	建筑学院	三层次	2016
杨决宽	机械工程学院	三层次	2016
殷勇高	能源与环境学院	三层次	2016

（续　表）

姓名	所在单位	类别	时间
蒋卫祥	信息科学与工程学院	三层次	2016
丁幼亮	土木工程学院	三层次	2016
范俊余	土木工程学院	三层次	2016
卢剑权	数学学院	三层次	2016
赵远锦	生物科学与医学工程学院	三层次	2016
郑文明	生物科学与医学工程学院	三层次	2016
张云升	材料科学与工程学院	三层次	2016
李守伟	经济管理学院	三层次	2016
花　为	电气工程学院	三层次	2016
蔡国军	交通学院	三层次	2016
杜延军	交通学院	三层次	2016
杨　军	交通学院	三层次	2016
章定文	交通学院	三层次	2016
刘锡祥	仪器科学与工程学院	三层次	2016
郭建平	艺术学院	三层次	2016
欧阳本祺	法学院	三层次	2016
柏　峰	医学院	三层次	2016
程　光	网络空间安全学院	三层次	2016
柴人杰	生命科学研究院	三层次	2016
陈陆馗	附属中大医院	三层次	2016
陈恕求	附属中大医院	三层次	2016
黄英姿	附属中大医院	三层次	2016
李　玲	附属中大医院	三层次	2016
刘　玲	附属中大医院	三层次	2016
马坤岭	附属中大医院	三层次	2016
彭新桂	附属中大医院	三层次	2016
芮云峰	附属中大医院	三层次	2016
谢春明	附属中大医院	三层次	2016
杨建军	附属中大医院	三层次	2016
刘燕文	附属中大医院	三层次	2016

江苏省突出贡献青年专家

姓名	所在单位	入选年度
王建国	建筑学院	2001
仲伟俊	经济管理学院	2003
王　炜	交通学院	2005
胡敏强	电气工程学院	2006
易　红	机械工程学院	2006
赵春杰	基础医学院	2008
郑家茂	数学学院	2010
周佑勇	法学院	2010
刘松玉	交通学院	2012
张小松	能源与环境学院	2014
顾　宁	生物科学与医学工程学院	2015
宋爱国	仪器科学与工程学院	2017

2017 年度江苏省“六大人才高峰”入选人员名单

姓名	院系	时间	类别
项　楠	机械工程学院	2017	生物技术和新医药 C 类
刘　磊	机械工程学院	2017	高端装备制造 A 类
肖　睿	能源与环境学院	2017	新能源和能源互联网团队
朱光灿	能源与环境学院	2017	节能环保 C 类
康　维	信息科学与工程学院	2017	高端软件和信息服务 C 类
王东明	信息科学与工程学院	2017	新一代信息技术 C 类
王家恒	信息科学与工程学院	2017	电子信息 B 类
孙伟锋	电子科学与工程学院	2017	团队
蔡建国	土木工程学院	2017	建筑 C 类
糜长稳	土木工程学院	2017	空天海洋装备 C 类
王　莹	土木工程学院	2017	节能环保 C 类
张　亚	自动化学院	2017	新一代信息技术 C 类
刘志昊	计算机科学与工程学院	2017	新一代信息技术 C 类

(续　表)

姓名	院系	时间	类别
杨　芳	生物科学与医学工程学院	2017	生物技术和新医药C类
陈　坚	材料科学与工程学院	2017	新能源和能源互联网C类
钱春香	材料科学与工程学院	2017	新材料团队
蒋金洋	材料科学与工程学院	2017	建筑A类
何　勇	经济管理学院	2017	教育C类
王　政	电气工程学院	2017	新能源汽车A类
李志斌	交通学院	2017	高端装备制造B类
李　旭	仪器科学与工程学院	2017	机械汽车C类
金　辉	公共卫生学院	2017	卫生C类
柴　琳	附属中大医院	2017	高端软件和信息服务C类
程张军	附属中大医院	2017	生物技术和新医药B类
纪木火	附属中大医院	2017	卫生C类
张　群	附属中大医院	2017	卫生C类

2017年度入选东南大学首席教授名单

姓名	院系	时间
张小松	能源与环境学院	2017
尤肖虎	信息科学与工程学院	2017
高西奇	信息科学与工程学院	2017
洪　伟	信息科学与工程学院	2017
崔铁军	信息科学与工程学院	2017
时龙兴	电子科学与工程学院	2017
曹进德	数学学院	2017
顾　宁	生物科学与医学工程学院	2017
顾忠泽	生物科学与医学工程学院	2017
樊和平	人文学院	2017
袁久红	马克思主义学院	2017
程　明	电气工程学院	2017
胡仁杰	电气工程学院	2017
熊仁根	化学化工学院	2017

（续　表）

姓名	院系	时间
宋爱国	仪器科学与工程学院	2017
滕皋军	附属中大医院	2017
张志珺	附属中大医院	2017
刘必成	附属中大医院	2017

2017年度入选东南大学青年首席教授名单

姓名	院系	时间
蒋卫祥	信息科学与工程学院	2017
马慧锋	信息科学与工程学院	2017
郭　彤	土木工程学院	2017
虞文武	数学学院	2017
花　为	电气工程学院	2017
杨　洪	化学化工学院	2017

2017年新聘兼职专家名单

姓名	性别	工作单位	职称(务)	聘用单位
吴新宝	男	北京市积水潭医院	主任医师	医学院，中大医院
王　策	女	吉林大学	教授	化学化工学院
周同和	男	郑州大学	教授级高工	交通学院
张应鹏	男	苏州九城都市建筑设计有限公司	研究员级高工	建筑学院
张俊杰	男	华东建筑设计研究总院	研究员级高工	建筑学院
胡建华	男	湖南交通水利建设集团有限公司	教授级高工	土木工程学院
任辉启	男	中国人民解放军61489部队	研究员、院士	土木工程学院
刘　涓	女	中国航天科工集团二院二十五所	研究员	电子科学与工程学院
周　卫	男	北京无线电测量研究所	研究员	电子科学与工程学院

(续　表)

姓名	性别	工作单位	职称(务)	聘用单位
高世名	男	中国美术学院	教授、副院长	艺术学院
郭春方	男	吉林艺术学院	教授、院长	艺术学院
庞茂琨	男	四川美术学院	教授、院长	艺术学院
刘伟冬	男	南京艺术学院	教授、院长	艺术学院
张　捷	男	南京航空航天大学	研究员	艺术学院
郑海梅	女	加州大学伯克利分校	教授	电子科学与工程学院
朱炳寅	男	中国建筑设计院有限公司	教授级高工	土木工程学院
夏东荣	男	江苏省社科联	研究员	艺术学院
周　凯	男	南京大学	教授	艺术学院
徐　燕	女	江苏省书法家协会	一级美术师	艺术学院
张少华	男	江苏省科技厅	研究员	经济管理学院
王复明	男	郑州大学	院士	材料科学与工程学院
张文生	男	中国建筑材料科学研究院	教授级高工	材料科学与工程学院
丁黎明	男	国家纳米科学中心	研究员	化学化工学院
任南琪	男	哈尔滨工业大学	院士、副校长	土木工程学院
杨元喜	男	中国卫星导航应用中心	院士	仪器科学与工程学院
许国昌	男	山东大学	教授	仪器科学与工程学院
高　闯	男	首都经济贸易大学	教授	经济管理学院
刘　星	男	重庆大学	教授	经济管理学院
金国坤	男	北京行政学院	教授	法学院
韩振勇	男	天津城建设计院有限公司	研究员级高工	土木工程学院
卢　山	男	中国路桥工程有限公司	教授级高工	交通学院
赵唯坚	男	沈阳建筑大学	教授	土木工程学院
邓铭江	男	新疆额何建管局	教授级高工	材料科学与工程学院
黄松岭	男	清华大学	教授	仪器科学与工程学院
胡云腾	男	最高人民法院第二巡回法庭	二级大法官	法学院
蒋　平	男	南京市公安局	研究员	计算机科学与工程学院
雷廷宙	男	河南省科学院	研究员、副院长	能源与环境学院
梅　萌	男	清华大学科技园发展中心	研究员	经济管理学院
胡长明	男	中国电科第 14 研究所	研究员	机械工程学院
王国清	男	河北交通投资集团公司	教授级高工	交通学院

2017 年晋升高级专业技术职务人员名单

正高级专业技术职务

序号	单位	姓名	通过职务资格	职称	任职资格时间
1	建筑学院	吴锦绣	教授	正高级	2017.04.30
2	机械工程学院	毕可东	教授	正高级	2017.04.30
3	机械工程学院	孙桂芳	教授	正高级	2017.04.30
4	能源与环境学院	余　冉	教授	正高级	2017.04.30
5	信息科学与工程学院	王家恒	教授	正高级	2017.04.30
6	信息科学与工程学院	李春国	教授	正高级	2017.04.30
7	土木工程学院	李德智	教授	正高级	2017.04.30
8	土木工程学院	杨才千	教授	正高级	2017.04.30
9	土木工程学院	蔡建国	教授	正高级	2017.04.30
10	土木工程学院	张　建	研究员	正高级	2013.10.11
11	土木工程学院	汪　昕	研究员	正高级	2015.09.25
12	电子科学与工程学院	徐　峰	研究员	正高级	2017.04.30
13	电子科学与工程学院	朱　利	教授	正高级	2017.04.30
14	电子科学与工程学院	胡国华	教授	正高级	2017.04.30
15	数学学院	王冠军	教授	正高级	2017.04.30
16	数学学院	曹婉容	教授	正高级	2017.04.30
17	计算机学院	宋爱波	教授	正高级	2017.04.30
18	物理学院	周海清	教授	正高级	2017.04.30
19	生物科学与医学工程学院	刘　宏	研究员	正高级	2014.01.27
20	经济管理学院	李守伟	教授	正高级	2017.04.30
21	电气工程学院	黄允凯	教授	正高级	2017.04.30
22	电气工程学院	窦晓波	教授	正高级	2017.04.30
23	化学化工学院	倪恨美	教授	正高级	2017.04.30
24	化学化工学院	王志飞	教授	正高级	2017.04.30
25	化学化工学院	叶恒云	研究员	正高级	2017.04.30
26	交通学院	陈　飞	教授	正高级	2017.04.30
27	交通学院	马　涛	教授	正高级	2017.04.30

(续　表)

序号	单位	姓名	通过职务资格	职称	任职资格时间
28	仪器科学与工程学院	李　旭	教授	正高级	2017.04.30
29	仪器科学与工程学院	王立辉	教授	正高级	2017.04.30
30	艺术学院	季　欣	教授	正高级	2017.04.30
31	公共卫生学院	李云晖	教授	正高级	2017.04.30
32	医学院	武秋立	教授	正高级	2017.04.30
33	中大医院	刘　宏	主任医师	正高级	2017.04.30
34	中大医院	刘　琳	主任医师	正高级	2017.04.30
35	中大医院	熊　猛	主任医师	正高级	2017.04.30
36	中大医院	王运涛	主任医师	正高级	2017.04.30
37	建筑设计研究院	周小棣	研究员级高级工程师	正高级	2017.04.30
38	产业党工委	周　勇	研究员	正高级	2017.04.30
39	建筑学院	彭昌海	戴帽研究员	对外正高级	2017.04.30
40	能源与环境学院	朱光灿	戴帽教授	对外正高级	2017.04.30
41	信息科学与工程学院	王海明	戴帽教授	对外正高级	2017.04.30
42	信息科学与工程学院	王东明	戴帽教授	对外正高级	2017.04.30
43	土木工程学院	杨小丽	戴帽教授	对外正高级	2017.04.30
44	自动化学院	柴　琳	戴帽教授	对外正高级	2017.04.30
45	生物科学与医学工程学院	孙剑飞	戴帽研究员	对外正高级	2017.04.30
46	材料科学与工程学院	蒋金洋	戴帽教授	对外正高级	2017.04.30
47	人文学院	岳　璠	戴帽教授	对外正高级	2017.04.30
48	经济管理学院	刘修岩	戴帽教授	对外正高级	2017.04.30
49	经济管理学院	吕鸿江	戴帽教授	对外正高级	2017.04.30
50	法学院	李　川	戴帽教授	对外正高级	2017.04.30
51	化学化工学院	蒋　伟	戴帽教授	对外正高级	2017.04.30
52	艺术学院	李轶南	戴帽教授	对外正高级	2017.04.30
53	建筑学院	周聪惠	副教授	副高级	2017.04.30
54	建筑学院	陶岸君	副教授	副高级	2017.04.30
55	建筑学院	华　好	副教授	副高级	2017.04.30
56	建筑研究所	张四维	副教授	副高级	2017.04.30
57	机械工程学院	王金湘	副教授	副高级	2017.04.30
58	机械工程学院	魏志勇	副教授	副高级	2017.04.30

（续　表）

序号	单位	姓名	通过职务资格	职称	任职资格时间
59	能源与环境学院	徐国英	副教授	副高级	2017.04.30
60	能源与环境学院	陈惠超	副研究员	副高级	2017.04.30
61	信息科学与工程学院	汤文轩	副教授	副高级	2017.04.30
62	信息科学与工程学院	鲍　迪	副教授	副高级	2017.04.30
63	信息科学与工程学院	党　建	副教授	副高级	2017.04.30
64	信息科学与工程学院	郭　健	副教授	副高级	2017.04.30
65	信息科学与工程学院	何世文	副研究员	副高级	2017.04.30
66	信息科学与工程学院	沈　弘	副研究员	副高级	2017.04.30
67	土木工程学院	贺志启	副教授	副高级	2017.04.30
68	土木工程学院	徐　照	副教授	副高级	2017.04.30
69	土木工程学院	朱明亮	副教授	副高级	2017.04.30
70	土木工程学院	陈　耀	副教授	副高级	2017.04.30
71	电子科学与工程学院	黄见秋	副教授	副高级	2017.04.30
72	电子科学与工程学院	钱钦松	副教授	副高级	2017.04.30
73	电子科学与工程学院	王立峰	副教授	副高级	2017.04.30
74	电子科学与工程学院	宗慎飞	副研究员	副高级	2017.04.30
75	电子科学与工程学院	芮光浩	副教授	副高级	2014.12.15
76	电子科学与工程学院	朱　敏	副教授	副高级	2013.08.19
77	自动化学院	王晓俊	副教授	副高级	2017.04.30
78	自动化学院	王翔宇	副教授	副高级	2017.04.30
79	自动化学院	曹向辉	副教授	副高级	2015.01.29
80	计算机科学与工程学院	刘志昊	副研究员	副高级	2017.04.30
81	计算机科学与工程学院	王璐璐	副教授	副高级	2017.04.30
82	计算机科学与工程学院	吴文甲	副教授	副高级	2017.04.30
83	计算机科学与工程学院	凌　振	副教授	副高级	2017.04.30
84	计算机科学与工程学院	姜龙玉	副教授	副高级	2015.05.06
85	物理学院	唐雁坤	副教授	副高级	2008.09.22
86	生物科学与医学工程学院	王遵亮	副教授	副高级	2017.04.30
87	材料科学与工程学院	施锦杰	副教授	副高级	2017.04.30
88	材料科学与工程学院	高　云	副研究员	副高级	2017.04.30
89	材料科学与工程学院	张法明	副教授	副高级	2014.05.28

（续　表）

序号	单位	姓名	通过职务资格	职级	任职资格时间
90	人文学院	杨　煜	副教授	副高级	2017.04.30
91	人文学院	洪岩璧	副教授	副高级	2014.05.28
92	人文学院	尹　洁	副教授	副高级	2013.11.14
93	经济管理学院	王亮亮	副教授	副高级	2017.04.30
94	经济管理学院	高　星	副研究员	副高级	2017.04.30
95	法学院	梁云宝	副教授	副高级	2017.04.30
96	法学院	陆　璐	副教授	副高级	2012.06.29
97	电气工程学院	黄　磊	副教授	副高级	2017.04.30
98	电气工程学院	吴　熙	副教授	副高级	2017.04.30
99	外国语学院	金　曙	副教授	副高级	2017.04.30
100	海外教育学院	吴雪萌	副教授	副高级	2017.04.30
101	体育系	陆素文	副教授	副高级	2017.04.30
102	化学化工学院	孙　莹	副教授	副高级	2017.04.30
103	化学化工学院	高李璟	副教授	副高级	2017.04.30
104	交通学院	徐铖铖	副教授	副高级	2017.04.30
105	交通学院	李大韦	副教授	副高级	2017.04.30
106	仪器科学与工程学院	孙立博	副教授	副高级	2017.04.30
107	仪器科学与工程学院	朱利丰	副教授	副高级	2017.04.30
108	艺术学院	卢文超	副教授	副高级	2017.04.30
109	公共卫生学院	王适之	副教授	副高级	2017.04.30
110	医学院	石丽娟	副教授	副高级	2017.04.30
111	医学院	朱新建	副教授	副高级	2017.04.30
112	医学院	孔　岩	副教授	副高级	2017.04.30
113	中大医院	陶庆松	副教授	副高级	2017.04.30
114	中大医院	杨从山	副主任医师	副高级	2017.04.30
115	中大医院	李拥军	副主任医师	副高级	2017.04.30
116	中大医院	魏　芹	副主任医师	副高级	2017.04.30
117	中大医院	任庆国	副主任医师	副高级	2017.04.30
118	中大医院	何　伟	副主任医师	副高级	2017.04.30
119	中大医院	许　斌	副主任医师	副高级	2017.04.30
120	中大医院	朱海东	副主任医师	副高级	2017.04.30

（续　表）

序号	单位	姓名	通过职务资格	职级	任职资格时间
121	中大医院	霍明东	副主任医师	副高级	2017.04.30
122	中大医院	潘　峥	副主任医师	副高级	2017.04.30
123	中大医院	赵登玲	副主任医师	副高级	2017.04.30
124	中大医院	张　群	副主任医师	副高级	2017.04.30
125	中大医院	孙美娟	副主任护师	副高级	2017.04.30
126	中大医院	薛幼华	副主任护师	副高级	2017.04.30
127	中大医院	周玲珍	副主任护师	副高级	2017.04.30
128	中大医院	贺丽君	副主任护师	副高级	2017.04.30
129	中大医院	顾晓霞	副主任护师	副高级	2017.04.30
130	中大医院	张留平	副主任护师	副高级	2017.04.30
131	化学化工学院	齐　齐	高级工程师	副高级	2017.04.30
132	图书馆	罗　涛	副研究馆员	副高级	2017.04.30
133	学报编辑部(哲学社会科学版)	余　敏	副编审	副高级	2017.04.30
134	公共卫生学院	凤启龙	副教授	副高级	2017.04.30
135	人文学院	何　熠	副教授	副高级	2017.04.30
136	基本建设处	汤　磊	副研究员	副高级	2017.04.30
137	纪委办公室(监察处)	李冬梅	副研究员	副高级	2017.04.30

2017 年专任教师职务和年龄情况统计（单位:人）

	合计	34 岁及以下	35～44 岁	45～54 岁	55 岁及以上
总　计	2 832	519	1 079	923	311
其中:女	839	150	367	282	40
正高级	781	11	191	382	197
副高级	1 154	96	554	406	98
中级及以下	897	412	334	135	16

2017 年专任教师职务和学历情况统计（单位：人）

	合计	博士	硕士	学士及以下
总　计	2 832	2 314	372	146
其中：女	839	659	142	38
正高级	781	722	37	22
副高级	1 154	936	127	91
中级及以下	897	656	208	33

博士后科研流动站一览表

设站学科(一级学科)	招收博士后专业(二级学科)	批准建站时间
建筑学		1985.10
城乡规划学		2012.09
风景园林学		2012.09
机械工程	机械制造及其自动化　机械电子工程 机械设计及理论车辆工程　工业设计制造业工业工程	2003.05
动力工程及工程热物理	工程热物理　热能工程 动力机械及工程　制冷及低温工程 流体机械及工程　化学过程机械 能源信息技术能源环境工程　新能源技术	1995.01
环境科学与工程	环境工程　环境科学	2007.08
信息与通信工程	通信与信息系统　信号与信息处理 信息安全	1985.10
土木工程	岩土工程　结构工程 桥梁及隧道工程　防灾减灾工程及防护工程 市政工程　供热、供燃气、通风及空调工程 土木工程建造与管理	1999.04
力学	工程力学　固体力学 一般力学与力学基础流体力学	2007.08
电子科学与技术	物理电子学　电路与系统 微电子学与固体电子学　电磁场与微波技术 集成电路设计	1985.10
光学工程	(不分二级学科)	2009.09

（续　表）

设站学科(一级学科)	招收博士后专业(二级学科)	批准建站时间
数学	应用数学　基础数学 概率论与数理统计　运筹学与控制论 计算数学	2003.05
控制科学与工程	控制理论与控制工程　模式识别与智能系统 检测技术与自动化装置　系统工程 导航、制导与控制	1985.10
计算机科学与技术	计算机系统结构　计算机软件与理论 计算机应用技术　图像处理与科学可观性	2001.05
软件工程		2012.09
物理学	理论物理　粒子物理与原子核物理　原子与分子物理　等离子体物理　凝聚态物理　声学　光学　无线电物理	2012.09
生物医学工程	生物医学工程　学习科学 生物信息技术　医学图像与医学电子学 生物与医学纳米技术　生物医学材料 制药工程医学信息学及工程	1999.04
材料科学与工程	材料物理与化学　材料学 材料加工工程　生物材料与组织工程	2003.05
哲学	伦理学　科学技术哲学 外国哲学马克思主义哲学　中国哲学逻辑学 美学宗教学	2007.08
艺术学理论		2003.05
管理科学与工程	(不分设二级学科)	1999.04
应用经济学	国民经济学　区域经济学　财政学　金融学　产业经济学 国际贸易学　劳动经济学　统计学　数量经济学 国防经济	2012.09
电气工程	电机与电器　电力系统及其自动化 电力电子与电力传动　电工理论与新技术 高电压与绝缘技术应用　电子与运动控制技术 电气信息技术新能源发电与分步式电源	1999.04
化学工程与技术	化学工程　化学工艺　生物化工　应用化学　工业催化	2014.09
交通运输工程	道路与铁道工程　交通信息工程及控制 交通运输规划与管理　载运工具运用工程 交通测绘与信息技术　交通地下工程	2003.05

(续　表)

设站学科(一级学科)	招收博士后专业(二级学科)	批准建站时间
仪器科学与技术	精密仪器及机械　测试计量技术及仪器 微系统与测控技术	2007.08
公共卫生与预防医学	劳动卫生与环境卫生学　流行病与卫生统计学 营养与食品卫生学　卫生毒理学 军事预防医学	2007.08
生物学	遗传学生理学 生物化学与分子生物学　发育生物学 植物学动物学 水生生物学微生物学 神经生物学细胞生物学 生物物理学生态学	2009.09
临床医学	影像医学与核医学内科学 儿科学神经病学 临床检验诊断学外科学 妇产科学眼科学 耳鼻咽喉科学急诊医学 老年医学精神病与精神卫生学 皮肤病与性病学护理学 肿瘤学康复医学与理疗学 运动医学麻醉学	2009.09
马克思主义理论	马克思主义基本原理 马克思主义发展史 马克思主义中国化研究 国外马克思主义研究 思想政治教育 中国近现代史基本问题研究	2014.09

2017 年底在站博士后名单

单　位	流动站名称	名　单	人数
建筑学院	建筑学 城乡规划学 风景园林学	罗冬华　单　晋　谭　瑛　代晓利　郑德东　卞素萍 张四维　李　哲　万　千　汪　亮　邹　涵　杨京玲 汤晔峥　许昊皓　李志斌　王　骏　唐相龙　季　欣 徐宁俞　竞　伟　张　蕾　姜清玉　史文娟 Francis Deng Clement Jul Dador　姚　涵　余　雯　蔚 丁建华	27
机械工程学院	机械工程	罗　晨　张　静　孙桂芳　高海峰　于春建　张永康 李金强　姜　东　何　文　赵伟玮　崔建中　许丽娇 欧阳天成	13
能源与环境学院	动力工程及工程热物理环境科学与工程	林　涛　李应林　蒋　洁　钟文镇　段　锋　李　睿 John Leju Celestino Ladu　陶　贺　刘　斌　吴　啸 殷上轶　刘　莎　佟振博　蒋　彬　谢　俊　曹　俊 李　明　RUSUL NASEER MOHAMMED　李　永 李彦军　孙荣岳　文先太　徐　寅　葛晖骏　黄晓庆 王　琦　崔晓波　邵珊珊	28
信息科学与工程学院	信息与通信工程 电子科学与技术	李正权　贺建立　董小明　卢桂馥　梁庆伟　程加力 吴　游　邓杨保　李　君　杨　睛　丁　飞　王如刚 齐洪钢　孔令军　宋立众　孙闽红　李彦霏　杨　喜 董慧媛　王量弘　陈　剑　叶新荣　moham medmohsen mohammed nasr　丁国如　史宏逵　梁瑞宇　史清江 惠　明　Amin Najam Muhammad　王芳芳　曹文权 胡　莹　章　飞　Agha Yasir Ali　王　侃　陶利强 武军伟　Mustafa Khalid Taher Al-Nuaimi　唐小兰 姜彦南　张璇如　高英杰　苏　抗　雷　涛　王　军 蒋　玮　章　平　邢长友　奚　吉　陈建飞　崔翠梅 韩科锋　高　斌　许丽洁　贾胜利　谈晓思　王建威 Hamza Ahmad Madni　蒲旭敏　李勇峰	60
土木学院	土木工程 力学	余　洋　张马林　张　翀　顾卫卫　耿　飞　赵岩荆 郑国栋　张于晔　李万润　高岳毅　冯　秀　李海涛 朱小军　刘　平　成于思　王龙林　陈齐风　沈　正 MOJTABAKAMALIARDAKANI WAELABDELMONEMABDELMONEMALTABEY 卢彭真　邓　宇　宋守坛　刘　琳 ALAGARASANJAGADEESHKUMAR　陆有源 张文华　侯　宁　AthmaniAllaeddine　李　峰 张　明　竺明星　张　亮　张　梁　池　沛　戴美玲 曾以华　宋兴禹　卫佩行　王　丁　陈徐东	41

(续　表)

单　位	流动站名称	名　单	人数
电子科学与工程学院	电子科学与技术 光学工程	周汉秦　朱大鹏　肖素艳　李智洋　倪亚茹　徐　欧 徐　峰　孙立国　赵增霞　苏　适　张惠国　闵辉华 朱　超　邓　燕　牟　丹　仇　实　戴　伟　王　辉 毕恒昌　Karunakaran Santhosh Kumar　魏鹏江 崔云康　张允武　孙　俊　温佳鑫　高　虹　翟雨生	27
数学学院	数学	刘俊峰　杜秀丽　王小六　陈向勇　赵桂华　杜法鹏 王丽艳　阚　秀　吴小太　王宏兴　赵晓朋　胡鸿翔 刘　洋　赵建强　郭　丽　蔡　静　王康康　廖芳芳 黄　迟　盛兴平　Ashish　张　凡　陈　光　李振兴 刘家保　赵汇涛　梁锦浩　陶　凯　闻　斌　王增赟 沈　浩　王　毅　朱　磊　孙　红　陈小平　李洪利 刘　恒	37
自动化学院	控制科学与工程	贾红云　卢阿丽　陈文彦　卢剑权　沈谋全　丁　建 郑柏超　陈丽换　张元良　许　瑞　王　伟　苗国英 郭伟立　赵环宇　杨成东　宋　超　戚其丰　陈　伟 籍　艳　周兴才　朱晓建　聂仁灿　陆　可　刘　磊 张建宝　谭玉顺　张　亮　李　峻　曹　翔　王建宏 冯立超　钱文华　Rafal Madonski　李方硕　薛　磊 程　旭　沈进中　姜淏予	38
计算机科学与工程学院	计算机科学与技术 软件工程	孙巧榆　吴　桦　董永强　汪　鹏　殷　奕　曹苏群 姚　莉　刘林峰　张三峰　杨　望　朱　健　余建勇 方效林　董　恺　肖卿俊　杨章静　高尚兵 Ahmad Jakalan　董瑞志　顾兴健　谈　超　李宗花 张久楼　尚　可　赵奕鑫　崔　燕　武　栋　姚光顺 黄程韦	29
物理学院	物理学	李淑萍　Umer Farooq　陈　华　郭纪源　李　强　杨　洁 郭云均　Ashwini Kumar　孙红义　杜宗正　潘海洋 邓晓玮　曹　霑　高　娴　宋学科	15
生物科学与医学工程学院	生物医学工程	吕卓璇　朱　杰　张程宾　夏　阳　Muhammad Yameen 陈金龙　张　帅　孙会刚　王洪吉　尚倩倩　蔡志匡 杨　池　金　赟　Doulathunnisa Robabeh　刘慈慧 张晓红　杜洪秀　倪海彬　简华君　周小青　冯天荃 OMERMOHAMMEDALNOURAGADDOURAFa- wadUrRehman　宋　硕　吴平平　梅志超　方　驹 Chirag Batukbhai Godiya　程　瑶　朱延亮　Arshadkhan 娄志超　高兵兵　张　帅　邵长敏　殷　震　Varathara- jan Govindhasamay Ramajayam　陈明明　李　博 Muhammad Shemyal Nisar	40
材料科学与工程学院	材料科学与工程	王　永　刘　昊　李　健　曹彩红　王建国　张　鸣 马明磊　朱春杰　徐　怡　储洪强　朱启洋　周志嵩 吴大江　徐正超　毛向阳　周　鹏　巨　佳　刘　飞 黄海威　周　健　胡小刚　汤婷婷　陆　洁　邵宁宁 袁晨晨　吴长军　余瀚森　黎秋航　李旭晖　涂　坚	30

（续 表）

单 位	流动站名称	名 单	人数
人文学院	哲学	陶新宏 徐 进 吕寿伟 丁成际 蒋 阳 鲁 杰 张 灿 韩传强 Razieh Kamal	9
经济管理学院	管理科学与工程 应用经济学	肖 敏 孔凡柱 方 艳 杨顺新 高 岳 虞青松 刘长平 程尊水 曹海燕 岳中刚 易 波 岳宇君 李佳成 杨爱军 吴 建 林源源 周 敏 林徐勋 林哲生 杨以文 吴影辉 吴良平 刘兰凤 张 喆 马少晔	25
电气工程学院	电气工程	戴 罡 吕富勇 Krystian Ji 朱石晶 储建华 郑东亮 赵 波 董剑宁 刘瑜俊 刘 凯 谭林林 张刘冬 吴 祥 王伟炳 曾繁鹏 刘世林 张圣祺 潘 鹏 邓 波 鞠 锋 朱志莹	21
化学化工学院	化学工程与技术	王遵亮 孙 玉 魏振宏 Zainab Zafar Zeeshan Ali 王力立 崔 林 程永峰 柯 华 黄 煊 王 鸣 班鑫鑫 朱云峰 庄海玉 陈 柱 王巧鸣 徐 威 俞智楠 龚晓辉	19
交通学院	交通运输工程	何志德 吉 锋 张志勇 Alfonz D. Ruth 沈 毅 吴 洋 陈星欣 张永兴 韩雪松 陈 磊 吴 恺 赵延喜 韩文泉 张 峰 余 沛 郭延永 曾友志 华雪东 郭 悬 蒋宁俊 俞 灏 陈景旭 柏 璐 魏福禄 刘顺青 张 瑜	26
仪器与科学工程学院	仪器科学与技术	穆朝絮 郭 语 王翔宇 王建玲 朱松盛 王 芹 郑 睿 包加桐 刘 晓 黄 磊 龚宗洋 朱银龙 张振兴 刘飞飞 冷雨泉 熊鹏文	16
艺术学院	艺术学理论	李 仁 张 顺 于 亮 许继峰 张 莹 卢衍鹏 王春鸣 张 慨 高尚学 卢文超 袁晓莉 叶公平 杨 蕾 郑 娟 孙易君 宋 眉 葛付柳 杨飞飞 吴新林 顾春军 程 狄 张楠木 张瑞芳 顾 颖 陈 林 王望峰 李世武 秦 璇 刘世文 怀 康 BOEYTEIKSOON 叶 静 杨 玉 王 璇 陈仕国 齐 童 巍武宁 曹玲玉	38
公共卫生学院	公共卫生 与预防医学	叶宝芬 Hassan MohamedIbrahim Abousalem 倪书华 毛 路 Saidabasse Kassim MuhammadWaqas 吴 旸 Khan Alam Zeb 耿厚法 IRMABELINDAYOS-SANZEUWA	10
医学院	临床医学	武建设 王晓艳 李 皓 张立明 王忠敏 刘 圣 孙 玲 刘志广 于 洋 臧光辉 张有为 刘同强 Jumah Masoud Mohammad Salmani Al-jafari Younous Abdo Mohammed 李月峰 JoeAntony Jacob 姜子瑜 Mohan Adaldarouish 宁松毅 殷海涛 吴 旋 周洪伟 陈昌红 杨立新 张礼荣 刘 羽	26

(续　表)

单　位	流动站名称	名　单	人数
生命科学院	生物学	吴顺凡　黄　星　刘　安　杜　好　程珊珊　吴莎莎　夏　林　韩志军　付睿卿　李婉秋　鲍洪宇　马远征　郭　超　汪　娜　朱丹明　景　波	16
马克思主义学院	马克思主义理论	杨　洁　卓承芳　王志国　刘建利　孟　飞　吴志刚　娄永涛　孙海涛　胡　明	9
合计			600

2017 年博士后获中国博士后科学基金特别资助情况

申报学科	博士后姓名	资助金额(万元)
艺术学理论	卢文超	15
电子科学与技术	曹文权	15
信息与通信工程	史清江	15
控制科学与工程	刘　磊	15
土木工程	张永兴	15
临床医学	毛　路	15
合计	6(人)	90

2017 年博士后获中国博士后科学基金面上资助情况

申报学科	姓名	资助等级	资助金额(万元)
材料科学与工程	班鑫鑫	二等	5
材料科学与工程	毕恒昌	二等	5
材料科学与工程	胡小刚	二等	5
材料科学与工程	巨　佳	二等	5
电气工程	蒋　玮	一等	8
电子科学与技术	倪海彬	二等	5
电子科学与技术	陈建飞	二等	5
动力工程及工程热物理	葛晖骏	二等	5

（续　表）

申报学科	姓名	资助等级	资助金额(万元)
工商管理	吴良平	二等	5
管理科学与工程	吴影辉	一等	8
管理科学与工程	曾友志	一等	8
光学工程	K. SanthoshKumar	二等	5
化学	程永峰	一等	8
基础医学	张晓红	二等	5
计算机科学与技术	邢长友	一等	8
计算机科学与技术	杨章静	二等	5
计算机科学与技术	钱文华	二等	5
计算机科学与技术	谈　超	二等	5
交通运输工程	郭延永	二等	5
交通运输工程	陈景旭	二等	5
控制科学与工程	李振兴	一等	8
控制科学与工程	李　峻	二等	5
控制科学与工程	聂仁灿	二等	5
控制科学与工程	曹　翔	二等	5
控制科学与工程	冯立超	二等	5
控制科学与工程	张　凡	二等	5
控制科学与工程	张振兴	二等	5
力学	李金强	二等	5
临床医学	朱延亮	二等	5
生物学	程珊珊	二等	5
生物学	刘　安	二等	5
生物医学工程	高兵兵	二等	5
生物医学工程	娄志超	二等	5
生物医学工程	宋　硕	二等	5
数学	刘家保	二等	5
土木工程	李　峰	二等	5
土木工程	郭　悬	二等	5
土木工程	池　沛	二等	5
土木工程	张　明	二等	5

(续　表)

申报学科	姓名	资助等级	资助金额(万元)
土木工程	蒋宁俊	二等	5
物理学	李　强	二等	5
艺术学理论	李世武	一等	8
艺术学理论	刘世文	一等	8
艺术学理论	陈　林	二等	5
艺术学理论	秦　璇	二等	5
艺术学理论	杨飞飞	二等	5
应用经济学	杨以文	二等	5
哲学	张灿	一等	8
哲学	丁成际	二等	5
哲学	韩传强	二等	5
合计			277

2017年博士后获江苏省博士后科研资助计划资助情况

申报学科	姓名	资助等级	资助金额(万元)
城乡规划学	华雪东	B	4
电子科学与技术	高英杰	B	4
电子科学与技术	戴　伟	B	4
管理科学与工程	吴良平	C	2
建筑学	史文娟	C	1.5
控制科学与工程	张建宝	A	6
控制科学与工程	钱文华	B	4
控制科学与工程	曹　翔	B	4
控制科学与工程	刘　磊	B	4
控制科学与工程	王建宏	B	4
控制科学与工程	俞　灏	B	4
临床医学	朱延亮	C	2
马克思主义理论	孙海涛	C	2

（续　表）

申报学科	姓名	资助等级	资助金额(万元)
生物学	杜　好	A	6
生物学	刘　安	C	2
生物医学工程	倪海彬	B	4
数学	李振兴	B	4
数学	刘家保	B	4
数学	Ashish	C	1.5
土木工程	戴美玲	C	2
艺术学理论	刘世文	B	4
合计			73

2017 年度中国博士后“香江学者计划”人员名单

姓名	一级学科	申请院校
袁晨晨	材料科学与工程	香港大学
李大韦	交通运输工程	香港理工大学

2017 年度中国博士后创新人才支持计划人员名单

姓名	资助编号	进站学科
郑付印	BX201700050	生物医学工程
葛晖骏	BX201700049	材料科学与工程
孙　俊	BX201700051	电子科学与技术

2017 年中国博士后海外交流计划引进项目人员名单

姓名	全国博士后编号	博士单位
蒋宁俊	187910	英国剑桥大学
曾以华	202521	比利时根特大学

2017 年调入引进人员名单

建筑学院	徐　瑾	史　宜	黄旭升	李迎成			
机械学院	李彦斌	章　寅	庄伟超	任近静	贾　原	耿可可	张　辉
能环学院	孙　立	陆勇泽	陈良勇	张俊礼	邓梓龙	刘雪娇	
信息学院	王科平	陈　鹏	傅晓建	吴　旭	卢安安	张婧婧	周智君
	徐寅飞	蔡龙珠					
材料学院	曾桥石	范星都					
数学系	付俊杰	吕思宇	卢　伟	许文盈	郑国强		
物理系	吕俊鹏	周癸桦	管　杰	彭　劲			
自动化学院	谢利萍	陆科林	王雁刚	王　腾	董　璐		
计算机学院	杨绍富	王万元	Coatrieux Jean. Louis				
土木学院	管东芝	鲁　聪	汤昱川	朱　蕾	朱　仟	郑宝锋	仝　腾
	庄　妍						
海外学院	胡继成						
电子学院	刘斯扬	董　蕾	庄　喆				
生医学院	顾洪成	崔乾楠	王　梁	陈早早	陶纬国		
电气学院	王　琦	彭　飞	邓富金	王青松	雷家兴	冯　双	仲林林
	龙　寰	周苏洋					
人文学院	曾　瑜	庞俊来	於　璐	蒋艳艳			
经管学院	崔　强						
交通学院	张伟光	沈永俊					
仪科学院	刘澄玉						
公卫学院	吴添舒	鲍　琼	芮一康				
艺术学院	蔡顺兴						
法学院	于文婕	陈洪兵					
生科院	王　苏	冀　洋					
体育系	刘　皎						
医学院	王丽虹	郑丹凤					
保卫处	王玉军						
校医院	陈吉强	吴同智					
网络空间学院	李古月						
中大医院	王　飞	徐荣丰	丁瑜芝	崔　莹	徐　婧	张晓文	彭程宇
	王立山	朱冬冬	乔　勇	张业伟	王　彬	孙君君	吴　婷
	陈季清	李鸿雁	冯亚东	岳莹莹	张　腾	黄　丹	李　楠

刘春辉　杨明明　赵　振　尹营营　宋旭军　林　昊　胡峻铮
菅子莹　刘燕文　刘　彬　王远成　常　娣　王　琨　王　锋
程　韬

2017 年离校人员名单

王　琴　廖继佩　叶继红　林金官　宋　竞　龚彦晓　崔　振　孔亚男　郝　睿
刘　敬　宋正伟　杨　艳　李　敏　何旭珍　尹　宁　李　媛　陈　伟　王荣蓉
陆海洲　魏　薇　刘　斌　朱冬冬　熊艳艳　张科峰　杨　勋　魏大东　张　争
李　剑　柏　峰　王　非　尹　洁　何佩茹　林哲元　李林华　张铁军　涂孝洁
奚月林　孔德博　黄艾婧　唐　旭　杨雪旗　贺正然　许　涵　王瑜祥　孙　安
周　勇　刘灿铭　杨利宏　安　琳　宋海亮　朱大东　郭　娟　吉倩妘　江雨婷
滕姗姗

2017 年退休人员名单

保卫处　许冬宝　陈世生　魏宝森　周　炎　李　文
材料科学与工程学院　穆　玮
财务处　蒋晴菲
产业党工委　汪厚载　俞　江
成贤学院　王恒华　魏小宁
电工电子实验中心　团雷鸣　董　梅
电气工程学院　杨　燕　张金望　蒋玉俊　卢　毅
电子科学与工程学院　唐洁影　王永平　石仁义
丁家桥校区　张和良
东大医院　何守清　季　萍
东南大学科研院　刘　军　张宁馨　余陆平
公共卫生学院　张开金　陆琮明　王维静　张谦玉
国际合作处　张务一
后勤党工委　林　争　蒋国华　吕黎明　陶玉山　龚爱耕　侯西春
朱伊琼　周新民　李家如　许春喜　严民健　胡国栋
许德新　曹　萍　谷素清　路自贤　鲍敢杰　季万龙
张汝德　汤永明　曾林强　夏祖庆　刘金龙　周心中
刘洪亮　严泳伟
化学化工学院　肖　健　张诗贤
机关党委　朱保叶

机械工程学院	许雪明　费广源
计算机科学与工程学院	金远平　夏　勤　王晓蔚　王　建
继续教育学院	郭瑞卿　王国琴　许　群
建筑学院	姜宇平
交通学院	王　键　孔跃东　窦有年　丁纪平
教务处	黄　莺　薛兴愉
经济管理学院	尚晓春　张望云　马新建　叶思荣
老干部处	车一刚
能源与环境学院	黄正华　周声平　冯正九　胡晓辉
人文学院	徐源宏　韩　锐
人武部	姜亚辉
软件学院	方宁生　张文兰
实验室与设备管理处	孟正大　范克勤
体育系	方信荣　肖佩琮　朱　利
图书馆	宋振祥　林　斌　王希明
土木工程学院	殷献来　陆可人　张　星
外国语学院	葛培玲　李　鲁　缪　羿
物理系	顾百青　黄洪斌
信息科学与工程学院	朱成钰　房　芳　吴乐南　沈连丰　章　丽　郭　强　赵　岚
学报(医学版)	甄小平
医学院	花菊兰　杨瑞丽
艺术学院	陶思炎
资产经营管理处	许万明
资产经营总公司	任德简　薛勤建　赵　毅　黄　丽　陈小敏　闻庆喜　高　亮　高　俊　黄竹霞　邓必义　李晋三　陈文华　张　羚　孙长春　施　红　纪永强　吴文玉　金　平　王平权　沈东君　毛节幼　唐长顺　张　莺　陈　钢
自动化学院	周杏鹏　张　希　曹　鸣　蒋　珉　刘兆荣　卜晓秋
总务处	刘小萍　潘水成

2017 年死亡人员名单

万才春　马万祥　王仁礼　王世伦　王步高　王林森　王荣年　毛茂伦　厉章日
叶如柏　史舜琴　冉新勇　毕金贵　吕玉琦　吕贤楠　朱桂英　刘　敏　刘明玉

江忠柱　许久宝　许友义　孙佩秋　李玉珍　李孚民　杨细妹　杨维汉　吴文龙
吴林如　吴继业　吴雪雪　吴履中　佟淑良　余素兰　张心如　陈善年　苑金龙
范晓萍　林中焰　季战胜　周春福　郑克瑛　郑淑惠　赵林宝　柏国柱　秦龙玉
夏开先　顾玉坚　顾治平　顾燕银　倪林宝　高　澍　容延龄　谈金俭　曹　侃
彭佩珍　韩元桂　傅慧芬　谢元芳　蔡留生　蔡锡类　颜肖龙　潘　平　潘武威
潘家如　潘鹤屏　戴信山　戴培康　戴耀华　魏兴祥

学 生 工 作

综　　述

2017 年，党委学工部、学生处和心理健康教育中心贯彻十九大精神、全国高校思想政治工作会议精神，在校党委和上级组织的正确领导下，在各部门、各学院的大力支持和帮助下，以立德树人为根本，以价值塑造为引领，以服务学生发展、促进有效学习、助力健康成长为落脚点，围绕培养拔尖创新人才的目标，从思想引领、文化浸润、精准服务、实践育人、生源提升、职业发展、队伍提升、条件平台等方面助力我校“十三五”规划实施及双一流建设。坚持以理想信念教育为核心，加强对学生的价值塑造和思想引领；以优才优育为导向，增强招生宣传工作实效；以助力成长为目标，贴心服务学生全面发展；以培养学生心理健康教育为导向，深入关怀学生内心世界；以奉献国家为担当，提升毕业生就业质量；以新媒体技术为助力，打造网络思想政治教育工作新阵地；以提升工作科学化水平为宗旨，推进学生工作队伍的专业化、职业化。

一、以理想信念教育为核心，加强对学生的价值塑造和思想引领

1. 深入学习宣传贯彻党的十九大精神，青年点赞新时代。承办江苏省高校“学习宣传贯彻党的十九大精神——高校优秀辅导员‘校园巡讲’和‘网络巡礼’活动”启动会暨首场报告会；成立东南大学学生线宣讲团，举办“点赞新时代——学生线深入学习宣传贯彻党的十九大精神宣讲会”系列报告会；微信公众号开展学工部长、学生线副书记、辅导员在线谈体会，在师生中引起强烈反响。

2. 全面推进全国高校思想政治工作会议精神的落实。牵头对 22 个学生工作文件进行了制定、修订和完善，其中以本部门为主的 8 个，突出理想信念教育，积极推进社会主义核心价值观培育和践行的长效机制，继续设立 14 项精品教育项目。

3. 以党建工作为龙头，突出支部堡垒和党员先锋作用。“用好一个引擎建好三个课堂，着力构建大学生党员理想信念教育体系”获得江苏省教育工委党建工作创新一等奖；持续开设“永远在路上”红色讲堂和理想信念大讲堂共 12 讲，设立“领航工程”——本科生

党支部精品项目培育工作27项，引导本科生党支部积极开展高水平党日活动；规范开展“三会一课”，积极搭建党员综合素质提升平台，举办专题党课培训支部书记，加强学生党支部的规范化建设。

二、以优才优育为导向，增强招生宣传工作实效

1. 生源质量稳步提升。理科类学生在全国各省市中录取分数线高出当地一本线100分以上的省份数量逐年增长，近三年年均增长率达30%。理科投档分数线在全国各省市平均位居985高校中第16名，特别是在北上广江浙等经济发达地区受到考生和家长青睐，理科文科投档分数线均位居985高校第14名。

2. 深入开展“感知东南”系列活动。线上联合腾讯、中国教育在线、360教育在线等新媒体拍摄《专业的秘密》，累计浏览量达10万余次；在本科招生微信公众号推出“小招带你看专业”“专业锦囊计”等主题推送，累计阅读量达5万余次；以“有温度的教育”为主题拍摄大型原创招生宣传片《彼岸》，微信浏览量15.4万次，腾讯视频累计播放2 135万次。线下邀请王炜等知名教授先后赴四川、浙江等地举办“教授进中学”讲座20余场次，组织1800余名学生前往31个省市的700余所中学进行宣讲和交流。利用多种途径宣传学校办学成就，讲好东大故事，吸引优质生源。

3. 主动适应国家高考招生体制改革，充分发挥学科优势，结合实际情况，大胆探索招考改革。学校首次试点文科试验班类（郭秉文班）大类招生，构筑文科拔尖人才培养的专用通道。郭秉文班2017年共录取261名学生，在各省、市广泛受到学生和家长的青睐，优秀生源充足，文科录取分数线在全国多个省份有收获性上升。首次在江苏省试点综合评价录取，探索“基于统一高考和高中学业水平考试成绩、参考综合素质评价的多元录取机制”。最终录取100人，生源质量好，学校在江苏省录取的文科、理科最高分均来自综合评价考生。新高考改革“一省一市”（浙江、上海）的招生录取工作顺利平稳，学校在浙江、上海录取分数线保持在985高校中第12名左右。同时，学校2017年被上海市教育考试院授予“华强奖”荣誉称号。

三、以助力成长为目标，贴心服务学生全面发展

1. 加强规范化管理工作，促进日常管理工作科学化。落实《普通高等学校学生管理规定》（41号令）精神，全面修订《大学生手册》；修订《东南大学家庭经济困难学生认定工作暂行办法》，制定科学化认定指标体系，规范四级认定工作程序，实现资助对象精准化。荣获江苏省高校学生教育管理“创新奖”一等奖。

2. 落实资助育人工作，把关怀和温暖与成长有效结合。在2017年度公布的125所中央部属高校学生资助工作绩效考评中以93.39分的成绩排名全国第23名；2017年共提供勤工助学岗位1 737个，发放勤工助学经费约251.82万元；精准设计“多节点、多对象”特色资助项目，发放各类补助8 481人次，累计发放203.38万元；学费减免20人，减免学费11.85万元；发放生源地信用助学贷款954人，发放金额709.47万元，校园地国家助学贷款332人，发放金额262万元；发放基层就业学费补偿贷款代偿22人，发放金额

16.22万元;发放服义务兵役国家资助10人,发放金额11.77万元;发放退役士兵教育学费资助2人,发放金额1.27万元;评定奖学金171项,计4 646人次,累计金额1137.28万元;助学金30项,计2 775人次,累计金额898.87万元;开展“金钥匙计划”,2017年累计开课22次,上课883人次,实现家庭经济困难学生能力的拓展和提升,让家庭经济困难学生享有人生出彩的机会。在“江苏省学生资助绩效评价”中连续第六年被评为“优秀”,成绩排名第二名;荣获江苏省“百佳学生资助工作单位典型”,施杰老师荣获“江苏最美资助人”、江苏省“百名优秀学生资助工作者典型”;荣获江苏省第三届学生资助成效微电影比赛特等奖;荣获2017年全国“助学·筑梦·铸人”主题宣传活动组织奖,人文学院左恺仙的文章《如果没有遇见你》荣获一等奖(全国仅十人)。

3. 启动本科生学工系统学风建设推进工程,树立育人的核心理念。实现学工系统学风建设举措“八个到位”;以学风建设为抓手,开展“校领导联系班级”项目、“相伴”师生交流互动项目,进一步挖掘和创建学校人才培养工作的有效载体和鲜明特色,推动全员育人、全过程育人、全方位育人,实施有温度的教育。

4. 树立典型,开展榜样育人、典礼育人工作。举办“东南大学最具影响力毕业生评选”,在学术、公益、文体、等领域产生了10位2017年最具影响力毕业生,得到多家媒体深度报道;举办“中国脊梁东南担当”——2017年本科生奖学金颁奖典礼,集中表彰2017年获得各类奖学金和荣誉称号的本科学生,展示东大学子的努力拼搏精神和家国情怀,鼓励全校学生学习身边榜样、心怀感恩之心、感受肩负责任,“心有东南担当、争做中国脊梁”。

5. 认真做好少数民族学生教育管理服务工作。坚持立德树人教育方向,以民族团结和爱国主义教育为抓手,深入开展思想政治教育工作,从思想引领、学习帮扶、经济资助等多方面入手,全面助力少数民族学生成长成才。

四、以培养学生心理健康教育为导向,深入关怀学生内心世界

1. 以积极心理为导向,开展日常教育活动,促进学生身心和人格健康发展。继续推进校、院、班级、宿舍四级心理健康教育体系建设,开设与心理健康相关的公共选修课6门,邀请国内专家开展讲座20余场主题团辅,举办“东南大学第四届心理知识竞赛”“525心理健康月活动”“320心理主题活动”等大型活动4场,邀请南京市知名心理专家6人开展大型现场咨询2次,开展“感知心灵”系列活动、“种草种心情”心灵之旅、“观影观心灵”心理沙龙、“闻心坊”心讲堂、“乐心坊”音乐心理沙龙6次,共计400人次。260名新生家长参加“面对面聊聊我们的孩子”家长课堂。把微信平台建设为集预约咨询、心理知识科普、心理沙龙活动为一体的立体化、多方位的心理健康教育平台,每天推送一条心理成长暖文;根据学生的需求每月定期更新并完善校园心理健康宣传栏,提升学生主动关注心理健康的意识。

2. 举办高质量的专业培训,增强省示范中心的辐射效应。举办“江宁区专职心理教师沙盘游戏培训项目”,20所高校、80余名心理健康教育工作者参加了为期3天的培训;举办“江苏省高校团体心理辅导连续培训项目”,全省132名心理健康教育工作者参加了为期3天的培训;举办“江宁区高校开展心理健康教育宣传活动研讨会”,20余所高校、近30名心理健康教育中心负责人参加了为期1天的研讨;举办“江苏省高校结构式团体沙

盘心理技术在 CISD 中应用”培训，来自江宁大学城 20 所高校及我校心理健康教育中心老师和院系辅导员们 30 余名老师参加了为期两天的培训学习。

五、以奉献国家为担当，增强学生职业发展能力，提升毕业生就业质量

1. 以家国情怀为导向，强化就业价值引领。组织 169 名研究生前往北京、四川、上海、湖北等地的重点行业单位进行岗位体验，主要走访了航天科技集团、航天科工集团、中国电子科技集团、中国工程物理研究院、中国船舶重工集团等单位。对 5 家重点行业单位进行毕业生质量追踪调研，并整理单位反馈的毕业生发展报告和典型毕业生案例。在毕业生中寻找了 10 余名就业典型案例，以“东南毕业生剪影”为题制作了毕业生就业创业案例。

2. 以高质量就业为目标，拓展高端就业市场。开辟国际组织信息发布专栏，举办国际组织实习任职专题讲座 1 场，举办大型地市人才对接活动 30 余场，新建 15 家就业创业实践基地。深入实施学生发展征途计划，开展基层就业专题讲座、“春晖计划”专题培训、优秀选调生经验交流会，成立了东南大学学生公共治理研究会；举办职业大讲堂 20 余场，组织师生走访华为、美的等 20 余家知名企业。针对 2017 届毕业生举办专场宣讲会 979 场；大型双选会 4 场，共计邀请 876 家单位；合计来我校招聘单位有 2 536 家，发布各类招聘公告和招聘信息 4 113 条，累计发布岗位数 51 412 个。

3. 以两大课堂为载体，提升学生就业能力。培养学生生涯规划意识和能力，组织职业规划大赛，2 位学生入围江苏省第十二届大学生职业规划大赛总决赛，我校获评最佳组织奖。“就业导论”课程改革模块化与专业特色结合，校内与校外结合，课堂与实战结合，邀请 1/3 以上校外行业精英进行讲学。承办江苏省第四届高校就业创业指导教师教学技能比赛，我校获评优秀组织单位，张晓坚老师荣获个人二等奖。全年共组织两次就业指导教师专题培训，共培训 70 人次。

4. 以精准智慧为核心，优化就业信息平台。优化毕业生就业管理服务系统，简化办事流程。就业信息网及公众微信号在学生端集成了四大类服务，90%的业务均可网上办理；在用人单位端，单位注册、信息发布、双选会报名等全部实现网上办理。

5. 凝练就业创业特色，争创就业创品牌。牵头申报获评 2017 年全国创新创业典型经验高校 50 强，圆满完成了江苏省就业创业工作专项督查工作。

六、以新媒体技术为助力，打造网络思想政治教育工作新阵地

1. 将网络思想政治教育与学生管理服务工作相结合，学工部学生处建设有东南大学本科招生、东南大学学生事务服务中心、东南大学就业指导中心、SEU 心理健康教育中心、东南大学党委学工部 5 大微信公众平台，推进教育、服务、管理的网络流程再造，全面服务学生成长发展需求。累计发布信息 1 510 次，2017 年净增关注数 23 397 人，日均阅读量 5 570 次。

2. “东南大学本科招生”微信平台公众号 2017 年阅读总量超过 20 万，篇均阅读量 1 886，点赞量 2 612 次。

3. 大力推动“东南大学学生事务服务中心”微信公众平台的建设，2017 年总关注数

25 739 人,净增关注数 4 221 人;累计发布信息共 229 次;阅读人数共 254 823 人,阅读人次共 448 334 人。完善平台的各项功能,致力平台内容统一化系统化建设,为学生提供优质服务。

4.“东南大学就业指导中心”微信公共号 2017 年发布信息数 892 条,已关注粉丝量 35 838 人次,阅读量 1 323 057 次,点击量 445 724 次。学校就业信息网,启用江苏省智慧就业平台,集管理、服务、指导各项工作于一体,优化办事流程,同时外接全省智慧就业平台,与其他成员院校共享招聘信息。“东南大学就业指导中心”微信公众平台包括“就业信息”“就业管理”“就业指导”版块。

5.“党委学工部”微信公众平台持续做好正向舆论引领,多样化开展网络思想政治教育工作。2017 年共发布信息 84 条,已关注粉丝量达 2 516 人次,年度阅读量 29 511 次,点击量 53 569 次。学生线学习十九大精神,推出“学工部长、学生线副书记、辅导员、学生支部书记谈体会”;在寒暑假期间、南京大屠杀死难者国家公祭日等重要时间节点,敢于发声,第一时间发布师生思想动态,传递正能量;连续推出“社会主义核心价值观精品项目展示系列”宣传主题教育活动内容,扩大教育成效;推出“辅导员微语”栏目,贴近学生的学习和生活,以学生熟悉的形式和语言探讨学生关心的成长发展问题,润物细无声。

七、以提升工作科学化水平为宗旨,推进学生工作队伍的专业化、职业化

1. 加强辅导员队伍建设。牵头完成了对辅导员队伍建设改革实施的前期论证工作并报校长公会审议;严格准入标准,优化学生工作队伍结构,招聘专职辅导员 11 名。选拔优秀免试生担任辅导员 12 名。选聘优秀研究生担任兼职辅导员 26 名;严把考核关,完善专兼职辅导员年度考核,进一步细化辅导员工作职责,加强细节要求、工作到位程度要求和学生教育培养成效的要求。

2. 大力支持辅导员队伍的专业化培训和职业能力提升。选派 33 名辅导员参加国内外示范培训班,组织校内共 113 名辅导员参加第五期普通高等学校辅导员专题网络培训,定期在校内组织全学生线业务学习 6 次,分年级举办辅导员沙龙研讨共 11 场,培训覆盖率达 100%,切实推进辅导员队伍专业化、职业化建设,提升学生工作队伍引领服务学生水平。

3. 集合优势资源评优树典。成功举办“你的青春我作伴”——2017 年辅导员工作感悟分享暨离岗辅导员欢送活动,凝聚辅导员队伍的战斗力;与战略合作高校南京医科大学合作成功举办东南大学—南京医科大学辅导员职业能力大赛;电气学院付小鸥获第九届全国高校辅导员年度人物提名,电子科学与工程学院辅导员邱峰获“2016 江苏高校辅导员年度人物”称号,信息科学与工程学院辅导员顾青瑶获第六届江苏高校辅导员职业能力大赛南师大基地赛区二等奖,展现了我校辅导员良好的精神风貌和职业能力。

实验室建设与设备管理

综　　述

2017年是我校全面实施"十三五"发展规划、深化推进"双一流"建设的重要一年，在学校党政正确领导下，紧密围绕"双一流"建设目标，以服务教学、科研为宗旨，积极转变机关作风，以巡视整改为契机，严格遵守中央各项规定，增强四个意识，坚持"四个自信"，根据服务师生、提升师生满意度的总体方针，同心协力，不断进取，进一步增强服务意识、责任意识、担当意识发展意识，各方面工作取得了较好的成效，以优良的作风、扎实的工作为建设世界一流大学提供坚实的组织保障。

一、实验室与设备建设情况总览

全校共有各类教学、科研建制实验中心(室)76个，其中教学实验室33个，教学科研并重实验室11个，科研实验室32个，实验室房屋使用面积17.11余万平方米。2017年全校各类实验平台为全日制，在校各类学生开设2 932个实验项目，总学时3.5万，总实验人数494万。全校各类实验室获得省部级以上教研项目56项，发表教学、科研论文4 369篇，出版实验教材29本；教师获得国家级奖励和成果14项，省部级奖励96项，发明专利954项；学生参加省部级以上学科竞赛获奖58项，获得国家级大学生创新训练项目150项，省级大学生创新训练项目150项；各类实验室承担省部级以上科研项目863项，其他科研项目732项。

截至2017年12月底，我校仪器设备资产总计156 612台(套)，总值约31.58亿元，其中10万—40万元大型仪器2 592台(套)，总值约5.56亿元，40万元及以上大型仪器1 119台(套)，总值约13.90亿元；2017年新增设备资产1.57万余台(套)，总值约3.05亿元。

二、实验室立项建设

在国家级示范性虚拟仿真实验教学项目申报中，交通学院申报的大型活动交通组织与控制虚拟仿真实验和电工电子实验中心申报的运算放大器应用设计及性能测试(在线实境实验)项目在省教育厅组织的遴选中,我校申报的2个项目均以全票通过了专家评审(全省共遴选16个),我校是唯一一所有两个项目入选的高校,建设成效显著。

积极组织中央级普通高校改善基本办学条件专项资金项目立项申报工作。我校本科教学实验平台设备购置2018年度申请入库项目12项,申报金额3 253.15万元,评审金额2 949.83万元,资金评审通过率90.68%。2017年负责执行了改善基本办学条件专项5个项目共计2 305万元用于实验室设备更新和环境设施升级,进一步改善了部分实验室教学装备条件。

三、实验技术队伍建设与管理

2017年继续施行实验技术队伍职称晋升新条例,有1名实验技术人员晋升为高级工程师,有5名晋升(含定级)为工程师,3名认定为助理工程师。认真做好实验技术人员年度考核工作,仔细核定相关人员工作量,对实验技术岗位各项工作进行综合评定。

组织实验技术岗位人员约220余人次参加江苏省教育技术装备展览会,组织约170余人次参加全国高教仪器设备展示会,帮助实验技术人员了解当前高校仪器设备发展动态,开拓视野。

四、实验室安全管理

进一步加强实验室安全管理工作,完善责任体系,健全规章制度,建立督察组常态化巡查机制,继续推行安全准入制。进一步加大经费投入,改善实验室安全设施。针对教育部等上级部门组织的各项实验室安全检查工作,积极排查安全隐患,堵塞安全漏洞,落实安全措施,完善安全事故应急预案。

进一步规范易制毒、制爆等化学品安全管理,相关工作受到了政府主管部门的充分认可,在公安部门组织召开的专题工作会议上进行了管理经验介绍,并获得了2017年度易制毒化学品管理工作先进集体荣誉称号,同时在易制毒化学品管理工作等级评定中,经公安部门评审,我校各项管理工作成效显著,并给予了最高等级五星级的评价结论。

通过东南大学化学品管理平台进行试剂采购和审核工作,做到采购程序规范,采购记录可查,责任明确,便利高效。平台自2015年12月正式启用以来,截至目前已审核化学品采购订单39 511单,金额总计8 203余万元,其中2017年度审核20 670单,金额合计4 400余万元。

继续加强特种设备规范管理工作,明确分管责任人,新采购的压力容器等特种设备严格按照要求办理注册登记、上岗培训等手续后方能建账,监督各单位进行特种设备年度检验。组织完成全校相关院系共计40人次参加特种设备操作人员培训复审工作。完善辐射安全管理,辐射场所张贴电离标志、安全操作规程,对辐射工作人员按规定配备个人辐射剂量计,每季度进行检测,建立个人健康档案。委托南京基越环境检测有限公司对我校辐射工作场所周围环境进行辐射监测,结果合格。

2017年度委托专业公司完成了环保部门要求的危险固废核查工作,对照国家最新危险固废目录,明确了我校产生的危险固废类别,根据实际情况预估了危险固废的数量。本年度三个校区实验室化学固废共计处置了5批次，共处置化学废液25.2吨，处置废试剂瓶及包装物18.57吨，实验室生物固废处置量约48吨。

五、设备固定资产管理

完成全校31.58余亿元设备资产的管理工作。设备资产管理工作强度大、任务重，管理人员积极克服困难，全年保质保量完成各项管理工作，确保国有资产安全。加强仪器设备资产建账管理，出台了《东南大学仪器设备固定资产建销账相关事宜的通知》，在15个重点单位建立了专门设备资产管理人员，推进院系资产建账审核工作，加强日常培训和监督，一方面避免师生在不同校区办理资产建账事宜时浪费时间，提高工作效率，同时也使我校仪器设备资产管理工作更加细化，切实提高我校设备资产管理水平。

组织对全校仪器设备进行全面清查。通过清查工作，进一步理清了我校目前可利用的设备资产的存量情况和使用状态，对已达到使用年限并失去使用价值的仪器设备进行了清理。今年共报废处置仪器设备2批次，合计1 288台(件)，账面原值约978.50万元，此部分仪器设备已做销账处理，报废处置收入实行财务收支两条线。

完成各类设备信息统计及报表报送工作，包括财政部、教育部、国管局、科技部、海关等需要上报的各类数据报表；仪器设备管理系统目前已完成与财政部、学校财务处的数据对接工作，实现仪器设备资产信息的互联、共享。

六、设备、材料采购管理(20万元以下)

进一步加强招标限额内零散仪器设备的采购管理。为提高采购效率、降低采购成本、规范采购行为，我校今年进一步完善零散仪器设备采购网上竞价系统，实现采购过程的公开化、透明化。2017年度共审核采购申请单4 000余个，金额总计8 500余万元。在中国教育会计学会高校政府采购分会第十届全国高校竞价网工作年会上，我校相关工作荣获先进集体奖。

2017年度审核2万元以上材料合同共计473份，合同金额总计2 477余万元。通过实验材料管理平台实现了材料采购登记、在线审核、出入库管理等规范化管理，便利高效，提高经费使用效益。平台自2016年12月正式启用以来，截至目前已通过平台审核实验材料采购40 079多单，金额总计15 180余万元，其中2017年度审核31 420单，金额总计11 869余万元。此项信息化建设工作走在全国高校的前列。

签订科教用品免税进口设备合同170余项，总价值1 370万美元。完成进口设备合同的审核、海关免税手续、到货验收以及账目管理等工作，严格遵守国家各项法律法规规定，工作中未发生任何差错。

七、设备采购管理(20万元及以上)

进一步加强大型仪器购置计划论证，目前我校大型仪器购置计划论证已形成制度化、常态化。通过论证，促进了大型仪器设备进行合理布局，有效避免重复建设，有利于大型仪器设备的共建、共用、共享，提高资金使用效益；2017年组织专家共对32台(套)大型仪器设备进行了购置计划论证，总经费预算5 000万元。

严格按照《东南大学招投标管理办法》和《东南大学大型仪器设备管理流程、时间节点及采购工作指南》相关文件要求,切实加强大型仪器设备采购管理工作,采取学校自主采购与委托招标采购互为补充的采购模式。2017年对所有20万元及以上的设备采购项目均进行了信息公开,委托招标采购项目在中国政府采购网或中国国际招标网进行采购信息发布;自主采购项目在江苏省政府采购网和学校采购中心网站进行采购信息发布,极大地降低了由于公开招标不足三家经专家论证和职能部门审核通过后转为单一来源(或竞争性磋商)方式采购设备项目的比例,成效显著。全年共审核并签订20万及以上设备合同255余份,合同金额合计1.96余亿元;制作了20万元以上的设备购置项目公开招标文件133余个。组织专家对120余个单一来源(议标)设备采购项目进行谈判。

八、加强采购流程管理,提高资金执行效率

随着学校事业的快速发展,我校的设备资产总量每年以3个亿左右的速度逐年递增,设备采购工作政策严、时间紧、任务重,通过加强管理,优化服务流程,严格按照岗位职责和工作规范积极做好各项工作,保质保量按进度完成各项设备采购任务;开发了东南大学大型仪器采购流程管理系统,目前已正式上线,完成了年初制定的工作任务。根据学科办下达的双一流学科平台建设计划,积极组织专家进行论证和招标采购工作,圆满完成近8 000万元的学科平台设备采购任务,全校设备购置项目预算执行进度顺利。2017年土木工程学院的大型地震模拟振动台(4 700万元)、交通学院加速加载系统(1 600万元)和自由度模拟驾驶系统(1 000万元)等特大型装备顺利运抵学校,对我校土木交通学科发展提供了一流的装备支撑条件。

九、大型仪器设备使用管理

进一步推进大型仪器设备开放共享工作,我校大型仪器共享管理平台与国家网络管理平台完成了对接工作,实现了大型仪器信息数据实时共享,大型仪器平均有效使用机时相比往年得到进一步提升。目前共安装了大型仪器数据采集监控终端230余台(套),通过大型仪器共享系统可以实现大型仪器功能展示、使用预约、数据采集、监控管理、收费管理、绩效考核、数据统计等功能,使我校大型仪器设备管理水平处在了国内同类高校的前列。大型仪器管理系统中现有10万元以上仪器设备近1 600台(套),40万元以上大型仪器设备746台(套),总价值11.72亿元,通过大型仪器共享平台2017年度实际测试服务收入近650万元。为提高贵重仪器设备的使用效率和投资效益,积极推进校级公共服务平台建设,牵头成立了东南大学分析测试中心和大数据计算中心,为我校双一流建设奠定坚实的基础。

2016—2017 年实验室利用情况统计表

制表单位：东南大学　　　　制表日期：2017. 11. 06

学校代码	实验室编号	实验室名称	实验室类别	建立年份	房屋使用面积	实验室类型	所属学科	教师获奖与成果			学生获奖情况	论文和教材情况					科研及社会服务情况					毕业设计和论文人数			开放实验						兼任人员数	实验教学运行经费	
								国家级	省部级	发明专利		三大检索收录		核心刊物		实验教材	科研项目数		社会服务项目数	教研项目数		专科生人数	本科生人数	研究生人数	实验个数		实验人数		实验人时数			小计	其中实验教学年材料消耗费
												教学	科研	教学	科研		省部级以上	其他		省部级以上	校级				校内	校外	校内	校外	校内	校外			
10286	0010100	建筑物理实验室	3	1981	750	1	0810	0	0	1	0	0	15	0	10	0	10	5	12	0	0	0	30	20	8	10	150	8	4 000	1 000	1	8	5
10286	0010200	建筑运算与应用实验室	3	1955	800	2	0810	0	0	0	0	0	4	0	9	0	6	2	10	0	0	0	20	6	2	6	50	0	2 000	0	1	10	8
10286	0010300	CAAD 国家专业实验室	4	1985	300	3	0810	0	0	0	0	0	0	0	0	0	2	0	0	0	0	0	4	2	4	0	200	0	3000	0	0	4	1
10286	0010400	城市与建筑遗产保护教育部重点实验室	4	2009	3 000	2	0810	2	40	5	0	0	12	3	35	0	44	5	125	0	0	0	180	150	18	16	180	30	10 000	1200	0	5	2
10286	0020200	机电基础实验分中心	1	2006	3 000	1	0803	0	0	0	16	0	0	0	0	0	0	0	1	0	3	0	3	2	40	16	3 520	40	56 320	400	0	11	10
10286	0020300	机电综合实验分中心	1	2006	1 000	1	0803	0	1	18	52	1	26	0	40	0	32	75	5	0	1	0	195	146	52	0	1040	0	23 200	0	0	14	2.8
10286	0020400	工业发展与培训中心	1	1992	10 000	1	0803	0	0	0	15	0	0	0	2	0	3	0	4	0	5	0	0	3	40	30	46 344	1041	105 455	79 224	0	30	25
10286	0030100	能源与环境学院实验中心	3	2006	4 800	1	0303	0	1	98	0	0	160	2	45	0	16	70	65	0	0	0	252	82	93	0	262	0	42 000	0	5	4	0.6
10286	0030200	洁净煤燃烧与发电技术教育部重点实验室	4	2012	2 800	2	0805	0	0	50	0	0	102	0	28	0	10	45	40	0	0	0	0	88	0	0	0	0	0	0	5	0	0
10286	0030300	火电机组振动国家工程研究中心	4	1994	2 100	2	0805	0	1	30	0	0	70	0	20	0	4	29	25	0	0	0	210	12	10	0	215	0	10 000	0	0	1	0.6
10286	0040100	信息科学与工程学院实验中心	3	1998	850	1	0806	0	0	0	55	0	0	0	0	0	0	0	0	0	0	0	0	0	18	0	2 168	0	79 696	0	0	4	4
10286	0040200	移动通信国家重点实验室	4	1990	4 000	2	0806	1	2	70	0	0	132	0	158	0	61	34	0	0	0	0	80	110	0	0	0	0	0	0	0	0	0
10286	0040300	毫米波国家重点实验室	4	1991	12 000	2	0806	1	0	34	1	0	135	0	3	0	36	56	0	0	0	0	27	74	0	0	0	0	0	0	6	0	0
10286	0040400	射频集成电路与系统教育部工程研究中心	4	2008	2 000	3	0806	2	12	15	17	0	31	0	28	0	0	0	0	0	0	0	41	135	0	0	0	0	0	0	0	0	0
10286	0040500	江苏省数码技术工程研究中心	4	2000	120	2	0806	0	0	7	0	0	12	0	4	0	6	7	0	0	0	0	8	10	5	3	5	3	30	10	3	12	4
10286	0040600	信息处理实验室	4	2002	4 300	2	0806	0	0	15	0	0	50	0	32	0	22	15	0	0	0	0	11	55	0	0	0	0	0	0	3	0	0
10286	0040700	信息安全研究中心实验室	4	2001	3 600	3	0806	0	0	9	6	0	25	0	5	0	0	0	0	0	0	0	43	129	0	0	0	0	0	0	1	0	0
10286	0050100	力学实验中心	2	1952	1 800	1	0801	0	2	0	0	0	0	0	2	0	3	0	0	0	0	0	50	23	12	0	7 500	0	15 256	0	1	3	3

（续　表）

学校代码	实验室编号	实验室名称	实验室类别	建立年份	房屋使用面积	实验室类型	所属学科	教师获奖与成果：国家级	教师获奖与成果：省部级	教师获奖与成果：发明专利	学生获奖情况	论文和教材情况：三大检索收录：教学	论文和教材情况：三大检索收录：科研	论文和教材情况：核心刊物：教学	论文和教材情况：核心刊物：科研	论文和教材情况：实验教材	科研及社会服务情况：科研项目数：省部级以上	科研及社会服务情况：科研项目数：其他	科研及社会服务情况：社会服务项目数	科研及社会服务情况：教研项目数：省部级以上	科研及社会服务情况：教研项目数：校级	毕业设计和论文人数：专科生人数	毕业设计和论文人数：本科生人数	毕业设计和论文人数：研究生人数	开放实验：实验个数：校内	开放实验：实验个数：校外	开放实验：实验人数：校内	开放实验：实验人数：校外	开放实验：实验人时数：校内	开放实验：实验人时数：校外	兼任人员数	实验教学运行经费：小计	实验教学运行经费：其中教学实验年材料消耗费
10286	0050200	土木工程实验中心	1	2002	3 580	1	0810	0	3	20	0	0	93	0	0	0	28	6	32	0	0	0	50	60	60	0	12 080	0	20 670	0	0	30	2
10286	0050300	混凝土及预应力混凝土结构教育部重点实验室	4	2 000	11 700	2	0810	0	3	37	22	0	158	10	44	0	19	6	6	4	3	0	39	38	1	0	5	0	28	0	0	0	0
10286	0060100	电子科学与工程学院实验中心	3	1980	500	1	0806	0	0	0	10	0	1	0	1	0	0	0	0	0	1	0	7	19	16	0	230	0	6 160	0	0	2.9	2.9
10286	0060200	江苏省光通信器件与技术工程研究中心	4	2003	2 400	2	0806	0	0	18	5	0	49	0	0	0	9	4	0	3	0	0	24	29	1 296	0	777	0	2 632	0	0	50	20
10286	0060300	江苏省信息显示工程技术研究中心	4	2000	3 700	2	0806	0	0	12	0	0	35	0	35	0	46	20	0	0	0	0	59	32	6	0	786	0	3 885	0	29	38	38
10286	0060400	MEMS 教育部重点实验室	4	2001	3 350	2	0806	0	1	47	0	0	63	0	3	0	31	3	0	0	0	0	33	36	19	0	40	0	1 097	0	0	18	10
10286	0060500	国家专用集成电路系统工程技术研究中心	4	1992	1 400	2	0712	0	0	50	6	38	29	38	29	0	30	1	23	30	1	0	50	57	6	0	234	0	176	0	0	1.9	1.1
10286	0060600	光传感/通信综合网络国家地方联合工程研究中心	4	2000	800	2	0806	0	1	20	1	1	30	1	25	0	10	10	8	3	4	0	18	30	20	1	320	10	6 400	50	3	3	1
10286	0070100	数学实验室	3	2007	400	1	0701	0	0	0	33	0	0	0	0	0	0	0	0	0	0	0	0	0	21	0	3 100	0	54 000	0	0	1.5	0.25
10286	0080100	自动化学院教学实验中心	3	1958	890	1	0806	0	0	0	0	0	0	0	0	0	0	0	0	0	0	0	20	0	31	0	800	0	33 410	0	1	5	5
10286	0080200	计算机硬件应用实验中心	3	1998	300	1	0806	0	0	0	0	0	0	0	0	0	0	0	0	0	0	0	10	0	55	0	564	0	20 000	0	1	2	2
10286	0080300	复杂工程系统测量与控制教育部重点实验室	4	2007	2 500	2	0806	0	2	16	0	0	98	0	68	0	0	0	0	0	0	0	100	100	0	0	0	0	0	0	5	5	5
10286	0090100	计算机教学实验中心	1	2004	5 500	1	0904	0	1	2	5	0	0	8	10	1	3	8	0	0	6	0	0	0	135	0	13 000	0	1 200 000	0	18	25	10
10286	0090200	计算中心	3	1980	5 000	1	0806	0	0	0	0	0	0	0	0	0	0	0	0	0	2	0	0	0	0	0	0	0	0	0	0	0	0
10286	0090300	计算机科学与工程学院实验中心	3	2004	420	1	0806	0	0	0	7	0	0	8	14	0	0	3	0	0	2	0	50	25	54	8	15 320	800	146 000	0	5	1	0.6
10286	0090400	计算机网络和信息集成教育部重点实验室	4	1993	450	2	0806	0	6	8	2	0	26	0	67	0	12	6	2	2	0	0	30	35	0	0	0	0	0	0	0	0	0

（续　表）

学校代码	实验室编号	实验室名称	实验室类别	建立年份	房屋使用面积	实验室类型	所属学科	教师获奖与成果 国家级	省部级	发明专利	学生获奖情况	论文和教材情况 三大检索收录 教学	科研	核心刊物 教学	科研	实验教材	科研及社会服务情况 科研项目数 省部级以上	其他	社会服务项目数	教研项目数 省部级以上	校级	毕业设计和论文人数 专科生人数	本科生人数	研究生人数	开放实验 实验个数 校内	校外	实验人数 校内	校外	实验人时数 校内	校外	兼任人员数	实验教学运行经费 小计	其中教学实验年材料消耗费
10286	0090500	江苏省网络与信息安全高技术研究重点实验室	4	2003	400	2	0806	0	3	9	2	0	109	0	11	0	12	15	2	0	0	0	156	108	0	0	0	0	0	0	14	0	0
10286	0090600	江苏省计算机网络技术重点实验室	4	1997	400	2	0806	0	1	4	6	0	45	1	76	0	1	5	2	1	0	0	30	16	0	0	0	0	0	0	0	0	0
10286	0090700	江苏省软件质量研究所	4	2001	350	2	0806	0	0	0	0	0	20	0	23	0	23	2	1	0	0	0	20	10	0	0	0	0	0	0	0	0	0
10286	0090800	影像技术实验室	4	2001	300	2	0806	1	1	4	0	0	30	0	30	0	8	0	4	0	0	0	60	30	0	0	0	0	0	0	0	0	0
10286	0100100	物理实验中心	1	1997	4500	1	0702	0	1	2	58	0	42	1	1	0	10	2	2	2	5	0	61	47	85	15	3 000	400	285 000	10 000	3	14	8
10286	0110100	医用电子技术实验中心	3	2 000	200	3	0806	0	0	0	0	0	0	0	0	0	0	0	0	0	0	0	1	0	26	0	42	0	6252	0	0	0	0
10286	0110200	医学电子学实验室	3	1992	240	3	0806	0	0	0	1	0	3	0	4	0	1	3	0	0	0	0	5	9	6	0	60	0	2 584	0	0	3	3
10286	0110300	江苏省生物材料与器件重点实验室	4	2004	1 000	2	1003	1	0	23	0	0	89	0	0	0	11	1	0	0	0	0	12	27	0	0	0	0	0	0	0	0	0
10286	0110400	生物电子学国家重点实验室	4	1985	6 000	2	0806	1	2	60	38	0	243	0	114	0	98	15	9	0	0	0	97	156	25	1	55	1	3 630	2	2	0	0
10286	0110500	生物技术与材料实验中心	3	2008	300	1	0806	0	0	0	0	0	0	0	0	1	0	0	0	0	0	0	0	2	35	0	57	0	11 424	0	0	10	6
10286	0120100	材料科学与工程学院实验中心	2	1994	4 100	1	0804	0	0	1	10	0	3	3	9	7	2	23	20	1	3	0	106	75	183	0	652	0	67 200	0	38	27	24
10286	0120200	东南大学分析测试中心	3	1983	1 120	1	0804	1	0	1	3	0	3	3	5	3	3	22	102	0	3	0	78	52	89	0	356	0	42 100	0	2	16	14
10286	0120300	江苏省土木工程材料重点实验室	4	2006	2 200	2	0804	2	2	16	5	0	30	2	52	0	32	37	15	0	3	0	28	30	8	0	187	0	13 000	0	9	27	11
10286	0120400	江苏省先进金属材料重点实验室	4	2007	2 400	2	0804	0	1	25	5	0	41	5	97	0	40	51	24	0	2	0	78	52	16	0	144	0	14 000	0	14	18	8
10286	0130100	人文学院实验中心	3	2006	120	1	0303	0	0	0	0	0	0	0	0	0	0	0	0	0	0	0	0	0	0	0	0	0	0	0	0	0	0
10286	0140100	经济管理学院实验中心	2	2006	800	1	0201	0	0	0	0	0	0	0	0	0	0	0	0	0	0	0	42	22	18	0	92	0	736	0	26	3	3
10286	0160100	电力工程实验中心	2	1986	690	1	0806	0	0	30	99	0	37	0	9	1	2	18	41	1	2	0	8	13	94	0	1 874	0	47 366	0	10	8.1	6.4
10286	0160200	RockWell 自动化实验中心	3	1998	110	2	0806	1	1	17	0	0	63	0	10	0	2	9	0	0	0	0	0	0	6	0	104	0	1 248	0	4	0.5	0.5
10286	0170100	外语学习中心	3	2006	4 500	1	0502	0	0	0	0	0	0	0	0	0	0	0	0	0	0	0	0	0	1	0	8 000	0	116 083	0	0	5.5	0.5
10286	0190100	化学化工实验中心	2	1998	4 500	1	0703	0	1	0	53	2	270	1	25	0	15	20	0	2	2	0	143	351	160	5	1000	10	80 200	3600	30	42	35
10286	0210100	交通学院实验中心	3	2006	7 100	1	0807	0	2	7	2	0	19	2	48	0	9	30	10	0	0	0	310	280	23	0	105	120	18 436	2400	2	5.2	3.6

（续　表）

学校代码	实验室编号	实验室名称	实验室类别	建立年份	房屋使用面积	实验室类型	所属学科	教师获奖与成果 国家级	教师获奖与成果 省部级	教师获奖与成果 发明专利	学生获奖情况	论文和教材情况 三大检索收录 教学	论文和教材情况 三大检索收录 科研	论文和教材情况 核心刊物 教学	论文和教材情况 核心刊物 科研	论文和教材情况 实验教材	科研及社会服务情况 科研项目数 省部级以上	科研及社会服务情况 科研项目数 其它	科研及社会服务情况 社会服务项目数	科研及社会服务情况 教研项目数 省部级以上	科研及社会服务情况 教研项目数 校级	毕业设计和论文人数 专科生人数	毕业设计和论文人数 本科生人数	毕业设计和论文人数 研究生人数	开放实验 实验个数 校内	开放实验 实验个数 校外	开放实验 实验人数 校内	开放实验 实验人数 校外	开放实验 实验人时数 校内	开放实验 实验人时数 校外	兼任人员数	实验教学运行经费 小计	实验教学运行经费 其中教学实验年材料消耗费
10286	0210200	江苏省交通规划与管理重点实验室	4	2002	1500	2	0817	0	2	51	3	1	59	5	76	3	13	45	68	2	10	0	90	94	57	5	184	25	360	60	24	55	21
10286	0220100	测控技术与仪器实验室	3	1962	800	1	0804	0	0	0	10	0	0	1	3	0	1	2	0	0	1	0	4	3	208	0	1 080	0	55 073	0	1	5	5
10286	0220200	远程测控技术实验室	3	2007	3 000	2	0804	0	1	15	8	0	21	2	52	0	16	5	0	1	2	0	22	28	10	0	65	0	4 300	0	5	15	3
10286	0240100	艺术学院实验中心	3	2003	256	1	1 301	0	1	99	20	20	50	1	50	10	0	4	0	0	2	0	90	80	3	0	60	0	2 400	0	0	3.3	0.5
10286	0250100	模拟法庭	3	2007	100	1	0301	0	0	0	0	0	0	0	0	0	0	0	0	0	0	0	0	0	0	0	0	0	0	0	1	0	0
10286	0260100	儿童发展与学习科学教育部重点实验室	4	2005	2 300	2	0806	0	0	5	5	0	22	0	16	0	20	7	2	3	2	0	14	20	87	0	45	0	5 000	0	1	7	3
10286	0410100	基础医学实验教学中心	3	2001	3 450	1	1002	0	0	0	1	0	12	0	0	1	4	1	0	0	0	0	8	5	16	2	534	4	27 996	456	0	5	3.8
10286	0410200	感染与免疫实验室	4	2007	400	2	1001	0	0	0	1	1	24	3	9	0	14	0	0	0	0	0	8	28	3	0	4	0	0	0	0	0	0
10286	0410300	分子病理实验室	2	2006	320	2	0704	0	0	0	0	0	0	0	0	0	0	0	0	0	0	0	0	0	0	0	0	0	0	0	0	0	0
10286	0410400	神经生物学实验室	3	2007	100	2	1001	0	0	0	1	0	1	0	0	0	2	2	0	0	1	0	4	5	4	0	34	0	600	0	0	2	2
10286	0410500	心脑血管疾病行为与功能实验室	3	2002	80	2	1001	0	0	0	0	0	0	0	0	0	0	0	0	0	0	0	0	0	0	0	0	0	0	0	0	0	0
10286	0410600	发育与疾病相关基因教育部重点实验室	4	2003	3 216	2	0704	0	0	0	0	0	36	0	0	0	50	3	6	0	0	0	1	51	18	2	28	6	2 599	26	2	10	8
10286	0420100	公共卫生学院实验中心	3	2007	684	1	1004	0	0	0	3	0	0	0	0	0	0	0	0	0	0	0	0	0	54	0	77	0	16 874	0	0	12.1	2.2
10286	0420200	环境医学工程教育部重点实验室	4	1996	150	2	1004	0	0	2	0	0	36	0	61	0	9	0	0	0	3	0	44	40	24	0	40	0	6 200	0	0	0	0
10286	0430100	临床技能训练中心	3	1995	650	1	1003	0	0	0	2	0	0	0	0	0	0	0	1	0	0	0	186	0	1310	0	996	0	324 600	0	0	0	0
10286	0430200	临床医学实验中心	3	1995	890	1	1003	0	0	0	0	0	0	0	0	0	0	0	0	0	0	0	0	0	0	0	0	0	0	0	0	0	0
10286	0430300	临床科学研究中心	2	2007	880	2	1003	0	0	0	0	0	0	0	0	0	0	0	0	0	0	0	0	0	0	0	0	0	0	0	0	0	0
10286	0430400	江苏省分子影像与功能影像重点实验室	3	2007	400	2	1003	1	1	1	3	0	25	0	2	0	10	0	0	0	0	0	0	31	25	0	120	0	0	0	2	0	0
10286	0710100	软件学院实验中心	3	2003	480	1	0806	0	0	0	0	0	0	0	0	0	0	0	0	0	0	0	0	0	20	0	450	0	45 000	0	0	1	0.8
10286	0990100	电工电子实验中心	1	1997	8 000	1	0806	0	0	0	40	0	2	4	5	1	6	0	0	1	0	0	0	6	92	70	2 200	120	380 000	4 500	0	30	20
10286	0990200	实验动物中心	3	2006	2000	1	0904	0	0	0	0	0	0	2	3	1	6	0	2	0	0	0	36	62	192	17	1 060	36	56 000	160	0	30	16

2016—2017 年度教学科研仪器设备分布情况统计

单位名称	台件数	金额(万元)	单价 10 万元以下		单价 10 万—40 万元		单价 40 万元以上	
			台件数	金额(万元)	台件数	金额(万元)	台件数	金额(万元)
总计	117 905	266 166.45	114 791	98 376.25	2 150	45 930.63	964	121 859.57
建筑学院	2 777	5 514.82	2 699	2 723.78	64	1 588.75	14	1 202.29
机械工程学院	4 381	10 560.6	4 244	4 538.56	100	2 152.89	37	3 869.15
能源与环境学院	7 425	15 801.19	7 224	8 105.76	148	3 047.61	53	4 647.82
信息科学与工程学院	9 587	41 915.58	8 981	10 232.67	365	7 958.39	241	23 724.52
土木工程学院	5 520	10 427.48	5 420	4 633.69	75	1 649.14	25	4 144.65
电子科学与工程学院	4 196	28 027.38	3 937	4 763.08	161	3 492.55	98	19 771.75
数学学院	1 267	735.77	1 265	691.77	2	44	0	0
自动化学院	3 323	4 642.48	3 262	2 641	44	871.51	17	1 129.97
计算机科学与工程学院	8 952	12 169.96	8 836	6 174.88	91	1 942.64	25	4 052.44
物理学院	4 087	5 537.78	4 038	2 843.31	33	667.08	16	2 027.39
生物科学与医学工程院	5 025	18 897.78	4 763	5 012.92	172	3 873.27	90	10 011.59
材料科学与工程学院	3 307	9 131.96	3 191	2 705.48	80	1 702.23	36	4 724.25
电工电子实验中心	5 154	2 004.63	5 151	1 820.77	2	28.69	1	155.17
经济管理学院	2 523	1 927.96	2 515	1 778.27	8	149.69	0	0
电气工程学院	3 108	5 802.85	3 025	2 966.84	66	1 313.35	17	1 522.66
外国语学院	2 619	1 318.29	2 611	1 142.3	7	133.37	1	42.62
体育系	1 021	648.37	1 016	559.86	5	88.51	0	0
化学化工学院	3 789	9 847.36	3 675	3 183.54	79	1 567.02	35	5 096.8

(续　表)

单位名称	台件数	金额(万元)	单价 10 万元以下		单价 10 万—40 万元		单价 40 万元以上	
			台件数	金额(万元)	台件数	金额(万元)	台件数	金额(万元)
交通学院	6 952	11 404.26	6 834	6 005.01	89	1 867.26	29	3 531.99
仪器科学与工程学院	3 391	6 108.86	3 306	3 362.35	72	1 417.58	13	1 328.93
人文学院	169	120.76	169	120.76	0	0	0	0
法学院	320	204.66	319	185.98	1	18.68	0	0
艺术学院	371	463.5	366	280.53	3	80.21	2	102.76
马克思主义学院	232	110.78	232	110.78	0	0	0	0
继续教育学院	511	614.23	504	406.65	5	84.25	2	123.33
教育技术中心(电教)	5 399	5 046.42	5 359	3 542.86	30	579.36	10	924.2
网络与信息中心	3 908	8 660.22	3 777	2 198.22	82	1 904.06	49	4 557.94
建筑研究所	231	209.37	231	209.37	0	0	0	0
无锡分校	1 204	890.14	1197	705.4	6	143.86	1	40.88
无锡分校 ASIC 工程中心	318	956.04	300	178.6	12	273.96	6	503.48
南京通信技术研究院	108	629.66	94	132.31	8	109.01	6	388.34
城市工程科学技术研究院	695	2 991.15	660	781.13	23	511.94	12	1 698.08
东大图书馆	1 483	2 874.13	1 437	1 077.75	34	650.4	12	1 145.98
工业培训中心	1 523	2 574.66	1 484	1 412.3	35	768.72	4	393.64
软件学院	1 010	666.35	1 007	607.11	3	59.24	0	0
AMS 实验室	407	547.69	402	415.58	4	77.41	1	54.7
吴健雄学院	197	99.23	197	99.23	0	0	0	0
集成电路学院	408	257.65	407	224.86	1	32.79	0	0
学习科学研究中心	1 153	3 165.44	1 117	982.8	19	399.14	17	1 783.5
生命科学研究院	1 771	4 807.35	1 713	1 901.8	42	977.65	16	1 927.9
东大—蒙大苏州联合研究院	69	32.08	69	32.08	0	0	0	0
医学院	6 474	24 753.31	6 262	5 468.18	143	2 933.57	69	16 351.56
公共卫生学院	1 334	2 853.61	1 293	1 332.67	33	729.15	8	791.79
其他教学部门	206	212.66	202	83.46	3	41.7	1	87.5

财务与审计工作

财 务 工 作

一、财务收支情况及分析

(一) 财务收支总况

2017 年我校总收入和总支出较上年有所增加，其中收入 39 8946.93 万元，比上年增加 23 620.03 万元，增加 6.29%；支出 346 932.01 万元，比上年增加 21 508.39 万元，增加 6.61%。

(二) 收入情况及分析

东南大学 2016—2017 年收入构成情况分析表 （单位：万元）

项目	2016 年	2017 年	占总收入比重	增减额	增减百分比
(一)财政补助收入	184 432.68	196 292.38	49.20%	11859.69	6.43%
1．教育补助收入	170 467.77	183 754.77	46.06%	13287.00	7.79%
(1) 基本支出	100 351.29	107 274.46	26.89%	6923.17	6.90%
(2) 项目支出	70 116.48	76 480.31	19.17%	6363.83	9.08%
2. 科研补助收入	5 493.47	3 893.07	0.98%	−1600.40	−29.13%
(1) 基本支出	1 323.07	1 258.07	0.32%	−65.00	−4.91%
(2) 项目支出	4 170.40	2 635.00	0.66%	−1535.40	−36.82%
3. 其他补助收入	8 471.44	8 644.54	2.17%	173.1	2.04%
(1) 基本支出	8 430.94	8 581.20	2.15%	150.26	1.78%

(续　表)

项目	2016 年	2017 年	占总收入比重	增减额	增减百分比
(2) 项目支出	40.50	63.34	0.02%	22.84	56.40%
(二) 事业收入	147 813.48	158 235.73	39.66%	10 422.25	7.05%
1. 教育事业收入	38 490.33	36 146.83	9.06%	−2 343.50	−6.09%
2. 科研事业收入	109 323.15	122 088.91	30.60%	12 765.76	11.68%
(三) 上级补助收入					
(四) 附属单位上缴收入					
(五) 经营收入					
(六) 其他收入	43 080.73	44 418.82	11.13%	1 338.09	3.11%
合计	375 326.89	398 946.93	100.00%	23 620.03	6.29%

2017 年我校总收入 398 946.93 万元,其中:教育补助收入 183 754.77 万元,占总收入的 46.06%,事业收入 158 235.73 万元,占总收入的 39.66%,两项收入合计占总收入的 85.72%,是收入的主要来源。

(三) 支出情况及分析

东南大学 2016—2017 年支出构成情况分析表　　(单位:万元)

项目	2016 年	2017 年	增减额	增减百分比
一、工资福利支出	96 206.53	75 619.08	−20 587.45	−21.40%
其中:1. 基本工资	19 312.44	19 103.88	−208.56	−1.08%
2. 津贴补贴	5 545.50	4 398.33	−1 147.17	−20.69%
3. 其他社会保障缴费	460.91	1 158.56	697.65	151.36%
4. 伙食补助费	164.88	187.27	22.39	13.58%
5. 机关事业单位基本养老缴费	7 450.29	7 052.74	−397.55	−5.34%
6. 职业年金缴费	2 889.17	2 819.52	−69.65	−2.41%
7. 其他	60 383.34	40 898.78	−19 484.56	−32.27%
二、商品和服务支出	108 886.96	124 969.05	16 082.09	14.77%
其中:1. 办公费	2 443.12	2 205.82	−237.30	−9.71%
2. 水电费	6 204.53	6 028.00	−176.53	−2.85%
3. 差旅费	9 416.82	11 761.47	2 344.65	24.90%
4. 劳务费	9 850.95	15 792.16	5 941.21	60.31%
5. 会议费	743.08	954.23	211.15	28.42%

（续 表）

项目	2016 年	2017 年	增减额	增减百分比
6. 专用材料费	13 884.23	16 951.65	3 067.42	22.09%
7. 委托业务费	17 704.29	20 203.91	2 499.62	14.12%
8. 维修费	10 407.92	7 987.49	—2 420.43	—23.26%
9. 其他商品和服务支出	26 889.18	29 347.49	2 458.31	9.14%
三、对个人和家庭补助支出	86 189.65	105 127.19	18 937.54	21.97%
其中：1. 离休费	2 052.03	2 266.83	214.80	10.47%
2. 退休费	31 730.65	40 047.69	8 317.04	26.21%
3. 抚恤金	822.94	688.33	—134.61	—16.36%
4. 医疗费	5 669.95	5 008.61	—661.34	—11.66%
5. 住房改革支出	11 192.80	18 292.26	7 099.46	63.43%
6. 助学金	33 124.00	36 939.16	3 815.16	11.52%
四、基本建设支出	3 578.33	6 150.46	2 572.13	71.88%
其中：1. 房屋建筑物构建	3 578.33	6 150.46	2 572.13	71.88%
五、其他资本性支出	30 562.15	35 066.24	4 504.09	14.74%
其中：1. 办公设备购置费	550.30	1 326.93	776.63	141.13%
2. 专用设备购置费	27 988.70	29 621.49	1 632.79	5.83%
3. 大型修缮	1 822.71	1 822.71		
4. 其他资本性支出	2 023.15	2 295.12	271.97	13.44%
合计	325 423.62	346 932.01	21 508.39	6.61%

2017 年支出 346 932.01 万元，比上年 325 423.62 万元增加了 21 508.39 万元，增幅为 6.61%。其中，工资福利支出 75 619.08 万元，较上年 96 206.53 万元减少 20 587.45 万元，降幅达 21.40%；商品和服务支出 124 969.05 万元，较上年 108 886.96 万元增加 16 082.09 万元，增幅 14.77%；对个人和家庭补助支出 105 127.19 万元，较上年 86 189.65万元增加 18 937.54 万元，增幅 21.97%；基本建设支出 6 150.46 万元，较上年 3 578.33 万元增加 2 572.13 万元，增幅达 71.88%，基本建设经费合计拨款 6 262.00 万元，为信息电子教学综合楼和土木交通教学科研楼项目拨款，截至年底，上述项目完成 6 014.13 万元；其他资本性支出 35 066.24 万元，较上年 30 562.15 万元增加了 4 504.09 万元，增幅为 14.74%。

二、2017 年末财务状况分析

东南大学 2016—2017 年财务状况分析表　　(单位:万元)

项目	2016 年	2017 年	增减额	增减百分比
流动资产:				
货币资金	585 129.18	638 022.56	52 893.38	9.04%
财政应返还额度	1 609.28	1 866.77	257.49	16.00%
应收账款	1 350.72	1 092.79	−257.93	−19.10%
预付账款	6 437.23	6 514.30	77.07	1.20%
其他应收款	5 999.61	4 245.12	−1 754.49	−29.24%
存货	381.27	466.64	85.37	22.39%
其他流动资产	46.66	32.48	−14.18	−30.39%
流动资产合计	600 953.95	652 240.66	51 286.71	8.53%
非流动资产:				
长期投资	21 182.29	21 886.09	703.80	3.32%
固定资产	561 341.71	593 051.99	31 710.28	5.65%
在建工程	84 566.64	34 807.69	−49 758.95	−58.84%
非流动资产合计	667 090.65	649 745.77	−17 344.92	−2.60%
资产总计	1 268 044.6	1 301 986.40	3 3941.80	2.68%
流动负债:				
应缴税费	1 800.36	3 768.13	1 967.77	109.30%
应付职工薪酬	24 932.96	36 980.78	12 047.82	48.32%
应付账款	459.48	464.05	4.57	0.99%
预收账款	8 079.57	11 047.05	2 967.48	36.73%
其他应付款	57 958.73	42 355.58	−15 603.15	−26.92%
其他流动负债	4.23	8.58	4.35	102.84%
流动负债合计	93 235.34	94 624.18	1 388.84	1.49%
非流动负债:				
代管款项	16 041.81	7 305.81	−8 736.00	−54.46%
非流动负债合计	16 041.81	7 305.81	−8 736.00	−54.46%
负债合计	109 277.15	1 019 29.99	−7 347.16	−6.72%

（续　表）

项目	2016年	2017年	增减额	增减百分比
净资产：				
事业基金	260 684.59	286 121.30	25 436.71	9.76%
非流动资产基金	667 090.65	649 745.73	—17 344.92	—2.60%
长期投资	21 182.29	21 886.09	703.80	3.32%
固定资产	561 341.71	59 3051.99	31 710.28	5.65%
在建工程	84 566.64	34 807.65	—49 758.95	—58.84%
专用基金	4 214.32	4 545.56	331.24	7.86%
其他专用基金	241.52	241.52	0.00	0.00%
财政补助结转	4 577.17	4 673.28	96.11	2.1%
财政补助结余	120.00	2 344.72		
非财政补助结转	222 080.73	252 625.81	30 545.08	13.75%
净资产合计	1 158 767.45	1 200 056.41	41 288.96	3.56%
负债和净资产总计	1 268 044.60	1 301 986.40	33 941.8	2.68%

注:财政补助结转和结余上年年末数与本年年初数不一致的情况说明:根据教育部《关于收回2016年结余资金的通知》(教财司函[2017]497号)文件要求,我校于2017年8月上缴了2016年结余资金121.51万元,相应减少银行存款和财政补助结余121.51万元。

2017年末资产合计1 301 986.40万元,比上年1 268 044.60万元增加33 941.80万元,增长2.68%。其中:流动资产652 240.66万元,比上年600 953.95万元增加51 286.71万元,增长8.53%;固定资产593 051.99万元,比上年增加31 710.28万元,增长5.65%;在建工程34 807.69万元,比年初减少49 758.95万元,减少58.84%,在建工程主要为基建账务上的土木交通教学科研楼、桃园学生宿舍、桃园食堂和信息电子教学综合楼等项目;2017年交付材料化工教学科研楼、九龙湖体育馆、研究生宿舍三号院和新校区基础设施及运动场等项目;2017年增加对外投资703.80万元,是我校以五项无形资产作价703.80万元对资产公司增资,投资设立了南京东晖光电有限公司。

2017年末负债合计101 929.99万元,比上年109 277.15万元减少7 347.16万元,减少了6.72%。负债类变化的主要原因是我校加大力度继续推进代管款项清理工作,本年代管款项合计减少8 736.00万元;依照《财政部关于机关事业单位实施养老保险制度改革有关预算管理问题的通知》(财预[2016]36号文件)要求,将所预提的基本养老金和职业年金36 980.78万元计入应付职工薪酬;继续改善教职工待遇,学校应缴个人所得税由2016年的1 797.22万元提高到2017年的2 800.36万元,增加1 003.14万元,增幅达55.82%;2017年学校加强管理,不断清理往年应付款,导致其他应付款由2016年的57 958.73万元大幅下降至2017年的42 355.58万元,减少15 603.15万元,降幅为26.92%。

2017年末净资产合计1 200 056.41万元,比上年1 158 767.45万元增加41 288.96

万元,增长 3.56%。事业基金本年增加 25 436.71 万元,一般基金本年增加 16 768.60 万元,减去原后勤集团并表减少 15.15 万元,实际增加 16 753.45 万元,项目管理费及间接费增加 8 683.27 万元,主要原因是科研项目结题结账以及学校收支差较大。非流动资产基金年末数为 649 745.73 万元,比年初减少 17 344.92 万元,降幅 2.60%。其中长期投资增加 703.80 万元,固定资产增加 31 710.28 万元,在建工程减少 49 758.99 万元。专用基金中住房基金年初数为 4 304.04 万元,年末数为 3 972.80 万元,增加 331.24 万元。财政补助结转年初为 4 577.17 万元,年末为 4 673.28 万元,增加 96.11 万元,增幅 2.10%。非财政补助结转增加 30 545.08 万元,主要是未完成科研项目累计收支差额增加。

三、2017 年财务工作总结

2017 年 6 月,教育部组织开展部属高校 2016 年财务管理状况评价工作,经过教育部组织专家评审,于 12 月公布评审结果,最终我校财务管理工作评价获得 A 档好评(部属 76 所高校获得评价 A 档的共 20 所),对我校财务管理工作取得的成绩予以充分的肯定。一年来,财务处围绕学校中心工作,主要做好以下几方面工作。

(一) 做好中央巡视财务相关工作,积极落实巡视整改工作任务

财务处按照学校迎接巡视准备工作方案要求,认真、及时、完整地提供各类财务资料,做好各项迎接巡视准备工作,按照要求提交了《东南大学资金管理工作报告》《东南大学2012—2016 财务管理工作专题报告》;巡视期间,认真做好巡视组财务现场检查接待工作,配合做好校领导机动费、科研经费使用、校内接待场所 VIP 卡等检查工作,及时提供要求的各类材料,答复巡视组提出的相关问题,提交了《校领导机动费预算安排说明》《东南大学关于校内接待场所 VIP 卡(预付款卡)清查工作报告》《东南大学关于校本级财务银行账户管理情况报告》等。

按照学校党办《关于做好巡视整改工作的通知》和巡视组反馈意见,财务处认真做好存在问题的整改落实工作,立查立改,以查促建,结合学校实际情况有针对性出台了若干规范性管理文件,按时完成各项整改任务,主要包括:《东南大学经济合同管理办法(暂行)的通知》(校发[2017]164 号)、《东南大学劳务费、酬金发放管理办法(暂行)》(校发[2017]153 号)、《东南大学校园一卡通资金结算管理办法》(校发[2017]149 号)、《东南大学关于进一步加强会议费核算管理的若干规定》(校发[2017]157 号)、《东南大学校领导机动费管理细则》(校发[2017]154 号)、《关于 2015 年以来各项专项检查及治理工作相关财务监管及手段整改到位梳理情况的报告》等。

(二) 严肃财经纪律、规范财务管理、盘活用好教育资金,为学校发展与改善民生提供财力保障

在国家财政收入趋紧的形势下,财务处通过落实好国家各项改革工作要求,不断规范财务管理行为,严肃财经纪律,强化预算管理,推进绩效评价,加快预算执行进度,盘活存量资金,规范收支行为,确保资金管理安全,积极争取财政资金投入,及时清理学费等各类欠费,努力降低税负,完善内部补偿机制,优化财务服务,提高资金使用效益等工作,为学

校各项事业发展和改善民生提供财力保障。

（三）加大财务流程再造、加强网上报销为主的技术能力提升，为师生员工提供优质便捷的财务服务

财务处对差旅费、租车费、接待费、会议费、酬金、国际合作与交流、经济合同管理等业务事项的财经政策进行了简化、调整，出台了14个“放管服”政策的文件，优化整合了17类业务服务指南、18类工作业务流程；引进物流系统，使报销单据的处理状态公开透明；启用网约系统短信平台，提高了工作效率；全年先后组织了10余次业务培训考核，有计划安排业务轮岗，不断提升业务水平和服务能力；确保在3—5个工作日内处理完毕网上预约报销清单，在报销量逐年递增的情形下，全年未出现报销排队等待和单据积压的现象。通过进一步完善管理政策，优化管理流程，改进管理方式，提高办事效率，进一步让广大师生员工增强改革的成就感和获得感。

（四）深入推进财务“放管服”工作，确保政策落地，让老师有“获得感”

自2016年落实“放管服”工作以来，财务处深入领会文件精神，积极落实巡视整改和学校综合改革工作任务，结合教学、科研工作实际，广泛调研听取意见，有针对性地出台了若干财经政策，简化、调整报销手续，做好政策宣传工作，将“放管服”工作落到实处。涉及的业务类型包括：差旅费、会议费、材料采购、电子发票、网购商品、外协服务支出、公务卡结算、公务租车、公务机票采购、公务接待、邀请来华、酬金发放、科研财务助理、间接费、劳务费、预算调整等内容。

除调整财经政策外，财务处也加大了业务流程梳理工作，修订了财务报销业务指南；强化财务信息公开，推出了“翼财云网”财务管理手机APP客户端和“东大财务”微信公众号，第一时间将新政策宣传到院系基层单位，答疑解惑，便于理解和执行；完善信息化在科研管理、财务管理的作用，积极推进科研信息管理系统和财务系统的对接，优化完善网上预约系统等。

（五）进一步细化校内执行预算编制工作要求，强化预算刚性，加强预算项目论证

按照校领导指示要求，财务处在2017年校内执行预算编制工作中进一步细化了预算编制要求，预算编制细化到类款项，部分预算项目按收支科目录入预算管理系统，强化预算刚性；加强了预算项目的论证工作，根据预算项目的不同，采取了财务处预算审核、与职能面对面沟通、财经工作领导小组审议、职能部门汇报、校长办公会审议等多种形式，促进预算编制的科学性和准确性；尝试人才培养预算改革，加强了顶层设计，细化编制原则、依据和标准，明确编制要求，统筹考虑人才培养职能部门财政专项资金预算和校内执行预算，结合职能部门人才培养工作特点，整合人才培养预算项目安排，改变预算审批方式，优化预算执行。

（六）牵头做好财务专项治理工作，全面梳理存在的问题和不足，构建长效机制

按照《关于开展直属高校财务专项治理工作的通知》（教财司函[2017]462号）文件精

神和工作部署要求，财务处作为专项治理工作的牵头部门，召开处长办公会和科长办公会部署专项治理工作，针对此项工作在财务部门内部进行任务分解，落实责任科室、责任领导和责任人、工作要求以及完成期限等内容，加强与各职能部门和财务部门内部各科室的沟通协调工作，及时解决工作开展过程中存在的问题，收集各部门和财务部门内部各科室工作报告并统稿，撰写工作报告近7万字，按时保质完成此项工作，为下一阶段完善提高打下坚实的基础。

(七) 不断强化财务信息化建设，丰富管理手段，提高工作效率和监管水平

2017年，财务处对网上预约系统、酬金系统、学生收费系统、高级财务管理平台、工资系统、无现金系统、固定资产对接系统、第三方支付平台等进行了多次更新，解决了诸多bug，提升了用户体验；上线了物流化报销系统，票据系统，科研对接系统，助研学金系统，全面预算系统，微信平台、手机客户端、电子发票税务认证系统，全面拓展了财务信息化服务的业务范围；部署了山石网科下一代防火墙，配备AV、QoS、IPS、URL安全服务，保障财务系统网络安全，在系统登记保护中获得三级(S3A3G3)75.31分的好成绩；建立了二级财务管理系统，设立专属服务器，将无锡分校、苏州研究院、通信技术研究所、海外学院的财务账套、收费账套由原来的各自本地管理改为由九龙湖校区中心机房统一管理，并架设单独备份服务器，数据安全，系统稳定性、管理效果大大提升。

(八) 攻坚克难，确保财务运行稳定，有力促进学校各项事业快速健康发展

2017年，在中央巡视以及各类外部审计、检查、专项治理工作连续不断“放管服”等重大政策调整的压力下，财务处克服时间紧、要求高、任务重的客观因素，紧密围绕学校中心工作和处年度工作计划，确保财务日常各项工作正常有序开展，保障学校财务工作整体运行稳定，有力支撑学校“双一流”建设。主要常规工作量统计如下：截止到12月26日，处理报销凭证230 877份，比去年同期增加28 149份，增长13.89%；全面“营改增”以来，发放增值税普通发票19 742份，发放增值税专用发票1 150份，专票的开具量剧增，同比增长43%，开票金额3.05亿，同比增长21%；新建科研项目3 562项，完成科研项目预决算审核1 626份；加大欠费清缴力度，2017年在校生欠费率降至0.94%，比上年2.01%又有大幅进步；2017年学校在校内外采购11.72亿元。以公开招标等形式采购248项，金额4.8亿元(其中：校内自主组织采购183项，金额1.5亿元，节约1100多万元，节约率近8%；委托社会代理机构采购65项，3.3亿元)，通过设备竞价系统采购6 853项，金额6.92亿元。

审 计 工 作

2017年我校的审计工作在学校党政领导的重视和支持下，在上级主管部门的关心与指导下，认真学习贯彻党的“十九大”精神，全面落实《关于实行审计全覆盖的实施意见》《教育部关于加强直属高等学校内部审计工作的意见》的要求，紧紧围绕学校的中心工作，精心组织，统筹安排，认真履行内审工作职责。

一、财务审计方面

2017 年全年共完成各类财务审计项目 39 项，审计金额 1 193 382.59 万元。

1. 经济责任审计

根据国家审计全覆盖的要求，制定了《东南大学领导干部经济责任审计实施办法》并发文执行，对学校任命的负有经济责任的处级领导干部和附属单位负责人，以及有独立法人单位的主要负责人均纳入经济责任审计对象；年初召开经济责任审计联席会，本着“应审尽审、凡审必严、严肃问责”的原则，制订好经济责任审计计划，合理安排好经济责任审计工作；进一步完善和规范经济责任审计的程序和内容，2017 年完成 24 名领导干部经济责任审计，审计金额 95 156.28 万元，出具审计报告 24 份，提出审计建议 60 条。

2. 同级财务预算执行和决算审计

按上级要求加强对学校预算管理和预算执行过程的审计。重点关注预算管理的规范性、合理性以及控制机制的有效性等事项，加大对预算执行绩效的审计。通过审计，增强预算观念，维护预算的严肃性，促进优化资源配置，提高管理水平和资金使用效益。完成东南大学 2013—2014 年度财务预算执行情况和决算审计，审计资金总额 1 094 521.00 万元，提交审计报告 1 篇，提出审计建议 5 条。

3. 财务收支审计

接受委托，完成东南大学九龙湖物业财务收支情况、勘察设计学会、金属工艺研究会、计算机科学与工程学院等院系科研项目验收财务收支审计项目等 14 项，审计金额 3 705.31 万元，出具审计报告 14 篇，提出审计建议 4 条。

二、工程审计方面

2015 审计处共完成工程项目竣工结算审计 446 项，送审金额 44 629 万元，核减 3 075 万元，核减率 6.89%。其中：

(1) 基本建设项目 23 项，送审金额 37 745 万元，核减 2 847 万元，核减率 7.54%；

(2) 修缮工程项目 423 项，送审金额 6 884 万元，核减 228 万元，核减率 3.32%。

同时组织开展工程项目全过程跟踪审计，通过对重点项目从立项开始到竣工结算为止的投资活动全过程进行连续、全面、系统的审计，严控工程设计、工程招标、工程合同、工程概算、工程预算、工程拨款、工程设计变更、工程验收、工程结算等关键环节，以规范投资行为，提高资金效益。

三、强化审签制度，加强审计监督

1. 配合学校科研项目验收，审签国家科研基金等项目 91 项，总经费 2 236 万元。

2. 对全校各单位固定资产报废、报损进行审签，全年共审签固定资产报废、报损 19 968 台(件)，其中有物无帐 154 件，总金额 14 572.85 万元。

四、强化审计建议的整改落实

根据《教育部经济责任审计整改工作办法》(教财〔2017〕3 号)文件规定,强化审计整改工作落实。对审计发现问题较多的单位下达《审计建议书》,在审计建议书中指出问题,分析原因,提出建议,与被审计单位面对面交流,对问题整改和落实建议提供指导和帮助,同时加强对审计建议落实整改情况的检查,落实审计整改主体责任,通过《审计结果执行情况调查表》和《督办书》,对审计建议落实及时进行协调,对落实过程中出现的难点问题,提出切实可行的办法,促使审计建议落实整改到位。

五、加强自身建设,积极开展审计服务工作

加强政策法规学习,提高审计人员专业化水平。我校承办了教育审计学会对全国教育审计人员的培训活动和教育部直属高校审计第二协作组工作研讨会,审计处所有工作人员参加培训学习,同时加强与部属高校同行的交流,进一步认识高校内部审计的发展趋势、审计工作理念、审计信息化建设。加强思想作风建设,按照机关党委要求,结合学校"两学一做"活动制度化、常态化工作部署,制定"两学一做"学习教育实施方案,构建了党员学习交流平台,按照学习方案扎实开展学习教育活动。注重日常监督,实现廉政教育常态化,切实提高审计人员的廉政意识,增强自律意识和拒腐防变能力。

发挥审计服务功能。平时的审计工作中利用召开审前座谈会等方式,积极宣传国家和学校关于审计工作的政策和要求,及时了解学校机关部处和院系等单位对审计的需求,提供审计咨询服务。另外结合学校"双抓双促"活动,认真开展走访调研,及时了解审计服务对象、合作单位对审计的意见和建议,不断提高服务水平,将审计工作中发现的问题整理反馈给有关单位借鉴提醒,避免同类问题的发生。

继 续 教 育

综　　述

2017 年，继续教育学院在学校党政的正确领导下，在相关职能部门和兄弟院系的大力支持下，认真落实党的十八大和十九大会议精神，紧紧围绕学校“两个一流”发展战略，大力发展非学历继续教育，加快收缩学历继续教育，在各方面均取得了较好的成绩。

1. 深入学习宣传贯彻十九大精神。组织全体党员群众收听、收看十九大会议开闭幕式和新闻报道，召开十九大精神学习会，学院党政主要负责人分别讲授专题党课。组织全体同志赴安徽省六安市金寨县，开展“聆听红军故事，学习先辈精神，传承红色基因”主题教育活动。

2. 认真开展“双抓双促”活动。制订“双抓双促”活动走访调研计划表，先后走访学校财务处、人事处等校内二级单位 15 个。通过走访、当面交流等方式，加强了有关单位对学院工作的了解，解决了部分制约学院发展的问题，促进了学院的发展。

3. 不断加强学院制度建设。制定并实施《继续教育学院仪器设备管理实施细则》《继续教育学院教职工考勤暂行规定》《继续教育学院“三重一大”决策制度实施办法》《继续教育学院党委及其委员工作职责》《继续教育学院党政联席会议实施细则》，为学院的规范管理、健康发展提供了制度保障。

4. 2017 年继续教育学院共举办 96 个培训班，年增长率近 40%，培训人数 7 746 人，年增长率为 85%，培训收入近 1 150 万元，年增长率接近 92%；校内其他单位共举办各类培训 275 班次，培训人数近 71 000 人，培训收入近 1 050 万。

5. 获批“第一批江苏省产业人才培训示范基地”、江苏省专业技术人员继续教育基地；首次在校外正式挂牌建立现场教学基地——电子装备和智能制造现场教学基地(南京熊猫电子装备有限公司)。

6. 完成海南省、广西壮族自治区的职教师资培训投标工作，取得了 2 个省份 2017—2019 年职教师资培训的资格，为我院争取更多稳定的职教师资培训项目提供了保障。中标江苏省高职电子信息专业教师、江苏省高职多轴加工技术应用实践教师、江苏省高职英语教育专业骨干教师和江苏省高职教师理工科科研方法 4 个培训项目。

7. 学历继续教育平稳收缩、有序进行。对学籍逾期学员进行了全面清理，为后续稳定发展提供保障；完成日常教学、学生管理、毕业实践和毕业证发放等工作；顺利完成江苏省学位英语、校学位课程和教育部统考课程的各类考试组织工作；修订了《东南大学成人高等教育学士学位实施细则》。

8. 召开了东南大学 2017 年远程与成人高等教育工作会议。全面总结 2016—2017 年远程与成人教育工作，表彰和奖励 2017 年度优秀校外学习中心及管理员；提出 2018 年工作目标与要求，研究学历继续教育的教学与管理，探讨非学历继续教育的合作等问题，共商东南大学继续教育事业的建设与发展。

9. 学院申报的护理学专业(含《生理学》、《病理学》两门精品资源共享课)获批 2017 年江苏省成人高等教育重点专业；参与的教育厅教改项目《基于"互联网＋"的继续教育泛在学习资源共建共享研究》完成结题验收报告中"课程资源建设共享及微课建设实践"有关内容并顺利通过验收。

10. 积极参加"2017 中国高校远程与继续教育优秀案例库"建设，围绕相关教育培训工作撰写的 4 个案例全部入选；东南大学继续教育学院被评为"2017 中国最具社会影响力院校"。"东南大学创新西部干部培训模式"的案例报送中组部《党的十八大以来干部教育培训特色做法 100 例》，并初步入选。

11. 与校工会合作共建的"职工之家"完成建设，并购置 6 万元的图书、运动健身设备；院工会相继开展了春季赏樱、手机摄影比赛、手机摄影讲座、女性更年期健康讲座和迎新年趣味比赛等活动。

12. 江苏省教育厅成立江苏省高校继续教育信息化教学指导委员会，东南大学周佑勇副校长担任主任委员，许映秋院长任秘书长。

2017 年远程教育专业设置一览表

类别	专业名称	学历层次
远程教育	护理学	专科起点本科
	政治学与行政学	专科起点本科

2017 年远程教育学生人数统计表

(单位:人)

类型	毕业生数		学位授予数	招生数	在校生数
	春季	秋季			
高起专	454	203	/	/	657
专升本	1 101	647	409	682	1 748
合计	1 555	850	409	682	2 405

2017 年成人高等教育专业设置一览表

类别	学历层次	专业名称
业余	专升本	护理学
		医学检验

2017 年成人教育学生人数统计表

（单位：人）

类型	毕业生数				学位授予数			招生数				在校生数			
	合计	专升本	本科	专科	合计	专升本	本科	合计	专升本	本科	专科	合计	专升本	本科	专科
总计	2 450	2 445	0	5	771	771	0	954	954	0	0	3 605	3 462	143	0
函授	820	818	0	2	45	45	0	439	439	0	0	1 656	1 513	143	0
业余	1 630	1 627	0	3	726	726	0	515	515	0	0	1 949	1 949	0	0

2017 年远程教育高起专毕业生名单（春季）

护理

苏丽丽　顾仲华　宋长芸　郭贞贞　杨　娟　秦凤雨　张露涵　张晓霞　范崇艳
朱　莉　王陆陆　张　倩　张媛媛　胡媛媛　王平平　姜　芮　王　园　张　敏
朱祖贤　周　画　杨甜甜　王小云　唐建阳　刘　健　陈丽丹　王　敏　陈　潇
程家乐　马雪婷　童　月　曹　嫚　赵　敏　胡星星　张　琳　雷欣然　仲阳洋
陶　瑶　韩素梅　武密密　章盈盈　赵安娅　穆丹丹　陈　镇　杨　梦　姜曼曼
王杉琪　丁　荣　王　琪　周　思　付婷婷　徐　琼　王　云　张典子　陆拥琴
杨　旭　王培培　朱　茜　朱　悦　吴　帆　万　静　岳思梦　潘　燕　杨　艳
姜美娟　刘　茹　朱艳婷　徐金玉　丁婷婷　高其芳　蔡靖雯　徐　敏　张　敏
刘小娜　庄明珠　王　月　张　琪　郁丹丹　胡明月　方　婷　花文萱　王　妮
孙静静　李云静　徐向伟　邢婷婷　李晓科　戈丹丹　赵　璐　董　君　林　倩
张海都　薛　双　王　敏　夏晨艳　梁方圆　刘　叶　丁　苑　蒋　燕　郄红媛
陈茜茜　王　芹　朱成慧　宋点点　滕笑雨　周　宁　唐　伟　张苗苗　许迎利
戚海涛　李冠洲　江婷婷　李瑞丽　戴　璐　景婷婷　周海燕　华志星　赵　越
王　静　崔枫浩　周彦军　郑培锦　沈晓华　陈云霞　谢名艺　胡　晨　章　雨
刘小涵　解敏峰　谈　洁　杨　婷　潘　雯　周　倩　何佳欣　马　晗　季　璐
史叶翠　林　杰　宋甜甜　傅亚茹　陈　玲　周媛媛　姜亚弟　杨　益　杨金玲
赵　青　刘亚兰　周　娜　汪　艳　朱爱平　吕亚兰　钱亚君　夏　厦　王炜楠

李　源　王　舒　经苏南　赵雪莹　周　宁　庄　珍　李梦娜　熊　燕　阮海东
徐冬芝　吴　亮　董雨凝　吴慧楠　曹淑娇　盛凯悦　贾　帆　宋　凡　李姝姝
杨婷婷　杨秋景　窦　青　张婷婷　葛晓晓　仲　会　王　慧　顾凯利　张　俭
周小姣　沃路遥　孙　承　刘　月　陈　荣　李　婕　胡倩倩　何　进　王燕云
肖均儒　胡道银　吴　敏　华　静　金丽霞　谢乐乐　蔡阿香　张　芳　唐　杰
葛　庆　王婷婷　薄冰洋　徐　萍　单泽倩　万　婷　蔡黎明　张银兰　王　丹
王　莉　王雪巍　王　芳　蒋敏杰　陈国慧　李　英　张　伟　章洋洋　吕杰利
丁　香　陈娟娟　金　影　张安妮　杨美潇　林　芳

机电一体化技术

王林林　沈嘉秋　张林霞　冯晓桐　姜建兔　莫　锋　孙付鹏　王春立　缪传旺
罗昭成　李龙送　陈海洋　刘卫平　钱旭东　季雪源　邵月亮　韩清清　施春磊
张洪刚　朱　艳　赵永波　王雯怡　张志庆　蒋称兴　张冬娣　刘名扬　邓　磊
陈宗虎　董　铁　周益萍　褚开鑫　冉　喜　薛素芹　钱　冉　孙克平　王　坤
张　健　任　才　张　弛　丁正龙　冯云飞　戎其唐　陆　洋　王发辉　王尚晶
冯　友　冯金鑫　朱　辉　朱　平　孔　源　毛建华　雎德龙

计算机应用技术

陈飞飞　包晨曦　周俊伟

建筑工程管理

马东洋　孙　权　吕松建　周园园　易晓林　卢　燕　盛旭禄　陈有明　许新龙
董根生　张　静　傅豪尔　蒋春丽　李　浩　范淑娟　陶碧岩　方国设　吴卫军
沈建锋　张镇勇　丰伟兵　杨　鑫　高军宇　黄伟星　黄跃俊　孔维维　孙明珠
傅云彪　盛　超　张　杰　潘筱慧　金昊霞　胡玉婷　赵辰慧　罗金华　张松俊
陆晓杰　刘　凯　蒋　静　郑　义　严仕佳　贾　康　范为成　范振翔　徐　敏
葛金玉　段德义　徐　瑶　刘晓琛　孙　敏　李大伟　高　阳　李军洪　杨　慧
孙　建　俞兰贞　杨　斌　章力彬　刘俊辉　卢兰兰　金旭东　诸纪静　吕芬平
吕国平　唐志平　金寿云　陈　超　方建良　严巍巍　吴小玲　洪超帆　邵绍滨
盛正洪　张根树　郑少君　王岳云　金群芳　杨勇文　徐小君　章学迅　徐振林
徐　俊　张光辉　郭玲玲　曹　佳　李鹏飞　戴光辉　蔡军军　季云冲　郑兴中
潘秀明　贾　峻　吴晓曦　张　慧　王　凡　张家豪　张其中　吉敏杰　宋余宏
宋爱娟　顾　庆　史　诗　陈婷婷　傅旭峰　周示清　杨益群　周小霞　史克勤
倪妙苗　倪　佳　张永强　张　伟　唐秀明　赵燕华　刘新权　张　伟　赵永新
赵　晖　刘剑锋　徐　鹏　蒋艳婷　殷　毅　孙端柱　徐　欢　穆玉琪　陈宏明
刘　亮　左永飞　朱为武　尚　程　张贵如　李　强　应　超　涂双艳　周玉龙
张倩雯　邱冬平　顾海华　施　娜　奚家荣　魏赵华　王田江　郑海刚　赵明忠
黄　飞　瞿林峰　卢志朋　吴　好　刘君燕　汪家和　苏志循　张正兵　唐　晔

赵　杰　曹　坚　郝阳阳　卢相宇　董　波　董陆裕　荣亦平　张正龙　欧　亮
张添雷　梁　欣　汪　彬　魏高尚　王苏静　张恒滔　陈吉扬　吴总政　张　奇
何步坤　石贝贝　严　威　邓　磊　汤　伟

旅游管理

陈淑敏

2017 年远程教育专升本毕业生名单(春季)

电气工程及其自动化

陈建伟　罗世兴　钱　波　陈　梅　黄祥伟　詹泽锦　覃松铭　项文雅　石宇豪
李带芳　聂荣彩　熊碧英　李庆科　林丽娟　李建英　兰乾英　何天宏　韦义文
贺　彪　谭武斌　谢　霞　梁　捷　廖和斌　耿楠楠　杨　西　黄　微　王　婷
柳永新　龙　雨　何　云　张佩燕　唐祎琳　唐阡峰　刘姗姗　孔福珍　邓志明
覃秋霞　李　杰　刘义东　黄子伟　李延春　闵　达　袁　利　王艺皓　段大伟
方　奇　谢海华　黄　翔　龚建武　殷　辉　陈烽烽　肖红星　毛思远　刘晓会
黄爱林　孙金婷　祝展展　孙　行　潘志贤　郑志超　曾桂凡　黄大玉　黄海峰
杨朝骏　张晓娟　戴书琴　赵　坤　傅鸿源　郭良军　吴敏敏　郭敏敏　黄　灿
谭　蒙　谭雪梅　翟乃薇　祝　进　张少辉　王生余　陆建强　陈　军　包天龙
陈　兵　王应青　王　芳　李　晗　刘建平　杜煜波　张　巧　乔红玲　莫有德
袁丽珍　黄　晔　曾凡勤　吴　邈　王小峰　唐维伟　陆青林　陆红梅　梁　枭
张中华　吴东华　黄中宁　黄宇宾　黄　宇　郝士达　张睿熙　曹冬梅　黄建明
傅翀生　赖圣芝　陈积毅　张清国　李　莉　郭　丽　符　蓉　曹冬林　丁　骥
刘昇鑫　吴　颖　潘龙飞　滕　浩　温宁伟　洪　菲　姜　伟　蒋吴锋　侯智灵
史伏龙　安　全　倪鼎成　李炯炯　张义琳　刘万青　吴张广德　贺海峰　朱　浩
葛　翔　贾硕磊　袁小庆　孟繁成　左　杰　卑扣成　张　方　陈　明

电子商务

郑　衡　梅文亮　姜明青　姚楚健　孙　朕　吴　斌　吴迎春　焦丽君　陈　凯
罗　静　周大山　陈尚法　龚　欣　李红杰　程　雪　肖　笑　杜　杰　周玲玲
吴翎祯　马雨琴　付卫华　潘　月　陈　健　梁　越　倪　宇　姚孜文　李婷婷
陈　祥　黄海昕　朱　聪　孙自更　许莲莲　石海斌

法学

严　勇　孙　杰　孙玉花　俞照临　孙福城　钱　赟　王乐意

工程管理

张海林　殷薇丽　李彩鹏　马良玉　孙廷玉　宋雨秋　王莹洁　杜艾群　杨　臣

徐晶 冯通 马文雅 张博 李宜东 檀道飞 吕浩 高志朵 朱广浩
杨翔 戴礼明 鲁萍 陈雅巍 颜玮 秦金生 魏新 刘芹 韩海祥
尹昌盛 任猛猛 冯纪良 黄鑫晨 赵坤 刘文杰 陈楚麒 蔡文华 王蒙
阮振 邢静 孙后涛 应先进 郑秋漫 周军 庞兆国 曹岗 张梓霄
孟醒 迮小勇 陈增阳 侍大元 周苏峰 张蓓 孙文明 王子豪 高连珍
管丽仙 杨姗 朱晓祎 姜杰 崔秋雯 吴继梅 陈水娟 张力 吴文慧
瞿永芳 周玉江 刘宝柱 张佳伟 何恩 张长城 薛飞 李生臣 吴军
童浩然 张鹏 贾强 刘尧 张慧 闻成成 石卉 闫晓华 曹友友
薛皓哲 刘楷业 钱铮 鲁赞 朱志恒 熊莉 杨华 蒋华蕾 陈鲁
单培培 钱铿 周荣 房治国 周苏晋 张敏 杨珍珍 张珊 于舟
陈树勇 张芸 董佳 唐英 鲍业挺 殷传海 罗海红 刚谊联 袁天也
阙健康 尤六庆 韦晓华 朱雪莉 孟广伟 姚磊 刘鸿杰 郑大伟 施周兴
程祯 陆志杰 王洋 陈媛 吴斌 郑亮 朱从宣 许安明 高晖
赵洋 李炜玮 王汉勉 周惠君 黄鸣兰 张虎 张俊 刘红霞 盛树贤
刘峰 张彩云 周云青 左洁 刘国民 田可 戚雄杰 陈裕 顾凯
崔涵青 李牧之 徐淑刚 王玫 周淑萍 陈健杰 房露 郭峰 王昀
王改 孙艳 陈涛 彭洁 徐静 沈井开

公共事业管理

刘芸彤 王子 沈婷 张甜甜 冀耀杰 马跃波 马倩倩 徐姗姗 汪圆圆
郎燕敏 邓颖颖 刘新 曹萍 涂亚萍 江坤 董军洪 姜筠 王英菊
董茜 宋丽慧 庞梅 于洲云 孙振坤 王娟玲 李睿 陈珺瑜 冀曼曼
闵繁菲 赵书玄 王静 王馨 马沙莎 湛精 周志强

护理学

邱淑娴 陈亚迪 吴菁 刘莉 于瑾 仇莹莹 尤培 张小翠 许丹
方敏 钱文正 唐玲 糜影 徐艳 程倩 姜圆圆 胡姣姣 王园园
林珊伊 毛清清 黄倩妤 朱赟赟 韩丹 王凤凤 郑娟 任婷 孙娟
刘艳 黄金晶 袁鑫 李萍 王飞群 杨敏 凌丽萍 叶美蓉 张盼
肖蕾 睢婷 黄妮 华云斐 章凤 章寻 蔡新 王媛媛 曹丹
谢燕 曾钰蕊 莫慧媛 徐晖 王欢 刘君 李明明 班玉平 蓝岚
陈圆圆 臧雁 杨思茸 胡婧 李璐 钟婷 朱静 钱正艳 颜丽萍
张钰 张萍萍 薛景 陈勤 浦志宁 李姁 刘婷婷 秦雯 陶婷
陈海莹 沈洁 沈倩 伊丽米努尔·阿卜杜外力 黄英
阿热孜古丽·阿不来提 吐尔逊娜依·亚尔买买提 马梅英 王娟 陈洁
常海芹 陆海英 谭杰 热汗尼古丽·吐尔逊 赵丽 全有梅 王瑾 王小娟
向小霞 海萍 石珍 吴佳辰 陈雯雯 邓新平 苏来艳·木巴热克 石永红

杨贺霞　古力孜热·努尔买买提　祖丽胡玛尔·阿布都拉木　黄春华　盛慧琴
陈香雪　班春花　黄喜春　柳晓霞　晁　春　李　萍　葛　婷　冯　静　高　兰
肖云霞　曹慧敏　白梦秋　冯　纯　徐爱萍　侯明月　苏海燕　郑恒茹　陶　梅
杜格云　陈　冲　袁　丽　史　玮　万先蓉　靳丽娟　曹黎霞　苏轩睿　程丹丹
陈　宁　王秀华　倪　鸾　蒋小丹　籍　利　杨　倩　王　欢　陈　玥　倪　璐
杨　静　葛佳佳　陈　惠　赵海燕　许　蓉　韩　莉　强　巍　姚　晨　马　伟
张鸿飞　蔡殷樱　王　娟　邓　娟　吴文文　郇国苗　郭金晶　刘　艳　黄　凌
徐小燕　章爱华　华　阳　吴　丽　汪　燕　曾　敏　贾　菲　邱远琳　王珊珊
谢文洋　翁甜甜　雷　霏　赵　贝　朱　艳　吴凤霞　周苏云　韩　露　陆　莎
张　婧　冯　婧　王　艳　赵桂花　卜　洁　陈丽丽　朱玉姗　李　慧　游　琼
常小莉　周春娟　刘　昕　顾治青　陈　晶　朱重映　汤书涛　张　静　邵慧慧
韩　恽　赵　丹　余文芝　刘　晨　朱春霞　曹毓美　毕露敏　张远远　齐春茹
赵曼曼　李　莎　顾　青　蔡小玲　许景景　顾艳杰　白　娜　汪慧株　徐云梅
何思菊　黄兴国　刘世贺　刘丹丹　张　静　王　培　王　婷　孙志清　王　佳
陆常玉　曹蓓蓓　朱阳琴　李　玲　谢　青　孙苏苏　殷书评　陈卓垠　赵兔文
单崔菊　杨　欢　郁　燕　徐美珍　石艳兰　李亚洲　鲍　雪　樊英英　薛　群
姚尤红　陈　娟　李长红　杨　阳　于永红　花　蕾　张淑慧　殷小红　李　利
韩　莲　杨　玲　葛　琼　荣星星　赵玲丽　许晓怡　张　婷　吴　信　潘知超
华凯丽　陈茹芯　唐啸珊　卢慧慧　宋　梅　王　羽　顾蓓蓓　乙笑笑　史建芬
郁锦梅　贾先荣　唐　娟　孙　坚　张　荣　刘小惠　陈　波　陈　默　潘臻晓
冯　瑜　张婷婷　王　芳　杨　阳　刘曦雅　潘志华　张宏莉　任　艺　潘　云
曹　玲　蒋加贝　华寒艳　周月娟　王　霞　赵海燕　张　婷　刘士萍　刘　丽
李　敏　许兴平　李水英　刘　萍　周梦雪　王　晶　黄春红　杨梦婷　李梦雅
孙月文　吴静静　潘辰玥　郁　娟　邵亚楠　李善南　李会芬　金静洁　徐　婷
赵青青　宋巧红　魏永兰　李成承　马梅芹　何小妹　陈　佳　张　青　倪　芸
马丽君　姜　燕　王晓丽　解　梦　葛娇娇　谢黎明　刘　萍　任　群　吴　丹
韩　炜　徐　静　汪春桃　陆含妍　夏小媛　李　旭　田雪银　胡玲燕　左木兰
陈小凤　王丹妮　顾　涛　房丽君　朱　英　项　清　成　洁　鲁　佳　戴秋洁
李亚俊　樊佳佳　朱　怡　王　谦　陈丽佳　张凯丽　耿召君　张红艳　蒋丽娜
孙晓鹏　张涵萌　于亚芳　杨晓彤　吴琳珠　杨惠美　陈　静　丁　密　彭　荣
王彩红　殷春健　罗　雯　耿天芸　田　悦　周雯雯　王　凤　沈　莹　武璐璐
孙　婷　赵向红　董正琍　张　静　罗冬梅　郑桂凤　马　军　何　岸　胡加加
吴　娟　周春燕　左　园　龚兆娟　汪歆琼　张　伟　厉　娜　丁雅萍　俞　静
胡　兰　李　卉　卞忠兰　朱秀芳　刘　娜　姬红梅　王　娟　倪佳莹　徐　杉
何燕燕　潘晓青　蔡香云　杨　辰　郭金鸣　邹　静　吴津津　张　勤　黎雪英
何雪梅　纪寿英　韦甜甜　张　洁　洪　祎　蒋文艳　赵小兰　张成沭　毛新婷
朱静芳　袁玲娟　韩　洁　潘楠楠　黄玉萍　段忠燕　谢郝婷　蒋　婷　吴国庆
章　程　李旭旭　王　甜　崔小燕　孙辰霞　储照慧　王　莹　李　敏　李时菊

张佳琪　王尊令　闫梦莹　施　濛　张艳慧　张弯弯　王　琳　徐　珊　董　艳
唐传群　张萍萍　陈　羊　郭克艳　许扬扬　孟　丽　周　婧　王　江　刘　吟
曹亚云　王小薇　薛　燕　许家洋　王　旺　陈亚晶　曹媛媛　吕　芝　周　婵
马　婷　李世云　王　俊　纵瑞芹　周红云

会计学

范士燕　张　敏　孙　伟　王　丽　吴　伟　赵川红　巩曼丽　时　云　王　媛
赵杜一帆　洪洋洋　葛文汐　史　培　陈沁雨　张庆彬　陈海叶　洪敏燕　杨唯逸
卞　蕾　高　红　袁　萍　孙　玲　龚春燕　唐传飞　章春燕　倪丽莎　黄　萍
陶梦鸽　唐　静　张　伟　周　园　邹燕娥　吴艳玲　于利娟　冯润花　杨海丽
姜明玉　吴骄阳　常洁玉　裴昕彤　吴华新　杨　梅　沈　欢　卜春燕　王玉玲
徐　辉　张榛洹　王海红　郑　媛　辛　星　丁海燕　黄　凯

机械设计制造及其自动化

何美英　胡　杰　刘强宝　石再兴　陈　诚　卢　伟　任　磊　晏小猛　李志欣
万中华　胡　源

土木工程

朱敏荣　李梅杰　张　军　徐喆彪　汤　宸　梁　勇　孙　远　陈　健　李　桢
杨　燕　刘培培　王佳玉　郑亚威　周勇俊　冯　吉　张　磊　丁　峰　居　慧
何徐亮　施　维　王　磊　白　龙　李　惠　张　伟　王　楚　纪明浩　马金龙
展金波　徐秋宇　张礼尧　王　辰　罗　马　邓龙生　王丽娟　刘雍雍　周　恒
闻广斌　徐书明　陈根明　何新建　踪　奇　王金静　杜振华　孙　一　丁公开
徐　皓　刘　勇　王　超　王维香　罗　佳　王　燕　赖　剑　孙国军　李　宁
于　洋　林　杨　施冬慧　徐　鹏　刘　健　唐功全　乔艳梅　吴桂华　徐　健
黄天林　翟绪波　谢赵焱　诸明明　蔡成卉　闫　玲　沈文玲　王　龙　赵　力
郑　扬　石新玲　宋建平　马　媛　马琳娜　赵　华　陆国芳　马玲玲　汤强虎
张　侃　李　源　李新军　王晓琴　马　静　于彩霞　王　洋　张孝旭
夏阿代提古丽·司热吉丁　刘丽娟　安　玮　李　沐　陈国庆　蔡恩伟　居　超
朱克湘　戎力华　赵　皓　杨　晨　刘一明　杨　超　丁　伟　高　巍　郭俊文
孙　飞　何华亮　俞箭锋　陈晓枫　罗　洁　崔士举　路秀铭　林飞宇　王晓菁
李　杰　陈　超　邵永佳　杨家东　马昕宇　刘晶晶　吴文娟　周　楷　浦　忭
尹建鲁　刘凤林　张　杨　姜建强　张永凯　卞高模　陈　兵　王正虎　沈　晨
唐　冲　黄国斌　张所超　董巍巍　段　伟　廖　辉　尹丽芳　沈　哲　管集文
钟　铸　鲍永跃　唐九权　顾　欣　喻贵山　叶家宝　陈明莉　温祝伟　邓云翔
陆　军　蒋智渊　雍本杰　朱鸿斌　郑　磊　朱地民　张　霞　周志远　季玲龙
史实云　陈金烽　孙　亮　李存钱　刘　剑　许国全　王玉龙　史香露　蒋重阳
康梦君　孙梅奇　张颖玥　张亚波　沈国荣　任　刚　马广平　黄　澜　俞　刚

强达军　施爱武　童海兵　李　钱　程　晖

物流管理

张慧敏　许佳红　刘佳佳　黄　远　杭华美　刘　恺　王叶林　王国兴　刘　琼
张　洪　刘贵军　魏　培

2017年远程教育高起专毕业生名单(夏季)

护理

翟安静　张小玲　徐凤林　佘　萍　吴　红　胡佳佳　王　斯　胡　静　戴冰洁
曹　莉　吴艳青　刘汉云　李舟舟　胡　颖　郇智慧　赵文娟　罗　丹　徐　曼
曹　璐　冯婷婷　叶佳佳　张紫仪　张曼云　汤　旋　李雅雯　郭　丽　张小利
胡文莹　吉　建　何　静　何　霞　黄　阳　刘晓芸　吴良静　张　茜　刘　颖
葛莹莹　冯丙姣　苗　娜　冯利利　秦　燕　王红艳　黄　娅　杨　杨　李婷婷
胡梦凡　王梦娜　高　萍　徐　洋　于露露　武　荣　黄艳依　朱　玲　王玲莉
汪凯凯　石　洁　凌　曼　丁妮妮　胡正群　陈慧娟　曹晶晶　余苗苗　朱天云
路　月　周　艳　王　方　王小华　刘园春　宋雪娟　何竹君　杨露露　周婷婷
陆雅琦　张飞群　屠苏涵　葛银海　孙　玥　侯　娅　陈　喆　韦子瑾　范春玲
林丽平　刘恒妹　尤红研　张　凤　梁　云　赵亚群　高　艳　桑丹丹　周　婷
姜倩倩　张　颖　安明明　胡乐瑶　张小雪　张玲玲　项　想　刘晓宇　徐明月
刘尤月　朱　璐　李永梅　杨丽丽　李露露　刘星利　徐　徐　于梦婷　任　静
梁　会　章容容　孙亮红　王晓玥　彭　晨　朱　颖　姜艳艳　沈秋月　于　梅
蔡　云　潘文艳　周　京　杜晶晶　葛　琼　朱枳澄　梁巧云　黄华玲　葛高标
王　英　薛忠梅　李　杰　周亚南　徐蒙蒙　曹洁琼　张婷婷　徐欢欢　陈建宁
周　怡　吴　苏　王　艳　蒋若薇　仲　盼　段盈盈　葛　圆　周　静　乔子丹
贡杨萍　蒋李芸　赵　云　葛　玲　刘　茜　邵俊杰　邵佺蕙　张　慧　陈　俊
薛红风　桑　青　华　婷　汤　莉　张　雯　彭桂云　陈　品　马　玲　范　霞
冷朝晖　马冬晨　苍桂红　周　星　朱爱清　刘　芳　张　烨　杨晓蓓　丁　丽
崔久霞　王　燃　李梦秋　孙银吉　庄苏云　张　含　刘双月　宋昊玥　霍宝艳
卜　芳　陈光清　吕　晨　张　婷　孙明娣　曹金霞　倪　伟　耿　娟　黄继萍
朱惠娟　乔　庆　王　敏　刘　云　金长翠　万兆红　翁　蕾　陈　娟　殷　智
潘　静

机电一体化技术

姚书学

计算机应用技术

宋永和

建筑工程管理

李子豪　胡　鹏

2017年远程教育专升本毕业生名单(夏季)

电气工程及其自动化

张　宏　张玉腾　谢霆毅　江　韬　耿　真　孙　磊　曾召维　陈根俊　朱红桂
何　友　谢发浩　高　杰　佘保军　谭齐平　严承威　周　顺

电子商务

王正圆　纪开俊　王维栋　任　靖　史习燕　刘照庆　殷伟伟　雷　磊　周　露

法学

沈　云　祝　青　顾建良

工程管理

孙　超　汪　洋　茆昱辰　沙　凯　雍晶晶　张水保　王爱华　杨亮元　乐明星
赵修顺　储　可　汤　凯　陈　智　吴卫军　张海林　施伟杰　许业恒　柳智松
王瀚勋　冯毅龄　吴雪峰　张　敏　陈　兵　陈子尧　胡皎龙　刘凯航　刘　伟
吴泽林　李有珍　黄晓琦　陈天宇　吴　蓉　范益康　武　辉　施锦松　孟　澈
朱光耀　施建华　俞　宏　顾晓峰　杜　平　蒋　勇　李中亚

公共事业管理

张　扬　杨晓帆　牟晓影　裴革新　范思鸣　王　祥　张珍珍　李　杨　徐　冉
仇学文　吴龙云

护理学

徐　璐　汪一婕　张雪莲　郭明珠　顾加燕　周　笑　陶　颖　俞梦曦　朱宁艳
张欠欠　孙　敏　蒋丽丽　唐小萍　左晓莉　王　茜　刘亚会　朱　勤　魏　琴
武　晨　吴　云　胡　静　何　芳　周　敏　杨朋云　周婷婷　景晓霞　葛　芳
胡　玥　陈　欢　苏亚蓉　吴　晓　佘　杨　胡惠珍　李晓红　邓存静　冷晓卿
孙菱婕　徐　琴　周怀凤　任欣悦　徒玲燕　倪惠芳　杨　雪　聂胜兰　刁礼霞
林露露　罗花妮　张　倩　王　静　张粉娟　王梦溪　王　茜　吴菊香　张时杰
王　瑜　岳冬梅　郭　雯　胡海婧　李　婷　刘南洋　张　羽　谢欢欢　唐安琪
丁梦琪　杨　娟　陈　荣　浦梦俭　陆红梅　秦　怡　邢雪芹　杭　昀　陈　静
丁甜甜　于　敏　王禹苏　王　艳　田　萌　韩丽莎　杨　迪　娄　燕　欧　丹
王名娟　徐芳芳　王姗姗　韩佳彤　蒋　敏　宋佳佳　顾佳琪　姜　南　朱梦莹

朱春平	陈丹	邢春蕾	陆璐	蔡莹	孙晓梅	高丹	袁甜	管莹雪
杨慧娟	胡鉴	王文洁	徐新娣	浦霞	蒋海燕	申盼盼	赵志云	陈艳秋
牛晓兰	胡晓曼	贺洁	陈硕	张迎盈	朱曼丽	刘倩	滕梦	唐孟孟
宋晶晶	唐奕	陶明兰	宋琳燕	杨颖	李婷	刘婷婷	殷亚玲	潘慧
夏爱青	徐娜	陈小雨	吴梦莉	金吉	褚兰芬	韩笑笑	李颖	王兰
朱琳	徐海萍	刘嘉宇	戚祥娣	叶景	陈颖	钟雯	沈姗姗	杨洁
李娜	陈姝霏	吴晓婷	巢虹霞	陈梅	顾晓敏	王婷	郁芳	孙乐艳
徐苏宁	刘丽丽	丁燕	华娇	沈婕	孙莹	朱静	树娟	万玉娟
曹雯	叶静静	孙玲	董清	肖筱	陈小平	韦元元	任兰兰	吴莲
杨阳	章超	宋利	胡阳凤	杨莲	林燕	金千	庄玉娜	夏雨娟
孟婷婷	张甘雯	肖爱萍	王丽平	王霞	刘曼	张文亚	菅丹丹	万洁
何扬	李勤娟	金翠	李晓方	孙桂梅	殷爱莉	顾秋菊	汪圆圆	公维华
李广平	唐晨	姚梦娇	姚蓉	翟丽佳	毛晴	庄静	陈敏	赵晓红
朱蓉蓉	张丹碧	赵姗	许萍	丰艳	刘鸣	孙红婷	刘倩	刘亚
郭锦	吴文肖	马慧影	杨丽芹	陶芳琴	谢园园	朱利杰	韩玉	毕晓楠
顾晔	王梦淑	沈吉如	薛青青	孔文洁	邵雯煜	刘维维	祁珊珊	王婵婵
杨文静	陈晶	孙小美	徐榕	奚润梅	鞠鹏	严庆华	丁星月	钱诗璐
龚晗	张婷	徐秦	汪婷	苏彩云	陈立音	朱翠婷	吴清	范琳慧
高小荣	张叶	丁素琴	芦靓	徐景	朱红	钱雨聪	韩静妍	杨琪
袁艳	刘海雪	李少荣	方雪	刘焕	王蓉	郭凤艳	刘子钰	吴爱萍
丁春苗	余琳	于津	王惠惠	李樱	肖羽	张盼盼	尤兴荣	程晨
张林	倪甜甜	陆笑	杨娜	吴媛媛	江多	安娟	王庆梅	汪秀瑾
晋从容	胡金梦	秦佩	赵孝晴	魏兰	祁洁	杨艳	孙梨	张萍萍
王嫚婷	贺慧	刘汉莉	聂晶	柯兰	马兰	马英	朱冬霞	徐江珊
孙瑶	卞月香	徐娜	张悦琰	刘业君	鲁雪花	刘倩	仲铃琳	闻君玉
夏红艳	朱亚男	赵亚茹	杨孙芹	罗美娜	金小花	吴苗苗	陶然	李伏梅
昌和欢	姚娣	朱琳	吴薇	程清清	李秀锦	宓雪	周询	朱倩倩
仲小会	刘茜	仲婷婷	周爽	王雅洁	陈菲	王霞	袁文青	王宝莹
张阿芹	王淼	史晓文	袁媛媛	解丽娜	王丛	钱亚燕	吴丽萍	周佳佳
李秋艳	杜明珠	马璟芸	吴敏	陈敏	李敏	韩建荣	谷曼	钱梦滢
史小英	刘绮嫣	朱慧文	戴梅	顾婷	刘德利	夏莹	乔艳	张翠琴
姜晓希	包涵	赵彩连	范婷婷	高洋	王迪	桂义萍	徐金梅	黄超
马婷	张进京	沈金芬	钱雅莉	吴佳	李雯露	谈红梅	王辛	方芳
孙莉	沈冠红	刘志慧	王歆	邵蕾	范晓燕	赵敏	张杨	孟宪萍
钱雅颖	王佳	曹艳	怀静	解天	朱丽婷	丁佳	刘荣仙	姚茵
戴云云	戈艳	程青	李敏	宋晶晶	蒋敏	潘超	蔡亚英	范文
王静怡	谢芳	郭玲	陈芳芳	张静	陈会	徐静怡	王静	孙雪春
魏凤	于春增	赵怡	刘婷婷	王珍	章永利	祁海涛	黄敏慧	于小翠

宋华清　李　悦　毕陶佳　陈　芳　卢小英　王雪梅　倪桂婷　林春丽　于　燕
吴翠丽　王倩倩　张　薇　张　婷　王　玉　鲍泳晔　张　静　汤　菲　张诚斌
徐　岚　李翠香　侯曼曼　潘　洁　刘伟姣　刘　巧　汤浙闽　倪海华　殷丽琼
吴　爽　张丽娟　杨晓玲　李　婷　梁龙君　陈古月　李红珍　高　原

会计学

徐文凯　董　清　周　洋　陈加欢　张　蕾　孙姗姗　武菲菲　李　雪　李诗渊
刘　玉　余　燕　杨　程　朱　丹　赵　艳　徐早欢

机械设计制造及其自动化

邹欣荣　韩和新

土木工程

刘光辉　吴　军　彭耀冠　傅　民　闵佳亮　郑又高　王祖坤　王彦青　范　可
柳　军　孙军伟　陈黎明　杨春成　叶良伍　邵晶晶　张培灿　李亚楠　唐春鹤
许樊露　经　娇　周安琪　范羚辉　梁芝松　过超越　支立鹏　杜　恒　董洪亮
刘　帅　崔绘丽　陈韩伟　黄　丹　张　博　冒敏锐　鲍海洋　李佩桓　刘寒雪
谢国鑫　阙嘉维　石晓康　袁延成　严　彬　田娜娜　赵　莹　王洪雷　李荣华
沙妮娅·阿布都沙哈提　任立钊　巴音查汗·吾那尔　王永昌
居来提·阿合买提江　刘勤学　胡尔西旦木·米吉提　王声钢　胡亚博　陈　林
杨永忠　叶冬明　营　莹　耿春蕾　孙勤浩　李　勇　郭松松　张俊峰　王飞虎
张志强　洪圆圆　曹　鹤　韦荣先　吴高辉　马　浩　王德松　王晓刚　朱　锋
李凯凯　张　瑞　王学良

物流管理

刘　鑫　杨苏美　黄　凯　鲍　敏　刘智畅

2017 年成人教育业余高起专毕业生名单

医学检验技术

唐萌萌　刘　漫　蒋思琪

2017 年成人教育业余专升本毕业生名单

电子科学与技术

陆芒芒　王　艳　周敏浩　李珊珊　李　娟　辛佳瑶　陶　婧　惠秋冬　朱媛媛
范春健　郭　可　杨奇涛　卞文汉　龚燕梁

电子信息工程

殷　峰　王志海　徐　亮　张太祥　刘　旋　袁　杰　许祝炘　刘慧敏　郁兆龙
沈蕾蕾　吴　帆　方文鑫　李廷志　高　健　潘　超　陈　晨　梁盼盼　郭　晨
杨婷婷　王志勇　戴家进　张　闯　宁邵君　丁浩琛　高多平

护理学

王芳芳　夏清兰　刘婷婷　刘佳琪　曹　云　方　赟　危春华　马玉菲　沈　云
周慧云　余晓露　徐亚楠　朱　玲　邓巧梅　司彬彬　王　玥　许　丹　王新雨
潘梦姚　汤　洁　张林霞　李　廷　王　婕　李　青　刘　云　李绍彦　孙艳玉
杨　娟　史　璇　翁　洁　陈梦圆　周小雨　叶　娅　张淑雅　秦　慧　张尧尧
李路路　高　虹　祝真真　丁　俊　黄晓雨　张　艳　辛玲玉　左婧芸　汪真芹
王　莹　张　茜　陈静芸　王雯慧　偰怡雯　徐长青　尹巧梅　金婷婷　陈香凤
张　蓓　殷玉姣　高　伟　陈　欣　尤　云　周　丽　江亚丽　张　徐　刘　欢
李　玲　韦开凤　吕雯雯　李洪健　吴　璠　蔡江雨　熊晋芮　曹　欣　吴　娟
汤　静　吴　娱　侯　杨　童婷艳　刘玉焜　宋雅丽　刘　姚　毕传英　刘　朵
胡婷婷　曹　嫚　赵　晔　蒋桂萍　陶梦雅　彭光婷　桂　冉　吴家丽　孙　茹
阳倩云　彭　玥　王蓉蓉　贾国庆　颜孝悦　刘立玉　郑迎秋　黄晓月　眭叶雯
施　玥　孙　楠　傅文君　柏焱青　邵　阳　樊文秀　胡苏云　刘晓君　刘　珍
戴　锦　魏欢欢　胡倩君　陈　倩　谢　丽　王　艳　程　庆　霍学敏　胡中婷
程　茜　李　晴　梅德敏　汪燕萍　蒋闪闪　邵成娟　沈冰洁　曹　玲　沈文娟
施亭亭　卜　倩　陈　蓉　曹丽丽　叶　晨　梁海晶　王　凤　陈　烨　林秀珍
唐步霞　黄　艺　汪甜甜　徐　菁　阚　珣　毛正珠　何晓晓　赵静慧　汤允敏
黄丽萍　胡晓岑　吕　丽　蒋小惠　种星婷　张雨佳　金玲玲　倪幼鹃　蒋婷婷
平毛妮　姜蓉蓉　陈慧慧　李倩倩　孙晓玲　高　敏　周秀兰　刘眯眯　成　翀
戚梅勤　王亚岚　徐文娟　徐久巧　解小星　王泽红　何　盼　黄彩霞　徐　迪
张莹莹　徐春玲　崔　莉　戎雅君　王　艳　齐晓帆　佘倩倩　赵心宇　沈思慧
李　阳　何芬芬　郑智宙　洪　婷　殷梅玉　吴　睿　胡思怡　高　星　张蓉蓉
李　蕊　吴昱之　刘　萍　卫思雨　李园园　许亚兰　金家凤　周湘莉　谢　青
芮　莲　王艳蕾　倪　婧　苗　雪　谢丽芳　朱　钰　刘雯雯　郑　敏　戴祥慧
郝明珠　王金艳　廖姝曼　潘香池　施　雯　肖小兰　查亚男　梁　岚　诸忠琴
陈　杰　马大侨　杨美玲　陈晓燕　张亭亭　周　舟　夏荣军　祁　雪　施林华
张　丽　陈丹丹　张倩云　袁小媛　姜春丽　徐雅静　朱玉君　邱　宇　刘梦雨
王　军　葛　钰　刘文燕　徐　凤　范丹丹　房　卉　张　恒　蔡丹丹　刘翠红
郑宁宁　赵　娟　杨　芸　纪汝媛　袁　康　刘笑笑　包　娜　沈丽娟　徐笑笑
庆　芸　朱丽娟　应玉青　钟欣欣　陆　青　龚沛瑶　郭小晓　施薛茹　陆　静
尹　倩　张露文　陈文静　杨树青　赵　艳　张晓娟　端星星　李俊阳　韦双飞
吴丽萍　陶静雯　陈慧慧　金成婷　柏　含　赵　婷　吴　敏　孟金慧　薛晶晶
孙　婷　王怡君　徐　慧　赵　洁　钟　维　韩丽娟　刘宇晓　赵　静　陈　曦

陈燕	彭明星	陆勤茹	谈菊香	周凤	李贞姬	唐微	呙辰	张昕
张艳	史梦君	黄茂瑶	王璐	吴琪	张海燕	张蓉	龚超	姜露
葛燕	史良静	王丽	叶琦	施治	缪梦楠	刘琪	李静	苗侠云
王月	周杉杉	袁贝贝	赵玉	施瑾雅	王慧娴	冯志娟	吴利红	罗璇
尚国民	席上博	李杰	龚飞燕	赵云飞	王萧锜	高杨	高贝	孙瑞
林艳	周安娜	周梅	刘丹	陈婷	冯程程	黄登芳	续颖	邓泽慧
刘佳慧	孙流兰	吴纯	王启	王君	郑玮	李倩倩	周雨瑶	马迎
马欣茹	笪庆玲	戴璐	陈思雨	宫丽芳	孙玲玲	谢慧	徐苑	周敏
颜慧	于芳	邱欢	孙静	孟燕	黄方	张惠娟	李肖肖	李婷婷
赵珂	吴青	张玲	刘厚兰	周梦颖	李春	钱红梅	吴倩	王彩萍
张梦雪	蔡玉蓉	李娟	章楠	唐海堂	李霞	卢厚翠	谢宗勤	刘兴莲
蔺坤	张玲萍	李福莲	张莹	蒋宇晴	刘春青	吴龚	陈蓉	周颖
陈月	孙玉舟	陈姜	于小芸	李媛媛	耿旭萌	刘媛媛	孙浩	李倩
刘冉	汪新星	王珊珊	陶晨	佘莹	纪婷婷	蒋敏	蒋芳	张倩
许梦雅	方雪	陶亦珣	韩玲	沈晓晨	张颖	郑素雅	沈悦	邓玥
李瑞瑞	胡迪	戴璐璐	陈飞	张娜娜	王楠	尹君	顾振亚	胡茜
张弘	顾彦平	施欣汝	王小艳	吕荣	曹庆双	谢露	徐楚	张正芳
池如雪	周冉	李梅	孙新瑜	芮培培	柏芙蓉	马文亚	朱昭静	毛琦
魏星	纪淑芬	朱贤	吕晨阳	杨洋	金燕	潘玉婷	端木劼茸	李秀花
谢洋	张文秋	郑亚玲	李培	孙翠林	李海霞	吴云	谢璇	余娅慧
周丽	陈晓雪	赵文芳	张洁	江海燕	徒莉	慎业飞	刘闫	尉柳柳
聂治	李娜	吴玲玲	笪梦雅	王清	卢明明	汪蓉	陈南宁	吕雯
王玉芳	洪渊源	夏丹丹	张倩倩	嵇康	孙玉莲	鲍文娟	任晶	陶秀娟
朱美玲	丁楠	薛姣龙	王亚楠	阙小琴	陈倩	韩安琦	徐培培	唐海云
王宗菲	甄卫婷	谢宏超	穆晓燕	郎韵娴	解瑾	仲冲	陈倩	刘丽
王加会	魏晶	洪静	朱洁	潘彬	韩春培	王丽丽	朱莎	刘露
李小慧	冯静	季梅	张方方	翁义惠	储瑞琪	张枫	薛晨	周银月
马慧芝	蔡蓉	褚建堂	袁衫珊	张晓燕	王莉	睢燕	于晓雪	刘昕昕
张燕	王婷婷	黄月	胡艳	常敏	黄洁	万山	徐玉琴	鲍惠
吴一涵	范静雅	沃倩	周琳琳	孙亚维	汤青	张红珍	范云	阙赛迪
林媛	朱婷	刘美玲	郭文莹	王梅香	唐佳佳	韩倩芸	濮婷婷	王艳霞
王琪	项星星	杨诗青	张学珍	丁小玉	殷亚茹	贾琛璐	张司逸	谈乐乐
高芳	王月	卜铷平	滕欢	钱晓华	孙丹	卜晶	包晗	茅兴梅
倪红霞	王畅	徐菁	窦秀娟	吴海啸	纪悦	孔红	王茜茜	蔡志慧
周惠丽	徐阳	潘超颖	焦士梅	鞠晶莉	孙卯卯	马星月	李芸芸	孟玲玲
潘柔仪	蔡华玉	陈建亮	张雅璐	徐雯雯	朱丹	严媛	李开镜	李玉悬
沈秀丽	王欣欣	丁圣梅	黄蓉	鞠妍	练文	赵欣	王莉	孟筱
王静	王小婧	孙璇	王启君	张媛	丁小伟	王佳佳	王晓萍	杭美娟

何　婧 周梦颖 许　燕 杨　阳 肖　雯 林雪娇 林　云 史　盼 李　爽
何　静 王　鑫 刘卫星 嵇　秀 钟　园 徐　琪 孙　颖 冯　宁 崔小倩
罗　希 李京京 鲁锦伟 季春燕 李娟娟 糜娇娇 任　艳 耿　静 叶菁青
许　菲 徐　佳 陈　聪 傅晓岚 俞　沁 方昊倩 周红印 周　琦 陈慧敏
丁仁艳 袁紫君 柳雨晨 张　琪 倪　婧 郑美蓉 蔡昕言 班晓云 杨荣蓉
刘亚云 钱春莉 姚　磊 姚月秋 尉智慧 吴　枝 吴　茜 华　玲 赵　洁
吕　欢 徐　婷 卢翠翠 陆延龄 董桢妍 童　悦 陈　姗 李晓丽 陈　雅
范　俊 王　璇 韩　源 朱　娟 居园园 徐玉良 王晓岚 柳　燕 戎木兰
陈　巍 陈利琴 王亚南 蒋逸晖 王　敏 单慧子 李　玲 沈明圆 杨华苑
戴　银 郜文静 刘　玲 平方方 李　菊 王爱懿扬 张泽惠 朱　玲 夏　燕
朱　蕾 金嫣婷 鞠　林 冯　云 徐　娟 刘　薇 谢传芬 徐　敏 常　晖
邓玉婷 唐庆艳 俞晓宏 姚　敏 石　君 孙　朦 刘玉珠 徐　悦 姚　雅
李　雯 严　逸 王　徽 任　月 张文静 征翠平 郘　雯 钱伟玲 刘　莹
何　燕 刘雯雯 仇玉婷 朱　莉 荐婷婷 时　宸 纪　慧 丁书强 吴　艳
徐　悦 李玲玲 陈赵燕 赵思敏 张　玲 许　娟 沈玉慧 刘　艺 孙　霞
万亚芳 谈　静 王丽娟 杨　阳 陈珊珊 尹　莉 蔡　苗 王小静 徐　萍
汤梦瑶 曹明艳 徐　瑊 何　研 程　晨 张　玲 孔佳佳 吴玲玲 高　月
李双梅 周　玲 潘雪明 姚　运 张　扬 于　磊 夏　晖 胡　倩 尹梦洁
杨　朔 胡昕晨 周　茜 王　娟 谢　青 周蓉蓉 糜晓荣 赵媛媛 万雅青
邓小磊 沈　月 吴　娟 韩星月 陈子园 朱　阳 董悦月 张　莉 姚　薇
潘云超 汪雷亚 郭　群 缪　玲 梅　明 张　檬 邓小晶 赵　翔 缪琪琪
戚婷婷 高　莹 吴美玲 张　泽 丁家美 周　颖 王　越 王雨蒙 陶　红
杨　绪 铁雯雯 宫　雪 倪国艳 黄　隆 邱　萌 肖　芬 谈　燕 方雅宜
李文婧 张成超 刘娟娟 谭燕晓 王亚萍 徐绍艳 董诗聪 吉　蓓 何娇灵
郑　芸 蒋玲玲 吴　晶 孙建红 张　丹 王　越 卢　慧 姚亚楠 高　旭
许　朋 王红玲 居　君 王维陵 朱　璇 郑晓宇 徐新辰 张　莉 杭　娓
董　露 陆云婷 曹　毅 缪　霜 陶　秋 汤晓庆 左志华 王美红 王　郑
张　妍 郭　静 施　杨 丁　燕 胡乐乐 刘　菲 李飞艳 丁　露 陆　丹
周　艳 邱晨珺 周　锦 孙星星 杨蓓蓓 游春燕 沈　隽 杨梦霞 谢　丹
潘鸿志 陈　敏 苏微琇 陶　迪 王　颖 印　彤 朱　婧 孙　牧 李芳菲
赵　媛 刘　颖 马　菁 丁巧云 葛永梅 徐　婕 厉梦月 基红燕 吕康慧
陈婷婷 王　云 王　芳 丁　雪 谭　晶 陈源源 桑加东 曹　云 居　媛
陆　姣 胡　月 孙灿灿 顾　优 陈漪雯 朱艳香 叶　蓓 唐秀丽 孙　蓉
陈义梅 周萍凤 毛海蛟 韩　咪 陈　茜 张　敏 陈　园 秦菲菲 周　晶
丁　悦 李　欣 郭　妍 汤艳妮 李　颖 赵　敏 厉　琮 吴　慧 徐　雯
夷　兴 周　玲 董新静 贝抒颖 吴　雯 石　磊 张　伟 潘　婷 金　旭
嵇　宇 蒋凤珍 姚爱娣 胡昱琦 骆　阳 李顺姬 张程程 高　娟 郦燕玲
卢　玥 张锁华 鞠　文 董　惠 鲁　苑 杨丽宁 沈　菲 陈红蕾 张国仙

居亚婷	陈　敏	相　原	任小燕	曹　莉	刘俐平	李艳磊	杨　莉	孙月娟
史明蜂	陈文娟	浦程琳	王　洲	季　婷	田言菊	钱沛君	庄　群	张　蕾
刘佳蔚	沈晓玲	蒋　艳	蔡婷婷	朱晓红	顾王凤	张玲智	夏媛苗	周佳妮
钱静亚	李莉莉	黄　丹	吴健娜	沈敏君	卢　娜	刘　雯	朱红敏	时兆蕊
凡小雪	李　瑶	王小宇	易小芳	赵莲花	陆育仙	金越秀	于　倩	孙　青
丁家娟	刘　云	陈　丹	钱　莉	何茹丹	周　月	侯婷婷	薛　莹	陆美玲
罗　丹	张　云	陈欣妍	李高丽	沈晓蕾	张　丹	吴天虹	施梦月	陈　艳
刘泽梅	施绳慧	倪　静	陈　静	曹　燕	王　娟	刘　浏	姜　玲	庄小珍
倪　婧	史梦洁	陈　敏	刁丽娟	王　银	芮春燕	李　凡	汪方燕	陈　颖
常梦雅	袁　媛	蒋丽筠	张　欣	陈　静	陈　莹	贾梦姣	耿　飞	陈　萍
张新佳	朱　祎	施方琴	潘　蕾	纪金铜	商佳玉	李桂琴	吴　帆	李晓雪
尤　丽	孙　蕾	李　丹	吴玉琴	倪继红	徐海菁	陈　怡	王永妹	解小丹
徐　颖	潘麟峰	柏　颖	夏　欢	袁　园	李敏明	黄玉婷	吴梦娇	陈　艳
佴　云	陶　烨	陈芳珊	章会子	吴　淞	李　珊	魏恒雪	陈　菊	殷敦芳
贺智云	孙　馨	黄　静	徐　玮	马一丹	李　丹	高　娟	钱雯箐	袁玮忆
黄　莺	高　雨	苏　璐	景郭宇	张银花	张玉雅	孙　霞	王　燕	韦　林
张雨秋	聂　茜	顾　艺	薛文倩	孙　瑶	徐　娟	王　英	王　琴	张　倩
戴兰兰	周瑜玲	李沁鸿	凌　玲	刘　燕	孟　露	朱芬芬	张欣欣	何子珍
许　吟	李　佳	王秀娟	于汝扬	谢　前	杨胜辉	姜云云	糜戊煊	孟　仙
张　薇	石　磊	嵇梦甜	王佳丽	付　丹	陆丹婷	王乐玮	祁　湲	李　喆
沈　静	杨桂红	孙　蓓	汤　妍	展佳琪	王秀君	孙龙霞	陆　娟	郭蕴琦
黄　倩	施　雯	曹　静	单荣花	周　好	李　红	王　丽	王　琴	张丽萍
陈　艳	吴　荣	王　羽	刘岚驰	朱雨彤	王　琳	方　倩	朱雪婷	徐　文
张红梅	戴亚萍	朱　慧	赵　蓓	周琳燕	赵　阳	薛　雯	蔡琴云	蒋　原
尤克文	邵　靖	高　扬	卜雅敏	蒋　星	孙　玮	徐　萍	魏　璐	蒋腊梅
孙　健	管文文	孙海涛	邹阳阳	汤智轩	晏金岭	胡敏燕	张　莹	沈　滢
翟菊香	韦　玮	黄　圆	朱玉清	华云琴	杨　彤	刘佩娟	张　卉	朱瑞珏
徐国燕	卜佳娟	胡亚雯	张　娜	周佩佩	胡　莹	曲　薇	宋雨亭	李　芸
孙　蕾	吴　婷	管　娴	程士芹	黄红花	佟锡红	李　艳	丁　蓓	陆佳丽
尹盼盼	卞修英	许　萍	张　蓉	张　悦	罗　园	孔　丹	强婷婷	金　凤
张　倩	孙皖茹	薛金芬	孙　艳	丁　青	赵　萍	史　慧	周文琴	杨素娟
潘月琴	李小红	张　娴	窦道静	张玉珠	仲苏云	唐朝辉	孙　倩	姜　焕
徐连连	张培培	胡荷莲	夏明云	王　蕾	单海微	张　艳	陈　丹	邱祝娇
刘媛媛	鲁梦颖	樊小蕾	马凤玲	徐文婷	张丽丽	鲁　盼	查　慧	王丽娟
胡慧敏	管月芝	陈婷婷	张　欣	查月霞	蒋凯旋	丁玉芳	刘甜甜	张　妍
姚　婷	吴文倩	李　闵	胡　丹	刘　颖	俞　韵	赵　丹	毛华林	林　慧
盛红莲	吉　璇	姚　瑶	王　兰	沈凌云	王莹莹	刘　颖	顾静静	李　颖
林　琳	朱红梅	石学平	戴　莹	徐海燕	张　轩	程有月	王　璐	王筱颖

崔　奕　卢文慧　周　婕　张　跃　荀玉凤　朱荣荣　吴　静　杜晶晶　蔡　盼
严　芳　杨　盼　王红霞　杨　妍　郭亚静　陶玉琴　张　晶　黄　婷　杨　静
高　静　翟明芳　陆净晶　徐　婷　施　雯　袁苗伟　汤雨佳　傅　杰　周　淼
王春莲　张丽丽　刘怡彤　张　青　张　琼　岳增艳　沈明艳　王琦伦　章盼盼
冯双双　徐　艳　章　瑜　冯丹丹　濮金红　章　琪　王　静　孙　暑　王　涛
刘　园　寇苏苏　姜　朦　司彩虹　高　原　吴晓红　高　敏　王　倩　王圆圆
张　芹　张佳秀　仲小妹　孙丹丹　卢凯乐　殷欢欢　王金艳　吴婷婷　朱　陆
冯思玉　蒋　杰　许怀霞　徐江丽　王　丽　贾渭渭

会计学

章启月

临床医学

艾　武　孔朝辉　朱婷雯　郭叶青　董建龙　朱文意　王雅清　杜国芳　朱荣军
张　云　邹田洪　史云瑾　张丽霞　徐　荣　王宇华　任玉萍　刘　婷　丁　洁

土木工程

王朔枫　王　凯　管玉部　钟　力　谷　瑞　周　文　张盼盼　黎毛敏　邵　亮
金　璐　仇　甜　沈晓青　朱少敏　黄宗磊　朱佩露　侍沙沙　颜为俊　葛小莉
董文昌　陈永贵　胡新星　孙倩文　万书聪　高俊杰　王同林　邓　晶　陈　捷
刘晓强　倪毅臻　顾文杰　丁能航　梁勇华　沈　通　陆开成　余　晓　程惊雨
刘　昆　孟宪亮　鲍昊麟　张　雪　韩李鹏　王鹏程　孙亚东　花润勤　范昌佳
潘　程　龙上行　付小娜　孙　欣　邓绪超　李晓勇　王青青　江松芹　张　箭
孔月新　吴　健　靳晓铭　张　尉　钱　香　肖莺莺　华云峰　聂向阳　薛　亮

医学检验

英立军　朱耘逸　程婷婷　王其荣　洪姗姗　汪永丹　丁　颖　赵　盼　朱迎晓
孙雯雯　陈　洁　苗　汇　王　玥　孟　月　张刘仟　沙鸣明　蔡晓云　张蕾蕾
贾栋舜　丁丹丹　张　敏　郭姗姗　杜　娟　方可馨　陈新月　钱　平　周　洁
张秋月　徐聪聪　王率男　周　慧　刘慧芳　蔡彤彤　刘亚楠　刘香梅　吴枝丹
周　蕾　周晨燕　杨一秋　杜仁燕　戴　露　周雨欣　杨　洁　涂桂川　袁　磊
时广林　刘　磊　丁小敏　何青红　钱冯丹　倪梓源　赵　娣　华　雯　顾大文
葛丽丽　崔　健　王　佳　吴　明　董丽媛　张瑞哲　李星宇　龚　波　宋学志
樊玉霞　邢益健　付明凡　程　娟　樊　云　刘鹏程　王顺艳　张　慧　周　艳
蒋小圆　宗　楠　吴　瑶　陈　蕊　吉开娟　伍　静　卞苏婷　王子龙　顾洲珑
付海嫚　蒋　凡　方海容　张智尧　杭　深　许建峰　陈春晓　祝　靓　侯建国
赵　嘉　张　艳　严　艳　吕晶晶　吴　苑　戴　维　王芝琦　李　玮　陆文娟
俞森然　程贵敏　侯煜靖　胡　雪　李赛男　汤美晨　唐小雪　陆　敏　金静珠

朱永丽 王盼盼 储成超 孙盼盼 丁雪飞 李 杏 李 鹏 吕亚明 张 菊
张晴怡 周涵柯 朱永恒 陈倩雯 吴云婷 周梦颖

2017 年成人教育函授高起专毕业生名单

电子信息工程技术

孙含旭 周 荃

2017 年成人教育函授专升本毕业生名单

电气工程及其自动化

莫鑫超 杨康为 朱建峰 刘 洋 李洋林 王绍玉 陈 刚 陶如飞 陈 羽
吕秀丽 杨 兵 王 潘 许平军 骆永洪 唐桂珍 张雷蕾 葛智芳 周 宇
董时峰 朱海生 王克吉 夏 添 司 浩 何 伟 刘正飞 梁素强 田 青
殷王琼 施 巧 汤佳杰 杨 志 陈 星 刘海龙 智 明 姜 波 张 渊
冯 健 魏东方 黄海巍 丁敬凡 刘品飞 刘雪峰 薛 权 赵万国 张明品
胡冬冬 周 峰 王 妍 汪加洋 刘文东 马 骏 刘 彬 薛 锁 尤亚捷
朱秀荣 刘立南 张传良 赖江毅 厉 帅 代路路 秦 迪 刘夕阳 舒美英
张正春 符 远 戚 卫 李 凯 张金柱 严 军 王吉园 李建明 边 亮
王见君 汪 倩 胡革红 尤 坤 邹建才 张 涛 向 辉 禹建奎 薛锦宇

电子信息工程

肖军宁 李 津 张传远 史春雷 肖成东 童普强 杨国庆 张 伟 姜 浩
张小光 陈建波 王 翔 潘林伟 陈泽钦 张乃彬 翁万岭 陆浩然 沙 凯

工程管理

刘寅锋 李金鹏 薛海晨 蒋舒婉 窦 井 袁月月 隆妤倩 孙 蘅 陈登峰
郑 青 李颍昂 朱晓煜 何观丽 王爱栋 张飞毅 张雅楠 周 轶 李 敏
孙开明 孙 燕 岳 伟 赵荣蓉 卢 旺 王玉青 陈先超 嵇桂才 葛素生
毛 瑞 陈 瑞 费春林 丁海霞 乔 鹏 夏明军 董 栋 沈 鹏 葛晓龙
吉达荣 姚晓琴 张 燕 姚彦明 孙殿平 韩 尚 姚永超 夏朝庆 梅建慧
卞正勋 黄雨松 周国俊 朱鼎康 沈韶俊 张亚新 季明明 王 云 李姚磊
钱向东 黄 凯 陈正宇 卜 鑫 张苏宜 唐登峰 李建权 李志勇 孙玉根
刘 思 戴左翠 吴 丹 孙梦琴 江礼宁 周莹莹 江 文 傅真华 丁 燕
高 剑 朱 婷 倪 明 王 磊 陈 喆 朱泽南 于晓明 王 瑞 谢 东
陈万聪 侯 静 夏春新 吴曼曼 张宁泉 费博宇 宋燕婷 谈守清 杨春生
高晨霞 牛梦雨 曹雪花 周 亚 张烽华 刘 超 李佳佳 朱赴成 陈铭赜
周强峰 钱 丽 李 琳 孟 晶 董 晓 石 涛 佘 飞 佘 昊 刘 敏

汤海兵　张治涛　申海波　王志华　吕　扬　吴　琼　柏　雪　张蓉蓉　张　兵
于远志

工商管理

闫　丹　陈　莉　徐秋霞　杨文娟　杨　琳　王　洋　王萌萌　张可伟　蔡汶珊
潘秋钰　刘兆东　吴小乐　马云飞　徐俊杰　夏春梅　步天宇　朱晓萍　杭　雨
沈威康　朱　玲　张　姝　陈　莉　徐　杰　厉　君　孙　蓉　刘玉洁　孟辰柯
袁　猛　陈思如　王　谦　杜文思　吴　波　袁晓洁　付　桐　荣竟成　吴莉莉
蔺　如　胡小为　翟明平　刘琼琼　周松松　吕　强　葛　芳　胡翠翠　梁宸萌
钟晓盼　丁艳艳　陈　娜　孙郑余　张　威　郑　毅　刘　丹　蔡瀚洋　李　雷
秦志勇　李梓丹　谷　雨　刘　艳　吴　蒙　夏媛媛　段晨洁　潘可可　王　晴
谢　滨　王玉安　魏　国　裴春芳　程　龙　张智皓　孟庆玲　马井通　丁雪艳
王　蕊　赵四阶　曹　言　王大卫　王　舒　陈　烁　吴春红　魏玉香　蔡永振
吴信领　翟继巧　周　倩　杜　梅　钱思宇　单鹏辉　李　鑫　鲍　倩　周慧敏
李修棣　李佳阳　王德武　李京华　陈宇枫　黄　铭　陈柯蒙　张志威　仝秀秀
陈南红　耿传辉　高骏华　王　荣　宋姣娇　尹　民　金　兰　梅霞萍　张　静
许志阳　李德朝　沈嘉琦　胡嘉栋　肖环环　沈银梅　胡华婷　陈　祺　杨静娟
陈　雪　胡　悦　戴　君　张瑜燕　邓兴果　庄玉平　史翠丽　孙志科　顾静怡
张　莉　时国庆　吕亚楠

国际经济与贸易

贺　青　王洪元　俞繁华　薛元娟　卫若斐　孙　旭　李　艳

会计学

包源源　武　强　苏爱民　汪　安　丁　旭　樊荣妹　付启燕　杜　敏　谢海霞
陆晓芸　吕海燕　陈　娟　胡　艳　张　琪　胡　迪　季润慧　童祥敏　张　玲
周　玮　梁　新　李　艳　徐永珍　陈　媛　俞　洁　顾　薇　杜红梅　朱　娣
成荣蓉　纪　娟　郑　茜　焦　芳　秦　杨　吴　婷　鞠紫燕　蒋　辰　仲小雅
陈　云　高亚婷　张　星　陈　妍　蒋业飞　王　晴　王瑞瑞　陆　培　李天司
鹿兰兰　车帅帅　何亚敏　周　雪　杜莹莹　韩　梦　柳　晴　苏　丹　姚　衬
高媛媛　张力凡　蔡　虹　吴　然　李　晶　薛龙宇　严　婷　何　祥　薛明星
袁明瑶　周　莹　朱琳娜　张腾飞　陈奕晓　王秋爽　韩佳奇　王　姝　姜　琦
孙秋芬　刘　赟　王　雪　刘珊珊　李　浩　李莉莉　张　敏　金艳丽　崔李丽
张　迪　耿　召　朱苏虹　王　楠　胡　笛　叶　鹏　郭金铎　李丹薇　颜冬琴
张　莹　周丹丹　周耀华　汪吉芸　张天宇　夏　军　陈　琦　高佳骊　戴秋明
吴丽娜　濮　洋

机械设计制造及其自动化

傅建君　窦　浩　徐　聪　方开旭　徐善飞　唐　奇　任晓燕　赵　磊　郭　威
张绍卫　何金林　陆爱平　胡　健　孙星星　叶　俊　夏培元　刘　婷　巩尊岭
蒋燕龙　张学艳　师为建　张　峰　罗陆陆　杨　康　夏　兴　郏振茗　王　臣
卢泳先　李贝贝　张夫礼　孙　伟　朱艳辉　高顺美　戚明琦　苏东波　刘　婷
戴文亚　曹中鹤　耿　航　吴　刚　段　菲

土木工程

祝文彦　王　刚　朱　健　王　芳　朱佳丽　翟吉慧　姚宏伟　蒋　亮　李彩云
贾　俊　李爱佳　吉　乐　谢文慧　应长友　刘文华　周　娟　曹庆庆　仲崇东
张　爽　张　佳　吴　健　林　生　孙沈阳　鞠　锋　孔为华　李广洲　张　蓓
虞　斌　拜　钰　韩　翔　蒋海丰　步梦灵　曹　俊　詹　诚　葛　宇　徐　驰
王　健　张　鑫　许培琛　金　海　滕　培　齐煜玮　张　洋　魏　伟　孙　乐
王东平　刘　坤　叶亚晨　夏双双　岳　亮　代素婵　芦庆涛　张蒙蒙　叶大顺
高欢欢　刘　廷　王桂朱　孙　宇　蒋　培　崔　晨　孟思安　张　晴　张丹丹
褚文静　张雪源　王显富　刘宗禹　韩　栋　陈丽萍　张　磊　孔　晨　王　娜
赵　艳　韩　坤　王明平　王　健　杨鹏程　吴晶晶　王　伟　张　凯　储冬冬
丁　标　张晋恺　董　拓　彭　城　彭帅旗　朱　浩　屈圆圆　徐　珂　韩姗姗
陈国宝　徐霄霄　袁晓蒙　张红雷　张宝中　贺　佳　张　婷　高　惠　陈　梁
陈　培　王　飞　石启炳　高夫伟　戴永明　李盖盖　杨　晴　张婉莉　胡　艳
白淑园　李芸梦　张曙光　李志静　潘晓敏　王世尧　刘曼曼　于健男　卓　群
赵　静　孙亚平　冯文会　刘素萍　黄沥支　赵春峰　赵　旭　刘　雷　靖麒扬
张　资　高大猛　赵　建　宋　炜　黄军伟　尹勤勤　戴昌平　吴凤桥　王　辰
夏如梦　渠乾坤　董思青　沙显飞　张昆昆　刘　令　姚元武　狄绍森　董蓓蓓
张德超　李光源　郝传虎　盛　洁　张　鑫　高　源　姜宛宛　吕亚霏　刘　迪
曹传雷　孟　依　朱圩厚　吴　为　王进进　李青云　胡　敏　安保金　张　畅
曹用智　李广涛　赵　力　吴洪波　吴林举　吕敦志　李　璞　拾海峰　张　杨
鹿京缦　孙桥远　付世林　王　欢　王　凡　刘　飞　张岩岩　魏　斌　潘　军
张　涛　祖庆凯　赵　楠　李　雪　薛　俏　徐美玲　王　亮　周响桂　姬生智
仇　博　呼从从　吴忠其　张晋英　李香玖　周　路　彭铄雅　杨　晶　程　雷
朱盼盼　宋　帅　黄大庆　康亚莉　闫　海　赵丽萍　陈继迎　胡　松　宋　围
高　波　徐　毅　姜　雯　王　威　戴明宝　张秀兰　杨　建　孙双龙　李开发
张　言　刘星雨　姜兆权　童　峰　方锦伟　严雨森　张文龙　朱绪光　朱加奇
吴玉伟　王小娟　邹明忠　温明宇　张有骏　陈善勇　王乙富　孙冬冬　潘　欣
朱　骞　顾　钫　王　浩　任　雷　王　贤　杨小莉　黄　城　倪　宁　薛亚建
黄勇华　冯　力　朱俊铮　张　蒙　高　峰　金亚露　马绍刚　赵　骅　严　焱
钱靖静　代　群　杨世祥　吕巧巧　冯　莉　张成磊　营　莹　王馨悦　朱　振
王　禹　殷　进　刘　冻　赵永祥　丁　耀　张　仪　喻　磊　刘　畅　吴丽云

赵永刚 叶思慧 宋正刚 庹丽丽 许永超 陈峰芹 凌燕芳 卢巨星 汤 晶
张静芳 闵益韬 张志俊 李春雨 吴 凯 王 冕 吴佳文 程超逸 张 森
龚建国 王肖威 翟帅帅 陈 杰 陈云峰 于 涛 葛 超 张志超 黄 浩
黄小强 陈 超 李 旺 郭素生 陈 清 盛文建 李向阳 王 斌 陈明轩
朱爱东 王 烨 邱华强 徐寒松

土木工程(道路与桥梁)

康彦博 刘立琴

自动化

刘 飞 吕从强 梅 燕 王 婷 胡启亮 王 琛 韩 良 华 刚 吴 杰
张 奇 葛正友

教学科研服务工作

图书馆 2017 年工作综述

2017 年图书馆继续秉承“读者至上，服务第一”的宗旨，全体馆员紧紧围绕着学校的“双一流”建设目标，勤奋工作，为广大师生教学科研和学术活动提供文献支持服务。具体工作总结如下：

一、基础服务工作

1. 数字图书馆和移动图书馆全年无休提供 24 小时服务，三校区实体馆全年开放(除国家法定节假日外)，每日开放时间 14 小时(8:00—22:00)。

2. 全年入馆 1 844 878 人次，纸本图书流通量 576 139 册次，跨校区委托外借图书 3 664册次，图书馆门户网站访问量 3 887 694 人次，电子资源(数据库)使用量 18 284 914 篇(次)，“知识发现系统”检索量 282 792 次，“超星”中文发现检索量 423 476 次，多媒体资源点播 100 008 次。

3. 全年入藏中文纸本新书 137 058 册，外文纸本新书 3 598 册；验收并回溯 5 258 册合订本期刊书目信息。数字化纸本图书 10 688 册，订购(引进)中外文数据库检索平台 123 个，加工、上传随书附盘 1 750 张，“东南大学学位论文数据库”新增论文 5 090 篇，审核登记院系购置图书 4 805 册，价值 129.95 万元。

4. 合作储存和共享香港理工大学图书馆 37 571 册合订本。

5. 优化馆藏空间，特藏阅览室、童寯画室、国鼎图书室全面开放。

6. 完成院系资料室书目信息回溯建库工作，做好院系资料室面向读者开放前的准备指导。

二、提供多种优质服务

1. 学习支持

(1) 完成19个班、528人共184课时的文献检索课教学任务;举办电子资源利用培训讲座计129场次、6470人次参加。

(2) 各类"研讨与共同学习空间"全年使用29 897人次,计87 531小时;电子阅览室上机55 699人次,计86 776小时;"毓琇沙龙"举办30余场读书交流、文化活动、座谈报告会等。

(3) 全年举办23场主题书展及艺术、生物、医学等学科"外文原版图书展"。

(4) 隆重举办第九届"爱书人的春天"读书节、优质服务推广月以及毕业季、迎新季等"两月两季"系列活动。

(5) 编辑出版电子杂志《书乐园》4期。

(6) 全力参与学校的本科教学审核评估工作。

(7) 发微信微博387条。

2. 科研和学术支持

(1) 为师生提供论文引证证明2 612项,有效数据共222 240条;审核科研院、社科处奖励论文4 203篇,完成科技查新项目547项,审核博士生开题查新409项,馆际传递文献6 572篇(本)。

(2) 优化学科服务团队5个,围绕资源整合、课题辅导、PBL教学等开展各类服务工作120余场次。

(3) 定期跟踪ESI数据并完成分析报告(全年6期),完成SSCI论文分析报告1份,定题专题服务20项,支持4个学科的专业评估,完成学科建设建议、学科资源分析报告、方案、策划书17份。

(4) "JALIS学科服务平台"项目顺利通过专家组验收,更新和维护29个Guides。

(5) 申报"江苏省高校图书馆专利信息传播与利用培育基地"项目并成功授牌。

三、深化改革创新和内部管理

1. 加强组织文化建设

(1) 图书馆党总支扎实推进"两学一做"学习教育,组织4场馆员沙龙,组织参观新四军革命旧址,收看十九大开、闭幕式,举办十九大主题书画展,集中观看《巡视利剑》,开展户外拓展活动等。获东南大学2016学年最佳党日活动二、三等奖。

(2) 图书馆工会组织馆员参加登山、智力运动会等活动,增加组织向心力。

2. 鼓励馆员学术研究与交流

(1) 项目立项:获国家社科基金青年项目1项,省高校哲学社会科学研究重点项目1

项,省教育厅基金项目 6 项,省社科应用研究精品工程项目 1 项。

(2) 项目结项:完成教育部人文社科科学研究专项任务项目子课题研究任务;完成 2 项国家社科基金项目中期检查、2 项国家社科基金申请结项,1 项国家社科基金项目顺利结项,1 项"CALIS 全国医学文献信息中心"年度科研基金项目结题并获二等奖。

(3) 科研成果:获计算机软件著作权 2 项,获中央高校建设一流大学(学科)和特色发展引导专项资助专著 1 部,出版专著 1 部,参编学术著作 2 部,本馆馆员以第一作者或者通讯作者公开发表 CSSCI 来源期刊(含扩展版)论文 20 篇。

(4) 完成"图书情报档案"一级学科硕士点学科评估工作。

(5) 完成《高校图书馆发展报告》蓝皮书中部分章节的编纂工作。

(6) 承办"数字资源与知识服务研讨会暨 CALIS 第十五届引进数据库培训周"。

(7) 主办东南大学人文社科沙龙"知识桥"活动。

(8) 全年共派出 70 余人次参加各类业务学术会议以及业务学习。

3. 积极参加各级、各类型的文献资源保障系统建设

(1) 牵头完成"全国高校图工委馆舍与环境建设工作组""江苏省高校图工委馆舍与环境建设专业委员会"、"江苏省图书馆学会建筑与设备专业委员会"、南京高校(江宁地区)联合体、宁镇扬高校图书馆联合体各项工作;参与教育部外国教材中心、江苏省工程技术文献中心、卓越联盟高校等文献资源共享工作。

(2) 承办 2017 年"卓越联盟高校图书馆馆长年会"以及 2017 年"江宁住区高校图书馆馆长工作会议"。

(3) 提交教育部外教中心 807 种新入藏外国教材扫描书目数据;负责 CADAL 项目服务体系应用系统审核;办理江宁区及宁镇扬联合体、省高校通用借书证共计 3 763 张。

4. 内部管理

(1) 馆藏发展委员会、数字化工作委员会、阅读推广工作组等工作稳步推进。

(2) 梳理、修订现行规章制度,实施"东南大学图书馆月度工作例会制度"。

(3) 图书馆两代会代表全体表决通过图书馆"十三五"规划纲要修订。

(4) 成立"2018 图书馆经费预算小组",做好中央高校改善基本办学条件、双一流等专项经费申请工作。

5. 获得荣誉与表彰

(1) 获 2017 年图书馆管理与服务创新论坛"优秀组织奖"。

(2) 中国图书馆学会"全民阅读示范基地"复核评审通过。

(3) 获第二届江苏省"中山杯"大学生专利分析大赛最佳组织奖。

(4) 获首届江苏省图书馆数据管理与服务创新专题创作大赛"优秀单位组织奖"。

(5) 获首届江苏省图书馆数据管理与服务创新专题创作大赛一等奖和三等奖。

(6) 三位馆员获 2015—2017 年度"江苏省高校图书馆先进工作者"荣誉。

(7) 两位馆员成果分获“2017 年全国高校信息素养教育研讨会”论文一等奖、案例二等奖。

(8) 获“第二届全国高校图书馆阅读推广案例大赛”优秀奖。

出版社 2017 年工作综述

精品出版再攀新高，融合发展深入推进，2017 年坚持社会效益第一前提下的内容建设、供给侧改革深化下的结构调整、多元业态发展下的营销变革等成为出版行业热门议题，也贯穿了东南大学出版社全年的思考和探索。在上级主管部门及东南大学相关部门的领导下，出版社始终坚持正确履行社会责任，注重出版品质，坚持服务教学和科研，深耕专业方向，加强内容深度开发与品牌延伸，推进产业创新与融合发展，使出版工作再迈新台阶。

一、立足资源优势，铸就系列精品

2017 年，东南大学入选 A 类一流大学建设高校、一流学科建设总数 11 个。此后在全国第四轮学科评估中建筑学、土木工程、交通运输工程、生物医学工程、艺术学理论等 5 个学科入选 A^+。

出版社坚持“强化专业特色，注重品牌建设，不断提高核心竞争力”的目标，紧跟这些重点学科的发展动态，提高自身专业性，加强和相关作者的联系，合理配置资源，注重精品生成机制，以重点出版项目为抓手，在学术出版和教材建设方面打造了一系列精品，并第三次问鼎出版界最高奖项——中国出版政府奖，实现了科研、教学与出版相长的良性互动。

以建筑出版为例，根据 2017 年《中国高被引图书年报》显示，东南大学出版社出版的建筑类图书被引用率排在全国所有出版社的第三位，体现了广泛的社会影响力。

1. 重点出版

从重点出版情况来看，2017 年新增《新型建筑工业化丛书》等 3 个项目入选“十三五”国家重点图书出版规划，加上 2016 年首批入选的 9 项，共 12 项；《宋代墓葬图像研究》等 3 个项目入选江苏“十三五”重点图书出版规划，加上 2016 年首批入选的 12 项，共 15 项；《光电子物理及应用》《交通工程学》等 12 种教材入选 2017 年江苏省高等学校重点教材立项建设。至此共承担 39 种重点出版规划项目。

在每年一度的国家出版基金资助项目评选中，2017 年新增入选《建筑遗产保护学》和《敦煌壁画中的家具图式研究》两项，共获资助 37 万元。

《西藏传统建筑研究》《乡愁的记忆——走进古村落》获得 2017 年江苏省省级现代服务业(新闻出版广播影视)发展专项资助 30 万元。

2. 获奖情况

2017 年 5 月，中国出版界最高奖项——第四届中国出版政府奖评选结果公示，东南大学出版社以其《中国古代金属建筑研究》在中国古代建筑研究史上首次对金属建筑以多学科交叉的方法,进行研究的开创性和系统性,荣获图书提名奖。

在江苏省“2017 苏版好书”上半年推荐书目中,以放眼世界的研究眼光和气度、“用双脚走出来的”《喜马拉雅城市与建筑文化遗产丛书》入选。

二、提高创新意识,推进融合发展

随着新兴科技和出版业的融合发展要求,2017 年出版社进一步强化全媒体出版的理念,结合自身资源优势,积极利用新技术、新传播手段,以二维码、链接网址、搭配有声内容等不同形式为传统纸书提供附加增值服务,突破了传统纸书单向知识传播的局限,增加了交互性,更好地满足了优势内容的需求缺口,有效促进了图书内容的多元传播;推进产业项目跟踪建设,开发“高校双融合式创新创业在线教育试验性系统”,获得 2017 年江苏省省级现代服务业(新闻出版广播影视)发展专项资助 100 万元;继续完善“知识＋服务”的出版方向,以在线教育为突破口,建设在线课程并开发“东南大学堂”在线课程平台,不仅将教育内容在线化,同时将课程服务全体系在线化,为知识服务提供依托平台。同时进一步加强与实体书店、网店的合作,关注微信营销、社群营销新模式,展开出版增量,努力实现线上线下融合发展,促进传统出版与数字出版全方位融合。

三、坚持正确导向,强化质量管理

一是抓规范管理,坚持重大选题备案、选题三级论证和三审三校制度,系统梳理社内 40 余项管理制度,结合具体实施效果进一步修订完善,使之更加符合出版实际流程需要,确保出版质量。

二是抓监督、检查和落实,强化编辑对出版规范的落实意识,提高编务效率,保障印刷质量,定期抽查图书质量。按照新闻出版广电总局、教育部以及江苏省新闻出版广电局的质量检查要求,全年抽查图书近 40 种,编校质量均达标。

四、加强绩效考核,确保责任落实

为推动工作成效,促进员工履职尽责,实现全年经营目标,2017 年进一步细化绩效指标,围绕“将单纯绩效考核转变为绩效管理,突出绩效改进”的目标,通过个人总结、部门考评和部门负责人述职,进行了半年考核和全年考核两次综合考评,坚持客观公正、注重实绩、实事求是、民主公开的原则,将定量与定性相结合、目标管理与工作完成情况相结合,充分分析工作中存在的问题,进一步落实了各项保障措施,确保了全年目标任务圆满完成。

五、注重人才建设,创新人才制度

当前新媒体的快速发展给传统出版业带来巨大挑战,创新型、复合型的人才无论在数量还是质量上还都远远不能满足出版融合发展的迫切需求,这已经成为制约出版业实现技术变革、产业升级与创新的主要因素。为此,2017 年出版社积极探索引进人才、使用人才、培育人才和保住人才的创新制度，加强员工培训，提高员工的社会责任意识、信息获取与编辑能力，注重拓展员工的发展空间，制定高端人才培养计划，使人才培养工作更加细致化、常态化、制度化，从而全面提升人才档次水平。

肩负着传播知识、传承文明的历史责任和使命，出版社在新的一年将深入贯彻党的十九大精神，充分利用优势资源，挖掘出版潜力，加强质量管理，继续做强品牌特色，扩大品牌影响，更好地服务教学、科研和社会。

档案馆 2017 年工作综述

2017 年，档案馆领导班子在学校党政的领导下，以创新为动力，积极谋事，带领全馆人员努力学习，勤奋工作，争创一流业绩；在以档案工作“三个体系”建设为核心指导下，创造档案工作由封闭向开放，由重保管向重服务、重宣传、重发展转变，2017 年的工作取得了长足进步。

一、本年度工作亮点

1. 新校史馆开馆。档案馆协助校史研究室共同做好校史馆筹建，档案馆负责校史馆的硬件设备，新校史馆融入了更多现代信息技术；协助校史馆完成了 34 分钟的校史宣传片，新校史馆在建校 115 周年庆典期间如期开馆。

2. 积极发挥档案馆的教育职能。档案馆牵头宣传部、文化素质教育中心、研工部等，请王酉亭先生的儿子王德先生在九龙湖校区和四牌楼校区举办了两场《我的父亲王酉亭与中央大学动物西迁》的报告会，在学生中引起非常好的反响，被誉为是近年爱国爱校教育的好题材。

3. 发挥档案在校园文化建设中的育人作用。2017 年档案馆举办了 3 个展览:《郭秉文创办东大故事展》《纪念中华人民共和国档案法三十周年法律法规展》以及《走进东大展》，充分发挥档案在营造校园文化氛围、宣传学校历史文化、讲好东大故事的作用。

4. 挖掘历史人物，参与学校重大活动。2017 年是中央大学西迁 80 周年，档案馆积极协助学校有关部门，寻找中央大学西迁历史人物和资料(如王酉亭儿子、马洗繁儿子等)，以丰富翔实的档案资源为依据，参与到学校组织的“重走西迁路中再启新征程”为主题的“纪念国立中央大学西迁 80 周年”活动中，彰显了档案馆的作用。

5. 科技档案工作更上一层楼。科研档案、基建档案、专利档案、业务档案、设备档案、录取通知书等各类档案实现了统一平台的收集、整理、保管和利用，标志我校科技档案信息化工作步入一个新台阶。

6. 超负荷完成工作。今年档案馆签订大小合同 32 个，各项经费达 750 万元，进行了强电改造、弱电改造、消防施工、卫生间改造、恒温恒湿库房建设、标引扫描、校史馆建设等项目，无形中增加了档案馆的工作量。5 月，档案馆协同苏大档案馆组织了江苏省高校馆长论坛和华东六省一市高校档案工作经验交流会，参会人数 160 余人；6 月初组织了全省高校档案法律法规知识网络竞赛和现场竞赛；9 月，组织了卓越联盟高校档案工作馆长论坛;10 月,组织了江苏省高校档案工作学术年会,参会人数达 203 人。全年共接待清华、上海交大等全国 30 余所高校档案馆的同仁来校交流学习。

7. 成立东南大学档案工作委员会。2017 年重新成立东南大学档案工作委员会,召开了近十年来的第一次校档案工作委员会会议,明确了近期的工作任务。

二、常规工作综述

1. 政治和业务学习。档案馆严格例行每月一次的学习制度,政治学习方面,本年度积极组织学习全国人大会议精神,学习《党章》,学习党的"十九大"会议精神和习近平新时代中国特色社会主义思想,全馆人员牢固树立政治意识、大局意识、核心意识、看齐意识。业务学习方面,2017 年请江苏省档案局社会事业处谢微处长到校做《江苏省(归档文件整理规则)实施细则》讲座,请江苏省档案局法规处葛霞到校做《档案法》讲座。档案馆不断追踪和研究国内档案发展动向,全年派出 30 余人到兄弟院校交流学习或参加学术会议,这是档案馆工作不断提高发展的原动力。

2. 档案史料征集工作。本年度档案馆征集到 9 台中央大学和南京工学院时期机械实习工厂的机床设备,张乃燕、王西亭后人向档案馆、校史馆捐赠了和校史有关的实物和资料,胡焕庸撰写的我国第一本《气候学》教程入藏档案馆,征集到《中央大学学生名录》一册,以及多位校友捐赠的校史资料和档案。

3. 档案收集、整理工作。本年度收集整理文书档案 6 251 份、电子文件归档 11 956 份;收集整理科技档案 10 292 卷,收集电子档案 3 000 卷(电子文件 25 000 个)、实物档案 110 卷(1 045 件),整理电子档案 1 416 卷(19 475 件),迁移数据 119 056 条,接收人事档案 173 卷、人事材料 5 155 人(5 424 件),归档人事材料 1 670 人(2 033 份),人事档案立卷 152(人)卷,接受整理新生档案 6 260 卷,整理毕业生档案 6 704 卷,6 541 人毕业信息导入管理系统。

4. 档案利用和服务工作。2017 年档案馆全年接待到馆用户 8 500 余人,利用档案 13 032卷,网上专利档案点击量 13 410 次,投递学生及教工档案 6 700 余份,用户电话咨询及回复 8 600 余次。

5. 信息化建设工作。档案馆不断完善建立于数字化校园平台的管理系统,使之与数字化校园相衔接,实现全校档案信息资源网络实时采集、归档以及档案信息共享。2017 年,翻译系统开通了网上预约模块,为不同校区学生办理成绩翻译提供方便,实现了网上预约、网上核对、办理信息网上及时沟通和反馈等先进功能,达到成绩翻译手续的在线管理;完善中英文翻译数据库,对翻译系统没有英文翻译的 3 735 条课程进行了翻译;对论文系统功能进行了修改,使得原来未提交、未审核造成无法下档号的论文得以顺利整理、下档号、上架;完成了科研档案、基建档案、专利档案、业务档案、设备档案、录取通知书等各类档案的统一平台的收集、整理、保管和利用,使东南大学档案信息化建设步入一个新台阶。

2017 年档案馆申请了 40 万元经费用于档案扫描工作,申报了 151 万元专项经费用于数据标引工作;完成了校史馆多媒体展示系统、自动语音导览系统、微信导览系统、自助和自导拍摄传播系统、消防监控系统等的建设。

6. 档案编研和科研工作。钱杰生等参与的省档案局重点课题“电子档案‘云灾备’数据安全策略及其实现研究”基本完成；李清同志论文申报的省档案局的课题“图像识别在档案信息化中的应用研究”获批。尚昌红的《高校档案机构“两微一端”建设策略探讨》在《档案与建设》2017 第 5 期上发表，另一篇《我国电子文件管理研究发展状况与特点探析》在《兰台世界》2017 年第 20 期上发表，尚昌红报送教育部直属高校档案工作协会第二届青年档案工作者论坛的《从计量角度分析我国电子文件管理研究重点、问题和对策》论文获二等奖；杨东的《“大校史”观下的高校微档案内涵研究》论文发表于《兰台世界》2017 年第 3 期。

7. 档案安全保密工作。档案馆历来重视保密工作，有关人员能认真参加保密培训，严格按照上级和学校的要求做好安全保密措施。馆领导逢会必提安保工作，2017 年开展了 4 次全馆的安全保密工作自查。在学校的支持下，2017 年全馆进行了强电改造、弱电改造，安装了气体消防灭火系统，完善了监控系统和门禁系统。2016 年的档案数据备份工作也如期完成，全年没有发生泄密等任何安全事故。

总之，2017 年是档案馆加速改造发展和异常忙碌的一年。

学报(医学版)2017 年工作综述

2017 年《东南大学学报(医学版)》编辑部在上级部门的正确领导下，所取得的工作成绩总结如下：

一、学报医学版投稿量较去年明显增长

2017 年《东南大学学报(医学版)》共接收稿件 1 271 篇(2016 年为 1 053 篇)，《东南大学学报(医学版)》的投稿量较去年增长了 20.7%。

二、期刊综合影响因子有所提升

《东南大学学报(医学版)》2017 年复合影响因子(JIF)为 1.039(2015 年为 0.971)，排在全国 209 本综合医药卫生期刊第 15 位，他引影响因子排在江苏省所有医学期刊第二位。

三、核心总被引指标连创新高

中信所的 2016 年最新一本的影响因子年报显示，《东南大学学报(医学版)》核心总被引排在 1 058 位，核心影响因子排在 6 000 多种科技期刊的 681 位，2010—2017 年的核心总被引是杂志创刊前 50 年核心总被引总和的 3 倍多，这是前所未有的进步。目前《东南大学学报(医学版)》为第一类统计源期刊，属于第一研究层次。

四、期刊获奖

《东南大学学报(医学版)》连续三年获得中国科技论文在线一等奖。《东南大学学报(医学版)》编辑部还荣获 2016 年度江苏省科技期刊学会工作先进集体的光荣称号。

学报(自然科学版)2017 年工作综述

一、数据库收录

2017 年度出版《东南大学学报(自然科学版)》正刊 6 期、增刊 1 期,共发表论文 239 篇;出版《东南大学学报(英文版)》正刊 4 期,发表论文 80 篇。两刊合计发表论文 319 篇,均被 Ei Compendex 数据库收录。此外,两刊还被英国《科学文摘》(INSPEC)、美国《剑桥科学文摘》(CSA)多个分册、美国《化学文摘》(CA)、俄罗斯《文摘杂志》(AJ)、美国《数学评论》(MR)、德国《数学文摘》(ZbIMATH)等其他国际重要检索数据库收录。

二、表彰与奖励

《东南大学学报(自然科学版)》2017 年荣获科技部中国科技信息研究所颁发的第四届"中国精品科技期刊证书"。这是《东南大学学报(自然科学版)》连续 4 次荣获"中国精品科技期刊"称号。"中国精品科技期刊"是指在某一学科内质量和水平较高、在国内具有较高影响且具有一定发展潜力的科技期刊,自 2008 年起每 3 年评选一次,具有很高的客观性和权威性。本届从 6 000 余种科技期刊中评选出 300 种以中文出版的中国精品科技期刊和 15 种以英文出版的中国国际化精品科技期刊。

学报(哲学社会科学版)2017 年工作综述

2017 年,《东南大学学报(哲学社会科学版)》(以下简称学报)在校党委和校领导的直接关怀下,做了如下的工作:

一、圆满完成全年出刊任务

2017 年,学报全年共出版 6 期正刊,2 期研究生论文专刊(增刊)。全年处理稿件 3 000余篇,公开发表 200 余篇,圆满完成了任务。此外,学报继续加入由一流高校学报组建的数字化网络体系——"中国高校系列专业期刊",继续当选为专业网刊《艺术学报》的主编单位。全年共出 6 期网络版《艺术学报》,提高了东南大学在全国的学术知名度。

二、入选全部核心期刊数据库

2017 年,学报继续被《中文社会科学引文索引(CSSCI)来源期刊》《全国中文核心期刊》《中国人文社会科学核心期刊》《RCCSE 中国核心学术期刊》同时收录,在精品办刊的道路上继续前进。

三、在线投稿、审稿系统不断优化

2017 年，学报在 2016 年启用了在线投稿系统的基础上，不断优化系统，使投稿审稿系统符合本学报的要求，并完善在线审稿专家库，提高了工作效率，深受作者、读者和审稿专家的好评。

四、“马克思主义与当代中国”栏目受到江苏省委宣传部表彰

2017 年，学报《马克思主义与当代中国》栏目受到江苏省委宣传部表彰，被评为《江苏省重点社科理论栏目》，标志着学报打造精品期刊、精品栏目又迈入了一个新台阶。

总之，本着为东南大学人文社会科学各学科服务、引领学科发展的宗旨，学报不断挖掘潜力，提升质量与信誉，强化精品意识，为繁荣发展东大哲学社会科学不断努力。

网络与信息中心 2017 年工作综述

网络与信息中心承担全校各校区校园有线无线网络建设、管理和运维服务，以及全校信息化建设和运维服务，中心全体人员认真学习和领会党的十九大精神，坚决拥护以习总书记为核心的党的领导，在人员少、任务重的情况下，中心全体人员齐心协力，克服困难，较好地完成了 2017 年工作，为学校信息化建设和“双一流”建设做出了应有的贡献。主要工作总结如下：

一、校园网建设

网络基础设施建设：三校区楼宇（九龙湖楼宇 63 栋、四牌楼 59 栋、丁家桥 19 栋）网络信息点（有线＋无线）核查总数约 93 171 个。2017 年三校区共增加有线信息点 1 900 个；对四牌楼校区无线网进行了升级改造，无线信息点由 909 个增加到 4 210 个，极大地提升了用户的网络使用体验。

网络运维服务：新增加网络交换机 26 台；光纤检修 40 次，其中抢修光缆 12 次；网络维修 114 次信息点 186 个，其中四牌楼 35 次信息点 64 个，九龙湖 65 次信息点 106 个，丁家桥 14 次信息点 16 个；无线维修 223 个，其中四牌楼 81 个，九龙湖 103 个，丁家桥 39 个。

重大活动网络保障：每年学校在校庆、迎新、重要招生考试、跨年、视频会议等时间点都需要对网络进行重点保障。

二、数据中心建设

数据中心为全校提供基础 IT 资源服务，是学校信息化建设的物质保障。2017 年主要完成了以下工作：

校级云盘建设：校级云盘包括私有云网盘和公有云网盘。其中，私有云网盘的可用存

储容量达到了150TB。经过半年多的运行已为全校师生存储了约150万份文件,为全校的教学与科研提供了巨大帮助;今年还完成公有云网盘的对接工作,为全校师生提供公有云盘。

软件定义数据中心建设:升级改造了以软件定义的数据中心网络,提供可精细化应用管理的基于40Gbps骨干技术的跨校区统一管理网络;建设以软件定义的数据存储系统,采用以太网分布式存储技术构建数据存储服务。2017年度交付了540TB非结构化存储空间和270TB块存储空间,为数字化校园包括图书馆、档案馆等其他部门提供了静态数据存储和应用备份存储空间;建设适用于软件定义网络的数据中心防火墙和应用交付系统。通过本年度软件定义云数据中心建设项目,为未来数据中心承载重要信息系统、大数据分析等海量数据存储与处理提供强大的资源保障。

数据中心管理与维护工作:制定与调整数据中心相关业务流程,例如:域名管理、主机管理、服务器托管;根据上一年度的数据中心运维情况,制定本年度的数据中心运维方案。数据中心运维包含数据中心动力环境、网络、存储、虚拟化平台、数据中心安全、数据库和数据备份的运维。管理的硬件有:数字化校园小型机、刀片服务器、数据存储系统、各部处业务服务器系统。管理的信息系统有:虚拟机管理服务器、数字化校园门户及各部处应用、网站群、网站群云安全、正版软件验证、VPN服务和云盘系统。

三、校园信息化建设

网上办事大厅建设:完成了项目需求调研分析、方案规划设计及关键技术平台的选择等工作。一站式服务办事大厅是围绕“办事”为中心建立的在线服务大厅,通过汇聚学校日常管理、课程教学、科学研究、学生工作等一系列重要业务,重点解决过去学校跨部门业务办理不便的问题,为师生等各类用户提供一站式、个性化的信息及应用服务。推动信息化建设由“管理信息化”向“信息服务化”过渡发展,使得信息化建设更加注重服务用户的专业化和精细化。

本研一体化项目建设:协调建设单位与教务处、研究生院调研本研一体化进一步的建设需求,协同两部门商讨项目方案的可行性,根据用户单位的需求制定项目方案,提出分步建设的构想,确定了2017年建设目标和建设内容。2017年本研一体化完成对学籍信息管理、课程信息管理、培养计划管理等子系统的功能实现。

另外还完成了校园微门户升级、GIS系统升级、工会系统一期建设、学工系统升级及办公系统升级准备工作。

四、网络和信息系统安全保障

完成了2017年4个三级、2个二级信息系统等级保护测评工作。对学校二级网站系统实施监测与云防护服务,对网站提供全面的可用性监测,维护学校网站安全。关注各漏洞响应平台及教育部发布的安全漏洞通知,通过DNS域名系统和路由管理系统及时控制漏洞所在站点,协助相关部门尽快修复漏洞,维护网络安全。在今年各项重大活动举办期间,配合学校网络安全保障工作,避免信息系统安全事故的发生。

五、运维和咨询服务

通过学校办事大厅和网络与信息中心前台服务，对全校师生提供在使用网络和信息化服务中的各种问题进行咨询解答，修改用户统一身份认证密码，开具校园网发票等服务和 80 808 咨询邮箱的回复。粗略统计，本学年度接咨询电话约 5 000 个，处理各类故障约 900 个。

通过引进专业的运维外包服务团队，为学校各部门和广大师生提供服务，及时解决用户在网络以及信息化系统使用中的各种问题。

六、廉政建设与文明安全

2017 年网络与信息中心，全面落实党风廉政建设责任制，注重教育，提高全体人员廉洁自律意识，在采购、招标等环节严格执行“三重一大”和学校各项规章制度，扎实构建拒腐防变的保障机制。加强思想教育，提高管理人员的责任意识，认清网络与信息中心是学校核心数据安全的重要基地，采取各种防范措施，杜绝安全隐患。

后勤管理与基建工作

总务处 2017 年工作综述

2017 年，总务处在学校党政领导下，以党的十九大召开为契机，以十九大精神为指引，各职能办公室及各服务经营实体全体员工团结一心，同心同德，在学校创建双一流的大学进程中，以智慧后勤、文化后勤为努力方向，以“三服务、三育人”为宗旨，为全校师生创造优美舒适的校园环境，尽心尽力做好后勤服务工作，打造出一流的后勤服务，为学校的教育教学科研提供了强有力的后勤服务保障。

一、坚持规范管理，提供高效后勤服务

学校发展看后勤，后勤发展看管理。2017 年以来，我们以学校为主体，以服务学校为大局，坚持规范化管理，坚持专业化管理，后勤服务水平连年上升，打造出一支适合学校发展的优质后勤服务团队，为学校教学、科研提供高效的后勤服务。

1. 加强内部管理，促进各项服务工作顺利开展

完善各项规章制度的落实、监督、检查与考核，做到有章可循。加强对各经济实体的管理，重点签订《服务指标责任书》，对各项服务工作明确要求，细化流程、规范行为，保证服务的良性运转。同时还进一步加强员工岗前培训、岗中培训，以培训、学习、交流等形式，提升职工服务技能，提高为师生服务的质量和水平。

2. 明确责任目标，扎实开展后勤服务工作

按照学校对总务工作的总体要求，进一步加强内部管理，明确责任目标，协调处机关与各服务经营实体之间的关系，增强部门间的配合度。完善后勤事务考评，在年中和年末分两次组织院系部处对各项后勤事务进行综合考评。考评中，每个服务单位和部门对一年来所做的服务工作进行阐述，通过检查现场、看材料，对各服务单位进行满意度打分。师生的广泛参与，有力促进了后勤服务工作的全面提升。

二、加强人才培养，做到敢于担当、勇挑重担

事业发展人才是关键。为适应“双一流”大学的后勤服务需要，必须要不断加强后勤人才培养，特别是要培养一些懂技术、专业化的复合型人才，提升总务后勤各行业的技术层次。要将敢于担当、勇挑重担的人放在重要岗位、合适岗位，为总务后勤的服务提档升级。

1. 对各级干部进行调整，确保干部队伍的稳定

2017 年以来，根据各个岗位不同要求，对在处机关和经济服务实体干部进行调整，将一些敢于担当、勇挑重担的干部放在合适的岗位，促进了干部队伍的年轻化、知识化，确保了干部队伍稳定。

2. 不断提升业务技能，增强服务质量和水平

为增强服务质量和服务水平，职工业务技能要适应新技术、新服务手段的出现，适应时代发展需求。总务处加强对员工的岗前培训、岗中培训，以培训、学习、交流、技能竞赛等形式，提升了职工的业务技能。

三、加强新型智慧校园建设，打造节约化、低碳绿色校园

2017 年以来，利用信息化手段，加强新型智慧校园、智慧后勤建设，目前共有 20 多个信息化系统、APP 等智慧服务项目，为师生提供便捷、优质、高效的后勤服务。

1. 打造节约化、低碳绿色校园环境建设

总务处重点打造节约化、低碳绿色校园建设，采用新能源、新科技，倡导绿色、环保理念，大力倡导师生节约意识，开展“光盘行动”、节能宣传等行之有效的活动，增强师生环保意识。加强绿色校园建设，根据校区特点，将四牌楼校园打造成民国文化校园、丁家桥校园打造成园林绿化校园、九龙湖校园打造成自然生态校园。

2. 积极推进“环境育人”新理念

高校后勤服务体现在“三服务、两育人”，即服务育人和管理育人。坚持全心全意为师生员工服务不动摇，在服务育人、管理育人基础上，将“环境育人”新理念植入后勤服务，推进以优美校园环境培养人才、造就人才。以“环境育人”为全新目标，美化、绿化校园，营造良好的学习环境。每年在九龙湖校区开展义务植树活动，校领导、学生、职工一起参与植树绿化，增强了绿化意识、环保意识。

3. 高度重视新闻宣传工作

利用总务处网站、《总务报》、微信公众平台“印象总务”、校园 BBS 等发布各类信息，增强与广大师生交流。在教育部官方网站、《东南大学报》、江苏省高等学校后勤协会网站刊登后勤服务工作，反映了工作实效。

在为师生服务中，在为教学服务中，我们还运用信息化手段进行温馨服务，获得2017年全国教育后勤新科技应用“领跑单位”；连续十多年获得全国教育后勤系统信息宣传工作先进单位。由总务处策划的“光盘行动”成效明显，中央电视台新闻联播在2017年5月29日对此进行了专题报道。宿舍管理员戴柏林事迹被《东南大学报》宣传，立志打造出更多“戴柏林”式的服务团队。

四、做好学校各类大型活动的后勤服务保障工作

1. 做好中央巡视组相关服务工作

根据学校党委巡视整改工作统一部署，总务处、后勤党工委召开领导班子巡视整改专题民主生活会。总务处、后勤党工委班子成员紧扣巡视整改主题以及总务后勤的相关整改主题，对巡视组指出的问题，主动认领、对号入座，举一反三、深刻剖析，联系思想、工作和作风实际，深刻查找班子和自身存在的突出问题，深入剖析问题产生根源，明确了努力方向和整改措施。

2. 做好本科教学评估的各项服务工作

为迎接东南大学本科教学审核评估，总务处各部门精心组织，做好各项准备工作。涉及物业中心、修缮中心、公寓中心、水电中心、饮食中心、汽运中心。通过以评促建、以评促改，提供强有力的后勤服务保障，确保了学校本科教学审核评估工作圆满顺利完成。

物业中心对涉及楼宇进行全面地毯式检查，发现问题及时整改；修缮中心修补九龙湖和四牌楼校区道路，更换教室门锁和电灯，维修课桌椅；饮食中心加强食品安全监督工作，并对伙食供应、窗口服务等进行具体布置；水电中心对配电房、水泵房的供水供电设施进行检查，增强供水供电值班及巡视力量；汽运中心接驳车早上临时增加教师班次；学生公寓中心在宿舍环境和宿舍文化建设上下功夫，提升服务品质、服务水平。

3. 做好迎新服务工作

迎新工作涉及迎新站点布置、宿舍安排、行李发放、车辆安排、餐饮保障、物业服务、水电保障等，总务处各科室、各中心按照学校要求，做到责任、工作明确，以有温度的服务充分展现学校后勤服务风采。迎新人员统一着装，佩戴迎新标牌，对新生做好安全提示工作，做到安全、热情、细致、周到，为新生和家长展示了后勤人良好的精神面貌和优质的服务水平。

4. 做好省高校后勤安全检查工作

9月份，迎接江苏省教育厅安全工作检查，针对检查过程中发现的问题立即整改；针对安全管理工作，做好检查和监督，要有惩处制度；安全工作要明确责任，不断改进，进一步提高安全管理水平。

5. 东南大学附属幼儿园建成

东南大学附属幼儿园 8 月底竣工。东南大学附属幼儿园是江宁区 2017 年的重点工程之一，按照省级示范幼儿园标准设计和建设，工程建筑占地面积 15 亩，工程总建筑面积 8 000平方米。幼儿园计划开设 18 个教学班，师生人数合计约 600 人。幼儿园以“体现公益性，追求高起点、高品位、高标准的优质园”为办学目标，力争为孩子的健康成长、快乐学习提供良好的教育环境。

6. 东南大学快递服务中心投入运营

九龙湖校园快递服务中心 9 月份建设使用，占地 600 平方米，分为西门与东门，设自助智能和人工服务区，共有 3 572 个格口，提供短信、微信、APP 三种取件方式。智能快递柜 24 小时运营，师生可自由安排时间取件；人工服务区负责大件取件和快递收寄服务。

7. 做好校际间的交流学习

2017 年以来，和兄弟院校间的校际交流频繁，通过交流，进一步学习其他高校的做法，提升管理水平。一年来，接待了陕西师范大学、淮阴师范学院、电子科技大学、南京理工大学、井冈山大学、扬州大学、中国矿业大学、景德镇大学、海南大学、西藏大学、武汉大学、厦门大学等高校来访，还专门赴江南大学进行专题调研。

五、推进“双抓双促”大走访、大落实工作

进一步推进“双抓双促”大走访、大落实活动，不断推进各项服务工作，提升服务质量和服务水平，切实将服务工作落到实处，更好地服务全校师生。下半年开始，处领导对各职能办公室、经营服务实体进行“双抓双促”大走访活动，听取多方意见，希望通过大走访工作，促进管理和服务工作提升。在实际工作中要多审视、梳理工作中的问题和不足；要加强廉政建设，做到风清气正；要高度重视并加强安全管理工作，不能麻痹大意。

六、强化安全意识，紧抓安全工作不放松

总务处党政、各职能办公室、各经营实体等各级领导高度重视安全工作，实行目标责任制、廉政建设、安全工作“三位一体”的考核，真正做好安全工作。

1. 建立健全安全责任制和突发事件应急预案。总务处以处主要领导负总责、中心正职为第一责任人、中心安全员负责安全工作，每个员工也都是安全参与者。任务明确，责任到人，层层签订安全防火、社会治安综合治理、食品卫生安全等责任书。

2. 牢固树立“安全第一”“隐患就是事故”意识。以制度化、常态化、科技化的“三化”方式持续推进安全工作，以“最严谨的标准、最严格的监管、最严厉的处罚、最严肃的问责”“四严”工作要求认真做好各项安全工作。

3. 每月召开总务处安全工作会议。2017 年召开处级安全专题会议 8 次，安全考核 2 次。各中心和职能办公室进行安全情况汇报，重点对发现的安全隐患和苗头进行分析梳

理,同时每次会后进行实地安全抽查,对抽查中发现的安全问题及时整改,好的做法通报表扬。

4. 以多种形式全员参与安全教育和培训。在提高员工职业素质和专业素养的同时,更注重加强职工的安全教育培训,做到"培训有计划、方案有重点、实施有记录、考核有效果",保证每位员工都能正确使用消防器材处理应急情况。各经营实体进行了包括灭火器及消防栓使用、消防知识及治安培训,有的还针对性地进行了电器火灾事故、灾害自救和逃生技巧的演习培训。

5. 申报并主持专项课题。中国教育后勤协会2015年重点课题"高校后勤房屋修缮安全管理研究"于2017年底完成,并通过专家组评审。该研究对高校房屋修缮的规范化管理提出了更高的标准和要求,并已在东南大学修缮工作中尝试实施。

6. 防范措施到位,及时检查整改。2017年对危旧房屋、老旧水电气设施设备进行重点改造改建。健全饮用水安全的网络化管理,做好危险设备的安全保护,设施设备按时保养维修,日常管理及责任制落实到人。

七、抓好业务工作,提供优质后勤保障

(一)国有资产工作

1. 配合中央巡视工作。为迎接中央巡视,对四牌楼、九龙湖、丁家桥、浦口成贤学院的办公用房进行逐一核查,对核查出的问题立即整改。巡视期间,及时提交所需材料,针对巡视工作中所反映出的问题,认真进行梳理核实,明确整改措施。

2. 加强学校公用房管理。为提高公房资源使用效率,形成《关于学校公用房使用测算标准及有偿使用的调研报告》。推进公房有偿使用,优化四牌楼校区公房资源,做好院系搬迁后公房调配计划。

3. 维护学校利益,配合政府市政建设及征收工作。以维护学校利益为前提,在四牌楼、九龙湖、浦口校区、晓庄科技园均有地块面临市政建设征收情况下,既支持城市建设,又要在维护学校利益条件下配合做好南京市建设工作。

4. 缓解青年教职工住房困难。为保障青年教职工的切身利益,与南京市住房保障中心、江宁区住建局等部门沟通,获得市住房保障中心批文,并开始新一轮公租房申请工作,解决青年教师住房问题。

(二)财务管理工作

1. 积极配合巡视工作,加强财务制度建设。积极配合中央巡视组各项检查,提供所需台账资料,根据巡视意见及问题及时整改,规范财务行为。严格国家法律法规和学校规章制度,坚持财务"一支笔"审批制度,对大额经费开支经处务会集体讨论。杜绝"小金库"及"账外账"等违规行为。

2. 做好财务管理与服务。做好会计核算工作,加强对原始凭证审核,及时纠正发现的问题,确保原始凭证内容准确完整,审批和签字手续齐全。按时编制记账凭证,做到日事日清。对于编制好的记账凭证及时传递给审核人进行审核,对于审核有误的凭

证，及时更正。

3. 强化经济责任审计。配合做好汽运中心、商贸中心(润教公司)、修缮中心主任离任审计。深入落实《教育部关于加强直属高等学校内部审计工作的意见》，做好总务处2016年和2017年报审计，强化审计结果运用，加强审计整改和责任追究。

4. 做好财务专项治理工作。根据教育部财务司关于《教育部关于直属高等学校落实财务管理领导责任，严肃财经纪律的若干意见》，对照有关标准和规定，健全财务治理体制和运行机制，大力推进内部控制制度建设，认真梳理近几年各项检查中发现的但尚未完成整改的问题，建立问题台账，逐条逐项指导有关部门建立整改台账，认真整改落实。

(三) 能源与维修工作

1. 落实2017年教育部专项。遵循以人为本、为学校师生着想的服务理念，积极推进专项的执行，2017年共实施并完成改善基本办学条件10个专项，财政经费预算3 811万元，涉及学生公寓、学生食堂、公共教室、公共楼宇、基础设施等各方面。

2. 狠抓实干校内专项。认真实施校内专项任务，转变工作理念，发挥主观能动性，由应急维修为主转为常规维护为主。顺利保障了学校各重大活动，如115周年校庆、本科生教学评估等工作的进行。优化零星维修流程和规范，优服务优质量地完成校内修缮工程250多项，有效改善了学校教学、科研和师生生活的基本环境。

3. 积极申报2018—2020年教育部专项。完成2018年改善基本办学条件专项项目申报16项，其中房屋修缮类8个，基础设施改造类7个，设备购置类1个，合计金额5024万元。为满足师生需求，提前启动了2018年专项学生宿舍及教学楼的电梯改造项目，共更换电梯6台，合同经费133.8万元。

(四) 绿化与物业工作

1. 加强校园的绿化工作。以115周年校庆为重点，抓校园绿化、景观提升、宿舍围合补缺的落实。完成108棵银杏树的捐献和建设工作；新建桃八绿地4 000多平方米；植树木2 000多棵；植树节新种梅花树100余棵，完成535株法桐树树洞修复，新种竹子400余株，完成校园绿化破坏面积约6万平方。

2. 学生宿舍管理方面。讨论修改并出台学生宿舍管理办法；清理学生宿舍中逾期未退宿的情况；完成340名春季博士生入学安排；完成桃八学生宿舍、文昌十六舍、文昌七舍共计400余名学生房间的家具购置和空调安装工作。完成土木交通专业共1 343名学生搬迁方案的制定工作。

3. 物业方面。完成九龙湖校区快递服务中心建设、运营协调和日常监督，参与"美丽东大，你我共建"校务发布会，完成土木交通大楼和桃八物业接收。

(五) 膳食与校园工作

1. 做好新桃园食堂准备工作。做好厨房设备的招标、采购工作，成立由校纪委、膳食办、饮食中心等组成的"新桃园食堂厨房设备采购工作小组"，采购招标工作通过集体研究、集体讨论、集体决定，顺利完成近900万元的设备招采工作。

2. 加强东南大学特色饮食文化工作。多次外出调研，召开研讨会，对新桃园食堂的经营理念、经营方案、经营模式、经营特色进行反复讨论，本着以“饮食＋文化＋智慧”的工作理念，用“管理＋监督＝绩效”的管理手段，力争将东南大学的饮食服务由单纯解决饥饱功能向“饮食＋教育＋多元文化空间”转变。

3. 加强与服务对象沟通。饮食中心、汽运中心多次组织本科生、研究生学生座谈会，并组织学生参加“走进食堂”活动。高度关注BBS，对师生反映的问题及时回复，对存在的问题，认真落实整改。

4. 积极配合学校相关部门做好九龙湖循环接驳车APP的研发和使用工作。做好“食尚东南，喜迎校庆，东南大学教职工厨艺大赛”活动。弘扬校园饮食文化工作，积极配合饮食中心、梅花餐饮做好美食文化节活动。做好饮食惠利师生的工作，做好“三八妇女节”“端午节”给就餐学生免费发放酸奶、粽子、咸鸭蛋等工作。

八、加强党风廉政建设，打造廉洁后勤

把党风廉政建设作为重点工作，坚持常抓不懈。2017年，以党的十九大精神为引领，总务处多次组织开展“学习十九大会议精神”专题教育活动，进一步增强干部职工的政治意识、大局意识。学习党的十九大精神过程中，组织各种党课，还邀请分管校领导作“以党的十九大精神为引领开创新时期东大后勤工作新局面”的党课。围绕十九大主题“不忘初心，牢记使命”展开党课，对十九大提出的“新成就”“新时代”“新使命”“新思想”“新征程”进行了详细解读。全校后勤人要紧密联系学校和师生实际，不断创新工作思路，不断提升干事谋事的能力，在党的十九大精神指导下，为把东南大学建设成为中国特色世界一流的综合型、研究型、创新型大学而贡献自己的力量。

为贯彻落实党中央国务院《关于实行党风廉政建设责任制的规定》的相关要求，切实加强作风建设，提高党的执政能力和廉政能力。总务处还开展廉政责任书、经济目标责任书签订工作及廉政文化作品的征集活动，要求各负责人在工作中自觉遵守各项廉政准则，切实做到廉洁自律、遵纪守法。

九、各级各类获奖情况

1. 东南大学总务处获全国高校“教育后勤新科技应用领跑单位”荣誉称号。

2. 东南大学总务处获“全国教育后勤系统信息宣传先进单位”。

3. 东南大学总务处获“江苏省高校房地产管理工作先进单位”。

4. 邱佳川同志获“中国教育后勤协会能源管理专业委员会GREEN奖”。

5. 陶文彬同志获“江苏高校房地产管理工作先进个人”。

6. 东南大学幼儿园荣获“教科研先进集体”称号。

7. 东南大学幼儿园荣获“南京市幼儿园优秀自制玩教具展评活动二等奖”。

8. 商贸中心视频作品《东南印记》获江苏省教育超市2017年商品陈列创意大赛一等奖、最佳创意奖。

基本建设处2017年工作综述

稳步推进"美丽东大"建设，助力"双一流"实施。统筹规划、设计和建设三大环节，全面提升基本建设工作系统性和前瞻性。贯彻落实绿色、创新、文化传承新理念，坚持"以人为本、科学发展"指导新思想，推动完成"十三五"基本建设五年规划修编工作，初步完成九龙湖校区规划修编草案，积极推进丁家桥校区校园规划报批工作。着力保障改善民生，切实提升基本办学条件，全面推进民生工程建设，完成九龙湖游泳馆和桃园学生宿舍(9—10号)项目设计招标、方案论证和设计工作；完成九龙湖桃园食堂建设工作。聚焦双一流学科建设，服务创新驱动战略，大力推进教学科研用房建设，完成土木交通教学科研楼工程办公楼部分验收和交付工作；完成信息电子教学综合楼设计、规划人防审图和施工总包招标工作，即将开工建设；完成能环科研综合楼、生医科研综合楼的可行性研究报告编制、报送、教育部评估和立项工作，并启动设计招标工作。围绕"机关作风建设"工作，"送服务上门"，积极调研院系单位建设需求，精确对接用户单位使用需要；加强与政府部门和外单位沟通协调工作，落实建设项目报建、电力增容、燃气接入等事宜，努力推进项目实施进度。顺利完成2017年中央预算内投资3262万元、"双一流"专项资金3000万元、改善基本办学条件专项资金1650万元的预算执行工作。积极申请2018年中央预算内投资和"双一流"专项资金，其中：土木交通教学科研楼、能环科研综合楼、生医科研综合楼三个项目已被教育部列入"双一流"建设重点项目名单。获得2018年国家拨款总量在直属高校中位于前列。积极配合中央巡视工作，落实巡视要求，把政治巡察作为"第一任务"，指导基建处党风廉政建设和反腐败工作；锁定问题清单，把反馈内容作为"第一靶向"，开展基本建设廉政风险点梳理和防控制度体系建设工作；盯紧两个责任，把党要管党作为"第一目标"，切实落实"党政同责、一岗双责"。

医疗卫生工作

东南大学附属中大医院2017年工作综述

2017年，医院在大学和省业务主管部门的领导下，全面落实江苏省城市公立医院改革的各项工作要求，坚持以病人为中心，以医疗质量安全为主线，以学科人才建设为重心，年内医疗工作继续保持较大幅度增长，学科人才科研工作取得显著成果，强化内部管理，开源节流提升了效率与效益，基本完成年度各项工作目标。

本部期末开放床位1 821张，年内实现总收入21.74亿元，其中业务收入20.88亿元，总收入同比增长11.66%。累计完成门急诊诊疗1 201 712人次，同比增长7.9%；出院病人73 558人次，同比增长9.6%；住院手术32 234台次，同比增长10.4%；全年床位使用率106%，平均住院日9.5天。

江北院区期末开放床位539张，年内实现总收入4.58亿元，其中业务收入3.81亿元。累计完成门急诊诊疗499 315人次，出院病人20 285人次，住院手术8 152台次，病床使用率93.8%，平均住院日8.4天。

一、加强医疗质量与安全监管，深化医疗服务内涵质量

1. 开展年度医疗安全专项整治活动，强化质量管理意识。召开医院质量与安全管理委员会全体会议，制定医院的质量管理与患者安全的持续改进计划，确定开展多部门参与的“2017年度医疗安全专项整治活动”，坚持全面梳理与重点整治相结合、科室自查与医院督导相结合、专项整治与长远建设相结合，全面推进医院质量与安全管理的开展。

2. 全面落实医疗核心制度，对医疗重点环节实时监管。重新修订完善18项医疗核心制度。全年围绕落实医疗核心制度执行情况和围手术期安全、危急值处置、临床用血安全、不良事件上报等重点环节进行了追踪督查监管，对存在的问题及时反馈科室，针对性提出整改措施并落到实处。通过修订《手术部位标示制度》及《手术安全核查制度》、制定检查及违规惩罚规定、公示手术安全检查的结果等方式对手术安全核查、手术部位标示、术前准备等制度执行情况进行督查，各项安全制度执行情况明显改善。每季度对危急值

执行科室和发布科室进行追踪监管，持续改进危急值管理。全院医疗安全（不良）事件上报例数达 798 例，在全院形成人人重视质量与安全的良好氛围。

3. 注重临床思维能力培养，坚持开展三基培训与考核。坚持每月组织全院性疑难病例讨论，精选讨论病历凝练知识要点，不同专科专家阐述专科的知识与观点，拓展了医师的临床思维，讨论实况实时转播到分院及集团医院。年内还组织多场次基础知识培训，包括“三基”知识与急救技能、合理用血、抗菌药物使用相关规范和制度等。组织 45 周岁以下医技人员进行“三基”与急救知识的理论考试，均分 92.7 分，合格率 99.55%。组织 1 681人参加护理理论考试，合格率为 95.3%。

4. 落实改善服务行动计划，推进临床路径、单病种和日间手术。全年全院开展临床路径的病种数由去年的 105 个增加至 135 个，病种数较去年增加 28.57%，达到了科室全覆盖。全年入径病人 11 362 例，完成 9 793 例，入径率 89.73%，入径完成率 86.19%，入径率与完成率均达到相关要求。对单病种诊疗全过程进行监控，并结合临床路径按病种控费，目前有 8 个单病种的平均住院费明显下降，其中胆囊炎、上消化道出血、肾病综合征平均住院费下降达 10%以上。全年 6 个科室规范开展日间手术，完成 1 800 例，较去年明显增加。

5. 深化护理管理内涵建设，深入开展优质护理服务。修订完善护理常规与护理流程，提高临床指导性。根据国际国内最新指南规范，继续对护理常规、流程进行修订与完善，全年共制定与修订护理常规、流程等共 1 062 项，更好地指导了临床实践工作。继续深入开展优质护理服务，深化“以病人为中心”的服务理念，各护理单元结合科室实际，积极开展专科特色护理服务，例如“启用专科软件，制定个性化食谱”“建立放射性口腔黏膜炎护理流程”等，提升专业内涵，彰显了专科护理特色，促进优质护理服务持续发展，为患者提供更安全、专业、全程的护理服务。

二、继续加强学科人才建设，科研教学成果显著

1. 医院排名进一步提升，学科建设喜获佳绩。通过坚持实施“科技强院、人才兴院”发展战略，不断加强医院学科建设和人才的引进与培养，医院学科建设已见成效，在多个方面喜获佳讯，彰显了医院综合实力：医院位列 2016 年度最佳医院排行榜（复旦版）47 位，重症医学科再次荣当榜眼，放射科和肾内科持续上榜提名；医院位列中国医科院“2017 年度中国医院科技影响力排行榜”65 位，其中 12 个科室进入全国百强科室。医院签订十三五“科教强卫”工程合同，杰出人才、临床医学中心、重点学科、创新团队、重点人才经费入账共计 510 万元，配套青年医学人才建设经费 22 人次共计 44 万元。医院获第二周期江苏省妇幼健康重点学科和重点人才认定。

2. 强化专科建设，提升专科实力。医院积极开展多学科诊疗门诊工作，从专病入手，积极组建 MDT 团队，新增胃食管反流、食管癌、胃肠道肿瘤、肺结节病和胸部肿瘤多学科诊疗门诊。年内医院完善各救治中心组织架构，修订流程图及相关工作制度，胸痛、卒中中心运行良好，创伤救治中心正在积极建设之中；医院获批生殖中心 IVF/ICSI－ET 技术、“基层特色科室孵化中心”。

3. 加大引进高层次人才，推进人才梯队建设。年内共组织 10 余次人才引进和招聘

考试及面试,引进博士研究生 35 人,选留其他新职工 98 人。截至 12 月底,医院本部有在岗人员 2 523 人(其中事业编制 787 人,人事代理 508 人,招聘合同制 1 112 人,劳务派遣 83 人,城建医院托管 33 人;其中教学编制 33 人);江北院区有在岗人员 709 人(其中事业编制 152 人,人事代理 557 人)。2017 年专业技术职称评审按照学校条件申报,4 人聘任为正高职称、17 人聘任为副高职称。经积极申报,年内有 1 人入选国家卫计委突出贡献中青年专家,3 人入选东南大学首席教授,3 人入选"六大人才高峰"高层次人才项目。

4. 纵向课题立项数稳定增加,申报各级各类成果显著。年内立项各级各类科研课题共 140 项(纵向课题 117 项,横向课题 23 项),资助总经费 3 459.58 万元。其中,国家重大科技专项(子课题)1 项,国家重点研发计划项目(子课题)1 项,国家重点研发计划项目(合作)3 项,国家自然科学基金立项 26 项,国家卫生计生委专项课题 3 项。江苏省科技厅社发项目 3 项,江苏省自然基金面上项目 2 项、青年基金 6 项、政策引导类专项 1 项,江苏省卫生计生委面上项目 5 项,南京市科委项目 3 项(含 1 项合作),南京市卫生计生委课题 17 项,其他纵向课题 46 项。接受临床试验 53 项,其中药物临床试验 34 项,器械临床试验 17 项,临床试验合同经费 2 002 万元,同比增长 103%。医院以优异的成绩顺利通过 CFDA 检查组对十个新增专业现场检查,积极做好 I 期临床试验各项筹备工作。科研成果获奖 22 项,其中高等学校科学研究优秀成果奖(自然科学奖)二等奖 1 项,中华医学科技二等奖 1 项,中国中西医结合学会科技奖三等奖 1 项,浙江省科学技术奖一等奖(合作) 1 项,江苏省科学技术奖三等奖 1 项,江苏医学科技奖一等奖 1 项、二等奖 3 项、科普奖 1 项,浙江医学科技奖一等奖(合作)1 项,江苏省卫计委新技术引进奖一等奖 3 项、二等奖 6 项,江苏省中医药科学技术奖二等奖 1 项,南京市科技进步奖三等奖 1 项。全院发表期刊论文 456 篇,其中 SCI 收录 232 篇(总影响因子 847.896 9)、中华收录 50 篇,CSCD 收录 89 篇,其他核心期刊论文 85 篇。

5. 继续做好临床教学工作,进修生人数稳定增长。接收进修生 1 153 人次,其中对口支援单位和集团医院 742 人次。新接纳 279 人参加住院医师规范化培训,目前在培住院医师一阶段 621 人。组织师资参加省级及以上住院/全科医师师资培训 86 人;院内师资培训 529 人次,获得中国医师协会 2017 年百名"住院医师心中的好老师"1 人。完成了江苏省对我院全科医师规范化培训基地的现场检查评审。成功获批心血管内科专科医师规培基地。完成 157 名研究生的临床实践管理与考核工作,完成东南大学和兄弟院校临床、影像、检验、麻醉、康复、营养、临床药学等专业实习生 310 人的实习教学管理和考核。2017 年组织完成住院医师、研究生、实习生、护师的技能培训及考核 17 974 人次,实验室开放 840 学时,完成对模型的接收、使用和维护 481 件次。

6. 举办第二届中大论坛及各类学术活动,持续提升业内知名度。第二届中大论坛以"传承与复兴"为主题,特邀邱贵兴院士以及省内外专家代表 1 300 余人参会。论坛的顺利召开进一步提高了医院声誉,扩大医院知名度及影响力。年内获批准继续医学教育项目 63 项,承办及协办国家级和省级继续教育学习班 63 项,其中国家级项目 42 项,共 1 万余人次参加学习,省级项目 20 项,共 2 200 余人次参加学习。组织全院学术讲座和疑难病例讨论 96 次,听课人数达 22 000 余人次。

三、强化内部管理与运营，提升医院保障能力

1. 积极配合学校接受中央巡视组及专项检查，积极落实整改。医院积极配合学校接受中央巡视组巡视检查，按要求及时提供完整准确的检查材料，保证巡视工作的顺利进行。接受学校对医院的“风险点控制及内控建设”专项检查，医院及时提供检查资料，解答相关问题，针对检查提出的意见和建议，迅速落实整改。

2. 寻求解决现有体制机制问题，拓展医院经费来源。2017 年向大学递交了《关于东南大学附属中大医院属地化管理的请示》的报告，探索医院管理体制及运行机制，彻底理顺办医和办学的关系，切实解决医院发展中管理体制及运行机制的问题。目前，医院已获省财政药品零差率财政补偿拨款 400 万元。通过教育部 2018 年改善基本办学条件专项评审，共获专项财政拨款 2 415 万元。积极开展银医通合作项目，年内成功与两家银行签订合作协议，投资均已到位。

3. 继续推进江北院区、集团医院和健康管理中心建设，扩大医院技术辐射面。江北院区年内业务工作量和业务收入呈现出大幅度的增长，实现总资产保值增值。高级别手术的大量开展，抢救病人的数量、质量发生质的飞跃，体现了江北地区首家三甲医院的技术水平。医联体(集团)建设成效显著，受到了国家发改委、卫计委、省市领导的高度关注和肯定，地方发改委以医联体信息化建设资助 500 万元。中央电视台、新华社、人民日报及省内主流媒体都进行了采访和报道，取得了良好的社会效益，已逐步形成特色鲜明的“中大模式”。年内，新签约集团医院 12 家，目前已建立了以我院为总院、50 家集团医院和 12 社区卫生服务中心为成员单位的医疗联合体。健康管理中心年内体检 41 277 人次，总收入 2 175.46 万元，同比增长 36.7%，经济效益显著增长。

4. 全面实施绩效改革，提高职工待遇与运营效益。新绩效方案实施以来，年内医院的收入结构得到了明显的改善，药占比降低，医疗收入增加；出院人次、手术台次和三四级手术占比提升；平均住院日等运行效率指标改善；不计价耗材的领用同比降低了10.92%，绩效结余同比增加 39.59%；绩效奖金占总收入比重增加，激励医院职工多劳多得、优劳优得。

5. 适应市医保总额预付和按病种结算模式，强调医疗行为的“四合理”，控制医疗费用不合理增长。全年医院市医保总额 12.42 亿元，较 2016 年增加 1.16 亿元。医院紧扣医保支付方式改革政策要求，适时调整医保考核指标，下达文件明确在原有考核基础上，将次均费用、人次人头比纳入科室绩效考核。医院市职工医保住院次均费用为 18 206 元，比 2016 年次均费用下降 290 元，费用控制成效明显。智能监控违规条目大幅减少，按病种结算管理也取得了显著成效，年内全院共计有 8 243 例按病种付费结算病例，其中小于定额的比例(纯盈利)为 60.2%，比 2016 年同类占比提高 22.1%，为全年医保结算工作获得最佳结果打下坚实的基础。医院作为江苏新农合和医保首批异地联网结算医院，联网结算人次最多，跨省异地联网结算人次进入全国百强。

6. 探索药品耗材采购新模式，抗菌药物专项整治成果显著。全年本部采购药品 7.2 亿元，医院在保障临床用药的同时，严格执行“两票制”的相关规定。年内耗材总出库金额 4.528 亿元，其中高值耗材出库金额为 2.342 亿元，低值耗材出库金额 2.186 亿元。开展

抗菌药物处方医嘱点评的事后反馈及诫勉谈话工作,抗菌药物的使用逐渐规范,抗菌药物使用强度接近国家卫计委控制目标,其余各项指标均达到控制目标。

7. 继续推进医院信息化,加快管理与决策系统建设。年内信息化建设稳步发展,全院网络运行平稳,各类软件逐步完善。年内门诊电子病历全面使用,平均使用率超过80%。在不断完善业务系统的同时,年内着重加强医院经营管理、决策系统及互联网应用的相关项目的建设,部署建设了办公、人事、生物样本库管理等系统,持续加强财务、医保、试剂管理系统、耗材管理、设备、病案等方面的信息化进程。

8. 加快引进高端设备,提升医院装备水平。全年新引进设备 277 台,共投入资金 3 315.1 万元。完成 2017 年中央级普通高校改善基本办学条件专项资金的申报和后续执行工作,引进生物样本库及其分子病理实验室,成功安装相关设备。年内还引进了进口超声、人工心肺机、便携式生命体征支持系统、阴道激光治疗系统、高分辨率胃肠动力学检查系统等设备,大幅度提高医院高端设备装备水平,有利于医院综合实力提升和新技术的应用。

9. 稳步推进新门急诊大楼规划、老门诊楼和北院改造工作,继续优化医院诊疗环境。年内医院收到教育部关于项目备案意见的函,正式开始规划方案设计和申报,同时委托大学建筑学院设计新门急诊综合大楼的规划方案。年内医院对老门急诊楼的改造方案进行了多次论证,力求最优方案,改善诊疗环境。北院分步实施改造项目,已完成一期部分改造。加强对物业、餐饮、集中陪检、医疗废弃物等外包服务的监管和持续改进,加强物业公司考核测评,年内完成两家物业公司满意度调查,落实奖惩制度,对物业合同进行了续签。

10. 注重消防与治安安全,加强院内外秩序管理。全年组织安全教育培训 14 场,全院灭火实战演练 3 场,常规消防安全检查 15 次,并组织门急诊消防安全培训、应急疏散演练,医院设立微型消防站 2 个,在重点区域增加高清摄像头 40 余个,提高全院消防安全意识。清理院内无主非机动车,重新规划设定院内非机动车停车区域,完成院内西南侧道路改造,新增机动车停车位 44 个,大大缓解丁家桥道路拥堵的状况。

11. 积极申报"健康促进医院",控烟工作初见成效。医院创建"健康促进医院",树立以人民健康为中心的理念,全方位全周期保障人民健康;医院制定《中大医院消防安全控烟工作实施办法》《中大医院消防安全控烟工作奖惩制度》《中大医院消防安全控烟工作奖惩标准》等系列文件,全年医院控烟领导小组共组织 12 次控烟督查,取得初步成效。

12. 加快推进采购平台建设,提高资金使用效益。出台《东南大学附属中大医院采购管理办法》,成立采购中心,进一步规范医疗装备、医用耗材、检验试剂、基本建设以及维修改造等领域采购工作,规范采购管理,加强廉政建设。

四、坚持公立医院公益性,落实对口支援与应急保障工作

1. 组织警示学习,加强廉洁教育。制定并印发了《东南大学附属中大医院党风廉政建设责任制考核办法》,修订完成《东南大学附属中大医院公务接待管理办法》等十余份新的院内规章。年内组织多次临床科室医务人员的集体谈话;组织全院职工观看廉洁教育宣传片;组织院领导、中层管理人员和重点岗位人员到浦口监狱参观,医院积极做好反腐倡廉工作。年内与前 50 名生产企业和医药公司签订《药品销售廉洁诚信协议书》,共同维

护健康的医药购销秩序。全年共收到锦旗 218 面,表扬信 171 封,退红包 89 人次,约 28.58万元。

2. 完成各级各类对口支援任务,积极应对突发公共卫生事件。年内完成国家、省、市卫计委指派对口支援工作与援疆任务,全年派出医生 113 人次,免费接受基层医疗机构进修人员 764 人次。承担中国民建江苏省第九次代表大会、医院退休党员趣味运动会等医疗保障。在 H7N9(亚型禽流感)防治工作中,4 位医师参加省医疗救治专家组,并接诊 6 位疑似病人,接受 3 名外院转诊确诊患者。参与南京 6 月 8 日江苏路 30 号燃爆事件等医疗急救工作。组织多名专家参与了省"七彩大篷车,志愿社区行"义诊、灌云大型义诊、金陵石化老职工健康义诊等活动,参加专家 13 名,受益群众近 500 人次。积极参与瑞华慈善基金中大医院助医合作项目的相关工作,目前外耳再造的项目正在开展中。积极参加江苏省卫计委组织的科教文化卫生"三下乡"活动,并向基层医疗机构捐赠了价值 5 万余元的药品。

资产经营与管理工作

综　　述

2017年是实施学校"十三五"规划的重要一年，资产经营管理处认真贯彻落实习近平总书记系列重要讲话和党的十九大精神，按照学校整体部署，认真做好巡视整改工作，扎实推进机关作风建设的制度化、规范化、常态化，不断提升处内各科室的服务能力、创新能力、执行能力和协作能力，工作效率显著提升。

一、经营性资产管理相关工作

1. 认真细致地做好中央巡视检查的各项工作。为迎接中央巡视组的检查，资产经营管理处成立了专门的工作组，并做了充分的准备工作。针对巡视内容研究了相关可能出现的问题及应急预案，并对存在的问题积极梳理和整改。根据巡视反馈意见和校党委工作安排，全面落实整改任务，落实完成相关工作。

2. 结合中央巡视组的工作部署和要求，校国有资产经营管理委员会于2017年2月、3月、5月、7月、12月共计召开六次会议，研究我校经营性资产管理工作，落实整改任务。

3. 因经资委成员工作岗位的变动，及时完成校国有资产经营管理委员会人员调整工作并发文。

4. 完善我校国有资产经营管理制度建设，制定《东南大学国有资产经营管理委员会议事决策规则》《东南大学校办企业经营管理与绩效考核暂行办法》，修订《东南大学企业国有资产监督管理暂行办法》，促进了我校国有资产经营监管体系、绩效考核体系的完善。

5. 完成东南照明电器厂的清算审计、清算报告、债务清理、股东沟通、股东会决议、银行纳税账户注销、清算方案报校长办公会批准等工作。

6. 与各股东方协调、沟通，推进东南大学无锡应用科学与工程研究院有限责任公司的各项注销工作。

7. 由省教育厅牵头召开"江苏捷仕达高校科技有限公司"股东会，并形成股东会决议和股东协议。

8. “南京宇桥医疗器械有限公司”投资盘亏向教育部报批工作。

9. 配合总务处办理南京东南大学水电安装队、东南大学机电开发总厂、常州东大金属制品厂三家企业关门清算工作。

10. 完成《教育部部属高校企业清理规范工作报告》。

11. 加强校办产业事业编制人员的规范化管理和服务工作，2017 年 3 月完成了向资产公司移交校办产业事业编制人员（共计 314 人）的相关资料及档案工作。

二、房产出租出借管理相关工作

1. 2017 年用于出租出借的经营性房产总面积约 31.3 万 m^2，资产原值约 4 亿元，年租金 8 666.49 万元。其中：全资控股企业使用房产资源约 4.58 万 m^2，年租金 1 620.77 万元；大学科技园三个园区使用房产约 5.3 万 m^2，年租金 1 565.20 万元；成贤学院使用房产约16.1万 m^2，年租金 3 382.89 万元；晓庄和浦口东区对外整体租赁约 4.77 万 m^2，年租金 1 027.14 万元；对外商业用房等出租约 0.63 万 m^2，年租金约 1 070.49 万元。

2. 完成房产经营调整规划方案，加大经营性房产对学校创新创业教育实践、科技成果转移转化和大学科技园建设的支持力度。将太平北路 136 号 900 m^2 清空交付大学科技园用于学生创业中心建设工作。清退四牌楼校区周边成贤街、学府路约 870 m^2 无产权证的门面房。

3. 积极做好科技园区经营载体的统筹调整工作，大学科技园高新园区部分房产调整用于江北创新研究院建设，一期 4 000 m^2 调整完毕。

4. 做好九龙湖校区学生生活配套商业网点和其他对外出租房产的公开招标工作，顺利完成清退和新老交接，规范日常运营管理，积极处理学生投诉建议。

5. 加强房产出租管理信息系统建设，通过招标方式确定了系统开发供应商，初步完成系统调试并启动试运行。

三、服务创新创业，转化科技成果

1. 参与编写并出台《东南大学促进科技成果转移转化实施方案》。

2. 委托第三方公司评估无形资产共计 4 项，评估价值 741.83 万元，其中包括：交通学院刘松玉团队拟出资组建地下空间研究院的 3 项发明专利和机械学院倪中华团队拟对“张家港氢云新能源研究院有限公司”进行增资的 1 项发明专利。

3. 推进互联网众创园项目建设。协调落实生医学院、建筑学院 8 个学生项目入驻互联网众创园众创空间；配合第三届“I 创杯”大赛，举办“项目路演材料制作与技巧”路演培训讲座配套活动，宣传、发动并选送 18 个创新创业项目参赛，取得一个三等奖、4 个项目参加决赛的好成绩；面向省互联网众创联盟单位举行东南大学应届毕业生秋季招聘会。

4. 牵头申报“东南大学成贤街双创基地建设项目”，获批项目经费 250 万元。

四、围绕学校中心工作,其他各项工作稳步推进

严格执行《资产经营管理处工作议事制度》,加强内控,完善并上报处内重要岗位廉洁风险管控相关制度;加强网站建设,对工作动态、政策法规以及重要事项做到及时更新、公开、公示。

合作共建与校友会工作

基金会 2017 年工作综述

落实中央巡视组反馈意见和学校动员部署会议精神，对东南大学教育基金会关于加强奖助学金、捐赠项目的管理，采取切实措施，防范境外渗透等问题进行认真梳理、全面整改，并向学校提交了工作报告。通过和省公安厅、市公安局境外非政府组织管理办公室交流，起草并实施了《东南大学教育基金会接受境外捐赠管理办法(暂行)》。

教育基金会被江苏省民政厅依法认定为慈善组织，被评为 2017 年度“高校教育基金工作先进单位”。

新签各类捐赠协议 115 份，累计捐赠 47 292 笔，各项收入合计 3 724.5 万元。

2016—2017 学年度，教育基金会评审奖助项目 195 项，2 972 位师生，总额 1 293 万元。有 10 位优秀教师荣获唐仲英基金会“仲英青年学者”。仪器科学与工程学院宋爱国教授荣获 2017 年度“宝钢优秀教师特等奖”。物理学院 2015 级博士研究生赵英鹤荣获 2017 年度“宝钢优秀学生特等奖”，这是东南大学第七次师生同获“宝钢教育奖特等奖”。

新签海外交流协议 2 项，总金额 13.7 万元。资助学生出国(境)学习交流近 50 人次，总金额 36 万元。

先后有 16 家学院建立了学院发展基金。

新签的协议中有 26 项用于大学生创新创业教育实践活动，总额 188 万元，受益人数过千。

新签的协议中有 33 项，总额 120.8 万元用于学生综合素质教育。“教育基金会志愿者协会”为校内较为活跃的社团之一。今年由教育基金会主办、协办 30 多项文化活动。

教育基金会为东南大学对口扶贫地区南华县捐赠 200 万元，用于铺设道路。主办牵手彩云，筑梦云端——2017“至善东南”科技夏令营，“南华爱心知识漂流活动”。

教育基金会学生重大疾病基金。2017 年度共资助 7 名罹患重病的学子，网络捐赠平台共收到善款达 234.98 万元，40 669 人次参与。

每月出刊一期电子杂志《教育基金会简报》，四期《东南季风》，发送近 6 万人次。基金会官方微博为校内最为活跃、最具影响力的平台之一。

2017 年 6 月 3 日下午，东南大学教育基金会隆重举行东南大学 115 周年校庆系列活动之“大爱无疆”颁奖典礼。充分展现了东南大学优秀学子的风采，展现了捐赠者无私的爱，展现了教育基金会筹资的显著成效。

2017 年东南大学教育基金会奖助项目设置一览表

序号	项目名称	设立者	总金额(元)
1	顾冠群、章玉琴奖助学金	顾冠群、章玉琴家属	基金 150 000
2	齐康奖助基金	齐康院士	基金 1 000 000
3	吕志涛院士奖励金	吕志涛院士	30 000
4	何振亚、王孝书奖学金	何振亚、王孝书	基金 120 000
5	缪昌文奖学金	缪昌文院士	基金 200 000
6	东南大学建筑设计与理论研究中心——程泰宁奖励基金	程泰宁院士	基金 650 000
7	孙伟院士奖学基金	孙伟院士	基金 500 000
8	朱斐、孙绎奖助学金	朱斐、孙绎	基金 200 000
9	周鹗奖学金	周鹗教授及夫人王慕藏教授，众高足	基金 160 000
10	冯宇樵奖学金	冯绥安先生	2 500
11	陈延年、王劲松奖学金	陈延年、王劲松	30 000
12	李元坤奖学金	徐元善先生	2 000
13	陈达锋土木工程奖教金	陈达锋先生	基金 100 000
14	张秋交通工程奖学金	张秋先生	基金 37 000
15	金宝桢奖教金、奖学金	南京栖霞建设股份有限公司	基金 500 000
16	丁大钧教育基金奖助学金	丁大钧教育基金会	基金 960 000
17	蒋永生奖学金	蒋永生教授家属及学生	基金 215 000
18	陈荣生教授创新奖学金	陈荣生教授的学生	10 000
19	维俊奖教金	南京盘龙广告传媒集团	基金 50 000
20	洪范五奖教金、奖学金	南京盘龙广告传媒集团	基金 100 000
21	郝英立奖学基金	高嵩同志及沈锦华、郭金林、沙敏等校友	基金 192 000
22	言恭达奖教金、奖学金	言恭达先生	基金 500 000
23	黄林、郭养滋奖学金	黄林、郭养滋伉俪	基金 100 000
24	朱庆麻奖助学金	朱世平校友	基金 100 000
25	高金衡奖助学金	高明女士	基金 100 000

（续　表）

序号	项目名称	设立者	总金额(元)
26	恽瑛奖助学金	恽瑛教授、潘天任、左韵芳	基金 28 0000
27	程文瀼教授奖助学基金	程文瀼教授家属及其弟子	基金 330 000
28	施明恒奖学金	施明恒教授及其弟子	基金 100 000
29	徐百川 OVM 预应力奖学金、奖教金	柳州欧维姆机械股份有限公司	50 000
30	章春梅奖学金	章春梅教授家属及其弟子	基金 110 028
31	何德玶奖学金	何德玶教授家属	基金 108 000
32	霞光奖助学金	程光蕴、许世霞夫妇	基金 100 000
33	颜安教授奖教金	颜安教授	基金 60 000
34	徐南荣奖学金	桂莲基金会	基金 500 000
35	东南大学陈珩教授奖励发展基金	陈珩教授的家属、学生及好友等	基金 580 000
36	孙国雄奖学金	孙国雄教授及其研究生	基金 200 762
37	陈善年、佘颖禾核电安全与创新奖学金	陈善年、佘颖禾教授夫妇	基金 1 000 000
38	郭秉文奖学金	Give2Asia	基金 6 500 美元
39	颜景平教授暨弟子奖学基金	颜景平教授暨弟子	10 000
40	张建坤基金	张嘉澍先生	基金 310 000
41	“徐吉谦——张秋”奖学金	徐吉谦教授及其曾指导的研究生	基金 150 000
42	蒋贤文奖学金、奖教金	蒋时俊校友	基金 3 060 000
43	陆梓瑜奖助学金	陆虎进校友	100 000
44	轩铭奖学金	杨轩铭校友	3 000
45	吴健雄·生医奖学金	东南大学生物科学与医学工程学院发展基金	160 000
46	红光奖助学金	曹红光校友	基金 450 000
47	焦廷标奖学基金	南京华新有色金属有限公司	基金 5 000 000
48	亿利达刘永龄奖学金、刘永龄助学金	亿利达工业发展集团有限公司	50 000
49	许尚龙光彩事业贫困学生奖助学金	南京 21 世纪投资集团	基金 500 000
50	限利实国际奖助学金	国际科学技术文化振兴会	100 000
51	唐仲英德育奖学金	唐仲英基金会(中国)	492 000
52	叶晶奖学金	叶晶、刘芳夫妇	60 000

(续　表)

序号	项目名称	设立者	总金额(元)
53	大连东岗奖教金、奖学金	大连信恒康医药科技有限公司	基金 1 000 000
54	张志伟奖助学金	张志伟校友	200 000
55	龙昌明奖教金	龙昌明校友	基金 100 000
56	东南大学周远奖学金	中国科学院理化技术研究所	30 000
57	煜平公卫奖学金	方煜平校友	基金 300 000
58	陈斌、曾珠奖学金	陈斌、曾珠校友夫妇	基金 1 030 000
59	东南大学“苏州工业园区奖学金”	苏州工业园区	150 000
60	东南大学教育基金会奖学金、奖教金、奖管金	东南大学教育基金会	170 000
61	宝钢教育奖	宝钢教育基金会	210 000
62	光华奖学金	光华教育基金会	400 000
63	南京安徽商会·同曦集团东南大学奖助学金、助学金	江苏同曦集团有限公司,南京安徽商会	200 000
64	“自动化工程师”奖学金	戴先中教授	基金 100 000
65	东南大学工程管理英才奖学金	李启明教授	基金 200 000
66	励志成功奖学金	王志功教授	基金 100 000
67	软件创新奖学金	邓建明教授	12 000
68	文教羽翼奖学金	孙淼校友	3 000
69	至善奖学金	东南大学总务处	基金 100 000
70	铭恩奖助学金	李翼成校友	基金 100 000
71	“生命科学”奖助学金	生命科学研究院夏淑婷、王韶莉、支灵通、杜加伟、于笑笑、刘文华等同学	13 000
72	朴衡奖学金	沙永春、卞鹏萱	36 000
73	公卫研究生新星奖学金	公卫学院 2016 年国家奖学金获得者	基金 7 500
74	国盛奖学金	江苏省科学技术协会	60 000
75	“初心”学生工作奖励基金	50 000	
76	8480 奖学金	东南大学 80801、84802 班	基金 100 000
77	686 奖助学金	电子科学与工程学院 86 级校友	基金 120 000
78	5187 级奖学金	5187 级校友	基金 110 000
79	东南大学六系 79 级校友奖助学金	东南大学六系 79 级校友	基金 168 000
80	251991 奖助学金	东南大学法学院 251991 班	基金 50 000

（续　表）

序号	项目名称	设立者	总金额(元)
81	259991 奖助学金	东南大学法学院 259991 班	基金 50 000
82	3180 诚信奖助学金	东南大学电气工程学院 3180 班	50 000
83	5181 励志奖学金	东南大学 5181 级校友	基金 265 180
84	22811 铸才奖励基金	东南大学 81 级校友任京建、殷辉	基金 300 000
85	90 级电子学院校友奖助学金	东南大学电子学院 90 级校友	15 000
86	160082 奖助学金	160082 班全体校友	3 000
87	2195 届励志奖学金	交通学院 1995 届校友	基金 150 000
88	8091 校友奖助学金	自控 91 级校友	基金 100 000
89	动力 91 级校友奖助学金	动力 91 级校友	基金 250 250
90	251001 班校友奖助学金	251001 班全体校友	12 000
91	422001/2 班校友奖学金	422001/2 班全体校友	基金 45 000
92	81 级医学校友励志奖学金	81 级医学校友	基金 300 000
93	东南大学数学系 2002 级校友奖助学金	数学系 2002 级校友	基金 12 000
94	马院 92 之芯奖学金	杭州腾果网络科技有限公司(马克思学院 92 级全体校友)	基金 100 000
95	无线电系 82 级校友奖学金	原无线电系 82 级校友	基金 100 000
96	广东省东南大学校友会奖助学基金	广东省东南大学校友会	120 000
97	菲利浦奖教金、奖学金	LG. 荷兰菲利浦显示公司	21 000
98	南瑞继保奖教金、奖学金	南京南瑞继保电气有限公司	70 000
99	“东大设计院”奖教金、奖学金	东南大学建筑设计研究院	82 500
100	CASC 公益奖学金	中国航天科技集团公司	50 000
101	金智奖教金、奖学金	江苏金智科技股份有限公司	80 000
102	江苏电力奖助学金	江苏省电力集团	基金 1 000 000
103	联创国际奖学金	上海联创建筑设计有限公司	10 000 美元
104	雷克奖学金、奖教金、助教金	庄昆杰、范国平伉俪	40 000
105	会丰奖助学金	厦门会丰拍卖有限责任公司	20 000
106	三菱电机奖学金	三菱电机机电(上海)有限公司	50 000
107	东南大学中泰国立奖教金	江苏中泰集团有限公司	300 000
108	坚朗奖/助学金	广东坚朗五金制品股份有限公司	60 000

(续　表)

序号	项目名称	设立者	总金额(元)
109	锦华装饰奖教金、奖学金	江苏锦华建筑装饰设计工程股份有限公司	55 000
110	聚立科技奖教金、奖学金、奖管金	南京聚立科技股份有限公司	70 000
111	南京长江都市奖助学金	南京长江都市建筑设计股份有限公司	90 000
112	东大智能奖励金	南京东大智能化系统有限公司	30 000
113	科远自动化奖学金	南京科远自动化集团股份有限公司	80 000
114	海拉奖学金、奖教金、奖管金	海拉(上海)管理有限公司	134 000
115	东南大学博世奖学金	博世(中国)投资有限公司	115 000
116	苏博特基金	江苏苏博特新材料股份有限公司	300 000
117	汉桑奖学金	汉桑(南京)科技有限公司	30 000
118	汇鸿股份奖教金	江苏汇鸿股份有限公司	40 000
119	中交路桥建设奖学金、奖教金	中交路桥建设有限公司	200 000
120	江苏金陵科技集团公司奖教金、研究生奖学金	江苏金陵科技集团有限公司	10 000
121	创远微波奖学金	上海创远仪器技术股份有限公司	100 000
122	罗德与施瓦茨研究生奖学金	罗德与施瓦茨公司	100 000
123	丹阳市飓风物流奖助学基金	丹阳市飓风物流股份有限公司	120 000
124	正保教育奖学金、助学金	北京东大正保科技有限公司	150 000
125	东南大学建筑设计与理论研究中心·杭州中联筑境建筑设计有限公司基金	杭州中联筑境建筑设计有限公司	基金 200 000
126	苏州中诚奖教金、奖学金	苏州市中诚工程建设造价事务所有限公司	30 000
127	新蓝天钢结构奖学金	江苏新蓝天钢结构有限公司	60 000
128	中南助学圆梦奖学金	中南控股集团有限公司	250 000
129	东南大学森德兰舍奖学金	上海兰舍空气技术有限公司	40 000
130	特高压奖学金	国家电网公益基金会	100 000
131	江苏软件奖学金	江苏软件产业人才发展基金会	15 000
132	“协鑫奖”奖学金	协鑫(集团)控股有限公司	250 000
133	东大能源奖学金、奖教金	南京东大能源环保科技有限公司	30 000
134	东南大学——华为奖学金、奖教金	华为技术有限公司	100 000

（续　表）

序号	项目名称	设立者	总金额(元)
135	华电光大奖教金、奖学金	北京华电光大环保技术有限公司	50 000
136	外运长江奖学金	中国外运长江有限公司	20 000
137	联众奖学金	杭州联众医疗科技股份有限公司	30 000
138	德威奖学金	江苏德威新材料股份有限公司	100 000
139	“美达灌装机械”奖学金	彭山宏校友	基金 108 000
140	亚派科技奖助学金	南京亚派科技股份有限公司	40 000
141	共进奖学金	深圳市共进电子股份有限公司	100 000
142	多伦科技奖学金	南京多伦科技股份有限公司	66 000
143	琢章奖学金、奖教金	南京壹千零壹号自动化科技有限公司	25 000
144	ADI 创新奖学金	亚德诺半导体技术(上海)有限公司	基金 150 000
145	东南大学中国电科十四所国睿奖学金	中国电子科技集团公司第十四研究所	128 000
146	博事达律师奖助基金	博事达律师事务所	100 000
147	电子十二所奖学金	中国电子科技集团公司第十二研究所	130 000
148	东南大学路鼎奖学金	南京路鼎搅拌桩特种技术有限公司	30 000
149	东南咨询奖助学金	江苏东南工程咨询有限公司	基金 250 000
150	和昌集团奖学金	北京和昌置业发展有限公司	基金 100 000
151	科技发展奖学金	江苏省科技发展有限公司	基金 65 100
152	梅花奖学金	南京梅花餐饮管理有限公司	基金 100 000
153	欧级奖助学金	江苏欧级节能科技有限公司	100 000
154	数弈众城奖助学金、奖教金	南京数弈众城投资管理有限公司	55 000
155	唯捷创芯奖学金	唯捷创芯电子技术股份有限公司	20 000
156	新海天奖学金	江苏新海天国际贸易有限公司	65 400
157	中国路桥奖励金	中国路桥工程有限责任公司	200 000
158	蓝风国际奖学(教)金	江苏蓝风国际投资发展有限公司	100 000
159	日照钢铁奖学金、奖教金	日照钢铁控股集团有限公司	基金 800 000
160	无线电系 77、78 级校友奖学基金	信息科学与工程学院 77、78 级校友	基金 325 000
161	远景智慧奖学金/远景未来奖学金	远景能源(江苏)有限公司	98 000
162	BSH 奖学金	博西家用电器(中国)有限公司	48 000
163	三宝科技双创奖	南京三宝科技集团公司	81 000

(续　表)

序号	项目名称	设立者	总金额(元)
164	纪辉娇助学金	纪辉娇女士	50 000
165	爱心助学金	蔡泉生校友	37 200
166	星火助学金	高戟校友	12 000
167	新生晨曦助学金	蔡卫强、黄娟、曹莉茵、滕梓帆、潘群	18 000
168	新生爱心基金	宜兴市法新轮胎销售有限公司	10 000
169	新生爱心基金	不愿透露姓名的爱心人士	6 000
170	新生爱心基金	杨芳	5 000
171	新生爱心基金	吉兵先生	6 000
172	吴海熊助学金	吴海熊、李晓峻夫妇	6 000
173	东南大学一南京龙虎助学金	龙虎网(南京安居保障房建设发展有限公司资金支持)	30 000
174	诚朴助学金	瞿宏伟先生	55 000
175	云南同乡爱心助学金	杨文、余兰、杨志、杨健等	6 000
176	筑和助学金	江苏筑和地产发展有限公司	4 000
177	南京永瑞助学金	南京永瑞科技有限公司	6 000
178	武汉正维助学金	武汉正维电子技术有限公司	108 000
179	长北助学基金	张燕教授	5 000
180	学长助新生启航基金	张胜兴	3 000
181	学长助新生启航基金	何新夏	9 000
182	东南大学法学院 251981 班助学金	法学院 98 级校友会	9 000
183	东南大学法学院上海校友助学金	法学院上海校友	2 000
184	东南大学机械系 21901 班爱心助学基金	机械系 21901 班校友	84 000
185	南京工学院自动控制系 81 级校友助学基金	原南京工学院自动控制系 81 级校友	50 000
186	中国能建集团江苏省电力设计院员工博爱基金	中国能建集团江苏省电力设计院员工博爱基金	25 000
187	雁行东大励学成长项目	雁行中国基金会	96 000
188	华民慈善基金会大学生就业扶助项目	华民慈善基金会	300 000
189	伯藜助学金	江苏陶欣伯助学基金会	750 000

（续　表）

序号	项目名称	设立者	总金额(元)
190	新鸿基地产郭氏基金东南大学助学金	新鸿基地产郭氏基金	225 000
191	东南大学未来电源精英助学金	中国教育基金会	99 000
192	东南大学雅居乐地产助学金	雅居乐地产控股有限公司	100 000
193	南京兴华建筑设计研究院助学金	南京兴华建筑设计研究院股份有限公司	75 000
194	RBSf一柏济助学金	广州容柏生建筑结构设计事务所	10 000
195	招商银行一卡通助学金	招商银行南京分行	50 000

校友会 2017 年工作综述

2017 年，校友总会围绕学校“双一流”建设和“双创”教育改革的中心工作进行，广泛联络校友、服务校友、服务学校，为校友搭建与母校交流合作的平台，取得新进展。

一、积极推动境外和地方校友分会的组织建设，围绕国际化发展战略，助推国际交流发展

1. 加大与境外校友的联系，为学校国际化交流、海外高层次人才引进提供支持

完成 2017 年的海外校友会建设任务，建设成立了东南大学日本校友会、东南大学新加坡校友会，并组团参加了校友会成立大会。校友会代表团在新加坡和日本期间，前往大学看望校友，参观校友工作学习的相关实验室及学校的校友之家，应邀参观了校友企业及承接完成的工程项目，向在海外工作学习生活的校友、青年学者进行了人才引进的会谈，介绍学校人才引进项目及相关政策，鼓励校友们考虑回校发展，并就具体合作事宜进行详细磋商。

完成了温哥华、香港等 6 个境外校友会的换届工作。

校友总会牵线搭桥，邀请 8 位包括校友在内的境外学者来校进行学术及科研合作交流。

香港回归 20 周年之际，校友总会以“百年东南、紫荆情深”为主题专程赴港采访 20 位东南大学在港校友代表，记录他们开拓进取的拼搏精神和止于至善的爱校情怀。

2017 年接待境外校友回校交流近 40 人次，联络感情、交流信息，推动学校的国际合作。邀请德国校友会博士代表团回母校进行人才引进、科研合作的交流。

校友总会联合海外各地校友会，近 10 次牵线搭桥为母校访问代表团和当地高校、著名学者、知名实验室的联络和交流，为母校的国际合作贡献一份力量。

2. 推动地方校友会的成立和换届工作

先后完成了上海、福建、南京等 8 个地区校友会的换届工作。新成立了辽宁、河南、青

岛等 5 个地方校友会组织,地方校友会新成立 12 个地区或专业分会。推动院系校友工作,相关院系在各地成立 3 个分会。

南京校友会成功换届,第五届理事会正式成立。新一届理事会以"连接校友,服务校友"宗旨,全年先后成立了物联网等 10 个专业分会,活跃了母校身边的校友气氛,并联合学校成立智慧城市联盟等多个合作组织。

各地方校友会和校友总会合作,开展多种形式的校友俱乐部活动。

二、强化内部管理,提升服务质量,完善校友管理系统

完善"校友综合服务管理系统",建立了东南大学校友总会校友综合服务管理系统,完成 1955 年入学以来所有校友基础信息由纸质信息整理为电子化信息,形成校友资源电子化原始信息库,并通过多种手段引导校友在信息系统上登记,收集校友的当前信息,为海内外校友交流、加强校友与学校联系提供技术支撑。

结合中央巡视组的巡视意见,修改了《东南大学校友总会章程》,加强东南大学校友总会海外校友会组织的管理。

每月出刊一期电子杂志《校友总会简报》,全年编辑出版两期纸质《校友通讯》。为宣传全校各个院系在教学、科研、人才培养、师资队伍建设方面取得的成绩,今年 6 月编辑了《115 周年校庆寄语专刊》,出版了《百年东南、紫荆情深——香港回归 20 年》20 位香港校友的故事。

三、积极开展多种形式的校友活动

继续进行品牌服务项目:学长助新生、他乡遇故知、印迹东南等。

扩大招生宣传工作力度,支持本科招生咨询,对接各地优质生源高中。全国各地 20 多个校友会积极参与学校本科招生工作,联系优质高中,提供招生宣传资源。校友总会直接参与负责上海市的招生宣传工作,2017 年上海的招生录取工作取得了更好的成绩。

推动常州优质高中生源走进东南大学的活动,了解校史、参观学科专业、参与科学活动,吸引更多的优质生源关注东南大学。

通过"学长助新生"品牌活动,指导各地校友会进行近 10 场送新生、迎新校友活动。

联合校内各部处,积极联络相关校友群体,帮助东南大学学生创新、创业,有 70 多位校友直接参与指导学校大学生创新、创业活动。校友总会会同学校相关部门及教师与 20 多个校友企业进行技术交流。联系云南校友会及广东校友会积极参加云南相关地区扶贫对接工作。依托上海校友会,为母校参加挑战杯比赛联系相关校友做好各方面服务,为母校参赛团队取得优异成绩作出了贡献。

校友总会配合建筑学院 90、经济管理学院 30 周年院庆,走访多地校友会并邀请多位校友回校做主题报告。

接待和服务近 30 多个班(年)级返校活动,为返校聚会安排教室、食堂、住宿、医疗保障、新校区参观交通及讲解,介绍学校取得的各方面成绩等。接待校友返校交流活动几百人次。

合计参加 60 多场各地校友会换届、年会、分会成立、大型主题活动。

四、开展 115 周年校庆系列活动

通过举办主题论坛、校庆文艺活动等多种活动方式，广泛团结校友，充分整合校友资源，助力推进校友事业发展。

1. 推荐 6 位杰出校友代表广大校友在校庆大会、研究生、本科生毕业典礼上发言。加强校友与在校师生、毕业生之间的交流。

2. 举办了首届“东南大学校友羽毛球赛”，加强了东南大学海内外广大校友之间的交流，增进校友友谊，向母校 115 周年校庆献礼。

3. 组织海内外校友积极参加中国大学生马拉松联赛东南大学站暨“和你一起”奔跑迎校庆环校马拉松活动，200 多位海内外校友通过线上线下参加 6.6 公里跑，进一步联系海内外广大校友，参加母校的体育活动。

4. 校庆期间，各地校友及校友会共同为母校生日献上祝福：

(1) 北京校友会捐款 100 万元改造九龙湖九曲桥。

(2) 南京校友会众筹捐赠“砥砺”石(价值 60 万元)。

(3) 上海薛军校友捐赠校友信息管理系统软件(价值 60 万元)。

(4) 福建校友会实物捐赠。

5. 举办东南大学校友总会全球校友会负责人会议暨校友理事会议，讨论东南大学校友工作，加强母校和全球各地校友会的交流和合作。

6. 举办首届东南大学校友总会全球各地校友会秘书长工作论坛，交流经验，研讨如何进一步联络校友、服务校友、服务母校的工作措施。

五、积极推荐杰出校友参加江苏发展大会，展示东南大学风采

5 月 20 日，江苏省委省政府以“乡情交流创新共享”为主题，在南京召开江苏发展大会，参加大会的 40 多位东大人中，通过校友总会向省委组织部及省教育厅、科技厅等部门成功推荐参加大会的有 20 多位校友，有 5 位校友在各论坛上做主题报告。

经校友总会推荐，江苏省委、省政府研究确定，沈向洋校友作为江苏发展大会海外重点邀请对象，并在大会开幕式上代表全体海外江苏人发言。江苏电视台专程前往南京溧水、我校及美国采访报道。

大会后，校友总会牵线邀请 4 位校友回母校进行学术交流。

六、广纳办学资源、发挥校友作用，推动学校历史资料实物收集

为学校校史馆征集珍贵的档案资料，向重点校友(院士、杰出校友)征集校史资料近 10 份。

广泛联络校友及校友企业，进一步提升校友反哺母校的积极性，宣传学校的筹资项目，成功牵线深圳闵俞校友向学校捐款 100 万元设立相关的奖助金。

各地校友会、校友企业、班级、运动团体及个人以班级、集体、个人或老师的名义在学校设立奖、助学金及各类基金，积极向学校捐款捐物。不计其数的校友参与了各类捐款。

附件1　校友总会自身建设及重要活动

2017年1月8日　东南大学校友总会五届七次理事会议召开

1月8日下午,东南大学校友总会第五届理事会第七次会议暨南京校友会换届大会召开。东南大学党委书记易红,校长、校友总会会长张广军,副校长黄大卫、周佑勇,校友总会副会长林萍华、刘京南、左惟、朱建设、刘光荣、庄宝杰,校友总会在宁理事代表、南京校友会理事代表,校友总会理事、澳大利亚校友会会长徐仪等百余人出席了大会。会议由校友总会执行副会长刘松玉主持。

易红书记首先致辞,代表学校党政领导向出席会议的各位理事和校友致以衷心的感谢和诚挚的问候。易红书记向与会的各位理事简要介绍了近年来东南大学在学科建设、人才培养和大学治理方面取得的一系列重要成就。易红书记深情回顾了与校友们交流中的感人场景,他特别强调,校友对母校的关爱支持一直是学校发展中重要的支持。易红书记表示,各地校友会应成为校友之间加强联系、增进友情的平台和纽带,成为加强校友与母校之间联络的平台和纽带,成为支持校友事业发展的良好平台。

校友总会秘书长姚志彪向参会理事汇报了校友总会2016年度工作情况。会议决定,周佑勇副校长增补为第五届理事会理事,并任校友总会常务副会长,校友总会副会长浦跃朴不再担任常务副会长。

左惟、林萍华、刘京南、熊仁民、谢建明、高海宁、郭宏定、李建清、马正华、朱晔等理事校友先后在会上发言,一致表示,为母校发展出力献策,已成为自己自然的选择和自觉的行为。

张广军校长在总结讲话中表示,理事们诚挚的发言让他充分感受到校友对母校的深厚情谊,并对校友总会工作提出了新的要求。他指出,校友总会要积极工作,主动作为,改进工作方法,创新工作内容,一是要积极服务校友,助力校友终身发展,助力学校与社会的联系;二是要进一步拓展海外校友会工作,广泛凝聚海外校友的力量,助力学校与海外的联系;三是要进一步推进学校、校友和社会之间政产学研合作,共同致力于服务国家战略和实现民族复兴,共同唱响"东大好声音"。

2017年1月12日　校友总会参加2017"友笑·中国互联网+校友会&教育基金会研讨会"并做专题报告

1月12日,"友笑·中国互联网+校友会&教育基金会研讨会"在浙江大学玉泉校区召开,来自全国116所高校的200多位校友会、教育基金会工作者参会。东南大学校友总会秘书长姚志彪、副秘书长张飒兵参加了研讨会。姚志彪秘书长应邀做报告,并作为论坛嘉宾在现场的校友会论坛上分享校友会建设发展经验。

中国高等教育学会原办公室主任沙玉梅女士致会议开幕词。杭州友笑网络科技有限公司董事长陈鸿则介绍了友笑公司的社汇系统,北京大学校友会副秘书长王宇随后介绍了北京大学在服务管理+移动互联方面做出的尝试和努力,南京师范大学校友总会秘书长顾永林就互联网的神奇与校友工作者的作为阐述了自己的观点。另有中国高教学会基金会研究分会秘书长游睿山、江苏大学教育基金会秘书长朱晏等分享了基金会信息化建设及工作经验。

东南大学校友总会姚志彪秘书长在研讨会上做《利用互联网进行校友综合服务管理

的体会》的报告，重点介绍了东南大学校友总会利用互联网技术，实现校友综合服务管理平台、校友社区（PC端、移动端）和校友服务大厅等多个系统构成和应用，引起参会同仁的关注。

会议最后，友笑公司发布了2016年中国高校校友会发展年度报告和2016年中国高校基金会发展年度报告。

2017年3月2日　校友总会秘书长应邀参加知名高校校友会与江苏侨务工作座谈会

3月2—3日，江苏省侨务办公室组织高校校友会负责人在常州召开"2017知名高校校友会与江苏侨务工作座谈会"，东南大学及南京大学、南京航空航天大学、中国科技大学、复旦大学、上海交通大学、西安交通大学、华东师范大学、浙江大学、北京大学、清华大学、南开大学等12所知名高校校友会负责人及高校江苏校友会负责人应邀参加。

来自知名高校校友会负责人以及江苏省海协会文化教育艺术专委会、江苏省维侨法律顾问团的相关负责同志参加交流。省侨办孙彬副主任出席座谈会。

会上，常州市侨办主任张哲浩致欢迎辞，并向大家介绍常州发展情况，省侨办经科处副处长朱荣玲总结了2016年省侨办和各高校校友会主要工作情况，提出了2017年加强海外校友会工作的思路和计划。

与会的各校友会负责人分别介绍了本校海外校友会在世界的分布、数量和会员情况，校友会开展的主要工作和特色活动，以及校友会为学校建设所做出的贡献。东南大学校友总会姚志彪秘书长在发言中表示，2017年是东南大学引进海外高端人才和国际化办学的重要之年，是东南大学校友总会建立海外校友组织的关键年。他期望在配合学校各部门工作和校友组织建设中，积极与江苏省侨办互动合作，将政府服务和学校发展相结合，多元化多层面服务和支持全球校友事业发展，学校事业发展、为江苏经济社会发展做出东南人的贡献。他特别邀请省侨办出席将在日本东京举行的东南大学日本校友会成立大会。

孙彬在总结发言中介绍了省侨办在江苏侨务工作中所发挥的政府职能及重要作用，感谢各高校校友会一直以来对江苏侨务工作的支持。他强调，高校海外校友会也是江苏侨办有效开展侨务工作的重要途径和依托，希望各高校校友会与江苏侨办继续加强合作，实现互惠共赢，促进高校校友会海外校友工作与江苏侨务事业共同发展。

会议期间，与会高校校友会负责人参观了常州津通工业园及常州科建城，对常州的招才引智环境有了深入的了解。

2017年6月3日　东南大学校友总会各地校友会负责人会议暨五届理事会八次会议召开

6月3日下午，东南大学校友总会各地校友会负责人会议暨五届理事会八次会议在东南大学四牌楼校区召开。东南大学校友总会会长、校长张广军，校友总会常务副会长、东南大学副校长周佑勇，校友总会副会长林萍华、刘京南、朱建设、刘光荣，校发展规划处梅汉成处长和来自国内27个省、市校友会及香港校友会、美国、英国、澳大利亚、加拿大校友会共计60余名负责人参会。会议由校友总会常务副会长周佑勇主持。

周佑勇副校长首先致欢迎辞并对会议安排做了介绍。他对各地校友会负责人回母校庆祝建校115周年表示热烈欢迎,欢迎与会的校友会负责人对母校事业发展和校友工作建言献策。

校友总会姚志彪秘书长向与会的校友们汇报了一年来校友总会的工作情况,表示,总会秘书处将和大家一起,汇集校友力量,为母校及广大校友的事业发展再做贡献。东南大学发展规划处梅汉成处长介绍了东南大学到2020年的总体目标、战略重点、发展原则、需要保障及六大支撑体系,为与会校友全面解读了东南大学"十三五"改革与发展规划纲要。

北京校友会、上海校友会、天津校友会、江西校友会、南京校友会、常州校友会、苏州校友会和来自境外的英国校友会、温哥华校友会、墨尔本校友会的负责人做了积极发言,他们通过各自校友工作开展的体会,对母校在提高生源质量、注重教学水平、搞好学科建设、增强师资力量及多元化办学等方面给出了中肯和积极的意见和建议。校友们表示,母校要充分发掘校友力量,将校友能量纳入学校的战略发展的考虑之中。校友们一致表示,各地校友会视宣传母校、提高母校知名度为校友会工作的一项重要任务,为母校发展贡献力量。校友们还倡议,由学校和校友一起,共同筹建校园内的"校友之家"。

刘京南副会长在发言中,强调校友会工作以"服务校友、服务母校和服务社会"为宗旨,希望各地校友会成为母校校友工作在当地的抓手。林萍华副校长建议各地校友会更多地向母校传递当地优秀校友信息,为母校校友智库的建立做出贡献。

张广军校长作会议总结。他代表学校对校友回到母校共庆115周年华诞表示热烈欢迎,对各地校友会负责人在校友工作中做出的奉献和成绩给予充分肯定和诚挚感谢。张校长向与会校友阐述了母校发展面临的形势和发展的思路、举措。张校长指出,当前大学的发展与校友的互动愈发重要,校友是大学发展的重要纽带和资源,母校将把校友工作纳入学校发展的战略规划中,从战略性高度谋划校友会工作。他强调要加强校友、校友与母校之间的深度联系,搭建好校友平台;要深化海外校友会的建设和发展,构建全球校友会格局;要加强信息化建设,以新的工作模式和手段提升校友会工作水平。张校长还对校友负责人提出的意见和建议给予积极回应。

为庆祝母校建校115周年,当天上午,来自各地校友会的负责人参加了东南大学建校115周年庆祝大会。南京校友会献上了重达16吨的"砥砺景观石","砥砺"石已于6月1日下午在九龙湖校区揭幕;北京校友会捐资母校九龙湖校区"九曲桥"景观提升工程;广东校友会捐款兴建九龙湖校区"得月台"景观;福建校友会捐款兴建九龙湖校区校园景观小品(银杏树+景观石镌刻"至善东南");校友企业上海蓝矩信息科技有限公司捐赠"一体化校友服务系统"软件一套。在6月3日下午举行的"大爱无疆"颁奖典礼上,东南大学张广军校长代表学校接受各地校友会捐赠,并授予校友会代表捐赠证书。

2017年6月4日　*校友总会主办全球校友会首届秘书长工作会议*

6月4日上午,继东南大学各地校友会负责人会议之后,东南大学全球校友会首届秘书长工作会议在东南大学四牌楼校区召开。校友总会常务副会长、东南大学副校长周佑勇,校友总会执行副会长刘松玉及来自国内27个省、市校友会及香港校友会、美国、英国、澳大利亚、加拿大校友会共计40余名秘书长参会。本次会议主题分两部分:一为"一体化校友服务系统"使用推广;二是地方校友会工作交流。会议由校友总会秘书长姚志彪主持。

常务副会长周佑勇首先致欢迎辞。他感谢各地校友会秘书长回母校参加115周年校庆活动并在校友总会各地校友会负责人会议上对母校发展建言献策。周佑勇副校长说，秘书长是校友会的关键人物，秘书长的理念和能力决定着校友会发展态势。他建议秘书长工作会议定期化、常态化，每期设立专题进行探讨交流并形成指导性意见。

会议进行了捐赠颁证仪式。上海校友会精选了12位上海校友的出版著作计22本向母校建校115周年献礼，天津校友会向母校赠送由国家工艺美术大师魏国秋先生特别制作的雄鹰造型风筝，风筝两翼上分别饰有东南大学校徽和天津校友会会标。刘松玉执行副会长向上海校友会和天津校友会负责人颁发了捐赠证书。

会议进行了校友总会信息化建设顾问聘任仪式。94届计算机专业的薛军校友，2007年创办“上海蓝矩信息科技有限公司”，向东南大学校友总会赠送价值60万元的一体化校友服务系统。东南大学校友总会特聘请薛军为校友工作信息化建设顾问，姚志彪秘书长向薛军校友颁发了聘书。随后，薛军校友向与会的秘书长介绍了一体化校友服务系统的背景和使用情况。

地方校友会工作交流阶段，各地校友会的秘书长们相继介绍了各自校友会的工作情况和特色活动，并就地方校友会的组织建设、校友会管理、校友活动形式等方面进行了深入交流。地方校友会的校友工作可相互借鉴，但更重要的是根据自己的特点，创新出适合自身发展的校友工作方法和模式。

校友总会执行副会长刘松玉作会议总结。他代表校友总会对秘书长在校友工作中做出的贡献、对母校的关心支持表示诚挚的感谢。他表示，秘书长无疑是校友中的典范，其理念和能力影响着地方校友会的发展。秘书长领导下的秘书处，是校友会良好发展的重要保障。他强调，校友工作要不断地适应变化的新形势，信息化建设是应对新需求的重要举措，各地校友会要充分利用信息化手段来促进校友工作。

会议决定，未来全球秘书长会议每年至少召开一次，由各地校友会轮值。秘书长会议就校友工作的具体问题进行专题探讨和交流，并形成会议决议和指导性意见，由校友总会和地方校友会共同执行。

附件 2 校领导、院系领导及校友总会负责人走访

2017 年 1 月 17—18 日 *发展委员会一行专程赴常州走访校友企业*

1 月 17—18 日，在东南大学常州校友会秘书长葛维克校友的陪同下，东南大学发展委员会常务副主任刘松玉带领发展委员会的工作人员专程走访常州地区的东南大学校友企业并与当地校友座谈交流。

在中车戚墅堰机车车辆工艺研究所有限公司，公司总经理、常州校友会副会长王文虎校友向大家介绍了公司发展历史及和母校相关合作的情况。大家参观了由中车戚墅堰机车车辆工艺研究所有限公司王文虎校友领衔承担、刚刚获得中国工业大奖的"高铁列车高可靠性齿轮传动系统研发及产业化"项目车间。校友总会姚志彪秘书长代表母校向校友们赠送了纪念笔记本，王文虎校友代表校友们向总会一行赠送了金凤凰高铁列车模型。

在常州船用电缆有限责任公司，总经理孙建宇校友介绍了公司的发展情况，并表达了与母校相关专业合作的强烈愿望，希望得到母校的技术支持。校友总会执行副会长刘松玉教授代表母校欢迎校友返校洽谈产学研合作事宜。在江苏尼高科技有限公司，常州市建筑科学研究院集团有限公司院长、江苏尼高科技有限公司董事长杨江金校友介绍了公司的成长历史。杨江金校友连续三年主动赞助常州校友会的品牌活动——"学长助新生，起航向东大"，刘松玉主任代表母校对杨江金校友的善举表示感谢和赞扬。

中车校友金国宝、蒋田芳、翁敏红、徐宁等陪同在中车戚墅堰机车车辆工艺研究所有限公司的参观和座谈。其他行程中参加参观和交流的常州校友还有袁菲、王奇明、梁志方、袁伟栋、钱建东、丁金生、梁华诰、蔡文博等。

母校一行还前往常州校友会的六朝松茶馆与部分校友座谈。葛维克秘书长向母校一行介绍了常州校友会 2016 年的工作情况，希望母校对于常州校友会 2017 年的工作计划给予有力的支持和积极的建议。

2017 年 8 月 14 日 *东南大学校友总会一行走访淮安校友及校友企业*

8 月 14 日下午，在淮安信息职业技术学院会议室，校友总会秘书长姚志彪、副秘书长曹军、综合部副主任杨丽荣和淮安分会会长范学恕、副会长兼秘书长田敏、副会长邵明、常务副秘书长黄欧、常务副秘书长鲁正淮、副秘书长刘立硕及部分骨干校友代表，以及中和元创建筑设计公司副总经理邵林林和盐城校友会常务副秘书长何盛秋等一同座谈。座谈会由田敏校友主持。

黄欧校友向母校一行介绍了这次参会的淮安校友代表们的具体情况。校友总会姚志彪秘书长向大家介绍了母校最新取得的成绩，重点传达了国家对校友会管理方面的最新政策及相关文件精神。副秘书长曹军对部分问题做了补充说明。田敏校友向校友总会、兄弟城市校友代表通报了近年来淮安分会开展的一系列工作。

邵明校友向母校老师们和参会校友汇报了个人的学术成果和工作成绩，对校友会今后的发展提出了很多建设性意见。刘立硕校友回忆起当年淮安校友会成立的场景还激动不已，对今后校友会的工作结合国外高校的经验给予了中肯的建议。淮安市交通设计研究院董事长陈大庆校友、大唐国际贸易公司董事长宁虎校友、京杭大运河苏北港务管理处党委书记周进校友在会上回忆了在南京度过的愉快岁月。淮安建成装饰工程有限公司董事长徐建成、副总顾德永校友代表年轻一代校友发言，表达了年轻校友愿意跟随学长们一

起为校友们服务沟通的热情。

座谈会上，参会校友各抒己见，表述对母校的情与忆，对淮安校友会下一步工作开展提出宝贵的建议。大家都对母校的动态，对校友会的动态深切关注，也希望能为校友会做点贡献，为校友会的发展献计献策。

淮安校友会范学恕会长做总结发言。他提出：一要根据淮安本地的实际情况有效地开展校友会的工作，开拓思路，充分发挥不同校友的优势，做到优势互补。二要多充实企业家校友参与到校友会的工作中，要创造条件，为校友企业在发展中遇到的各种困难和问题进行帮助和协调，按照总会的要求服务校友、服务地方经济发展。三是要在年底前的校友会换届中，吸收杰出校友企业家参与校友会的日常工作。

次日上午，总会一行在田敏、鲁正淮、黄欧等校友的陪同下，专门走访了校友企业淮安市交通设计研究院和大唐国际贸易公司。

2017 年 8 月 27 日　*校友总会副会长一行走访烟台校友，促进校友会筹备工作*

8 月 27 日下午，东南大学校友总会副会长朱建设、秘书长姚志彪、对外联络副主任马波一行三人专程到烟台，与当地校友会筹备组的骨干校友和部分校友代表座谈交流。

孙叔翔校友向母校一行汇报了烟台校友会的筹备工作，并介绍了参加座谈的烟台校友代表们的具体情况。总会领导向大家介绍了母校和校友总会最新取得的成绩，希望烟台校友会能够结合当地情况开展工作，使校友会成为凝聚校友感情、促进校友成长进步的平台。座谈会上，参会校友各抒己见，对烟台校友会的筹备工作献计献策。

座谈中确定，烟台校友会成立庆典定于 2017 年 10 月 15 日举行。

2017 年 10 月 7 日　*张广军校长在京看望部分北京校友*

10 月 7 日上午，张广军校长在黄大卫副校长的陪同下来到北京清新环境技术有限公司看望了部分北京校友，北京校友会华生会长、马其祥常务副会长及秘书处刘勇、王玉山参加活动。

张校长首先代表母校向北京校友致以节日的问候，对以华生会长为代表的广大北京校友多年来对母校各项工作支持表示衷心的感谢。张校长向校友们介绍了母校最新发展情况，分享了母校取得的各项骄人成绩。华生会长代表北京校友会对母校两位校长的到来表示热烈欢迎和衷心感谢。他表示北京校友会将一如既往地做好各项工作，联络在京广大校友，促进在京校友事业进步，支持母校建设发展。

参加活动的几位校友分别在央企和国企担任重要领导工作，他们是中国移动副总李正茂、中核建副总祖斌、中交公路规划设计院有限公司董事长裴岷山、中冶建筑研究总院有限公司副总经理曾滨、北京金隅集团总经理曾劲，北京清新环境技术股份有限公司董事长王永辉、总裁张根华也一同参加了交流活动。几位校友向张校长介绍了各自企业的发展情况，期待在今后的工作中得到母校关心支持，同时愿意为母校的发展献计献策。

张开元校友向母校领导及校友们介绍了清新环境十余年的发展历程，感谢大家对企业发展的关心支持，愿意为校友事业的发展贡献更多力量。

2017 年 11 月 17 日　*黄大卫副校长访美期间与硅谷校友亲切交流*

2017 年 11 月 17 号，借东南大学黄大卫副校长及东南大学代表团来美国硅谷加州大学伯克利分校招聘之际，代表团与东南大学硅谷校友会的部分校友做了亲切的交流。黄大卫副校长带来了母校领导对硅谷校友的慰问，为大家介绍了母校近几年的发展情况以及最近东南大学在“双一流”学科评比中取得的佳绩。东南大学硅谷校友会会长夏海涛博士代表全体硅谷校友对母校的来访表示欢迎，介绍了东南大学硅谷校友会目前的情况及每年举办的校友联谊和创业活动，也表述了海外校友对母校近年所取得的成就感到由衷的高兴，祝福母校越办越好、蒸蒸日上。黄校长代表母校邀请硅谷的校友常回学校看看，为东南大学的提升全方位地推荐人才。

本次交流活动由东南大学硅谷校友会组织。随同黄大卫校长访问硅谷的有机械学院的倪中华老师、能环学院的张会岩老师、国教院的邱斌老师、基建的李维滨老师和东大国际交流处的于璐老师。硅谷校友会参加交流的校友有东南大学硅谷校友会会长夏海涛博士，校友黄文艳女士，西部数据公司黄立独博士、午剑智博士，斯坦福大学陈震博士，加州大学伯克利的访问学者周扬博士、李炜博士、郝梦龙博士和建筑系袁懿校友。

附件3　校友总会主办、协办的品牌活动及助力校园文化建设情况

2017年6月18—20日　张云龙、杨晓虹、代新社、姚瑞波四位校友代表在东南大学2017届研究生、本科生毕业典礼上致辞并为优秀毕业生颁奖

6月18—20日，东南大学2017届研究生、本科生毕业典礼(共三场)相继在四牌楼和九龙湖校区召开，校友总会特别邀请了四位校友代表莅临毕业典礼，并在典礼上致辞。校友们感恩母校，深情寄语学弟学妹。这四位优秀校友是80级道路工程专业张云龙，80级建筑材料专业杨晓虹，94级电气技术专业代新社，86级本、90级硕、93级博机械专业姚瑞波。

校友们用自己人生几十年的感悟与学弟学妹们共勉，希望学弟学妹们，注重终身学习、提升情商，不懈努力，注重实效，积极进取，勇于创新，永远自信地面对人生中新的挑战。作为毕业20多年的学长，他们谆谆告诫新校友们，要明白自己作为东大人的荣誉和责任，常怀感恩之心，努力回报母校，善待生命中的每一个人，他们衷心地祝愿学弟学妹们在未来的人生道路上，谨记"止于至善"的校训，发扬"诚朴求实"精神，做勇于担当、富有情怀的东大人，不断实现个人价值，为社会做出积极贡献，让母校为你们骄傲。

·"迎双新"活动

2017年1月21日　浙江校友会成功举办来杭州工作新校友座谈会

东南大学浙江校友会于2017年1月21日下午专门为2017年新来杭州工作的年轻校友举办座谈会，请浙江校友会的师兄、师姐们为年轻的校友们做专题辅导讲座，与大家分享工作和创业的成功经验，为年轻校友们在杭州的工作与生活答疑解惑。

参加座谈会的有浙江校友会会长范建军，副会长兼秘书长王金锋，副秘书长俞芳红、陈林、王维列、李爱国、潘明君，常务理事陈荧平、杨晓帆、朱清宇等，在杭州工作的新校友100多人参加了座谈会。

王金锋秘书长首先致欢迎辞，回顾浙江校友会的发展历史和工作情况。浙江校友会会长，杭州市交通局党委书记、局长范建军校友为来杭州工作和创业的新校友们做了指导性报告，并为大家送上了新春的祝福。他强调，东南大学毕业生以工程技术类居多，这是东南大学毕业生的一个特点和优势，但更要注重跨学科、跨行业的结合，学会对各个领域融会贯通。他希望各位学弟学妹要在工作岗位上脚踏实地，拿出坚韧不拔的创业精神、敢为人先的创新精神、不图虚名的务实精神、吐故纳新的包容精神和互信互利的团队精神，一步一个脚印干起，从现在开始培养良好的职业习惯，成为杭州乃至国家发展栋梁，在各个领域上做出卓越贡献。

浙江校友会常务理事、副秘书长，东方通信集团党委副书记俞芳红校友，为年轻校友做了青年职业生涯领航教导。常务理事、上市高科技公司"聚光科技"的党委书记陈荧平校友，为各位校友分享了自己30年国企、外企、民企的工作体会和创业心得。

新来杭工作的校友代表作了发言，他们分享了自己来杭工作和生活感受，谈了自己工作以来的成长经历与工作中的困惑，各位理事们纷纷给予了耐心解答，热心地给出了不同建议。

王金锋秘书长最后做了总结发言，希望各位新校友，热心关注校友会工作，积极投身校友会建设。

2017年8月6日　深圳校友会2017欢迎新校友活动举行

8月6日,东南大学深圳校友会为东南大学2017届毕业生来深发展的新校友组织了一场迎新会。2017年奔赴深圳南下的东南大学应届毕业生有233人,40多位新校友作为代表到场。深圳校友有10 000多人,30多名老校友代表参加迎新活动。活动现场由2016届刘婕妤和2015届唐瑞主持。

迎新活动由满志会长号召、王林执行秘书长协调,深圳校友会义工队的童琴校友带领校友义工们组织实施了整个迎新活动。

2017年8月13日　江西校友会第二届“学长助新生,启航向东大”2017级新生座谈会举办

8月13日,东南大学江西校友会第二届“学长助新生,启航向东大”2017级新生座谈会在南昌举办,部分新生代表和家长代表以及在南昌工作的多位校友积极到会交流。谈建平校友派专人对接会务工作,对本次会议进行了周到精心地安排。会议由东南大学江西校友会秘书长游波主持。

参会的2017级新生逐一发言。南昌大学教授熊桂龙校友、南昌市无线电管理局正处级调研员张旭奇校友等向各位“东大新人”表示衷心祝贺,希望新生们珍惜在东南大学学习的机会。

江西校友会副会长、江西富泰公司董事长张余萍校友向新生讲述了东大校园标志性建筑大礼堂的历史故事,以及目前在南昌工作的校友现状,勉励新生努力学习,学成归来为红色土地江西的发展作贡献。碧桂园集团江西区域公司向所有到会新生赠送了旅行包。

2017年8月19日　广东省东南大学校友会2017年“迎双新”活动举行

8月19日,爱在东南·广东省东南大学校友会2017年“迎双新”活动举行。来自广州、深圳、佛山、潮州等全省各地新生80余人参加了活动。东南大学党委副书记郑家茂、东南大学外国语学院书记兼广东招生宣传组组长马强、东南大学校友总会秘书长姚志彪出席了会议,同时出席会议的还有广东省东南大学校友会会长王亚群、执行副秘书长袁燕群。广东省东南大学校友会常务副会长兼秘书长陈映庭主持了会议。

会上,郑家茂副书记代表母校对热心助学的老校友和在校志愿者表示真诚的感谢,对学有所成来到广东建功立业的新校友表示由衷的祝贺,对以优异成绩考入东南大学的广东籍新生表示热烈欢迎。他简要地介绍了学校近年“科教兴国”取得的各项成果,充分地肯定了广东校友会扎实的工作作风,特别是为母校招生宣传工作的贡献。马强组长对广东招生工作以及近三年取得的成绩作了介绍,对广东校友会给招生工作的鼎力支持表示感谢。

广东校友会王亚群会长对新生和新校友的到来表示热烈欢迎,向学校领导对广东校友会的重视表示感谢,同时还给大家分享了他以前的学校生活和珍藏的年级大合影。陈映庭秘书长表示,本次活动既为2017年广东招生工作划上圆满句号,同时也是2018年招生宣传工作的开始,并鼓励大家来年更加踊跃的参加招生志愿者工作。

新生代表、新校友代表、志愿者代表和老校友代表在活动中分别发言。

2017年8月20日　常州校友会第四届“学长助新生,起航向东大”活动举行

2017年8月20日，“学长助新生，起航向东大”活动如期举行，这是东南大学常州校友会第四次举办此类系列活动，东大常州籍录取新生、在常校友、老师、家长以及母校领导等130余人参加了活动。会议由葛维克秘书长主持。

常州校友会精心准备了年刊、红色围巾和旅行箱。红色的围巾来自于沈文校友的赞助，旅行箱由常州建科股份的杨江金校友赞助。

葛维克秘书长简单介绍常州校友会的情况。戚奇平校友代表老校友发表了热情洋溢的讲话，他回顾了在校时候的点点滴滴，也回顾了毕业之后踏进国企工作，再到创办企业的艰辛，勉励在座新生校友踏入学校后，坚持梦想，不懈努力。2017届毕业来常校友代表吴宣勇向学弟学妹们介绍了军训、百团大战、机器人比赛、保研等内容。

东南大学学生处副处长宋健刚老师介绍了军训、奖学金、社团、学生会、毕业去向等重要话题。周佑勇副校长、王文虎副会长等人为新生代表颁发奖助学金。本次奖助学金由沈文、戚奇平、袁伟栋等校友赞助。

新生代表发表了感言，高中老师代表也发表了感言。

周佑勇副校长代表学校欢迎新同学的到来，肯定了常州校友会的工作。也殷切希望常州的同学进入校门以后，树立明确目标，自己监督自己，完成对新高峰的攀登。

2017年8月20日　北京校友会学长们欢送2017级京籍新生起航向东大

8月20日下午，东南大学北京校友会常务副会长兼秘书长马其祥带领几位校友代表与近30位刚刚考入东南大学的京籍新生代表齐聚一堂，交流座谈，分享人生。

这是东大北京校友会第三次举办学长送新生活动。东大母校每年在京招收50余位新生，北京校友会非常重视新生的联络工作，安排专门人员负责，邀请部分学长校友与新生一起座谈。今年受邀的嘉宾校友有原总装某卫星发射基地副司令张平少将、中天科技集团副董事长丁铁骑、北京金田影视产业园董事长杨峰、中影集团制片人沈剑勤、东大北京校友会建筑分会副秘书长朱兴龙、东大北京校友会机械分会秘书长曾梓栗。两位新生家长和15级在校生洪齐远同学也受邀参加活动。座谈会由东大北京校友会副会长兼常务副秘书长刘勇主持。

马其祥常务副会长兼秘书长首先发言，代表东大北京校友会对即将踏入东南大学的同学们表示热烈祝贺。马会长向同学们介绍了北京校友会30多年的发展历程和涌现的众多优秀校友的情况，期待在几年后，同学们能够学成后加入北京校友会，继续践行“止于至善”的校训，回报母校，回报社会。

张平将军结合自己几十年的军旅生涯，叮嘱同学们注意培养军人般的钢铁意志去面对人生的各种考验。丁铁骑校友向同学们介绍了自己的学生生活、留校任教、企业任职的经历。沈剑勤校友当年毕业后先工作再留学的经历分享使同学们收获不少。杨峰校友从传统的房地产行业转入影视媒体行业，他对中国经济转型有自己的独到见解。朱兴龙和曾梓栗两位校友也与同学们进行了交流分享。

崔耀东同学代表新生发言，表达了对东南大学北京校会及参会学长校友们的感谢，决心怀揣对历史悠久的东大的向往之情，去开启生活重要旅程。周学堂先生代表新生家长对东大校友会能够组织今天这样成功的座谈会表示衷心的感谢。洪齐远同学作为15级在校生，就学校生活为学弟学妹们答疑解惑。

2017 年 10 月 28 日　浙江校友会举办 2017 欢迎新校友座谈会

2017 年 10 月 28 日，东南大学浙江校友会 2017 迎新座谈会在杭州举行。浙江校友会会长范建军、副会长徐幸、副秘书长俞芳红、胡志明、潘明军、李爱国，常务理事陈荧平、朱清宇、魏超平、师萌等出席会议，来浙来杭工作的 100 多名新校友参加了座谈会。

浙江校友会会长，杭州市交通运输局党委书记、局长范建军致辞并做报告。报告向校友们勾勒出杭州发展建设的大格局，鼓励来杭工作的新校友发挥自身优势，利用城市资源，抓住机遇，激流勇进，开拓事业。浙江校友会副秘书长、东方通信股份有限公司党委副书记俞芳红做了职业发展指导。来杭新校友代表宋森、胡茗、王晓郡分别发言，阐述了他们来杭工作的初衷、环境适应、生活困惑等，并表达了努力工作、建设杭州、荣耀母校的决心。浙江省社会保险事业管理中心的李小娟校友向校友详细介绍了浙江省的社保政策与“最多跑一次”的惠民政策等。杭州土生土长的朱佳艳校友为来杭新校友做了贴心的杭州“吃喝玩乐”攻略。潘明军副秘书长做总结发言。

附件 4 配合学校产学研工作和招生就业工作情况

2017 年 4 月 24 日 德国校友会一行回母校了解海外高端人才引进政策

4 月 24 日下午，德国校友会会长高梓尧校友、理事王慧懿校友等一行 10 人回母校交流。校友总会秘书长姚志彪、人事处副处长吴凌尧、国际合作处袁超等母校老师参加了座谈会。

高梓尧会长向母校老师介绍了此次参加交流会校友们的基本情况，各位校友各自向母校老师汇报了自己目前在德国的学习和工作以及取得的阶段性成果。

人事处吴凌尧副处长针对校友们的提问，详细介绍了东南大学对于引进海外高端人才的各项计划和配套措施。国际合作处袁超老师转述了校友总会会长张广军校长对相关部门的要求：学校出访的代表团到任何国家和地区去，要尽可能多地与当地校友交流。

高梓尧会长代表德国校友会表示会全力支持母校的各项在德活动。德国校友会目前是东南大学在欧洲人数最多的校友会，可以为母校来访本国或临近国的活动行程提供积极支持。

在回校交流团中，有 3 位青年校友对母校的"至善青年学者"计划给予了关注。

2017 年 5 月 17 日 常州校友会组织常州中学生到东南大学开展研学活动

5 月 17 日，常州北郊中学"东大班"104 名学生及 7 名随行老师，在东大常州校友会的组织下正式开启以"走进东南大学，了解学科专业"为主题的三天研学之旅。

5 月 17 日上午，在校园志愿者的带领下，100 多位同学被分成 6 个小组有序来到东南大学校史馆。下午来到东南大学建筑学院院史馆和国家重点实验室，观看由本科生自导自演的微电影。建筑学院的刘向锋副书记亲自为学生们介绍了建筑学院的发展史和未来的发展方向，实验室的博士生则给大家讲解了各种新奇建筑构造的美学鉴赏，展示了数字与建筑结合的最新技术。晚上，10 位东大常州籍的在校大学生与参加本次研学的中学生座谈交流，同学们就关心的高中和大学生活踊跃提问。

5 月 18 号上午，师生们首先来到电子科学与工程学院，参观了认知功效实验室、三维显示实验室、照明功效实验室。随后，大家来到吴健雄纪念馆，聆听了档案馆钱馆长的精彩介绍。紧接着，乘车赶往九龙湖校区。中午用餐完毕，参观土木交通实验楼。科技协会的志愿者为大家详细介绍了土木工程学院的专业划分、专业背景和方向，为大家展示了学生的优秀设计作品，讲解了各种新奇的结构模型，现场互动频繁，气氛非常热烈。最后，大家来到机械工程学院，机械学院的老师和同学为大家精心准备了机器人、微纳医疗器械和方程式赛车三个广受欢迎的参观项目，尤其是微纳医疗器械引起了绝大部分同学的浓厚兴趣。晚上，计算机学院组织了三个俱乐部供同学们现场参与和互动，让大家提前感受丰富多彩的大学生活。

5 月 19 日上午，同学们来到中国无线谷。无线谷是我国著名的国家通信与网络产业创新基地，汇集了一大批通信领域院士专家和试验基地。参观了移动通信国家重点实验室、5G 云计算中心和 5G 大实验室，了解通信最前沿技术 5G 通信的发展情况。最后大家来到毫米波国家重点实验室，参观了微波远近暗室、超净间、EMC 实验室等一大波高大上的科技成果展示，圆满结束了本次的研学之旅。

2017 年 6 月 17 日 日本校友会人才引进与合作洽谈会在东京召开

伴随东南大学日本校友会成立，东南大学高端人才引进洽谈会在庆典之后进行。东南大学黄大卫副校长一行向各位校友解读了学校高端人才需求项目、要求及具体联络方式。前来参加洽谈会的有正在日本就读的博士、博士后，已经工作的专家、教授、学者；有东南大学的校友、兄弟高校的校友、在东京大学工作的日本人教授；有准备申请“青千”的；有东京大学、大阪大学、筑波大学、早稻田大学、神户大学等大学博士研究生或老师以及新加坡博士后出站来日本的研究学者；还有加拿大来日交流访问的大学教授等。会场上大家不断地咨询和交流，学人学者们表示将考虑各种可能，尽快加入东南大学的大家庭中来。

附件 5 各地校友会组织建设、年会聚会等重要活动

一、各地校友会组织建设(成立和换届)

2017 年 1 月 2 日 苏州校友会常熟联谊会成立大会召开

1 月 2 日上午，东南大学苏州校友会常熟联谊会成立大会召开。东南大学校友总会副会长朱建设、苏州校友会常务副会长兼秘书长宋建忠、东南大学无锡分校常务副校长张继文和其他兄弟校友会领导及常熟联谊会部分代表出席了会议。

大会审议通过了常熟联谊会第一届领导班子，陆健青当选会长，张继文当选常务顾问，曹传欣当选常务副会长，孙健宇、李立、贲黎明、陈建东当选副会长，陆恒当选秘书长，顾强、吴江、谢吉虹当选副秘书长。

大会听取了会长陆健青校友的工作汇报和规划。张继文顾问介绍了常熟联谊会的筹建过程。当选的联谊会班子和成员表示将始终坚持“三服务三促进”的苏州校友会宗旨，通过创新服务形式，加强校友间的互动，共享信息，整合资源。

东南大学校友总会副会长朱建设先生和东南大学苏州校友会常务副会长兼秘书长宋建忠先生分别代表母校和苏州校友会向常熟联谊会的正式成立和新当选的班子表示祝贺，并对常熟联谊会的成长发展提出了新的期望，其他兄弟校友会领导和代表也纷纷到场，对常熟联谊会的正式成立表示祝贺。

2017 年 1 月 7 日 常州校友会召开 2017 理事年会暨医学分会成立大会

1 月 7 日下午，东南大学常州校友会 2017 理事年会暨医学分会成立大会在常州召开。东南大学校友总会，东南大学医学院、公共卫生学院、生命科学研究院领导及北京、上海医学分会代表应邀出席，东南大学常州校友会理事及医学校友共 100 多名代表参会。

常州校友会秘书长葛维克主持本次会议，王文虎副会长作理事会年度工作报告，东南大学林萍华副校长携校友总会负责人及部分常州籍教授一行 20 余人专程从南京赶来祝贺。

大会审议通过了赵昔生副会长宣读的常州校友会理事增补名单。

校友会副秘书长郭建忠代表医学分会筹备组作了筹备工作报告，副会长陈志伟宣读了医学分会第一届理事会名单，张晓膺当选为会长，鱼国盛、徐亮春、康志荣、刘瑞平、朱一胜、姚杏娟当选为副会长，郭建忠为秘书长，曹淦、邓跃、孙立、袁传顺为副秘书长。

校友总会秘书长姚志彪、常州校友会会长张跃、秘书长葛维克共同为医学分会授旗。医学分会副会长刘瑞平代表分会发言，表示常州医学分会将更好地服务于常州地方经济和社会的发展。

上海医学分会会长郑萍、北京医学分会常务副会长王海代表兄弟医学分会前来祝贺，希望全国各地医学校友能够加强联系沟通。长江学者、生命科学研究院院长谢维，医学院党委副书记兼副院长程斌，公共卫生学院党委书记李涛分别致辞，他们介绍了母校医学学科近年来所取得的瞩目成绩。

常州校友会会长张跃在会上做总结，建议广大校友一起思考和探索，如何更好更有效地组织活动？如何让更多校友有参加活动的积极性？如何建立线上交流、线下互动的有效机制？如何建立六朝松茶馆运营的良好模式？如何更好地服务校友、帮助校友？她希望各位校友出谋划策，参与、支持校友会的工作。

姚志彪秘书长对常州校友会近年来的工作给予充分肯定，医学分会的成立，是地级市中的第一个。希望常州校友会以及新成立的医学分会更好地服务于校友、母校和常州的发展。

本次会议得到蒋建亚、郑隽一、孙立、陈宝松、顾惊涛、丁金生、孙建宇等热心校友和校友义工队的默默奉献和支持。

2017 年 1 月 8 日　南京校友会换届大会召开

1 月 8 日下午，南京校友会换届大会召开。东南大学党委书记易红，校长、校友总会会长张广军，副校长黄大卫、周佑勇，校友总会副会长林萍华、刘京南、左惟、朱建设、刘光荣、庄宝杰，校友总会在宁理事代表、南京校友会理事代表，校友总会理事、澳大利亚校友会会长徐仪等百余人出席了大会。

换届大会上，易红书记致辞，代表学校党政领导向出席会议的各位理事和校友致以衷心的感谢和诚挚的问候。易红书记向与会的各位理事简要介绍了近年来东南大学在学科建设、人才培养和大学治理方面取得的一系列重要成就。他对南京校友会寄予厚望，希望母校所在地的校友会能以新面貌、新气象，团结众多的南京校友，创出自己的特色。

南京校友会第四届理事会会长黄安永做第四届理事会工作报告和财务报告，常务副会长张锡昌主持换届大会。南京三宝科技集团董事长沙敏当选为南京校友会第五届理事会会长，江苏中浩投资实业集团董事长朱文俊校友任秘书长并组建秘书处。

南京校友会新任会长沙敏在讲话中对南京校友进行了准确定位和积极展望，表示新一届理事会将以“连接校友，服务校友”为宗旨，先期成立企业家、互联网、物联网、交通土木、金融、信息、人文、艺术和房地产等 9 个专业分会，辅以南京校友会网站、微信平台和校友活动基地，通过举办年会、校庆大会、主题论坛等多种活动方式，广泛团结凝聚在宁校友，充分整合在宁校友资源，助力推进校友事业发展，做出母校所在地校友工作特色。同时将积极回馈母校，筹建九龙湖校区南京校友花园向母校 115 周年校庆献礼。群策群力，共同为母校的繁荣发展作出应有的贡献。

张广军校长为南京校友会新任会长及新一届领导班子授会旗并讲话。他向南京校友会顺利换届表示祝贺，向南京校友长期以来对母校的关心、支持和帮助表示感谢。他表示母校将一如既往地大力支持南京校友会的工作，支持南京校友的发展，并积极开拓南京校友为母校发展建言献策的渠道。

2017 年 1 月 15 日　苏州(昆山)校友会成立仪式暨第一届理事会召开

2017 年 1 月 15 日，东南大学苏州(昆山)校友会成立仪式暨第一届理事会召开。东南大学苏州校友会宋建忠副会长等嘉宾出席了成立仪式。来自昆山的 30 余位各行业校友代表参加了会议。

昆山校友代表许玉连作为资深校友发言，希望新成立的昆山校友会能做东南大学校训的传承者、“昆山之路”的开拓者、“两聚一高”的实践者。苏州校友会宋建忠副会长转达东南大学校友总会领导对昆山校友会成立的祝贺，祝愿昆山校友会发展越来越好。

校友会筹备组组长陆孜敏校友向参会校友讲解了校友会章程，并建议昆山校友会实行理事会和秘书处并行的运行模式。会议一致通过《东南大学苏州(昆山)校友会章程》，并提名 12 位校友理事。

大会选举并审议通过前期遴选的负责人拟任名单，陆孜敏任东南大学昆山校友会首届会长，翁伟民、袁明华、金卫星、莫咏钢任副会长，范晓玲任校友会秘书长，袁明华、张思嘉任校友会副秘书长。

东南大学苏州（昆山）校友会秘书处落户昆山市陆家技术转移促进中心，宋会长及许玉连校友共同揭牌。

2017 年 1 月 15 日　山东校友会艺术分会成立

1 月 15 日，东南大学山东校友会艺术分会成立大会在济南大学举行，艺术学院王和平书记、田清老师出席了成立大会，济南大学美术学院刘雷院长到会祝贺。在山东工作生活的艺术学院毕业生济济一堂。会议选举付德雷为会长，袁宙飞为秘书长。

王和平书记向在座的校友们详细介绍了学院现况，特别提到了为学院成立与发展做出巨大贡献的张道一先生，以及曾在学院工作的万书元、孙长初、周武忠、程明震等著名学者。希望大家能够多与母校沟通，加强行业间的交流。济南大学美术学院院长刘雷老师到会祝贺。在济南大学任教的韩波校友和张中波校友特别提到刘院长对他们的赏识和认可。参会的校友们进行了自我介绍。

2017 年 1 月 22 日　墨尔本校友会举行年度大会暨迎新年联谊会，选举产生第一届理事会

1 月 22 日，东南大学墨尔本校友会 60 位宾客欢聚景色宜人的 AlbertPark 湖边，召开年度大会暨迎新年联谊会，同时欢迎东南大学王保平常务副校长等母校领导一行来访。

大会由校友会副会长、皇家墨尔本理工大学（RMIT）副校长余星火教授主持。校友会会长、JadefullAustraliaPtyLtd 及江苏达诺尔科技股份有限公司张文巨董事长首先致辞欢迎母校领导并向校友们致以春节问候，并对当前经济走向和商业机会发表了自己独到的见解。王保平副校长介绍了母校近年来国际化快速发展的情况，东大在全球大学排名不断提升。他祝贺了墨尔本校友们在各自岗位作出的成绩，为母校争了光，特别是为扩大母校在海外知名度作出了贡献。蒙纳士大学副校长兼蒙纳士一东南大学联合研究院院长余艾冰教授介绍了东南大学与蒙纳士大学合作的广阔前景。中国驻墨尔本总领馆代表、校友杨智勇领事也发表了热情洋溢的讲话，鼓励校友们把校友会办成校友们在学习和事业发展中互帮互助的平台。

校友会副会长、Autodesk 公司 SeniorPrincipalEngineer 范志良博士代表理事会作 2016 年度总结报告。理事会也积极参与了墨尔本中国高校校友会联盟的筹建。墨尔本皇家儿童医院资深科学家强凤霞副会长作年度财政报告，她特别感谢张文巨会长和 PBD 集团有限公司执行董事王伟华理事对校友会的慷慨资助。

rimble 公司 RegionalManager 的顾秋林博士公布了按《墨尔本东南大学校友会章程》举行的 2017 年理事会换届选举电子投票结果，选出了由张文巨、范志良、余星火、强凤霞、王伟华、刘霖、何云爽、张科峰、黄堃担任新一届理事会成员。新任理事中联集团总经理刘霖、McMillanShakespeare 有限公司 DevelopmentOperationsManager 何云爽、Energent&TRS 建筑公司经理黄堃分别作了自我介绍，表示从校友实际需要出发服务校友。理事会一致推举张文巨连任新一届理事会会长，并选出范志良、强凤霞和刘霖担任副会长。

2017 年 2 月 5 日　*多伦多校友会成功注册加拿大联邦非盈利组织*

成立于 2015 年底的东南大学多伦多校友会，2017 年 2 月 5 日正式注册成为加拿大联邦非盈利组织。注册工作中得到校友们积极踊跃的捐款支持。

2017 年 3 月 4 日南京校友会物联网分会成立

东南大学南京校友会物联网分会于 3 月 4 日举行成立仪式，近 30 位校友参加了这次活动。校友总会姚志彪秘书长专程参会。

南京校友会会长沙敏先生在致辞中表示，物联网分会作为东南大学特色分会联系着行业众多校友企业，也与学校的相关专业有着高度的关联。祝贺物联网分会成为南京校友会第一成立分会。校友总会秘书长姚志彪对物联网分会的建立表示了祝贺，并表示校友总会对物联网分会的后续发展将给予积极支持。应邀参会的东南大学莫凌飞教授和王桥教授分别对校友们作了主题演讲。

物联网分会首届理事会共有理事 16 人，刘国耀校友任理事会会长。物联网分会秘书处高宝云女士现场宣读了物联网分会的理事名单。

物联网分会会长刘国耀在总结发言中感谢校友总会及南京校友会对物联网分会成立的大力支持，表示物联网分会以“连接校友、服务校友”为基础，为行业发展与交流提供服务的平台，让更多校友能够得到事业发展上的支持。

2017 年 3 月 19 日　*新加坡校友会成立大会召开*

3 月 19 日下午，来自中国驻新加坡大使馆教育处、东南大学校友总会、新加坡江苏会、新加坡报业控股集团、中国各大高校新加坡校友会的代表以及著名企业家、东南大学杰出校友、印尼力宝集团主席李文正先生的代表，与东南大学在新加坡的近 100 位校友齐聚一堂，共同见证了东南大学新加坡校友会的成立。

大会首先由新加坡校友会会长翟湘明女士致欢迎词。东南大学校友总会秘书长姚志彪为大家详细介绍了东南大学的历史沿革、学科建设、师资力量、科研成果、学术资源、文化传统等方面的情况，并对新加坡校友会的成立表示热烈的祝贺。

成立大会很荣幸地邀请到东南大学杰出校友印尼力宝集团主席李文正先生作为“终身名誉会长”，并在会上举行了聘任仪式，由李文正先生的代理人 Dr. AndyAdhiwana 前来领取聘书。

东南大学新加坡校友会第一届理事会的全体理事进行了受聘签字仪式，他们分别是会长翟湘明，执行会长周清，副会长杨嘉、张海清、熊艾德，秘书长孙玲玲，副秘书长张震宇，财务长唐正明，副财务长钱慧华，理事周建农、王树华、翟丽芳、林流通、朱傲寒、陈杨、吉家铭、许海飞、刘旭、宋化境。同时也一起接受了校友总会姚志彪秘书长和李爽副秘书长颁发的新加坡校友会会旗。新加坡校友会首届理事会执行会长周清女士详细地作了校友会工作报告，介绍校友会的组织建设、组织架构以及具体工作职责和工作计划。

中国驻新加坡大使馆教育处参赞郁云峰先生，新加坡江苏会会长、新加坡报业控股集团新兴市场副总裁周兆呈先生，电子科技大学新加坡校友会常务副会长白平先生分别为大会致辞，祝贺新加坡校友会的成立。曾在新加坡工作多年，担任过万科企业集团高级副总裁、现为优客工场创始人的毛大庆校友专程从北京赶来祝贺，并做了精彩的演讲。新加坡资深校友钱慧华和邬瑛，以及来新加坡五年的年轻校友尹露都在大会上做了精彩的分享，畅谈在新加坡生活、工作、学习的体会。

会上表彰了16位校友对本次成立大会的慷慨资助，校友总会姚志彪秘书长向他们颁发了感谢状。

2017年5月6日　南京校友会土木交通分会成立大会召开

5月6日下午，东南大学南京校友会土木交通分会成立大会在东南大学逸夫建筑馆会议厅召开。东南大学副校长吴刚、周佑勇，省住建厅、省交通厅、省民防局、市经信委、市建委、市房产局、市人防办、市城投、市公建中心、南京市各区政府、各企业代表等政府部门以及各相关行业的校友代表200多人莅临现场。

东南大学南京校友会会长、三宝科技董事长沙敏，东南大学南京校友会秘书长、中浩投资集团董事长朱文俊以及各分会会长均到场祝贺。大会邀请了东南大学土木、交通、材料、能环等学院的领导，分别就各自学院的发展概况向与会的校友作了简要介绍。

会议审议并通过了分会顾问及理事名单，选举南京市城市与交通规划设计院董事长杨涛校友任第一届会长、江苏省建筑科学研究院副院长刘加平校友任名誉会长、南京怡采涂装工程技术有限公司董事长刘峰校友任常务副会长；通过了江苏鼎云舜投资有限公司董事长华夏校友、江苏省城市规划设计研究院总工黄富民校友、中设集团副院长凌九忠校友、中铁大桥(南京)桥隧诊治有限公司总经理刘华校友、南京工业大学浦江学院土木学院院长马六逵校友、苏交科集团发展部总经理彭涛校友、江苏锦华建设发展有限责任公司董事长宋立宏校友、南京交通质监站站长王保龙校友、江苏省环保产业技术研究院院长吴海锁校友、南京市建筑设计研究院总工夏长春校友、长江都市设计股份有限公司副总经理徐澄校友、江苏兆信工程管理有限公司总经理杨宁校友、江苏省建筑工程质量检测中心董事长杨晓虹女士、泛华建设集团南京设计分公司总经理张亚东校友任副会长；通过了江苏苏博特新材料股份有限公司李迎春校友任秘书长。

南京校友会会长沙敏首先对土木交通分会的成立表示祝贺，他指出土木交通等相关行业在南京有近万名校友，土木交通分会是南京校友会的一支重要组成。新任土木交通分会会长杨涛发表了致辞，他表示土木交通分会将在“连接校友·服务校友”的基础上，积极支持学校学科建设，做好校友们的服务工作。东南大学副校长周佑勇、吴刚分别对大会表示祝贺，在肯定分会建设和发展方向的同时，对今后土木交通分会的工作也提出了殷切希望。

2017年5月7日　南京校友会艺术分会成立

5月7日，东南大学南京校友会艺术分会成立大会在南京市光一科技股份有限公司召开。东南大学副校长、校友总会常务副会长周佑勇，校友总会秘书长姚志彪，副秘书长曹军，东南大学南京校友会名誉会长张锡昌、东南大学南京校友会会长沙敏，东南大学南京校友会秘书长朱文俊，东南大学南京校友会副会长兼艺术分会会长龙昌明，东南大学艺术学院院长王廷信、党委书记王和平、东南大学艺术指导中心主任洪海军等院系领导、老师，东南大学南京校友会各兄弟分会的领导以及艺术分会的各位顾问、指导老师、副会长、秘书处等成员共同参加了会议。

东南大学艺术学院王廷信院长在贺词中指出，艺术分会的成立对东南大学具有极高的价值，不仅要以艺术学院的毕业生为基础、以艺术团为土壤，更要广泛吸收在宁工作的热爱艺术、从事艺术行业的东南大学各院系校友。艺术分会要以“大艺术”为纽带,连接校友、服务校友,共建校友的精神家园。东大艺术指导中心主任洪海军老师,分享了自己二十余年艺术指导中心的工作感悟,希望大家能够多多地参与到艺术领域的相关工作活动中去,用艺术点亮生活。

东南大学南京校友会副会长、艺术分会会长龙昌明发表就职演讲。龙会长表示,将尽心尽力,勤勉谦虚,与大家共同努力,携手打造校友的优质服务平台。

东南大学副校长、校友总会常务副会长周佑勇教授作总结性发言。周校长表示,科技的进步离不开人文艺术的发展,东大南京校友会的九大分会各有千秋、极具特色,各个分会作为支持校友事业发展的重要平台具有深远的意义,各位校友要在各行各业、各个领域为母校的发展添砖加瓦。

2017 年 5 月 7 日　厦门校友会换届大会召开

5 月 7 日下午,东南大学厦门校友会换届大会举行。会议由秘书长黄剑伟主持,厦门市民政局社会组织管理局蔡智仙处长、厦门市政协港澳台侨和外事委员会金季昆处长及廖书靖同志、南京大学厦门校友会秘书长吕玮先生、哈尔滨工程大学厦门校友会秘书长张志毅先生等嘉宾出席换届大会,校友理事、会员等 70 余位校友共同见证和监督了本次换届大会。

大会首先听取了第三届理事会工作报告。秘书长黄剑伟对第三届理事会的工作进行了回顾和总结,副秘书长赖伟亮汇报了 2012—2016 年校友会财务情况。大会审议并且表决通过了东南大学厦门校友会第四届理事会名单。校友张安东当选新一届理事会会长,从上一任会长黄国辉的手中接过了会旗,完成交接仪式。

第三届会长黄国辉学长对筹备本次换届工作的校友们表示感谢,同时表示在新任会长的带领下厦门校友会一定会越来越好。新任会长张安东学长上台发表讲话,对接下来的校友会工作提出了美好期许,希望在全体校友的共同努力下让校友会发挥更大的价值。民政局蔡处长也对本次换届大会的评选审议工作做了点评,在肯定的同时提出了许多宝贵意见。

本次大会还进行优秀校友信息分享。厦门均和房地产土地评估咨询有限公司董事长王崎校友、厦门航空有限公司工会主席黄国辉校友、厦门求实智能网络设备有限公司总经理张安东校友分别为我们带来了房地产、航空、智能设备三个行业的前沿资讯分享,从自身经历到行业资讯、从创业领悟到技术变革,为广大校友做了精彩的呈现。

2017 年 5 月 13 日　南京校友会人工智能分会成立

5 月 13 日下午,东南大学南京校友会人工智能分会启动仪式暨 AI 发展研讨会召开。东南大学副校长黄大卫、校友总会秘书长姚志彪、南京校友会会长沙敏、南京校友会秘书长朱文俊、人工智能分会任职会长沈锦华、人工智能分会的各位副会长、金融分会拟任会长祝立飞等相关领导和人工智能产业相关的校友等 30 余人共同参加了会议。

会议由人工智能分会秘书长姚瑞波校友主持,黄大卫副校长在致辞中指出,人工智能分会的成立对南京校友会具有重要意义,人工智能分会将吸纳在宁工作的从事人工智能行业、热爱人工智能行业的东南大学各院系校友。沙敏会长在致辞中表示人工智能作为新兴产业具有十分宽广的市场前景,相信人工智能分会的成立将联合东南大学校友的大智慧共同推动南京乃至全国的人工智能行业发展。校友总会秘书长姚志彪也代表校友总会对人工智能分会的成立表示热烈祝贺。

焦点科技股份有限公司董事长、人工智能分会会长沈锦华在发言中表示，人工智能的发展将是第二次互联网革命，分会成立后将定期组织人工智能主题探讨活动，共同推进人工智能在商业应用的创新发展，也为母校人工智能方面的科研成果提供产业化的机会。姚瑞波秘书长宣读了包括东南大学计算机科学与工程学院院长罗军舟担任名誉会长在内的分会负责人名单。

校友自我介绍环节中，来自各行各业的校友彼此相识相知，畅所欲言共话校友情，阐述各自对于人工智能发展的见解。

AI发展研讨会环节，东南大学薛晖教授为大家带来“AI@东南大学”的主题分享，人工智能分会副会长、南京玛锶腾智能科技有限公司首席运营官陈辉带来了“智能服务机器人行业应用”的解读，南京聚特机器人技术有限公司副总经理王琰图文并茂地分享了“人工智能在特种机器人的行业应用介绍”。

姚瑞波秘书长在简短的总结中表示，AI的发展研讨让我们更加深入地了解了人工智能目前的科技产业现状和未来的广阔应用前景，相信随着人工智能分会的成立，一定会为各位校友提供更多具备商业价值的产业合作项目并开花结果，一定会把“连接创造价值，智能改变生活”的人工智能分会宗旨落实。

2017年5月20日　*南京校友会金融分会成立大会暨首届理事会召开*

5月20日下午，东南大学南京校友会金融分会成立大会暨首届理事会在东南大学四牌楼校区召开。东南大学党委副书记郑家茂、副校长黄大卫；校友总会秘书长姚志彪，副秘书长李爽、曹军；南京校友会名誉会长张锡昌、会长沙敏、各位副会长、秘书长朱文俊、监事卞鹏萱等参加了会议。

会议通过了东南大学校友总会副秘书长、南京校友会副会长祝力飞为金融分会会长。通过了东南大学经管学院院长赵林度、东南大学经管学院院长助理兼金融系主任刘晓星、国家开发银行总行党委巡视组组长庄伟钢、江苏民营投资控股有限公司董事长黄东峰、南京扬子国资投资集团董事长蔡龙、丰盛产业集团董事长赵建为金融分会顾问。通过了江苏省国际租赁有限公司董事长黄磊、南京九洲会计咨询有限公司董事长李炎炜、江苏苏商创业投资管理有限公司总经理马开茂、人保财险江苏省分公司首席核赔师兼理赔事业部总经理饶群、东南大学南京校友会副秘书长徐震宇、华泰联合证券投资银行部董事总经理张雷、南京紫枫金控数据科技有限公司总裁周殿林、中国农业银行江苏省分行副行长朱晔为金融分会副会长。同时通过了徐震宇为秘书长，通过了江晓峰、李元庆、裴玉蕾、姚芸、易博杰、朱军等人为副秘书长兼分会秘书处成员。

大会由南京校友会会长沙敏向金融分会授予会旗，并首先由金融分会首任会长祝力飞校友发表了热情洋溢的就职演说，代表金融分会首届理事会提出了三条倡议：第一，金融分会要为东大校友及校友企业提供全面的综合金融服务，助力校友企业再上新台阶，涌现出更多的“东大系”上市公司；第二，金融分会为南京金融界东大校友提供了一个联通的平台，未来要依托母校经管学院等院系组织，通过论坛讲座、咨询服务等方式，力争在南京金融界发出“东大声音”；第三，金融分会要积极组织校友企业与母校开展广泛的交流合作，支持校友和校友企业为母校建设世界一流大学贡献力量。金融分会顾问、经管学院院长助理兼金融系主任刘晓星教授代表顾问和经管学院致辞，表示经管学院将和校友们一起努力，把金融分会建成凝聚校友、共创未来的坚强纽带，成为支持校友事业发展、促进母校金融学科建设的良好平台。

南京校友会会长沙敏也在会上表示，金融分会的成立是东大校友的福音，希望金融分会能打造一个"互利、互惠"的平台。校友总会秘书长姚志彪先生也对金融分会的发展提出了一些期望，希望金融分会充分整合校友、学校的教育科研资源，做出金融分会校友工作的特色。

最后，东南大学党委副书记郑家茂先生作了总结发言。郑书记表示，金融分会的成立标志着南京金融领域的校友间建立起新的沟通情谊、加强合作、共同发展的平台，相信分会一定会在广泛联络校友、服务校友、服务学校的过程中大有作为。东南大学党委书记易红先生专程赶来并表示祝贺，易书记指出，金融分会要重点支持年轻校友创新创业，他们在各行各业建功立业，是东南大学最大的荣誉与骄傲！

会上，金融分会联合经管学院共同举办了一场高水平的金融主题报告会。邀请中国投资有限责任公司副总经理祁斌博士为东大校友作了一场主题为"大国兴衰、资本市场和海外并购"的精彩演讲。

2017 年 5 月 20 日　上海校友会信息科学与工程分会隆重成立

5 月 20 日，以"四海一家"为主题的东南大学上海校友会信息科学与工程(无线电)分会成立大会暨第一次会员代表大会举行。东南大学前校长助理、校友总会副会长朱建设，东南大学信息科学与工程学院党委书记李久贤、副书记兼副院长孙威、行政办公室主任贾宁、学办主任研究生辅导员郭玉珍，东南大学上海校友会执行副会长兼秘书长李华彪、会长委员会委员陆耀祥、张燕，生医分会秘书长曹国刚、医学分会张悦，台湾中央大学电机系 05 级校友陈则劭，以及信息学院在上海的各年级校友代表等 50 余人共同参加了会议。

会议由信息科学与工程学院 09 级校友倪蕤主持，78 级校友吉雨冠代表筹备组介绍了分会的筹备情况并公示了理事会和秘书处候选人名单，95 级校友时磊宣读了分会的章程草案，经与会的各年级代表举手表决，通过了分会的章程和理事会名单。

上海校友会执行副会长兼秘书长李华彪向上海校友会信息科学与工程分会当选会长、77 级校友徐益平授予了会旗并颁发了聘书。徐益平会长向当选的名誉会长、执行副会长、副会长和秘书处成员颁发了聘书，并宣布东南大学上海校友会信息科学与工程(无线电)分会正式成立。

校长助理、校友总会副会长朱建设，信息学院党委书记李久贤，上海校友会执行副会长兼秘书长李华彪、四系分会当选名誉会长陆伟良、生医分会秘书长曹国刚、台湾中央大学校友陈则劭等纷纷致辞，对分会的成立表达了诚挚的祝贺和衷心的祝福。

东南大学信息科学与工程学院(原南京工学院无线电系)简称四系，成立大会的主题是"四海一家"，寓意是"上海的四系校友永远都是一家人"。2017 年 1 月 15 日和 3 月 18 日举行了两次筹备会，并走访了部分在沪四系校友，拟定了分会的章程草案和理事会候选人名单，遴选了各年级校友代表，完善校友通讯录，建立微信公众号，并筹办了本次成立大会。

当选会长徐益平在致辞中表示分会的成立，就是为四系的校友建立了一个沟通、交流的平台，希望校友们能够围绕分会这个平台，携手并进，共创未来。上海校友会李华彪会长在四系分会成立的过程中给予了大力支持和帮助，他在致辞中介绍了上海校友会的基本情况，信息分会是继地质、动力、生医、土木建筑、金融、医学、机械和艺术分会后成立的第九个分会。他指出办校友会的基础即是"奉献"。

四系62届校友陆伟良教授，代表名誉会长讲话。陆教授已经年过八旬，两次筹备会都跨越半个上海准时到场参与。他在致辞中回顾了自己一生坎坷的经历，告诫大家珍惜来之不易的当下，鼓舞大家无论什么时候都要继续前行。本科毕业于无线电系、研究生毕业于生医学院的生医分会秘书长曹国刚代表兄弟院系分会表达了对四系分会成立的祝福，并简要介绍了生医分会成立的过程和办校友会的一些经验。

校友总会副会长朱建设老师总结致辞，表示信息科学与工程校友分会的宗旨"联络校友，团结互助，爱校荣校，建设上海"与东南大学校友总会的宗旨是一脉相承的，并向分会的成立表示祝贺。

2017年5月21日　*南京校友会互联网分会成立大会召开*

5月21日，东南大学南京校友会互联网分会暨首届理事会在四牌楼校区召开。东南大学党委书记易红，副校长黄大卫，宣传部长毛惠西，党办副主任赵会泽，校友总会秘书长姚志彪、副秘书长李爽、曹军，南京校友会名誉会长张锡昌，会长沙敏，副会长胡立新、葛宁、刘国耀、沈锦华、龙昌明、郭金林、祝力飞、刘加平、杨涛，秘书长朱文俊，监事卞鹏萱，各副秘书长，北京校友会、盐城校友会有关代表共同参加了这一盛会。

南京校友会秘书长朱文俊对到场的领导和嘉宾表示了热烈欢迎，并代表南京校友会会长沙敏宣布东南大学南京校友会互联网分会正式成立。会议审议通过了江苏省委机要局副局长包丰、中国电信江苏公司副总经理贾小涛、中国电信江苏公司副总经理边延风、中国联通江苏公司副总经理施巍巍、五星控股董事长汪建国、焦点科技董事长沈锦华、中国(南京)软件谷工委副书记管委会主任谢祖国为互联网分会顾问，通过了南京校友会副会长、途牛CEO于敦德校友为互联网分会会长，通过了育儿网CEO程力、外勤365CEO刘昭、妖精的口袋CEO刘青、江苏天创董事长任国强、扇贝英语CEO王捷、零号线&隐食纪CEO吴皓、焦点科技副总裁姚瑞波、福佑卡车联合创始人叶逸飞、开鑫金服总经理周治翰为副会长，通过了酷匠网CEO林虎、江苏省通信服务有限公司副总经理徐宗标、江苏鸿信副总经理李东华、中博信息技术研究院总经理王睿峰、中国联通智能制造基地总经理王延红、南京广电猫猫CEO曹畅、协立投资合伙人陈妍芝、江苏企查查科技CEO杨京、江苏电信云公司副总经理李网灿、南京越考网络科技有限公司(考研派)CEO焦延武、号百信息服务有限公司总监于文龙为理事成员，通过了东南大学南京校友会副秘书长江晓峰为秘书长、江苏互联网协会金融分会常务副秘书长邱永新为常务副秘书长；通过了江苏省经信委信息资源和基础设施处主任倪俊、中国联通南京公司互联网部总经理施晓光、易宝支付华东中心总经理王炜、江苏畅游体育公司市场总监魏林、中国移动咪咕互动娱乐市场总监徐晗、途牛旅游网AVP朱春晔为副秘书长。互联网分会会长于敦德做了任职报告。

南京校友会会长沙敏向互联网分会的成立表示了祝贺。校友总会秘书长姚志彪对互联网分会的成立表示了祝贺，表示互联网分会的成立为南京广大的互联网从业校友提供了沟通情谊、交流合作、共同发展的平台，希望做出互联网分会校友工作特色。

首次全程参加分会成立大会的东南大学党委书记易红对互联网分会的成立表示祝贺并做了总结讲话。易书记深刻阐释了校友会的意义和重要作用，他指出，校友会存在的第一个功能，就是“畅叙友情”；第二个功能，是加强校友与母校的联系，让广大校友团结在母校周围，母校的发展离不开校友的支持；第三个功能，成为支持校友个人和事业发展的平台。易书记强调，校友创业成功、校友的企业有知名度，是母校的荣耀，对母校的声誉有深远的影响。

2017年6月17日　日本校友会成立庆祝会暨人才引进与合作洽谈会在东京召开

6月17日中午，东南大学日本校友会成立庆祝会在东京银座召开。东南大学副校长黄大卫、校友总会秘书长姚志彪等一行6人参会祝贺。中国驻日本大使馆教务处公使参事官胡志平，日中友好会馆、全日本华侨华人联合会、20多所兄弟院校日本校友会的负责人，以及当地相关中国商会、协会及联盟代表和部分高校教授应邀出席了本次招待会。来自日本各地的百名东大校友和嘉宾们欢聚一堂，见证东南大学日本校友会的授旗仪式，互相交流，共同庆祝日本校友会的成立。

大会首先由日本校友会常务副会长兼秘书长徐浩先生致欢迎辞，并做校友会成立过程报告。东南大学副校长黄大卫为大家详细介绍了东南大学的历史沿革、学科建设、师资力量、科研成果、学术资源、文化传统等方面的情况，对日本校友会的成立表示热烈的祝贺。东南大学校友总会秘书长姚志彪介绍了遍布全球的东南大学校友会工作成果，表示校友总会一定更加努力，为各地区各国的校友会的发展服务。

授旗仪式上，黄副校长向日本校友会授“东南大学”校旗，校友总会姚志彪秘书长向日本校友会授“东南大学日本校友会”会旗。吴智深会长代表日本校友会接受校旗和会旗后致辞，感谢母校的关怀和信任，表示一定把日本校友会办成日本校友之家，让两面旗帜高高飘扬在日本国土上，永远飘扬在日本校友的心中。出席庆祝会的兄弟院校南京大学日本校友会负责人代表各大高校的日本校友会致辞，热烈祝贺东南大学日本校友会的成立。中国驻日本大使馆教育处公使参事官胡志平致辞，对校友会的成立表示祝贺，希望校友会在改善和发展中日关系上发挥积极作用。全日本华侨华人联合会会长颜安致辞，祝贺东南大学日本校友会的成立，希望各位校友积极参加和配合海外的华侨华人活动。校友代表、NESIEVP执行总裁申剑飞致晚宴祝酒词。

会前，中国驻日本大使馆领事部，全日本华侨华人联合会、日本中华总商会、西日本新华侨华人联合会、日本浙江总商会、日本川渝总商会、日本中国留学生交流会、南京大学日本校友会、北京工业大学日本校友会、株式会社JCBC、株式会社利达SOFT等均发来贺信、赠送花篮等表示祝贺。此外，全日本华侨华人联合会会长颜安、日本川渝总商会副会长孔佳佳、日本川渝总商会事务局长谭莉莉还送来了礼金表示祝贺。

日本华人最大媒体“中文导报网”对东南大学日本校友会的成立进行了及时报道，国内的人民日报网、东方新报、日中商报、新华侨报、中国江苏网、扬子晚报、阳光导报等多家纸媒及网媒也特别报道了东南大学日本校友会的成立。

东南大学高端人才引进洽谈会在庆典之后进行。

2017年6月17日　美南校友会换届大会在休斯敦举行

当地时间6月17日，东南大学美南校友会的校友以及休斯敦各界华人代表，参加了东南大学美南校友会换届大会和聚餐。

美南校友会创办人、第一届会长、机械工程系92级蔡明东博士致欢迎辞。蔡会长简要介绍了校友会的情况、换届的需求以及交接事宜。由会长提议举荐人选。在校友们的一致支持下，生物医学工程系01级的刘扬威博士接任第二届会长。新一届的理事会成员有刘扬威(会长)、李倩(财务兼秘书)、帅祥萍(副会长)和王宏银(副会长)，在本地长期生活经验丰富的校友与活力四射的新生力量的比例达到1:1。

中国驻美国休斯敦总领事馆教育组参赞龙杰女士对本次大会给予了亲切的慰问与祝贺。李卫东领事出席大会，并与校友们亲切交流。李领事着重介绍了祖国对高级人才和新近毕业生回国创业与就业的支持，向大家简要讲解了政策和软硬件配套设施的发展。

6月20日，当地《美南新闻》中文报特别提供巨幅简体字版面，记录报道东南大学美南校友会换届大会情况。

2017年8月26日　青岛校友会成立庆典暨“迎新送新”大会召开

8月26日上午，东南大学青岛校友会成立大会召开。东南大学校友总会副会长、原校长助理朱建设，校友总会秘书长姚志彪，校友总会理事、信息工程学院原党委书记、南京校友会名誉会长张锡昌，校友总会联络部主任马波，以及北京校友会副会长兼常务副秘书长刘勇，天津校友会副会长柯顺琦、秘书处贾晓亮，广东校友会常务副会长兼秘书长陈映庭，山东校友会副秘书长朱春生，烟台校友会筹备负责人孙叔翔等来宾出席了大会。在青岛工作、生活的东南大学历届校友、2017年考入东南大学的青岛籍新生代表150余人共同参加了大会。会议由青岛校友会秘书长、公共卫生学院2003级校友赵飞主持。

大会特别邀请了学校前身三江师范学堂创始人张之洞嫡孙、南工建筑系56级校友张厚琲偕夫人杨律信，以及南工57级土木结构专业校友贾维波等老前辈莅临现场。同时大会还收到了中央大学法学院1947年毕业、参加过南京审判并在青岛定居的刘学璞前辈的亲笔贺信。

青岛校友会秘书长赵飞首先介绍了青岛校友会筹备工作的有关情况。

会议表决并一致通过了青岛校友会首届领导机构和组织章程。青岛校友会会长周明江代表青岛校友会向出席大会的领导、来宾和全体校友表达了欢迎和感谢，并对青岛校友会未来的发展提出了具体的规划和要求。

各地校友会代表分别向青岛校友会表达了祝贺，天津校友会、广东校友会特别向青岛校友会赠送了书画作品作为纪念。正在筹备期间的烟台校友会也来青交流。校友总会秘书长姚志彪代表校友总会对青岛校友会的成立送上了来自母校的祝福，介绍了母校校友工作在全球的开展情况，并对青岛校友会下一步的具体工作提出了详细指导。

校友总会副会长、原校长助理朱建设代表母校向青岛校友会的成立表示祝贺，向与会校友介绍了母校近年来的建设成果和发展成就，对青岛校友会加强同母校的联系、加强同总会和全球校友组织之间的沟通、共同为母校发展做出贡献提出了殷切期望。

校友总会副会长、原校长助理朱建设，校友总会秘书长姚志彪分别向青岛校友会授予校旗、会旗，青岛校友会正式成立。

下午，东南大学青岛校友会发展座谈会举行。校友总会副会长、原校长助理朱建设，校友总会秘书长姚志彪，校友总会理事、信息工程学院原党委书记、南京校友会名誉会长张锡昌，校友总会联络处主任马波，北京、天津、广东、山东、烟台校友会代表及青岛校友会领导组织机构成员共20余人出席了会议。会上就青岛校友会下一步的发展思路、工作要点展开座谈，校友总会和各地校友会分享了工作经验。

2017年10月15日　烟台校友会成立大会隆重召开

10月15日，东南大学烟台校友会成立大会在烟台开发区艾特空间隆重召开。东南大学校友总会副会长朱建设，校友总会秘书长姚志彪，校友总会理事、南京校友会名誉会长张锡昌，机械工程学院副书记王斌，以及高校烟台校友会联盟、山东大学烟台校友会秘书长李腾云、东南大学山东校友会副秘书长朱春生、东南大学青岛校友会副会长侯文建、青岛校友会秘书长赵飞等来宾出席了大会。在烟台工作、生活及烟台籍历届校友50余人共同参加烟台校友会，副会长兼秘书长孙叔翔校友首先介绍了烟台校友会筹备工作的有关情况。校友会的快速发展和高效工作得到了与会领导和校友们的充分肯定。大会表决环节，出席大会的全体校友一致鼓掌通过了烟台校友会首届领导机构和组织章程。

烟台校友会会长王有举代表烟台校友会向出席大会的领导、来宾和全体校友表达了欢迎和感谢，并对烟台校友会未来的发展提出了具体的规划和要求。校友总会副会长朱建设代表母校向烟台校友会的成立表示祝贺，并向与会校友介绍了母校近年来的建设成果和发展成就，对烟台校友会加强同母校的联系、加强同总会和全球校友组织之间的沟通、共同为母校发展做出贡献提出了殷切期望。校友总会秘书长姚志彪代表校友总会对烟台校友会的成立送上了来自母校的祝福，介绍了母校校友工作在全球的开展情况，并对烟台校友会下一步的具体工作提出了详细指导。到会兄弟校友会代表分别上台致辞祝贺，山东校友会、青岛校友会分别向烟台校友会赠送了纪念品。烟台校友代表土木系62级祝瑞杨、动力系83级孙常东、信息科学与工程学院09级岳西平分别代表在烟台的老、中、青校友发言。

校友总会副会长朱建设、校友总会秘书长姚志彪分别向烟台校友会授予校旗、会旗。

下午，东南大学烟台校友会发展座谈会，母校一行和山东、青岛校友会代表及烟台校友会领导组织机构成员共十余人出席了会议。会上就烟台校友会下一步的发展思路、工作要点展开座谈。

2017年11月26日　苏州校友会医学分会成立

2017年11月26日，东南大学苏州校友会医学分会成立大会举行。东南大学苏州医学校友共近百名代表参会。东南大学副校长黄大卫、校友总会秘书长姚志彪、苏州校友会会长张为公、苏州独墅湖医院党委书记周原、医学院副书记兼副院长程斌、医学院副院长王立新和上海校友会医学分会会长郑萍及常州、北京等地区校友会医学分会代表到会祝贺。

东南大学苏州校友会会长张为公宣布医学分会成立，并向东南大学苏州校友会医学分会授旗。会议通过了东南大学苏州校友会医学分会第一届理事会成员名单。大会选举姜陵校友为东南大学苏州校友会医学分会会长，聘请周原校友为医学分会顾问，贾素红、夏新荣、胡圣大、黄桥梁、殷炜为副会长，殷炜兼秘书长。

医学院副书记兼副院长程斌在讲话中向在苏校友介绍了学院近期工作情况，并宣读东南大学公共卫生学院对苏州校友会医学分会成立贺信。医学院副院长王立新表示，学校与苏州学子之间密不可分，共荣共存。周原顾问就目前苏州的医疗形势及发展向广大校友进行解读，上海医学分会的郑萍会长针对医学分会的发展方向提出了建议。与会校友还就医疗科研前沿动态、当前医学人才的培养、苏州医学分会的后期活动安排等方面进行了积极的探讨。

2017 年 12 月 3 日　南京校友会双创分会成立大会举行

12 月 3 日下午 2 点，在东南大学大礼堂举办了由东南大学南京校友会主办，镁客网、东大科技园、海创岛科技园以及氢联路演中心承办的东南大学南京校友会双创分会成立大会。

东南大学党委书记易红通过贺信指出了母校对于校友们寄予的高度关注以及殷切期望。

东南大学副校长吴刚、杰出校友钱志新主任，东南大学校办主任金志军、宣传部长毛惠西、资产处长江汉、校团委副书记杨文燮、校学生处副处长宋健刚、校教务处副处长沈孝兵、应用技术院副院长郝勇生、经管学院副书记祝虹，东南大学国家大学科技园总经理贾方、副总经理朱卫民，东南大学校友会总会秘书长姚志彪、东南大学教育基金会秘书长李爽、南京校友会秘书长朱文俊，南京校友会各分会会长，苏州、常州等地校友会秘书长，杰出校友代表，玄武区科技局局长刘云、玄武区团区委郭骞，珠江路科技一条街办公室主任孙兵等领导、嘉宾应邀出席本次大会，并为双创分会的顾问、名誉会长以及理事会颁发证书。

来自全国各地的近百名校友到场参加本次大会。凤凰网、南京电视台等多家具有影响力的新闻媒体应邀参会。

大会集中表决通过了双创分会的运营班组成员，为相关成员颁发证书和聘书，并宣布东南大学南京校友会双创分会正式成立。

东南大学副校长吴刚在致辞中对南京校友会双创分会的成立表示热烈的祝贺，介绍了东南大学近期在“双创”方面做出的工作与努力，希望双创分会的成立能够把政、产、学、研、资等多方力量集聚起来，产生更多“双创”的实际成果。

东南大学南京校友会双创分会会长朱文俊发表了就职讲话。朱会长表示，作为南京校友会第十个发起的主题分会，双创分会将进一步连接校友、服务校友，与母校共同承担起“学术成果转化、高级人才培养和产业整合创新”等力所能及的历史使命。同时，双创分会将营造全面务实的双创生态，助力更多校友及校友企业抱团发展、共创未来。

东南大学南京校友会会长沙敏特发来祝贺视频。他表示双创分会的成立，是新时代背景下南京校友会工作开展的需要，是践行国家“一带一路”战略的需要，是务实开展连接和服务双创校友具体工作的需要，要勇于创新，激活“双创”主体，互学互鉴、互利共赢、共建共享，让双创平台效能最大化。

东南大学校友总会秘书长姚志彪致辞，他表示双创分会的成立，搭建了共同创新创业的平台，希望双创分会茁壮成长，培育更多一流的创新创业成果和更多“双创”领军人才。

校友代表钱志新多年工作在创新创业领域，退休后也专注于创新创业的研究。他在讲话中表示，东南大学的校友都将始终关注和支持东南大学的各项工作，关注和支持双创分会的工作与发展,为东南大学出谋划策、全方位推荐人才。

玄武区科技局局长刘云在致辞中介绍了南京市以及玄武区方面的创新创业工作计划,传达了科技局对双创分会成立的高度支持以及肯定。

在全体参会人员的见证下,双创分会与分会会址所属地玄武区建立双创驿站的启动仪式圆满完成。

来自华捷艾米的联合创始人沈瑄以及海善达、合纵青年创始人冯宏星应邀出席大会,分别进行了精彩的创新沙龙分享。

2017 年 12 月 10 日　生医学院校友理事会换届年会暨校友创新创业研讨会召开

12 月 10 日,东南大学生物科学与医学工程学院校友理事会年会暨校友创新创业研讨会在苏州举行。东南大学校友总会秘书长姚志彪应邀参会,生医学院校友会理事长唐咚、各地校友会理事、生医学院全体党政领导、校友代表 20 余人参加了会议。

预备会议结束后,校友们集体参观考察江苏医疗器械科技产业园,重点参观了东南大学苏州医疗器械研究院。

校友们在江苏医疗器械科技产业园 2 号楼一楼会议室举行了年会,会议由东南大学苏州医疗器械研究院常务副院长汪丰主持。会上,北京、南京、苏州、上海、深圳等地院友会理事分别报告了上一年度校友会工作情况和明年的工作计划,理事长唐咚校友对 2017 年的工作进行了总结。海外校友理事会会长徐益平就海外校友关心的话题做了发言。

校友会正式举行新一届理事会选举,生医学院 95 级校友、深圳迈瑞集团副总裁黄海涛校友当选新一届理事会理事长,85 级校友涂斌当选为副理事长兼秘书长。黄海涛理事长通过视频连线与校友理事对话,表示将尽其所能为校友会发展贡献心力。涂斌代表新一届理事会谈了工作思路和设想,表示将会做好校友工作,不负所托。

生医学院洪宗训书记代表学院表示将会提供支持,推进校友工作,学院老师、领导将会积极参加校友活动。东南大学校友总会秘书长姚志彪发表讲话,在对生医学院校友会的工作进行了充分肯定的同时,也对新一届校友理事会提出了希望,建议多和校友总会联合开展工作。生医学院顾忠泽院长对校友工作进行了总结,并向校友们汇报了学院、学科建设的近况,提出生医学院建设大平台、大团队、大项目、大成果的愿景,恳请校友献计献策,举贤荐能。

会议结束后,校友们又参加了创新创业研讨会,会议就科研成果转化、产学研合作等议题进行了讨论。

2017 年 12 月 16 日　辽宁校友会成立大会召开

12 月 16 日,东南大学辽宁校友会成立大会召开。东南大学副校长吴刚、校友总会秘书长姚志彪、交通学院党委书记秦霞、校保密办副主任陈镭和 62 名辽宁校友到场参会。

筹备组负责人李云祥向全体校友汇报了校友会筹备过程,并介绍校友会章程及机构拟任负责人,全体校友举手表决通过了辽宁校友会章程及机构拟任负责人名单。

校友总会姚志彪秘书长为辽宁校友会授校旗和会旗,并为在场校友介绍了母校近期发展状况、在学术方面取得的成就以及校友会的组织建设情况。吴刚副校长赶到会场,带来母校对辽宁校友的问候,对辽宁校友会的成立表示祝贺。

辽宁校友会秘书处对未来工作初步设立了几个方向:一是积极宣传母校,在每年高考志愿填报期间协助母校在辽宁开展招生工作；二要积极组织活动，增进校友间友谊；三是振兴辽宁经济，为母校早日建成世界一流大学贡献辽宁校友一份力量。

2017年12月16日 河南校友联谊会成立大会召开

12月16日下午，东南大学河南校友联谊会成立大会在郑州隆重举行。东南大学原校长助理、校友总会副会长朱建设，总务处处长梁书亭教授，电气工程学院院长赵剑锋，数学学院党委书记、河南招生组组长吴映红，离休干部处党委副书记、河南招生组副组长张楠，河南招生组副组长、数学学院刘国华教授，校友总会副秘书长曹军、张飒兵，以及南京大学河南校友会会长王万田、东南大学淮安校友会副秘书长鲁正淮等省市的兄弟校友会代表，与河南省内校友代表近150人出席了成立大会。

会议由河南校友联谊会筹备组副组长王新军校友主持。校友总会副秘书长曹军代表校友总会宣读了《关于成立东南大学校友总会河南校友联谊会请示的批复》。河南校友联谊会筹备组成员单飞代表筹备组汇报了筹备情况和第一届会员代表组成情况，大会宣布成立第一届会员代表大会。河南校友联谊会筹备组副组长刘家俊代表筹备组汇报了《东南大学校友总会河南校友联谊会章程(草案)》拟定情况，并提请会员代表审议，大会表决通过了《章程》。河南校友联谊会筹备组副组长闫水保汇报了第一届理事会候选人组成情况，并提请会员代表审议，大会宣布成立河南校友联谊会第一届理事会。

大会召开了河南校友联谊会第一届理事会第一次会议。河南校友联谊会筹备组副组长王浩介绍了会长、名誉副会长、副会长、秘书长建议人选情况，并提请理事会审议，理事会一致通过了会长、名誉副会长、副会长、秘书长人选。新当选的河南校友联谊会秘书长单飞介绍了副秘书长人选提名情况，并提请理事会审议，理事会再一次全体通过了副秘书长人选。

河南校友联谊会会长王飞代表河南校友在大会上作了讲话，感谢河南广大校友的信任，介绍了下一阶段河南校友联谊会工作计划。东南大学原校长助理、校友总会副会长朱建设代表学校对河南校友联谊会的成立表示热烈的祝贺，介绍了母校近年来在教学、科研、人才引进等方面的最新进展和取得的成就，以及目前学校的办学特色、学科发展、学生创新等校友们关心的内容。

会上，南京大学河南校友会会长王万田、东南大学淮安校友会副秘书长鲁正淮、河南校友联谊会第一届会员代表作了发言。会上还举行了隆重的揭牌仪式，校友总会副会长朱建设与河南校友联谊会会长王飞共同为河南校友联谊会揭牌，朱建设副会长代表母校和校友总会授予了河南校友联谊会东南大学校旗和河南校友会会旗。

二、各地校友会年会等重要活动

2017年1月7日 四川校友2017新春聚会举行

东南大学四川校友会于1月7日相约成都举行新春聚会。本次聚会得到秦进勇和张丽斌两位校友的大力支持，年轻校友们自发组成志愿者队伍为大家服务。

杰出校友于崇俊院士也现身聚会，并与大家亲切交流。聚会晚会由秦进勇校友主持，于崇俊院士致新年贺词。晚会期间，利用特制扑克牌进行了游戏互动。牌面上熟悉的东大校园风景勾起了大家无限回忆，校友纷纷上台分享了自己与东大的故事和情谊。

2017年1月8日 山西校友举行2017年新春联谊活动

1月8日上午，十几位东南大学山西校友齐聚龙城举行新春联谊活动。这是山西校友近年来的第一次校友联谊活动。活动中，各位校友都做了自我介绍，并在校友祝福旗上签名送祝福。大家约定，今后每年元旦之后的第一个周末作为山西校友年度集体活动日，后续将逐步策划如登山、健步走、骑行、踏青等校友主题活动，凝聚校友。

山西校友会正在积极筹建中。校友会以服务校友、服务母校发展为宗旨，同时增强校友凝聚力，为在晋校友提供交流互动平台，促进校友共同发展。

2017年1月11日　*香港校友会2017年年会召开*

1月11日，东南大学香港校友会2017年年会于香港理工大学召开，40余位香港东南大学校友出席。

东南大学常务副校长王保平教授，港澳台办副主任叶智锐教授，中央人民政府驻香港联络办公室教科部副巡视员季建军先生，协调部处长姚铭先生，江苏驻港窗口公司钟山工程公司总经理陶顶天先生，香港海外学人联合会秘书长陆旭女士，东南大学深圳校友会满志会长作为香港校友会嘉宾出席了此次年会。

2017年1月15日　*北京校友会2017年新春联谊会召开*

1月15日下午，东南大学北京校友会2017年新春联谊会召开，300多名校友欢聚一堂，共叙校友情谊，同贺新春佳节。东南大学副校长周佑勇、发展委员会常务副主任刘松玉、校友总会秘书长姚志彪和马波主任专程前来祝贺，加拿大校友会、广东校友会、上海校友会也派校友代表参加了此次联谊会。

北京校友会华生会长做了热情洋溢的新春致辞，他回顾并肯定了校友会过去一年的工作成绩，对母校在过去一年各方面取得的成绩表示祝贺，祝愿母校发展蒸蒸日上，祝愿广大校友身体健康、家庭幸福。常务副会长、秘书长马其祥做了北京校友会2016年工作汇报。东南大学周佑勇副校长介绍了母校在过去一年取得的成绩，代表母校向广大在京校友表达了新春问候。

会上发布了2016年度北京校友会十大新闻事件，表彰了年度十大新闻人物，并对为北京校友会建设发展做出突出贡献的个人和集体进行了表彰：授予武海校友“校友会特别贡献奖”，授予庄人栋校友“校友会活动优秀组织奖”，授予王玉山、王慧宇、王舜林、刘勇、刘星、刘安峰、祁伯豪、佟玉良、张晓燕、陈猛、黄利锋、曾梓槊、刘玲利、吴栋杨等14名校友“校友会活动积极分子”荣誉称号。《动力电气人》刊物编委会荣获“校友会工作优秀集体”。

联谊会得到朱文卫、尹寿宝、赵伟校友和校友企业北京六朝松茶馆、北京蓝爱迪电力技术有限公司、北京清新环境技术股份有限公司、中天科技集团的支持与赞助。

2017年2月26日　*马鞍山校友会召开2017年春季理事会暨校友工作座谈会*

2月26日，东南大学马鞍山校友会召开2017年春季理事会暨校友工作座谈会。会议由东大马鞍山校友会会长张吾胜校友主持。

马鞍山校友会名誉会长、马鞍山市副市长、民革马鞍山市委主委王晓焱校友出席会议并发表讲话，同时向各位理事介绍了一同参加会议的民革马鞍山市委两位副主委韦润翔校友与李明喜校友。校友会秘书长戴建良向各位理事汇报了自2016年6月份以来马鞍山校友会所做的工作，并介绍了母校建设“双一流”大学情况、兄弟校友会的活动经验、母校李奇教授牵头的科研团队与马钢第四钢轧总厂开展的轧钢自动控制系统科研项目进展情况。与会理事与校友交流了近期工作与学习情况。

马鞍山校友会副会长、安徽汇华工程科技股份有限公司董事长李宁校友为本次会议精心安排了会务组织事宜。

2017 年 3 月 4 日　*南京校友会会长会议召开，确定校庆前各分会全部成立*

2017 年 3 月 4 日，东南大学南京校友会会长会议在南京科远自动化集团股份有限公司召开，南京校友会会长沙敏、秘书长朱文俊、各分会会长、拟任会长（葛宁、刘国耀、龙昌明、于敦德、祝力飞等）参会。东南大学副校长周佑勇、校友总会秘书长姚志彪等有关人员专程参会。南京校友会秘书处全蕾、徐震宇、张树锦等出席会议。

沙敏会长在讲话中表示南京校友会要做好连接校友的工作，力争在 6 月 6 日校庆前成立好各大分会。他介绍了金融分会、企业家分会和人文分会的筹备思路和举措，指出各分会是校友互动的中心，是服务校友的平台，希望各分会能充分发动起来，参与到 115 周年“景观石众筹——众人拾柴，砥砺前行”等主题校庆活动中。各分会会长、拟任会长分别就分会成立及校友会建设有关事宜进行了沟通和交流。

东南大学副校长周佑勇在致辞中表示作为学校分管领导，将更多地参与校友活动，增加与校友的工作互动和情感联系，并对“校友基金、论坛、115 周年景观石活动”等三个方面工作表示了重点关注和充分期待。校友总会秘书长姚志彪介绍了东南大学 115 周年校庆活动计划，希望南京校友会能积极参与到 115 周年校庆活动中来。

2017 年 3 月 19 日　*广东校友合唱团举行建团一周年庆祝活动*

3 月 19 日下午，东南大学广东校友合唱团举行了建团一周年庆祝活动。

广东省东南大学校友会执行副秘书长袁燕群代表校友会到场祝贺，合唱团艺术指导、深港台声乐家艺术团团长邱红校友携同艺术团音乐家一行 4 人应邀专程从深圳赶来广州参加庆祝活动。参加本次庆祝活动的嘉宾还有广东工业大学副校长、博士生导师王成勇校友以及一直支持合唱团建设的邓黎明校友。

合唱团的建设得到了很多热心校友资金和物质上的支持，校友企业冠华口腔一如既往地给予合唱团资金支持，王平校友对合唱团聚会活动提供后勤保障，陈军校友和邓黎明校友也为本次活动及合唱团建设提供资金和物质上的支持。

2017 年 3 月 25 日　*上海校友会第六届会长委员会扩大会议暨庆祝母校建校 115 周年联谊会召开*

3 月 25 日下午，东南大学上海校友会第六届会长委员会扩大会议暨庆祝母校 115 周年华诞联谊会在上海校友之家召开。校友总会姚志彪秘书长、曹军副秘书长专程参会。会议由东南大学上海校友会副会长张培德教授主持。

校友总会姚志彪秘书长在讲话中简要介绍了各地校友会的开展情况，并对新一届上海校友会表示热烈祝贺并寄予希望。上海校友会李华彪秘书长就此次会议筹备情况作了详细汇报，李洁校友宣读报送总会的相关决议，张燕校友就上海校友会会长委员会工作条例草案作了说明。姚志彪秘书长代表校友总会宣读关于对东南大学上海校友（联谊）会的同意批复。参加会议的第六届校友会会长委员会成员集体亮相。

第六届上海校友会执行副会长兼秘书长李华彪代表第六届会长委员会作工作报告，

阐明上海校友会的组织架构。本届上海校友会会长委员会、副会长、副秘书长进行了扩充,老中青相结合,各校友分会负责人担任上海校友会副会长并进入会长委员会队伍,上海校友会组织体系不断完善。李华彪秘书长解读了会长委员会的代表性、秘书处的六个部门在校友会日常工作中的运作特点、分会建设的意义以及兴趣小组的重要性。

会议就祝贺母校 115 周年庆祝活动进行倡议,号召校友推荐自己的著作(但不仅限于)集中捐赠,向母校汇报自己的成果。

2017 年 3 月 26 日　无锡校友会开展片区校友联谊活动

3 月 26 日下午,东南大学无锡校友会梁溪区片区联谊活动举行。本次活动是东南大学无锡校友会在无锡五大片区系列活动的最后一站,由梁溪区校友组织、普信资产无锡分公司协助举办。参加这次活动的有东南大学无锡校友会会长王浩宇、副会长兼秘书长于兵、副会长兼交通分会会长王强,以及市区机关、企事业单位各行各业的校友 30 名。

会上首先由于兵秘书长介绍了无锡校友会前几年的工作情况、当前形势下校友会工作遇到的困难以及校友会今后工作发展设想和建议。普信资产无锡分公司培训老师讲解了当前互联网金融发展趋势、公司互联网金融业务开展情况以及个人投资理财方法和风险管控措施。参加活动的校友纷纷发言,大家一致认为,校友会开展活动非常必要,很有意义。

无锡校友会王会长讲话,总结了校友会工作的特点和要求,希望更多的年轻校友加入无锡校友会,希望认真负责、有热情、有时间、有精力的校友加入无锡校友会。

2017 年 4 月 16 日　墨尔本校友会复活节聚会

东南大学墨尔本校友会理事会于 4 月 16 号组织校友聚会,部分校友带着家属前来赴约,很多的年轻校友参与了活动,为校友聚会增添了活力。

2017 年 4 月 29 日　密西根校友会 2017 春季联谊聚餐会

2017 年 4 月 29 日,东南大学密西根校友会举办 2017 年东南大学密西根校友春季联谊聚餐晚会,校友们陆续从大底特律地区及加拿大温莎地区来到这里。东南大学原机械工程系孙公平老师和现丁家桥校区党工委书记张立武,及母校校友总会副秘书长张飒兵借密州探亲访友之机前来与密西根校友们欢聚。三位老师先后做了热情的发言,为校友们带来了母校对海外校友的关心和问候,也带来了母校发展壮大在建设“双一流”道路上努力奋斗的喜人信息。三位老师都表示是东南大学密西根校友会把大家紧密地连接在一起,好似东南大学在美国汽车城的家。三位老师希望校友们经常回母校看看,和母校建立更多联系,也希望能推荐和自荐母校发展需要的人才。

东南大学密西根校友会会长雒超民教授为此次联谊聚餐活动致辞,祝校友们借此活动加强了解,增进友谊,沟通信息,为母校的发展多尽一份力。参会的理事会全体成员亮相,他们分别是会长雒超民,副会长唐寅、沈一农,秘书长崔少林,理事蒋丽琪。理事会成员将一起努力把密西根校友会的工作推向新的高度。

2017 年 5 月 13 日　苏州校友会建筑土木交通分会分享会圆满举行

5 月 13 日下午,东南大学苏州校友会建筑土木交通分会齐聚悉地苏州公司,举办以

"迎校庆寻东大情缘,话发展筑智慧梦想"为主题的分享会。本次分享会由东南大学苏州校友会土木建筑交通分会主办,悉地(苏州)勘察设计顾问有限公司承办,旨在建立建筑土木交通领域校友交流平台,促进专业领域研究和交流,并推动区域规划建设事业的改革与发展。出席此次活动的有东南大学苏州校友会土木分会会长孔祥樑、东南大学苏州研究院党委副书记于向军、悉地苏州公司总裁朱荣军及在苏各届建筑土木交通系优秀校友代表。土木分会孔祥樑会长致开幕词。

2017 年 5 月 14 日　四川校友羽毛球队参加第三届蓉城高校校友羽毛球邀请赛

5 月 14 日,东南大学四川校友羽毛球队在成都参加了"欢聚蓉城数据伴我行""HIT 大数据杯"第三届蓉城高校校友羽毛球邀请赛。校友会名誉会长张琪以及 20 多名校友作为拉拉队队员助阵比赛。东南大学四川校友羽毛球队第一次参加蓉城高校校友羽毛球赛,预赛阶段击败同济大学校友队顺利进入复赛。在复赛中惜败东道主哈尔滨工业大学校友队,止步八强赛。参加比赛的队员和拉拉队员们集体自行设计制作了印有硕大东南大学校徽的 T 恤宣传母校。

2017 年 5 月 18 日　江西校友会合作承办中国第四届红色工程感恩会暨纪念三个"九十周年"高峰论坛

5 月 18 日,中国第四届红色工程感恩会暨纪念三个(八一建军、井冈山根据地建立、秋收起义)"九十周年"高峰论坛在南昌成功举办。老一辈革命后代朱德总司令外孙刘康,陈毅元帅之子陈昊苏,周恩来总理侄子周秉和,江西省原省委书记、中共中央统战部原副部长(正部级)万绍芬,全国工商联原副主席王治国,江西省人大常委会原副主任蒋如铭,老将军抗战老兵、江西省新四军研究会顾问葛华教授,两弹一星国际基金名誉会长、海军航空学院原副院长吴方臣少将,武警江西省总队原总队长施文求少将,中国萧军研究会红色文化研究院执行院长姜文华大校,以及来自江西高校的教师、学生、武警官兵代表、企业界人士、协办单位人员等共计 400 多人参加了论坛。

江西省人大原常委、中电投江西分公司原党组书记兼总经理、东南大学江西校友会会长、梧桐书院院长任德清作为承办方负责人为大会致开幕词。

本次活动由中国拥军优属基金会红色工程委员会、中国萧军研究会红色文化研究院、中国第四届红色工程感恩会全国组委会等联合举办,以"继承八一传统、弘扬井冈精神、传播红色文化、培育红色青年"为宗旨,强化爱国思想,进一步凝聚力量,为实现中华民族伟大复兴的中国梦努力奋斗。东南大学江西校友会作为大会承办方之一,发扬"止于至善"的校训精神,展现东大人一心为国、弘扬红色精神、不忘党恩、永远跟党走的坚强信心和决心,为大会的各项议程做了大量的推进工作。任德清会长在大会筹备期间,克服家庭困难,花了很多精力和时间与在京的共和国元勋后人、在赣革命老同志联系,汇报大会活动及筹备等事宜,热情邀请他们参加这次盛会。经过江西校友会的不懈努力,主办方最终决定将全国第四届红色工程感恩会首次放在北京之外的南昌举办,体现了主办方对东南大学江西校友会、梧桐书院前期筹备工作的高度肯定。周秉和为东大校友的精神所感动,亲笔题写"止于至善"四个字赠送给东南大学江西校友会。

会议召开前,任会长多次组织校友召开协调会,经过 3 个月的筹备,大会如期在南昌召开。常务副会长(南昌工控电装有限公司总经理)刘长华校友、副会长(景德镇三慎堂艺术瓷业有限公司董事长)胡慎言校友主动承担具体工作安排,给予大会财力、物力支持。校友会秘书长游波同志积极协调校友企业资源,为大会召开募集资金和纪念品,主动筹划大会宣传报道工作。胡慎言校友代表本次大会红色爱心企业家在会上发表获奖感言。有很多校友为本次全国盛会顺利召开做了大量默默无闻的工作。

2017 年 5 月 20 日　济南校友聚会庆祝母校 115 岁生日

5 月 20 日,在济南的部分东南大学校友代表相聚一堂,共贺东南大学 115 年校庆。来参加聚会的校友代表毕业于建筑、土木、计算机、交通、人文、经管等院系,代表着在济南校友会微信群里面的 150 多位校友。

本次活动组织者特别制作了东南大学 115 岁生日蛋糕,对母校的感恩之情溢于言表。

2017 年 5 月 20 日　北京校友会召开庆祝母校成立 115 周年座谈会并致母校 115 周年校庆贺信

2017 年 5 月 20 日　苏州校友会四届二次会议暨校庆座谈会成功举行

苏州校友会于 5 月 20 日下午召开第四届理事会第二次会议暨校庆座谈会。会议听取了东南大学苏州校友会 2016 年度的工作汇报,确定了 2017 年度理事选举方案,通过了增补王新民等 29 人为校友会理事的决定。同时,就校友组织的财务管理制度与方案、校庆献礼等议题进行了热烈的讨论,并对母校发展、喜迎母校建校 115 周年华诞建言献策。出席本次会议的有东南大学苏州校友会会长张为公,常务副会长兼秘书长宋建忠,副会长毛利民、张百明,东南大学研究院党委书记顾芳,校友理事、吴江、昆山分会及太仓校友代表等 70 余人。东南大学苏州校友会会长张为公主持会议。

2017 年 6 月 30 日　德国校友会慕尼黑分会举办首次主题沙龙

6 月 30 日下午,东南大学德国校友会慕尼黑分会顺利举办首次主题沙龙"人工智能将如何改变我们的生活",邀请到来自瑞士 IDSIA 人工智能研究所的 Dr. MarijnStollenga,来自罗兰贝格战略咨询的王宇女士作为嘉宾,现场,学术界、咨询界和工业界的交谈碰撞出精彩的火花。正在德国进行访问的东南大学副校长周佑勇一行受邀参加了活动,本次沙龙是东大德国校友会继"洪堡论坛"之后推出的又一主题活动,沙龙每期针对一个当下核心话题,邀请嘉宾与校友们自由讨论。

2017 年 7 月 1 日　美南校友会合办庆祝香港回归 20 周年活动

7 月 1 日,全美华人协会休斯敦分会发起组织了名为"大休斯敦地区侨学界庆祝香港回归 20 周年座谈会暨酒会"的活动。东南大学美南校友会为合办单位之一,派出校友会代表参加座谈会。这次的主办方全美华人协会休斯敦分会会长乔凤祥是毕业于原南京工学院(东南大学前身)自动控制系 81 级的校友。

2017 年 9 月 9 日　东南大学、南京大学、中国科技大学三校 2017 联谊迎新野餐活动圆满举行

由南京大学、中国科技大学和东南大学三所中国高校纽约校友会联合举办的联谊迎新野餐会于 9 月 9 日在纽约中央公园举办,此次迎新活动重在帮助新校友融入异国生活,同时增进各校校友间友谊,搭建更加完善的跨校交流平台。东南大学大纽约地区校友会会长唐元女士也向各位校友们介绍了学校大纽约地区校友会近年的快速发展,回顾了近期的活动。

2017 年 9 月 17 日　硅谷校友会与南京大学北加州校友会等联合举行金秋烧烤活动

生活在北加州的东南大学校友大约有 500 人。四、五年前东南大学硅谷校友会开始联合南京大学北加州校友会一起举办活动。每年主要的联谊活动有两场：中秋烧烤会和春节晚会。9 月 17 日，东南大学硅谷校友会的校友们在硅谷美丽的伊丽莎白湖边举办了每年一度的两校校友中秋烧烤活动。中秋的烧烤会总选在景色美丽的公园、湖边或是山间，大家品尝美食、游山逛水。

2017 年 9 月 17—19 日　日本校友会九州分会日本福冈喜迎 2017 年秋季东大—早稻田大学联合培养生

2017 年是东南大学日本校友会和日本校友会九州分会成立的第一年。日本校友会九州分会的 2013 级校友们，提前为将赴异国他乡来到日本的学弟学妹们准备了详细的海外留学与生活攻略，涵盖了日本生活的日常起居、学校研究室学业相关、地理环境周边介绍等方方面面，并提前为 2017 年的新生联系司机和大巴车，为初来日本的校友提供接送机服务，避免舟车劳顿和异国不熟悉带来的不便。

2017 年 9 月 23 日　苏州校友会四届三次理事会会议暨“走进苏相合作区”活动成功举行

9 月 23 日，东南大学苏州校友会第四届理事会第三次会议暨“走进苏相合作区”活动举行。东南大学校友总会秘书长姚志彪，东南大学苏州校友会会长张为公，苏州相城区委常委、相城经济技术开发区党工委副书记、管委会副主任沈磊，相城区经发局局长何乃剑，相城区招商局副局长吴晓莉，东南大学苏州校友会常务副会长兼秘书长宋建忠，东南大学苏州校友会第四届理事会理事成员及各校友企业家代表莅临本次会议。

苏相合作区的副局长首先带领参会校友参观了驻合作区的部分企业，东南大学苏州研究院张为公院长主持苏州校友会四届三次理事会会议。

会议中，苏州相城经济技术开发区党工委副书记、管委会副主任沈磊，苏州相城区经发局局长何乃剑、招商局副局长吴晓莉先后发言致辞，对会议的成功召开表示热烈祝贺，希望东南大学苏州校友会不断吸纳青年校友，引导在苏校友投身到苏州城市各方面建设上来。

宋建忠秘书长作了 2016—2017 年度校友会工作总结报告和校友会财务报告，回顾并介绍了近阶段苏州校友会的各项发展情况。大会审议通过了人文分会会长交接的提案并顺利举行交接仪式。会议成功选举李振全、朱惠来、姜陵、贾素红、夏新荣 5 位校友为校友会第四届理事会增补理事成员，全体参会人员对提名的理事名单给予了极高的认可。宋秘书长宣布医学分会筹备组已组建，准备正式开展工作。

校友代表群策群议，共同商讨苏州校友会下一步工作。会议审议通过了校友代表戴雅萍的倡议，成立东南大学苏州校友会校友企业家联谊会，联谊会会员启动招募。

东南大学校友总会秘书长姚志彪代表校友总会充分肯定了苏州校友会成立至今所取得的成绩，高度评价了苏州校友会扎实而富有活力的工作，并代表校友总会对苏州校友会的工作表示感谢和祝贺。

2017 年 9 月 24 日　常州校友会 2017 中秋迎新茶话会圆满举行

2017 年 9 月 24 日晚，常州校友会张跃会长、王文虎副会长以及张祖立、董维佳等老校友和众多校友,迎来了今年毕业来常州工作的新校友们。活动由东大常州校友会葛维克秘书长主持。

校友会特别邀请了两位校友结合自身的成长经历和感悟来分享人生。已毕业25年的张智群校友,以“坚持,东大赋予我的最宝贵的财富”为题,讲述了他对产品技术的不懈追求,也寄希望新校友们坚持探索、坚持务实、坚持学习。来自莱尼线缆的03级陆伟校友,从一张工作表格、一个产品标签说起,讲述了工作如何用心从细微入手、逐步建立整体系统的工作思维方式,注重关注工作中的上下左右,培养起更高的大局观。

新校友们在逐个做自我介绍的同时,也表达了对刚进入工作岗位后的一些认识和困惑。

校友会副会长、中车戚研所总经理王文虎校友结合自己成长经历告诫新校友们,要坚持从小事做起,并时刻准备着做大事,要不断地总结反思,从不同的视角看现象,大胆假设努力求证;在一个学科领域,要定得下心、沉得下去,别轻易地转换工作,否则将面临着清零的可能;不制造缺陷、不传递缺陷、不接受缺陷,才是工作的原则。常州校友会会长、原市委常委张跃校友向新校友们提出了五点建议:珍惜母校的培养和企业给予的机会,确立持续激励自己的目标,面对变化太快的世界,坚持学习、善于学习、用心做事才能收获成就和喜悦,培养待人处世的情商。

2017年10月1日　波士顿校友会携手南京大学当地校友会举行国庆中秋联谊活动

当地时间10月1日,美国波士顿东南大学校友会携手南京大学校友及亲朋好友约30多人,在美国牛顿市松堡学院共庆中秋欢度国庆,一起祝福祖国繁荣昌盛。

东南大学校友会负责人潘晔和南京大学负责人张志群共同主持了本次活动。活动中校友们回忆了在母校学习的美好时光,交流了在美国学习工作及创业的经历,分享了事业成功的经验和体会。

2017年10月1日　新加坡校友会举行“庆国庆,迎中秋”联谊活动

10月1号,东南大学新加坡校友会聚餐庆国庆,迎中秋。活动中校友会会员简单汇报了近期的工作,组织了小规模的校友意见征集。大家共同展望了下一阶段的活动安排。

2017年10月8日　墨尔本校友会举办中秋联谊活动

10月8号,在墨尔本的60位东南大学校友及其家属来到中联集团董事长刘霖副会长在Geelong郊外的庄园,共庆中秋佳节。

范志良副会长主持了联谊会,首先向校友们汇报了墨尔本校友会开展的各项活动及取得的可喜成果。张文巨会长做了热情洋溢的致辞,希望更多的校友出来为校友会服务。强凤霞副会长、刘霖副会长、王伟华理事和黄堃理事先后发言,纷纷表示要努力把校友会办得更好。中国驻墨尔本总领事馆领事杨智勇校友介绍了中澳两国文化和经济交流方面的发展,并向校友们通报了东南大学在国内高校和学科“双一流”评选中取得的好成绩。刘霖副会长和校友沈建辉、王燕岚夫妇分享了他们在澳洲成功创业的历程

2017年10月8日　悉尼校友中秋欢聚

10月8日,澳大利亚校友会在悉尼举行了聚会活动,与会的校友超过40人,分别来自16个系院(专业),入学年级横跨35年。徐仪会长作了简短发言,介绍了校友会和母校近期情况。校友们分别进行了自我介绍。聚会中进行了大家喜欢的拔河比赛。

2017年10月14日密歇根校友会2017秋季聚会

10月14日上午，东南大学密歇根校友会秋季赏枫聚活动举行。密歇根校友会会长雒超民借此次联谊聚会活动愿校友们加强了解、增进友谊、沟通信息，为母校的发展献计献策。

2017年10月14日　休斯敦校友秋日聚餐

10月14日，东南大学休斯敦校友及家属在当地北京风味餐馆共享美食。向大家分发了“中国城守卫”的宣传资料和自我保护的注意事项。

2017年10月19—20日东南大学校友（南京 VS 苏州）2017高尔夫对抗赛暨东大南京校友会高尔夫俱乐部成立圆满举行

10月20—21日，东南大学南京苏州两地校友举行了第二届“2017东南大学南京—苏州校友高尔夫对抗赛”，由两地校友共同发起。比赛第一日在常州金沙湾俱乐部进行，当日苏州队以3∶1领先。第二日在南京银杏湖俱乐部举行8人PK赛，最终南京队以总成绩7∶5取胜。

“2017东南大学南京—苏州校友高尔夫对抗赛”是依托东南大学南京及苏州校友会的校友企业家举行的重要赛事，是一场让企业家挑战自我实现团队凝聚力的一次盛事。借此赛事，南京校友会高尔夫俱乐部正式成立。

2017年10月21日　泉州校友会中秋联谊活动举行

10月21日，“东南大学泉州校友2017年中秋联谊会”举行。数十位工作生活在泉州的东南大学校友们欢聚一堂，东南大学发展委员会副主任、校友总会秘书长姚志彪，东南大学科研院副院长张晓兵，校友总会副秘书长张飒兵及东南大学福建校友会常务副会长兼秘书长黄庄松，东南大学厦门校友会秘书长和副秘书长黄剑伟及刘健应邀专程赴会。

联谊会由泉州校友会副会长许兴舟主持。姚志彪在致辞中介绍了学校取得的重大成绩，校友会的工作也取得了重大的突破。张晓兵副院长在讲话中介绍了学校的科研工作，希望未来能在更多区域与校友们开展更多的合作交流。

泉州校友会会长刘桂庭在讲话中表示，校友会有三个职能：第一，为大家服务，校友会是校友们的沟通平台，互相联系互相帮助；第二，校友会是校友和学校的沟通平台，通过校友会，校友和学校可以把获得的成绩互相分享；第三，希望学校通过校友会多关心在外的校友。福建校友会黄庄松秘书长和厦门校友会黄剑伟秘书长分别向泉州的校友们送上了诚挚的祝福。

泉州校友会常务副会长兼秘书长高清林作了财务工作报告。泉州校友会新入会会员一一作了自我介绍，表达了加入校友会犹如重回母校的愉悦和感恩之情。

泉州校友中秋联谊会的必备活动中秋博饼活动将聚会带向高潮。伴随着博饼时骰子碰撞瓷碗的叮当声，校友们兴奋的欢呼声使让会场处处洋溢着节日欢庆的气氛。

次日，泉州校友会会长刘桂庭、副会长许兴舟、副秘书长袁文扬等人陪同母校一行到杰出校友庄昆杰教授的公司进行了参观考察，并一起商讨了公司的发展方向。

2017年10月28日　苏州校友会航专分会举行原南京航务工程专科学校苏州校友联谊活动

10 月 28 日适逢重阳节，东南大学苏州校友会航专分会(曾用名交通部干部学校南京分校、南京航务工程专科学校、南京交通高等专科学校，以下简称南京航专)50 多位苏州校友相聚在美丽的苏州大阳山国家森林公园，登高、识友、叙旧、品茶、休闲、把盏言欢。

活动特邀东南大学原校长助理(原南京航务工程专科学校校长)赵瑞林，航专老校友、东南大学交通学院博士生导师陈一梅，东南大学苏州校友会会长、东南大学苏州研究院常务副院长张为公，东南大学苏州校友会常务副会长、秘书长宋建忠，东南大学老校友翁伟民，交通部干部学校南京分校首届校友 82 岁高龄的凌洪等嘉宾到场，与校友一起共度美好时刻。

张为公会长代表东南大学苏州校友会对航专分会正式成立并成功组织本次校友见面会表示祝贺，并向与会校友介绍了东南大学苏州研究院近十年来的建设成果和发展成就，对航专校友会加强母校及其他分会的交流、共同为母校发展做出贡献提出了殷切希望。东南大学苏州校友会秘书长宋建忠就东南大学苏州校友会的机构、性质及各种活动的开展做了介绍。赵瑞林老校长向大家介绍了航专与东南大学合并后，各个专业与东南大学相关专业进行了充分融合并得到长足的发展。同时向苏州校友会赠送了自己的书法作品。

2017 年 10 月 28 日　厦门校友会成立 24 周年庆祝会暨中秋重九联谊会暨迎新校友活动举行

10 月 28 日，“月圆·情圆”东南大学厦门校友会 24 周年会暨中秋重九聚会在厦门成功举行。东南大学校友总会副秘书长曹军、厦门校友会会长张安东出席大会并发表讲话。福州、泉州、漳州的兄弟校友会代表们到场祝贺。来自西安交通大学、西安电子科技大学、同济大学、北京化工大学、天津大学、哈尔滨理工大学、合肥工业大学、电子科技大学、上海财经大学、浙江大学、山东大学、大连理工大学、暨南大学、西北工业大学、哈尔滨工程大学、吉林大学、中国矿业大学、华南理工大学、沈阳建筑大学等众多厦门兄弟校友会的代表出席活动。百余名校友们参加活动，欢聚一堂。

主持人黄剑伟和李珑激情洋溢的开场词为大会拉开了序幕。校友总会副秘书长曹军老师致辞，向大家阐述了母校发展以来一直坚持的理念精神以及取得的良好成绩。东南大学厦门校友会会长张安东在讲话中分享了厦门校友会发展建设的一些思路想法，期望大家共同努力让校友会能够发展得越来越好。秘书长黄剑伟汇报了 2017 年以来校友会的工作情况。

来自计算机系的杨献烽校友和无线电系的黄朝晖校友加入理事会。校友会秘书处特将从 2016 年年会以来校友会的各项财务收支情况做了详细汇报。

欢迎新校友是每年大会的重点环节，厦门校友会又迎来了十几位 2017 届的新校友。校友会发起了一对一导师传帮带的活动，在前辈校友们之中为他们各找一位导师，帮助新校友更快更好地成长。

2017 年 10 月 28 日　常州校友会 2017 年度老校友联谊会暨医学校友义诊活动成功举办

10 月 28 日下午，东南大学常州校友会 2017 老校友联谊会暨医学校友义诊活动在玖玖江南护养中心举办。该养老中心由单国伟校友投资兴办。

在义诊活动中，到场医师耐心为老人进行专业、细致的检查，答疑解惑。常州市二院内科主任陈卓友校友、常州市二院心内科副主任葛继勇校友、常州市中医院心内科主任张斌霞校友、常州市中医院骨科主任王斌校友、常州市中医院普外科主任耿辉校友、常州市解放军102神经科主任郑秀琴校友、常州四院眼科主任医师张益群校友参加了此次义诊。

随后，常州校友会2017老校友联谊会举行。常州市中医院心内科主任张斌霞校友首先为老校友做了老年人冬季如何养肾的医学养生讲座，校友会秘书长葛维克代表校友会向老校友们介绍了近年来校友会开展的各项工作。

老校友发言及互动环节中，杜世光、董金寿、金国昌、王益群、倪国正校友纷纷上台发言，校友金学新、刘玲英夫妇为大家表演了颇具专业水准的交谊舞，86岁的史冠群老校友给大家分享了在养老中心的生活体验。

2017年10月29日　*深圳校友会2017年会隆重召开*

10月29日下午，东南大学深圳校友会2017年会召开。来自母校的领导和老师、广东校友会代表、香港校友会代表和深圳的校友们济济一堂，共叙情谊，共襄盛举。年会主题为“东大人逐梦深圳”，通过一个个经过不懈努力在各自领域成为翘楚的东大人的逐梦经历，展示了东大人的风采，也激励着一届届后来的新东大人。

林嘉喜校友现场捐赠10万元，资助深圳校友会足球队活动。

年会的“创投论坛”上，黄学良、黄海涛、林嘉喜、陈映庭几位校友，分别是电子科技、生物医疗设备、文娱创投、计算机内网信息安全领域的专业，他们为大家分享了在创业过程中的艰辛、成功、心得；创投界风云人物胡林平、张群、谢闻栗、肖旭等校友分享了他们的风投故事。

多才多艺的校友们还穿插了丰富精彩的文艺节目，为年会锦上添花。

专程参会祝贺的东南大学校友总会常务副会长、东南大学副校长周佑勇做了热情洋溢的致辞。他向深圳校友们介绍了母校一年来良好的发展态势，特别是学校“双一流”建设的目标和举措。他对深圳校友会一年来的校友工作成绩给予充分肯定，期待深圳校友一如既往地关心支持母校，期待深圳校友会校友工作更上一层楼。

本次年会共有400多名校友参加，由武南、张菲菲、朱霞美、吁卫燕、章骁校友的共同主持。活动共有校友义工50多人，分别负责了场地组织、摄影、签到、采购等台前幕后的大小工作。

2017年11月12—14日　*南京市黄澜副市长一行出访美国，波士顿、大纽约校友会会长应邀参加相关会议*

当地时间11月12日下午，南京市黄澜副市长亲自带队出访美国。第一站到达波士顿，举办了推介会，吸引大数据、生物等产业回南京落户发展。东南大学波士顿校友会会长潘晔(及多位东南大学杰出校友)受邀出席会议。黄副市长与东大校友会会长潘晔在会上亲切交谈，潘晔也表达了东大波士顿校友会愿意支持南京的建设，多提供可能的支持，并向黄市长建议多运用东大校友会的资源。

11月14日中午，南京市黄澜副市长一行8人到访纽约。东南大学大纽约地区校友会会长唐元、南京大学大纽约地区校友会会长刘思东等受邀出席曼哈顿的午餐招待会。黄副市长与东大、南大大纽约校友会会长唐元和刘思东亲切交谈。

2017年11月11日云南校友会2017年年会举办

11月11日,东南大学云南校友会2017年年会在云南省城乡规划设计院会议室成功举办。东南大学宣传部毛惠西部长、体育系王强书记(东南大学云南省本科招生负责人)、校友总会姚志彪秘书长、东南大学物理学院党委潘勇涛副书记(挂职云南省楚雄州南华县副县长)等母校老师到会祝贺。云南校友会秘书长江世水主持年会。

云南校友会会长刘海首先做了云南校友会年度工作报告,向校友们和母校一行汇报了云南校友会一年来的校友工作及未来发展思路。

东南大学宣传部部长毛惠西代表母校一行致辞,介绍了母校发展与双一流学科建设,鼓励东大校友除了干实事还要有宣传意识,要不断扩大母校在地方的影响力,联络更多校友共同发展。校友总会秘书长姚志彪详细介绍了东南大学全球各地校友会的建设与发展情况,对云南校友会今后的工作给出了建议。

应东南大学云南校友会的邀请,中交院港珠澳大桥设计施工总工刘晓东校友从百忙之中抽出时间飞云南参加年会。他不顾疲劳给大家详细介绍港珠澳大桥的情况后立即返回珠海工地。校友企业家云草纲目董事长郑越分享了企业成功的经验,年轻校友企业家云南良道农业科技有限公司副总经理孔溪为校友们带来了有机蔬菜,并与大家分享了云南良道农业科技有限公司致力于服务千家万户健康的理念。

北京大学云南校友会秘书长程绍贵代表云南省外高校校友会发言,祝贺东南大学云南校友会年会召开。云南校友会特邀昆明市老年学会副会长张汝伟分享老年居家智慧养老项目。

本次年会审议并通过增补张禹为校友常务副会长,增补宴祥彪、李铭、曹加强、骆钊4位校友为副会长,增补孔黎晖、孔溪两位校友为副秘书长。

2017年11月19日　江西校友会2017年年会圆满召开

11月19日,东南大学江西校友会2017年年会在南昌市举行。来自江西各地工作和生活的近100位东大校友欢聚一堂。校友总会秘书长姚志彪等母校老师和东南大学广东校友会副会长兼秘书长陈映庭专程到会祝贺。大会由游波秘书长和江西省电力设计院徐奇校友主持。

姚志彪秘书长致辞并作校情报告。广东校友会副会长兼秘书长陈映庭,向江西校友介绍了广东校友会的发展现状,表示兄弟校友会之间要加强联系。江西校友会常务副会长刘长华作2017年校友会工作及作财务情况的报告。南昌市建筑设计院曹文锋学长、华东交大信息工程学院赵军辉博士、南昌大学自动化学院熊鹏文博士作为老中青校友代表作了热情洋溢的发言。

江西校友会会长任德清作2017年江西校友会工作总结报告,并与校友们分享了江西校友会发展建设的一些思路,并就下一步的工作提出了希望和展望。

年会得到校友企业南昌工控电装有限公司、江西福泰安防技术有限公司、江西东大科技发展有限公司、江西华域信息技术有限公司、景德镇三慎堂艺术瓷业有限公司和肆拾玖坊实业有限公司及刘义志、胡加龙、孙华逊校友的支持和赞助。

2017 年 11 月 19 日　波士顿校友会创业与经济论坛讲座暨名誉会长聘任仪式成功举办

由东南大学波士顿校友会、南京大学波士顿校友会联合主办的 2017“创业与经济论坛”于当地时间 11 月 19 日在麻省理工学院斯隆商学院隆重举行。论坛邀请了周诚君和韩晴两位校友为大家分享他们在各自专业领域的独特见解。

哈佛大学法学博士韩晴校友对创业法律、税收政策及中美跨境并购等热点展开了深入的讨论。哈佛大学访问学者、中国人民银行货币二司副司长周诚君校友从高屋建瓴的角度探讨了人民币国际化趋势、中美汇率的决定因素、货币政策和通货膨胀的关系等大家关心的热点话题。

论坛间隙，波士顿校友会还举行了一个简单而隆重的聘任仪式。在 30 多位东南大学校友的见证下，王开元校友受聘波士顿校友会名誉会长。潘晔会长向王开元校友颁发正式聘书。

2017 年 11 月 20 日　南京校友会金融分会协办母校“新时代新金融教育发展论坛”献礼经管学院建院 30 周年

11 月 20 日，东南大学经管学院金融系承办、东南大学南京校友会金融分会和校友企业英豪资产管理有限公司协办的“新时代新金融教育发展论坛”在东南大学九龙湖校区举行。本次论坛邀请了东南大学金融杰出校友 30 多人参加，围绕“叙友情、聚合力、共发展”的主题进行了研讨，其中 5 位嘉宾结合自己所在的金融领域做了精彩演讲。

论坛由金融系系主任刘晓星教授主持。东南大学校党委常委、经济管理学院党委书记仲伟俊教授代表经济管理学院致辞，回顾了经济管理学院 30 周年的发展历程、东南大学金融学科这些年来快速发展取得的诸多成绩，寄望校友们今后一如既往地关心支持东南大学经管学科的发展。东南大学南京校友会副会长兼金融分会会长祝力飞行长代表广大金融校友致辞，对经济管理学院建院 30 周年表示最诚挚的祝贺。

著名经济学家、东南大学经济管理学院名誉院长华生教授和经管学院院长赵林度教授专程参会并做重要讲话。赵院长简明扼要地向与会嘉宾介绍了学院和金融系的情况。华生教授从政策层面谈了当前金融监管形式，对全国的金融形势进行了深入分析，同时展望了学院和金融系未来的发展方向。

嘉宾主题演讲阶段，江苏民营投资控股有限公司董事长黄东峰校友、南京扬子国资投资集团董事长蔡龙校友分别做了题为“汇聚资本、抱团发展——关于产融结合模式的思考”以及“新形势下地方政府举债问题探讨”的主题报告；南京大学—牛津大学金融创新研究院院长李心丹校友、中国进出口银行安徽分行副行长王新校友和华泰联合证券投资银行部董事总经理张雷校友分别做了题为“金融工程学科发展的思考与实践”“新形势下银行操作风险识别与管理”以及“2017 资本市场回顾与 2018 展望”的主题报告。论坛交流环节，复旦大学—斯坦福大学中国金融科技与安全研究院执行院长刘庆富教授、江苏省国际租赁有限公司黄磊董事长、中国进出口银行江苏分行熊洁处长以及南京大学金融系主任林辉教授分别作了交流发言，他们为经济管理学院以及金融系的未来发展提出了诸多非常中肯的建议，并衷心祝愿经济管理学院金融系在未来实现更好的发展。

刘晓星教授对与会嘉宾的主题演讲进行了总结点评,并代表全系师生对各位嘉宾的到来表示衷心地感谢。本次论坛既是向东南大学经济管理学院建院30周年献礼,同时也为在校师生提供了与金融业界学习交流的机会。

2017年11月26日　*苏州校友会2017年会举办*

11月26日,以"笃学尚行新时代,止于至善姑苏梦"为主题的东南大学苏州校友会2017年年会在苏州举行,400余位在苏新老校友参加了此次年会。东南大学党委常委、副校长黄大卫,原东南大学苏州校友会会长韦仲焕,江苏省商务厅厅长马明龙,江苏省政府副秘书长陆留生,苏州工业园区党工委副书记、管委会主任周旭东,苏州市发改委主任凌鸣,东南大学校友总会秘书长姚志彪等嘉宾应邀出席。吴江、昆山、常熟、太仓等县区校友分会代表也赶来参加了此次盛会。东南大学北京、南京、上海、常州等其他地区校友会代表,清华大学、哈尔滨工业大学、武汉大学、华中科技大学等18所在苏校友会代表也纷纷到会祝贺。

东南大学党委常委、副校长黄大卫代表东南大学校友总会致辞,充分肯定苏州校友会的校友工作,苏州校友会赢得了广大校友的认可和信赖,为地方的建设和发展做出了应有贡献。

东南大学苏州校友会会长张为公代表东南大学苏州校友会理事会作主题发言,用"同忆往昔,共建未来"为大家诠释了本次大会的主题,围绕组织机构建设、校友会品牌形象打造、校友活动参与度提升、协助开展校企合作等四个维度对本年度工作进行详细阐述。

东南大学苏州校友会荣誉会长马明龙校友在致辞中表示,校友之间基于共同的求学背景和文化熏陶,有着共同的精神传承和事业追求,相互沟通、相互携助,共同促进彼此事业成功。马明龙校友勉励大家继续以苏州校友会为平台,不忘初心(三服务),牢记使命(三促进),进入新时代,展现新形象,实现新作。

2017年12月2日　*东南大学、山东大学德国校友会2017第二届双校年会成功举行*

12月2日,东南大学德国校友会和山东大学德国校友会在西部古城亚琛共同举办了第二届双校年会。本次大会由双校德国校友会主办,亚琛学生学者联合会及德中合作汤若望协会协办,活动历时两天,吸引了来自欧洲各地的参会代表多达163人。山东大学校友代表签到67人,东南大学代表签到78人,嘉宾参会18人。

中国驻德国使馆教育处杜塞教育组的韩东升领事为大会致开幕辞,将校友会、学生会和专业协会比做"三驾马车",肯定了校友会社团作为"三驾马车"之一的重要性。亚琛德中合作汤若望协会的主席、亚琛前市长UdoMattes先生,对年会在亚琛召开表示祝贺。东南大学德国校友会会长高梓尧博士和山东大学德国校友会会长王晓峰博士,对协会本年度的活动进行了简短的回顾。

主题科技论坛邀请到来自欧洲一线半导体企业和科研院所的专家学者,针对热点科技问题,做系列专题报告。与会嘉宾们还一同参与了圆桌讨论,在激辩中迸发创见,成为年会的焦点。

本届年会得到了中国驻德国大使馆教育处的大力支持和全德各届校友的广泛响应。首次获得国际知名科技公司、半导体设备厂商AixtronSE的赞助,还得到了开元周游、德世庄园、OPTIMAtechnologyGmbH 和 ZTE 中兴通讯等赞助商的大力支持。

来自各友好协会的代表们也出席了活动，包括同济德国校友会、同济北威州校友会、全荷中国学生学者联合会、乌尔姆学生学者联合会、亚琛公派学联和于利希研究中心学联等。

两校校友会还分别召开了 2017 年校友会议。东南大学德国校友会会议选举产生了新的理事会成员高梓尧、柳迪、杨芳、李实、王慧懿、蒋明达、王铭彦、王霄州、牛宇谦，候补理事马田。

2017 年 12 月 2 日　天津校友会 2017 年联谊会成功举办

12 月 2 日下午，东南大学天津校友会 2017 年联谊会举行。会议有观看学校发展介绍短片、新任理事与大家见面、校友代表发言、暖场游戏、聚餐晚宴等几个环节。活动吸引了近 60 名东大校友参与。

天津校友会新任会长包俊义、顾问尹兆岩等部分校友会新老理事出席了会议。校友总会联络部副主任马波老师代表总会专程到会祝贺。联谊会开始后，首先由上届秘书长曹诚校友对校友会前一阶段工作进行了总结回顾，并介绍新一届理事会成员与校友们见面。新旧两届理事会代表先后发言。

2017 年 12 月 9 日　福建校友会 2017 年年会暨创新创业论坛在榕城召开

12 月 9 日，东南大学福建校友会 2017 年年会举行。近 300 名当地校友前来参会，母校吴刚副校长带领 15 位老师组成的代表团专程到场祝贺，并与广大校友充分交流。国内 11 个省、市的东南大学地方校友会派代表前来参会祝贺，福建省省外大学校友会联合会 40 几所兄弟院校校友会均派代表参会。

年会的“东南双创联盟”创新创业论坛上，89 级建筑系莫嵘校友和 95 级建筑系施岩校友围绕相关议题进行了现场访谈。

年会上，东南大学吴刚副校长致辞，福建校友会陈光榕会长讲话。福建校友会黄庄松秘书长汇报秘书处工作。南京校友会名誉会长、土木工程学院原党委书记黄安永和南京校友会名誉会长、信息科学与工程学院原党委书记兼常务副院长张锡昌分别做了发言。土木工程学院党委书记刘静讲话。

福建省外大学校友会联合会会长吕祥松致辞祝贺，北京师范大学福建校友会秘书长林公翔赠送了书法作品，苏州泰伯文化传播有限公司石南校友赠送福建校友会画作《锦鲤》。烟台校友会秘书长孙叔翔特别为大家带来了健康讲座，并为年会提供自己监制的放心红酒。

2017 年 12 月 16 日　浙江校友会宁波校友分会(筹)2017 年会举行

12 月 16 日，东南大学浙江校友会宁波分会(筹)2017 年会举行。东南大学浙江校友会潘明军副秘书长、李爱国副秘书长、王维列副秘书长代表东南大学浙江校友会从杭州赶赴宁波参加了年会，上海和嘉兴的部分校友也参加了宁波年会。

浙江校友会副秘书长潘明军代表东南大学浙江校友会向大家表达了亲切的问候和新年的祝福，也对宁波分会的发展提出了更高要求。在甬校友武洪生对宁波分会近两年的筹备和发展进行了汇报，表示会在大家的共同努力下把宁波分会发展壮大。

2017 年 12 月 17 日　广东东南大学校友会 2017 年会召开

12 月 17 日,广东东南大学校友会 2017 年会在广州召开。东南大学副校长浦跃朴高举东南大学校旗,带领着获得东南大学广东校友会奖助学金的交通学院 2016 级学生陈宇轩率先走入会场。东南大学校友总会会旗和东南大学教育基金会会旗紧随其后入场。广东校友会及其 23 个分会、俱乐部的百余名校友在各自旗手的引领下迈入会场,与合唱团携手带领全场 500 多人高唱东南大学校歌,引爆全场。

广东东南大学校友会会长王亚群首先致辞,广东省东南大学校友会常务副会长兼秘书长陈映庭作 2016—2017 年度重点工作报告,广东东南大学校友会监事陈继光就 2016—2017 年度作财务报告。

东南大学原副校长浦跃朴致辞,肯定了广东校友会的工作成绩。校友总会秘书长姚志彪在讲话中介绍了校友总会以及全球校友会的组织与发展。港珠澳大桥岛隧工程总设计师刘晓东校友百忙之中前来祝贺校友年会的召开。

大会向母校教育基金会捐赠了广东校友会奖助学金 10 万元整。

本次大会邀请了广州市政协常委、广州十大杰出青年、广东省新的社会阶层人士联合会执行会长曹志伟先生带来了《新时代,新社会阶层人士的新机遇》的讲座。邀请教育部长江学者特聘教授、中国杰出青年基金获得者、中山大学糖尿病研究所所长、广东校友会副会长翁建平教授带来了《健康生活 100 岁》的讲座。

2017 年 12 月 23 日　上海校友会 2018 迎新年会召开

12 月 23 日,东南大学上海校友会举行 2018 迎新年会活动。参加本次活动的有母校东南大学校长助理校友总会副会长朱建设教授,校友总会秘书长姚志彪、副秘书长曹军、马波,东南大学继续教育学院院长许映秋,东南大学上海校友会会长委员会成员管秋云、陆耀祥、李华彪(兼秘书长)、李洁、张燕、洪路明、郑萍、李星明以及资深校友陆伟良、何丽芳等,参会的还有地质、动力、金融、生物医学、土木交通、医学、机械、艺术、信息无线电等专业分会在沪的校友们,清华大学、北京大学、北航、人大、北理工等上海校友会代表也受邀参加。

年会以舞台分享形式,结合年度总结、表彰、推介、联谊交流等主题,在主持人的客串下,为广大校友呈现一个“上海,因为东大的你而更加精彩”的年会活动。

校友总会副会长朱建设教授代表东南大学以及校友总会对上海校友会年会表示祝贺,母校和校友总会领导朱建设、姚志彪、曹军、马波、许映秋为向母校 115 周年赠送礼品的校友颁发证书并合影留念。互敬环节中,校友志愿者向老校友献花,老校友为年轻校友赠书纪念,体现了年轻校友对老校友的尊敬和老校友对年轻校友的关爱。

主题会议上,医学分会会长郑萍及上海高校校友代表分别作新年贺词。上海校友会秘书长李华彪代表会长委员会发言并作 2017 年工作报告。报告回顾和展示了 2017 年上海校友会策划、组织、参与的一系列活动的精彩片段以及校友会最新情况,并就 2018 年工作进行展望。报告也对年会收入支出、具体捐赠数作了说明,并特别鸣谢 40 多家企业对本次年会的关注和支持。

圆桌论坛中,6 位成功的校友企业家解读了对校友会的理解,并展示其所在公司、单位发展的最新情况。

附件 6 年度校友风采

东南大学校友黄如院士当选 2017 年度 IEEEfellow

美国电气电子工程师学会(The Instituteof Electricaland Electronics Engineers, IEEE)公布的 2017 年度新当选的会士(IEEEfellow)名单中,包括 18 位中国大陆科学家。其中,中国科学院院士,北京大学信息科学技术学院教授、院长,微纳电子学研究院院长黄如(东南大学电子工程学院 87 级本、91 级硕),因在多栅硅纳米线晶体管技术(multi-gate-siliconnanowiretransistortechnology)领域的贡献而榜上有名。

东南大学校友李方兴教授入选 2017 年度 IEEEfellow 名单

国际 IEEE(The Instituteof Electricaland Electronics Engineers)协会公布的 2017 年度 IEEEfellow 名单。李方兴教授(东南大学电气工程学院 1990 级)因在边际节点电价方面的杰出成就(forcontributionstolocationalmarginalpricecalculation),成功当选 IEEEfellow。

东南大学校友芮勇博士当选 2017ACMfellow,成为首位来自中国大陆企业的 ACMfellow

纽约时间 12 月 11 日,国际计算机学会 ACM(Associationfor Computing Machinery)正式在官网上公布了 2017ACMFellows 名单,联想集团首席技术官、高级副总裁芮勇博士(东南大学自动化学院 1987 级)荣誉上榜,成为 2017 年全球仅有的 54 位获此殊荣的学者之一,同时他也成为首位来自中国大陆企业的 ACMfellow。

2017 年 2 月 8 日 沈向洋校友当选美国工程院外籍院士

美国当地时间 2 月 8 日,美国国家工程院公布了 2017 年新增院士名单,共新增 106 名院士,包含 84 名院士和 22 名外籍院士。东南大学杰出校友、微软全球执行副总裁沈向洋(东南大学自动化学院 1980 级)当选美国国家工程院外籍院士。

沈向洋,现任微软全球执行副总裁,主管微软技术与研发部门,并主要负责推动公司中长期总体技术战略、策略以及前瞻性研究与开发工作。

2017 年 9 月 13 日 赵军辉校友当选英国工程技术学会会士

经英国工程技术学会(IET)批准,东南大学校友、华东交通大学信息工程学院院长赵军辉教授当选 IETfellow(英国工程技术学会会士)。2017 年全球共有 236 人当选,中国内地 15 人。

2017 年 2 月 29 日 刘涓校友荣获"2016 全国三八红旗手"称号

2 月 29 日,全国妇联公布,授予关改玉等 10 人为全国三八红旗手标兵、龚丽君等 300 人为全国三八红旗手、北京市西城区妇幼保健院等 200 个单位为全国三八红旗集体荣誉称号。东南大学校友、中国航天科工集团二院 25 所副总师刘涓(东南大学电子工程学院 1986 级本、1990 级硕)光荣当选。

2017 年 9 月 7 日 校友金鹏辉先生履新央行上海总部副主任兼上海分行行长,曾任央行济南分行行长

2017 年 9 月 7 日,金鹏辉(东南大学经济管理学院 1988 级)接棒出任央行上海总部副主任、上海分行行长、国家外汇管理局上海市分局局长,将主持央行上海总部和上海分行的日常管理工作。

2017 年 9 月 21 日 束伟农校友主持设计的北京凤凰中心获颁国际大奖

9 月 21 日晚,素有"全球建筑结构界奥斯卡"之称的国际桥梁与结构工程协会年度颁

奖典礼在加拿大温哥华举行。由东南大学土木学院51812班束伟农校友负责设计的北京凤凰中心荣获年度唯一的“杰出结构大奖”。

2017年10月16日　中国移动副总裁李正茂校友被IEEE授予杰出行业领袖奖

来自全球电子信息技术权威组织电气和电子工程师协会(IEEE通信学会)消息,中国移动副总裁李正茂(东南大学信息科学与工程学院1985级博)将被授予“2017年度杰出行业领袖奖”,“杰出行业领袖奖”一年只授予一人,这是该奖项第一次由中国人获得。

IEEE通信学会的颁奖说明中称,“由于李正茂先生在通信领域的领导地位,特别是在4G/5G移动通信、传输、宽带网络等方面,大大促进了该行业的增长”。

2017年12月28日　歼20雷达核心器件功臣张斌校友当选“2016年度国防科技工业十大创新人物(团队)”

12月28日,国家国防科技工业局召开新闻发布会,发布2016年度国防科技工业十大新闻和十大创新人物(团队)。评选结果突出反映了国防科技工业2016年工作的重大成果、重大突破和重大进展,展示了国防科技工业全行业广大干部职工忠实履职、奉献国防,改革创新、攻坚克难的时代风采。歼20雷达核心器件设计者张斌校友,因其突出成就当选十大创新人物(团队)中的五名个人之一。

1985年硕士毕业于南京工学院(现东南大学)电子工程系的张斌校友为中国电科首席科学家、化合物半导体领域专家。

2017年11月27日　陆军校友当选中国工程院院士

11月27日,中国工程院正式公布了2017年院士的增选结果,东南大学信息科学与工程学院杰出校友陆军教授(1985届)当选中国工程院院士。

陆军,中国电子科技集团公司预警机领域首席科学家、研究员、信息系统与电子技术专家,我国首型预警机空警2000总设计师和首型出口预警机总设计师。2001年,陆军担任我国首型预警机空警2000的总设计师;2006年荣获全国五一劳动奖章;2007年荣获中共中央、国务院、中央军委颁发的“高技术武器装备发展建设工程重大贡献奖”金牌奖;2010年荣获国家科技进步特等奖;2015年荣获国防科技进步一等奖。

2017年11月28日　樊嘉校友当选中国科学院院士

11月28日,中国科学院正式公布了2017年院士的增选结果,东南大学医学院校友樊嘉教授当选中国科学院生命科学和医学学部院士。

樊嘉校友,1988年毕业于南京铁道医学院(现东南大学医学院),获硕士学位;1995年毕业于上海医科大学(现复旦大学上海医学院),获博士学位;2005年入选“上海市医学领军人才培养计划”及“上海市百名领军人才培养计划”;2012年获国家科技进步二等奖。2013年12月开始担任复旦大学附属中山医院院长。2016年第四季度,樊嘉曾先后获得何梁何利基金科学与技术进步奖、第九届谈家桢生命科学临床医学奖两项重量级大奖。

樊嘉校友长期致力于提高肝癌临床治疗疗效与转移复发机制研究,在肝癌门静脉癌栓及肝癌肝移植术后转移复发的临床防治上有重大突破,在转移复发机制研究方面有重要创新,是我国肝癌领域中青年专家的领军人物。

附件 7 校友、员工在校设奖、捐赠情况

建筑学院发展基金获 1183 班校友集体捐赠

值建筑学院 90 周年院庆之际，东南大学建筑学院 1183 班校友以班级名义为“建筑学院发展基金”捐赠人民币共 113 830 元。“113 830”象征着 1183 班全体同学对母校多年来培养的感恩之情，表达了毕业多年仍心系母校的情怀。

2017 年 3 月 14 日　原南京工学院物理师资班 77 级蒋时俊校友在校设“蒋贤文奖学金、奖教金”

3 月 14 日，东南大学在四牌楼校区举行了“蒋贤文奖学金、奖教金”捐赠签约仪式。仪式由教育基金会执行副理事长刘松玉主持。蒋时俊校友捐资 306 万元人民币用于奖励东南大学物理学院优秀师生，这是物理学院迄今为止收到的最大一笔捐赠。

副校长、教育基金会常务副理事长周佑勇在致辞中代表东南大学向蒋时俊校友表示诚挚的敬意和衷心的感谢。蒋时俊校友表示，以他父亲蒋贤文的名义设立奖学金，希望能对学弟学妹们更加热爱物理学科有所帮助。

物理学院党委书记王勇刚说：正值蒋时俊校友入校 40 周年、物理系恢复建制 30 周年、物理系改物理学院及母校 115 周年华诞的美好日子，感谢蒋时俊校友对学院的盛情捐助。物理学院将不辜负校友们的期望，培养出更多优秀人才。

蒋时俊校友 1977 年进入南京工学院物理师资班学习，1982 年考入电子工程系硕士研究生，毕业后留校任教。1988 年到英国帝国理工学院和美国马里兰大学学习获博士学位。现任 TESubCom 杰出研究员。

2017 年 3 月 31 日　原南京铁道医学院临床医学 92 级奖助学金、92 级一班奖助学金签约仪式举行

何延龙校友代表医学院临床 92 级全年级向母校捐赠 15 万元设立奖助学金，外国语学院马强书记代表医学院临床 92 级一班向母校捐赠 15 万元。

2017 年 4 月 1 日原南京工学院无线电系 82 级校友捐赠 10 万元设立“无线电系 82 级校友奖学金”。

原南京工学院无线电系 82 级校友设立“无线电系 82 级校友奖学金”，该奖学金项目总金额为人民币 10 万元，其中，用于奖励东南大学信息科学与工程学院在读的德、智、体全面发展，品学兼优的本科生 5 人，每人 4 000 元。

2017 年 4 月 1 日　法学院 251001 班校友设立奖助学金

东南大学法学院 251001 班校友设立“251001 班校友奖助学金”，奖学金总额 4. 8 万元，其中，用于奖励东南大学法学院在读的全面发展、品学兼优、家庭贫困的本科生 4 人，每人 3 000 元。

2017 年 5 月 23 日　“东大智能基金”捐赠 50 万元支持法学院、医学院和智慧城市研究院建设发展

5 月 23 日上午，南京校友会杰出企业代表南京东大智能化系统有限公司“东大智能基金”捐赠签约仪式在东南大学四牌楼校区大礼堂举行。东南大学副校长、教育基金会常务副理事长周佑勇与东大智能王向宏董事长签署捐赠协议书，周佑勇副校长代表学校接受捐赠并向王向宏董事长颁发捐赠证书。东大智能苏利亚副总裁和相关部门负责人出席

了捐赠仪式,东南大学教育基金会执行副理事长刘松玉、南京校友会、学校有关部门、学院负责人等参加了仪式。

王向宏董事长在捐赠仪式上表示,本次设立 50 万元“东大智能基金”主要用以支持东南大学法学院、医学院和智慧城市研究院的建设和发展。东大智能是东南大学的参股企业,能够回馈母校是他的夙愿。周副校长对东大智能及王向宏董事长表示了感谢,希望东大智能和母校在原有的紧密合作基础上再上一个新台阶,实现共同进步。

南京校友会秘书长朱文俊表示,希望东大智能的捐赠之举能起到抛砖引玉的作用,能激发更多的校友关心、支持、参与母校的发展。

2017 年 5 月 23 日　原南京铁道医学院首届毕业生朱培志老师捐赠毕业文凭给档案馆

5 月 23 日上午,原南京铁道医学院朱培志老师偕夫人来到档案馆,捐赠了他的南京铁道医学院 1963 年 9 月 1 日颁发的毕业证书。朱培志老师此次捐给学校的毕业文凭,填补了档案馆南京铁道医学院首届毕业生文凭的收藏空白,档案馆领导向朱培志老师颁发了捐赠证书。

朱培志老师 1958 年 9 月考入南京铁道医学院医疗系学习,1963 年 9 月作为南京铁道医学院的首届毕业生留校任教,曾在解剖教研室工作,担任过基础医学系主任,退休前是基础医学系教授,对学校有很深的感情。

2017 年 5 月 28 日　土木工程学院 93 级校友毕业 20 周年返校捐赠 20 万元土木工程学院发展基金

5 月 28 日,土木工程学院 93 级校友在毕业 20 周年庆典上,50933 班张铮和 50934 班吴刚代表土木工程学院 93 级全体同学向母校捐赠 20 万元土木工程学院发展基金,周佑勇副校长代表母校接受捐赠,向两位代表授予捐赠证书。

2017 年 8 月 28 日　“160082 奖助学基金”(第二期)捐赠签约仪式举行

8 月 28 日,东南大学 160082 班入学纪念日,该班四位校友代表苏玮、王钰春、杨陈、梅林参加了“160082 奖助学基金”第二期捐赠仪式。本期奖助学基金为期 5 年,每年 2 万元,共计 10 万元,另有一笔资金将用于支持学生活动。

2017 年 10 月 24 日　薄曦校友值建筑学院 90 周年院庆捐赠 100 万元支持学院发展

10 月 24 日下午,上海联创建筑设计有限公司薄曦董事长及夫人孙纯女士捐资 100 万元设立“东南大学—薄曦、孙纯发展基金”,为建筑学院 90 周年院庆献上第一份校友之礼。捐赠签约仪式在东南大学四牌楼校区老图书馆隆重举行,建筑学院校友、上海联创建筑设计有限公司董事长薄曦及其夫人孙纯,东南大学副校长、教育基金会常务副理事长周佑勇,建筑学院、教育基金会相关领导以及学生代表出席此次捐赠仪式。建筑学院党委书记冷嘉伟主持本次仪式。

周佑勇副校长在致辞中表达了对上海联创建筑设计有限公司薄曦董事长及夫人、孙纯女士无私捐赠的衷心感谢,向薄曦校友介绍了近年来母校各项事业的发展,并寄语同学们要知恩感恩,传承爱心。

薄曦董事长的发言回顾了自 1984 年从母校毕业后的创业历程,表达了对母校的深深牵挂,感叹了东大建筑教育事业对中国建筑界的深远影响。薄曦董事长在讲话中希望尽自己的力量回馈母校、回馈社会,也愿意为母校新一代青年学生就业、创业、明确人生方向提供一个优质的平台。

“东南大学—薄曦、孙纯发展基金”用于建筑学院外籍学者奖励、教师奖励、研究生国际交流奖励、学生课外研学奖励、建筑学院办学环境改善等学院亟需的方面，支持学院的发展。2008年起，上海联创建筑设计有限公司每年向东南大学捐资1万美元设立“联创国际奖学金”，资助建筑学院优秀学生赴北欧游学考察。

2017年10月27日　校友伉俪捐赠百万设立“陈斌、曾珠奖学金”奖励土木工程学院优秀生

10月27日中午，“陈斌、曾珠奖学金”颁奖仪式在四牌楼老图书馆举行。东南大学副校长、教育基金会常务副理事长周佑勇，东南大学土木工程系89级陈斌校友，土木工程学院和教育基金会相关领导及获奖学生出席了本次仪式。颁奖仪式由土木学院党委书记刘静主持。

陈斌校友首先表达了对母校的感恩之情，感慨大学时光历历在目。工作期间，也一直为东大人的身份感到自豪。陈斌校友表示将继续与母校一同努力，共创佳绩。

周佑勇副校长在致辞中对陈斌和曾珠校友夫妇反哺母校、感恩回馈的举动表示衷心感谢。他向陈斌校友介绍了近年来母校各项事业的发展和奋斗目标，希望学校今后的发展能够进一步得到校友的关心与支持。同时，周校长对获奖学生表示祝贺，并对同学们提出殷切希望，鼓励他们珍惜这份荣誉，用自己的优异成绩和实际表现回报学长、回报社会。

随后，陈斌校友与周佑勇副校长共同为胡羽臣、王畅、李忠伟、李近川、吴青宇和王晨迪等6位学生代表颁发了获奖证书并合影留念。

“陈斌、曾珠奖学金”总金额103万元，用于奖励土木工程学院优秀的本科生、研究生和材料科学与工程的优秀本科生。

2017年10月28日　信息学院93级校友设立“东南大学4093级奖助学金基金”

10月28日下午，东南大学信息科学与工程学院(原无线电系)93级校友在毕业20周年之际捐资设立“东南大学4093级奖助学基金”，捐赠签约仪式在东南大学健雄院举行。东南大学信息科学与工程学院党委书记李久贤、南京校友会名誉会长张锡昌、教育基金会相关老师以及100多位无线电系93级校友出席了此次捐赠仪式。

信息科学与工程学院党委书记李久贤在致辞中表达了对信息学院93级校友无私捐赠的衷心感谢，介绍了近年来学院各项事业的发展。93级校友代表刘杨在发言中表达了对母校培养的感谢，为母校这些年来取得的进步感到欣喜，并希望尽自己的力量回馈母校、回馈社会。当年任教的老师和校友们分别上台交流感想，校友们向老师赠送纪念品，祝愿老师们身体健康。随后，教育基金会宋云燕副秘书长代表学校接受捐赠，并颁发捐赠证书。

该奖助学基金共63 000元人民币，用于奖励信息学院家庭经济困难的优秀本科生，每年两人，每人3 000元。

2017年12月17日　广东省东南大学校友会年会现场向学校捐赠了广东校友会奖助学金10万元

附件8　校友返校聚会情况

2017年4月22日　原南京工学院自动控制系83级同学毕业30年聚会母校

4月22日，南京工学院自动控制系83级四个班共100多名同学聚首东南大学四牌楼校区，纪念毕业30周年。当年的年级辅导员陈怡泽老师专程从美国赶来参加活动。

2017年5月19日　土木工程学院07届本科毕业生返校举行十周年聚会

5月19日，土木工程学院2007届本科生毕业10周年聚会在南京举行，聚会主题为“忆青春、叙友情、馈母校、促合作”。200多位同学从全国各地重返母校。应邀参加本次聚会的学院领导和老师有土木学院院长王景全、书记刘静、副院长童小东、院长助理傅大放，校友工作委员会副主任陈镭，学院建工系主任吴京，建设与房地产系主任李德智，桥隧与地下工程系主任戴国亮，市政系主任杨小丽，学院原党委书记张星，原党委书记黄安永，成贤学院党委副书记、副院长王荣，以及当年的班主任和任课教师。2008届、2009届校友代表与在校生代表也参加了本次聚会。

2017年5月28日　土木工程学院93级校友返校举办毕业20周年纪念活动

土木工程学院93级120余名校友从世界各地重返四牌楼，举办了以“青春渐远　初心不忘”为主题的毕业20周年纪念活动。

校友代表吴刚副校长向同学们依次隆重介绍参加合影的昔日恩师：单建、曹双寅、邱洪兴、郭正兴、冯健、舒赣平、梁书亭、李金根、李维滨、龚维明、陈忠范、郭应征、张星、杜静、陈镭、杨维菊、田文菊、李莉、张蔼玲……东南大学校友总会秘书长姚志彪，土木工程学院院长王景全、副院长黄镇以及建工系主任吴京受邀请参加了纪念活动。

东南大学周佑勇副校长、发展委员会李爽副主任应邀出席毕业20周年纪念活动，纪念活动由50934班校友孙新和土木工程学院在读研究生刘杨主持。

周佑勇副校长在致辞中向来自世界各地的校友表示热烈欢迎。50933班张铮和50934班吴刚代表土木工程学院93级全体同学向母校捐赠20万元土木工程学院发展基金，周佑勇副校长向两位代表授予捐赠证书。

2017年6月1—4日　原南京工学院体操队队友第九次聚会在母校举行

原南京工学院体操队第九次聚会于6月1—4日在母校举办。参加这次聚会的有40余人，除队友外，还有体育系新老领导、老教练和部分家属等参加。这次聚会，体操队老队员高民权、蔡冠丽、佘颖禾、凌甘宁、韦钰、何立权等均到会。队友中年龄最大的已有85岁，最年轻的也已70岁。

2017年8月5日　原南京铁道医学院92级临床专业校友毕业20周年聚会母校

2017年10月23日原南京工学院食品工业系57级同学纪念入校60周年聚会母校

“南京工学院食工57级同学会”在福州市市政府原副秘书长齐学标校友的积极推动下于10月23日在东南大学如愿启动，在轮值会长胡庆贤和执行会长陆露茜的周密部署下如期召开，在执行会长邵锦云的精心安排下有序进行……这是57级同学首次聚会南京，有22名同学参加，活动至10月28日圆满结束。

24日上午，在东南大学四牌楼校区校友会堂会议室，东南大学校友总会秘书长姚志彪热情接待了同学们，并为同学们介绍了东南大学目前良好的发展态势以及校友总会的工作情况。座谈会后，同学们去学生食堂就餐，重温当年的学生生活。当天下午，在姚秘书长的陪同下，同学们参观了东南大学九龙湖校区。25 日，同学们参观了南京名胜古迹；26 日，前往江南大学继续参加同学会活动。

附件9　缅怀校友

2017年2月12日　原中央大学校友、“两弹一星元勋”任新民院士逝世

中国共产党的优秀党员、久经考验忠诚的共产主义战士、著名导弹和火箭技术专家、两弹一星功勋奖章获得者、中国科学院资深院士、国际宇航科学院院士任新民同志(1934年就读中央大学),因病医治无效,于2017年2月12日15时在北京逝世,享年102岁。

2017年3月21日　原中央大学校友、我国钢结构事业的开拓者陈绍蕃教授3月21日逝世

中国共产党优秀党员、著名结构工程专家和教育家、我国钢结构事业的开拓者、西安建筑科技大学教授陈绍蕃先生(1943年硕士毕业于重庆国立中央大学研究院),因病医治无效,于2017年3月21日5时50分在西安逝世,享年99岁。

2017年4月21日　南京工学院首届毕业生张乃通院士逝世

中国工程院院士、通信技术专家张乃通教授,2017年4月21日在哈尔滨逝世,享年83岁。

张乃通院士1956年毕业于南京工学院(现东南大学)无线电系,是南京工学院首届毕业生。张老工作中历任哈尔滨工业大学无线电系副主任、主任,航天学院副院长、院长,通信技术研究所所长,是哈工大无线电系、航天学院、通信技术研究所主要创建人之一。

2017年12月16日　南京工学院首届毕业生、香港校友会名誉会长林文震校友逝世

2017年12月16日,杰出校友林文震先生因病在香港辞世,享年84岁。

林文震校友,1956年毕业于南京工学院(现东南大学),生前任香港赛霸公司董事长,同时担任东南大学第三届董事会董事、香港校友会名誉会长。告别仪式于2018年1月在香港举行,香港校友会会长贾倍思代表东南大学校友参加了告别仪式。

2017年11月27日原中央大学校友、中国工程院院士陆钟武教授辞世

中国共产党优秀党员,中国工程院院士,我国著名的科学家、教育家,冶金热能工程学科创始人,工业生态学开拓者,原东北工学院(现东北大学)院长陆钟武教授(1946年考入中央大学),因病医治无效,于2017年11月27日11时33分在沈阳逝世,享年88岁。

校区与院系及其他

丁家桥校区

一、校区工作

1. 认真学习宣传贯彻党的十九大精神。充分酝酿、及时通报，做好十九大党代会代表推荐工作。按时收看十九大会议的开幕式、闭幕式、记者招待会等的报道，安排好校区对各驻区单位师生的转播工作。在职党员前往高淳区跃进村西舍，参观了溧高县抗日民主政府大会堂纪念馆，重温入党誓词。

2. 认真开展“两学一做”学习教育常态化制度化建设。按照学校的部署，开展党员民主评议，在职党支部书记参加学校组织部的在线学习活动。认真开展“双抓双促”大走访大落实活动。做好失联党员排查的再联系与组织处理工作。2 名失去联系十年以上的老党员，由校区党工委规范处置，做出停止党籍的处理，并上报学校组织部。对照党费新标准重新核定了校区党员的党费缴纳数额。2016 年补缴的专项党费，按照规定的使用比例，分别落实给一名脏器移植后党员和退休老党员，给予了有效帮扶。做好党员信息采集工作。积极做好中央巡视检查各项准备工作，认真落实巡视整改工作。

3. 继续做好廉政建设。按照学校纪委的要求，认真讨论并修订《丁家桥校区管委会“三重一大”决策制度实施办法》。

4. 加强信息建设。重视网络平台等媒体的信息交流情况，新建了“丁家桥校区党工委”与“丁家桥校区管委会”两个微信工作群。出台《丁家桥校区宣传栏使用管理办法》，加强宣传阵地的管理。

5. 响应学校党委对口支援工作。校区党政办综合支部的党员捐资 8 100 元对云南南华一中 2 名中学生进行为期三年的定点扶贫。

6. 提升服务育人意识，迎接建校 115 周年校庆、本科教学审核评估，全力推进一流大学建设。协助学校相关部门做好校区定位及功能规划。配合做好附属中大医院新门急诊楼项目的建设推进工作。

7. 改善办学条件,优化办学环境。做好二教楼修缮项目的前期工作。配合南京市河道整治,对金川河边违建进行了拆除。加强垃圾场卫生、防火和非生活垃圾的管理,申请购置了一批垃圾转运筒。拆除浴室到电镜楼一线四根倾斜的电线杆,及时排除倒塌的危险。对多家网络商基站和网线进行了梳理,排查基站高温等安全隐患。完成校区后勤物业招标工作,做好新物业的入驻与交接工作。对校区教职工车棚改建项目进行前期调研,并向学校及时汇报。

8. 做好校园综合治理工作。开展了驻区学生安全知识竞赛,提升学生的安全意识与防范能力。建立健全消防基础台账,落实巡查制度。加强政保工作,做好信息收集,严格机动车辆管理,升级监控设备。

9. 按照江苏省要求和学校的部署,实施养老保险全员参保,全面开展事业编制教职工养老保险参保信息核定工作。

二、人事变动

1. 2017 年 2 月,因工作需要,丁乐同志任总务处副处长,免去其丁家桥校区管理委员会后勤办公室主任、总务处副处长(兼)职务。

2. 2017 年 3 月,因工作需要,刘晓芸同志任丁家桥校区党工委委员、副书记,丁家桥校区管理委员会党政办公室主任(兼)、党校副校长(兼)。免去王亮同志党工委副书记、党校副校长(兼)职务。

3. 2017 年 3 月,因工作需要,王亮同志任丁家桥校区管理委员会后勤办公室主任、总务处副处长(兼),免去其党政办公室主任(兼)职务。

4. 2017 年 11 月,校区保卫办公室张和良同志退休。

建筑学院

建筑学院现有建筑学、城乡规划学、风景园林学三个一级学科博士点和美术学一级学科硕士点,建筑学、城乡规划学、风景园林学三个博士后流动站,建有城镇与建筑遗产保护教育部重点实验室,传统木构建筑营造技术研究国家文物局重点科研基地、当代城乡环境整合技术创新引智基地、江苏省数字景观环境综合训练中心、江苏省城乡与景观数字技术工程中心等学科平台。建筑学院下设建筑系、城乡规划系、风景园林系、建筑历史与理论研究所、建筑科学与技术研究所、美术与设计研究所、建筑运算与应用研究所。截至 2017 年底,全院在职教工 161 人,专任教师 136 人。其中教授 35 人,副教授 66 人,31 名博士生导师,具有博士学位的专任教师比例达 82%。现有 4 名院士、2 名教育部长江学者特聘教授、1 名国家杰出青年基金获得者,1 人入选全国"万人计划"教学名师,3 名全国工程勘察设计大师,5 人入选教育部"新世纪优秀人才支持计划",18 人入选省人才培养计划,8 名江苏省设计大师。

一、教学与教学改革

1. 本科生教学持续推进。建筑学、城乡规划学、风景园林学三个专业本科培养方案实施取得良好成效；持续推进建筑学品牌专业建设，完成一期项目中期报告，建设成效优良；认真组织 2018 年建筑学专业教育评估的各项准备工作，申请报告已获批；教学成果“学做融创通合一体——建筑类创新人才培养的系统改革与实践”获江苏省教学成果特等奖；获批江苏省教改重点项目 1 项；在线开放课程“建筑设计基础”9 月正式上线；新开研讨课 5 门；聘请企业教师授课 12 门；5 份本科生毕业设计作业获得校优，1 份毕业设计（论文）和 3 个毕设团队被学校推荐参加省优评选（结果次年揭晓）；2016 年省优项目揭晓，1 份毕业设计荣获省级二等奖，3 个毕业设计团队获得省级优秀毕业设计团队称号；学生课程设计作业在各专业专指委全国作业评优中获奖 30 余项；毕业设计作品在 2017 年“中国人居环境学年奖”获金奖 1 项、银奖 1 项、铜奖 7 项；SRTP 项目成果丰硕，新增立项总数 15 项，其中国创项目 1 项，省创项目 6 项，结题 6 项；11 名同学获批通过 CSC 资助到境外高校交流学习（6 个月）。

2. 研究生教学大力推进。研究生教育国际化，组织完成建筑学全英文硕士专业申报；与新南威尔士大学、威尼斯建筑大学、都灵理工大学的硕士双学位培养计划取得积极进展；招收硕博留学生 18 名；博士生出国（境）联合培养或参加学术交流共 44 人次，硕士生出国（境）联合培养或参加学术交流共 62 人次。深化教学改革，完善学位培养体系，完成建筑学、城乡规划学与风景园林学 3 个一级学科博士学位授予点，以及含美术学 4 个硕士学位授予点的自我检查与学科动态调整工作，调整完善各学位授予点的专业方向设置和教学团队建设；按照学校关于优化博士研究生科研成果的要求，修订建筑学院博士生科研成果考核的执行标准。研究生招生质量稳步提升，在硕士研究生中本科通过评估的院校生源占 83%，老八校生源占 31%；2018 级免试研究生招生工作通过“暑期研学营”等形式，有效改善研究生生源质量，2018 级免试研究生招生 133 名，其中 985 与 211 院校生源占比 84.2%，老八校生源占比 36.8%；制订完成建筑学院 2018 年博导招生资格年审工作细则，秋季学期完成 31 名博士生招生。教学改革及成果持续发展，获批江苏省研究生教育教学改革课题 1 项，江苏省研究生工作站 1 个，研究生科研创新计划 12 项（博士生），实践创新计划 5 项（硕士），江苏省优秀硕士论文 2 篇。在“2017 拉法基豪瑞（LafargeHolcim）可持续建筑大奖赛”中获得亚太赛区一等奖 1 项；在 2017 第四届紫金杯建筑与环境设计大赛中获得金、银、铜奖各 1 项；在 2017 年全国大学生建筑设计方案竞赛中获奖 11 项；在第三届中国人居环境设计学年奖获金奖 2 项、银奖 2 项、铜奖 6 项、入围奖 5 项。

二、学科建设

建筑学、风景园林学进入世界一流学科建设名单。在全国第四轮学科评估中，建筑学获 A^{+}、城乡规划获 A^{-}、风景园林获 A^{-}。优势学科建设工作稳步推进，2017 年建筑学获得江苏省优势学科经费 500 万元，城乡规划学经费 250 万元，风景园林学经费 120 万元。2017 年获得“双一流”学科经费 140 万元。

三、科学研究

全年纵向科研和横向科研到款总计 11 000 余万元。在《绿色建筑与建筑工业化》重点专项下获批 1 项项目，国拨经费 1 277 万元；在《战略性国际创新合作》重点专项下获批

1项项目,国拨经费490万元;在《绿色建筑与建筑工业化》重点专项下获批1项课题,国拨经费112万元;获批国家自然科学基金16项,其中面上10项、青年6项;获批江苏省自然科学基金1项。“大尺度城市设计关键技术方法及其应用”获2017年教育部高等学校科学研究优秀成果奖(科学技术)二等奖;获2017年全国优秀工程勘察设计行业奖一等奖3项、二等奖4项、三等奖9项;获2017年度教育部优秀工程勘察设计一等奖4项、二等奖5项、三等奖2项。以第一作者或通讯作者身份发表SCI/SSCI/A&HCI三大检索论文12篇,以第一作者或通讯作者身份三大一级学科刊物上发表论文45篇;获国家发明专利授权4项,国家实用新型专利授权9项,国家外观设计专利5项。

四、师资队伍建设

引进国际化示范学院全职教授3人;聘请岗位教授1人,申报外专千人1人(莱瑟巴罗教授)有望获得成功,招收统招统分博士后1人,在职博士后1人。本年度新引进专任教师4人,其中上岗副研究员1人。

五、国际化合作与交流

东南大学建筑国际化示范学院申报成功,11月21日正式揭牌。依托引智基地团队,结合国际化示范学院建设,成立“城乡前沿研究中心”(SEU－MIT)、“中德城乡与建筑研究中心”(SEU－TUM)2个国际合作研究中心。聘请东南大学客座教授5人,其中麻省理工学院建筑与城市规划学院前院长艾黛尔·诺德·桑托斯(AdèleNaudéSantos)被授予2017年度中国政府“友谊奖”。与德国布伦贝克工业大学、维也纳理工、罗马大学等国外高校开展联合教学10余次;新增全英文前沿系列课程2门;举办国际会议或重要会议10余次;在英国伦敦举办“胸中丘壑——中国园林与山水画”展览,“德国在欧洲”特别展等国际展览3次;与德国卡塞尔大学建筑城规与景观学院、米兰理工大学建筑城规与建造工程学院等签署合作协议,截止2017年12月已与20余所国外院校、建筑事务所签署合作协议。学院教师参加联合教学、国际会议和研习活动以及访学进修等出国(境)人次总计近95人次,来学院访问交流国(境)外人次约140人次,学生出国(境)学习交流人数共计170余人,到我院学习交流的外国学生共计约55人。

六、学生教育与管理

深入组织学习并贯彻落实党的十九大和全国思想政治工作会议精神,推进全员、全程、全方位育人体系的构建。修订《东南大学建筑学院班主任工作职责及考核办法》《建筑学院党政领导班子联系班级工作细则》等规章制度。围绕“两学一做”专题教育主题,制定各类学习计划和实施方案。研究生支部获江苏省教育工委最佳党日活动优秀奖,本科生支部获批校党委学工部“领航工程”党日活动。获省先进班集体荣誉称号2项,校级先进班集体荣誉称号4项,校甲级团支部3项,其中作为全校唯一的一个支部入围团中央“活力团支部”创建遴选活动江苏省名单,正争取国家级荣誉。5位同学获得江苏省优秀学生干部等省级荣誉称号。大学生社会实践教育活动获得优秀组织奖,2个团队获得校“十佳团队”称号。2017年共招收本科生165人,其中转系转专业学生17人,港澳台生及海外留学生 16 人；共招收研究生 263 人，其中硕士研究生 231 人，博士研究生共 32 人。2017 届本科毕业生共 183 人，一次性就业率 100%；研究生毕业生共 234 人，一次性就业率 99.15%。

七、党建工作

加强师生思想政治教育，组织全体教职工进行暑期集中培训，强调把立德树人贯穿人才培养全过程。修订专任教师考核办法，加强对教师师德师风的考核。认真落实中央巡视组反馈意见和学校动员部署会议精神，全面推进巡视整改各项工作落实到位。扎实开展“两学一做”专题活动，推进“两学一做”学习教育常态化、制度化工作。进一步做好失联党员规范管理和组织处置工作，完成对 54 名失联党员的组织处置。认真落实“双抓双促”大走访、大落实活动，共梳理整改项目 9 项，其中党建项目 2 项，实事项目 7 项。以“书记项目”为抓手，确立“建筑学院国际化办学背景下的党建‘基石’工程”为基层党建“书记项目”，突出问题导向，以具体项目统筹推进党的建设。开展统一战线工作，做好党外干部培养和推荐工作，推荐江苏省政府参事 1 人，江苏省政协委员候选人 2 人，南京市政协委员候选人 1 人，南京市人大代表候选人 1 人。支持国家经济社会发展，培养锻炼优秀骨干教师，选派优秀教师赴宁夏回族自治区和国家文物局挂职锻炼。注重宣传工作的开展，学院网站建设和“中大院”官方微信平台成效显著，积极向学校宣传部门以及校外媒体提供重大新闻稿件，央视、新华网、腾讯网等主流媒体多次报道建筑学院相关新闻。

八、其他重要工作

成功承办中国工程院“2017 国际工程科技发展战略高端论坛——城市设计发展前沿高端论坛”，十余位院士和国内外城市设计领域专家学者 200 余人出席论坛，听众 400 余人，在学界和社会引起热烈反响。

成功举办建筑学院 90 周年院庆系列学术活动。其间，举办了“基石——毕业于宾夕法尼亚大学的中国第一代建筑师”等大型展览、“发现与规训”2017 建筑教育国际论坛，出版《东南大学建筑学院学科发展史稿汇编 1927—2017》等系列院庆丛书 10 部，展开全方位宣传报道，在学界和社会上引起广泛且热烈的反响。

继 2016 年首都副中心(通州)城市设计国际竞赛 6 号重点地块详细设计获优胜后，王建国院士和韩冬青教授带领团队与北京市规划院合作进行该地块(地块编号改为 9 号)控制性详细规划编制，接近完成。王建国院士和段进大师率领团队参加雄安新城启动区城市设计国际咨询，取得重要成果。上述两个项目彰显了东南大学建筑类学科在国家重大项目中的优秀表现，巩固发展了学科声誉。

积极参与“一带一路”战略，董卫教授率团队策划和展开缅甸历史遗产保护国际科研项目，取得积极成果，并制订了继续拓展的工作计划，受到中缅两国政府高度重视，扩大了国际影响。

成功举办 2017 年“东南·中国建筑新人赛”，并与《建筑学报》共同举办全国本科建筑教学改革研讨会，组织和编辑了《建筑学报》“中国建筑新人赛”专栏，提升了学院在学界的影响力。

机械工程学院

一、概况

学院现有专任教师108人,其中教授31人,副教授52人,讲师25人,高级专业技术职务占教师比例为76.9%。具有博士学位教师82人,占教师比例为75.9%。具有海外经历教师63人,占教师比例为58.3%。博士生导师28人,硕士生导师58人。

二、学科建设

学科建设持续保持良好的发展势头,其中机械工程一级学科是江苏省优势学科,“机械制造及其自动化”二级学科为国家重点学科(培育)。学院不断深化发展机械工程传统学科,并且密切追踪学术前沿,在跨微纳尺度集成制造、微纳生物医疗器械设计理论和微尺度传热等研究方向的国际学术影响力迅速提升,逐渐在微纳制造新兴交叉学科领域形成鲜明特色方向,不断提升江苏省微纳生物医疗器械设计与制造重点实验室的国际影响力。

学院注重科研成果的转化及产业化工作、积极为地方经济建设服务。经省经信委批准,联合江苏省内高档数控机床、机器人及成套装备行业的数家龙头企业共同创立江苏省高档数控机床及成套装备创新中心(筹)。聚焦高端数控装备和智能机器人、汽车、海洋装备、复杂机电系统集成设计以及生机电一体化医疗设备与器件制造等方向,以产学研合作为发展模式,“立足江苏,依托行业,面向华东,服务全国”,以“一流的人才梯队、一流的人才培养、一流的科学研究,一流的科技服务”为发展目标。先后服务于依维柯汽车、徐工集团、三一重工、无锡机床厂、博西家电、南京机床厂和江苏省大部分中大企业以及周边省份的部分企业,为长三角地区的经济发展作出了自己的贡献。

三、科学研究

在科学研究方面,2017年度,国家级项目新增15个,结题11个,省部级项目新增8个,结题14个。截止到本年度12月底,全院纵向经费到款3 708万元,横向经费到款1 042万元,总经费呈稳步增长之势。本年度学院共发表SCI论文132篇,EI论文106篇,其中表现不俗论文24篇,其中包括ACSNANO(IF=13.709),APPLIEDENERGY(IF=7.9),Nanoscale(IF=7.233),Carbon(IF=7.082),JOURNALOFHAZARDOUSMATERIALS(IF=6.434),ANALYTICALCHEMISTRY(6.042),JOURNALOFCLEANERPRODUCTION(IF=5.651),ACSSENSORS(IF=5.711),APPLIEDPHYSICSLETTERS(IF=3.495)等国际一流刊物。科研实力与科技成果产出指数明显增高,学院授权发明专利共计61项。张建润教授荣获江苏省科学技术二等奖,获奖名称是“百吨级电传动自卸车核心技术及产业化”。

四、人才队伍

学院注重师资队伍建设，高层次人才中，新增“双创计划”资助 2 人，新增江苏省“六大人才高峰”A 类 1 人、C 类 1 人，2 位老师获得江苏省杰出青年基金。学院目前聘请了 16 位海内外知名专家学者为兼职教授，共计 7 次邀请国外知名学者前来进行学术交流及科研合作。

本年度引进具有博士学位的青年教师共计 7 人，共计 2 人晋升教授（毕可东、孙桂芳），共计 3 人晋升副教授（王金湘、魏志勇、项楠），完成 5 人的高校教师资格认定。

五、人才培养

2017 年度，机械学院在校硕士生共计 440 人，男女比例为 5∶7，在校博士生为 136 人，男女比例为 3∶7。机械工程和设计学博士生录取人数分别为 31 人、1 人，录取比例分别为 63.3%，33.3%。机械工程学术硕士和专业硕士录取人数分别为 90 人、62 人，录取比例分别为 24.9%，25.7%。工业设计工程专业硕士录取人数为 40 人，录取比例为 52.6%。学院博士学位论文被抽检 7 篇，评议结果合格率为 100%。吴青聪的《套索驱动重力平衡上肢康复外骨骼研究》获省优秀博士学位论文，王晓林的《面向二手产品的质量升级与质保策略优化研究》获省优秀硕士学位论文。本年度研究生共计 14 人获国际会议资助，共计 8 人获国家建设高水平大学公派研究生及短期交流资助。

本科生培养方面，2017 年度本科生在校总人数为 814 人，男女比例为 8∶1。东南大学在线开放课程建设 1 项（全校 10 项）——创造学与创造力开发训练。开设研讨课 52 门；全英文授课课程数 4 门、双语授课课程数 13 门；东南大学校级研讨课 4 项。独立获得江苏省教学成果二等奖 1 项，东南大学校级教学成果一等奖 2 项，二等奖 2 项，申报 7 项。牵头推荐申报教育部新工科研究与实践项目（全校 3 项）。获批东南大学校级教学改革与研究项目 10 项（重点 2 项），全校立项数最多。获批东南大学校级创新创业类教改项目 5 项，2017 年度东南大学微课教学比赛二等奖 2 人，代表东南大学参加江苏省高校微课教学比赛。邀请田纳西大学 Prof. MingzhouJin 来学院授课 2 门、罗格斯大学 KangLi 来学院授课 1 门，邀请 12 名外籍知名教授来校短期讲学，与美国罗格斯大学签订机械工程专业与工业工程专业 3+2 联合培养协议。机械工程学院沙菁㛹、罗晨获东南大学教学奖励金一等奖；程洁、郁建平获东南大学教学奖励金二等奖。学院共获批省级教改项目 1 项、校级教改项目 11 项，教学类获奖共计 19 项，获省级毕业设计一等奖的课题 1 项，获得校级优秀毕业设计的课题 7 项。本年度共立项国家级 SRTP 项目 6 项、省级 SRTP 项目 6 项、校级和院级 SRTP 项目 91 项，实现大幅增长。

学生参加各类学科竞赛方面，共计 3 人获国际级奖项。赵恒在美国大学生数学建模竞赛中荣获二等奖，谈小铭在美国土木工程大学生钢桥竞赛荣获一等奖，孔德优在第三届 DJI 开发者大赛中荣获优秀奖。在第五届全国大学生工程训练综合能力竞赛、第二届中国“互联网+”大学生创新创业大赛、中国机器人大赛、第十届三菱电机杯全国大学生电气与自动化大赛、RoboCup 机器人国际比赛、第十六届全国大学生机器人大赛 RoboMasters、中国大学生方程式汽车大赛、第九届全国大学生节能减排社会实践与科技竞赛、中国大学生计算机设计大赛中,共计 52 人次荣获国家级奖项。在中国大学生计算机设计大赛江苏省级赛、第七届全国大学生电子商务“创新、创意及创业”挑战赛江苏赛区选拔赛、第七届华东区大学生 CAD 应用技能竞赛、首届卓越大学联盟高校大学生数学竞赛、第四届江苏省大学生工程训练综合能力竞赛、江苏省第五届信息安全技能竞赛中,共计 80 人次荣获省部级奖项。此外,共计 371 人次荣获校级奖项,其中,东南大学第十五届机械创新设计竞赛中,一等奖共计 4 项,二等奖 5 项,三等奖 6 项,优秀奖 6 项。

六、学生工作

2017 年度,我院研究生会以“传递正能量,弘扬社会主义核心价值观”为主题连续第八年举办了“1937 南京南京!——纪念侵华日军南京大屠杀遇难同胞纪念日系列活动”,校内校外争相报道的大型活动。

以暑期社会实践和支教活动为载体,鼓励学生参与志愿实践工作。今年我院暑期社会实践共组成 44 支队伍,其中 6 支队伍成功获批校级重点团队。近两年,学院团委配合学校按照中央扶贫开发工作会议精神和教育部要求,积极推进精准扶贫工作。学院团委今年暑期继续与南华团县委密切合作,远赴云南面向当地中小学生开展“至善东南”科技夏令营活动,“至善东南”科技夏令营团队获得“东南大学优秀志愿服务项目”称号、“十佳团队”称号、“江苏省优秀社会实践项目”奖项、“第六届阿克苏诺贝尔中国大学生社会公益奖”全国铜奖。机械工程学院获得“暑期社会实践优秀组织奖”。

机械工程学院研究生会在 2017 年 6 月进行换届选举,通过选举产生由秦博豪担任主席带领的新一届研究生会全体成员。机械工程学院学生会在 2017 年 6 月进行换届选举,通过选举产生由龙雪莹担任主席带领的新一届学生会全体成员。学院团委组织全院各团支部参加优秀团支部评选工作(包含现场答辩环节),推荐综合排名前三名的团支部参选“甲级团支部”和“特级团支部”。同期,39 名学生获评“优秀团员”称号,6 名同学获评“优秀团干”称号。020145、020152、026161 班获得“优秀团支部”称号;硕士 16 级第一团支部获得“先进团支部”称号;026141、020153、020155 团支部获得“甲级团支部”称号;020155 团支部获得“特级团支部”称号。

学院历时 3 个月与东南大学机器人俱乐部合作打造了属于机械人的特色创意舞蹈“东大有嘻哈”参与东南大学新生文化季闭幕式汇报演出。学院研究生会举办 Weare“伐木累”系列活动。除此之外,学院学生会每年举办“天机不可泄露”迎新晚会,并在东南大学第 59 届学生田径运动会上取得团体第六的成绩。

七、党建与行政工作

目前机械工程学院共有 16 个学生党支部,均设立了支部书记,其中本科生党支部 1 个,研究生党支部 15 个,在籍学生党员 404 名,其中博士研究生 98 人,硕士研究生 260 人,本科生 46 人。

在保质保量的前提下,完成一年的组织发展工作,共计发展党员 68 人,其中本科生 27 人、研究生 41 人;党员转正本科生 20 人、研究生 25 人。各学生党支部以党建带团建,组织开展各类形式多样的党日活动。其中,硕士 161 党支部举行“不忘初心,砥砺前行”系列党日活动。本科生党支部带领本科生大一、大二团支部开展“好好学习，天天向上”党日活动。

能源与环境学院

一、概况

截至2017年底，学院有专任教师139名，教授/研究员51人、副教授/副研究员56人、讲师32人，具有高级专业技术职务的教师人数107人，比例为76.98%。拥有中国工程院院士1名、澳大利亚科学院工程院院士1名，百千万国家级人选1人、长江学者特聘教授2人、国家万人计划创新领军人才1人，国家万人计划青年拔尖2人、青年千人1人、国家杰出青年科学基金获得者2人、享受政府特殊津贴专家14人、教育部新世纪人才11人、江苏省突出贡献奖1人、江苏特聘教授2人、江苏省第五期333工程培养对象3人、江苏省六大人才高峰12人、江苏省“青蓝工程”培养对象13人次、江苏省双创博士1人等。

二、党群工作

1. 2017年举办业余党校2期，共培训入党积极分子140人，发展党员81人，培训预备党员72人，党员转正48人。

2. 学院15级硕士生党支部制作的微党课视频“不忘初心，牢记使命”被学校选中参加全国“两学一做”风采展示评比。

3. 基层党组织书记履行抓党建第一责任人职责，主持学院党内工作会议11次，为师生讲党课2次，与研究生代表和本科生代表座谈各2次。

4. 完成失联党员排查、寻找和联系工作，在保证不再增加失联党员人数的基础上，按照中组部下发文件做好失联党员处置工作，一年来有11位同志在取得联系后顺利转出了党组织关系。

5. 学院申请并通过了关于青年教师培养方面的校级党建项目一项、推动基层党委“书记项目”一项。

6. 学院领导班子召开了18次党政联席会，其中有4次中心组专题学习会，廉政教育逢会必讲，每年结合年度考核进行述职述廉，每学期结束前定期召开学院领导班子成员的民主生活会，进行批评和自我批评。

三、队伍建设

1. 学院入选中国工程院外籍院士1人(余艾冰院士)，也是2017年全校唯一入选的院士。

2. 教师出国进修与培训4人次。

3. 获得江苏省第五期“333工程”科研项目资助3项(钟文琪、肖睿、殷勇高)。

4. 获得江苏省六大人才高峰团队项目1个(肖睿)、个人项目1个(朱光灿)。

5. 入选江苏省“青蓝工程”中青年学术带头人1人(司风琪)。

6. 获得江苏省优秀青年基金 2 人。

7. 入选东南大学首席教授 1 人(张小松)。

8. 2017 年学院共新进专任教师 7 人,其中上岗正高 1 人;新进站全职博士后 1 人,在职博士后 6 人。

9. 2017 年学院出台了《东南大学能源与环境学院突出成果奖励办法(试行)》,设立“伯乐奖”,鼓励全院教师积极引进海内外高层次人才。学院领导带队赴英国帝国理工、美国加州大学伯克利分校等世界名校招聘优秀人才。

10. 6 月 18 日学院成功举办首届青年学者论坛。

四、学科建设

2017 年,动力工程及工程热物理学科被列入学校“双一流”学科建设总体方案中;环境科学与生态学发表 SCI\SSCI\A&HCI 论文总数 50 余篇,其 ESI 指数已达 0.842,非常接近 1%。

本科:

1. 2017 年学院组织申报并获得校教学成果一等奖 1 项,江苏省教学成果特等奖 1 项。

2. 建立了热工基础、环境工程、建筑环境与能源应用教研室,能源动力教学基层组织。

3. 院领导、督导听课 20 门次,所有课程进行小班化教学,建设示范研讨课 2 门,校企联合授课课程数 2 门,总计开课 247 门次。

4. 讲师、副教授、教授为本科生每人授课 1 门以上,平均每人授课 32 学时以上,教授、副教授为本科生授课比例 100%。

5. 学院获批校级教改项目 5 项,创新创业教改 1 项,示范研讨课建设 2 项。

6. 2015 年校级重点教改项目通过验收并获优秀。

7. 接受教育部组织的本科教学审核评估,在全体教学的配合下较为顺利地完成了教育部本科教学审核评估。

研究生:

1. 新增第三批产业教授 3 名、企业兼职硕士生导师 28 名,新增 4 名博士生导师、7 名硕士生导师,聘请兼职教授 1 名;

2. 新增江苏省研究生工作站 3 个,获批 2 个江苏省优秀研究生工作站。

五、人才培养

2017 年度学院研究生和本科生获省先进班集体 2 个、省优干 2 名、省三好生 2 名、校级三好生等 149 名、校最佳党日活动校三等奖 2 项。

本科:

1. 全年招收本科生 248 名,毕业本科生 232 名,就业率达 100%。

2. 本科生获省级以上科技竞赛奖 12 项 37 人次,获第十五届“挑战杯”全国一等奖 1 项、江苏省特等奖 1 项;参加全国节能减排大赛获国家三等奖 1 项;14 级陈子聿等 5 位同学获 2017 美国大学生数模竞赛国际级二等奖;SRTP 国省创项目立项 11 项,校/院级项目 85 项;获校级及以上重要文体活动奖项 9 项。

3. 本科生发表论文 11 篇,申请专利 7 项;获得校优秀毕业设计 7 人次,申报江苏省优秀毕业设计 1 人次。

4. 学院强化学风教风管理,先后出台《东南大学能源与环境学院学生工作系统学风建设工作方案》《能源与环境学院本科生导师制实施方案》《能源与环境学院班主任管理办法》等一系列工作方案。

研究生:

1. 全年招收硕士研究生 244 名、博士研究生 55 名,毕业硕士研究生 193 名、博士研究生 33 名,2017 年总就业率 100%。

2. 26 名博士生获得国家公派博士生联合培养项目资助。

3. 获江苏省优秀博士学位论文 1 篇,江苏省优秀硕士学位论文 2 篇,获东南大学优秀博士学位论文 2 篇、优秀硕士学位论文 3 篇。

4. 获东南大学优秀博士学位论文培育基金 2 名、东南大学优秀博士学位论文基金 12 名,获批江苏省研究生创新计划 23 项。

5. 获得第十届全国大学生节能减排大赛三等奖 3 项,获校级及以上重要文体活动奖项 3 项;学院研究生会 2016—2017 学年获东南大学优秀院系研究生会。

6. 承办创新创业专题讲座 6 场、职业规划专题讲座 7 场,完成研究生心理健康专项活动 2 项。

六、科学研究

1. 2017 年科研经费到款 7 076.4 万元,其中纵向到款 3 976.89 万元,横向到款 3 099.51万元。

2. 申请国家发明专利 239 项,高价值专利 1 项,授权国家发明专利 130 项,PCT 授权 1 项,申请实用新型 8 项,授权实用新型 11 项。

3. 国家自然科学基金获批 17 项,其中重点项目 1 项。

4. 学院全年发表 SCI 论文 263 篇,EI 收录 87 篇;2016 年表现不俗论文 109 篇;ESI 高被引论文 16 篇。

5. 肖睿牵头的"生物质选择性热解制取高品质液体燃料基础理论与方法"获教育部自然科学一等奖,钟文琪牵头的"大型电站锅炉高效低污染燃烧的先进调控技术及应用"获江苏省科技进步一等奖。

6. 张会岩副教授等发明的"移动式生物质热解制油系统"获得日内瓦发明展最高奖项——大会特别金奖。

7. 参与国家重点研发课题 11 项。

8. 承办 2017 年中国工程热物理学会燃烧学学术年会(参会代表 1 300 余人)。

七、国际合作

1. 邀请 26 名外籍教师来校授课、合作研究、学术报告。

2. 教师出国出境访问、合作研究和参加会议72人次。

3. 学生出国出境参加国际会议、学习交流62人次。

4. 主办(承办)国际会议2次。

5. 聘请1名国际有机朗肯循环及新能源领域权威专家GeorgiosPapadakis教授为我校客座教授。

八、其他

1. 肖睿任东南大学能源与环境学院院长,任职从2017年1月5日起;梁财、许传龙任能源与环境学院副院长,试用期一年,自2017年12月12日起。

2. 实施实验室分级管理,完善实验室负责制,与教研室负责人签订实验室安全责任书,强化各科研课题组实验室安全意识和责任。

3. 选派部分高水平教师参与实验室教学和管理工作;同时组织实验室工作人员进行研讨和学习,以提高实验室安全理念和管理水平。

4. 对九龙湖能源大楼进行规划,为学院后期实验室安全管理和高效的运行提供基础条件(九龙湖校区能环大楼建设已通过教育部预可研论证,设计动工在即)。

信息科学与工程学院

一、党建工作

1. 1支部获全校"十佳"研究生党支部称号(排名第一);研究生党支部获最佳党日活动一等奖1项,二等奖1项,三等奖1项,优秀奖3项;2名本科生被评为校优秀本科生党员,3名研究生被评为校优秀研究生党支部书记,28名研究生被评为校优秀研究生共产党员。

2. 制定了《学院班主任聘任与管理办法》和《班主任年度工作考核办法》,完成了全院27个本科班级的班主任聘任和培训工作;举办了第四届"我与院长面对面"活动等;慰问困难退休党员和学生党员共34人次。

3. 加强学院领导班子自身建设,认真落实党政联席会议制度,严格执行"三重一大"决策制度;积极配合中央巡视组专项巡视,认真贯彻执行学校党委整改工作方案,召开巡视整改专题民主生活会,对自身及工作中存在的问题和不足,立行立改,切实抓好整改工作;班子成员能认真履行"党政同责、一岗双责",努力抓好分管领域基层党建责任。

4. 积极做好党员发展工作,全年共发展新党员80人,其中青年教师1人;学院业余党校举办了一期入党积极分子党校培训班,共有89人参加培训。

5. 认真做好统一战线工作,主动听取民主党派和无党派教师对学院工作的意见和建议;崔铁军教授当选九三学社中央委员;学院二级教代会、二级关工委工作常态化有序开展。学院工会和后勤集团工会联合承办了校教职工九龙湖校区定向越野比赛,组织教职工参加校第五届教职工智力运动会,获得了第四名的好成绩;组织了"信息学院——九龙湖健身走·国防寻宝智力竞赛"活动。

6. 在学校保密办组织指导下，认真做好学院涉密科研人员保密教育和日常管理工作。

二、学科建设

1. “信息与通信工程”和“电子科学与技术”两个国家一级重点学科双双入选“双一流”建设学科名单。

2. “毫米波国家重点实验室”与“移动通信国家重点实验室”顺利通过国家重点实验室评估，评估结果均为良好。

3. 积极做好“网络空间安全”一级学科和“网络空间安全学院”的建设工作，入选国家首批“一流网络安全学院建设示范项目”。

三、科研工作

1. 科研到款总计 16 415.54 万元，其中纵向项目经费 8 943.46 万元，横向项目经费 7 472.08万元。

2. 作为牵头单位荣获教育部高校科学研究科技进步一等奖 1 项；获电子学会自然科学三等奖 1 项；作为参与单位获江苏省科学技术奖电子信息及系统科学类一等奖 1 项、江苏省科学技术奖电子信息及系统科学类三等奖 1 项，江苏省科学技术奖建筑、水利与交通类三等奖 1 项。

3. 2016 年收录（2017 年发布）SCI 论文 230 篇，EI 论文 244 篇，CPCI－S 论文 247 篇，表现不俗论文 91 篇。三大检索论文总数较去年增加 316 篇，表现不俗论文增加 51 篇。

4. 获批国家自然科学基金“优青”项目 1 项，面上项目 10 项、青年项目 9 项、国际（地区）合作与交流项目基金项目 4 项、联合基金项目 1 项，基础科研扶持项目 5 项；获批江苏省自然科学基金青年项目 3 项。

5. 申请发明专利 323 项，申请实用新型专利 5 项，PCT 国际申请 3 项，PCT 申请国家阶段 4 项，申请软件著作权登记 1 项；授权发明专利 142 项，授权 PCT3 项，授权实用新型专利 7 项，软件著作权授权 1 项。

6. 我院牵头与航天五院—西安分院、航天东方红公司成立两个校级联合实验室，联合开展卫星实验研究；同时与益丰电子、美国国家仪器、鼎仪、江苏普旭等建立联合实验室。

7. “水声工程”和“电磁场与微波”分别获批 GF 特色学科。

四、队伍建设

1. 崔铁军教授及其团队入选首批全国高校黄大年式教师团队。

2. 新增“外专千人”1 人（KhaledBenLetaief），新增“青年千人”1 人（罗宇），新增“青年拔尖人才”1 人（蒋卫祥）。

3. 入选江苏省特聘教授 1 人（金石），入选江苏省双创人才 1 人（蒋之浩），入选江苏省“六大人才高峰”3 人（王家恒、王东明、康维）。

4. 入选校首席教授 4 人,校青年首席教授 2 人。

5. 上半年通过学校引进 8 人(其中上岗教授 1 人,网络学院 1 人),下半年上报学校 7 人(其中网络学院教授 1 人、博士 3 人)待学校面试。全年新入职教师 16 人。

6. 进站博士后 12 人(其中统招统分 3 人、在职 6 人、企业 3 人),出站博士后 6 人。

五、人才培养

1. 在第十五届“挑战杯全国大学生课外学术科技作品竞赛”中,获特等奖和二等奖各 1 项。

2. 牵头获校教学成果奖二等奖 1 项,参与获省教学成果奖特等奖 1 项,参与获省教学成果奖一等奖 1 项。

3. 李文渊教授获得 2017 年“宝钢优秀教师奖”荣誉称号。在东南大学第 24 届青年教师授课竞赛中获三等奖 10 项、提名奖 6 项,获奖总数名列全校第一。

4. 新建研讨课程 8 门,1 门课程入选校级示范性系列研讨课。新建在线开放课程 3 门并上线,新开创新创业能力提升课程 1 门,新建校企授课课程 1 门,新建全英文和双语课程 5 门。

5. 新编出版省重点教材 1 部、教育部高校电子电气基础课程教指委推荐教材 2 部,修订出版省重点教材高等院校通信与信息专业规划教材 1 部。

6. 讲师、副教授、教授为本科生授课人均授课量 53.2 学时/年,教授、副教授为本科生授课比例为 91.6%。

7. 省品牌专业建设项目中期检查的各项任务指标均完成或超额完成。完成 2017 级培养方案的修订。获省教改研究课题 1 项、教育部产学合作协同育人项目 4 项、校级教改项目 4 项(其中重点项目 1 项)。参加全国教学改革研讨会 27 人次,做主题或专题报告 8 个。申请 2018 年工程教育专业认证,获得批准。顺利完成本科教学审核评估工作。

8. 完成校级本科国际交流项目 18 项,院级本科国际交流项目 1 项,本科生出国交流人数 42 人。

9. 东南大学—华为联合实践基地正式签约,建成了信息学院大学生创新创业实践中心,新建校外实习实践基地 2 个,学生校外实习实践 135 人次。

10. 本科生获国家级大学生创新项目 13 项、省级大学生创新项目 11 项;在 2017 年中国“互联网+”大学生创新创业大赛中获得季军;孵化本科生创业项目 1 个;省“互联网+”大学生创新创业大赛决赛中,2 个团队获得一等奖(全校 4 个),获评全省唯一一项“最具商业价值奖”。

11. 本科生共发表学术论文 26 篇,其中 EI 检索论文 16 篇,SCI 检索论文 3 篇;申请国家发明专利 7 项。2 位本科生获 IEEEASICON 年度会议最佳学生论文奖;2 位本科生在 ISIPS 国际会议上获得 ExcellentPaperAward。2 位本科生撰写的论文入选第十届全国大学生创新创业年会论文集(全国 166 篇),并受邀参会宣读论文。

12. 2018 级硕士生招生计划 312 人,已录取免试生 175 人(学硕 121 人、专硕 54 人),免试生占比 56.09%,其中 985 学校毕业生 88 人,非 985 国家重点学科人数 35 人,985 或国家重点学科占总推免人数的 70.29%。

13. 建立博士论文评审校外专家库,5 个专业方向分别提供至少 50 名 10 个以上不同工作单位专家;修订博士申请学位成果考核标准。

14. 获省优博 2 篇,省优硕 4 篇,电子学会优硕 1 名,校优博 3 篇、校优硕 5 篇。1 名博士获得校优秀博士论文培育对象资助;5 名博士获得 2017 年校优博基金资助;3 名博士入选江苏省研究生科研创新计划;3 名硕士入选江苏省研究生实践创新计划。

15. 联合承担全国工程硕士专业学位研究生课题教学案例库立项建设重点项目,启动建设案例库 2 个,启动建设了慕课课程 3 门,启动建设了全英文专业“电子与通信工程”。

16. 博士生境外学术交流比例 100%,公派 18 位博士生至国外高校联合培养,20 余名博士生得到资助参加国际会议。新增 1 名江苏省研究生导师兼产业教授。

17. 研究生学科竞赛情况:全国一等奖 3 项 8 人次,二等奖 3 项 51 人次,三等奖 3 项 92 人次,省大区一等奖 5 项 14 人次。

18. 1 名硕士生经过 IEEEDSP2017 年评审委员会的严格评选,获得了唯一的最佳学生论文奖。

六、学生工作

1. 获校共青团工作优秀院系团委(综合考评全校第一)、各有 1 人分别荣获校“优秀团务工作者”称号、省辅导员职业技能大赛二等奖、省就业创业指导教师技能大赛优秀奖。2 个班集体获“省先进班集体”荣誉称号,2 位同学获“省优秀学生干部”称号,1 位同学获“省三好生”称号。研究生会荣获“校优秀院系研究生会”荣誉称号,3 个班集体分别获校“先进学生班级”和“研究生先进班级”,2 个团支部荣获校特级团支部。

2. 2 位学生获宝钢优秀学生奖学金,1 位博士生荣获校“五四青年奖章”;1 位学生获“最具影响力毕业生”称号,1 位学生获“东大好青年”称号。

3. 连续第十一年举办了“东南大学新年音乐会”,举办了校第一届“草地音乐节”暨第十一届校楼道歌手大赛,举办了校首届“芯原杯”电路设计大赛,承办了 2017 年校最具影响力毕业生活动,举办了第九届院新生成人仪式,举办了第九届校新生文化季系列活动之支教故事——“我的讲台我的娃”活动,举办了第四届东南大学—中兴通讯卓越大赛,举办了第 32 届南京地区研究生通信年会。

4. 本科生参加省级及以上各类学科竞赛获奖情况:国际特等奖 1 人,一等奖 19 人,二等奖 56 人,三等奖 1 人;国家特等奖 9 人,一等奖 9 人,二等奖 27 人,三等奖 25 人;省特等奖 7 人,一等奖 33 人,二等奖 29 人,三等奖 16 人,合计 232 人次。

5. 推荐 23 件科技作品参加第 11 届东南大学大学生创新创业展示会,有 2 件被评为“我最喜爱的作品”(全校共 20 件),学院获优秀组织奖。推荐 12 篇学术论文参加第七届本科生学术报告会,有 5 篇论文被评为报告会优秀论文(全校 74 篇),1 篇论文入选报告会“十佳论文”。

6. 2017 届毕业生就业率 99.48%:本科生 99.1%,升学率 64.3%(国内 41.2%,国外 23.1%),硕士生 100%,博士生 100%。2017 届毕业生中有 18 名博士生、33 名硕士生和 4 名本科生共 55 名毕业生到国防军工重点单位和重点岗位任职,有 3 名本科生和 1 名研究生遴选为党政机关选调生。

7. 邀请知名人士共举办6场科技前沿类讲座,2场职业规划类讲座,举办第四届“赢在无线谷”系列心理健康专项活动和1次研究生心理健康教育报告会。

土木工程学院

一、党建工作

1. 本年度全院新发展82位优秀学生加入中国共产党。

2. 本科党支部围绕“领航计划”开展工作,包括参观梅园新村纪念馆并就地召开支部大会、参观周恩来纪念馆并举行诗歌朗诵会、美化桃园四舍大厅、走进清水亭小学、看望空巢老人。

3. 2017级硕士全体党员和入党积极分子参观南京大屠杀死难者纪念馆以及渡江胜利纪念馆,重温红色之旅。

4. 2017级硕士第一党支部组织全体党员和积极分子学习讨论“十九大”报告。

5. 我院品牌活动“暖巢”系列活动被选报参加校“两学一做成果展”。

6. 本科生和研究生共计30名党员荣获校“优秀共产党员”称号,2名支部书记荣获“优秀党支部书记”称号。

7. 2016级硕士第五党支部的“爱心献社会、真情暖人心”支部活动获评“最佳当日活动”一等奖。

8. 2016级硕士第二党支部的“走向操场、强健体魄、追寻理事、共筑中国梦”获评“最佳当日活动”三等奖。

二、学科建设

1. 9月21日,教育部、财政部、国家发展改革委联合公布世界一流大学和一流学科(简称“双一流”)建设高校及建设学科名单,我校土木工程学科入选“世界一流学科建设”名单。

2. 教育部学位与研究生教育发展中心公布全国第四轮学科评估结果,我校土木工程学科评估结果为A^{+},并列全国第一;力学学科评估结果为B^{-},并列全国第25位。

三、队伍建设

1. 著名土木工程专家和教育家、我国预应力学科带头人、中国工程院院士吕志涛教授于1月11日在南京逝世,党和国家领导人以不同方式表示悼念,向家属表示亲切慰问。

2. 李建春教授入选“长江学者”特聘教授,徐赵东教授入选国家百千万人才工程并获“有突出贡献中青年专家”荣誉称号、江苏特聘教授。

3. 李建春教授、郭彤教授入选国家“万人计划”领军人才,王浩教授入选青年长江学者、万人计划青年拔尖人才,获国家优秀青年科学基金,学院新增高层次人才数量列全校各院系第一。

4. 吴刚教授牵头的“一轴·双驱·三联动——德才兼备型土木类卓越人才培养的探索与实践”项目获江苏省教育厅“教学成果奖”一等奖，童小东教授牵头的“土木工程专业创新实践教学团队”获江苏高校青蓝工程优秀教学团队；同时，我院教师还获得东南大学教学成果奖一等奖2项、二等奖1项。

5. 成虎教授当选第五届全国工程管理专业评估委员会委员，徐赵东教授获“江苏省高校土木专业教学名师”，张继文教授获教育部“国创计划”卓越贡献奖，陆金钰副教授获教育部“国创计划”最佳导师奖及东南大学“吾爱吾师”院系“最受欢迎老师”，王莹副教授获中国力学学会全国徐芝纶力学优秀教师奖、江苏省优秀力学教师奖；同时，我院教师还获江苏省高校土木工程专业青年教师讲课竞赛特等奖1项、一等奖3项、三等奖4项，江苏省工程管理专业青年教师授课竞赛一等奖3项。

四、科学研究

1. 吴智深教授牵头的“土木工程结构区域分布光纤传感与健康监测关键技术”获国家技术发明二等奖，郭正兴教授牵头的“装配式混凝土结构创新与应用”获江苏省科技进步一等奖，王景全教授牵头的“超大吨位转体施工桥梁建造关键技术创新与应用”获教育部科技进步二等奖，戴国亮教授参与的项目获教育部科技进步二等奖(上述奖项均已公示结束)。

2. 龚维明教授参与的项目获2项中国公路学会科学技术奖特等奖(排名第3和第9)；李启明教授牵头的“基础设施PPP项目全寿命期决策与管理关键技术研究与应用”获中国建筑学会科技进步一等奖。

3. 科研经费到款8 232.11万元，同比增长15.41%，其中，纵向经费首次突破6 000万，达6 040.132万元，位居全校各院系第一。

4. 获国家“十三五”重点专项项目1项，课题项目9项；获18项国家自然科学基金立项资助，其中“优青”项目1项、面上项目10项、青年项目7项；获教育部人文社科基金1项、江苏省社科基金1项；获江苏省自然科学基金项目12项，其中“优青”项目1项、面上项目3项、青年项目8项。

5. 入选全国首批“装配式建筑产业基地”；出版《建筑产业现代化导论》《工业化村镇建筑》等《新型建筑工业化丛书》，该丛书被列为江苏省“十三五”重点土木规划项目。

6. 李启明教授团队主持研究“江苏省‘十三五’建筑产业现代化专项规划”“江苏建造2025行动纲要”，沈杰副教授团队主持编制的《江苏省装配式混凝土建筑工程费用定额》由江苏省住房和城乡建设厅正式发布。

7. 省住房和城乡建设厅—东南大学共同成立“江苏省建筑产业发展研究中心”，成立“东南大学—中民筑友装配式建筑联合研发中心”；赵坚教授领衔的“东南大学未来地下空间研究院”新型科研机构成立。

五、本科教育

1. 杜静副教授指导的吴洪樾同学获得2016年江苏省高校本科优秀毕业设计一等奖，陶津副教授指导的李雪同学获2016年江苏省高校本科优秀毕业设计二等奖。

2. 学院蝉联第九届全国土木工程专业本科生优秀创新实践成果奖，特等奖 1 项、二等奖 2 项。

3. 获国家级大学生创新创业训练计划项目 14 项，入选第十届全国大学生创新创业年会优秀论文 1 项，获江苏省高等学校大学生创新创业训练计划项目 22 项，获批东南大学校院级 SRTP 项目 91 项。

4. 举办第十六届“结构创新竞赛暨第五届南京高校结构创新邀请赛”，4 031 人参加，为历届之最。

5. 舒赣平教授和陆金钰副教授指导的我校本科生团队获全国高校学生钢结构创新竞赛特等奖、一等奖各 1 项；我院本科生还获得第十一届全国大学生结构设计竞赛优秀奖、第二届全国大学生岩土工程竞赛二等奖、第三届全国大学生复合材料设计与制作大赛优秀奖、第九届全国大学生房地产策划大赛二等奖、第三届全国高校 BIM 毕业设计作品大赛优秀奖；获第十一届全国周培源大学生力学竞赛二等奖 1 项、三等奖 17 项，“基础力学实验”团体赛二等奖，“理论设计与操作”团体赛优秀奖；获江苏省普通高校优秀毕业设计一等奖、二等奖各 1 项；获东南大学第七届大学生学术报告会“十佳论文奖”1 项。

6. 学院本科生首次赴海外参加结构竞赛，贺志启、朱明亮和徐照老师指导的本科生团队参加了美国 ASCE 土木工程大学生钢桥竞赛(中南赛区)，获单项第一、单项第二、单项第三各 1 项。

7. 缪志伟、朱明亮和孙泽阳老师指导的本科生团队参加了亚洲钢桥竞赛，获现场陈述第四名、项目总成本和结构位移预测第五名。

8. 徐照老师指导的学生获香港国际 BIM 大奖赛“高校最佳技术应用奖”。

9. 糜长稳副教授负责的“建筑力学”获全国“来华留学英文授课品牌课程”，邱洪兴教授主编的《建筑结构设计》获“十三五”江苏省高等学校重点教材，乔玲、糜长稳、王莹和洪俊等 4 位老师主讲的“材料力学”获江苏省高校在线开放课程；傅大放教授主讲的“给排水系统规划与管理”获江苏高校省级外国留学生英文授课精品课程 1 项；同时，我院老师还获江苏省高等教育教学改革研究课题 1 项，东南大学示范性系列专题研讨课 3 项。

六、研究生教育

1. 郭彤教授指导的博士生徐伟杰获 2017 年度“刘恢先地震工程奖学金”，杨福俊教授指导的代祥俊博士生获江苏省优博论文。

2. 冯若强教授、王景全教授、张晋副教授指导的硕士生王希、张凡、张悦洋获江苏省优秀硕士(学术/专硕)论文。

3. 东南大学—蒙纳士大学苏州联合研究生院建筑与土木工程专业工程硕士正式招收第一届学生。

七、交流与合作

1. 主办承办第五届全国土木工程安全与防灾学术论坛、首届土木工程海外华人青年学者联谊与学术交流会、第八届全国土木研究生暑期学校、第七届全国“桥梁与隧道工程”学科建设工作研讨会、东南大学岩土工程学科新进展国际研讨会、江苏省工程结构鉴定与加固改造第七届学术交流会议等学术会议。

2. 聘任美国工程院院士 VijayKDhir 教授为客座教授，聘任任辉启院士、任南琪院士等 6 位专家担任兼职教授。南京安居建设集团毛龙泉教授级高工、江苏省建筑科学研究院俞伟根教授级高工依托我院获批江苏省第四批产业教授。

八、学生工作

1. 15.051155 班获评“江苏省先进班集体”。

2. 孟畅同学获评“中国土木工程学会高校优秀毕业生”。

3. 刘业伟、练强、林肆同学获评“江苏省优秀学生干部”，俞涛同学获评“江苏省优秀共青团员”“宝钢优秀学生奖”，张颖、邵世轩同学获评“江苏省三好学生”，顾悦言、朱冬平等 21 位同学获评“江苏省土木工程学科优秀毕业生”；

4. 邹媛同学入选江苏代表队，获全国学生军事训练营团体总分第一、五个单项第一；于路港获评“校十佳志愿者”；

5. 任逸哲同学获评东南大学“最具影响力毕业生”（排名第一）和“东大好青年”，孔祥羽同学荣获东南大学青年五四奖章；

6. 获本科生“新生杯”羽毛球团体赛冠军、篮球赛冠军及排球赛冠军、“院系杯”男篮亚军、男足亚军、“联盟杯”男篮冠军、辩论冠军、排球亚军、“大力杯”拔河比赛亚军；获研究生足球联赛全校总冠军、乒乓球联赛四牌楼校区冠军，校运会研究生团体总分第二名。

九、其他重要活动

1. 近 10 个班级校友重返母校举办毕业纪念活动；学院组队参加深圳、福建校友会活动，与校友共同研讨“双一流”建设；

2. 93 届校友陈斌、曾珠夫妇捐款百万元奖学金回馈母校；

3. 举办蒋永生教授教育思想研讨会，并设立“蒋永生教授奖励基金”，首期募集经费近百万元；

4. 吴智深教授当选为中国农工民主党第十六届中央委员会委员，李启明教授当选民建东南大学基层委员会主任委员。

电子科学与工程学院、微电子学院

电子科学与工程学院、微电子学院共有教职工(含博士后)168 名,专任教师 114 名(含“千人计划”),其中教授(研究员)42 名,副教授(副研究员)49 名,具有博士学位的专任教师比例达到 93.86%。学院目前拥有“电子科学与技术”国家一级重点学科,该学科在教育部学位与研究生教育发展中心 2017 年全国学科评估与清华大学、北京大学并列为 A;另有“光学工程”江苏省一级重点学科。学院共拥有电子科学与技术、光学工程两个一级学科博士点,两个博士后流动站,三个二级学科博士点和五个硕士点。

一、学科建设

1. 2017 年我院“电子科学与技术”学科顺利进入国家“世界一流大学一流学科”建设学科。

2. 第四轮学科评估,我院“电子科学与技术”学科与清华大学、北京大学并列为 A。

3. 2017 年学院新增第十四批国家“千人计划青年项目”1 人,新增东南大学首席教授 1 人。

4. 2017 年第三批国家“万人计划”领军人才入选 1 人(公示阶段)。

5. 2017 年学院新引进专任教师 9 人,其中上岗研究员 1 人、副研究员 5 人,引进人才均有海外留学背景;2017 年学院专业技术职务评聘,正高级职称 3 人、副高级职称 6 人。

二、科研工作

1. 科研项目与到款

2017 年度,电子学院科研经费到款约 9 379.95 万元。今年共申报国家自然科学基金 75 项,共获得 22 项国家自然科学基金项目资助,获得项目资助直接经费 1 561 万元,资助率为 30%。其中国家重大科研仪器研制项目 1 项、面上项目 15 项、青年科学基金项目 3 项、联合基金项目 1 项,外青项目 2 项。较好地完成了学校预定指标。本年度共申请江苏省自然基金各类项目 8 项。其中杰出青年项目 1 项、优秀青年项目 1 项、面上项目 3 项、青年项目 3 项。3 项面上项目全部获得资助。另外学院共 18 个项目获得基本科研业务费资助,共获资助 220 万元。

2. 发明专利和科研论文

2017 年度(截止 11 月 30 日),共申请发明专利 326 项、实用新型 1 项,PCT 专利 12 项,外观设计专利 2 项;授权发明专利 259 项、实用新型 2 项,PCT 专利 4 项,外观设计专利 2 项;发表 SCI 文章 180 余篇。

3. 其他科研成果

(1) 学院孙立涛教授团队在纳米结构精准调控与表征方面取得进展。首次报道了

"电驱动阳离子交换"的方法，可实现单一异质纳米结构的原位可控制备，成果发表于 NatureCommunications8，14889(2017)；在原子尺度上实现了电子束精准刻蚀与表征，成果发表于 NanoLett.，17，5119(2017)和 Adv. Funct. Mater. 27，1603897(2017)等。

(2) 崔一平、王著元教授团队应国际顶级期刊 ChemicalReviews 的邀请，撰写了题为"SERS-ActivatedPlatformsforImmunoassay: ProbesEncodingMethods，andApplications"的综述文章(ChemicalReviews，2017，117，7910 - 7963，IF：47.928)。该综述文章可为国内外从事 SERS 光谱免疫检测的科技工作者们提供十分重要的指导与参考。

(3) 张彤教授课题组在柔性纸上电子技术方面开展了系列研究工作，提出了高产率银纳米油墨的可控合成方法，并针对纸张不耐高温的材料特性，利用局域表面等离激元光热效应等方法，在室温下实现了金属纳米结构的焊接和导电。利用喷墨打印技术研制了多种柔性、立体的电子线路，展示了新概念的三维纸上电子技术。2017 年初，张彤教授课题组在 RSCAdvances 期刊发表了题为《Seedstriggeredmassivesynthesisandmulti-steproomtemperaturepost — processingofsilvernanoink—applicationforpaperelectronics》的论文。RSCAdvances 官方 Twitter 在 2016 年圣诞前夜推介了由张彤教授课题组所展示的具有节日氛围的纸上电子技术。这一研究成果在未来有望应用于新型的柔性显示器件、纸上传感器件和电子芯片等的研制。

(4) 张彤教授团队研制出等离激元—光纤混合谐振腔器件。光波导谐振腔作为集成光学领域重要的光子器件之一，在高性能光信号处理及光传感领域具有广阔的应用前景。本工作将突破光学衍射极限的亚波长等离激元波导器件技术与光纤传感技术相结合，提出并实现了全新概念的表面等离激元波导—光纤混合谐振腔，为实现纳米尺度集成化的新型光学惯性传感技术开辟了新的方向，也为未来实现光、电信号在纳米尺度的互联提供了新的媒介载体。与传统光学谐振腔相比，如石英光纤谐振腔、玻璃波导谐振腔、InP 波导谐振腔和 LiNbO3 波导谐振腔等，该混合谐振腔不仅具有无偏振误差的优越特性，在温度稳定性方面也展现出了巨大的优势。该工作验证了光波与表面等离激元波在混合谐振腔内传播时的兼容性，为光波和表面等离激元波的电磁波共性提供了实验依据；同时为解决光纤谐振腔传感器件中的偏振噪声和温度噪声问题提供了崭新的技术途径，对进一步研制新型低噪声、高性能集成光子器件和光传感器件提供了技术支撑。

(5) 目前低功耗 GNSS 芯片功耗都在 10 mW 以上，难以满足穿戴式应用和物联网应用的需求。工程中心采用低电压近阈值方法设计 GNSS 芯片，在 SMIC40nm 工艺平台上研制出跟踪定位(10 颗卫星)功耗小于 6 mW 的 GPS 和北斗双模 GNSS 芯片。定位精度 3 米，捕获灵敏度达到－146 dBm，跟踪灵敏度达到－161 dBm，首次定位时间与 MTK 芯片相当。

(6) 成果创新点

① 采用多通道并行跟踪环路架构，以及基于部分匹配滤波器和多级多普勒混频的捕获引擎，在极低功耗的条件下满足多卫星跟踪实时性要求。

② 采用极低功耗数字辅助的锁相环设计和新型接收机混频器结构，解决其中电压裕度过低问题。

③ 采用新型低电压近阈值片上存储器结构设计，能够抗工艺波动读写稳定。

④ 采用高精度低电压标准单元库保证了低电压高能效电路设计。

(7) 崔一平教授团队的王春雷教授课题组创新性地提出了针对全无机卤化铅钙钛矿纳米晶的分子取代掺杂技术,这种卤素交换驱动的阳离子交换过程的核心是杂质分子(MnCl2)的阴阳离子与钙钛矿 PbBr64—亚晶格结构在同时间同位点的同步取代。与传统的基于空间位点取代的离子交换技术不同的是,这种分子交换技术通过阴阳离子在交换过程中时间与空间的配合实现了密闭亚晶格结构内部离子的取代。

(8) 东南大学孙立涛教授团队创新性地将功能化石墨烯新材料与传统滤材结合,制备出了石墨烯基空气净化滤材。石墨烯具有单原子层厚度,因此具有超高的比表面积,同时还拥有丰富的缺陷和官能团,所有这些赋予了功能化石墨烯优异的吸附与过滤性能。石墨烯与传统滤材有机结合,从而形成三维多孔迷宫式的结构,该结构赋予滤材高效的过滤效率及超低的呼吸阻力。基于石墨烯基滤材,开发出了石墨烯基防霾口罩,该口罩对盐性颗粒及油性颗粒的过滤效率分别达到了 99.3%和 95.6%;同时,呼气阻力和吸气阻力分别低于 70Pa、100Pa,所有指标都远远优于国家标准 GB/T32610－2016。石墨烯基滤材在空气净化上具有巨大的应用空间,除了防霾口罩,还可以用于空气净化器、新风系统等。

(9) 各研究中心情况

① 2017 年,国家专用集成电路系统工程技术研究中心(简称工程中心)围绕微电子学科领域集成电路重大学科问题及关键技术,在片上系统(SoC)、高压功率集成(PIC)、物联网核心器件(IoT)等 3 个研发方向上开展科学研究和人才培养等工作,取得了较好成绩。2017 年承担在研项目 60 项:国家“863”项目 2 项,国家重大专项 1 项,国家重点研发计划 1 项,国家自然科学基金项目 11 项,“芯火”计划 1 项,军工项目 2 项。工信部物联网专项、江苏省成果转化基金等省部级项目 10 项,企事业合作项目 32 项。发表学术论文 31 篇,其中 SCI 论文 58 篇、EI 论文 17 篇。获中国授权发明专利 57 件,受理发明专利 72 件,国际 PCT 专利 1 件。获江苏省教学成果特等奖 1 项。

2017 年在研课题取得了阶段性进展。这些课题为了实现目标,通过核心技术突破和资源集成,在一定时限内完成了关键共性技术的积累。具有代表性的成果有:

a. 国家重点研发计划“紫外探测阵列读出电路与成像系统集成技术”

本项目基于高性能 SiCAPD 单光子探测线阵,研究光子计数阵列高性能读出电路及芯片,解决高增益 SiCAPD 增益一致、单光子探测像元串扰、高速计数宽动态范围技术难题,研制光子计数紫外线阵探测成像仪,并实现电晕测试示范应用。进展情况:小规模阵列的读出电路系统芯片功能初步验证成功。探测器主动淬灭电路及偏压可调电路流片完成,具有初步功能,进一步测试正在进行中。

b. 国家 863 项目“高效能近阈值集成电路关键技术研究”

项目总经费 2 301 万元,由东南大学牵头,清华大学、北京大学、复旦大学和华大九天公司参与。项目目标是突破近阈值宽电压电路设计的关键技术,在保证移动智能终端系统芯片(SoC)峰值性能的前提下,应用场景能耗效率提高一倍以上。该项目已完成了对近阈值器件模型、宽电压标准单元库、宽电压 SRAM、近阈值时序分析工具和良率分析工具做了研究,并对流片进行了测试,在此基础上,设计和流片验证了近阈值宽电压的 CPU

和高效能媒体 IP。

c. 国家 863 项目“可重构处理器的外设控制机理和程序引导技术研究及实现”

本项目是“十二五”863 重点项目“面向通用计算的可重构处理器关键技术研发”的子课题。该项目针对公认的 13 大类算法分类进行访存模态分析，从而提升片上带宽利用率，降低访存延迟。该课题已完成芯片流片，正在与合作单位进行系统任务的联合测试，并将于近期完成课题项目的验收。

d. 国家重大专项“面向移动智能终端的高性能低功耗嵌入式 CPU 研发”

本项目由龙芯中科技术有限公司牵头，东南大学苏州研究院、杭州中天微系统有限公司参与，总经费 9 300.29 万元。主要研究内容研发面向移动智能终端的高性能低功耗的 CPU 以及相应的移动智能操作系统基础软件。该项目目前已经完成基于龙芯 LS232CPU 初样的 SoC 评估设计和软件优化，实现了 Android 系统底层及应用中间层软件适配和优化，并且研发了多款智能化应用样机，目前正在开展 SoC 芯片设计。

工程中心在人才培养上，从领军人才、学术带头人到业务骨干，除了自身提高外，还注重后备人才培养，重视发现人才、重用人才，做到人才辈出。2017 年工程中心老师分别获 24 届青年教授授课竞赛二等奖、三等奖和提名奖，获教学奖励金一等奖 1 人，获得东南大学中泰国立奖教金二等奖、三等奖各 1 人。

研究生培养方面，带领学生参加首届全国大学生集成电路创新创业大赛，团队“模拟集成电路”“综合应用设计”获得一等奖，“算法设计”团队获得三等奖的佳绩。参加 2017 华为软件精英挑战赛获得一等奖。承担 1 门博士课程、6 门硕士课程，招收博士 15 人、硕士生 40 人；培养博士毕业生 5 人、硕士毕业生 48 人、工程硕士 72 人。

本科生培养方面，承担东南大学 16 门本科课程，指导本科毕业设计 50 人。

② 显示中心现有研发场地面积约 5 000 平方米；末固定资产(设备)总额 6 277 万元；10 万元以上仪器设备 61 台套，原值 4 965 万元；年度购置设备 273 万元；年度新增经费到款 1 841 万元，其中，纵向到款 1 386 万元，横向到款 273 万元，人才经费到款 95 万元，基本科研业务费到款 88 万元。

显示中心加强团队建设。2017 年有固定人员 40 人，高级职称 25 人，博士 24 人；流动人员 9 人(外聘 3 人、博士后 6 人)，兼职教授 5 人，客座教授 23 人。国家“千人计划”外专 2 人，省“333 工程”第二层次培养对象 1 人。

显示中心 2017 年新增科研项目共 30 项，其中，纵向 13 项：包括国家自然基金项目 4 项、国家重点研发计划项目课题 2 项、技装项目 4 项、省基础研究计划 1 项、市科技局 2 项；横向 9 项：委托单位主要有南京贝迪电子有限公司、中南城市建设投资有限公司、武汉华星光电技术有限公司、深圳市华星光电技术有限公司、青岛海信激光显示股份有限公司、中电科十八所等。自立课题 8 项(基本科研业务费)。

显示中心 2017 年承担的其他项目还有：国家重点研发计划项目(牵头)1 项、国家重点研发计划课题(承担)1 项、国家重点研发计划课题(参与)1 项、111 计划 1 项，外专千人计划 2 项，863 计划 1 项，973 计划课题 2 项(承担 1 项、参与 1 项)，国家自然科学基金 6 项，技装项目 3 项(其中 973 牵头 1 项)、质检公益性行业科研专项 1 项，中科院创新交叉团队项目专题 1 项、省自然科学基金 2 项，江苏省政策引导类计划(产学研合作)1 项，省重点研发计划 1 项、PhilipsLighting 和 LG. Philips 国际合作 2 项、其他横向课题 2 项。除 2017 年新立项项目以外在研的各类项目合计 28 项。

显示中心 2017 年出版译著一部,在学术刊物发表论文 34 篇,会议交流论文 25 篇(特邀 3 篇),SCI 收录 30 篇,EI 收录 5 篇;发明专利申请 42 件(其中 PCT 专利 1 件,发明专利授权 10 件);制定国家标准 4 项(主持 2 项、参与 2 项);1 项国家自然科学基金(重大国际合作)项目通过验收,综合评价为 A。

显示中心教师 2017 学年共承担本科生课程教学 32 门次、研究生课程教学 26 门次,牵头组织学科竞赛,出版教材 1 本,承担教改项目 2 项,参加青年教师授课竞赛 2 人,参加微课竞赛 4 人,指导学生参加全国大学生电子设计竞赛、全国大学生集成电路创新创业竞赛、全国大学生 FPGA 创新设计邀请赛等竞赛获奖超过 18 人次。中心教师获 2017 年江苏省教学成果奖 2 项、东南大学教学成果奖 3 项。

显示中心 2017 年指导本科毕业设计 49 人,获校优秀毕业设计论文 9 篇;指导硕士毕业 28 人、在读硕士生 104 人;指导博士毕业 3 人、在读博士生 38 人;在站博士后 6 人。

③ 先进光子学中心在人才培养方面,共承担了共计 17 门本科生课程、3 门本科生实验课程以及 11 门研究生课程的教学工作,指导本科 SRTP 项目共 6 组,其中国家级 1 组、省级 3 组、校级重点 2 组;2017 年度新增 9 名博士生和 35 名硕士生;19 名硕士生、4 名博士生通过论文答辩并获得学位,2017 年度指导本科毕业设计 24 名。科研方面,2017 年度完成了 1 项国防创新项目并顺利通过结题,完成 1 项省杰出青年基金并顺利通过结题。积极参与国家各项科研项目申请,2017 年新获得国防预研项目 1 项(110 万),军委科技委项目 1 项(145 万),国家自然基金项目 1 项,江苏省自然科学基金面上项目 1 项。各类在研项目共 28 项,其中国家自然科学基金 14 项(其中 2 项重点基金),江苏省项目 8 项(其中 1 项重点研发计划),国防项目 7 项(其中预研 5 项、科技委项目 1 项、创新基金 1 项),973 子项目 1 项,到款科研经费 821.5 万元。2017 年发表科研论文被 SCI 收录 44 篇,其中影响因子最高 47.928,影响因子超过 10 以上的共 2 篇,影响因子超过 7.0 以上的共 5 篇;2017 年新申请发明专利 24 项,获批 24 项。中心注重实验室建设,进一步加强实验室基础设施和科研的平台,搭建了硅光子芯片测试系统,科研硬件条件得到有效的提升。

④ 光传感/通信综合网络国家地方联合工程研究中心继续坚持教学改革,努力探索新型教学模式,积极促进"电子科学与技术"专业进入江苏省品牌专业建设行列。"信息电子中的场与波"继续坚持课程梯队授课形式,建设教学团队。在学校及学院的领导下,中心教职员工共同努力,以饱满的工作热情和踏实的实干精神,继续进行中心建设工作,完成了年初制订的计划。

a. 继续坚持教学改革,归纳总结教学改革成果。以本中心教师为主体完成了"互联网环境下电磁场与波及应用技术系列课程改革与建设"项目,获得东南大学教学成果一等奖。"信息电子中的场与波"继续坚持课程建设与教学改革,建设教学团队。本学年重点开展大小班分段授课教学法,以启发讨论式教学研究为中心。"高等电磁场与波"课程:本年度已建成吴健雄学院电子信息类重点课程之一,且针对高等理工班学生特点,建成微波传输、光波传输、光网络节点、光子集成器件设计与测试、通信系统类课程实验模块,使得学生实践能力得到提高。"电子信息类专业学习概论"课程建设取得较大的进展,争取获得教育部教改项目，积极开展课程交流。

b. 继续建设省级双语课程“光网技术概论”及其他相关课程。本年度课程建设深入进行，分别为信息科学与工程学院、电子科学与工程学院的高年级同学授课，获得很好的教学资料。

c. 国际教学合作取得实质性进展。学校作为欧盟伊拉斯谟行动2计划“及时合作交流”项目（INTACT）的参加单位，本年度已完成1名博士后、吴健雄学院高等理工班及普通班5名应届本科生赴伦敦城市大学开展毕业设计，所派学生表现突出，受到好评。

d. 支持地方科技发展，构建新型研发机构。2017年11月，OSCC的运行管理公司——南京曦光信息科技有限公司，被批准为南京市新型研发机构，且于同年12月被推荐报送省科技厅省级新型研发机构，机构名称为东南大学光传感/通信综合网络国家地方联合工程研究中心。2017年12月，“南京东南大学光传感/通信综合网络研究院建设”被列为2018年南京市科技创新重大项目，同时被报送江苏省科技厅作为省科技创新重大项目备案。

e. 正式在OSCC中国（南京）软件谷基地启动科研与科技成果孵化项目。OSCC多年服务于江苏省、南京市地方企业，成效显著。与南京华脉科技有限公司在光子集成芯片与模块产学研合作的成果，托举该公司2017年8月正式上市。全力孵化了面向工业应用的光纤传感器及多物理量综合传感器、模块以及子系统，受到国家相关部门的重视。继续与亨通光电公司在超长距大容量海洋光纤研制上取得突破，产品已成功应用于多项国内国外大型海洋工程，解决了我国海洋网络建设关键材料依赖进口的问题，累计实现销售超17亿元、利润达2.6亿元、税收1.04亿元，获得江苏省通信学会2017年科技进步一等奖，中国通信学会2017年科技进步二等奖。与亨通光纤公司开展高温光纤光缆技术合作，获得江苏省2017年成果转化资金项目支持（东南大学应到款500万元）。继续与国家电网南京电科院合作，研制了智能变电站全光交换边缘节点设备AOS2000、核心节点设备AOS8 000，在电力通信领域引入全光交换技术，并聚焦智能变电站应用场景，有力支撑了国家智能电网建设工作。继续与南京普天通信股份有限公司合作，在光接入网链路管理、FBG智能写入技术等方面实现了成果转化。继续与京能集团广东分公司开展智能电厂信息化、基于机器人的智能电厂运行管理等项目研究。已承担建设投资额为2 300万元的项目，正在报批。

f. 学科交叉，与国际高校、科研机构紧密合作，学术前沿研究有所突破。继续加大与校外（包括境外）相关科研机构的合作力度。2017年度接待省外专百人专家团队4人次，在校内开展工作2个月，取得很好的效果；接待外籍专家8人次；国际合作进展顺利。提升了学术研究水平。与英国BrecknellWillis公司、伦敦大学城市学院、英国Sengenia公司、南京普天共同申请的基于智能受电弓和光纤综合传感网的智能轨道交通监测系统英国江苏省国际合作创新项目获准，2018年1月23日已签订国际合作合同。已联合美国约翰—霍普金斯大学、英国纽卡斯特大学共同开展脑部神经OCT检测光遗传神经修复技术研究，为2018年国家自然科学基金国际合作项目等的申请做好充分准备。

g. 与国内大科学工程项目团队开展深度交流与合作。与中国移动通信联合会开展深度合作，针对国家需求，研制基于光传感的自主可控、安全可信网络试验床，包括标准与规范、架构设计、基础理论研究、域名地址解析系统与根服务器、专属路由器等核心装置、数据采集和分析等,研发定制化系统。与京能集团开展智能电厂信息化、基于机器人的智能电厂运行管理等项目研究。已承担建设投资额为 2 530 万元的项目,正在报批。

h. 科研工作情况。完成国家国防重大基础科研项目(973)二级课题(含 3 项子课题),等待验收;江苏省重大成果转化资金项目验收 2 项、产学研前瞻性项目验收 2 项。获军事预研项目 2 项(参研)、省重大成果转化基金项目 1 项、NSFC 青年基金项目 1 项、面上短期项目 1 项、国防重点实验室基金项目 1 项、江苏省英国创新合作项目 1 项。部分项目到款推迟。共获得发明专利授权 14 件以上,提交发明专利申请 10 件以上;发表学术期刊论文篇 20 余篇、国际学术会议论文 10 余篇;其中 SCI 收录 10 余篇、EI 收录 20 篇。

MEMS 教育部重点实验室 2017 年度顺利完成本科毕业设计。本基地共接受学生 33 名。另有无锡分校学生以及国际联合培养学生若干名。已经按照要求完成毕业设计选题、开题、中期检查以及答辩等所有环节。经过今年的毕业设计,各位老师熟悉了新的毕业设计系统,熟悉了网上打分等环节,有利于之后毕业设计工作的开展。当然,也注意到少数老师没有参与到毕业设计工作中,拟在下一年度加大动员力度,力争使广大的老师,特别的、优秀的中青年教师参与这一过程。2017 年毕业设计推优工作进展取得了良好的结果。有三位同学通过获推校优秀,一位同学获推省优秀。希望今后能保持这一良好的势头,取得更好的毕业设计成绩。

在本科教学教改项目等方面,本基地获得 2 项校级教改项目的支持,1 项省部级教改项目支持。一位老师获得教学奖励金。

2017 年度 MEMS 实验室按照计划顺利完成了学期教学计划。各门课程均进展顺利并顺利结束,教学效果良好。部分新进教师顺利加入本科授课工作。部分课程顺利完成新老教师的交替。学科组老师顺利完成本科生 SRTP 项目的结题,中期考核以及新一年度的 SRTP 项目指南申报、学生组队和课题答辩任务。目前,2018 年的本科毕业设计已经初步完成了教师课题征集和第一轮的学生选题工作。

2017 年度在研究生教育方面,MEMS 实验室约 15 位老师承担了微执行器导论、量子物理学、微系统设计等 20 门研究生课程的教学工作。其中有 5 名老师承担了博士生课程的教学工作。各课程完成情况良好,学生反映较好。2017 年度 MEMS 实验室共有 6 名硕士获得研究生一等奖学金,20 名硕士获得研究生二等奖学金,12 名硕士获得研究生三等奖学金,12 名硕士获得研究生四等奖学金。在研究生培养方面,共有 43 名本科生申请了本实验室的免试研究生,拟录取免试研究生 16 名,其中直博研究生 1 名。申请硕博连读的研究生 5 名,申请考核的博士研究生 7 名,拟录取 12 名。截止到 2017 年 6 月底,毕业硕士研究生共 33 名,其中有 4 名留学生;毕业博士 4 名。

2017 年上半年实验室认真完成了国家技术发明奖申报,进入会评;申请各类国家自然科学基金项目 16 项,其他省部级各类基金、人才计划项目 12 项,2017 年科研经费到 1 800多万元。2017 年实验室发表 SCI 收录论文 58 篇,申请国家发明专利 172 项,获授权国家发明专利 117 项。

三、国际合作与学术交流

在学院各位老师和同学的共同努力下，电子学院较好地完成了 2017 年公派研究生项目，其中 3 名博士研究生赴国外进行联合培养。

2017 年，工程中心积极参与国内外的学术交流活动。组织师生赴美国参加美国 ISSCC 会议，在本届 ISSCC 会议中，东南大学被入选 SRP（大陆高校仅有清华大学和东南大学两个单位入选）。赴瑞士洛桑参加欧洲 DATE 会议并做了口述报告。在日本、重庆、西安等地分别参加了第 29 届国际功率半导体器件和集成电路大会、SymposiaonVLSITechnologyandCircuits、IAEAC2017 会议、ASPLOS 会议等，并发表了论文。举办了八期"ICisC 高端讲坛"CPU 系列专题讲座，反响热烈，500 位听众直接与高层级专家现场交流，为集成电路企业 SOC 芯片开发、高校的 CPU 人才培养提供了宝贵的对接学习平台。

先进光子学中心积极支持教师和学生参加各类学术会议，2017 年度派遣 2 名教师出国访问学者 1 年，派遣 7 人次（其中国内 6 人、境外 1 人）参与合作研究，39 人次参加重要会议（其中国际会议 27 人次、国内会议 12 人次），发表会议论文 6 篇，国外特邀报告 2 个，国内特邀报告 3 个。

四、本科教学工作

2017 年在全院教师的共同努力下，取得了一系列的教学成绩：

1. 本年度学院教师合计承担课堂教学任务约 5 000 课时。徐申、黄晓东获得东南大学 24 届青年教师授课竞赛二等奖，张志强、雷双瑛、单伟伟、芮光浩获得东南大学青年教师授课竞赛三等奖，柏宁丰、徐淑宏、聂萌、钱钦松、刘星、戚隆宁、朱敏获得提名奖。单伟伟老师获得 2017 年全国高等学校电子信息类专业青年教师授课竞赛全国三等奖。

2. 朱卓娅、朱萍、单伟伟、朱敏 4 名教师获 2016—2017 学年教学奖励金二等奖。黄晓东老师在东南大学第十三届"吾爱吾师——我最喜爱的老师"评选中获院系"最受欢迎老师"。

3. 电子学院获得江苏省教学成果奖特等奖 1 项，东南大学教学成果奖一等奖 2 项、二等奖 1 项。

4. 电子学院获得江苏省高等教育教改研究课题立项 1 项（重点课题），获校级教改项目立项 5 项。

5. 电子学院出版"十三五"江苏省高等学校重点教材 1 部。

6. 电子学院开设全英文课程 6 门，双语课程 7 门。建设 2 门江苏省在线开放课程，已上线。

7. 汤勇明老师参与撰写的教学研究论文在 IEEE 教育协会组织的 TALE2017 国际会议发表。

8. 累计超过 40 名本科生参与了出国（境）各类交换生、联合培养及学术交流活动。

9. 电子学院本科生获得 2016 年江苏省高校优秀毕业设计（论文）2 项（2016 年获批），申报 2017 年江苏省高校优秀本科毕业设计（论文）1 项。

10. 电子学院本科生在"2017 年全国大学生电子设计大赛（瑞萨杯）"中获得一等奖 2

项、二等奖1项。在“2017年江苏省暨全国大学生电子设计大赛(TI杯)”中获得特等奖1项、一等奖3项、二等奖7项。

11. 立项2017年课外研学国创项目6项、省创项目5项;结题2016年课外研学国创项目8项、省创项目11项。

五、研究生培养

1. 电子学院研究生课程共计99门,博士研究生课程19门,硕士研究生课程81门。

2. 2017年度电子学院招收硕士研究生154名,博士研究生38名(含专业学位博士研究生4名),博士留学生3人;接收2018年度推荐免试研究生72名,其中推荐免试博士研究生3名。

3. 参加国际学术会议及国际学术交流活动的博士研究生19名,硕士研究生2名;我院参加公派研究生项目中1名硕士研究生赴国外攻读博士学位研究生,3名博士研究生赴国外进行联合培养。

4. 获江苏省优秀博士学位论文1篇,江苏省优秀学术学位硕士学位论文3篇,江苏省优秀专业学位硕士学位论文2篇,东南大学优秀博士学位论文1篇,东南大学优秀学术学位硕士学位论文3篇,东南大学优秀专业学位硕士学位论文3篇。

5. 7名博士研究生获批东南大学优秀博士学位论文基金项目,2名博士研究生获批东南大学优秀博士学位论文培育对象基金项目。

6. 1名博士生获东南大学2017级博士研究生新生奖。

7. 4名硕士研究生通过2016年度江苏省学位论文抽检,5名博士研究生通过2017年国务院教育督导办对博士学位论文的抽检。

8. 7名博士研究生获批2017年度江苏省普通高校研究生科研创新计划(省立校助),1名专业学位硕士研究生获批2016年度江苏省普通高校专业学位研究生实践创新计划。

六、学生工作

1. 学生培养

(1) 学生就业率、就业质量

学院重视对学生的综合素质的全面培养,认真做好就业指导工作,就业质量总体较高。2017届本科生继续升学以及出国率达69.4%,就业率为100%;2017届研究生就业率为100%。

(2) 大学生参与社会实践情况

2017年,暑期社会实践工作获得5个优秀团队(其中二等奖3个、三等奖2个)、一个十佳个人,1人获江苏省学生志愿者暑期文化科技卫生“三下乡”社会实践活动先进个人和十佳使者,指导老师栗雨蒙获校级社会实践优秀指导老师荣誉称号。

学院连续四年开展“耕读园”社会主义核心价值观主题实践育人项目;“重温红色经典、践行东大精神”主题活动成功获批东南大学社会主义核心价值观主题教育精品项目。学院学生会、志愿者协会及党支部、团支部长期开展江宁博物馆、新街口唱经楼、婷婷幼儿园、清水亭小学关爱帮扶等各类志愿服务工作。

2. 省级以上学生或学生集体获奖数

16 级本科生王宗辉在“互联网＋大学生创新创业大赛”中获全国金奖。

16 级本科生王昊林在 2017 年申请方学业公益项目挑战赛中获全国一等奖。

14 级本科生宋逸群同学荣获“江苏省三好学生”荣誉称号。

东南大学电子科学与工程学院团委作为学校唯一代表荣获：“江苏省五四红旗团委”荣誉。

2015 级 MEMS 硕士生党支部入选教育部办公厅举办的第二届全国高校“两学一做”支部风采展示活动。

2017 年 5 月，共 7 位本科生在美国大学生数学建模竞赛中获国际级别奖项。

2017 年 8 月，14 级本科生在第十二届全国大学生“恩智浦”杯智能汽车竞赛全国总决赛中获国家级一等奖。

2017 年 8 月，共 7 位本科生在第十六届全国大学生机器人大赛中获国家级奖项。

2017 年 9 月，共 7 位本科生在 2017 年全国大学生电子设计大赛中获国家级奖项。

研究生张帅、毕润东、商新超等三位同学的作品“基于在线时序监测的近阈值超款电压芯片设计”在第十二届中国研究生电子设计竞赛集成电路专项赛中获得二等奖。

3. 学生管理

学生工作办事处认真做好学生突发事件的预案，针对突发事件，处理有效，无重大安全责任事故；学生各类评奖评优资助始终坚持公开、公平、公正的原则，无投诉；对一些特殊类型学生采取积极的帮扶措施并取得良好的效果。

4. 辅导员队伍建设

东南大学电子科学与工程学院辅导员邱峰老师作为学校唯一代表荣获“江苏省高校辅导员年度人物”荣誉（全省十名）。入选江苏省教育厅高校辅导员十九大精神宣讲团成员，面向省内各高校开展校园巡讲。

七、党务与行政工作

1. 认真学习宣传党的十九大精神，深刻领会党的十九大精髓。党的十九大是一个催人奋进的大会，总书记在报告中提出的许多新理念、新思想、新战略，具有很强的政治性、思想性、指导性，是一篇马克思主义的纲领性文献，对于统一全党思想认识、带领全国各族人民决胜全面建成小康社会、深化改革开放、加快转变经济发展方式、开创中国特色社会主义新局面，将产生重要而深远的影响，我们紧密结合工作实际，运用多种形式，组织师生员工对总书记的报告进行不断学习，深刻领会其精神实质，不断提升工作能力和素质。

2. 认真组织开展“两学一做”学习教育常态化制度化和“双抓双促”活动。根据学校党委统一部署，认真落实好每一个要求，抓好每一个环节，真正把开展活动同从严治党结合起来，同加强基层党建结合起来，同推动中心工作结合起来。从制定方案、组织保障、狠抓落实、领导带头、联系实际、督促检查、注重长效等方面，扎实推进，既完成规定动作，又反映学院特色，取得初步成效。积极抓好组织建设，按照学校党委要求，定期召开支部书记会议，布置各支部结合学科基地的实际情况，认真开展组织生活，落实"三会一课"制度，学习党的理论、方针、政策，贯彻校党委的工作精神。组织生活实行登记制度，做到次数、内容、时间、人员、考勤、记录五落实，注重联系实际学理论，保证组织生活的效果。积极组织各支部开展最佳党日活动，取得较好效果。

3. 认真落实党风廉政建设责任制，认真履行"一岗双责"及"三重一大"。学院党政一把手负总责，班子成员分工明确，责任到人，切实履行"一岗双责"，分管领导既要对分管工作负责，又要担负分管工作的党风廉政建设责任，坚持谁主管、谁负责，形成压力传递，一级管一级，层层有人负责的机制。学院党委每年都要组织班子召开民主生活会，围绕"班子建设和党风廉政建设"主题，开展批评和自我批评，互相提醒帮助。学院不断健全党政联席会议制度，出台了"党政联席会议事规则"、重新修订"三重一大"决策制度实施办法等，依靠制度规范行为。学院所有重大问题、重大决策都要经过党政联席会议充分讨论，并事先广泛征求各基地及师生员工意见，充分酝酿，再做决策，付诸实施，保证师生员工的知情权、参与权、选择权和监督权。

4. 坚持"以人为本"，营造和谐环境的服务式管理理念。作为学院的窗口部门，办公室在做好日常工作的同时，精心筹划，周密部署，尽心尽力地组织落实好学校各职能部门下达的各项工作任务。办公室的日常工作很繁杂，只有紧紧围绕提高工作效率和服务质量，才能在现有人力资源和办公条件下，最大限度地实现我们为教学科研、学科建设等服务的工作宗旨。在实践中学习，在学习中提升，努力提高适应新形势和完成新任务的潜力。办公室人员也透过学习加强对学院整体发展思路的理解，加深对学院领导工作思路的理解；透过学习，把握工作方向，开拓工作思路，执行好学院各项重要方针政策。办公室很多事务性的工作都与老师学生或外界往来较多，因此在工作中强化服务意识，营造和谐环境，坚持"以人为本、以师生员工为中心"的服务理念，紧密围绕学院"十三五"发展规划的具体目标，实实在在为师生员工做事，与外界往来过程中做好桥梁纽带的作用。

5. 学院认真学习落实学校财务下发的各类文件、通知，认真执行学校的财务制度，规范化管理与操作，不设小金库。

6. 严格执行学校保密规定，认真做好学院保密工作。

数学学院

一、师资队伍和学科建设取得新进展

新增全国创新争先奖 1 人(曹进德)，巴基斯坦科学院院士 1 人(曹进德)，国务院特殊津贴 1 人，国家"优青"1 人(温广辉)，江苏省"杰青"1 人(卢剑权)，江苏省优青 1 人，东南大学首席教授 1 人和青年首席教授 1 人。引进人才 2 人，曹进德、虞文武再次入选 2017 年全球高被引科学家，且东南大学仅有 3 人入选，其中 1 人覆盖数学、工程学和计算机科学三个学科领域。4 人入选 Elsevier 中国高被引学者。

由数学学院曹进德教授牵头申请的江苏省网络群体智能重点实验室获批立项建设。参与建设东南大学交通感知和认知研究中心，推动重点实验室产学研一体化发展。

二、科研和获批项目再上新台阶

1. 新增若干科研奖项

获全国创新争先奖(奖状，国家科技奖励体系的重要组成部分和补充，仅次于国家最高科技奖的一个科技人才大奖)一项(曹进德)、教育部自然科学二等奖 1 项(2017 年 12 月 01 日公示，刘继军牵头)、江苏省优秀博士论文奖 1 项、CAA 优秀博士论文(提名)导师奖 1 项。

2. 基金项目质量提升

国家基金项目共立项 11 项，其中 1 项“优青”、5 项面上、5 项青年；省基金项目共立项 5 项，其中 1 项“杰青”、1 项“优青”、1 项面上、2 项青年项目。

3. 国际化取得新进展

与美国加州大学河滨分校数学系签署本科生联合培养协议，与法国雷恩大学签署研究生联合培养协议，并参加了东南大学与北卡莱罗纳大学教堂山分校的联合培养项目。

三、教学工作与人才培养取得新成绩

1. 新增一项教改项目

“拓展内涵融合创新，高等数学课程的深入改革与实践”获 2017 江苏省高等教育教学改革立项(主持人陈文彦、王栓宏)。

2. 人才培养成效显著

卓越大学联盟高校大学生数学竞赛再创成绩，3 名学生获特等奖，3 名学生获一等奖，6 名学生获二等奖，获奖成绩在卓越大学联盟中位列前三甲。2017 年美国大学生数学建模竞赛获国际一等奖 12 项、国际二等奖 41 项。2017 年全国大学生数学建模竞赛全国一等奖 5 项，全国二等奖 4 项，获全国一等奖数并列全国第一，创我校历史最好成绩。王峰老师获“全国优秀指导教师”荣誉表彰。刘继军教授、王丽艳副教授报送的“CT 扫描系统参数标定及成像”被遴选为今年的全国赛题，受到全国组委会的表彰。在 2017 年东南大学教师节表彰活动中，数模团队被分别授予“美国大学生数学建模竞赛优秀指导团队”“全国大学生数学建模竞赛优秀指导团队”荣誉称号。此外，本年度 1 名本科生毕业论文设计获江苏省优秀论文提名。

3. 学生工作成绩喜人

数学学院坚持以“立德树人”为中心，积极开展思想政治教育工作。本年度涌现出一批优秀集体和学生代表:获江苏省先进班集体荣誉称号1项,江苏省三好学生荣誉称号1项,东南大学先进班集体2项(本硕各1项),东南大学先进团支部1项,研究生最佳党日活动二等奖1项。获"中国大学生自强之星标兵"1人(全国仅10人),获"东南大学最具影响力毕业生"提名1人,获"东大好青年"荣誉称号1人,获"正青年"东南大学优秀研究生称号1人。本科生就业率93.51%,研究生就业率97.44%,博士生就业率100%。

4. 教学工作量超负荷完成

2017年所有教授均在一线承担本科生(或全校面上研究生)各类核心数学课程的教学工作。全院共承担本科生各类数学课程课时数15 128。该课时不含各类毕业论文、SRTP的工作量。数学学院2017年自然年度在岗教师83人,平均承担教学时数260学时。

四、党建工作、学生工作及行政工作

1. 成立"五系一中心",配齐系主任和副主任

五个系分别为基础数学系、应用数学系、计算数学系、系统科学系、统计与精算系和大学数学教学研究中心。

2. 2017年共培养积极分子30人,发展党员21人,转正16人

2016级硕士生党支部获东南大学优秀党日活动二等奖。一个支部申报省委组织部"党支部书记工作室"。

3. 建章立制,完善各项规章制度

制定了《东南大学数学学院党政联席会议会议细则》《2018年度东南大学数学学院高水平论文奖励方案(试行)》《东南大学数学学院各系考核办法》《数学学院专任教师工作量计算考核办法》等。

自动化学院

自动化学院设有我国首批设立的控制科学与工程一级学科博士点和1992年批准建立的博士后流动站。该学科下设二级学科五个:控制理论与控制工程、模式识别与智能系统、检测技术与自动化装置、导航制导与控制科学、系统工程,其中控制理论与控制工程为国家重点学科(1988年)和江苏省优势学科。1998年学院设立教育部长江学者奖励计划特聘教授岗并建有"复杂工程系统测量与控制"教育部重点实验室。

自动化学院现有教职工74名,专任教师57名,其中,国家教学名师1名,教育部长江学者特聘教授1名,国家杰出青年基金获得者3名,国家"万人计划"1名,江苏省"333工程"培养对象3名,江苏省"青蓝工程"培养对象2名,博士生导师21名,教授21名,副教授24名。另有教育部长江学者特聘讲座教授1名,"千人计划"国家特聘专家1人,"青年

千人”1 人。今年学院招收学生 292 名，其中，博士研究生 23 名，硕士研究生 137 名，本科生 132 名。

一、党建、思想政治工作

1. 认真学习贯彻“十九大”精神，深入贯彻落实习近平新时代中国特色社会主义思想，以习近平新时代中国特色社会主义思想为指引，扎实做好学院的党建工作，认真贯彻落实中央重大决策部署和学校党委重要工作部署，把全院师生的力量凝聚到贯彻党的“十九大”精神和完成学校综合改革确定的各项工作任务上。

2. 学院党委切实履行抓基层党建主体责任，认真开展“书记项目”活动和“双抓双促”工作，认真贯彻学校党委决定，认真落实党政联席会议制度，坚决执行“三重一大”决策制度，认真贯彻民主集中制原则，依法办事，充分发扬民主，集体行使职权。认真贯彻落实中央“八项规定”精神。遵守党的政治纪律、政治规矩、组织纪律、国家法律法规和学校党政各项决定，认真贯彻落实党风廉政建设责任制，坚决反对“四风”。

3. 进一步加强基层党组织建设，抓好基层党组织基本建设，认真落实“三会一课”等基本组织生活制度。发挥基层党组织战斗堡垒作用和党员先锋模范作用，多次召开了党支部书记的工作、业务学习会议，定期开展研究生党支部书记业务培训。重视党员和入党积极分子培训，牵头与电子、能环学院联合举办了第十五期党员发展对象培训班，共培训党员发展对象 120 名。严把党员发展质量关，对于积极分子严格考察其入党动机、思想政治素质，对于优秀的积极分子给予大力培养，做好全院教工、学生 17 个党支部的党员信息收集、接收 36 位新党员、40 位党员转正和党费收缴等工作。

4. 学院党委积极推进“两学一做”学习教育常态化、制度化，在“双抓双促”活动中带头开展大走访大落实，深入师生，主动了解情况，积极解决问题，推进学院各项工作的健康快速发展和优良学风、教风、工作作风的创建。配合学校党委以积极、诚恳、务实的态度接受中央巡视，坚决全力支持和配合中央巡视组的各项工作。召开专题民主生活会，统一思想认识，切实强化“四个意识”，提高政治站位，全力做好巡视整改工作，把巡视整改作为严肃的重大政治任务。将整改落实与“两学一做”学习教育常态化制度化相结合，与深化综合改革、完善学院内部治理结构相结合，与推动学院“双一流”建设相结合。

5. 学院党委主动适应新常态下思想政治工作的要求，通过“双抓双促”、大走访大落实活动，深入基层走访师生，主动了解掌握师生的思想动态，有针对性地开展思想政治教育。及时解决基层党员职工思想上的疑惑，化解矛盾，引领基层党员职工紧跟新常态，适应新常态。围绕优良学风、教风、工作作风的创建，强化师德师风和教风学风建设，落实意识形态工作责任制，抓好意识形态工作。制定了《自动化学院学生工作系统学风建设工作方案》，修订了《班主任工作条例》等相关文件，目标是把有温度的教育送给每一位学生，切实促进学生全面健康成长，实现全程育人、全方位育人。加强课堂及各类思想文化阵地管理，实施党建带群建，发展群团组织和做好教代会、学代会工作。

二、教学和人才培养工作

1. 教学成果奖获得突破。牵头获得江苏省教学成果奖 1 项(魏海坤)，中国自动化学会教学成果特等奖 1 项(戴先中)。

2. 自动化专业以优秀成绩通过工程教育认证,顺利通过教育部合格评估,机器人工程新专业建设顺利。

3. 建立机器人、自动化 2 个系和 7 个课程组的基本架构。6 门实践类课程实现项目驱动教学,实现自动化专业所有必修课的小班化教学。校企授课课程和“卓越工程师培养”课程数达到 5 门,聘请企业教师授课 1 门,“卓工班”人数达到 60 人。

4. 2017 年,安排青年教师出国进修 2 人(汪峥、杨俊),教师出国(境)人数 30 人次以上。除大病、出国等不可克服原因,教学科研岗的讲师、副教授、教授本科生授课比例已达到 100%。邀请外籍教师 2 名(汪海、徐亦达)来校授课 3 门;邀请 22 名外籍教师来校短期讲学,其中顶尖学者 3 人(澳洲科学院前院长 Anderson 等);教师出国 32 人次;本科生出国 12 人,占大四学生比例 7%;全英文课程数达到 7 门;双语课程 5 门。

5. 在学科竞赛方面,本科生 2017 年共获得国际比赛奖项 25 人次,获得国家级奖项 40 人次(电子设计大赛),获得省部级竞赛奖项 30 人次。研究生 2017 年参加国家级学科竞赛的共有 130 人,占本院研究生人数的 25.7%。在第十四届中国研究生数学建模竞赛中获得一等奖 1 人次,二等奖 33 人次,三等奖 34 人次。

6. 2017 年获省级优博论文 1 人(查文婷),校级优秀博士学位论文 1 人(查文婷),省级优秀硕士学位论文 1 人(黄大伟)。

三、学科建设和科研工作

1. 学院控制科学与工程顺利入选全国首批“双一流”建设学科。在多年积累的基础上,学院积极组织协调各方力量,完成了控制科学与工程“双一流”学科建设方案,并通过了学校和教育部评审。

2. 自动化专业以优异成绩通过工程教育认证。学院组织力量,完成了自动化专业工程教育认证《自评报告》的撰写,配合专家完成进校考察工作,并以优异成绩通过了本次认证(6 年认证期,而且从专家反馈看,也是全国自动化专业和东大近几年做得最好的专业之一)。

3. 控制科学与工程入选 A^- 类学科。在第四轮教育部学科评估中,虽然控制学科的材料大力支援了交通、土木和生物医学,使这三个学科顺利入选 A^+ 学科,但控制科学与工程最终依然入选了 A^- 类学科,达到了预期目标。

4. 人才引进取得突破。依托自动化学院申报的墨西哥国立大学教授 LeonidFridman 入选“高水平外国专家项目”,为学院引进的又一高水平人才;孙长银教授入选第三批“万人计划”领军人才。另外学院新引进优秀青年教师 4 人,其中 1 人(王雁刚)来自微软亚洲研究院,可作为“优青”候选人。计划引进的新加坡国立大学博士后(魏延岭,即将到岗,已申报上岗教授),为极具竞争力的“青千”候选人。

5. 重大科研项目进展顺利。自动化学院牵头(魏海坤负责)的南极昆仑站天文台“无人电厂”分系统立项建议书已顺利通过国家海洋局组织的专家评审;南极泰山站“远程遥控能源供应模块”项目实施方案已通过国家海洋局极地研究中心组织的专家评审。

6. 基金类项目顺利完成目标。2017 年自动化学院共申报国家基金 40 项,获批资助

9 项,命中率 22.5%,其中 1 项重点基金,1 项重大研究计划培育项目,3 项面上基金,2 项青年基金,1 项海外青年基金,1 项海外及港澳学者合作研究基金。另外,获批江苏省基金 1 项,获批江苏省重点研发计划 2 项。合计科研到款约 1 600 万元(2016 年为 1 357 万元),比去年同期增加了约 15%。

7. 2017 年度自动化学院统计奖励论文共计 132 篇,其中 SCI 检索论文 89 篇,EI 检索 104 篇;共申请发明专利 43 项,授权发明专利 34 项;实用新型申请 1 项,软件著作权申请 7 项,PCT 申请 1 项。

8. 牵头获江苏省科技进步二等奖 1 项、三等奖 1 项,南京市科技进步二等奖 1 项;牵头获得中国自动化学会自然科学奖一等奖 1 项,获得国家科技进步奖二等奖 1 项(东南大学排名第 2 单位,个人排名第 5);田玉平教授和李世华教授入选 2016 年中国高被引学者榜单,李世华教授入选 2017 全球高被引科学家榜单。

四、共青团、学生会、研究生会、工会、退休协会工作

坚持以学生为本,学习与实践有关文件精神,积极探索,加强学院文化建设,营造良好育人环境,促进学生全面健康成长,培养社会主义合格建设者和可靠接班人。学院研究生会组织成立了新媒体宣传部,升级了微信公众平台和微博平台,提升微信推文质量,让全体教职工与学生及时全面地了解学院发展状况,促进管理工作规范化,提升全院师生凝聚力。学院举办并组织学生参加了多项体育文化与科技活动,丰富学生课外的生活,比如:组织学生参加校运会、“12.9”九龙湖长跑、环湖自行车赛、风筝节等大型体育活动,参加校研会辩论赛、科普知识竞猜等活动,举办院运会、足球赛、篮球赛、乒乓球赛等,举办研究生人文与科学素养讲座。举办的第九届“似水流年”校园歌手大赛、第九届“牵手东大”南京高校研究生派对活动在学校以及南京地区高校形成了一定的影响力。

积极开展以教书育人为中心的“三育人”活动。鼓励并在经费上支持工会和退休协会组织开展的各种活动,丰富了教职工的精神文化生活。加强关工委常态化建设,积极开创我院关心下一代工作的新局面。重视离退休老同志在长期教学、科研等项工作中积累的宝贵经验,努力发挥他们的重要作用,鼓励并支持他们继续为学院的各项工作贡献力量。

计算机科学与工程学院、软件学院

一、师资队伍建设

学院目前教职工总人数(在编、非在编)142 人,其中,专任教师 104 人,院士 1 人;教授(研究员)27 人,副教授(副研)50 人,具有博士学位教师 89 人,具有海外博士学位教师 19 人,具有 6 个月以上海外研修经历 54 人。

学院共有计算机科学与技术和软件工程两个一级学科博士后流动站,博士后合作导师 33 位,2017 年新增 7 位。目前,在站博士后 29 人(其中脱产 3 人),2017 年新入站 4 人(脱产 2 人),出站 1 人。

1. 2017 年新进教师 3 人(副高职称引进 2 人,具有海外博士学位 2 人,博士后经历 2

人)。

2. 2017 年职称晋升:正高 1 人,副高 5 人(含上岗转正 1 人)。

3. 2017 年 6 月,计算机学院申报的法国雷恩一大的 JeanLouisCoatrieux 教授获批国家外专千人。

4. 聘请兼职教授 1 人。

5. 获江苏省"六大人才高峰"高层次人才培养 1 人。

二、学科建设

2017 年东南大学计算机学科在计算机科学与技术江苏省优势学科、学校 ESI 专项建设经费等的支持下,继续大力推进平台资源建设和教学科研水平提升,取得了如下标志性的进展与成绩:

1. 2017 年 9 月,计算机科学与技术一级学科成功入选"双一流"国家重点建设学科(全国共 13 所高校计算机学科入选),迎来新的历史发展机遇。经反复讨论修改,形成东南大学计算机一流学科建设方案,明确了总体建设思路和近期重点建设内容,以及未来网络、云计算与大数据、网络空间安全、人工智能与机器学习、软件工程理论与方法、影像科学及图像处理等重点发展方向。

2. 面向国家重大战略需求,在成立网络空间安全学院、启动本科和研究生招生的基础上,整合我院和其他院系相关师资力量,积极参与和推动网络空间安全学科建设。2017 年 9 月,中央网信办、教育部联合授予东南大学"一流网络安全学院建设示范项目高校",为未来发展奠定了良好的基础。

3. 东南大学"计算机科学"的最新 ESI 排名列全球第 37 位(中国大陆高校第 5 位),相比去年同期上升了 32 位,并首次进入世界前 1‰,取得自 2011 年进入 ESI 排名前 1% 以来的又一重大突破。而在 US. News 公布的最新版全球大学排名中,东南大学计算机科学得分 80.3 分,列全球第 20 位,相比去年前进了 9 位。

三、教学与人才培养

1. 认真准备、积极参与教育部本科教学审核评估工作,配合专家对试卷、毕业设计等教学资料的核查,组织师生座谈,向审核评估专家汇报了学院教学工作的举措、成效,获得高度认可,顺利通过现场考察。

2. 2017 年度学院获批校级以上教学成果奖三项,其中由罗军舟教授牵头申报的"产业需求牵引的计算机类创新型工程人才培养模式的探索与实践"获江苏省教学成果一等奖。

3. 2017 年学院获批校级以上教学改革项目 4 项,其中由罗军舟教授牵头申报的"新工科建设背景下计算机类专业实践教学体系与实践平台建设研究"已被推荐申报江苏省高等教育教学改革研究课题。沈军教授申报的教材《计算思维之程序设计》,获江苏省重点教材建设立项。

4. 获江苏省优秀硕士学术学位论文 1 篇(于菲一张敏灵),江苏省优秀博士学位论文 1 篇(单冯一罗军舟)。

5. 新增中兴软创、上海绘鸿、驭势科技、华宇信息、研华科技等5家实习合作企业，与学院保持深入合作关系的实习企业达30余家。软件工程专业14级(大四)本科生和计算机科学与技术专业14级卓工班本科生的企业顶岗实习率达到100%，软件工程专业16级研究生的顶岗实习率达到77%左右，大大提高了学生的工程实践能力，并促进了学生就业。

四、科研与学术交流

新增科研项目62项，其中国家基金项目7项(面上3项、青年4项)，新增科研经费4 648.4万元；申请发明专利62项，专利授权49项；申请软件著作权7项、软件著作权授权6项。已发表SCI论文72篇，其中5篇CCFA类期刊论文，8篇CCFA类会议论文；学院教师参加CCFA类会议5次、B类会议2次、C类会议7次。

1. 牵头国家重点研发项目2项(① 面向工业互联网的智能云端协作关键技术及系统，负责人：罗军舟；② 专业科技资源及服务集成技术，负责人：李小平)。另外还牵头获得国家重点研发计划课题5项(含罗老师、李老师项目中自己牵头的各一个课题，另外3个课题负责人分别为舒华忠、陈阳、耿新)。

2. “计算机网络与信息集成”教育部重点实验室顺利通过2017年教育部组织的第三轮重点实验室评估工作，成绩为“良”。

3. 2017年5月，计算机学院牵头筹建的“东南大学雷恩研究生学院”获得教育部批准。

4. 2017年11月27日—12月1日，学院组团赴台参加了“第十九届海峡两岸资讯技术研讨会”。该研讨会由计算机学院参与发起，已成为一项在海峡两岸有一定影响的品牌科技文化交流活动。

5. 计算机学院发起主办的国际学术会议“TheFifthInternationalConferenceonAdvancedCloudandBigData(CBD2017)”于2017年8月13—16日在上海召开。

6. 11月25日，学院与Intel公司联合主办的“首届全国高校网络技术创新及人才培养研讨会”在南京未来网络小镇成功举行，会议就如何推动高校网络创新技术发展及人才培养展开了深入探讨。

7. 接待境外学者来院交流25人次，接待美国天普大学、美国佐治亚大学、英国伯明翰大学、法国巴黎信息电子学院、法国n+i工程师联盟等国外高校代表团来访。

五、党群建设及其他

1. 学院党委全年先后组织实施了“两学一做”常态化建设和“双抓双促”大走访大调研活动。2017年发展预备党员48人，于五四和一二·九两个重要纪念日举行集体入党宣誓。11月学院关工委通过二级关工委常态化建设验收。

2. 志愿服务集体项目和个人均获佳绩。学院青协“微笑讲解团”项目作为全省唯一的高校项目，在第二届江苏志愿服务展示交流会上斩获金奖；软件工程专业2014级本科生、学院青协主席陈芬同学荣获“东南大学首届优秀青年志愿者”称号。

3. 大学生暑期社会实践活动成绩显著。学院获校优秀组织奖，团委书记魏敏娜获评校社会实践优秀指导教师，获十佳个人1位、十佳个人提名1位、优秀团队奖二等奖3个。

4. 11月，先后组织承办了东南大学环九龙湖自行车大赛和“我爱东大”校史校情知识竞赛等两项全校性大型文体活动；为让榜样的力量有效发挥引领作用，5月举办了第二届971青年聚焦活动。

5. 3月，软件工程专业首次与计算机科学与技术专业一道列入学校自主招生专业，学院设立全校唯一采用笔试(机试)环节对进入复试的考生进行筛选，有多省的最高分考生选择进入计算机和软件两个专业就读。5月，计算机科学与技术专业列入学校首批江苏省综合评价录取专业。网络空间安全学院以计算机科学与技术(网络安全)专业名称招收首届本科生。

物理学院

概况

物理学院现有教职工88人，其中专任教师65人(教授29人，副教授24人，讲师12人)，实验技术人员15人(高级工程师3人、工程师级10人、助理工程师2人)，机关管理人员8人。专任教师队伍的博士学位比例达到92%，有博士生导师22人，硕士生导师42人。本院现有国家杰出青年科学基金获得者1人，长江学者奖励计划——青年学者获得者2人，国家优秀青年基金获得者2人，国家青年千人获得者1人，江苏省杰出青年基金获得者2人，东南大学特聘教授1人，东南大学青年特聘教授2人，教育部新世纪优秀人才支持计划入选者8人，江苏省333人才培养工程入选者4人，江苏省六大人才高峰支持计划入选者5人，江苏省青蓝工程支持计划入选者7人。

一、学科建设

1. 2017年引进上岗教授2人，副教授1人，讲师2人。1位教师晋升教授，1位教师晋升副教授。1位教师入选国家青年千人计划，2位教师入选教育部“青年长江学者”。20人次赴海外进行合作研究、博士后研究、学术交流等。

2. 2017年我校物理学科继续进入ESI国际排名的前1%。

二、科研工作

1. 积极组织和协助老师完成国家自然科学基金项目和省自然科学基金项目的申报工作。2017年物理学院申报和获批项目如下：

(1) 申报国家自然科学基金30项，包括杰青2项、优青2项、青年8项(含外青1项)、联合1项、面上17项；申报省自然科学基金3项：包括省青年2项，面上1项。

(2) 获批国家自然科学基金12项，包括青年4项，外青1项、面上7项；获批省自然科学基金3项，包括面上1项，青年2项；获批国家重点研发计划课题项目3项。

2. 2017年度科研到款经费达1 182.552万。其中纵向资助总额为1 171.552万，横向资助总额为11万。

3. 2017 年我院教师以第一作者或通讯作者共发表 SCI 论文 139 篇，包括高水平论文 88 篇，国际顶级期刊论文 8 篇，其中薛鹏课题组在 PRL 上发表高水平论文 2 篇，在 NATUREPHYSICS 上发表高水平论文 1 篇；翟亚课题组在 ADVANCEDFUNCTIONAL-MATERIALS 发表高水平论文 1 篇；王金兰课题组分别在 ADVANCEDMATERIALS 发表高水平论文 1 篇、NANOLETTERS 发表高水平论文 1 篇、ANGEWANDTECHEMIE—INTERNATIONALEDITION 发表高水平论文 2 篇。

4. 2017 年，邀请海内外和各高校专家来物理学院做专题学术报告 20 场。

三、本科教学

1. 顺利完成各项教学任务，并获江苏省教学成果二等奖 1 项，15 名教师获得各级各类教学奖励，两门课程获批江苏省在线课程。

2. 全校 60 人获得第 13 届物理实验论文竞赛(校级)奖项，2 人在第三届全国大学生物理实验竞赛中获奖，我院校级 SRTP 立项 13 项。

3. 完成毕业设计 61 份，优良率 88.5%。53 人次参与各类实习。

4. 顺利通过教学评估。

四、研究生培养

1. 招生工作

2017 年物理学院招收博士生 20 人，招收硕士生 40 人(含 6 名外校免研生)。

2. 培养工作

(1) 对 2016 级 38 位硕士研究生以公开答辩的形式进行了中期考核(考核未通过的有 6 人)，31 位硕士研究生集体开题(26 位开题通过，5 人未通过)，对未通过的 5 位研究生半年后进行了第二次考核并全部通过；对 14 级 16 位(2 名外国留学生)博士研究生进行了中期考核工作，全部通过。

(2) 8 位研究生成功申请公派研究生项目在国外联合培养，18 位博士研究生申请出国参加国际会议宣读论文。

(3) 30 名研究生在物理系研究生学术报告分会暨庆祝东南大学 115 校庆研究生学术科技节上宣讲了校庆报告论文，其中王琪琪、颜鹏、郭磊、王玉龙、曹慧云 5 位研究生的校庆论文被推荐为校优秀。

(4) 组织“物理学院学术报告系列讲座”27 场，为物理学院研究生提供了良好的学术氛围，学生聆听学术报告人数大幅增加。

(5) 公正、公平、公开地完成了 2017 年研究生国家奖学金评选工作，其中詹翔、赵英鹤、王文辉获得博士奖学金，王娟娟、张昊、高惠敏获硕士奖学金。

3. 学位工作

(1) 2017 年答辩并获得博士学位的有 17 人，答辩并获得硕士学位的有 14 人。

(2) 2017 年，江苏省对我院 2016 年抽检的研究生学位论文反馈信息为良好。

(3) 2017 年，我院张慧敏硕士学位论文《钙钛矿氧化物异质结的第一性原理研究》入选江苏省优秀硕士论文。完成“物理学院—研究生学位论文校外评审专家库”。

(4) 2017 年我院研究生发表第一作者 SCI 论文 79 篇，其中肖磊、詹翔、赵英鹤、凌崇义分别在 NATUREPHYSICS、PHYSICALREVIEWLETTERS、ADVANCEDMATERIALS、NANOLETTERS 国际顶级期刊论文中发表论文。

(5) 2017 年成功申请东南大学优秀博士论文基金项目的博士生有 3 人(吴其胜、史丽、王坤坤)；成功申请江苏省普通高校研究生科研创新计划项目的博士生有 5 人(杨永亮、凌崇益、邢磊、范兴策、林玲芳)。

五、学生工作

1. 及时了解学生的思想状况，并按学校的相关精神开展教育工作，倡导学生关心时事政治，理性爱国，确保学生能够在安全稳定、团结有序的氛围中进行学习和生活。重视新生入学教育，对新生的入学教育采取集中和分散相结合的办法，突出进行专业思想教育和校情校史教育。加强学风建设，每学期均组织学生座谈，重点帮扶预警学生，协助做好期中教学检查等工作，并根据学生的反馈信息及时改进教育和管理工作。本学年，学生中未出现任何异常现象或群体现象。

2. 我院进一步围绕学习《中国共产党普通高等学校基层组织工作条例》《江苏省大学生党员发展工作“三投票三公示一答辩”实施办法》等文件做好党务技能培训，提高党员发展质量，增强党员先进性意识，稳步推进学生党建工作。积极指导、支持各学生党支部开展党日活动，加强支部的凝聚力和党员先进性教育。做好党务技能培训，提高党员发展质量，增强党员先进性意识，稳步推进学生党建工作。2017 年度，2016 级硕士研究生党支部的“悟物穷理系列党日活动”被评为东南大学“最佳党日活动”二等奖，2015 级硕士研究生党支部的党日活动“书香传递知识，携手筑梦远航”被评为鼓励奖。2015 级硕士研究生党支部支部书记蔡先明被评为东南大学优秀研究生党支部书记。10 月，我院党委顺利开展了物理学院、数学学院、材料科学与工程学院党委举办的联合党校发展对象培训班。11 月配合学校党委完成了预备党员培训工作。

3. 物理学院在全校范围内较早地开展了大学生职业生涯规划教育活动，学院学生办公室针对物理学院学生特点和专业素质要求，积极开展职业与大学生成长教育。学院以年级大会为载体，组织“写给未来的自己”“写下自己的目标”“模拟投递简历”活动，组织参观相关企业，建立实习基地，并定期组织有工作计划的毕业生交流心得感悟。通过这些活动的开展，让大学生在学生生涯过程中，增强个人视野和素质，分析个人需求以及不足，不断鞭策其树立人生目标。物理学院 2017 年实际毕业生总人数为 97 人，已就业 94 人，总体就业率为 96.91%。其中，本科生毕业人数 59 人，就业率 95.16%；硕士生毕业人数 19 人，就业率 100.00%；博士生毕业人数 16 人，就业率 100.00%。签约国有企业、国家事业单位及机关的毕业生中，本科生最多。硕士签约中初等教育单位的比例高达 60%，博士生签约高等教育单位的比例高达 68.75%，明显高于本科生和硕士生。

4. 扎实做好学生日常工作，坚持公平、公正、公开的原则做好奖、助、贷等工作，本科生共发放奖学金 168 000 元，发放助学金 110 000 元，困难补助 7 860 元；研究生共发放奖学金 232 000 元；研究生学业奖学金(含新生奖学金)共发放奖学金 232 000 元，其中硕士学业奖学金发放总金额为 68.8 万元，博士学业奖学金发放总金额为 51 万元。

周义、陈月、荆启华、张卿雅、郑婷被评为校优秀研究生干部，刘芳、李站峰、高蕙敏、王小平、李金焕、过伊吕、秦玲瑶、杨翠苹、梁艳平、陈杏梅、王秀珍被评为校三好研究生，严振中被评为校研究生优秀团干部，张欣、周荣青、田舰被评为校优秀团员，黄菊、李新新被评为校优秀学生干部，李国平被评为校三好学生标兵，钱骞、韩幸志、侯睿、秦鑫、黄珺晗、窦唯靖、陈俊、李聿安、蒋兆涵、杨淳、李国安、杨慧雯、焦时雨、陈延润、高渠成、吴香蓉被评为校三好学生，李卓熠、李新新被评为本科生优秀团干部，高渠成、王朝晖、黄菊、李聿安、秦鑫、高婷、钱骞、孙慧敏被评为本科生优秀团员，刘志鑫、尚成林、倪琳郁被评为17届优秀毕业生。

5. 物理学院2017年实际毕业生总人数为97人，本科生毕业生人数59人，硕士生毕业人数19人，博士生毕业人数16人。其中2017届毕业生在国(境)内升学共有29人。其中，本科生26人、硕士研究生3人。选择出国(境)继续深造的毕业生人数为12人，其中本科生11人、硕士生1人，留在国内继续深造的均在北京、上海等知名高校和中科院有关院所。

六、党建和思想政治工作

1. 按照校党委要求，做好党委常规工作。坚持党政联席会议制度，做到重大决策集体讨论决定。定期召开支部书记例会，认真组织党员学习党的理论及相关文件精神，过好组织生活，认真开展系领导班子民主生活会。进一步加强领导干部的党风廉政建设、加强班子成员服务意识和责任感，努力做好各项工作，以优质的服务和管理赢得全系教职工的信任和支持。

2. 扎实做好党建工作。认真完成全系党建及学生党建工作，坚持高标准、严要求，始终把好党员发展关。

3. 按照校党委的部署和要求，围绕系里的中心工作，组织逐步实施，推动党支部建设，发挥各党支部的战斗堡垒作用和共产党员的先锋模范作用。活动形式多样，教育效果显著。积极开展党日活动，系党委和各支部围绕主旋律，结合重大纪念日，充分发挥革命历史纪念馆等红色教育资源的作用，开展党史教育、实践教育等活动，丰富了创先争优活动内容。

生物科学与医学工程学院

2017年是平稳发展又充满惊喜的一年，东南大学生医学院紧紧围绕建设世界一流学科的初心，深入学习贯彻党的十九大精神和习近平新时代建设有中国特色社会主义思想，坚持立德树人，提高人才培养质量，提升科研水平，加强学科建设，各项工作亮点纷呈，为东南大学“双一流”建设作出积极的贡献。

一、基本情况

经过30年的发展，学院已形成了较为完善的高层次人才培养和高水平科学研究体系。学院目前设生物医学工程、信息与系统生物学、医学与生物物理学、脑与学习科学等

4 个系；拥有 1 个国家重点学科及“双一流”学科，1 个博士后流动站及“长江学者奖励计划”特聘教授岗位；拥有 1 个国家重点实验室、1 个国家级实验教学示范中心、1 个国家“111 学科创新引智基地”、1 个国家工程实践教育中心，1 个教育部重点实验室，以及 1 个省级重点实验室、2 个省级产业技术研究(院)所。学院现有专职教师 120 余人；在校生 1 042 人，其中本科生近 426 人，硕士生 384 人，博士生 229 人；在站博士后 34 人。

学院已建成一支以优秀中青年博士为主的学科梯队，2002 年被评为江苏省“青蓝工程”优秀学科梯队，2002 年和 2005 年，连续 2 次获国家自然科学基金创新研究群体。学院目前拥有教育部创新团队 1 个，现任教师中有工程院院士 1 人，特聘专家 7 人，长江学者特聘教授 3 人，国家杰出青年基金获得者 5 人，江苏省特聘教授 1 人；教授 40 人，副教授 46 人；博士生导师 53 人、硕士生导师 73 人；90％以上教师具有海外留学背景。多名教授分别在中国工程院信息学部、国家重大科学计划以及“863”主题专家组等国家级学术机构或专家组中担任重要职务。

生物医学工程一级学科下自主设置神经信息工程二级学科，还具有学习科学、生物信息技术、医学图像与医学电子学、生物医学纳米技术、生物医学材料等重要发展方向。设有生物医学工程、信息与系统生物学、医学与生物物理学、脑与学习科学等 4 个系，开设生物医学工程、生物信息学等 2 个本科专业，及生物医学工程本硕连读专业。生物医学工程学科涉及信息科学、生物医学以及化学、物理、材料学等诸多学科的新兴、前沿学科，主要应用电子信息工程和生物医学材料工程的理论、方法和技术解决生物医学技术问题，研究发展新型生物医学材料、器件及医疗仪器设备等，应用于疾病的预防、诊断、治疗和康复。

二、基地建设取得重大突破

由我院牵头建设的东南大学苏州医疗器械研究院在苏州高新区揭牌成立，研究院由苏州高新区、东南大学、江苏省产业技术研究院三方共建，确立仿生器官及器官芯片、生物医用材料、医学影像及大数据、体外诊断及检测技术等 4 个研发方向，已建设 3 个研发中心，有 7 人次获苏州市高新区创业领军人才和领军孵化人才称号，该研究院还获批江苏省新型研发机构和苏州市新型科研机构；学院依托新成立的东南大学江北新区创新研究院，开始筹建生物医学大数据重大科技基础设施。

三、学科声誉进一步增强

生物医学工程成功入选国家“双一流”学科建设名单，学科影响力再度提升。东南大学“神经科学与行为学”首次进入 ESI 学科世界前 1％，我院众多研究组的工作和成果为此排名做出了积极贡献。全国第四轮学科评估中，东南大学生物医学工程第三次名列全国第一，连续十年领跑全国。

四、人才培养取得新进展

加强生物医学工程国家级实验教学示范中心建设。成立中心教学指导委员会，聘请 7 位校内外专家担任委员，顺利举办教学指导委员会首届一次会议。

人才培养工作有序开展。按照学校部署，出色完成了本科教学审核评估工作。除抓好常规教学管理外，重点加强了教研组织、课程改革、外籍教授课及学生的创新创业教育，申报东南大学校级示范性系列专题研讨课程 3 项；申报 2017 年校级教改项目 2 项，结题 3 项；“依托优势学科，校企强强联合”探索和实践生物信息技术人才培养新模式获 2017 年东南大学教学成果一等奖并推荐申报 2017 年江苏省高等教育类教学成果奖；申报 2017 年省级重点教材立项建设项目 1 项；生物医学工程新工科个性化人才培养模式探索与实践申报 2017 年江苏省高等教育教改研究课题（项目助理）；院级教改项目立项 4 项；举办生物医学工程大学生菁英创新创业论坛。

学科竞赛成果喜人。2016—2017 学年共有 26 名本科生在各类学科竞赛中获省级以上奖项。常宁（16 级直博）、张睿憬（16 级本科）等组成的 Mxhealth 团队获得第三届全国“互联网＋”创新创业大赛银奖，获奖项目“肿瘤标志物自动化检测仪”引起广泛关注，中央电视台《东方时空》栏目也予以采访报道，提升了学院的知名度和影响力。3 位同学获得江苏省优秀硕士、博士学位论文。在 2017 年全国大学生生物医学工程创新设计竞赛中，学院获竞赛设立以来首个特等奖，另获一等奖 1 项、二等奖 2 项，周平获优秀指导教师奖，学院获最佳组织奖，成绩列参赛高校之首。

五、队伍建设稳步推进

高端人才引培力度加大。借助大平台，通过外引内培，共引进包括千人专家陶纬国、海外博士野岛等在内的海外人才 7 名。加强博士后培养，全年进站博士后 10 人，出站 10 人。何农跃教授、吕晓迎教授入选爱思唯尔 2016 年中国高被引学者榜单，吕晓迎教授当选“科学中国人 2016 年度人物”。赵远锦获 2017 年第五期“333 工程”科研项目资助经费；杨芳获批“六大人才高峰”第十四批高层次人才 C 类资助。

青年教师培养支持力度加大。继续推进省优势学科青年人才支持计划，郑付印入选 2017 年博士后创新人才支持计划；倪海彬获 2017 年度“江苏省博士后科研资助计划”B 类资助，朱延亮获 C 类资助；朱延亮获中国博士后基金第 61 批面上二等资助。做好教师职称晋升、教师岗前培训、国家公派高级研修项目及合作出国访学项目等。

六、科学研究与交流合作成绩喜人

科研业绩持续上升。截至 2017 年 12 月底，本院科研经费到账总数共 7 000 余万元，较去年同期增长超过 47%。发表各类科研论文 266 篇，其中 SCI 论文 255 篇、表现不俗论文 102 篇，同比增长 47.8%，占学校表现不俗论文比重 8.48%；申请专利 100 项，授权 54 项，其中发明专利授权 50 项。

产学研合作进一步深化。举办东南大学生物医学工程科研成果推介会、2017 年生物科学与医学工程大学生菁英创新创业论坛、校友创新创业研讨会等会议，推动产学研合作；牵头与上海联影医疗科技有限公司、南京鼓楼医院等建立校级产学研基地，开展前沿医学影像科研技术转化合作；主动出访昆山高新区、安庆国家科技园，推进校地合作。

国际合作与学术交流进一步加强。与美国艾伦脑科学研究所建立脑大数据联合研究中心，是艾伦研究所海外的第一个合作研究中心。与英国伯明翰大学签署合作协议，拟建立生物医学工程联合研究中心开展科研合作。成功举办中国认知科学学会神经教育学分会成立大会暨首届学术研讨会、第五届生物医用磁学纳米技术研讨会暨第六届全国生物与医学纳米技术博士生论坛等学术会议,加强学术交流与合作。

七、党建工作与学院综合治理进一步推进

扎实开展"双抓双促",推动"两学一做"学习教育常态化。根据学院"双一流"建设目标和学校党委整改的要求,学院党政班子主动认领责任,列出整改清单,带头抓好整改,带头落实整改,解决或正在推进解决诸如改进基层党支部工作活力、加强高端人才引培、关心帮扶困难学生、提高国家重大科研项目的申报率和命中率、规范办公用房的使用和调配等涉及教职工利益的问题。

做好党建基础工作,提升基层组织活力。全年共发展党员 37 人,预备党员转正 30 人;经考察培养,1 名年轻教师转为重点培养对象;成功举办十五期发展对象培训班;继续组织开展学院党日活动立项和评比,共有 10 项党日活动获得学院立项。2 项党日活动荣获东南大学研究生党支部"最佳党日活动"三等奖,1 项本科生党支部主题党日活动获学工部"领航工程"立项,1 名本科生、13 名研究生分别获得东南大学优秀本科生共产党员、优秀研究生共产党员荣誉称号,2 人获得东南大学优秀研究生党支部书记荣誉称号,1 项江苏省教育系统党建研究项目申报并成功立项。

做好学院新大楼规划工作。组织专家广泛调研,为建筑设计师提供新大楼布局、功能需求等信息,制定新大楼的规划和使用管理细则,重点在动态管理、节能高效,利于团队合作,利于资源共享。

做好群团组织和教代会、团代会工作,开展统一战线工作。成立东南大学青年工作委员会生物科学与医学工程学院分会。成功举办生物医学工程校友会年会暨校友理事会换届大会,推进校友工作。组织开展了丰富多彩的校园文化活动,如极速九龙、生医院运会、生医文化周、迎新晚会、教工"冬季健身走"、六朝松青年教师沙龙等。做好统一战线工作,推荐徐春祥当选农工党江苏省委委员,推荐徐春祥和王雪梅为新一届江苏省政协委员候选人。

材料科学与工程学院

2017 年在学校党政的正确领导下,我院认真贯彻学校的决策部署,带领全院师生认真学习贯彻落实十九大精神,认真学习领会习近平新时代中国特色社会主义思想,坚定"四个意识",按学校党委要求完成中央巡视整改工作,紧紧围绕学院一流学科建设和人才培养等中心任务,立德树人,凝心聚力,开拓创新,学院各项工作取得较好成绩。

一、学科建设

2017 年度,我院完成"双一流"材料申报工作,材料科学与工程学科获批一流学科建设。ESI 排名平稳进步,材料学科从 2016 年底的 155 名升至 2017 年底的 141 位。举行学科发展高层研讨会,邀请院士、学术关系在学院的领导同志和学院班子成员共同研讨学科发展,与会领导就学院发展现状、存在问题以及发展突围路径等把脉会诊,提出了很多

切实可行的真知灼见，学院认识到要勇担东南大学材料学科发展的重任，要坚持顶天立地的科研发展方向。利用 ESI 建设资金和优势学科经费建设增材制造实验室，规划论证了一流学科建设设备一批，预计资金需求 3 000 万元。积极准备省优势学科的总结验收工作。成立校企联合研发中心 1 个。江苏省先进土木工程材料协同创新中心通过省教育厅评估，评估等级为 A 级，获得教育厅滚动支持。

二、师资队伍建设

截止到 2017 年年底，学院教职工总人数 85 人，其中专任教师 61 人，实验人员 15 人，行政人员 9 人。正高职称 30 人，其中教授 28 人、上岗研究员 1 人、正高级工程师 1 人。副高职称 29 人，其中副教授 21 人、副研究员及高级工程师 5 人、上岗副高 3 人、讲师 11 人。职称晋升方面，施锦杰、张法明晋升为副教授，高云为副研究员。岗位晋级方面，张亚梅教授晋级三级教授。

在人才引进方面，2017 年度正式报到人员有“国家特聘青年专家”陶立和曾桥石、讲师范星都、行政管理人员邓川；通过引进审核的有孙维威、朱蓓蓓、孙志乾。在高级人才计划方面，孙正明教授获“江苏省双创人才”，孙正明团队获“江苏省双创团队”。

三、教学工作

1. 教学成果

本年度，我院总结前期本科实验教学成果、凝练教学理念，以“基于教师科研的多层次渐进式材料专业实验教学体系的构建与实践”为主体内容，申报校教学成果奖，获得专家好评，取得校教学成果一等奖，并在此基础上申报了江苏省教学成果奖。

2. 教学评估

本年度，教育部对东南大学开展了本科教学工作审核评估，我院借此契机也积极开展了的自查自纠工作。通过 3 次院系级及校级检查和整改，发现了材料学院本科教学里存在薄弱环节和问题，并提出了合理解决方案。教育部专家根据“以评促建、以评促改、以评促管、评建结合、重在建设”的方针，在审读学院自评报告和教学状态数据分析报告的基础上，对我院本科人才培养工作进行了全面细致的现场考察，并对照普通高等学校教学工作审核评估方案进行把脉诊断，提出意见和建议。单位负责人和师生、校友也如实汇报相关情况，并接受专家提问，评审专家表示满意。最终，我院顺利通过本科教学工作审核评估检查。本次本科教学工作审核评估工作强化了我院本科教学的内涵建设，明晰了我院的办学定位和发展特色，强化了人才培养中心地位，强化了本科教学质量保障体系建设，促进了我院人才培养质量的提高，为我院“双一流”学科建设提供了有力保障。

3. 平台建设

2017 年，我院顺利实施了中央高校改善基本办学条件专项资金“双一流”建设项目“材料学院专业基础实验平台建设”，材料学院实验教学平台安全系统软硬件建设已完成，材料加工工程教学实验平台的也初具规模,并对部分实验教学设备进行了更新、升级,该项目的实施极大地丰富了我院本科和研究生人才培养教学资源。

4. 科研工作

2017 年,我院科研工作保持良好的发展势头,全年具体情况总结如下:

1. 获各类科研奖项 11 项,其中牵头获国家科技进步二等奖 1 项,江苏省科技进步一等奖 1 项,中国建筑材料联合会技术发明一等奖 2 项。

2. 发表 SCI 检索论文 154 篇,其中 JCR 一、二区论文共计 89 篇,占 58.2%,论文档次和数量均明显提升。

3. 申请(受理/公开)国家发明专利 153 件,获授权专利 65 件。

4. 全年实现总到款科研经费约 4 121 万元,其中纵向经费到款 2 472 万元,横向经费 991 万元,平台建设经费 658 万元,经费结构合理。

5. 年新增立项科研项目共计 83 项,合同总金额 5 339.5 万元。

6. 学院现有科研硬件设备 3 679 台套,设备总值约 10 060 万元;2017 年新增科研硬件设备 407 台套,共计 1 479.8 万元。

7. 积极推动加强国内外学术交流,全院师生参与国内外学术会议共计 104 人次,邀请国内外学者学术报告 34 人次。

四、党建工作

目前我院共设 15 个党支部(教工党支部 5 个、学生党支部 9 个、退休党支部 1 个),截止到 2017 年底共有党员 289 名。2017 年,我院在党员发展中积极发展、择优培养,定原则、建标准,严格发展程序,推行党员发展公示制度,确保党员发展质量,增强党组织的凝聚力和战斗力。全年我院共 23 名发展对象被吸收为预备党员,24 位预备党员按期转正。为加强对发展对象进行党的基本路线、基本纲领和基本知识的教育培训,2017 年 11 月我院党委联合物理学院、数学学院举办第 18 期党员发展对象培训班,我院共 45 名学员参加培训并圆满完成培训课程,获得结业证书。

院党委积极探索基层党组织的活动方式和工作方法,确保党的教育方针的贯彻落实。积极筹备组织党支部活动的开展,提高基层党支部的“情商”水平,扎实做好支部文化建设工作,全方位打造立德树人的育人平台。不断创新党的组织生活内容和载体,依托“两学一做”学习教育活动、深入学习贯彻党的十九大精神、第四个“南京大屠杀死难者国家公祭日”等重大事件及重要纪念日,以各类科技创新、文化体育、社会实践、志愿者服务等活动为载体,开展形式多样有教育意义的组织活动。

全年,学院基层党支部共开展各类主题党日活动共计 10 余项,1 名党支书获得优秀研究生党支部书记,10 名研究生获优秀研究生共产党员,15 级硕士第二党支部开展的“书生意气,挥斥方遒,天生我材必有用”及 16 级硕士第一党支部开展的“校庆杯科学人文素养常识大赛”党日活动,获得研究生党支部“最佳党日活动”。活动的开展为学院搭建立德树人育人平台,服务学生成长成才,扎实推进学院党委思想政治引领工作。

五、学生工作

学院2017年度制定《东南大学材料科学与工程学院本科生奖助学金评定规则》《东南大学材料科学与工程学院学生工作系统本科生学风建设工作方案》《东南大学材料科学与工程学院班主任工作管理实施办法(试行)》等文件。

2017年5月12—17日,以"重走西迁路 再启新征程"为主题的纪念国立中央大学西迁80周年活动在全体成员的努力下圆满落幕。我院师生积极参与其中,向东南大学115周年校庆献礼,向80年前奏响西迁之歌的先辈们致敬。

2017届本科毕业生张培杰被选为学校十名最具影响力毕业生之一,2017级新生徐潇航荣获2017年江苏省大学生"军训之星"评选一等奖。

六、特色活动

1. 2017年3月20—21日,在南京组织召开了固体废弃物在海绵城市建设中的应用基础研究中日研讨会。

2. 2017年9月17日,在学校举办"第一届能源新材料学术研讨会",参加会议人员包括国内材料学界13名杰青长江在内的约50人。

3. 2017年10月29—30日,在南京组织召开先进土木工程材料国际联合实验室研讨会,国外6个实验室参加。

4. 2017年12月9日,举办"江苏省机械工程学会材料工程分会第三次历史扩大会议暨材料工程学术报告会",特邀长江学者、杰青北京大学郑玉峰教授和西安交大憨勇教授作学术报告。

人 文 学 院

2017年,人文学院在学校党委和行政的领导下,围绕学校中心工作和本年度的目标责任,在人才培养模式的创新和教育教学改革的推进、学科建设和科研项目成果的进步、师资队伍建设的加强、国际交流合作的拓展、智库建设和社会服务能力的提升方面都取得可喜成绩。

一、师资队伍

人文学院始终以建设一支结构合理、素质优良、高效精干的教师队伍作为我院改革与发展的一个重要任务。

2017年引进人才23人。其中已入职7人(副高1人,有海外学习经历的博士2人,海外博士1人,外籍教师2人,外籍博士后1人)。另外已通过学院面试,待学校审核的有16人。

2017年12月,学院聘请耶鲁大学ThomasPogge教授为客座教授。

二、学科发展

在推进世界一流大学和一流学科建设的新形势下，人文学院把握机遇，迎接挑战，为加快建设中国特色世界一流大学努力奋斗。

在全国第四轮学科评估中，哲学获得 B^+、公共管理获得 B^- 的好成绩。在学校召开的新学期中层干部会议上，左惟书记在对 2017 年学校工作总结时，特别对哲学取得的成绩给予了充分的肯定，从上轮的全国并列 13 到此次的全国并列第 9。

2017 年 8 月，第二十四届世界哲学大会启动仪式暨“学以成人”国际学术研讨会在北京大学举行，在此次公布的各分会共同主席名单中，东南大学人文学院喜获四个分场国际共同主席，加上另一个推荐立项时仍在东大的席位共五位，在全国 100 多个哲学学术机构中名列前茅，其中伦理学位居第一。

三、学生培养

2017 年主要是本科评估，完成教育部专家对我院的本科教学审核评估检查工作。

2017 年以“郭秉文班”及本科审核评估两大工作为契机，推进学院乃至学校文科人才培养模式的创新和教育教学改革的推进。

1. “郭秉文班”的管理与协调。东南大学文科试验班(郭秉文班)自 2017 年 9 月开始招生，实行“五理讲席＋特色研讨＋秉文大讲堂”培养模式，聘请国内外大师担任讲席教授和讲座教授，以多元的课程模块和课堂设计培养学生知识贯通的能力。人文学院在郭秉文班的日常管理、协调上，承担了大量探索性工作：

(1) 进行了前瞻性部署和跟进性管理，使“郭秉文班”学生的培养顺利进行。由于郭秉文人文试验班采用的是“统一招生、统一管理、一年级统一培养”的“三统”模式，围绕培养过程可能出现的问题，在学校领导的带领下进行了大量的研讨、科学的论证和积极的推进。

(2) 进行了高标配设计和灵活性协调，使郭秉文班的培养呈现创新性特征。第一，首届 261 名郭秉文班本科新生招生入校后都放在人文学院管理，在学校未增加人力资源的情况下，学院学生线、学院教师进行了充分的动员和投入。第二，高规格的师资力量来自校内外、境内外。如课程设五位讲席教授，同时实施“1＋2”模式，即：1 位讲席教授＋1 位教授/副教授(课程负责人)＋1 位副教授/讲师(教学助理)，在保证授课的顶尖水准的同时，形成梯队，培养后续力量。

2. 本科审核评估的圆满通过。去年进行的本科评估，是不同于合格评估和等级评估的审核评估。从院系领导到机关管理人员和全体教师在材料准备与审核、人才培养特色定位的反思与提炼、人才培养目标的达成、人才培养质量的评定、学生满意度的调查进行了全方位的投入，评估中强化了教学育人各环节的主体责任，规范了教学培养的各个步骤，提升了对教学管理和教学方式的认识和水平，促进了教师队伍成长，提高了教学管理能力，增强了各系、各学科的凝聚力。

3. 此外，人才培养方面，行者无疆骥行黔西团队获得第九届全国大学生社会实践全国二等奖。

公共管理系12级本科生吴秋怡同学的毕业论文荣获江苏省一等奖(全校共10项一等奖,人文社科专业仅1项)。社会学系师生参加江苏省社会学学会2017年学术年会并获四项论文一等奖。

在2017年由教育部学位与研究生教育发展中心和全国MPA教指委主办、浙江大学承办的"案例中心杯"首届中国研究生公共管理案例大赛中,我院从143所MPA培养院校671支参赛队伍中脱颖而出,进入16强,参加现场决赛,最终荣获全国二等奖。

四、科研成果

2017年人文学院,在全体教师的共同努力下,科研成绩丰硕,汇总如下:

(一) 科研项目情况

2017年国家社科基金重大重点项目

序号	年份	批准号	项目名称	学科	项目类别	项目负责人	金额(万元)
2	2017	17AZD005	公共事件中社会伦理心态的影响因素研究	哲学	重点项目	马向真	35

2017年国家社科基金项目

序号	年份	批准号	项目名称	学科	项目类别	项目负责人	金额(万元)
1	2017	17FZX018	先秦因循哲学论	哲学	后期资助	许建良	20
2	2017	17CZX056	汉传佛教生命伦理思想研究	哲学	青年项目	王富宜	20
3	2017	17CZZ050	中国官员交流制度效应评估研究	政治学	青年项目	曾　瑜	20
4	2017	17CSH063	早期健康状况对阶层固化的影响机制及对策研究	社会学	青年项目	洪岩壁	20
5	2017	17CSH032	医患纠纷第三方机构治理及模式比较研究	社会学	青年项目	张　晶	20
6	2017	17BZJ043	回汉杂居乡村的民族交融与社会重建研究	民族问题研究	青年项目	闫志丹	20
7	2017	17CZJ009	全球化视域下的近代中国居士佛教运动研究	宗教学	青年项目	张　佳	20
8	2017	17BZX091	从反启蒙回到启蒙的德国现当代伦理演进逻辑研究	哲学	一般项目	范志军	20
9	2017	17BZX102	当代中国社会风尚的伦理实验研究	哲学	一般项目	季玉群	20
10	2017	17BZW071	新诗现实功能及现代性建设研究	中国文学	一般项目	王　珂	20
11	2017	17BZW192	近三十年中国小说本土话语建构中的传统戏曲影响研究	中国文学	一般项目	李　玫	20

2017 年教育部人文社会科学基金项目

序号	年份	批准号	项目名称	学科	项目类别	项目负责人	金额(万元)
10	2017	17YJAZH076	社会网络视角下的互联网吸贩毒群体及其协调综合治理研究		规划基金	陶卓立	10

2017 年江苏省人文社会科学基金项目

序号	年份	批准号	课题名称	学科	项目类型	负责人	金额(万元)
1	2017	17GLC004	全域旅游视域下基于游客体验的江苏旅游公共服务转型升级研究	管理学	青年项目	赵政原	5
2	2017	17WMB020	《范仲淹传》		一般委托项目	魏福明	5

2017 年国家自然科学基金项目

序号	年份	批准号	项目名称	学科	项目类别	项目负责人	金额(万元)
1	2017	41701160	基于流动性视角的专题旅游者空间行为和影响机制研究——以葡萄酒旅游为例		青年项目	顾秋实	25

(二) 获奖情况

胡伟的《死生界限:房屋作为媒介的秩序隐喻——以无锡地区为例》在中国社会学会 2017 年学术年会获论文二等奖。

张娟的《甲骨时光:看不见的城市》获第六届“长江杯”江苏文学评论三等奖,张娟的《梅花的江南生活美学》获得江苏省报纸副刊奖。

高娜的《环境污染的社会讲述:以日本四日市大气污染为例》获得第八届“孙平化日本学学术奖励基金”论文类鼓励奖。

中文系张天来老师主讲的“大学精品课程”入选“国家精品在线开放课程”。

范志军被评为第二届中国伦理学十大杰出青年。

赵政原被评为江苏省双创博士称号。

(三) 论文与著作

1. 2017 年度发表中文论文 66 篇(其中 CSSCI 论文 44 篇、学科最高刊论文 5 篇)。
2. 发表英文论文 SSCI、SCI、A&HCI 论文共计 9 篇。
3. 出版专著、教材与译著共计 8 部。

五、国际合作和交流

2017 年 12 月 15 日,东南大学道德发展研究院(人文学院)与耶鲁大学全球正义研究中心举行合作协议签约仪式,携手共建“社会公正与人类道德发展研究中心”。

人文学院与美国密歇根州立大学人文学院和医学院签署了框架合作协议,协议时间是 2017—2022 年。与密歇根州立大学生命伦理学中心合作开设暑期国际课程班,目前已经与美方和我校海外学院达成初步协议,将于2018年签署正式合作协议。

2017年,学院选派20余名学生赴台湾东海大学、中央大学、台湾大学等高校进行交流学习,选派多名学生到美国、新加坡、香港等地学校进行交流学习;积极组织学生参加国家留学基金委公派优秀本科生交流项目。

学院继续打造"人文社会科学研究作坊""哲人席""东南公共管理论坛""名家讲坛"等多个学术活动品牌,2017年共举办20余期学术讲座,通过邀请黄光国、万俊人、朱菁等国内名家来校举办讲座,引导师生关注社会、独立思考,培养质疑和思辨的精神。

六、智库建设

智库建设与社会服务能力的提升。2017年6月,省委宣传部公布了江苏省首批9家重点高端智库2016年度考核评估结果,道德发展智库获得优秀(共3家)。

2017年,道德发展智库继续为江苏省道德测评提供智力支持。7月,委托北京大学国情调研中心协调完成全国道德国情大调查,调研结果将为改革开放40年提供实证数据。9月,江苏省文明办和道德发展智库首次联合发布2016年江苏省道德发展状况测评指数,全省道德发展状况测评指数为77.77,表明江苏道德发展水平处于中等向优良的攀升阶段。

七、党建工作

2017年上半年,以学习贯彻落实"十八大"及十八届三中四中、五中、六中全会精神和习近平总书记系列重要讲话精神为重点,配合中央巡视做好各方面工作。下半年,以全面学习贯彻十九大精神为重点,深入贯彻落实习近平新时代中国特色社会主义思想,认真贯彻落实中央重大决策部署和上级党组织重要工作部署,认真抓好师生的思想政治理论学习和时事政策教育。以深入开展"双抓双促"学习教育活动为契机,召开座谈会,集中观看十九大开幕会闭幕会,组织观看专题片《不忘初心继续前进》《辉煌中国》《将改革进行到底》《永远在路上》主旋律教育影片等形式多样、内容丰富的学习教育活动,统一思想,凝心聚力,为学院改革发展营造良好的思想基础和舆论环境。

截至2017年12月,人文学院现有在职教工党员51名,离退休党员26名,学生党员253名,党员总数330人。按系科专业结构特点在全院设立9个学生党支部,4个教工党支部和2个退休教师党支部。学院在职教师中有民主党派和无党派人士9人。学院党委选配了群众威信高、工作能力强、综合素质好的党员作为支部书记和支部委员,重点做好入党积极分子培养、党员教育管理、规范党费收缴及失联党员查找等任务。

思想政治工作方面。学院党委委员按分工定期联系和走访师生,及时了解掌握师生思想动态,有针对性地开展思想政治教育,把保障改革发展、维护稳定、促进和谐作为第一要务。全年多次召开党委会、党政联席会议、党政联席扩大会议及全体教师工作会议,研究部署意识形态工作。实施党建带群建情况积极开展"三育人"活动,支持学院教代会、团委、工会、退离休协会和关心下一代工作委员会组织开展的各种活动,丰富教职工的文体生活。学院召开2017年教代会年会,并成立东南大学青年委员会人文学院分会。

宣传方面,2017年人文学院对外宣传新闻贡献率在全校院系中排名第1,为提升东南大学的影响力和美誉度做出了应有的贡献。

艺术学院

一、学院概况

2017 年,艺术学院共有教职工 64 人,专任教师 54 位,其中教授 15 位、副教授 21 位、讲师 17 位、助教 1 位,引进教授 2 名、专职科研人员 1 名、博士 2 名。教职工党员 29 人。本年度学生总人数为 529 人,其中学生党员数为 100 人。

1 名副教授晋升教授,1 名讲师晋升副教授,2 名博士晋升讲师。1 位教授被聘为中国艺术学理论协会副主席,1 位教授被评为 2017 年文化名家暨“四个一批”人才、国家“万人计划”哲学社会科学领军人才。1 位教授被评为“东南大学首席教授”,1 位教授入选江苏省“333 人才工程”第三层次。

学院艺术学理论专业入选“双一流”建设学科。

二、党建工作

艺术学院 2017 年有 7 个党支部,其中学生党支部 5 个,教工党支部 2 个。全年发展指标 28 个,已全部完成。选送 63 人参加发展对象培训班,截至 2017 年 12 月,我院共有党员 140 人,其中学生党员 111 人,教师党员 29 人(含退休党员 2 人)。

3 月 27 日晚,由艺术学院党委、人文学院党委、经济管理学院党委、法学院党委及马克思主义学院党委联合举办的第二十五期党员发展对象培训班在九龙湖校区正式开班。

4 月 5 日下午,2015 级研究生党支部举办党日活动,我院师生前往牛首山祭扫李瑞清先生之墓。

4 月 14 日,我院党委选送的作品在“第十届全省校园廉洁文化活动周”活动中荣获佳绩。艺术学院党委选送的彭乙健的作品《贪得无厌,危如累卵》,荣获高校艺术设计类三等奖;张慧敏的《四尺条屏》荣获高校书画摄影类三等奖。

4 月 22 日上午,艺术学院本科生党支部在方山开展了以“善·清风倡·正气”为主题的党日活动。

4 月 28 日,艺术学院 25 件作品在 2016 年东南大学廉洁文化作品征集活动中获奖。其中获一等奖作品 5 件,获二等奖作品 13 件,获三等奖作品 6 件,艺术学院党委获得优秀组织奖。

5 月 22 日下午,我院党委结合“两学一做”主题组织的特别活动,艺术学院党委书记王和平、党委副书记徐进在江宁区副区长米永强的陪同下,和艺术学院各基层党支部书记一起赴江宁未来网络小镇和南京金陵金箔股份有限公司考察。

6 月 23 日上午,我院领导与国家知识产权局专利局外观设计审查部在行政楼 120 会议室开展党建交流会。

7 月 20 日下午,我院领导班子在四牌楼小白楼会议室召开巡视整改专题民主生活会。会议由党委书记王和平主持,领导班子成员围绕巡视整改主题开展了批评与自我批评，东南大学党委常委、组织部长李鑫出席了本次会议，并作重要讲话。

10 月 11 日，我院联合校党委老干部处和校关工委于九龙湖校区焦廷标馆二楼展厅，举办了“喜迎党的十九大翰墨丹青放光彩”艺术作品展。

三、学科建设与学术研究

2 月 25—26 日，东南大学艺术学院、江苏省民间文艺家协会主办的“陶思炎教授从教 36 周年暨《陶思炎文集》发行学术研讨会”在东南大学榴园宾馆新华厅召开。

3 月 3 日，我院教授委员会主席、博士生导师徐子方教授所著《世界艺术史纲》由东南大学出版社出版。

3 月 7 日，东南大学艺术学院主办的《艺术学界》入选 CSSCI 收录集刊(2017—2018)目录。

5 月 27 日晚，著名书法家、国家一级美术师、我院兼职教授言恭达先生，在人文讲座报告厅(教三 105)开展了主题为“当代文化的新觉醒——从中国书法核心价值说起”的精彩讲座，我校常务副书记刘波和我院师生出席并聆听了讲座。

5 月 26 日至 6 月 3 日，我院汪小洋教授与牛津大学中国研究中心主任(Instituteof-ChineseStudies)田海(Barend. J. TerHaar)教授、澳门大学贾晋华教授、英属哥伦比亚大学阮思德(BruceRusk)教授共同带领伯克利大学、东南大学、澳门大学、南泰尔大学等 7 名博士生对济源市济渎庙及王屋山道教历史及现状展开为期 9 天的田野调查活动，获取千余块碑文，并取得圆满成功。

7 月 1 日上午，艺术学院 2017 年全体专任教师、教学管理人员暑期集中培训暨全院大会在九龙湖宾馆至善厅拉开序幕。本次会议持续了一天，围绕“人才培养”“教学质量”和“本科教学评估”等主题，旨在提升教职工职业素养和业务能力，艺术学院全体教职工参加了本次培训会。

9 月 15—16 日，由我院主办的全国艺术社会学青年学者论坛暨“艺术社会学的理论、方法与中国实践”学术研讨会在东南大学召开。

9 月 21 日，教育部、财政部、国家发展改革委印发《关于公布世界一流大学和一流学科建设高校及建设学科名单的通知》，公布了世界一流大学和一流学科(简称“双一流”)建设高校及建设学科的名单，我院艺术学理论专业入选“双一流”建设学科。

10 月 17 日上午，左惟常务副书记一行到艺术学院调研，学院党政班子、教授委员会成员，系主任，教工党支部和教师代表参加了调研会。王廷信院长就艺术学院的学科建设、人才培养、国际合作、本科教学等以及存在的问题进行了汇报。

10 月 21—22 日，由设计系主办的“2017’设计学研究与教育研讨会”在东南大学召开。来自全国各高等院校、研究院所和知名企业的 80 余位学者和设计师出席了本次会议。我院设计系全体教师及部分研究生、本科生参加了本次研讨会，并同与会专家学者开展了广泛深入的交流。

11 月 2 日上午，易红书记一行来艺术学院调研，学院党政班子成员、教授委员会成员、各系主任和教师代表参加了调研会。王廷信院长就学院概况、队伍建设、学科建设、人才培养等情况以及存在的问题和解决办法做了汇报。

11月24—27日,“艺术理论的中国视角”学术研讨会暨中国艺术学理论学会筹备会在东南大学举行。本次会议由中国艺术学理论学会(筹)、中国文艺评论家协会主办,中国文联文艺评论中心、东南大学艺术学院承办,清华大学美术学院中国艺术学理论研究所、上海大学上海电影学院、浙江音乐学院、杭州师范大学艺术教育研究院、南京艺术学院艺术学研究所、浙江理工大学中国美学与艺术理论研究中心、上海戏剧学院、《中国文艺评论》杂志、《艺术百家》杂志社、《民族艺术》杂志社等单位共同协办。来自全国各地的200多位专家、学者、青年才俊欢聚一堂,共同探讨学术话题。

12月23日,纪念梅庵琴派诞生百年暨古琴传承国际学术研讨会在东南大学榴园宾馆召开。研讨会开幕式由艺术学院王廷信院长主持,东南大学社科处常务副处长陈志斌教授、天津音乐学院音乐学系主任王建欣教授致辞,来自境内外20余位代表就梅庵琴派的源流、梅庵琴派的演奏风格和方法、梅庵琴派的传承方式等问题进行了深入交流。

四、交流合作

3月24日下午,范克平先生向我院捐赠了他多年收藏的一批文史资料和书画作品。包括张洪之“馆(台)阁体法书”页面4幅、1945年9月9日侵华日军受降《降书》文本原件复制出版物1套2册、徐悲鸿早年人物绘画作品2幅、1949年10月中国人民解放军南京市军事管制委员会在“国立中央大学”更名为“南京大学”后印制的唯一一批公用落款信笺4通、明代唐寅《秋风纨扇图》(墨本立轴)复制品1件,以及黄埔军校第1至2期公文笔记专用高级宣纸6通。

2017年3月18—25日,我院刘灿铭教授应邀赴埃及参加书法交流活动。

3月27日,言恭达教授参加“仁泽无疆——中日书法名家作品邀请展”。

4月26日下午,“东南大学南京校友会艺术分会”首次筹备会在老门东历史文化街区六朝松茶文化馆隆重召开。

2017年4月29—30日,我院与文化部—南京大学国家文化产业研究中心、英国南安普顿大学温彻斯特艺术学院、南京大学商学院等单位联合主办的中英国际文化创意产业峰会在南京举办。

5月7日下午,“东南大学南京校友会艺术分会”正式成立,成立大会在江苏光一科技股份有限公司顺利召开。东南大学副校长周佑勇、我院全体领导班子、南京校友会艺术分会成员和校友代表共同出席了本次会议。

6月3日,在我校115周年校庆来临之际,东南大学山东校友会艺术分会向我院敬献115周年校庆贺礼——国家非物质文化遗产项目山东曲阜楷雕如意。

9月7日,马来西亚郑和·朵云轩艺术馆黄文庆馆长访问我院,就东南大学在马六甲合作创办东南大学艺术学院分院之事进行会谈。东南大学纪委书记任利剑,国际合作处副处长许克琪、陆璐、吴跃全以及我院院长王廷信、副院长崔天剑参加了会谈。

五、教学与人才培养

3月7日,姜耕玉教授长篇小说《风吹过来》被权威刊物《长篇小说选刊》选载。4月17日上午,东南大学举办聘任仪式,聘请中国美术学院艺术人文学院院长曹意强教授、南京艺术学院院长刘伟冬教授、吉林艺术学院院长郭春方教授、四川美术学院院长庞茂琨教授、中国美术学院副院长高世名教授、南京航空航天大学艺术学院院长张捷教授担任我校兼职教授。

4 月 24 日上午，我院周缨老师的创意素描课程作业展——“四季情境”主题创意素描展在焦廷标馆二楼展厅顺利开展。本次展览以“四季情境”为主题，34 位同学展出了自己的 90 余幅优秀作品。

4 月 26 日，我院长北教授专著《〈髹饰录〉与东亚漆艺——传统髹饰工艺体系研究》获得第六届“中华优秀出版物图书提名奖”。

5 月 1 日，我院四位博士后申报项目获批中国博士后科学基金项目资助。其中刘世文博士申报的《“微”文艺实践及其审美观照》获得一等资助，陈林博士申报的《音程循环的理论与实践研究》、秦璇博士申报的《昆曲艺术的传承与数字化保护》、杨飞飞博士申报的《江南古镇文化资源的优化整合研究》获得二等资助。

5 月 21 日，我院一年级本科生曾琪昕、王恒强在江苏省大学生计算机设计大赛决赛中获得二等奖，入围全国赛；二年级本科生夏文琪获得三等奖。

6 月 2 日，我院长北(张燕)教授著述的《〈髹饰录〉与东亚漆艺——传统髹饰工艺体系研究》获第四届中国出版政府奖。

6 月 15 日下午，为庆祝东南大学成立 115 周年，由东南大学党委宣传部、统战部主办的“止于至善——韩天雍 · 刘灿铭 · 叶军三人师生书画展”在东南大学建筑学院展厅举行开幕式。

8 月 13 日上午，我院刘灿铭教授应邀在南京中心广场，现场书写了巨幅书法作品毛主席《沁园春 · 雪》诗词一首。

8 月 25 日，在江苏省第五届大学生艺术展演活动艺术作品展(乙组)中，我院学子荣获 1 个一等奖、1 个二等奖、5 个三等奖。

9 月 11 日由艺术学院与江苏省书法家协会主办的“教学相长——刘灿铭师生书法展”在南京微园美术馆举行。

10 月 25 日，产品设计专业的大四学生徐将依同学参与的作品《DIYWEAVE》，荣获红点奖。

2017 年 11 月 22 日，由张志贤副教授带领的可视化项目组(含设计系研究生张哲和陈茜)，在 2017 广东政务数据创新大赛——应用创新赛中荣获专业奖最佳设计奖。

2017 年 11 月 10 日，设计系许继峰副教授指导学生在 2017 第二届《中国的椅子》原创设计大赛中喜获佳绩，其中 TOP 奖 3 项，入围奖 10 项。梁军和夏雪设计的作品《新中式交椅——雅墨》获得“最佳时尚造型奖”，丁梦宇和王树望设计的《“高山仰止”椅》获得“最佳空间艺术奖”，夏文琪和曹忞竹设计的《愈盈凸月椅》获得“最佳链造潜力奖”，吴文轩、王苏鸿、廖芳艺、徐映日、赵吕欣、鲍娇丽、朱翔燕等同学设计的《中国的椅子》作品获得入围奖。

12 月我院汪小洋教授主编的“江苏省十三五重点出版规划项目”《中国丝绸之路上的墓室壁画》近日由东南大学出版社出版发行。全书 7 卷本，120 余万字，图片近 1 500 幅。本书以丝绸之路文化交流为着眼点，明确本土文化的主导性和包容性，强调中国墓室壁画在世界艺术发展史上的不可比价值。本书由在读博士、硕士及相关老师共同完成，也是研究生教育的一项新成果。

六、学生活动

4 月 7—8 日，我院学生在东南大学第 59 届学生田径运动会获得佳绩。其中本科生张亦朴获得男子 110 米栏亚军，研究生王泊骅获得女子 400 米亚军，男子团队获得 4×100 米接力项目季军。

4 月 17 日，艺术学院 2016 级《春夏秋冬》素描创意作品展在焦廷标馆二楼展厅顺利开展。

5 月 10 日，艺术学院庆祝 115 周年校庆学术报告会在学院三楼会议室举办。

5 月 15 日，“艺气风发 · 健康快乐你我他”心理健康系列活动顺利开展。

5 月 18 日，艺术学院 2014 级“四季情境 · 家具设计展”在李文正图书馆顺利举办。

5 月 21 日，“记 · 忆”——艺术学院 2017 届本科毕业作品展开幕式在南京市博物馆多功能展厅会议室举行。

6 月 5 日—6 月 10 日，第四届校园艺术创新竞赛“我为母校献礼”优秀作品展在圆形报告厅二楼顺利开展。

10 月 4 日，艺术学院研究生会开展中秋节送月饼活动，在中秋佳节之际，为在校同学送温暖与祝福。

10 月 22 日，艺术学院 2017 级新生素质拓展活动顺利举行。

11 月 15 日，艺术学院“童行 · 艺起去夜市”活动顺利举办，为彰显青年学生的社会责任意识，弘扬社会主义正能量，夜市活动还增加了“艺笔艺画”公益拍卖环节。

11 月 27 日，艺术学院联合材料学院在心理健康中心开展“多才多艺”心理健康活动。

12 月 5 日，在艺术学院三楼展厅顺利举办“情‘艺’之境”——靳恒博个人绘画习作作品展。

12 月 19—22 日，“像由心生”五校艺术交流展在南京师范大学美术学院美术馆顺利开展。

法　学　院

2017 年是“十三五”规划的第二年，也是法学院恢复建院以来第二个十年中的第一年。十年前，法学院从无到有，从小到大，从弱到强；十年后，站在新的起点，学院认真落实党的十九大有关精神，深入贯彻学习习近平总书记系列讲话精神，按照国务院“双一流”战略布局，坚持以中国特色、世界一流为核心，以立德树人为根本，以培养具有家国天下情怀的未来领军人才为己任，本着“交叉性、团队式、实务型”的办学宗旨，以及“教学立院、科研强院”的办学理念，学院提出了内涵式发展的新要求，即凝心聚力、凝练内涵，致力于打造一流法学学科，争取在第二个十年，将法学院打造成国内一流学科和一流法学院（前一个十年是“将法学院建设成国内知名法学院”）；在第三个十年，将法学院打造成世界一流学科。回首 2017 年，在全院师生们的共同努力下，在社会各界与学校领导的大力支持下，法学院不断超越自我，佳绩连连。

一、新起点大发展：学院平台建设稳步提升

继2016年我院取得法学一级学科博士点以及法学学科同时被纳入江苏省重点学科之后，我院组织申报了法学博士后流动站。根据我院要求，以及人社部发〔2017〕20号“关于贯彻落实《国务院办公厅关于改革完善博士后制度的意见》有关问题的通知”，经省级博士后管理部门推荐，全国博士后管委会办公室备案后，可招收博士后人员。法学作为我校新设一级学科，符合申报要求，同意申报。学院已于9月份完成了申报。待流动站批下来之后，学院将形成本科、硕士、博士、博士后四位一体的人才培养高端平台。博士点招生增设互联网与大数据司法方向，2017年已找到令人满意的生源，有效解决了我院人民法院司法大数据人才储备不足的问题。

本年度，学院新增三个省部级研究基地（基地数量达到7个）。分别是周佑勇教授牵头的取得教育部教育立法研究基地（2017年12月，教育部）、刘艳红教授牵头的社区矫正损害修复理论研究基地（2017年6月，江苏省司法厅）以及江苏省青少年工作研究基地（2017年12月，江苏省共青团委）。同时，反腐败法治研究中心正式入选CTTI（2017年12月）；CTTI是由南京大学中国智库研究与评价中心联合光明日报智库研究与发布中心自主研发的“中国智库索引”。

由此一来，在我院以往4个研究基地的基础上（最高人民法院司法大数据研究基地、江苏省哲学社会科学重点研究基地反腐败法治研究中心、江苏省交通运输行业政策与法规重点研究基地——交通法治与发展研究中心、江苏省2011协同创新中心“江苏省高校区域法治发展协同创新中心”），加上我院新增的3个基地，共有7个省部级基地。这些新增的研究基地，不断为我院学术研究提供了良好的平台，也为“双一流”人才培养提供了非常好的教学实践基地。

二、高层次高效率：师资队伍建设成效显著

本年度，配合国家与学校“双一流”建设目标，学院致力于推动与之相适应的高端师资队伍建设。

本年度，入选国家级人才工程1人，刘艳红教授入选“国家百千万人才工程”并被授予“有突出贡献中青年专家”荣誉称号（2017年11月）；入选“七五”普法讲师团成员1人，刘艳红教授入选中央宣传部、司法部、全国普法办公室成立“七五”普法讲师团成员（2016年12月，2017年初正式公布）；获评省级荣誉称号1人，刘艳红教授被评为“江苏省巾帼建功标兵”（江苏省政府，2017年5月）；入选校人才计划1人，王禄生副教授入选“仲英青年学者”奖励计划（2017年5月）。

配合“双一流”高端师资人才倍增计划，学院积极贯彻学校“校内培养”与“校外引进”相结合的政策，致力于推动本院青年教师的成长。本年度，我院欧阳本祺教授、李川副教授成功评聘为博导（2017年2月，校发[2017]42号文），我院李川副教授晋升为教授（2017年7月）；2017年1月19日，根据校发[2016]297号文，我院刘建利、单平基、熊樟林三位副教授评聘为硕士生导师。

同时,不断加大院外高端师资引进。本年度,我院成功聘请2位兼职博导。2017年2月12日,校发[2017]42号,《关于公布2017年度东南大学新增博士研究生指导教师名单的通知》,我院成功聘请清华大学张明楷、张卫平两位教授为我院兼职博导,大大增强了我院高端师资人才力量。本年度,我院成功聘请最高人民检察院张步洪、国家行政学院金国坤2位兼职教授。

本年度,我院成功引进2位教授。2017年6月,学院成功引进全国知名刑法学者、南京师范大学法学院陈洪兵教授。陈洪兵教授在《法学研究》《中国法学》《中外法学》《法学家》《清华法学》等刊物上发表学术论文近200篇。荣获"2015年度中国人文社科最具影响力青年学者"称号(法学一级学科全国10人);入选"2016年复印报刊资料重要转载来源作者"(法学一级学科全国31人);荣登"法学学科最有影响力学者排行榜(2017版)"中法学一级学科全国第131名、二级学科刑法学第17名。同时,在年底成功引进全国知名行政法学者、吉林大学法学院于立深教授。于立深教授已经在《法学研究》《中国法学》《法学家》《法商研究》等刊物上发表论文70余篇。其中,有19篇论文分别被《中国社会科学文摘》《高等学校文科学术文摘》、中国人民大学报刊复印资料《宪法学—行政法学》或《法理学—法史学》转载(摘)。荣登"法学学科最有影响力学者排行榜(2017版)"中法学一级学科全国第320名,二级级学科行政法第49名。

本年度,我院成功引进刑法专业冀洋、国际法专业余涛2位青年博士。

本院以往教授加上新引进的教授,我院荣登"法学学科最有影响力学者排行榜(2017版)"共有6位:周佑勇、刘艳红、汪进元、龚向和、陈洪兵、于立深。周佑勇教授在法学一级学科影响力中排名第51位,在二级学科即行政法学中排名第5位;刘艳红教授在法学一级学科影响力中排名第70位,在二级学科即刑法学中排名第11位(前10位均为京内学者,且只有1位70后);龚向和教授在二级学科即宪法学中排名第29位。江苏进入法学一级学科影响力排名前100名中有5位:李浩排名第14、周佑勇排名第51、刘艳红排名第70、胡玉鸿排名第86、公丕祥排名第87,我院占2位。

我院的高端人才储备仍严重不足,已有人才不够高端。中国人民大学法学院上榜63位,排第一;北京大学上榜55位,排第二;法大上榜50位,武汉大学上榜45位,南大上榜15位,苏州大学上榜14位,南师大8位(李浩、公丕祥、陈洪兵……),陈洪兵教授被我院引进后,南师大变为7位。

公派出国交流项目1人。国际法教研室叶泉在英国南安普顿大学学习1年。

迄今为止,我院专任教师54人,其中教授14人、副教授26人、讲师14人。

三、规划性创新性:科学研究取得骄人业绩

本年度,我院学术与科研创新再攀高峰。在学院规划之下,教师科研不断创新。

本年度,法学院课题立项总数34项,立项经费366万元,实际到账329元。其中,纵向课题18项,立项经费总额224万元,实际到账221万元,其中:国家社科基金7项,立项经费195万,实际到账192万元;其他省部级课题11项,立项经费29万元;横向课题15项,立项经费总额142万元,实际到账经费108万元。不纳入统计数据的基本科研业务费及其他课题22项,金额97.6万元。

2016 年度法学院科研经费共计达到 527.5993 万元，2015 年我院课题立项经费共计 753.0845 万元，2018 年度科研经费 803.6 万元。

本年度，学院国家社科基金立项的数量和质量勇创新高，共获得 7 项国家社科基金项目，1 项重大，1 项重点，3 项一般，2 项青年，项目质量和数量创历史最好成绩。

获国家社科基金重大项目 1 项。2017 年 11 月 7 日，全国哲学社会科学办公室发布 2017 年度国家社科基金重大招标项目立项名单，我院刘艳红教授带领司法大数据团队申报的"大数据和审判体系与审判能力现代化研究"获国家社科基金重大立项。这是继我院周佑勇教授 2011 年度国家社会科学基金重大招标项目"现代城市交通发展的制度平台与法律保障机制研究"之后的第 2 项国家社会科学基金重大招标项目。

获其他国家社科基金项目 6 项。其中重点 1 项、一般项目 3 项、青年项目 2 项。重点项目为汪进元的"宪法个案解释基准的证成路径、方法与规则研究"，一般项目有刘建利的"尖端医疗技术给刑法带来的挑战及对策研究"、顾大松的"'网约车'的法律规制研究"、陆璐的"中国独立担保制度的理念、实践及国际化研究"；青年项目有刘启川的"城市交通治理中路权冲突及其解决机制研究"、徐珉川的"司法标准化视野下的著作权侵权判定规则研究"。2017 年，行政法团队实现了国家社科基金百分百全覆盖，其中周佑勇、孟鸿志教授做过 2 项以上；刑法团队除了杨志琼以外，其他全部有国家社科基金；宪法团队除了张雪莲以外，其他全覆盖。

迄今为止，我院在研国家社科基金 23 项，已结项 4 项。全院 50 人（不含 2017 年刚引进的 4 位新人，陈洪兵、冀洋、未报到的余涛和于立深教授）中，54％的教师成功申报国家社科基金，还有 46％即 23 位教师未申报或者未申报成功，加上 2017 年新引进的 4 位，总共 27 位教师没做过国家社科基金项目。其中，刘艳红 1 项重大（2017 年）、1 项重点（2016 年）、1 项一般（2007 年）；周佑勇重大 1 项（2012 年）、一般 1 项（2008 年）；孟鸿志（2012 年）一般 1 项；汪进元（2009 年）一般 1 项、重点 1 项（2017 年），2017 年申报重大未果；陈玉玲（2010 年）一般 1 项；龚向和（2007 年）青年（2012 年）一般，2017 年申报重大未果；欧阳 2 项一般；戴庆康 1 项（2011）一般。

本年度，我院获得其他省部级课题主要有：最高人民法院重大课题 1 项（周佑勇）、最高人民检察院检察理论研究课题 2 项（尹吉、王禄生）、江苏省社科基金 4 项[王玮玲：离婚财产分割的家庭建设功能研究，2017 年江苏省社会科学基金，青年项目；江苏省教育科学"十三五"规划基金课题（省社科基金）3 项重点：周佑勇、单平基、陆璐]、其他省部级课题 3 项 11 万（李川：江苏省未成年人不良行为犯罪预防研究，团省委重点课题负责人，立项时间：2017 年 12 月，经费 6 万；王禄生：江苏省教育科学"十三五"规划重点资助课题"基于司法大数据库的法学教育模式变革与创新研究"，经费 3 万）。

本年度，法学院共发表 CSSCI 期刊论文 61 篇，其中 CLSCI 共计 21 篇（教师 18 篇，学生 3 篇），非 CLSCI 的 C 刊共 40 篇，教师 CSSCI212 篇，学生 CSSCI18 篇。《光明日报》等权威报纸发表论文 6 篇，被收录或提交主题发言的会议论文 8 篇。

SCI 期刊论文 1 篇，法学院杨洁讲师在 SCI 期刊发表论文一篇，第一作者，AData－DrivenOptimization-BasedApproachforSitingandSizingofElectricTaxiChargingStations [J]. TransportationResearchPartC：EmergingTechnologies，2017，77：462－477.（SCI 检

索,WOS::000398875600027)。

SSCI期刊论文1篇,法学院冯煜清副教授在SSCI期刊发表论文一篇,通讯作者,MediatoryVersusLegalisticDiscourseinChineseCourts[J]. PoLAR: PoliticalandLegalAnthropologicalReview,2017,40(2):326-341.(SSCI检索,DOI:10.1111/plar.12223)。

国内最高刊2篇:熊樟林:《土地征收决定不是终裁行为——以行政复议法第30条第2款为中心》,《法学研究》2017年第3期;欧阳本祺:《论网络时代刑法解释的限度》,《中国法学》2017年第3期。

CLSCI论文21篇。刘艳红4篇、陈洪兵2篇、欧阳2篇、李川2篇;发表1篇:周佑勇、张洪涛、钱小平、熊樟林、刘明全、徐珉川、叶泉、杨志琼博士生:高磊、孟星宇、王炎各1篇。民商法团队17人发表2篇;刑法团队发表13篇,全国排名第5;行政法团队发表2篇,法理团队与国际法团队各发表1篇,宪法团队未发表。总体情况不太理想。

本年度,法学院教师共出版著作20部,其中专著5部,主编11部。5部专著分别是:刘艳红的《中国反腐败立法研究》,法制出版社2017年;刘艳红的《中西刑法文化与定罪制度之比较》,东南大学出版社2017年;顾大松的《房屋征收法律制度研究》,独著,东南大学出版社2017年;钱小平的《中国经济犯罪刑事政策研究》,专著,法律出版社2017年;李可:《习惯法:理论与方法论》(第1版),独著,法律出版社2017年。主编著作中,陈玉玲主编的《医疗纠纷预防与处理的理论与实务研究》、王禄生主编的《员额制与司法改革实证研究:现状、困境和展望》、刘建利主编的《医事刑法重点问题研究》、钱小平主编的《法治反腐的路径、模式与机制研究》极大地推动了我院各平台的建设与特色学科的发展。

本年度,王禄生、徐珉川获首届最高人民法院司法大数据研究报告一等奖(2017年3月);顾大松、刘启川参与指导的"挑战杯"荣获江苏省特等奖,2017年8月;同年荣获全国二等奖,2017年11月;获得第一届方德法治研究奖3项,刘艳红二等奖,顾大松、熊樟林三等奖。本年度,学院获江苏省法学会优秀成果奖2项,2017年6月21日,欧阳本祺获第四届江苏省法学优秀成果奖一等奖、王禄生获三等奖。本年度,学院成果获得江苏省第14届哲学社会科学优秀成果奖1项。

《东南法学》办刊质量持续提高。自《东南法学》2016年秋季卷起,稿酬上调为千字100元。刊物文章来源大幅度提升,影响力也逐步提升。同时,上半年,《东南法学》执行主编由王禄生副教授更换为熊樟林副教授以后,熊樟林副教授工作给力,杂志编稿、出版顺利,并开通了网络投稿系统,在各大主流媒体公之于众。

四、开创性特色性:教学与人才培养取得突破

本年度,"双一流"暨特色学科教学与人才工作取得重大突破。我院积极贯彻国家"双一流"高校建设中"培养拔尖创新人才"的要求,以及东南大学张广军校长所要求的,"努力培养具有家国情怀和国际视野,引领未来和造福人类的领军人才",学院积极推进我院"交叉性、团队式、实务型"的办学模式,坚持立德树人,突出人才培养的核心地位,着力培养具有历史使命感和社会责任心,富有创新精神和实践能力的各类创新型、应用型、复合型优秀人才。为此,本年度,我院在积极组织教学奖申报、本科教学评估、大学生课外作品挑战杯竞赛、秉文文科实验班教学改革等方面,均取得了突破。

(一)"双一流"暨特色学科人才培养质量取得重大突破

1. 首次荣获"挑战杯"第十五届全国大学生课外学术技术作品二等奖。2017年11月18日,东南大学法学院本科生作品《在全面依法治国进程中构建我国路内停车"三位一体"协同治理模式》,最终荣获第十五届"挑战杯"全国大学生课外学术科技作品二等奖。这是我院首次组队参加被誉为中国大学生科技创新创业的"奥林匹克"盛会。

2. 首次荣获"挑战杯"江苏省大学生课外学术科技作品竞赛特等奖。范洁等的作品《在全面依法治国进程中构建我国路内停车"三位一体"协同治理模式》(2017年11月)获第十五届江苏暨"挑战杯"全国竞赛江苏省赛特等奖(2017年6月)。

3. 荣获其他全国或省、市、校级等各类比赛或奖学金评定等荣誉140余人次。如荣获江苏省第二届"南仲紫金杯"模拟仲裁庭大赛申请人组冠军、被申请人组冠军和合议庭组亚军的好成绩,易波老师获最佳指导教师奖;储天阳荣获第九届全国大学生版权征文二等奖、陆语嫣荣获"2017年首届江苏省研究生法律案例大赛"优秀辩手奖、全一凡荣获南京市"紫荆杯"模拟仲裁庭大赛一等奖,等等。

4. 首次取得司法考试通过率近半的好成绩。2017年国家司法考试,我院本科生通过率为44.4%;研究生司法考试通过率为47%。该通过率是历史上最好水平。以往三年中,2016年(14级)学生司法考试通过率为27.7%,2015年13级级司考试通过经为21%,2014年12级考试通过率为16.4%。

5. 学院本科生国内升学国外留学深造比率大幅度提高。近三年有20多位同学被国内一流大学的一流法学院录取。根据2017年免研政策,11位同学获得推免资格被中国人民大学、中国政法大学、武汉大学等国内一流大学的一流法学院提前录取,其中8位报送到校外:丁金钰(人大)、金婷(南大)、陈璟(法大)、华梓成(华东政法)、黄文青(武大)、李诗雯(法大)、谢京桐(上海交大),3位同学报送院内:沈童非、丁心叶、掌博文。

6. 学院本科生和研究分别打造微信公众号,传播法治理念,扩大学院影响。学院本科生打造了"东南法学"。学院研究生打造了"中外刑事法前沿",2017年12月24日研究生创办了中外刑事法前沿,共推送169篇文章,其中原创篇,截止2017年12月23日,用户人数为6 012人,阅读次数37万,阅读用户总人数26万。2017年11月22日,由"学术之路"评价出的,我院中外刑事法前沿和王禄生的数说司法,以"原创首发、学术性强、品质优良"等超高质量入选。

微信月活跃粉丝数量为7.97亿,公众号月活跃账号数位350万,平均日登录用户为9.02亿。我院两个学术微信公众号蕴含了巨大的价值;成为法治传播的平台;成为展示我院学术与学生风貌的一个窗口;成为学院对外学术交往的服务接口;成为未来高校影响力的重要参照指标。

(二)"双一流"暨特色学科教学质量工作重大突破

本年度,我院积极组织教学成果奖的申报,并取得良好成绩。2017年9月22日,《省教育厅关于公布2017年江苏省教学成果奖获奖项目的通知》(苏教人[2017]15号文件公布结果),法学院周佑勇、刘艳红、孟鸿志、孟红、李煜兴、沈孝兵、过秀成、沈杰,"基于交叉符合的工程法学特色人才培养创新与实践”获得二等奖、校级教学成果一等奖。

本年度，我院积极组织省级、校级教学课题的申报，并取得省级教改课题共5项的好成绩。其中，江苏省研究生教育教学改革研究与实践课题1项(刘艳红、李川:“司法共建型法学研究生创新教育模式研究”，2017年初立项，省立校助，江苏省教育厅与\江苏省学位委员会)；江苏省教育科学“十三五”规划课题4项。分别为王禄生负责的“基于司法大数据库的法学教育模式变革与创新研究”(省立省助，3万元)，陆璐负责的“法学国际化教学实践研究”(省立省助，3万元)，周佑勇负责的“工程法特色课程体系建设研究”(省立校助，2万元)，施建辉、单平基负责的“理工科优势高校卓越法律人才培养模式研究”(省立校助，2万元)。

校级课题5项:孟鸿志的“行政机关负责人出庭应诉制度研究(研究生创新项目)”、郑颖慧的“基于法学理论基础的中国法制史教学模式改革”、单平基的“民法与环境法的对话——东南大学示范研讨课项目”、刘建利的“东南大学教改项目《医事法》校级示范研讨课程建设”。

本年度，我院教师出版教材1部，周佑勇教授组织编写的《工程法学》在中国高教出版社出版；在C刊发表教改论文5篇，其中，周佑勇教授2篇、周佑勇教授的博士生郭跃和陈洁共2篇、单平基副教授1篇。创造我院历史上教改论文的新高。周佑勇:《依法治校与现代大学制度建设》,《国家教育行政学院学报》2017年第10期；周佑勇:《理工类大学如何创建“一流文科”》,《中国高等教育》2017年第23期；单平基:《构建“双4＋3”复合型工程法律人才培养模式》,《法学教育研究》2017年第17卷，CSSCI来源集刊；周佑勇教授博士生郭跃:《论研究生学术不端行为治理规范体系的构建》,《学位与研究生教育》2017年第1期；周佑勇教授博士生陈洁:《高校宪法教育贯穿“法治入宪”内容的路径探析》,《思想理论教育》2017年第5期。

本年度，刘艳红、李川合作发表的教改论文《职业养成型法学教育模式的反思与形塑——以法律职业共同体为视角》获中国法学青年论坛一等奖。

本年度，我院积极组织迎接教育部本科教学工作审核评估。10月30日—11月3日，迎接教育部本科教学工作审核评估工作组驻校评估。审核评估工作组抽查我院毕业设计62份、抽查2门课程考试试卷、听课1人次、组织审核评估专家座谈1次。本科评估组副组长梁栋校长到我院考核，评估教学良好。

本年度，我院积极参与东南大学首届“秉文文科试验班”人才培养模式改革。与人文学院、经管院一起，积极参与“秉文文科实验班”人才培养模式改革实践，牵头“法理”“公共治理与法治发展”两门课程，分别由我院刘艳红教授(长江学者特聘教授)、周佑勇教授(长江学者特聘教授)作为课程负责人，聘请学术大师北京大学苏力教授(长江学者特聘教授)、苏州大学胡玉鸿教授、复旦大学孙笑侠教授(长江学者特聘教授)、清华大学张明楷教授(长江学者特聘教授)等为秉文班同学授课，效果良好、影响卓著。

本年度，我院完成2015级法学专业分方向工作，普通法班44人，工程法班19人，并为工程法班学生配备导师。

本年度，我院学生SRTP项目立项数量多、效果好。SRTP项目立项21个，实际立项19项，国家级和省级SRTP项目立项(9项)。校级示范性系列研讨课，我院两门课程获得立项(刘建利、单平基);校级教改项目,我院 3 个项目获得立项(顾大松、郑颖慧、张雪莲);2017 年 3 月 26 日,我院叶泉、刘启川、冯煜清 3 位老师获第 24 届青年教师授课竞赛三等奖;2017 年 4 月 24 日刘建利老师在第十三届“吾爱吾师——我最喜爱的老师”评选中,荣获法学院“最受欢迎老师”称号;2017 年 9 月 7 日张雪莲老师获 2016—2017 学年教学奖励金个人奖一等奖。

本年度,我院教师参与教学与教学实践活动取得良好成绩。刘启川入选“青年中国行”大学生暑假社会调研实践活动全国百强团队优秀指导教师(2017 年 8 月);李川获得 2017 年东南大学十佳“我最喜爱的研究生导师”(2017 年 6 月);刘建利:“东南大学法学院最受欢迎老师”称号(2017);刘建利:“东南大学中泰国立奖教金”获得者(2017);刘启川:东南大学授课竞赛三等奖(2017 年 3 月);易波:2017 年 5—6 月第二届“南仲紫金杯”模拟仲裁庭比赛优秀指导教师;指导学生获得第二届“南仲紫金杯”模拟仲裁庭比赛申请人组冠军;被申请人组冠军;仲裁庭亚军;2017 年 12 月首届江苏省研究生法律案例大赛优秀团队奖;指导硕士研究生陆语嫣获得“优秀辩手”;2017 年 7 月苏州仲裁委员会仲裁员。

五、拓展性延续性:学院后勤保障取得实质性进展

长期以来,虽然院办学条件有限、办学空间有限、办学资料不足、办学硬件欠缺,但是,在学院的努力下,我院各项后勤保障工作有了实质性进展。

2017 年 11 月,我院再度与北大数据库合作,在之前购买并使用北大“法意”的基础上,根据广大教师的反映和要求,又购买了北大“法宝”。

2017 年,学院全力推进文科大楼法学楼的建设。继学校将我院大楼建设纳入校“十三五”规划以后,我院积极跟进,推动学校早日启动。目前,大楼建设事宜取得进展。根据学校的安排及教育部的要求,明年 5 月底前学校将完成可行性研究报告并上报教育部。教育部在组织专家评审后批复,基建处再根据教育部的批复组织设计,设计也要经过招标等诸多环节。设计完成后要编写清单并经过工程施工招标等环节,最终动工时间为 2019 年开工。学校承诺,“一定会在可能的情况下加快进程,做出精品,但程序上不敢有任何疏忽”。

潮平两岸阔,风正一帆悬。虽惜寸阴若岁,然我自奋蹄飞!展望 2018 年,希望我们的法学院长风破浪,直济沧海!

经济管理学院

2017 年,我院积极贯彻党中央精神和学校党委的工作部署,加强十九大精神和习近平新时代中国特色社会主义思想等理论学习,抓好基层党组织建设,加强制度建设,发挥基层党组织战斗堡垒和党员先锋模范作用。学院秉承“创新才有未来”的理念,肩负“育胸怀天下英才,铸通达古今新知”使命,为实现“桃李天下皆有为”的学院愿景,锐意进取、开拓创新,持续推动学科建设、人才培养、科研研究、师资队伍建设和国际化办学等方面的跨越式发展。

一、学科建设

学科建设取得新进展。根据学校学科评估工作部署，组织完成管理科学与工程、应用经济学、工商管理等 3 个一级学科参加全国第四轮学科评估申报工作，其中管理科学与工程在本次评估中评价结果为 A^-（继续保持江苏第一），应用经济学评估结果为 B^+，工商管理评估结果为 B；动员全院力量，整合全院资源，组织工商管理学科申报一级学科博士学位授权点；积极推进 ESI 学科建设，学院承担建设的“社会科学总论”首次进入 ESI 全球前 1%。组织完成 2017 年度博导、硕导以及专业学位校外导师资格申报、评审工作。增列博士生导师 3 人、硕士生导师 7 人，为优秀人才开展研究生培养提供绿色通道。

2017 年学院获得东南大学建设一流大学(学科)和特色发展引导专项经费 315.5 万元，其中高科技文明重点学科建设项目经费 115.5 万元，ESI 学科建设经费 200 万元。学院专款专用，严格经费预算申报和规范使用，顺利完成预期建设任务。

二、人才培养

本科生培养方面。配合学校完成学院本科专业审核评估工作；完成 2017 级本科教学培养计划修订，完成电子商务民族特招专业培养方案和校秉文班经济类专业学生分流方案；开建第二批 10 门学院本科生平台课程，全年获 13 项校级教改课题；完成 331 名本科生 2017 届毕生设计，获校优 11 名，省优 1 名；全年校、院级项目结题 163 项，国创结题 7 项，省创结题 11 项；SRTP 申报 169 项，批准 154 项；获教学奖励金一等奖 1 名、二等奖 4 名，获江苏省高等教育教学成果奖一等奖 1 项；教学工作量饱满，全年本科开课 261 门次，研究生开课 151 门次，人均开课约 3.2 门次，人均上课约 110 学时，教授、副教授为本科生授课比例 100%；院领导和教学督导按要求完成听课任务。

研究生培养方面。接收推免生数量达招生规模的 55%左右，录取硕士生中 985 生源比例为 27%，录取博士生中 985 生源比例为 29%；完成 2017 届全日制硕士研究生学位论文匿名评审；制定了应用经济学、管理科学与工程 2 个专业的直博生培养方案；获得东南大学优博学位论文 2 项、优硕学位论文 2 项；开设硕博士课程 136 门，聘请国外知名学校教授全英文授课课程 4 门；2017 年，获得江苏省研究生科研创新计划项目(博士)11 项，江苏省研究生实践创新计划项目(专业学位硕士)4 项；获得校优博学位论文培育基金项目 2 项。

三、科学研究

2017 年是东南大学经济管理学院建院 30 周年暨东南大学商科创建百年的纪念之年。学院以庆促建，以建示庆，东南大学商科百年发展高峰论坛等系列学术文化活动高频率、高质量、高规格地推进开展，40 余场学术活动贯穿全年。11 月 18 日，“新时代经济管理教育发展论坛”在九龙湖校区举行，将系列学术文化活动推向高潮，东南大学校长张广军，北京市社会科学院党委书记、院长王学勤，著名经济学家、经济管理学院名誉院长华生和来自政府机关、教育界、金融财贸界、企业界等的专家学者以及杰出校友、师生代表等千余人与会。

2017 年，学院教师出版 14 本专著，获东南大学科技论文奖励 96 篇。2016 年被收录论文：SSCI 论文 64 篇、SCI 论文 67 篇、EI 论文 50 篇、CPCI 论文 10 篇、表现不俗论文 28 篇，合计收录论文 219 篇。论文收录数量较上一年大幅上升。2 位教师的研究成果分别获得省领导重要批示。

四、师资队伍建设

2017 年度，学院积极动员，认真组织“千人计划”“万人计划”和“长江学者”等国家人才计划的推荐申报工作；获评唐仲英基金会“仲英青年学者”称号 1 人；按照国家及江苏省政策规定推进学院事业编制人员养老保险及养老保险改革工作，完成人员登记和核查工作；根据学校要求，完成 2017 年职称评审和专业技术岗位分级聘用工作。

学院重视人才引进流程的规范工作，出台了《东南大学经济管理学院人才引进工作管理办法》(试行)。一年来，学院面试考核了 5 批来自海内外知名高校的应聘者，临时报到 1 名海归博士。在职教职工人数达到 149 人，博士教师比例占专任教师总数的 88%；具有海外留学经历的教师 19 人，占专任教师总数的 15.08%。在各项经费支持下，学院教师赴国外进行学术交流近 40 人次。

五、多层次、多样化开展国际化办学与合作交流

2017 年，雷恩第一大学经济科学学院 Tavera 等 6 名教授先后来我院开展高水平授课。学院先后接收了来自法国达芬奇大学、勃艮第商学院、德国亚琛工业大学等合作高校的交换生 6 人，学院多名教师受国家留学基金委资助前往国外高水平院校访学；成功举办 Sustainable Asia Conference 2017 年会等国际会议。

我院参与建设的东南大学—雷恩一大联合研究生院正式获教育部批准，学院将与雷恩一大经济科学学院正式共建硕士及博士双学位项目，以推动全方位的合作。学院与美国纽约城市大学商学院、特拉华大学商学院、纽约州立大学 Binghamton 分校建立合作意向，将在本科生交流、学生联合培养、合作科研、MBA 教育等方面展开深入合作。

六、学生教育管理

2017 年，我院坚持“经管先锋”学生工作品牌建设和人才培养目标，不断加强和改进学生工作，切实推进学生素质拓展，取得新成效。围绕职业生涯发展和成长推进组织学生参加 9 个系列的“先锋”素质项目训练。组织第十三届“春到九龙”大型体育竞赛暨风筝节、第四届“至善东南”在宁高校研究生财经论坛、“职点江山”——东南大学第十四届挑战 CEO 大赛、“梦想 · 规划 · 成长”东南大学第三届大学生职业规划大赛、“经管先锋 · 改革与发展”系列学生活动、“经管先锋学校”学生骨干培训班、“拥抱新时代”风采纪念晚会等活动，学生素质全面提高。

获得第三届“互联网+”大学生创新创业大赛国家级金奖、银奖、铜奖各 1 项，第二届“日日顺”物流创客训练营全国银奖 1 项，全国大中专学生“三下乡”社会实践“千校千项”最具影响好项目 1 项，立邦“为爱上色”中国大学生农村支教全国银奖 1 项，“敏学杯”首届跨境电商创新实践大赛全国三等奖 3 项及优秀指导教师，第七届全国大学生电子商务“创

新、创意及创业”挑战赛江苏省一等奖 1 项、二等奖 2 项、三等奖 4 项，第十五届南谷江苏省大学生课外学术科技作品竞赛暨“挑战杯”全国竞赛江苏省选拔赛二等奖 1 项，江苏省青年创意项目大赛银奖 1 项，江苏省社会实践十佳团队 1 个，江苏省优秀团员 1 名，江苏省“大学生年度人物提名奖”1 名，江苏省先进班集体 2 个、优秀学生干部 1 名、三好学生 3 名，江苏省第四届文科大学生自然科学知识竞赛二等奖、三等奖、优秀奖近百人等多项荣誉。

七、经管商业领袖高级教育中心工作

2016 年，经管商业领袖高级教育中心在 EMBA、MBA、EDP、MPAcc 四大领域同步推进。

由于国家政策的调整，EMBA 这一教育项目面临发展的拐点。在 2018 年 EMBA 招生中，中心对符合条件并有意向就读学员进行“全程跟踪”和信息反馈，并利用网站、微信等新媒体手段进行推广，有 41 人报考 2018 级 EMBA。EMBA 中心积极参与并组织学员活动；获 2017 年商管联盟杯个案论剑比赛的两岸组优胜—银奖，以及第十二届戈壁挑战赛沙克尔顿奖。2017 年，EDP 中心办学成绩持续稳步上升，针对大型企业、政府机关深度合作，共开办 9 个班次、覆盖超过 511 人的培训工作。MPAcc 中心在 2017 年首次招收非全日制学员 42 人，完成了 MPAcc 培养方案的修订、课程设置的调整、师资筛选与安排、管理制度的制定等教务和教学工作，以充分的准备迎接首批在职学员，2018 年，有 233 人报考非全日制 MPAcc。

MBA 招生推广工作取得成效，招生规模与报考人数增长明显。2017 年共录取 MBA 新生 393 人，为上年的 2.5 倍，是我校 MBA 招生规模最大的一年。2017 年报考人数近 1 100人，同比增长近 100%，为 2018 年招生提供了充足的生源保证。中心加强 MBA 教学案例建设，入选 2017 年第八届“全国百篇优秀管理案例”1 篇；强化实践性教学，组织 MBA 学员到企业参访，邀请知名企业家和专家学者举办讲座 11 场。积极组织学员参加校内外各项活动，获“首届江苏省 MBA 案例大赛”三等奖、优秀指导教师奖和“最佳新锐奖”，获中国 MBA“新秀 100”奖，获“2017 中国赛艇系列大师赛”3 项冠军、1 项亚军等荣誉。

电气工程学院

电气工程学院在职教职工共 94 人，有教授 28 人、博士生导师 35 人(含兼职博导 3 人)、副教授 26 人，有兼职院士 2 人，IEEEFellow 1 人，IETFellow 2 人，“长江学者奖励计划”青年学者 1 人，国家“千人计划”青年项目入选 1 人，国家优秀青年基金获得者 1 人，教育部“新世纪优秀人才支持计划”入选 1 人，江苏省“333 高层次人才培养工程”6 人(13 次)，“六大人才高峰”高层次人才 16 人，“青蓝工程优秀青年骨干教师”5 人，“青蓝工程中跨世纪学术带头人”2 人，“青蓝工程中青年学术带头人”7 人，享受国务院“政府特殊津贴”的教师 2 人，江苏省优秀青年骨干教师 3 人，国务院学位委员会第七届学科评议组成员 1 人，教育部优秀青年教师资助计划 1 人，江苏省有突出贡献中青年专家 1 人，江苏省优秀科技工作者 4 人，东南大学首席教授 1 人，东南大学青年首席教授 1 人。

一、党建工作

加强党员队伍建设，全年共发展党员 53 人，通过预备党员转正 68 人。

“正心于身，明德天下”大型专题党日活动在本年度报送江苏省教育工委，获最佳党日活动优胜奖。

上半年开展的“探音民生，筑梦中华”大型专题党日活动为学工部第一期领航计划立项项目，项目已成功结题，并报送参评东南大学最佳党日活动。

“知行合一，止于至善”——党员层次化培养系列党日活动获研究生最佳党日活动一等奖。

本年度最新构建的“稷下激辩”学习交流平台，旨在引导学院全体青年学子拓宽视野、勤于思考，并在学工部第二期领航计划中成功立项。

在由教育部办公厅举办的第二届全国高校“两学一做”支部风采展示活动中，学院低年级本科生党支部作为学校唯一示范支部参与支部风采展示环节，进行支部工作理念的展示，硕士 163 党支部的“实行积分评优管理活动，搭建学生党员奉献平台”工作理念，作为优秀支部工作案例进行展示。

二、教学工作

共开设本科生课程 55 门次，专任教师年度人均 1.02 门，教授、副教授均承担了 1 门以上本科生课程，所有核心课程均由教授、副教授主讲。开设研讨式课程 6 门，开设小班化教学课程 4 门。与中国电力出版社合作，完成《电力系统稳态分析》数字化教材建设。组建 4 个专业基础课、专业主干课课程组。所有首开课教师和新进实验员全部参加培训。制定、修订学院教学管理文件 11 件。与瑞典皇家工学院 KTH 签署 KTH3+2 联合培养协议，6 名本科生出国学习交流。

《面向能源变革需求和工程创新能力培养的电气工程教学体系改革与实践》获校教学成果二等奖。举办全国性教学改革研讨会 1 次。

完成东南大学—国电南自数字化变电站实验室调试和电力电子实验室设备更新改造，出版实验教材 1 本。加强虚拟仿真实验室建设，获批省级在线开放虚拟仿真实验教学项目 1 项。

修订推免研究生科研加分政策，鼓励学生参加创新创业实践活动。国家大学生创新创业训练项目 2017 批准 9 项，通过验收 7 项(优良率 71.4%)。2 人获得美国大学生数模竞赛国际一等奖、12 人获二等奖，1 人获全国大学生机械创新设计大赛国家级一等奖，2 人获三菱电机杯全国大学生电气与自动化大赛国家级二等奖，1 人获全国大学生机器人大赛国家级三等奖，2 人获全国大学生电子设计竞赛国家级二等奖，另获其他学科竞赛省级以上奖项 19 项。

2017 年获得校本科优秀毕业论文 4 项，文宏辉同学获得 2017 年 IEEE 工业应用学会本科生设计竞赛二等奖。

三、研究生培养

入学硕士研究生共156人,其中留学生入学5人;学术学位研究生82人(恢复学籍2人),专业学位研究生74人(恢复学籍2人)。

入学博士生43人,其中留学生7人,本科直博11人,硕博连读8人,申请考核14人,工程博士3人。

开设4门实践类课程和2门企业导师课程,注重专业学位研究生实际动手能力、分析和解决工程实际能力的培养,适应了专业学位研究生培养特点和要求。

开设12门全英文课程,涵盖了电气工程专业主要的学位课和选修课,构成了完整的全英文课程结构,为研究生培养的国际化发展、吸引外国留学生奠定了良好基础,今年又入学7位博士、5位硕士留学生。

2017年获博士学位学生共25人。2017年获硕士学位学生共1人,其中全日制工学硕士77人(含3位海外留学生),全日制工程硕士50人,在职工程硕士30人。

研究生成果,2017年度东南大学校级、江苏省优秀博士学位论文1人,2017年度东南大学校级、江苏省级优秀硕士学位论文1人(学术学位),2017年度东南大学校级、江苏省级优秀专业学位硕士学位论文3人。2017年江苏省普通高校研究生科研与实践创新计划项目12项,其中博士8项、硕士4项。

积极推荐合作企业,1位专家获得江苏省产业教授(兼职),新增2个研究生企业工作站。

四、科学研究

2017年国家自然科学基金立项数达16项,位列全国第5,创历史新高。

成立新技术中心。

基层科研组织建设初见成效,建立了以绩效为导向的资源配置机制、以团队为考核对象的科研绩效评价机制。

41篇论文入选2016年度表现不俗论文。

学术交流:邀请香港大学教授、中国工程院陈清泉院士和麻省理工学院教授、美国国家工程院 JamesL. KirtleyJr. 院士,东南大学客座教授、美国工程院院士、威斯康星大学麦迪逊分校 ThomasM. Jahns 教授,东南大学客座教授、英国皇家工程院院士、英国谢菲尔德大学 Z. Q. Zhu 教授等访问东南大学,并作学术报告。

五、师资队伍建设

邓富金入选第十四批国家"千人计划"青年项目。花为教授入选教育部长江学者特聘计划(青年学者)。

新增教授3人、副教授2人。现有77位专任教师,71.43%具有高级职称,54.5%为40岁以下,88.31%具有博士学位,具有半年及以上海外研修经历者占专任教师的63.64%。

完成人才引进情况:面试10人次,学校审批6人,3人为海外博士。

六学生管理

全年评定奖、助学金 738 人次，奖、助学金总金额 570.8 万元。

修订了《东南大学电气工程学院本科生奖学金评定规则》，制定了《东南大学电气工程学院单项奖学金评定规则》。

学院共建立了涵盖 488 家用人单位的学生就业基地。

2017 年学院本硕博毕业生就业率均为 100%，90%以上的学生均去国家重点单位工作。

硕士 151 班获江苏省先进班级，160 142 班、160 153 班获江苏省先进班集体，焦隆获江苏省优秀学生干部，刘康礼、许利通获江苏省三好学生。

七、其他方面工作

教授委员会换届：选举陆于平、花为、李扬、吴在军、陈武、林鹤云、赵剑锋、顾伟、徐青山、黄允凯、程明等 11 位教授为学院第二届教授委员会委员。

工会工作：通过竞争性磋商完成学院工会三次节日福利采购。

校友工作：接待 31 621、31 622、32 621、32 652、3 173、3 177 等班级校友回母校。

完成动力楼 1—3 层楼道走廊等公共部位的环境出新、会议室的设备更新等。

外国语学院

2017 年，在学校党政领导的关心支持下，外国语学院以“十三五”改革发展规划为纲领，以扎实推进“双一流”建设为主线，以一级学科博士点申报为抓手，全院师生求真务实，凝心聚力，各项工作蓬勃开展。重点事件如下：

一、教学工作：筑牢人才培养的“生命线”

1. 荣获江苏省研究生教育改革成果二等奖(排名第一)。该奖项今年为首次设立，由江苏省学位委员会、江苏省教育厅颁发，以鼓励在研究生教育教学实践工作中开拓创新、做出突出贡献、取得显著成效的集体和个人。

2. 成功举办首届江苏省研究生英语翻译大赛。本次大赛由江苏省学位委员会办公室主办，东南大学承办，共有来自全省 34 所高校和科研院所的 122 名选手参赛。我院选手表现突出，荣获口译一等奖 2 项(含一等奖第一名)、笔译一等奖 1 项、笔译三等奖 1 项。

3. 教学良性有序、成果显著

• 教学工作量饱满：学院共有 116 名专任教师，患重病 5 人，支援孔子学院工作 5 人，在授课教师严重不足的情况下，一如既往，保质保量完成学校所有院系、各个年级、从本科生到博士生的外语教学工作，年授课近 40 000 课时，人均授课约 365 课时。

• 教学资源优质：聘请外籍教师 15 人次，邀请 13 名国际专家学者为本校、本院学生授课，外教承担工作量 3 000 余课时。每学期选拔培训中外助教约 80 人次，积极营造国际教、学体验。

• 教学质量优秀:近年来四、六级英语考试一次通过率均在90%以上,在全国名列前茅;专业英语日语统考成绩一直保持全国领先地位。学生英语应用能力明显提高,在国际期刊发表学术论文、参加国际学术会议、获得CSC项目资助的数量逐年上升。我院赴英国剑桥大学、日本京都大学、北京外国语大学等国内外知名高校深造的学生比例高达50%以上。

• 第二课堂捷报频传:荣获国家级奖8项,省级奖13项。SRTP共立项41项,双倍完成学校指标,其中国家级2项,省级7项。

• 培养学生全面发展、树立榜样标杆:我院2名学生获评东南大学2017"最具影响力毕业生"(全校共10名)。

• 生源质量逐年提高:党政班子成员、骨干教师遍跑名校,加大招生宣传力度。

• 师资队伍水平进一步提升:引进3名海外名校博士,聘请客座教授1名(秦潞山教授:国际口译顶尖专家),荣获第三届中国外语微课大赛全国总决赛特等奖1项。

二、科研工作:强化压力、激发动力、释放活力

1. 科研成果实现新突破

• 国家级社科基金项目2项。

• 江苏省社科基金项目6项(创历史新高,占东南大学获批项目总数的43%)。

• 发表SSCI及A&HCI论文4篇(创近年来发表高级别论文数新高)。

• 出版专著6部(创近年来出版专著数量新高)。

2. 多管齐下,强化压力、激发动力、释放活力

• 完善制度强化科研压力:奖惩并重,建立健全《外国语学院科研奖励方法》以及《外国语学院绩效考核方案》。

• 名家讲座激发学术动力:邀请国际顶尖应用语言学家SusanGass教授,全国外国文论与比较诗学学会会长周启超教授,CSCCI来源期刊《外语研究》主编修刚教授等12名国内外著名专家来我院指导学术科研。

• 高水平会议激活学术氛围

成功举办"语言与未来"学术研讨会暨第四届青年学者工作坊。外国语学院、上海外国语大学语言研究院、香港大学教育学院联合主办,邀请了来自英国伦敦大学学院、伦敦大学伯贝克学院、美国密歇根州立大学、香港大学、上海外国语大学、广东外语外贸大学、北京大学、复旦大学、武汉大学等海内外院校的知名专家学者,共同探讨语言政策领域的前沿话题。我院4位教师、8位研究生宣读论文。中国社会科学报及中国社会科学网上均有会议报道。

成功举办外国语学院学科建设高层论坛。浙江大学文科资深教授许钧教授、北京外国语大学《外语教学与研究》主编王克非教授、广东外语外贸大学翻译学研究中心黄忠廉教授、北京航空航天大学外国语学院院长向明友教授、上海交通大学外国语学院副院长彭青龙教授、南京大学外国语学院院长杨金才教授、南京师范大学外国语学院张杰教授和金

保昇副校长出席。

三、文化建设：着力发挥文化传承创新和示范育人作用

围绕学校学院"十三五"改革发展总体规划，将学院文化建设与学校学院"双一流"建设结合起来，逐步打造以富有学院特色的物质文化、行为文化、制度文化和精神文化为主要内涵的"四位一体"育人环境。

• 制定《外国语学院文化建设实施方案》。

• 成立外国语学院文化建设领导小组。

• 会议室征名活动：向全院教师征集5间会议室的名称，最终命名为"听风、译雅、读颂、说文、写墨"。

• 打造文化长廊：设计宣传展板，充分展现我院党建、教学、科研、人才培养、国际合作与交流等各方面风采。

• 建设工会活动中心：与校工会共建"教工之家"，为广大教职工和工会会员提供了学习交流、文体活动、生活服务的场所。

四、易红书记到外国语学院调研指导工作

11月9日上午，校党委书记易红到外国语学院调研指导工作。易红书记充分肯定了外国语学院近年来在党的建设、人才培养、教学科研等方面取得的成绩，表示外国语学院对学校国际化人才培养的贡献是举足轻重、不可替代的，同时也对进一步推动学院建设发展提出要求。调研会前，易红书记在外国语学院党政班子成员的陪同下，参观并高度肯定了学院文化长廊、工会活动中心等文化建设成果。

五、联合邀请齐大愚大使做客东南大学

为深入学习贯彻党的十九大精神，东南大学党委宣传部与外国语学院俄语中心联合邀请外交学院党委书记兼中国外交培训学院常务副院长、原中国驻吉尔吉斯斯坦大使齐大愚为全校中层干部和外国语学院师生作了"新时代的中国外交"的主题报告会。本次活动是外国语学院党委深入学习贯彻党的十九大精神的系列活动之一。会后，齐大愚大使与我院教师代表座谈。

体　育　系

体育系有在职教职工78人，其中专任教师71人，行政及工勤人员7人。专任教师中有教授2人、副教授45人，讲师17人、助教7人；博士学位教师4人，硕士学位教师27人，20余人修完或在读硕士课程。2017年新引进教师2人(陈娇、刘皎)、管理人员1人(顾瑀佶)，退休3人(方信荣、肖佩琮、朱利)，离职1人(杨阳)。

一、学科建设与师资队伍

2017年招收体育学一级学科硕士生5人(张伯乾、张仲坤、刘皓愉、卢静雯、杨健)。4

名硕士研究生毕业(陶源青青、韦扬、汤晨皓、王慧)。4 名硕士研究生开题(李晓晨、郭璠、谢峥嵘、陈佩),在校研究生 13 人。3 名硕士毕业生在学校就业,2 名研究生在事业单位就业,1 人攻读博士(张韬磊)。一名研究生参加 2017 年美国运动与医学年会 ASC,2 名硕士毕业生分别在学校就业。

体育系现有硕士生导师 6 人:蔡晓波、张惠红、章迅、刘龙柱、陈东良、韩军生。

做好学科建设的规划,积极推进国际化交流,做好研究生的联合培养,2017 年有 3 名教师(蔡晓波、王立瑾、姬晶晶)出国对外交流。

师资队伍的整体素质继续得到优化,有 1 名教师晋升副教授职称(陆素文)。

二、人才培养和教学工作

为全面贯彻党的教育方针,更好地发挥体育在健全人格、健康体魄、促进学生全面发展方面的重要作用,8 月 21 日学校下发关于印发《东南大学关于加强和改进大学生体育育人工作的若干意见》。

做好教学成果申报工作,做到明确申报方向、组建申报队伍、制订申报计划、筹划支撑材料。出版了修订后的《体育理论教程》。

认真总结经验,探讨教学模式和教学内容方法改革;解决始终困扰的排课、成绩管理系统问题;积极做好本科教学审核评估前期准备工作和体育系教学工作考核与年度本科教学质量报告。

三、群众体育

积极组织面向全体师生的精品赛事:在"三六三"群体竞赛模式的基础上,圆满完成了第 59 届学生运动会、校园马拉松、一二·九万人长跑(2017 年共完成 211 项次比赛,参加人次约 15 万左右),学校群众体育连续第九次获得全国运动会团群众体育先进单位(全国唯一)。

继续推进体育名人名队名赛进校园:邀请 2 名知名学者和世界冠军与学生面对面、结合 115 校庆举办了中美大学生排球友谊赛。

四、运动竞赛

认真备战第十三届全国学生运动会和省十九届运动会高校部比赛,在第十三届全国学生运动会上以 5 金 7 银 5 铜的优异成绩连续第七次获得"校长杯突出贡献奖";组队参加省运动会高校部的比赛成绩优异,在先期结束的比赛中,网球获得团体第一、健美操获团体第二、男篮获第二、男足获第三的优异成绩,同时承办了运动会普通组男女篮球决赛;完成了高水平运动队项目的调整工作(羽毛球替换定向越野)。

五、科研与学生体质

为提高教师科研水平和科研质量,完善了学术研究成果奖励政策;第十三届学生运动会科学论文报告会论文我校获大会一等奖 1 篇,二、三等奖各 2 篇。

作为全国学生体质监测点,组织我校 2 000 余名学生参加全国学生体质健康监测工作,全校学生《国家学生体质健康标准》合格率为 93.4%,比 2016 年度合格率 94.17%下降 0.77%。

六、党建工作

坚持深化学习,明确责任主体,在党建工作中,切实发挥系总支的主导作用。上半年以学习贯彻全国高校思想政治工作会议精神和中央巡视发现基层党建存在的问题整改为主,下半年以全面学习贯彻习近平新时代中国特色社会主义思想和十九大精神作为首要任务,制定了《体育系总支学习宣传贯彻十九大精神计划》。

着力落实问题整改工作,扎实推进"两学一做"学习教育常态化制度化。制定了《体育系关于推进"两学一做"学习教育常态化制度化的实施方案》。

以系领导干部为重点,切实加强党风廉政建设,坚决落实中央"八项规定"精神,及时带领系领导班子成员进一步提高对党风廉政建设工作的认识,深入开展党风党纪教育。

七、后勤保障和社会服务工程

加强行政后勤人员管理,提高服务意识和服务能力;完成了九龙湖梅园、橘园塑胶场地更新工作,协助基建部门做好游泳馆建设的前期准备工作。

做好挂靠我校的省高教学会体育研究会、省体育科学学会学校体育专业委员会、江苏省《国家学生体质健康标准》数据管理中心和江苏省大一新生身体素质测试回馈生源地工作。负责第十三届全国学生运动会科学论文报告会论文征集、修改、指导、上报工作,获得团体第一。

附:2017 年东南大学体育系国际级、国家级裁判员名录

2017 年东南大学学生参加省市级以上体育竞赛成绩一览表

2017 年东南大学《国家学生体质健康标准》数据分析

2017 年东南大学体育系十大新闻

2017 年东南大学体育系国际级、国家级裁判员名录

田　　径:陆建明　国际级
　　　　　张建宁　国际级
　　　　　江　菊　国家级
　　　　　刘龙柱　国家级
　　　　　方　元　国家级
　　　　　沈　辉　国家级
　　　　　丁　亮　国家级
游　　泳:倪小焰　国家级
排　　球:钱景虹　国家级
沙滩排球:赵　衡　国家级
乒 乓 球:蔡晓波　国际级
　　　　　张学山　国际级
　　　　　方　志　国际级
定向越野:方信荣　国家级
　　　　　尹红松　国家级
武　　术:徐红旗　国家级
啦 啦 操:杨文刚　国际级
龙　　舟:严　华　国际级

2017 年东南大学学生参加省市级以上体育竞赛成绩一览表

大项	小项	比赛名称	姓名	名次	地点	时间
游泳	1 500 米自由泳	第十三届全国学生运动会	孙　岩	第四名	杭州	9 月
游泳	400 米混合泳	第十三届全国学生运动会	孙　岩	第七名	杭州	9 月
游泳	50 米蛙泳	2017 江苏省城市假日联赛“双鱼杯”游泳俱乐部冠军赛	刘皓愉	第一名	靖江	7 月
游泳	100 米蛙泳	2017 江苏省城市假日联赛“双鱼杯”游泳俱乐部冠军赛	刘皓愉	第一名	靖江	7 月
游泳	4×100 米混合泳接力	2017 江苏省城市假日联赛“双鱼杯”游泳俱乐部冠军赛	刘皓愉	第一名	靖江	7 月
游泳	4×50 米自由泳接力	2017 江苏省城市假日联赛“双鱼杯”游泳俱乐部冠军赛	刘皓愉	第一名	靖江	7 月
游泳	4×100 米自由泳接力	2017 江苏省城市假日联赛“双鱼杯”游泳俱乐部冠军赛	刘皓愉	第一名	靖江	7 月

（续 表）

大项	小项	比赛名称	姓名	名次	地点	时间
游泳	4×100 米自由泳接力	第十三届全国大学生运动会	刘皓愉	第四名	杭州	9 月
游泳	50 米蛙泳	江苏省大学生游泳锦标赛暨第十三届全国学生运动会选拔赛	刘皓愉	第一名	南京	3 月
游泳	100 米蛙泳	江苏省大学生游泳锦标赛暨第十三届全国学生运动会选拔赛	刘皓愉	第二名	南京	3 月
游泳	50 米仰泳	江苏省大学生游泳比赛暨第十三届全国学生运会选拔赛	陆宇航	第七名	杭州	9 月
游泳	50 米仰泳	江苏省大学生游泳比赛暨第十三届全国学生运会选拔赛	陆宇航	第二名	南京	3 月
游泳	100 米仰泳	江苏省大学生游泳比赛暨第十三届全国学生运会选拔赛	陆宇航	第一名	南京	3 月
跆拳道	竞技男子 72 kg	江苏省大学生跆拳道锦标赛	李静渊	第三名	盐城	6 月
跆拳道	竞技男子 58 kg	江苏省大学生跆拳道锦标赛	华志登	第二名	盐城	6 月
篮球	男子篮球	江苏省十九届运动会高校部甲B组	朱希捷	第二名	南京	10 月
啦啦操	集体花球	2017 年中国(无锡)青少年啦啦操精英赛	黄宁倪	第一名	无锡	12 月
定向越野	中距离	江苏省定向锦标赛	李　正	第三名	仪征	10 月
定向越野	接力赛	中国杯国际定向越野挑战赛	李　正 邢　超 欧阳莞锋	第二名	牛首山	5 月
篮球	男子篮球	江苏省十九届运动会高校部甲B组	梁景盛	第二名	南京	10 月
健美操	混合五人操	江苏省第十九届学生运动会	周家琪	第三名	南京	11 月
啦啦操	集体花球	2017 年中国(无锡)青少年啦啦操精英赛	周家琪	第一名	无锡	12 月
男排	排球	全国大学生排球联赛	洪旭辉	第二名	秦皇岛	11 月
跆拳道	竞技男子 63 kg	江苏省大学生跆拳道锦标赛	王海涛	第三名	盐城	6 月
定向越野	团队	长三角名校迷你马拉松定向邀请赛	李　正	第一名	绍兴	14 月
网球	男子团体	江苏省第十九届运动会高校部甲组网球比赛	刘　雨	第三名	南京	10 月
网球	女子团体	江苏省第十九届运动会高校部甲组网球比赛	苗文筱	第一名	南京	10 月
网球	女子双打	江苏省第十九届运动会高校部甲组网球比赛	苗文筱	第一名	南京	10 月

（续　表）

大项	小项	比赛名称	姓名	名次	地点	时间
网球	混合双打	江苏省第十九届运动会高校部甲组网球比赛	苗文筱	第二名	南京	10月
网球	女子单打	江苏省第十九届运动会高校部甲组网球比赛	苗文筱	第三名	南京	10月
田径	4×100米接力	江苏省大学生田径锦标赛	虞沁宸	第四名	南京	5月
女排	沙滩排球	全国大学生沙滩排球锦标赛	叶昭彤	第九名	内蒙古	7月
女排	排球	2017—2018中国大学生排球联赛(南方赛区)	叶昭彤	C组第一名	秦皇岛	11月
足球	男子足球	江苏省第十九届运动会高校部男子甲B组足球比赛	蒋军戌	第三名	南京	11月
足球	男子足球	江苏省第十九届运动会高校部男子甲B组足球比赛	王艺涵	第三名	南京	11月
足球	男子足球	江苏省第十九届运动会高校部男子甲B组足球比赛	刘　振	第三名	南京	11月
游泳	200米蝶泳	江苏省大学生游泳锦标赛暨第十三届全国学生运动会选拔赛	苗　棚	第三名	杭州	3月
游泳	200米蝶泳	江苏省大学生游泳比赛暨第十三届全国学生运会选拔赛	苗　棚	第三名	南京	3月
网球	男子团体	江苏省第十九届运动会高校部甲组网球比赛	冯嘉伟	第三名	南京	10月
网球	男子单打	江苏省第十九届运动会高校部甲组网球比赛	冯嘉伟	第三名	南京	10月
啦啦操	集体花球	2017年中国(无锡)青少年啦啦操精英赛	孙宇婷	第一名	无锡	12月
足球	男子足球	江苏省第十九届运动会高校部男子甲B组足球比赛	田植政	第三名	南京	11月
游泳	50米仰泳	江苏省大学生游泳锦标赛暨第十三届全国学生运动会选拔赛	王　牧	第一名	南京	3月
游泳	100米仰泳	江苏省大学生游泳锦标赛暨第十三届全国学生运动会选拔赛	王　牧	第一名	南京	3月
游泳	50米自由泳	江苏省大学生游泳锦标赛暨第十三届全国学生运动会选拔赛	王　牧	第二名	南京	3月
足球	男子足球	江苏省第十九届运动会高校部男子甲B组足球比赛	杨得金	第三名	南京	11月
啦啦操	集体花球	2017年中国(无锡)青少年啦啦操精英赛	俞安澜	第一名	无锡	12月
女排	排球	2017—2020中国大学生排球联赛(南方赛区)	孟　冉	C组第一名	秦皇岛	11月

（续 表）

大项	小项	比赛名称	姓名	名次	地点	时间
篮球	男子篮球	江苏省十九届运动会高校部甲B组	王静远	第二名	南京	10月
网球	女子团体	江苏省第十九届运动会高校部甲组网球比赛	胡　博	第一名	南京	10月
网球	女子双打	江苏省第十九届运动会高校部甲组网球比赛	胡　博	第一名	南京	10月
网球	女子单打	江苏省第十九届运动会高校部甲组网球比赛	胡　博	第二名	南京	10月
武术	B组女子南刀	江苏省第十九届运动会高校部甲组武术比赛	杨　蕊	第二名	扬州	10月
跆拳道	竞技男子54 kg	江苏省大学生跆拳道锦标赛	吴治毅	第三名	盐城	6月
足球	男子足球	江苏省第十九届运动会高校部男子甲B组足球比赛	邹舜杰	第三名	南京	11月
足球	男子足球	江苏省第十九届运动会高校部男子甲B组足球比赛	刘佳昊	第三名	南京	11月
游泳	50米蛙泳	江苏省城市联赛冠军赛	张晨翔	第三名	南京	9月
游泳	50米蝶泳	江苏省大学生游泳锦标赛暨第十三届全国学生运动会选拔赛	汤　澄	第三名	南京	3月
游泳	100米自由泳	江苏省大学生游泳锦标赛暨第十三届全国学生运动会选拔赛	汤　澄	第二名	南京	3月
游泳	50米蝶泳	2017江苏省城市假日联赛“双鱼杯”游泳俱乐部冠军赛	汤　澄	第三名	靖江	6月
游泳	200米仰泳	江苏省大学生游泳锦标赛	王竟成	第二名	南京	5月
游泳	100米仰泳	江苏省大学生游泳锦标赛	王竟成	第三名	南京	5月
游泳	100米仰泳	2017江苏省城市假日联赛“双鱼杯”游泳俱乐部冠军赛	王竟成	第三名	靖江	8月
游泳	4×50米混合泳接力	2017江苏省城市假日联赛“双鱼杯”游泳俱乐部冠军赛	王竟成	第一名	靖江	8月
游泳	50米蝶泳	江苏省大学生游泳比赛暨第十三届全国学生运动会选拔赛	张劲松	第三名	南京	3月
足球	男子足球	江苏省第十九届运动会高校部男子甲B组足球比赛	李向杰	第三名	南京	11月
定向越野	短距离	中国杯国际定向越野挑战赛	戴　斐	第三名	牛首山	5月
定向越野	百米定向	江苏省定向锦标赛	戴　斐	第一名	仪征	10月

（续　表）

大项	小项	比赛名称	姓名	名次	地点	时间
定向越野	短距离	江苏省定向锦标赛	戴　斐	第一名	仪征	10月
定向越野	中距离	江苏省定向锦标赛	戴　斐	第一名	仪征	10月
定向越野	长距离	江苏省定向锦标赛	戴　斐	第一名	仪征	10月
定向越野	短距离	长三角名校迷你马拉松定向邀请赛	戴　斐	第一名	绍兴	11月
田径	三级跳远	江苏省大学生田径锦标赛	包尊杰	第三名	南京	5月
篮球	男子篮球	江苏省十九届运动会高校部甲B组	谭经纬	第二名	南京	10月
篮球	男子篮球	江苏省十九届运动会高校部甲B组	刘　涛	第二名	南京	10月
定向越野	团队	长三角名校迷你马拉松定向邀请赛	戴　斐	第一名	绍兴	11月
健美操	混合五人操	江苏省第十九届学生运动会	于福忠	第三名	南京	11月
游泳	400米自由泳	第十三届全国学生运动会	石涵雨	第六名	杭州	3月
游泳	1500米自由泳	第十三届全国学生运动会	石涵雨	第五名	杭州	3月
游泳	4×100米自由泳	第十三届全国学生运动会	石涵雨	第二名	杭州	3月
游泳	4×200米自由泳	第十三届全国学生运动会	石涵雨	第二名	杭州	3月
定向越野	百米定向	江苏省定向锦标赛	张艺轩	第三名	仪征	10月
篮球	男子篮球	江苏省十九届运动会高校部甲B组	田近尧	第二名	南京	10月
健美操	混合五人操	江苏省第十九届学生运动会	黄雪梅	第三名	南京	11月
啦啦操	集体花球	2017年中国(无锡)青少年啦啦操精英赛	黄雪梅	第一名	无锡	12月
啦啦操	双人花球	2017—2018年全国啦啦操联赛(榕江站)	黄雪梅	第二名	榕江	12月
啦啦操	集体花球	2017年中国(无锡)青少年啦啦操精英赛	刘香男	第一名	无锡	12月
啦啦操	双人花球	2017—2018年全国啦啦操联赛(榕江站)	刘香男	第二名	榕江	12月
健美操	女子三人操	江苏省第十九届学生运动会	张雅鑫	第二名	南京	11月
啦啦操	集体花球	2017年中国(无锡)青少年啦啦操精英赛	张雅鑫	第一名	无锡	12月
啦啦操	集体花球	2017年中国(无锡)青少年啦啦操精英赛	宋美晨	第一名	无锡	12月

（续　表）

大项	小项	比赛名称	姓名	名次	地点	时间
啦啦操	双人爵士	2017—2018 年全国啦啦操联赛（榕江站）	宋美晨	第一名	贵州榕江	12 月
定向越野	团队	长三角名校迷你马拉松定向邀请赛	张艺轩	第一名	绍兴	11 月
男排	排球	全国大学生排球联赛	陈家良	第二名	秦皇岛	11 月
龙舟比赛	200 米直道赛	南京市高校龙舟赛	彭志远	第二名	南京	5 月
男排	沙滩排球	全国大学生沙排锦标赛	李怡舟	B组第三名	内蒙古	7 月
男排	排球	全国大学生排球联赛	李怡舟	第二名	秦皇岛	11 月
篮球	男子篮球	江苏省十九届运动会高校部甲B组	高稼和	第二名	南京	10 月
篮球	男子篮球	江苏省十九届运动会高校部甲B组	刘昊洋	第二名	南京	10 月
跆拳道	竞技女子 49 kg	江苏省大学生跆拳道锦标赛	黄凡轩	第五名	盐城	6 月
网球	男子团体	江苏省第十九届运动会高校部甲组网球比赛	窦唯靖	第三名	南京	10 月
网球	混合双打	江苏省第十九届运动会高校部甲组网球比赛	窦唯靖	第二名	南京	10 月
篮球	男子篮球	江苏省十九届运动会高校部甲B组	韩　诚	第二名	南京	10 月
足球	男子足球	江苏省第十九届学生运动会高校部足球预赛	秦　鑫	第五名	南京	5 月—6 月
足球	男子足球	江苏省第十九届运动会高校部男子甲 B 组足球比赛	秦　鑫	第三名	南京	11 月
健美操	女子三人操	江苏省第十九届学生运动会	刘熠琳	第二名	南京	11 月
啦啦操	集体花球	2017 年中国(无锡)青少年啦啦操精英赛	刘熠琳	第一名	无锡	12 月
啦啦操	双人爵士	2017—2018 年全国啦啦操联赛（榕江站）	刘熠琳	第一名	贵州榕江	12 月
跆拳道	竞技男子 68 kg	江苏省大学生跆拳道锦标赛	谢孟阳	第二名	盐城	6 月
男排	排球	全国大学生排球联赛	顾张雷	第二名	秦皇岛	11 月
游泳	50 米仰泳	2017 江苏省城市假日联赛	金　璐	第二名	靖江	7 月

(续　表)

大项	小项	比赛名称	姓名	名次	地点	时间
游泳	100 米仰泳	2017 江苏省城市假日联赛“双鱼杯”游泳俱乐部冠军赛	金　璐	第二名	靖江	7 月
游泳	4×50 混合泳接力	2017 江苏省城市假日联赛“双鱼杯”游泳俱乐部冠军赛	金　璐	第一名	靖江	7 月
游泳	50 米仰泳	江苏省大学生游泳比赛暨第十三届学生运动会选拔赛	金　璐	第一名	南京	3 月
游泳	100 米仰泳	江苏省大学生游泳比赛暨第十三届学生运动会选拔赛	金　璐	第一名	南京	3 月
游泳	200 米仰泳	江苏省大学生游泳比赛暨第十三届学生运动会选拔赛	金　璐	第一名	南京	3 月
游泳	400 米自由泳	江苏省大学生游泳锦标赛暨第十三届全国学生运动会选拔赛	缪雪松	第一名	南京	4 月
游泳	200 米自由泳	江苏省大学生游泳锦标赛暨第十三届全国学生运动会选拔赛	缪雪松	第一名	南京	4 月
游泳	100 米自由泳	2017 江苏省城市假日联赛“双鱼杯”游泳俱乐部冠军赛	缪雪松	第一名	靖江	7 月
游泳	男子 4×50 米混合泳	2017 江苏省城市假日联赛“双鱼杯”游泳俱乐部冠军赛	缪雪松	第一名	靖江	7 月
游泳	100 米自由泳	游泳俱乐部冠军赛	缪雪松	第一名	高淳	9 月
游泳	4×200 米自由泳接力	2017 全国游泳冠军赛	崔卜丹	第一名	青岛	4 月
游泳	4×200 自由泳接力	第十三届全国学生运动会	崔卜丹	第二名	杭州	9 月
游泳	800 米自由泳	第十三届全国学生运动会	崔卜丹	第三名	杭州	9 月
游泳	1 500 米自由泳	第十三届全国学生运动会	崔卜丹	第二名	杭州	9 月
游泳	4×100 米自由泳接力	第十三届全国学生运动会	崔卜丹	第一名	杭州	9 月
男排	沙滩排球	全国大学生沙排锦标赛	陈冠宇	B 组第三名	内蒙古	7 月
男排	排球	全国大学生排球联赛	陈冠宇	第二名	秦皇岛	11 月
乒乓球	男子单打	第十三届全国学生运动会	张　超	第三名	杭州	9 月

（续　表）

大项	小项	比赛名称	姓名	名次	地点	时间
乒乓球	男子双打	第十三全国大届学生运动会	张　超	第二名	杭州	9月
定向越野	短距离	中国杯国际定向越野挑战赛	冼嘉成	第一名	牛首山	5月
定向越野	中距离	中国杯国际定向越野挑战赛	冼嘉成	第一名	牛首山	5月
定向越野	百米定向	江苏省定向锦标赛	冼嘉成	第一名	仪征	10月
定向越野	短距离	江苏省定向锦标赛	冼嘉成	第一名	仪征	10月
定向越野	中距离	江苏省定向锦标赛	冼嘉成	第一名	仪征	10月
定向越野	长距离	江苏省定向锦标赛	冼嘉成	第一名	仪征	10月
定向越野	短距离	长三角名校迷你马拉松定向邀请赛	冼嘉成	第一名	绍兴	11月
跆拳道	品势太极一章	江苏省大学生跆拳道锦标赛	刘佳欣	三等奖	盐城	6月
女排	排球	2017—2019中国大学生排球联赛(南方赛区)	丁雅婷	C组第一名	秦皇岛	11月
定向越野	百米定向	江苏省定向锦标赛	黄　翔	第二名	仪征	10月
定向越野	中距离	江苏省定向锦标赛	黄　翔	第二名	仪征	10月
定向越野	长距离	江苏省定向锦标赛	黄　翔	第二名	仪征	10月
定向越野	接力赛	中国杯国际定向越野挑战赛	黄　翔	第二名	牛首山	5月
女排	排球	2017—2019中国大学生排球联赛(南方赛区)	杜凌菲	C组第一名	秦皇岛	11月
游泳	100米蝶泳	第十三届全国学生运动会	郝　运	第一名	杭州	9月
游泳	4×200米自由泳接力	第十三届全国学生运动会	郝　运	第二名	杭州	9月
游泳	4×200米自由泳接力	第十三届全国学生运动会	郝　运	第三名	杭州	9月
游泳	4×100米混合泳接力	第十三届全国学生运动会	郝　运	第二名	杭州	9月
游泳	50米蝶泳	第17届全国大学生游泳锦标赛	郝　运	第二名	赣州	11月
女排	排球	2017—2019中国大学生排球联赛(南方赛区)	王锦迪	C组第一名	河北·秦皇岛	11月2号
定向越野	团队	长三角名校迷你马拉松定向邀请赛	冼嘉成	第一名	绍兴	11月
定向越野	团队	长三角名校迷你马拉松定向邀请赛	黄　翔	第一名	绍兴	16月
女排	排球	2017—2019中国大学生排球联赛(南方赛区)	王雨瑄	C组第一名	秦皇岛	11月

(续　表)

大项	小项	比赛名称	姓名	名次	地点	时间
跆拳道	竞技女子 57 kg	江苏省大学生跆拳道锦标赛	刘佳欣	第三名	盐城	6 月
女排	排球	2017—2027 中国大学生排球联赛(南方赛区)	王　翮	C 组第一名	秦皇岛	11 月
游泳	800 米自泳	第十七届全国大学生游泳锦标赛	唐潇昂	第三名	赣州	11 月
女排	排球	2017—2028 中国大学生排球联赛(南方赛区)	陶　逾	C 组第一名	秦皇岛	11 月
女排	排球	2017—2029 中国大学生排球联赛(南方赛区)	杨　帆	C 组第一名	秦皇岛	11 月
游泳	200 米自由泳	第 17 届全国大学生游泳锦标赛	郝悦然	第三名	赣州	11 月
田径	跳高	江苏省大学生田径锦标赛	丁　天	第一名	南京	5 月
男排	排球	全国大学生排球联赛	金佳华	第二名	秦皇岛	11 月
游泳	100 米蛙泳	江苏省大学生游泳锦标赛暨第十三届全国学生运动会选拔赛	刘榕冠	第三名	南京	3 月
游泳	50 米蛙泳	江苏省大学生游泳锦标赛暨第十三届全国学生运动会选拔赛	刘榕冠	第三名	南京	3 月
游泳	100 米蛙泳	2017 江苏省城市假日联赛“双鱼杯”游泳俱乐部冠军赛	刘榕冠	第三名	靖江	7 月
游泳	50 米蛙泳	2017 江苏省城市假日联赛“双鱼杯”游泳俱乐部冠军赛	刘榕冠	第三名	靖江	7 月
游泳	50 米蝶泳	第十三届全国学生运动会	李佞偈	第一名	杭州	9 月
游泳	100 米蝶泳	第十三届全国学生运动会	李佞偈	第二名	杭州	9 月
游泳	200 米蝶泳	第十三届全国学生运动会	李佞偈	第三名	杭州	9 月
游泳	50 米蝶泳	第 17 届全国大学生游泳锦标赛	李佞偈	第一名	赣州	11 月
游泳	200 米蝶泳	第二十九届世界大学生夏季运动会游泳项目选拔赛	李佞偈	第二名	上海	3 月
游泳	100 米蝶泳	2017 江苏省城市假日联赛“双鱼杯”游泳俱乐部冠军赛	李佞偈	第一名	靖江	7 月
游泳	50 米蝶泳	2017 江苏省城市假日联赛“双鱼杯”游泳俱乐部冠军赛	李佞偈	第二名	靖江	7 月

（续 表）

大项	小项	比赛名称	姓名	名次	地点	时间
游泳	100米蝶泳	大运会江苏省选拔赛	李佞偈	第三名	南京	3月
游泳	200米蝶泳	大运会江苏省选拔赛	李佞偈	第一名	南京	3月
跆拳道	品势太极一章	江苏省大学生跆拳道锦标赛	杨仕慧	一等奖	盐城	6月
游泳	200米蛙泳	第29届世界大学生夏季运动会游泳项目选拔赛	杨天然	第二名	上海	3月
游泳	200米蛙泳	第十三届全国学生运动会选拔赛	杨天然	第一名	南京	3月
游泳	100米蛙泳	第十三届全国学生运动会选拔赛	杨天然	第一名	南京	3月
游泳	100米蛙泳	2017江苏省城市假日联赛“双鱼杯”游泳俱乐部冠军赛	杨天然	第一名	靖江	7月
游泳	50米蛙泳	2017江苏省城市假日联赛“双鱼杯”游泳俱乐部冠军赛	杨天然	第三名	靖江	7月
游泳	4×50混合泳接力	2017江苏省城市假日联赛“双鱼杯”游泳俱乐部冠军赛	杨天然	第一名	靖江	7月
游泳	4×50米自由泳接力	2017江苏省城市假日联赛“双鱼杯”游泳俱乐部冠军赛	杨天然	第一名	靖江	7月
定向越野	团队	长三角名校迷你马拉松定向邀请赛	苗林霏	第一名	绍兴	11月
女排	排球	2017—2021中国大学生排球联赛(南方赛区)	陈雨星	C组第一名	秦皇岛	11月2号
女排	排球	2017—2025中国大学生排球联赛(南方赛区)	周桉楠	C组第一名	秦皇岛	11月
啦啦操	集体花球	2017年中国(无锡)青少年啦啦操精英赛	黄思涵	第一名	无锡	12月
健美操	女子三人操	江苏省第十九届学生运动会	王梦雨	第二名	南京	11月
啦啦操	集体花球	2017年中国(无锡)青少年啦啦操精英赛	王梦雨	第一名	无锡	12月
跆拳道	竞技女子−46 kg	江苏省大学生跆拳道锦标赛	杨仕慧	第一名	盐城	6月
足球	男子足球	江苏省第十九届运动会高校部甲B组足球比赛	肖凯提·努尔买买提	第三名	南京	11月
啦啦操	集体花球	2017年中国(无锡)青少年啦啦操精英赛	欧燕锋	第一名	无锡	12月
足球	男子足球	江苏省第十九届运动会高校部甲B组足球比赛	刘　刚	第三名	南京	11月

（续　表）

大项	小项	比赛名称	姓名	名次	地点	时间
篮球	男子篮球	江苏省十九届学生运动会高校部甲B组	李声毅	第二名	南京	10月
篮球	男子篮球	江苏省十九届学生运动会高校部甲B组	李团非	第二名	南京	10月
篮球	男子篮球	江苏省十九届学生运动会高校部甲B组	马致远	第二名	南京	10月
女排	排球	2017—2030中国大学生排球联赛(南方赛区)	熊玮琪	C组第一名	秦皇岛	11月
男排	排球	全国大学生排球联赛	林珏冲	第二名	秦皇岛	11月
女排	排球	2017—2031中国大学生排球联赛(南方赛区)	姚琪玥	C组第一名	秦皇岛	11月
女排	排球	2017—2018中国大学生排球联赛(南方赛区)	冷　妍	C组第一名	秦皇岛	11月
男排	排球	全国大学生排球联赛	严啸峰	第二名	秦皇岛	11月
篮球	男子篮球	江苏省十九届运动会高校部甲B组	李安持	第二名	南京	10月
男排	排球	全国大学生排球联赛	刘睿航	第二名	秦皇岛	11月
游泳	100米自由泳	2017江苏省城市假日联赛“双鱼杯”游泳俱乐部冠军赛	张琬琳	第二名	靖江	6月
游泳	100米自由泳	江苏省大学生游泳锦标赛暨第十三届全国学生运动会选拔赛	张琬琳	第一名	南京	3月
游泳	200米自由泳	江苏省大学生游泳锦标赛暨第十三届全国学生运动会选拔赛	张琬琳	第一名	南京	3月
男排	排球	全国大学生排球联赛	孟凌宇	第二名	秦皇岛	11月
跆拳道	品势太极一章	江苏省大学生跆拳道锦标赛	黄昊冉	三等奖	盐城	6月
女排	排球	2017—2024中国大学生排球联赛(南方赛区)	戴昇宏	C组第一名	秦皇岛	11月
定向越野	短距离	江苏省定向锦标赛	陈俊兰	第三名	仪征	10月
定向越野	长距离	江苏省定向锦标赛	陈俊兰	第三名	仪征	10月
足球	男子足球	江苏省第十九届运动会高校部甲B组足球比赛	张缪言	第三名	南京	11月
足球	男子足球	江苏省第十九届运动会高校部甲B组足球比赛	李佳骏	第三名	南京	11月
健美操	混合五人操	江苏省第十九届学生运动会	刘宝珠	第三名	南京	11月

（续　表）

大项	小项	比赛名称	姓名	名次	地点	时间
啦啦操	集体花球	2017 年中国(无锡)青少年啦啦操精英赛	刘宝珠	第一名	无锡	12 月
足球	男子足球	江苏省第十九届学生运动会高校部男子甲 B 组足球比赛	陈　磊	第三名	南京	11 月
跆拳道	品势太极一章	江苏省大学生跆拳道锦标赛	李琳华	二等奖	盐城	6 月
跆拳道	竞技女子 57 kg	江苏省大学生跆拳道锦标赛	李琳华	第二名	盐城	6 月
足球	男子足球	江苏省第十九届学生运动会高校部甲 B 组足球比赛	韦苡松	第三名	南京	11 月
足球	男子足球	江苏省第十九届学生运动会高校部甲 B 组足球比赛	崔钟予	第三名	南京	11 月
蓝球	男子篮球	江苏省十九届学生运动会高校部甲 B 组	李　博	第二名	南京	10 月
足球	男子足球	江苏省第十九届运动会高校部男子甲 B 组足球比赛	常腾飞	第三名	南京	11 月
网球	男子团体	江苏省第十九届运动会高校部甲组网球比赛	李　勇	第三名	南京	10 月
篮球	男子篮球	江苏省十九届运动会高校部甲 B 组	李宇时	第二名	南京	10 月
男排	排球	全国大学生排球联赛	王天恩	第二名	秦皇岛	11 月
健美操	混合五人操	江苏省第十九届学生运动会	王婧婕	第三名	南京	11 月
啦啦操	集体花球	2017 年中国(无锡)青少年啦啦操精英赛	王婧婕	第一名	无锡	12 月
啦啦操	双人花球	2017—2018 年全国啦啦操联赛(榕江站)	王婧婕		榕江	12 月
排球	男排	全国大学生排球联赛	俞佳鑫	第二名	秦皇岛	11 月
定向越野	短距离	中国杯国际定向越野挑战赛	莫巨宏	第二名	牛首山	5 月
定向越野	百米定向	江苏省定向锦标赛	莫巨宏	第三名	仪征	10 月
定向越野	短距离	江苏省定向锦标赛	莫巨宏	第三名	仪征	10 月
定向越野	长距离	江苏省定向锦标赛	莫巨宏	第二名	仪征	10 月
游泳	200 米蝶泳	第十七届全国大学生游泳锦标赛	张赟圣	第三名	赣州	11 月
游泳	400 米混合泳	第十七届全国大学生游泳锦标赛	张赟圣	第三名	赣州	11 月
游泳	200 米蝶泳	第 29 届世界大学生夏季运动会游泳项目选拔赛	张赟圣	第三名	上海	3 月

(续 表)

大项	小项	比赛名称	姓名	名次	地点	时间
游泳	400 米混合泳	第 29 届世界大学生夏季运动会游泳项目选拔赛	张赟圣	第四名	上海	3 月
游泳	200 米蝶泳	江苏省大学生游泳锦标赛暨第十三届全国学生运动会选拔赛	张赟圣	第一名	南京	3 月
游泳	400 米混合泳	江苏省大学生游泳锦标赛暨第十三届全国学生运动会选拔赛	张赟圣	第二名	南京	3 月
定向越野	团队	长三角名校迷你马拉松定向邀请赛	莫巨宏	第一名	绍兴	12 月
定向越野	团队	长三角名校迷你马拉松定向邀请赛	陈秋实	第一名	绍兴	11 月
定向越野	中距离	江苏省定向锦标赛	陈秋实	第二名	仪征	10 月
定向越野	长距离	江苏省定向锦标赛	陈秋实	第二名	仪征	10 月
健身气功	八段锦竞赛个人	2017 江苏省高校健身气功比赛	姜琳	第三名	南京	11 月
足球	男子足球	江苏省第十九届运动会高校部男子甲 B 组足球比赛	潘振宇	第三名	南京	11 月
足球	男子足球	江苏省第十九届运动会高校部男子甲 B 组足球比赛	艾则麦提·艾尼瓦	第三名	南京	11 月
足球	男子足球	江苏省第十九届运动会高校部男子甲 B 组足球比赛	甫尔塔韦斯	第三名	南京	11 月
网球	女子团体	江苏省第十九届运动会高校部甲组网球比赛	易晨扬	第一名	南京	10 月
网球	女子团体	江苏省第十九届运动会高校部甲组网球比赛	何忠励	第一名	南京	10 月

2017 年东南大学《国家学生体质健康标准》数据分析

我校 2017 年度在校本科生人数为 15 865 人,因教育部文件规定上报学生需要用身份证号作为必要的识别代码,我校的部分港、澳、台和留学生均无法完成上报。同时数据有空缺项的学生不能导入上报平台,因身体原因不能参加测试的同学需填写免测申请单。除因以上原因和部分因数据录入错误而导致异常数据的学生数,最终有效上报教育部的测试数据人数为 14 634 人,比 2016 年度增加 304 人,上报率为 92.25%。

表 1　2017 年度我校《标准》总体等级分析

等级	不及格	及格	良好	优秀	总计
人数	968	10 759	2 680	227	14 634
百分比(%)	6.6	73.5	18.3	1.6	100

从表 1 中可看出，我校 2017 年度的及格率为 93.4%，比 2016 年度的 94.17%下降 0.77%；优良率为 19.9%，比 2016 年度增加 0.27%；优秀率为 1.6%。，比 2016 年度增加 0.56%。

表 2　2017 年度大学一年级《标准》等级分析

等级	不及格	及格	良好	优秀	总计
人数	185	2 822	645	65	3 717
百分比(%)	5	75.9	17.4	1.7	100

表 3　2017 年度大学二年级《标准》等级分析

等级	不及格	及格	良好	优秀	总计
人数	169	2 543	881	64	3 657
百分比(%)	4.6	69.5	24.1	1.8	100

表 4　2017 年度大学三年级《标准》等级分析

等级	不及格	及格	良好	优秀	总计
人数	304	2 647	581	43	3 575
百分比(%)	8.5	74	16.3	1.2	100

表 5　2017 年度大学四年级《标准》等级分析

等级	不及格	及格	良好	优秀	总计
人数	310	2 747	573	55	3 685
百分比(%)	8.4	74.5	15.5	1.5	100

从表 2—表 5 中可以看出，有效数据上报人数随着年级的提高而呈下降趋势，不及格率大学二年级学生最低，大三、大四同学不及格率较高。优良率同样是大学二年级同学最高，大三、大四同学较低。这也体现了我校学生通过大学一年级的体育教学，身体健康状况呈提升的趋势；而随着大学三年级、大学四年级不开设体育课，不及格的人数增加较快，优良率呈缓慢下降的趋势。

2017 年东南大学体育系十大新闻

1. 第十三届全国运动会群众体育先进集体、先进个人表彰大会 8 月 27 日在天津举行，我校再次获得全国群众体育先进单位，这是我校自 1983 年第五届全国运动会以来连续第九次获此殊荣，也是全国唯一连续九次获此殊荣的高校。

2. 为全面贯彻党的教育方针，更好地发挥体育在健全人格、健康体魄、促进学生全面发展方面的重要作用，8月21日学校下发关于印发《东南大学关于加强和改进大学生体育育人工作的若干意见》，这是我校为贯彻落实中共中央、国务院《关于加强和改进新形势下高校思想政治工作的意见》和《东南大学关于加强和改进新形势下学校思想政治工作的实施办法》，全面贯彻党的教育方针的重要举措。

3. 第十三届全国学生运动会9月6日至9月15日在杭州举行，我校有23名运动员参加田径、游泳、乒乓球项目的比赛，共获得5金7银5铜，破1项赛会纪录，科学论文报告会大会报告论文1篇、墙报交流论文2篇、书面交流论文2篇的优异成绩，连续第七次获得全国大学生运动会的最高荣誉“校长杯”突出贡献奖。

4. 东南大学第59届学生田径运动会4月7日上午在九龙湖校区桃园体育场开幕。校长张广军代表学校致开幕词，常务副书记刘波宣读了2016年度东南大学体育先进院系、十佳运动员的表彰决定，校党委书记易红宣布开幕。共有近万名学生参加了开幕式表演、比赛及志愿服务工作。

5. 东南大学体育名人名队名赛进校园系列活动丰富多彩，校园马拉松、中美大学生排球比赛、世界冠军乒坛常青树瓦尔德内尔、美国总统健康顾问朱为模教授等与学生面对面。

6. 东南大学首个体育奖学金“夏翔纪念奖学基金”签约仪式11月24日在四牌楼校区举行，夏翔系我国著名体育家、国立东南大学体育系1926年毕业生、清华大学教授。国家体育运动荣誉奖章获得者，毕生致力我国体育事业。

7. 2017届最有影响力本科生颁奖晚会6月1日在焦廷标馆举行，我校高水平女排队员外国语学院学生胡艺璇(运动健将)，经过多轮评选，获得最有影响力本科毕业生，这是我校自开展此项评选工作以来，高水平运动员第一次获此殊荣。

8. 教育部本科教学审核评估专家组10月31日—11月3日进驻我校，11月2日下午本科教学审核评估专家西南交通大学副校长冯晓云到访体育系，听取了“服务人才培养，致力育心育体”的主题汇报，并就如何建设一流体育、如何更好地发挥学校体育的育人功能与体育系教师展开讨论。

9. 江苏省第十九届运动会高校部部分比赛10月开始，在先行举行的足球、篮球、网球、武术、健美操比赛中，获得网球团体总分第一、健美操团体总分第二，以及男子篮球第二、男子足球第三的好成绩，3支队伍获得体育道德风尚奖。

10. 11月23日，学校组织对梅园、橘园田径场塑胶跑道改造的验收，至此2017年利用中央改善办学条件项目圆满完成(含先期结束并交付使用的足球场人工草坪改造工程)。

化学化工学院

2017年化学化工学院在学校党政领导和有关部门的关心支持下，通过全院教职员工的不懈努力，在人才培养、学科及队伍建设、科学研究、学生工作、综合管理等各方面工作都取得了一定的成绩。

一、人才培养方面

本科生培养方面：9 月份，顺利组织筹办了第四届卓越联盟高校“卓越杯”化学新实验设计赛及化学实验技能赛，促进了卓越联盟高校的交流，提供了本科实验改革创新的新思路，在本次竞赛中，学院取得一等奖 2 项、二等奖 2 项、三等奖 2 项的好成绩。顺利通过教育部本科教学评估。本科生潘强等在游雨蒙教授的指导下以第一作者在 JACS 和 AM 上发表高水平论文。

研究生培养方面：今年通过多方面多渠道的摸底调查充分讨论后，对学院的硕士招生政策认真做了梳理和大幅度修改，保证了硕士招生工作顺利进行，实施效果良好。

二、人才引进与培育方面

全年遴选引进教师 3 人，公派出国学习 3 人。

三、科研方面

共发表 SCI 论文 300 余篇，在保证论文发表数量增长的同时，论文质量也大幅度提高。其中熊仁根教授课题组的游雨蒙教授以东南大学作为第一通讯单位在 Science 期刊发表题为《一种具有巨大压电响应的有机—无机钙钛矿铁电体》的研究论文，该成果不但解决了 130 年来制约分子材料发展的世纪难题、为材料研究带来了新的思路和方向，同时也标志着我国在分子材料领域又一次走在了世界前列，另外其他老师还在 *Nature Communications*、*Journal of the American Chemical Society*、*Advanced Materials* 国际一流期刊发表论文 13 篇，为化学类 ESI 排名稳步提升打下坚实基础。熊仁根教授团队的项目“新型分子基铁电体的基础研究”获得了国家自然科学二等奖，这也是学院的历史性突破。

四、学生教育管理方面

院党委主办了四个基层党委的发展对象培训班。按照学校党委统一部署，结合两学一做要求，突出专业特色，有计划、有步骤地鼓励支持学生在全校范围内开展了如“115 周年东大校庆纪念版手镯”“重温母校历史文化活动”等六项系列党日活动，取得了良好的效果。

学院在“挑战杯”全国赛中表现优异，熊仁根教授、游雨蒙教授指导的“面向多晶态及薄膜应用的多极轴分子铁电体研究”项目获得“挑战杯”全国赛特等奖；周钰明教授、黄镜怡老师指导的“高官能度双亲共聚物复合型原油金属螯合剂”项目作为东南大学唯一项目参与了本届“挑战杯”一带一路国际专项赛的全英文答辩，并在交流展示中获得国内评审和国外评审的广泛好评，获得了一等奖的优异成绩。

综合管理方面：整合调整全院办公、科研用房，取消了所有教师兼任领导的专用办公用房，对历史遗留问题较多的少数房屋重新进行整合再分配。开展安全整改工作，对大楼进出口安装了门禁，在每个楼层的楼道安装了监控，把国内各类上百条实验室安全操作规范仔细梳理、归纳，凝练为 15 条，以便师生在对照检查、规范操作方面一目了然，专门召开 4 次全院师生安全整改和培训会议，成立了 3 个安全巡查小组分阶段对楼宇进行巡查。

交 通 学 院

1. 2017年,我院申报的加拿大工程院院士、英属哥伦比亚大学 TarekSayed 教授获批外专千人,申报的香港理工大学冷真副教授获批青年千人,高层次人才队伍建设取得了新突破。此外,学院全年从英属哥伦比亚大学、罗格斯大学、佛罗里达大学等国际一流高校新引进教师9人,进一步提升了我院师资队伍国际化水平和整体实力。

2. 经教育部和国家外国专家局联合组织的"高等学校学科创新引智计划"(简称"111计划")新建基地评审中,我院刘攀教授牵头申报的"现代城市智能交通技术学科创新引智基地"成功入选,为进一步聚焦现代智能交通技术国家重大需求、学科前沿和经济主战场,按照世界一流标准开展高水平、高层次、高质量国际合作,充分发挥引智效益,支持和引领交通运输工程世界一流学科建设提供了重要载体。

3. 我院以国际通用专业人才培养标准改革本科教学工作,交通工程、交通运输、测绘工程三个本科专业接受了工程教育专业认证专家组现场考查,是全校参与专业认证最多的学院。在艾瑞深中国校友会网对中国大学交通运输类本科专业排行榜中,我院交通工程专业获评唯一的七星级专业(世界知名高水平专业)。

4. 2017年我院重点推动东南大学—中国路桥开展战略合作,首届巴基斯坦交通运输工程研究生班开班,迎来首届10名巴基斯坦学生,该项目是我国交通运输领域针对"一带一路"国家的首个研究生层面培养项目,得到了国家发改委与教育部以及巴方高教部与驻华使馆的大力支持。此次合作是中国大学积极响应"一带一路"倡议、与企业合力助推共赢发展的又一生动范例,对推动我院服务国家"一带一路"顶层战略具有重要意义。

5. 2017年12月20日,经过一年多的谋划和准备,东南大学—威斯康星大学智能网联交通联合研究院正式成立。我院"千人计划"特聘专家、交通物联网中心主任冉斌教授担任联合研究院院长,东南大学校长张广军院士担任学术委员会主任。

6. 2017年12月28日,教育部学位与研究生教育发展中心公布了全国第四轮学科评估结果。我院交通运输工程一级学科再创辉煌,获得最高档次 A^{+} 的佳绩,继第三轮学科评估后再次蝉联全国第一。

7. 学院分别与扬州瑞沃集团、南京嘉盛建设集团签订了校级校企联合研发中心(三年投入500万元),在学校排名第一;学院积极与江苏交通控股公司养护技术公司、南京公共工程建设中心、昆山交发集团对接,促进项目群合作;学院参与和推动了东南大学与中国电子科技集团公司第二十八研究所、安徽省交通控股集团有限公司的产学研战略合作协议的签署,为双方后续产学研深度合作奠定了基础。

8. 2017全年我院共获各类科研奖项11项,其中包括国家和省部级一等奖2项,二等奖5项。交通学科王炜教授、岩土学科刘松玉教授成功入选全国创新争先奖拟表彰名单。全年在研科研项目300多项,总到款科研经费11 275.37万元,其中纵向经费3 717.5万元。学院全年总计发表论文300多篇,其中SCI/SSCI论文180余篇;申请国家发明专利338项,获得授权89项,申请软件著作权14项。

仪器科学与工程学院

一、概况

1. 学院历史沿革

仪器科学与工程学院所属学科专业创建于1960年,1992年5月从自动控制系分出成立了仪器科学与工程系。2006年9月成立仪器科学与工程学院。

2. 学院机构设置

学院现设有七个研究所、一个教学实验研究中心。即:先进导航技术研究所、微惯性系统及器件研究所、信息导航与智能测控研究所、空间信息与导航定位研究所、机器人传感与控制技术研究所、汽车安全技术与虚拟现实研究所、智能网络及测控系统研究所以及测控技术教学实验研究中心。

学院现有"微惯性仪表与先进导航技术"教育部重点实验室、"远程测控技术"江苏省重点实验室和"土地实地调查监测技术"国土资源部重点实验室。参与建设"火电机组振动国家工程中心"。

同时,学院还建有国家级实验教学示范中心——机电测控虚拟仿真实验教学中心、江苏省实验教学与实践教学中心——测控技术与仪器学科综合训练中心,参与建设国家级实验教学示范中心——机电综合工程训练中心、江苏省工程实践教学中心——物联网技术工程训练中心。

3. 学院学科设置

目前,学院拥有1个博士后流动站、1个一级学科博士点,4个二级学科博士点。

仪科学院学科分布及专业设置

学科分布		学科性质	本科专业名称
一级学科名称	二级学科名称	博士点	测控技术及仪器
仪器科学与技术(一级学科博士点、博士后流动站、一级学科江苏省重点学科)	精密仪器及机械	博士点	
	测试计量技术及仪器	博士点	
	导航、制导与控制	博士点	
	微系统与测控技术	博士点	

4. 学院人员配置

截止到2017年底,学院共有教职工75人,其中专任教师66人,管理人员9人。专兼职教师队伍中,教授(含重大项目岗)26人、副教授27人,讲师13人。具有国内外博士学位教师59人,约占专任教师的90%。博士生导师(含兼职)30人,硕士生导师(含兼职)52人。

2017年,我院引进新教师1人:刘澄玉;新增教授3人:王立辉、李旭、刘澄玉;新增副教授2人:朱利丰、孙立博。2017年,我院共有14位教师出国(境)参与国际学术会议、科研合作交流等活动19次。

二、党政工作

1. 全力支持配合学校党委完成中央巡视组专项巡视工作

专项巡视期间,学院党委认真学习领会中央精神,精心准备,广泛发动,全力支持配合学校党委,以保证巡视工作顺利开展。针对巡视组反馈的问题,能及时召开院领导班子民主生活会,认真研究整改方案。

2. 持续推进"两学一做"学习教育常态化制度化

作为全面从严治党的有力抓手,学院党委根据学校关于推进"两学一做"学习教育常态化制度化建设要求,紧密结合学院工作实际,充分发挥党支部教育管理党员主体作用,做好基层党支部书记的指导和培训,把"两学一做"学习教育纳入"三会一课"等基本制度;坚持院领导班子成员带头学、带头做,率先垂范;加强舆论引导,注重典型引领,用身边人教育身边人。"七一"期间,学院党委共表彰先进党支部1个,优秀共产党员7人,优秀党支部书记2人,确保学习教育融入日常、抓在经常、落到实处。

3. 认真开展"双抓双促"大走访大落实活动

学院党委认真开展以"抓整改促服务、抓项目促落实"为主要内容的大走访大落实活动,院领导班子全员参与,根据工作分工不同,深入教学科研一线,深入师生员工,分别通过举行座谈会11次、个别访谈3次、上门征询2次以及设立征求意见电子邮箱等方式,主动了解情况,基本做到全覆盖,收集到各类意见建议共22条。针对查找出的问题,学院党委召集专题会议逐项分析,认真梳理,形成整改项目清单,其中党建项目1项,实事项目5项,实行项目化推进,确保学院工作不断取得新成效。

4. 深入学习宣传贯彻党的"十九大"精神

根据学院关于学习宣传贯彻党的"十九大"精神实施方案,学院党委综合运用线上线下平台,组织学院师生收看收听党的"十九大"实况,理论学习中心组理论学习会、支部主题组织生活会,围绕"我学'十九大'"讲党课、读书月、知识竞赛答题等丰富多彩、富有成效的学习教育活动,还特别邀请校宣讲团成员、马克思主义学院副院长叶海涛副教授为全院师生党员作题为"中国特色社会主义之'新'"辅导报告,在全院范围内迅速掀起了学习宣传贯彻党的"十九大"精神热潮,引导广大师生党员统一思想、立足岗位、凝聚力量,为开创学院事业发展新局面而努力奋斗。

三、学科建设

1. 2017年,我院"仪器科学与技术"一级学科在教育部第四轮学科评估中被评为A$^-$学科(学科排名5%—10%),在参与评估的73所高校"仪器科学与技术"一级学科中,并列排名第4。

2. 2017 年 3 月，我院“信息传感及系统技术”“导航制导与控制”两个学科入选国防科工局国防特色学科。

3. 围绕教育部“双一流”建设的实施，经过多次论证，完成我院“仪器科学与技术”一流学科建设方案的制订。

4. 依托我院，成立新型科研基地——智慧城市研究院。完成了“空间科学与技术研究院”的调整与新型科研基地的建设规划论证。

5. 依托我院，与联想集团联合建立“东大——联想”穿戴式心脏——睡眠——情绪智能监控联合实验室，获联想集团 500 万元经费的支持。

四、科学研究

1. 基础研究平稳推进

2017 年，全院获批国家自然科学基金项目 7 项(其中联合基金重点项目 1 项，面上基金 4 项、青年基金 2 项)，江苏省自然科学基金项目 2 项(其中面上基金 1 项、青年基金 1 项)，装备发展部预研项目 5 项，预研基金 2 项；军委科技委创新项目 1 项，青年项目 2 项；教育部预研联合基金 2 项。

截止到 12 月底，全院纵向经费到款 4 323.67 万元，横向经费到款 2 651.09 万元，苏州研究院经费到款 121.80 万元，到款总额 6 974.76 万元，同比去年增加 2 646 万元，增长 61.14%，实现了跨越式的增长。

2. 论文成果丰硕

2017 年，全院发表 SCI 论文 83 篇(其中表现不俗论文 21 篇)，发表 EI 论文 57 篇。同比去年，SCI 论文增加 9 篇(2016 年 74 篇)，增长 12.16%；EI 论文增加 22 篇(2016 年 35 篇)，增长 62.86%。

3. 专利成果继续增加

2017 年，全院申报国家发明专利 145 项，获发明专利授权 121 项，实用新型专利授权 2 项，获国外发明专利授权 1 项。同比去年，申报发明专利增加 26 项(2016 年 119 项)，增长 21.85%；获专利授权增加 45 项(2016 年 76 项)，增长 59.21%。

4. 科研成果水平显著提升

2017 年，我院在科研成果获奖方面取得了重大进步，科研成果水平显著提升。“人机交互遥操作机器人的力觉感知与反馈技术”(宋爱国)获国家技术发明二等奖，实现了我院牵头获得国家级奖励的突破。“惯性多源高精度组合导航定位与测量关键技术”(陈熙源)、“多 GNSS 深度融合高精度定位关键技术及应用”(潘树国)分别获教育部技术发明和科技进步二等奖，“全数字化快速土地调查执法技术及应用”(王庆)获江苏省科技进步三等奖。

5. 国际交流需进一步加强

2017 年,我院协办了“世界智能制造大会”国际会议的分会议“人机协作与共融”,并邀请了国外知名专家学者来我院讲座、交流与合作。

五、本科教学工作

2017 年,“构建立体开放、虚实结合的实践教学平台,提升测控专业本科生工程实践能力”获江苏省教学成果一等奖和东南大学教学成果一等奖;“测控技术与仪器”本科专业顺利通过中国工程教育专业二次认证检查,并且还顺利通过 2017 年教育部本科教学审核评估。

学院认真进行教材和课程建设工作,2017 年,《时空地理信息采集与处理》(王庆)获批江苏省“十三五”高等学校重点教材,“微机系统与接口”(周晓晶)荣获江苏省在线开放课程荣誉称号。

2017 年,宋爱国获宝钢优秀教师特等奖。2017 年发表教改论文 2 篇;2017 年新立项校级教改项目 11 项,省级教改项目 1 项——“面向新工科的测控类工程实践平台构建”(宋爱国)。教师重视提高课堂教学质量,2017 年,朱利丰获东南大学第 24 届青年教师授课竞赛三等奖、汤新华获提名奖。

2017 年,我院获得校级优秀毕业设计(论文)3 项,省级优秀毕业设计(论文)一等奖 1 项。

在 2017 年度东南大学教学奖励中,我院祝雪芬获“东南大学教学奖励金”一等奖、曾洪获“东南大学教学奖励金”二等奖。

六、研究生教学工作

1. 研究生工作概况

2017 年,学院共招收硕士研究生 110 名,博士研究生 23 名。授予博士学位 13 人,工学硕士 57 人,专业硕士学位 37 人。此外,完成 2018 年度 57 名免试研究生的录取工作。

逐一落实 2016 年出台的一系列提高研究生培养质量的学院级文件,共组织了 45 人次博士生进行院内公开学术报告。此外,今年继续对全体 2017 级研究生新生进行入学教育系列讲座,以加强新生的科学素养培训。培训内容包括:院史及仪器科学与技术学科发展,如何进行科学研究工作,图书馆资源利用、文献检索,如何撰写科技论文,师生关系的心理讲座等五个方面。

2. 研究生培养成果

学院认真组织研究生申报各类创新计划,不断提升创新能力。在 2017 年研究生创新工程项目中,我院获批江苏省研究生科研创新计划项目 4 项、江苏省普通高校专业学位研究生实践创新计划 1 项(表 14)。本年度,还获得江苏省优秀博士论文 1 篇、江苏省专业学位优秀硕士论文 2 篇、东南大学优秀博士论文 1 篇、东南大学专业学位优秀硕士论文 2

篇。在2017年江苏省学位论文抽检中,我院抽中的5篇,全部获得通过。

七、学生工作

截止到2017年年底,全院在校生人数为814人(见下表)。

年级		总人数	男女生人数		团员数	党员数
本科生	一年级	95	男:67	女:28	91	0
	二年级	103	男:75	女:28	94	0
	三年级	100	男:69	女:31	92	4
	四年级	85	男:62	女:23	78	8
合计		389	275	110	355	12
研究生	硕士	323	男:231	女:92	320	141
	博士	106	男:80	女:26	45	53
合计		429	311	118	365	194
总计		814	586	228	720	206

2017年,我院招收本科生共计95人,其中男生67人,女生28人。其中,国家贫困专项计划8人、高校专项计划1人,共占比9%。

2017年,学院招收硕士研究生110名,其中男生84名、女生26名;博士研究生23名(春季入学12名,秋季入学11名),男生20名,女生3名。

医　学　院

东南大学医学院在校党政的坚强领导下,积极贯彻党的方针路线政策,围绕学校中心工作,开拓进取,攻坚克难,在广大教职工和学生的共同努力下,顺利完成了全年的工作任务,取得如下进展。

一、科学研究

医学院2017年共获国家自然科学基金10项(青年基金6项、面上项目4项,总经费336万元),获国家重点研发项目资助1项,经费701万元。获江苏省自然基金2项(杰出青年1项、优秀青年1项,经费150万元),获省重点研发项目资助1项,经费40万元;获基本科研业务费资助项目37项,合计经费194万元。截止2017年11月,医学院共合计到款纵向498.25万元,横向52.86万元,合计551.11万元。

医学院2017年共发表SCI收录论文54篇、EI 1篇。申请发明专利11项,授权发明专利7项。2017年发布2016年医学院表现不俗论文31篇。

二、学科建设

医学院2017年"双一流"建设学科经费资助合计675万元,购买10万元以上中大型仪器,如活细胞工作站、脑片膜片钳信号记录分析系统、荧光光谱仪、纯水仪、光纤记录系统、电化学检测器、低氧活细胞工作站等,实验条件有所改善。

基础医学、临床医学(专业学位)成为江苏省拟推荐新增一级学科博士点。

三、师资队伍建设

2017 年共引进新教师 8 名,其中 2 名教授,3 名教师有海外经历。此外,另 1 名副教授正在办理手续。现有 3 名博士正向学校申请入职,其中 1 名申报高级职称。2017 年医学院积极推进绩效考核方案改革,本着优劳优酬的原则,经过医学院严格考核,医学院绩效奖励将按照三个等级发放。

四、本科教学

1. 教学任务

根据 2015 年、2016 年级教学计划实施情况及专业认证过程中专家给予的意见,修订完成 2017 年级本科生培养方案,不断强化 PBL、CBL、RBL 的研讨型教学体系建设。继续加强临床与教学的联系,强化临床技能训练。本学年我院完成各专业本科教学工作量共计 25 000 余学时,留学生教学工作量 3 500 余学时。组织举办第九期 PBL TUTOR 培训班,校内外 66 人参加,其中 21 名学生参加培训,首次推出“学生助教- Mentor”PBL 带教制度。组织 143 名新教师进行新教师培训;举办第七届东南大学临床技能比赛,实现 2012 级临床医学专业 180 名学生的全员参加。目前,医学院共开设全英文课程 50 余门,双语课程 15 门。全院学生 SRTP 申报校级一般项目 45 项,校级重点项目 16 项,省级学生创新型实验项目 3 项,国家级学生创新型实验项目 11 项,基于教师科研的(校级中大)学生创新型实验项目 12 项,院级大学生创新实验项目 7 项。

2. 教学成果

自 2011 年级开始,我院开始推进“以学生为中心、综合素质为核心、卓越医生为目标”的医学教育改革,经过 6 年的实践与探索,医学院形成了具有东大特色的本科医学教育培养体系。该项改革获得 2017 年东南大学教学成果一等奖、江苏省教学成果二等奖。2017 年医学院申报校级教改课题 4 项。2017 届本科生毕业率 100%、学位获得率均达 98%以上。

3. 教学质量

我院高度注重教学质量,坚持全体教授必须为本科生授课。在提高师资水平的同时,共组织教学督导组成员听课 400 余人次,起到了教学监督作用。学院通过举办新进教师培训、TUTOR 培训等方式加强对新进教师的指导。继 2016 年教育部临床医学专业认证之后,2017 年学校迎来了本科教学工作审核评估,学院上下积极响应,顺利通过审核评估。

4. 实习基地建设

以本科教学工作审核评估为契机，加强实习、见习基地的交流、管理。

五、研究生教学

1. 研究生招生：2017 年招收硕士 141 人（含留学生 22 人），其中专业学位 65 人（含留学生 10 人）、学术型研究生 76 人（含留学生 12 人）；七年制本硕连读 99 人（转 5＋3 一体化 80 人），招收博士 66 人（含留学生 4 人）；修订完成了 2018 年博/硕士招生简章；4 名新生博士入选东南大学博士新生奖学金（全校 40 名）。

2. 研究生培养：开设课程 77 门（博士 22 门、硕士 55 门），2017 年医学院开设的全英文课程 4 门（肿瘤学、医学前沿 B、妇产科学进展和护理理论与护理教育新进展）。

专业学位硕士研究生中期及终末综合能力考核：根据教学工作安排，由学院牵头抽调各基地医院专家对 11 级 5＋3 一体化和 16 级专业学位学生共 103 人进行临床技能中期考核；对 10 级、11 级七年制及 14 级专业学位研究生共 173 人进行临床综合能力考核。

集中开题：本次开题的学生为 11 级临床医学本硕连读七年制研究生和 15 级硕士研究生（包括科研型硕士、专业学位型硕士和留学生），共计 171 人。专业学位硕士研究生的通过率为 89.0%，科研型硕士研究生的通过率为 96.2%。

博士中期考核：邀请校外和校内相关学院专家，对 14 级秋季博士和 15 级春季博士进行中期考核，参加人数为 59 人，1 人未通过，通过率 98.3%。

3. 学位授予：2017 年授予博士学位 49 人，硕士学位 175 人（含留学生 19 人）。

医学院博士和硕士论文盲审通过率为 100%，抽检合格率为 100%。上半年校级优秀博士学位论文基金候选人 7 人，下半年校级优秀博士学位论文基金候选人 2 人。获得省级优秀博士论文 1 人/陈宇辰（导师：滕皋军）。

建立东南大学医学院研究生学位论文校外评审专家库：经医学院所有博导和各学科负责人的汇总，846 位医学相关校外专家信息全部录入至“东南大学研究生学位论文网上评审平台”系统内，有效提高研究生学位论文的评审效率。

4. 学科点建设与导师遴选：完成临床医学博士专业学位授权点的申报，已经通过江苏省学位委员会审核，报国务院学位办评审。

导师遴选：2017 年新增硕导 27 人（含兼职硕导 12 人）、博导 7 人、兼职博导 9 人（上海交大 1 人、军总 2 人、南医大 6 人）、兼职专业学位硕导 54 人（教学基地），我院 25 名博导被聘为南京医科大学兼职专业学位博士生指导教师。

2018 年硕博导的申报：新申报硕导 34 人，新申报博导 8 人，新申报校外专业学位导师 91 人。

5. 教学改革项目与成果：江苏省研究生科研创新计划 20 项，江苏省研究生实践创新计划 11 项，江苏省研究生教育教学改革课题 1 项，江苏省研究生工作站 1 个——东南大学医学院附属南京胸科医院，江苏省第五批产业教授（兼职）入选 2 人（于正坤和韩国荣）。

6. 其他：2017 年执业医师报名人数共计 166 人，包括 10、11 级七年制和 16 级专业学位硕士生。14 级临床医学专业学位学生规范化培训考试一次性通过率为 93.3%（14 级共 30 人参加考试,首次规培考试 2 人未通过)。

修订完善《东南大学“拔尖创新医学人才试点班”管理试行办法(2017 年修订版)》,已经通过医学、生物学学科学位评定分委员会审核批准。

参照国务院学位委员会《关于印发临床医学、口腔医学和中医硕士专业学位研究生指导性培养方案的通知》制定《东南大学临床医学硕士专业学位研究生管理办法》和《东南大学关于临床医学硕士专业学位授予的补充规定》,已经通过医学、生物学学科学位评定分委员会审核批准。

六、学生教育管理

全面加强学生思想引领,强化专业思想教育,将学生专业成长和国家大政方针政策教育及十九大精神学习等有机结合。学生党员发展工作平稳有序,新生年级党支部成功申报东南大学首届“领航工程——本科生党支部精品项目培育计划”承担了丁家桥校区党员系列教育活动。“大爱无声”“一生有你——毕业典礼暨毕业生表彰”等传统活动精彩纷呈。

精心组织招生队伍,顺利完成我院承担的重庆、连云港地区的招生宣传工作。医学专业 2017 级本科生招生分数线进一步提升,与省本一线分差进一步加大,继续排名省内医学院校第一名。新生军训成绩突出,荣获东南大学军训“综合优胜连”和“军事训练优胜连”称号。

2017 届学生毕业工作顺利完成,一批优秀学生出国或进入高水平大学深造,整体就业情况保持平稳,其中博士研究生就业率 100%,硕士研究生就业率 99.4%,本科生就业率 93.5%。

加强学生工作制度建设,重新修订了《医学院研究生国家奖学金评选办法》《医学院研究生学业奖学金评选办法》《医学院本科生奖、助学金评选办法》等条例,制定了《医学院班主任工作条例》《医学院推进学风建设实施方案》等文件。全年顺利完成各级各类评奖评优工作,一大批优秀学生和团体被表彰和奖励;扶危助困工作也有序开展,每一位经济贫困生均获得奖助学金和勤工俭学等经济资助,患病及突发意外的学生也都受到关心和资助。

积极推进学生工作队伍建设,精心选择、完整配备了 2017 级新生年级班主任,一批优秀年轻教师进入学生管理教育体系;改选更新了学院本科学生会、研究生会组成,顺利筹备、召开了学院团代会;进一步强化学生班团建设,尤其重视班集体在班风、学风建设以及弱势学生帮扶中的作用,学业困难生、经济困难生、心理困难生、民族生等特殊群体均获得分类支持,重点关注。

全年学生相关整体情况平稳,学生遵纪守法,爱国敬学,年内无重大火灾、盗窃、防骗事故及交通事故发生。但本学年先后发生两起学生意外死亡,都与心理疾患有关,处置过程快速有序、未酿成重大负面影响。当前学生中心理隐患较多,不少学生问题较重,迫切需要进一步完善多部门协作联动机制,科学总结,积极推进,强化全员育人,加强学生心理支持,提升学生心理健康状态。

七、国际合作与交流

2017年医学院积极开展国内外学术交流，与德国汉堡大学医学院、德国乌尔姆大学医学院、德国慕尼黑工业大学医学院、澳大利亚阿德莱德大学和瑞典乌普萨拉大学等国际著名大学医学院在人才培养及科学研究方面开展合作交流，2017年通过国家留学基金委高水平大学公派研究生出国进行联合培养或攻读博士学位的有26人(包括联合培养博士20人、出国攻博6人)。2017年3月15日东南大学医学院与德国乌尔姆大学医学院续签合作协议，乌尔姆大学在东南大学医学院开设的“春季课堂”课程历时6天，来自德国的五位教授为2014级拔尖创新班的同学们带来了主题为Tumorigenesis:FromMoleculesand-pathwaystotheclinic的系列课程。2017年暑期，我院向德国汉堡大学、德国乌尔姆大学、瑞典乌普萨拉大学及澳大利亚阿德莱德大学四个院校共计派出10名学生参与2—6个月时长的国际交流活动，在学校国际化发展的背景下率先为学生搭建了国际交流平台。2017年8月接受德国乌尔姆和汉堡大学学生在我院为期一个月的临床实习共计9人次。2017年我院通过国家留学基金委研究生创新人才培养项目派出10名临床医学专业学位硕士毕业生，于12月份分赴德国汉堡大学和乌尔姆大学攻读博士学位，为我院培养拔尖创新医学人才迈出了关键一步。2017年10月我院申报国家留学基金委创新型人才培养项目“中瑞双博士学位临床医学领军型人才培养试点”，12月赴广州进行项目答辩。

虽然医学院各项工作取得了一定进展，但还是面临很大的困难和挑战，尤其在大学“双一流”建设中，面临科技创新能力与学科交叉优势未能充分发挥、高层次人才引进面临很多困难、发展空间和研究平台支撑作用比较薄弱等问题。但我们全院职工有信心在党的十九大精神指引下，在校党政的坚强领导下，医学院将进入新征程，实现新发展。

公共卫生学院

2017年，对公共卫生学院来说是机遇和发展并存的一年，也是学院各方面工作取得可喜成绩的一年。在学校党政的正确领导，在学校有关职能部门的大力支持下，学院教学秩序稳定，科研成绩突出，党建工作特色内容更加丰富，和谐校园建设进一步提升，学院综合实力得到了明显的提高。

一、师资队伍建设情况

师资队伍建设是学院工作的重中之重，高效强势的师资队伍是学院发展不可或缺的重要力量，学院党政班子高度重视，从制度、政策上保证师资队伍健康发展。一年来，学院为每一位教师精心设计了符合其本人特质的业务提高途径，特别是对青年教师更是关爱有加，为他们迅速成长创造有利条件。2017年，学院晋升1名教授和1名副教授，引进新教师和实验教师各1名。目前，学院教师队伍结构层次趋于合理，现有专业教师47名，其中教授18名、副教授20名、讲师9名，教师中具有博士学位的占89%，这一比例在学校也处于前列。提高教师业务能力的另一做法，就是学院积极推荐能力较强的教师，尤其是青年教师进入更高层次的学术团体，获得锻炼提高的机会，为其发展铺路搭桥，创造更加优越的条件,江苏省六大人才高峰、江苏省特聘教授、江苏省“333 工程培养”对象等,均有青年教师入选,为学院持续发展储备了后续力量。

二、科学研究情况

教学与科研是学院发展的两个重要标志,教学争名气,科研创品牌。学院鼓励各个层次的教师积极申报各类科研项目,尤其扶持青年教师。学院还聘请退休老教授传授经验,辅导青年教师修改标书,使青年教师的中标率明显上升。目前,学院共有 27 项国家基金项目,发表 SCI、ESI 收录论文 81 篇,国家授权专利 4 项。值得一提的是,在重大科学研究项目的申报上,学院有较大的突破:国家自然科学基金重点项目 2 项、国家自然科学基金重大项目 1 项、国家重大研发计划二级课题 1 项。环境医学工程教育部重点实验室陈瑞教授、李晓波副教授课题组报道了“牛磺酸可以通过线粒体 NADH 脱氢酶改善颗粒物引起的肺气肿”,其研究论文在国际权威期刊 PNAS 上发表,引起同行专家的高度关注。

三、教学工作情况

2016 年学院在高教类 CSSCI 期刊发表了高质量的教改论文,今年我院又在该期刊上发表题为《欧洲公共卫生教育的历史和现状》的论文,其研究同样引起同行专家的好评,为业界拓宽专业视野提供了参考。

学院的教学改革向更深层次发展,并取得了较好的成绩。目前,学院共获得 13 项各类教改课题,其中省级重点 1 项、校内重点 3 项。

为适应公共卫生实践教育的新要求,学院召开了公共卫生实践教育教学研讨会,邀请有关高校的领导、实践教学基地的领导、带教老师参加会议。在筹备会议期间,学院在广泛调研、征求意见的基础上,对《预防医学和医疗保险临床实习手册》《专业实习手册》进行了较大篇幅的修改补充,得到与会代表的认可。在本次会议上,分别确定了用人单位对实践教学质量的反馈办法、在校学生对实践教学质量反馈办法,为实践教学适应新形势的要求进行了有益的探索。

今年,校企共建的课程《突发公共卫生事件应急处置》,在去年首开课的基础上,学院编写的对应教材《突发公共卫生事件应急处置》由东南大学出版社出版。12 月,该教材入选江苏省教育厅重点教材建设目录,该教材的出版标志着该课程从理论教学到实践教学形成了完整的体系,学院将在教学、实验的各个环节进一步完善、充实该课程,使其逐步建成品牌课程。

学院教学实验中心管理进一步得到加强,中心实行的实验室“6S”管理运作实现了常态化,“6S”即(整洁、整顿、安全、素养、清洁、清扫)得到了教育部实验安全检查专家的肯定,高校同行也认为有推广的价值。其他工作也同样取得了成绩,如虚拟网络平台的试运行、MOOC 微课制作室建立并开始运作等。

四、激励竞争机制

学院始终强调,要人人珍惜岗位,爱岗敬业,为此,学院逐步建立了激励机制,奖励先进、塑造榜样。学院不断探索考核机制,如建立综合考核体系,关注教师教育教学活动的全过程，关注学院行政人员服务胜任力评估。充分发挥年终绩效在考核中的作用，根据学校的相关政策，结合学院的实际情况，出台绩效重新分配办法，奖励在教学、科研和管理工作中成绩突出的老师，以此树立榜样，调动全院职工的工作积极性，为学院的发展做出自己应有的贡献。

五、学生思想政治工作情况

学生思想政治工作是基层党委主要工作之一，也是高校的热点工作，学生思想政治工作不能形式单调、内容乏味，而是要与时俱进，根据时代主旋律，注入创新意识，不断更新内容和形式，使思想政治工作不流于一般的说教。学院党委学生思想政治工作形成系列化，主要表现在以下几个方面：其一，紧密结合学科的专业特点开展工作，譬如围绕“5.20”中国学生营养日、11 月世界提高抗生素的新认识、“12.1”世界艾滋病日，组织大学生走入社区，开展公益活动，让学生们了解社会，了解国情，树立用自己所学专业为社会、为人民服务的思想。另外，学院已成功举办四期大学生健康素养大赛，今年的规模更大，参赛的学校、人数比以往更多，8 所在宁高校的 3 790 名大学生参赛，江苏电视台教育频道“健康万家行”栏目跟踪专题报道，社会反响较大，也收到了很好的效果。系统性、专业性开展主题公益活动，把理想信念观、核心价值观融入健康教育、健康促进之中，实践证明，此举提升了学生思想政治工作的生动性和实效性。

六、党建工作“五个融合”

党建工作与人才培养相融合方面，党委把工作重心放在了教学工作之中，完善教学实验中心“6S”管理规章制度，利用假期，对全院老师进行了“6S”管理的集中培训；在全校开展的教育思想大讨论中，鼓励引导全院老师参与，从“我如何上好一堂课”展开主题讨论，引起老师们深入、广泛的开展讨论；学院党委主持召开了“我与院长面对面”见面会，在校本科生、研究生和院长面对面交流，增进了学生和院领导的沟通，很多看法达成了共识；召开辅导员、班主任工作研讨会 10 余次，不断规范和强化学生工作中的主动意识，提出了工作台账明确要求。另外，充分发挥学院关工委作用，5 次组织退休老教授与学生联合开展主题教育活动，老教授用自己的人生阅历现身说法，受到在校学生们的欢迎。

党建工作与科学研究相融合方面，党委把工作重心放在了学科发展方向上。班子成员带着问题与教师广泛交流，围绕“特色医学”，共同分析学院存在的学科发展不平衡的原因，积极商讨对策。与此同时，以教育部重点实验室为依托，加快促进各学科的发展，瞄准公共卫生出现的新问题、新挑战，开拓科学研究的新领域，提升学院科研水平。

党建工作与文化传承相融合方面，党委把工作重点提升到文化育人的实效上。学院秉持老中青传帮带的优良传统，在重阳节请回退休老教师，与青年教师、学生团聚，交流师生们感兴趣的话题，帮助青年师生树立正确的人生观、价值观。6 月，党委还举行了首次毕业生党员座谈会，围绕“不忘初心，永葆先进”的主题，共同探讨人生价值、理想信念、职业道德等问题。

党建工作与社会服务相融合方面，党委把工作重点放在开展社会服务上。2017 年暑假期间，由国家卫计委离退局主办，学院和海南省卫计委联合承办的“微医大爱、至善洋浦”支医支教活动顺利开展,由23名师生组成的支教团队在海南洋浦地区为当地的百姓开展了坐诊、义诊以及健康宣教培训活动,受到百姓的欢迎。在活动中,师生们的吃苦耐劳精神、责任担当意识都得到了很好的锻炼。

马克思主义学院

2017年,马克思主义学院在学校党政的大力支持和全院师生的共同努力下,坚持“学科为根、顶天立地、双峰并峙、一体发展”,以学科建设为抓手,以师资队伍建设为基石,以教师能力发展为重点,以研究和传播马克思主义基本理论、基本观点、基本方法论为主要任务,大力推进教育教学改革、学科与科研发展、国际化及学院管理、师资队伍建设等各方面工作,取得了显著成效。

一、狠抓思想政治课教学质效提升,取得标志性成果

1. 贯彻落实全国高校思想政治工作会议精神,出台并落实《东南大学关于加强思想政治理论课建设的实施方案》。针对我校思想政治课现状与问题,在反复谋划论证基础上,明确了加强思想政治课建设的思路与对策,并以《东南大学关于加强思想政治理论课建设的实施方案》为主线,全面展开思想政治课新一轮改革建设。一年来,围绕提高教学质效,在内容上努力落实党中央治国理政新理念、新思想、新战略与习近平新时代中国特色社会主义思想的进课堂进头脑,在方法改革上强化方法论,注重文化育人,切实增强亲和力与获得感。

2. 按照教育部“教学质量年”的要求,狠抓课堂教学规范与质量,较好地完成了全校本科思想政治课教学任务。2017年,我院主要承担了全校本科生“中国近现代史纲要”(32课时)、“毛泽东思想和中国特色社会主义理论体系概论”(48课时)、“马克思主义基本原理”(48课时)、“思想道德修养与法律基础”(48课时)四门思想政治课的本科教学工作,平均每位教师承担4.4个教学行政班的本科教学任务。其中,“中国近现代史纲要”总课时数2 048,教学大班64个,平均每班62人,12位教师平均每位170课时;“毛泽东思想和中国特色社会主义理论体系概论”总课时数2 160,教学大班45个,平均每班85人,12位教师平均每位180课时;“马克思主义基本原理”总课时数2 208,教学大班46个,平均每班84人,13位教师平均每位170课时;“思想道德修养与法律基础”课程我院有3位专职教师承担教学任务,总课时数624,教学大班13个,平均每班58人,平均每位208课时。另有5位教师开设了5门全校通识教育课程,19位老师开设了21门研究生课程,1名外国专家开设了1门研究生课程,1位教授参与研究生公共课教学,我院大部分教师超额完成教学工作量。

特别值得一提的是,在教务处、学工线的大力支持下,学院克服专任师资短缺、学生课时协调难、教室安排难等重重困难,顺利完成“形势与政策”课程教学任务。我院现有教师队伍总体奋发向上,整体素质、能力与水平在全国马院居于中等,在2017年度的教学“三大考验”中成功过关,先后成功通过2017年教育部的飞行听课检查、中央巡视工作专项检查以及教育部评估组教学检查这三大检验。

3. 荣获省教学成果奖一等奖，思想政治课建设取得标志性成果。学院坚持不懈以社会主义核心价值观(体系)为主线推进思想政治课教学改革。2017 年 1 月，袁久红院长牵头申报的“思想政治理论课贯彻体现社会主义核心价值观的探索与实践”获“东南大学教学成果奖一等奖”；2017 年 7 月，在四年一届的省级教学成果奖评比中，该成果荣膺 2017 年“江苏省教学成果奖一等奖”，并获省、校两级表彰奖励。社会主义核心价值观教育教学已成为东南大学思想政治课建设的特色和优势，并在省内外具有一定影响力。截至目前，我院已有以“社会主义核心价值观”为选题的教改课题获省级教改项目 2 项、校级教改项目 10 余项。由袁久红院长牵头申报的“马克思主义基本原理”课在线开放课程建设项目成功获批，思想政治课网络化教学迈开实质性步伐。在思想政治专项教改申报中，学院共获批 5 项教改课题，立项数全校第一。教书育人方面，肖鹏老师获东南大学青年教师授课竞赛三等奖，涂亚峰、袁利宏老师获东南大学教学奖励金二等奖。

二、推进学科、科研与智库建设，一体化发展成效显著

1. 积极申报马克思主义理论一级学科博士点。在学校统筹下，在前期两个二级学科博士点和一级学科硕士点、马克思主义基本原理博士后科研工作站建设的基础上，学院通过大量的研究论证、资源和能力整合有效地进行了马克思主义理论一级学科博士授权点申报。

2. 科研项目与成果丰硕。2017 年我院共获得各级各类项目 24 项，国家社科项目 1 项，省社科规划项目 3 项，省教育厅重点专项项目 1 项，科研立项总经费达 349 万元。学院教师共出版专著 5 部，发表论文共计 80 篇，在学科权威期刊、中央级媒体发表重要论文共 14 篇，研究成果显示度大幅提升。我院教师翁寒冰的科研成果获得江苏省优秀理论成果奖。郭广银、袁久红教授的《治国理政科学体系的丰富发展》及《全面从严治党是中国共产党永葆生机活力的根本保证》两篇论文受到中宣部表彰资助，袁健红教授荣获江苏省社科精品应用工程奖三等奖 1 项。

3. “中特”智库与基地建设亮点突出，工作有序推进。2017 年，智库和基地围绕党政决策咨询研究、研究阐释十九大精神等方面做了大量工作，成果突出、影响力较大。东大“中特”智库以优异成绩通过智库年度考核评估，位居 CTTI 中国高校智库(未排名)50 强；“中国特色社会主义理论体系研究基地”评估获优；东大“中特”智库提交决策咨询报告被教育部采纳 1 篇、获得省领导批示 1 篇，获得《光明日报》举办的智库思想理论成果奖三等奖 1 项。智库和基地重要理论成果在《人民日报》、《求是》、《光明日报》等中央媒体刊发，特别是《人民日报 · 理论》“人民要论”栏目刊发我院袁久红教授、郭广银教授与陈硕老师署名文章《从历史进程看中国道路的独特性》获新华网、人民网、求是网、光明网等重要媒体全文转载，获《红旗文稿》2017 年第 11 期部分转载，并被翻译成英文，以 AHistory Perspectiveon the Uniqueness of the Chinese Path 为题刊登在《求是》英文版第 9 卷第 4 期上。此外，东大“中特”智库省财政拨款 200 万元，省基地奖励 15 万元，学校配套智库和基地研究经费 70 万元，为智库研究工作的顺利开展提供了重要保障。

4. 学院、智库、基地三位一体，举办多场高层学术活动与论坛。截止 2017 年底，我院共举办智库论坛 13 期，除常设论坛外，还举办了 6 期智库专家论坛。一年来先后邀请多名海内外知名专家学者参与论坛，积极为智库的理论和实践研究贡献智慧。例如：10 月

17 号,首届中国特色社会主义新型城镇化论坛暨第三届“家庭、城镇化与城乡规划”研讨会在东南大学四牌楼校区举行,邀请海内外专家(加拿大女王大学城市与区域规划学院梁鹤年教授、东南大学建筑学院夏铸九教授等)及师生 70 余人参与研讨、交流。十九大召开以后,我院于 11 月 19 日在西康宾馆举办“新时代中国特色社会主义思想”首届智库论坛暨十九大报告中的科技创新思想会议。会议邀请了省人民政府、省委宣传部、省科技厅、科技部战略研究院的相关领导,清华大学等高校知名教授以及创业企业家代表 70 多位专家、媒体等参加,会后《新华日报·智库》整版报道了本次论坛的学术成果,取得了较大影响。

此外,10 月 10 日省中特中心东南大学基地、东南大学中国特色社会主义发展研究院,与省委党校共同举办了“深入学习 7·26 讲话精神迎接党的十九大胜利召开”理论研讨会;12 月 8 日,由江苏省科学社会主义学会和东南大学中国特色社会主义发展研究院联合举办了“习近平新时代中国特色社会主义思想”研讨会暨江苏省科学社会主义学会 2017 年年会。

三、促进研究生培养国际化,研究生教育迈上新台阶

1. 密切关注国际前沿动态,研究生课程国际化迈出实质性步伐。我院首开先河于 2016—2017 学年顺利开设全英文课程《全球视野下的资本主义与社会主义发展史》硕博教学。为此,我院还专门聘请了两位国际知名学者:英国爱丁堡大学教授哈里·T·迪金森(HarryT. Dickinson)和英国埃克斯特大学教授、英国工党成员詹姆斯·马克(James-Mark)作为我院客座教授,旨在培养马克思主义与政治学等专业的研究生深入了解资本主义与社会主义五百年来的发展史,密切关注国际学界的相关学术动态,拓宽自身的学术视野,做出国际学术界认可的科研成果。

2. 学生学术成果丰硕,科研能力稳步提升。我院 2016 届硕士研究生吕卫丽(现为我院在读博士生)的硕士学位论文《国家治理的生态政治之维》被评为 2017 年度江苏省优秀学术学位硕士学位论文。在“江苏省研究生培养创新工程”项目评选中,我院都超飞、王常冉两位博士生喜获佳绩。都超飞和王常冉分别以《创新的存在论路向研究》和《马克思物质变化思想的生态意蕴研究》入选 2017 年江苏省研究生科研创新计划项目。我院 2017 级硕士生向勇在科研方面表现积极,论文多次获奖。2017 年 5 月 21 日,由我院学生组织主办的第 3 届南京高校马克思主义理论学科研究生论坛,邀请来自 60 多名马克思主义理论学科研究生代表,在东南大学九龙湖校区人文学院报告厅顺利举行。

3. 毕业生就业前景良好,在校生殊荣满贯。我院 2017 届研究生毕业生共 24 人,其中硕士生 20 人,博士生 4 人(其中 2 人为定向生)。据统计,我院 2017 届毕业生的就业率为 90%,其中硕士生就业率为 95%,博士生就业率为 50%。毕业生就业主要以中学教育单位为主,占比 37%,其次为国企,占比 21%,其他就业单位有升学(3 人)、政府机关(2 人)、高等教育单位(2 人)等。为着力改善学生毕业就业形势,提高就业率,努力搭建社会实践与实习平台,2017 年我院继续与省委宣传部保持联系,与省讲师团合作运行“江苏省人文社科研究生工作站”。除此之外,学院还与南京市铁心桥街道办事处继续保持合作,开展相关课题研究,与宿迁市委党校共建实习就业平台。此外,截至年底,我院硕博研究生喜获佳绩,1 人获得江苏省优秀学术学位硕士学位论文,3 人获得国家奖学金,1 人获得

东南大学教育基金会奖学金，5 人获得马院之芯奖学金，3 人获得“优秀研究生干部”荣誉称号，6 人获得“三好研究生”荣誉称号，5 人获得“校级优秀校庆论文”荣誉，2 人获得校优秀毕业生荣誉。

吴健雄学院

2017 年是吴健雄学院深化拔尖创新人才培养改革的重要一年。在学校的统一部署和指导下，学院在 2016 年培养方案调整和招生制度改革的基础上，围绕学院的人才培养目标，全面落实“卓越化、个性化、国际化”的人才培养理念，学院的工作取得了长足的进步。

一、努力汇集资源，深化教育教学改革

2017 年深化教育教学改革的主要工作聚焦在荣誉项目建设和优质资源汇集两个方面。

1. 加强师资队伍建设

以构建由校内、校外、国外优秀教师组成的国际化师资队伍为目标，新增外聘教师 5 人，担任长学期课程。聘请国外教授 11 人开设 8 门全英文课程，涉及综合设计课、领导力课、研讨课，较往年人数增加一倍，且形成相对稳定的教学队伍。

2. 进一步拓展通识课程资源

新建学院特色人文课 1 门，聘请国际关系学院专家团队开设“国际战略问题研究”；引进网络课 3 门，通过在线学习与面授相结合，探索新的学习模式，提高学习效率。

3. 探索开放个性化培养方案

继“ServantLeadership”“DigitalDesignwithFPGAs”等全英文课程资源向面上同学开放，正在探索开放吴健雄学院荣誉培养体系，2017 级已有少量非吴健雄驻院学生的优秀生修读吴健雄学院通识基础课。

4. 大力提升国际交流合作水平

2017 年共有 57 人次参加出国交流学习，相比 2016 年增加 13 人次。新增与美国华盛顿州立大学荣誉学院合作，双方学生组队参加全球案例竞赛；首次接待华盛顿州立荣誉学院 3 名学生来我校材料学院开展 8 周的实验室研究学习；合作申报美国自然科学基金项目资助暑期实验室研究；新增与美国德克萨斯大学达拉斯分校荣誉学院的暑期项目；首轮实施与澳大利亚蒙纳士大学的实验室研究项目；新增吴健雄学院—德国亚琛工业大学寒假 2 周的智慧工厂项目，率学生参加美国荣誉教育年会，代表中国荣誉学院加入“荣誉教育研究委员会”，与华盛顿州立大学续签交换学习协议。与悉尼大学(面向电子信息技术学院)续签海外学习协议。访问法国巴黎综合理工学校，就 3+3 合作项目达成初步意向并正在讨论协议。与法国 GrenobleINP 集团互访，就 3+1+x 及交换实验室研究达成合作意向并正在讨论协议。

5. 实施新的少年生培养方案

配合学校新的少年生培养方案,为来自不同专业的少年生制定了第一年集中与个性化相结合的课程体系。其中数、理、外语、计算机等公共课程采用集中统一培养,聘请有经验的任课教师授课,并配备专职班主任。

二、以立德树人为根本,助力学生全面成长

1. 加强拔尖创新人才的思想引领与价值塑造

以党建工作为龙头做好学生思想的示范引领工作,全面贯彻全国高校思想政治会议精神,进一步加强拔尖创新人才的思想引领与价值塑造,开展党旗领航工程,以"卓越讲堂"、精品"三会一课"、"基于重要科技岗位体验"为主题的党员先进性教育活动,提升党员素质,增强党性修养;全年发展预备党员 19 名,14 名预备党员转正,2 名本科生党员获评优秀;立项思想政治课程"思想道德修养与法律基础"的教学改革项目,针对教学模式和教学方法进行改革,增强针对性与时效性,提升亲和力与获得感。

2. 加强基层班团组织建设

上半年以"学习习近平总书记系列讲话,做合格共青团员"为主题,开展基层团组织建设,立项"磐石计划"校级重点团日活动 7 项,其中长期项目 2 项、短期项目 5 项,开展院级重点团日活动 5 项,其中 2 个支部获得优秀项目;下半年基层团支部广泛开展十九大报告学习宣传教育活动,立项"磐石计划"共 10 项,其中长期项目 3 项。基层团日活动覆盖学院全部团支部和全体共青团员,使广大青年在生动活泼的活动中接受教育,增长才干。

2017 年度我院再次获得校先进基层团组织,获得江苏省五四红旗团支部、江苏省先进班集体、东南大学"国旗团支部"等荣誉。

3. 广泛开展社会实践与志愿者服务

组建社会实践团队 18 支,推荐校级重点立项 8 项,完成实践报告 18 份。经评选,我院获得校级十佳团队 1 项,校级十佳个人 1 人,校级一等奖 2 项、二等奖 2 项、三等奖 1 项、优秀调研报告 1 份。荣获社会实践优秀组织奖。1 人荣获省级先进个人,23 位学生获得校社会实践优秀个人称号。

参加 2017 年雷锋日志愿服务活动和江苏省大学生志愿服务项目双选交流会,推荐 2 名优秀学生参加江苏省发展大会志愿服务、江苏省志愿青年观察员等工作。张雯惠同学获得 2017 年东南大学优秀青年志愿者。张梦瑶成功入选东南大学第十九届研究生支教团,赴新疆石河子进行为期一年的支教;推荐 2 名 2014 级毕业生进行东南大学第二十届研究生支教团的选拔。

4. 持续加强校园文化建设

指导学生组织并参与近 20 项校园文化体育活动,再次包揽东南大学第五十九届田径

运动会乙组男子、女子和团体总分第一的好成绩，实现东大赛场八连冠。品牌活动持续开展，成功举办吴健雄学院“真善美”读书报告评选活动，出版了《最是书香能致远——优秀读书报告集》；完成《健雄学子》2017 年院刊的编辑出版；举办校长文化专项“城间足迹”大型户外素质拓展活动、“吴画不说”大型宿舍文化节活动，推选 2017 年网络廉政文化优秀作品 2 项，推选《我的东大老师》节目进入东南大学 2017 年新生文化季闭幕式晚会。

5. 创新创业教育工作扎实有效推进

完成 4 项省创、国创项目(2 项优秀、1 项良好、1 项通过)，47 项校院级 SRTP 项目(10 项优秀、15 项良好、22 项通过)，立项国创项目 7 项，省创项目 6 项。共有 131 人次获得省级以上学科竞赛奖项，其中国际级奖项 19 人次、国家级奖项 55 人次、省部级奖项 57 人次。发表论文 33 篇，申请专利 35 项。

组织我院学生参加 2017 年 ASC 世界大学生超级计算机竞赛并荣获国际一等奖，面向全校学生举办“东南大学第一届超级计算机竞赛暨 ASC 世界大学生超级计算机竞赛东南大学预赛”，选拔队伍参加 2018 年 ASC 世界大学生超级计算机竞赛。

6. 提升招生就业质量

稳步推进招生工作，2017 年高考直接录取 71 人，其中参加江苏省综合评价录取试点招生 10 人；选拔录取 49 人，参加选拔的人数相比 2016 年增长 50%，工科试验班的招生显示出良好的发展势头。

做好毕业生升学和出国深造精细化服务，促进就业质量的进一步提升，2017 年初次就业率依然保持 100%，国内升学和出国(境)85 人，占毕业生人数的 73.92%，其中国内升学 54 人，占毕业生人数的 46.96%，出国(境)31 人，占毕业生人数的 26.96%。

7. 以表彰促建设

认真做好学生各类奖助学金及荣誉称号评选表彰工作，帮助我院同学树立正确的荣誉观，形成积极向上的良好风气，使各类奖励机制发挥最大的积极作用。全年我院共评出校级及以上个人荣誉 98 人次，各类奖学金 60 人次，各类助学金 31 人次。积极引导我院青年学生做有理想、有追求、有担当、有作为的青年一代，2017 年度获宝钢优秀学生奖 1 名、东大好青年 1 名、最具影响力毕业生 1 名、江苏省优秀学生干部 1 名。

2017 年，学院的开放式个性化拔尖人才培养模式的各项工作取得一定成绩。但是对比国际一流大学，我们在育人理念、培养模式、国际化程度等方面仍存在不足，距离学校、社会和家长们的要求还有差距。正如本科教学审核评估专家所指出的，学院在汇集一流资源方面虽然做了很多工作，但仍然面临一些短板。2018 年学院将站在新时代培养未来领军人才的战略高度上，贯彻“厚基础、宽口径、强交叉、重创新”指导方针，深化改革，大力提升汇聚资源能力，进一步在优化人才培养方案、汇聚国内外优质的教育教学资源、推进国际化教育进程、建设书院制育人环境、建立有效的激励机制等方面继续推进。

海外教育学院

2017 年,海外教育学院以党的“十八大”和十八届三中、四中、五中、六中全会和“十九大”精神为指导,继续深入贯彻落实习近平总书记对全国留学工作会议的重要指示和我国教育外事工作“扩大规模、提高层次、保证质量、规范管理”的十六字方针,配合“一带一路”建设,依靠全校上下的力量,以大数据、全渠道、多形式的招生方式和改革创新的培养模式进一步扩大学校留学生规模,提高留学生培养质量。制定了《东南大学招收和培养国际学生管理办法》。

一、招生工作

1. 概况

2017 年,在校学习的来华留学生已达到 1 947 人,其中学历留学生 1 492 人,占总人数的 76.6%。在读硕士生 509 人,博士生 204 人,硕博研究生占学历生比例为 47.8%,位居江苏第一。

2017 年,由中国路桥总公司全额资助的第一届交通工程英文硕士班成功开办,首届学生均为所在国高级政府官员和优秀管理人员。

2. 参加教育展会

2017 年,我院参加了美国 NAFSA 教育展和美国、白俄罗斯孔子学院教育推广。

3. 奖学金和自费生招生

做好各类政府奖学金生的材料整理和上报等,做好非政府奖学金生的招生工作,扩大招生规模。2017 年新增国内企业奖学金项目:中国路桥——东南大学巴基斯坦留学生交通运输工程硕士研究生班录取 15 人。

二、教学教务工作

2017 年度我校共有 147 名留学生顺利完成学业,获得专业学位。其中 92 人获得学士学位,44 人获得硕士学位,11 人获得博士学位。

2017 年,由中国路桥总公司全额资助的第一届交通工程英文硕士班成功开办,首届学生均为所在国高级政府官员和优秀管理人员。

2017 年 12 月,我校医学院 4 名临床医学专业留学生参加 2017 首届来华留学生临床思维与技能竞赛,获得最佳团队优秀奖和最佳组织奖 2 项团体奖,1 项单项奖——最新妇产科学单项奖。

2017 年,我校 4 门课程获选“江苏高校省级外国留学生精品课程”并获课程建设资助。课程名称和获奖教师名单如下:

分子生物学:张子超

商务数据分析:浦正宁

系统解剖学:吕海芹

交通数据挖掘技术:陈淑燕

2017年,我校共有10门全英文授课精品课程获选2017年度“东南大学校级外国留学生精品课程”并获得校内课程建设资助。课程名称和获奖教师名单如下:

道路交通安全:刘攀

交通数据挖掘技术:陈淑燕

现代道路设计原理与方法:于斌

环境岩土工程:王菲

路面设计原理与方法:黄晓明

当代建筑理论:李华

建筑设计理论:史永高

生物化学:于晓明

国际商务沟通:徐健

卫生学:张小强

2017年,共有7名自费留学生获得国家CSC优秀自费生奖学金。其中本科生4人,博士研究生3人。获奖名单如下:

FATEMAMAHDIEBRAHIMAHMEDABDULLADUBAI(本科)巴林

PANDEYVIPINKUMAR(本科)印度

MUHASINAPUTHOORKANDY(本科)印度

MUNYAMAKAACHA(本科)赞比亚

SAVOSTANOJEVIC(博士)塞尔维亚

ARJUNSINKEMANI(博士)尼泊尔

NGUYENHOANGLINH(博士)越南

三、留学生管理工作

1. 建章立制,完善管理

2017年,进一步完善《留学生生活指南》;引进了新的报到电子数据采集设备。

2. 优化各类奖学金等的管理发放工作

完成了各类奖学金的申请、遴选、上报工作和管理发放工作;完成了年度“中国政府奖学金”年审、评审结果上报工作和注册及上报工作;完成了2017年度省政府茉莉花奖学金管理发放工作;配合校教育基金会,完成了“东南大学教育基金会奖学金”评选上报和获奖证书颁发工作。

3. 进一步丰富国际学生校园文化活动

协助省电视台,鼓励部分有文艺特长的留学生参加了由江苏省人民政府新闻办公室、江苏省人民政府外事办公室主办的 2017 年“同乐江苏”外国人才艺大赛,取得优秀成绩。

学院被评为 2017 年度“江苏省来华留学生教育先进集体”。

四、对外汉语教学工作

2017 年,学院汉语中心在教学、科研、文化活动、学科建设等方面全面提高教学、科研水平,提高留学生培养质量

1. 教学成果

开展独具特色的 HSK 培训,从各个方面提高学生的语言技能,帮助学生顺利通过汉语水平考试。2017 年,孔子学院奖学金生 HSK 五级通过率 100%。零起点学生 HSK 四级通过率达到了 97%。青年教师在 2017 年第 24 届东南大学青年教师授课竞赛中荣获二等奖、三等奖和提名奖,取得了历史新突破。

2. 学科建设

海外学院与文学院联合建立的汉语国际教育专业硕士点运行良好,招生人数逐步扩大,共有中外学生 30 名。汉语中心为留校实习的每一位学生安排了指导教师,帮助实习生稳步提高教学水平。

3. 科研工作

2017 年学院曹燕黎老师获得国家社科基金青年项目“基于认知视角的来华留学生汉语辞格的理解及其应用研究”。

4. 学术和文化活动

2017 年加强与国内外专家的学术交流。学院汉语中心参与主办了“东南大学孔子学院文化研讨会”。邀请联合国中文组组长何勇和美国德克萨斯州大学达拉斯分校艺术人文学院院长 DENNISMERLEKRATZ 两位知名专家来我校访问,为留学生和中国硕士生开设专题讲座。

5. 文化活动

2017 年,组织留学生代表团参加由国家留学基金管理委员会主办的“一带一路助我圆梦”留学生朗诵比赛,并荣获三等奖。

五、孔子学院工作

2017 年,在国家汉办/孔子学院总部的领导下,我校孔子学院建设和汉语国际教育取得了重大进展。

1. 基本情况

2017 年,第十六届“汉语桥”世界大学生和第十届“汉语桥”世界中学生中文比赛白俄

罗斯赛区选拔赛在明斯克成功举办,明斯克国立语言大学孔子学院的学生同时获得中学生和大学生组"汉语桥"比赛冠军,这在明斯克国立语言大学的历史上是第一次。

2017 年,田纳西大学孔子学院协助田纳西大学现代外语外国文学系及佩里斯皮州立社区大学孔子课堂共开设了 8 门学分课程。10 月,田纳西大学孔子学院举办了题为"东西方音乐传统的协奏和鸣"的音乐会。

2017 年,德克萨斯大学达拉斯分校孔子学院,为所在大学开设多种中国语言和文化的学分课程,还在当地中小学建立了 23 所孔子新课堂。目前在读学员已达到 13 000 人。

2. 与外方合作情况

2017 年,我校接待了明斯克国立语言大学 16 名师生组成的夏令营。接待了由明斯克国立语言大学孔子学院外方院长带领的明斯克地区中、小学校长团。

2017 年明斯克国立语言大学孔子学院理事会于 6 月在明斯克语言大学召开,东南大学副校长周佑勇等出席并与外方校长娜塔莉亚・巴拉诺娃等进行了友好会谈。

2017 年度田纳西大学孔子学院理事会于 9 月举行。东南大学张广军校长参加会议并听取了外方院长的工作报告。张校长表示,孔子学院不仅是中美两国文化交流的平台,更是两校交流与合作的重要纽带,期待孔子学院在未来发挥更大作用。

2017 年,我校接待了由达拉斯孔院组织的大、中学生夏令营团组共 32 人来宁短期游学。

2017 年德州大学达拉斯分校孔子学院理事会于 11 月在达拉斯召开。东南大学黄大卫副校长等出席,与德州大学达拉斯分校孔子学院代表进行了会谈。

东南大学无锡分校

2017 年是无锡分校艰难中求发展的一年。本年度分校按照学校整体工作部署,坚决贯彻党的教育方针和发展理念,进一步深入开展"两学一做"教育活动,积极组织学习党的十九大报告精神,围绕推进"双一流"建设和"双创"教育改革的目标要求,结合学校 2017 年工作要点以及无锡市对高等教育发展的需求,积极开展各项工作,力争为学校"双一流"建设和地方发展作贡献。在做好各项常规工作的同时,重点开展了以下工作。

一、以立德树人为核心,加强人才培养工作

1. 进一步加强实践环节,培养卓越工程师。在 2013 级毕业设计选题上凸显了对卓越工程师人才的培养,课题性质以设计为主,达到了 93%。学校教务处专家组抽查中对分校毕业设计文档整理及成绩的评定工作给予了肯定。充分利用分校的各实验平台及周边企业,让学生参加到一线进行实习,2017 年新增设了三个校外实习基地,整个实习环节做到严格监督、管理。严格审核、顺利完成研究生推免工作(2014 级 8 人)。

2. 以本科教学审核评估促改进发展,加强监督管理,提高教学质量。分校党政领导高度重视本科教学审核评估工作,期间共进行了三轮的自查、互查与专家检查,发现了本科教学工作中的不足并讨论了解决方案,完成了部分改进工作,顺利完成了此次本科教学

审核评估工作,进一步提高了教学质量。

3. 拓展学生国际交流渠道,拓宽学生国际视野。本年度分校继续鼓励资助学生通过各种渠道参加各项国际交流活动。其中19人出国留学(其中有9人进入世界前100名9所大学),4人参加国际会议(13级2人、14级2人)。

4. 站好分校成人继续教育培养工作最后一岗。本学年主要完成了16级学生的授课安排和15级学生的毕业设计工作(其中30人毕业,6人拿到学位)及2016级的毕业生信息采集工作。11月份圆满完成了学位课程考点的组织管理工作。

5. 配合学院开展全日制专业学位硕士的培养工作。主要围绕各教学环节配合学院开展全日制专业学位硕士的培养工作。成功举办了2017年校庆论文报告会、第六届嵌入式竞赛(无锡)、第四届IC设计竞赛。

6. 积极组织学生参加各类各级学科竞赛,并取得良好成绩。其中,一支参赛队伍在第十五届"挑战杯"中获得二等奖,两支参赛队伍获得第十三届全国研究生数模竞赛二等奖,各有一支参赛队伍获得第十届全国大学生节能减排社会实践与科技竞赛三等奖和第四届中国研究生石油装备创新设计大赛二等奖。

二、规范科研平台管理,做好产学研合作的助推器

进一步加强科研制度建设和科研组织,提升科研服务水平和组织协调能力,加强科研平台安全管理,制定出台《东南大学无锡分校实验室安全管理办法》《东南大学无锡分校项目结余资金管理办法》。

与中冶建筑研究总院有限公司、烽火通信科技股份有限公司、深圳市城市公共安全技术研究院、苏州欧普照明有限公司、江苏华功半导体有限公司签订战略合作协议。

申报"江苏省自然科学基金"11项,获批资助项目4项,其中,面上项目4项。获批中国铁路总公司重点科研项目1项、深圳市基础研究学科布局项目1项、江苏省产业技术研究院创新团队项目1项、无锡新吴区科信局产业推进项目1项,以及各部委项目7项。申请中国发明专利586项,授权发明专利262件,发表论文372篇。"无锡中冶东大城市与基础设施安全信息技术研究院""无锡东大—大阪高速铁路智能隔热耐腐防护技术联合研发中心""东大—烽火高效安全信息技术联合工程研究中心""微纳平台"以及"东大无锡—嘉盛联合工程研发中心"等交叉研究院、中心建设稳步推进。承担企业合作项目39项,专利转让3项,182件专利获得资助。

三、构建健康向上和谐校园,做有温度的学生服务

坚持5+2、白+黑的工作精神,手机24小时开机待命,并且建立QQ、微信群,及时了解并处理学生诉求,努力做好学生服务工作。为营造良好校园文化氛围,组织人文与科学素养讲座,邀请了专家学者来校做报告;举办了第五届趣味运动会、"爱心公益跑"、迎新晚会等文体活动;为激发学生的创新意识,养成良好的学术道德,举办了第四届分校学术节,并举办学术报告会邀请王志功等专家分享科研成果,展望科技前沿;为培养学生国际化视野,组织优秀学生赴日参加IPS国际会议,开展出国交流沙龙等;为帮助学生做好职业生涯规划,邀请华为海思芯片专家和HR来校举办科技沙龙和职业发展论坛,还带领学生队走进

华为、中兴、研华等一批知名企业参观学习。2017 年分校年终就业率仍保持良好态势，其中集成电路工程专业研究生就业率达 100%，无锡分校本科班学生就业率也已达 93.2%。

四、以国际化工作为抓手，重点推进校地合作

与无锡市政府相关部门共赴浙江大学海宁校区调研，围绕校地合作、国际化发展、产学研合作、人才培养等议题充分交流，共同研讨校地合作新模式。在前期各项工作推进的基础上，与无锡地方政府累计举办新一轮合作方案洽谈研讨会 7 次，先后接待无锡市政府许立新秘书长、朱爱勋副市长、刘霞副市长和高亚光副市长及市政府办、新吴区人大代表团调研无锡分校。初步计划以国家示范微电子学院、国际联合学院、微纳加工与测试实验中心建设为抓手，开启新一轮校地合作。

加强国际化办学，先后与卡耐基梅隆大学、佐治亚理工学院、鲁汶大学、英国伯明翰大学、美国德克萨斯农工大学、荷兰埃因霍温理工大学等多所世界名校对接交流，计划共同筹建合作办学机构。与法国巴黎电子与信息工程师学院、法国国立工艺大学代表围绕中法工程师人才合作培养开展多轮洽谈。接待法国巴黎电子与信息工程师学院校长一行来访无锡分校，明确双方将围绕研究生双学位培养、海外学生培养和精品英文课程体系建设共同开展合作。接待意大利都灵理工大学副校长一行来访无锡分校，与无锡高新区（新吴区）政府、意大利都灵理工大学共同签署三方合作框架协议，计划围绕物联网工程等专业在锡开展在职人才培训项目。

五、精细化日常办公流程，提升分校服务水平

利用中央巡视组巡视的契机，通过自查自纠工作，进一步完善分校的各项管理制度，严格执行学校各项规定，吸取违规使用超标车辆的教训，健全实验室管理、科研平台管理、学生管理、财务管理、教学科研管理、日常考勤等各项规章制度，简化办事流程，使学校各项工作的开展在有据可依、有章可循的基础上提高工作效率。

主动密切联系师生，深入教室宿舍实验室，关心师生学习、生活，努力协调异地办学中师生面临的实际困难，为从南京来无锡开展教学科研的院系教师提供热情周到的服务，努力提高服务师生的能力和水平。

东南大学成贤学院

一、概况

全院教职工总计 777 人，其中，专任教师 571 人，行政人员 166 人，教辅人员 37 人，工勤人员 3 人。另外，聘请校外兼职教师 67 人。全院教职工中，具有正高级职称的 70 人，副高级职称的 231 人，中级职称的 339 人，初级职称的 95 人。

全院共设有 11 个党政管理部门：党政办公室（纪检监察室）、组织人事部、教务处、学生处（学工部、人民武装部）、财务与资产管理处、后勤管理处、保卫处、质量保障处（高等教育研究室、教师发展中心）、发展合作处、工会、团委；2 个直属单位：图档信息中心（图书

馆、档案馆、信息中心)、招生就业办公室;6 个学院和 1 个部:建筑与艺术设计学院、电子与计算机工程学院、土木与交通工程学院、机械与电气工程学院、制药与化学工程学院、经济管理学院和基础部。开设专业 33 个,在校生 10 847 名。

二、党建工作

1. 党的组织建设

根据东南大学党委部署,圆满召开学院第三次党代会,选举新一届党委委员。推进“两学一做”学习教育常态化制度化,扎实开展“双抓双促”大走访大落实活动等。修订《东南大学成贤学院党委会议事规则(试行)》《东南大学成贤学院党政联席会议事规则(修订)》。各基层党支部积极召开专题组织生活会,开展民主评议党员活动。

加强干部和师资队伍建设,合理配备、调整基层党政负责人,对 12 名(次)干部配备进行任免。实行主题教育“最佳党日活动”长效制度,土木与交通工程学院第三党支部组织的党日活动获东南大学 2015—2016 学年“最佳党日活动”一等奖。完成 2015 年度东南大学党建研究项目和成贤学院党建研究项目结题工作。1 个项目获批东南大学 2017 年度党建研究项目一般项目,评选院级 2017 年度党建研究项目 4 个。

2. 党的思想政治建设

深入学习贯彻党的十九大精神和习近平新时代中国特色社会主义思想,组织师生集体观看党的十九大开闭幕式、系列报道及学习报告会等,参加省委宣讲团学习贯彻党的十九大精神宣讲会。通过多种媒介,对党的十九大精神进行广泛宣传,全院范围内掀起学习宣传贯彻党的十九大精神热潮。加强领导班子理论学习,党委书记带头讲党课 5 次,全年中心组学习 3 次。

学院党委高度重视师生的思想政治工作,切实加强对广大师生思想教育引导,坚持把立德树人作为中心环节,把思想政治工作贯穿教育教学全过程,实现全程育人、全方位育人。印发《东南大学成贤学院关于加强和改进新形势下学校思想政治工作的实施办法》等文件。加强思想政治课教师队伍管理工作,发挥好“两课”的主渠道作用。开展以“诚信”教育为核心的学生思想政治教育活动,打造服务学生成长成才的“四大学堂”。

3. 党员队伍建设

2017 年学院发展党员 255 名,预备党员转正 194 名,1 人被取消预备党员资格。完成 2 个党支部建制调整。截至 2017 年底,成贤学院党委下设 8 个党总支,46 个党支部。现有教工党员 254 名,学生党员 403 名。

组织 46 名支部书记参加全国网络培训和东南大学党务工作培训。举办党校培训 3 期,共计 820 名学员参加学习。组织党员参加“两学一做”网络知识竞赛。加强转出党员组织关系回执跟踪,加强党费标准核定和党费收缴明细台账记录,规范对党费和党建经费的使用管理。

4. 完善纪检监察工作

在中共东南大学成贤学院第三次党代会上，选举产生第一届纪委。学院纪委建立党风廉政建设责任体系，落实中央“八项规定”“三严三实”要求，研讨和修订了《东南大学成贤学院“三重一大”决策制度实施办法》。

加强作风建设和反腐倡廉建设，做好学院干部选聘、招投标、招生以及各类评选的纪检监察工作。抓好敏感时期的作风建设，荣获2016年东南大学廉政文化作品征集活动二等奖2项、三等奖4项和优秀组织奖。

5. 加强宣传阵地建设

创新宣传模式，加大宣传投入，拓展新媒体建设渠道，与传统媒体融合互动。全年共刊发《成贤报》7期、《成贤快讯》28期，学院主页新闻栏目审核发布新闻稿件300余条，在院外媒体发稿40余篇。充分发挥官微、官博等新媒体的宣传效用，做好英文网站的筹备建设工作。加强对宣传阵地的管理，印发《关于电子显示屏使用管理办法的通知》等文件。荣获中国高校校报好新闻通讯类三等奖1项、江苏省高校校报好新闻图片类三等奖1项。

6. 统战工作

进一步加强党外代表人士队伍建设，服务统战人才，提升服务大局的精准度和实效性。参加驻区高校统战部长联席会，做好相关材料报送并提出建议。完成学院与区领导结对高校党外知识分子建立产业发展“智库”名单，建立知名海外校友名录。

7. 工会工作

学院积极健全工会组织，成立部门工会小组19个，会员入会率达100%。举办成贤学院教职工新年联欢会、成贤学院第一届趣味运动会、庆“三八”节女教职工卡拉OK比赛、“三走”春季健步走活动月以及踢毽子、乒乓球、扑克比赛等。

8. 共青团工作

院团委依照共青团四维工作格局，始终把握思想政治引领这一核心任务，开展了“青春喜迎十九大 不忘初心跟党走”、纪念建团95周年、“四进四信”等系列主题教育活动，开展“梦想起航、青春绽放”新生绽放季、五四青年表彰等标志性的学生活动，举办各类文体活动累计100多场。全面推进“第二课堂成绩单”和“青年之声”平台建设，全力打造团员青年成长成才服务平台。共推出620名积极分子参加党校培训。

三、行政工作

1. 完成东南大学成贤学院教育发展基金会换届工作，通过首批基金会年审，通过事业单位年审、民办高校年检，完成教育现代化监测数据采集上报工作，完成2017—2018学年初高等教育统计年报和教育部高等教育质量检测国家数据平台填报工作。

2. 召开东南大学成贤学院董事会第三届一次会议。

3. 顺利通过南京市人事考试标准化考场建设验收。

四、教学工作

1. 学院召开专业综合改革推进会,研讨二级学院的改革方案、改革思路与改革举措,并明确落实到人才培养具体环节中。

2. 完成建筑与艺术设计学院专业综合改革试点中期检查与年度考核工作。

3. 完成护理学和视觉传达设计2个新专业的申报工作,完成4个专业学士学位授予权的申报工作并顺利获批。

4. 完成2017级人才培养方案修订工作,重新制定土木类、工商管理类人才培养方案。

5. 顺利完成2017年转专业工作,54名学生转入相关专业继续学习。

6. 获批江苏省高等学校大学生实践创新训练计划项目立项30项,院级立项79项。组织师生参加省大学生创新创业优秀成果交流展示会并获"优秀组织奖"。

7. 荣获江苏省优秀毕业设计(论文)三等奖4篇、优秀毕业设计(论文)团队1个。

8. 学院与太仓德企合作的双元制项目进入实施阶段,双元制班首期选拔出23名学生已正式开班。学院与南京集成电路产业服务中心签署人才培养校企合作协议。机械设计及其自动化专业和软件工程专业与淮安信息职业技术学院成功获批高职和本科合作的"3+2"试点专业,制订"3+2"人才培养教学计划。与美国费尔菲尔德大学工程学院、我国台湾开南大学签署合作协议,与西交利物浦大学签署两校合作备忘录。

9. 获批江苏省教科院现代教育技术研究所立项课题11项,其中2项获重点资助;获批全国高等院校计算机基础教育研究会立项2项,其中1项为重点资助;获批江苏省教育科学"十三五"规划重点自筹立项课题1项,中国物流学会立项3项。获批2017年江苏省教育厅高校哲学社会科学项目19项,其中首获重点项目立项资助1项;获批2017年江苏省高校自然科学研究面上项目2项、江苏省社科联外语研究专项课题1项、江苏省社科联精品应用课题1项、毫米波国家重点实验室开放课题1项,申报横向课题3项,新增2018年度青年教师科研发展基金项目10项。评选、推荐江苏省"十三五"重点规划教材3部。

10. 学院喜获南京高新区知识产权促进资金奖励。1名教师的发明专利获南京市授权发明专利及高价值专利资助。

五、学生工作

1. 我院荣获2017年"南京市征兵工作先进单位"荣誉称号,有26名学生从学院所在地入伍,13名学生通过生源地人武部入伍。

2. 完成2016年江苏省学生资助绩效考核工作,首次获得优秀等级,被评为"全省百佳学生资助工作单位典型"。

3. 2016—2017学年门诊医疗费用报销共计2 462人,占参保总人数的23.78%,全年共计报销费用为40.26万元。

4. 心理咨询室全年共计接待来访学生、家长312人次,心理危机干预4人次。

5. 学生事务大厅全年接待学生来访1.5万余人次,办理各类业务1万余件。

6. 我院荣获江苏省先进集体 6 个、江苏省优秀学生干部 10 人、江苏省三好学生 4 人，评出国家奖学金 3 人、国家励志奖学金 160 人、国家助学金 827 人。

7. “专转本”共录取 514 人，报到率为 96.69%；普高共录取 2 791 人，报到率为 94.2%。

8. 2017 届毕业生研究生录取率为 10.56%，毕业生年终就业率为 97.18%，创历史新高。

六、师资队伍建设工作

1. 全院现有全职人员 365 人，其中人事代理人员 294 人。

2. 2017 年 7 月，江苏省人力资源和社会保障厅、江苏省教育厅正式批复将高级职务任职资格评审权下放，经过我院四个学科组和职称评审委员会评审，共有 10 人通过高级职务任职资格，其中 9 人为副教授、1 人为高级实验师，并已完成上报工作。此外，15 位教职工获评中级专业技术职务任职资格。

3. 成功入选省级国家公派出国访问学者 1 人、优秀青年骨干教师 1 人。

4. 修改完善在职攻读学位协议(办法)，加强在职攻读学位管理。截至 2017 年底，有 8 人在职攻读博士、53 人在职攻读硕士。

5. 对 2016 年选送的 6 名青年骨干教师访问学者进行考核，选拔 7 名访问学者赴东南大学、南京农业大学、南京艺术学院学习深造。

6. 进一步做好教师工程实践能力培训工作，加强“双师型”教师队伍建设，组织 14 名教师暑期赴企业参加为期 40 天以上的工程实践培训。

7. 选派 27 名教师参加院外培训或进修学习活动，组织 30 名教师参加由教育部全国高校教师网络培训中心组织的培训学习活动。推荐 2 名教师参加江苏省教育厅优秀中青年教师和校长英语强化培训。

8. 重新调整部分学科督导，督导组对首次开课教师、青年教师授课竞赛教师等开展听课，累计听课达 263 人次。

9. 选派教师参加江苏省高校工程管理专业授课竞赛，获得一等奖 1 名、二等奖 2 名，1 名教师获得江苏省第五届高校数学基础课青年教师授课竞赛三等奖，12 名教师获得全国高校电工电子基础课程实验教学案例设计竞赛三等奖。

10. 进行微格教室使用的指导和培训 3 次，微课教室累计使用达 127 人次。

11. 举办名师讲坛活动 5 期，开展青年学者联谊会会员活动 1 期，推出青年教师专题沙龙和午餐会主题沙龙活动。

12. 举办辅导员职业能力竞赛，选派 21 人次参加各类省级专题培训。获批江苏省高校辅导员工作研究会专项课题 3 项。评选 2017 年度东南大学成贤学院思想政治研究课题 8 项。1 名辅导员被评为“全国民办高校优秀辅导员”，1 名辅导员获江苏省高校辅导员职业能力大赛三等奖。

七、其他工作

1. 做好财务管理、会计核算、资产管理、招标采购、工程审计、校园“一卡通”管理等工作。出台《东南大学成贤学院网上竞价采购管理办法》《东南大学成贤学院经济合同专用章使用与管理规定》等管理规定。做好学院财务预决算工作。完成 10 万元以上招标类货物服务采购项目 43 个,完成各类工程审计项目 38 个。

2. 学院顺利通过江苏省高校后勤安全工作检查。组建基建办,做好新建学生宿舍及学生宿舍生活配套用房项目前期申报手续办理,完成施工图送审、施工场地土方测量、杂树清理工作。在江苏省餐饮协会和江苏高校后勤协会联合举办的 2016—2017 年度"江苏好食堂"评选活动中,我院一食堂获得"江苏好食堂"荣誉称号。

3. 数字化校园系统、各类业务信息系统全年安全无故障运行。图书馆全年共完成 10 920册图书(未计入东大调拨的 30 258 册)、1 838 合订本期刊的加工入库工作。修订《东南大学成贤学院档案归档目录及保管期限表》。

4. 建立健全安全保卫工作责任制。全年举办各类安全知识教育活动 11 次。有序推进校园监控数字化改造进程,新增探头 90 余台,及时维护、增加和更换消防设施,开展危化品整顿工作。

附

东南大学成贤学院专业设置一览表

院系名称	专业代码及名称	学科类别	学制(年)
电子与计算机工程学院	080701 电子信息工程	工学	4
	080702 电子科学与技术	工学	4
	080801 自动化	工学	4
	080901 计算机科学与技术	工学	4
	080902 软件工程	工学	4
土木与交通工程学院	081001 土木工程	工学	4
	081801 交通运输	工学	4
	120103 工程管理	管理学	4
	120105 工程造价	工学	4
经济管理学院	020202 税收学	经济学	4
	020401 国际经济与贸易	经济学	4
	120202 市场营销	管理学	4
	120203K 会计学	管理学	4
	120204 财务管理	管理学	4
	120601 物流管理	管理学	4
	120801 电子商务	管理学	4
机械与电气工程学院	080201 机械工程	工学	4
	080202 机械设计制造及其自动化(汽车工程)	工学	4
	080601 电气工程及其自动化	工学	4

（续 表）

院系名称	专业代码及名称	学科类别	学制(年)
建筑与艺术设计学院	082801 建筑学	工学	4
	082803 风景园林	工学	4
	130310 动画	艺术学	4
	130503 环境设计	艺术学	4
制药与化学工程学院	081301 化学工程与工艺	工学	4
	081302 制药工程	工学	4
	100704T 药事管理	理学	4

东南大学成贤学院本科生在籍学生人数统计

（单位：人）

	毕业生数	招生数	在校生数	预计毕业生数
总　数	2 464	3 123	10 847	2 747

东南大学苏州研究院

2017 年度，苏州研究院各项工作进展顺利，校园安全平稳，党建、科研及平台建设、人才培养、国际合作等方面工作取得新进展。

一、本年度工作情况

1. 加强政治思想建设和意识形态工作。按照学校部署和要求，通过会议、党团活动、微信/QQ 群等方式组织师生员工开展多种形式学习教育，重点是党的十九大、习近平新时代中国特色社会主义思想、全国高校思想政治工作会议精神以及学校相关部署要求。按照学校纪委部署，结合本单位实际，对“三重一大”决策制度实施办法进行了修订，坚持党政联席会制度，本年度共召开 15 次党委会和 10 余次院务会研究部署相关工作。以党建为龙头做好学生思想政治工作，党政密切配合，贯彻“以学生为本”理念开展各项工作，利用入学教育、党团活动、文化素质讲座等形式，强化学风和学术道德建设，工作中细化办法，规范流程，营造良好的“三全育人”生态。重视宣传报道工作，及时做好网站维护，全年共发布 43 条新闻、65 条信息，其中学校主页采用 4 条、协助校报征集“班风”稿件 2 篇。连续四年获得独墅湖科教创新区宣传工作优秀奖、文化工作优秀奖。

2. 扎实开展“两学一做”学习教育常态化制度化和“双抓双促”活动。紧密结合支部和党员队伍建设，以“两学一做”为抓手，指导支部开展内容丰富形式多样的学习和活动。本年度学生支部承办了 2016 级线上“两学一做”学习交流分享与专题学习、线上学习先进和党员标准大讨论、“两会展板”、2017 级“喜庆十九大红歌赛”、学生支部党课、团内推优观摩课、“聚焦十九大”展板制作等活动。以支部指导性计划、第一次组织生活模板、入党前谈话模板、观摩课、新生党课等方式方法，不断探索学生支部“标准化”建设。认真抓好“双抓双促”各环节工作，多种形式征集意见建议、调研走访，梳理问题清单，完成“书记项目”立项书。以问题为导向,采取有效措施进行整改,如为每个支部设立“党员学习角”、购置书架、订阅杂志。本年度,荣获省先进班集体1个,1部由学生支部自编自演的微电影获省廉洁文化作品一等奖,校最佳党日活动二等奖1个。

3. 细致做好各项党建和学生事务工作。针对学生党员占比超过95%的实际,注重加强学生支部和党员队伍建设。以集中培训、例会、QQ群、党员微信群、现场教学、党委委员联系支部、特邀党建组织员等多种方式加强对支部委员的培训和指导。组织68名发展对象参加高教区联合党校的培训、27名支部委员参加学校和高教区的党务培训。完成组织管理系统党员信息采集工作,及时做好组织系统的维护。规范做好入党积极分子培养和发展党员工作,本年度发展党员48名,其中1名为教工。积极创造条件支持学生创新创业,在十四届全国研究生数学建模竞赛中获得一等奖2项、二等奖2项,一支队伍获苏州市第七届大学生融合通信大赛一等奖,2名同学获全国集成电路设计大赛华东赛区一等奖,1名同学获“2017广州汽车设计大赛”特等奖,1名同学获上海汽车设计大赛二等奖。积极组织参加科教创新区的各种活动,在篮球邀请赛、“慧湖之春”大合唱、安全知识竞赛等活动中取得好成绩。

4. 积极拓展科技发展新途径和国际联合研究。继续以“整合资源、构建服务平台、促进成果转化应用”思路,积极推进各级各类科技计划项目申报与实施。本年度纵向项目科研经费及平台建设费到账728万元,组织申报各类科技计划项目9项,其中省部级3项、苏州市6项,已获批省级1项、市级3项。积极创造条件,进一步提升科研平台品质建设,协助我院苏州市集成电路与系统重点实验室申报科教创新区“重点平台建设及提升项目”,获得立项及200万元经费支持。东南大学、蒙纳士大学管理委员会对东—蒙联合研究院的发展战略进行优化,进一步提升合作领域和深度,就联合建立科研平台、种子研究基金、联合会议基金等达成协议。本年度,联合研究院院长、我校岗位教授余艾冰当选为中国工程院外籍院士,国家千人计划获得者赵坚教授团队、蒙纳士大学张西旺教授团队等研究队伍陆续入驻联合研究院。

5. 大力推进政产学研合作。依托东南大学国家技术转移(苏州)中心,与苏州市科技局、园区科技局等部门通力协作,积极开拓区域技术转移工作,促进高校成果在苏州当地转化,服务地方经济社会发展。本年度,组织苏州市横向项目72个,合同总额2 129万,走访调研当地科技型企业65余家,组织了10余场与企业的对接活动。与多家企业商讨联合研发平台事宜,与吴江永鼎集团签署联合研发中心协议,协议金额3年500万;与山石网科联合申报江苏省成果转化专项资金立项,获省拨经费1 000万;分别与苏州高新区普金电力、中科知图建设企业研究生工作站,争取政府支持资金10万元。进一步拓展平台建设,与昆山共建了东南大学国家技术转移中心昆山分中心;协助东南大学苏州医疗器械研究院申报江苏省重大新型研发机构建设项目并立项。

6. 踏实做好综合管理服务工作。组织师生积极参与学校综合改革,贯彻落实学校各项决定、部署和要求,实施本单位“十三五”规划.,积极创造条件开展各项工作。在学校职能部门和科教创新区地方相关部门支持下,做好校园维保和安全稳定工作,按照科教创新区“安全生产月”相关要求和部署,完成对驻区内所有单位、载体、企业的安全责任书签订和安全检查。支持学生创新创业教育和实践,由苏州研究院、苏州东大科技园公司、苏州英豪创投公司三方共建的比由众创空间运营良好。积极支持和配合大学科技园(苏州)各项工作,加强资源统筹。做好苏州校友会各项工作,召开苏州校友会第四届理事会第2次会议暨校庆座谈会,协助9个校友俱乐部开展丰富多彩活动,其中承办了卓越高校联盟篮球赛并荣获冠军,隆重举办第二届校友年会活动。

7. 不断加强自身建设。积极配合中央巡视组工作,立行立改,严格按照要求对公车使用问题进行整改,对"加强和改进中外合作办学的学生管理工作"的整改项目,深入思考,到人大苏州校区、中科大苏州研究院等地调研,列入"书记项目"推进。加强校地共建,11月份校长张广军院士专程来苏州,与工业园区党工委书记徐惠民进行会谈,研究讨论东南大学在园区发展事宜,形成指导学校在园区未来3—5年发展的纪要,研究院党政班子积极思考和谋划,多次专题研讨,正在组织各板块制定发展规划等事宜。在学校职能部门指导和支持下,规范财务、设备购置竞价等各项工作,注重对管理队伍的培养管理,不断提升服务能力,支持2人承担科技镇长团工作。成功举办"喜迎115共祝一流梦"异地办学单位教工趣味运动会,院工会小组积极参加学校和机关工会及地方工会的各项活动,在校机关龙舟赛中蝉联一等奖。

二、下年度重点工作

在学校党政领导下,进一步做好各项综合管理服务工作,其中重点工作为:

1. 以"两学一做"学习教育常态化制度化、"双抓双促"活动为抓手,进一步学习贯彻落实党的十九大精神、全国高校思想政治工作会议精神,加强思想政治工作、支部建设和党员教育管理。

2. 在学校党政领导下,积极推进与园区的新一轮共建,落实相关协议,进一步推进新形势下体制机制改革和创新,在异地为学校"双一流"建设做贡献。

3. 依托学校优势,拓展服务地方经济社会能力,争取更多地方、企业、校友等各方支持。以与企业共建联合研发中心、联合实验室、工程中心等形式,促进学校资源与企业全方位合作,探索产学研政合作长效机制。

4. 在学校党政领导下,进一步推动东蒙联合研究院工作,围绕学校"双一流"和"人才倍增"的中心任务,引进国外优势学科,利用地方政府政策和环境,采用"双基地"模式为学校引进高端人才。

东南大学建筑研究所

根据学校的文件精神,对本单位一年来工作、学习情况汇报如下:

2017年我单位紧跟国家形势发展,认真贯彻执行党的路线、方针、政策和国家的法律、法规。紧密团结在党中央周围与党中央保持一致,围绕学校中心任务开展工作。

在人才培养上积极为国家培养高素质创新型人才,2017年毕业了2名博士、6名硕士,去美国宾夕法尼亚州立大学联合培养博士2名,1名博士去美国参加国际会议。

在学科建设和师资队伍建设方面,牢固树立科学技术是第一生产力和可持续发展的战略。注重学科、专业带头人梯队的建设、管理和培养工作。积极开发人才资源,不断提高专业技术人员队伍整体水平,已逐步建立起一支爱岗敬业、人员稳定、业务过硬的优秀技术队伍。

在科学研究方面今年结题国家自然科学基金 1 项。在研国家自然科学基金 3 项,博士点基金 1 项,厅、局级项目 3 项。

做好研究生的管理、教育和培养工作。从研究生的选拔到研究生奖、助学金的评定,能够做到公开、公平、公正。平时不定期召开学生座谈会与学生谈心,了解学生的思想情况和动态。能够充分发挥党支部的战斗堡垒作用。

2017 年签订各项设计合同 2 000 多万元,到款 1 500 万元左右。出版宜居环境整体建筑学著作 4 本,一本齐康画册得到好评。

学习科学研究中心

学习科学研究中心是东南大学直属单位,在职教职工 23 人,其中专任教师 20 人、实验专技 2 人、工勤 1 人。2017 年 5 月学习科学研究中心并入生物科学与医学工程学院。

2017 年 4 月 27 日上午,由东南大学儿童发展与学习科学教育部重点实验室(学习科学研究中心)等单位联合主办的中国认知科学学会神经教育学分在南京成立。该分会的定位是:(1) 促进神经科学、学习科学以及认知科学的基础研究成果转化应用于教育实践,为中国教育改革提供实证依据,推进教学模式和教师培养模式的改革,推进相关中国教育政策的制定;(2) 推动对人的智能发展规律的研究,建立人在不同发展阶段的核心观察指标体系,并发展相应的测试技术和手段;(3) 支持以人为中心的转换医学研究,为儿童青少年发展障碍进行早期鉴别与干预;(4) 推动与神经教育学领域相关的仪器和装备的研制,构建具有我国自主知识产权的相关产业布局。

2017 年 5 月,由儿童发展与学习科学教育部重点实验室(学习科学研究中心)、东南大学生物科学与医学工程学院主办的“心理、认知与脑”论坛在东南大学召开,会议邀请了国内知名专家进行学术报告,全国超过 100 多位科研人员参加了会议。

在 2017 年第六届社会发展与人类学国际会议上学习科学研究中心博士生李晨进行了大会发言并发表了会议论文。

2017 年新批准开放课题基金 5 项,资助研究费用合计 12 万元。

2017 年,在研科技部 973 课题、国家自然科学基金重点项目、国家重大科技专项等国家和省部级科研项目等科研任务 39 项,在研科研经费合计 2 430 万元。申请国家发明专利 14 项,获授权 9 项。

智能运输系统(ITS)研究中心

一、概况

东南大学智能运输系统(ITS)研究中心是直属于东南大学的二级科研机构,建有教育部智能运输系统工程研究中心,是东南大学为适应国民经济的飞速发展及我国综合交通运输体系的建设和管理信息化需求而成立的，也是我国最早成立的智能运输系统科研机构之一，在国家一级重点学科交通运输工程下设有交通信息工程与控制、道路与铁道工程两个二级学科，具有博士和硕士学位授予权。中心组建了跨专业、多学科的综合科研队伍，集中了智能交通、道路工程、桥梁工程、轨道交通、电子电工、工业控制等多方向研究人员，团结协作从事中心的科研与教学工作。当前中心有专职教师15人，拥有中国工程院院士1人，长江学者特聘教授1人，江苏省“333工程”首批中青年科技领军人才1人，教育部新世纪科技领军人才1人，东南大学青年特聘教授1人，教授4人，副教授8人，博士生导师6人，全部教师都具有博士学位，80%的教师具有在国外科研机构从事科研工作的经历，中心主任由中国工程院黄卫院士担任。

二、学科建设和科研

东南大学智能运输系统研究中心属于国家一级重点学科交通运输工程，包括交通信息工程与控制、道路与铁道工程两个二级学科。交通信息工程与控制是智能运输系统最重要的研究领域之一，是一门多学科交叉的新兴学科，通过多年努力，中心在该学科方向有了很快的发展。“211工程”二期建设项目投入近100万元购置视频交通检测系统、TransCAD软件、动态称重等设备和软件；“985工程”二期建设项目投入200多万元购置交通虚拟现实仿真系统、智能公交信息交互系统、三维空间跟踪定位系统、智能交通IC卡开发系统、智能交通车载平台等设备，建成了完备的科研支撑环境，并在基础研究和工程应用领域取得了一系列的研究成果，涵盖交通信息采集技术、道路交通智能管理和控制、轨道交通运营与管理、3S/汽车检测技术等方向；同时，交通工程专业开设了交通信息工程与控制本科专业方向。道路与铁道工程是国家重点二级学科，在路基路面结构设计理论与方法、路面结构新材料与新工艺的研究与开发、道路排水技术等方面处于国内领先地位，特别是钢桥面铺装技术已达国际领先水准。中心建立了道桥创新材料开发实验室，配置了整套的国产环氧沥青试验仪器设备。

纵向科研是提升中心研究水平的重要支撑。在纵向科研方向，中心承接了国家自然科学基金项目2项，国家科技支撑计划课题5项，其他省部级纵向科研课题4项。

中心积极参与产学研相结合的协作研究，推动基础理论研究成果的产业化转化。近年来，中心参与了多项国家级重点、重大工程，其中，中心的大跨径钢桥面铺装研究成果在我国80%的跨长江和黄河大跨径钢桥面铺装工程中得到了应用。

中心通过团体协作，主持或参与获得国家科技进步奖3项，教育部技术发明奖一等奖1项，教育部自然科学一等奖2项，江苏省科技进步二等奖4项，主编中华人民共和国国家标准1项，发明专利30余项。2017年中心老师发表SCI检索论文20余篇。

三、教学与学生培养管理

研究生的招生和培养教育是中心的重要与核心工作之一。在研究生招生方面，在严格遵守东南大学研究生招生制度的同时，加大中心招生的宣传力度，充分调动各方面的积极性，2017年招收博士、硕士研究生33人，为中心建设高水平的科研机构奠定了基础。

在研究生培养方面，充分依托中心承接的国家和省部级纵向科研课题研究以及国家重点工程建设项目,充分实现课堂教学和科研实践的结合,理论联系实际,在提高研究生基础理论水平的同时,提升研究生参与工程实践、解决实际工程问题的能力;同时,为了培养具有国际视野的高水平科研人才,中心充分重视研究生培养教育的国际化,2017 年,中心共派出 2 位博士研究生到美国高等学校联合培养。

在研究生培养的考核方面,在统一制定中心的研究生培养计划和管理制度的同时,充分发挥和调动中心指导教师的作用,以博导和硕导为核心,落实中心的研究生教育工作,按时完成学校规定的研究生培养环节考核。2017 年,中心组织完成了 2015 级博士、硕士研究生的开题报告工作,2014 级硕士研究生以及博士研究生的毕业答辩工作。

四、师资培养

师资培养,特别是青年教师的培养是稳定中心科研队伍、创建可持续发展的高水平科研机构的基础,是中心一直以来的关键工作之一。在教学能力培养方面,中心鼓励教师积极申请或参与学校或其他机构的教学改革项目,参加教学竞赛,撰写教改论文,全面提升中心教师的教学水平和视野。同时,一支稳定的研究生导师队伍是维持中心高水平科研和教学工作的保障,中心积极支持并鼓励中心教师出国进修或再深造。

五、国际合作与交流

国际合作和交流对培养具有国际视野的高水平研究队伍和研究生具有重要的、不可替代的作用。长期以来,中心和国外的相关科研机构保持了密切的联系和合作,有关高校和研究机构有美国国家沥青技术试验中心、美国加利福尼亚大学伯克利分校、美国弗吉尼亚大学、美国得克萨斯大学奥斯汀分校、美国北卡罗来纳州立大学、美国肯塔基大学、日本茨城大学、瑞士苏黎世联邦理工学院、日本欧姆龙公司等。同时中心积极参与相关领域的国际会议,增强国际交流力度。

2017 年,中心组织参加了在美国华盛顿举办的美国交通运输协会年会,交流会议论文 2 篇,邀请并接待来访国际交流学者 2 人次,派出国际联合培养博士生 2 名。

生命科学研究院

2017 年在校党委和行政班子的正确领导下,生命科学研究院继续坚持“以学科建设为龙头,以队伍建设为着力点,以人才培养和科学研究为抓手,带动各方面工作稳步发展”的主导思想,全院教职工齐心协力,在各自的工作岗位上,尽心尽力,教书育人,潜心科研,创建了和谐稳定的研究院环境,保持了良好的科研和教学秩序,各方面都取得了一定的进步,实现了预定的目标。

一、以学科建设为中心,狠抓人才队伍建设

研究院一直以来高度重视学科建设,狠抓人才队伍建设。目前,生命科学研究院现有教职工 34 名,其中教授 11 名,副教授 4 名,中、初级科技人员 16 名,行政管理人员 3 名。全职教师中现有教育部“长江学者奖励计划”特聘教授 1 名,青年学者 1 名,国家杰出青年

基金获得者 2 名，中组部“青年千人”5 名，国家优青 2 人，教育部“新世纪人才”1 名，江苏省杰出青年基金获得者 5 名，江苏省“创新创业”人才 5 名，江苏省特聘教授 2 人，江苏省“333 工程”第二层次 1 人、第三层次 1 人。

2017 年生命科学研究院密切配合学校人事制度改革，推进了机制创新，加强人才引进的力度和人才培养的力度。研究院继续施行高层次人才的全球招聘和聘用管理制度；完善和优化人才引进考核程序，推行多形式的考核办法；施行新进人才的倾斜支持政策，营造良好的工作氛围，促进引进人才快速成长。2017 年研究院共面试海外高端人才 10 余人；申报青年千人 1 名，江苏省“双创”3 人，申报江苏省特聘教授 1 名。

师资培养关系到研究院的可持续发展，是整个工作中的重中之重，是引进年轻教师走向学科前沿的必由之路。2017 年研究院将校科研院等部门下拨的经费主要用于资助青年教师的科研创新工作，为青年教师申报省、国家项目以及人才计划助力。2017 年，研究院新增青年千人 1 人，江苏特聘教授 1 人，江苏省“双创”2 人，江苏省“杰青”1 人。

研究院一直积极鼓励青年教师出国进修，鼓励教师利用一切机会参加国内外重要会议，开阔思路，增进交流，扩大学科影响。本年度教师、硕士、博士研究生多次参加国际、国内学术会议，积极对外交流，扩大影响，另有多名教授被邀参加项目评审、成果鉴定、论文评审等。

研究院非常注重对年轻教师教学能力的培养，以成立课程小组形式，积极吸纳青年教师加入，共同备课，提高备课质量，并适当给青年教师加压负重，高标准严要求，广泛听取学生反馈的意见和建议，针对性地采取有效措施。

通过这些举措，使学科整体水平有了很大的提高，生物学一级学科硕士点、博士点和博士后流动站得到了充实。我校生物学一级学科在江苏省“十三五”重点学科遴选中，高分通过。

二、以学科建设为基础，大力提升科研水平

学科建设的核心目的是提升学科的研究水平与能力。生命科学研究目前拥有“发育与疾病相关基因”教育部重点实验室一个，是我校生命科学的主要研究平台。实验室聚集了一批高水平的研究人才，造就了一支年富力强、朝气蓬勃的高水平研究队伍，形成了“神经发育与精神疾病”“发育，干细胞与肿瘤”等特色研究方向，在国内外已经形成了一定的影响。

硬件方面，为了进一步提升科研平台的水平，学院在已经建设的生物图像分析、蛋白质与抗体分析、生物化学与分子生物学、动物行为分析等共享研究平台的基础上建设了细胞生物学研究平台，安装了流细胞分选仪、小动物行为分析系统等大型设备，招标采购了全功能微孔板分析仪和清醒动物大脑递质在线分析系统等大型设备。争取了学校重点支持，2017 年，获得学校计划经费 350 万元，用于生命科学研究院和“发育与疾病相关基因”教育部重点实验室的公共研究平台的建设。

平台管理的核心在于建立平台高效的共享机制。学院通过制度改革，施行技术人员“双轨制”，通过内部招聘，推动平台技术人员专业化；学生使用复杂设备须经过规定的培训（由公司工程师授课）方可获得使用许可，实行先预约先使用的原则，所有大型设备均拟

面向社会有偿开放使用。每台仪器的使用均建立了完备的使用登记制度。

2017 年全院教师共申报国家自然科学基金 28 项,获得 11 项(其中重点项目 2 项,面上项目 5 项,青年科学项目 4 项),申报成功率达到 39.28%;获得科技部国家重点研发计划 2 项,参与人员 4 人次;获得省科技厅科技项目 5 项(其中省杰青 1 项,省优青 1 项);计划科研经费达 2 010 余万元。2017 年邀请校外专家、学者莅临学院作学术报告 31 人次。相继在 Nature Neuroscience, Nature Communications, Nucleicacidsresearch, Development Cell, Current Biology, Autophagy, Cerebral Cortex, Journalof Molecularcell Biology, Frontiersin Molecular Neuroscience, Neuropharmacology 等国际著名期刊上发表高水平学术论文 29 篇。

在扩大我院学术影响力方面,2017 年我院 PI 主导成立了全国二级协会两个:中国神经生物学会儿童认知与脑功能障碍分会和中国生物物理学会听觉言语与交流分会。我院承办了全国性学术学会年会 2 次,省级学术学会年会 2 次。我院多位教授在各类学会中任职:韩俊海教授任中国细胞学会理事、谢维教授任中国神经科学会常务理事并担任中国神经生物学会儿童认知与脑功能障碍分会会长,柴人杰教授担任中国生物物理学会听觉言语与交流分会副主委与国际耳内科医师学会常务委员,潘玉峰教授担任江苏省神经科学学会青年委员会主任,陆巍教授担任中国神经科学学会理事、中国生理学会青年工作委员会副主任委员等。

2017 年 10 月,我院正式设立了东南大学"三江大讲堂"高水平学术论坛,邀请了中科院饶子和院士、徐国良院士、郭爱克院士,美国科学院 RobertFettiplace 院士,英国伯明翰大学副校长 JonFrampton 教授等多位国内外知名专家来我校讲座交流。

三、围绕教育质量工程建设,深化人才培养改革

2017 年生命科学研究院在研究生培养中继续深化改革:① 加强了研究生招生宣传的力度和规模。通过往届招收的研究生散发招生宣传材料,举办暑期夏令营以及重点高校的招生宣讲活动,扩大了我院的影响力,增加了招生报名人数,提高了研究生生源质量。② 研究生轮转制度化。完善和规范了研究生轮转实施的具体方案和细则。研究生轮转的实施提高了我院研究生的科研素养和科研能力,促进了师生间的科研合作紧密度。③ 强化了研究生培养的课程体系。以研究生培养目标为导向,通过合并部分重合度较高的课程以及增开部分新兴学科课程,逐步优化研究生培养的课程体系。重点建设了 2—3 门研究生全英文教学课程。④ 重点建设部分生物学全英文课程。我们还积极加强科学文化建设,通过日常的各类学术活动和激励机制,培养研究生从事科学研究的兴趣和追求真理的使命感。日常活动包括:课题组的 LabMeeting 和 JournalClub 活动,支持研究生参加国际、国内学术会议,定期与不定期邀请国内外同行来学院做学术报告,鼓励和组织学生参加竞争性的学术活动,招收外国留学生和本国学生共同合作研究,聘请国外知名大学的教授合作指导研究生等。

随着教育质量工程项目的建设带动了整体教学质量的提高,本年度加强了课程的实验环节以及教学硬件建设,全院在岗教师承担和完成了博士、硕士专业 10 门相关课程的教学任务,总计学时达 612 学时,并做到了材料规范齐全,各个环节都按规定保质保量地

完成。具体如下：我院 2017 年全年承担硕士研究生教学任务 468 学时，博士研究生教学任务 144 学时。17 名教师承担我院 2 个研究生专业 10 门课程的教学任务。2017 年共有硕士毕业生 21 名，博士毕业生 10 名。

人才培养并不局限于科研水平的提高，学生素质提高更是成才的重要标志。为此，提高学生素质是我院党政工作的重点工作之一。我们本着“一切为了学生，为了学生一切”的思想，围绕如何培养提高学生思想素质，培养提高文化知识水平，培养提高综合能力来开展工作。一年来院党委、团委、研究生会开拓创新，大胆工作，保证完成好学习科研任务的同时，积极组织了体育比赛、学习经验交流会、国奖获奖学生分享，女生节关爱、母亲节感恩、毕业生就业指导会等活动，充分展示了研究院的学生风采，也在各项活动中得到了锻炼、陶冶了情操，并在取得优异成绩的同时鼓舞了士气，激发学习的斗志。本年度研究院学生获得了校运动会最佳组织奖。

在研究生毕业就业工作中，院直属党支部本着宣传学院、服务学生、耐心细致、热情周到的宗旨，联系用人单位，寻找和公布就业信息，使我院毕业生就业率一直保持在 98%以上。工作中，虽然遇到全球性就业压力增大的局势，但党政齐心协力、想方设法创新工作，取得了学生和用人单位的好评和广泛的认可。

在研究生和本科生培养的国际化方面，2017 年我院博士生方巧军在 CSC 奖学金的资助下前往美国南卡医科大学进行为期一年的交换生学习；同时我院和健雄院共同培养的生命英才计划 6 位本科生在暑期前往 Monash 进行了为期 2 个月的短期交流。

四、围绕院中心工作，党政合作整章建制，推动管理工作上台阶

围绕我院“十三五”制定的规划目标，党政密切配合。通过体制创新，建立国际一流的研究机构，吸引优秀的科学家聚集，组织开展与国家发展密切相关的基础性、前瞻性、战略性的科学研究，解决国计民生中的重大问题；通过政策引导，发展与生命科学相关的新兴学科、交叉学科，鼓励合作，在一定的领域引领世界的科学研究；通过机制创新，以绩效为杠杆，建立激励约束机制，使优秀的科学家能静心做研究，潜心做学问，进而培养品质优异的创新型人才。

研究院直属党支部将政治思想工作贯穿于日常管理中进行，充分发挥师生党员的模范带头作用，认真贯彻落实校党委的各项安排，圆满完成各项行政工作；学生党员在行为上做表率，处处以身作则；入党积极分子积极向党组织靠拢；全体学生积极向上，踊跃参加各类社团及校院组织的各项活动，学生党员在科研活动中发扬科研奉献精神，发表了多篇有影响的高水平文章。一年来全院教工遵纪守法、爱岗敬业，学生刻苦努力、积极向上，政治思想起到了引导和保障作用。

由于我院处于发展初期，规模相对较小，岗位编制不能适应我院发展的速度。目前教学管理人员除了完成学生培养环节的教学管理任务外还承担了学生管理的辅导员工作，为此付出了很大的辛苦和努力；行政管理人员，在人少事多的情况下，不辞辛劳、加班加点、不计报酬、毫无怨言、无私奉献，保证了学院的各项工作正常运行，在这里向他们表示衷心的感谢。

各项工作的顺利开展和完成，是党政班子和全体同志们密切配合、团结协作、勇挑重

担的结果,是各项通过制度建设和行政人员有力执行的结果。感谢全院教职工对我们党政班子的理解、配合、支持,在各自的工作岗位上埋头苦干、兢兢业业,为学院的发展做出了应尽的努力。

2017 我院教工支部全面贯彻党的十八大精神,始终坚持以习近平同志重要讲话精神为指导,结合"两学一做",以"主题党日+"为载体,开展了丰富的"+"活动:开展《准则》《条例》、"十九大"报告精神集中学习专题会;开展学习党章以及党章知识竞赛活动;集中开展党员批评与自我批评活动;创意承办"师生共融向党看,组织共建铸东南"为主题的户外素质拓展党日活动;组织参观高淳区党员政治生活馆以及新四军一支队司令部旧址。通过系列活动,增强了教职工凝聚力,在今后的工作中,继续以十九大精神为指导,不忘初心,砥砺前行。

五、不足之处与改进措施

2017 年研究院各方面工作虽稳步发展取得了突出的成绩,但仍存在不足之处,主要有:

1. 具有国际影响力的大师级人才缺乏。
2. 研究队伍集成度不高,集成的机制没有形成。
3. 人才引进的"前—中—后"的过程管理与服务有待加强。
4. 管理能力与执行力有待提高。
5. 重点实验室运行工作、换届、年会未能如期举行。

六、明年的工作思路

围绕东南大学"双一流"发展战略,以研究院"十三五"规划为核心,面对"国家脑科学与类脑"计划的启动,加快组织队伍形成 PI 制与大团体制相结合的体制,争取在国家脑计划中作出更大贡献。以"转化医学"为中、长期目标,积极推动东南大学生命科学的发展并与医学的有机结合;把生命科学研究院建设成为"高水平人才聚集的高地,做一流科学研究的高地,创新性人才培养的高地";努力建设国内一流的生命科学研究院,并为建设国际有影响的生命科学学院打下坚实的基础。具体措施如下:

(1) 积极争取学校各方面的支持和资源,加大高端人才的引进力度,特别是具有国际影响力的大师级人才的引进。加强人才引进的"前—中—后"的过程管理与服务,加速人才的快速引进与发展。

(2) 及早着手准备 2018 年国家自然科学基金的申报工作,拓展项目申报的渠道,加大校内外交叉学科的整合力度。组织跨学科、跨领域专家的研讨,提出超级大项目的建议书。

(3) 进一步优化学术梯队的组织,形成团队,形成学科优势。

(4) 进一步完善实验室公共平台的软硬件建设。

(5) 通过学习与选拔,提高管理团队的管理能力与执行力。

(6) 通过"三江大讲堂",组织国际青年学者论坛,以吸引更多海外优秀人才来我院申报青年千人。

奖励与表彰

2017 年获上级表彰的先进集体、先进个人名单

先进集体

◎2017 年江苏省“平安校园示范高校”

东南大学

◎2017 年度教育部“教育政务新媒体成长奖”

东南大学

◎2017 年度“全国五四红旗团委”

共青团东南大学委员会

◎2017 年度全国大中专学生志愿者暑期文化科技卫生“三下乡”社会实践活动先进单位

共青团东南大学委员会

◎2017 年九三学社江苏省委“社会服务工作先进集体”

九三学社东南大学委员会

◎2017 年度“江苏省五四红旗团委”

共青团化学化工学院委员会

◎2017 年度全国创新创业典型经验高校

东南大学

◎第十一届中国青年志愿者优秀组织奖

共青团东南大学委员会

◎全国教育后勤信息化建设先进单位

东南大学

◎2017 年“江苏省工人先锋号”

东南大学附属中大医院重症医学科

先 进 个 人

◎2017 年“千人计划”入选者

陶纬国　Jeanlouisrene Coatrieux

◎2017 年“青年千人计划”入选者

贲昊玺　张婧婧　郭存兰　罗卓娟

◎2016—2017 学年东南大学教学奖励金

特等奖

宋爱国　戴玉蓉　郭玲香　李文渊

◎江苏省第十四届哲学社会科学优秀成果奖

一等奖

《空间叙事研究》 龙迪勇

《比较艺术学》 李倍雷

《中国经济增长的真实性:基于全球夜间灯光数据的检验》 徐康宁　陈丰龙　刘修岩

《自主培育发展新兴产业的路径与政策》 仲伟俊

二等奖

《全面从严治党》 郭广银

《曲学与中国戏剧学论稿》 徐子方

《反面的构成事实错误之辨伪》 梁云宝

《早期气质对焦虑退缩行为的影响:社会适应性的背景性作用》 张光珍

《要素禀赋、制度红利与新型出口比较优势》 邱　斌

《医药之痛:药品安全和医药分开》 赵林度

《基于网络理论的银行业系统性风险研究》 李守伟

三等奖

《科学发展观的价值维度》 许苏明

《高校哲学社会科学科研经费有效配置与科学管理研究》 陈志斌

《承认哲学的历史逻辑:黑格尔、马克思与当代左翼政治思潮》 陈良斌

《中国墓室壁画研究系列论文》 汪小洋

《〈髹饰录〉与东亚漆艺——传统髹饰工艺体系研究》 张　燕

《艺术品金融》 倪　进

《苏南傩面具研究》 陶思炎

《艺术学理论的使命与地位》 王廷信

《中国特色协商民主的宪制研究》 汪进元

《低碳经济背景下嵌入全面预算体系的企业碳预算构想》 涂建明

《税制改革、工资跨期转移与公司价值》 王亮亮

《中国转型经济背景下的商业模式适应性:权变路径与演进机理》 吕鸿江

◎第八批全国工程勘察设计大师

段　进

◎全国优秀科技工作者

孙子林　孙长银　顾　宁　滕皋军

◎全国卫生计生系统“白求恩奖章”

邱海波

◎美国介入放射学会金奖

滕皋军

◎中国互联网发展基金会网络安全优秀教师

程　光

◎第十届江苏省专利项目金奖

华　为　张　淦　程　明

◎2017年江苏省“青蓝工程”培养对象

优秀教学团队：童小东团队

中青年学术带头人：司风琪　翟军勇

优秀青年骨干教师：刘晓军　闫　亮　朱菊生

◎江苏省优秀留学回国人员

肖　睿

◎九三学社江苏省第七届委员会突出贡献奖

罗立民

◎江苏省侨界杰出人物

梁金玲

◎2017年“江苏省巾帼建功标兵”

刘艳红

◎2017年江苏省“青年双创英才”

张袁健

◎第二届中国“互联网+”大学生创新创业大赛国家级金奖指导教师团队

李　东等

◎2017年美国大学生数学建模竞赛国际级一等奖等指导教师团队

陈恩水等

◎第四届全国高等学校大学生测绘技能大赛国家级特等奖指导教师团队

朱小华等

◎第七届全国大学生机械创新设计大赛国家级一等奖指导教师团队

殷国栋等

◎第五届全国大学生工程训练综合能力竞赛国家级一等奖指导教师团队

张远明等

◎第二届全国大学生生物医学电子创新设计竞赛国家级一等奖指导教师团队

万遂人等

◎第十一届“恩智浦”杯大学生智能汽车竞赛全国总决赛国家级一等奖指导教师团队

谈英姿等

◎2017 年国家自然科学奖

二等奖

新型分子基铁电体的基础研究

熊仁根(1) 付大伟(3) 张 闻(4)

◎2017 年国家技术发明奖

二等奖

土木工程结构区域分布光纤传感与健康监测关键技术

吴智深(1) 张 建(2) 孙 安(3)

人机交互遥操作机器人的力觉感知与反馈技术

宋爱国(1) 宋光明(2) 李会军(3) 崔建伟(4) 徐宝国(6)

◎2017 年国家科技进步奖

二等奖

工业智能超声检测理论与应用关键技术

丁 辉(1) 赵兴群(9)

◎2017 年百千万人才工程

国家级人选:徐赵东 刘艳红

◎2017 年全国创新争先奖

曹进德 王 炜 刘松玉 洪 伟

◎2017 年宝钢奖

优秀教师特等奖

宋爱国

优秀教师奖

郭玲香 李文渊 戴玉蓉

◎2017 年国家精品在线开放课程

《大学语文》 张天来

《信号与系统》 孟 桥

◎2017 年江苏省优秀博士论文指导教师

王兴松 金保昇 崔铁军(2 篇) 杨福俊 孙立涛 李玉祥 费树岷

罗军舟 顾忠泽 葛丽芹 程 明 宋光明 滕皋军

◎2017 年江苏省优秀硕士论文指导教师

石 邢 苏 春 蔡 亮 陈亚平 赵春明 郝张成 徐琴珍 冯若强

张家雨 王春雷 崔一平 张敏灵 姚晓燕 张 宇 王 政 李霄翔

周钰明 杜延军 顾兴宇 李蓓蕾 叶海涛 徐小东 蒋 睿 王景全

张 晋 常昌远(2 篇) 胡仁杰 金 龙 顾 伟 严如强 宋爱国

王 蓓

◎2017 年江苏省优秀本科毕业设计(论文)一等奖指导教师

吴兰香　贾民平　莫凌飞　张　川　戚晨皓　夏思宇　汪　鹏　杨　柳
周钰明　袁竞峰　崔天剑　许继峰

◎2017 年江苏省高等教育教学成果奖

特等奖

基于工程创新研究的能源动力类大学生实践教学改革
钟文琪　肖　睿　朱小良　王明春　周克毅　归柯庭　张小松　吕锡武
华永明　陈九法　司风琪　李舒宏

面向产业急需的本硕博一体化交叉复合型微电子创新人才培养模式的改革与实践
孙伟锋　徐　申　仲雪飞　时龙兴　李智群　汤勇明　孙立涛　吴建辉
杨　军　凌　明　单伟伟

学做融创通合一体——建筑类创新人才培养的系统改革与实践
王建国　韩冬青　鲍　莉　孙世界　陈　薇　朱　雷　张　彤　李向锋
夏　兵　张　嵩　傅秀章

“理论导研、实践强研、课外拓研、网络助研”研究型教学体系的构建与实践
郑家茂　雷　威　邱文教　朱　明　熊宏齐　沈孝兵　吴　涓　邓　蕾

一等奖

“一轴·双驱·三联动”——德才兼备型土木类卓越人才培养的探索与实践
吴　刚　童小东　邱洪兴　陆金钰　周　臻　张培伟　尹凌峰　王燕华
缪志伟　陈　韵　舒赣平　傅大放　王景全

产业需求牵引的计算机类创新型工程人才培养模式的探索与实践
罗军舟　李　伟　耿　新　杨全胜　汪　芸　舒华忠　程　光　徐立臻
姜龙玉　李　雯　吕　倩

工科专业程序设计类课程基于项目的研讨型教学模式改革与实践
魏海坤　李骏扬　沈　军　况迎辉　吴乃陵　陈汉武　翟玉庆　辛　研
朱蔚萍　杨万扣　仰燕兰　李　俊　祝雪芬　陆金钰　罗　晨　章品正
郭延芬　何　峰　蒋　浩　戴　挺　徐冬梅

构建立体开放、虚实结合的实践教学平台,提升测控专业本科生工程实践能力
宋爱国　王立辉　祝雪芬　祝学云　陈熙源　张　力

“全程多元、知行合一”的物流创新人才培养改革与实践
赵林度　王海燕　李四杰　何　勇　薛巍立　韩瑞珠　孙胜楠　赖明辉

思想政治理论课贯彻体现社会主义核心价值观的探索与实践
袁久红　叶海涛　盛凌振　涂亚峰　孙志海　袁健红　高照明　廖小琴
刘　波　翁寒冰

二等奖

基于交叉复合的工程法学特色人才培养创新与实践
周佑勇　刘艳红　孟鸿志　孟　红　李煜兴　沈孝兵　过秀成　沈　杰

基于国家级精品资源,构建全时空教学、多维度评价的大学物理课程体系

周雨青　董　科　刘　甦　张　勇　侯吉旋　周智勇　彭　毅　夏柱红
庞侯荣　冯红涛　戴国民
基于OBE的机械工程人才培养进程式评价体系构建与实践
贾民平　胡建中　郁建平　田梦倩　钱瑞明
聚焦·聚力·聚合:交通运输工程优势学科驱动一流专业群建设的探索与实践
陈　峻　王　炜　刘　攀　程建川　黄晓明　陈　怡　吴文清　杭　文
丁建文　周文娜
以“提升职业素质、构筑卓越之梯”为核心的本科医学教育改革与实施
王立新　季　红　唐秋莎　谢　波　赵枫姝　董　榕　李新荣　曾水林
张建琮
“双融合型”交通运输类拔尖人才(特区)培养模式的探索与实践
秦　霞　陈　怡　马　涛　陈　峻　陆　挺　刘　攀　黄晓明　周文娜
张　航　程　龙　罗　磊　彭　龙

◎2017年江苏省研究生教育改革成果奖

一等奖

基于全链条管理的交通运输工程专业学位研究生实践质量保证体系
陆　建　陈先华　黄晓明　程建川　马　涛　季彦婕

二等奖

基于国际学术交流需求的研究生公共英语课程改革与实践
陈美华　朱善华　金　晶　陶　云　凌建辉

◎2017年度东南大学第25届青年教师授课竞赛一等奖

许　妍

◎2017年教育部自然科学奖

一等奖

生物质选择性热解制取高品质液体燃料基础理论与方法
肖　睿(1)　张会岩(2)　肖国民(3)　沈德魁(4)　刘　倩(5)

二等奖

基于神经驱控的呼吸衰竭优化呼吸治疗体系的建立
邱海波(1)　杨　毅(2)　刘　玲(3)　郭凤梅(4)　刘松桥(5)　黄英姿(6)
钾基固体吸收剂捕集燃煤烟气CO_2特性及机理
陈晓平(1)　赵传文(2)　吴　烨(3)　董　伟(4)　赵长遂(5)
偏微分方程反问题数值解及应用
刘继军(1)　王海兵(2)　王丽艳(3)　杨　明(4)

◎2017年教育部技术发明奖

二等奖

惯性多源高精度组合导航定位与测量关键技术
陈熙源(1)　程向红(2)　杨　波(3)　祝雪芬(4)

◎2017年教育部科技进步奖

一等奖

XXXXXX关键技术及应用

方世良(1) 王晓燕(2) 罗昕炜(3) 安 良(4) 姚 帅(5) 韩 宁(6)
武其松(7) 陈励军(8) 王 莉(9) 陆佶人(10)

二等奖

超大吨位转体施工桥梁建造关键技术创新与应用

王景全(1) 蔡建国(3)

大尺度城市设计关键技术方法及其应用

王建国(1) 韩冬青(2) 杨俊宴(3) 高 源(4) 阳建强(5) 王晓俊(6)
陈 薇(7) 张 愚(8) 董 卫(9) 陈 宇(10) 徐小东(11) 王兴平(12)
谭 瑛(13) 沈 旸(14) 蔡凯臻(15) 顾震弘(16) 朱彦东(17) 陶岸君(18)
孙世界(19) 朱 渊(20) 胡明星(21) 徐 宁(22) 史 宜(24)

半干法-湿法耦合型垃圾焚烧尾气污染物超低排放技术创新及应用

仲兆平(1) 张 波(4) 宋 敏(5) 黄亚继(6)

多GNSS深度融合高精度定位关键技术及应用

潘树国(1) 王 庆(2) 高成发(3) 喻国荣(5) 于先文(8)

◎2017年江苏省科学技术奖

一等奖

装配式混凝土结构创新与应用

郭正兴(1) 刘家彬(3) 管东芝(9)

大型电站锅炉高效低污染燃烧的先进调控技术及应用

钟文琪(1) 许传龙(2) 吕剑虹(4) 周宾(10)

超高强度钢丝制备技术研究及产业化

方 峰(1) 周雪峰(7)

二等奖

疾病相关氧化应激状态原位示踪新技术及其应用

王雪梅(1) 尹立红(2) 姜 晖(3) 张海军(4) 张 娟(5) 浦跃朴(6)

基于视觉感知的高速公路行车安全监测预警与执法关键技术及应用

路小波(1)

三等奖

经脐单孔腹腔镜手术专用器械研制及相关应用研究

王 栋(1) 嵇振岭(2) 吴 巍(3) 王晶敏(4) 潘 峥(5)

全数字化快速土地调查执法技术及应用

王 庆(1) 张小国(2) 王慧青(3)

南京南站综合枢纽道路工程绿色建设关键技术及示范应用

黄晓明(1) 高 英(2) 马 涛(3) 李志斌(5)

◎2017 年国家自然科学基金优秀青年科学基金

王　浩　程　强　温广辉

◎2017 年文化名家暨“四个一批”人才

王廷信

◎2017 年中国最美医生

邱海波

◎2017 年国家卫生计生突出贡献中青年专家

刘必成

◎2017 年江苏省“双创计划”

双创团队:孙正明等

双创人才:陈　震　蒋之浩　孙正明　游雨蒙　罗卓娟　林承棋

◎2017 年江苏特聘教授

金　石　徐赵东　王　苏

◎2017 年江苏省“六大人才高峰”

创新人才团队:肖　睿　钱春香　孙伟锋等

高层次人才:

李　旭　王家恒　蒋金洋　蔡建国　何　勇　金　辉　张　群　纪木火

刘志昊　王东明　张　亚　柴　琳　康　维　项　楠　杨　芳　程张军

刘　磊　李志斌　王　莹　朱光灿　陈　坚　王　政　糜长稳

◎2017 年度“江苏省优秀共青团干部”

张　琰

◎2017 江苏省辅导员年度人物

张　琰

◎2017 年第三届中国“互联网+”大学生创新创业大赛金奖季军项目“全息 3D 智能炫屏—南京万事屋科技有限公司”指导教师团队

◎2017 年第十三届全国大学生电子设计竞赛 9 个国家级一等奖、“瑞萨”最佳应用奖项目指导教师团队

◎2017RoboCup 机器人中国赛“类人足球机器人 Kidsize 组”国家级一等奖项目指导教师团队

◎2017 年第十二届“恩智浦”杯大学生智能汽车竞赛国家级一等奖指导教师团队

◎2017 年第三届全国大学生生物医学工程创新设计竞赛“压电式无线听诊器”国家级一等奖项目指导教师团队

◎2017 年全国大学生数学建模竞赛国家级一等奖指导教师团队

◎2017 年第七届中国教育机器人大赛国家级特等奖、一等奖指导教师团队

◎2017 年第六届全国大学生金相技能大赛国家级一等奖指导教师团队

◎2017 年第八届“北斗杯”全国青少年科技创新大赛国家级一等奖指导教师团队

东南大学校级荣誉名单

东南大学 2016—2017 年度“工会工作先进集体”

能源与环境学院工会

土木工程学院工会

物理学院工会

生物科学与医学工程学院工会

人文学院工会

公共卫生学院工会

图书馆工会

附属中大医院工会

后勤工会

校机关工会人事处小组

东南大学 2016—2017 年度“优秀工会积极分子”名单

王国桂	王迪亚	王学琴	王喜洪	王璐露	尹南南	史　蓓	权亚玲	朱小华
乔华云	任　伟	刘　田	刘　敏	刘莉莉	闫　焱	孙彦甫	孙清江	李　波
李　涛	李黎藜	杨　越	杨　瑾	杨金凤	杨晓梅	肖　媛	肖　鹏	吴　婵
吴颖岚	邹　波	汪晓茜	沈　斌	张　辰	张亚平	张有谋	张明杰	张明辉
张晓燕	张慧慧	陈正霞	陈东方	陈良华	陈学建	陈靖雨	邰扣霞	林　梅
林海音	欧晓星	郑晓红	孟庆丽	赵林泓	郝艳娟	姜　海	姜宇平	娄永兵
莫　罕	夏美霞	顾晓洁	徐少芸	徐琴珍	高永星	郭　超	郭一鑫	唐雁坤
陶　军	章晓国	梁金星	蒋　莉	蒋明霞	韩　瑜	智永红	程颂阳	傅伟斌
廖　鹏	缪　江	潘华良	魏　钢					

2017 年科研成果获奖情况

2017 年度国家科学技术奖

序号	项目名称	主要完成人	奖励类别	授奖等级	主要完成单位	院系
1	新型分子基铁电体的基础研究	熊仁根、叶琼、付大伟、张闻	自然科学奖	二等	东南大学、南京大学	化学化工学院
2	土木工程结构区域分布光纤传感与健康监测关键技术	吴智深、张建、孙安、李素贞、张宇峰、张浩	技术发明奖	二等	东南大学、同济大学、苏交科集团股份有限公司、石家庄铁道大学	土木工程学院
3	人机交互遥操作机器人的力觉感知与反馈技术	宋爱国、宋光明、李会军、崔建伟、胡成威、徐宝国	技术发明奖	二等	东南大学、北京空间飞行器总体设计部	仪器科学与工程学院
4	工业智能超声检测理论与应用关键技术	丁辉、束国刚、李明、李晓红、张俊、陈怀东、吕天明、马官兵、赵兴群、马庆增	科技进步奖	二等	东南大学、中国广核集团有限公司、武汉大学、苏州热工研究院有限公司、中广核检测技术有限公司、广东电网有限责任公司电力科学研究院	材料科学与工程学院
5	肺癌精准放射治疗关键技术研究与临床应用	李宝生、于金明、舒华忠、傅小龙、卢冰、黄伟、尹勇、袁双虎、朱健、邢力刚	科技进步奖	二等(合报)	山东省肿瘤防治研究院、东南大学、上海市胸科医院、贵州医科大学	计算机科学与工程学院
6	略	王长君、姜良维、方艾芬、李江平、路小波、方守恩、陆化普、陆建、李瑞敏、王俊骅	科技进步奖	二等(合报)	公安部交通管理科学研究所、东南大学、同济大学、清华大学	自动化学院、交通学院

2017年度高等学校科学研究优秀成果奖(科学技术)

序号	项目名称	主要完成人	奖励类别	授奖等级	主要完成单位	院系
1	生物质选择性热解制取高品质液体燃料基础理论与方法	肖睿、张会岩、肖国民、沈德魁、刘倩	自然科学奖	一等奖	东南大学	能源与环境学院
2	关键技术及应用	方世良、王晓燕、罗昕炜、安良、姚帅、韩宁、武其松、陈励军、王莉、陆佶人、邵杰、朱传奇、曹红丽、黄舒夏	科技进步奖(国防专用)	一等奖	东南大学	信息科学与工程学院
3	基于神经驱控的呼吸衰竭优化呼吸治疗体系的建立	邱海波、杨毅、刘玲、郭凤梅、刘松桥、黄英姿	自然科学奖	二等奖	东南大学	中大医院
4	钾基固体吸收剂捕集燃煤烟气 CO_2 特性及机理	陈晓平、赵传文、吴烨、董伟、赵长遂	自然科学奖	二等奖	东南大学	能源与环境学院
5	偏微分方程反问题数值解及应用	刘继军、王海兵、王丽艳、杨明	自然科学奖	二等奖	东南大学	数学学院
6	惯性多源高精度组合导航定位与测量关键技术	陈熙源、程向红、杨波、祝雪芬、揭建英、周祥东	技术发明奖	二等奖	东南大学、北京七维航测科技股份有限公司、江苏罗思韦尔电气有限公司	仪器科学与工程学院
7	超大吨位转体施工桥梁建造关键技术创新与应用	王景全、张文学、蔡建国、薛红云、钱桂枫、梅大鹏、王新国、谢晓慧、秦宝来、姜新华、程飞、刘俊、邹向农、冯宇、戚家南	科技进步奖	二等奖	东南大学、北京工业大学、中铁第五勘察设计院集团有限公司、中铁大桥勘测设计院集团有限公司、沪杭铁路客运专线股份有限公司、中铁第四勘察设计院集团有限公司、铁道第三勘察设计院集团有限公司、中铁二十一局集团一公司	土木工程学院

（续　表）

序号	项目名称	主要完成人	奖励类别	授奖等级	主要完成单位	院系
8	大尺度城市设计关键技术方法及其应用	王建国、韩冬青、杨俊宴、高源、阳建强、王晓俊、陈薇、张愚、董卫、陈宇、徐小东、王兴平、谭瑛、沈旸、蔡凯臻、顾震弘、朱彦东、陶岸君、孙世界、朱渊、胡明星、徐宁、刘华、史宜、李京津、戎卿文、宋亚程	科技进步奖	二等奖	东南大学	建筑学院
9	半干法—湿法耦合型垃圾焚烧尾气污染物超低排放技术创新及应用	仲兆平、杨建平、宋昕、张波、宋敏、黄亚继、郇国良、陈晓波、蒋洪元、周南兴、朱林、毕金波、梁高丰、吴俊、张新照	科技进步奖	二等奖	东南大学、无锡雪浪环境科技股份有限公司	能源与环境学院
10	多 GNSS 深度融合高精度定位关键技术及应用	潘树国、王庆、高成发、高旺、喻国荣、尹昊华、汪登辉、于先文、陈春花、唐超华、尚睿、赵庆、李芦伟、丁艺伟、赵鹏飞	科技进步奖	二等奖	东南大学、湖南省测绘科技研究所	仪器科学与工程学院
11	高频无线通信系统及关键器件技术研究	文岐业、陈智、程钰间、班永灵、文天龙	自然科学奖	二等奖（合报）	电子科技大学、东南大学	信息科学与工程学院
12	软土地区复杂桩基工程分析理论与性能提升关键技术	梁发云、戴国亮、赵程、张永涛、李镜培、褚峰、龚维明、杨炎华、姜海西、赵学亮、宋著、张浩、陈海兵、王琛、钟桂辉	科技进步奖	二等奖（合报）	同济大学、东南大学、中交第二航务工程局有限公司、上海陆家嘴金融贸易区开发股份有限公司、上海公路投资建设发展有限公司	土木工程学院

GF 奖

序号	项目名称	主要完成人	奖励类别	授奖等级	主要完成单位	院系
1	×××	崔铁军、周小阳、俞文明、陈晖、陆卫兵、蒋忠进、杨艳、万向、游检卫、张生俊、王明亮、艾夏、寿光明	军队科技进步奖	一等奖	东南大学、航天科技集团公司第一研究院第十四研究所、江苏轩途电子科技有限公司、北京航天发射技术研究所、电子科技集团公司电子科学研究院	信息科学与工程学院
2	×××	何思渊(排)	军队科技进步奖	二等奖(合报)	中国工程物理研究院总体所、中国工程物理研究电子工程研究所、中国工程物理研究院机械制造工艺研究所、空军装备研究院航空弹药勤务研究所、东南大学	生物科学与医学工程学院

2017 年度江苏省科学技术奖

序号	项目名称	主要完成人	奖励类别	授奖等级	主要完成单位	院系
1	装配式混凝土结构创新与应用	郭正兴、汪杰、刘家彬、朱张峰、陈锦石、龚咏晖、朱丹、李宁、管东芝、张军、黄新	应用类	一等奖	南京长江都市建筑设计股份有限公司、江苏中南建筑产业集团有限责任公司、龙信建设集团有限公司、南京工业大学、江苏华江祥瑞现代建筑发展有限公司	土木工程学院
2	大型电站锅炉高效低污染燃烧的先进调控技术及应用	钟文琪、许传龙、刘国耀、吕剑虹、赵永力、田万军、刘龙海、王政福、沈德明、周宾、沈浩	应用类	一等奖	东南大学、南京科远自动化集团股份有限公司、大唐江苏发电有限公司、中国大唐集团科学技术研究院有限公司、中电环保股份有限公司	能源与环境学院
3	超高强度钢丝制备技术研究及产业化	方峰、蒋建清、闵学刚、盛荣生、周立初、张年春、周雪峰、胡东辉、崔世云	应用类	一等奖	江苏宝钢精密钢丝有限公司、盛利维尔(中国)新材料技术股份有限公司、南京信息工程大学	材料科学与工程学院

(续　表)

序号	项目名称	主要完成人	奖励类别	授奖等级	主要完成单位	院系
4	疾病相关氧化应激状态原位示踪新技术及其应用、基于视觉感知的高速公路行车安全监测预警与执法关键技术及应用	王雪梅、尹立红、姜晖、张海军、张娟、浦跃朴、路小波、黄卫、姜良维、胡长晖、曾维理、姜胜芹、马庆、郑煜、朱周	基础类	二等奖	东南大学、公安部交通管理科学研究所、生物科学与医学工程学院、公共卫生学院	自动化学院
5	经脐单孔腹腔镜手术专用器械研制及相关应用研究	王栋、嵇振岭、吴巍、王晶敏、潘峥、谭宇彦、甘欣悦	应用类	三等奖	东南大学、附属中大医院、江苏汉美科技有限公司	中大医院
6	全数字化快速土地调查执法技术及应用	王庆、张小国、王慧青、顾和和、朱凤武、汪云甲、徐地保	应用类	三等奖	东南大学、中国矿业大学、江苏省土地勘测规划院、江苏省测绘工程院	仪器科学与工程学院
7	南京南站综合枢纽道路工程绿色建设关键技术及示范应用	黄晓明、高英、马涛、姜培源、李志斌、姚凯、薛海	应用类	三等奖	东南大学、江苏省南京市公路管理处、南京先行交通工程设计有限责任公司	交通学院
8	物联网环境下面向服务的虚拟化协同网络关键技术及系统应用	朱洪波、朱琦、谢振华、金石、杨龙祥、邵伟翔、朱晓荣、程崇虎、胡捷、吕文俊、赵海涛	应用类	一等奖(合报)	南京邮电大学、中兴通讯股份有限公司、东南大学	信息科学与工程学院
9	特高压受端城市电网多时空主动调控关键技术及示范应用	韩冰、黄学良、赵家庆、滕贤亮、陈中、庄卫金、李亚平、杜红卫、吕洋、钱科军、李春	应用类	一等奖(合报)	国网江苏省电力公司苏州供电公司、东南大学、国电南瑞科技股份有限公司、中国电力科学研究院、国网江苏省电力公司、南京南瑞集团公司	电气工程学院

（续　表）

序号	项目名称	主要完成人	奖励类别	授奖等级	主要完成单位	院系
10	燃煤超低排放与湿烟气微细颗粒物控制技术及产业化	朱法华、金保昇、武俊、杨林军、薛建明、仲兆平、许月阳、雍建强、汤光华	应用类	二等奖（合报）	国电环境保护研究院、东南大学、国电江苏电力有限公司、南京龙源环保有限公司、南京国电环保科技有限公司、国电科学技术研究院	能源与环境学院
11	百吨级电传动自卸车核心技术及产业化	孟庆勇、张杰山、张建润、谢和平、孙蓓蓓、戈超、宁冉、张亮、卢熹	应用类	二等奖（合报）	徐州徐工矿山机械有限公司、东南大学	机械工程学院
12	高效、高可靠性模块化智能集成储能系统关键技术及应用	张之梁、蒋玮、严学庆、袁朝勇、王殿龙、吴争、任小永、何菲、赵荣兴	应用类	二等奖（合报）	江苏欧力特能源科技有限公司、东南大学、南京航空航天大学、国网江苏省电力公司泰州供电公司、江苏海德森能源有限公司	电气工程学院
13	半导体照明用稀土荧光粉关键共性技术研究及产业化	何锦华、梁超、董岩、符义兵、邵起越、刘凯、滕晓明、吴斌、徐俊峰	应用类	二等奖（合报）	江苏博睿光电有限公司、东南大学	材料科学与工程学院
14	基于技术的新一代移动通信天线研发与产业化	刘中华、华光、洪伟、蒯振起、钱鑫、张隆、钱军	应用类	三等奖（合报）	江苏亨鑫科技有限公司、东南大学	信息科学与工程学院
15	基于物联网的城市智能交通系统关键技术研发与集成应用	梁彪、朱翔、郭建华、钱林波、付万超、邹涛、陈黎	应用类	三等奖（合报）	南京城市智能交通股份有限公司、南京三宝科技股份有限公司、东南大学、南京市城市与交通规划设计研究院股份有限公司	智能运输系统研究中心
16	全自动高通量荧光免疫定量分析仪及配套试剂	苏恩本、顾忠泽、何农跃、宰云峰、黄力、王路海、颜彬	应用类	三等奖（合报）	基蛋生物科技股份有限公司、东南大学	生物科学与医学工程学院
17	三氯蔗糖高效清洁生产成套技术的研发与产业化	朱国廷、沈彬、郑辉东、倪晓春、孙同云、罗涛、陈宜武	应用类	三等奖（合报）	盐城捷康三氯蔗糖制造有限公司、东南大学、盐城工学院	化学化工学院

(续　表)

序号	项目名称	主要完成人	奖励类别	授奖等级	主要完成单位	院系
18	基于物联网技术的能源计量与监管设备及系统的研发和产业化	秦冬雷、田备、吴滨、张新、王强、周赣、董政	应用类	三等奖(合报)	无锡市恒通电器有限公司、江南大学、东南大学、无锡锐泰节能系统科学有限公司	电气工程学院
19	风电用以上超大直径特殊钢连铸圆坯的技术开发及产业化	钱刚、许晓红、涂益友、白云、刘谦、张剑锋、夏冬冬	应用类	三等奖(合报)	江阴兴澄特种钢铁有限公司、东南大学	材料科学与工程学院
20	原油在线调合关键技术研究及应用	朱雨、陈夕松、亚宏宇、梅彬、费树岷、刘轶、胡隼	应用类	三等奖(合报)	南京富岛信息工程有限公司、东南大学、中国石油化工股份有限公司金陵分公司	自动化学院
21	复杂环境下地铁盾构区间建造技术及其风险管控	杨树才、胡伍生、田开洋、尹志清、储征伟、王寿强、高海翔	应用类	三等奖(合报)	南京坤拓土木工程科技有限公司、东南大学、南京地铁建设有限责任公司、中铁十四局集团有限公司、南京市测绘勘察研究院有限公司	交通学院
22	智慧交通载具服务系统关键技术研发与产业化	丁飞、张登银、童恩、王堃、潘志文、封栋梁、刘楠	应用类	三等奖(合报)	南京邮电大学、中国移动通信集团江苏有限公司、东南大学	信息科学与工程学院
23	一种基于化学发光的基因并行诊断新型血液筛查方法	梁文飚、李智洋、李爽、孙俊、杨淏文、张若洋、李军	基础类	三等奖(合报)	江苏省血液中心、东南大学、江苏省人民医院	材料科学与工程学院

首届全国创新争先奖

序号	项目名称	主要完成人	奖励类别	授奖等级	主要完成单位	院系
1	全国创新争先奖	曹进德	全国创新争先奖	创新争先奖状	东南大学	数学学院
2	全国创新争先奖	王　炜	全国创新争先奖	创新争先奖状	东南大学	交通学院
3	全国创新争先奖	刘松玉	全国创新争先奖	创新争先奖状	东南大学	交通学院
4	全国创新争先奖	洪　伟	全国创新争先奖	创新争先奖状	东南大学	信息科学与工程学院

第十九届中国专利奖

序号	项目名称	主要完成人	奖励类别	授奖等级	主要完成单位	院系
1	一种组合导航装置和实施方法	陈熙源、王熙赢、虞婧、祝雪芬、方琳		优秀奖	东南大学	仪器科学与工程学院
2	一种带容错齿的冗余励磁双电枢绕组多相磁通切换型电机	花为、张淦、程明		优秀奖	东南大学	电气工程学院

第十届江苏省专利奖

序号	项目名称	主要完成人	奖励类别	授奖等级	主要完成单位	院系
1	一种带容错齿的冗余励磁双电枢绕组多相磁通切换型电机	花为、张淦、程明		金奖	东南大学	电气工程学院

2017 年度其他省部级科学技术奖

序号	项目名称	主要完成人	奖励类别	授奖等级	主要完成单位	院系
1	2017 年江苏省国际科学技术合作奖	英格里德海德里克斯	江苏省国际科学技术合作奖	一等奖	东南大学	电子科学与工程学院
2	火灾下桥梁灾变机理、安全评价与加固技术及其工程应用	贺栓海、张岗、黄侨、刘永健、王凌波、侯炜、姚伟发、赵煜、宋一凡	陕西省科技进步奖	二等奖(合报)	长安大学、东南大学	交通学院
3	基于正交矩与偏微分方程的图像重建与处理方法研究	桂志国、舒华忠、朱宏擎、刘祎	山西省自然科学奖	二等奖(合报)	中北大学、东南大学	计算机学院

45 届日内瓦国际发明展

序号	项目名称	主要完成人	奖励类别	授奖等级	主要完成单位	院系
1	移动式生物质热解制油系统	张会岩、肖睿、郭昊坤	45 届日内瓦国际发明展	特别金奖	东南大学	能源与环境学院
2	高速铁路桥梁安全性能预警系统	丁幼亮、王高新、宋永生、刘华、赵瀚玮	45 届日内瓦国际发明展	银奖	东南大学	土木工程学院
3	冬夏双高效的热源塔热泵	梁彩华、张小松、殷勇高、黄世芳、折晓会	45 届日内瓦国际发明展	铜奖	东南大学	能源与环境学院
4	空气源热泵综合抑霜除霜技术	梁彩华、汪峰、张小松	45 届日内瓦国际发明展	铜奖	东南大学	能源与环境学院

2017年度其他科学技术奖

序号	项目名称	主要完成人	奖励类别	授奖等级	主要完成单位	院系
1	面向高端装备数字化研发的高精度仿真分析技术	费庆国、姜东、吴邵庆、李彦斌、张培伟	南京市科学技术进步奖	三等奖	东南大学	机械学院
2	缺氧预适应心脏祖细胞在心肌梗死后心室重构中的作用及机制研究	马根山、戴启明、陈立娟、李拥军、陆文彬	南京市科学技术进步奖	三等奖	东南大学附属中大医院	中大医院
3	配电站(所)智能巡检机器人关键技术研发及产业化	许春山、宋爱国、程敏、赵伟、徐宝国、曾洪、林欢	南京市科学技术进步奖	一等奖(合报)	亿嘉和科技股份有限公司、东南大学	仪器科学与工程学院
4	基于纳米磁分离的疾病标志物高灵敏检测技术及其应用	张元颖、何农跃、李智洋、俞军、娄可心	南京市科学技术进步奖	一等奖(合报)	江苏省肿瘤医院、东南大学	生物科学与医学工程学院
5	正交异性钢桥面板疲劳性能评估关键技术创新与应用	宋永生、丁幼亮、耿方方、苏慧、孙震、李明、缪长青	南京市科学技术进步奖	一等奖(合报)	金陵科技学院、东南大学、南京工程学院、苏交科集团股份有限公司	土木工程学院
6	多场景微电网优化控制与系统集成研发及应用	吴福保、李强、汪春、陶以彬、柳丹、刘皓明、陈春	南京市科学技术进步奖	一等奖(合报)	中国电力科学研究院南京分院、国网江苏省电力公司电力科学研究院、国电南瑞科技股份有限公司、东南大学、河海大学	自动化学院
7	超高清动态背光时空混色显示模块控制器的研发及产业化	文博、张宇宁、钱蕾、魏伟、王莉莉	南京市科学技术进步奖	二等奖(合报)	南京熊猫电子制造有限公司、东南大学	电子科学与工程学院
8	神经影像技术在孤独症诊断和鉴别诊断中的应用	柯晓燕、肖婷、焦蕴、肖湘、储康康	南京市科学技术进步奖	三等奖(合报)	南京脑科医院、东南大学	中大医院
9	基础设施项目全寿命期决策与管理关键技术研究与应用	李启明、袁竞峰、陈炳泉、邓小鹏、杜静、吴虹鸥、南文秀、于杰	中国建筑学会科技进步奖	一等奖	东南大学、捷宏造价咨询公司	土木工程学院

(续　表)

序号	项目名称	主要完成人	奖励类别	授奖等级	主要完成单位	院系
10	快速道路主动交通安全设计与调控技术与应用	刘攀、李志斌、徐铖铖、胡晓健、王昊、杨敏	中国公路学会科学技术奖	一等奖	东南大学、交通运输部公路科学研究所、江苏宁沪高速公路股份有限公司、东南大学建筑设计研究院有限公司	交通学院
11	生态环保微生物矿化建筑材料及其应用	钱春香、万克树、詹其伟、王瑞兴、孙伟、麻秀星	中国建材联合会中国硅酸盐学会建材科技奖	一等奖	东南大学	材料科学与工程学院
12	自主运动体的智能控制理论与方法	孙长银、贺威、李智军、余瑶、宋睿卓	中国自动化学会自然科学奖	一等奖	东南大学、北京科技大学、华南理工大学	自动化学院
13	中国动力工程学会青年科技奖	张会岩	青年科技奖	一等奖	东南大学	能源与环境学院
14	牛首山文化旅游区一期工程入口配套区	王建国、朱渊、吴云鹏、张航、梁沙河、孙毅、钱锋、龚德建、张磊、姚昕悦、蒋剑峰、李斯源、史海山、毛树峰、孙逊	全国优秀工程勘察设计行业奖(建筑工程公建类)	一等奖	东南大学建筑设计研究院有限公司	建筑学院
15	南京牛首山风景区(北部景区)东片区道路与景观及建筑设计(一期)	成玉宁、汪瑞军、袁旸洋、盛春陵、方颖、周毅雷	全国优秀工程勘察设计行业奖(园林景观工程设计类)	一等奖	东南大学建筑设计研究院有限公司	建筑学院
16	天台山风景名胜区石梁景区环境整治工程	唐军、杜顺宝、刘俊、王伟成、周桂祥、贺海涛、陈瑜	全国优秀工程勘察设计行业奖(园林景观工程设计类)	一等奖	东南大学建筑设计研究院有限公司	建筑学院

（续 表）

序号	项目名称	主要完成人	奖励类别	授奖等级	主要完成单位	院系
17	人民日报社报刊综合业务楼	孙逊、黄明、郭洋波、蒋剑峰、张翀、方立新、吕志涛、崔永平	全国优秀工程勘察设计行业奖(建筑结构类)	一等奖	东南大学建筑设计研究院有限公司	建筑学院
18	人民日报社报刊综合业务楼	周琦、钱锋、孙逊、史青、钱锋、臧胜、龚德建、周革利、庄昉、孔晖、黄明、韩治成、范大勇、顾奇峰、李骥	教育部优秀工程勘察设计奖(建筑工程类)	一等奖	东南大学建筑设计研究院有限公司	建筑学院
19	南京浦口求雨山及周边地段城市设计	韩冬青、刘华、方榕、宋亚程、黄潇、刘海芊、关智慧、李冬梅	教育部优秀工程勘察设计奖(规划设计类)	一等奖	东南大学建筑设计研究院有限公司	建筑学院
20	玄武门神策门段环境综合整治工程	杨冬辉、丁广明、伍清辉、周师纯、马志虎、叶麟、张曼、周宇坤、蔡峰、许扬、周艳华、黄河、耿碧萱、唐小简	教育部优秀工程勘察设计奖(园林景观设计类)	一等奖	东南大学建筑设计研究院有限公司	建筑学院
21	解放门东南侧游园建设项目绿化景观及其相关配套工程	杨冬辉、张亚伟、周师纯、张辰、马志虎、经雨舟、蔡峰、黄河、周桂祥、孙毅、唐小简、许轶、赵元	教育部优秀工程勘察设计奖(园林景观设计类)	一等奖	东南大学建筑设计研究院有限公司	建筑学院

2017 年度高等学校科学研究优秀成果奖(科学技术)

等级	成果名称	成果完成人	院系
特等奖	基于工程创新研究的能源动力类大学生实践教学改革	钟文琪　肖　睿　朱小良　王明春　周克毅　归柯庭　张小松　吕锡武　华永明　陈九法　司风琪　李舒宏	能环学院
	面向产业急需的本硕博一体化交叉复合型微电子创新人才培养模式的改革与实践	孙伟锋　徐　申　仲雪飞　时龙兴　李智群　汤勇明　孙立涛　吴建辉　杨　军　凌　明　单伟伟	电子学院
	学做融创通合一体——建筑类创新人才培养的系统改革与实践	王建国　韩冬青　鲍　莉　孙世界　陈　薇　朱　雷　张　彤　李向锋　夏　兵　张　嵩　傅秀章	建筑学院
	"理论导研、实践强研、课外拓研、网络助研"研究型教学体系的构建与实践	郑家茂　雷　威　邱文教　朱　明　熊宏齐　沈孝兵　吴　涓　邓　蕾	教务处
一等奖	"一轴·双驱·三联动"——德才兼备型土木类卓越人才培养的探索与实践	吴　刚　童小东　邱洪兴　陆金钰　周　臻　张培伟　尹凌峰　王燕华　缪志伟　陈　韵　舒赣平　傅大放　王景全	土木学院
	产业需求牵引的计算机类创新型工程人才培养模式的探索与实践	罗军舟　李　伟　耿　新　杨全胜　汪　芸　舒华忠　程　光　徐立臻　姜龙玉　李　雯　吕　倩	计算机学院
	工科专业程序设计类课程基于项目的研讨型教学模式改革与实践	魏海坤　李骏扬　沈　军　况迎辉　吴乃陵　陈汉武　翟玉庆　辛　研　朱蔚萍　杨万扣　仰燕兰　李　俊　祝雪芬　陆金钰　罗　晨　章品正　郭延芬　何　峰　蒋　浩　戴　挺　徐冬梅	自动化学院
	构建立体开放、虚实结合的实践教学平台,提升测控专业本科生工程实践能力	宋爱国　王立辉　祝雪芬　祝学云　陈熙源　张　力	仪科学院
	"全程多元、知行合一"的物流创新人才培养改革与实践	赵林度　王海燕　李四杰　何　勇　薛巍立　韩瑞珠　孙胜楠　赖明辉	经管学院
	思想政治理论课贯彻体现社会主义核心价值观的探索与实践	袁久红　叶海涛　盛凌振　涂亚峰　孙志海　袁健红　高照明　廖小琴　刘　波　翁寒冰	马克思学院

（续 表）

等级	成果名称	成果完成人	院系
二等奖	基于交叉复合的工程法学特色人才培养创新与实践	周佑勇 刘艳红 孟鸿志 孟 红 李煜兴 沈孝兵 过秀成 沈 杰	法学院
	基于国家级精品资源，构建全时空教学、多维度评价的大学物理课程体系	周雨青 董 科 刘 甦 张 勇 侯吉旋 周智勇 彭 毅 夏柱红 庞侯荣 冯红涛 戴国民	物理学院
	基于OBE的机械工程人才培养进程式评价体系构建与实践	贾民平 胡建中 郁建平 田梦倩 钱瑞明	机械学院
	聚焦·聚力·聚合：交通运输工程优势学科驱动一流专业群建设的探索与实践	陈 峻 王 炜 刘 攀 程建川 黄晓明 陈 怡 吴文清 杭 文 丁建文 周文娜	交通学院
	以“提升职业素质、构筑卓越之梯”为核心的本科医学教育改革与实施	王立新 季 红 唐秋莎 谢 波 赵枫姝 董 榕 李新荣 曾水林 张建琼	医学院
	“双融合型”交通运输类拔尖人才（特区）培养模式的探索与实践	秦 霞 陈 怡 马 涛 陈 峻 陆 挺 刘 攀 黄晓明 周文娜 张 航 程 龙 罗 磊 彭 龙	交通学院

2017 年本科教学奖励金名单

一、个人奖

特等奖 4 人

胡仁杰　孟　桥　贾民平　成玉宁

一等奖 30 人

汤勇明　陈建龙　周雨青　万遂人　赵林度　郑德东　窦　骏　骆益民　王海燕
王秋颖　陈立全　陆金钰　杜　静　翟玉庆　安　明　施锦杰　陈志斌　蒋　平
刘健刚　胡永辉　王小红　郑颖平　王　昊　章定文　王立辉　单平基　邓慧华
王　蓓　樊祥宁　朱　萍

二等奖 59 人

殷　翔　杨　俊　杨冠羽　方　元　杨延清　周文娜　周龙英　吴锦绣　葛　明
陈敏华　王金湘　王玉敏　周建新　陈　阳　徐琴珍　朱明亮　宗周红　靳　慧
赵　宁　肖　梅　江寿桂　陈金兵　马红铝　吴　霞　周　波　李松毅　杨　明

王　伟　司丽芳　王　雷　顾小杰　李灵灵　卢爱华　王化起　姜　余　岳书敬
李四杰　杨　帆　余海涛　顾　伟　毛彩凤　李　燕　郑小翔　吴　婷　钱景虹
肖佩琮　张　进　耿艳芬　王　卫　尹莉萍　杨天琴　沈传来　陆琮明　赵　霞
徐莹隽　潘京苏　鹿　婷　郑雪清　姚润月

二、专项奖

1. 教学督导组　20 000 元

2. 各类学科竞赛

(1) "瑞萨杯"2015 年全国大学生电子设计竞赛,一等奖(10 个一等奖)指导团队(堵国樑团队)　5000 元

(2) 2016 年美国大学生数学建模竞赛,国际级一等奖指导团队(陈恩水团队)　10 000 元

(3) 2015 全国大学生数学建模竞赛,国家级一等奖指导团队(陈恩水团队)　5 000 元

(4) 第十四届"挑战杯"中航工业全国大学生课外学术科技作品竞赛,国家级一等奖指导团队(陆挺团队)　5 000 元

(5) 2015 年第十届全国大学生力学竞赛,基础力学实验团体赛一等奖指导团队(董萼良团队)　5 000 元

(6) 2016 年全国大学生英语竞赛,国家级一等奖指导团队(陈美华团队)　5 000 元

(7) 2015 年第十届全国"飞思卡尔"杯大学生智能汽车竞赛,国家级一等奖指导团队(谈英姿团队)　5 000 元

(8) 2015 中国机器人大赛暨 RoboCup 公开赛,国家级一等奖指导团队(许映秋团队)　5 000 元

(9) 2016 年第九届全国大学生计算机设计大赛,国家级一等奖指导团队(陈伟团队)　5 000 元

(10) 2015 年第五届中国教育机器人大赛,国家级特等奖、一等奖等指导团队(张文锦团队)　5 000 元

(11) 2016 年第七届"北斗杯"全国青少年科技创新大赛,国家级一等奖指导团队(陈熙源团队)　5 000 元

(12) 第二届全国高校云计算应用创新大赛,国家级一等奖指导团队(舒华忠团队)　5 000 元

(13) "苏博特"杯第四届全国大学生混凝土材料设计大赛,国家级一等奖指导团队(张亚梅团队)　5 000 元

(14) 2015 年第四届全国大学生金相技能大赛,国家级一等奖指导团队(梅建平团队)　5 000 元

(15) 2016 年第五届徕卡杯全国大学生金相技能大赛,国家级一等奖指导团队(梅建平团队)　5 000 元

(16) 第十一届全国大学生交通科技大赛，国家级一等奖指导团队(陈峻团队)
5 000元

(17) 第二届卓越联盟高校“卓越杯”大学生化学实验竞赛，国家级一等奖指导团队(杨洪团队) 5 000元

(18) 第十届全国大学生化学实验邀请赛，国家级一等奖指导团队(杨洪团队)
5 000元

(19) 第三届全国虚拟仪器竞赛，国家级一等奖指导团队(莫凌飞团队)
5 000元

(20) 第一届大学生生物医学电子创新设计竞赛，国家级一等奖指导团队(万遂人团队) 5 000元

2016—2017 学年本科生各类学科竞赛获奖名单

一、2017 美国大学生数模竞赛

国际级一等奖

张凯辉	09014112	姜　宁	61315108	张偲偲	07014309
王永超	12014420	刘子琦	08015407	陈雄辉	71114223
印　尼	04014313	朱　超	04014322	陈　臻	04014319
黄梦宇	04014146	杜朝明	04014016	王少凯	61014122
安宁伟	04014115	钟捷成	04014121	易　凤	04014404
宋　扬	22014211	陆　旭	22014219	高　菊	22014106
任　杰	04014647	方钱安	04014547	李安冬	04014244
吕佳峰	61315123	张天舒	61315111	王一彪	61315122
洪　姝	04014446	熊　恬	04014104	李灵瑄	61014303
洪　韬	07114107	张　屹	07014116	许利通	16014510
矫文薇	07314101	张滕远	06A15219	庄文杰	16015214
张子鉴	04014221	吴　鹏	04014136	周　睿	04014236

国际级二等奖

张滕翔	04215727	郑安琪	08015303	夏智康	04015427
周苗苗	04214739	朱　明	04214720	严立立	04214710
黄启圣	61314117	田慕阳	61014117	方梦初	61314105
王旭亮	06014212	文一峰	06014221	王　迪	04014432
孙宇幸	16015311	朱　彤	21114220	蔡玉彤	71115322

曹冰昊　04014645
杨长蓉　04014330
练　杨　04015139
李明昊　61014223
曹子建　04014336
营世煜　22014213
胡欣毅　04014248
王润东　04014543
胡　慧　07014205
詹若培　16014109
吕思源　08014202
桂仁杰　04015240
吴超群　07015209
章　鹏　04014445
周京鹏　04014145
胡子健　16014121
李佳明　07015221
张明辉　04014643
季　澈　04014143
曹天旸　04215718
赵　恒　02014316
张文韬　16014230
史沛然　04215717
姜培文　04015231
吉珣碧　03014402
许　笑　04214740
寿立夫　04014216
韩磊鑫　04014449
孙伯文　08015213
李梦潇　06114104
鲍博世　08015406
高　烨　22014305
陶　嵩　04014344
于　乐　08014227
曹闫鹏　06A14531
尤　扬　07314111

宛超逸　04014628
李俊杰　04014331
厉姝辰　04015602
严　晗　14C14602
吴　驰　04014332
李宇杰　22014224
周　豪　07114132
邓峰杰　04014343
秦泽天　03214746
汪佳玮　04014410
徐茹宁　08014304
朱文彧　04015201
刘子旗　07014316
朱毅成　08014430
查君瑜　08014431
庄雨轩　43A14101
刘伟成　16014125
王　珏　04014644
赵博阳　04014544
胡佳鹏　16015524
柳　迪　22014216
梅叶依　16014530
袁冬宇　04215709
倪天恒　04015336
姚依晨　03014404
吴康斌　14B14419
陈奕钢　04014222
李仪豪　04014429
徐育晖　08015218
徐冰倩　06A14402
韩紫婷　08015306
刘启汉　22014318
吉　超　04014447
郑　峰　08014427
吴　楠　06A14309
乔富俐　07014206

杨　睿　04014151
李平安　04014309
邵志远　04015121
蒋东龙　61014222
朱瑞嫒　04014305
孙锴宇　16015631
陈　康　04014150
夏　雪　16014629
方　恒　61014204
钱一婷　04014345
华潇翔　07015213
徐　靖　04015238
钱宇辉　04014424
李　俊　04015617
胡浩辰　21014219
吴　政　16014210
李　蝶　03114609
陆明琦　08014132
丁宁宁　04014149
顾　艺　04215722
刘瑞琦　22014203
冷钊莹　16014529
完晓妍　61315103
刘元可　04015237
陈子聿　03014323
许诗卉　61014309
曾启立　04014223
乔文超　04014435
徐若愚　16015328
杨　沁　06A14326
李郭成　04214741
余伟杰　22014321
赵　斌　04014542
刘页恺　08014233
刘　荟　06014307
王璐琛　07014202

二、美国土木工程大学生钢桥竞赛

国际级一等奖

蔺志一	05313115	姜　煜	05313132	孟　畅	05113630
华一唯	05313134	胡皓磊	05113610	张　磊	05113212
郑逸川	05314126	陈励纬	05114315	谈小铭	02014521
巫　頔	05314120	杨秀辉	05114429	黎宝山	05114110

三、2016 年 ACM 国际大学生程序设计竞赛(ACM/ICPC)亚洲区域赛

国际级二等奖

沈聿林	09014431	谈　正	04015129	顾芯怡	43216417

国际级三等奖

朱　鑫	71115134	杨航源	09016435	戴　竹	11A16316

四、第三届 DJI 开发者大赛

国际级优秀奖

牛钰茜	71114102	孔德优	02015120	裴廷宽	06A13225

五、2016 年全国大学生电子设计竞赛模拟电子系统设计专题邀请赛(TI 杯)

国家级一等奖

赵正宁	06A13324	王天鹏	06013319	车永越	06013215
陈炜珩	04013223	陈柏霖	04013220	孙　凯	61314112

国家级二等奖

陈　鑫	61013225	贺陈锴	61013222	段尚甫	61013224

六、第五届全国大学生工程训练综合能力竞赛

国家级一等奖

江　苏	02014303	罗俊文	02A14117	吴闫明	02014519

七、第四届全国高等学校大学生测绘技能大赛

国家级特等奖

张正协	21313113	苑忠浩	21313121	常晓宇	21313123
徐录铸	21313125	王　茹	21313103	陈　波	21B13212

八、第二届中国“互联网+”大学生创新创业大赛

国家级一等奖

张　潇	14513224	桑嗣洋	14814121

国家级二等奖

梁子卓	14613125	曾成辉	14613128	戴　康	02015420
胡　杨	08015139	赵　昕	14C13714	任　术	13315126
张雅婷	14814111				

九、第十届全国大学生结构设计竞赛

国家级一等奖

郑逸川	05314126	杨秀辉	05114429	胡羽辰	05114408

十、第十二届全国交通科技大赛

国家级一等奖

黎　萌	21114128	史　科	21014107	汪晓寒	21114213
王　楠	21014102	罗小康	21A14125	朱　梅	21014104
汪进成	71Y14134	张一豪	21114131	祁　辉	71114212
赵怡原	09014211				

十一、第七届全国大学生机械创新设计大赛

国家级一等奖

李嘉鹏	02013601	薛正艺	16013106	肖润华	21115131
王亚明	02013317	燕鹏飞	02A12626	郑晶莹	02012401

国家级二等奖

刘　洋	02013628	王　希	02013607	高　峰	02013609

闵　剑	02013422	宋文清	61013210	宋雨遥	61113123
桑　旭	02013432	高小桐	61013219		

十二、2016全国大学生数学建模竞赛

国家级特等奖

张滕翔	04215727	夏智康	04015427	郑安琪	08015303

国家级一等奖

李正阳	04015414	吴紫薇	04014201	方祖琦	61314122
胡欣毅	04014248	周　豪	07114132	陈　康	04014150
桂仁杰	04015240	徐　靖	04015238	朱文彧	04015201

国家级二等奖

张宇宸	06A14514	刘奕琳	04214701	唐思恒	61014216
黄梦宇	04014146	杜朝明	04014016	王少凯	61014122
史云霞	07314106	钟　凯	04214730	刘梓轩	07314107
袁倩雯	04014646	张婧媛	04014609	胡传昊	08014302
杨长蓉	04014330	李俊杰	04014331	李平安	04014309
李明昊	61014223	蒋东龙	61014222	严　晗	14C14602

省(部、地区)级一等奖

季　澈	04014143	丁宁宁	04014149	赵博阳	04014544
乔富俐	07014206	尤　扬	07314111	王璐琛	07014202
孙宇幸	16015311	蔡玉彤	71115322	朱　彤	21114220
史沛然	04215717	完晓妍	61315103	袁冬宇	04215709
王润东	04014543	邓峰杰	04014343	夏　雪	16014629
吴超群	07015209	钱宇辉	04014424	张美成	71115110
胡　慧	07014205	秦泽天	03214746	缪雨桐	04014126
尚　昊	22014118	王子静	22014111	杨历凡	22014316
李怡宁	61014302	张连炜	61014301	李迪威	61014130
鲍博世	08015406	李郭成	04214741	韩紫婷	08015306
杨济源	04015115	郑奕飞	04015124	严旭阳	04015126
曹冰昊	04014645	杨　睿	04014151	罗健威	03014419

省(部、地区)级二等奖

高　烨	22014305	余伟杰	22014321	刘启汉	22014318
姜培文	04015231	刘元可	04015237	倪天恒	04015336

陶　嵩	04014344	吉　超	04014447	赵　斌	04014542
姚依晨	03014404	陈子聿	03014323	吉瑜碧	03014402
胡子健	16014121	吴　政	16014210	庄雨轩	43A14101
孙伯文	08015213	徐育晖	08015218	徐若愚	16015328
张凯辉	09014112	张偲偲	07014309	姜　宁	61315108
周京鹏	04014145	查君瑜	08014431	胡浩辰	21014219
张子鉴	04014221	周　睿	04014236	吴　鹏	04014136
洪　韬	07114107	张　屹	07014116	许利通	16014510
詹若培	16014109	汪佳玮	04014410	钱一婷	04014345
孔令峥	04015227	杨泽堉	04015635	沈廷威	71115116

省(部、地区)级三等奖

印　尼	04014313	朱　超	04014322	陈　臻	04014319
吕佳峰	61315123	张天舒	61315111	王一彪	61315122
胡舫淏	04015520	李京仓	06A15541	张　明	08015209
曹子建	04014336	吴　驰	04014332	朱瑞嫒	04014305
王凯旋	22014217	高　菊	22014106	宋　扬	22014211
郝未玮	07114121	周子钦	07314130	郑　峰	08014427
蒋子彦	04014405	李彦清	07115135	蒋彬乾	04015527
韩磊鑫	04014449	唐　林	05114303	段福鑫	02014502
张文韬	16014230	梅叶依	16014530	冷钊莹	16014529
柳　迪	22014216	赵　恒	02014316	刘瑞琦	22014203
魏　然	04014101	周　欢	04014102	王安忆	04014108

十三、2016 年(第 9 届)中国大学生计算机设计大赛

国家级一等奖

刘朝阳	71113121	林天乙	71113125	马麒翔	71113139
吕　炀	71114336	陈雄辉	71114223	李昌懋	71Y14125
陈建蓉	71113111	魏远卓	71113211	刘　宝	71113301
陈陌信	71114433	张　霓	71Y13107	林天乙	71113125
窦　颢	09014436	庄亦舟	71Y14116	马　筱	09014408
李嘉文	71114124	姜　越	71114326	陈含璐	61014102
傅金鑫	06A14119	张鼎恒	06A14420		

国家级二等奖

严一凡	09014412	李凯师	09014409	徐　鹏	14B14501
王艺慧	04014303	陈　晨	61014101	黄依洋	19114209

王海萍　71Y14106　　杨东泽　17113218　　焦　娇　24314114
陈　勇　16013224　　江咏涵　71Y14107　　黄骋志　71Y14122
庄文林　08014231　　傅子源　24114113　　丁哲通　08014108
董林滔　08015124　　崔仁杰　08015215　　胡斌雁　08015210
李　超　02A14634　　王宇晨　09015108

国家级三等奖

王　聪　08013122　　丁　刚　08013111　　周　敏　08013108
陈泽森　08013109　　程　浩　08013110　　唐一鹏　08013121
程　唯　71113431　　李　双　71113401　　耿宇豪　71113428
骆　颖　09014203　　钟　瑞　09014201

十四、第三届全国高校云计算应用创新大赛

国家级一等奖

吴千乘　71114325　　袁　皓　71114320　　马　筱　09014408
吴志翔　71114321　　吴小宝　71Y14123　　冯裕浩　09014312
侯　安　71115405　　祁　辉　71114212　　陈雄辉　71114223
吴正凡　71114234　　王海萍　71Y14106

国家级三等奖

杜　臻 71114210　　汪进成　71Y14134

十五、2016 年中国机器人大赛

国家级二等奖

徐希庆　04014335　　章　鹏　04014445　　肖　秦　06A15116

国家级三等奖

孙宇幸　16015311　　赵临风　06A15315　　乔哲锋　06A15333
索传哲　22013230　　张泽强　06A15128　　庄文杰　16015214
李志昂　61015117　　徐茹宁　08014304　　李通伟　08015132
李鑫磊　02014405

十六、2016 年中国大学生程序设计竞赛

国家级三等奖

沈聿林　09014431　　谈　正　04015129　　顾芯怡　43216417

钱　鑫　09013413

十七、2017年全国大学生英语竞赛

国家级特等奖

明澍歆　04015329　刘芷辰　21A16310　胡天健　43214222
林凯逸　01116312　何思源　17215217

国家级一等奖

戴薛甜　14B15104　王　梓　03A16528　秦育彬　06A16333
陈美君　03A16402　王少哲　05215110　张楚悦　17114114
金洁珺　61315101　彭　振　05114103　王　煜　61516401

国家级二等奖

胡　越　14C15311　廖启凡　71116126　郑世丰　01515107
王琳淞　61516419　卢玉晓　14C16615　杨盛博　04016617
胡至贤　05316106　李昊钰　14c15418　蔡　轩　14614103
李沁怡　14515103　戴伯威　01113116　姚　远　16015602
薛淋云　14C16209　钟捷成　04014121　华济民　16015506
吕　萌　14B16107　戴维德　16013427　王雨桐　14515202
李子萱　17115104　王钰文　43815103　黄平瓔　43215308
陈依然　43214515　黄振妍　14C14211　苏子阳　05115613
曾一鸣　06A16308　佘佩芸　05A16202　吴捷文　01216204
董启飞　61516227　杨宇欣　01515102　徐粲然　06A15504
时　旻　04216711　刘　倩　14C16707　阎喜月　13A16421
曦　曙　21A15501　聂子晴　06A14401　陈　萌　05114415
张昱悦　03A14407　洪　姝　04014446　胡黛琳　09016407
李卓宇　01516123　郑姝婕　21014103　姜钰庭　06A15216
张筱萱　11115108　郃静华　21014108　张泽宽　06A16213
黄心杰　03A16129　张泽童　06A16406　熊　涓　14C16302

国家级三等奖

徐若愚　16015328　蔡正妍　17115101　梅叶依　16014530
张晓雨　01515104　夏安琪　14B16410　黄　瑞　07016304
杨诗月　03215705　葛彩慧　25015107　邵天宇　05115418
周琳婕　21015103　徐第开　03A15324　黄梦宇　04014146
武天戈　05A16111　周冬秦　21A15117　郝培钧　04014122
安　杏　71Y13103　王昊林　06A16218　彭子瑶　09016209

吴佳其	04216726	郑可文	17115215	杨沫枫	21014112
岳夏薇	12015301	汤文杰	17215118	王姝蕴	24A16109
张徐青	06A16301	赵益宁	14B14114	胡　犇	16015419
刘云惠	13215108	曾意涵	10016105	朱严吾	04216736
熊　越	13A16211	朱逸纯	14514201	臧　璇	08A16201
陈英豪	21015102	徐汪祺	21A16803	周文棋	14C15116
陈宇轩	21A16724	陈　今	05115222	钟宁桐	14B15209
徐清扬	09016106	王小丹	71116307	卢　毅	05115610
邢玉临	13A16320	邱祉祎	14415219	徐　洁	17114216
徐刘佳	43816107	郭希孺	14B16207	王则陈	71116117
谭雪琪	13A16506	王梦佳	14C16307	刘添驰	16016601
李　根	26116113	林　恬	14B15607	陈一川	01213114
杨之琳	14414114	马艺玲	61516201	康　瑜	41115110
张正红	14B16101	黄祺航	08015125	杜育瑞	02016521
杜佳纯	01116109	施惠文	01515119	陈一凡	21A16505
刘粲然	05716116	王云珊	21115111	蔡雨汀	14C14422
李星潼	14415221	吴沁怡	43216406	郑云川	09015131
卫星吉	14C16710	白艺乐	11A16208	张　帆	03A16303
石涵雨	06A16304	曹靓宁	14C14102	黄景颢	07016113
杨　潇	01116318	雷明月	21A16404	陈雨菡	16016202

十八、“苏博特”杯第四届全国大学生混凝土材料设计大赛

国家级一等奖

何凌潇	12013332	陆晋媛	12013233	潘　浩	12013113

国家级优秀奖

唐　林	05114303	朱熔清	05113622	刘　兴	05113624

十九、第十届三菱电机杯全国大学生电气与自动化大赛

国家级二等奖

薛正艺	16013106	李嘉鹏	02013601	武令君	16013202

国家级三等奖

赵　毅	16013211	赵圆圆	03013205	王志宇	16013222

二十、2016RoboCup 机器人国际比赛

国家级三等奖

刘　川	02013120	陈　峥	08013210	王彦然	08013124
张　琪	02013416	王　安	04013536		

二十一、2016 年第六届中国教育机器人大赛

国家级特等奖

石　岩　16014326

国家级一等奖

杨历凡	22014316	刘伟成	16014125	汪佳玮	04014410
杨　雪	11314109	金鼎鑫	06A14436	钱　蕾	22014302
郭雨辰	22014301	胡子健	16014121	程　煜	16014120
胡山山	22014322	林汐妍	17115204		

二十二、第十届全国大学生信息安全竞赛

国家级二等奖

黄启圣	61314117	田慕阳	61014117	徐允昊	61314129
张连炜	61014301	聂韵致	61014306	方祖琦	61314122
孙　凯	61314112	陈哲恒	61314125		

国家级三等奖

章　鹏	04014445	刘兴成	09014217	高睿昊	09016113
丁宁宁	04014149	印　航	04014039	徐茹宁	08014304
郑　锐	04014532	张　立	04014502	赵灵奇	04014521
赵雅琼	04014406	陈戈飞	04014433	方　恒	61014204
钱宇辉	04014424	杨俊杰	04014522	温栋林	04014426
胡欣毅	04014248				

二十三、第十一届“三菱电机杯”全国大学生电气与自动化大赛

国家级二等奖

刘伟成	16014125	王洪儒	03A14127	程　煜	16014120

二十四、2017RoboCup 机器人世界杯中国赛

国家级一等奖

刘　川	02013120	吴　鹏	04014136	营世煜	22014213
周　巍	22014214				

国家级二等奖

崔仁杰	08015215	蔡文哲	08015420	刘文景	08015417
林泽洋	22015313	刘倩雯	22015304	王小荷	09015210
陈庆狄	22015319				

国家级三等奖

钱宇辉	04014424	华轶凡	08A16109	王超然	08014322
包晨阳	04215712	朱　宇	06A15531		

二十五、第十六届全国大学生机器人大赛 RoboMasters2017(全国赛)

国家级三等奖

段福鑫	02014502	江　苏	02014303	赵　恒	02014316
肖梦涵	02014527	许修祥	61114107	雷世英	02014518
吴闫明	02014519	程　健	08015319	窦昆鸿	02015408
王昭东	22014123	高睿昊	09016113	邹凯杰	02015323
周圣皓	02014302	潘　立	02015320	张雁同	02015706
朱　宇	06A15531	侯红宇	02014301	任　波	02014109
何东泽	02014529	唐元博	04014247	洪剑龙	61014221
徐亚辉	02015524	牛钰茜	71114102	王小彤	61114113
张　琛	16014328	蔡洋洋	02015102	孔德优	02015120
陈明惠	02014407	张宇哲	02015315	蒋明俊	06A16232
马瑞凯	04015644	董林滔	08015124	贾振宇	02015326
张　森	02015217	胡斌雁	08015210		

二十六、2016 年中国大学生方程式汽车大赛

国家级二等奖

宋景晖	02015304	郭挺照	02015520	单　铭	02A14435
袁　珂	02014224	朱　敏	14B14115	黄佳佳	13313102
严文强	02014225	陈　楠	02A14212	邹　磊	02014209

邹雅琳	02014201	蔡道清	02013430	敖文杰	08015328
陈勇强	02014311	郑良聪	02A13232	羊飞宇	03014312
吴　政	16014210	蒋彬乾	04015527	王泽琛	21714225
刘希源	13A15119				

二十七、第六届全国大学生电子商务“创新、创意及创业”挑战赛总决赛

国家级二等奖

郭　蕊	14113115	巩柯含	06113127	马　茜	14B13512
焦竹晗	14113102	杨文彬	06013224		

国家级三等奖

江琳翊	14414110	张晨歆	14114113	邵张建	04014421
安振露	14114111	周　明	09014419	黄毅菱	14713111
尹海安	07113111	徐玉秋	14813112	石砚舟	07013317

二十八、第三届卓越联盟高校“卓越杯”大学生化学实验竞赛

国家级一等奖

卢莹炜	19314102	王伯军	19013129	刘　凯	19013105
邓卓婷	19213108				

国家级二等奖

李　新	19213114	林芝晔	19014106

二十九、第十一届“恩智浦”杯大学生智能汽车竞赛全国总决赛

国家级一等奖

高天翔	61013235	焦　越	22013117	张明昊	04014323
曾　欣	22013325	武国庆	22015316	刘　毅	04013442
沈天宇	04014428				

国家级二等奖

甘　宇	04013528	乔文超	04014435	孙　豪	08014420
张仕奇	04014632	郭嘉诚	04014633		

三十、第五届徕卡杯全国大学生金相技能大赛

国家级一等奖

刘　新　12014325

国家级二等奖

陈文宇	12014423	全琪炜	12013313

三十一、第九届全国大学生节能减排社会实践与科技竞赛

国家级二等奖

俞晓涵	12014308	周横一	12014323	王　森	12014316
凌　灏	12012223	陶宜鹏	09014136	胡启龙	03013227
顾秋子	03A13604	宋延琨	12013318	张轩浩	04013440
李子杰	05113102	赵圆圆	03013205	姜浩威	09014126

国家级三等奖

潘文倩	12013104	鲍　青	12013103	邓含露	12013102
汪　栋	06114113	徐希庆	04014335	王建辉	03014113
李政雄	12013321	邵里良	12013214	李　昕	03212722
赵　亮	02013119	金　默	03014215	江子欣	03014103

三十二、第十届全国大学生化学实验邀请赛

国家级一等奖

焦建敏　19314111

国家级三等奖

王亚妹　19013213

三十三、第二届大学生生物医学工程创新设计竞赛

国家级一等奖

刘　锦	11114107	文星曌	11214212	许成韬	11214217

国家级二等奖

徐梓康	11214130	陈　萌	61014305	陈勇豪	11114124

丁　冉	11A14209	蔡旻淇	11314107	水恒涛	11213205

国家级三等奖

赵海桐	11213115	杨佳铮	61013132	李　敏	11214207

校级优秀奖

郑　良	11A13107	申云鹏	11113115	应潇挺	11213107

三十四、2016“外研社杯”全国大学生英语挑战赛江苏赛区比赛

国家级一等奖

胡黛琳	09016407

省(部、地区)级一等奖

谭雪琪	13A16506	李子萱	17115104	苏　恬	61315105

省(部、地区)级二等奖

吕秋晨	17213213

省(部、地区)级三等奖

缪天润	22015112	付艺伟	17116101	张楚悦	17114114

三十五、第十一届全国大学生“恩智浦”杯智能汽车竞赛华东赛区

省(部、地区)级一等奖

曾　欣	22013325	武国庆	22015316	刘　毅	04013442
高天翔	61013235	张明昊	04014323	焦　越	22013117
崔崇伦	06013113	朱志鸿	06013125	蒋光峰	08014315
李鹏辉	22013129	张嘉俊	04013222	潘桂鑫	04013209
沈天宇	04014428				

省(部、地区)级二等奖

黄威龙	08013338	唐　皓	06A14525	李再涵	06A14107
甘　宇	04013528	陈瑾钰	04013545	李孟超	04014415

三十六、第四届江苏省大学生工程管理创新、创业与实践竞赛

省(部、地区)级特等奖

马俊伟 05214122　王纪元 05214114　李　波 05214103
朱嘉薇 05214101　沈伶佳 05214202

省(部、地区)级一等奖

徐小扣 05213203　陈洪淋 05113117　尹玉洁 05213204
季　扬 05214205　苏意然 05114307　石一帆 05114207
杨　雨 05215107　嵇文捷 05215118

省(部、地区)级二等奖

谭梓怿 05215223　白　艺 05214108　高可婧 05215213
路致远 05115319　叶　涛 05A14326　宋明泽 05114124
赵坤松 05114220　李长通 05114229　陈铮一 05213114
毕　玮 05213102　吴可书 05213115　彭祺予 05215121

省(部、地区)级三等奖

黄　菊 05214107　余炜鑫 05214224　魏圣坤 05114131
杨天泽 05214215　刘晓艺 05314143

省(部、地区)级优秀奖

王若珺 03A14607　李柔萱 05215105　黎峰腾 05215126
戴　斐 05215104　张洛榕 05215203

三十七、2017 年中国大学生计算机设计大赛江苏省级赛

省(部、地区)级特等奖

李朝华 71114220　蒋　驰 61015218　吉轩帆 14414101
戚耀磊 61015120　吴小宝 71Y14123　苏　恬 61315105
王　鑫 71114430

省(部、地区)级一等奖

朱　柠 08014429　罗易凡 61516319　冯　森 71114431
王佳卓 02014542　熊广为 61516326　陈　晨 08015104
张紫璇 08014406　冯若愚 08A16215　刘　凯 08015429
孙　豪 08014420　梅　毓 08A16113　刘文景 08015417

李朋原	02014534	严　格	61516322	王嘉伟	08015136
王纪元	05214114	张嘉琦	03215722	彭梓瑞	10015113
黄文超	08014111	丁岳鹏	09015312		

省(部、地区)级二等奖

申皓月	24314203	兰　威	71114132	崔颖华	71114202
黄鑫晨	71Y14117	曾琪昕	24A16319	叶卓凡	14B16117
王恒强	24A16126	肖志尧	08015112	徐育晖	08015218
冉智丹	08015126	贾昊楠	71114301		

省(部、地区)级三等奖

陆明琦	08014132	夏文琪	24A15104	许洲源	24A16312
沃　媛	61516303	徐呈豪	22016112	王宇啸	61516207

三十八、2016 年 TI 杯江苏省大学生电子设计竞赛

省(部、地区)级一等奖

陈　鑫	61013225	段尚甫	61013224	贺陈锴	61013222
曹翊宸	06A14438	蔺文睿	06A14202	宗诗皓	06A14237
董纪莹	06014109	孙　凯	61314112	袁　迪	06A14516
徐希庆	04014335	姚婉婷	04014203	金义邦	04014337
车永越	06013215	杨文鑫	06013213	邢佳斌	06014128
赵正宁	06A13324	王天鹏	06013319	章　鹏	04014445
何　倩	06013201	周杨浩	06013219	曹闫鹏	06A14531
郑　锐	04014532	张　立	04014502	耿浩轩	04014535
郑　峰	08014427	张梦璐	08014306	葛荧萌	61014209
赵　伟	08013435	马哲文	08013420	符晓天	08013403
陆旻熠	06213618	顾　博	06013112	陈　凯	06014311
唐一鹏	08013121	陈泽森	08013109	朱毅成	08014430
卢长胜	08013218	徐春梅	04013309	秦　晨	08013220
杨　陈	16013421	张一清	16013401	郭亚森	16013402
刘炽义	08013316	鲁瑜亮	08013317	刘昌鑫	08013315
陈柏霖	04013220	田慕阳	61014117	黄启圣	61314117
王　康	04213723	龚敏翔	04213722	谭儒昕	04213737
曾庆翔	06A13439	甘玉琪	06013206	任博文	06013337
汪家喆	06A14320	宋章先	06A14329	常钦皓	06014120
俞　峰	06A14319	吴　楠	06A14309	郭鹏鹏	06A14324

省(部、地区)级二等奖

陈炜珩	04013223	张　翔	04013119	于佳阳	04013138
王　涛	06014124	陆亦诚	06114124	汪金泉	06A14311
蒋帅风	61014220	李灵瑄	61014303	邱嘉伟	04013241
刘　艺	16013431	熊利臣	22013112	李一鸣	16014207
刘浩然	61014304	石　丁	61014312	许诗卉	61014309
严　薪	06014319	马祥宇	06314114	华　远	04214732
张一荻	61014201	阎志恒	61014115	刘诚恺	61014113
万富达	61314127	徐茹宁	08014304	赵　佳	61314124
张鹏程	22013228	郑冰清	22013209	段雪薇	22013201
王　益	61013124	茅明明	16013329	邵海雯	16013403
周星宇	06A13513	严客雨	06213602	程天石	16013515
苗爱媛	61014205	徐梓康	11214130	朱名扬	61014218
刘兴成	09014217	徐云逸	04014624	单　硕	08014407
陈　赟	04013409	徐炜鸿	04013413	李泽坤	04014326
易　凤	04014404	李林泽	61014116	刘杨阳	16014124

三十九、“中海达杯”首届江苏省高校测绘地理信息创新创业大赛

省(部、地区)级一等奖

常晓宇	21313123	金俭俭	21313111

省(部、地区)级二等奖

王　茹	21313103	刘凯丽	21B13107	刘玉轩	21513102

四十、第七届全国大学生电子商务“创新、创意及创业”挑战赛江苏赛区选拔赛

省(部、地区)级一等奖

蔡　轩	14614103	曹新蕊	43A13404	韩静静	14613108
张可莹	14114114	陈竑颉	14b14407		

省(部、地区)级二等奖

张晨歆	14114113	安振露	14114111	贺梅晨	14114112
沈昕旸	14114106	叶子逸	14114131	林　凯	14114101
肖　利	14114108	赵　娟	14114107	康安琪	43215304

省(部、地区)级三等奖

侯鹏君	14114124	李　浩	14114123	钱　康	14B14406

田志涛	14115125	张凯亮	14B15127	仇敏桦	05115101
岳滕旭	14115121	王景田	14115119	诸泽宇	14114117
陈吴越	14B14217	朱　茵	14B14329	索传哲	22013230
王梦娇	14B14226	龚健康	71114232	黄锦松	14915126
徐　鹤	03014414	陈　玲	24315102	孙伊宁	01411508
黄鑫晨	71Y14117	成小琴	13115101	沈亦瑶	03015308
李荣桑	02015206				

四十一、第七届华东区大学生CAD应用技能竞赛

省(部、地区)级一等奖

练　强	05114614	蔡洋洋	02015102	董林杰	02014127
吴远德	05315115	张梦斓	01514111	徐伟文	02014110
段竣骆	02015122	李昌远	02014113	牟晨文	01215221
赵天晟	02014112	张嘉智	02014208		

省(部、地区)级二等奖

杨玉昆	02015224	翟　盈	01114211	王学舟	02014227
王世文	02014417	张　强	05114332		

省(部、地区)级三等奖

刘健均	02015219	朱源林	01514101	程子倩	01514113
严文强	02014225				

四十二、第三届江苏省虚拟仪器竞赛

省(部、地区)级一等奖

章　鹏	04014445	索传哲	22013230	孟凡喆	06314106
肖　秦	06A15116				

省(部、地区)级二等奖

李　俊	04015617	章　鹏	04014445	陈隆瑞	14914105
索传哲	22013230				

四十三、第十二届全国大学生“恩智浦”杯智能汽车竞赛华东赛区

省(部、地区)级一等奖

郑鹏程	06A15523	李迎港	08015418	何　海	04015447

蒋光峰 08014315　来萧桐 04014232　张　伟 08015116
沈天宇 04014428　李再涵 06A14107　韩紫婷 08015306
郭嘉诚 04014633　乔文超 04014435　蒋徐颢 61015125
段彦卉 08015107

省(部、地区)级二等奖

位广宇 08015321　张鹏举 04215725　廖晓锋 08015428
武国庆 22015316　林　泉 04015436　高天翔 61013235
史章昆 61115105

四十四、首届卓越大学联盟高校大学生数学竞赛

省(部、地区)级特等奖

程天霁 06A15141

省(部、地区)级一等奖

方　田 02015708　黄健飞 05115602　洪　韬 07114107
崔可泽 04015642

省(部、地区)级二等奖

李星潼 14415221　张敏学 09015128　史云霞 07314106

四十五、第十六届全国大学生机器人大赛 RoboMasters2017(华东赛区)

省(部、地区)级一等奖

段福鑫 02014502　许修祥 61114107　张　森 02015217
倪文辉 02014304　程　健 08015319　洪剑龙 61014221
吴闫明 02014519　高睿昊 09016113　王小彤 61114113
王昭东 22014123　潘　立 02015320　孔德优 02015120
朱　宇 06A15531　贾振宇 02015326　蒋明俊 06A16232
赵　恒 02014316　侯红宇 02014301　唐元博 04014247
雷世英 02014518　董林杰 02014127　牛钰茜 71114102
窦昆鸿 02015408　何东泽 02014529　蔡洋洋 02015102
邹凯杰 02015323　徐亚辉 02015524　张宇哲 02015315
张雁同 02015706　张　琛 16014328　董林滔 08015124
任　波 02014109　陈明惠 02014407　胡斌雁 08015210
江　苏 02014303　马瑞凯 04015644

四十六、第四届江苏省大学生工程训练综合能力竞赛

省(部、地区)级一等奖

江　苏　02014303　　罗俊文　02A14117　　吴闫明　02014519
段福鑫　02014502　　吴名俊　02014509　　李松华　02014525

省(部、地区)级二等奖

吴远德　05315115　　金鼎鑫　06A14436　　宋志豪　05315116
赵子乾　02014530　　赵兴景　02014231　　李金洲　02014330

四十七、2016年江苏省大学生土木工程结构创新竞赛

省(部、地区)级二等奖

周宸宇　05114508　　田　驰　05314129　　罗建文　05514115
褚　汉　05114127　　曾少儒　05114118　　高　慧　05114119

四十八、江苏省首届力学科普知识竞赛和力学应用科普比赛

省(部、地区)级特等奖

孙茜良　05114105　　唐　林　05114303　　邵世轩　05314108
俞　涛　05114502　　刘志超　05114104

省(部、地区)级一等奖

张　竞　05313110　　李雪晨　05313101　　李玉鑫　05313143

省(部、地区)级二等奖

吴远德　05315115　　王雨竹　05314136　　张承文　05314110

四十九、江苏省第五届信息安全技能竞赛

省(部、地区)级二等奖

杨　青　12014125　　肖贻杰　61014119　　徐　诚　02015512
樊悦成　04015316

五十、江苏省高校第十三届大学生物理及实验科技作品创新竞赛

省(部、地区)级二等奖

李乐天　61314116　　张鼎恒　06A14420　　陈尚瑜　43A16223

省(部、地区)级三等奖

于旭晨 10014308	杨　然 10314104	宋晓波 10314106

五十一、第二届江苏省"互联网＋"大学生创新创业大赛

省(部、地区)级一等奖

张　潇 14513224	桑嗣洋 14814121	任　术 13315126
胡　杨 08015139	曾成辉 14613128	邢　唯 24A13216
黄　颖 09013408	张雅婷 14814111	戴　康 02015420
赵　昕 14C13714	齐浩政 04013228	

省(部、地区)级二等奖

郭　蕊 14113115	巩柯含 06113127	马　茜 14B13512
姚　伟 14B13514	杨文彬 06013224	徐子涵 71Y13105
朱　超 04014322	陈阳天 11214220	许成韬 11214217
蔡天一 11214216	汤丽娜 14C14310	吴豪杰 14c14103
冯沛严 11214115	钟集杏 11214201	张　云 10213118
杨雨杭 14113129	邢鹤云 11213217	肖中洲 03213733
周　瑜 14414108		

省(部、地区)级三等奖

刘丹阳 04013212	张　潇 14513224	曹　凡 04013542
曾成辉 14613128		

五十二、第十五届全国大学生机器人大赛

省(部、地区)级二等奖

杨　旭 02014537	周圣皓 02014302	吴闫明 02014519
段雪薇 22013201	鲁林山 06A14121	王超然 08014322
王小彤 61114113	宋雨遥 61113123	王宝柱 02013429
冯嘉伟 03014005	贾振宇 02015326	许修祥 61114107
闵　剑 02013422	金玉龙 61113107	黄文超 08014111
蔡洋洋 02015102	赵芃青 02014228	许国树 02013424
吴宣勇 02013204	宋文清 61013210	唐元博 04014247
张宇哲 02015315	陈葭荣 24A14312	尤文杰 04215710
张　琪 02013416	彭泽坤 02A13421	李嘉鹏 02013601
罗伟强 02014307	黄路遥 09013429	马小松 61015219

王　希　02013607	张朝晖　02015118	

五十三、第六届“浩辰杯”华东区大学生CAD应用技能竞赛

省(部、地区)级一等奖

吴远德　05315115	王嘉城　01112126	李小锐　02013321
林　玮　02013421	丁清源　02013323	郑宏伟　05113501
王　飞　02A13431	孙承栋　02013431	李　晨　02014324
闵　剑　02013422	田志强　02013218	

省(部、地区)级二等奖

胡哲轩　02013114

省(部、地区)级三等奖

段仪嘉　01514129	林宗雄　01112327

五十四、第四届江苏省大学生化学化工实验竞赛

省(部、地区)级一等奖

卢莹炜　19314102	李小恒　19013114

省(部、地区)级二等奖

焦建敏　19314111	张亦弛　19113210	李　新　19213114

五十五、江苏省普通高等学校第十四届高等数学竞赛

省(部、地区)级一等奖

陈　欣　05A16431	刘亚轩　61516321	周逸帆　09016236
于思淏　05A16420	陈　衍　04016415	徐立言　04016618
王田虎　05716105	裘文成　04016613	胡峰铭　04016117
解伟凡　04015141	常　琦　04016410	谭治远　02016126
王锦阳　05316118	鲍金昌　05A16218	吴德广　41116114
董　雍　61516219	张　祺　04016426	季雅惠　61516216
崔艺鸣　04216733	朱鹏程　61516328	杨晨曦　02016611
李子健　04016421	郭　宇　06A16521	许文寒　61516119
吴佳其　04216726	范群群　71116205	袁　瑞　61516416
李　洋　61516230	黄云川　43216126	蒋宇轩　04016616
张泽童　06A16406	薛帅阳　05716102	翟其俊　04016515

杨航源 09016435
杨雨夏 06A16205
顾季麟 04016517
胡 鑫 04016532
李星潼 14415221
金 昊 12016414
焦时雨 10016208
戴 竹 11A16316
章庭瑞 21815129
王福毅 10016116
陆佳华 10016213
霍锦彪 21A16611
陈 健 21715201
李国平 10016108
张明洪 04216730
吕乾韬 11A15222
李国安 10016109
赵恺雍 61516124
李 想 21A16512
李 盼 05716111
陈嘉顺 09016129
孙昊宇 61516218
秦育彬 06A16333
冯 壮 21A16523
杭天恺 08A16411
赵威威 10016221
洪 阳 06A16323
吴德重 02016316

省(部、地区)级二等奖

朱康顺 16016412
夏梦涛 05A16613
王成诚 06A16235
陈睿鑫 21A16525
仲 毅 05A16221
蒋明俊 06A16232
张伟椿 02016206
曹瀚友 16016116
吕嘉鑫 61516222
金惟杰 04016114
张 响 61516323
张徐青 06A16301
宋子星 09016428
徐韩松 06A16314
李 唐 06A16410
强晓宇 04016202
段秋怡 11216103
王 旸 61516221
叶冬萌 16016501
杨 淳 10016218
陈雨铨 04015142
孙颖卓 05716107
王逸飞 03A16327
施飞达 04015145
陈 磊 04016417
范瑞元 08A16418
陈翔宇 04015331
赵仁远 43A16119
章 进 08A16122

省(部、地区)级三等奖

张津铭 04016136
周崇博 05316122
商小雨 09016109
张尉恒 14B16118
罗中畅 21A16628
支新航 05716125
程 赟 05A16314
周逸轩 04016125
郁煜铖 04016514
杨博冲 21A16920
汪江鹏 04016621
赵鑫莹 21B16101
陆春宇 43A16233
李佳滕 05716127
赵 晨 04016604
黄 霓 21A16105
朱宇彤 04016608
徐 斌 21B16120
李 超 19016213

五十六、江苏省首届力学科普知识竞赛和力学应用科普比赛

省(部、地区)级特等奖

俞 涛 05114502
刘志超 05114104
孙茜良 05114105
唐 林 05114303
邵世轩 05314108

省(部、地区)级一等奖

李玉鑫　05313143　　张　竞　05313110　　李雪晨　05313101

省(部、地区)级二等奖

张承文　05314110　　吴远德　05315115　　王雨竹　05314136

五十七、2017年江苏省大学生程序设计大赛

省(部、地区)级一等奖

吴超逸　61516429　　程　威　61014114　　苏　恬　61315105
谈　正　04015129　　顾芯怡　43216417　　朱　鑫　71115134
刘业扬　04016116　　周逸轩　04016125　　熊广为　61516326
杨航源　09016435　　章　鹏　04014445　　戴　竹　11A16316

省(部、地区)级二等奖

施超敏　71115212　　何靖远　04015244　　袁歆雨　71Y15112

五十八、中国制冷空调行业大学生科技竞赛

省(部、地区)级三等奖

江志杰　61114103　　王海鑫　03114624　　段梦凡　03114601

五十九、东南大学第五届本科生工程训练综合能力竞赛【校机教(2016)214号】

省(部、地区)级特等奖

校级一等奖　　段福鑫　02014502　　等3人
校级二等奖　　江　苏　02014303　　等3人
校级三等奖　　吴远德　05315115　　等8人
校级优秀奖　　李嘉鹏　02013601　　等2人

六十、第三届东南大学—中兴通讯卓越大赛【校机教(2016)215号

校级一等奖　　周　莉　04014347　　等3人
校级二等奖　　姜瑛璐　04014607　　等6人
校级三等奖　　张嘉智　02014208　　等9人
校级优秀奖　　王安忆　04014108　　等21人

六十一、东南大学第九届中华赞经典诵读竞赛【校机教(2016)218号】

校级一等奖　　刘佳琦　04015304　　等12人

校级二等奖	曲薏霏	21215125	等 24 人
校级三等奖	李牧狄	05215124	等 63 人
校级优秀奖	丁靖俞	17115302	等 60 人

六十二、东南大学第十三届 RoboCup 机器人竞赛【校机教(2016)219 号】

校级一等奖	胡书铭	22014315	等 13 人
校级二等奖	俞晓涵	12014308	等 32 人
校级三等奖	韦民乐	08015228	等 48 人
校级优秀奖	陆　旭	22014219	等 51 人

六十三、东南大学第五届测绘实践技能竞赛【校机教(2016)220 号】

校级一等奖	董彦锋	21313109	等 4 人
校级二等奖	石一帆	05114207	等 8 人
校级三等奖	刘志超	05114104	等 12 人
校级优秀奖	诸　赛	21115227	等 20 人

六十四、东南大学第十届 PLD 设计竞赛【校机教(2017)11 号】

校级一等奖	李灵瑄	61014303	等 12 人
校级二等奖	蔡洋洋	02015102	等 16 人
校级三等奖	周星宇	06A14125	等 28 人
校级优秀奖	戴闻生	06A14207	等 21 人

六十五、东南大学本科生第七届交通科技竞赛【校机教(2017)14 号】

校级一等奖	罗小康	21A14125	等 10 人
校级二等奖	朱雅婧	21014202	等 18 人
校级三等奖	郑静怡	21714108	等 39 人
校级优秀奖	罗玉洁	21114114	等 38 人

六十六、东南大学第四届工程管理创新、创业与实践竞赛【校机教(2017)44 号】

校级一等奖	谭梓怿	05215223	等 15 人
校级二等奖	叶　涛	05A14326	等 28 人
校级三等奖	李豪珂	05215106	等 35 人

六十七、东南大学第九届节能减排社会实践与科技创新竞赛【校机教(2017)45 号】

校级一等奖	王亚利	12014413	等 12 人
校级二等奖	郭振宇	03015111	等 26 人
校级三等奖	李英嬷	14615116	等 40 人
校级优秀奖	何韫玉	03115603	等 39 人

六十八、东南大学本科生2017年高等数学竞赛【校机教(2017)56号】

校级一等奖	霍锦彪	21A16611	等15人
校级二等奖	胡　鑫	04016532	等30人
校级三等奖	章佳杰	21115102	等86人

六十九、东南大学第十一届大学生智能车竞赛【校机教(2017)57号】

校级一等奖	杨　帆	06A15506	等24人
校级二等奖	张锦阳	21115226	等45人
校级三等奖	王梦涵	16015101	等57人
校级优秀奖	张优优	06A15439	等90人

七十、东南大学第七届本科生创新体验竞赛【校机教(2017)58号】

校级一等奖	周家琪	02016502	等65人
校级二等奖	王瑞阳	02015202	等130人
校级三等奖	寇贵昱	04014226	等187人
校级优秀奖	刘雅艺	13415109	等179人

七十一、东南大学第四届电子商务创新、创意及创业挑战赛【校机教(2017)83号】

校级一等奖	韩静静	14613108	等10人
校级二等奖	沈亦瑶	03015308	等14人
校级优秀奖	王恒泽	14114129	等21人

七十二、东南大学第三届电子装配竞赛【校机教(2017)85号】

校级一等奖	时俊贤	04014147	等7人
校级二等奖	王旭东	16015323	等14人
校级三等奖	陈誉亚	04014045	等22人
校级优秀奖	樊佛莉	22015105	等28人

七十三、东南大学第四届“向经典致敬”诵读竞赛【校机教(2017)98号】

校级一等奖	柯　恬	14B16503	等17人
校级二等奖	田宗哲	16015619	等40人
校级三等奖	林琬婷	13A16101	等55人
校级三等奖	李娅琳	42215201	等77人

七十四、“东南大学第十六届结构创新竞赛”暨“第六届南京高校结构创新邀请赛”【校机教(2017)99号】

校级一等奖	孙　颖	01216106	等114人

校级二等奖	鲍作辉	12015423	等225人
校级三等奖	鲍金昌	05A16218	等342人
校级优秀奖	韦民乐	08015228	等453人

七十五、东南大学第七届大学生CAD技术应用竞赛【校机教(2017)102号】

校级一等奖	张增鑫	01114309	等11人
校级二等奖	朱源林	01514101	等23人
校级三等奖	施天成	01114121	等34人
校级优秀奖	冯秋翼	12016423	等27人

七十六、东南大学2017年第十九届电子设计竞赛【校机教(2017)100号】

校级一等奖	陆亦诚	06114124	等21人
校级二等奖	张滕远	06A15219	等42人
校级三等奖	李文健	08014414	等63人
校级优秀奖	俞彦卿	06215604	等87人

七十七、东南大学第九届力学竞赛【校机教(2017)101号】

校级一等奖	郑柳青	21714117	等15人
校级二等奖	唐　笑	05115608	等26人
校级三等奖	廖利城	02014410	等33人
校级优秀奖	卫沛莹	05315110	等48人

七十八、东南大学第十四届英威腾杯视觉制导机器人竞赛【校机教(2017)103号】

校级一等奖	蓝文溧	11216128	等12人
校级二等奖	黎明汉	22014121	等24人
校级三等奖	杨述焱	22015406	等35人
校级优秀奖	董芳岐	71115328	等45人

七十九、东南大学第十届IEEE标准电脑鼠走迷宫竞赛【校机教(2017)104号】

校级一等奖	胡　权	22015325	等8人
校级二等奖	孙志泉	06014122	等14人
校级三等奖	霍雅超	03015205	等17人
校级优秀奖	苏志刚	06A14222	等23人

八十、东南大学第十五届机械创新设计竞赛【校机教(2017)128号】

校级一等奖	黄　凯	02014406	等10人
校级二等奖	陈楚天	02014523	等15人
校级三等奖	周欣安	02016304	等17人

校级优秀奖	贾乐松	02015616	等 15 人

八十一、东南大学第六届金相技能竞赛【校机教(2017)129 号】

校级一等奖	陈俊宇	12015226	等 3 人
校级二等奖	桂　超	02015727	等 6 人
校级三等奖	吉顺意	02015527	等 9 人
校级优秀奖	高文培	12014429	等 15 人

八十二、东南大学第十届嵌入式系统设计邀请赛【校机教(2017)130 号】

校级一等奖	吴正凡	71114234	等 6 人
校级二等奖	郑　添	06A15132	等 15 人
校级三等奖	赖兴宇	06A15515	等 28 人

八十三、第十一届东南大学数学建模竞赛【校机教(2017)132 号】

校级一等奖	杨　帆	14515208	等 66 人
校级二等奖	杨海誉	04015116	等 117 人

八十四、“华为杯”东南大学第十三届大学生程序设计竞赛【校机教(2017)134 号】

校级一等奖	施超敏	71115212	等 6 人
校级二等奖	刘业扬	04016116	等 10 人
校级三等奖	李朝华	71114220	等 14 人
校级优秀奖	孟　越	71Y15102	等 17 人

八十五、东南大学第十八届大学生课外学术科技作品竞赛【校发(2017)137 号】

校级特等奖	李　坤	22014209	等 4 人
校级一等奖	高君慧	04013404	等 13 人
校级二等奖	范　洁	25015204	等 17 人
校级三等奖	曹梦迪	06013003	等 43 人
校级优秀奖	许成韬	11214217	等 41 人

八十六、2017“校庆杯”东南大学大学生创新创业大赛【校发(2017)284 号】

校级一等奖	应佳玲	14C15410	等 69 人
校级二等奖	肖奕婷	14814104	等 56 人
校级三等奖	赵庆贤	11115133	等 65 人

八十七、2017 年东南大学大学生英语竞赛【校机教(2017)145 号】

校级一等奖	方钱安	04014547	等 20 人
校级二等奖	杨宏英	14815118	等 47 人

校级三等奖	俞柯伊	08015401	等96人

八十八、东南大学第四届“大学生健康素养”竞赛【校机教(2017)146号】

校级一等奖	陈钰桐	43214411	等69人
校级二等奖	顾小琪	42214206	等97人
校级三等奖	俞思诚	04014120	等78人
校级优秀奖	葛子欣	43215108	等67人

八十九、东南大学第九届大学生计算机设计竞赛【校机教(2017)147号】

校级一等奖	王　鑫	71114430	等13人
校级二等奖	方子茹	14415212	等11人
校级三等奖	徐育晖	08015218	等21人
校级优秀奖	焦天齐	09015434	等27人

九十、2017年东南大学第四届大学生物理实验竞赛【校机教(2017)151号】

校级一等奖	涂增源	22016308	等2人
校级二等奖	戴荣时	06A15538	等3人
校级三等奖	齐　琪	11A15105	等3人
校级优秀奖	李吉超	10016119	等6人

九十一、东南大学第十三届本科生物理实验研究论文竞赛【校机教(2017)152号】

校级一等奖	王肖骏	05115623	等5人
校级二等奖	张滕远	06A15219	等12人
校级三等奖	任怡凤	21115105	等17人
校级优秀奖	陈泽坤	04015422	等26人

九十二、东南大学第八届信息安全竞赛【校机教(2017)153号】

校级一等奖	李林泽	61014116	等4人
校级二等奖	丁宁宁	04014149	等8人
校级三等奖	方钱安	04014547	等9人

九十三、东南大学第六届“北斗杯”本科生科技创新大赛【校机教(2017)159号】

校级一等奖	李嘉哲	22014212	等4人
校级二等奖	黄之琛	22015326	等12人
校级三等奖	叶四维	22014415	等16人

九十四、2017年东南大学第九届英语演讲竞赛【校机教(2017)160号】

校级一等奖	唐钰淇	17116317	等2人

校级二等奖	廖笙羽	17116211	等5人
校级三等奖	邹一婋	21A16629	等9人

九十五、东南大学第七届医学生临床技能竞赛

校级一等奖	伏　炎	43A12424	等3人
校级二等奖	时　娟	43212405	等6人
校级三等奖	王　梦	43212411	等9人
校级优秀奖	张田利	43212209	等21人

九十六、东南大学第四届校园艺术创新竞赛

院(系)级一等奖	唐万媛	24A16106	等13人
院(系)级二等奖	王　蕾	24A16222	等29人

九十七、东南大学第二届电气与自动化设计竞赛

院(系)级二等奖	单博航	16014619	等6人

九十八、东南大学第四届短码竞赛

院(系)级一等奖	高雨枫	09014416	等5人
院(系)级二等奖	史凡奇	09014414	等10人

九十九、东南大学第三届云计算应用创新大赛

院(系)级一等奖	陈雄辉	71114223	等3人
院(系)级二等奖	汪进成	71Y14134	等9人

一百、第四届制弓竞赛"反曲层压弓的设计与制作"

院(系)级一等奖	周　毅	21715141	等8人
院(系)级二等奖	姬文宣	02015517	等20人

一百〇一、东南大学第三届制冷空调行业大学生科技竞赛

院(系)级二等奖	李梦欣	03114607	等2人

一百〇二、东南大学第十二届挑战CEO之职上云霄大赛

院(系)级一等奖	赵会一	02015205	等5人
院(系)级二等奖	贺梦娇	07315110	等9人

2017 年度学习优秀生名单

正式学习优秀生名单(共 169 名)

建筑学院(共 6 名)

01114110	刘　星	01214208	黄玲	01213221	刘　艺
01215124	陈乐琳	01515131	陈雪纯	01113411	吕颖洁

机械工程学院(共 6 名)

02015505	姜开中	02015701	李　想	02014112	赵天聂
02014316	赵　恒	02014502	段福鑫	02614131	沙　杰

能源与环境学院(共 6 名)

03014323	陈子聿	03315502	曹尚义	03014404	姚依晨
03115613	陆依然	03114601	段梦凡	03015234	郑　道

信息科学与工程学院(共 11 名)

04015521	黄　洋	04015617	李　俊	04014149	丁宁宁
04015414	李正阳	04015645	曹天旸	04014121	钟捷成
04015115	杨济源	04015427	夏智康	04014428	沈天宇
04015240	桂仁杰	04215709	袁冬宇		

土木工程学院 (共 16 名)

05114502	俞　涛	05114424	杨　乾	05115609	刘常浩
05214203	徐雨晴	05314108	邵世轩	05115623	王肖骏
05214122	马俊伟	05315106	王思瑾	05115601	范健华
05114614	练　强	05215103	康　蕊	05115611	叶啸天
05114407	石　可	05515101	刘晓宇	05115610	卢　毅
05114618	张　颖				

电子科学与工程学院(共 6 名)

06114124	陆亦诚	06014119	钱咨廷	06015124	郑　添
06314106	孟凡喆	06015134	寇梓黎	06015334	朱　宇

数学学院 (共 2 名)

07115135	李彦清	07214102	张　嫱

自动化学院(共4名)

08015116	张　伟	08015202	刁　丽	08015105	肖　婧
08014430	朱毅成				

计算机科学与工程学院、软件学院(共8名)

09015131	郑云川	09014105	杨　阳	71115437	陈一雄
09015319	陈一赫	09015422	陈一鸣	71115112	余泽晨
71Y15123	闫怀宇	71Y14115	陶　冶		

生物科学与医学工程学院(共5名)

11215110	顾　承	11114109	盛蕾益	11115122	缪居正
11115108	张筱萱	26115110	周海函		

材料科学与工程学院(共1名)

12015211	张振兴

人文学院(共3名)

13215115	吴　宇	13315113	徐　俐	13615113	沈知聪

经济管理学院 (共8名)

14314114	张佳蕾	14714101	陈可旺	14614103	蔡　轩
14315103	宋孟璐	14515111	王雪竹	14915103	宋嘉馨
14415221	李星潼	14715103	王冰玉		

电气工程学院(共6名)

16015214	庄文杰	16015312	魏松韬	16015323	王旭东
16015311	孙宇幸	16015607	庄文楠	16014111	孙琦润

外国语学院(共1名)

17115314	单　婧

化学化工学院(共3名)

19115120	孟闻飞	19214102	李　贞	19114204	尹林植

交通学院(共9名)

21014106	刘　培	21015111	周冬秦	21015220	方　周
21514108	李梦瑶	21115111	王云珊	21715201	陈　健

21414103 孟萍萍	21015106 张珺玮	21015102 陈英豪

仪器科学与工程学院(共4名)

22015412 陈望隆	22015325 胡　权	22015402 沈玥伶
22014426 厉　叶		

艺术学院(共2名)

24314205 徐将依	24115107 朱丽罕

法学院(共1名)

25015209 潘豫皖

医学院(共4名)

43113213 马　楠	43115102 王　燕	43814115 付玉琪
43215112 蔡衬衬		

吴健雄学院(共56名)

04014009 徐良缘	09014141 程　威	61314129 徐允昊
16014007 李明昊	04014023 葛荧萌	61314120 郭家琦
06014007 富楚轩	04014017 李迪威	04014042 张　澜
04014016 杜朝明	04014035 李灵瑄	16014008 徐　路
16014009 胡　宇	04014033 张连炜	03014007 周建伟
04014011 张天忆	03014008 周宇昕	02014542 王佳卓
06014009 洪剑龙	06014001 邓金易	61314110 凤　石
04014034 李怡宁	03014010 张宇峰	03014002 江志杰
09014140 陈含璐	03014003 邢天阳	61314116 李乐天
04014041 石　丁	04015032 霍浩淼	61314112 孙　凯
04014007 阎志恒	06015006 牟　星	61314117 黄启圣
04015002 廖晓菲	04015027 李沙志远	61315102 马一凡
04015025 许晨煜	06015007 马翌程	61315103 完晓妍
04015011 夏骋宇	04015010 郭大众	61315105 苏　恬
04015033 黎子建	02015433 史章昆	61315110 邵睿文
04015005 郭轩池	03015005 苗双双	61315123 吕佳峰
04015003 王天仪	03015007 秦宇枭	61315108 姜　宁
06015003 李志昂	61315101 金洁珺	61315111 张天舒
04015015 张　浩	04015019 周爱君	

无锡分校(共1名)

06214601 李楚文

预选学习优秀生名单(共237名)

建筑学院(14名)

01116101 殷子衡	01216205 梁佳宁	01114321 吴则希
01116202 万洪羽	01516109 孙士臻	01114325 刘博伦
01116312 林凯逸	01115302 李淑琪	01214213 吴淑筠
01116110 张卓然	01115304 冉 旭	01514111 张梦斓
01216221 李千川	01115115 赵英豪	

机械工程学院(13名)

02016404 周天寅	0201659 杨 彦	02015616 贾乐松
02016424 王 帅	02016219 徐本烊	02015618 关 晟
02016117 张贺祥	02016301 俞 祎	02015514 张道勋
02016326 秦新宇	02616103 陶沛冉	02016406 薛家龙
02615113 王孟雅		

能源与环境学院(12名)

03015317 熊世明	03116628 席子昂	03016417 张家齐
03015311 朱海军	03316501 张 帆	03016427 彭 铖
03215730 万子仁	03016401 陈美君	03016327 张崇辉
03216708 朱翠翠	03016403 刘祎璇	03016414 李金壘

信息科学与工程学院(12名)

04016642 吴佳其	04016136 张津铭	04016417 陈 磊
04016421 李子健	04016110 房天昊	04016415 陈 衍
04016335 杨宁远	04016534 侯宏卫	04216712 薛 彤
04016515 翟其俊	04016427 林 志	04216728 李子箫

土木工程学院(11名)

05215208 肖子璇	05116610 李 盼	05216209 尚旭妍
05116624 仲 毅	05116625 何 谛	05316122 周崇博
05116312 程 赟	05116630 夏梦涛	05516110 刘哲铭
05116623 刘子航	05216113 李岱枰	

电子科学与工程学院(10 名)

06015127	程天霁	06A16406	张泽童	06A16318	俞祚旭
06115121	宋金凯	06A16333	秦育彬	06A16304	石涵雨
06315128	郑鹏程	06A16301	张徐青	06A16206	徐晨铖
06A16305	汤佳慧				

数学学院(5 名)

07316118	张成长	07116311	沈伟皓	07116127	郑文典
07215115	王志伟	07315126	王盛辉		

自动化学院(6 名)

08016105	程绮颖	08016129	张明辉	08116102	李艺童
08016316	杭天恺	08016135	夏定鹏	08015104	陈　晨

计算机科学与工程学院、软件学院(14 名)

09016236	周逸帆	09016108	张雨季	09015230	李秋霖
09016435	杨航源	09016407	胡黛琳	71115339	肖君彦
09016428	宋子星	09016235	董沛文	71115121	钱昊达
71Y16116	王小丹	71116205	范群群	71116227	姜文玉
71116215	郑　浩	71116125	李煜炜		

物理学院(4 名)

10315102	余婷洁	10316108	王福毅	10115114	李新新
10316119	赵威威				

生物科学与医学工程学院(6 名)

11A16209	罗雨菡	11A16216	许聿达	11216104	谷奕旸
11A16206	孙　青	11216103	段秋怡	26116113	李　根

材料科学与工程学院(8 名)

12015109	叶诗雨	12015305	封媛嘉	12016217	宁尚超
12015201	顾栩涵	12016123	姜柏青	12016106	蒋明玥
12016210	邢俊杰	12016127	詹　科		

人文学院(7 名)

13115106	程心如	13415115	孙文婷	13216120	王　雪
13316120	赵鹏风	13616115	闪佳雯	13216123	余佳璇

13316114 谭雪琪

经济管理学院(17名)

14115105 颜娇娇 14116105 杨宇瑶 14516123 徐 鹏
14215109 马明畅 14216105 孟 圆 14516102 黄思涵
14615123 孙 絮 14316129 李 鑫 14514115 邵涌怡
14815101 戴薛甜 14416108 夏安琪 14416216 程少彤
14616105 陈 婷 14716104 何声凝 14816102 刘心怡
14Y16118 蒋荣鑫 14916115 魏 玮

电气工程学院(4名)

16016516 亓臻康 16016501 叶冬萌 16016612 汪俊东
16016324 蒋奕昕

外国语学院(4名)

17215108 卢灵舢 17116117 许 婕 17116317 唐钰淇
17216112 钟荟娴

化学化工学院(5名)

19215102 周小清 19216122 关贵钰 19216123 林圣球
19315102 贺 唱 19316102 刘韵怡

交通学院(16名)

21215104 严欣彤 21016104 刘芷辰 21016216 孙圣泽
21415106 姚金悦 21016106 雷明月 21016218 汤俊卿
21515107 夏莞茹 21016108 戚心怡 21016206 张陈彧
21815107 徐为驰 21016110 卢瑞颖 21016105 朱菊梅
21716237 赵鑫莹 21016210 刘泽宇 21516120 李亮斌
21016113 张科扬

仪器科学与工程学院(4名)

22016305 熊瑾乐 22016322 孙东杰 22016112 徐呈豪
22016203 吉蕴钰

艺术学院(6名)

24316104 王姝蕴 24316125 方 天 24216111 许洲源
24316208 王婧婕 24215113 徐思佳 24315222 吴文轩

法学院(3 名)

25015112	曲 慧	25016128	张 超	25016116	王 倩

医学院(12 名)

43115223	陆天予	43216204	刘江楠	43A16310	张嘉楠
43215407	汪逸姮	43216113	陆 静	43A16207	蒋 扬
43315105	周 梅	43216112	潘 烨	43A16313	王 珏
43815127	李 壮	43A16224	李建平	43816130	张 玲

公共卫生学院(5 名)

42114111	龚怡静	42215205	俞沁雯	42216117	吕梦茹
42115206	杨 雯	42116207	汪昱彤		

吴健雄学院(39 名)

06015008	罗星恒	61516417	李颖慧	61516308	俞睿智
02015435	郝金祎	61516416	袁 瑞	61516315	杨 逊
61315128	魏庆宇	61516328	朱鹏程	61516319	罗易凡
61516321	刘亚轩	61516414	张秋阳	61516217	易晨扬
61516119	许文寒	61516128	李耕余	61516117	刘天雨
61516221	王 旸	61516125	周啸峰	61516223	程家乐
61516218	孙昊宇	61516110	胡正宇	61516201	马艺玲
61516322	严 格	61516423	洪非凡	61516301	吴冰钰
61516216	季雅惠	61516222	吕嘉鑫	61516105	钱玉蓉
61516324	许瑶坤	61516124	赵恺雍	61516115	郭 昊
61516219	董 雍	61516204	金虹希	61516112	李 岩
61516227	董启飞	61516326	熊广为	61516121	郭一君
61516429	吴超逸	61516419	王琳淞	61516412	项文祥

2018 届本科毕业生免试攻读研究生的推荐名单

建筑学院(39 人)

邱 衎	01113504	薛 原	01113315	袁维婧	01213103
吕颖洁	01113411	詹佳佳	01113408	黄妙琨	01213123
杨一鸣	01113415	胡 蝶	01113410	马俊威	01213218
张 煜	01113402	谢 菲	01113409	陈文君	01213108
庞月婷	01113412	王琳晰	01113203	张程远	01213222

庞志宇	01113319	钱　程	01113118	周海瑶	01213122
陈宇龙	01113506	卢思霏	01113102	彭思伟	01213120
葛永瑞	01113322	王　晨	01113302	伍芳羽	01213210
朱梦然	01113510	吕雅蓓	01113309	侯艺珍	01513115
赵楠楠	01113128	邱　丰	01113321	刘滨钰	01513116
张雅楠	01113303	刘　艺	01213221	戴文翼	01513103
王　玥	01113104	秦　添	01213213	吴　韵	01513114
戴金贝	01113301	李伊格	01213209	胡　樱	01513126

机械工程学院(36人)

江　苏	02014303	黄　凯	02014406	李鑫磊	02014405
段福鑫	02014502	严文强	02014225	廖　阳	02014116
赵　恒	02014316	高　畅	02014401	蒋丰韬	02014528
邹雅琳	02014201	王学舟	02014227	李昌远	02014113
罗俊文	02014108	汪　其	02014423	邹　磊	02014209
陈明惠	02014407	侯红宇	02014301	徐伟文	02014110
何东泽	02014529	张嘉智	02014208	何荣鑫	02014412
李　季	02014517	董林杰	02014127	沙　杰	02614131
赵天晟	02014112	陈　楠	02014210	于新涛	02614114
张祎霖	02014205	赵子乾	02014530	刘力搏	02614115
汤玮韬	02014510	肖梦涵	02014527	袁　维	02614108
赵兴景	02014231	钟　义	02014321	谢梁伟	02614111

能源与环境学院(49人)

陈子聿	03014323	王统伟	03014420	王丽坤	03214717
姚依晨	03014404	徐宏灿	03014127	张庭秀	03214712
王　宇	03014112	金　默	03014215	李　凡	03214706
田康宁	03014316	孟华宁	03014430	汪　维	03214739
陈　克	03014327	田星宇	03014328	陈　功	03214740
曾令超	03014313	叶佳威	03014309	徐玉叶	03214719
刘　超	03014104	许泽玮	03014110	戴　文	03214701
胡华军	03014229	金弘琨	03014426	祝冲之	03214744
杨　震	03014326	黄阳鹏	03014421	薛梦婷	03214707
黄秉坤	03014129	姜牧笛	03014302	崔婷婷	03214716
丁守一	03014114	段梦凡	03114601	靳　爽	03314513
余印振	03014310	李梦欣	03114607	杨　晟	03314520
樊聪慧	03014206	刘浩然	03114618	黄恩和	03314530
陈尚巧	03014204	季建周	03114628	王善普	03314509

牟柯昱	03014108	王海鑫	03114624	孙世超	03314511
孔祥琛	03014329	田植政	03114627	卞若愚	03314523
刘伟珣	03014128				

信息科学与工程学院(47人)

徐希庆	04014335	胡欣毅	04014248	来萧桐	04014232
何伟梁	04014316	赵博阳	04014544	安宁伟	04014115
张婧媛	04014609	方钱安	04014547	李泽坤	04014326
钟捷成	04014121	钟志伟	04014436	班　浩	04014649
邓峰杰	04014343	吴　驰	04014332	李俊杰	04014331
章　鹏	04014445	李安冬	04014244	尹　超	04014348
曹子建	04014336	郑　锐	04014532	周京鹏	04014145
汪佳玮	04014410	易　凤	04014404	肖朝昆	04014520
吉　超	04014447	印　尼	04014313	韩志伟	04014243
陈　臻	04014319	乔文超	04014435	王艺慧	04014303
宛超逸	04014628	张可涵	04014245	吴昊峰	04014124
沈天宇	04014428	任　杰	04014647	赵雅琼	04014406
陈　康	04014150	郝培钧	04014122	周　欢	04014102
张明辉	04014643	陈明正	04014448	韩磊鑫	04014449
张　立	04014502	杨长蓉	04014330	郭嘉诚	04014633
周　睿	04014236	钱宇辉	04014424		

土木工程学院(64人)

张　颖	05114618	王　喆	05114306	马俊伟	05214122
练　强	05114614	吴　睿	05114403	江　畅	05214102
杨　乾	05114424	王志伟	05114205	郁　璐	05214208
李谈词	05114615	沈　鑫	05114514	李　波	05214103
王月峰	05114616	黄　钺	05114227	季　扬	05214205
张宸浩	05114631	钱臻旭	05114601	白　艺	05214108
唐　林	05114303	汪　威	05114506	叶倩雯	05214104
陈　萌	05114415	杨凯文	05114130	邵世轩	05314108
刘舒阳	05114302	梁会琦	05114301	董　梁	05314140
姜　波	05114620	赵程烨	05114404	倪盼睿	05314112
谢思聪	05114611	朱健平	05114516	赵东昊	05314123
潘粮今	05114214	胡炎浩	05114627	巫　頔	05314120
刘志超	05114104	肖韩杰	05114319	李增聪	05314127
周宸宇	05114508	潘亚豪	05114602	张承文	05314110
宋来健	05114133	周　仲	05114305	钟毅杰	05514101

曾少儒	05114118	林　榕	05114518	陈佳枫	05514111
王佳伟	05114606	何祥平	05114201	张昊辰	05514131
蓝旭曌	05114608	林　夏	05114428	刘　芸	05514103
杜　硕	05114405	徐雨晴	05214203	林晓阳	05514118
彭　振	05114103	沈伶佳	05214202	何雪峰	05514109
翟梦超	05114218	朱嘉薇	05214101	罗建文	05514115
严嘉怡	05114304				

电子科学与工程学院(32 人)

董纪莹	06014109	厉俏单	06014305	曹闫鹏	06114129
刘　荟	06014307	宋逸群	06014201	陆亦诚	06114124
吴　楠	06014321	耿杨烨	06014215	陈　欣	06114102
钱咨廷	06014119	唐辛泉	06014205	宋章先	06114118
俞　峰	06014322	申靖轩	06014125	李梦潇	06114104
宣城镇	06014310	邢佳斌	06014128	徐冰倩	06114103
吴成均	06014115	杨　琳	06014306	孟凡喆	06314106
王　涛	06014124	文一峰	06014221	马祥宇	06314114
冯子琛	06014213	刘皓天	06014325	杜怡然	06314104
朱赛娟	06014102	崔静怡	06014105	龚　雪	06314101
潘雨晨	06014222	王运琦	06014112		

数学学院(16 人)

王梓蘅	07114129	卢　添	07114118	安少坤	07314117
洪　韬	07114107	张　嫱	07214102	胡　慧	07314110
张　屹	07114108	刘子旗	07214115	李君兰	07314108
张　焜	07114123	桂新平	07214105	周莲芳	07314105
曹琪琪	07114104	史云霞	07314106	王璐琛	07314109
陈德祥	07114110				

自动化学院(22 人)

朱毅成	08014430	丁哲通	08014108	李自强	08014415
郑　峰	08014427	徐　浩	08014125	陆明琦	08014132
朱　柠	08014429	黄文超	08014111	张晓博	08014329
胡鹏程	08014211	黄亚飞	08014213	单　硕	08014407
庄文林	08014231	刘　静	08014103	邢永陈	08014124
蒋光峰	08014315	于　乐	08014227	李文慧	08014102
王琪善	08014325	孙　豪	08014420	张娜威	08014105
张紫璇	08014406				

计算机科学与工程学院(28人)

王逸然 09014118	陈佳敏 09014223	刘思豪 09014101
王铎 09014222	王昭悦 09014102	黄子尧 09014333
於泽邦 09014427	高雨枫 09014416	魏然 09014221
骆颖 09014203	孙凯 09014321	顾天韵 09014103
杨阳 09014105	仇昭焜 09014235	金玉 09014404
孙新凯 09014325	潘东元 09014231	史凡奇 09014414
刘云鹏 09014314	范文鸿 09014421	武秋韵 09014405
胡雪猛 09014326	郑锜 09014119	赵满 09014125
施公雷 09014418	鲍晓涵 09014104	陈芸丽 09014208
郑思豪 09014323		

软件学院(24人)

吴小宝 71Y14123	杜臻 71114210	徐方进 71114418
江咏涵 71Y14107	陈雄辉 71114223	陈陌信 71114433
王海萍 71Y14106	董传奇 71114414	包莹星 71114343
陶冶 71Y14115	崔颖华 71114202	吴正凡 71114234
高舒雯 71Y14101	刘畅 71114206	吴志翔 71114138
徐犇 71Y14129	牛钰茜 71114102	周彬 71114121
王如梦 71Y14105	兰威 71114132	田大海 71114229
汪进成 71114440	李朝华 71114220	刘迪 71114130

物理学院(7人)

黄逸婧 10114104	彭朝辉 10114121	曹雄辉 10314107
孙慧敏 10114105	涂中豪 10314109	魏永健 10314114
李金钰琳 10114103		

生物科学与医学工程学院(10人)

刘锦 11114107	胡慧怡 11114105	裴聪 26114117
盛蕾益 11114109	杨雪 11314109	支伯川 26114111
冯丹妮 11114108	黄文娣 11314108	张玉洁 26114103
韩书彦 11114113		

材料科学与工程学院(20人)

刘新 12014325	周横一 12014323	潘玮珍 12014202
俞晓涵 12014308	马锦雅 12014203	喻世平 12014124
杨靖娴 12014403	仲雯 12014434	王森 12014316

郭鹏业	12014313	陈　阳	12014213	高　雪	12014105
樊一鸣	12014114	沈奕阳	12014211	谷业含	12014212
古震琦	12014204	尚真真	12014405	周镜茹	12014109
王　菁	12014107	李文卓	12014205		

人文学院(29人)

赵泽丰	13114133	崔玉娇	13214116	瞿蕊晗	13414118
张梦垚	13114126	杨若雨	13214127	刘汝坚	13414133
李林燕	13114110	徐　艳	13214112	何柔桑	13414127
王若茵	13114102	王博文	13214133	黎万峡	13414107
黄雅萱	13114115	李冬梅	13214103	雷　灏	13414126
张睿驰	13114103	洪　琼	13314102	吴健健	13414109
胡辰璐	13114123	张　敏	13314109	陈诗璇	13414116
张阳卉	13214104	吴　颖	13314112	朱兆丰	13614118
郑艳儒	13214126	王　旭	13314107	薛　飞	13614112
张丽芳	13214128	张天阳	13314113		

经济管理学院(61人)

朱　茵	14114109	张　晗	14414203	应鑫豪	14614130
林　凯	14114101	戴静宜	14414223	陈可旺	14714101
郑士捷	14114130	陈佳佳	14414116	杨泽宇	14714117
沈昕旸	14114106	高萍萍	14414216	罗陈斌	14714107
王唤阳	14114119	吕秋月	14414211	李　悦	14714108
谢江涛	14114116	汤丽娜	14514114	许　诺	14814112
张　堃	14214109	葛逸云	14514220	许蒙蒙	14814103
侯泽晗	14214113	翟　玲	14514205	潘思佳	14814101
苏　娅	14214104	邵涌怡	14514115	肖奕婷	14814104
李飏希	14214105	赵美玲	14514216	胡雨林	14814107
段雅丽	14214101	张　月	14514117	杨　艺	14814109
张佳蕾	14314114	姚欣怡	14514202	韩　坤	14814122
卢晓航	14314113	管永梅	14514213	严　晗	14914119
于佳越	14314104	赵燕芳	14514111	文世航	14914115
李　佳	14314102	陈乐乐	14514211	王　赛	14914104
吴康斌	14314111	蔡　轩	14614103	陆　琪	14914106
谭　琴	14314109	刘　莹	14614106	黄振妍	14Y14103
王佳旎	14414213	徐忆谆	14614124	董嘉琪	14Y14111
吉轩帆	14414101	陈　敏	14614102	胡泽敏	14Y14120
任婕妤	14414221	李丹凝	14614108	孔淑云	14Y14105

崔佳慧	14414210				

电气工程学院(33人)

许利通	16014510	王　伟	16014314	陈子琳	16014206
胡子健	16014121	宁新福	16014615	刘伟成	16014125
吴　政	16014210	程　煜	16014120	袁　泉	16014402
郭昆健	16014320	夏　雪	16014629	石旭江	16014606
桑林卫	16014217	王洪儒	16014329	刘之涵	16014224
刘杨阳	16014124	庄雨轩	16014327	黄　博	16014312
陈逸涵	16014205	李一鸣	16014207	虞　悦	16014429
张　琛	16014328	冷钊莹	16014529	詹若培	16014109
孙琦润	16014111	徐　阳	16014229	温从剑	16014408
邹风华	16014106	蔡星浦	16014321	梅叶依	16014530
张津栋	16014612	张瑞曦	16014209	蔡　浩	16014318

外国语学院(14人)

张楚悦	17114114	夏佳雨	17114215	许樱凡	17214210
谈　昕	17114213	张天琦	17214116	于敏坤	17214115
姜国霞	17114209	杜中梅	17214104	钱　蔚	17214108
杨晓蕾	17114212	陶子婧	17214212	韦伊宁	17214112
郭倩茹	17114105	沈诣成	17214209		

化学化工学院(15人)

潘　强	19114220	李先河	19114216	李　贞	19214102
马榕蔚	19114103	黄芳芳	19114101	房　地	19314116
林芝晔	19114202	万　祎	19114116	焦建敏	19314111
尹林植	19114204	刘雪萍	19114105	韩　策	19314108
刘志博	19114201	潘梦梦	19214104	卢莹炜	19314102

交通学院(74人)

刘　培	21014106	李佳佳	21214109	张　愉	21014216
郑姝婕	21014103	赖　佳	21214112	马柏杨	21014214
王　楠	21014102	朋子涵	21314117	任隽丰	21014205
史　科	21014107	刘永胜	21314107	杨子晔	21014201
罗小康	21014110	孙璞玉	21314108	姜嘉玲	21014203
部静华	21014108	李晨玉	21314102	王锦亮	21014204
袁　钰	21014114	孟萍萍	21414103	李　爽	21014217
郑永涛	21014120	范　成	21414123	李树伟	21014206

姜晓辉　21014118
全民圣　21014116
周亚倩　21114201
张婧钰　21114111
陈俊兰　21114206
吴子馨　21114207
李　婷　21114108
朱　彤　21114220
杨袖陵　21114107
郭昊旻　21114215
罗玉洁　21114114
杨雪梅　21114209
强　禹　21114204
谢欣欣　21214101
徐铭蔚　21214104
游茹冰　21214103
任　萍　21214113
涂俊星　21414120
李明轩　21414110
郭美婷　21414104
孙德平　21414114
李梦瑶　21514108
曲俊蓉　21514101
陆　欣　21514107
陈　博　21514115
覃忠余　21714140
黄　怡　21714101
牛传同　21714105
朱　雨　21714116
吴曾晗　21714221
严佳玉　21714211
乐琪琦　21714210
刘佳玲　21714209
郑静怡　21714108
董　理　21014218
顾冠男　21014210
朱雅婧　21014202
胡浩辰　21014219
朱志远　21014211
李树仁　21014208
丁子健　21014207
王锋锋　21014212
汪　锐　21014215
李　燚　21814113
李星圻　21814129
鲁泰山　21814114
孟　嘉　21814132
李秋实　21814110
李　凯　21814109
吴德忠　21814101

仪器科学与工程学院(17)

邵斌澄　22014425
厉　叶　22014426
郭雨辰　22014301
李　坤　22014209
王昭东　22014123
胡山山　22014322
尚　昊　22014118
陆　旭　22014219
高　烨　22014305
王子静　22014111
高　菊　22014106
胡书铭　22014315
杨历凡　22014316
刘启汉　22014318
李宇杰　22014224
余伟杰　22014321
卢世昕　22014326

艺术学院(9人)

杨格格　24114108
王雪苗　24114107
徐将依　24314205
段雨欣　24314110
焦　娇　24314114
金　琪　24314208
瞿　莹　24314211
胡熙苑　24314116
杨舒婷　24314105

法学院(11人)

丁金钰　25014225
金　婷　25014112
陈　璟　25014103
掌博文　25014230
华梓成　25014127
黄文青　25014109
李诗雯　25014113
朱竹露　25014223
丁心叶　25014105
沈童非　25014116
谢京桐　25014119

医学院(35 人)

魏姝瑾	41114106	董兵	43113331	赵立丁	43113222
李洋	41114115	王萍	43113117	于谦	43313127
吴晴歌	41114108	幸琳	43113215	赵珏	43313113
杨哲	41114125	邱寒	43113316	谢雁蓉	43313110
蒋昕钰	41114111	杭程程	43113231	陈琪	43313108
马楠	43113213	朱凯莉	43113307	雍千叶	43313105
马梦怀	43113327	谭莹	43113301	张弘毅	43313128
马安然	43113214	王皓飞	43113329	马梦吟	43414109
李思琪	43113318	喻曦子	43113113	邸凯莉	43414107
滕莉红	43113306	丁照莹	43113315	陈正飞	43514108
徐梦游	43113106	吉晓凤	43113305	周冰莹	43514107
王中旺	43113330	郭悦彤	43113114		

公共卫生学院(15 人)

林晨昊	42113221	高翔宇	42113224	龚雪	42214108
陈剑双	42113210	钱依宁	42113108	王祖煜	42214111
施乃扬	42113209	张虎	42113223	史越	42214107
李佳琳	42113208	任怡	42113207	王杨	42214208
岳青青	42113215	朱佳倩	42113201	刘佳檬	42214112

吴健雄学院(53 人)

李明昊	16014007	杨孟儒	04014022	黄启圣	61314117
李怡宁	04014034	胡宇	16014009	孙凯	61314112
李灵瑄	04014035	陈萌	11114122	徐允昊	61314129
邓金易	06014001	朱名扬	04014026	方祖琦	61314122
洪剑龙	06014009	李依凡	16014004	李乐天	61314116
葛荧萌	04014023	徐路	16014008	郭家琦	61314120
李林泽	04014008	聂韵致	04014037	万富达	61314127
徐良缘	04014009	印航	04014039	赵佳	61314124
张一荻	04014019	姚丽	04014004	周昕童	61314128
陈晨	16014001	蒋心造	04014012	陈哲恒	61314125
张连炜	04014033	周宇昕	03014008	戴昀琦	61314102
杜朝明	04014016	刘家铭	03014012	唐晓荷	61314101
张天忆	04014011	殷琦	03014001	孙榛	61314126
李迪威	04014017	郑毅	03014013	刘天远	61314109
石丁	04014041	张宇峰	03014010	闫雪晗	61314107

阎志恒 04014007	冯嘉伟 03014005	刘雪骢61314130
刘诚恺 16014002	王佳卓 02014542	张紫菡61314104
田慕阳 06014004	周晨光 02014536	

无锡分校(8 人)

刘 祺 04214719	周苗苗 04214739	包雅孟 04214708
华 远 04214732	裔 成 04214721	李楚文 06214601
王海卜 04214733	惠鸿儒 04214731	

2013 级七年制生物医学工程专业本硕连读学生名单

序号	本科学号	姓名	导师姓名
1	11213101	曹熠炜	何思渊
2	11213102	王 楚	王 婷
3	11213103	孙 炜	吴富根
4	11213104	姜翰凝	黄宁平
5	11213105	陈嘉伦	谢卓颖
6	11213106	何明杰	周 平
7	11213107	应潇挺	赵兴群
8	11213108	陶宇涵	涂 景
9	11213109	张少华	谢建明
10	11213110	胡高宁	何思渊
11	11213111	苏 振	刘全俊
12	11213112	王凯旋	张 宇
13	11213113	郑镠铮	刘 宏
14	11213115	赵海桐	罗守华
15	11213116	陈东暄	汪 丰
16	11213117	张静逸	黄宁平
17	11213118	张 运	何思渊
18	11213119	邹旻含	赵远锦
19	11213120	孙灵钰	赵远锦
20	11213121	陈 怡	张 宇
21	11213122	王月桐	戎 非
22	11213124	沈 睿	万遂人

（续 表）

序号	本科学号	姓名	导师姓名
23	11213126	石 茜	孙剑飞
24	11213127	黄梦婷	肖鹏峰
25	11213128	朱家慧	李敏俐
26	11213129	杨雅乐	何农跃
27	11213130	王婉莹	熊 非
28	11213131	汤俊贤	汪 丰
29	11213202	李一鑫	陆祖宏
30	11213203	刘凌泽	陈 强
31	11213205	水恒涛	李志勇
32	11213206	蔡维嘉	周 平
33	11213207	殷豪景	陈 怡
34	11213211	向国瑞	吉 民
35	11213212	王 军	王进科
36	11213213	闪紫阳	顾忠泽
37	11213214	唐 健	杨 芳
38	11213215	王歆悦	熊 非
39	11213217	邢鹤云	顾 宁
40	11213218	刘雨桐	陆祖宏
41	11213221	徐 颖	刘全俊
42	11213222	胡雪琪	姜 晖
43	11213223	蔡怡然	刘宏德
44	11213224	孙文华	韩晓锋
45	11213225	于晓程	何农跃
46	11213226	程晓彤	吴富根
47	11213228	郭芳蕾	谢卓颖
48	11213229	张明坤	徐 华

2012级七年制临床医学专业本硕连读学生名单

序号	本科学号	姓名	导师姓名
1	43212101	翟修文	刘志红
2	43212102	刘红丽	杨永峰
3	43212109	祁　靓	李　玲
4	43212111	童文雨	钱晓萍
5	43212120	周洋洋	邱　勇
6	43212124	于之源	诸葛宇征
7	43212125	康子一	佘万东
8	43212201	赵喜迎	熊　猛
9	43212206	唐雨莹	邱海波
10	43212207	王　倩	袁斯明
11	43212210	唐　琪	王西华
12	43212212	胡昕滢	栾　洁
13	43212213	徐文文	张海军
14	43212215	刘瑷瑜	谢春明
15	43212223	卓华威	汤文浩
16	43212224	王　柯	熊　猛
17	43212311	刘　莹	林　勇
18	43212405	时　娟	刘　琳
19	43212425	刘智鹏	徐庆祥
20	43212103	沈尤婧	邱晓东
21	43212104	杨玉涵	彭丹红
22	43212105	徐　倩	栾　洁
23	43212106	宋志颖	陈宝安
24	43212107	张亚菲	杨建军
25	43212108	王　芳	顾晓萍
26	43212110	杨　璐	刘　琳
27	43212113	蔺　蒙	欧希龙
28	43212115	杜紫薇	孙子林
29	43212116	胡嘉滢	袁勇贵

（续 表）

序号	本科学号	姓名	导师姓名
30	43212117	冯　娴	张志珺
31	43212118	苏荣彬	陆　军
32	43212119	蒋桂亚	陈恕求
33	43212121	赵庆有	马根山
34	43212122	李学祺	朱晓莉
35	43212126	钟明道	王运涛
36	43212127	王亦杨	吴小涛
37	43212128	刘　赢	石　欣
38	43212202	高　晔	张志珺
39	43212203	周佳琰	于　红
40	43212204	孙　宸	孙凌云
41	43212205	王雅丽	许　斌
42	43212208	朱月赟	张亚男
43	43212209	张田利	宋　勇
44	43212211	华　欣	朱晓莉
45	43212214	邱　钰	施瑞华
46	43212216	李　晓	施瑞华
47	43212217	吴　丹	曾彩虹
48	43212218	甄朋浩	童嘉毅
49	43212221	杨超虎	施瑞华
50	43212222	李基建	王　飞
51	43212225	王德辉	吴小涛
52	43212226	张飞飞	郭宏骞
53	43212228	孟敬军	智　宏
54	43212229	庄　俊	汤成春
55	43212301	石　秀	谭　谦
56	43212303	陈　澄	王　尧
57	43212304	王雪莹	黄振平
58	43212305	高丽君	冯文焕
59	43212306	陈　静	邵加庆
60	43212308	赵怡欣	姚永忠

(续　表)

序号	本科学号	姓名	导师姓名
61	43212309	潘思杰	于　红
62	43212310	陈　瑾	闫福岭
63	43212312	杨　子	于　红
64	43212313	周　诗	张海军
65	43212314	曾　欣	桑　红
66	43212315	李忆昆	沈山梅
67	43212316	王菲凡	彭丹红
68	43212318	李国成	彭丹红
69	43212319	蔡浩荻	刘新峰
70	43212320	牛文浩	王汉东
71	43212321	潘高健	贾瑞鹏
72	43212322	谢睿扬	陈　明
73	43212323	谢　添	芮云峰
74	43212325	李煌殊	陈　鑫
75	43212326	张　威	张古田
76	43212327	刘国臻	王运涛
77	43212328	杜　泉	陈　明
78	43212401	张　静	陈宝安
79	43212402	孙园园	孙喜太
80	43212403	汤海霞	汤成春
81	43212404	谢蓉蓉	杨　毅
82	43212407	苏榆婷	谢春明
83	43212408	靳诗颖	王　飞
84	43212409	卢晨雪	谢春明
85	43212410	胡笑男	栾　洁
86	43212411	王　梦	陈宝安
87	43212412	吴　顺	乔立兴
88	43212413	翁美玲	陈　洪
89	43212414	杨　丹	徐　运
90	43212415	吕　妍	张海军
91	43212417	王希涛	韩从辉

（续 表）

序号	本科学号	姓名	导师姓名
92	43212418	徐野夫	吴小涛
93	43212419	郭炅承	汤成春
94	43212420	姜曙宇	陈　洪
95	43212421	马　骁	张亚男
96	43212422	吉群祥	石　欣
97	43212423	查俊豪	郭金和
98	43212426	张　和	李维勤
99	43212429	王　浩	郭金和

2016 年江苏省优秀本科毕业设计(论文)获奖名单

序号	学院	毕业设计(论文)题目	学生姓名	指导教师姓名	奖项
1	机械学院	转向轴承下珠碗自动上料系统设计研究	陈远志	韩　良	一等奖
2	自动化学院	DC-AC 逆变器系统基于高阶滑模观测器的抗干扰控制	戴　忱	杨　俊	一等奖
3	土木工程学院	城市轨道交通 PPP 项目 VFM 定性评价研究	吴洪樾	杜　静	一等奖
4	交通学院	城市交通管理与控制	吕　方	过秀成	一等奖
5	人文学院	城市社区公共服务评估主体的选择困境与出路——基于南京A社区和B社区的实证研究	吴秋怡	季玉群	一等奖
6	仪器学院	基于 FPGA 和 DSP 的 GPS/北斗软件接收机设计	闫　晰	陈熙源	一等奖
7	信息学院	基于通用处理器架构的高效极化码算法与实现研究	申怡飞	张　川	一等奖
8	交通学院	基于微观测试技术的沥青材料抗水损性能研究	姚泽恒	杨　军	一等奖
9	信息学院	面向 5G 无线通信的 SCMA 算法与实现研究	杨　超	张　川	一等奖

（续　表）

序号	学院	毕业设计(论文)题目	学生姓名	指导教师姓名	奖项
10	电气学院	应用于混合动力汽车的双转子电机运动控制研究	文宏辉	程　明	一等奖
11	建筑学院	德国宽创展览展示公司总部办公楼设计	何若晖	张　彧、宋照青	二等奖
12	信息学院	Ku 波段镜像抑制上变频器的研究	陈　岩	周健义	二等奖
13	经管学院	MMFE 价格预测机制下大宗商品采购策略研究	王　杰	薛巍立	二等奖
14	电子学院	基于 RNN 的图像文本映射	姜程程	张　雄	二等奖
15	电子学院	基于安卓系统的电容触摸屏多种触摸源识别技术研究	朱麒文	汤勇明	二等奖
16	土木学院	软土地区板柱结构地铁车站的地震响应分析	李　雪	陶　津	二等奖
17	生医学院	水热法制备具有抗菌及细菌筛选能力的新型碳点	高　歌	吴富根	二等奖
18	物理系	BCS 型和 BEC 型超流的热基态及其研究	黄子文	郭　昊	三等奖
19	公卫学院	青年学生性健康教育模式及可行性研究	洪　翔	王　蓓	三等奖
20	材料学院	燃料电池用高稳定性 PtCu 催化剂的制备与性能优化	崔志强	曾宇乔	三等奖
21	建筑学院	传统界域·现代生活——西安城墙沿线地段更新发展规划	吴泽宇、金探花、米雪、廖航、王孛丽、谢相怡	吴晓、巢耀明、殷铭	团队优秀毕业设计(论文)
22	建筑学院	基于历史遗迹保护再利用的城市更新设计研究——深圳二线关沿线结构织补与空间弥合规划设计研究	孙世浩、刘巧、罗文博、唐松、李鸿渐、杨天民、卓可凡、章骁、唐蓉、乔炯辰、吴昌亮、管睿	张彤、李飚、夏兵、朱渊	团队优秀毕业设计(论文)
23	建筑学院	苏南农村生态养生型农房与院落设计与建造	祖丰楠、应媛、赵烁、丁园白、吴舒、刘精蓉	张宏、李向锋、闵鹤群、张弦、傅秀章、周欣	团队优秀毕业设计(论文)

2017 届校级优秀毕业设计(论文)名单

序号	学院	学号	姓名	毕业设计(论文)题目	指导教师
1	建筑学院	01112219	张亦然	都江堰城市形态研究及总体城市设计—6	冷嘉伟
2	建筑学院	01112232	钱志达	新型太阳能房屋系统设计与建造——SDC2017 国际竞赛—2	张　弦
3	建筑学院	01112323	陈欣涛	重温铁西——城市基因的再编与活化	朱　渊
4	建筑学院	01212112	丁金铭	城市规划六校联合毕业设计(天津课题)4	吴　晓
5	建筑学院	01212149	陈鹏举	都江堰城市形态研究及总体城市设计—3	鲍　莉
6	建筑学院	01512122	赵逸龙	南京花卉博览园规划设计—3	成玉宁
7	机械工程学院	02013236	仇　索	差速转向四轮巡检机器人设计	钱瑞明
8	机械工程学院	02013319	王　飞	基于最大相关峭度解卷积的滚动轴承微弱故障诊断方法研究	贾民平
9	机械工程学院	02013424	许国树	双足机器人步态研究	陈敏华
10	机械工程学院	02013526	乔优优	基于 arduino 的智能家居控制系统交互界面设计研究	吴闻宇
11	机械工程学院	02013602	李　洋	单驱动双足步行机器人结构设计	田梦倩
12	机械工程学院	02013625	李陈陈	多节 18650 锂电芯组合结构的设计与散热分析	李　晓
13	机械工程学院	02013628	刘　洋	两足步行机器人腿部机构设计	罗　翔
14	能源与环境学院	03013012	高　峥	660MW 二次再热机组再热汽温控制系统设计与仿真	吕剑虹
15	能源与环境学院	03013227	胡启龙	基于有限元的输电塔——线体系动力特性研究	杨建刚
16	能源与环境学院	03013306	谭美秀	超临界二氧化碳燃煤锅炉的概念设计	钟文琪
17	能源与环境学院	03113615	陈博闻	一种低位热驱动的吸收式热湿独立处理空调装置设计与分析	殷勇高
18	能源与环境学院	03113622	徐新懿	考虑粒子形态的纳米流体导热系数模型研究	杨　柳

（续　表）

序号	学院	学号	姓名	毕业设计(论文)题目	指导教师
19	能源与环境学院	03213738	高　磊	市政污泥生物裂解脱水效能与菌剂制备研究	余　冉
20	能源与环境学院	03313526	杨　清	海上核动力反应堆堆芯热工水力特性研究	杨建明
21	信息科学与工程学院	04013008	孙宇涵	毫米波大规模MIMO系统中的模拟波束成形设计	戚晨皓
22	信息科学与工程学院	04013016	马文焱	毫米波大规模MIMO系统的信道估计方法研究	戚晨皓
23	信息科学与工程学院	04013022	贺陈锴	高性能调频连续波信号源设计	王文博
24	信息科学与工程学院	04013220	陈柏霖	超窄脉冲发生器设计	黄风义
25	信息科学与工程学院	04013237	宋　睿	移动智能终端传感器监测的用户敏感数据安全研究	宋宇波
26	信息科学与工程学院	04013312	李　杨	反无人机毫米波雷达关键技术研究与验证	黄永明
27	信息科学与工程学院	04013409	陈　赟	基于Q—学习和回声状态网络的骑行旅游路线规划	杨绿溪
28	信息科学与工程学院	04013413	徐炜鸿	基于硬件加速的卷积神经网络实现研究	张　川
29	信息科学与工程学院	04013441	孔令恺	基于多载波的可见光通信关键技术研究	吴　亮
30	信息科学与工程学院	04013527	景树森	5G移动通信高效联合检测与译码研究	张　川
31	土木工程学院	05113205	顾悦言	南京禄口中学1#综合楼结构设计	舒赣平
32	土木工程学院	05113321	张俊平	南京NO.2016G52地块项目8号楼结构设计	邱洪兴
33	土木工程学院	05113419	潘　杰	浦口区江浦街道6号地块保障房项目二期(PC建筑人才公寓)预制混凝土框架结构设计	郭正兴
34	土木工程学院	05113526	薛　源	南京地铁中保站西段基坑支护设计	穆保岗
35	土木工程学院	05113603	方　超	南京市江宁开发区正欣和大厦主楼结构设计	吴　刚
36	土木工程学院	05113630	孟　畅	礼嘉嘉陵江大桥船撞非线性动力响应及防撞措施研究	刘　钊

（续 表）

序号	学院	学号	姓名	毕业设计(论文)题目	指导教师
37	土木工程学院	05213202	姚舒阳	居住环境风险源对住房价值的影响效应研究	袁竞峰
38	土木工程学院	05313123	冯　晶	无人机图像跟踪技术及其拉索表面损伤检测研究	何小元
39	土木工程学院	05513113	朱国元	广东省鹤山市第二水厂扩建工程设计	谈超群
40	电子科学与工程学院	06013012	孙　彧	基于微环谐振器的集成化波束控制网络设计	胡国华
41	电子科学与工程学院	06013112	顾　博	低电压电荷泵设计	陈　超
42	电子科学与工程学院	06013119	任佩旭	基于 SLA 的心肌组织培养及力学传感芯片的研制	朱　真
43	电子科学与工程学院	06013238	李　帆	电荷陷阱型非易失性存储器研究	黄晓东
44	电子科学与工程学院	06013317	田倍通	基于电阻抗谱的线虫检测机制研究	朱　真
45	数学系	07113111	尹海安	分布式传感器网络的信息估计与融合问题研究	温广辉
46	数学系	07213107	王旭平	非局部边界条件的微分方程的有限差分方法研究	孙志忠
47	自动化学院	08013218	卢长胜	PCB 视觉检测中圆形特征识别方法	夏思宇
48	自动化学院	08013223	宋正强	分布式智能电网能量路由器设计与实现	包金明
49	自动化学院	08013328	王子峣	基于惯性传感器的动作实时捕捉及应用	张金霞
50	自动化学院	08013435	赵　伟	基于视觉里程计和场景识别的可穿戴式传感器室外定位软件开发	钱　堃
51	计算机科学与工程学院	09013140	王文宇	本体匹配调谐的实证研究	汪　鹏
52	计算机科学与工程学院	09013207	张柯嘉	基于刚体动力学的物理仿真引擎研究	王世杰
53	计算机科学与工程学院	09013335	俞豪敏	智能文本朗读应用服务开发	沈傲东

(续　表)

序号	学院	学号	姓名	毕业设计(论文)题目	指导教师
54	计算机科学与工程学院	09013430	任杰文	雾霾条件下拍摄图像的增强算法研究	鲍旭东
55	信息科学与工程学院	10213120	刘志鑫	复杂结构的人工表面等离激元电磁特性研究	汤文轩
56	物理系	10213127	李明泽	回音壁模式微腔光场和局域表面等离激元的共振耦合机理研究	邱　腾
57	生物科学与医学工程学院	11113123	万逸铭	利用人源 AGO 蛋白片段进行基因组 DNA 定点靶向的研究	肖忠党
58	生物科学与医学工程学院	11213103	孙　炜	高光热转化率碳纳米颗粒的制备及其在肿瘤光热治疗中的应用	吴富根
59	生物科学与医学工程学院	11213214	唐　健	PSMA 靶向纳米微气泡的制备研究	杨　芳
60	材料科学与工程学院	12013113	潘　浩	UHPC 胶凝体系水化程度的表征及其对力学性能的影响	刘加平
61	材料科学与工程学院	12013302	胡梦丹	纳米结构表面润湿性能的模拟研究	朱鸣芳
62	材料科学与工程学院	12013304	熊桑琪	显微组织对镁合金降解性能的影响	白　晶
63	人文学院	13113123	严珊珊	绿色发展视域下江苏环保类网络舆情的实证分析与治理路径研究	杨　煜
64	人文学院	13213110	唐佳奇	阴阳界限：房屋作为媒介的秩序隐喻——以无锡地区祝飨仪式为例	胡　伟
65	人文学院	13413126	许彧澜	蒋捷词"老境"论	白朝晖
66	人文学院	13613110	王蒙蒙	从身体到表达——身体图式及其深度	尹　洁
67	经济管理学院	14913114	利嘉恒	基于网络模型的银行挤兑风险研究	李守伟
68	经济管理学院	14113109	马思佳	不同回收模式下考虑碳约束的制造/再制造生产决策优化研究	陈伟达
69	经济管理学院	14213106	王翠翠	贸易开放是否导致了地区差距的扩大？——基于夜间灯光数据的研究	刘修岩
70	经济管理学院	14313114	李会杰	团队中的共享领导与创造力的关系研究	吕鸿江
71	经济管理学院	14413110	石　慧	政府会计评价信息衍生治理效应的国家治理功能实现机理研究	陈志斌

（续　表）

序号	学院	学号	姓名	毕业设计(论文)题目	指导教师
72	经济管理学院	14513116	潘文青	中国保险行业存在泡沫吗？——基于GSADF检验的股票市场最新证据(2007—2016)	张　颖
73	经济管理学院	14513125	仝甜甜	基于大数据的公益众筹平台信任机制研究	杨　勇
74	经济管理学院	14613103	蔡　晓	“新常态”下污染物源头控制模式对我国雾霾防治的效应研究	徐盈之
75	经济管理学院	14713101	曾　悦	B2C购物平台的客户体验构成要素研究	武　忠
76	经济管理学院	14813108	李瑞琪	基于车流量的城市交通信号灯配时方案研究——以东南大学九龙湖校区东门为例	李四杰
77	经济管理学院	14Y13104	邓荣霞	一带一路国家知识产权保护对中国OFDI的影响及实证研究	邱　斌
78	电气工程学院	16013005	吴旭东	混合动力汽车用双三相定子12槽/转子11极磁通切换永磁电机的分析与设计	张　淦
79	电气工程学院	16013306	陆　迪	风电不确定性对风机失稳影响机理研究	陆于平
80	电气工程学院	16013315	王　彪	五相逆变器双三相永磁同步电机直接转矩控制方法研究	王　伟
81	电气工程学院	16013603	徐　筝	智能需求响应对配电网负荷系数的影响研究	汤　奕
82	外国语学院	17113103	潘佳惠	媒介化生存管窥——探析《黑镜》中的科技黑化与人格异化 ALookatScreen－saturatedLife － TheRepresentationofBlackTechnologyandAlienationinBlackMirror	张静宁
83	外国语学院	17113111	张　晨	欧内斯特·费诺罗萨笔下的近代远东	吴兰香
84	外国语学院	17213211	高　岑	日本少子化社会における保育園待機児童問題に関する研究	宋善花
85	化学化工学院	19113110	梁　爽	负载型复合金属氧化物光催化剂的制备及性能研究	周钰明
86	化学化工学院	19213102	丁　婷	自旋交叉——上转化纳米复合物的制备及性能研究	罗洋辉
87	交通学院	21013103	赵鑫玮	旅游景区内部行人交通特性与仿真评价方法	过秀成

(续　表)

序号	学院	学号	姓名	毕业设计(论文)题目	指导教师
88	交通学院	21013114	姚东成	交通流微观数值仿真平台设计	王　昊
89	交通学院	21213131	吴冠鹤	基于视频轨迹拟合的混合式主线收费站交通冲突特性分析	何　杰
90	交通学院	21313104	康晋洁	道路通行障碍物遥感检测与定位方法研究	戚浩平
91	交通学院	21413107	马梦頔	海口人工岛工程海洋水文计算及分析	徐宿东
92	交通学院	21513121	易新宇	城市路边停车管理系统研究	蔡先华
93	交通学院	21713205	单彧诗	三塔钢结构斜拉桥成桥结构计算与分析	黄　侨
94	交通学院	21713229	邓涵宇	路面裂缝的图像识别与处理技术研究	顾兴宇
95	交通学院	21713241	汤钧尧	季节性浸水路基当量回弹模量确定方法	廖公云
96	交通学院	21813139	马盛南	两级加筋土挡墙设计与工作性状监测分析	章定文
97	仪器科学与工程学院	22013307	胡素芸	人机交互的力觉临场感技术研究	宋爱国
98	仪器科学与工程学院	22013424	李　钒	基于深度学习的脑图像计算分析方法研究和实现	祝燕华
99	仪器科学与工程学院	22013430	秦　阳	基于生成对抗网络的人体运动仿真	莫凌飞
100	艺术学院	24313116	刘　巍	智慧城市平衡车开发设计	崔天剑
101	艺术学院	24313207	仲嘉茜	PIONEER 秸秆热解制油车设计	李永春
102	法学院	25013119	吴　茜	涉外家庭关系法律适用中有利于弱者的冲突规范研究	戴庆康
103	法学院	25013229	杨宇航	著作权侵权判定模式研究	徐珉川
104	学习科学研究中心	26113105	李梦怡	科学问题解决时不同认知反应的脑电研究	朱艳梅
105	无锡分校	04213722	龚敏翔	一种具有 PVT 稳定性的宽频带压控 CMOS 振荡器设计	吴　金
106	无锡分校	04213730	徐孟晖	面向物联网应用的极化码随机译码研究	张　川
107	公共卫生学院	42112118	杨辉军	炎症因子与心血管病关联的孟德尔随机化研究	王莉娜
108	公共卫生学院	42213102	徐梓萌	我国存在健康移民效应吗?	马　超
109	吴健雄学院	61313103	薛　烨	5G 移动通信大规模 MIMO 检测算法与实现研究	张　川

（续　表）

序号	学院	学号	姓名	毕业设计(论文)题目	指导教师
110	吴健雄学院	61313117	熊剑文	基于数据挖掘技术的公共自行车接驳轨道交通出行特性研究	季彦婕
111	计算机科学与工程学院	71113125	林天乙	基于多元异构文档的文本分类技术研究	徐立臻
112	计算机科学与工程学院	71113221	肖　通	网络故障管理集成平台的设计与实现	龚　俭
113	计算机科学与工程学院	71113223	杨运韬	多社交网络重叠用户标签挖掘及可视化	曹玖新
114	计算机科学与工程学院	71113310	张琪琪	多 Agent 追逃问题中信息误差对追捕策略的影响研究	蒋嶷川
115	医学院	41113119	王子瑜	Foxg1 在皮质 CFuPN 和 CPN 投射神经元亚型特化中的作用研究	赵春杰

2016—2017 学年三好研究生、优秀研究生干部、单项奖和先进班集体名单

2016—2017 学年三好研究生

建筑学院(45 人)

150002　常　成　　150010　练玲玲　　150011　刘海芊
150021　汪　睿　　150031　张　濛　　150039　顾　鹏
150041　江　琪　　150057　王　笑　　150062　柏露露
150064　何倩倩　　150067　可怡萱　　150078　夏丝飏
150086　倪佳佳　　150089　张　璐　　150116　刘泽坤
150117　蔡陈翼　　150127　张汪亚　　150140　张　挺
150142　沈　添　　150143　黄　旭　　150189　任梓帅
159004　韩雨晨　　159307　黄卿云　　159622　董　嘉
159623　刘　科　　160004　何乔祎　　160024　王　惠
160031　郭宜仪　　160033　廖　航　　160039　王李丽
160042　吴泽宇　　160063　邓慧弢　　160077　傅文武
160082　孔光燕　　160092　李炘若　　160097　刘佩鑫
160104　商琪然　　160116　王亚元　　160147　高亚龙
160156　应　媛　　160157　张　炜　　160177　曲　悦

160181	刘文雯	160182	陈碧娇	169290	吕明扬

机械工程学院(35 人)

150196	程龙飞	150198	耿垭洲	150200	顾益庆
150209	雷鹏坤	150223	石　勇	150238	般　超
150249	周　双	150250	朱峰冰	150260	邢嘉路
150266	庄佳宇	150280	柴　青	150290	王占栋
150294	徐　冰	150322	周　伟	159013	鄢小安
159327	蔺卡宾	159627	刘林波	160220	蔡子秋
160226	韩　硕	160235	李　创	160248	彭　磊
160254	宋绪成	160259	王佳俊	160268	徐文章
160276	余文斌	160288	周凡宇	160297	邱浩哲
160311	莫志杰	160314	陈　毅	160319	朱　杰
160327	付帅旗	160339	李　盛	160344	刘　好
169631	彭宁玥	169632	李忠武		

能源与环境学院(54 人)

130436	张贺志	149323	陈　超	149332	汤红健
149339	张舒阳	149614	张雷刚	150350	戴俏波
150352	丁奕文	150355	顾花朵	150364	李春峰
150387	夏文青	150389	严倩雯	150398	赵文超
150414	黄宁宁	150416	骆　毅	150439	王　铮
150444	陈　超	150458	常　岩	150484	王思雨
150496	陈　新	150508	杨　旭	150509	王　超
150510	戴宝鑫	150547	龙　磊	150550	檀香逸
150558	陈月云	150559	周世娟	159035	张　帅
159342	程崇博	159348	王章鸿	159638	陈　涛
160367	蔡戎彧	160384	霍晓东	160389	林　彤
160413	夏志鹏	160426	张　将	160432	周琳绯
160461	石　岩	160462	王　晨	160464	吴牧笛
160479	郭　珊	160484	潘雨婷	160504	朱丹丹
160525	陈　璐	160535	邹俊杰	160537	徐　畅
160545	曹健华	160558	丁冬冬	160567	李　娜
160585	白　璐	160594	汪　莲	169025	王旭东
169028	陈婷婷	169030	卫月星	169320	闫景春

信息科学与工程学院(76 人)

140650	王嘉频	150570	杨丽娟	150577	史鹏鹏

150586	郎 纾	150587	林 波	150598	张祥伍
150599	李 杨	150609	赵娇健	150632	宿 城
150648	梁 霄	150649	刘诚征	150650	刘明霞
150659	王圆圆	150660	吴艳飞	150667	张 弛
150698	刘 敏	150707	潘倩倩	150713	张 行
150714	陈翔宇	150715	乔露露	150717	王雪梅
150763	殷 青	150778	董晓婉	150785	庄 莹
150789	徐梦苑	150824	王丛超	150825	丁俊朋
150827	姜耀华	150832	杨 锦	150838	陆丽玲
150851	范 特	150859	朱竑谕	150860	侯 琪
150870	范文斯路	150884	纪 策	159049	徐 浩
159352	王晓羽	159360	张 磊	159361	董云扬
159362	蒯 乐	160606	姚舜禹	160612	刘 缘
160619	程 聪	160634	陶明翠	160646	李晨枫
160654	柯俊臣	160666	吴逸文	160674	黄谢田
160675	兰卓睿	160676	李碧涵	160686	裴 璐
160687	皮秀伟	160688	申怡飞	160701	曾雨旻
160743	邓亭强	160744	丁嘉莹	160748	李 蕊
160758	张 琳	160767	黄 偲	160786	乔 志
160808	高梓翔	160833	安隆熙	160835	陈高均
160844	马文钰	160849	孙 娇	160851	王天奇
160875	彭 勃	160888	景天琦	160892	孙旭耀
160895	徐煜耀	160896	王宇飞	160916	魏一鸣
169045	王瀚庆	169345	王李宁	169360	华 梦
169617	徐 军				

土木工程学院(63 人)

150893	朱 锐	150905	陈素芳	150912	韩鹏飞
150920	李 阳	150924	娄 凡	150926	马明宇
150928	施路遥	150929	孙 辉	150934	王斯妮
150954	陈 龙	150967	周宇航	150968	黄 睿
150969	陆凯卫	150974	孙后伟	150979	苗安男
150996	张 凯	150997	高凯强	150999	胡如幻
151007	李皓燃	151008	钱 锐	151016	陈 为
151029	黄依涵	151044	汤育春	151059	徐梦烨
151091	汤 杰	151104	管文竹	151123	毕慕超
151132	王柳英	159069	万志辉	159407	崔兆彦
159419	陶天友	159421	江焕芝	160931	杜启航

160933	沈　月	160945	王桂伦	160950	杜　利
160951	方春林	160952	龚来凯	160954	贾莲莲
160955	金　鑫	160958	林华泉	160965	沈　圣
160971	王旭祥	160974	夏烨楠	160975	邢凯丽
160981	姚程渊	161003	朱明吉	161005	陈翔宇
161012	刘长源	161029	常晓玲	161037	宋璐逸
161038	吴　燕	161047	唐　甜	161077	刘凯旋
161089	孙春丽	161115	高　琦	161160	郭霁月
161162	唐美玲	161165	吴洪樾	169069	王　希
169073	茅建校	169074	曹　冲	169370	潘　睿

电子科学与工程学院(35 人)

141193	尹　鹏	151159	祁怡君	151166	王　乐
151167	王玲玲	151177	黄新锐	151180	李芳杰
151190	周　朦	151220	赵玉豪	151234	寇兴鹏
151254	周健洋	151255	周陶梅	151259	郭欣格
151260	蒋网扣	151266	滕　腾	151290	姚　雷
159081	叶一舟	159082	孙　杰	159427	商新超
159656	王飞霞	159657	吴自力	161195	黄　影
161214	潘加豪	161218	吴　浩	161226	余　丹
161231	刘博文	161241	李贵鑫	161264	陈春妃
161267	范英辉	161273	王甫锋	161278	吴宗泽
161281	俞　苗	161305	郭安琪	161307	孙桂荣
161329	徐意仁	169083	倪　斌		

数学学院(9 人)

151313	白苗苗	151324	杨紫赢	151327	张萌萌
151330	江海华	151340	林令强	159091	李若霞
161362	常丽策	161365	丁嘉沼	161367	魏婉梦

自动化学院(28 人)

151345	陈孟孟	151348	丁思娴	151354	黄旭舟
151377	吴　飞	151379	徐彬彬	151380	姚　祥
151387	郑夏勋	151390	曹昕卉	151418	杨龙文
151423	刘安国	151425	唐　路	151447	张天乐
159440	宋志宝	161369	蔡佳秀	161373	陈　涛
161376	崔馨方	161379	丁文倩	161386	蒋立沫
161392	马　睿	161396	汪璐璐	161400	王兆嘉

161403	杨天阳	161405	张玲玲	161408	周苏湮
161432	吴烁民	161472	余林威	161488	刘　洋
169421	郑亚君				

计算机科学与工程学院(30人)

131439	李春阳	151477	葛文锦	151479	何展鹏
151485	贾程浩	151489	李　林	151495	石　珺
151504	王　力	151508	武文茂	151516	张心悦
151536	王　坤	151539	周　敏	151553	李　芃
151555	徐　晨	151558	万雨桐	151565	刘　彤
151569	孙　涛	151573	姚　胜	151574	袁堂飞
151576	周滢滢	151585	张成帅	151592	汪　巍
151599	吴琼颖	151600	曾　朋	161504	程婷婷
161505	党永成	161516	林　亚	161523	宋文博
161591	孙彦苹	161636	孟　贺	161639	徐　言

物理学院(11人)

151614	刘　芳	151623	李战峰	151629	高蕙敏
151636	王小平	151637	李金焕	161643	过伊吕
161649	秦玲瑶	161673	杨翠苹	161678	梁艳平
161680	陈杏梅	169115	王秀珍		

生物科学与医学工程学院(33人)

151649	陈　鹏	151654	郝政宇	151661	马思雨
151677	朱　烨	151680	韩　徽	153435	江　露
153446	张伟达	153451	王怀永	153453	蔡友谊
153801	王　慧	153804	辛丽斐	153834	黄　朔
153838	付光彬	159465	曾　易	159672	王　欢
161690	陈卓玥	161693	顾晓卉	161709	张韬敏
163622	钱丹丹	163623	宋雪梅	163638	王心怡
163880	崔梦瑶	163882	郭慕依	163886	孙晓梦
163890	鲍琰雯	163897	孙炜航	163910	花　蕊
163926	刘坤良	169125	张作恒	169451	常　宁
169455	刘羽霄	169621	林娉婷	169750	余筠如

材料科学与工程学院(20人)

149460	丁健翔	151728	曹瑞桦	151734	杜　仪
151799	徐凯丽	151803	肖夫兰	159476	展咪咪

161737	戴　俊	161742	凌　灏	161750	孙善云
161762	张雪梅	161794	柴文柯	161795	赵文艳
161796	王　丹	161804	相梦园	161839	张　涛
169149	徐　晖	169461	苏依林	169471	王宏哲
169676	田　爽	169677	肖　振		

经济管理学院(38 人)

151840	杨雅丽	151841	张玉玲	151843	许江红
151848	张礼乐	151849	郑锦波	151907	陈　晨
151921	庄洋洋	151929	王　玉	151940	顾诗云
151946	黄镜蓉	151969	吴　敏	151972	姜　婕
159486	黄送钦	159487	谷媛媛	161848	李　浩
161853	万佳彧	161860	朱雨婷	161867	陈苕菁
161868	施丽娟	161897	宋　莹	161913	金邹苹
161920	姜　雯	161923	胡　慧	161931	李　昕
161933	刘雪羽	161942	王　杰	161956	陈婷婷
161977	吴英吉	161979	杨　帆	161988	李宏伟
161990	汪官镇	161992	张新伟	162004	牛永骎
162179	兰天宁	162186	马　偲	169482	蔡海亚
169483	刘骏斌	169493	吴中明		

电气工程学院(33 人)

142122	殷天然	152139	陈　倩	152144	董　力
152151	孔　赟	152152	郎伊紫禾	152157	娄藕蝶
152159	钱正国	152217	黄丽丽	152224	胡靖宜
152226	焦　阳	152244	杨　奕	152251	储佳伟
152256	施冬敏	152262	鲁　波	159177	夏天琦
159181	宋　梦	159504	杨公德	159507	夏　涛
162194	成　晟	162203	胡正阳	162210	刘梦佳
162215	齐　济	162227	杨　阳	162229	姚　瑶
162246	刘鹏程	162276	何　炎	162299	吴甜恬
162302	叶　晗	162312	侯斐然	162325	汪　泓
169496	文宏辉	169509	林凯颖	169515	陈　鹏

外国语学院(7 人)

152280	王　璐	152282	吴　杨	152291	张可馨
152297	孙雨嫣	162337	钱　津	162340	奚　洋
162358	许梦颖				

体育系(1人)

162370	苗　爽

化学化工学院(36人)

152325	韩亭亭	152327	陈昌慧	152329	王靖雯
152372	仝　远	152373	吴元锋	152376	杨怡然
152378	沈鹏欣	152380	张雅雯	152387	陈冬冬
152410	姬中祥	152412	朱　恺	152423	杨大伟
152427	王明鑫	152429	黄梦秋	152438	邹晓悦
152441	高华颖	159194	史　超	159195	姬静静
159196	游朝群	159526	汤渊源	159537	方嘉声
162376	梁秀丽	162379	张秀璇	162389	吴霜霜
162390	花秀妮	162391	武锡锦	162423	王贝贝
162425	张延晨	162435	王　璐	162437	徐　晶
162442	缪亚男	162458	孙　凯	162465	焦　佳
162466	吕　飞	162470	李春慧	169693	周　琳

交通学院(52人)

152484	刘华琛	152488	范丽婵	152493	胡惠卿
152495	姜钧陶	152502	陈　沁	152504	陈婷婷
152513	林　早	152515	罗天铭	152520	孙翠翠
152532	张慧琳	152533	张嘉明	152534	张　婷
152538	周　洁	152549	黄帅凤	152563	徐琪烽
152569	周　东	152570	朱凯轩	152618	张佳运
152642	席佳琦	152652	杨　岩	152658	刘　伟
152662	焦振飞	159205	翁佳兴	159218	包　杰
159222	刘　波	159539	孙潇昊	159550	朱震军
162520	陈顺达	162544	赵丹阳	162547	张　慧
162552	刘　硕	162557	张瑞成	162566	陈　忠
162575	蒋常嘉	162586	卢慕洁	162596	徐　特
162597	杨　博	162600	姚泽恒	162616	梁绎龙
162634	章天杰	162640	杜明洋	162646	卢云雪
162647	曹凯鑫	162669	韩　峰	162671	靳　昕
162682	王梦迪	162707	王寅朴	169199	郑　乐
169202	郑　元	169547	欧阳鹏瑛	169549	董长印
169699	毕钰璋				

仪器科学与工程学院(23人)

152675	成利梅	152682	蒋红亮	152692	陶红兴
152699	尤　剑	152701	袁祖龙	152709	王言鑫
152742	刘超霖	152755	王自强	152774	黄嘉宇
159567	苗敏敏	162746	霍耀璞	162758	唐心宇
162761	王　璞	162771	袁昌旺	162778	赵　莹
162784	王启明	162797	陈　浩	162804	王　宇
162817	叶　绯	162828	汪　峰	169211	张月新
169554	孟　静	169560	沈　飞		

法学院(12人)

152778	储天阳	152787	徐　华	152789	杨　娟
152790	于　琪	152793	赵雪颖	152806	孙碧雅
152818	王　洁	152820	曹　蕾	162865	任世航
162871	刘　彤	162879	韦语涵	162895	高　山

生命科学研究院(11人)

152851	蔡婷婷	152852	黄　聪	152870	许曼曼
159248	程　诚	162916	胡　玥	162919	魏　艳
162925	郭澄豪	162931	孟思妍	169221	庄　燕
169234	郭玲娜	169236	鲍毅非		

公共卫生学院(16人)

149232	陈璐斯	152900	潘俊霞	152930	王　敌
152932	王君君	152937	张　妍	152940	成　晨
152945	常　倩	159579	顾佳怡	162961	吴晓丽
162967	马　月	162969	许思易	162971	杨　圣
162976	张　虹	163002	王　否	163009	陈一佳
169565	洪　翔				

医学院(35人)

152960	俞晓毓	152968	吴伟君	152972	陈佩佩
152981	陈素珍	152991	胡敏杰	153022	潘　扬
153026	李红霞	153043	王草源	153894	王海丽
159254	刘真真	159264	孙宇宁	159583	万　昕
159586	黄　芳	159595	徐晓敏	163023	凌孙凯
163035	田　畅	163041	马晓燕	163045	袁清照

163052	王　清	163072	吴方媛	163101	龚文斌
163109	黄金健	163140	秦雨晗	163153	汪沭源
163172	殷婷婷	163173	尹　清	163184	赵福英
163200	王　志	163222	陈亚玲	163223	于星星
169244	李　森	169251	韩熙琮	169573	孟珊珊
169583	支朦朦	169716	栾成欣		

马克思主义学院(6人)

153053	方　正	153057	史名蕊	153059	王若男
163227	孙月月	163233	魏海华	163237	毕珊珊

人文学院(26人)

153069	徐　徐	153079	徐　笑	153094	李雪艳
153100	范梦楠	153104	林　菁	153125	史诗源
153130	李舒婷	153140	汤胜楠	153153	田　璇
159606	米进忠	163258	陈雅萍	163266	许小雨
163282	凌　青	163286	班盼盼	163289	侯琬玥
163295	张满燕	163298	邱芳芳	163304	吴　强
163306	朱啸宇	163309	邵圣丹	163311	王诗怡
163316	张　甜	163332	夏崇铭	163335	张文佳
169273	贾浩然	169721	贠兆恒		

艺术学院(14人)

153179	朱小峻	153186	潘　平	153203	彭露滨
153210	张慧敏	153222	宋佳佳	153224	谢超华
159293	刘　春	159617	王诗晓	163363	曾奕玲
163372	吴　婷	163378	赵永远	163385	袁　盈
163405	夏　雪	163410	王　玥		

苏州联合研究生院(19人)

163416	沈嘉文	163420	陆东篱	163434	宋　璇
163450	张志倩	163454	詹　涵	163458	卞颖颖
163490	陆天阳	163492	王　尧	163501	胡　莹
163505	郑　璇	163509	吴颖真	163522	郭雪纯
163539	李华欣	163541	雷心悦	163555	胡鹏森
163569	夏　严	163595	郑冬英	163600	储　灿
163609	徐心宇				

经济管理学院 MBA 中心(28 人)

151994	戴亦迪	152003	贺光辉	152012	姜秀峰
152029	马晓慧	152037	潘　勇	152050	汪　蓓
152058	王文贵	152067	吴　剑	152074	谢小飞
152090	张寒蕾	152092	张君颖	152098	张晓艳
152108	左晨玉	162015	陈　旺	162023	丁林红
162032	黄　博	162033	黄婉秋	162039	李　冰
162040	李海龙	162043	李　凌	162070	万子杰
162076	王　诺	162077	王睿敏	162097	向　君
162103	徐　赛	162142	冯逸凡	162158	张黎丹
162166	袁　伟				

软件学院(11 人)

163654	郝　凯	163661	齐　凡	163684	张怡年
163690	孙千惠	163696	季晓莉	163701	郭梦梦
163729	裴东旭	163731	魏思冉	163736	施　鹏
163738	田广泽	163750	陈玉红		

微电子学院(26 人)

153603	阎述昱	153618	苗　龙	153626	陈　欣
153631	孙婉琳	153633	谢宝婷	153634	张一帆
153653	张伟东	153657	祁来莉	153668	俞　清
153694	胡晓彤	153705	李　丹	153708	李盛鹏
153716	唐　瑞	163760	郭　旻	163777	许胜有
163782	郑梦瑶	163784	蔡舒亦	163791	戴志刚
163821	单云霞	163849	张慧萍	163858	段海鹏
163860	李智超	163866	高小洁	163868	彭　杰
163872	李国栋	163878	陈宗泽		

东南大学 2016—2017 学年优秀学生干部

建筑学院(24 人)

150001	包宇喆	150004	陈　卓	150063	顾祎敏
150084	高寒钰	150090	刘海滨	150093	曹家铭
150099	刘曦文	150122	施晓梅	150141	窦　娜
150159	曾艺元	150180	李　琦	159002	刘　哲

159303 窦瑞琪 160005 刘雅凡 160017 叶 璇
160053 姚 炜 160068 曾懿珺 160075 方格格
160108 孙世浩 160111 唐 松 160131 张浩然
160136 张幸怡 160148 何 朋 160189 殷一闻

机械工程学院(18 人)

140195 刘宗涛 150216 刘 歌 150221 钱智婷
150226 唐 攀 150227 王登铭 150228 王赛君
150244 张 奕 160228 华海涛 160230 江海东
160234 金珊珊 160253 盛明杰 160275 余传运
160282 张帅帅 160293 易浩杰 169011 田 原
169317 张 诚 160306 吴丛磊 160348 程丹丹

能源与环境学院(23 人)

139335 孙文静 149317 蔡天意 150354 耿 健
150373 林江帆 150400 郑功杭 150403 朱静文
150415 姜清尘 150428 赵 杨 150475 陈 睿
150535 马 越 150543 崔 健 159031 戴喆秦
159345 叶 瑾 160391 刘黄亮 160419 许志康
160454 李平姣 160481 刘 文 160529 林 楠
160546 仇 超 160561 陈晓欣 160582 周尤超
169016 徐铭梓 169023 刘国富

信息科学与工程学院(36 人)

130621 董 烨 140559 魏 睿 140659 尹浩浩
140740 董启宏 150573 董益灿 150591 王宝杰
150592 黄 菲 150603 危 桑 150634 陈朋瑶
150643 龚 宓 150669 赵 越 150704 高 强
150723 王 昕 150733 王子昕 150765 杨 江
150791 沈哲敏 150800 褚炜雯 150802 王旭哲
150854 蔡媛媛 150878 徐 婧 159037 程国枭
159385 魏 坤 160618 柏 林 160620 胡 博
160671 高璇璇 160677 李 享 160678 李骁敏
160749 廖如天 160751 刘婷薇 160783 胡良君
160799 柯逸凡 160800 梁 超 160841 黄文欢
160857 葛 慧 169036 蓝 骥 169648 邢月秀

土木工程学院(31 人)

140899	丁　菡	140900	丁晓丽	140939	张　罕
150903	刘智欣	150942	晏　浩	150943	杨意志
150970	徐子炎	150973	李文超	150994	杨　露
151033	廖家男	151048	汪黎明	151049	王　芳
151072	张婉平	151082	丁　俊	151087	黄照广
151112	周　俊	159417	冯　宇	160956	李　坤
160969	王　凯	160983	尹方舟	160988	周　警
160998	任　普	161060	成维佳	161062	丁彦月
161068	黄丽媛	161111	张　正	161124	朱浩樑
161161	李　璇	161168	肖　雅	161172	张苏楠
169063	阮杨捷				

电子科学与工程学院(19 人)

151158	冯倩茹	151176	胡威漪	151191	仇云萍
151196	林际斌	151214	戴张印	151229	胡静洁
151235	李乐乐	151268	王辅强	151284	肖　申
151302	胡　亮	159653	李　浪	161206	陈　斯
161207	陈逾璋	161229	范艾杰	161254	武　斌
161274	王　沁	161275	王颖瀛	161295	陈一茗
161327	袁　洁				

数学学院(5 人)

151322	石秀成	151342	尹　旭	159429	刘晓曼
161364	陈　强	161366	梁晓洁		

自动化学院(13 人)

151362	马志伟	151385	张炜森	151397	徐翔鸣
151400	葛志霞	151435	许云涛	151440	王　伟
161374	陈晓涛	161377	戴　忱	161387	李　艺
161390	陆震宇	161391	吕　琳	161414	王　述
161424	徐　俊				

计算机科学与工程学院(14 人)

141450	党一菲	141469	曾　力	141523	徐寒冰
151563	顾啸林	161518	罗　骞	161541	赵玉宇
161554	殷悦迪	161574	吴　璇	161593	杨　扬

161594	张晓刚	161608	羊梦娇	161610	周　晓
161616	苏鹏程	169106	许艺凡		

物理学院(5 人)

161651	周　义	161655	陈　月	161657	荆启华
161660	张卿雅	161663	郑　婷		

生物科学与医学工程学院(17 人)

151650	陈　伟	151656	胡　月	151664	仝政霖
151668	夏威夷	151670	杨　通	153439	陈　亚
159463	易　欢	159467	张　迪	161708	张峻宁
161728	蒋建慧	161730	郑　巧	163634	施甜甜
163889	高　歌	163896	于云雷	163906	丁晨静
169133	刘小将	169456	庄林林		

材料科学与工程学院(8 人)

149467	周　靖	159147	贾子健	161748	沈田甜
161749	孙　超	161802	李　杨	161815	骆凯翔
161834	张　鹏	169144	王凤娟		

经济管理学院(20 人)

151825	杨　阳	151829	周格旭	151920	朱莎莉
151934	李明月	151967	李　晓	151977	宋　钰
159491	许从宝	161851	彭圆圆	161856	王宇轩
161865	刘胜波	161888	苏煜霖	161939	沈　月
161940	史文瑾	161941	孙筱霞	161972	陈静然
161996	颜家英	162003	施艳萍	162170	迟颖颖
162171	褚　扬	169488	何　鹏		

电气工程学院(18 人)

152137	曹晓峻	152164	宋　杉	152197	张贝贝
152239	王　宁	152242	徐　沛	152249	宁　威
159180	蔡霁霖	159519	胡文强	162192	陈祺炜
162193	陈　琼	162198	段向梅	162237	朱　妍
162283	刘亚斐	162293	陶前程	162316	舒万韬
162318	薛松寒	169163	孔　永	169507	吉用丽

外国语学院(3人)

152294	曹嘉璐	162349	张　晨	162354	蓝　博

体育系(1人)

152309	李晓晨

化学化工学院(17人)

152313	冯民昌	152362	柏茜茜	152363	蔡志岚
152364	陈　勇	152367	霍萌萌	152368	蒋　伟
152425	李长盼	159191	李鹏飞	162377	刘　丹
162412	李海芳	162413	蔡莹莹	162420	冯盈利
162421	蒋积菲	162446	杨海涌	162481	叶康伟
162486	袁慧敏	169524	周　晴		

交通学院(26人)

132448	辛泽昊	142466	朱宇昊	142498	段婷婷
152490	夏　峰	152514	吕俊秀	152528	杨宛钰
152530	尹　硕	152540	祝　蕾	152543	曹先琦
152556	阙方洁	152624	王凌云	152635	刘　强
152663	吴春伟	159219	施晓蒙	159555	邢吉平
162527	王呈呈	162541	徐　杰	162581	李　瑞
162585	龙　漫	162598	杨雪琦	162620	马静雯
162663	成　诚	162673	李国强	162677	祁　星
169196	张　勐	169550	刘子洋		

仪器科学与工程学院(12人)

152673	毕校伟	152677	杜凯颖	152756	杨怀宁
152762	周　君	159568	吕维维	162740	范时秒
162745	黄　荣	162747	季鲁敏	162765	谢雨婷
162768	许　强	162769	闫　晰	162787	胡旭晖

法学院(6人)

142711	宾一豪	152795	方　勇	152814	蒋素梅
162849	俞梦丹	162850	张　程	162894	周维栋

生命科学研究院(6人)

152865	吉洪亮	162914	崔鹏飞	162932	胡　蝶

162933	车转转	162943	贾　娜	169227	王　婵

公共卫生学院(8 人)

152894	宋　玥	152907	张　颖	152908	曹驰程
152918	陆润泽	159578	殷玥琪	159698	李太顺
162955	葛　尤	162959	连大帅		

医学院(14 人)

142905	吴菲菲	152973	罗二飞	152986	陈　曦
153012	林丽华	153891	卞荣荣	159271	公卫刚
159592	李慧娟	163028	赵　晨	163082	张甜甜
163114	焦　娇	163129	鲁攀攀	163193	陈雅筝
169257	黄　蓉	169593	张鹤达		

马克思主义学院(3 人)

153064	李　洁	153065	张冠楠	163225	何佳恒

人文学院(11 人)

143016	陆珈怡	153121	石　婷	159609	都萧雅
163247	李　莹	163250	沈宝钢	163252	朱瑞雪
163259	方婧睿	163267	胡嵩雯	163300	朱莹洁
163323	吕少波	169610	赛子豪		

艺术学院(7 人)

143106	徐娇娇	153193	方弘毅	153227	吕卓洋
163362	李旭丹	163395	章雅玙	163401	梁　军
169277	胡本雄				

苏州联合研究生院(10 人)

163430	肖浥雯	163438	雷园园	163471	孙　政
163483	刘　彤	163500	刘永博	163530	谢景宇
163570	尹晓东	163571	孙　磊	163579	黄嘉伦
163593	俞雨晨				

经济管理学院 MBA 中心(16 人)

151993	戴雅惠	151996	丁桂琴	151998	丁小红
152004	贺文慧	152007	胡名睿	152039	庞雅菲
152080	徐　润	152089	袁子杰	162026	方　亮

162044 李　璞　162061 钱　呈　162071 汪亮航
162113 于　欢　162117 张曼琳　162130 朱原平
162149 盛倩怡

软件学院(5 人)

163647 郭晓茹　163648 黄诗鹤　163662 张元秀
163721 康雪文　163737 陈可心

微电子学院(10 人)

153607 卞方娟　153697 俞向荣　153720 曹子轩
163756 卢　宇　163762 郭诗雨　163766 田江江
163773 赵　洋　163811 陶　李　163829 宋　坤
163833 余晶晶

研会(19 人)

142510 武丽佳　150921 梁　航　151675 张明月
152298 田媛媛　152302 陈雨婷　152461 聂明杰
152486 张　娴　153198 张　思　153432 何妍娇
159538 郭易木　160605 陶　浏　160609 周于浩
160961 刘　杨　161052 钱佳萍　161754 王　英
162356 李　瑶　162466 吕　飞　162622 欧阳滢爽
163018 韩翱瀚

2016—2017 年研究生先进班级

序号	院系名称	班级
1	建筑学院	2015 级专硕 2 班
2	信息科学与工程学院	2016 级通信硕士班
3	土木工程学院	2016 级硕士 2 班
4	电子科学与工程学院	2015 级 MEMS 硕士班
5	数学学院	2016 级硕士研究生班
6	计算机科学与工程学院	研 16 级 2 班
7	生物科学与医学工程学院	硕士 161 班
8	经济管理学院	2016 级硕士 1 班
9	电气工程学院	2016 级硕士研究生 4 班
10	交通学院	2016 级硕士研究生 4 班
11	仪器科学与工程学院	2016 级硕士 2 班

2017届第一批优秀硕士毕业生名单

建筑学院(2人)

140052 黄里达　140095 黄斐汐

能源与环境学院(1人)

130330 刘凌沁

信息科学与工程学院(12人)

140558 孙天慧　140573 黄丽华　140578 刘兆栋
140580 王　佳　140589 周晓慧　140592 陈　飞
140620 曹言佳　140623 崔宇柯　140643 沙小仕
140652 吴　凯　140755 窦建青　140797 郑黎丽

土木工程学院(1人)

140921 田永丁

数学学院(2人)

141301 任雪杰　141317 周鹏程

物理学院(3人)

141589 李艳英　141606 朱明洁　141607 曹广霞

材料科学与工程学院(2人)

141682 詹乐宇　141731 李　萍

经济管理学院(12人)

141844 魏　征　141934 俞　晴　141792 钱　锐
141810 江倩雯　141923 杨　琴　141924 叶　馨
141930 王绪会　141783 陈佳祺　141904 蔡佳丽
141907 邓　玲　141912 吴晓茹　141780 王晶晶

体育系(1人)

142268 陶源青青

化学化工学院(2人)

142384 秦一玮　142339 郑　雨

交通学院(2人)

142460	唐　皓	142497	丁　剑

仪器科学与工程学院(1人)

142624　孙文珺

马克思主义学院(2人)

142991	吴常幸	142993	海四青

人文学院(1人)

143045　张伟栋

苏州联合研究生院(6人)

143235	陈敏敏	143265	宋超群	123030	袁丽静
143287	王　京	143288	廖志达	143292	韩志刚

软件学院(2人)

143408	何洪宁	143462	闵绘宇

微电子学院(2人)

143580	李　易	143680	王晏清

2017届第二批优秀硕士毕业生名单

建筑学院(16人)

140005	季云竹	140008	刘静萍	140014	邵星宇
140015	石刘睿恬	140034	李家翔	140062	顾　萌
140065	徐奕然	140084	陆　熹	140098	刘奕秋
140099	刘兆龙	140103	肖严航	140151	周兆前
140152	诸嘉巍	140158	华　琳	140171	张泽楠
140186	贾　茹				

机械工程学院(16人)

140192	胡剑雄	140196	陆艮峰	140198	尹奇峰
140209	石志国	140216	朱均岭	140222	方春富
140230	王姗姗	140234	朱智勇	140254	陈　辰

140255	沈贵彬	140257	余静文	140258	刘　翔
140267	黄正斌	140268	李岩峻	140277	张守雪
140296	汪瑞杰				

能源与环境学院(20 人)

130325	胡晓雨	140351	朱小明	140352	赵　栗
140360	许　静	140365	沈　奇	140375	李　诗
140378	刘彦翔	140379	陆琳辉	140392	王远保
140393	徐煜昊	140406	黄煜杰	140409	孙　立
140411	张明杰	140424	欧兆伟	140542	夏　岩
140548	郭艳敏	140511	江子箫	140455	史雅娟
140457	朱一闻	140463	李　娟		

信息科学与工程学院(9 人)

120640	朱　峰	140577	刘　超	140583	魏君成
140629	吉　峰	140651	王振宇	140657	杨俊梅
140682	王　兵	140751	朱　政	140771	郭智明

土木工程学院(16 人)

130889	孔祥羽	140903	洪　曼	140906	江登峰
140916	刘　震	140930	徐奥麟	140940	张丽媛
140941	张　梅	140949	李桂杰	140956	张鼎钧
141006	曹　江	141009	丁智霞	141017	李　敏
141046	季红蔚	141050	刘　茜	141054	李金飞
141114	孙文捷				

电子科学与工程学院(7 人)

141191	刘　畅	141153	夏心怡	141184	张　教
141213	吴　蕾	141227	封倩倩	141230	金　月
141237	苏　畅				

数学学院(2 人)

141313	任予旸	151312	潘　进

自动化学院(3 人)

141351	汤兰兰	141424	李　磊	141428	吴　航

计算机科学与工程学院(18人)

121442	陈云卿	141453	何敬怡	141455	晋雅茹
141456	李晓云	141459	吕永涛	141466	吴展鹏
141467	邢　超	141474	郑承俊	141486	蒋翠翠
141491	万　逸	141507	扈晓娜	141530	张陈鹏
141556	钱佳林	141558	徐文韬	143223	白　骏
143229	孙　洋	143231	王懿雯	143238	严　静

生物科学与医学工程学院(6人)

141628	潘荣芳	141633	薛诗静	143703	郭刘洋
143715	田　磊	143717	陈中思	151653	傅元元

材料科学与工程学院(2人)

141677	王小娟	141750	沈园方

经济管理学院(20人)

141786	杨　扬	141789	程秋宜	141842	范玉瑶
141868	程震霞	141869	刘东威	141892	季　晶
141893	戚孝娣	141905	陈颖超	151853	陈羽南
151854	戴巍巍	151856	林　艳	151857	刘欢欢
151882	刘家薇	152115	盛怡婷	152116	孙巧悦
152132	吴　璇	153231	吴嘉贤	153241	朱安琪
153243	张清风	153253	姜　楠		

电气工程学院(15人)

132041	崔小白	142106	季杭为	142120	徐怡悦
142130	宗鹏鹏	142140	孟建建	142141	聂颖惠
142144	王培秀	142155	颜长鑫	142179	李　雪
142184	倪春花	142187	孙　帅	142191	徐敏姣
142193	仲宙宇	142225	张　森	142230	程　帆

外国语学院(6人)

142257	刘浪宇	142260	黄　嫣	142265	徐　珊
153290	王雨豪	153295	袁梦瑢	153298	袁金明

化学化工学院(13人)

142273	邓琳琳	142324	杜　曼	142325	耿　怡

142329 周孖熹	142336 张红星	142365 刘梅花
142367 陈凌宇	142368 李世伟	142369 钱东尔
142376 王苑婷	142382 张　奥	142397 黄庭远
142411 郭艳红		

交通学院(17人)

132397 丁珣昊	132452 尹婷婷	142422 董冬冬
142432 方　浩	142440 郭赵元	142445 孔　庄
142446 李　锐	142464 闫天昊	142481 杨　洪
142495 赵圣娜	142502 林　芬	142506 宋俊莹
142523 王　斌	142564 许映红	143263 王　漫
143272 华东升	143274 孙　川	

仪器科学与工程学院(7人)

142617 李晨阳	142618 李珊珊	142657 彭　璜
142668 闫　晶	142686 郑楚婷	142697 王　阳
142705 王　兵		

法学院(7人)

132652 孙提川	142712 杜梦秋	142723 莫兰兰
142754 张　楠	142760 陶　沙	152833 姜　璐
152838 胡冰冰		

生命科学研究院(3人)

142798 刘　娜	142819 赵欢欢	142823 王德凤

公共卫生学院(1人)

142834 何杰宇

医学院(7人)

142917 杨一琼	142934 赵峰峰	142937 周包壹
142949 张晓田	153855 沈燕珏	153932 左　蕾
153935 鲁　荐		

人文学院(3人)

143022 张　璇	143024 江艾迪	143033 顾佳琪

艺术学院(5 人)

143119 邹青宸　143120 张军营　143126 章砚文
143132 李小君　143134 贾艳星

高等教育研究所(1 人)

143336 俞　晨

学习科学研究中心(1 人)

143351 夏　敏

经济管理学院 MBA 中心(13 人)

141949 高　超　141952 高姝珍　141963 贾　洁
141964 靖荣华　141975 刘　杰　141990 乔廷娟
141996 施庆丰　142003 唐文焱　142007 王殿奎
142011 王　静　142032 杨　燃　142042 余彩虹
142045 张　涵

软件学院(2 人)

143382 袁晓娇　143496 唐　荣

微电子学院(9 人)

143544 潘申欣　143546 蔡虹宇　143549 房　颢
143552 华　超　143554 孔路平　143556 孙　轶
143586 李凤临　143591 成亚云　143646 周　峰

2016—2017 学年江苏省三好学生、优秀学生干部和先进班集体名单

先进班集体(17 个)

011143 班　011153 班　020155 班　031146 班　032147 班
040145 班　051155 班　070142 班　100133 班　145151 班
144152 班　160153 班　160142 班　171142 班　210142 班
438131 班　613151 班

三好学生(28 人)

建筑学院(1 人)

刘　星

机械工程学院(1 人)

邹雅琳

能源与环境学院(2 人)

段梦凡　姚依晨

信息科学与工程学院(1 人)

张婧媛

土木工程学院(2 人)

张　颖　邵世轩

电子科学与工程学院(1 人)

宋逸群

数学学院(1 人)

洪　韬

计算机科学与工程学院、软件学院(2 人)

王　铎　吴小宝

物理学院(1 人)

黄逸婧

生物科学与医学工程学院(1 人)

唐　健

材料科学与工程学院(1 人)

王　菁

人文学院(1 人)

翟蕊晗

经济管理学院(3 人)

王亮平　赵　昕　王佳旎

电气工程学院(1 人)

许利通

化学化工学院(1 人)

房　地

交通学院(2 人)

杨沫枫　马柏杨

仪器科学与工程学院(1 人)

邵斌澄

法学院(1 人)

丁金钰

公共卫生学院(1 人)

杨柳青

医学院(2 人)

陈依然　薛　玉

学习科学研究中心(1 人)

黄馨雨

优秀学生干部(18 人)

建筑学院(2 人)

李伊格　徐　忆

机械工程学院(2 人)

张嘉智　江　苏

能源与环境学院(1 人)

陈子聿

信息科学与工程学院(2 人)

钟 凯 俞安澜

土木工程学院(2 人)

刘业伟 练 强

自动化学院(1 人)

张娜威

计算机科学与工程学院、软件学院(1 人)

王逸然

经济管理学院(1 人)

徐 鹏

电气工程学院(1 人)

焦 隆

外国语学院(1 人)

杨晓蕾

交通学院(2 人)

李 爽 吴曾晗

艺术学院(1 人)

徐 慧

吴健雄学院(1 人)

孙 凯

2016—2017 学年先进班集体、三好学生标兵、优秀学生干部和三好学生名单

先进班集体(22 个)

015141 班　026151 班　026161 班　031156 班　040161 班

040145 班	051156 班	051166 班	06A152 班	06A162 班
070153 班	100161 班	261151 班	145161 班	145152 班
160161 班	162152 班	191142 班	2015 级茅以升班	
241141 班	438141 班	615162 班		

三好学生标兵(35 人)

建筑学院

万洪羽　陈乐琳

机械工程学院

姜开中　李　想

能源与环境学院

郑　道　万子仁

信息科学与工程学院

夏智康　吴佳其

土木工程学院

肖子璇　王思瑾

电子科学与工程学院

朱　宇　魏秋萌

数学学院

安少坤

自动化学院

张　伟

计算机科学与工程学院、软件学院

郑云川　周逸帆

物理学院

李国平

生物科学与医学工程学院

缪居正

材料科学与工程学院

刘　新

人文学院

徐　俐

经济管理学院

林　凯　颜娇娇

电气工程学院

潘　登

外国语学院

许　婕

化学化工学院

周小清

交通学院

周冬秦　刘芷辰

仪器科学与工程学院

陈望隆

艺术学院

徐　慧

法学院

范　洁

公共卫生学院

陈剑双

医学院

封智阅　张　玲

吴健雄学院

廖晓菲　金洁珺

优秀学生干部(127 人)

建筑学院(7 人)

张彦康　叶　波　刘　璇　王佩瑶　王怡鹤　叶　聪　谢珑璁

机械工程学院(6 人)

张嘉智　何东泽　刘皓央　何宗杰　余前国　王家政

能源与环境学院(7 人)

于天池　易　航　潘子杰　洪天顺　杨诗月　张　帆　张家齐

信息科学与工程学院(8 人)

杨长蓉　赵博阳　朱文彧　步兆军　黄文俊　李　想　郑志刚　谢　昂

土木工程学院(9 人)

范　熊　张宸浩　章梦霞　卢　毅　王肖骏　李牧狄　于路港　胡至贤　苏静然

电子科学与工程学院(6 人)

肖如吉　周　熠　寇梓黎　陈柳宏　白昊天　王宗辉

数学学院(3 人)

车昱辰　吴超群　王盛辉

自动化学院(4 人)

李怡航　王伟梁　张宇晨　高一峰

计算机科学与工程学院、软件学院(9 人)

杨　浩　张雨季　宋欣楠　张晓雯　杜一鸣　刘桂东　谈诗雨　王小丹　时绍森

物理学院(2 人)

黄　菊　李新新

生物科学与医学工程学院(3 人)

简柏樑　马靖原　孙　青

材料科学与工程学院(3 人)

马锦雅　齐　悦　奚许峰

人文学院(4 人)

刘思雨　洪　琼　刘晓刚　王　雪

经济管理学院(11 人)

宋孟璐　方子茹　汤丽娜　张　钊　刘　莹　杨　艺　郭澎潮　赵彩汐　刘利君
牛　浩　(三峡学院交流生)刘　阳

电气工程学院(5 人)

孙维佳　庄文楠　丁英魁　刘湛湛　许利通

外国语学院(3 人)

季培霖　黄俊俊　刘斐然

化学化工学院(2 人)

潘佳正　贺　唱

交通学院(10 人)

李维珍　陈俊兰　谭伊彬　刘曼毓　刘星坤　李星圻　徐为驰　雷明月　何逸凡
张嘉旭

仪器科学与工程学院(3 人)

罗佳奕　杨述焱　涂增源

艺术学院(2 人)

王雪苗　陈紫荆

法学院(2 人)

陈家媛　朱佳雯

公共卫生学院(3 人)

李佳琳　瞿　靖　龚　雪

医学院(12 人)

王牧一　王皓飞　薛　玉　魏祥羽　管忆楠　康安琪　陈邢杰　陈泽欣　陈金鹏

单政铭 韩仲昱 杨雯迪

吴健雄学院(3 人)

完晓妍 姜宁 李洋

三好学生(1 214 人)

建筑学院(62 人)

卢思霏 朱彦雯 王奕阳 张圆 戴金贝 张雅楠 张煜 吴晓涵 张文
陈晔 谢冰 乔润泽 柏韵树 吴佳倩 翟盈 高晏如 刘博伦 张皓博
闫梦怡 王昱康 王耀萱 刘淦 高居堂 陈婧涵 张学荣 杜淦琰 洪齐远
张磊 庞寅雷 王思语 姚秀凝 鞠朵 陈智深 李昕燃 薛敏然 陈轶男
曹梦祺 周海瑶 李伊格 刘艺 张珣 冯可欣 王欣然 丁小雨 贾璐菡
王建刚 苏子玥 张井芳 鄢雨晨 杨叶晴 陈家好 余青钱 高弘 侯艺珍
张梦斓 秦群捷 杨宇欣 施惠文 陈雪纯 孙士臻 沈江瑶 顾佳

机械工程学院(58 人)

董林杰 张祎霖 陈楠 王学舟 赵恒 黄凯 汪其 段福鑫 汤玮韬
李季 肖梦涵 蔡洋洋 张曼 林晓辉 代雷 潘立 李涛 吴重光
窦昆鸿 王又婕 张一涛 张道勋 谭韬涌 乔煜 贾乐松 关晟 刘子昂
方田 王杰 陈泽众 朱峙臻 宋浩艺 陈牧 冯斌 李海宾 郭克凡
张乐 李天润 顾中天 李杰 涂国良 叶敬成 李超 袁丹 张霁寒
杜育瑞 程琳智 邢姝钰 朱泽达 梁学斌 于新涛 张嘉慧 龙雪莹 诸葛思懿
王孟雅 邓志强 戴松乔 孙铭

能源与环境学院(65 人)

牟柯昱 王宇 刘伟珣 黄秉坤 孙守泰 李佳辰 胡华军 田星宇 孔祥琛
姚依晨 吴钊 王统伟 付童方 郭振宇 王艺涵 鲍旭奇 赵雨晨 陈鹏
戴文韬 张晟源 王凤霞 熊世明 蒋铮 王瑄 张艺骞 邹伊祺 季伟凯
朱赤 许婉婷 陆宇欣 陆依然 赵晓宸 吴际萌 徐玉叶 陈功 冯齐云
袁雅丽 覃诗曼 丁江涛 张家铭 王洪毅 王恩全 王善普 杨晟 黄恩和
田培妤 霍文杰 李涛 姜朋 王子豪 马天海 秦可欣 郑恩淇 刘东川
张佳钰 高犇 陈美君 余晨曦 刘祎璇 张孟伟 席子昂 董浩洋 陈可心
汤琪 倪浩伟

信息科学与工程学院(69 人)

安宁伟 黄梦宇 丁宁宁 陈康 来萧桐 周睿 李安冬 张可涵 李平安

李泽坤 吴　驰 易　凤 赵雅琮 钟志伟 韩磊鑫 张　立 杨俊杰 郑　锐
沈子涵 杨含知 任　杰 班　浩 陶　安 薛天昊 郑奕飞 张　磊 袁逸凡
武　哲 杜　静 刘佳琦 周子纯 武　越 李宇迪 郭琪周 马浩鑫 蒋彬乾
贺港龙 徐　恒 庞　旭 陈慕涵 陆裕祥 李　俊 房天昊 金惟杰 周逸轩
郁清颖 郑　冉 原紫滨 倪鹏宇 陈建润 司家辰 沙路为 常　琦 陈　磊
李子健 郭佳媛 巩智含 姜涵予 闻　健 杨　昊 徐立言 时宇博 吴启晨
顾　艺 罗　咪 张滕翔 李子箫 崔艺鸣 朱云翼

无锡分校(3 人)

钟　凯 惠鸿儒 周苗苗

土木工程学院(86 人)

彭　振 刘志超 何祥平 赵坤松 刘舒阳 唐　林 吴　睿 杜　硕 俞　涛
周宸宇 王佳伟 蓝旭婴 张　颖 姜　波 仇敏桦 李　楠 李正璋 陈艺夫
罗鑫权 张　寒 孙　悦 王　宁 路致远 华敏涵 李向杰 邵天宇 周　航
张玉杨 范健华 吴谊文 徐睿妮 刘常浩 李正浩 陈昊辉 李　波 段强通
沈伶佳 季　扬 康　蕊 李柔萱 王少哲 王思睿 刘　峰 张震祺 谭梓怿
李岱枰 陈睿哲 杜妍慧 梁阳泽 张承文 倪盼睿 王浩宇 袁震阳 黄　薇
王锦阳 钟毅杰 陈诗扬 刘晓宇 李　轶 王元馨 孙雨勤 王田虎 马浩然
孙颖卓 刘粲然 支新航 刘欣然 邓玉琳 金煜朋 武天戈 宋俊霖 陈　杰
刘子航 刘哲铭 徐寅飞 鲍金昌 仲　毅 樊怡琪 刘　峰 余星宇 程　赟
邹　媛 于思淏 陈　欣 黄鸿宇 夏梦涛

三峡学院交流生(3 人)

赵　茗 张玉玲 刘　杰

电子科学与工程学院(49 人)

钱咨廷 耿杨烨 厉俏单 刘　荟 陈　欣 应鑫媛 马祥宇 胡楚瑜 赵雅茹
赖　星 郑　添 程天霁 倪雪峰 张滕远 段升顺 陈玉麟 李子煜 亓彦文
陈骏通 朱俊彦 刘佳琦 丁　松 万　煜 宋金凯 张颖炜 张优优 徐粲然
窦　刚 凌星宇 戴荣时 李京仓 张泽宽 臧　聪 赵颖渊 王成诚 张徐青
石涵雨 汤佳慧 官泽桐 俞祚旭 张李萱 张泽童 张子立 郑崇义 龚艺涵
顾哲玮 曹新野 姚伟卓 欧阳小龙

无锡分校(1 人)

李楚文

数学学院(23 人)

徐睿璇　解嘉玉　黄景颢　张成长　郑文典　夏可扬　田近尧　徐雨嫣　黄　瑞
曹琪琪　陈德祥　李　超　易芳如　李佳明　李彦清　刘子旗　黎　俊　雷　诺
史云霞　孙婉婧　刘香男　宋美晨　诸葛晓婷

自动化学院(33 人)

何　容　徐金城　赵学宁　吕思源　于　乐　李　冰　王雨林　陈可欣　董绍娟
李文健　陆逸慧　董林滔　冉智丹　常雅晴　黄赛金　郑安琪　韩紫婷　位广宇
卢卓桓　刘子琦　边张行　邹子凌　蔡文哲　李艺童　梅　毓　臧　璇　冯若愚
张明辉　肖珏媛　尹庆钊　施　殊　宦冬亚　杭天恺

计算机科学与工程学院、软件学院(80 人)

刘思豪　杨　阳　王慕瑶　郑　锜　葛丹薇　谭曦桐　陈芸丽　王　铎　严　肃
孟姝彤　叶　蓬　孙　凯　金　玉　武秋韵　施公雷　刘宗源　胡　斌　陈小飞
范伊玲　李秋霖　孙　凯　陈一赫　贺建安　叶楸强　张奕裕　吕洁卓　康林峰
陈一鸣　孙君校　商小雨　李多星　杜　森　孙泽雯　李　青　刘睿钊　曹　放
丁　泓　许　璠　刘子涵　顾婷瑄　胡黛琳　吴文珺　杨航源　陈冬儿　陈雄辉
吴正凡　凌丽阳　吴千乘　张迎雪　沈廷威　钱昊达　蒋子林　杨兴才　肖君彦
侯　安　柳　旭　陈一雄　黄凡轩　张诚天　张乃心　方　元　范群群　郑　浩
白丰硕　马欣宇　陈　玥　吕健坤　於明嘉　沈梦烨　张思捷　彭文强　高舒雯
孙启凡　陶　冶　吴小宝　蔡健宇　施超敏　林宜宁　闫怀宇　李翔宇

物理学院(16 人)

杨慧雯　李国安　陈延润　高渠成　吴香蓉　焦时雨　杨　淳　侯　睿　钱　骞
韩幸志　黄珺晗　蒋兆涵　秦　鑫　窦唯靖　陈　俊　李聿安

生物科学与医学工程学院(29 人)

冯丹妮　郁晨阳　张筱萱　杨　雪　康　悦　张　涵　张彩宁　许鹏飞　张　敏
杨志浩　许成韬　邓媛媛　顾　承　王卓颖　段秋怡　谷奕旸　郝世杰　黄文娣
闫高洁　汪　澍　刘秉鑫　袁　琳　周海函　王　霞　谭媛元　张睿憬　张弘毅
张泽群　万一臻

材料科学与工程学院(31 人)

高　雪　潘玮珍　李文卓　王雪祺　孟庭旭　杨靖娴　尚真真　方大意　仲　雯
叶诗雨　熊紫伊　刘冀洋　耿子凡　顾栩涵　王　纯　顾晓雯　蔡雅诗　赵翎亦
张振兴　陈俊宇　封媛嘉　徐　涵　郑超浪　宋东东　文　韬　韩寿雨　王雨婷
王　雪　许智斌　卢　果　邢俊杰

人文学院(38 人)

张睿驰 许嘉玲 黄佳琪 沃一婧 郑德祺 姜玥 李静 邓越 董馨羽
李常君 凌玲 蒋丛曼 王铭茜 肖梦林 刘汝坚 倪旖 倪娜 曾欣乔
赵奕菲 张露 沈知聪 林琬婷 李歆羽 黄翔 杨欢 李湘玉 杜聿书
刘修娴 张越 华杰 梅玉倩 张一菡 赵鹏风 陈雨昊 董一成 谭雪琪
管崎妤 宋子恒

经济管理学院(89 人)

肖利 孙伊宁 田志涛 关以恒 张如霞 何思源 顾颐 郑琳 钟洁
于佳越 张佳蕾 罗爱军 陈昊越 陈佳佳 周忆扬 王佳旎 高萍萍 李君晗
满雪颖 钟宁桐 周燕 王紫宇 黄伟平 孙宇涵 曹靓宁 朱逸纯 姚欣怡
龙昕 周文棋 王雪竹 濮丹蕾 李慧楠 周路妍 刘欣一 陈敏 蔡轩
徐忆谆 李英嫽 闫洁 孙絮 陈可旺 罗陈斌 王冰玉 肖奕婷 胡雨林
张雅婷 戴薛甜 苗林霏 步纤屿 陆琪 文世航 杨旭 宋嘉馨 汪雪瑶
谢瑞 王论意 张婧 杨宇瑶 沈艺璇 刘金月 丛靖怡 程少彤 梁杰
袁槟 任康宁 张晗晴 马崇灿 孟雅之 申通 黄思涵 左振 雷雅婷
陈婷 胡聪琳 王琛 房紫薇 魏玮 袁昊 沈也 徐鹏 钟至绮
卢玉晓 卫星吉 黄振妍 郭佳欣 董嘉琪 刘佳慧 李明月 谢天慈

三峡学院交流生(2 人)

丁杉杉 唐鑫媛

电气工程学院(44 人)

刘磊 李林 郭潇 于凌霜 钟智 毛永恒 魏松韬 王旭东 勇蔚柯
冯可 包丽雯 李容冠 曹家诚 孙锴宇 曾维通 李山林 叶江川 陈雨菡
揭宇飞 姚璟怡 张博伦 刘轶涵 侯洁华 朱康顺 雷宇通 亓臻康 易开朗
汪俊东 祝兴宇 孙琦润 程煜 张瑞曦 李一鸣 郭昆健 王伟 唐振
梅傲琪 冷钊莹 潘堋 石旭江 罗哲君 张津栋 蔡星浦 温从剑

外国语学院(24 人)

郭倩茹 苏瑞孜 谈昕 夏佳雨 李子萱 谢秀星 朱雨潇 袁晓丹 薛润华
王艺 曾嘉 崔雨欣 舒文 汤雨婷 虞子璐 孙嘉苗 凌雨浩 张世彪
白若冰 杨博 孙佳禾 任加勉 王敏 李璟文

化学化工学院(20 人)

侯煜淋 刘韵怡 向馨 李超 郭浩 熊昱安 冯一鸣 楼洋 魏如苑
徐婉琳 顾柳瑜 詹梦梦 闵博雅 范凤英 谈梦璐 尤腾叶 张绍辉 顾铤威

朱雯瑜　徐文龙

交通学院(103 人)

王　楠　郑姝婕　史　科　罗小康　徐硕研　杨子晔　朱雅婧　姜嘉玲　顾冠男
王文佳　李玲慧　鲍心吟　张珺玮　张可欣　朱毅然　柳雨豪　王　宝　张靖霖
方　周　陈路瑜　吴金莲　刘以宁　曾　鸣　周亚倩　强　禹　吴坤润　任怡凤
王云珊　杜安业　苗　迪　陈诗嘉　金雨川　谢欣欣　周　婧　吴华杰　严欣彤
汤　慧　马锦航　孙璞玉　李　帅　邵沛涵　刘　琦　樊若川　涂俊星　姚金悦
冯　青　张　涵　马　骁　刘　璐　秦　琴　朱　雨　张　程　杨迪云　程　迎
张　进　黄　迪　杨　倩　汪　涛　韦苡松　陈　健　许　晴　汪泽煌　曹宏斌
卢　凡　张腾龙　鲁泰山　郭汉宸　徐　曼　李尚安　金　雨　彭显玥　黄　霓
王　宸　吴浩恺　李纯茜　李水滢　丁晓澍　刘雪宁　朱菊梅　刘泽宇　陈子怡
张永和　徐昭辰　朱夏可　罗中畅　胡锦蓉　戚心怡　李哲贤　朱笑岳　曹思涵
章明钰　徐汪祺　张陈彧　吴文晖　李雅琦　郭晓月　万志杨　宋恒宇　李佳骏
赵鑫莹　徐　斌　贾玉如　莫昭洪

仪器科学与工程学院(27 人)

陆　旭　吴黎明　胡书铭　余伟杰　胡山山　邵斌澄　厉　叶　李孟凡　柴川页
李　汉　刘倩雯　胡　权　沈玥伶　罗笑雪　徐呈豪　马菲菲　邓乐莹　李丹若
耿旖堃　李嘉懿　熊瑾乐　万　缘　梁嘉锡　张　恒　孙东杰　宁普津　彭小轩

艺术学院(22 人)

李晓伟　倪雪婷　顾宸嘉　徐思佳　胡　可　姜　苏　陈葭荣　张悦嘉　徐　鑫
赵吕欣　顾乃全　徐映日　侯璐璐　刘本杨　刘欣玮　孔思璇　蔡璧嶺　卢　迪
陈家伟　李金珊　徐可人　方　天

法学院(16 人)

杜　震　和亚娟　邓海婷　申一芬　汪贝贝　赵晓丽　曹雅茹　何敏鑫　孙晓静
于　婷　李雅芳　何玉旭　张　超　李雅君　刘一帆　王广啸

公共卫生学院(24 人)

陈　阳　刘剀剡　施乃扬　龚怡静　潘振宇　赵文轩　刘德彬　臧一腾　杨　雯
冯延璐　马　秘　刘　畅　汪昱彤　贡格卓玛　王心雨　胡　露　宋莉莉　陈寒赟
黄书奇　俞沁雯　陆涵之　向欣雅　吕梦茹　刘依婷

医学院(104 人)

朱丹菲　杨　哲　张文君　黄璐言　郑　婷　刘维丰　王　鑫　金心榅　蒋冬媛
刘　旭　吴逸璐　马　楠　王宝霞　刘　硕　李思琪　李洪林　吴小雪　祁文俊

袁钟姝　张雨嫣　管坤玉　陈哲炜　陶花逸　朱慧敏　高　玥　黄莉棠　马玉萍
易仁鑫　钱佳俊　徐　艺　祖　娟　魏　宁　高卓赟　郝　彤　刘孝琪　王佳美
刘瑶瑶　顾资然　张雪芹　戴馨琳　王梦莹　王洁茹　蔡衬衬　王梦雪　周　玥
姜莲莲　程勇兵　陈晶晶　汪逸姮　刘　燚　黄云川　魏　来　田宇嘉　周紫薇
吉　欣　李松栗　陈　琪　赵　珏　王马丽　刘锦强　马梦吟　叶加炜　宋熙晶
苏菲娅　马碧云　陈正飞　马彩文　迪拉热·阿司木　胡梓菡　曹无忧　魏佩佩
杨璨粼　朱以鹏　曹周利　王清霞　黄　珊　孙亚亚　宋　杰　汤秋义　李　壮
蔡文岚　徐刘佳　王珮璇　张孝虎　王　燕　贾莹婷　周　梅　夏梦琴　陆天予
耿知闻　严　蓉　周　楠　傅琳清　陈文雅　李　晨　苏　薇　许　悦　蒋　扬
马静宜　李建平　张嘉楠　王　珏　娄洁雪　玉　珍

吴健雄学院(93 人)

周晨光　王佳卓　冯嘉伟　周建伟　周宇昕　张宇峰　姚　丽　徐良缘　张天忆
李迪威　方　恒　苗爱媛　杨孟儒　李怡宁　刘浩然　邓金易　郭晟昊　富楚轩
杨　赟　陈含璐　陈　萌　陈勇豪　陈　晨　李明昊　胡　宇　叶升威　李志昂
陈宏泰　戚耀磊　周爱君　牟　星　徐　菁　张　睿　许晨煜　李沙志远　霍浩淼
金宇晖　苗双双　秦宇臬　唐晓荷　方梦初　卢　凝　闫雪晗　孙　凯　李乐天
黄启圣　郭家琦　马一凡　张雯惠　强筱婕　朱皓璃　张天舒　魏　楷　禹树文
王辉征　吕佳峰　钱　昀　钱玉蓉　高炜涵　葛永盛　刘天雨　张悦馨　许文寒
郭一君　刘永帆　曹　博　马艺玲　金虹希　黄欣格　冯一坤　季雅惠　孙昊宇
董　雍　王　旸　吕嘉鑫　董启飞　俞睿智　孙雅伦　杨　逊　罗易凡　刘亚轩
严　格　许瑶坤　熊广为　朱鹏程　项文祥　张秋阳　袁　瑞　李颖慧　华笛安
洪非凡　潜任重　许诗卉

东南大学校长办公室
2017 年 12 月 11 日印发

2017 届本科优秀毕业生名单

建筑学院(9 人)

王　伟　丁金铭　李文玥　花薛芃　张博涵　宗袁月　张　立　程可昕　沈　忱

机械工程学院(12 人)

陈　开　肖　岳　田志强　彭泽坤　王珏鑫　王子昂　杨　磊　李　洋　耿　闯
曹　璨　刘韵晗　张馨予

能源与环境学院(7 人)

周　娣　曹硕硕　杨协和　赵圆圆　胡启龙　郑伟佳　杜浩然

信息科学与工程学院(11)

张　翔　范莹莹　潘天杨　陈炜珩　王　媛　顾　鹏　李　杨　吕　钱　高君慧
宋浩川　薛　谦

信息科学与工程学院无锡分校(2 人)

周少卿　李政熠

土木工程学院(15 人)

任逸哲　顾悦言　倪佳歆　李　剑　陆维杰　朱　婷　潘　杰　王浩琛　鞠　丹
方　超　朱熔清　孟　畅　毕　玮　王　艳　姜　煜

电子科学与工程学院(7 人)

李秀娟　顾　博　杨文鑫　周星宇　李帆　王　凌　徐嘉铭

数学学院(3 人)

幸云晨　曾　程　古祥

自动化学院(6 人)

陈泽森　宋　尧　张阳阳　卢长胜　杜丽双　聂云聪

计算机科学与工程学院、软件学院(6 人)

任杰文　陈建蓉　林天乙　黄伟聪　孙照月　宁静珲

物理学院(3 人)

倪琳郁　尚成林　刘志鑫

生物科学与医学工程学院(4 人)

金　静　张　运　陈　怡　沈　睿

材料科学与工程学院(6 人)

潘　浩　祁　琪　邵里良　陆晋媛　尹　蕾　刘继琦

人文学院(5 人)

李亚兰　严珊珊　黄佳佳　黄晓萍　许彧澜

经济管理学院(16 人)

曹　雪　马思佳　王翠翠　孙雨亭　王　怡　孟　鹏　陈越昇　潘文青　王蓓蓓

雷　蕾　张　潇　马天舒　曾　悦　黄毅菱　徐玉秋　张嘉润

电气工程学院(5人)

李俊杰　陆　迪　蒋浩然　胡　杰　徐　筝

外国语学院(4人)

潘佳惠　卢晓徐　夏　雨　高岑

化学化工学院(3人)

高　真　丁　婷　黄天宇

交通学院(17人)

赵鑫玮　王心怡　姚东成　俞　俊　林子豪　李　怡　张　创　张　燕　王　茹
马梦頔　梁　钰　韩雨钦　单彧诗　邓涵宇　汤钧尧　叶美锡　马盛南

仪器科学与工程学院(5人)

索传哲　胡素芸　宋　茜　翟金凤　李　钒

艺术学院(2人)

陈阿曼　倪弘沣

法学院(3人)

吴　茜　鲍怡婕　杨宇航

学习科学研究中心(1人)

李梦怡

公共卫生学院(3人)

杨辉军　蔡孟蓉　赵心语

医学院(14人)

李雪莹　周　铨　杨墨丹　刘清香　王　倩　张田利　胡昕滢　邱　钰　吕　妍
孟祥盼　金志成　周　希　周雨欣　杨洁凤

吴健雄学院(5人)

高　峥　薛　烨　孙宇涵　马文焱　吴旭东

东南大学2017年普通高等学校国家奖学金获奖学生名单表

序号	姓名	院系	专业	学号	性别	民族	入学年月
1	张　煜	建筑学院	建筑学	01113402	女	汉族	2013.08
2	乔润泽	建筑学院	建筑学	01114130	男	汉族	2013.08
3	张　旭	建筑学院	建筑学	01114228	男	汉族	2014.08
4	吴则希	建筑学院	建筑学	01114321	男	汉族	2014.08
5	周楚茜	建筑学院	建筑学	01115125	女	汉族	2014.08
6	冉　旭	建筑学院	建筑学	01115304	女	汉族	2015.08
7	万洪羽	建筑学院	建筑学	01116202	女	汉族	2016.08
8	刘　艺	建筑学院	城乡规划	01213221	男	汉族	2013.08
9	李心恬	建筑学院	城乡规划	01214101	女	汉族	2014.08
10	陈乐琳	建筑学院	城乡规划	01215124	女	汉族	2014.08
11	杨叶晴	建筑学院	城乡规划	01216122	女	汉族	2015.08
12	张梦斓	建筑学院	风景园林	01514111	女	汉族	2014.08
13	叶　聪	建筑学院	风景园林	01515117	女	汉族	2015.08
14	侯红宇	机械工程学院	机械工程	02014301	女	汉族	2014.08
15	赵　恒	机械工程学院	机械工程	02014316	男	汉族	2014.08
16	蔡洋洋	机械工程学院	机械工程	02015102	女	汉族	2015.08
17	关　晟	机械工程学院	机械工程	02015618	男	汉族	2015.08
18	方　田	机械工程学院	机械工程	02015708	男	汉族	2015.08
19	何宗杰	机械工程学院	机械工程	02015721	男	汉族	2015.08
20	宋浩艺	机械工程学院	机械工程	02016131	男	汉族	2016.08
21	董　畅	机械工程学院	机械工程	02016305	男	汉族	2016.08
22	杜育瑞	机械工程学院	机械工程	02016521	男	汉族	2016.08
23	邢姝钰	机械工程学院	机械工程	02016601	女	汉族	2016.08
24	王孟雅	机械工程学院	工业工程	02615113	女	汉族	2015.08
25	孙　铭	机械工程学院	工业工程	02616117	男	汉族	2016.08
26	刘　超	能源与环境学院	能源与动力工程	03014104	女	汉族	2014.08
27	于天池	能源与环境学院	能源与动力工程	03014321	男	汉族	2014.08
28	吴　钊	能源与环境学院	能源与动力工程	03014407	女	汉族	2014.08

（续 表）

序号	姓名	院系	专业	学号	性别	民族	入学年月
29	陈 鹏	能源与环境学院	能源与动力工程	03015208	男	汉族	2015.08
30	张晟源	能源与环境学院	能源与动力工程	03015230	男	汉族	2015.08
31	熊世明	能源与环境学院	能源与动力工程	03015317	男	汉族	2015.08
32	万子仁	能源与环境学院	环境工程	03215730	男	汉族	2015.08
33	黄恩和	能源与环境学院	核工程与核技术	03314530	男	壮族	2014.08
34	张 帆	能源与环境学院	能源动力类	03A16303	女	汉族	2016.08
35	陈美君	能源与环境学院	能源动力类	03A16402	女	汉族	2016.08
36	刘祎璇	能源与环境学院	能源动力类	03A16404	女	汉族	2016.08
37	张家齐	能源与环境学院	能源动力类	03A16425	男	汉族	2016.08
38	席子昂	能源与环境学院	能源动力类	03A16512	男	汉族	2016.08
39	陈 康	信息科学与工程学院	信息工程	04014150	男	汉族	2014.08
40	何伟梁	信息科学与工程学院	信息工程	04014316	男	汉族	2014.08
41	徐希庆	信息科学与工程学院	信息工程	04014335	男	汉族	2014.08
42	王润东	信息科学与工程学院	信息工程	04014543	男	汉族	2014.08
43	杨济源	信息科学与工程学院	信息工程	04015115	男	汉族	2015.08
44	孙苏齐	信息科学与工程学院	信息工程	04015449	男	汉族	2015.08
45	马浩鑫	信息科学与工程学院	信息工程	04015450	女	汉族	2015.08
46	李 俊	信息科学与工程学院	信息工程	04015617	男	汉族	2015.08
47	张津铭	信息科学与工程学院	信息工程	04016136	男	汉族	2016.08
48	李子健	信息科学与工程学院	信息工程	04016421	男	汉族	2016.08
49	罗 咪	信息科学与工程学院	信息工程	04215726	女	汉族	2015.08
50	张滕翔	信息科学与工程学院	信息工程	04215727	男	汉族	2015.08
51	时 旻	信息科学与工程学院	信息工程	04216711	女	汉族	2016.08
52	薛 彤	信息科学与工程学院	信息工程	04216712	女	汉族	2016.08
53	吴佳其	信息科学与工程学院	信息工程	04016642	男	汉族	2016.08
54	陈 萌	土木工程学院	土木工程	05114415	男	汉族	2014.08
55	范健华	土木工程学院	土木工程	05115601	男	汉族	2015.08
56	徐睿妮	土木工程学院	土木工程	05115604	女	汉族	2015.08
57	刘常浩	土木工程学院	土木工程	05115609	男	汉族	2015.08
58	卢 毅	土木工程学院	土木工程	05115610	男	汉族	2015.08
59	王肖骏	土木工程学院	土木工程	05115623	男	汉族	2015.08

(续 表)

序号	姓名	院系	专业	学号	性别	民族	入学年月
60	徐雨晴	土木工程学院	工程管理	05214203	女	汉族	2014.08
61	肖子璇	土木工程学院	工程管理	05215208	女	汉族	2015.08
62	李岱枰	土木工程学院	工程管理	05216113	女	汉族	2016.08
63	邵世轩	土木工程学院	工程力学	05314108	男	汉族	2014.08
64	倪盼睿	土木工程学院	工程力学	05314112	男	汉族	2014.08
65	王思瑾	土木工程学院	工程力学	05315106	女	汉族	2015.08
66	支新航	土木工程学院	土木工程	05116617	男	汉族	2016.08
67	刘子航	土木工程学院	土木工程	05116623	男	汉族	2016.08
68	刘哲铭	土木工程学院	给排水科学与工程专业	05516110	男	汉族	2016.08
69	仲　毅	土木工程学院	土木工程	05116624	男	汉族	2016.08
70	周　熠	电子科学与工程学院	电子科学与技术(类)	06A15130	男	汉族	2015.08
71	郑　添	电子科学与工程学院	电子科学与技术(类)	06A15132	男	汉族	2015.08
72	程天霁	电子科学与工程学院	电子科学与技术(类)	06A15141	男	汉族	2015.08
73	寇梓黎	电子科学与工程学院	电子科学与技术(类)	06A15217	男	汉族	2015.08
74	宋金凯	电子科学与工程学院	电子科学与技术(类)	06A15422	男	汉族	2015.08
75	赵　天	电子科学与工程学院	电子科学与技术(类)	06A15521	男	汉族	2015.08
76	窦　刚	电子科学与工程学院	电子科学与技术(类)	06A15527	男	汉族	2015.08
77	张徐青	电子科学与工程学院	电子科学与技术(类)	06A16301	女	汉族	2016.08
78	俞祚旭	电子科学与工程学院	电子科学与技术(类)	06A16318	男	汉族	2016.08
79	张泽童	电子科学与工程学院	电子科学与技术(类)	06A16406	女	汉族	2016.08
80	张成长	数学学院	数学类	07016116	男	汉族	2016.08
81	郑文典	数学学院	数学类	07016120	男	汉族	2016.08
82	吴超群	数学学院	数学与应用数学	07115107	女	汉族	2015.08
83	宋美晨	数学学院	统计学	07315115	女	汉族	2015.08
84	王盛辉	数学学院	统计学	07315126	男	汉族	2015.08
85	陈　晨	自动化学院	自动化	08015104	女	汉族	2015.08
86	常雅晴	自动化学院	自动化	08015204	女	汉族	2015.08
87	位广宇	自动化学院	自动化	08015321	男	汉族	2015.08
88	夏玉文	自动化学院	机器人工程	08116101	女	汉族	2016.08
89	李艺童	自动化学院	机器人工程	08116102	女	汉族	2016.08
90	张明辉	自动化学院	自动化	08016129	男	汉族	2016.08

（续　表）

序号	姓名	院系	专业	学号	性别	民族	入学年月
91	杭天恺	自动化学院	自动化	08016316	男	汉族	2016.08
92	刘宗源	计算机科学与工程学院	计算机科学与技术	09015112	男	汉族	2015.08
93	郑云川	计算机科学与工程学院	计算机科学与技术	09015131	男	汉族	2015.08
94	李秋霖	计算机科学与工程学院	计算机科学与技术	09015230	男	汉族	2015.08
95	陈一赫	计算机科学与工程学院	计算机科学与技术	09015319	男	汉族	2015.08
96	张雨季	计算机科学与工程学院	计算机科学与技术	09016108	女	汉族	2016.08
97	周逸帆	计算机科学与工程学院	计算机科学与技术	09016236	男	汉族	2016.08
98	宋子星	计算机科学与工程学院	计算机科学与技术	09016428	男	汉族	2016.08
99	杨航源	计算机科学与工程学院	计算机科学与技术	09016435	男	汉族	2016.08
100	钱昊达	软件学院	软件工程	71115121	男	汉族	2015.08
101	肖君彦	软件学院	软件工程	71115339	男	汉族	2015.08
102	陈一雄	软件学院	软件工程	71115437	男	汉族	2015.08
103	范群群	软件学院	软件工程	71116205	女	汉族	2016.08
104	郑　浩	软件学院	软件工程	71116215	男	汉族	2016.08
105	白丰硕	软件学院	软件工程	71116233	男	汉族	2016.08
106	王小丹	软件学院	软件工程	71116307	女	汉族	2016.08
107	闫怀宇	软件学院	软件工程（全英文）	71Y15123	男	汉族	2015.08
108	李国平	物理学院	物理学	10316103	男	汉族	2016.08
109	刘琬铃	物理学院	应用物理学	10114106	女	汉族	2014.08
110	李新新	物理学院	应用物理学	10115114	男	汉族	2015.08
111	顾　承	生物科学与医学工程学院	生物医学工程（本硕连读）	11215110	女	汉族	2015.08
112	王卓颖	生物科学与医学工程学院	生物医学工程（本硕连读）	11215113	女	汉族	2015.08
113	段秋怡	生物科学与医学工程学院	生物医学工程（本硕连读）	11216103	女	汉族	2016.08
114	黄文娣	生物科学与医学工程学院	生物信息技术	11314108	女	汉族	2014.08
115	孙　青	生物科学与医学工程学院	生物医学工程	11A16206	女	汉族	2016.08
116	周海函	生物科学与医学工程学院	科学教育	26115110	男	汉族	2015.08
117	陈　阳	材料科学与工程学院	材料科学与工程	12014213	男	汉族	2014.08
118	俞晓涵	材料科学与工程学院	材料科学与工程	12014308	女	汉族	2014.08
119	刘　新	材料科学与工程学院	材料科学与工程	12014325	男	满族	2014.08
120	王永超	材料科学与工程学院	材料科学与工程	12014420	男	汉族	2014.08
121	张振兴	材料科学与工程学院	材料科学与工程	12015211	男	汉族	2015.08

(续 表)

序号	姓名	院系	专业	学号	性别	民族	入学年月
122	文　韬	材料科学与工程学院	材料科学与工程	12015425	男	汉族	2015.08
123	沃一婧	人文学院	政治学与行政学	13115119	女	汉族	2015.08
124	郑德祺	人文学院	政治学与行政学	13115128	男	汉族	2015.08
125	肖梦林	人文学院	旅游管理	13315125	男	汉族	2015.08
126	孙文婷	人文学院	汉语言文学	13415115	女	汉族	2015.08
127	华杰	人文学院	人文科学试验班	13A16226	男	回族	2016.08
128	赵鹏风	人文学院	人文科学试验班	13A16326	男	汉族	2016.08
129	王　雪	人文学院	人文科学试验班	13A16416	女	汉族	2016.08
130	谭雪琪	人文学院	人文科学试验班	13A16506	女	汉族	2016.08
131	林　凯	经济管理学院	信息管理与信息系统	14114101	男	汉族	2014.08
132	颜娇娇	经济管理学院	信息管理与信息系统	14115105	女	汉族	2015.08
133	宋孟璐	经济管理学院	工商管理	14315103	女	汉族	2015.08
134	李佳卉	经济管理学院	会计学	14414105	女	满族	2014.08
135	陈昊越	经济管理学院	会计学	14414111	女	汉族	2014.08
136	钟宁桐	经济管理学院	会计学	14415207	女	畲族	2015.08
137	王紫宇	经济管理学院	会计学	14415224	女	汉族	2015.08
138	曹靓宁	经济管理学院	金融学	14514125	男	汉族	2014.08
139	翟　玲	经济管理学院	金融学	14514205	女	汉族	2014.08
140	杨　帆	经济管理学院	金融学	14515108	女	汉族	2015.08
141	蔡　轩	经济管理学院	经济学	14614103	女	汉族	2014.08
142	杨　旭	经济管理学院	金融工程	14915102	女	汉族	2015.08
143	宋嘉馨	经济管理学院	金融工程	14915103	女	汉族	2015.08
144	程少彤	经济管理学院	会计学	14416216	男	汉族	2016.08
145	孟雅之	经济管理学院	信息管理与信息系统	14116114	女	汉族	2016.08
146	黄思涵	经济管理学院	金融学	14516102	女	汉族	2016.08
147	魏　玮	经济管理学院	金融工程	14916115	女	汉族	2016.08
148	陆　焱	经济管理学院	金融工程	14916116	女	汉族	2016.08
149	李　林	电气工程学院	电气工程及其自动化	16015123	男	羌族	2015.08
150	钟　智	电气工程学院	电气工程及其自动化	16015217	男	壮族	2015.08
151	唐兆鹏	电气工程学院	电气工程及其自动化	16015226	男	汉族	2015.08
152	魏松韬	电气工程学院	电气工程及其自动化	16015312	男	汉族	2015.08

（续 表）

序号	姓名	院系	专业	学号	性别	民族	入学年月
153	王旭东	电气工程学院	电气工程及其自动化	16015323	男	汉族	2015.08
154	华济民	电气工程学院	电气工程及其自动化	16015506	女	汉族	2015.08
155	陈沛瑾	电气工程学院	电气工程及其自动化	16015605	女	满族	2015.08
156	严　强	电气工程学院	电气工程及其自动化	16015608	男	汉族	2015.08
157	孙锴宇	电气工程学院	电气工程及其自动化	16015631	男	汉族	2015.08
158	郑可文	外国语学院	英语	17115215	女	汉族	2015.08
159	张亚萍	外国语学院	英语	17115310	女	汉族	2015.08
160	单　婧	外国语学院	英语	17115314	女	汉族	2015.08
161	唐钰淇	外国语学院	英语	17116317	女	汉族	2016.08
162	钟荟娴	外国语学院	日语	17216112	女	汉族	2016.08
163	刘韵怡	化学化工学院	化学	19316102	女	汉族	2016.08
164	顾柳瑜	化学化工学院	化学工程与工艺	19115102	女	汉族	2015.08
165	韩　策	化学化工学院	化学	19314108	男	满族	2014.08
166	贺　唱	化学化工学院	化学	19315102	女	汉族	2015.08
167	肖　哲	交通学院	交通工程	21015113	男	汉族	2015.08
168	刘晓瀚	交通学院	交通工程	21015119	男	汉族	2015.08
169	王　宝	交通学院	道路桥梁与渡河工程	21015215	男	汉族	2015.08
170	张靖霖	交通学院	道路桥梁与渡河工程	21015216	男	汉族	2015.08
171	方知言	交通学院	交通工程	21115101	女	汉族	2015.08
172	汤　慧	交通学院	交通运输	21215108	女	汉族	2015.08
173	吴艳艳	交通学院	测绘工程	21315104	女	汉族	2015.08
174	姚金悦	交通学院	港口航道与海岸工程	21415106	女	汉族	2015.08
175	夏莞茹	交通学院	地理信息科学	21515107	女	汉族	2015.08
176	陈　健	交通学院	道路桥梁与渡河工程	21715201	男	汉族	2015.08
177	徐　曼	交通学院	城市地下空间工程	21815102	女	汉族	2015.08
178	刘涉川	交通学院	城市地下空间工程	21815118	男	汉族	2015.08
179	黄　霓	交通学院	交通运输类	21A16105	女	汉族	2016.08
180	刘芷辰	交通学院	交通运输类	21A16310	女	汉族	2016.08
181	朱菊梅	交通学院	交通运输类	21A16401	女	汉族	2016.08
182	雷明月	交通学院	交通运输类	21A16404	女	汉族	2016.08
183	刘泽宇	交通学院	交通运输类	21A16421	男	汉族	2016.08

(续　表)

序号	姓名	院系	专业	学号	性别	民族	入学年月
184	陈子怡	交通学院	交通运输类	21A16510	女	汉族	2016.08
185	赵鑫莹	交通学院	测绘类	21B16101	女	汉族	2016.08
186	沈玥伶	仪器科学与工程学院	测控技术与仪器	22015402	女	汉族	2015.08
187	杨述焱	仪器科学与工程学院	测控技术与仪器	22015406	女	汉族	2015.08
188	陈望隆	仪器科学与工程学院	测控技术与仪器	22015412	男	汉族	2015.08
189	徐呈豪	仪器科学与工程学院	测控技术与仪器	22016112	男	汉族	2016.08
190	李丹若	仪器科学与工程学院	测控技术与仪器	22016206	女	汉族	2016.08
191	孙东杰	仪器科学与工程学院	测控技术与仪器	22016322	男	汉族	2016.08
192	路　瑶	艺术学院	美术学	24114111	女	汉族	2014.08
193	徐思佳	艺术学院	动画	24215113	女	汉族	2015.08
194	王姝蕴	艺术学院	产品设计	24A16109	女	汉族	2016.08
195	方　天	艺术学院	产品设计	24A16327	男	汉族	2016.08
196	曲　慧	法学院	法学	25015112	女	汉族	2015.08
197	潘豫皖	法学院	法学	25015209	女	汉族	2015.08
198	张　超	法学院	法学	25016128	男	汉族	2016.08
199	汪昱彤	公共卫生学院	预防医学	42116207	女	汉族	2016.08
200	史　越	公共卫生学院	劳动与社会保障	42214107	女	汉族	2014.08
201	龚　雪	公共卫生学院	劳动与社会保障	42214108	女	汉族	2014.08
202	陈寒赟	公共卫生学院	劳动与社会保障	42215112	女	土家族	2015.08
203	黄书奇	公共卫生学院	劳动与社会保障	42215204	女	汉族	2015.08
204	李思琪	医学院	临床医学	43113318	女	黎族	2013.08
205	祁文俊	医学院	临床医学	43114121	男	汉族	2014.08
206	陈哲炜	医学院	临床医学	43114226	男	汉族	2014.08
207	高　玥	医学院	临床医学(本硕连读)	43213215	女	汉族	2013.08
208	查明明	医学院	临床医学(本硕连读)	43213432	男	汉族	2013.08
209	王梦莹	医学院	临床医学(本硕连读)	43214513	女	汉族	2014.08
210	汪逸姮	医学院	临床医学(本硕连读)	43215407	女	汉族	2015.08
211	张　玲	医学院	临床医学(5+3一体化)	43216215	女	汉族	2016.08
212	赵　珏	医学院	医学影像学	43313113	女	彝族	2013.08
213	王马丽	医学院	医学影像学	43314103	女	汉族	2014.08
214	朱珂宇	医学院	医学检验	43415113	女	汉族	2015.08

（续　表）

序号	姓名	院系	专业	学号	性别	民族	入学年月
215	马碧云	医学院	医学检验技术	43416106	女	土族	2016.08
216	陈正飞	医学院	护理学	43514108	女	纳西族	2014.08
217	杨璨粼	医学院	临床医学(本硕博连读)	43813115	女	汉族	2013.08
218	李　壮	医学院	临床医学(本硕博连读)	43815127	男	汉族	2015.08
219	张孝虎	医学院	拔尖创新医学人才(5+3+x)	43816124	男	汉族	2016.08
220	周　梅	医学院	医学影像学	43315105	女	回族	2015.08
221	陆天予	医学院	临床医学	43115223	男	汉族	2015.08
222	蒋　扬	医学院	临床医学类	43A16207	女	汉族	2016.08
223	王　珏	医学院	临床医学类	43A16313	女	汉族	2016.08
224	廖晓菲	吴健雄学院	电子信息类强化班	04015002	女	汉族	2015.08
225	苗双双	吴健雄学院	机械动力类强化班	03015005	男	汉族	2015.08
226	金洁珺	吴健雄学院	高等理工实验班	61315101	女	汉族	2015.08
227	许文寒	吴健雄学院	工科试验班	61516119	男	汉族	2016.08
228	王　旸	吴健雄学院	工科试验班	61516221	男	汉族	2016.08
229	刘亚轩	吴健雄学院	工科试验班	61516321	男	汉族	2016.08

2017 年校长奖名单(133 人)

建筑学院(7 人)

陈　晔　柏韵树　叶　波　刘　璇　王怡鹤　陈雪纯　顾　佳

机械工程学院(6 人)

李　季　何东泽　余前国　梁学斌　龙雪莹　戴松乔

能源与环境学院(7 人)

李佳辰　付童方　郭振宇　戴文韬　徐玉叶　余晨曦　董浩洋

信息科学与工程学院(8 人)

黄梦宇　丁宁宁　周子纯　夏智康　郭琪周　金惟杰　陈磊　李子箫

土木工程学院(9 人)

杜硕　王佳伟　罗鑫权　沈伶佳　于路港　王锦阳　刘晓宇　王田虎　程　赟

电子科学与工程学院(6人)

耿杨烨　刘　荟　陈柳宏　朱　宇　魏秋萌　石涵雨

数学系(3人)

黄景颢　车昱辰　雷　诺

自动化学院(4人)

李文健　董林滔　冉智丹　臧　璇

计算机科学与工程、软件学院(9人)

郑　锜　张奕裕　胡黛琳　陈冬儿　陈雄辉　沈廷威　蒋子林　张晓雯　陈　玥

物理系(2人)

焦时雨　秦　鑫

生物科学与医学工程学院(3人)

冯丹妮　许成韬　谷奕旸

材料科学与工程学院(3人)

李文卓　耿子凡　韩寿雨

人文学院(4人)

黄佳琪　李　静　刘汝坚　张　越

经济管理学院(10人)

肖　利　孙伊宁　汤丽娜　张　钊　刘欣一　文世航　梁　杰　房紫薇　徐　鹏
卫星吉

电气工程学院(5人)

蔡星浦　包丽雯　庄文楠　张博伦　亓臻康

外国语学院(3人)

薛润华　王　艺　许　婕

化学化工学院(2人)

闵博雅　周小清

交通学院(10 人)

杨子晔　李玲慧　朱毅然　柳雨豪　周亚倩　吴曾晗　徐为驰　罗中畅　戚心怡
张陈彧

仪器科学与工程学院(3 人)

厉　叶　刘倩雯　熊瑾乐

艺术学院(2 人)

赵吕欣　刘本杨

法学院(2 人)

陈家媛　朱佳雯

公共卫生学院(3 人)

李佳琳　施乃扬　瞿　靖

医学院(12 人)

朱丹菲　封智阅　李洪林　薛　玉　易仁鑫　程勇兵　陈邢杰　吉　欣　胡梓菡
曹周利　耿知闻　李建平

吴健雄学院(10 人)

李志昂　周爱君　许晨煜　完晓妍　吕佳峰　季雅惠　孙昊宇　董雍　严　格
李怡宁

2016—2017 学年奖教、奖学金获奖名单

顾冠群、章玉琴奖助学金(顾冠群、章玉琴家属设立) 基金 15 万元

获奖名单

张　巍	02014524	邢泽运	09014410	李迪威	04014017
李　汉	22015220	刘媛媛	43112216		

齐康奖助基金(齐康院士设立) 基金 100 万元

建筑学院获奖教师名单

陶岸君

获奖学生名单

张　杰	160205	何　朋	160148	宁昱西	150077
刘立坤	153430	陆　熹	140084	孙世浩	160108
王　顺	153424	季晨子	153428		

吕志涛院士奖励金(吕志涛院士设立) 奖金总额3万元

土木工程学院获奖教师名单

谈超群 杜二峰

获奖学生名单

冯　宇	159417	林　煜	150922	曹芝腑	159060
王浩琛	05113430	王君娴	05513103		

何振亚、王孝书奖学金(何振亚、王孝书设立) 基金12万元

获奖名单

王　昕 150723

缪昌文奖学金(缪昌文院士设立) 基金20万元

获奖名单

赵亚松	151740	马　瑞	149131	杜　仪	151734
端　羽	12013311	方大意	12014421	刘智勇	12014419
岳夏薇	12015301	冯建航	12015118		

东南大学建筑设计与理论研究中心——程泰宁奖励基金(程泰宁院士设立) 基金65万元

获奖名单

刘　焱	169296	成　实	149282	汪妍泽	149002
顾　鹏	150039	刘　科	159623	高亦超	01114115
吴则希	01114321	曹蔚祎	01113508	王奕阳	01113211
邱怡箐	01114408	高小涵	01114229	雷　达	01113318
任广为	01114409	管　菲	01114307	刘振鹏	01114406

孙伟院士奖学基金(孙伟院士设立) 基金50万元

获奖名单

郑　伟	159485	丁健翔	149460	刘　迪	151753
耿银雪	151781	李赛鹏	159152	秦　霞	151710
王小娟	141677	鲁菁琳	12013408	喻世平	12014124
吴利民	12014229	王会一	12014122	耿文帅	12014214
颜子尧	12014224	邱　萍	12014110	张秋月	12014201
仲　雯	12014434	封媛嘉	12015305	瞿志飞	12015231
蔡泽鑫	12015319	姚礼佳	12015311	秦宇璇	12015208
蔡雅诗	12015204	董　樑	12015129	郑超浪	12015420
陈　曦	12015108	陶艺健	12015409	熊桑琪	12013304
何茜雯	12013307	戴乐多	12013201	韩宝玲	12013410
张杉琳	12013301	邓含露	12013102		

朱斐、孙绎奖助学金(朱斐、孙绎设立) 基金20万元

获奖名单

张卓然	02014402	高　畅	02014401	董林杰	02014127

余卓君 02015525　　陈　琳 02615112

周鹗奖学金(周鹗教授及夫人王慕藏教授,众高足设立) 基金 16 万元

获奖名单

潘书磊 152200　　张　涛 152181　　董　坤 149668

仝凌云 16014418　　石旭江 16014606

冯宇樵奖学金(冯绥安先生设立) 奖金总额 2 500 元

获奖名单

丁　烨 03115622

陈延年、王劲松奖学金(陈延年、王劲松设立) 奖金总额 3 万元

获奖名单

陈　菲 159145　　梁程瑶 151708　　吴　叶 151719

韦孝诚 12013128　　田晓升 12013322

李元坤奖学金(徐元善先生设立) 奖金总额 2 000 元

获奖名单

王之渔 14B16623

陈达锋土木工程奖教金(陈达锋先生设立) 基金 10 万元

土木工程学院教师获奖名单

黄　娟　杨福俊　何顶顶

张秋交通工程奖学金(张秋先生设立) 基金 3.7 万元

获奖名单

王梦迪 162682　　戴昇宏 21015109

金宝桢奖教金、奖学金(南京栖霞建设股份有限公司设立) 基金 50 万元

教工获奖名单

钱　谊　土木工程学院　　刁文怡　土木工程学院

姜益军　土木工程学院　　彭丽萍　实验室与设备管理处

学生获奖名单

王斯妮 150934　　汤镇宁 151045　　袁　雅 161050

史珍妮 150456　　赵坤松 05114220　　金　玉 09014404

沈　鑫 05114514　　凌丽阳 71114317　　金舒涵 43A15306

游思平 13415112　　刘　杰 05115624　　陈昊辉 05115626

郑举乐 05A16502　　赵孟喆 05A16310

丁大钧教育基金奖助学金(丁大钧教育基金会设立) 基金 96 万元

获奖名单

田雪兆 151115　　黄丽媛 161068　　谢　昊 161097

李蓉蓉 151140　　王雨竹 05314136　　洪新妍 05315105

张锋桦 05115514　　陈　露 05215211

蒋永生奖学金(蒋永生教授家属及学生设立) 基金21.5万元

获奖名单

张震祺　05215218　　侯力元　05A16425

陈荣生教授创新奖学金(陈荣生教授的学生设立) 奖金总额1万元

获奖名单

张　勐　169196　　廖　辉　152512　　陈华庆　152598

维俊奖教金(南京盘龙广告传媒集团设立) 基金5万元

图书馆教职工获奖名单

唐　权　黄布达　顾　烊　吴　勤　杨迎春

洪范五奖教金、奖学金(南京盘龙广告传媒集团设立) 基金10万元

图书馆员工获奖名单

王广仙　马明群　朱佳鸣　王贤

学生获奖名单

潘　颖　151978

郝英立奖学基金(高嵩同志及沈锦华、郭金林、沙敏等校友设立) 基金19.2万元

获奖名单

刘子健　151566　　胡　斌　149325

言恭达奖教金、奖学金(言恭达先生设立) 基金50万元

艺术学院教师获奖名单

罗　雪　张志贤　倪　进　卢文超　李　牧　季　欣　羊笑亲　邱　军　郭建平　田　清

学生获奖名单

胡　毓　153209　　陈忆澄　169611　　彭露滨　153203

廖芳艺　163402　　张悦嘉　24314212　　陈滕羽卉　24214110

林星星　24115108　　夏　宇　24115114　　王姝蕴　24A16109

邵晨雨　24A16216

黄林、郭养滋奖学金(黄林、郭养滋伉俪设立) 基金10万元

获奖名单

于　乐　08014227　　营世煜　22014213　　王超然　08014322

沈玥伶　22015402

朱庆庥奖助学金(朱世平校友设立) 基金10万元

获奖名单

林　彤　160389　　姜　宁　61315108　　王　慧　01212101

高金衡奖助学金(高明女士设立) 基金10万元

获奖名单

矫文薇　07314101　　安少坤　07314117　　李君兰　07314108

刘子旗　07214115　　乔富俐　07114103　　吴超群　07115107

杨　冉　07315125　　戴逸菲　07315101　　吴　格　07313105

沈嘉琪 07113107

恽瑛奖助学金(恽瑛教授、潘天任、左韵芳设立) 基金 28 万元

获奖名单

刘月琦 71Y14111　高若峰 08014209　陈星宇 71114439
蒋 晨 08014214　虞 悦 16014429　郝冠球 03014211
陈宇航 16014610　廖晓菲 61015104　完晓妍 61315103
高 远 03015319　王朝晖 10016224　李国平 10016108

程文瀼教授奖助学基金(程文瀼教授家属及其弟子设立) 基金 33 万元

获奖名单

张晨辉 150945　强玮良 150991　吴佳佳 151055
李文锦 05A16104　王思睿 05215205　蒲思蓉 05115105
贾瑞临 05215210　杜妍慧 05216203

施明恒奖学金(施明恒教授及其弟子设立) 基金 10 万元

获奖名单

王 铮 150439　黄喜军 150359　霍雅超 03015205
扈佳玮 03013410　陈 鹏 03015208

徐百川 OVM 预应力奖学金、奖教金(柳州欧维姆机械股份有限公司设立) 奖金总额 5 万元

土木工程学院教师获奖名单

张 晋　蔡建国

学生获奖名单

乔 治 149059　杨 辉 169057　许嘉辉 140932
李云杰 150960　谢鲁齐 149375　马瑞君 169059
薛荣乐 150989　郑建超 140970　张 一 151017

章春梅奖学金(章春梅教授家属及其弟子设立) 基金 11.0028 万元

获奖名单

孙 超 161749　王佳扬 12014210　朱 玉 12013207

何德玶奖学金(何德玶教授家属设立) 基金 10.8 万元

获奖名单

沈奕阳 12014211

霞光奖助学金(程光蕴、许世霞夫妇设立) 基金 10 万元

获奖名单

韩幸志 10114122　雷世英 02014518　赵 恒 02014316
袁复超 02615131　冷珊珊 02615104

颜安教授奖教金(颜安教授设立) 基金 6 万元

经济管理学院教师获奖名单

林 琮　董 斌　尹 威　吕 灿

徐南荣奖学金(桂莲基金会设立)　基金 50 万元

获奖名单

吴　敏	151969	严春蕾	151823	黄毅菱	14713111

东南大学陈珩教授奖励发展基金(陈珩教授家属、学生及好友等设立)　基金 58 万元

获奖名单

全相军	149483	吴　丹	152171	郑斌青	152184
冯　双	149669	谭　超	152194	窦唯靖	10115134
韩东良	16014222	董羽翔	16014311	陆钰宝	16014123
侯　宇	16014324				

孙国雄奖学金(孙国雄教授及其研究生设立)　基金 20.0762 万元

获奖名单

陈怀成	139447	王　宇	161755	崔志强	161736

陈善年、佘颖禾核电安全与创新奖学金(陈善年、佘颖禾教授夫妇设立)　基金 100 万元

获奖名单

刘飞明	140519	曹　玉	03314501	刘祚人	03315519
戴　文	03313520				

郭秉文奖学金(Give2Asia 设立)　基金 6500 美元

获奖名单

魏皖豫	13A16213	甘米贤	13A16316	马丹芬	13A16118

颜景平教授暨弟子奖学基金(颜景平教授暨弟子设立)　奖金总额 1 万元

获奖名单

桂　超	02015727	程钦锟	02015522

张建坤基金(张嘉澍先生设立)　基金 31 万元

获奖名单

段强通	05214123

“徐吉谦——张秋”奖学金(徐吉谦教授及其曾指导的研究生设立)　基金 15 万元

获奖名单

周　洁	152538	杨　阳	152644	吴坤润	21114235
谭　旭	21115224	刘晓瀚	21015119	徐硕研	21014113

蒋贤文奖学金、奖教金(蒋时俊校友设立)　基金 306 万元

物理学院教师获奖名单

董　科　陈　乾

学生获奖名单

本科生一等奖

沈傅欢	10314105	郝佩佩	10313101

研究生奖

周荣青	151617	朱明洁	141606	严振中	151608
史　丽	169112				

陆梓瑜奖助学金(陆虎进校友设立) 奖金总额10万元

获奖名单

钱琦睿 14814116 刘腊月 14715110 王 珺 14814105
郑蓉蓉 14815121 李梦齐 14814120 何媛田 14715102
张丽娜 14814108 杨文蕾 14815113 李田杰 14714114
刘艺蓓 14815117 杨泽宇 14714117 庞 珞 14815124
李 丹 14814106 孙雨杨 14715124 杨 艺 14814109
赵 敏 14815115 陈可旺 14714101 刘 刚 14815127
唐 宁 14715117 曾 悦 14713101 李 悦 14714108
步纤屿 14815119 欧燕锋 14815112 张晓伟 14813125
罗陈斌 14714107 林 恬 14815122 马 茜 14713110
戈宏辉 14813122 马秋庆 14714110 王冰玉 14715103

轩铭奖学金(杨轩铭校友设立) 奖金3000元

获奖名单

邢毅峰 21214121

吴健雄·生医奖学金(东南大学生物科学与医学工程学院发展基金设立) 奖金总额16万元

获奖名单

研究生特等奖

韩 微 151680 孙炜航 163897 赵大地 143732

研究生奖

刘 洋 179159 华先武 153819 孙晓梦 163886
张春明 151672 王 琰 153829 韩善颖 141624
余筠如 169750 黄 朔 153834 徐晓岚 151669
王 鹏 143716 陈卓玥 161690 王 洁 149457
朱 烨 151677 于云雷 163896

本科生特等奖

丁 冉 11114115 吕乾韬 11A15222 刘熠琳 11A15305
黄馨雨 26113112

本科生奖

陈阳天 11214220 郑长坤 11214213 黄文娣 11314108
韩书彦 11114113 霍恩泽 11114120 张心平 11215128
冯福临 11A15302 梁嘉炜 11A16113 郁晨阳 11114121
黄罗杰 11A15121 石诚欢 11A16222 罗雨菡 11A16209
马乐遥 11A15103 袁一通 11A15216 刘苏锐 11216106
李 根 26116113 李子劢 11113101 程晓彤 11213226
邹旻含 11213119 徐 颖 11213221

红光奖助学金(曹红光校友设立) 基金45万元

获奖名单

胡慧怡	11114105	张朔凡	43214314	秦佳颖	43A15107
吴静叶	43213408	牟思豫	11214204	洪　伊	43A16212
陈晶晶	43215403	张　运	11213118	李　倩	43314108
张睿憬	11A16118	尤腾叶	19215104	马玉萍	43213313
盛蕾益	11114109	罗小菲	43112219	张筱萱	11A15202
崔　青	43113129	赵　娜	43114203	王皓飞	43113329
黄小莉	43A15313	孙灵钰	11213120	赵姝怡	13414112
曹无忧	43813104	王　颖	11A15204	陈　怡	11213121
罗　荣	43214408	田江峰	43412111	尹义萍	43816105
王月桐	11213122	克地尔牙·马合木提	43A16105		
热伊莱·艾买提	43112103				

焦廷标奖学基金(南京华新有色金属有限公司设立) 基金500万元

教师获奖名单

毕可东	机械工程学院	戴　敏	机械工程学院
张友法	材料科学与工程学院	张旭海	材料科学与工程学院
王富宜	人文学院	张晶晶	人文学院

学生获奖名单

陈　毅	160314	石　婷	153121	朱　琳	151800
蔡子秋	160220	顾腾飞	151735	杨　珊	153129
蔡名娟	12013206	黄佳琪	13115117	潘玮珍	12014202
张天阳	13314113	鲍作辉	12015423	窦昆鸿	02015408
张阳卉	13214104	李　想	02015701	刘皓央	02015208

亿利达刘永龄奖学金(亿利达工业发展集团有限公司设立) 奖金总额2.5万元

获奖名单

安宁伟	04014115	陈小飞	09015137	宋金凯	06A15422
张晓雯	71115206	王梦哲	04015406		

许尚龙光彩事业贫困学生奖助学金(南京21世纪投资集团设立) 基金50万元

获奖名单

范　鸣	02014118	赵子乾	02014530	王　涵	05115115
谈诗雨	71116206	刘艳龄	17214107	张　景	13215117
闫　洁	14615119	沈文秀	09016304	郑　超	43814129
唐　玥	43A15202	郑　浩	71116215	潘雪影	43512121
卢　凝	61314106	申一芬	25015113	李　阳	13A16303
胡慧祯	41113113	段福鑫	02014502	钱　辰	17215106
姜文玉	71116227	刘苗苗	01113111		

限利实国际奖助学金(国际科学技术文化振兴会设立) 奖金总额 10 万元

新增获奖学生名单

周 伟	150322	王玉玲	160501	叶康伟	162481
何 苗	150203	翟 晟	150330	陈 勇	152364
汪 鹏	160406	秦高强	150255	熊立红	160572
蒋 伟	152368	金珊珊	160234	刘 彤	163483
马晓慧	160510	朱 恺	152412	张一涛	02015513
贾乐松	02015616	李 贞	19214102	马榕蔚	19114103
夏佳雨	17114215	刘子昂	02015619	徐娅婷	17114115
包 槿	17114101	朱雨潇	17115212	杨弘毅	03115623
乔 煜	02015601	董华钊	03015220	王新宇	03015412

唐仲英德育奖学金[唐仲英基金会(中国)设立] 奖金总额 49.2 万元

获奖名单

范群群	71116205	秦韶阳	21A6911	熊 涓	14C16302
黄鸿宇	05A16522	李 想	21A16512	晋 帅	22016418
张徐青	06A16301	陈邢杰	43216121	郭 浩	19016220
黄雨悦	01216206	李晓琦	71116207	王 琛	14C16321
秦晶晶	14B16110	薛家龙	02016406	刘泽宇	21A16421
郑文典	07016120	孙雨勤	05716101	韩 颖	71116204
许 婕	17116117	胡聪琳	14C16301	刘金月	14B16204
刘芷辰	21A16310	刘 峰	05A16311	贾凌雪	14B16603
程 霄	25016204	周子桓	43A16136	杨宇瑶	14B16109
许 晨	42216118	刘 涛	21A16311	王 旸	61516221

叶晶奖学金(叶晶、刘芳夫妇设立) 奖金总额 6 万元

获奖名单

许 强	161629	宋 雨	161524	周 银	161713
刘婷薇	160751	何 玲	151579	洪婉坪	151480
陈诗婷	161689	王嘉频	140650	郑 涛	151581
罗 朋	151491	孙 杰	153843	董 烨	130621
李国清	151604	魏一鸣	160916	蔡国超	153833
陈 策	151698	章 研	169431	秦顾正	160846
王德龙	149455	宋新宇	160617	葛荣骏	169430
李芃林	11115120	张玉婷	11214206	杨 雪	11314109
张弘毅	11A16217	孙 青	11A16206	孙文华	11213224

大连东岗奖教金、奖学金(大连信恒康医药科技有限公司设立) 基金 100 万元

教师获奖名单

王适之	公共卫生学院	雷志年	医学院	张明辉	医学院
唐天奎	医学院	张 伟	医学院		

学生获奖名单

宋　玥	152894	鲁　荐	153935	罗二飞	152973
潘天帆	153021	陈佩佩	152972	陈　曦	152986
杨一琼	142917	徐沁梅	43312104	肖润宇	41114113
陈　瑾	43212310	金心榅	43113103	肖　红	43312115
伍　洋	41115107	石霁箐	43213111	丁照莹	43113315
谢雁蓉	43313110	唐涵清	42115102	高　玥	43213215
吕　钺	43114223	陈金鹏	43814123	蔡孟蓉	42213101
曹牧珉	43215227	王雅丽	43212205	耿知闻	43A15301
史　越	42214107				

张志伟奖助学金(张志伟校友设立)　奖金总额 20 万元

获奖名单

张玉霞	43813112	郑秋硕	09015317	赵　腾	02014203
王旭亮	08014222	胡浩东	21A16827	王　雨	01215204
刘照辉	07115126	李明月	14Y15105	张雪晴	13214117
焦暄雅	71114103	吴晓涵	01113404	戴思宇	04014505
孔如珂	13615103	谈梦璐	19215103	陈昊越	14414111
谢蓉蓉	43212404	洪　玮	14C16322	叶　波	01114326
孙启凡	71Y14104	岑恩杰	09014415	郑　婳	01514109
蔡　娇	17214102	王子静	22014111	雷明月	21A16404
黄雅萱	13114115	王盛辉	07315126	卜佑禄	42214118
胡兆娅	17114106	朱笑岳	21A16723	杨希梅	06014338
叶定德	43214423	潘东元	09014231	杨述焱	22015406
徐良缘	04014009	苟思遥	08014210	景树森	04013527
李艺璇	22015107	许晨煜	61015215	张嘉慧	02615101
方钱安	04014547				

龙昌明奖教金(龙昌明校友设立)　基金 10 万元

经济管理学院教师获奖名单

刘晓星　赖明辉　陈洪涛

东南大学周远奖学金(中国科学院理化技术研究所设立)　奖金总额 3 万元

获奖名单

朱　赤	03114621	张志鹏	03015418	刘　洋	03015218
张馨云	03013401	王路达	03115625	贾鹏琦	03015229
孔志伟	03013318	郑伟佳	03013414	王旭东	03015110
王艺涵	03015115				

煜平公卫奖学金(方煜平校友设立)　基金 30 万元

获奖名单

李太顺	159698	张文文	162981	龚怡静	42114111

李佳琳	42113208	龚　雪	42214108	沈知聪	13615113
吕梦茹	42216117	朱显明	42113120		

陈斌、曾珠奖学金(陈斌、曾珠校友夫妇设立) 基金 103 万元

获奖名单

吴青宇	151056	王晨迪	151131	王　畅	05215206
李忠伟	05113109	胡羽辰	05114408	李近川	12015117

东南大学"苏州工业园区奖学金"(苏州工业园区设立) 奖金总额 15 万元

获奖名单

凌妙根	139420	曹瑞桦	151728	张　蓉	151252
王娜娜	150696	卞　宇	150910	王利利	141721
徐奕然	140065	卢丽慧	150651	刘　旋	139421
张　超	151398	刘　梅	141621	邢嘉路	150260
吉祖勤	149427	施洪宝	151411	杨哲慧	151065
周　双	150249	许闻博	150170	胡子炎	151230
汪丽平	151665	李　嫱	153400	陈诗扬	05514112
李　季	02014517	戴文嘉	01514124	张　弦	08014228
许成韬	11214217	陈　阳	12014213	张潇涵	01514122
叶诗雨	12015109	王佳伟	05114606	黄子尧	09014333
王学舟	02014227	李　克	04015220	刘康妮	06214606
肖梦涵	02014527	朱　柠	08014429	马　琳	01513101
俞　峰	06014322	郑　锜	09014119	俞安澜	04014403
唐　健	11213214				

东南大学教育基金会奖学金、奖教金、奖管金(东南大学教育基金会设立) 奖金总额 17 万元

教工获奖名单

王学华	外国语学院	卢剑权	数学学院
张　豫	外国语学院	李铁香	数学学院
马全红	化学化工学院	张玉萍	物理学院
陈　嘉	化学化工学院	张晓青	人文学院
孙会娟	马克思主义学院	宋美娜	计算机科学与工程学院
吴凌尧	人事处	刘海涛	保卫处(党委保卫部)

学生获奖名单

吴　杨	152282	付　林	132952	蔡先明	151628
林丽华	153012	范　毅	151966	窦一豪	142711
范梦楠	153100	宋文凯	153459	何佳恒	163225
张　晨	162349	苏牧晴	13614104	宋美晨	07315115
涂中豪	10314109	曹琪琪	07114104	朱欣妍	17215216
汤文杰	17215118	韩　策	19314108	徐婉琳	19115101

程心如 13115106 王福毅 10016116

TAHAHUSSEINMUSATAHIR 莫 萨

233159938 苏 丹

KAMANGA,WEZZIEYANKHO 威 姿 213126157 马拉维

MULMISHRESTHA,SACHIN 沙 青 233169920 尼泊尔

FATEMAMAHDIEBRAHIMAHMEDABDULLADUBAI 布 兰 213126233 巴 林

MISKOWIEC, MIRANDAMARYELIZABETH 米艾莉 223155017 美 国

宝钢教育奖(宝钢教育基金会设立) 奖金总额 21 万元

教师获奖名单

宝钢优秀教师特等奖

胡仁杰 电工电子实验中心

宝钢优秀教师奖

成玉宁 建筑学院

贾民平 机械工程学院

孟 桥 信息科学与工程学院

学生获奖名单

宝钢优秀学生特等奖

刘硕 149037

宝钢优秀学生奖

陈 玖	139547	南海燕	139145	陈润哲	169579
薛 烨	61313103	王子AA	08013328	孟 畅	05113630

光华奖学金(光华教育基金会设立) 奖金总额 40 万元

获奖名单

季祥超	140885	蒋苏童	140907	江红兵	141755
吴森坤	151057	孙凯奇	150930	连金龙	140911
王大鹏	151783	左文强	139454	许傲逸	150983
梅 浩	141729	张 静	141739	吴天宝	151010
张 罕	140939	贾子健	159147	张 尧	151787
郑传军	149399	丁 菡	140899	王 虹	141685
黄照广	151087	胡如幻	150999	杨 露	150994
杨永敢	159478	陈 钊	141008	唐 剑	151092
李文超	150973	季培蓓	151705	张秋月	12014201
郭鹏业	12014313	刘国安	05113221	吴谊文	05115603
田 驰	05314129	刘彦奇	12013133	翟王颖	05113408
吕文博	05115625	袁震阳	05315133	祁 琪	12013209
郑博烜	05114113	余 颖	05213107	崔世博	05513101
常栖晴	12013210	闫泽宇	05114211	徐雨晴	05214203
刘 芸	05514103	邵里良	12013214	王兵权	05114226

康　蕊	05215103	何雪峰	05514109	刘主豪	12013230
刘舒阳	05114302	李牧狄	05215124	刘晓宇	05515101
陆晋媛	12013233	刘　平	05114321	郑东立	05215125
李　轶	05515105	端　羽	12013311	邱　锐	05114329
刘玮纯	05215132	李　青	12013101	陈飞阳	12013312
曹澄汐	05114433	张洛榕	05215203	鲍　青	12013103
何凌潇	12013332	钱臻旭	05114601	于路港	05215214
潘文倩	12013104	宋涵威	12013402	仇敏桦	05115101
李雪晨	05313101	刘孟玮	12013109	张嘉敏	12013403
华敏涵	05115403	郑佩岩	05314104	严潇潇	12013110
关锡媚	12013409				

南京安徽商会·同曦集团东南大学奖助学金、助学金(江苏同曦集团有限公司,南京安徽商会设立) 奖金总额 20 万元

获奖名单

A 级奖助学金

石　丁	04014041	胡山山	22014322	马浩宇	09015412
徐为驰	21815107	张　旭	05114504	王旭亮	06014212
方　田	02015708	孙　伟	01114230	曹子建	04014336
孙亚亚	43814125				

B 级奖助学金

谭荣球	05314115	李宇杰	22014224	史章昆	61115105
姜悦慈	01115212	徐　伟	16014221	方　恒	04014020
周　晓	07115121	沈梦洁	25015211	姚欣怡	14514202
徐　犇	71Y14129	万子仁	03215730	刘　琪	22015405
施公雷	09014418	吉　超	04014447	王　成	02015309
李新新	10115114	严文强	02014225	潘　强	19114220
汤秋义	43815121	黄俊俊	17215205	李文慧	08014102
程天霁	06A15141	孟　越	71Y15102	张亚萍	17115310
方子茹	14415212	江宛琪	21015205	韩　涛	21015213
胡　志	13A16322	黄妙琨	01213123	朱源源	43113126

“自动化工程师”奖学金(戴先中教授设立) 基金 10 万元

获奖名单

鲁瑜亮	08013317	刘炽义	08013316	王子峣	08013328
陈旭璇	08013201	刘昌鑫	08013315		

东南大学工程管理英才奖学金(李启明教授设立) 基金 20 万元

获奖名单

李亚迪	141109	夏侯遐迩	149069	马俊伟	05214122
翟清昊	05214120				

励志成功奖学金(王志功教授设立) 基金 10 万元

获奖名单

李安冬 04014244 王佳卓 02014542 段升顺 06A15226

缪居正 11A15117

软件创新奖学金(邓建明教授设立) 奖金总额 1.2 万元

获奖名单

兰　威 71114132 贾昊楠 71114301 吴千乘 71114346

杨兴才 71115313

文教羽翼奖学金(孙淼校友设立) 奖金总额 3 000 元

获奖名单

肖　瑞 21814134

至善奖学金(东南大学总务处设立) 基金 10 万元

获奖名单

黄骋志 71114237 王颢森 02015121 王晨晨 17215111

王锦明 14415117 唐　诗 21715203 叶楸强 09015335

魏博伟 09015115 金鼎鑫 06014231 陆一洲 08015313

魏偲瑾 13215101 高明阳 16015125 黄　丽 25014209

铭恩奖助学金(李翼成校友设立) 基金 10 万元

获奖名单

龚煜范 42114114 沈鑫薇 42215209 徐子蘅 42213202

高翔宇 42113224 胡辰璐 13114123 索朗央吉 42116208

钱依宁 42113108 施乃扬 42113209 王心雨 42214201

汪昱彤 42116207

"生命科学"奖助学金(生命科学研究院夏淑婷、王韶莉、支灵通、杜加伟、于笑笑、刘文华等同学设立) 基金 1.3 万元

获奖名单

崔鹏飞 162914 张欢欢 162948 魏　艳 162919

车转转 162933

朴衡奖学金(沙永春、卞鹏萱设立) 奖金总额 3.6 万元

获奖名单

一等奖

高　山 162895 陈　璟 25014103

二等奖

任世航 162865 朱竹露 25014223 丁心叶 25014105

三等奖

丁金钰 25014225 和亚娟 25014210 杨瑷绮 25014220

卜萌露 25014201

公卫研究生新星奖学金(公卫学院2016年国家奖学金获得者设立) 基金7 500元

获奖名单

连大帅 162959　张　满 169567

国盛奖学金(江苏省科学技术协会设立) 奖金总额6万元

获奖名单

唐路平 159661　司景霞 141579　黄　超 141522

张俊康 141393　梅傲琪 16014428　罗哲君 16014507

严一凡 09014412　汪家喆 06014323　郑　峰 08014427

吕思源 08014202

"初心"学生工作奖励基金 奖金总额5万元

获奖名单

邱　峰 电子学院　张文青 计算机、软件学院

付小鸥 电气学院　李奚溪 化工学院

方跃武 艺术学院　李　鑫 吴健雄学院

罗　澍 校团委　郁红芳 艺术指导中心

蔡　亮 学生处

8480奖学金(东南大学84801、84802班设立) 基金10万元

获奖名单

杨历凡 22014316　姜旭东 22015410　赵靖文 22015307

686奖助学金(电子科学与工程学院86级校友设立) 基金12万元

获奖名单

马祥宇 06314114　李博爱 06114126　林玉成 06A15225

窦　刚 06A15527　侯云云 06A16201　赖　星 06A16530

何　倩 06013201　史国强 06013221

5187级奖学金(5187级校友设立) 基金11万元

获奖名单

一等奖

王　喆 05114306

二等奖

桂颖彬 05115518　王少哲 05215110

东南大学六系79级校友奖助学金(东南大学六系79级校友设立) 基金16.8万元

获奖名单

杨　力 151271　刘泽恒 151239　王　敏 151244

荆　璐 153623　张玉浩 151253　黄　俊 141206

陈佳旭 153608　吴亚楠 06014207　刘佳琦 06A15332

张冰鑫 06013329　杨可扬 06A15224　丁　松 06A15334

初慧杰 06014204　马　妍 06114106

251991 奖助学金(东南大学法学院 251991 班设立)　基金 5 万元

获奖名单

沈童非　25014116　　勾健颖　25014106

259991 奖助学金(东南大学法学院 259991 班设立)　基金 5 万元

获奖名单

陈家媛　25015101　　刘一帆　25016212

3180 诚信奖助学金(东南大学电气工程学院 3180 班设立)　奖金总额 5 万元

获奖名单

王　文　16014208　　袁　泉　16014402　　温从剑　16014408

丁一凡　16014526　　曹　阳　16014317　　阿迪雅　16014521

陈颢元　16014227　　缪艺昕　16014128　　夏　雪　16014629

陶欣昕　16014401

5181 励志奖学金(东南大学 5181 级校友设立)　基金 26.518 万元

获奖名单

蓝旭婴　05114608　　韩斯琪　05114108　　陈　萌　05114415

包尊杰　05216123

22811 铸才奖励基金(东南大学 81 级校友任京建、殷辉设立)　基金 30 万元

材料科学与工程学院获奖教师名单

白　晶　晏井利

获奖学生名单

刘苏丽　151760　　薛　琳　149468　　屠富强　141753

文　韬　12015425　　朱传瑞　12013329　　李文卓　12014205

游玉莹　12015307　　沈奕阳　12014211

90 级电子学院校友奖助学金(东南大学电子学院 90 级校友设立)　奖金总额 1 万元

获奖名单

科技创新奖

王天鹏　06013319

社会公益奖

王楠鑫　06A15241

160082 奖助学金(160082 班全体校友设立)　奖金总额 3 000 元

获奖名单

汪俊东　16016612

1995 届励志奖学金(交通学院 1995 届校友设立)　基金 15 万元

获奖名单

朱　彤　21114220　　王丽坤　03214717　　姚金悦　21415106

徐昭辰　21A16519　　王添令　21714124　　严佳玉　21714211

杨诗月　03215705　　万志杨　21A16914　　吴金莲　21114102

苗　迪　21115207

8091 校友奖助学金(自控 91 级校友设立) 基金 10 万元

获奖名单

张梦璐	08014306	张娜威	08014105	李　冰	08014303
陆明琦	08014132	张晓博	08014329	单　硕	08014407

动力 91 级校友奖助学金(动力 91 级校友设立) 基金 250 250 元

获奖名单

郭飞宏	149617	吴俊康	159033	熊世明	03015317
李雅君	03313502	李垂杰	03014218	王凤霞	03015304
陈家颖	03013231				

251001 班校友奖助学金(251001 班全体校友设立) 奖金总额 1.2 万元

获奖名单

潘豫皖	25015209	谢微微	25015214	张　超	25016128
刘　梦	25016107				

422001/422002 班校友奖学金(422001/422002 班全体校友设立) 基金 4.5 万元

获奖名单

何婷婷	152951	黄书奇	42215204	李路遥	42216221

81 级医学校友励志奖学金(81 级医学校友设立) 基金 30 万元

获奖名单

严　庆	42114227	张海燕	43415117	张　静	43212401
郝　彤	43213519	张　曦	43214111	赵　姗	41115101
陈　琪	43313108	黄思佳	43813120	王洁茹	43215109
杨　雯	42115206				

东南大学数学学院 2002 级校友奖助学金(数学学院 2002 级校友设立) 奖金总额 1.2 万元

获奖名单

黄雪梅	07315108

马克思院 92 之芯奖学金(杭州腾果网络科技有限公司(马克思学院 92 级全体校友设立) 奖金总额 10 万元

获奖名单

张　然	149592	何学海	163239	李　洁	153064
丁　乙	149256	张冠楠	153065		

无线电系 82 级校友奖学金(原无线电系 82 级校友设立) 基金 10 万元

获奖名单

乔文超	04014435	步兆军	04015221	李子箫	04216728
徐春梅	04013309	周　莉	04014347		

广东省东南大学校友会奖助学基金(广东省东南大学校友会设立) 奖金总额 12 万元

获奖名单

刘紫东	01114116	钟集杏	11214201	万霈文	03015401

辛一慧	21214114	杜淦琰	01115309	庄瑞芝	14115116
邹俊昊	04013109	文君涵	61313105	夏菁奕	02015101
顾玉麟	16014417	林煜瀚	04013551	陈陌信	71114433
李桓汀	02015228	杨昊明	21114129	刘佳琦	04015304
柳　旭	71115413	王晓艺	03014408	杜安业	21115135
李君兰	07314108	詹　涵	71Y14112	孙　榛	61314126
彭科霖	14814123	杨　雨	05215107	夏菁奕	02015101
王慕瑶	09014106	洪剑龙	06014009	杨棋允	71115315
陈宇轩	21A16724	严　肃	09014230	汤玮韬	02014510
刘　璇	01115109	肖嘉梁	21A16329	张耿南	14B16516
朱彦雯	01113108				

菲利浦奖教金、奖学金(LG. 荷兰菲利浦显示公司设立) 奖金总额 2.1 万元

教师获奖名单

张　雄	电子科学与工程学院	王　静	数学学院
黄晓东	电子科学与工程学院		

学生获奖名单

陈子逸	151292	何楚唯	06014202	董纪莹	06014109
张泽强	06A15128				

南瑞继保奖教金、奖学金(南京南瑞继保电气有限公司设立) 奖金总额 7 万元

教师获奖名单

蒋　平	电气工程学院	周克毅	能源与环境学院

学生获奖名单

景妍妍	152273	邱海峰	152160	吴自力	159657
黄　煜	159514	高天蒙	131466	朱振宇	152190
汤红健	149332	李佳承	159505	胡　凯	16014114
闫志鹏	16014115	詹若培	16014109		

“东大设计院”奖教金、奖学金(东南大学建筑设计研究院设立) 奖金总额 8.25 万元

土木工程学院教工获奖名单

徐伟炜　陆可人　林　岚　张志强　贺志启

学生获奖名单

周李真辉	150899	方春林	160951	徐梓栋	151062
汤　杰	151091	史典鹏	140953	梅　方	151038
宋丽霞	161088	赵超越	141124	郑逸川	05314126
刘晓艺	05314143	张悦浩	05115621	王佳欣	05115606
魏圣坤	05114131	叶倩雯	05214104		

CASC 公益奖学金(中国航天科技集团公司设立) 奖金总额 5 万元

获奖名单

蔡　敏	151344	杨　阳	142627	刘　艺	01213221

夏世城 10313106　刘康礼 149170　赵士林 149314
宋雨遥 02013637　李　浩 03013017　冯洋洋 141182
崔宇柯 140623

金智奖教金、奖学金(江苏金智科技股份有限公司设立) 奖金总额8万元

教师获奖名单

孟美娟 电气工程学院　李静波 电气工程学院
徐志科 电气工程学院　吴在军 电气工程学院
杨全胜 计算机科学与工程学院　刘肖凡 计算机科学与工程学院
翟玉庆 计算机科学与工程学院　鲍旭东 计算机科学与工程学院

学生获奖名单

李媛媛 141547　倪春泉 141489　陈昕儒 152142
吴晨雨 159511　陈炼铭 16014212　王洪儒 16014329
张敏学 09015128　程茜雅 09015101　黄天谱 16014511
胡子健 16014121　李秋霖 09015230　陈一鸣 09015422

江苏电力奖助学金(江苏省电力集团设立) 基金100万元

获奖名单

高志奎 169569　马志伟 151362　崔文凤 151308
肖玉飞 153074　张慧娟 141518　葛志霞 151400
游玉洁 151272　盛怡婷 152115　任　杰 131449
姜云磊 152149　苗敏敏 159567　陈　月 161655
许　翔 159211　郭保成 149489　宋　莹 161897
荆启华 161657　王越超 150862　吴　丹 151305
王晓奇 160532　陈向群 149594　王旭东 169025
杨乔生 153455　尹晓东 163570　张祥伍 150598
黄泽宇 151216　倪旖 13415114　王家政 02616113
张周燕 03013103　王唤阳 14114119　黄子轩 21315122
钱昊达 71115121　李嘉懿 22016301　李灵瑄 04014035
曲　慧 25015112　陈　俊 10315110　时　娟 43212405
苏瑞孜 17114111　闵博雅 19115104　袁　琳 26115103
姜卓昕 13213122　张瑞曦 16014209　鲍娇丽 24315213
蒋子林 71115131　徐玉柱 43113223　瞿　莹 24314211

联创国际奖学金(上海联创建筑设计有限公司设立) 奖金总额1万美元

获奖名单

陈　卓 150004　徐培超 150109　陈　诚 01912114

雷克奖学金、奖教金、助教金(庄昆杰、范国平伉俪设立) 奖金总额4万元

信息科学与工程学院教师获奖名单

华蓉蓉　王家恒　蒯振起　郭玉珍　秦中元　韩　宁　赵　岚　李　芹

学生获奖名单

柯逸凡　160799　徐帮元　160854　廖如天　160749
吴　昊　160792　王海卜　04214733　罗　咪　04215726
司家辰　04016314　吕　钱　04013401

会丰奖助学金(厦门会丰拍卖有限责任公司设立)　奖金总额 2 万元

获奖名单

陈乐琳　01215124　杜朝明　04014016　姜　浩　21714120
蔡洋洋　02015102

三菱电机奖学金(三菱电机机电(上海)有限公司设立)　奖金总额 5 万元

获奖名单

陈玉红　150863　徐颖群　150856　蔡　瑞　150794
金余概　150693　王佳才　150822　洪　涛　150845
李朝松　150831　张　弛　150667　蔡福奇　150566
周苗苗　04214739　蒋子彦　04014405　徐　力　04013543
顾　鹏　04013238　宛超逸　04014628　肖朝昆　04014520
袁　瑞　04013643　张　翔　04013119　甘翔宇　04013131

东南大学中泰国立奖教金(江苏中泰集团有限公司设立)　奖金总额 30 万元

获奖教师名单

一等奖

陈建龙　数学学院　王金兰　物理学院
樊　红　医学院

二等奖

汪晓茜　建筑学院　段伦博　能源与环境学院
乔　玲　土木工程学院　吴建辉　电子科学与工程学院
耿　新　计算机科学与工程学院　潘　冶　材料科学与工程学院
孙　江　外国语学院　房　雷　化学化工学院
陈　峻　交通学院　王立新　医学院

三等奖

周聪惠　建筑学院　陈晓平　能源与环境学院
徐　照　土木工程学院　徐　申　电子科学与工程学院
胡国华　电子科学与工程学院　陈　阳　计算机科学与工程学院
刘　甦　物理学院　徐庆宇　物理学院
施锦杰　材料科学与工程学院　花　为　电气工程学院
刘健刚　外国语学院　吴　敏　外国语学院
张　健　交通学院　阳　媛　仪器科学与工程学院
柴人杰　生命科学研究院

四等奖

闫　亮　数学学院　夏思宇　自动化学院

陶　军	计算机科学与工程学院	齐　齐	化学化工学院
刘建利	法学院	马　超	公共卫生学院
杨　洋	马克思主义学院		

坚朗奖/助学金(广东坚朗五金制品股份有限公司设立) 奖金总额5万元

获奖名单

廖　航	160033	吕明扬	169290	刘怡宁	140035
常　成	150002	兰文龙	159007	戴金贝	01113301
秦　添	01213213	孙铭阳	01114329	潘昌伟	01214115
邱　丰	01113321	吕雅蓓	01113309	李伊格	01213209
伍芳羽	01213210	庞志宇	01113319	蔡莹莹	01214226

锦华装饰奖教金、奖学金(江苏锦华建筑装饰设计工程股份有限公司设立) 奖金总额5.5万元

土木工程学院教师获奖名单

王玉玲　李启明　殷献来　张豪裕　童小东

学生获奖名单

刘　浏	160937	华　坤	150958	张静悦	161155
宋志新	151043	刘　杨	160961	廖湘钰	05514107
吴睿喆	05115311	顾悦言	05113205	叶　涛	05214217
李　波	05214103	谭梓怿	05215223	储长青	05113518
陈佳枫	05514111	何至立	05115628	陆京京	05716118

聚立科技奖教金、奖学金、奖管金(南京聚立科技股份有限公司设立) 奖金总额7万元

教工获奖名单

曹　武	电气工程学院	曹　奕	电气工程学院
周　赣	电气工程学院	付兴贺	电气工程学院
张乾元	艺术学院	曾　伟	艺术学院
傅丽莉	艺术学院	沈亚丹	艺术学院
杨　东	档案馆	程明山	成贤学院
李和渝	成贤学院	唐　洁	校长办公室(网络中心)
陈　波	纪委办公室(监察处)	王　萍	党委老干部处
赵雪群	工会		

学生获奖名单

刘煜谦	152270	高仁栋	152146	夏超鹏	152173
张佐汀	16014409	庄雨轩	16014327	黄凌锋	16014218
郭紫姗	16014601	孙琦润	16014111	唐　振	16014410

南京长江都市奖助学金(南京长江都市建筑设计股份有限公司设立) 奖金总额9万元

教师获奖名单

金　晶	外国语学院	张　琦	土木工程学院
成于思	土木工程学院	潘金龙	土木工程学院

张蔼玲　土木工程学院　　张　勤　数学学院

学生获奖名单

杨意志	150943	王　卉	160967	王孟伟	151084
周文韬	151011	艾德豪	150978	何剑侠	151027
丁彦月	161062	钱佳萍	161052	尹方舟	160983
沈伶佳	05214202	吕泽西	05A16207	甘容菁	05A16305
林　夏	05114428	张　盼	05515106		

东大智能奖励金(南京东大智能化系统有限公司设立) 奖金总额 3 万元

艺术学院教师获奖名单

许继峰　于向东　苏景姣　李　花　赵天为

学生获奖名单

董甜甜	159292	李慧婷	163389	李心仪	24214114
毛辛辛	24315121				

科远自动化奖学金(南京科远自动化集团股份有限公司设立) 奖金总额 8 万元

获奖名单

王　愚	152746	冯　炽	161454	江哲帆	150499
丁卫科	150536	戴　忱	161377	崔冰波	139526
周璐璐	150528	王晨平	150505	张　赟	161428
石　珂	162756	陈　涛	150526	周世娟	150559
洪天顺	03114625	张昊涛	03014124	庛　野	08014413
许　桢	08014204	朱亚著	03114617	胡华军	03014229
吴　钊	03014407	刘瑞琦	22014203	冯嘉伟	03014005
阎志恒	04014007	姜牧笛	03014302	郭雨辰	22014301

海拉奖学金、奖教金、奖管金[海拉(上海)管理有限公司设立] 奖金总额 13.4 万元

教师获奖名单

李晓燕　机械工程学院　　左　晔　信息科学与工程学院

孙峥嵘　材料科学与工程学院　　宛　敏　研究生院(党委研究生工作部)

朱天云　教务处　　赵剑锋　学生处

学生获奖名单

邓苏晓	151150	姜蘅育	151393	侯红宇	02014301
唐辛泉	06014205	祁怡君	151159	张天乐	151447
张卓然	02014402	刘皓天	06014325	丁远哲	151223
李成喜	150210	汤玮韬	02014510	陆亦诚	06114124
胡静洁	151229	顾　昊	150199	杨政晔	06014110
庄文林	08014231	严　晖	151249	李　嫱	153400
吴成均	06014115	朱毅成	08014430		

东南大学博世奖学金[博世(中国)投资有限公司设立] 奖金总额11.5万元

获奖名单

孙立成 152165	周健洋 151254	王海 149153
孙朝 149328	黄丽丽 152217	张旋 139105
于燕 149316	郭良俊 153501	尹奇峰 140198
王凌 153548	陈辰 140254	陆雨晴 141528
沈晔星 153585	黄旭舟 151354	江咏涵 71Y14107
鲍晓涵 09014104	刘超 03014104	聂云聪 08013422
蔡洋洋 02015102	常平 16014214	吴楠 06014321
郑漫兮 14313115	金玉龙 03013006	

苏博特基金(江苏苏博特新材料股份有限公司设立) 奖金总额30万元

学生获奖名单

王立萍 151716	孔祥羽 130889	赵丽 149465
许明涛 149208	沈奇真 149133	唐云逸 151713
潘利 141730	熊羽 141763	黄羚惠 159481
宋东东 12015422	唐昆 05114617	王亚利 12014413
杜洴沅 12013406	陈晓琳 17114102	刘禾玥 05115627
方大意 12014421	陈利明 12014230	孙旭升 21715202
周豪 07114132	陈文宇 12014423	郑肇昕 12014318
李钊 21814130	易芳如 07115108	邓智聪 12015119
张高峰 12013216	韩寿雨 12015429	刘琬铃 10114106
陈高丰 12015213	王潇猛 12013123	

汉桑奖学金[汉桑(南京)科技有限公司设立] 奖金总额3万元

获奖名单

褚炜雯 150800	杨堤 150719	张克落 150762
李晶琪 150758	戈璐璐 150809	武越 04015322
李子健 04016421	王天欣 04216717	张臻 04015611
陈磊 04016417		

汇鸿股份奖教金(江苏汇鸿股份有限公司设立) 奖金总额4万元

经济管理学院教师获奖名单

侯赟慧　丁溢　岳书敬　杨东辉　葛沪飞

中交路桥建设奖学金、奖教金(中交路桥建设有限公司设立) 奖金总额20万元

交通学院教师获奖名单

朱小华　唐旭

学生获奖名单

张雯靓 152566	徐琪烽 152563	伍艺 152612
于乐乐 152616	林早 152513	周昊 152537
李伟 21815122	单杰 21815123	李晨玉 21314102

陆　欣	21514107	郭永生	21414108	薛梓祺	21715107
乐琪琦	21714210	杨雪梅	21114209	张　程	21714121
李维珍	21015202	汪　锐	21014215	史　科	21014107
邵沛涵	21315117	张缪言	21115221	郑永涛	21014120
陈路瑜	21114101	曹宏斌	21715235	刘宇衡	21115218
杨子晔	21014201	谢佼宏	21014105	周琳婕	21015103
孙钰博	21115125	刘　胤	21714224	黄进星	21314106
许　晴	21715206	张妮妮	21415113	王　宝	21015215
秦　琴	21515110	杨正旺	21813130	刘　禹	21813136

江苏金陵科技集团公司奖教金、研究生奖学金(江苏金陵科技集团有限公司设立) 奖金总额1万元

计算机科学与工程学院教师获奖名单

邢婉秋　王萃寒

学生获奖名单

董源源	141451	潘敬敏	143226

创远微波奖学金(上海创远仪器技术股份有限公司设立) 奖金总额10万元

获奖名单

薄西超	149349	徐俊珺	139061	马荣杰	150627
陈晓晴	150613	王　翔	159642	柏　林	160618
张　强	150624	李　筱	150620	李　洋	150626
丁耀慧	150629	叶　璐	150595	宋刚永	159044
董云扬	159361	孙　涛	150606	黄　菲	150592
蒯　乐	159362	米从威	150602	高梓晟	150619
张　娜	150607	熊　涛	150631	刘　硕	149037
李　杨	150599	缪卓伟	159646		

罗德与施瓦茨研究生奖学金(罗德与施瓦茨公司设立) 奖金总额10万元

获奖名单

周培根	159367	孙精文	159641	王　昆	150597
王　丹	150593	彭志刚	159357	杨彬祺	159644
周　健	150610	沈　浩	150588	刘志强	149621
蔡华磊	150628	危　燊	150603	曹正庭	150584
卢　成	139586	吴兴旺	150594	邹珍珍	150617
陆玉国	150625	岳　寅	129097	吴伏宝	160635
赵娇健	150609	夏华婧	150614	黄保虎	149039
宿　城	150632	林　波	150587		

丹阳市飓风物流奖助学基金(丹阳市飓风物流股份有限公司设立) 奖金总额12万元

获奖名单

张爱佳	169546	廖源铭	152606	黄虹富	139176

金邹苹	161913	张雅婷	14814111	吴思琦	21214111
戴薛甜	14815101	严欣彤	21215104	韩　坤	14814122
谢欣欣	21214101	占昌文	21215130	苗林霏	14815114

正保教育奖学金、助学金(北京东大正保科技有限公司设立) 奖金总额10万元

获奖名单

一等奖

李怡宁	04014034	宋　扬	22014211	金洁珺	61315101
姜培文	04015231	赵博阳	04014544	李仕婷	04214705
凌星宇	06A15528	张梦娇	04013305	张　立	04014502
孙苏齐	04015449				

二等奖

高舒雯	71Y14101	罗佳奕	22015125	武　哲	04015226
许瑶坤	61516324	杨含知	04014637	秦宇枭	61115109
黎子建	61015229	郑志刚	04016437	万永烁	07114109
李志昂	61015117	吴启晨	04215704	时　旻	04216711
来萧桐	04014232	车昱辰	07115101	霍浩淼	61015225
肖睿杰	04016434	王　珏	04014644	何思然	04015235
郭轩池	61015110	曹聪聪	04013419	严立立	04214710
黄文俊	04015417	孙昊宇	61516218	马腾飞	04013221
贺　瑾	04013607				

东南大学建筑设计与理论研究中心·杭州中联筑境建筑设计有限公司基金(杭州中联筑境建筑设计有限公司设立) 基金20万元

获奖名单

一等奖

肖　威	150024	曾　媛	150029

二等奖

黎治同	150098	曾从炜	150055	刘鹤群	169295
马如月	150034				

苏州中诚奖教金、奖学金(苏州市中诚工程建设造价事务所有限公司设立) 奖金总额3万元

土木工程学院教师获奖名单

邓小鹏　韩晓林

学生获奖名单

李成亮	161069	赵　柔	151076	赵欢欣	151144
樊舒舒	161159	盛　蕾	05215207	彭祺予	05215121
朱熔清	05113622	潘　杰	05113419		

新蓝天钢结构奖学金(江苏新蓝天钢结构有限公司设立) 奖金总额 6 万元

获奖名单

杨连坤	150982	方佳伟	151085	夏婉秋	05113105
陈励纬	05114315	王文超	140925	郑家理	151077
丛凡淇	05113319	吴宇同	05115310	曹　石	139647
舒诚忆	140998	郑　凯	05114212	范健华	05115601

中南助学圆梦奖学金(中南控股集团有限公司设立) 奖金总额 25 万元

获奖名单

一等奖

程　威	09014141	谢华华	01214113	尚　昊	22014118
张科扬	21A16122	张津栋	16014612	邹雅琳	02014201
丁哲通	08014108	王小仟	04013508	范　熊	05114527
李楚文	06214601				

二等奖

曹心成	09014116	王艳萍	13614101	孙婉婧	07314113
张晟源	03015230	钱　骞	10114119	张承文	05314110
曲朝晖	22015314	何逸凡	21A16612	陈冬儿	71114104
刘　锦	11114107	吕佳峰	61315123	李桓靖	14313109
黄芳芳	19114101	徐　洁	17114216	林　娴	12015206

三等奖

张明辉	04014643	肖如吉	06014108	张子乾	21115121
许洲源	24A16312	汪　其	02014423	赵天聂	02014112
袁晓丹	17115214	陈丽荣	26116104	刘翰青	25014227
滕　钺	13215109	叶　聪	01515117	查俊豪	43212423
郭　旭	06014225	张书亚	05115620	雷雅婷	14C16204
钱佳俊	43213326	周楚茜	01115125	瞿　靖	42115105
耿旖堃	22016207	丁　倩	13413109		

东南大学森德兰舍奖学金(上海兰舍空气技术有限公司设立) 奖金总额 4 万元

获奖名单

杨　晟	03314520	陈子聿	03014323	季伟凯	03114620
杨晨晓	03113612	许泽玮	03014110	王海鑫	03114624
解立坤	03313512	李晨光	03013324	姚依晨	03014404
段梦凡	03114601	吴　柯	03013128	卢玥明	03113605

特高压奖学金(国家电网公益基金会设立) 奖金总额 10 万元

获奖名单

蔡星浦	16014321	焦　隆	16014626	刘杨阳	16014124
黄启铭	16014226	陈子琳	16014206	刘之涵	16014224
邹风华	16014106	桑林卫	16014217	蔡　浩	16014318

李一鸣 16014207

江苏软件奖学金(江苏软件产业人才发展基金会设立) 奖金总额1.5万元

获奖名单

黄志勇 131438　李少芳 131520　李　娟 131499

"协鑫奖"奖学金[协鑫(集团)控股有限公司设立] 奖金总额25万元

获奖名单

何赏赏 152718　黄荣廷 159034　朱芳枚 150736
陈怡睿 03014308　于天池 03014321　李佳辰 03014220
刘鑫雅 03013203　郭昊坤 03013130　高　磊 03213738

东大能源奖学金、奖教金(南京东大能源环保科技有限公司设立) 奖金总额3万元

能源与环境学院教师获奖名单

茅　佩　龙如明　周建新　杨建明　郑晓红　徐国英　许传龙　苏志刚　张亚平
朱光灿

学生获奖名单

付童方 03014425　胡胤博 03015309　易　航 03015312
朱洁雯 03013202　张宇佳 03114604

东南大学——华为奖学金、奖教金(华为技术有限公司设立) 奖金总额10万元

教师获奖名单

顾青瑶 信息科学与工程学院　郭　庆 外国语学院
方宁生 软件学院　潘勇涛 物理学院

学生获奖名单

徐　康 139415　黄光光 169079　彭　翔 151438
王子昕 150733　徐海洋 141564　代　倩 149634
陈黎明 150633　李　杨 04013312　孙新凯 09014325
周莲芳 07314105　宣城镇 06014310

华电光大奖教金、奖学金(北京华电光大环保技术有限公司设立) 奖金总额5万元

能源与环境学院教师获奖名单

张会岩

学生获奖名单

高　健 150530　张文静 150397　严倩雯 150389
胡晓雨 130325　戴宝鑫 150510　王馥郁 150422
曹仲勋 150345　黄宁宁 150414　夏文青 150387
李　珂 150365　江　域 03213721　张　彤 03213715
张　超 03114612　骆应东 03014311　宋宇豪 03015209
李亚楠 03115609　张嘉琦 03215722　张艺骞 03015416

外运长江奖学金(中国外运长江有限公司设立) 奖金总额2万元

获奖名单

孟素蕊 151888　曹　园 151887　张志勇 14814129

汪　志　14814119　　许　诺　14814112　　胡雨林　14814107

联众奖学金(杭州联众医疗科技股份有限公司设立) 奖金总额3万元

获奖名单

赵春秋	139605	丁晨静	163906	王　超	141629
李已晴	151659	冯丹妮	11114108	王卓颖	11215113
段秋怡	11216103	王凯旋	11213112	张彩宁	11214104

德威奖学金(江苏德威新材料股份有限公司设立) 奖金总额10万元

获奖名单

闫力强	149500	李　璟	142330	顾铤威	19215119
房　地	19314116	万　祎	19114116	黄依洋	19114209
郭　彤	19214103	潘　洁	19314103	孟闻飞	19115120
潘佳正	19114211	张绍辉	19215114	焦建敏	19314111

“美达灌装机械”奖学金(彭山宏校友设立) 基金10.8万元

获奖名单

朱　杰	160319	陆帅峰	160323	宋绪成	160254
李　创	160235	唐　亮	160335	诸葛思懿	02615110
田　垒	02015608	戴松乔	02616101	王孟雅	02615113
张　森	02015217	张宇轩	02015308	王　帅	02016424

亚派科技奖助学金(南京亚派科技股份有限公司设立) 奖金总额4万元

获奖名单

孙云晓	141557	王倩雯	153475	达　臻	141545
李　丞	71Y13122	谢　楠	71113406	廖胜兰	09013201
余　俊	71113328	徐威鸿	09013316		

共进奖学金(深圳市共进电子股份有限公司设立) 奖金总额10万元

获奖名单

徐　婧	150878	陈春宇	159105	吴胜保	149072
周　熠	06A15130	赵泽丰	13114133	蒋光峰	08014315
朱赛娟	06014102	刘晓刚	13315128	陈　康	04014150
刘页恺	08014233	陈明正	04014448		

多伦科技奖学金(南京多伦科技股份有限公司设立) 奖金总额6.6万元

获奖名单

张　娴	152486	杨雪琦	162598	吴春伟	152663
马丽莎	152608	武丽佳	142510	顾素恩	152464
杜树樱	162715	郭　奇	152497	刘修宇	152553
徐　磊	162684	王子彤	21214130	谭伊彬	21115209
周亚倩	21114201	胡浩辰	21014219	张　沛	21715236
张家钰	21715135	张一豪	21114131	王　楠	21014102
陈英豪	21015102	孙旭升	21715202		

琢章奖学金、奖教金(南京壹千零壹号自动化科技有限公司设立) 奖金总额 2.5 万元

艺术学院教师获奖名单

龙迪勇　郑德东

学生获奖名单

邓　珏	159295	梁　军	163401	方弘毅	153193
徐思佳	24215113	王雪苗	24114107		

ADI 创新奖学金[亚德诺半导体技术(上海)有限公司设立] 基金 15 万元

获奖名单

张　磊	152208	陈圣华	153600	张　龙	149075
宋雯炼	150571	张益之	159654	魏　睿	140559
周　睿	04014236	施淳信	06A15220	张宇宸	06014334
宋章先	06114118	曹天旸	04015645		

东南大学中国电科十四所国睿奖学金(中国电子科技集团公司第十四研究所设立) 奖金总额 12.8 万元

获奖名单

侯　鹏	141535	许艺凡	169106	万　树	139120
吕　游	140639	卢　力	141495	董　蕾	129201
朱荣华	151257	朱　灿	119107	陈云卿	121442
胥　帅	149429	郭静菁	139389	尹佳媛	149619
杜晓静	141452	范　傲	151224	杨照辉	149360
罗正位	131549				

博事达律师奖助基金(博事达律师事务所设立) 奖金总额 10 万元

法学院教师获奖名单

一等奖

王禄生

二等奖

钱小平　梁云宝

三等奖

杨志琼　尹　吉　李　川　刘启川　冯煜清

学生获奖名单

一等奖

高　磊　169218

二等奖

毛逸潇	162864	刘双阳	162845	管玲玲	162896

电子十二所奖学金(中国电子科技集团公司第十二研究所设立) 奖金总额 13 万元

获奖名单

杨　江	150765	闫　浩	149692	许瑞林	149073
吕志伟	150681	鲍开业	150777	韩居正	149078

党　霞	151635	伍　磊	129187	谭小东	149405
严嘉彬	159083	赵　天	06A15521	乔哲锋	06A15333
丁宁宁	04014149	纪　愚	06A15319	张　驰	06A15331
曾庆翔	06013226	耿杨烨	06014215	高柏植	10315112
马浩鑫	04015450	陈瑾钰	04013545		

东南大学路鼎奖学金(南京路鼎搅拌桩特种技术有限公司设立) 奖金总额 3 万元

获奖名单

张孟环	162528	杨　岩	152652	鲁泰山	21814114
李　凯	21814109	李　燚	21814113	何家琪	21814117

东南咨询奖助学金(江苏东南工程咨询有限公司设立) 基金 25 万元

获奖名单

侯梦琳	162652	张　慧	162547	辛丽斐	153804
鲍琰雯	163890	郑　涛	162545	童天志	152467
陈雷峰	143722	刘亚迪	163913	郭佳慧	11214210
简柏樑	11A15212	丁晓澍	21A16208	黄　霓	21A16105
田蕾蓉	11215114	霍锦彪	21A16611	赵鑫莹	21B16101
陈镕希	11A16116				

和昌集团奖学金(北京和昌置业发展有限公司设立) 基金 10 万元

获奖名单

李珍珍	140127	李直清	153425	虞　菲	150028
王　笑	150057	孙心莹	150104	张　立	01912106
余梓梁	01113502	唐浩铭	01112324	张亦然	01112219

科技发展奖学金(江苏省科技发展有限公司设立) 基金 6.51 万元

获奖名单

臧　凯	151383	陆震宇	161390	陈晓涛	161374
唐　路	151425	李　艺	161387	陈可欣	08014401
邓程皓	08014408	秦　鑫	10115121	尤　扬	07314111
陈一洲	08014334	李　超	07114120	倪　正	07315130
张紫璇	08014406	王璐琛	07314109	张雅鑫	07315114
李国安	10016109	黄逸婧	10114104	周天逸	08014230
马眉扬	10315106	高渠成	10016121		

梅花奖学金(南京梅花餐饮管理有限公司设立) 基金 10 万元

获奖名单

刘金霞	169692	冉琴琴	152744	王庆贺	153651
梁　露	153088	施甜甜	163634	李晓晨	152309
范宝路	159115	李红霞	153026	卞荣荣	153891
尹　旭	151342				

欧级奖助学金(江苏欧级节能科技有限公司设立) 奖金总额10万元

获奖名单

王　健　151714　唐　强　151770　肖夫兰　151803
范兴策　169113　倪凯翔　151737　潘　东　161820
徐凯丽　151799　白苗君　151339　李保亮　159477
高　雪　12014105　顾晓雯　12015203　潘　超　12013120
周横一　12014323　马锦雅　12014203　王　纯　12015202
狄思怡　12013303　杨靖娴　12014403　王　淼　12014316
潘　浩　12013113

数弈众城奖助学金、奖教金(南京数弈众城投资管理有限公司设立) 奖金总额5.5万元

经济管理学院教师获奖名单

孙　靓　姚建平

学生获奖名单

苏静静　151939　李　昕　161931　黄送钦　159486
褚　扬　162171　魏　尉　149479　朱莎莉　151920
芮　宁　161852　刘家薇　151882　刘树利　149152
张　欢　149139　彭圆圆　161851　陈静然　161972
杨浩昌　159493　许江红　151843　李丹丹　151811

唯捷创芯奖学金(唯捷创芯电子技术股份有限公司设立) 奖金总额2万元

获奖名单

杨丽娟　150570　李雪松　150576　程国枭　159037
陆扬扬　169089

新海天奖学金(江苏新海天国际贸易有限公司设立) 奖金总额6.54万元

获奖名单

陆孙男　162336　蓝　博　162354　陈　伟　151650
张晓东　169134　张甜甜　163082　黄雪娇　162917
祝雅璇　163907　佟　腾　153023　吴菲菲　142905
胡　月　151656　韦倩仪　17115303　曹　猛　11A16112
杜远宁　11214105　吴　玥　43215315　李惠明　43312110
杨　楠　43213112　李心雨　17115306　康　悦　11A15308
张艺馨　11113106　沈　睿　11213124

中国路桥奖励金(中国路桥工程有限责任公司设立) 奖金总额20万元

教师获奖名单

彭　龙　交通学院　徐铖铖　交通学院
王文炜　交通学院　尹凌峰　土木工程学院
张　星　土木工程学院

学生获奖名单

一等奖

晏　浩　150942　　丁珣昊　132397　　石　可　05114407
陈　健　21715201　　叶承赟　21514114

二等奖

姚泽恒　162600　　张斯琦　132412　　郭　策　161116
贾斯佳　151126　　胡敏琦　21114126　　周宸宇　05114508
肖子璇　05215208　　任逸哲　05113201　　强　禹　21114204
张多福　21414121

三等奖

吴莎莎　150890　　马静雯　162620　　潘园园　162676
管文竹　151104　　荀智翔　150941　　邓交龙　162607
朱浩樑　161124　　严琳希　161169　　姚琳怡　162599
汪宇轩　162592　　杨秀辉　05114429　　刘　琦　21315119
季　扬　05214205　　陈静怡　05215212　　张聪伟　21A16315
莫昭洪　21B16223　　朱嘉薇　05214101　　李真真　21415107
陈睿鑫　21A16525　　谭经纬　05A16526

蓝风国际奖学(教)金(江苏蓝风国际投资发展有限公司设立)　奖金总额 10 万元

医学院获奖教师名单

徐兆芬　朱艳萍　徐旭东

学生获奖名单

杨　阳　151825　　柏文华　163087　　吴宏善　14315109
佘心宇　41115109　　王宇轩　161856　　金　雯　163116
吴康斌　14314111　　陈　飞　43514118　　周格旭　151829
朱慧敏　43213210　　王　岸　41115118　　陈江涛　41114122
赵　爽　151837　　蔡　轩　14614103　　杨　燕　43515113
马玥莹　43513101　　朱雨婷　161860　　马伟虎　43113120
朱丹菲　41114110　　李　洋　41116115　　祝如愿　163189
王　杰　43512110　　薛梓茹　14314115　　龚文旭　14315120
迪拉热·阿司木　43516108

日照钢铁奖学金、奖教金(日照钢铁控股集团有限公司设立)　基金 80 万元

艺术学院教师获奖名单

王和平　甘　锋　李　鹏　徐子方　崔之进　周　渝　陶思炎　张　顺

学生获奖名单

胡本雄　169277　　刘　春　159293　　杨理理　153200
邵福生　163375　　潘　平　153186　　李旭丹　163362
石　琴　153205　　闫海龙　163377　　汤舒逸　153178
欧妍曼　163358　　杨　柳　24114101　　顾乃全　24315124
方　天　24A16327　　庄慧雯　24215109　　韩　潇　24215108
黄潇雨　24114112　　朱丽罕　24115107　　朱　颖　24315216

周佳萱　24A16110　　朱　楠　24214106

无线电系77、78级校友奖学基金(信息科学与工程学院77、78级校友设立)　基金32.5万元

获奖名单

李雪松　150576　　陈晓晴　150613　　陆玉国　150625
王娜娜　150696　　李海辉　150580

远景智慧奖学金/远景未来奖学金[远景能源(江苏)有限公司设立]　奖金总额9.8万元

远景智慧奖学金获奖名单

唐文来　139019　　杨天阳　161403　　姜蘅育　151393
宋　杉　152164

远景未来奖学金获奖名单

刘伟成　16014125　　薛　峥　09014302　　卢长胜　08013218
张立然　02014226

BSH奖学金[博西家用电器(中国)有限公司设立]　奖金总额4.8万元

获奖名单

吴勇超　150292　　刘　鑫　150270　　马言宝　151295
陈更明　150304　　石　勇　150223　　刘超霖　152742
闻　月　150291　　谢兴旺　150426　　余玉卿　152700

三宝科技双创奖(南京三宝科技集团公司设立)　奖金总额8.1万元

教师获奖名单

钱怡君　能源与环境工程学院　　周亦珩　土木学院
邱　峰　电子科学与工程学院　　尉思懿　生物科学与医学工程学院
彭　丽　人文学院　　李　东　经济管理学院
胡汉辉　经济管理学院　　葛沪飞　经济管理学院
林　琼　经济管理学院　　李奚溪　化学化工学院
罗　磊　交通学院　　丁小丽　仪器科学与工程学院
钮长慧　医学院　　纪　静　吴健雄学院
王婧菲　团委　　蔡钰萍　团委
杨文燮　团委

学生获奖名单

123013　周　洲　　159275　陆　建　　129589　谢　力
151970　徐雪飞　　151861　张　霓　　143125　张　郁
149623　杨　亮　　43312103　赵文丫　　14414125　荣检槐
43312115　肖　红　　14513228　范无忌　　43312119　金志成
14114119　王唤阳　　21314114　陈延文　　11213217　邢鹤云
14513111　陈越异　　14413106　王　迪　　11214220　陈阳天
43213421　史天一　　06013212　孙　简　　14814121　桑嗣洋
14613108　韩静静　　06013329　张冰鑫　　03013125　吴文锐

43113119	曹新蕊	19113110	梁　爽	14513224	张　潇
04013228	齐浩政	14511230	顾诚嘉	14414108	周　瑜
14113129	杨雨杭	14312104	陈静然		

2017届到基层就业的本科生表彰名单

人文学院

牟丹凝　张　琰　沙木西亚·艾克拜　郝　硕　周峻羽　加尼别克·吐安拜
旦增拉巴　王誉砚　陶洋阳　周　恬

信息科学与工程学院

杨学朋　刘建宇　顾玲僮

公共卫生学院

王典玺　毛　雅　帕孜莱提·司来曼　古再丽努尔·图尔贡　艾斯卡尔·艾拜都拉
乌勒汗·木勒达合麦提　麦尔哈巴·麦合木提　古丽再努尔·玉苏甫　多吉旦增

经济管理学院

秦世宇　沈　晨　贾子腾　考沙尔·巴合提别克　沙拉·努尔哈米提
阿依江·库满那里　热娜古丽·艾比布力

数学学院

王　浩

医学院

余　莉　热伊莱·艾买提　阿依努尔·赛买尔　热孜完古力·阿木提
阿力木江·艾比布拉　旦增卓嘎　亚森·麦麦提　木热迪力·艾合买提
玉斯甫江·帕提汗

法学院

姜华越　曹　惠　刘　怡　多吉卓玛

交通学院

蒋才健

计算机科学与工程学院

孟　乐

自动化学院

蒋荣星

外国语学院

杨　俣

建筑学院

秦宇轩

2017 年最具形象力毕业生名单

建筑学院

王子睿

信息科学与工程学院

宋浩川

土木工程学院

任逸哲

材料科学与工程学院

张培杰

经济管理学院

赵　昕

外国语学院

赵非凡　胡宇璇

化学化工学院

梁　爽

仪器科学与工程学院

索传哲

吴健雄学院

黄灵莹

大　事　记

1月5日　东南大学信息科学与工程学院毫米波国家重点实验室？东南大学量子通信网络研究中心余旭涛教授及其合作者在《物理学报》发表的论文《基于量子远程传态的无线自组织量子通信网络路由协议》(2012,61(22),20303)被评选为中国物理学会2016年度"最有影响论文奖"(一等奖)。

1月8日　"创翼杯"苏州市第六届大学生融合通信大赛暨2016指尖苏州创新创业大赛结束，东南大学—蒙纳士大学苏州联合研究生院5支队伍分别获得了特等奖1名、一等奖1名、二等奖3名的优异成绩。

1月9日　2016年度国家科学技术奖励大会在北京召开，东南大学作为第一完成单位揽获三项大奖。合作成果中亦有三项获得科技大奖，其中，《第四代移动通信系统(TD—LTE)关键技术与应用》项目获科技进步特等奖。据教育部官网公布，高校获2016年度国家科学技术奖(通用项目)统计排名中，东南大学并列第六。

1月16日　根据2017年1月最新发布的ESI学科排名，东南大学的"神经科学与行为科学"首次进入世界前1%，这是继2016年5月新增"药理学与毒理学"之后学校取得的又一突破。

英国驻沪总领事馆文化教育领事MatthewKnowles一行四人到访东南大学。东南大学常务副校长王保平在四牌楼校区会见了来访客人。

1月19日　据东南大学科研院最新统计数据显示，2016年度学校科研项目总经费到账突破20亿元，达20.208亿元，较上一年度增长12.2%，科研总经费继续位列江苏高校第一。

1月18日　国家文物局专家组及江苏省文物局有关领导到东南大学调研文物保护工作。东南大学副校长黄大卫，总务处、建筑设计院等有关部门负责同志陪同调研考察。专家组肯定了学校文物资源的重要价值，指出要充分发挥东南大学的学科优势，加强沟通与合作，切实把学校的文物保护工作做好，力争在文物保护领域做到全国领先。黄大卫副校长表示，学校将继续加强文物保护意识，做好文物保护工作，让东南大学的文物建筑体现学校风采，彰显历史价值。

1月19日 由国家卫生计生委指导、健康报社主办的“敬佑生命，大爱无疆——2016年医药卫生界生命英雄”推选活动颁奖典礼在北京举行。东南大学附属中大医院重症医学科主任杨毅荣获了2016年医药卫生界生命英雄“科技之星”。

1月23日 2016年度寻访“中国大学生自强之星”活动结果揭晓，东南大学数学学院硕博连读研究生谷乐同学以其感人至深、自强不息的奋斗故事从全国近两万名优秀学子中脱颖而出，荣获了“中国大学生自强之星标兵”称号。

1月24日 南京医科大学校长沈洪兵在副校长李建清等领导的陪同下访问东南大学，东南大学校长张广军、副校长吴刚等接待了沈洪兵校长一行。双方根据去年9月签署的战略合作协议精神，就两校2017年拟重点推进的合作事项进行座谈交流，并签订了战略合作实施协议。

1月22日至25日 东南大学代表团在常务副校长王保平的率领下到澳大利亚蒙纳士大学、皇家墨尔本理工学院交流访问。访问期间，代表团还拜访了我国驻墨尔本总领事馆教育组，会见了优秀青年人才，并参加了墨尔本东南大学校友会年度大会。

2月10日 由教育部部长陈宝生、工业和信息化部部长苗圩任组长的中央调研组在江苏调研期间来到东南大学“无线谷”调研5G移动通信技术发展，东南大学通信技术研究院院长、移动通信国家重点实验室主任尤肖虎教授陪同调研。

2月15日 根据江苏省民政厅发布的2016年度社会组织评估结果，东南大学教育基金会再次获评江苏省5A级社会组织，这是社会组织评估等级的最高级别。

2月19日 国家重点研发计划慢病重点专项启动会暨东南大学跨学科协作代谢病精准防治研究研讨会在南京举行。中国工程院院士、上海交通大学医学院附属瑞金医院宁光教授，中科院院士、清华大学生命科学学院李蓬教授，东南大学副校长吴刚教授，科技部生物中心研究员李苏宁，国内代谢病领域著名学者，项目所有参与单位负责人及东南大学理工、医学与生命科学等多学科交叉领域的专家、学者齐聚南京，共商代谢病发展大计，共享“学术盛宴”。

2月21日 中国科学院国家天文台致信东南大学，对东南大学为有“中国天眼”之称、世界上最大的单口径球面射电望远镜FAST(Five-hundred-meterAperture Sphericalradio Telescope)落成启用所作的重要贡献表示感谢！

2月24日 东南大学团委荣获2016年度全省共青团工作先进单位，校团委副书记张璐荣获全省共青团工作先进工作者，校团委“以‘五抓五化’深入推进团支部职能建设与活力提升”获2016年全省共青团工作创新创优成果奖二等奖。

江苏省科学技术奖励大会在宁召开，大会授予中国工程院院士、东南大学土木工程学院吕志涛教授“2016年度江苏省科学技术突出贡献奖”。

2月27日 上海软科教育信息咨询有限公司发布2017“中国最好大学排名”，中国大陆综合实力最强的500所大学上榜，东南大学在此次排名中位列第十二，清华大学、北京大学、浙江大学位列前三。

爱思唯尔(Elsevier)科技部中国区网站发布了2016年中国高被引学者(MostCitedChineseResearchers)榜单，榜单共收录38个领域、1 776余名最具世界影响力的中国学者。其中，东南大学共22名学者入选该榜单。

3月2日 教育部科技发展中心公布了2016年度高等学校科学研究优秀成果奖(科学技术)的获奖名单,共有312项/人获奖,其中一等奖116项,二等奖187项,青年奖9人。东南大学此次共有6个项目获奖,其中牵头获一等奖2项、二等奖3项,合作项目获一等奖1项。

3月7日 中国指挥与控制学会(CICC)公布了2016年度"中国指挥与控制学会科学技术奖"评审结果,由东南大学数学学院虞文武教授牵头申报的"网络耦合系统控制与优化理论及其应用"荣获一等奖。这标志着数学学院在网络耦合系统理论研究及其在军民融合中的工程应用方面取得新突破。

3月8日 东南大学经济管理学院副教授浦正宁承担的江苏省社科基金项目"江苏产学研协同创新的路径优化及机制研究"(13GLB004)主要成果《推进江苏产学研协同创新的对策建议》分获江苏省省长石泰峰和副省长张敬华两位同志的重要批示。江苏省哲学社会科学规划办公室专门致函东南大学,对浦正宁副教授及其课题组成员给予通报表扬。

3月9日 东南大学副校长吴刚与中南控股集团有限公司副董事长陆亚行女士在江苏省慈善总会进行了亲切会谈。江苏省慈善总会副会长陆素洁女士、江苏中南慈善基金会秘书长樊晓燕女士、东南大学土木工程学院党委书记刘静、东南大学教育基金会秘书长李爽等相关人员一同参加交流。

3月13日 美国田纳西大学副教务长PiaWood一行三人访问东南大学,东南大学党委常务副书记刘波在四牌楼校区老图书馆会议室会见了代表团一行。会谈中,双方对孔子学院建设、2017年教师发展培训及暑期夏令营、学生交换项目等议题进行了讨论,并重点探讨了两校开展3+1+1联合培养项目的可行性。

3月14日 由剑桥大学、牛津大学、利物浦大学、莱斯特大学等四所英国著名大学交流团一行,受邀访问东南大学,并就健康医疗主题到生物电子学国家重点实验室进行专业交流。

3月15日 南京市委常委、江宁区委书记李世贵,区长祁豫玮一行到东南大学访问,双方就推进落实战略合作工作进行座谈交流。东南大学校长张广军、常务副校长王保平等接待了李世贵书记一行。

3月21日 教育部科技发展中心公布了《2016年获发明专利授权量前50名高校》和《至2016年底有效发明专利量前50名高校》两项数据,其中在2016年获发明专利授权量排名中,东南大学位居全国高校第5位;至2016年底有效发明专利量排名中,东南大学位居全国高校第4位。

3月23日 东南大学艺术学院姜耕玉教授的长篇小说《风吹过来》被中国文学权威刊物《长篇小说选刊》2017年第2期选载。此前,该小说已在文学杂志《钟山》2016长篇小说A卷上发表,引起了文学评论家和媒体的关注。

3月26日 全国教育后勤系统信息宣传与理论研究工作年会在江苏苏州召开,会上表彰了2016年度全国教育后勤系统信息宣传工作先进单位,东南大学总务处喜获先进单位称号。

3月27日 东南大学与中国电子科技集团公司第十二研究所战略合作协议签约仪

式在九龙湖校区举行。东南大学常务副校长王保平与十二所所长赵士录出席仪式并代表双方签约。

3月31日 东南大学团委、交通学院共同举办的“榜样在身边——我的青春故事”分享会在九龙湖校区人文讲座报告厅举行，邀请教育部“长江学者奖励计划”青年学者、东南大学交通学院院长刘攀教授为青年学子讲述青春故事，分享青春感悟。

4月1日 中国航天科技集团科技委主任包为民院士在集团科技委、航天五院等相关负责人陪同下到东南大学访问调研。东南大学校长张广军、副校长吴刚出席调研会议，国防科学技术院(先进技术与装备院)、通信技术协同创新中心、信息科学与工程学院相关负责人参加了调研座谈会。

4月10日 国际知名发育生物学杂志Developmentalcell《发育细胞》封面论文发表了“发育与疾病相关基因”教育部重点实验室韩俊海教授课题组的研究工作：NeurexinRestrictsAxonalBranchinginColumnsbyPromotingEphrinClustering. LinaLiu，YaoTian，Xiao-yanZhang，XinwangZhang，TaoLi，WeiXie，JunhaiHan. DevelopmentalCell；doi：10.1016/j.devcel.2017.03.004，该项研究通过对果蝇视觉系统的研究，阐明了孤独症相关基因Neurexin在神经元轴突投射中的新作用，由博士研究生刘丽娜和讲师田垚共同完成。

4月12日 东南大学物理学院王金兰教授课题组在二维材料范德华外延生长领域取得了重要研究进展，该课题组基于多尺度的理论模拟提出了通过范德华外延自组装有机薄膜来保护黑磷的新策略。该研究成果题为“PassivationofBlackPhosphorusviaSelf-AssembledOrganicMonolayersbyvanderWaalsEpitaxy”发表于材料类顶级学术期刊AdvancedMaterials《先进材料》影响因子18.96。

4月13日 东南大学电子科学与工程学院孙立涛教授团队的研究成果“Electricallydrivencationexchangeforinsitufabricationofindividualnanostructures”以东南大学为第一完成单位在线发表于NatureCommunications8，14889(2017)。东南大学博士生张秋波、青年教师尹奎波为共同第一作者，孙立涛教授与加州大学伯克利分校郑海梅教授为共同通讯作者。

教育部办公厅公布第五届全国高校廉政文化作品征集暨廉洁教育系列活动结果，东南大学大学生艺术指导中心报送的作品《爱莲说》荣获表演艺术类入围作品奖，人文学院陈海荣同学被评为全国大学生廉洁知识网上问答活动先进个人(共100名)

4月16日 江苏省第五届大学生艺术展演活动在东南大学九龙湖校区焦廷标馆剧场拉开帷幕。我校大学生艺术合唱团在此次比赛中以总分第一位居南京赛区榜首，中国合唱协会副理事长任宝平高度评价了我校合唱团在声音技术、指挥技术、作品完成度和艺术呈现等方面的出色表现。

4月18—19日 由中国工程院主办，中国工程院土木、水利与建筑工程学部，东南大学，中国城市规划设计研究院共同承办的“中国城市建设可持续发展战略研究”项目启动会兼调研会在北京中国城市规划设计研究院学术报告厅隆重召开。

4月19日 标准排名联合优客工场在北京发布“2017中国大陆最具创新力大学百强榜”。东南大学位居全国高校第10位。

4月24日 九三学社东南大学基层委员会与九三学社连云港市委员会合作共建的

“沿海开发应用技术联合研究中心”在连云港揭牌成立。

4月28日　东南大学召开校党委理论学习中心组会议，集体学习研讨中央全面深化改革领导小组第三十三次会议精神。校领导班子成员，党委办公室、校长办公室、组织部、纪委、宣传部等职能部处主要负责同志参加了集体学习。会议由校党委书记易红主持。

江苏省庆祝“五一”国际劳动节大会在南京举行，省委常委、组织部长王炯，省人大常委会副主任，省总工会主席、党组书记邢春宁等领导为荣获全国五一劳动奖状、奖章，江苏省五一劳动奖状、奖章、荣誉奖章，江苏省工人先锋号等荣誉称号的先进集体和先进个人颁奖。我校附属中大医院重症医学科团队荣获江苏省工人先锋号荣誉称号。

5月3日　由校团委推报的我校交通学院院长、教育部“长江学者奖励计划”青年学者刘攀教授荣获第十二届“江苏青年五四奖章”，化学化工学院张袁健教授荣获2017年江苏“青年双创英才”荣誉。

5月6日　全国政协副主席、科技部部长、中国科协主席万钢在苏州主持召开国家科技创新重点政策落实情况调研座谈会，听取江苏高校院所和企业代表关于科技创新重点政策落实情况汇报和科技创新工作的意见和建议。

东南大学、都灵理工大学、无锡市新吴区政府就三方合作办学展开会谈，并共同签署合作框架协议。

5月10日　在上海举行的第八届CDN中国汽车设计大赛上，东南大学—蒙纳士大学苏州联合研究生院2015级硕士生姜金麟团队获得了“最佳用户界面设计奖”。该作品由东南大学—蒙纳士大学苏州联合研究生院教师吴闻宇、IanWong、BernieWalsh共同指导。

5月10—14日　作为献礼东南大学115周年校庆朗读活动，中央电视台《朗读者》栏目组携“朗读亭”走进东南大学九龙湖校区进行录制，活动累计参与人数500余人次，有效朗读时间达2 047分钟。

5月17日　智慧法院建设国际研讨会在苏州召开。来自孟加拉国最高法院、韩国大法院、巴基斯坦白沙瓦高等法院、联合国开发计划署的代表，最高人民法院及全国部分高中级法院有关负责人参加会议。东南大学副校长周佑勇系本次会议唯一受邀并做主题发言的高校代表。

5月18日　教育部下达了《教育部关于同意设立东南大学雷恩研究生学院的函》，批准东南大学和法国雷恩第一大学合作，设立不具有法人资格的中外合作办学机构——“东南大学雷恩研究生学院”。

5月20—22日　第五届生物医用磁学纳米技术研讨会暨第六届全国生物与医学纳米技术博士生论坛在东南大学苏州研究院举办。开幕式上，东南大学苏州研究院院长张为公介绍了东南大学苏州研究院近年来的发展情况。都有为院士在致辞中说，作为生物医用磁学纳米技术研讨会的倡导者，希望会议能够成为国际前沿，引领国内国际纳米医学的发展。

5月22日　英国剑桥大学工程学院AbirAl-Tabbaa教授受聘东南大学客座教授仪式在四牌楼校区举行。黄大卫为AbirAl-Tabbaa教授颁发了客座教授聘书并为其佩戴东南大学校徽。他表示，聘请AbirAl-Tabbaa教授为客座教授，将有助于推动东南大学与剑桥大学之间的国际合作，同时有助于岩土学科的发展。

5月26日 根据江苏省城镇妇女"巾帼建功"活动领导小组、江苏省妇女"双学双比"竞赛活动领导小组联合下发的《关于表彰全省城乡妇女岗位建功先进集体（个人）的决定》，东南大学法学院院长刘艳红教授被评为"江苏省巾帼建功标兵"。

东南大学生物科学与医学工程学院生物电子学国家重点实验室赵远锦教授课题组在自修复生物材料的研究中取得重要进展，课题组成员受人体组织自修复过程启发，开发了三维交联网格的混合水凝胶体系，赋予了各种软物质生物材料自修复功能。该研究成果于5月22日发表在国际顶级综合期刊《美国科学院院刊》(PNAS)杂志上。

"东南大学智慧城市研究院揭牌仪式暨首届新型智慧城市高峰论坛"在南京举行。东南大学校长张广军、云南省玉溪市市长张德华、江苏省科技厅副厅长蒋跃建、昆山杜克大学校长刘经南院士、武汉大学李建成院士等出席揭牌仪式。

5月27日 庆祝全国科技日暨创新争先奖励大会在京召开。东南大学王炜、刘松玉、洪伟、曹进德等4位教授获创新争先奖状表彰，获奖人数位列全国高校第二，东南大学校友杨焕明荣获创新争先奖章。

6月1日 南京校友会"砥砺景观石"捐赠揭幕仪式暨南京校友会企业家分会成立大会在九龙湖校区举行。

6月3日 作为东南大学115周年校庆的一份"大礼"，东南大学校史馆在四牌楼校区原工艺实习场正式开馆。开馆仪式由东南大学副校长周佑勇主持，东南大学党委书记易红在开馆仪式上发表讲话。国立东南大学校长郭秉文家属代表徐芝韵女士、孙良宏先生，国立中央大学校长张乃燕家属代表张文嘉先生，抗战时期"动物大军"西迁领头人王酉亭的家属代表王德先生，以及校友代表、师生代表等出席了开馆仪式。

来校参加东南大学115周年校庆活动的诺贝尔奖获得者、著名物理学家、东南大学名誉教授丁肇中先生，应邀在九龙湖校区焦廷标馆剧场为东大师生作了一场主题为"国际空间站上的AMS实验的最新进展"的专场学术报告。

6月8日 第十三届全国营养科学大会暨全球华人营养科学家大会在北京举行。东南大学公共卫生学院营养与食品卫生学系孙桂菊教授被授予"全国营养行业先进工作者"称号，并当选为第九届理事会理事。

6月9—11日 第五届全国大学生工程训练综合能力竞赛（沈阳赛）在沈阳航空航天大学举行。我校由机械工程学院学生江苏、罗俊文、吴闫明（指导教师：杨延清、骆号）组成的代表队获得S项目组一等奖。

6月14日 南大学先进光子学中心崔一平教授团队近来在微纳光子材料与应用领域取得了一系列重要研究进展，研究成果先后在ACSNano、Adv. Funct. Mater.、Adv. Mater. 及Small等国际权威刊物上发表百余篇文章，引起国际同行的重视。崔一平教授入选"2016年中国高被引学者"。近期，该团队又在Chem. Rev. 上发表综述文章，介绍了SERS光谱免疫检测领域的研究进展，其中包含了该团队数年来的诸多研究工作成果。

6月15日 第四届中国出版政府奖获奖名单公布，我校艺术学院张燕教授（笔名：长北）所著《〈髹饰录〉与东亚漆艺——传统髹饰工艺体系研究》入选图书奖，东南大学出版社出版的《中国古代金属建筑研究》入选图书奖提名奖。

东南大学与南京市江宁区签署共建环东南大学知识创新圈合作协议活动在江宁区会展中心举行。

6月18日 东南大学信息科学与工程学院2015级硕士研究生梁霄和戈璐璐通过层层筛选,分别获得2017IEEECASStudentTravelGrant和IEEEComSocWomeninCommunicationsEngineering(WICE)TravelGrant的奖项。

6月22日 江苏省委教育工委组织开展的高校党建工作创新奖和最佳党日活动评选结果揭晓,东南大学党委学工部"用好一个引擎建好三个课堂,着力构建大学生党员理想信念教育体系"党建工作获得2015—2016年度江苏高校"党建工作创新奖";建筑学院博士生建筑党支部、15级硕士2班党支部联合主办的"走进小西湖社区,复兴老城南旧事——小西湖片区改造志愿服务党日活动",电气工程学院低年级本科生党支部主办的"'正心于身·明德天下'系列党日活动"分别获得2016年度江苏高校"最佳党日活动优胜奖"。

6月24日 东南大学—蒙纳士大学苏州联合研究生院2017年毕业典礼暨学位授予仪式在独墅湖高教区中大院报告厅举行。毕业典礼由副校长兼研究生院院长金保昇主持。

6月30日 中国共产党江苏省代表会议在南京召开。会议在充分酝酿的基础上选举产生了江苏省出席党的"十九大"代表,中央提名的2名代表候选人圆满当选。东南大学党委书记易红同志当选。

7月1—7日 由中国土木工程学会、江苏省新型建筑工业化协同创新中心、国家预应力工程技术研究中心、混凝土及预应力混凝土结构教育部重点实验室主办,江苏省土木工程研究生创新与学术交流中心和东南大学土木工程学院承办的2017年土木工程院士知名专家系列讲座暨第八届全国研究生暑期学校在东南大学举办。

7月7日 "东南大学丘成桐中心"成立大会暨首届学术报告会举行。美国科学院院士,中国科学院外籍院士,哈佛大学丘成桐教授,国电电力科学研究院薛禹胜院士,全国政协常委、江苏省政协副主席、南京大学副校长程崇庆教授等嘉宾出席大会,东南大学校长张广军院士为丘成桐院士颁发中心主任聘书,并与丘成桐院士共同为中心揭牌;东南大学副校长吴刚教授主持成立大会并宣读中心成立文件。

7月14日 国家外国专家局和教育部联合下发《关于东南大学建筑学院开展"高校国际化示范学院"试点工作的通知》,决定支持东南大学建筑学院开展"高校国际化示范学院推进计划"试点工作,这也是目前全国建筑学科的唯一试点单位。

7月17—21日 东南大学医疗专家博士团一行8人在东南大学医学院副院长王立新教授带领下赴学校定点扶贫县云南省楚雄州南华县开展义诊和医院建设帮扶活动。

7月20—23日 由江苏省教育厅联合江苏省网信办等7部门共同主办、东南大学承办的江苏省"互联网+"大学生创新创业大赛决赛在东南大学九龙湖校区举行。

7月31日 江苏省科技厅下发了《2017年省创新能力建设计划立项项目》清单,东南大学曹进德教授牵头申报的"江苏省网络群体智能重点实验室"获批立项建设。

"十二五"江苏交通建设"品牌工程"评选结果公布,东南大学丁建明教授领衔的昆山中环快速化改造工程设计团队获得了江苏交通建设十大"品牌工程"项目设计组荣誉。

8 月 2 日 东南大学物理学院薛鹏教授团队首次在开放系统中实验实现宇称一时间对称的量子行走并观测到新型一维拓扑保护边界态，为基于量子行走平台实现量子计算提供了新的依据。该研究成果于 7 月 31 日以长文(article)形式在线发表于国际著名学术期刊 NaturePhysics，题目为“Observationoftopologicaledgestatesinparity - time - symmetricquantumwalks”(DOI:10. 1038/nphys4204)。

8 月 11 日 中国医师协会介入医师分会第二届委员会选举大会在江苏南京举行。经过大会选举，著名介入医学专家、东南大学附属中大医院院长滕皋军教授当选第二届中国医师协会介入医师分会会长。8 月 12 日，中国医师协会常务副会长兼秘书长杨民向滕皋军会长颁发了聘任证书。

8 月 13—14 日 第二十四届世界哲学大会启动仪式暨“学以成人”国际学术研讨会在北京大学举行，在此次公布的各分会共同主席名单中，东南大学人文学院哲学系喜获四个分场国际共同主席，加上另一个推荐立项时仍在东大的席位共 5 位，在全国 100 多个哲学学术机构中名列前茅，其中伦理学位居第一。

8 月 17 日 国家卫生计生委在北京召开全国卫生计生系统表彰大会，表彰全国卫生计生系统先进集体、先进工作者和劳动模范及“白求恩奖章”获得者。国务院副总理刘延东出席大会并作重要讲话。著名重症医学专家、东南大学附属中大医院副院长邱海波教授被授予“白求恩奖章”荣誉称号，刘延东副总理等领导为“白求恩奖章”获得者颁奖。

8 月 28 日 东南大学化学化工学院杨洪教授课题组在近红外光致形变高分子材料研究领域取得突破性进展，科研团队研制了第一例以化学键合方式直接嵌入近红外光热转换基团的液晶弹性体材料，具有超快响应速度和超强力学性能。该研究成果于近日发表在国际顶级期刊《美国化学会志》杂志上。

东南大学物理学院王金兰教授课题组在化学类顶级刊物 AngewandteChemieInternationalEdition(影响因子 11. 99)上发表了一篇题为“TowardsacomprehensiveunderstandingofthereactionmechanismsbetweendefectiveMoS_2andthiolmolecules”(二硫化钼表面空位缺陷与硫醇分子的反应机制)的论文。

8 月 29 日 各民主党派江苏省委已陆续完成换届工作。此次换届，东南大学党委统战部积极与江苏省委统战部及各民主党派省委沟通协调，大力举荐，多位党外代表人士在各民主党派新一届江苏省委中担任了重要职务。

8 月 28 日 瑞典皇家理工学院(KTH)国际事务副校长 StefanÖstlund 教授一行到东南大学访问。东南大学总会计师丁辉，教务处、国际合作处、建筑学院、土木工程学院、能源与环境学院等职能部门及院系的相关负责人与来访客人进行了会谈交流。

在北京举行的第 25 届世界核妇女大会(WiN)颁发了 2017 年度世界核妇女奖和世界核妇女荣誉奖，东南大学校友、国家核电总经济师荣芳女士被授予世界核妇女奖，以表彰其在核领导力、沟通、辅导与教育方面所作的重要贡献。荣芳校友是该奖项本年度唯一的获奖者，同时也是中国大陆迄今为止唯一的获奖者。

9 月 5 日 教育部办公厅发布了《关于公布 2017 年度全国创新创业典型经验高校名单的通知》，东南大学入选 2017 年度全国创新创业典型经验高校 50 强。

9 月 9—10 日 由中国医师协会主办的 2017 年住院医师规范化培训高峰论坛在北

京举行。大会表彰了“三个一百”和“双十佳”先进个人,东南大学附属中大医院产科主任、妇产科副主任于红主任医师被授予全国“住院医师心中好老师”荣誉称号。

9月11日 东南大学化学化工学院、江苏省富碳材料器件工程实验室刘松琴教授课题组和张袁健教授课题组分别在新型纳米界面构建和功能化方面取得重要研究进展。研究成果于近日相继发表在国际顶级期刊《美国化学会志》(JACS)杂志上。

9月16日 上午,东南大学太阳能技术研究中心成立10周年座谈会在四牌楼校区举行,张耀明院士带病前来和全体师生、部分毕业学生代表一同参加会议,畅谈十年来中心走过的历程、取得的成绩以及未来发展。

9月18日 科睿唯安(ClarivateAnalytics)发布最新一期ESI(EssentialScienceIndicators)数据。在学科排名中,东南大学的“社会科学总论”首次进入世界前1%,这是学校继2017年1月“神经科学与行为学”入选ESI排名后取得的又一突破。

“东大—联想”穿戴式心脏—睡眠—情绪智能监控联合实验室成立仪式在东南大学四牌楼校区举行。东南大学副校长吴刚、联想集团高级副总裁兼首席技术官芮勇、南京医科大学副校长李建清共同出席了联合实验室成立仪式。仪式由东南大学仪器科学与工程学院宋爱国院长主持。仪式前,芮勇博士为东大师生做了题为“人工智能系统的ABCD”的“前沿科技”报告。

国家留学基金委秘书长刘京辉、亚非事务部主任李昕、来华事务部副主任孙晓蒙一行前来东南大学调研。校长张广军出席了调研会议,校国际合作处、教务处、研究生院、海外教育学院相关负责同志参加了会议。

9月22日 根据《省教育厅关于公布2017年江苏省教学成果奖获奖项目的通知》(苏教人〔2017〕15号)文件公布结果,东南大学作为第一完成单位在本次江苏省教学成果奖中获特等奖4项,一等奖6项,二等奖6项,获奖总数与南京大学并列第一。

9月23日 “江苏省在宁高校老同志喜迎党的十九大文艺演出”在东南大学大礼堂隆重举行。

9月23—24日 第二届江苏志愿服务展示交流会在无锡市体育中心隆重召开。由东南大学团委推荐申报的计算机科学与工程学院、软件学院的“微笑讲解团”项目作为全省唯一的高校项目,参加了精品项目推介会,并在大会上斩获金奖。

9月26日 东南大学副校长周佑勇教授应邀出席《法治政府蓝皮书:中国法治政府评估报告(2017)》发布会暨法治政府建设高峰论坛

9月28日 由中国人民大学罗国杰伦理学教育基金、中国伦理学会、中国人民大学伦理学与道德建设研究中心共同举办的“罗国杰伦理思想研讨暨罗国杰伦理学教育基金颁奖大会”在中国人民大学召开。教育部长江学者特聘教授、东南大学人文社会科学学部主任樊和平(樊浩)的新著作《江苏社科名家文库樊浩卷》,经“罗国杰伦理学教育基金”评委会的评议,荣获“优秀著作奖一等奖”。

9月29日 全国厂务公开民主协调小组在北京召开“全国厂务公开民主管理工作经验交流暨先进单位表彰电视电话会议”,我校被授予“全国厂务公开民主管理先进单位”荣誉称号。

9月30日 东南大学物理学院薛鹏教授团队首次在开放系统的量子行走中直接测

量到了拓扑不变量，进一步为基于量子行走平台实现量子模拟和计算提供了新的依据。目前，最新一期的《物理评论快报》[PhysicalReviewLetters119，130501(2017)]发表了这项工作的最新研究成果。

10 月 11 日 加拿大工程院院士、华为首席科学家童文博士受聘为东南大学"客座教授"仪式暨专场学术报告会在九龙湖校区润良报告厅举行。

由东南大学纪委办监察处、党委宣传部主办，能源与环境学院承办的"翰墨传清韵丹青寓廉风"——喜迎党的十九大暨东南大学廉政文化作品展在九龙湖校区行政楼开幕。

10 月 13 日 东南大学移动通信国家重点实验室召开了 2017 年度学术委员会会议。会议开始前，东南大学校长张广军院士专程前往会场亲切看望与会的中国工程院邬贺铨院士、北京交通大学谈振辉教授、西安交通大学朱世华教授和中国科学技术大学卫国教授等委员，对各位委员长期以来关心和支持东南大学学科建设、科学研究和基地建设等各项事业发展表示衷心感谢，并就东南大学"双一流"建设等与大家进行了交流。

哈尔滨工业大学、哈尔滨工程大学、北京航空航天大学、北京理工大学、西北工业大学、杭州电子科技大学、南京理工大学、南京航空航天大学等 8 所高校的纪委书记一行到东南大学专题考察调研党风廉政建设总体情况及纪检监察工作具体开展情况。

10 月 13—15 日 由东南大学承办的"2017 年中国工程热物理学会燃烧学学术年会暨国家自然科学基金燃烧项目进展交流会"在南京举行。本次大会旨在全面展示我国燃烧领域的最新研究成果，是我国燃烧领域层次最高、规模最大和影响最广的学术会议。

10 月 16 日 以上海交通大学招投标与政府采购办公室主任周岱为组长，教育部政府采购中心采购处处长涂世文，南京大学、同济大学、南京农业大学招标办公室负责人等组成的教育部直属高校政府采购专项调研组一行 9 人到东南大学专项调研学校政府采购"放管服"政策落实情况。

10 月 17 日 IEEE 宣布将授予东南大学校友、中国移动副总裁李正茂杰出行业领袖奖(2017Distinguished IndustryLeaderAward)，颁奖将于今年 12 月在新加坡举行的 Globecomm 大会上进行。这是该奖项第一次颁授给中国人。

10 月 23 日 中交公路规划设计院有限公司副总经理、教授级高级工程师王仁贵校友主持勘察设计的嘉绍大桥荣获 2017 年度国际咨询工程师联合会(法文缩写 FIDIC，音译为"菲迪克")特别优秀项目奖。

10 月 26 日 东南大学在九龙湖校区组织收看教育部直属系统传达学习党的"十九大"精神视频会议，校领导班子成员，各机关部处、各基层党组织中层正职负责人参加了会议。

国家教育行政学院中青年干部培训班考察团一行 16 人到东南大学访问，专题调研人事制度改革工作。

国家火炬计划"自适应企业孵化公共服务平台建设"项目顺利验收。

由东南大学作为项目牵头单位、王建国院士作为负责人的"十三五"国家重点研发计划"经济发达地区传承中华建筑文脉的绿色建筑体系"项目启动暨实施方案论证会在东南大学四牌楼校区举行。

10 月 27 日 东南大学信息科学与工程学院与南京禄口国际机场空港科技有限公司

项目合作暨校企合作协议签约仪式在九龙湖校区举行。

东南大学关工委被评为江苏省教育系统“2017年度关工委优秀工作团队”。

东南大学举行全校传达学习党的“十九大”精神大会。会议由校党委常务副书记左惟主持,“十九大”代表、校党委书记易红结合自己的参会情况和学习体会,全面传达“十九大”精神,并就我校深入学习宣传和贯彻落实“十九大”精神做工作部署。

“罗德与施瓦茨奖学金及第八届射频微波电路设计竞赛”颁奖仪式在东南大学四牌楼校区中大院求是堂举行。

11月3日 经过IEEEInternationalConferenceonASIC2017(ASICON2017)评审委员会的严格评选,东南大学信息科学与工程学院学子所撰写的论文《UniformBeliefPropagationProcessorforMassiveMIMODetectorsandGF(2n)LDPCDecoders》获得最佳学生论文奖。

11月2—3日 我校党委书记易红在党委办公室相关领导陪同下,先后前往数学学院、艺术学院、物理学院等院系,深入调研并指导学习贯彻党的十九大精神以及推进一流大学、一流学科建设工作。学院党政班子成员、教授委员会成员、各系主任和教师代表参加了调研会。

11月13日 根据科睿唯安(ClarivateAnalytics)2017年11月发布的ESI(EssentialScienceIndicators)数据,我校计算机科学上升至全球第37位,首次进入ESI学科排名全球前1‰,这是继工程学进入ESI学科排名全球前1‰之后学校取得又一重大突破。

著名军事专家罗援少将应邀做客“东南大学人文大讲堂”,并为学校师生做了一场主题为“中国周边安全环境与软实力建设”的精彩演讲。

东南大学—蒙纳士大学苏州联合研究生院学生姜金麟在全球72所高校189名参赛学生中脱颖而出,夺得大赛冠军。参赛作品由苏州联合研究生院老师吴闻宇、IanWong、BernieWalsh共同指导。

11月14日 江苏省副省长蓝绍敏在省科技厅、江宁区有关负责同志的陪同下,到江宁区无线谷调研科技创新工作,考察了东南大学移动通信国家重点实验室和江苏省未来网络创新研究院。

11月16日 在无锡举办的智慧产业高峰论坛上,东南大学与中国航天科工集团公司签署了战略合作协议。根据协议,东南大学与中国航天科工集团公司将重点在智慧产业等新兴领域开展战略合作,通过联合科学研究、联合人才培养、联合建设创新平台等工作,实现双方共赢发展。

11月16—18日 中国高等教育学会教育基金工作研究分会第十九次年会在北京召开。东南大学教育基金会荣获“先进单位”荣誉称号,副秘书长滕航荣获“先进个人”荣誉称号。

11月21日 在庆祝东南大学建筑学院建院90周年之际,东南大学在四牌楼校区春晖堂举行建筑国际化示范学院揭牌仪式。

11月20日 省委学习贯彻党的“十九大”精神,江苏省委宣讲团成员、“十九大”代表、东南大学党委书记易红在江苏省科技工作者活动中心为全省科技工作者做“十九大”精神宣讲。易红书记作题为“不忘初心牢记使命”的报告。报告从党的“十九大”报告提出的新思想、建设世界科技强国的重大战略部署、江苏深入实施创新驱动战略情况等三个方面，对党的“十九大”精神进行了深入地解读。

11月23日 国际知名生物学杂志《现代生物学》(CurrentBiology)在线发表了东南大学生命科学研究院韩俊海教授课题组在睡眠研究领域的研究成果《Fbxl4作为生物节律的输出分子介导GABAA受体降解进而调控睡眠行为》。该项研究通过对生物节律与睡眠的研究，鉴定了生物节律调控睡眠的直接联系分子。

11月24日 东南大学在四牌楼校区举行著名体育教育家、国立东南大学时期校友“夏翔纪念奖学基金”捐赠仪式。“夏翔纪念奖学基金”是东南大学首次针对优秀体育特长生的专项奖励，具有重要的现实意义和引导作用。东南大学将管理好这笔捐赠，以弘扬夏翔教授的体育精神，光大东南大学优秀的体育传统。

11月26日 2017年全国大中专学生志愿者暑期“三下乡”社会实践活动评比结果揭晓，东南大学团委连续第26年荣获2017年“全国优秀单位”荣誉称号，经济管理学院“讲好小城故事，弘扬时代精神”团队在“千校千项”评选中获得“最具影响好项目”荣誉称号，经济管理学院“湘豫古今”团队在“为爱上色”中国大学生农村支教奖中荣获全国银奖。

11月27日 中国工程院正式公布了2017年院士的增选结果，我校岗位教授、博士生导师余艾冰当选为中国工程院外籍院士。

11月29日 经专家评审、社会公示并报全国哲学社会科学规划领导小组批准，2017年度国家社科基金重大项目立项名单正式公布。东南大学获得3项国家社科基金重大项目，1项重大转重点项目，重大项目投标成果丰硕，立项数创历史新高。

12月5日 东南大学物理学院薛鹏教授团队首次在单体无纠缠量子系统中观测到了信息的亏损，并基于该系统首次验证了量子力学对于熵的互文性不等式的违背，进一步丰富了对量子力学的基础理论的理解及对基本量子资源的认识。12月1日，最新一期的《物理评论快报》[PhysicalReviewLetters119,220403(2017)]发表了这项成果。

12月2日 东南大学学子在2017年全国大学生电子设计竞赛(瑞萨杯)中获一等奖数并列全国第一

12月6日 东南大学在九龙湖校区润良报告厅举办“至善理论讲堂”，邀请江苏省委讲师团成员、江苏省委党校科社部副主任陈蔚教授，做题为“坚持和发展中国特色社会主义的政治宣言和行动纲领”的专题理论辅导报告。本次活动是全校深入学习贯彻党的十九大精神的系列活动之一，也是十九大闭幕后举办的第三期全校中层以上领导干部集中学习活动。

12月6—8日 国际应用科技开发协作网(ISTA)第二十二次全体会员大会暨高校科技创新发展论坛在香港举行，我校副校长吴刚、科研院常务副院长孙岳明代表东南大学出席。大会选举香港理工大学为第十届理事长单位，东南大学和浙江大学为副理事长单位，清华大学、北京大学等为理事单位。

12月9日 由东南大学作为项目牵头单位、建筑学院王兴平教授作为负责人的“十三五”国家重点研发计划战略性国际科技创新合作重点专项“境外产业园区规划技术合作研究与示范应用”项目启动暨实施方案论证会在四牌楼校区举行。

12月12日 东南大学副校长吴刚与科研院、研究生院、学生处有关负责同志及相关学院的教师代表等赴中国航天科工集团八五一一研究所访问交流,并与该所签署了全面合作协议。根据协议,东南大学将与八五一一研究所拟在电磁仿真、超材料应用、微波毫米波天线及阵列、射频集成电路与系统、信息处理等领域开展联合科研及人才培养。

12月14日 国际知名学术期刊(5年影响因子6.147)《CellDeath&Disease》在线发表了东南大学医学院巢杰教授课题组的论文"circHIPK2－mediatedσ-1 Rpromotesendoplasmicreticulumstressinhumanpulmonaryfibroblastsexposedtosilica",2014级医学院拔尖创新班本科生曹周利同学为本文排名第一的平行第一作者。

教育部副部长、党组成员杜占元在学位管理与研究生教育司司长李军、江苏省教育厅厅长葛道凯等的陪同下,就学校"双一流"建设等主题到东南大学考察调研。东南大学党委书记易红,校长张广军,副校长吴刚、金保昇等接待杜占元副部长一行并出席调研座谈会。

12月20日 东南大学—威斯康星大学智能网联交通联合研究院揭牌仪式暨面向交通强国战略的智能网联交通国际学术研讨会在南京隆重举行。

12月22日 南京市科技计划项目"东南大学国家大学科技园公共服务平台建设"顺利验收。

12月25日 东南大学常务副校长王保平一行赴西藏民族大学交流对口支援工作,西藏民族大学党委副书记、校长刘凯会见了王保平常务副校长一行,并主持了接待会议。接待会议上,双方全面总结了2017年对口支援工作落实情况和取得的成果,并商讨制定《东南大学对口支援西藏民族大学2018年工作计划》。

12月26日 由南京大学和光明日报联合主办的"中国智库治理暨思想理论传播高峰论坛"在北京召开。会议上发布了"中国智库索引"(CTTI)最新增补来源智库名录,东南大学法学院"反腐败法治研究中心"成功入选CTTI来源智库。

12月28日 教育部学位与研究生教育发展中心公布全国第四轮学科评估结果。东南大学共有31个学科参评,12个学科进入A类。评估结果:A^+学科5个、A学科1个、A^-学科6个。东南大学获得A^+学科数并列全国高校第八,位列江苏高校第一。

东南大学在九龙湖校区召开教师干部大会,中央组织部宣布中共中央关于东南大学党委书记任职的决定,左惟同志任东南大学党委书记(副部长级)。